Helmut Bley
Afrika

Helmut Bley

Afrika

Welten und Geschichten aus dreihundert Jahren

DE GRUYTER
OLDENBOURG

ISBN 978-3-11-044945-7
e-ISBN (PDF) 978-3-11-045202-0
e-ISBN (EPUB) 978-3-11-044948-8

Library of Congress Control Number: 2021937380

Bibliografische Information der Deutschen Nationalbibliothek
Die Deutsche Nationalbibliothek verzeichnet diese Publikation in der
Deutschen Nationalbibliografie; detaillierte bibliografische Daten
sind im Internet über http://dnb.dnb.de abrufbar.

© 2021 Walter de Gruyter GmbH, Berlin/Boston
Coverabbildung: Ancient Soi, »Rush Hour Nairobi« (Öl auf Leinwand, 1973).
Lektorat: Susanne Mall, Thomas Stichler | www.conscripto.de
Satz: Integra Software Services Pvt. Ltd.
Druck und Bindung: CPI books GmbH, Leck

www.degruyter.com

Für meine Frau Dominique Gillissen
mein Dank für die Unterstützung und Hilfe
und für die Kinder und Enkel

Vorwort

Das Grundkonzept dieses Buches wurde in einem Aufsatz 1994 mit dem Titel »Die Großregionen Afrikas oder die Grenzen des Autochthonen« entwickelt. Große dynamische afrikanische Welten bilden den Fokus des Buches. Für das 20. Jahrhundert wird Afrika als Ganzes behandelt, weil die beiden Weltkriege und die Weltwirtschaftskrise sowie die Dekolonisation einen einheitlichen Rahmen bilden, wenn auch die Großregionen im Blick bleiben. Weil auf die großräumige Mobilität in Afrika besonderer Wert gelegt wird, musste exemplarisch vorgegangen werden. Etliche Staaten und auch große Gesellschaften werden höchstens erwähnt. Translokale Beziehungen erhielten Vorrang. Ich habe versucht, in den Beschreibungen von Ländern und Subregionen Beispiele und Details aus den Lebenswelten einzuarbeiten. In die Kapitel sind einundfünfzig Geschichten von Personen, Dörfern, Städten und Völkern, religiösen Schreinen und Prophetinnen, aber auch von Menschen in ihren Arbeitswelten eingebettet. In den Kapiteln, die einzelne Länder behandeln oder soziale und politische Bewegungen im 20. Jahrhundert vorstellen, werden auch detailreich wichtige Aspekte der Lebenswelten als Geschichten erzählt und Akteure vorgestellt. Die Details in diesem Buch zeigen überraschende Facetten afrikanischen Lebens und sind wichtig für das Gesamtbild. Sie sollen die großen Linien ergänzen. Anhand vieler Abbildungen und Karten sollte die Anschauung verstärkt werden.

Die Erfahrungen eines langen Berufslebens und der enge Kontakt mit dem wunderbaren Kreis der Studierenden und den Kollegen und Kolleginnen in Afrika, den USA, Großbritannien und Deutschland kommen darin zum Ausdruck. Die Ergebnisse vieler Forschungsprojekte mit meinen Studierenden, die durch die DFG und die VolkswagenStiftung gefördert wurden, wofür ich beiden Institutionen herzlich danke, fließen vor allem in die Geschichte des 20. Jahrhunderts ein.

Die Innensicht auf Afrika hat Vorrang bekommen, obwohl die weltgeschichtlichen Bezüge, in denen der Kontinent stand und steht, wichtig sind. Am Historischen Seminar in Hannover wurde durch Hans-Heinrich Nolte angeregt, früh die Weltgeschichte in die Lehre einzuschließen. In diesem Buch wird der weltgeschichtliche Aspekt im Rahmen der Frage behandelt, wie Außeneinflüsse in den afrikanischen Gesellschaften verarbeitet wurden. Das gilt für die vorkoloniale Periode ebenso wie für die Wirkungen und Folgen des Kolonialismus und der europäischen Weltkriege des 20. Jahrhunderts, die massiv in Afrika einwirkten.

Das Buch hat eine längere Vorgeschichte. Im Zusammenhang eines Akademie-Stipendiums 1987, gewährt von der VolkswagenStiftung, der ich für langjährige Unterstützung unserer Projekte danke, wurden in der Bibliothek der SOAS in London und der Johns Hopkins University in Baltimore bereits einige Geschichten als Teil eines geplanten Buches gesammelt. Ein wichtiger weiterer Impuls ergab sich aus der Mitarbeit an den sechzehn Bänden der »Enzyklopädie der Neuzeit« unter Leitung des Kulturwissenschaftlichen Instituts in Essen beim Metzler Verlag. Für den Schwerpunkt »Globale Interaktion« schrieb ich auch eine Serie über »Afrikanische Welten«.

https://doi.org/10.1515/9783110452020-202

Die Grundformen der agrarischen Gesellschaften werden vermittelt, dabei wird Fehlwahrnehmungen über afrikanische Geschichte entgegengewirkt. Aspekte eines Gegenbildes werden betont, die von gängigen Vorstellungen abweichen. So wurde das starre Konzept des »Stammes« aufgegeben zugunsten interethnischer Assoziationen. Auch die Klans waren eher offene Systeme und bildeten nicht selten Föderationen. Zu den Haushalten in allen afrikanischen Regionen gehörten viele Leute, die in Abhängigkeit geraten waren. In den Städten wurden interethnische Ehen häufig. Interethnische strategische Heiraten waren ein wichtiges Instrument der Machtsicherung und Machterweiterung in Aristokratie und Monarchien. Assoziationen, Geheimgesellschaften, überregionale religiöse Schreine und Heiler mit Klienten aus verschiedenen Gruppen durchbrachen ethnische Grenzen. Blutsbrüderschaften, Freundschaftsverträge und Adoptionen fanden statt, die in der Regel in der Sprache der Verwandtschaft formuliert wurden, sie aber durchbrachen. Eine besondere Rolle wird dem Adel in Afrika zugeschrieben, der besonders viele Abhängige kontrollierte, unter ihnen die Sklaven und Sklavinnen, die Afrika nicht verließen. Auch Chiefs muss man häufig diesem Adel zuordnen, weil auch sie wie der Adel spirituelles Prestige besaßen. Aristokratie und Monarchien konnten sich zu Feudalherrschaft entwickeln. Herden wurden verliehen. Teilweise fand sogar Kontrolle von Land statt. Kontrolle großer Gefolge und auch militärischer Einheiten war häufig und Grundlage der Herrschaft. Tributbeziehungen dominierten. Aber auch Kontrolle über mineralische Ressourcen sowie über große Märkte und Städte schuf die erforderlichen Einnahmen. Viele abhängige Arbeitskräfte waren in den Palastbereichen tätig, arbeiteten auf Plantagen oder waren als Handwerkergilden unter aristokratischer Kontrolle. Die Kreolen – Afroportugiesen, Afrobrasilianer, Afrofranzosen und die Coloureds des südlichen Afrika – waren eine wichtige Gruppe von Akteuren, solche, die dem atlantischen System angehörten, hatten eine kosmopolitische Orientierung. Sie waren Teil der interethnischen Dynamik.

Ich hoffe, dass die Leserinnen und Leser des Buches ihr Bild von Afrika erweitern können und die Studierenden dadurch ermuntert werden, sich für den faszinierenden Nachbarkontinent zu interessieren.

Inhaltsverzeichnis

Einleitung

Die Großregionen Afrikas werden als »Welten« konzipiert, weil soziale, kulturelle und politische Rahmenbedingungen und unterschiedliche Außeneinflüsse ihnen Individualität verliehen haben. Dabei wurde auf Vollständigkeit verzichtet und exemplarisch vorgegangen. Manche Länder und Ethnien werden in der vorkolonialen Periode sichtbar, andere erst in der Periode der Dekolonisation und des postkolonialen Afrika. Den Welten sind einundfünfzig Geschichten über Menschen, soziale Institutionen und bäuerliche Produktionsformen zugeordnet. Sie sollen Anhaltspunkte dafür geben, wie differenziert afrikanische Verhältnisse sind. Die Geschichten ergänzen allgemeinere Betrachtungen mit ihren unvermeidlich verkürzenden Perspektiven und korrigieren sie auch. Auch einige meiner eigenen Begegnungen sind eingefügt.

Es entstand bei der Darstellung dieser Welten eine Basis für Vergleiche, bei denen deutlich wurde, wie viele Ähnlichkeiten trotz der unterschiedlichen Konstellationen bestanden. Dies ist dem Umstand geschuldet, dass vorindustrielle Agrargesellschaften auch im vorkolonialen Afrika, wie generell in der Welt, vergleichbare Grundprobleme und Strukturen aufweisen. Es gibt eine Relation zwischen der Verwundbarkeit von Kultivatoren und Bauern und der Gefahr, in Abhängigkeit zu geraten. Ihre Gefährdungen ergaben sich aus den Störungen der Erntezyklen aufgrund von Dürren, Seuchen und Insektenschwärmen und der darauf folgenden Bedrohung durch Hunger und Krankheiten. Diese Schwächung vergrößerte die politischen Gefahren, nicht zuletzt die Gefahr, zum Opfer der Jagd auf Sklaven zu werden.

Bemerkenswert ist die Fähigkeit vieler bäuerlicher Produzenten, sich innovativ mit neuen Nutzpflanzen am Marktgeschehen zu beteiligen. Auch die Produktion der Kolonialwaren gehörte dazu; sie wurde allerdings auch häufig mit kolonialer Gewalt und Arbeitszwang zu Lasten der Herstellung von Nahrungsmitteln für den eigenen Bedarf forciert.

Sozialgeschichtliche Fragen stehen im Vordergrund, die den Blick auf die inneren Entwicklungen des Kontinents richten. Außeneinflüsse werden beachtet. Das Buch ist trotz der Konzentration auf die innerafrikanischen Entwicklungen in großen Räumen universalgeschichtlich ausgerichtet. Afrika ist Teil der Weltgeschichte. Die Geschichte der Kolonialadministration tritt indessen weitgehend zurück und die innerafrikanische Dimension wird betont. Dabei wird deutlich, dass die vorkoloniale Periode, die mit mehr als zweihundert Jahren die erste Hälfte des Buches einnimmt, aus afrikanischer Sicht viel enger mit dem 20. Jahrhundert verbunden blieb, als eurozentrische Kolonialgeschichte suggeriert.

Außeneinflüsse wie die des transatlantischen Sklavenhandels steigerten nicht nur das Elend der Versklavten, sondern beeinflussten auch die inneren Strukturen der Macht in Afrika, wie dies auch der Sklavenhandel durch die Sahara und über den Indischen Ozean und das Rote Meer seit mindestens seit dem 9. Jahrhundert bei gleicher Größenordnung bewirkt hatte. Der atlantische Sklavenhandel löste zwar einen Wett-

https://doi.org/10.1515/9783110452020-001

lauf um die Kontrolle der Atlantikhäfen durch afrikanische Könige aus, vor allem um Zugang zu Feuerwaffen und edle Konsumgüter für die Verteilung an Vasallen und Heerführer zu erhalten. Entscheidend aber blieb die innerafrikanische Sklaverei, der große Bedeutung zuzuschreiben ist. Die Möglichkeit, mit Sklaven die Haushalte erheblich zu vergrößern und Sklaven auch für militärische Machtsteigerung zu nutzen, hat nicht nur die Monarchen und ihre royal Klans, sondern generell Adelsherrschaft in Afrika enorm gestärkt, auch wenn sie althergebracht war. Methoden der Akkumulation von Macht und Einfluss haben die ländliche Welt auch in der vorkolonialen Periode stets stark beeinflusst. Gefolgschaft und Kontrolle über Menschen schufen die Voraussetzungen für adelige Herrschaft, die in allen Regionen vorhanden war. Sie konnte auch feudalstaatliche Strukturen annehmen. Die Versuche der Kolonialmächte, die Position der Chiefs, die zum Adel gehörten, zu stärken, haben diesen Trend begünstigt. Die Chiefs wurden aber im Laufe des 20. Jahrhunderts durch ihre Kollaboration mit den Kolonialmächten häufig um ihre Legitimation gebracht.

Die Verbindung mit der Welt des Islam von Marokko bis Kairo und der Anschluss Ostafrikas an die Welt des Indischen Ozeans schufen wichtige Außenbeziehungen. Dennoch steht die Verarbeitung dieser Einflüsse im Vordergrund und es bleibt bewusst, dass trotz der Bedeutung der Weltreligionen die regionalen Kulte oft parallel ihre Bedeutung behielten. Die allmählichen Verbindungen mit dem kapitalistischen Weltmarkt wurden vor der Mitte des 19. Jahrhunderts ebenfalls nicht dominant. Diese Welten bestanden aus weiträumigen Netzwerken von Handelswegen, Städten und Märkten. Die Staaten waren dadurch ebenso miteinander vernetzt und bildeten auch Staatensysteme. Der Islam hatte Einfluss auf den gesamten Sahelraum Westafrikas und strahlte vom Sudan und Sansibar zudem auf Ostafrika aus. Animistische Schreine konnten, wenn auch in kleinerem Umfeld, überregionale Bedeutung haben.

Die christliche Missionsbewegung entfaltete sich erst, als im frühen 20. Jahrhundert durch Massenkonversionen die fast kläglichen Anfänge überwunden wurden. Ausnahmen waren die frühe Missionierung des Königreiches Kongo im 16. Jahrhundert und des südlichen Afrika, in dem das Christentum bereits im 18. und 19. Jahrhundert einflussreich wurde. Aufgrund der Vielzahl der Missionsgesellschaften und der konfessionellen Spaltung waren die christlichen Denominationen trotz ihrer Verbreitung nicht eigentlich konstitutiv für die Welten, sondern Teil des allgemeinen Prozesses, der den Kolonialismus vorbereitete und begleitete.

Die Gewalt bei der Durchsetzung der Kolonialherrschaft und die Methoden der indirekten und direkten Kolonialherrschaft werden aus afrikanischer Perspektive betrachtet. Damit sollen Allmachtsfantasien über die Wirkung der europäischen Kolonialherrschaft korrigiert werden, die mit den gegenwärtigen Rassismusdiskursen verbunden sind. Sie verstellen den Blick auf die Realitäten der kolonialen Situation, in der die Handlungsmöglichkeiten der afrikanischen Gesellschaften mehr Raum hatten, als angenommen wird.

Nach chaotischen und gewaltsamen Anfängen beschränkte sich effektive Kolonialherrschaft auf die Zeit zwischen 1910 und 1950, also auf vierzig Jahre. Auch diese Periode war von afrikanischem Widerstand gegen kolonialwirtschaftlichen Druck und vom Eigensinn der Arbeitskräfte mitbestimmt. Die beiden europäischen Weltkriege wurden auch in Afrika zu großen Belastungen. Viele kulturelle und spirituelle Formen wirkten aus den vorkolonialen Zeiten fort. In ihren Anfängen waren koloniale Zwangsarbeit und Zwangsrekrutierung von Sklaven für Kriege aus der Sicht der Betroffenen wenig unterschieden. Der Aufbruch des afrikanischen Nationalismus begann schon nach dem Ersten Weltkrieg und entfaltete sich vollends nach dem Zweiten Weltkrieg. Es wird in den Mittelpunkt gerückt, wie afrikanische Gesellschaften diese Einflüsse verarbeitet haben.

Die Analyse der agrargesellschaftlichen Grundbedingungen zeigt, dass die afrikanischen Agrargesellschaften trotz des urbanen Wachstums viele Phänomene aufweisen, die aus der Geschichte der frühen Neuzeit in Europa bekannt sind. Damit waren sie den europäischen vorindustriellen Agrargesellschaften ähnlicher, als gemeinhin vermutet wird, abgesehen davon, dass der Übergang in das Industriezeitalter nicht gelungen ist, was für die sozialen Bedingungen der Gegenwart wesentlich ist. Denn seit dem späten 18. Jahrhundert sind die afrikanischen Agrargesellschaften, anders als das frühmoderne Europa, von industrialisierten Giganten beeinflusst und die kapitalistische Produktionsweise drang auch bei der Exportproduktion und beim Warenhandel in die Agrarwelt ein, ohne gewerbliche Arbeitsmöglichkeiten in großem Stil zu schaffen. Zu diesem Aspekt gibt es eine europäische und wohl auch amerikanische Geschichtsvergessenheit, die die eigenen agrargesellschaftlichen Realitäten etwa des 18. und 19. Jahrhunderts verdrängt hat. Dem wird im Kapitel 18 nachgegangen. Wie eine unvoreingenommene Wahrnehmung dieses Defizit spontan überwinden kann, erlebte ich bei meinem Vater und meinem Schwiegervater. Beide hatten mit uns in den 1970er Jahren Reisen durch Tansania unternommen. Anstatt das Land, wie ich vermutete, doch als sehr fremde Welt zu betrachten, kommentierte der Schwiegervater aufgrund seiner Erfahrungen in Rumänien 1915, es sei dort ähnlich gewesen wie das, was er nun in Tansania sah. Mein Vater erkannte den Alltag in der Lüneburger Heide von 1923 wieder. Es war die Sicht von Männern aus der Arbeitswelt, die die Übergangszeit zur Industrialisierung erlebt hatten, die ihresgleichen ohne eine bürgerliche oder intellektuelle rassistische Brille erkannten.

Zur inhaltlichen Struktur des Buches

Das Buch wendet sich in erster Linie an ein Publikum im deutschsprachigen Raum. Die wissenschaftliche Arbeit ist natürlich der internationalen Historiographie verbunden. Allerdings werden die Einflüsse der Kolonialmächte und ihrer Strategien in den Kapiteln über das 20. Jahrhundert behandelt. Die Wucht, mit der die Kolonialmächte sich in beiden Weltkriegen der Menschen, der Rohstoffe und auch der Ernten bemächtigten, bereitete die Periode der Dekolonisation vor. Der Kalte Krieg der Supermächte ist ebenfalls zu berücksichtigen, weil durch diesen weltpolitischen Konflikt Rahmenbedingungen geschaffen wurden, an denen sich auch der afrikanische Nationalismus orientieren musste.

Das Buch behandelt in den ersten acht Kapiteln die vorkolonialen Welten der Großregionen Westafrika, Zentralafrika, Ostafrika und des südlichen Afrika. Es wird außerdem »Afrika jenseits der Großregionen« behandelt, zu dem die afrikanischen Anrainer des Mittelmeeres und des Roten Meeres zählen.

In einer Zwischenbetrachtung in Kapitel 9 sowie Betrachtungen zu Kontinuität und Wandel bäuerlichen Wirtschaftens in vorkolonialer Zeit in Kapitel 10 wird die Geschichte der vorkolonialen Welt am Beispiel der Großregionen als Welten abgeschlossen.

Mit dem Kapitel 11 steht das 20. Jahrhundert im Vordergrund. Die Organisation nach Großregionen wird aufgegeben, ohne diesen Aspekt aus den Augen zu verlieren. Die erste Phase der Kolonialherrschaft wird als Zeit der großen Kolonialkriege 1878–1907 behandelt.

Ab Kapitel 12 stehen die beiden Weltkriege und die Zwischenkriegszeit in Afrika im Vordergrund, denn der Kontinent Afrika wird durch diese weltgeschichtlichen Ereignisse und ihre Auswirkungen trotz der Zersplitterung in viele Kolonien zu einem einheitlichen Handlungsraum. Die koloniale Welt wurde staatlich und wirtschaftlich stärker organisiert, unterlag aber auch dem Druck der kolonialpolitischen Strategien der beiden großen Kolonialmächte Großbritannien und Frankreich. Auch die Kolonien Portugals veränderten sich in dieser Zeit unter der Modernisierungsstrategie und verstärkter Siedlungspolitik des Diktators Salazar. Die Zwischenkriegszeit wurde aufgrund der Bemühungen der Kolonialmächte, die Kolonien für die Metropolen systematischer zu nutzen, ein gesamtafrikanisches Phänomen.

Diesen Kapiteln schließen sich in Kapitel 13 systematische Betrachtungen zum Kolonialismus an. Kapitel 14 behandelt exemplarische Fälle der ersten Welle der Dekolonisation. Die Geschichte der Kämpfe um die Dekolonisation der Siedlergesellschaften in Kapitel 15 führt in die krisenhafte Periode von Bürgerkriegen. Dies leitet über zu Kapitel 16, das »Krieg und Frieden« im postkolonialen Afrika thematisiert.

Eine wichtige kritische Anmerkung war, dass Gewalt und Kriege über alle behandelten Perioden eine große Rolle spielen. Die Sorge wurde geäußert, dass dies das Vorurteil über Afrika als einen besonders friedlosen Kontinent verstärken könnte. In Gesprächen während der Entstehung des Manuskriptes rückte außerdem die Frage in den Vordergrund, wie ich die Zukunft des Kontinents einschätzen würde, obwohl das Buch eine historische Gesamtdarstellung versucht. Die afrikanischen Gewaltverhältnisse werden deshalb – mit einem Blick auf die Gewaltgeschichte Europas und auch US-Amerikas vom 17. bis zum 19. Jahrhundert – in der Periode der agrargesellschaftlichen Verfasstheit betrachtet und das 20. Jahrhundert wird mit den Gewaltorgien der industriellen Welt verglichen. Das geschieht im 16. Kapitel. Außerdem verkennt das Bild eines durch Krieg und Gewalt geprägten Afrika, das die Öffentlichkeit bestimmt, wie viel Gewalt von den europäischen Kolonialmächten ausgeübt wurde. Auch im

Dekolonisationsprozess wurde seit den 1950er Jahren von ihnen und den USA interveniert und wurden die neuen unabhängigen Staaten mit Unterstützung von Bürgerkriegsparteien destabilisiert. Gewalt in Afrika muss in den welthistorischen Kontext eingebettet werden. Deshalb wird dem Gewaltraum Europa in den letzten dreihundert Jahren eine Betrachtung im 16. Kapitel gewidmet, um unsere eigenen Gewalttraditionen sowohl in der agrargeschichtlichen Zeit als auch im 20. Jahrhundert der Industrialisierung mit ihrem ungeheuerlichen Umfang ins Bewusstsein zu rufen. Afrikanischer Umgang mit den Kriegsfolgen und ihrer Bewältigung, die Herausforderungen von millionenfacher Flucht und Vertreibung sollen auf die Verarbeitungsformen der Kriege verweisen.

Schließlich werden Beispiele und Impressionen als Hinweise auf die großen Bereiche des Friedens und friedlicher Lebenswelten in Afrika gegeben. Es sind die Themen, die im 16. Kapitel über Krieg und Frieden in Afrika behandelt werden.

Bei der Geschichte der Gewalt in Afrika ist zu berücksichtigen, dass in den Regionen, die von Krieg und Vertreibungen betroffen waren und sind, dennoch große Teile Friedensräume blieben, wenn auch die ökonomischen Konsequenzen der Gewalt sie berührten. Die überwiegende Zahl der afrikanischen Staaten, nämlich 34 von 54, lebt im Frieden, wenn auch wirtschaftliche Unterentwicklung, politischer und ökonomischer Missbrauch von Eliten Gewaltausbrüche förderten. Auch Bürgerkriege waren auf wenige Länder und nur auf wenige Jahre der postkolonialen Periode von sechzig Jahren beschränkt. Dem Kapitel 16 werden Geschichten mit Friedensszenen aus afrikanischen Regionen und persönliche Erfahrungen hinzugefügt und die friedens- und demokratiefreundliche Kunstszene wird vorgestellt.

Fragen von Freunden und Kollegen, wie ich als Historiker die Zukunft des Kontinents sähe, werden in Kapitel 17 behandelt. Thema ist die Schwierigkeit, verlässliche Prognosen für den Kontinent zu erstellen. Am Beispiel zentraler Themen von Autoren, die prognostische Elemente enthalten, werden die Dynamik der demographischen Entwicklung und die rasante Urbanisierung beleuchtet. Bei der Differenzierung nach Ländergruppen werden die Gefährdungen durch die Klimaveränderung in den Blick genommen und die Probleme der wirtschaftlichen Entwicklung diskutiert. Prognosen von Pessimisten werden optimistischere Positionen gegenübergestellt. Politologen, Ethnologen und Ökonomen aus Afrika und Europa werden diskutiert und miteinander verglichen.

Statt eines Resümees wird als Kapitel 18 das Thema der Geschichtsvergessenheit im Kontext des Rassismusdiskurses aufgegriffen. Unter dem Titel »Die Befangenheit in der eigenen Gegenwart macht die übrige Welt fremder, als sie ist« wird eine Betrachtung zur Geschichtsvergessenheit als Problem der Darstellung der Geschichte Afrikas und dessen Konsequenzen für die Wahrnehmung von Fremdheit zum Abschluss erörtert.

In einem Nachwort werden die wichtigsten Thesen des Buches zusammengefasst.

Zur These einer dreihundertjährigen Dauerkrise von der Mitte des 18. Jahrhunderts bis mindestens zur Jahrtausendwende

Es wird versucht, den Zeitraum von dreihundert Jahren als eine Dauerkrise insbesondere der politischen Institutionen zu deuten, die auf Arbeitsverhältnisse und die ökonomischen Großlagen ausstrahlte (Kapitel 13.10). Ausgangspunkt ist die These Terence Rangers, dass mit der Kolonialeroberung, den Gewaltschlägen, dem verbreiteten Arbeitszwang und der vernichtenden Wirkung der Rinderpest 1888–1897 die afrikanischen Bevölkerungen in eine fundamentale Krise geraten seien. Diese sei auch eine demographische Krise geworden, die bis mindestens 1920 gereicht habe. Die Ergebnisse dieses Buches haben dazu beigetragen, als Hypothese Rangers These zeitlich sehr auszuweiten. Die Krise entwickelte sich in Westafrika bereits in der Mitte des 18. Jahrhunderts, als die massenhafte Ausweitung des Sklavenhandels und auch der inneren Sklaverei die Gesellschaften stark veränderte. Der verstärkte Zugang zu modernen Feuerwaffen militarisierte die Aristokratien, Monarchien und die islamischen Reformbewegungen. Adelsherrschaft nahm zu. Viele Chiefs wurden aus der lokalen Kontrolle des Handels verdrängt. Bauern suchten im Islam Schutz vor der Versklavung – eine Hoffnung, die meist enttäuscht wurde. Machtverschiebungen und struktureller Wandel wurden durch die islamischen Revolutionen gesteigert.

Im Kongo entwickelte sich die Krise bereits im 17. Jahrhundert, als die Portugiesen und ihre kreolischen Mittelmänner das Königreich durch den exzessiven Sklavenhandel destabilisierten. Als sich die Portugiesen nach militärischen Niederlagen zurückzogen, kam es zu vierzigjährigen Nachfolgekriegen zwischen etlichen Prätendenten auf den zentralen Thron. Am Ende des 19. und zu Beginn des 20. Jahrhunderts verursachte der Raubbau an Menschen, der als die »Kongo-Gräuel« der belgischen Herrschaft unter Leopold II. berüchtigt wurde, den Tod eines Drittels der Bevölkerung. Auch im südlichen Zentralafrika, in den Niederungen Angolas und im künftigen Sambia, entstand im 18. und 19. Jahrhundert ein Gewaltraum mit etlichen politischen Expansionswellen. Warlords mit Verbindungen zu Sansibar trugen dazu bei. Die »Frontier-Zone« der Siedlungsexpansion der Europäer in Südafrika weitete sich seit dem 17. Jahrhundert aus und entwickelte sich zum Gewaltraum. In ihm aktiv waren auch Siedler und Militärs der Kapkolonie, die in neun Kriegen in einhundert Jahren (1776–1876) beteiligt waren. Etliche multiethnische Gruppen versuchten, Protostaaten zu errichten, kämpften um Ressourcen und beteiligten sich an Sklavenjagden. Dieser Gewaltraum floss am Beginn des 19. Jahrhunderts mit den Folgen der Expansion der Nguni-Gruppen im Norden Südafrikas zusammen. Sie begann im 18. Jahrhundert und mündete in Kriege und Fluchtbewegungen des »Mfecane«, den man bis 1840 datieren kann. Die Expansion der Buren mit eigenen Republikgründungen und Vertreibungskämpfen gegen afrikanische Monarchien verstärkte diesen Prozess, wie auch die britische Annexion Natals und die Kriege gegen die Zulu.

Ostafrikas innere Entwicklung wurde von den bewaffneten Großkarawanen, Warlords und krisenhaften Entwicklungen im Königreich Uganda beeinflusst. In

Äthiopien reichte die Konsolidierung der amharischen Herrschaft mit vielen Kriegen bis in die 1890er Jahre mit riesigen Verlusten für die bäuerliche Bevölkerung und die Hirtengesellschaften.

Die Kolonialperiode nach den Eroberungskriegen, zu denen auch die zahllosen Strafexpeditionen zählten, kurz vor dem Ersten Weltkrieg war ebenfalls von Krisen bestimmt. Bislang unterschätzt wird die Wirkung der beiden europäischen Weltkriege auf Afrika. Millionenfache Rekrutierungen und umfassende Beschlagnahme von Ernten führten zu großen Belastungen wie auch die Kriege zur Annexion der deutschen Kolonien in Ostafrika und Kamerun im Ersten und um Äthiopien und Nordafrika im Zweiten Weltkrieg. In der Zwischenkriegszeit wurden Zehntausende von Afrikanern im Spanischen Bürgerkrieg eingesetzt und führte Italien brutale Eroberungskriege in Libyen und Äthiopien. Vor allem stoppten die Weltwirtschaftskrisen 1920/22 und 1929–1938 die Exportproduktion der afrikanischen Genossenschaftsbauern erheblich. Die afrikanische Geschäftswelt wurde diskriminiert und Transportmöglichkeiten wurden entzogen, die zugunsten der Großkonzerne für Kolonialwaren und Mineralien genutzt wurden. Selbst die Einnahmen der afrikanischen Genossenschaften wurden als Fonds auf Banken Großbritanniens verschoben, um die Devisennot gegenüber den USA zu mildern.

Auch die Dekolonisationsprozesse waren mehr von Gewalt geprägt, als Thesen über »geplante Dekolonisation« nahelegen. Frankreich führte den mörderischen Algerienkrieg und griff zusammen mit Großbritannien und Israel das Ägypten Nassers an. Großbritannien führte einen Krieg gegen die »Land and Freedom Fighters« in Kenia, von den Briten »Mau Mau« genannt. Dieser Krieg gegen die Guerilla wurde im Interesse der weißen Siedler geführt und war von Orgien der Zwangsumsiedlung der Kikuyu begleitet. Die Siedlergesellschaften in Südrhodesien (Simbabwe) und Südafrika sowie die Diktatur in Portugal kämpften gegen die Befreiungsbewegungen. Auch die unabhängigen Länder Mosambik und Angola wurden destabilisiert, was Bürgerkriege förderte. Daran beteiligten sich die USA in Angola 1975. Vorher waren sie an der Destabilisierung des belgischen Kongo zusammen mit Belgien maßgebend beteiligt. Zwei Kongo-Kriege verwickelten etliche afrikanische Staaten in die Krise im Kongo, die durch die Folgen des Genozids der Hutu an den Tutsi in Ruanda und den damit ausgelösten Fluchtbewegungen verstärkt wurde, weil die siegreiche Armee der Tutsi im Osten des Kongo militärisch eingriff. Es entstand ein riesiger Gewalt- und Fluchtraum des zentralen und südlichen Afrika, der bis an die Jahrtausendwende reichte. Auch die Krisenlagen des dreißigjährigen Krieges um die Sezession Eritreas von Äthiopien sowie Wirren und Terror marxistischer Regime in Äthiopien und der Zerfall Somalias vervollständigen das Krisenbild ebenso wie der Bürgerkrieg in Westafrika und Uganda in den 1990er Jahren. Gewaltmärkte (Elwert) entstanden und bedienten mit wertvollen Mineralien und Edelhölzern den vom Westen kontrollierten Weltmarkt. Dies verlängerte die Kriege der dadurch finanzierten Milizen und Warlords.

Es kann im Rahmen dieses Buches nicht geleistet werden darzustellen, welche Entwicklungshemmnisse für die Institutionen, die Sozialstruktur und Sicherheit vor allem der ländlichen Bevölkerung eine derartig lange Kette von Krisen zur Folge hatte. Aber in dieser Periode militarisierte sich der Adel und es entstanden militärisch geprägte Staaten. Viele Chiefs wurden aus der Kontrolle der lokalen Handelswege verdrängt. Im Kolonialismus wurden sie teils entmachtet, aber teils auch gestärkt, bis sie durch den Zwang zur Kollaboration entscheidend an Ansehen verloren. Politisch-militärische Expansionen afrikanischer Gruppen wurden beendet. Nach der Etablierung der segregierten kolonialen Stadt lösten sich im Prozess der rasanten Urbanisierung seit den 1950er Jahren die Stadtstrukturen auf. Bildung von Slums und das Versagen bei der Stadtplanung schufen keinen institutionellen Rahmen, wie ihn die vorkolonialen Städte mit ihren Quartieren kannten. Wenn der vorkoloniale Staat nur in Ansätzen Bürokratie entwickelte und der koloniale Staat auf die europäischen Minderheiten konzentriert war, schuf die ausufernde Verwaltung der postkolonialen Staaten mit Korruption und Patronage unberechenbare Verhältnisse. Soziale urbane Bewegungen blieben auf sehr enge Handlungsräume beschränkt. Viele Agglomerationen entstanden spontan und oft gegen den Willen der postkolonialen Staaten und ohne institutionelle Infrastruktur. Ein wesentliches und lange nachwirkendes Krisenphänomen sind die riesigen Fluchtbewegungen und prekären Lebenslagen in den Ankunftsgebieten.

Man kann die enorm angewachsene Zahl der unabhängigen Kirchen, der Pfingstbewegungen, sozialer Aktivitäten der islamischen Institutionen und auch die Radikalisierung des Islam als Ausdruck des Krisenbewusstseins deuten. Es wird wichtig sein, die Konsequenzen auch für die zukünftige Entwicklung in Afrikas Regionen und Welten zu durchdenken.

Zur Nutzung der Literatur

Die Arbeit beruht auf der Nutzung der internationalen Sekundärliteratur, wenn auch eigene Forschungsergebnisse einflossen. Man kann den Anmerkungen entnehmen, dass für die jeweiligen Abschnitte stets wenige Autoren maßgeblich sind. Durch meine lange Berufserfahrung war auch mir die bedeutende Literatur der 1960er und 1970er Jahre noch vertraut. Sie kommt zur Geltung, wurde aber mit Literatur der Zeit danach bis zum Abschluss des Manuskriptes verknüpft und überprüft. Mich hat beeindruckt, welche hervorragenden Arbeiten in den vergangenen zwanzig Jahren den Forschungsstand vorangebracht haben. Dennoch musste ich mich auf eine Auswahl aus der unübersehbaren Menge an Literatur beschränken. Die Arbeiten der renommierten und mir gut bekannten Kollegen beeinflussten das Buch am stärksten.

Einige der wichtigsten Zentren seien vorgestellt, deren Historiographie ich nutzte. Schon anhand ihrer Benennung wird der Reichtum der Literatur zur afrikanischen Geschichte sichtbar. In die ostafrikanische Welt wurde ich während meiner Gastdozentur 1970–1972 an der Universität Dar es Salaam eingeführt. Bei mehreren Besuchen in Nigeria lernte ich die Arbeiten vor allem der Ibadan-Schule kennen. Nach wiederholten Einladungen an Toyin Falola aus Ibadan entstand eine freundschaftliche Beziehung mit ihm. Das gilt auch für Viktor Maizingaidse aus Harare und Abdul Sheriff aus Sansibar sowie für Michael Eyinla aus Ilirin in Nigeria. Die sozialgeschichtlichen Arbeiten der Kollegen und Kolleginnen der Universität Witwatersrand und der Universität Kapstadt waren einflussreich während meiner Aufenthalte in Südafrika zwischen 1972 und 2003.

Außerhalb der akademischen Kontakte lernte ich viel über die südafrikanische Gewerkschaftsbewegung, als ich für die IG Metall afrikanische Metallgewerkschaften analysierte. Außerdem konnte ich als Wahlbeobachter der EU die Wahlen von 1994 begleiten.

Während des Akademiejahres der VolkswagenStiftung 1987 arbeitete ich mit den Kollegen aus der SOAS in London und mit Terence Ranger in Oxford zusammen. Ranger wurde bereits 1964 auf einer Tagung der damaligen »Deutschen Afrika Gesellschaft« auf meine Arbeit über Namibia aufmerksam und hat für die Übersetzung ins Englische bei Heinemann gesorgt. Der Kontakt zu John Iliffe (Cambridge) entstand im Archiv in Potsdam 1964. Er wurde in Dar es Salaam mein Head of Department als Nachfolger von Ranger. Auch David Birmingham, der Kenner des portugiesischen Afrika, war in Dar es Salaam mein geschätzter Kollege.

Einflussreich waren die Arbeiten der wichtigen Gruppe in Wisconsin, insbesondere Feierman und Vansina. Ralph Austen, dessen Buch über die Sahara für mich wichtig wurde, hatte mich 1965 in die Yale University eingeladen. An der Johns Hopkins University war ich Gastprofessor im Jahre 1987. Grundideen des Buches entstanden dort in der wunderbaren Bibliothek und in Gesprächen mit Philip Curtin und David Cohen. Etliche dieser Kollegen und viele andere waren Gäste auf den Afrikanistentagen in Bremen 1974 und in Hannover 1984 und 2004, als ich wiederholt Vorsitzender der Vereinigung von Afrikanisten in Deutschland (VAD) war. Immanuel Wallerstein hatten wir 1978 nach Hannover ins Kolloquium eingeladen. Durch viele weitere Kontakte auf den internationalen Tagungen der Sozialgeschichte in Amsterdam wurde der Kontakt vertieft und beeinflusste uns so, dass wir das Konzept der Entstehung des Weltsystems kritisch in unsere Analysen integrierten.

Dem Forschungszentrum zur außereuropäischen Geschichte in Leiden, Catherine Coquery-Vidrovitch (Paris) und David van Reybrouck (Brüssel) verdanke ich wichtige Anregungen.

Der Kreis der Studierenden und die von ihnen bearbeiteten Projekte waren von wesentlicher Bedeutung. Ich bedanke mich bei ihnen, so bei Gesine Krüger, Professorin in Zürich. Sie hat mit ihren Büchern über die Kriegsbewältigung der Herero nach dem Genozid und über die Entstehung der Schriftlichkeit unter den Afrikanern in Südafrika auf mich Einfluss genommen. Kirsten Rüther, Professorin in Wien, mit der ich bei der »Enzyklopädie der Neuzeit« zusammengearbeitet habe, hat die religionsgeschichtlichen Dimensionen in Südafrika vertieft. Wolfgang Döpcke, Professor in Brasilia und Kenner der Sozialgeschichte Simbabwes, danke ich für die Anregungen in den Gesprächen in Hannover. Er, Gesine Krüger, Kirsten Rüther und Dr. Felix Schürmann, Autor der Geschichte des Walfanges in Bezug auf Afrika, haben das

Manuskript durchgesehen und mich mit kritischen Kommentaren sehr ermutigt. Ihnen danke ich dafür. Dr. habil. Axel Harneit-Sievers ist ein großer Kenner der Geschichte des Südostens Nigerias. Er war dort, aber auch in Asien Direktor der Böll-Institute und ist demnächst in Hongkong. Uta Lehmann-Grube, jetzt Professorin für »Public Health« an der University of Western Cape, hat über ländlichen Widerstand in Eastern Cape promoviert und war an dem Aufsatz zur Sklaverei in Südafrika beteiligt. Vor allem hat sie mit ihren Initiativen zum Projektstudium die wunderbare Gruppe der Studierenden mitgeprägt. Zu dieser Gruppe gehört auch Dr. habil. Katja Füllberg-Stolberg (Hannover). Sie hat mir Probleme der Wirtschaftsgeschichte Nigerias und die afroamerikanische Präsenz in Afrika nahegebracht. Dr. Frank Schubert (Zürich) ist der Kenner des Bürgerkrieges in Uganda. Dr. Hartmut Quehl (Felsberg) hat den langen Krieg um Eritrea untersucht und Dr. Wolfgang Kaese (Hannover) hat mein Bild der nigerianischen Historiographie beeinflusst. Auch die früh verstorbenen Schüler haben wichtige Arbeiten vorgelegt: Willy Füsser über die vorkoloniale Periode in Uganda und Patrick Krajewski über den Dhowhandel in Ostafrika und die Widerständigkeit der Menschen in Tanganyika während des Maji-Maji-Krieges.

Bei den Kollegen und Kolleginnen an deutschen Universitäten möchte ich mich für die Anregungen aus den Gesprächen und aus ihren Arbeiten bedanken; so bei Achim von Oppen und Gerd Spittler, beide Professoren in Bayreuth, sowie Brigitte Reinwald, die mir in Hannover nachfolgte und wichtige Hinweise für Westafrika gab. Michael Zeuske, Professor in Köln, beeinflusste das Konzept des Atlantischen Raumes und der Kreolen. Roman Loimeier, Professor in Göttingen, Stefan Reichmuth, Professor in Bochum, und Leonhard Harding, Professor in Hamburg, prägten mein Bild der islamischen Welt in Afrika. Ulrich Braukämper in Göttingen hat nachgewiesen, wie breit gefächert Widerstand im Ersten Weltkrieg war, von Freund Rainer Tetzlaff, Professor in Hamburg, und Robert Kappel, Professor in Leipzig, erhielt ich wichtige Informationen über die ökonomische Entwicklung im postkolonialen Afrika. Der Ethnologin Heike Behrend (Köln) verdanke ich die Einsicht in die »Holy Spirit«-Bewegung in Uganda. Von Karola Lentz (Mainz), die in Hannover promovierte und nun Präsidentin des Goethe-Instituts geworden ist, wurde das Bild des nördlichen Ghana beeinflusst. Karola Elwert-Kretschmer hat die »Religion der Angst« der Voodoo-Kulte in Benin untersucht und damit in Hannover promoviert. Die Ethnologin Katja Werthmann (Leipzig) hat mich mit ihrem Beitrag über die postkolonialen afrikanischen Städte in diese Thematik eingeführt. Den Begriff »Gewaltmärkte« hat Georg Elwert, Professor an der Freien Universität Berlin, geprägt. Er beeinflusste mich bei der Behandlung der Gewalträume und Professorin Flora Veit-Wild (Humboldt Universität zu Berlin) führte mich mit ihren sensiblen Deutungen in die Literatur Simbabwes ein.

Wichtig war die Kooperation mit Freund Klaus Meschkat, der in Hannover die Soziologie Lateinamerikas vertrat und mit mir das Kolloquium »Peripherie und Zentrum« begründet und geleitet hat, das jetzt als MA-Studiengang »Atlantische Welt« fortgeführt wird. Dieser Kontakt hat sich auch mit seinem Nachfolger Freund Wolfgang Gabbert als Ethnologe und Soziologe fortgesetzt. Dr. Ute Schüren, Autorin der Fischer Weltgeschichte Lateinamerikas, hat die Entstehung des Buches mit guten Fragen und Kommentaren begleitet. Zu dieser Gruppe der Lateinamerika- und Karibikfachleute gehören auch Dr. habil. Volker Wünderich und Professor Claus Füllberg-Stolberg, beide Leibniz Universität Hannover.

Diese ausführlichen Nennungen der deutschen Wissenschaftler, die oft in der angelsächsischen Literatur nur rezipiert werden, wenn sie übersetzt wurden, und die meiner wichtigsten Studierenden sollen auf den Reichtum der deutschen Wissenschaftslandschaft in diesem Bereich hinweisen.

Probleme der Historiographie von Autoren außerhalb Afrikas

Jan Vansina, der bedeutende belgische Afrika-Historiker, der vor allem an der University of Wisconsin lehrte, hat in seinen Erinnerungen »Living with Africa«[1] auf das Phänomen aufmerksam gemacht, dass – anders als in vielen großen Gesellschaften der Welt – die afrikanische Geschichte weit überwiegend von Europäern und Amerikanern geschrieben wird. Auch die meisten afrikanischen Historiker seien in deren Zentren ausgebildet worden und hätten dort die Methoden übernommen. Diese internationale Literatur sei in der Regel in den von ihnen beschriebenen Gesellschaften und bei ihren Intellektuellen unbekannt geblieben.

Anders als Vansina habe ich die Erfahrung gemacht, dass in Afrika mehr rezipiert wurde, als es den Anschein hat. Aber Vansinas Klage zwingt zur Reflexion über die eigenen Methoden und Erfahrungen. Insbesondere die ethnologische Forschung vor Ort wird häufig rezipiert. Das geschieht in Afrika auf unterschiedlichen Wegen. Es besteht oft eine Wechselbeziehung zwischen den lokalen Kennern der Tradition und den Ethnologinnen und Ethnologen während ihrer Feldforschung. Bekannt ist, dass das Buch, das der Missionar John Roscoe über die ugandische Gesellschaft verfasst hat, am ugandischen Hof rezipiert wurde und die Literatur über Uganda tief beeinflusst hat. Nachdem ich meine Arbeit über die Giriama auf der Basis der ethnologischen Studien von Cynthia Brantley geschrieben hatte, traf ich bei einem Besuch in Kenia auf einen Giriama, der uns durch ein Elefantengebiet führte. Wir gerieten in ein Gespräch über die Geschichte der Giriama und ich nahm erstaunt und mit Begeisterung zur Kenntnis, dass er das gleiche Geschichtsbild seines Volkes hatte, wie ich es von der Ethnologin übernommen hatte.

Als Beispiel seien auch die Erfahrungen mit meinem Buch »Kolonialherrschaft und Sozialstruktur in Südwestafrika« (Hamburg 1968) mitgeteilt. Im Rahmen einer Tagung des UN-Treuhandausschusses hielt ich 1965 einen Vortrag in Oxford vor dem

---

1 Vansina, Jan, »Living with Africa«, Madison 1994. Ich beziehe mich vor allem auf das historiographische Kapitel »Living with Africa«, S. 233–256.

Vorstand der SWAPO (»South-West Africa People's Organisation«) und stellte die Ergebnisse meiner Analyse des Kolonialkrieges gegen Herero und Nama 1904–1907 vor.
Dabei kam es zunächst zum Streit über meine Interpretation. Ich hatte erklärt, dass die
deutsche Farmerschaft in ihrem Interesse, die Herero als Arbeitskräfte zu sichern, die
Vernichtungspolitik von Trothas abgelehnt hätte. Die SWAPO-Führung verstand diese
Differenzierung als Verharmlosung des Siedlerrassismus. Als ich erläuterte, die Haltung der Siedler sei von Zynismus geprägt gewesen, sie hätten die Vernichtung nur
abgelehnt, um Farmarbeiter und Hirten als Zwangsarbeiter nutzen zu können, überzeugte sie das Argument. Die deutsche Fassung des Buches von 1968 wurde allerdings
von der deutschen Siedlerschaft hasserfüllt abgelehnt. Nach der Unabhängigkeit hat
die Wissenschaftliche Gesellschaft Namibias, die mit der deutschen Siedlerschaft verbunden war, sogar die zweite Auflage zusammen mit dem Lit-Verlag betreut. Nach Erscheinen der englischen Übersetzung »Namibia under German Rule« 1971 kam es zu
ausführlichen Rezensionen in der Tagespresse von Dar es Salaam und in Südafrika.
Dort wurde die kritische Position des Buches zum Siedlerkolonialismus als Argument
gegen die Apartheid verwendet. In Namibia wurde auch das Buch von Horst Drechsler
aus Halle, »Let us Die Fighting«[2], rezipiert, das 1966 erstmals veröffentlicht wurde und
1980 in London herauskam. Es war der SWAPO ideologisch näherstehend.

Wolfgang Kaese[3] hat mit seiner umfassenden Hannoveraner Dissertation über
die »akademische Geschichtsschreibung in Nigeria« die große Bedeutung der Geschichtsschreibung der Universität Ibadan seit den 1950er Jahren herausgearbeitet.
Zwischen den unterschiedlichen Positionen und Ansätzen der Ibadan-Schule der
Geschichtsschreibung wurde miteinander kommuniziert. Sie hat mit Ajayi und vielen anderen die afrikanische Geschichtsschreibung sehr geprägt.

Wolfgang Kaese kam aber auch zu dem Ergebnis, dass diese akademische Ge-
schichtsschreibung die volkstümlichen und lokalen historiographischen Diskurse im
Lande selbst kaum erreichte. Ich selbst habe in Nigeria bei den Kollegen der Universität
Zaria überrascht festgestellt, dass sie, obwohl sie meist marxistischen sozialgeschichtli-
chen Ansätzen folgten, im Grunde dem historischen Diskurs verbunden waren, der das
Verhältnis zwischen dem Fulani- und Haussa-Adel thematisierte.

Diese Zweiteilung zwischen akademischen Diskursen und dem volksnahen Geschichtsbild vieler Heimatforscher und populärer historischer Bücher und ihre Orientierung an einem lokalen oder auch nationalen und ethnozentrischen Weltbild ist
keine afrikanische Eigenart, sondern weit verbreitet.

Toyin Falola, der Historiker aus Ibadan, der in Austin, Texas, lehrt, bezieht das
von Vansina abgehandelte Problem auf sich selbst. Seine Erinnerungen, »A Mouth

---

2 Drechsler, Horst, »Let us Die Fighting: Namibia under the Germans«, London 1980, Übersetzung
der Erstausgabe von 1966.
3 Kaese, Wolfgang, »Akademische Geschichtsschreibung in Nigeria: Historiographische Entwicklung und politisch-soziale Hintergründe, ca. 1955–ca. 1995« (Studien zur Afrikanischen Geschichte
25, hrsg. von Helmut Bley und Leonhard Harding), Hamburg 2000.

Sweeter than Salt: An African Memoir«[4], beginnen mit der Wiedergabe eines komplizierten Gespräches in einem Dorf über die genauen Geburtsdaten zweier Männer. Das Misstrauen der alten Herren, was hinter der Frage nach dem Alter stecken könnte, war sehr groß. Sie beruhigten sich erst, als eine alte Frau, die bei der Geburt der betreffenden Personen dabei war, klären konnte, wer der Ältere und wer der Jüngere war. Die damit verbundenen internen Machtverhältnisse verlangten größte Vorsicht im Umgang mit historisch relevanten Fragen. Die soziale Kommunikation stand im Zentrum der Konversation über das Thema. Falola erklärt die Schwierigkeiten des Gespräches mit dem Misstrauen gegenüber dem »educated«, der er selbst ist. Die Leute im Dorf hätten die Erfahrung gemacht, dass »educated« als moderne Intellektuelle leichtfertig mit Worten und Sprache umgingen und ihre Positionen oft wechselten. Verlässlichkeit auch im Umgang mit der Zeit sei ein zentrales Anliegen.

Falola selbst hat eine wichtige Geschichte des »Ibadan-Imperialismus« geschrieben[5]. Vergleicht man diesen Text über das Ibadan des 19. Jahrhunderts mit seinen Schilderungen in den Memoiren, werden interne alltäglichen Gewaltverhältnissen in den einzelnen Stadtquartieren überdeutlich. Es zeigt sich, dass die Perspektive des Kenners der eigenen Geschichte im Vergleich zu generalisierenden Studien unvergleichlich differenziertere Einblicke gewähren kann. Aber auch Falola schreibt moderne Sozialgeschichte. Die Anerkennung, die er gefunden hat[6], macht deutlich, wie breit auch die methodologische Verständigung bei den nigerianischen Historikern verankert ist. Im Grunde gibt es eine weite internationale Gemeinschaft, die sozialgeschichtlich, ethnologisch und politologisch orientiert arbeitet. Trotz der schnelllebigen Paradigmenwechsel beruht sie auf einem Grundkonsens, in den Impulse aus der Diskursanalyse und der Genderforschung geflossen sind. Raum für grundsätzliche Zweifel an der Möglichkeit, Geschichte zu schreiben, zu betreiben, besteht nicht. Das gilt trotz der Vielfalt der Zugänge und Perspektiven und trotz des unvermeidlichen Zwanges zur Auswahl der Ereignisse und Prozesse und ihrer jeweiligen Gewichtung. Methodik und Auswahlkriterien müssen nachvollziehbar und sorgfältig belegt werden.

Zu den Abbildungen

In das Buch sind viele Abbildungen als kleine Vignetten integriert. Sie zeigen historische Personen und Konstellationen sowohl aus der vorkolonialen Zeit als auch aus dem 20. Jahrhundert. Afrikanische Kunstwerke aus meiner Sammlung sind mit Bezug zu den behandelten Themen als Fotografien von Dominique Gillissen abgebildet. In den frühen 1970er Jahren sind Fotos von mir mit Alltagsszenen aufgenommen wor-

---

4 Falola, Toyin, »A Mouth Sweeter than Salt: An African Memoir«, Ann Arbor 2007.
5 Falola, Toyin, »Ibadan: Foundation Growth and Change (1830–1960)«, Ibadan 2012.
6 Oyebade, Adebayo (Hrsg.), »The Foundations of Nigeria: Essays in Honor of Toyin Falola«, Trenton 2003.

Karte 1: Die Großregionen Afrikas: Westafrika, Zentralafrika, Ostafrika, das südliche Afrika, die Anrainer des Mittelmeeres und des Roten Meeres.

den, die vor allem die bäuerliche Welt sichtbar machen sollen. Die historischen Gebäude habe ich auf meinen Reisen fotografiert. Ich bin Freund Gunter Péus sehr dankbar, dass ich einige Gemälde aus seiner großen Sammlung afrikanischer Malerei der 1960er und 1970er Jahre abdrucken durfte, so auch auf dem Titelblatt.

Die Abbildungen von historischen Personen sind zum Teil Artikeln aus Wikipedia entnommen, im Vertrauen auf die urheberrechtliche Regelung, dass sie für wissenschaftliche Zwecke frei zur Verfügung stehen. Die Karten sind zum Zweck des Bezuges zum Text von dem Afrika-Historiker und Geografen Jürgen Müller (MA) erarbeitet worden, dem ich hierfür herzlich danke.

Einführung
Afrikanische Großregionen als Welten

Afrika ist ein Konstrukt der Betrachtung von außen. Es war eine Erfindung, die auf römischen und arabischen Sprachgebrauch zurückgeht. In einem der vielen Gespräche des Sozialanthropologen Spittler mit seinem Freund, einem Tuareg, fasste dieser sich eines Tages ein Herz, um seine Unwissenheit zu offenbaren, und fragte: »Sag mir, wo liegt eigentlich Afrika?«[1] Die Intelligenz im 20. Jahrhundert kennt Afrika, sogar »Panafrika«, diese freundliche Konstruktion.

Die Welten Afrikas sind große historische Räume, die auch von der Art ihrer Außenbeziehungen mitbestimmt wurden. Die wichtigsten Einflüsse ergaben sich für Westafrika aus den Verbindungen durch die Sahara zu den Ländern an der Südküste des Mittelmeers, die von der Kette der großen Handelsstädte im Sahel ausgingen. Seit Ende des 15. Jahrhunderts begann durch die portugiesischen Seefahrer die Verknüpfung mit dem »Atlantischen System« Europas und Amerikas. Die über Tausende von Kilometern reichenden Verbindungen entlang des Niger bildeten eine großräumige West-Ost-Achse. Ökonomische und politische Verbindungen zwischen den verschiedenen ökologischen Zonen von Küste, Wald, Savanne und dem semiariden Sahararand des Sahel prägten ebenfalls diese Welt.

In Zentralafrika waren die meisten Regionen bis zum 19. Jahrhundert von den beiden Weltmeeren abgeschlossen. Der portugiesische Einfluss in Teilen Mosambiks reichte nicht aus, die politische Barriere des großen Rozwi-Reiches im künftigen Simbabwe zu durchdringen, so dass die Gesellschaften Zentralafrikas keine Verbindung zum Indischen Ozean hatten. Die portugiesische Herrschaft in Angola, von Luanda aus, zielte auf die Kontrolle der Königreiche des Kongo, das damit früh in den Sog des atlantischen Systems geriet. In Angola selbst beschränkten sich die portugiesischen Aktivitäten im Sklavenhandel auf die Hochländer, so dass die Niederungen der Nebenflüsse des Kongo-Flusssystems vom Atlantik abgeschlossen blieben. Die politische Dynamik Zentralafrikas war stark beeinflusst vom Zugang zu den Rohstoffen, Kupfer und Eisenerz sowie Salzpfannen. Ein Netz von Märkten zum Austausch von diesen Rohstoffen, Nahrungsmitteln und Kleidung verknüpfte die ökologischen Zonen. An den Knotenpunkten des Fernhandels entstanden Städte als Sitze von königlichen Familien.

Für Ostafrika war für die Kulturen der Küste von Mogadischu in Somalia bis Sofala in Mosambik der Indische Ozean von großer Bedeutung. Zum Persischen Golf, Oman, Indien und ebenso China bestanden Handelsbeziehungen. Auch hier bildete eine Kette von Städten den Kontakt zu den Bevölkerungen der Küstenzone. Trotz einiger Vorläufer wurde besonders nach 1820 mit Großkarawanen das Hinterland

---

1 Gerd Spittler, mündliche Mitteilung.

https://doi.org/10.1515/9783110452020-002

der Region angeschlossen. Bis dahin existierten die Regionen nördlich des Victoria-Sees und im inneren Ostafrika ohne die Verbindung zum Indischen Ozean. Dort entstanden ausgeprägte Feudalstaaten. Die große Mehrzahl der Gesellschaften existierte in relativer Autonomie, hatte aber stets vielfältige Netzwerke entwickelt, die überregionales Bewusstsein begründeten.

Im südlichen Afrika entwickelte sich eine Welt von Gewalträumen, in denen die Siedler von Kapstadt aus nach Norden und Osten expandierten. In den Grenzzonen entstanden Gewalträume. Es bildete sich eine turbulente »Frontier« mit meist interethnisch zusammengesetzten Gruppen aus. Demgegenüber entwickelte sich die Welt der entstehenden afrikanischen Staaten im nördlichen Teil des südlichen Afrika. An der Wende zum 19. Jahrhundert begann die Zulu-Expansion, so dass ein weiterer Gewaltraum entstand. An der Küste des Indischen Ozeans schoben sich die Siedler in Kriegen vor, die ein Jahrhundert andauerten. Die afrikanischen Königreiche des Nordens gerieten durch die britische Besetzung Natals seit 1840 und die Gründungen der Burenrepubliken seit dem großen Treck nach 1836 unter kolonialen Druck. Sklaverei war in der Kapkolonie bis ins 19. Jahrhundert ein zentraler Aspekt der Siedlergesellschaft. Daraus sollte sich die rassistische Arbeitsverfassung und Praxis entwickeln. Mit der Mineral Revolution der Diamanten- und Goldfunde entstand eine ökonomische und politische Hegemonie, die weite Teile Zentralafrikas im 20. Jahrhundert in ihren Bann zog.

Die Gesellschaften der Mittelmeerküste und die Anrainer des Roten Meeres bildeten eine Zone jenseits der Großregionen. Sie war von der starken Präsenz des Osmanischen Reiches und der arabischen Welt beeinflusst. Die Ausnahme bildete Äthiopien, in dem sich nach Abwehr der islamischen Invasion die Monarchie, der Adel und der Klerus der Orthodoxen Kirche der Amharen mit dem Konzept eines Groß-Äthiopiens als Feudalsystem an der Macht hielten.

Der Kolonialismus hat neue großregionale Dimensionen hervorgebracht, in denen sich die vorkolonialen Welten in vieler Hinsicht widerspiegeln.

Großräumigkeit und Autonomie: Ein Spezifikum afrikanischer Entwicklung

Auch in Afrikas Welten existierte eine vielfältige Autonomie kleiner Gruppen, wie sie Agrargesellschaften kennzeichnet. Eine wichtige These dieses Buches ist, dass die Autonomie durch Netzwerke und Einflüsse von Herrschaftsbildungen immer wieder begrenzt wurde. Die Vernetzungen entwickelten sich auf der Basis von Kinship-Beziehungen, die Teil von größeren Klanverbänden waren. Für viele Gruppen waren trotz der Bedeutung der Zugehörigkeit zu Lineages interethnische Verbindungen für die soziale Sicherheit von großer Bedeutung. Viele Ehen wurden aus strategischen Überlegungen geschlossen. Bei Flucht und Vertreibung drohte soziale Isolation durch den Verlust der Angehörigen. Dies konnte bei Hungerkatastrophen oder Seuchen eintreten, bei Kriegsgefangenschaft oder bei der Verschleppung von

Frauen. Viele Einzelne wurden als Abhängige in fremde Haushalte aufgenommen. Abhängige um sich zu sammeln, war der Hauptweg zum sozialen Aufstieg und zur Macht.

Die Ausweitung des atlantischen Sklavenhandels in Westafrika und im 19. Jahrhundert in Ost- und Zentralafrika verstärkte diese Tendenz, weil viele Sklaven schon von Haushalten erworben wurden, bevor sie die Küste erreichten. Wer ohne Verwandtschaft in einem Haushalt lebte, war »lineagefrei« geworden, konnte aber unter Umständen auch in die neue Lineage, wenn auch mit geringerem Status, integriert werden.

Frauen, die als Konkubinen von Herren Kinder bekamen, konnten Mitglied des Haushaltes werden. Da überwiegend Männer über den Atlantik transportiert wurden, nahm Polygamie zu, die sich in der Regel Wohlhabende leisten konnten. Dann war die Hauptfrau Herrin über die anderen Frauen.

Diese Abhängigkeiten bestanden in allen Großregionen, selbst dort, wo bis in die Mitte des 19. Jahrhunderts kein Sklavenhandel existierte. Es sind die Verwundbarkeit und die Krisenanfälligkeit der ländlichen Gesellschaften, die diese soziale Dynamik der Vereinzelung und die lange Tradition von Abhängigkeit schufen. Es konnte sich um 30 oder gar 50 % der Bevölkerung handeln. Auch vor dem Sklavenhandel wurden oft Kriegsgefangene in Abhängigkeit gebracht und der Krieg wurde unter Umständen aus diesem Grund provoziert. Diese Form der Bildung großer Haushalte war eine zentrale Bedingung dafür, dass Adel in Afrika in allen Welten verbreitet war. Anders als in Europa waren nicht das Land und dessen Leute das Mittel der Kontrolle, sondern die direkte Gewalt über Leute. Der Zugang zu Feuerwaffen über den Handel verstärkte die Macht der Herren und der Usurpatoren enorm.

Die Weiterentwicklung der Agrarproduktion seit Einführung der lateinamerikanischen Nutzpflanzen vor allem durch brasilianische Händler und Anfänge der Produktion von Kolonialwaren für den Export verstärkten in manchen Regionen die bäuerliche Wirtschaft, in der sich auch entflohene Sklaven zu emanzipieren versuchten.

Im 18. und 19. Jahrhundert verfestigten sich die Netzwerke von Dörfern untereinander und schufen Verpflichtungen, die ihre politische Autonomie einengten und auch Abhängigkeiten entstehen ließen. Städte kontrollierten mit ihrer militärischen Macht viele umliegende Dörfer. Sie gehörten oft aufeinanderfolgenden Staaten an.

Die großen überregionalen Märkte wurden von Königen und ihren bewaffneten Boten kontrolliert. Gebühren oder Tribute waren wichtige Einnahmen. Auch Chiefs kontrollierten Handelswege. Händler mussten ihre Ware sichern. Sie schlossen oft strategische Ehen und/oder Freundschaftsverträge mit einflussreichen Leuten. Diese wurden oft durch Blutsbrüderschaft besiegelt. Damit war man Teil der Verwandtschaft. So blieben die Warenlager geschützt oder der Wegezoll wurde gemindert. Karawanen wurden von bewaffneten Leuten gesichert.

Dieses Spannungsfeld zwischen Autonomie und Vernetzung bestand auch im religiösen Bereich. Die islamische Welt Westafrikas durchlief sehr unterschiedliche Phasen. Die großen Bruderschaften in den Oasen der Sahara und in Marokko repräsentierten unterschiedliche Strömungen. Die Radikalisierung des Islam durch die Wahhabiten auf der arabischen Halbinsel erreichte nach ihrer Eroberung Mekkas 1815 auch Westafrika und den Sudan. Spannungen mit den animistischen Kulten blieben bestehen.

Adelige und königliche Klans bezogen, nach Annahme des Islam, ihre Legitimität dennoch aus den alten Kulten. In Zentralafrika wurden im Prozess der Expansionen auch Kulte und deren Symbole übertragen. In Ostafrika war die Swahili-Kultur islamisch und zugleich kosmopolitisch. Der Kiganda-Kult in Uganda konkurrierte bei Hofe und den großen Adelsgeschlechtern mit islamischen und christlichen Einflüssen.

Die beiden Universalreligionen waren für Begründer von Staaten und ihre Dynastien ein wichtiges Mittel, sich aus den Abhängigkeiten der Klanbeziehungen zu emanzipieren. Sie mussten aber zugleich die Königskulte berücksichtigen. Im Königreich des Kongo spielten die großen Orden der Kapuziner, der Dominikaner und der Jesuiten eine erhebliche Rolle bei der Konkurrenz zwischen den königlichen Klans. Die Anhäufung von spiritueller Macht durch Kulte, Schreine und konkurrierende christliche Missionen waren eine Quelle der Macht und die Ursache schwerer Konflikte. In Südafrika betonten Priester afrikanischer Kulte unter dem Einfluss des Gottesbildes der christlichen Missionare die Existenz von afrikanischen Hochgöttern.

Die Unsicherheiten der Existenz in den meisten afrikanischen Gesellschaften verstärkten die tiefe Religiosität. Der Islam wurde in Westafrika zu einer, in der Regel enttäuschten, Hoffnung für Bauern und Hirten, als Muslime nicht versklavt werden zu können. Auch diese religiösen Prozesse verstärkten überregionale Bezüge, die sich wiederum mit der Ausweitung von Handelssystemen verstärkten. Auf Krisenzeiten und lange Kriegszeiten reagierten Menschen mit millianistischen Bewegungen. Im 20. Jahrhundert entstanden auch große christliche Erweckungsbewegungen.

Weil die Bildung großer Kolonialreiche mit vielen einzelnen Kolonien sich auf kolonialpolitische Konzepte überregional auswirkte, wird mit der Behandlung des Kolonialismus im 20. Jahrhundert und für die Periode der Dekolonisation nach Kontinuitäten mit den vorkolonialen Welten gefragt und danach, was unter den neuen Bedingungen weiter bestand. Da die neue Form der aufgezwungenen Verstaatlichung die Großregionen veränderte, wird das Organisationsprinzip, afrikanische Welten zu behandeln, für das 20. Jahrhundert aufgegeben und es werden die gesamtafrikanischen Prozesse betrachtet. Die Kontinuitäten zu den afrikanischen Welten werden aber weiterverfolgt. In gewisser Weise waren die Kolonialreiche Großregionen eigener Art. Viele kolonialpolitische Konzepte wurden überall angewandt, aber immer stärker setzte sich die einzelstaatliche Perspektive durch. Dabei wird ein scheinbarer Widerspruch thematisiert, dass trotzdem die Staaten der Kolonialzeit bestehen blieben. Aber dennoch ist es eine eurozentrische Fehlwahrnehmung, dass die afrikanischen Gesellschaften von ihm überwältigt worden seien. Die Periode der Kontrolle durch große Kolonialreiche war zu kurz und die Kontinuitäten agrargesellschaftlicher Existenz waren zu groß. Die afrikanischen Eliten waren zumindest in dem jeweiligen Kolonialreich miteinander vernetzt. Auch der Gegensatz zwischen den neuen und den alten Eliten, den alle Kolonialherren zugunsten der Stärkung der Positionen der Chiefs für kolonialpolitische Zwecke zu nutzen versuchten, war nicht groß genug, um sie voneinander zu isolieren. Lineage und Klanbeziehungen behielten ihr Eigengewicht. Politisierte Ethnizität wurde zu einem neuen starken Mittel der Mobilisierung trotz panafrikanischer und nationalistischer Ideen. Auch die Entwicklung zu Staaten mit Nationalstaatskonzepten, die große und kleine Völker politisch zu integrieren versuchten, waren mit den alten vorkolonialen Welten und ihren Netzwerken stärker verbunden, als die politologischen Moden suggerierten. Arbeitsmigrationen und große Fluchtbewegungen überwanden regelmäßig staatliche Grenzen und verbanden auch Großregionen miteinander. Und die Auswirkungen der beiden Weltkriege, die Europa nach Afrika trug, hielten sich ohnehin nicht an Grenzen.

Kapitel 1
Die Welt Westafrikas

1 Die späte vorkoloniale Periode vom späten 17. bis zum letzten Drittel des 19. Jahrhunderts

Bei der Betrachtung der westafrikanischen Welt lassen sich, wenn man die Außenbeziehungen zu einem wichtigen Kriterium macht, zwei Phasen unterscheiden, die die räumliche Ausdehnung über fast 4.000 Kilometer bestimmten. Westafrika nördlich der Waldzone war wegen seiner geographischen Lage in mehrfacher Beziehung von den anderen Großregionen unterschieden. Es war viel länger und intensiver durch die Kette seiner Handelsstädte am südlichen Rand der Sahara mit der mittelmeerischen Welt verbunden als Ostafrika mit dem Indischen Ozean. Timbuktu, Gao, Jenne, das Sultanat Gobir, die Städte Kano, Zaria und Kaduna sowie die Staaten Kanem und Bornu waren mit der mittelmeerischen Welt verknüpft. Außerdem nahm das relativ nahe Marokko als starke Militärmacht und als eines der Zentren muslimischer Gelehrsamkeit und Bruderschaften durch sein Interesse in Mauretanien und seine Expansion nach Timbuktu 1591 stets Einfluss, insbesondere auf das nördliche Senegambien.

Abb. 1: Ansicht von Timbuktu (Gemälde, 19. Jahrhundert).

Die großen Reichsbildungen wie Mali, Ghana und Songhai stützten sich vor allem auf den Handel und die Ausfuhr von Gold aus den Goldfeldern der jeweiligen Region. Als

https://doi.org/10.1515/9783110452020-003

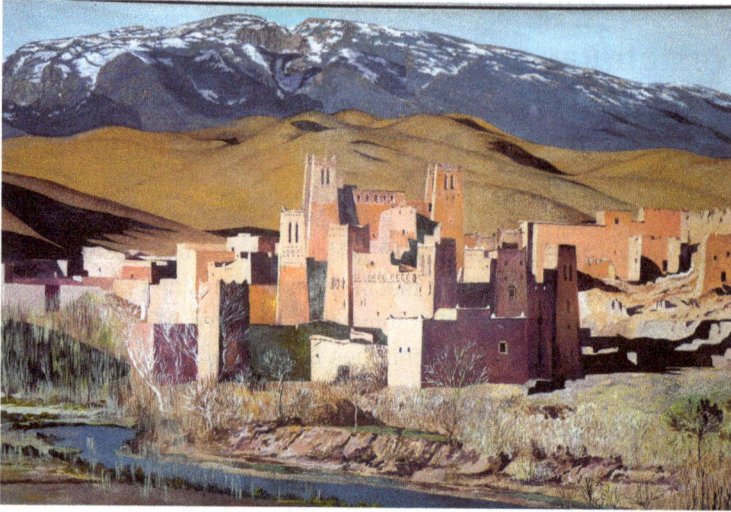

Abb. 2: Stadtansicht von Tafraoute in Südmarokko (Gemälde).

Abb. 3: Rabat, alte Moscheemauer (2017).

Folge des Handels mit Gold, Salz und Sklaven in der einen Richtung, Pferden und edlen Textilien in der anderen breitete sich der Islam seit dem 7. Jahrhundert aus. In den Städten stützte er sich auf die Gemeinschaften der Händler. Es entstand die

Ulema, die Gemeinschaft der islamisch Gebildeten und Gelehrten. Die islamischen Staatsvorstellungen wirkten auf die Höfe ein. Für diese Einflüsse blieb stets die religiöse Entwicklung in Marokko wichtig. Aber auch der Sufismus, der sich in etlichen Oasen der Sahara etabliert hatte, strahlte nach Süden aus, denn die Oasen waren Verbindungsorte für den transsaharischen Handel. Kairo blieb ebenfalls einflussreich als Ausgangspunkt für Kleriker aus dem Sahel für Pilgerfahrten nach Mekka. Religiöse Gelehrte, die aufgrund ethnischer Herkunft und oft mit bewaffnetem Gefolge einflussreich waren, bewegten sich in diesen Räumen. Sie wurden auch Begründer von Staaten.

Der Export des Goldes von den Goldfeldern in Bambuk und Boré am Oberlauf des Gambia sowie von den Akan-Goldfeldern im Bereich des heutigen Ghana war für die Finanzausstattung der Fatimiden und Almoraviden und später für das Osmanische Reich von großer Bedeutung. Diese Goldproduktionsgebiete (Flusswäscherei und 30–60 Meter tiefe Abbaugruben) befanden sich im Wald und damit außerhalb der Einflusszone der großen Reiche und deren Kavallerie. Die Kontrolle der Goldfelder war schwierig und ließ lokale Handlungsmöglichkeiten zu. Allerdings gab es unterschiedliche Tributsysteme und Formen von Landkontrolle. Aus diesen und agrarökonomischen Gründen entstanden in der Waldzone auch kleinere Staaten. Daneben koexistierten viele von der Ökonomie des Waldes und seiner gerodeten Gebiete lebende bäuerliche Gruppen in hoher Autonomie[1].

Die überragende Bedeutung des Goldhandels auf den Sahara-Routen in die muslimische Welt ließ seit dem 16. Jahrhundert nach, weil alternative Quellen von Edelmetallen aus Südosteuropa und in immer größerem Umfang aus Lateinamerika zur Verfügung standen. Bis dahin war der Versuch, Zugang zu den Goldfeldern zu bekommen, ein Motiv der marokkanischen Expansion. Marokko unter der Herrschaft der Almoraviden lag relativ nahe und hatte die Kraft, 1591 sogar Timbuktu zu besiegen und zu erobern. Der Einsatz von Feuerwaffen war ausschlaggebend. Allerdings verselbstständigten sich die marokkanischen Statthalter und wurden Teil dieser Welt des Sahel.

Auch die portugiesischen Fahrten an die westafrikanische Küste im späten 15. Jahrhundert waren auf Kontrolle dieses Goldhandels ausgerichtet und lenkten das Interesse zunächst auf Senegambien. Damals wurden ca. 700 Kilogramm Gold pro Jahr von den Portugiesen transportiert und damit ca. 25 % der regionalen Goldproduktion.

Die Zeit der großen Reiche war an der Wende zum 17. Jahrhundert beendet. Aber es war nicht das Ende von Staatlichkeit in dieser Region. Die Städte und ihr Umfeld blieben wichtige Handelsplätze und wurden Kerne kleinerer Staaten. Die Verbindung nach Marokko und Kairo sowie zu den Oasen blieb erhalten. Die Ost-West-Achse

---

1 Rodney, Walter, »Jihad and Social Revolution in Futa Djalon in the 18th Century«, in: Journal of the Historical Society of Nigeria, 4.6.1968.

entlang des Sahararandes wurde wichtiger. Das Interesse am Zugang zu den Goldfeldern bestand weiterhin. Die Kontinuitäten in der Region auch nach dem Verfall
der Großreiche blieben erhalten. Die Städte waren stets Mittelpunkt von Nachfolger-
staaten. Die Vorstellung eines völligen Bruches mit den Entwicklungen im hohen Mittelalter Westafrikas muss aufgegeben werden. Es blieb eine dynamische Welt von
mehreren, in der Regel kleineren Nachfolgestaaten.

Auch die alten Großreiche hatten eher aus Herrschaftskoalitionen bestanden.
Sie bildeten ein Netzwerk von Handelswegen, Städten und Märkten. Herrschende
Familien waren auf Tribute von ländlichen Gesellschaften angewiesen, von denen
ihre spirituelle Legitimität mit abhing. Sie nutzten die Krisen und Verfallszeiten
der großen Reiche, um sich zu verselbstständigen. Nur in Kanem und Bornu blieb
die Herrschaft konstant. Die Entwicklung zu kleineren Staaten fand insbesondere
seit der Mitte des 18. Jahrhunderts statt und setzte sich bis in die Mitte des 19. Jahrhunderts fort. Die islamischen Reformbewegungen des 18. Jahrhunderts intensivierten die Entwicklung. Die Bewegungen standen mit den Reformbewegungen in
der arabischen Welt und den Provinzen des Osmanischen Reiches in Nordafrika in
Verbindung.

Die Intensivierung des atlantischen Sklavenhandels im 18. Jahrhundert wurde
bei diesen Prozessen ein wichtiger neuer Faktor. Er förderte Militarisierung und verursachte Fluchtbewegungen. Ob auch die Struktur der internen Sklaverei, die sich
von den älteren Formen der Schuldknechtschaft und der Sanktion für Vergehen gelöst hatte, neue Formen annahm, ist bezweifelt worden. Lovejoy[2] hatte betont, dass
in der Plantagenökonomie die innere Sklaverei neue institutionalisierte Formen angenommen hätte. Searing[3] ist skeptisch. Er argumentiert, dass gewaltsame Sklaven-
gewinnung mittels Feuerwaffen auch die interne Sklaverei beeinflusst habe, die
ohnehin mit dem Einsatz von Sklaven bei der Salzgewinnung in der Sahara und dem
Transsaharahandel verknüpft und damit älter als der transatlantische Handel war.

Mit dem Transsaharahandel verbunden waren gleichfalls wichtige militärische Innovationen, weil die mediterrane Welt die Sahelzone und die Savannen mit Reitpferden
versorgte, die in vielen von der Tsetsefliege verseuchten Gebieten nur schwer gezüchtet
werden konnten. Sklaven, die auch mit Kommandogewalt ausgestattet waren, spielten
in der Militärorganisation eine wichtige Rolle. Diese Sklavenarmeen waren dem Muster
der osmanischen Armee nachgebildet und prägten insbesondere die küstennahen Staaten wie Kayor, Kaabu und andere. Sie wurden »Ceddo« genannt.

---

2 Lovejoy, Paul, »Transformations of Slavery«, Cambridge 1981.
3 Beste Darstellung der Entwicklung Senegambiens seit dem 15. Jahrhundert: Barry, Boubacar, »Senegambia and the Atlantic Slave Trade«, Cambridge 1998, Übersetzung aus dem Französischen,
Paris 1988. Vgl. auch die wichtigen und korrigierenden Bücher: Searing, James F., »West African
Slavery and Atlantic Commerce: The Senegal River Valley, 1700–1860«, Cambridge 1993 und Searing, James F., »God Alone is King: Islam and Emancipation in Senegal. The Wolof Kingdoms of Kajoor and Bawol, 1859–1914«, Portsmouth, NH, 2002.

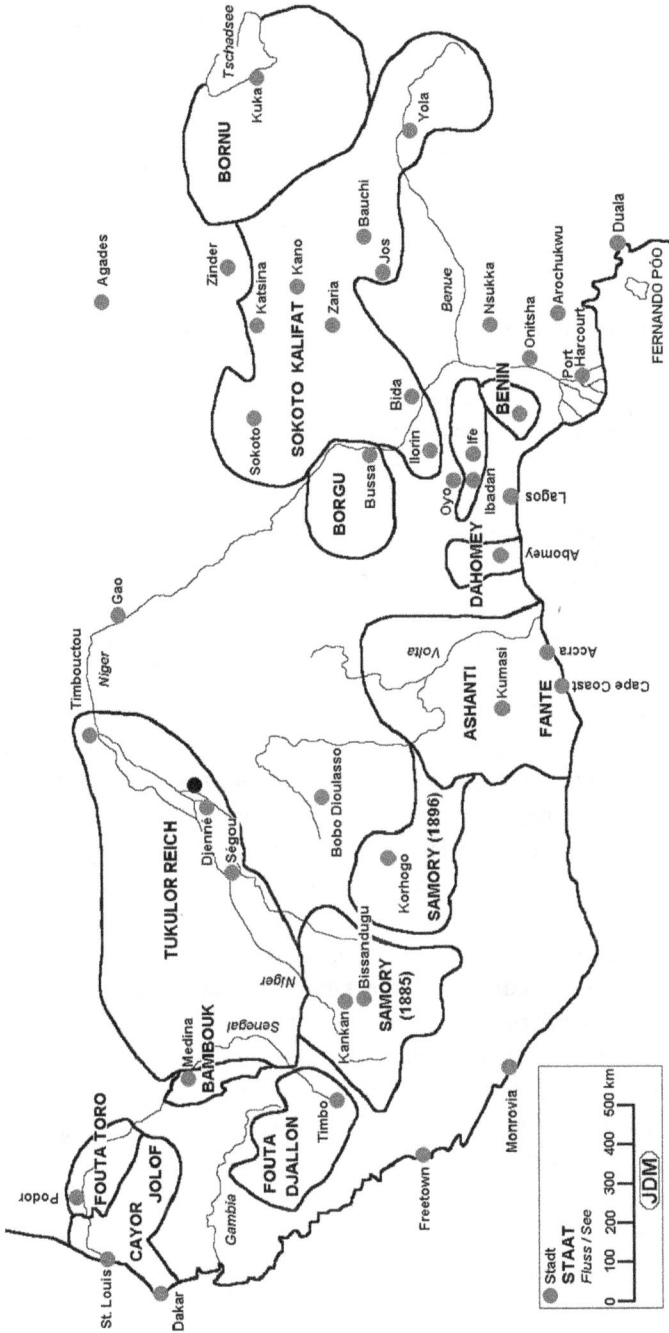

Karte 2: Westafrika im 18. und 19. Jahrhundert.

Die Transsaharabeziehung war aber nicht das Einzige, was der Großregion das Gepräge gab. Staatskerne entstanden nicht nur durch die Reichsbildungen um die Goldfelder wie das alte Ghana, Songhai und Mali und deren kleinere Nachfolger. Frühe Staatlichkeit wurde auch durch die internen Handelsbeziehungen ermöglicht, die sich aus der Nutzung der unterschiedlichen ökologischen Zonen ergaben. Das galt für die Verbindung der Leute an der Küste zu den Produzenten im Wald. Fisch und Salz wurden gegen Produkte des Waldes ausgetauscht. Dazu gehörten die Yamsproduktion und das Sammeln von Kolanüssen. Diese Güter eigneten sich auch für den Handel mit dem Norden.

Die Savannen mit ihrem Getreide und ihrer Viehwirtschaft ermöglichten vielfältige Beziehungen. Die Städte am Rande des Sahel hatten neben den Gütern aus dem Transsaharahandel auch das Steinsalz aus der Sahara als Handelsgut, das von Sklaven unter den härtesten Arbeits- und Lebensbedingungen gebrochen und transportiert wurde. Die Handwerkergilden der Städte produzierten die Baumwolltuche und färbten sie. Sie stellten Werkzeuge her oder entwickelten die von den Höfen gewünschten Güter und Musikinstrumente, sofern Luxusgüter nicht aus Nordafrika importiert wurden. Eisen, Kupfer und Zinn wurden von spezialisierten Schmiedeklans produziert und gehandelt.

Die Binnenstruktur dieser Welt war im Westen durch die tief ins Hinterland reichenden Flusssysteme des Senegal und des Gambia geprägt, die durch kurze Überlandwege mit dem inneren Flussdelta des Niger verbunden waren. Weit im Osten bildete der Niger mit seinem großen Mündungsdelta den Anschluss zum Atlantik, vor allem über die ausgedehnte Lagunenkette entlang der Küste bis nach Lagos.

Migrationen schufen weitere regionale Netzwerke. Vor allem die Transhumanz der Fulbe-Hirten, aber auch Migrationen von Fulbe-Ackerbauern entlang der Sahelzone reichten bis nach Kamerun. Ausgehend von Siedlungsgebieten im mittleren Senegaltal hatten sie ca. 1300 den Tschad-See erreicht und damit 4.000 Kilometer überwunden. Auf dem Wege dorthin bildeten sich immer wieder kleinere Staatskerne.

Ihre islamisch gebildeten Gelehrten formten eine Schlüsselgruppe, die nicht nur die Staaten im Westen, sondern auch die Stadtstaaten am Sahelrand politisch und religiös beeinflusste. Trotz der langen Migrationsperiode blieb die sprachliche Einheit weitgehend und nur mit geringen Dialektvarianten erhalten.

Auch die von islamischen Reformvorstellungen geprägte Gründung des großen Sokoto-Sultanats in Nordnigeria an der Wende vom 18. zum 19. Jahrhundert steht im Zusammenhang dieser Migrationsprozesse. Ihnen waren ähnliche staatliche Entwicklungen in Senegambien vorangegangen.

Zur Fragmentierung und Verlagerung von Zentren trug ein Klimawandel bei. Parallel zur europäischen »Kleinen Eiszeit«[4] (1600–1750) kam es im Sahel zu Perioden

---

4 Behringer, Wolfgang, »Kulturgeschichte des Klimas: Von der Eiszeit bis zur globalen Erwärmung«, 2. Auflage, München 2007, S. 117–196; Barry, »Senegambia«, S. 111 f.

sehr unregelmäßigen Regenfalls und extremen Trockenzeiten, die Hungerkrisen und Seuchen verursachten. Die Trockenzeiten der 1590er Jahre, 1639–1643 und 1738–1756 sowie erneut 1768[5] entwickelten sich zu Katastrophen, die nach manchen Angaben fast der Hälfte der Bevölkerung den Tod brachten. Überlebende wurden in die Flucht gezwungen[6].

Die Viehhirten übten in dieser Bedrohung aggressiven Druck auf die Menschen in der Savannenzone aus. Zentren wie Timbuktu gerieten zeitweise unter nomadische Kontrolle. Rivalitäten zwischen den nomadischen Gruppen wurden letztlich von den Tuareg zur Ausbildung einer Art nomadischer Hegemonie genutzt.

2 Senegambien seit dem 16. Jahrhundert

Bei aller Bedeutung des Handelssystems des Sahel zeigt Senegambien[7] eine Sonderentwicklung, weil es von der Abgrenzung und Abwehr der islamischen Welt des Sahel und Mauretaniens beeinflusst wurde und dennoch Atlantik und das Landesinnere verband.

Es ist eine Teilregion von großer agrarischer Produktivität und Teil zweier Handelssysteme. Zwischen dem Sahel und der Küste des Atlantiks wurde mit Salz und Vieh, Lederwaren, Kolanüssen und Trockenfisch gehandelt. Die Handelsnetze schlossen auch den Goldhandel ein.

Dieser Handel bestand, bevor die Portugiesen ab dem Ende des 15. Jahrhunderts die transatlantischen Verbindungen begründeten. Weniger deutlich ist, ob der spätere Handel auch mit Europa die politischen Prozesse gefördert hat, da die europäischen, die lusoafrikanischen und die frankoafrikanischen Händler überwiegend Teil der lokalen Handelssysteme waren. Selbst die spätere militärische Präsenz der Franzosen reichte lange nicht aus, das System wirksam zu verändern.

In Senegambien konnten in einigen Regionen berittene Krieger eingesetzt und Kavallerie entwickelt werden. Zu Marokko und Mauretanien bestand eine weitere Verbindung. Marokko nahm Interessen in den Gebieten Mauretaniens militärisch wahr. Das führte dazu, dass Pferde und Feuerwaffen früh eingeführt wurden[8], bevor sich die Europäer am Waffenhandel beteiligten. Anfangs konnte daran angeknüpft werden, dass die vor vielen Kämpfen im Sahel in die Küstenzonen geflüchtete Bevölkerung mit nur kleinen Familienverbänden dem Adel ausgeliefert war. Die bewaffneten

---

5 Barry, »Senegambia«, S. 111 f.
6 Searing, »West African Slavery«. Searing betont den Klimawandel, während Martin Klein argumentiert, dass Bevölkerung, Verdichtung und das Roden der Wälder zu Trockenheiten und Hungerkrisen beigetragen hätten. Beide Positionen sind miteinander vereinbar. Klein, Martin, »Review von Searing West African Slavery«, in: African Studies Review, Bd. 38, Nr. 2, 1995, S. 161 f.
7 Barry, »Senegambia«. Vgl. auch Searing, »West African Slavery« und Searing, »God Alone«.
8 Barry, »Senegambia«, S. 89.

Gruppen waren ursprünglich aus Jagdgruppen hervorgegangen, dann aber durch die »Ceddo« ersetzt worden[9]. Auch Kanuflotten von den vorgelagerten Inseln drangen in die Flussläufe ein und jagten Menschen.

Die Sklaven der adeligen Güter waren auf die Produktion von Nahrungsmitteln, vor allem Getreide, konzentriert, um die großen aristokratischen Haushalte zu versorgen. Außerdem wurden Getreide, Vieh und Viehprodukte bei den Hirten der westlichen Sahara eingehandelt, so bei den Berbern. Während des atlantischen Sklavenhandels wurde das Getreide auch für den Erwerb europäischer Konsumgüter eingesetzt. Die Sklavenschiffe wurden mit Nahrung versorgt. Den größten Teil der mit den Franzosen in Saint Louis am Beginn des 19. Jahrhunderts gehandelten Waren bildeten die Nahrungsmittel. Gummiarabikum wurde im Laufe des 19. Jahrhunderts ebenfalls ein wichtiges Exportgut, bis Erdnüsse dominierten.

Die Sklaven arbeiteten entweder direkt auf den Feldern der Herren oder in eigenen Dörfern mit hoher Abgabepflicht.

Sklaven hatten sehr unterschiedliche Rollen. Die Mehrheit der Sklaven war Pächter, die in separaten Siedlungen wohnten, andere waren an den Haushalt ihrer Herren gebunden. Sie mussten zwei Drittel ihres Arbeitstages dem Herrn zur Verfügung stellen oder aber sie zahlten sehr belastende Tribute aus der Eigenproduktion.

Diese Statusdifferenzierung ist zentral für die interne Sklaverei in Senegambien gewesen[10]. Unterschiede folgten vor allem dem Generationsprinzip. Wer schon eine Generation lang im Haushalt lebte oder dort geboren wurde, konnte einen höheren Status erreichen als jemand, der neu gekauft worden war. Insofern gab es soziale Aufstiegschancen, die aber auch wieder zurückgenommen werden konnten. Stets stand die Drohung im Raum, jemanden in den alten Status zurückzustoßen oder gar zu verkaufen. Diese Drohung diente der Disziplinierung.

Handwerkliche Tätigkeiten förderten ebenfalls Statusunterschiede. In den langen Trockenzeiten arbeiteten die Haushaltssklaven, statt in der Gartenwirtschaft, als Weber und in anderen Handwerken. Sie mussten die Hälfte ihrer Einkünfte abgeben.

Haushaltssklaven der zweiten oder dritten Generation konnten heiraten und ein Stück Land für den eigenen Gebrauch bekommen. Meistens lebten sie in eigenen Dörfern. Außerdem konnten sie Arbeitspflichten durch Tributzahlungen ersetzen[11]. Das wurde dann relevant, wenn die Sklaven in den aristokratischen Haushalten arbeiteten. Diese Haushalte hatten Hunderte, oft Tausende von Sklaven. Dort wurden Differenzierungen genutzt, um die Machtbalance zwischen Herren und Sklaven zu erhalten.

---

9 Searing, James F., »Aristocrats, Slaves, and Peasants: Power and Dependency in the Wolof States, 1700–1850«, in: International Journal of African Historical Studies, Bd. 21, Nr. 3, 1988, S. 475–503.
10 Einen Teil der Statusvarianten bei Sklaven vergleicht Searing mit dem Status der zweiten Leibeigenen in Osteuropa, ebd. Searing zitiert Peter Colchin, »Unfree Labor: American and Russian Serfdom«, Cambridge 1987.
11 Searing, »Aristocrats«, S. 480.

Searing argumentiert, trotz der ausgeprägten Adelsherrschaft hätten freie Bauern ein soziales Gegengewicht gebildet. Sie versuchten sich dem Druck des Klientelismus der Aristokratien zu entziehen und sich Freiräume zu schaffen. Um der Gefahr der Versklavung zu entgehen, versuchten sie sich durch Unterstützung islamischer Reformbewegungen vor den Ceddo, der Aristokratie und auch der Versklavung zu schützen. Zum Teil erfasste diese Bewegung auch Sklaven, die sich als Wanderarbeiter bei Bauern verdingten und sich so informell emanzipierten[12]. Im 19. Jahrhundert produzierten sie für interne Märkte und für den wachsenden Export nach den Kapverden und Europa.

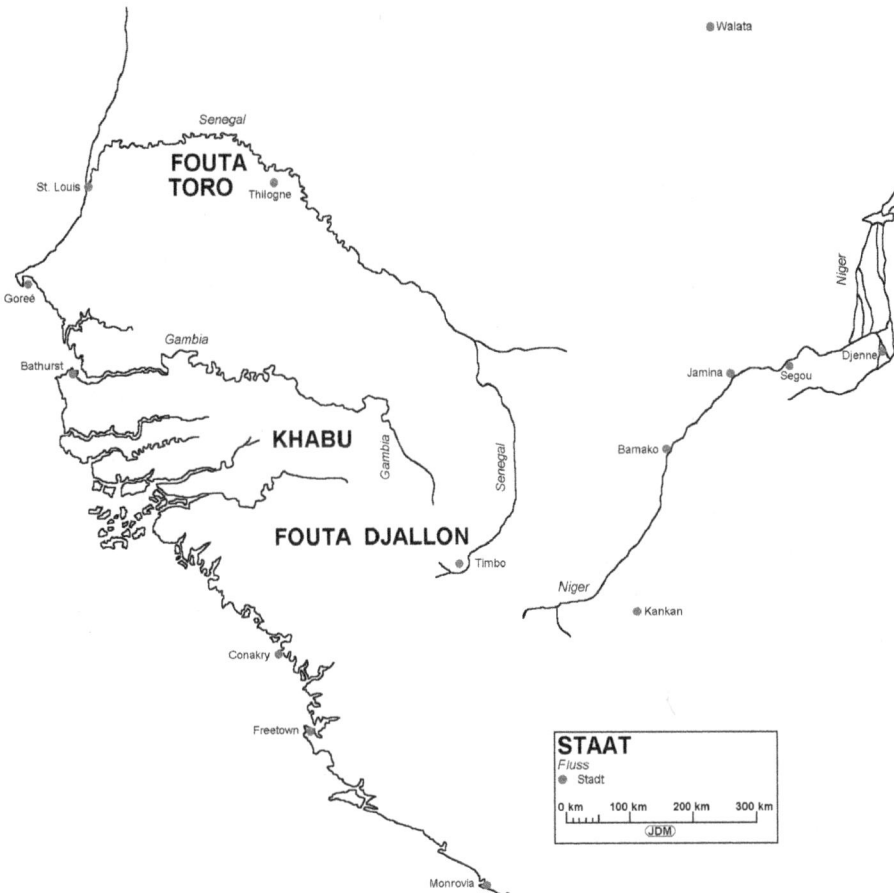

Karte 3: Senegambien im 16.–18. Jahrhundert.

---

12 Ich folge weitgehend den sozialhistorischen Analysen von James F. Searing, die den Schwerpunkt der Argumentation auf die innerafrikanische Dimension dieser Phänomene gelegt haben.

Es entstand eine Staatenwelt, die die besonderen Möglichkeiten der Flusssysteme nutzte, die der Senegal und der Gambia in Verbindung mit dem inneren Delta des Niger bildeten. In deren Überschwemmungsgebieten wurde nasser Reis intensiv angebaut. Die Yamswurzel war eine weitere wichtige Stapelfrucht zusätzlich zur Hirse. Es ist sehr wahrscheinlich, dass für die Machtgrundlage der Aristokratien und der Monarchien neben der hohen Produktivität der wasserreicheren Region auch die Verflechtung mit den Handelskreisläufen wichtig war, die Marokko und Mauretanien zwischen dem Sahel und der Atlantikküste schufen, was die Goldfelder von Bambuk einschloss[13].

Wie im gesamten System des Sahel war in dieser aristokratischen und monarchischen Welt auch in Senegambien Sklaverei eine alte Institution[14]. Zentral für die Adelsherrschaft wurde die komplexe Nutzung von Sklaven. Die Zahl der internen Sklaven überstieg die Zahl der in den transatlantischen Handel gezwungenen Menschen.

Eine der wichtigen Thesen Searings ist, dass die Entwicklung der Aristokratien und der Monarchien hohe Mengen interner Sklaven voraussetzte. Die großen Haushalte der Aristokratie benötigten Sklaven zu ihrer Versorgung. Auch für Senegambien galt die Grundregel für Herrschaftsbildung in Afrika, dass Kontrolle über Leute entscheidend war, weniger die Kontrolle über Land. Die Herausbildung der Aristokratien und die Zentralisierung in Monarchien waren eng mit der umfassenden internen Sklaverei verbunden.

Die Machtgrundlage der Aristokratien dafür wurde mittels der Einfuhr modernisierter Feuerwaffen aus Europa gefestigt. Bei ungleicher Ausrüstung durch den Waffenhandel entstanden Ungleichgewichte und Machtverschiebungen. Es besteht kein Zweifel, dass die modernen Feuerwaffen aus Europa im späten 18. und seit Mitte des 19. Jahrhunderts die Machtverhältnisse erheblich verschoben hatten, bis die militärische Präsenz der Franzosen auch die Flusstäler erreichte. Die militärische Präsenz von Franzosen war kein Hauptgrund für die Entwicklung der Aristokratien, sondern verstärkte Rivalitäten wegen des unterschiedlichen Zugangs zu modernen Waffen. Die Importe der Feuerwaffen waren eher Teil der Krisenlagen in der zweiten Hälfte des 19. Jahrhunderts[15].

---

13 Für die Handelspositionen der Mauretanier und ihre militärischen Übergriffe meist auf Waalo siehe Barry, »Senegambia«, S. 111.

14 Searing und auch Barry wenden sich explizit gegen die vorherrschende These von Lovejoy, dass die Institutionen der Sklavenhaltung, z. B. im Sokoto-Reich, Ergebnis der enormen Ausweitung der Sklaverei durch den atlantischen Handel gewesen seien, sondern sind der Meinung, dass diese alte Formen der aristokratischen Gesellschaften gewesen seien.

15 Ich folge im Wesentlichen der sozialhistorischen Argumentation von Searing, dass sowohl die militärische Überlegenheit der berittenen Truppen als auch die Fähigkeit, den Handel zu besteuern und die Überschüsse von Lebensmitteln für den Handel zu nutzen, die interne Sklaverei enorm ausgeweitet hätten. Searing, »Aristocrats«; Searing, »God Alone« und Searing, »West African Slavery«. Siehe auch die Rezensionen von Klein, »Review« und Robinson, David, »Review: Islam, Cash Crops and Emancipation in Senegal«, in: Journal of African History, Bd. 44, Nr. 1, Cambridge 2003, S. 139–144.

Die Verflechtung von Handelskreisläufen bildete einen wichtigen Teil der Machtgrundlage. Es ist umstritten, ob dem Handel mit Europa eine besondere Bedeutung zukam. Dagegen spricht, dass die Händler der Atlantikküste eher Teil der regionalen Handelsstruktur waren. Die Textilproduktion auf den Kapverden der Lusoafrikaner war diesem afrikanischen Handelssystem zugeordnet.

Die Sklaven innerhalb von Senegambien waren auch an der Versorgung der Küstenbevölkerung und besonders der Küstenstädte und der urbanen, oft lusoafrikanischen oder später frankoafrikanischen Bevölkerung mit Nahrungsmitteln beteiligt. Außerdem wurden Sklaven für die Bewachung der Zwischenstationen des Sklavenhandels und für die Begleitung der Sklaven auf dem Weg an die Küste eingesetzt. Viele handwerkliche Arbeiten, so die Lederverarbeitung, das Schmiedewesen und die Tuchfärberei, lagen meist in ihren Händen.

Die meisten waren in der Landwirtschaft der Lineages eingesetzt oder arbeiteten in von hohen Abgaben belasteten Sklavendörfern. Die interne Sklaverei und ihre Statusdifferenzierungen waren der aristokratischen Struktur geschuldet[16].

Inwieweit der atlantische Sklavenhandel eine zusätzliche Wirkung hatte, ist umstritten. Sehr wahrscheinlich ist, dass der Abolitionsdruck im 19. Jahrhundert die interne Sklaverei steigerte.

Durch Abkommen mit den Bruderschaften der Mouriden kam es im nördlichen Senegambien zu einer ökonomisch fundierten Machtbalance mit der monarchischen Herrschaft und später den französischen Kolonialherren. Dadurch entstand keine islamische Jihad-Bewegung wie in Futa Jalon und Nachbargebieten.

Geschichte 1 – Bericht über eine Sklavenplantage 1685

Zur Illustration der Arbeitsverhältnisse auf den adeligen Gütern zitiert Searing den Bericht von Michel Jajolet de la Courbe von 1685[17]; der ein adeliges Landgut besucht hatte:

> »Ich fand ihn (den adeligen Herrn) in der Mitte seines Feldes, mit seinem Schwert an seiner Seite und seinem Speer in seiner Hand, was seine Leute zur Arbeit anspornte. Es waren mehr als sechzig. Sie waren vollständig nackt. Jeder hielt eine kleine runde Eisenhacke mit einer Klinge zum Schneiden am Ende, die an einem Handgriff befestigt war, was sie dazu nutzten, das Unkraut zu schneiden und gleichzeitig den Boden an der Oberfläche zu bearbeiten. All das wurde durchgeführt beim Klang und Rhythmus der eindrücklichen Musik von sechs ›Griots‹, die Trommeln schlugen und sangen. Es war ein Vergnügen, Menschen bei den Bewegungen zu beobachten, als wären sie besessen, ihre Arbeit beschleunigend oder verlangsamend, wie der Schlag der Trommeln sich intensivierte oder nachließ.«[18]

---

16 Searing, »Aristocrats«; Searing, »God Alone«. Siehe auch die Rezensionen von Klein, »Review« und Robinson, »Review«.
17 Searing, »Aristocrats«, S. 477.
18 Ebd., Übersetzung Bley.

3 Prozesse der Verbäuerlichung

Searing betont, dass zumindest seit dem späten 18. und im 19. Jahrhundert eine Verbäuerlichung (»Peasantisation«) stattfand, was bedeutete, dass immer mehr Agrarproduzenten einen wichtigen Teil ihrer Ernte auf Märkte brachten oder als Tribute an die Aristokratien und Monarchen abgeben mussten. Insbesondere begannen sie für den Export zu produzieren und belieferten die darauf spezialisierten Händler. »Bauern« waren sie, weil sie damit nicht mehr ausschließlich oder überwiegend auf die Eigenversorgung (Subsistenz) angewiesen waren. Dies verstärkte sich in dem Maße, als auch die bäuerliche Wirtschaft Arbeitskräfte nutzte, die nicht Familienangehörige waren. In ihren neu gegründeten Dörfern nutzten sie dafür Sklaven, die sich als Wanderarbeiter verdingten und auf diesem Wege die Emanzipation anstrebten. Der Adel war daran in gewissem Umfang beteiligt, weil er Pachtverträge über Land gegen Ernteanteile oder Arbeitszeit vergab und Steuern durch »Ceddo« als Beauftragte abschöpfte. Die Bauern bekamen die Möglichkeit, für den Export geeignete Nutzpflanzen anzubauen, und gründeten dafür neue Dörfer, um sich dem aristokratischen Druck und den »Ceddo« zu entziehen. Damit wurde das »old Regime« dennoch enorm geschwächt. Auch die mouridischen Bruderschaften im Gebiet der Wolof beschützten und ermunterten diese bäuerliche Produktion und arrangierten sich nach und nach mit der allmählich wirksameren französischen Herrschaft, da z. B. Erdnüsse als Kolonialwaren begehrt waren[19].

4 Die Sklavenkrieger der Ceddo und Monarchien

Eine Sonderentwicklung war im gesamten Senegambien zu beobachten, als Aristokratien und vor allem die Monarchien Militärsklaven einsetzten, die privilegiert wurden. Sie agierten zunächst als Krieger, beaufsichtigten die Sklaven bei der Feldarbeit, trieben Tribute und die Steuern bei Händlern und auf Märkten ein. Urteile über die »Ceddo« fallen in der Literatur sehr unterschiedlich aus. Sie werden etwa als Teil des monarchischen und aristokratischen Systems mit starker Einbettung in die Monarchie gesehen. Trotz allen Verselbstständigungstendenzen sei ihr Sklavenstatus betont worden, so z. B., wenn in ihren Wohnhäusern ein eisernes Symbol befestigt sein musste, das an den Sklavenstatus erinnern sollte. Von anderen zeitgenössischen Beobachtern, meist Europäern und insbesondere französischen Offizieren, wurden sie als unkontrollierte Warlords beschrieben, die eigenständig operierten. Es wird betont, dass sie einem de facto gegen den Islam gerichteten demonstrativen Alkoholkonsum frönten und sich dabei, beeinflusst durch extrem zugespitztes militärisches Ethos,

---

19 Searings Charakterisierung ebd., S. 482.

brutalisierten. Ihre Gewaltpraxis destabilisierte langfristig das Staatensystem in Senegambien.

In den Monarchien bildeten diese Militärs große Verbände, die in internen Konflikten eingesetzt wurden. Sie sicherten die Nordgrenze gegen Mauretanien ab und gingen zu Sklavenjagden über. Diese »Ceddo«-Armeen verselbstständigten sich unter Heerführern und wurden zu einem schwer kontrollierbaren Faktor sowohl in den Wolof-Staaten als auch in Kaabu. Sie hatten wichtige Hofämter inne und beeinflussten die Herrschaftssymbolik durch Kontrolle der Sänger, der »Griots«, die mit Preisliedern die monarchische Herrschaft zu stabilisieren versuchten. Zudem griffen sie in die Nachfolgekonflikte ein.

Mit dem Verbot des transatlantischen Sklavenhandels stieg die interne Sklaverei an. Sie erhöhte die Militarisierung der »old Regimes« in den Wolof-Staaten. In Kaabu steigerten die Vielzahl der Kämpfe und die rücksichtslose Herrschaft der »Ceddo« die Krise des Systems. Es handelte sich hierbei um eine Reaktion auf das Ende des atlantischen Sklavenhandels. Die gewalttätige und willkürliche »Ceddo«-Herrschaft und ihre verstärkten Sklavenjagden führten zu einer Systemkrise im 19. Jahrhundert. Unter dem Druck auch der Antisklavereibewegung und der wiederholten britischen Okkupation Senegambiens, aber auch wegen der Antisklavereigesetzgebung während der Französischen Revolution und später der endgültigen Abolition nach 1848 setzten sich Agrarprodukte für den Export durch. Sie waren der Ersatz für den erschwerten Sklavenhandel. Wichtig wurde außerdem Gummiarabikum aus den Wäldern, vor allem aber der Erdnussanbau. Für diesen Anbau wurden Sklaven eingesetzt.

5 Die Staaten der Wolof und Kaabu

Im Norden von Senegambien, dort, wo der Senegal und der Gambia den Atlantik erreichten, bildete sich die Staatenwelt der Wolof mit ihren Königreichen Waalo und Kayor aus[20]. Die ausgeprägten Aristokratien entstanden, weil in beiden Regionen des südlichen und nördlichen Senegambien berittene Krieger eingesetzt und Kavallerie entwickelt werden konnte. Die Verbindungen zu Marokko, das seine Interessen besonders in den Gebieten Mauretaniens militärisch wahrnahm, führten dazu, dass neben Pferden auch Feuerwaffen früh eingeführt worden waren, bevor sich die Europäer am Waffenhandel beteiligten.

Die Wolof-Staaten militarisierten sich mit ihren »Ceddo«-Armeen auch deshalb, weil es eine bedrohte Grenzregion mit Mauretanien gab und diese Armeen auch zu deren Absicherung eingesetzt wurden. Der Zugang zu Feuerwaffen, Pferden und zu

---

20 Searing, »Aristocrats«; Searing, »God Alone«.

Sklaven, die militärisch genutzt wurden, stärkte die Herrschaft der rivalisierenden aristokratischen Gruppen untereinander und zwischen den Monarchien[21]. Dies erfolgte bereits vor Beginn des atlantischen Sklavenhandels.

Konflikte entstanden auch, weil die Nachfolgefragen schwer zu lösen waren. In den meist matrilinear geprägten Nachfolgeregelungen standen oft mehrere Prätendenten gegeneinander, was zu inneren Kriegen oder Einmischungen der Nachbarstaaten führte. In diesen Kriegen litt die bäuerliche Bevölkerung, so dass umfassende Fluchtbewegungen und auch Vereinzelung von kleinen Lineages sie bedrohten und der Gefahr der Versklavung aussetzten.

Das Großreich Mali hatte bis zum Anfang des 16. Jahrhunderts Kaabu als Provinz kontrolliert[22]. Kaabu entwickelte sich im 16. Jahrhundert zu einer von den Nyaanco als Gruppe königlicher Klans getragenen Monarchie. Sie war als eine Konföderation von dreißig Provinzen organisiert. Die königliche Macht rotierte zwischen den Häuptern dreier Nyaanco-Provinzen. Der jeweilige König, »Mansa«, hatte Residenzpflicht in der Hauptstadt Kansala außerhalb seiner Provinz. Zur Machtbalance trug bei, dass der Erste Minister aus einer anderen Provinz stammen musste. Die Thronfolge war matrilinear geregelt, gewöhnlich trat der Bruder der Königinmutter die Nachfolge an. Der Höhepunkt der Macht wurde im 16. und 17. Jahrhundert erreicht. Sie beruhte darauf, dass die Monarchie sich militarisierte. Zunächst militarisierten sich Jagdgruppen der Klans. Aber auch in Kaabu kam es zur Bildung von »Ceddo«-Armeen, seitdem die Nyaanco zum Sklavenhandel übergegangen waren[23].

Kaabu beherrschte das Quellgebiet der drei Flüsse des Gambia, des Senegal und des Niger, die außerordentlich wasserreich waren, außerdem das Hochplateau Futa Jalon. Es war zunächst noch eine Provinz Malis, seit 1537 aber davon losgelöst. Kaabu entwickelte, wie die benachbarten Gebiete, Aristokratien und verfügte aufgrund der Verbindung zu Mali über Pferde.

Seine Ökonomie verband den Atlantik mit internen Märkten und dem Sahel[24]. In den Überflutungsgebieten der Flüsse war Reisanbau möglich[25]. Hirse diente als weitere Stapelfrucht. Mandinge- und Fulbe-Immigranten koexistierten. Die Atlantikküste wurde für den Handel genutzt, um Salz und Kolanüsse zu erwerben. Außerdem trieben die Fulbe ihre Viehherden in das Marschland an der Küste. Sie stärkten mit Leder- und Viehhandel ihr pastorales System. Es bestand auch Handelskontakt zu den Goldfeldern von Bambuk. Die harte Herrschaft der Nyaanco-Aristokratie

---

21 Barry, »Senegambia«.
22 Ebd.
23 Ebd., S. 43.
24 Ebd.
25 Vgl. auch Klein, Martin, »The Slave Trade and Decentralized Societies«, in: The Journal of African History, Bd. 42, Nr. 1, 2002, S. 49–65.

bedrängte die Dörfer und verursachte weiträumige Abwanderungen. Eine umfassende soziale Krise im Gebiet entwickelte sich[26].

Die Jihad-Bewegung begann Anfang des 17. Jahrhunderts in Futa Jalon am Oberlauf des Gambia[27]. Futa Jalon und der Nachbarstaat Futa Toro gerieten seit dem 17. Jahrhundert stetig mehr unter die Kontrolle der Fulbe, die aus Masina zuwanderten. In der Schlacht von Talamansa 1725 setzten sich die Fulbe durch und errichteten ein Imanat mit enger Anlehnung an die Scharia. Erster »Alami« wurde Karamokhafa mit Sitz in Timbo. Nach der Ermordung seines Sohnes, der sein Nachfolger geworden war, brachen Kämpfe aus. Die Dynastie zerfiel in zwei Fraktionen[28].

Die Krise wurde verschärft, als Kanuflotten von Leuten der vorgelagerten Inseln in den Gambia eindrangen und ebenfalls Sklaven jagten. Massive Bevölkerungsbewegungen drangen vom Norden in das Gebiet. Agrarische Alternativen zum Sklavenhandel unterminierten die Macht Kaabus[29]. Spannungen innerhalb der Fulbe nahmen zu und verschärften die Militarisierung der Aristokratien und die Konkurrenz durch Warlords steigerte im 18. Jahrhundert den Zerfall[30]. Nach langwierigen Kämpfen zwischen 1851 und 1858 und der Belagerung der Hauptstadt Kansala im Zuge eines Krieges zwischen den aristokratischen Gruppen sowie unter dem Druck der benachbarten Staaten zerbrach der Staat[31].

Griots, die Sänger an den Höfen und Adelssitzen, beklagten in nostalgischem Ton den Untergang:

»This is the place
Where the shaft of black iron
Finished men.
Men counting prayer beads,
Men swinging in gourds of gin-all
Married death here in Kansala
The place of extermination«[32]

Die Krise um Kaabu war eng mit den islamischen Protestbewegungen gegen den ausufernden Sklavenhandel verbunden. Der frühe Ursprung der Jihad-Bewegung in Futa Jalon wird mit der Krise, die die Steigerung des Sklavenhandels mit verursachte, in Verbindung gebracht. Zusätzlich zum innerafrikanischen Handel hatten sich starke Interessen an Geschäften mit europäischen Händlern entwickelt. Dies

---

26 Barry, »Senegambia«, S. 43.
27 Robinson, »The Holy War«, S. 49.
28 Barry, »Senegambia«, Kapitel 7 »Muslim Revolutions in the Eighteenth Century«, S. 94 ff.
29 Ebd., S. 171.
30 Ebd., S. 92.
31 Ebd., S. 170 ff.
32 Ebd., S. 173 f.

steigerte die Rivalitäten mit alteingesessenen Händlerfamilien und setzte die alte Aristokratie unter Druck.

Drei klerikale Staaten, Bundu, Futa Jalon und Futa Toro, entstanden zwischen 1698 und 1767[33]. Sie wurden sämtlich von Klerikern der Fulbe und den ihnen ethnisch und kulturell nahe verwandten Tukulor regiert.

Die Fulbe[34] und Tukulor begannen ihre Migrationsbewegung vom Quellgebiet der drei Flüsse Gambia, Senegal und Niger im Hochland von Guinea aus und überwanden im Laufe der Zeit große Distanzen. Wie sich aus der Kommunikation zwischen den Klerikern schließen lässt, hielten sie dabei weiter Kontakt untereinander.

Während der Zeit des intensiven Sklavenhandels boten sie mit dem Versprechen, den Islam zu erneuern, den bedrohten Menschen eine Zuflucht im Islam, weil freie Muslime nicht versklavt werden durften – zumindest nicht von Christen und Europäern, was allerdings immer wieder durchbrochen wurde.

Da der Sklavenhandel mit Europa auch die interne Sklaverei stark vergrößerte, entstanden neue Chancen für Gefolgschaftsbildung, wobei Sklaven nicht nur als Abhängige, sondern auch als begehrte handwerkliche Fachkräfte und als lineagefreie Krieger die Gefolgschaft steigerten. Willis[35] verweist überzeugend auf den Charakter der Torodbe-Klerikerfamilien, die aus Unterschichten stammend, trotz ihrer Fulbe-Zugehörigkeit sowohl Mandinge als auch vor allem Sklaven integrierten und teilweise auch in die Freiheit entließen. Diese Faktoren verstärkten sich in den ersten Jahrzehnten des 19. Jahrhunderts, als zunächst Briten bis 1817, dann hauptsächlich französisches Militär und die Händler von Saint Louis vermehrt in den Handel des Hinterlandes eingriffen. Sie stützten sich auf bewaffnete Kanonenboote auf dem Senegal und Gambia und bauten Forts an den Flüssen.

6 Jihads und islamische Staatenbildungen im 18. und 19. Jahrhundert

In Westafrika entwickelte sich das Konzept des Jihad seit dem 17. Jahrhundert in Futa Jalon und führte zur Hegemonie der Fulbe. Die Anlehnung an die militärische Führerschaft Mohammeds wies einen Weg dazu, weil die Reformer den Islam auf seine Ursprünge zurückführen wollten. Monarchen hielten meistens nicht alle Regeln des Islam ein, weil sie den Kontakt zu den kaum oder nicht islamisierten ländlichen Gesellschaften aufrechterhalten wollten und weil ihre Herrschaftslegitimation einschließlich des

---

33 Austen, Ralph, »Sahara: Tausend Jahre Austausch von Ideen und Waren«, Berlin 2012, englische Ausgabe Oxford 2010, S. 111 (dt. Ausgabe).
34 Fulbe werden oft auch Fulani genannt und in Senegambien Peul.
35 Willis, John Ralph, »The Torodbe Clerisy: A Social View«, in: Journal of African History, Bd. 19, Nr. 2, 1978, S. 195–212.

Anspruches auf Tribute vorislamische Grundlagen hatte. Deshalb wurden Beziehungen zu Ahnenkulten und entsprechende spirituelle Regelungen beibehalten.

Dazu trug die herausragende Bedeutung einiger führender Kleriker und Staatengründer wie Umar Tal, Lobbo und Usman dan Fodio und seines Bruders Muhammadu Bello bei.

Vor allem Umar Tal, aus den Hochländern Guineas stammend, erwarb hohes Prestige wegen seiner Pilgerfahrt nach Mekka und wegen der Kontakte zu den Gelehrten in Kairo und der Bruderschaft der Tijaniyya in Marokko, die sich gegen den konservativen Sufi-Orden der Qadiriyya wandte. Wer die Pilgerreise nach Mekka unternommen und als Alhadji erhöhtes religiöses Ansehen erworben hatte, kam in Kairo, Mekka und in den Oasen, den Zentren des mystischen Sufismus, mit den religiösen Strömungen der islamischen Welt in Berührung und ebenso mit den Lehren, die von den Wahhabiten in Südarabien seit der Mitte des 18. Jahrhunderts ausgingen.

Geschichte 2 – Umar Tal und die soziale und politische Revolution in Westafrika

Das Leben von Alhadji Umar Tal, geboren 1796 in Futa Jalon und gestorben 1864 in Bandiagara, einem Ort in Masina, verweist auf wichtige Aspekte der Entwicklung in der Großregion Westafrika[36]. In seiner Person bündelt sich die regionale Vernetzung von Menschen und religiösen Ideen. Seine Biographie lässt erkennen, wie die Jihad-Bewegungen und die Kette der Staatenbildungen und Eroberungen ihren Ausgang nahmen. Er war Teil der allgemeinen Welle der Erneuerungsbewegungen in der islamischen Welt. Im Blick bleiben müssen die sozialen, ökonomischen und auch militärischen Umbrüche. Aus ihnen entwickelten sich wichtige Triebkräfte. Sie beeinflussten die religiösen, politischen und militärischen Aktionen der Kleriker.

Vor dieser Entwicklung in Senegambien hatte Usman dan Fodio seinen Jihad in Nordnigeria zum Erfolg geführt und das Sokoto-Kalifat gegründet. Sein großer Erfolg ermutigte im 19. Jahrhundert eine neue Welle islamischer Staatsbildungen in Senegambien.

Schon in Masina und ähnlichen Staaten waren die Kleriker dazu übergegangen, ihre theologischen Traktate nicht mehr nur in arabischer Sprache, sondern in Tukulor und Fulbe zu verfassen, um die Bauern und Hirten zu erreichen. Auch die neue Staatsgründung, die zum Sokoto-Kalifat führte, erreichte Hirten und Bauern und ebenso die Frauen durch die Predigten in den lokalen Sprachen. Dieses Großereignis wurde bereits vor Antritt der Pilgerreise Umars nach Mekka in Futa Jalon zur Kenntnis genommen und bewundert. Seine Pilgerfahrt nach Mekka führte ihn über Kairo und wohl auch Damaskus. Er war zehn Jahre unterwegs, von 1820–1830. Mekka wurde seit 1814 von den Wahhabiten kontrolliert, deren islamische Reformvorstellungen ihn ebenso

---

36 Rodney, »Jihad«. Siehe auch Rodney, »History of the Upper Guinea Coast: 1545–1800«, London 1970, Reprint New York 1980.

prägten wie übrigens auch die gleichzeitig anwesenden Pilger aus Indonesien. Bereits in Kairo hatte er sich gegen die Lehren der sunnitischen Sufi-Bruderschaft der Qadiri-yya gewandt und die Lehren der Tijaniyya-Bewegung angenommen[37], die er seitdem offensiv vertrat[38].

Umar Tal reiste von Mekka aus nach Sokoto und lebte dort einige Jahre. Mit dem Prestige als Alhadji wurde er dort ein einflussreicher Kleriker. Aber man beachtete auch seine militärstrategischen Ratschläge, die sein Prestige enorm erhöhten, da sie wirkungsvoll bei der Sicherung der nördlichen Außenbereiche des Kalifates waren. Sein hohes Ansehen führte dazu, dass der Bruder von Usman dan Fodio, Bello, als dessen Nachfolger Umar Tal eine seiner Töchter zur Frau gab. Allerdings hielt Bello trotzdem an den Lehren des Qadiriyya-Ordens fest, der nach Coquery-Vidrovitch die konservativen Positionen der Aristokratie repräsentierte, während die Tijaniyya-Bewegung als populistisch, also einfachen Muslimen entsprechend, gekennzeichnet wurde[39].

Umar Tal kehrte über Masina, einen Bambara-Staat, nach Futa Jalon zurück und begann seit 1848 seine Gefolgschaft dort zu organisieren. Zwischen 1848 und 1862 überrollte er mit seinen Truppen aus der Jihad-Bewegung etliche Staatskerne: Futa Toro und Kaarta, ebenfalls ein Bambara-Staat, bis er schließlich auch Masina angriff.

Umar Tal nutzte seine Gefolgschaft, die er seit der Jahrhundertwende um sich versammelt hatte, und marginalisierte die alten führenden Familien sowie die Dynastie der Timbo. Trotz der starken religiösen Dimension Umar Tals und der Jihad-Bewegung, die aus dem reichen Schrifttum der Kleriker der Region abgeleitet wird[40], verweist die Literatur auf wichtige soziale, ökonomische und militärische Faktoren[41].

Erhebliche Bedeutung erlangten im 19. Jahrhundert moderne Feuerwaffen, die – statt der veralteten Musketen mit sehr langen Ladezeiten – verkauft wurden. Umar Tal verwendete doppelläufige Musketen, die leichter von seiner Kavallerie bedient werden konnten. Außerdem gelang es ihm, französische Kanonen zu erbeuten, mit denen er Forts und befestigte Dörfer ohne weitere Belagerung erobern sowie anmarschierende Gegner mit Schrapnellen ausschalten konnte.

Umar Tal knüpfte auch Kontakte zu französischen Offizieren und Händlern aus Saint Louis. Nur Amadu Lobbo, der zwischen 1810 und 1818 einen theokratischen Staat in Masina gegründet hatte und zeitweise sogar Timbuktu und Jenne kontrollierte, akkumulierte offenbar mehr Waffen. Es hieß, dass er 1.500–1.800 Gewehre pro

---

37 Die Bewegung war von Ahmad al-Tijani (1737–1815) in Algerien gegründet worden und strahlte nach Marokko aus. Seine Lehre setzte keine direkten Bezüge zu der langen Kette der gelehrten Schriften wie die des Qadiriyya-Ordens. Siehe Robinson, David, »The Holy War of Umar Tal«, Oxford 1985, vor allem Kapitel 3 »From Pilgrimage to Jihad«, S. 93–95.

38 Coquery-Vidrovitch, Catherine, »Africa and the Africans in the Nineteenth Century: A Turbulent History«, Armonk 2009, Auflage von 2015. Zusammenfassend im Abschnitt »The Tijaniyya Trigger«, S. 49–51.

39 Ebd., S. 51.

40 Siehe die lange Liste dieser Quellentexte bei Robinson, »The Holy War«, S. 376–380.

41 Rodney, Walter, »Jihad«. Siehe auch Rodney, »History«; Willis, »The Torodbe Clerisy«.

Abb. 4: Alhadji Umar Tal (Zeichnung).

Jahr einhandelte. An dieser Feuerkraft scheiterte schließlich auch Umar Tal, als die Höhle mit seinen Pulvervorräten 1864 explodierte und ihn mit in den Tod riss.

7 Der vorislamische Staat der Bambara in Segu

Der Staat der Bambara wurde von der Stadt Segu aus am Ende des 17. Jahrhunderts gegründet. Segu lag südlich nahe der Kette der großen Handelsstädte. Staat und führende Klans waren zunächst nicht islamisch. Die Entwicklung ging von einem Zweig der Malinka aus. Führende Klans reagierten mit verstärkter militärischer und politischer Organisation auf die Ausweitung des Sklavenhandels, der vom Atlantik her und durch die Sahara die Bevölkerung bedrängte. Dazu trug bei, dass immer mehr Sklaven auch von der Aristokratie im Lande gehandelt und genutzt wurden. Es wurde nach Wegen gesucht, die Dörfer zu schützen.

Austen führt die Entwicklung des Bambara-Staates auf eine Adaption der Altersgruppen der jungen Männer in den Dörfern, den »Ton«, zurück, so auch in Segu. Diese Altersgruppen waren ursprünglich darauf ausgerichtet, bei schweren Ernte- und Rodungsarbeiten zu helfen. Sie übernahmen, unter dem Druck der Sklavenjagden und der friedlosen Verhältnisse, immer mehr die Funktion von militärischen Gruppen. Schließlich überwog dieses Charakteristikum.

Unter der Führung des wichtigsten Klans der Coulibaly[42] schlossen sich mehrere Orte zusammen, die eine erhebliche militärische Schlagkraft entwickelten. Sie beteiligten sich seit 1712 unter der Führung von Biton Coulibaly an Sklavenjagden[43]. Er integrierte einen Teil der Sklaven in die »Ton«, die nun permanente Streitkräfte wurden. Sklaven dienten dort als »Tonjon«. Nach dem Tode Bitons übernahm ein führendes Mitglied dieser Tonjon, Ngolo Diarra, ein freigelassener Sklave, 1755 die Macht im Staate und begründete eine neue Dynastie, die bis zum Ende des Bambara-Staates Segu 1861 herrschte. Auf dem Höhepunkt der Macht unter dem Enkel Ngolos, Da Monzon (1808–1827), kontrollierte der Staat von Segu aus wichtige Städte wie Timbuktu, Jenne und Mopti sowie Masina und so einen Teil des alten Mali-Reiches. Sein Ehrenname war, so die mündliche Überlieferung, »Herr der Wasser, Herr der Menschen, Herr des Pulvers und Herr des Eisens«[44].

Diese wichtigen Gebiete gingen in einer Schlacht gegen die Jihadisten aus Masina 1818 verloren, was den Bambara-Staat stark schwächte.

Es mischten sich Kontinuitäten und Neuentwicklungen. Mit der Stadt Segu gab es einen urbanen Kern, der mit dem städtischen System des Sahelrandes verbunden war. Die Malinka waren bereits maßgeblich an der Gründung des Großreiches Mali beteiligt gewesen. Auf dem Höhepunkt der Macht und Ausdehnung wurden Formen dörflicher Organisation transformiert. Als die militarisierten Altersgruppen durch Sklaven aufgefüllt wurden und sich zu ständigen Kriegergruppen wandelten, war die Beschränkung auf Verwandtschaftsbeziehungen als politisches Organisationsprinzip geschwächt und ein der Dynastie verfügbares Instrument geschaffen worden. Die Coulibaly pflegten mit Symbolen des Ahnenkultes ihre spirituelle Führung. Da ihr Klan von einem Sklavenkrieger gegründet worden war, setzte sich damit ein Warlord durch, wenn auch in der Form einer erblichen Dynastie.

Die Herrscher Segus stützten sich auf die Kontrolle von Transportwegen durch Kanus auf dem Niger. Neben dem Sklavenhandel und dem Handel generell hatten sie Zugang zu Schießpulver. Sie konnten es auch selbst herstellen. Außerdem beherrschten sie die Metallurgie zur Reparatur von Gewehren.

Dennoch ging die Zeit vorislamischer Herrschaft dem Ende entgegen. Mit Masina als Zentrum war im inneren Nigerdelta durch Fulbe Anfang des 19. Jahrhunderts ein klerikaler Staat unter Scheich Amadu Lobbo[45] entstanden. Zunächst leiteten die

---

42 Katja Werthmann behandelt sowohl die Dyula als auch die Coulibaly unter dem Aspekt, dass ihre Formierung bereits in der vorkolonialen Zeit stattfand, es sich aber eher um sozioprofessionelle Zuschreibungen handelte. Der Begriff Dyula war eng mit dem Status des Händler verbunden, der der Coulibaly mit dem Status der Krieger. In den Orten wohnten sie in bestimmten Stadtteilen. Werthmann, Katja, »Wer sind die Dyula? Ethnizität und Bürgerkrieg in der Côte d'Ivoire«, in: GIGA: Africa Spectrum 40, Nr. 2, 2005, S. 221–240.
43 Austen, »Sahara«, S. 109.
44 Ebd.
45 Ebd., S. 112 ff.

Fulbe-Hirten ihre Legitimation von Segu ab und damit von einem vorislamischen Staat, den sie dann aber 1861 überrannten. Umar Tal[46], der sich nach Niederlagen gegen das französische Militär 1857 mit seinen Tukulor-Kriegern aus seinem Machtgebiet im Quellgebiet des Niger zurückgezogen hatte, wich nach Masina im Osten aus. Von dort aus griff er 1861 Segu an und tötete nach der Eroberung des Bambara-Staates den König und dessen gesamte Familie. Die Bevölkerung in Segu und Umgebung wurde zwangsislamisiert. Die Herrschaft über Masina und Segu bestand, bis das französische Militär 1890 den Staat Umars und seiner Söhne als Nachfolger zerstörte[47].

Eine vergleichbare Staatsgründung an der Wende zum 19. Jahrhundert in Senegambien und benachbarten Regionen war der Staat Kaarta, der 1753 Ergebnis einer Fluchtbewegung von Bambara vor der Herrschaft Biton Coulibalys war.

Trotz aller Mobilität und wechselnder Aufenthalte in anderen Machtkernen stützten sich auch die Kleriker als Herrscher überwiegend auf ihre ethnische Zugehörigkeit. Die Tötung der gesamten Königsfamilie der Bambara von Segu verweist darauf, dass trotz der islamischen Ableitung der Legitimität die spirituelle Kraft der vorislamischen Kulte und damit der alten adligen Klans weiter wirksam blieb. Auch in Masina fand unter der Herrschaft von Klerikern Fernhandel und Sklavenhandel statt und wurde positiv bewertet[48].

Die Jihad-Staaten fielen nach langen Kämpfen dem französischen Militär und seinen afrikanischen Hilfstruppen zum Opfer[49].

8 Das Sokoto-Kalifat

Von islamischen Reformvorstellungen geprägt, wurde das große Kalifat in Nordnigeria an der Wende vom 18. zum 19. Jahrhundert gegründet. Es entwickelte sich aus einem religiösen Konflikt um das Regierungssystem im Sultanat Gobir.

Der Wanderprediger Usman dan Fodio stammte aus einer Kleriker-Torodbe-Familie der Fulbe im Senegal und wurde 1754 in der Haussa-Stadt Gobir geboren. Die Familie gehörte den urbanisierten Fulbe an, die im 15. Jahrhundert aus Futa Toro im Senegal eingewandert waren. Usman dan Fodio predigte zunächst am Hof von Gobir und hatte Einfluss auf den Sultan. Als dan Fodio einen gereinigten Islam verlangte, aber auf Ablehnung seitens des Sultans von Gobir stieß, inszenierte er eine Hedschra und bildete eine Gemeinde außerhalb der Stadt. Als er diese bewaffnete, erschien er

---

46 Siehe Geschichte 2 »Umar Tal«, S. 37.

47 Eine weitere wichtige Staatsbildung ist Kayor. Searing, »God Alone«.

48 Robinson, »The Holy War« und Robinson, »Paths of Accommodation: Muslim Societies and French Colonial Authorities in Senegal und Mauretania, 1880–1920«, Athens, Ohio, 1979.

49 Siehe den Abschnitt »Große koloniale Eroberungskriege 1879–1907«, insbesondere die Passage zu Samory.

als Gefahr für die Herrschaft des Sultans, der die Gemeinde angriff, aber eine Niederlage erlitt und damit die Expansion der neuen Gruppe auslöste. Daraus entwickelte
sich ein Krieg. Unter Führung des Bruders von dan Fodio, Muhammadu Bello, wurden Fulbe-Feldherren Banner verliehen, was sie als Emire installierte und ihnen die
Macht über die zu erobernden Haussa-Städte übertrug. So verdrängte der Fulbe-Adel
die Haussa-Dynastien.

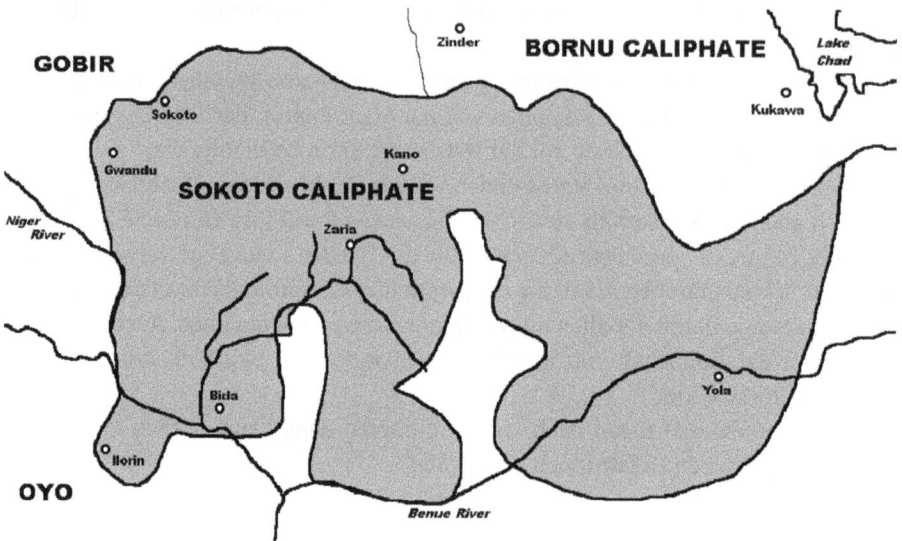

GOBIR

Zinder

BORNU CALIPHATE

Lake Chad

Sokoto

Kukawa

Gwandu

Kano

SOKOTO CALIPHATE

Niger River

Zaria

Bida

Yola

Ilorin

OYO

Benue River

Karte 4: Das Sokoto-Kalifat seit 1804.

Bedeutsam wurde bereits bei der Gemeindebildung in Gobir, dass Steuergerechtigkeit
für Bauern und Hirten gefordert und die oft antagonistischen Beziehungen zwischen
Bauern und Hirten gemildert wurden. Die Mobilisierung von Bauern und Hirten war
beeinflusst von der Bedrohung durch den bis in den Norden ausstrahlenden Sklavenhandel, an dem sich der Haussa-Adel, später aber auch der Fulbe-Adel beteiligte.

Nordnigeria war geprägt von einer reich entwickelten Städtelandschaft unter Führung des Haussa-Adels. Bedeutend waren die Agrar-, Tuch- und Metallproduktion. Der
Haussa-Adel wurde in wenigen Jahren von der Fulbe-Aristokratie verdrängt, die Emirate gründete und so eine relative Autonomie vom Kalifat erreichte. Die Steuerpolitik,
die Errichtung von Getreidespeichern für Hungerzeiten sowie ausgeprägter Schutz
der Märkte und ein System der bewaffneten Königsboten stabilisierten das System.

Es besaß eine ideologische Basis in Form einer reichen theologischen islamischen Literatur, die Elemente des Sufismus, wie er in den Oasen der Sahara gelehrt
wurde, aufnahm. Außerdem bezog Usman dan Fodio bei der Gemeindebildung auch
Frauen ein, die an der Lehre teilhaben durften, wenn auch in getrennten Räumen.

Abb. 5: Stadtmauer von Kano (1980).

Frauen trugen durch Lektüre der Bücher und vor allem der Poesie zur Verbreitung und Vertiefung des reformierten Islam bei.

Das Sokoto-Kalifat wurde letztlich eine Fortsetzung der alten Adelsherrschaft. Die Bauern wurden unterworfen. Außerdem verstärkte sich eine Sklavengesellschaft, die sowohl in der Großproduktion von Getreide wirksam wurde als auch im Militär sowie in spezialisierten Handwerkergilden. Der erhoffte Schutz von Bauern und Hirten vor Versklavung durch Zugehörigkeit zur neuen islamischen Bewegung erfüllte sich nicht. Sokoto wurde mit einer Plantagenökonomie ein Sklavenhalterstaat mit ca. zwei Millionen Sklaven – eine Zahl, die nur von den Südstaaten der USA übertroffen wurde. Die Sklaverei institutionalisierte sich und verdrängte damit weitgehend die älteren Formen der Sklaverei als Schuldknechtschaft oder als Strafe für Vergehen, vor allem als Kompensation für Totschlag oder Vergewaltigung, was, wie beschrieben, von Searing relativiert wird.

Diese Reichsgründung im frühen 19. Jahrhundert demonstriert erneut, wie wesentlich – trotz der Entwicklung des atlantischen Sklavenhandels – die inneren politischen, religiösen und Handelsbeziehungen entlang des Sahelrandes und der Savannen blieben, wenn auch die Kontrolle der Sklavenhandelsrouten eine Rolle spielte und Sklavenmärkte auch im Sokoto-Reich die atlantische Zone versorgten.

Die Expansion des Sokoto-Kalifats erreichte am Beginn des 19. Jahrhunderts die zentralen Gebiete der Yoruba-Stadtstaaten durch verstärkte islamische Prägung von Ilorin. Der anschließende Angriff des Sokoto-Kalifats führte zum endgültigen Zerfall des Großreiches Oyo, der 1816 besiegelt war. Diese Expansion reichte bis an die Waldgrenze des Südens; innerhalb des Waldes konnte die Kavallerie wegen der

Abb. 6: Eingangsbereich des Emirpalastes in Kano (1980).

Verbreitung der Tsetsefliege nicht operieren. Aber damit war der indirekte Anschluss an die von Sklavenhandel und Versklavung schwer getroffenen Regionen der Yoruba und anderer Großgruppen erreicht.

Das Sokoto-Kalifat geriet unter Druck, als die britische Royal Niger Company die Kontrolle des Niger ab 1888 vorantrieb und Bida 1897 eroberte. Das Sultanat wurde 1903 von den Briten erobert, blieb aber im Kern erhalten und wurde in seinen Strukturen durch die Entwicklung des britischen Kolonialkonzeptes der »indirect Rule«, nach der britische Residenten bei Hofe eingesetzt wurden, toleriert.

Wie in Senegambien flossen Entwicklungen im Sahelbereich und die Dynamiken, die vom atlantischen Sklavenhandel ausgingen, zusammen. Der Transsaharahandel und der transatlantische Handel sowie ihre Auswirkungen auf die Bevölkerungen und ihre politischen Systeme bedingten sich wechselseitig und schufen im engeren Sinne die Großregion Westafrika. Die Staaten und Gesellschaften der Region behielten ihre eigene Dynamik. Die Städte des Sahel verband ein Handel durch die Sahara und entlang des Niger, was den großregionalen Zusammenhang begünstigte. Es entstand eine Welt, deren Verbundenheit mittels der Kommunikation der Kleriker untereinander vertieft wurde. Seit Errichtung des Sokoto-Kalifats und seiner Expansion nach Süden in die Siedlungsgebiete der Yoruba wurde das riesige Gebiet des künftigen Nigeria zusätzlich zur Verbindung zum Sahel mit dem System des atlantischen Sklavenhandels verbunden.

Austen[50] stellt diese islamischen Staatsbildungsprozesse generell in den Ge-
samtzusammenhang der Krise der islamischen Gesellschaften, die auch das Osmanische Reich und Marokko erfasste. Es wurde nach Antworten auf die europäische
Überlegenheit gesucht.

---

50 Siehe die glänzende knappe Darstellung von Austen, »Sahara«, besonders S. 110 ff. Ich folge
vor allem Robinson, »The Holy War«. Vgl. auch Curtin, Philip D., »Economic Change in Precolonial
Africa: Senegambia in the Era of Slave Trade«, Wisconsin 1975, insbesondere die Abschnitte »Islam
and Commerce« sowie »Juula Communities in Senegambia and the Competition between the Riv-
ers«, außerdem S. 66–91. Siehe auch Curtin, Philip D.; Feierman, Steven; Thompson, Leonard; Vansina, Jan, »African History«, 2. Auflage, London 1995, dort Curtin, Kapitel 6 und 7. Siehe auch
Coquery-Vidrovitch, »Africa«, S. 18–70.

Kapitel 2
Ein Staatensystem im Ostteil Westafrikas

Mit dem Austausch des Haussa-Adels durch den Fulbe-Adel und der neuen Generation der Kleriker in der Stadtlandschaft des nördlichen Nigeria entstand eine Dynamik, die sich mit einer Südexpansion verband. Sie wirkte sich auch auf die Waldzone bis in die Nähe des Atlantiks aus. Durch alte und neue Bezüge entstand ein Staatensystem, das sich gegenseitig beeinflusste. Sokotos Einfluss strahlte nach der Besetzung und Islamisierung Ilorins auf die Yoruba-Stadtstaaten und das Yoruba-Großreich Oyo aus. Die den Fernhandel tragenden islamischen Händler verbreiteten auch islamische Werte. Der Islam hatte häufig eine aufklärerische Wirkung.

Infolge der Staatskrise Oyos kam es zu massenhaften Fluchtbewegungen und zu inneren Konflikten in den Yoruba-Staaten und -Städten. Die ältere europäische Literatur ging davon aus, dass die Intensivierung des von Europäern betriebenen und intensivierten Sklavenhandels an der Wende zum 19. Jahrhundert für die krisenhaften Entwicklungen maßgebend gewesen sei und die britische Abolitionspolitik die Systemkrisen ausgelöst habe. Der nigerianische Historiker Ajayi[1] hat schon früh den regionalen Kontext gesehen und dessen Eigengewicht betont. Seiner Argumentation soll in den Grundzügen gefolgt werden. Ajayi sah das Sokoto-Reich, Oyo und die Stadtstaaten Ibadan und Abeokuta, die Oyo ablösten, und die Monarchien Benin im Südosten, Dahomey im Südwesten und sogar das Asante-Reich westlich davon als von ähnlichen Prozessen geprägt. Diese vielfältige Staatenwelt interagierte seit dem 18. Jahrhundert.

1 Oyo, das Yoruba-Großreich, 1600–1838

Das Oyo-Reich an der Grenze zwischen Wald und Savanne Nigerias kontrollierte seit dem 16. Jahrhundert weite Gebiete der Yoruba. Die Ökonomie Oyos beruhte zunächst auf dem Austausch von Gütern des Waldes und der Küste: Kolanüsse und Salz, Yams und Cassava wurden in die nördlichen Savannenlandschaften gegen Luxustextilien aus dem Norden, Getreide und Metalle gehandelt. Nachdem der Kontakt zu europäischen Händlern hergestellt war, wurde er ergänzt durch die Einfuhr vor allem von Kaurimuscheln von den Malediven, die als lokale Währung für kleine Warenmengen dienten wie Eisenbarren für größere Geschäfte.

Oyo hatte sich im Laufe des 18. Jahrhunderts am Sklavenhandel beteiligt und sich Zugang zum Atlantik über Porto Novo als großem Sklavenhafen verschafft. Es

---

1 Ajayi, Jacob Festus Ade; Crowder, Michael (Hrsg.), »History of West Africa«, Bd. 2, London 1974, insbesondere Crowder, »The Aftermath of the Fall of Old Oyo«, S. 129–166.

https://doi.org/10.1515/9783110452020-004

war 1784 an der Zerstörung des Hafens Badagry[2] beteiligt, was den Aufstieg von Lagos begünstigte. Nur Sklaven aus den kriegerischen Konflikten, zunächst im Norden, später auch aus den Yoruba-Gebieten, standen als Tauschmittel mit den europäischen Händlern zur Verfügung.

Wesentlich war, dass Sklaven für die Versorgung der Gefolgschaft der großen Klans, für den Einsatz als Spezialisten bei der Versorgung der Pferde und als Soldaten benötigt wurden. Es wurden außerdem Sklaven für Gewerbe benötigt, für die in den Städten Oyos keine Kenntnisse vorhanden waren[3]. Die meisten arbeiteten für die Landwirtschaft und als Träger. Die Transportwege zum Sahelrand bis nach Kanem und Bornu standen zum Teil unter dem Einfluss Oyos.

Die Kontrolle der großen Märkte ermöglichte wichtige Einnahmen. Die Tributpflicht musste durchgesetzt werden. Sogar das mächtige Dahomey entrichtete zeitweise Tribute an Oyo. Diese weitreichenden Verbindungen setzten eine starke militärische Organisation voraus. Angriffe benachbarter Staaten wie Borgu und Ilorin waren abzuwehren und führten zu Gegenoffensiven. Dadurch entstand ein außerordentlich stark von Kriegszügen und inneren Konflikten geprägtes Reich. Aber auch strategische Heiraten wurden geschlossen, um einen Ausgleich mit besiegten Klans zu schaffen.

Soweit die Kämpfe im Savannengebiet ausgetragen wurden, spielte die Kavallerie eine zentrale Rolle. Sie war einer der Hauptgründe für die Professionalisierung einer Kriegerkaste, an der auch Sklaven beteiligt wurden, die teilweise Kommandopositionen übernahmen, so dass sich das politische System militarisierte. Zwischen monarchischer Spitze, den »Alafin«, und den Häuptern großer Klans, die als Militärführer agierten, sowie den Kommandanten der Kavallerie entstanden regelmäßig große Spannungen. Die Krisen seit dem 18. Jahrhundert führten zur Auflösung des größten und konsolidiertesten Staates Westafrikas.

Da die Monarchie sich von dem Königtum des Yoruba-Staates Ife ableitete, bestand für viele Yoruba-Stadtstaaten ein wichtiges Band von Loyalitäten.

Der Zwang zur Kontrolle vieler Städte und weitere Expansionen führten dazu, dass sich die Macht im Staate immer stärker zu den Geschlechtern verlagerte, die wichtige militärische Funktionen ausübten und die Mehrheit im Staatsrat errangen. Diese Erosion der Königsmacht führte wiederum zu der Verselbstständigung der Militärführer, die zu dezentral agierenden Warlords wurden. Aufgrund dieser internen Machtkämpfe fehlte am Beginn des 19. Jahrhunderts die Kraft, sich der Expansion des Sokoto-Sultanates zu entziehen, das die innenpolitische Krise Oyos nutzte. Das auffälligste Phänomen der Krise war, dass die Militärführer im Staatsrat unter dem Vorsitz des »Basorum« ihre Mehrheit nutzten, um die Monarchie zu schwächen. Sie wurde auf überwiegend rituelle Aufgaben beschränkt. Seit dem 18. Jahrhundert starb kein »Alafin« eines natürlichen Todes, sondern die Könige wurden regelmäßig zum Selbstmord

---

2 Ikime, Oba (Hrsg.), »Groundwork of Nigerian History«, Ibadan 1980, S. 243, 281.
3 Für die Sklaven als Spezialisten siehe ebd., S. 234.

gezwungen oder vergiftet. Auch die Kronprinzen mussten mit ihrem Vater sterben, um die Primogenitur zu unterbrechen.

Die Auflösung Oyos in viele Einflussgebiete von Warlords erfolgte zwischen 1823 und 1838. Bereits vor den militärischen Niederlagen gegen Ilorin hatten islamische Haussa-Händler und -Kleriker sich in Oyo niedergelassen und verbreiteten in jenen Krisenzeiten den Reformislam als ein aufklärerisches Element. Auch in diesem Fall konkurrierten die alten Kulte mit der sich ausbreitenden Weltreligion. Viele Sklaven suchten die Konversion zum Islam und wehrten sich im großen Aufstand von 1817 gegen ihren Status. Ilorin als islamisiertes Yoruba-Königreich leitete den Zusammenbruch Oyos durch eine Militäroffensive ein. Das erfolgte bereits, bevor es mit dem Banner des Sultanates von Sokoto belehnt worden war. Hinter der Offensive Ilorins stand auch die Absicht Sokotos, den Einfluss bis zum Atlantik auszudehnen, was misslang, weil die Kavallerie nicht durch die Waldgebiete durchdringen konnte.

Wegen der drohenden Konflikte mit Ilorin und dem Sokoto-Sultanat hatten sich etliche Militärführer aus Oyo in die südlichen Wälder und die dortigen Städte zurückgezogen. Sie nutzten dabei Feuerwaffen, die sie von der Küste bezogen. Sie entwickelten eine neue Militärstrategie, die ohne Kavallerie in den Wäldern wirksam wurde: Überraschungsangriffe und Überfälle sollten die Gegenwehr gegen die Schusswaffen erschweren. Auch bei der Belagerung von Städten wurden die Schusswaffen eingesetzt, um die Einwohner von Ausbrüchen aus der Umzingelung abzuhalten und dem Verhungern auszusetzen.

Die Zerstörung von Oyo schuf ein Machtvakuum. Dies führte zwischen 1816 und 1886 zu andauernden Kriegen zwischen den Städten des Yoruba-Gebietes. Massive Fluchtbewegungen waren das Ergebnis dieser Kriege der Stadtstaaten untereinander. Städte wurden in großer Zahl abgebrannt und die Bevölkerung wurde teils umgebracht, versklavt oder oft auch vertrieben. In den Rückzugsgebieten der Wälder und Höhenzüge entstanden neue Städte. Diese unterstanden Kriegsführern, die zu kollektiven Stadtoberhäuptern wurden, die Stadtteile unter sich aufteilten und Flüchtlinge und Ex-Sklaven integrierten. In der Regel wurden diese neuen Städte um Bevölkerungsgruppen aus Oyo gebildet. Ibadan wurde 1828 gegründet und entwickelte sich zum mächtigsten expansiven Staat[4]. Abeokuta entstand 1830, als Egba aus Ibadan flohen. Nach Abeokuta[5] gingen viele ehemalige Sklaven aus Liberia und Sierra Leone mit Missionaren. Die auch militärisch mächtige Stadt unter den Heerführern der einzelnen Stadtteile bot überdies Schutz gegen Versklavung, da die Heerführer die Kriege Dahomeys erfolgreich abwehrten und sogar den König von Dahomey, Gezo, töteten. Die Städte hatten auch in ihren inneren Bereichen viel Raum für landwirtschaftlich genutzte Flächen, die die zum großen Teil bäuerliche Bevölkerung neben den Flächen im

---

4 Falola, »Ibadan«.
5 Siehe Geschichte 3 »Abeokuta«, S. 51.

unmittelbaren Umland nutzten. Dennoch spielte auch die Kontrolle umliegender Dörfer für die Versorgung eine wichtige Rolle.

2 Reformansätze 1

Es hat Ansätze zur Modernisierung im Sinne der Übernahme europäischer Organisationsformen und Denkansätze nicht nur in Ägypten, sondern auch in Westafrika gegeben. Nicht nur Kreolen waren dabei ein Faktor.

Im 19. Jahrhundert versuchten alte wie auch einige neue afrikanische Eliten mit formaler Bildung, meist in Allianzen miteinander, Reformen zu etablieren. Es bestand der Zwang zur Anpassung an das Ende des Sklavenhandels und es musste auf die verstärkten expansiven Tendenzen vieler afrikanischer Staaten reagiert werden, die diese Phase durch kriegerische Auseinandersetzungen prägten, was Reformvorstellungen zur Abwehr der Gefahren förderte. Die künftigen Kolonialmächte erhöhten in dieser Zeit die Durchdringung der Region. Ihr Zivilisationsversprechen ließ Spielräume zur Verteidigung der Selbstbestimmung erhoffen, was insbesondere in der liberalen Phase britischer Expansion der 1870er Jahre eine Rolle spielte, als informelle Einflusswege gesucht wurden. Auch viele Rückkehrer aus der Sklaverei, teilweise christianisiert und alphabetisiert, begannen europäische Reformvorstellungen auf ihre Heimatgebiete anzuwenden. Dafür mussten sie auf die alten Eliten Einfluss bekommen, um mit eigenen politischen Reformkonzepten der drohenden Einflussnahme der künftigen Kolonialmächte entgegenzuwirken. Sie gingen insofern bewusster und systematischer vor als die kreolischen Gruppen, die sich vor allem in die Welt des Sklavenhandels einordneten. Auch für etliche Gebildete (»educated«) und Händler bestand die Alternative, sich in den kolonialen Hafenstädten mit der Kolonialmacht zu arrangieren.

Die tiefe Unsicherheit in der späten vorkolonialen Phase, die nicht nur für die »Commoners«, sondern auch für den Adel, kleine Könige und die Warlords sowie die neuen afrikanischen und kreolischen Großkaufleute bestand, schuf die Voraussetzungen für organisatorische Veränderungen. Auch europäisch gebildete und christianisierte Intellektuelle als Berater beteiligten sich. Sie mussten sich allerdings in die bestehenden Hierarchien einfügen und deren religiöse Legitimation berücksichtigen. Eine der Antworten waren Staatenunionen. Auch die religiösen Schreine veränderten sich und zentralisierten den Gottesbezug durch Hierarchisierung eines Hochgottes über die Klangötter.

Alle scheiterten letztlich auch an den Kolonialmächten, die grundsätzlich afrikanische moderne Emanzipation nicht zuließen. Ebenso lehnten die Missionen damit verbundene eigenkirchliche Tendenzen ab. Aber auch innere Widersprüche trugen dazu bei. Die Reformpolitik in Abeokuta in Nigeria und die Fante-Konföderation an der Gold Coast im künftigen Ghana werden als Beispiele gewählt und entsprechend ihrem regionalen Kontext zugeordnet.

Geschichte 3 – Abeokuta: Der Versuch einer Modernisierung

Abeokuta im heutigen südwestlichen Nigeria und in Nachbarschaft zu Dahomey war eine der Städte, die infolge des Zustroms von Flüchtlingen und Warlords nach dem Zusammenbruch von Oyo gegen 1828 gegründet wurden⁶. Es waren Flüchtlinge aus ca. dreihundert Städten und Dörfern des Volkes der Egba, die in der ersten Phase der Yoruba-Kriege heimatlos geworden waren.

Die erste gemeinsame Regierung im neuen Abeokuta wurde aus Kriegsführern gebildet. Sie kontrollierten je ein Stadtquartier (»Township«). Übergreifend waren sie in einer Gesellschaft der »War Chiefs« der »Olugun« organisiert. Den ranghöchsten Titel des »Balogun of the Egba« erhielt Shodeke, Chief der Iporo Township. Außerdem gab es Handel-«Chiefs«: die »Parakoyi«. Der Vorrang des Militärischen ergab sich aus den Sicherheitsbedürfnissen der Bevölkerung, weil Abeokuta wiederholt durch Angriffe der Könige von Dahomey bedroht war. Es bestand außerdem die Notwendigkeit, die Handelswege an die Küste nach Badagry und Lagos zu erobern und zu sichern. Im Lauf der Jahre ließ die Bedeutung der Olugun-Gesellschaften nach und die Oberhäupter der Townships zogen sich auf ihre Funktionen in der Rechtsprechung zurück. Stattdessen entwickelte sich eine Gesamt-Egba-Hierarchie für die ganze Stadt.

In den 1830er Jahren trat ein neues Element hinzu. Befreite Egba-Sklaven aus Sierra Leone kamen in die Stadt. Sie nannten sich »Saro« und waren überwiegend Christen. Von ihnen wurden Schriftlichkeit sowie neue technologische Fähigkeiten in der Stadt eingeführt. Mit ihnen kamen auch Missionare.

Saro und Missionare wurden in das politische System der Stadt integriert und beeinflussten die Chiefs dahingehend, die Briten positiv wahrzunehmen. Missionar Townsend der CMS (»Church Missionary Society«) blieb zwanzig Jahre in Abeokuta und erhielt eine Position, die der eines War Chiefs ähnlich war. Er war verantwortlich für die Saro, die Missionare, durchreisende europäische Händler und Abgesandte der britischen Regierung.

Pallinder-Law bezeichnet Townsend als den ersten Egba-Modernisierer. Er gründete eine Missionsschule und richtete eine Druckerpresse ein. Die zweisprachige Zeitung druckte 3.000 Exemplare und hatte viele Leser. Er war Sekretär der führenden Chiefs und beriet sie vor allem in Bezug auf die Beziehungen zur britischen Regierung. Er förderte den Anbau von Baumwolle und errichtete eine Werkschule, in der unter anderem die Herstellung von Mauersteinen und das Mauern gelehrt wurden.

Die Saro waren keine einheitliche Gruppe. Etliche waren keine Christen, andere wandten sich den Methodisten zu, die sich dadurch von der CMS aus London unterschieden, dass sie wenige europäische Missionare hatten, so dass ihre Station in Abeokuta in den ersten zwölf Jahren unter afrikanischer Führung stand. Die Saro entwickelten sich

---

6 Pallinder-Law, Agneta, »Aborted Modernization in West-Africa? The Case of Abeokuta«, in: African History, Bd. 15, Nr. 1, 1974, S. 65–82, insbesondere S. 66 f.

Abb. 7: Abeokuta (Zeichnung, 1885).

als Opposition zu Townsends autokratischer und paternalistischer Führerschaft[7]. Er ge-
riet außerdem in die Kritik, als sich die Beziehungen zur britischen Regierung ver-
schlechterten, nachdem Lagos 1860 als Kolonie annektiert worden war. Zwei Jahre
später lehnte die Führung von Abeokuta einen britischen Konsul für ihre Stadt ab, was
zu einer diplomatischen Krise führte. Der Konflikt brach offen aus, als die Egba-Armee
eine Marktstadt an der Küste belagerte und von britischen Truppen vertrieben wurde.

1865 wurde Townsend aus seinen Ämtern entlassen und durch Saro ersetzt, die
nicht der CMS angehörten. Der wichtigste Nachfolger wurde der erfolgreiche Saro-
Händler Turner, der mit dem ältesten War Chief, dem Bashorun Shomoye, verwandt
war. Er hatte vorher in Lagos gelebt und war ein führendes Mitglied der dortigen Ge-
schäftswelt und des Konsulargerichtshofes gewesen. Die Briten hatten ihn wiederholt
für diplomatische Missionen nach Ife und zu anderen Plätzen in Nigeria genutzt, bis er
1865 aus Protest wegen der Annexion von Lagos nach Abeokuta ging. Er gab auch
seine britische Staatsangehörigkeit auf.

Ideologisch noch einflussreicher wurde nach Ansicht von Pallinder-Law[8] G. W.
Johnson. Er wurde als Sohn von Egba-Eltern in Sierra Leone geboren und hatte in Eng-
land gelebt. Auch er ging nach Lagos und übersiedelte ebenfalls 1865 nach Abeokuta.
Er war Schneider und Musiker. Er wollte einen christlichen zivilisierten Staat unabhän-
gig von fremder Führung errichten und gründete dafür das »Egba United Board of Man-
agement«. Er verband die Autorität der alten Führer mit der der Modernisierer. Der

---

7 Ebd., S. 69.
8 Ebd.

Bashorun wurde Präsident des Boards. Johnson nahm den Posten des Generalsekretärs ein und Townsend wurde Schatzmeister. Viele Chiefs bekamen ebenfalls Titel im Board und weitere Saro erhielten Posten.

Das Hauptproblem war der Handelskrieg der Briten gegen Abeokuta, weil der Stadtstaat Zölle auf Waren nach Abeokuta erhob, was gegen das britische Prinzip des Freihandels verstieß. Die Eintreibung der Zölle wurde als Räubereien der Armee betrachtet. 1866 wurden dann erfolgreich Verhandlungen darüber abgeschlossen. Aber bereits 1867 stationierten die Briten Konstabler (quasi Polizisten) an den Handelsrouten, die von den Egba benutzt wurden.

Als Reaktion darauf schloss das Management-Board alle Kirchen und Kapellen in Abeokuta. Die Missionsstationen und Häuser der Christen wurden angegriffen und geplündert, worauf die Saro und Christen die Stadt verließen, aber nach einem Jahr zurückkehrten. Europäer und Händler wurden jedoch für über fünfzehn Jahre aus der Stadt ausgeschlossen. Johnson und das Management-Board wurden aus Sicht der britischen Regierung in Lagos untragbar und als Repräsentanten der Stadt abgelehnt.

Dennoch setzte das Board mit Johnson den Modernisierungskurs in den folgenden Jahren fort. Ein Postdienst nach Lagos wurde eingerichtet und säkulare Schulen wurden gegründet. Das Board forderte die Missionsschulen auf, in Englisch und nicht in Egba zu lehren. Die Entscheidungen des Boards wurden gedruckt, veröffentlicht und zusätzlich von den Stadtrufern bekannt gemacht. Außerdem läuteten die Glocken, um auf die Veröffentlichungen und die Stadtrufer aufmerksam zu machen. Man begann mit ersten sanitären Maßnahmen.

Entscheidend wurde, dass das Board als Zentralinstanz der Stadt durch Zolleinnahmen auf exportierte Güter eigene Einnahmen bekam. Die Einnahmen aus den Gebühren der Gerichtsprozesse und Strafen sowie Zöllen lagen bei den einzelnen Stadtteilen und ihren Chiefs. Mit den Einnahmen finanzierten sie die Verwaltung und die Modernisierungsmaßnahmen. Außerdem zahlten sie Subsidien an jene Chiefs, die das Board unterstützten.

Allerdings blieb die Stadt gespalten. Es gelang nicht, eine geschlossene Front der Saro zu schaffen, da die Missionsgesellschaften und ihre europäischen Mitglieder dies ablehnten, solange die »heidnischen« Chiefs Mitglieder des Management-Boards blieben. Sie waren außerdem dagegen, dass Johnson die »Zivilisation« ohne Christentum einführen wollte und lediglich ein Christentum unter afrikanischer Führung anstrebte.

Nach dem Tod des obersten Kriegsherrn Bashorun Shomoye im Jahr 1868 gelang es nicht, einen geeigneten Nachfolger zu etablieren. Das Board schlug als Präsidenten des Boards einen König aus einem Geschlecht vor, das schon einmal 1850 einen König gestellt hatte. Aber dieser Kandidat wurde von den Königsmachern nicht anerkannt, obwohl ihn alle Chiefs sowie die prominenten Händler unterstützten. Die Königsmacher neigten dazu, einen Kandidaten der christlichen Saro und der Mission zu bestimmen. Das Board setzte seinen Kandidaten gegen diese innere Opposition durch und versuchte die Zustimmung der Briten dafür zu bekommen, was aber abgelehnt wurde. Außerdem intervenierten die Briten gegen das Zollsystem, das das Board zur Finanzierung seiner Maßnahmen benötigte, und entzogen so dem Modernisierungsversuch wichtige Geldmittel.

Johnson kehrte deshalb 1874 enttäuscht nach Lagos zurück. Bis zu seinem Tode 1899 kam er wiederholt nach Abeokuta zurück, immer noch auf der Suche nach einem passenden Patron für das Board. Er schlug vor, den Zoll wieder einzuführen. Die Patrone des Übergangs waren aber nicht an der Fortsetzung des Modernisierungsversuches interessiert, auch weil die Exporteinnahmen fehlten. Zeitweilig übernahmen Saro wieder wichtige Ämter in den Modernisierungsprojekten. Sie hatten ohne Patron aber keine adäquate Machtbasis. 1895 wurde Johnson auf Druck des britischen Gouverneurs in Lagos ausgewiesen. Mitte der 1890er Jahre wurde ein erneuter Versuch unternommen, eine Regierung aus traditionellen und modernisierenden Eliten zu bilden.

In dieser Zeit führten aber die Briten gegen etliche Yoruba-Städte und auch Abeokuta Krieg. Deshalb gaben die Egba-Chiefs dem Druck nach und schlossen einen »Freundschafts- und Handelsvertrag« mit Lagos ab. Handel in beiden Richtungen blieb nun zollfrei. Dadurch wurde die Finanzbasis zerstört. Das Konzept des Freihandels war ein Kampfmittel gegen selbstbestimmte Ökonomien und wird in der Literatur deshalb auch als »Freihandelsimperialismus« bezeichnet.

Pallinder-Law verweist aber ebenfalls darauf, dass die Modernisierungspolitik keine neuen politischen Strukturen geschaffen habe, weil die alten Herrschaftskonzepte fortbestanden. Das Königtum blieb schwach, die großen Lineages und Klans mit ihren Chiefs konkurrierten mit ihm und die Groß- und Sklavenhändler verfolgten ihre eigenen Interessen. Deshalb kam keine Einigkeit zustande[9].

Der britische Gouverneur von Lagos nutzte diese Fragmentierung aus und erreichte die Bildung einer neuen Regierung. Ihr stand der als schwach geltende König vor. Seine Regierung war mit geringen Finanzen ausgestattet. Die Regierung Abeokutas wurde von großen Händlern dominiert. Das Sekretariat erhielt eine Zweigstelle in Lagos, so dass die Saro-Gruppen und die ihnen angehörigen Händler, die in beiden Städten aktiv waren, stärker zur Geltung kamen, und dadurch stieg der britische Einfluss. Die Machtbasis dieser neuen Organisation lag damit nicht mehr in Abeokuta.

Als der Vorsitzende der neuen Regierung seine Machtbasis in Abeokuta anfing zu konsolidieren, griffen die britischen Truppen ein und er wurde nach Ibadan ausgewiesen.

Der Modernisierungskurs wurde dennoch konsolidiert und galt als gesichert im Vergleich zu den 1960er Jahren. Gefestigt wurde er durch einen starken Sekretär, einen weslyanischen Priester und Leiter der Höheren Jungenschule in Lagos. Er war selbst Egba von Herkunft. Der Council wurde regelmäßig zahlenmäßig erweitert, allerdings im Wesentlichen durch Chiefs aus den Townships. An der Jahrhundertwende wurde er zu einem »All Egba Organ«. Die Verwaltung differenzierte sich in viele Ämter. 1908 gab es ein Finanzamt, das Zollamt, eine Rechtsabteilung, ein Amt für öffentliche Arbeiten und eine medizinische Abteilung, außerdem Ämter für das Militär, die Polizei und die Gefängnisse.

---

9 Ebd., S. 73.

Ein tiefer und umstrittener Eingriff in die Rechte der Chiefs erfolgte mit der Errichtung eines zentralen Gerichtshofes für Abeokuta als Stadt und für die Dorfgerichte in den zu Abeokuta gehörenden Dörfern. Es wurden ausreichend Einnahmen geschaffen, um diese Verwaltungsstruktur zu finanzieren. Direkte Steuern wurden eingeführt und Lizenzen für Geschäfte verkauft. Damit milderte das Board den Einfluss der Briten, den sie durch die Erzwingung der Zollfreiheit erreicht hatten.

Kritisch wurde in der Stadt gesehen, dass der Sekretär der Regierung nicht nur ein sehr großes Gehalt erhielt, sondern seinen Reichtum demonstrativ zur Schau stellte. Er hielt Rennpferde und vermietete etliche Häuser an Bedienstete. Selbstbereicherung wurde ein frühes Problem. Die Kaufmannschaft klagte über enorme Abgaben und ging in Opposition.

Unter Gouverneur Lugard nutzte die britische Regierung den Ausbruch des Ersten Weltkrieges aus. Sie setzte Truppen gegen Abeokuta ein, sie befahl Hinrichtungen, annektierte die Stadt und beendete 1914 dadurch die Egba-Unabhängigkeit. Diese war ohnehin durch die enge Verflechtung mit Lagos immer wieder eingeschränkt worden. Dennoch: Der Versuch, an moderne Staatsstrukturen anzuknüpfen, die an Europa ausgerichtet waren, und zudem zugleich die alte Elite der Chiefs einzubinden und ein stärkeres Egba-Bewusstsein zu entwickeln, erscheint als Vorläufer der späteren Nationalbewegungen. Er scheiterte am kolonialen Machtanspruch der Briten. Tiefe Enttäuschung, dass das europäische Zivilisationsversprechen gebrochen wurde, war die Folge bei den Eliten. Auch die Intoleranz der christlichen Missionen hatte daran ihren Anteil, weil diese die alten Eliten als »heidnisch« ausschalten wollten. Außerdem lehnten sie afrikanische Priesterschaft ab und verwickelten sich in konfessionelle Konflikte.

3 Dahomey: Sklaverei und bäuerliche Welt in der Staatsräson

Das Königtum in Dahomey gehörte diesem regionalen Staatensystem an[10]. Für die Entwicklung der Staatlichkeit der Monarchie in Dahomey wurden die Methoden zur Stabilisierung der Herrschaft wichtig. Die Monarchie hatte zwar eine lange Tradition, die bis ins 16. Jahrhundert zurückreichte, aber der eigentliche Ausgangspunkt der Herrschaft des königlichen Klans der Fon begann mit der militärischen Eroberung des Hochplateaus von Abomey. Dort wurden die Hauptstadt und der durch

---

10 Ich stütze mich im Wesentlichen auf Bay, Edna, »Wives of the Leopard: Gender, Politics, and Culture in the Kingdom of Dahomey«, Charlottesville und London 1998; Law, Robin, »The Slave Coast of West Africa 1550–1750«, Oxford 1991; Law, Robin, »The Politics of Commercial Transition: Factional Conflict in Dahomey in the Context of the End of the Atlantic Slave Trade«, in: The Journal of African History, Bd. 38, Nr. 2, 1997, S. 213–233; Monroe, Cameron, »Continuity, Revolution or Evolution on the Slave Coast of West Africa? Royal Architecture and Political Order in Precolonial Dahomey«, in: The Journal of African History, Bd. 48, Nr. 3, 2007, S. 349–373; Alpern, Stanley B., »On the Origins for the Amazons of Dahomey«, in: The Journal of African History, Bd. 25, 1998, S. 9–25.

Gräben und Palisaden geschützte königliche Palastkomplex errichtet. Im frühen 18. Jahrhundert wurden zu den eroberten Lineages Heiratsbeziehungen hergestellt, um sie an den Hof und seine Ressourcen zu binden und zu befrieden. Mit der Unterwerfung von Allada, das auf dem Weg zur Küste lag, und der Kontrolle des wichtigen Hafens Whydah 1724 war das Ziel, sich durch Zugang zur Küste im großen Stil am Sklavenhandel zu beteiligen, erreicht. Die Dynastie von Whydah wurde ins Exil verbannt, blieb aber ein Machtfaktor. Allianzen mit den großen Händlerfamilien, ebenfalls durch Heiratsstrategien, milderten die Spannungen, die infolge der Expansion zur Küste entstanden waren. Der Preis dieser Expansion war, dass Dahomey die militärische Überlegenheit Oyos, das ebenfalls an dem Zugang zum Atlantik interessiert war, hinnehmen musste und nach militärischen Niederlagen in ein Tributverhältnis geriet. Gegen die Kavallerie des Yoruba-Großstaates Oyo gab es keine anderen Abwehrmittel, als bei den Friedensverhandlungen Tributzahlungen zuzustimmen. Auch dieser Frieden wurde dadurch untermauert, dass eine Königstochter an den »Alafin«, den König von Oyo, verheiratet wurde, der im Gegenzug seinerseits eine seiner Töchter an den Monarchen von Dahomey gab.

Dahomey profitierte im frühen 19. Jahrhundert vom Aufstieg des Sokoto-Kalifats und dessen Expansion nach Süden, weil sich mit dem Zusammenbruch des Oyo-Reiches das Tributverhältnis dauerhaft auflösen ließ. Allerdings begrenzte der Aufstieg von Ibadan und Abeokuta in der Periode der Yoruba-Kriege die Fähigkeit der Armee Dahomeys, diese Yoruba-Gebiete durch Kriegszüge für die Gewinnung von Sklaven weiter zu nutzen. Dahomey musste Niederlagen gegen diese großen Städte hinnehmen und sogar König Gezo fiel in einer Schlacht gegen Abeokuta.

Wegen der Dynamik des Sklavenhandels und aufgrund von Konflikten im Hinterland mit den unterworfenen Lineages, in deren Gebieten Sklaven geraubt wurden, verschärfte sich die Militarisierung der Monarchie. Es entstand eine gewalttätige Herrschaftspraxis am Hof, der auch wichtige Würdenträger zum Opfer fielen. Dadurch war die Position der Monarchie stets gefährdet. Deswegen versuchten die Monarchen eine Machtbalance herzustellen. Der Gegensatz zwischen Männern und Frauen wurde institutionalisiert. Prinzipiell wurden die Hofämter durch Männer und Frauen doppelt besetzt, um eine Machtbalance zu ermöglichen.

Die Frauen des Königs und Prinzessinnen bekamen einen besonderen Status. Abweichend vom klassischen Lineage-Prinzip, nach dem verheiratete Frauen immer noch der Lineage ihres Vaters zugeordnet blieben, auch wenn sie im Haushalt des Ehemannes lebten, gehörten die weiblichen Angehörigen aus den königlichen Klans und ihre Kinder der Lineage des königlichen Vaters an, so dass auch die Töchter als Prinzessinnen Angehörige der Lineage des Monarchen wurden. Sie behielten die Kontrolle über ihre Sexualität, weil alle Kinder, die sie gebaren, der Lineage des Monarchen zugehörten. Damit wurde fremden Lineages der Zugang zur Thronfolge versperrt. Dies knüpfte an Praktiken an, die auch in Oyo und Benin als Teil der Yoruba-Kultur eine Rolle spielten.

Den Prinzessinnen wurden Paläste und viele Sklaven zur Bearbeitung der Plantagen im königlichen Palastkomplex zugeteilt.

Sie konnten religiöse Schreine errichten und engen Kontakt zu Voodoo-Priestern halten. Da die Prinzessinnen im Status den Männern gleichgestellt wurden, nahmen sie auch an den Beratungen bei Hofe teil. Der König begann außerdem mit der Organisation einer Palastgarde, die aus Frauen bestand, die von europäischen Reisenden »Amazonen« genannt wurden. Die Anfänge der Palastgarde sind nicht sicher zu bestimmen. Es scheint, dass sie aus Gruppen von Jägerinnen hervorgegangen ist, die Elefanten jagten; Gruppenbildung bei der Jagd und bei militärischem Vorgehen stand nicht nur in Dahomey am Anfang von Militarisierung. Diese Jägerinnen kontrollierten mit dem Elfenbein ein für den Hof wichtiges Handelsgut. Dadurch wurden in Dahomey die Elefantenbestände stark reduziert.

Die weibliche Palastgarde kontrollierte zusammen mit Eunuchen den Zugang zum Palastbereich und damit zum König. Im Laufe des 18. Jahrhunderts entstand daraus eine Armee. Auch deren Offiziere und Kommandeure waren Frauen. Wie üblich gehörte zu jeder Kämpferin ein größeres Gefolge von Sklaven, die für die Logistik sorgten und beim Kampf halfen. Die Armee der Frauen war besser bewaffnet als die Armee der Männer.

Auch religiöse Spannungen spielten eine wichtige Rolle. Christliche Schreine, die von einflussreichen Prinzessinnen am Hof aufgrund ihrer Kontakte zur katholischen Kirche eingerichtet wurden, erschienen als Bedrohung für die mit dem Königtum und der agrarischen Welt verbundenen Voodoo-Kulte. Dies verweist darauf, wie wichtig für die Ausgestaltung von Herrschaft die Konzentration spiritueller Kräfte am Hof war, wobei auch das Christentum als weiterer Kult integriert werden konnte, obwohl dies massive Abwehr seitens der Vertreter der alten Kulte auslöste.

1818 kam es zum erfolgreichen Staatsstreich durch Gezo, den Bruder des Königs. Ein Auslöser war die bestehende Gefahr, dass sich der König taufen lassen würde. Neben diesem Grund, der die spirituelle Legitimität der Monarchie betraf, spielte eine zentrale Rolle, ob Sklavenhandel und damit die Stellung des Hofes oder der Ausbau der Produktion des Palmöls für den Export und damit die agrarische Basis vieler Klans gestärkt und die Unsicherheit durch Sklavenkriege beendet werden sollten. Der Einfluss des afrobrasilianischen Sklavenhändlers und Chacha de Souza, der an dem Putsch beteiligt war, führte zu einer Konzentration auf den Sklavenhandel.

Der Hof wies multikulturelle Züge auf. Dazu gehörten die Großhändler aus Whydah und die europäischen Konsuln. Es wurden Gesandtschaften nach Lissabon geschickt mit einer Übersetzerin, die dem Königshof angehörte. Durch die portugiesisch-brasilianischen Großhändler bestanden Beziehungen zu Bahia in Brasilien.

Mit Gezos langer Regierungszeit bis 1858 stabilisierte sich das politische System. Da der Monarch das Monopol im Sklavenhandel beanspruchte, wenn er auch den Großkaufleuten Ausnahmen erlaubte, geriet er in Konflikt mit den europäischen Konsuln am Hof. Zugleich musste er auf die durch Voodoo-Kulte unterstützte Agrarpartei Rücksicht nehmen, die den Ausbau der Palmölproduktion für den Export för-

GEZO. KING OF DAHOMEY

Abb. 8: König Gezo (kolorierter Stich, 1851).

derte, um dem Druck der Abolitionsbewegung auszuweichen. Dabei spielten auch beide Armeen eine wichtige Rolle, weil sie unterschiedliche gesellschaftliche Interessenslagen repräsentierten. Die Agrarproduktion und die sich darauf stützenden Gruppen und religiösen Kulte blieben wichtig.

Es ist oft betont worden, dass die Staatsräson der Könige von Dahomey vor allem durch den Sklavenhandel und die Gewinnung von Sklaven aus den benachbarten Gebieten mit militärischen Mitteln, aber auch durch Eintreiben von Tributen bestimmt war. Die neuere Literatur geht überwiegend davon aus, dass gleichzeitig ein wichtiger Aspekt des gesellschaftlichen Wohlstandes die Agrarproduktion war. Der König war zwar ein großer Sklavenhändler und besaß die meisten Sklaven, aber schon die Versorgung des Palastbereiches mit über 20.000 Menschen, darunter bis zu 3.000 Frauen im Dienste des Königs, verlangte eine intensive Produktion von Nahrungsmitteln und speziell von Getreide für das Bierbrauen. Auch Kleidung beruhte auf der Nutzung der Raffia-Palme. Das galt schon für die Zeit, bevor der Übergang in die Palmölproduktion für den Export nach Europa eingeleitet wurde[11]. Die Agrarproduktion war ebenfalls eine Grundlage für den Status der Lineages, die Ländereien kontrollierten. Dies war eng verbunden mit einer Priesterschaft und Schrei-

---

[11] Kontrovers: Elwert, Georg, »Wirtschaft und Herrschaft von Dahomey im 18. Jahrhundert«, München 1973, der die Bedeutung des Sklavenhandels stark betont. Peukert, Werner, »Der atlantische Sklavenhandel von Dahomey 1740–1797«, Wiesbaden 1978 stellt die Agrarproduktion in den Vordergrund.

nen, die den Agrarzyklus begleiteten und in Landkonflikten vermittelten. Allerdings verband sich auch der Agrarsektor im Laufe der Zeit immer stärker mit der Sklavenfrage, weil die Lineages, wie auch der Palastkomplex, Sklaven zunehmend in der Agrarproduktion einsetzten.

Der wachsende Druck der Abolitionsbewegung Großbritanniens führte dazu, dass Großbritannien seit den 1820er Jahren seine Flottenpräsenz an der Sklavenküste vergrößerte und Sklavenschiffe kaperte. Trotzdem versuchte die Männerarmee an der Fortsetzung militärischer Operationen zur Gewinnung von Sklaven festzuhalten, während die Armee der »Amazonen« nur Angriffe auf kleinere Ziele im Hinterland befürwortete und den Ausbau der Palmölproduktion förderte[12].

Selbst als sich im Yoruba-Gebiet der Widerstand gegen gewaltsame Sklavenrekrutierung verstärkte und die Armee große Verluste bei Niederlagen erlitt, sogar König Gezo vor Abeokuta fiel, setzte sich die Männerarmee für die Fortsetzung der Expansion auch gegen mächtige Stadtstaaten wie Abeokuta ein.

Diesen Konflikt hat Yoder als Kampf gegen Elefanten beschrieben und damit die Hofpartei bezeichnet, die durch die Männerarmee repräsentiert war. Auf den »Customs«, der alljährlichen Staatsversammlung, bot die Führung der Männerarmee der Frauenarmee Pfeffer an, um sie als kampfunwillig zu beleidigen, während die Frauen für die Beschränkung auf kleinere Ziele im Hinterland plädierten. Diese Hofpartei wurde als »Fliegenpartei« bezeichnet. Allerdings unterstützten die gut zweihundert »Amazonen«, die im Dienste de Souzas standen, die Expansionspolitik. Auf den religiös geprägten Opferfesten, den »Great Customs«, auf denen in der Regel zu Tode Verurteilte als Opfer dienten, wurden die Machtverhältnisse in der Monarchie ausgehandelt. An den Beratungen nahmen die Repräsentanten beider Armeen mit großem Gefolge teil. Diplomaten aus Frankreich, Großbritannien und Portugal waren anwesend und argumentierten mit.

Geschichte 4 – Francisco de Souza und die Gründung einer Community von Atlantikkreolen in Whydah (Dahomey)

Die Geschichte Francisco de Souzas ist ein Beispiel der Kreolisierung einer Handelselite, die auch tief in die dahomeische Politik eingriff[13]. De Souza hatte einen großen Harem,

---

12 Yoder, John C., »Fly and Elephant Parties: Political Polarization in Dahomey, 1840–1870«, in: Journal of African History, Bd. 15, Nr. 3, 1974, S. 417–432.
13 Law, Robin, »Ouidah: The Social History of a West African Slaving ›Port‹«, Athens, Ohio, 2004, S. 155 ff. gibt viele Namen und Details über die Familien. Siehe auch Law, Robin; Mann, Christine, »West Africa in the Atlantic Community: The Case of the Slave Coast«, in: The William and Mary Quarterly, Bd. 56, Nr. 2, 1999, S. 307–334. Siehe auch Zeuske, Michael, »Sklavenhändler, Negreros und Atlantikkreolen«, Berlin 2015, S. 218 f., 335, 339. Wichtige weitere Quelle: Forbes, Frederick E., »Dahomey and the Dahomans, Being the Journals of two Missions to the King of Dahomey and Residence at his Capital in the Years 1848 and 1850«, Bd. 2, London 1851, Reprint 1966.

wohl über achtzig Kinder und dadurch Familienbeziehungen zu afrikanischen und kreoli-
schen Händlern[14]. So schuf er nach dem Urteil von Zeuske eine atlantikkreolische Commu-
nity in den Hafenstädten Whydah und Little Popo. Er selbst war Portugiese aus Bahia,
dem großen Importhafen für Sklaven, und gehörte einer renommierten Familie an, der
nachgesagt wurde, dass sie mit Amazonasindianern verwandt war.

Abb. 9: Francisco de Souza (Gemälde eines
unbekannten Künstlers, vor 1849).

Francisco de Souza kam zum ersten Mal um das Jahr 1792 für drei Jahre nach Westaf-
rika, ging nach Brasilien zurück, ließ sich aber ab 1800 dauerhaft zunächst in den
Häfen Badagry und Little Popo nieder, wo er Faktoreien gründete und ein Vermögen
machte. Nach einem wirtschaftlichen Niedergang nahm er die Dienste im portugiesi-
schen Fort in Whydah an, das seit 1804 auf seinen Einfluss hin von einem seiner Brü-
der geleitet wurde. Als dieser und auch dessen Nachfolger nach kurzer Zeit starben,
wurde er selbst Gouverneur des Forts. Er hatte den Status des »Chacha« inne. Law
sieht darin eher eine symbolische Position, die einem Chief ähnlich war. Formal war er
einem hohen königlichen dahomeischen Beamten nachgeordnet, hatte aber direkten
Zugang zum Hof. Der Titelhalter des »Chacha« repräsentierte die Großkaufleute, die
für das Handelsmonopol des Königs arbeiteten, aber auch die Erlaubnis hatten, auf
eigene Rechnung große Mengen an Sklaven zu handeln. Es war eine Schlüsselstellung.
 Die Quartiere de Souzas beherrschten das Stadtbild Whydahs. Auch andere große
Kaufleute ließen ähnliche Quartiere bauen und prächtige Residenzen durch impor-
tierte vorgefertigte Bauelemente errichten. Es war eine große kreolische Community,
deren Mitglieder von den Dahomeyern als »Weiße« oder genauer als »Christen« be-
zeichnet wurden, einschließlich der mit ihnen lebenden Afrikaner und Kreolen[15]. Die

---

14 Law, »Ouidah«, S. 155 ff., 335, 339.
15 Ebd., siehe Kapitel »De Souza's Ouidah«, S. 183–199 und »The Reconstruction of the Brazilian Community in Ouidah«, S. 214–217. Für die Regierungszeit des Nachfolgers von Gezo, Glele, 1858–1888
siehe das Kapitel »Dissension and Decline: Quidah under King Glele«, S. 231–262.

Architektur war brasilianisch geprägt. Man trug europäische Kleidung, lebte in Poly-
gamie, nahm aber an den katholischen Messen in portugiesischer Sprache teil. Die
französischen Kapuziner verzichteten gegen den Willen der Mutterkirche auf die fran-
zösische Sprache.

De Souza verließ diesen Posten und konzentrierte sich auf den Sklavenhandel, der
seit 1815 auch für Brasilianer auf britischen Druck hin illegal wurde. Eines seiner Skla-
venschiffe wurde von den Briten 1816 beschlagnahmt und er geriet in eine Finanzkrise.
Deshalb entstand ein Konflikt mit dem König von Dahomey, der bei ihm Schulden
hatte. Er wurde verhaftet und misshandelt, überlebte aber. Ihm gelang die Flucht, die
ein befreundeter frankoafrikanischer Kaufmann organisierte (und wohl auch Hofkreise).
Danach förderte er, mit Waren und Waffen von Little Popo aus, den Putsch Gezos, der
1818 den König, seinen Bruder, entthronte. Dadurch wurde de Souza Favorit von König
Gezo. Es ist in der Literatur umstritten, ob er ein höheres Amt in Whydah bekam. Er
durfte den Ort aber nicht verlassen.

Es kam zu einem Konflikt mit der neuen unabhängigen brasilianischen Regierung,
weil er das Fort nach 1826 Portugal zuspielte, was kommerzielle Gründe hatte, weil er
als Portugiese bis 1839 vor britischen Interventionen gegen seine Schiffe geschützt war.
In den 1840er Jahren war er, gestützt auf eine größere Zahl von eigenen Soldaten, ein
Machtfaktor auch am Hof, als es in den Machtkämpfen um die Frage nach der Fortset-
zung des Sklavenhandels oder den Vorrang der Palmölproduktion ging. Nach seinem
Tode 1848 wurden seine Söhne in das Amt des »Chacha« eingesetzt. Die Sonderrolle de
Souzas und anderer großer Kaufleute nahm entscheidend unter dem Druck Gleles ab,
der ihre Vermögen plündern ließ, um die Palastökonomie zu stärken. Whydah verlor
Händler und Handel, da die Franzosen über Porto Novo und Cotonou Alternativen aus-
bauten. Die Bedeutung der Afroeuropäer und der Atlantikkreolen ließ nach.

4 Die Krise des Staates und der wachsende Einfluss Frankreichs

In den Krisenzeiten unter König Glele nach 1858/60 kamen gelegentlich auch die
Chiefs anderer Großkaufleute in die Position des »Chacha«. Sie waren am Hof präsent
wie auch andere große Händler und nahmen an den Great Customs mit eigenem Mi-
litärgefolge teil. Als große Sklavenhändler setzten sie sich für die Fortsetzung des inzwischen illegal gewordenen Sklavenhandels ein, auch wenn sie des Öfteren eine
Beschlagnahme ihrer Schiffe seitens der Briten hinnehmen mussten. Damit behielt
das Interesse am Sklavenhandel bis in die 1850er Jahre weiterhin Gewicht.

Freigelassene Sklaven, aber auch die Söhne der Händler wurden an andere Plätze
der Küste oder nach Brasilien geschickt. Liverpooler Kaufleute ließen pro Jahr achtzig
junge Leute nach Liverpool zur Ausbildung gehen, unter ihnen auch solche, die Handwerker werden sollten. Etliche reisten weiter nach Frankreich, um Französisch zu ler-
nen. Damit entstand eine frühe Intelligenz mit Europa-Erfahrungen, die vor allem die
Handelselite in Westafrika bilden sollte. Sie wurden verstärkt durch Rückkehrer aus

den Amerikas, die in Sierra Leone und Liberia von Missionaren christianisiert und ausgebildet wurden und als Lehrer, Ärzte, Missionshelfer und auch schon als Rechtsanwälte arbeiteten.

In den 1850er Jahren setzten sich schließlich diejenigen Kräfte durch, die sich vorwiegend auf die agrarische Produktion stützten. Die Repräsentanten der »Amazonen« unterstützten diese Entwicklung. Es kam wiederholt zu Staatsstreichen, die auch auf den Druck der Abolitionsbewegung reagierten. Der Vorrang des Palmölhandels vor dem Sklavenexport schwächte die afroeuropäischen Händler in Whydah in der Mitte des 19. Jahrhunderts.

Als Gezo 1858 vor Abeokuta gefallen war, setzte sein Nachfolger Glele trotz der verschärften Kontrolle des Sklavenhandels durch die Briten die Kriege gegen Abeokuta fort, teils, um seinen Vater zu rächen, aber auch, um wieder verstärkt in den Sklavenhandel einzugreifen. Gleichzeitig ging er dazu über, die Niederlassungen der Händler und ihre Warenlager von bewaffneten Leuten plündern zu lassen. Zur Ausstattung der riesigen Totenfeier für seinen Vater verlangte er große Summen. Immer mehr Händler wichen nach Porto Novo und andere Häfen aus, so dass der Einfluss Whydahs schwand.

Gleichzeitig forcierte Glele den Palmölanbau und beschäftigte dafür viele Sklaven in der Landwirtschaft.

Dem wachsenden Druck Frankreichs konnte er nicht ausweichen, denn die Franzosen steigerten ihre Präsenz und sicherten sich eine Konzession über Cotonou vom dortigen König, so dass der Hafen erheblich an Bedeutung gewann. Schließlich war Glele bereit, eine ähnliche Konzession für Porto Novo zu gewähren. Der Druck der Franzosen erhöhte sich ständig. Als die Franzosen zu entscheidenden Konzessionsverhandlungen anreisten, entschied Glele sich 1889 für den Selbstmord, so dass sein Sohn die Verhandlungen führte, die letztlich in der französischen Kolonialherrschaft endeten.

5 Das Königreich Benin

Das Königreich Benin, nahe des Mündungsdeltas des Niger gelegen, gehörte in den kulturellen Komplex der Yoruba-Stadtstaaten[16]. Es teilte wichtige Elemente seiner Organisation mit ihnen und den Monarchien in Dahomey und der Asante. Der Legende nach soll ein Prinz aus Ife die Monarchie im 12. Jahrhundert gegründet haben.

Benin stand in Verbindung mit Ilorin, Oyo und den politischen Einheiten entlang der Kette der Lagunen unmittelbar hinter der Küste, die sich bis Lagos hinzog. Es gab Handelsverbindungen zu den Nupe im Norden und den Asante im Osten. Eine Expansionsphase und die Konsolidierung fanden seit dem 15. Jahrhundert statt.

---

16 Harding, Leonhard, »Das Königreich Benin«, München 2010.

Die Organisation des Handels lag beim Hof, wie Harding[17] herausgearbeitet hat. Wie in der großen Region üblich, hatten Palastbeamte den Handel zur Sicherung der Versorgung des Palastkomplexes in der Hand. Sie legten für die Händler die Handelsrouten fest und kontrollierten die Märkte. Der Hof erzielte so wesentliche Einnahmen. Wer die Händlergruppen schützte, ist unklar.

Harding betont, dass es im Wesentlichen um Handel mit Luxuswaren für den Palastbereich gegangen sei. Aber auch Nahrungsmittel müssen für den Hof beschafft worden sein. Wahrscheinlich haben auch Sklaven in den Gärten der Paläste und auf nahen Feldern dafür gesorgt. Wie weit Bauern verpflichtet wurden, Nahrungsmittel abzuliefern, oder aber diese über lokale Märkte anboten, ließ sich nicht klären.

Monarchie und Aristokratie waren militarisiert. Die Könige, Hofbeamte und der Adel des Landes sowie Krieger wurden als Relief in den berühmten Bronzeplatten gegossen. Auch von portugiesischen Musketieren gab es solche Abbildungen in Bronze. Sie dienten als Söldner in der Armee Benins und erhöhten mit Feuerwaffen und europäischer Militärtaktik die Schlagkraft des Staates. Dies ermöglichte zeitweilig die Expansion in die für den Sklavenhandel und später auch für die Palmölproduktion relevanten Gebiete bis nach Lagos.

Diese Verbindung entstand nach Ankunft der Portugiesen. Benin wurde seit dieser Zeit mit dem portugiesischen Handel nach Brasilien verbunden. Für Verhandlungen über den Handel mit Europäern war ein besonderer Hofbeamter zuständig. Dieser Handel war im Wesentlichen Warenhandel. Intensiver Sklavenhandel fand nur etwa zwanzig Jahre lang statt, teilweise an den wenig kontrollierten Peripherien des Staates. Menschen aus dem Herrschaftszentrum Benins, insbesondere Männer, durften nicht versklavt werden. Die »Edo« waren als Angehörige des Reiches Freie.

Das Königreich Benin hatte bereits im 17. Jahrhundert mit seiner Stadtstruktur und den berühmten Kupferreliefs von großen Persönlichkeiten des Staates, aber auch mit der Abbildung portugiesischer Soldaten in der Armee Benins auf europäische Reisende Eindruck gemacht.

Die Einschränkung des Sklavenhandels vonseiten des Hofes wird in der Literatur mit dem Interesse an Arbeitskräften für den Bedarf des Reiches begründet. Die große Mehrheit der Bauern blieb unabhängig und von der Kontrolle durch den Hof nicht berührt, wenn auch Bauern auf Märkten Salz, Metallwaren und Textilien erwerben mussten und dafür Teile ihrer Ernte vermarkteten. Da es in Krisenzeiten der Monarchie auch republikanische Strömungen gegeben haben soll, lässt sich auf eine relativ starke Position der Bauern und ihrer Chiefs schließen. Die Monarchie war an deren Erzeugnissen interessiert, nutzte ihre Arbeitskraft und wollte, dass die Bauern im Land blieben.

---

17 Ebd., S. 153.

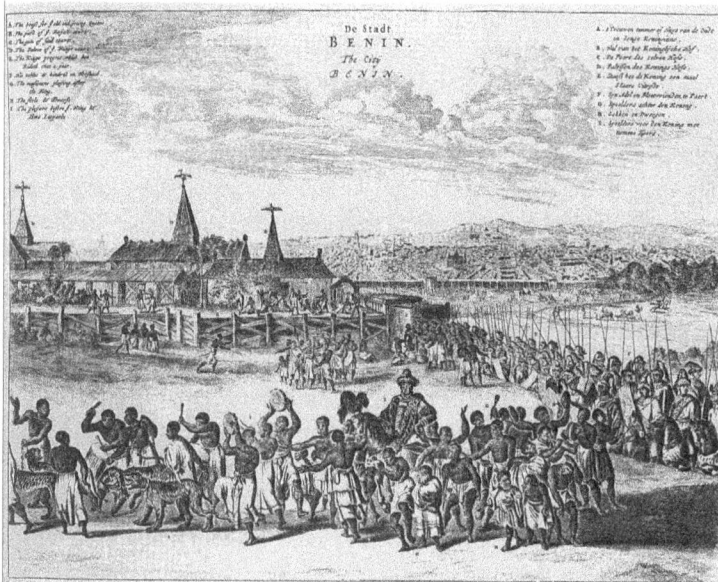

Abb. 10: Benin (Zeichnung von Olfert Dapper, 1668). Es ist dem Stil der Zeit entsprechend eine Stilisierung der europäischen Städteansichten und stellt keine afrikanische Realität dar.
Die Zeichnung ist als Hinweis zu lesen, dass Dapper Benin City als zeitgenössischen europäischen Städten ebenbürtig ansah.

Ob über Marktgebühren oder Tribute auch die Bauern Abgaben leisten mussten, ist nicht bekannt. Beim Handel im Landesinneren wurden Sklaven für die Feldarbeit auf Märkten im Binnenland gehandelt.

Auch in Benin wurden Sklaven verwendet, die in Kriegen und durch Tribute außerhalb des Kernbereiches zur Verfügung standen und in der Agrarproduktion eingesetzt wurden. Sklaven, Textilien, Steinperlen aus Ilorin und Lederwaren aus dem Sahel wurden zwischen Benin und dem fernen Oyo und Bornu gehandelt. Im 18. Jahrhundert waren im Grenzbereich zu Oyo und Ilorin große Märkte entstanden, die die Vermittlung zum Norden übernommen hatten. Benin nutzte das als ein Machtvakuum, das mit dem Fall Oyos entstanden war. Es dehnte seinen Herrschaftsbereich im 19. Jahrhundert aus. In dieser Zeit beteiligte es sich im großen Stil am Palmölhandel und bedrängte auch die Produktionsgebiete entlang der Lagune. Gegen Ende des 19. Jahrhunderts wurde Wildgummi ein weiteres wichtiges Exportgut. Die afrikanischen Gesellschaften Benin und Warri beherrschten das Umland des Nigerdeltas, Sokoto kontrollierte den mittleren Lauf des Flusses. Für die Ausdehnung des britischen Einflusses durch die Royal Niger Company, die nach der Berliner Afrika-Konferenz von 1884/85 den gesamten Niger beanspruchte, wurden die afrikanischen Staaten zum Hindernis.

Benin nahm eine Schlüsselposition im Umfeld des Nigerdeltas ein. Die großen unabhängigen Handelshäuser der Stadtstaaten des östlichen Deltas, Bonny, Kalabari, Okrika und Nembe[18], benutzten mit ihren großen und bewaffneten Kanus den Niger für den Sklavenhandel.

Die Stadtstaaten wurden 1885 erobert. Der Druck auf Benin wurde seit 1888 erhöht, als eine Krise die Dynastie schwächte. Benin wurde 1897 angegriffen und die Stadt und ihre Paläste mit vielen Kunstschätzen geplündert und niedergebrannt. 1903 wurde das Sokoto-Kalifat erobert.

6 Die Akan-Staaten Denkyra und die Staaten der Asante-Union

Die Akan-Staaten Denkyra und die Staaten der Asante-Union waren Inlandstaaten im heutigen Ghana. Sie waren mit ihrem Handel dem Sahel zugewandt.

Denkyra, das in einer Flussebene lag, die den Zugang zur Küste erleichterte, war im Handel mit Holländern und Briten beim Sklavenhandel und beim Erwerb von Gewehren erfolgreich. Es blieb aber führend im Goldhandel mit dem Sahel. Der Asante-Staat, der aus einer Union von kleinen Königreichen bestand, war lange Denkyra tributpflichtig. Am Ende des 17. Jahrhunderts überspannte Denkyra seine Kräfte in Kämpfen sowohl gegen die Völker des Südens als auch des Nordens. In einer Allianz unter Führung des Asanthene Osei Tutu gelang es der Asante-Union, Denkyra zu besiegen und die Hauptstadt zu plündern. Damit war auch für die Asante-Union der Durchbruch zur Küste erreicht und der wichtigste Rivale ausgeschaltet.

Seit dem späten 16. Jahrhundert entwickelte sich auch mit der Küste der Handel. Dafür wurden Sklaven als Gegenleistung geliefert. Deshalb werden diese Staaten oft »sekundäre Staaten« genannt. Diese Charakterisierung unterschätzt jedoch die ältere Struktur dieser Staaten, so wichtig der Handel mit der Küste und die Besetzung von Häfen auch waren. Es kam ein weiterer Handelskomplex hinzu, der Expansionen auslöste. Europäische Waren wie Feuerwaffen, Bleibarren, Schießpulver, europäische Textilien und alkoholische Getränke waren begehrt.

Sie wurden gegen Sklaven, Gold, Elfenbein und Seidenfäden eingetauscht. Die Versorgung der Europäer und ihrer Schiffe mit Lebensmitteln war ein zusätzlicher Faktor.

Der Sitz der Asante-Monarchie, Kumasi, lag am nördlichen Rand der Waldzone. Der Monarchie war es gelungen, die Goldproduktion der Goldwäscher abzuschöpfen. Die Kontrolle blieb indirekt und wurde durch Tribute geregelt. Bauern mussten ihre feudalen Abgaben in Goldstaub entrichten und konnten dafür keine Agrarprodukte nutzen. Der Goldstaub wurde den Steuereintreibern übergeben. Außerdem mussten Bauern die Waren auf den Märkten mit Goldstaub bezahlen. Dieser Goldstaub wurde über die Haussa-Städte wie Kano in den Transsaharahandel gebracht. Den Portugiesen gelang es, einen Teil davon über Lissabon zu lenken.

---

18 Dike, K. Onwuka, »Trade and Politics in the Niger Delta, 1830–1885«, Oxford 1956.

Karte 5: Ghana, Gold Coast Colony im 18.–19. Jahrhundert.

In Kumasi lebten in der ersten Hälfte des 19. Jahrhunderts geschätzt 12.000–15.000 Menschen. Dort und auch in anderen Hauptstädten der Union gab es größere Gruppen von Menschen, die von der Landwirtschaft freigestellt waren.

In Kumasi lebten außer den ursprünglichen Anwohnern die im Palastbereich versammelten untergeordneten Könige der Union mit ihrem Anhang, außerdem die Palastbeamten und ihre Familien samt Gefolge. Im Fremdenviertel wohnten die Händler der westlichen Küstenorte und die Besucher aus der Savanne im Norden. Während der großen Festtage fluteten große Menschenmengen den Palastbezirk. Dort fanden Heerschauen und große öffentliche Prozesse statt. Auch die Inthronisierung von Königen und sogar deren Absetzung waren Zeremonien, die viele Menschen anzogen. Die Besucher steigerten zusätzlich die Nachfrage nach Lebensmitteln und Luxusgütern.

In der Auseinandersetzung mit McCaskie und Wilks über den Charakter der Asante-Union hat Kwame Arhin[19] ein genaues Bild der Union mit dem Asanthene als Oberhaupt gezeichnet. Es entstand ein sehr differenziertes feudales System; umstritten ist, ob es sich durch Ergänzung der feudalen Beziehungen des Hofes über direkt dem Hof verpflichtete Ämter ohne Bindung an die großen Adelsgeschlechter in Richtung einer Bürokratisierung entwickelt hat[20]. Der Staat der Asante im heutigen Ghana expandierte nach 1701 zu den Häfen am Atlantik. Der Staatenunion unter dem Asanthene gelang es, eine patrimoniale Herrschaft mit Unterkönigen und Adelsfamilien sowie Palastbeamten zu schaffen, die sowohl vom Handel und Tributen mit Goldstaub als auch von einer produktiven Landwirtschaft geprägt war. Um die Königsstadt Kumasi organisierte sich eine große produktive Agrarzone, wie sie auch für die anderen Monarchien typisch war.

Die Staatslogik war stark von der Goldproduktion beeinflusst. Dies symbolisierte der »Goldene Stuhl« als Thron der Asanthene.

Abb. 11: Customs des Asante-Königs (kolorierte Zeichnung)[21].

---

19 Arhin, Kwame, »Trade, Accumulation and the State in Asante in the Nineteenth Century«, in: Journal of the International African Institute, Bd. 60, Nr. 4, 1990, S. 524–537.
20 McCaskie, Tom, »State and Society in Pre-Colonial Asante«, Cambridge 1995 widerspricht in Bezug auf eine strenge Anwendung des Bürokratiebegriffes von Max Weber Wilks, Igor, »Asante in the Nineteenth Century«, Cambridge 1989. Auch Kwame Arhin bezweifelt die These Wilks' von der Entstehung einer Bürokratie. Er verwendet den Begriff »patrimonialer Staat« von Max Weber, siehe: Arhin, »Trade«.
21 Bowdich, Thomas Edward, »Mission from Cape Coast Castle to Ashantee, with a Statistical Account of that Kingdom, and Geographical Notices of other Parts of the Interior of Africa«, London 1819.

Arhin betont die Ausdifferenzierung der Ökonomie und zeigt, dass der Handel mit der Sahelregion trotz des Durchbruchs zur Küste und des Handels mit den europäischen Forts ein zentraler Faktor der Palastwirtschaft blieb. Mit den europäischen Forts und mit den vor der Küste geankerten Schiffen wurde Warenhandel betrieben.

Und der Erwerb von Feuerwaffen war für die Expansion relevant. Der Handel fand vor allem mit dem mittleren Niger und seinen großen Städten sowie mit Dahomey statt, auch wenn die Küste stetig an Bedeutung gewann. Dabei spielte auch die Militärorganisation eine wichtige Rolle, weil die Verbindungen zur Küste unter anderem in den Kriegen gegen die Fante gesichert werden mussten. In den Zentren des Transithandels und auf den Märkten des Nordens, die in das System des mittleren Niger integriert waren, wurden von den Commoners Kaurimuscheln als Währung genutzt oder direkt Waren getauscht. Die Herrenschicht exportierte Goldstaub. Dieses System hatte sich seit dem 15. Jahrhundert entwickelt, war durch die Konzentration der Macht auf den Asanthene als Oberkönig ab 1680 verfeinert worden und intensivierte sich seitdem.

Es gab mehr als zehn überregionale Marktzentren für Fleisch, Fisch und handwerkliche Güter sowie spezielle Lebensmittel. Von den umliegenden Bezirken aus wurden die benötigten Güter auf die zwei täglich abgehaltenen Märkte in Kumasi und die anderen Märkte der Residenzstädte gebracht. Die Händler aus der Savanne und von der Küste boten ihre Waren auf überregionalen Märkten an[22]. Die Rastplätze und Karawansereien entwickelten sich ebenfalls zu Märkten. Vier lagen im Norden an den Knotenpunkten des Handels in den Sahel. Auch die Handelsplätze und Forts der Europäer an der Küste bildeten überregionale Märkte. Die Märkte waren so bedeutend, dass Marktaufseher tätig waren. Sie waren von acht Uhr morgens bis zum Sonnenuntergang geöffnet. Der Markt in Kumasi hatte um die sechzig Stände.

Europäische Beobachter sahen auf den Feldern um Kumasi große Flächen der Stapelfrüchte Yams, Kochbananen, Coco-Yams und Gemüse. Es gab eine beachtliche Schweinezucht und viele Kleintiere. Fleisch des Großviehs kam aus der Savanne im Norden, weil im Süden die Zucht von der Tsetsefliege verhindert wurde. Die Stapelfrüchte, die angeboten wurden, waren Yams, Kochbananen, Zuckerrohr und Reis. Gemüsesorten waren Okra und Pfefferschoten. Als Früchte gab es Orangen, Papaya, Ananas und Bananen. Das Fleisch war vom Rind, Schaf, Wildschwein, von der Antilope und vom Affen. Ebenso wurden geräucherte Schnecken sowie getrockneter Fisch und Eier angeboten. Als Getränke gab es Hirsebier und Palmwein. Von den nördlichen und europäischen Märkten kamen Haushaltsgegenstände, Brillenglas, Messingwaren, Sandalen, Textilien, Decken und Kissen, Pfeifen, alkoholische Getränke, Salz, Tabak und Kalabaschen, gefertigt aus ausgehöhlten großen Früchten, z. B. aus Kürbissen. Es wurden Werkzeuge für die Landwirtschaft angeboten, unter ihnen Eisenblätter für die Hacken. Für die Textilverarbeitung gab es weiße und blaue Baumwollstoffe

---

22 In enger Anlehnung an Arhin, »Trade«, S. 526 auch für das Folgende.

und Seidenfäden. Es wurden Flinten, Pulver, Blei und Eisenstangen geliefert. Auch die Commoners mussten mit Gold bezahlen, wenn sie Salz, Textilien und Eisenzeug kaufen wollten. Zwei Währungssysteme koexistierten.

Die Währung in Kumasi war Goldstaub. Damit geriet der größte Teil des Goldes in die Hände des Hofes, ohne dass dieser an der Goldproduktion beteiligt war. Auf den vielen Märkten in etlichen Städten musste mit Goldstaub bezahlt werden. Das galt auch für viele Bauern und sonstige Commoners. Sie waren gezwungen, sich an der Goldwäscherei zu beteiligen, um Steuern zu zahlen. Auf den Märkten konnten sie die Waren ebenfalls nur mit Goldstaub bezahlen. Über die königlichen Einnahmen aus den Marktgebühren floss viel Gold zusätzlich an den Hof. Die wichtigste Kaufkraft lag beim Hof und den Offiziellen, denen die eingesammelten Tribute in Gold zur Verfügung standen. Viel Goldstaub stammte auch von unterworfenen Chiefs und Adeligen.

Arhin geht den Akkumulationsprozessen nach, die ein ökonomisches Wachstum vergleichbar mit dem von europäischen Agrargesellschaften des 18. Jahrhunderts hätten begründen können. Er fragt nach den Quellen des »Handelskapitals« und geht davon aus, dass es zum Teil aus dem Verkauf der Produktion auf den großen Farmen stammte. Die Eigentümer der größten Farmen waren Palastoffizielle. Die Arbeit wurde von Sklaven geleistet. Viele von ihnen waren Kriegsgefangene. Ein Teil der Sklaven stammte aus dem Anteil der Offiziellen an Tributen, die in Form von Menschen abgeliefert werden mussten. Sklaven wurden auch gekauft. Frauen und Kinder wurden als Schuldknechte eingesetzt.

Es waren Personen, die Geldverleiher in ihren Dienst nahmen, bis die Schuld mit Zinsen zurückgezahlt war. Die geleistete Arbeit wurde als Zins gewertet. Diese Akkumulationsprozesse beruhten auf menschlicher Arbeit. Arhin argumentiert, dass dies nicht eigentlich Kapital angehäuft habe. Fernhandelsgüter waren deutlich profitabler. Der Bruttogewinn bei Großvieh und Schafen betrug 500 %. Der Grund dafür war, dass die Hofbeamten – obwohl das Angebot groß genug war – mit Goldstaub bezahlten. Im Vordergrund stand Luxuskonsum, so z. B. glanzvolle Equipagen, was dazu führte, dass immer mehr Einkommen in den Luxuskonsum floss[23]. Arhin merkt an, dass die ökonomische Entwicklung des Asante-Staates im späten 18. Jahrhundert stark beeinträchtigt worden sei, weil die Bevölkerung (damals geschätzt eine Million Menschen) um die Hälfte zurückging. Das entspräche den demographischen Katastrophen etlicher Staaten und Städte im Sahel unter dem Druck der Hungersnöte während der großen Trockenzeiten jener Jahrzehnte.

Im letzten Viertel des 19. Jahrhunderts, als der Asante-Staat mit wiederholten militärischen Offensiven die Kontrolle über die Küste und deren Völker auszubauen versuchte, geriet er zunehmend unter den politischen und militärischen Druck der Briten in der Region. Die Handelsmonopole von Monarchen und Aristokratie wurden von europäischen Händlern unterlaufen, so dass auch die aristokratisch verfasste Palastwirt-

---

23 Ebd., S. 527.

schaft litt. Asanthene und Adel konnten die »Commoners« nicht mehr daran hindern, selbst Handel zu betreiben. Vor allem gelang es nicht, die wichtig werdende Gummi-produktion und den Handel damit zu kontrollieren. Deshalb wird argumentiert, dass die Händler, die nicht zum Adel gehörten, die koloniale Durchdringung begrüßt hätten, so wie die Großkaufleute in Lagos das britische Erbrecht und die britischen Gerichte gegenüber der an das matrilineare Erbrecht gebundenen afrikanischen Rechtsprechung bevorzugten, weil das europäische Recht die Vererbung an den ältesten Sohn ermög-lichte und sich damit die Zersplitterung des Firmenvermögens verhindern ließ.

Die Commoners nutzten nun ihre Agrarprodukte und Goldwäscherei als Kapital für ihre Geschäfte und bedienten Kredite mit 33 % für vierzig Tage. Sie standen im Gegensatz zu den Staatshändlern, die vom Asanthene und den anderen Königen Kre-dite bekamen, um den Hofadel und die aufstrebenden kleinen Könige mit den Waren zu versorgen, die diese für die Aufrechterhaltung des Amtes und ihres sozialen Status benötigten. Die Profitraten waren extrem hoch. Textilien brachten 200–400 % Ge-winn, die Güter aus dem Norden im Schnitt 100 %[24].

Die ökonomischen Grenzen des Systems lagen in dem Umstand begründet, dass der Asanthene seinen Staat als »Kriegerstaat« betrachtete und die militärische Expan-sion im Zentrum stand. Damit tangierte er direkt die kolonialen Interessen der Briten, die in fünf Kriegen von 1862–1864 die Expansion der Asante einzugrenzen versuchten und schließlich Kumasi eroberten und den Goldenen Stuhl 1864 an sich nahmen.

7 Reformansätze 2

Geschichte 5 – Die Fante-Konföderationen von 1868–1874

An der Gold Coast gab es eine Kette von europäischen Forts, unter ihnen seit 1484 das ursprünglich portugiesische Fort Elmina. Sie dienten der Kontrolle des Sklavenhandels und der Zugänge zu den afrikanischen Handelsnetzen vom Meer aus. Die Forts waren ständig zwischen den europäischen Staaten umkämpft. Wegen dieser Kämpfe organi-sierten sich unter den Akan-Gruppen der Region vor allem die vom Meer abgeschnitte-nen Asante, um ihre Expansion nach Süden zu ermöglichen.

Vor allem die Fante, in kleineren Königtümern organisiert, nutzten ihre Lage am Meer und expandierten entlang der Küste[25]. Sie begannen ihre Nachbarn zu kontrollie-ren. Zeitweilig besetzten sie auch Denkyra. Vor allem blockierten sie den direkten Zu-gang der Asante zu den Forts. Sie zwangen die Händler der Asante, die Sklaven, aber

---

24 Ebd., S. 529 nach Bowdich, »Mission«.
25 Reynolds, Edward, »The Gold Coast and Asante 1800–1874«, in: Ajayi, Jacob Festus Ade; Crowd-er, Michael (Hrsg.), »History of West Africa«, 2. Auflage, Bd. 2, London 1987, S. 215–249.

*auch Gold und Elfenbein auf den Märkten der Fante im Hinterland der Küstenforts zu
verkaufen.*

*Sie hielten enge Beziehungen zu den Briten, um diese dazu zu bewegen, keine Feu-
erwaffen an die Asante zu liefern. Monopole über Feuerwaffen waren eine Grundlage
für erfolgreiche Expansion.*

*Das 18. Jahrhundert war gekennzeichnet von wechselvollen Kämpfen um die Kont-
rolle der Handelswege. Die Kleinkönige der Fante entschieden sich ähnlich wie vor
ihnen die Asante, sich als Union zu reorganisieren. Sie gründeten zu Beginn des 19. Jahrhunderts eine Fante-Konföderation, nachdem ihr Gebiet 1806 vorübergehend von den
Asante besetzt worden war. Die Fante hatten mit Guerillakriegstaktiken den Krieg gewonnen und 1.000 Asante-Krieger gefangen genommen und in die Sklaverei verkauft.
Schon diese Konföderation war eine wichtige Grundlage für die Konflikte um die Handelswege und gegen den Druck der Asante.*

*In der Mitte des 19. Jahrhunderts spitzte sich die Lage erneut zu. Mit dem Ende
des legalen Sklavenhandels veränderten sich die Interessen der europäischen Mächte,
für die ihre Handelsstützpunkte nun Ausgangspunkt für die koloniale Durchdringung
des Hinterlandes werden sollten. Dabei kam es 1868 zum Tausch des Forts Elmina,
das noch niederländisch war, und dem britischen Fort Albany. Dies stieß auf massiven
Widerstand der Fante, weil die Forts de jure nur gepachtet waren. Um sich durchzusetzen, entschieden sie sich, das Konzept der Konföderation wieder aufzugreifen.*

*An diesem Prozess beteiligten sich nun neben den wichtigsten Königsgeschlech-
tern auch große Händler, Kreolen und in Sierra Leone gebildete Rückkehrer. Hintergrund war die um sich greifende Enttäuschung darüber, dass Großbritannien seine
Schutzverpflichtungen gegen die Expansion der Asante nicht erfüllte und Gerüchte umgingen, die Briten wollten sich von der Gold Coast zurückziehen.*

*Die Antwort auf den anscheinend anstehenden britischen Rückzug war die Gründung
der »Fante-Konföderation« 1868. Anlass war der Vertrag über den Tausch der beiden
Forts. Dem waren zwei Jahrzehnte Unzufriedenheit mit den lokalen Gewalten vorausge-
gangen. Die Konföderation sollte, wie geschrieben wurde, »im Interesse der ganzen
Fante-Nation« sein und sollte »offence and defence« in Zeiten des Krieges kombinieren*[26]. *Obwohl heimlich vorbereitet, erfuhr die britische Administration der Gold Coast von
dem Plan, der in London als eine Aktion »prinzipienloser Eingeborener ohne Reputation«
und »halb gebildeter Schwarzer« denunziert wurde. Tatsächlich unterschützten die meisten Gebildeten die »Fante-Föderation«. Im Protest gegen den Tausch der Forts versammelten sich die Fante an ihrem alten Versammlungsplatz in Mankessim im Januar 1868,
um die geplante Kontrolle der Niederländer über das Fort Elmina abzulehnen*[27]. *Auf der
Versammlung wurde entschieden, dass jeder kleine Fante-Teilstaat sieben Männer von
Status als nationale Räte in eine Fante-Nationalversammlung schicken sollte. Drei Könige,*

---

26 Details in: Kimble, David, »A Political History of Ghana«, Oxford 1963, S. 220–263.
27 Angelehnt an Reynolds, »The Gold Coast«.

Edoo von Mankessim, Otoo von Abura und Ortabil von Gomra, wurden zur gemeinsamen Präsidentschaft gewählt. Darüber hinaus wurden »Freunde und Landsleute«, besonders die gebildeten Afrikaner, aufgerufen, eine Verfassung zu entwerfen, was 1871 geschah. Ein »executive Council« wurde geschaffen, fünf gewählte Vizepräsidenten wurden bestimmt, dazu ein Generalsekretär und ein Schatzmeister sowie deren Vertreter. Es wurde eine repräsentative Versammlung und eine Nationalversammlung beschlossen: An der Spitze stand die gewählte gemeinsame Präsidentschaft der drei Könige. Ein Gesetz wurde verabschiedet, das eine Kopfsteuer sowie Import- und Exportzölle einführte.

Der britische Generaladministrator lehnte die Annahme der ihm zugesandten Verfassung ab. Erst 1872 sagte sein Nachfolger zu, sie nach Prüfung ans Colonial Office in London zu schicken. Bevor eine Anerkennung kam, zerbrach die Einheit wieder, als 1873–1874 der Krieg der Asante gegen die südlichen Gebiete begann. Die Briten besiegten die Asante und nutzten die Gelegenheit, die südlichen Staaten und auch die Fante in eine formelle Kolonie zu zwingen. Die protokoloniale Situation war zu fortgeschritten und das Reformkonzept konnte keinen Bestand haben. Außerdem war die Einigkeit stets gefährdet. Die Allianz zwischen alten Gewalten und neuen Organisationsformen und die erwünschte Mitwirkung der neuen Bildungsschicht waren bemerkenswerte Innovationen. Das Umfeld war infolge der vielen Handelskriege, der Expansion der Asante, der eigenen Expansionstraditionen der Fante und aufgrund der Krise des Sklavenhandels eher an der gewaltreichen Vergangenheit orientiert. Neue Elite und alter Adel standen auch im Gegensatz zueinander. Die Kolonialeroberung beendete das Experiment.

8 Netzwerke jenseits der Staaten

Stadtstaaten und Staatensysteme prägten die westafrikanische Welt. Aber ein wichtiges Phänomen würde vernachlässigt, wenn man die sogenannten staatenlosen Gesellschaften, so im Südosten Nigerias und im Middlebelt, unberücksichtigt ließe. Auch staatenlose Gesellschaften waren nicht herrschaftsfrei, sondern durch Klans, Lineage-Beziehungen und auch durch Altersgruppen und Geheimgesellschaften strukturiert; die Institution des Chiefs hatte sich jedoch nicht ausgebildet.

Axel Harneit-Sievers hat in seiner Hannoveraner Habilitation und anderen Arbeiten[28] zwei große Netzwerke in den Mittelpunkt seiner Analyse gestellt. Sein Ausgangspunkt war, dass Igbo lokale Gruppen (Communities) ausgebildet hatten, die bei aller Autonomie keine isolierten Einheiten bildeten, sondern in vielfältigen Netzwerken eingebettet waren. Translokale, regionale und sogar darüber weit hinaus-

---

28 Axel Harneit-Sievers hat den Stand der Forschung erheblich erweitert, der von nigerianischen Historikern wie Dike und Ekejiuba sowie Asiegbu, Afigbo und Northrup und anderen geschaffen wurde. Die Originalität seiner Forschungen vor allem in: »Constructions of Belonging: Igbo Communities and the Nigerian State in the Twentieth Century«, Rochester 2006, Kapitel 2 »Translocal Connections and Precolonial Spheres of Influence: Nri ›Hegemony‹ and Arochukwo«, S. 43–63 und Kommentar S. 56 ff.

greifende Verbindungen waren ohne überwölbende gouvernementale Institutionen entstanden[29]. Militärische Allianzen, Geheimgesellschaften und Orakel mit weiter Reichweite wurden entwickelt. Reisende Agenten mit zahlreichen Verbindungen zu verschiedensten Gruppen und Märkten schufen Handelsnetzwerke, insbesondere entlang der großen Flüsse des Niger, des Benue und des Cross River im Igbo-Land.

Neben den lokalen Märkten bestanden regionale Märkte im Umkreis von 25 Kilometern der größeren Siedlungen. Händler überwanden größere Distanzen, um vor allem spezialisierte Märkte oder Messen zu besuchen, die seltener stattfanden als in dem üblichen Vier-bis-acht-Tage-Rhythmus der lokalen und regionalen Märkte. Solche Märkte bestanden im 19. Jahrhundert auch noch nach der Abolition des internationalen Sklavenhandels weiter und waren Märkte, auf denen Sklaven und Palmöl gehandelt wurden. Auch Importwaren aus Europa wurden dort angeboten. Palmöl in kleinen Mengen für den Hausgebrauch und Lebensmittel wurden auf denselben Märkten gehandelt wie große Behälter mit Öl für den Export. Sklavenmärkte blieben bestehen, weil immer mehr Sklaven als Arbeitskräfte für den Transport der Waren, die Palmölernte und den Anbau der Nahrungsmittel eingesetzt wurden, die nicht mehr in den internationalen Handel gingen. Die Kanus der Transporte auf den Flüssen wurden von Sklaven gerudert. David Northrup hat sein Buch zu diesem Thema »Trade without Rulers« genannt[30].

Der Weg mit Waren zu und von den Märkten war gefährlich, so dass auch hier Gruppen von Händlern sich mit militärischem Schutz bewegten. Viele Händler mussten sich bei Reisen zum Schutz durch formale Freundschaftsverträge oder Blutsbrüderschaften für die Zwischenstationen absichern. Das galt auch für die Händler des Arochukwu-Schreins. Diese Verträge wurden beschworen und standen unter religiösen Sanktionen.

9 Schreine und Orakel

Jedes Igbo-Dorf oder Gruppen von Dörfern nutzten einen oder mehrere kommunale Schreine, die lokalen Gottheiten gewidmet waren[31]. Neben den religiösen Aufgaben der Heilung von Individuen und ebenso ganzen Familien erfüllten sie auch, was Steven Feierman »öffentliche Heilung« genannt hat[32]: Sie regelten also Konflikte in der Community bei Problemen wie Streitigkeiten um Land. Es gab Schreine, die darauf spezialisiert waren, zur Sicherheit der Gemeinschaften beizutragen, und militärischen Rat erteilten. Solche Schreine wurden oft Orakel genannt. Schreine konnten auch durch Migration von Menschen Ableger in neuen Communities etablieren. Einige Ora-

---

29 Eng angelehnt an die Darstellung von Harneit-Sievers, »Constructions«.
30 Northrup, David, »Trade without Rulers«, Oxford 1978; Harneit-Sievers, »Constructions«, S. 45.
31 Harneit-Sievers, »Constructions«, S. 46 ff.
32 Ebd., S. 46.

kel erlangten ein Prestige, das weit über die lokalen Grenzen ausstrahlte, und wurden dementsprechend als Orte regionaler Kulte[33] bezeichnet. Besonders bei Pattsituationen in lokalen Gesellschaften oder zwischen benachbarten Gruppen konnten sie eingesetzt werden und entwickelten so eine gewisse Einflusssphäre[34]. Tatsächlich gab es im Bereich des Nri-Kultes derartige Spezialisten, die sich nur mit den Fragen der Religion befassten.

Das Orakel des Eze Nri war ein solches überregionales Orakel. Der Begriff geht auf die städtische Ansiedlung Agukwu-Nri, etwa dreißig Kilometer östlich der großen Marktstadt Onitsha, zurück. Der nigerianische Historiker und Sozialanthropologe Onwuejeogwu hat im Jahr 1981 eine Magisterarbeit für die Universität London unter dem Titel »An Igbo Civilization: Nri Kingdom and Hegemony« vorgelegt. Er kam zu der Schlussfolgerung, dass die Genealogien sich bis ins 10. Jahrhundert verfolgen ließen.

Der Eze Nri und seine Priester ersetzten im Grunde die Funktion des sakralen Königtums. Das Orakel entschied über den agrarischen Kalender und bestimmte Pflanz- und Erntezeiten. Es verteilte symbolisch die neu aus Lateinamerika stammende Yamswurzel an die Dörfer. Dem Eze Nri wurde neben der Verbreitung der Yamswurzel als Stapelfrucht und anderer wichtiger Nahrungspflanzen die Einführung der Eisentechnologie zugeschrieben. Die Einführung der Vier-Tage-Märkte wurde auf den Nri-Kult zurückgeführt. Seine Mitglieder waren für Reinigungszeremonien zuständig, die nach Konflikten in den Dörfern vollzogen wurden, wenn Blut vergossen worden war, um wieder in Frieden in ihnen leben zu können.

Geschützt durch ihren Status als geheiligte Personen, konnten sie sich frei und sicher im gesamten Igbo-Gebiet und darüber hinaus bewegen.

Sie vertieften das religiöse System, indem sie die Rolle eines Hochgottes betonten[35]. Missionare stellten noch an der Wende vom 19. zum 20. Jahrhundert einen erheblichen Einfluss der Nri-Priester und ihrer religiösen Agenten fest, die »Adama« genannt wurden. Ihr religiöses Selbstbewusstsein war so ausgeprägt, dass selbst noch 1878 dem Missionar Solomon Samuel Perry, nachdem er einen Disput mit einem der führenden Priester gewagt hatte, bedeutet wurde, dass der christliche Glaube auf gravierenden Fehlern beruhe. Der Missionar empfand diese religiöse Kraft als die eines »Leviten«.

Es war die spirituelle Kontrolle über eine agrarische Gesellschaft, in der es zwar begrenzt Handel gab, aber die Entwicklung der agrarischen Produktivität im Vor-

---

33 Werbner, Richard P., »Regional Cults«, London 1977 nach Harneit-Sievers, »Constructions«, S. 47.

34 Der Bericht Perrys ist abgedruckt bei Harneit-Sievers, »Constructions«, S. 49. Eine vergleichbare übergreifende Funktion hatte der Fante-Schrein Nananom Mpow. Siehe Shumway, Rebecca, »Fante Shrine of Nananom Mpow and the Atlantic Slave Trade in Southern Ghana«, in: The International Journal of African Historical Studies, Bd. 44, Nr. 1, 2011, S. 27–44. Er repräsentierte einen Hochgott und wirkte als Orakel. Er beeinflusste viele andere Schreine und war ein »Elite Shrine«, der auch Vermittlungsfunktionen im Krieg und beim Handel hatte. Er fungierte außerdem als hohes Gericht, ebd., S. 35 f.

35 Harneit-Sievers, »Constructions«, S. 54.

dergrund stand. Diese Hegemonie schwächte sich seit 1760 ab, obwohl Priester und Eze-Nri-Agenten noch bis in die britische Kolonialzeit hinein wirkten. Der Eze Nri weigerte sich, im britischen System der »indirect Rule« ein von den Briten eingesetzter Chief und Gerichtsherr zu werden. Er lehnte es ab, seinen Spielraum und die Bewegungsfreiheit der Priester einschränken zu lassen. Der Einfluss des Nri als großes religiös-agrarisches Netzwerk geriet in den Schatten eines wesentlich stärkeren und auch militärisch gestützten Netzwerkes, das zunächst aus ähnlichen spirituellen Quellen schöpfte wie das der Nri. Es hatte aber ein im Wesentlichen dem Sklavenhandel gewidmetes großes Handelsnetz entwickelt. Arochukwu schuf eine zweite religiöse Einflusssphäre, deren Nutzung für den Sklavenhandel im großen Stil auch die soziale Perversion erkennbar macht. Es war im 19. Jahrhundert, als das unübersichtliche Gebiet des Mündungsdeltas des Niger an den Kontrollen der britischen Flotte vorbei weiter den Handel betreiben konnte.

Die Stadt und neunzehn Dörfer[36] lagen im äußersten Osten des Igbo-Landes zwischen Niger und Cross River und die Lage war ideal, um von der Bucht von Biafra aus mithilfe der mit Kanuflotten ausgerüsteten Handelshäuser von Bonny mit Brasilien den Handel fortführen zu können[37].

Abb. 12: Spirituelle Figur der Igbo zum Zwillingskult.

---

36 Afigbo, Adiele E., »Ropes of Sand: Studies in Igbo History and Culture«, Oxford 1981, Kapitel 6 »Aro Origin Legends: An Analysis«, S. 187–238 und Kapitel 7 »The Eclipse of the Aro Slaving Oligarchy 1807–1927«, S. 239–282.
37 Harneit-Sievers, »Constructions«, S. 48–55.

Geschichte 6 – Das Orakel Arochukwu

Das Orakel im Igbo-Gebiet im südöstlichen Nigeria war ein Schrein in der Stadt Aro-chukwu, deren Anfänge auf das 17. Jahrhundert zurückgeführt werden[38]. *Die Stadt, in der der Schrein stand, und die umliegenden neunzehn Dörfer wurden von Migranten aus vielen verschiedenen Gegenden besiedelt. Als Sprache setzte sich Igbo durch. In Arochukwu stand das weit in das Igbo-Land ausstrahlende Orakel des »Ibinukpabi«, auch als »long Juju« bezeichnet. Die Priester des Orakels behaupteten, eine direkte Beziehung zum Hochgott Chukwu zu haben.*

Hatte der Kult der Nri seinen Schwerpunkt in der spirituellen Kontrolle der agrari-schen Verhältnisse, wirkte der Arochukwu-Kult in einem breiteren Feld. Er beruhte generell auf Konfliktkontrolle und Prophetie. Die darauf bezogene Strafgewalt sollte entscheidend werden, weil das Orakel deutlich auf kommerzielle Interessen, insbesondere auf den Sklavenhandel, ausgerichtet war. Das Orakel entfaltete erst allmählich seine Aus-strahlung. Die Klans waren im kleinen Stil bereits Sklavenhändler[39]. *Die regionsweite Wirkung des Orakels entwickelte sich aus Netzwerken, die entstanden, weil viele Aro sich in anderen Communities niederließen. Auch sie verbanden sich durch Freundschaftsver-träge und Blutsbrüderschaften mit den Einwohnern von Städten und Dörfern.*

Harneit-Sievers nennt sie »Aro-Diaspora«, da sie als Agenten des Arochukwu-Orakels wirkten, obwohl sie keine priesterlichen Funktionen wie die Agenten des Nri ausübten. Allerdings entstanden in jenen Orten Nebenschreine, so dass auch dort die Schutzfunktion religiös abgesichert war. Sie wurde aber ergänzt durch Mitgliedschaf-ten in Geheimgesellschaften. Durch Freundschaftsverträge und Blutsbrüderschaften schwächte sich der Kinship-Kontext ab, ohne dass übergreifend staatlich geprägte In-stitutionen bei der Vernetzung mit vielen Communities entstanden.

Seit dem 17. Jahrhundert entfaltete das Orakel seine Macht, Menschen, die dem Schrein zur Bestrafung zugeführt wurden, »verschwinden« zu lassen und sie mittels undurchsichtiger Manipulationen auf die Sklavenmärkte zu bringen. Dadurch nutzten die Priester des Schreines ihre religiöse Macht zum Strafen im großen Stil für den Skla-venhandel in der Bucht von Biafra. In der Realität waren sie große Sklavenhändler und konnten sich im Schutz ihrer religiösen Stellung gefahrlos im Lande bewegen. Auch in Arochukwu lebten viele Sklaven. Sie waren Träger für den Fernhandel, dienten als »Währung« bei Handelsgeschäften und wurden zunehmend in der Landwirtschaft

---

38 Ebd., Abschnitt S. 55–58. Harneit-Sievers betont entsprechend dem Schwerpunkt seines Buches, dem 20. Jahrhundert, dass die beiden großen Netzwerke vor allem im Kontext der Verarbeitung der Niederlage im Biafra-Krieg wiederentdeckt worden seien, auch wenn sie während der Kolonialzeit eine Rolle spielten. Auf den folgenden Seiten findet sich auch eine kurze Charakterisierung der ni-gerianischen Historiographie.
39 Afigbo, »Ropes«, S. 207. Afigbo vermutet den Zeitpunkt der Entstehung zwischen 1700 und 1750 und verweist auf die Vielzahl von Legenden darüber, S. 219.

und in den Haushalten eingesetzt. Man bezeichnete sie als »ohu«, während die Freien »amadi« genannt wurden[40].

Entscheidend für den Übergang in das große Sklavereigeschäft war, dass die Priesterschaft Allianzen mit Kriegergruppen einging. Diese Gruppen operierten im Grenzgebiet der Igbo. Die Abam, Ohafi, Abiriba und Edda hatten ein besonderes kriegerisches Ethos entwickelt. Junge Krieger mussten sich zum Nachweis ihres Mutes durch besonderen Tötungswillen auszeichnen und die Köpfe ihrer Feinde vorzeigen. Sie schufen damit Chaos in den angegriffenen Dörfern, was die Händler nutzten. Dennoch entstand Widerspruch gegen die priesterlichen Händler, der dadurch aufgelöst wurde, dass überwiegend Alte und Kranke, die auf dem Sklavenmarkt nichts wert waren, den jungen Kriegern zum Opfer fielen, während die Gesunden und Jungen dem Schrein gegen Geld zugeführt wurden. Ohadike[41], der diesen Problemen sorgfältig nachgeht, hält den sozialen Zwang, sich als junger Krieger so auszuzeichnen, für eine Sonderentwicklung bei wenigen Igbo-Gruppen. Er verweist darauf, dass rigorose Reinigungszeremonien erforderlich gewesen seien, bis ein Krieger ins normale Leben zurück konnte.

Die fatale Kooperation der priesterlichen Sklavenhändler mit den Kriegergruppen[42] löste jeden Zusammenhang mit den religiösen Regeln des Orakels auf und widersprach seinen ursprünglich religiös begründeten Strafen total. Nigerianische Historiker gehen deshalb davon aus, dass sich die Priesterhändler zynisch ihres religiösen Nimbus bedienten und nur noch am Sklavenhandel interessiert waren[43]. Der erste entscheidende Schlag gegen den großen Sklavenhandel traf die Priesterhändler aber bereits 1807, als das britische Sklavenhandelsverbot Einschränkungen mit sich brachte und die Verbindungen zu den Häfen der nigerianischen Lagunen beeinträchtigte. Die Aro zogen sich aus diesem Handel allmählich zurück und schränkten das Geschäft mit europäischen Waren ein.

Das Vordringen des britischen Einflusses in den Küstenregionen am Ende des 19. Jahrhunderts engte die Spielräume aller Händler ein. 1879 erfolgte die Besetzung von Onitsha und anderer Marktstädte. 1901 wurde Arochukwu besetzt und etliche der Priester-Aristokraten wurden gefangen genommen.

Der Zynismus beschädigte die religiöse Bedeutung ihres Kultes. Viele Menschen erwarteten, dass der Schwerpunkt von Schreinen auf Heilung und der Verbindung zu den Ahnen lag. Geschäftsbeziehungen ohne Bezug auf den Aro-Kult und seine Aristokraten nahmen zu[44]. Die kommerziellen Beziehungen der Arochukwu-Händler verlegten sich auf Handel mit Sklaven für die lokale Landwirtschaft. Vor allem die Arbeit in den Palmölplantagen stieg erheblich an. Viele Sklaven wurden weiterhin für den Trans-

---

40 Ebd., S. 195.
41 Ohadike, Don C., »Anioma: A Social History of the Western Igbo People«, Athens, Ohio, 1994, Kapitel 2. Dort benennt er die drei Gruppen, die eine spezielle Kriegerkultur entwickelt hatten, S. 34.
42 Afigbo, »Ropes«, S. 239.
43 Ebd., S. 240.
44 Ebd., S. 340 f.

port benötigt. Der Verfall der Preise für Sklaven führte vermehrt dazu, dass Sklaven bei Beerdigungen von wichtigen Persönlichkeiten geopfert wurden[45]*.*

Der Nimbus des Arochukwu-Orakels ließ die Briten davon ausgehen, dass sich hinter dem Kult eine große, einem Staat ähnliche, militärisch mächtige Organisation verbarg. Als sie sich 1901–1902 zu einem Feldzug gegen Arochukwu entschieden, waren sie verwundert, dass ihnen in weiten Teilen des Gebietes kein Widerstand entgegenschlug und militärisch wirksame Gegenwehr auch bei der Besetzung und Zerstörung des Orakels nicht stattfand, obwohl sie bei ihrem Vordringen den Niger entlang im Igbo-Gebiet nicht recht vorangekommen waren.

10 Kreolisierung: Folge der portugiesischen und französischen Präsenz

Michael Zeuske hat die Entstehung wichtiger Personengruppen dargestellt[46], die er Atlantikkreolen nennt. Sie agierten auf beiden Seiten des Atlantiks. Drei unterschiedliche kreolische Communities sind hervorzuheben.

Matrosen bildeten das Hauptkontingent von Menschen auf dem Atlantik. Sie waren die eigentlich mobilen Kosmopoliten der Zeit. Zwischen 1750 und 1800 waren um die 85.000 Seeleute auf dem Nord- und Südatlantik an Bord der Sklavenschiffe. Insgesamt segelten seit dem 17. Jahrhundert mindestens 300.000, eventuell sogar 350.000 Seeleute aus Großbritannien und den USA auf Sklavenschiffen nach Afrika[47]. Von ihnen blieben zahlreiche in Afrika, wo sie sich zu etablieren versuchten. Es gab Matrosen, die ihre Arbeit an Bord als »Lohnsklaverei« betrachteten und ihr an der afrikanischen Küste zu entkommen trachteten. Andere suchten aus Angst vor den Gefahren der Seefahrt und der gefährlichen Lage an Bord der Sklavenschiffe an Land eine Alternative. Aber auch die Suche nach sozialer Sicherheit in einer Familie und bei Frauen oder auch sexuelle Not ließ sie an Land bleiben. Die braungebrannten Männer fielen in Afrika im Gegensatz zu den blassen aristokratischen Händlern und Kapitänen nicht besonders auf[48].

Die zweite Gruppe rekrutierte sich aus den portugiesischen und brasilianischen Sklavenhändlern, die in Afrika Faktoreien leiteten und Familien gründeten. Sie hatten als Großkaufleute viele Sklaven, Diener und Klienten und meist auch afrikanische Frauen oder einen Harem.

Auch die Besatzungen der Forts und der vor der Küste ankernden Schiffe suchten Kontakt zu Frauen. Dies galt ebenso für die mittelmeerischen Korsaren vom Pelopon-

---

45 Ebd., S. 243.
46 Zeuske, »Sklavenhändler«, siehe besonders das Kapitel 5 »Atlantikkreolen: Leben auf und am Atlantik sowie beyond the Atlantic«, S. 173–205.
47 Ebd., S. 193.
48 Ebd.

nes und aus Algerien, die sich am Sklavenhandel in Westafrika beteiligten. Die afrikanischen Klans ließen zu, dass auch Ehen auf Zeit geschlossen werden konnten. Das Interesse der Klans an diesen Beziehungen und deren Stabilisierung ergab sich aus der Notwendigkeit, Übersetzer zu erhalten und ihr Handelsnetz mit den Sklavenhändlern aus Übersee und den Kaufleuten vor Ort zu stabilisieren. Für die adeligen Familien und Warlords war besonders wichtig, den Zugang zu Feuerwaffen zu sichern.

Derartige Handelsbeziehungen waren zunächst nicht in erster Linie auf die Gewinnung von Sklaven gerichtet. Der Handel mit Gold, Textilien, Indigo als Färbemittel, Gewürzen und Gummiarabikum spielte eine größere Rolle. Auch die Lieferung von Lebensmitteln an die Schiffe und Forts war wichtig.

In den portugiesischen Kolonien Bissau, Angola und Mosambik gingen die Siedler Beziehungen mit afrikanischen Familien ein und heirateten oft afrikanische Frauen. Die erfolgreicheren unter ihnen bildeten in den Hafenstädten und Forts Westafrikas im Laufe der Zeit eine zentrale Gruppe im Handel und in der Verwaltung.

Die meisten portugiesischen Aktivitäten gingen von Händlern aus, die sich in Senegambien etabliert hatten und in afrikanische Familien einheirateten. So entstand eine lusoafrikanische Bevölkerung, die die Verbindung zum atlantischen System herstellte. In Mosambik bestanden Beziehungen zur portugiesischen Kolonie Goa über den Indischen Ozean. Eine Besonderheit bildete die Entwicklung der »Prazo« im Bereich des Sambesi im nördlichen Mosambik[49].

Geschichte 7 – Die Signares im Senegal

Die Insel Gorée lag zwischen der Mündung des Senegal bei Saint Louis im Norden und der Mündung des Gambia im Süden[50]. Auf der Insel wohnten vor allem Wolof sprechende Menschen von der Halbinsel Kapverden. Sie hatten eine relative Unabhängigkeit vom König, dem Damel von Kayor, erreicht und nahmen unterschiedliche kulturelle Einflüsse auf, so auch des Islam.

Europäer nutzten die Insel, weil sie ein gesünderes Klima besaß als das Festland. Sie hatten wiederholt Forts errichtet, die oft wieder zerfielen. Hauptsitz der französischen Verwaltung der »Compagnie du Senegal« war Saint Louis. Während des Siebenjährigen Krieges wurden Gorée und Saint Louis zwischen 1758 und 1763 von den Briten besetzt.

---

49 Die Beispiele werden als kurze Geschichten den Regionen zugeordnet: die »Prazo« Mosambik, die Signares dem Senegal, Francisco de Souza Dahomey und Abeokuta Nigeria. Die Saro hatten eine ähnliche Funktion als Rückkehrer aus Amerika und als Christen mit Schulbildung wie die Kreolen.

50 Im 19. Jahrhundert stehen für die Kreolen mehr Quellen zur Verfügung, weil aufgrund der Beschlagnahme von Sklavenschiffen durch die britische Antisklavereiflotte seit den 1820er Jahren Korrespondenzen und Namen von Sklaven und Kreolen erhalten blieben. Außerdem reisten mehr Europäer an die Westküste. Inzwischen werden auch die oralen Traditionen der großen kreolischen Familien genutzt.

Anders als im übrigen Westafrika wurde die französische Präsenz zu einem markanten Faktor. Sie konnte aber vor der Mitte des 19. Jahrhunderts die Staatenwelt nicht beeinflussen. Französische Händler waren aber am Handel beteiligt. Saint Louis, von den Franzosen 1659 als zentraler Handelsplatz an der Mündung des Senegal gegründet, wurde vor allem von lusoafrikanischen und frankoafrikanischen sowie muslimischen Händlern geprägt, wie auch das Fort zur Sicherung des Sklavenexportes in Gorée, das ebenfalls frankoafrikanische Händlerinnen (siehe unten) hatten bauen lassen.

George Brooks hat in seinem Buch »Eurafricans in Western Africa«[51] den sozialen Aufstieg der frankoafrikanischen Kreolen dargestellt. Sie waren am Handel in Saint Louis und auf der Insel Gorée beteiligt.

Sie unterschieden sich von den benachbarten afroportugiesischen Kreolen am Gambia, die christliche Gemeinden gebildet hatten. Brooks betont den krassen Gegensatz zu den europäischen Gemeinschaften in den Forts, die, gesellschaftlich isoliert, dem Trunk und Depressionen verfallen waren und mit ihrem frühen Tod rechneten.

Die Institution der »Signaresship« entwickelte sich während der französischen Besetzung von Gorée und Saint Louis entgegen dem Verbot der »Compagnie du Senegal« für ihre Angestellten, private Handelsgeschäfte mit afrikanischen Frauen zu tätigen.

Kreolen in Senegambien haben eine längere Vorgeschichte. Ende des 15. Jahrhunderts begannen sich die Portugiesen am Handel in Senegambien zu beteiligen. Neben dem Textil- und Goldhandel spielte der Sklavenhandel zunächst eine geringe Rolle. Dies steigerte sich im 18. Jahrhundert in Konkurrenz zu der britischen Royal Company. Im 19. Jahrhundert kauften die Franzosen um die 8.000 Menschen pro Jahr auf.

Der portugiesische Staat etablierte keine Forts in Senegambien und war wenig präsent. Frühe Stützpunkte mussten aufgegeben werden.

Es waren die Inseln der Kapverden, die zum eigentlichen Ausgangspunkt des portugiesischen Handels wurden. Dort entstand eine Textilproduktion, die ihre Abnehmer in Senegambien fand. Dafür wurden Baumwolle, Indigo und Sklaven eingehandelt. Eine begrenzte Anzahl an Sklaven wurde nach Lissabon transportiert. Die portugiesischen Händler, die sich am Handel in Senegambien beteiligten, heirateten in afrikanische Familien ein, so dass eine lusoafrikanische Bevölkerungsgruppe entstand. Auch wenn der portugiesische Hof durch Edikte immer wieder versuchte, sein Handelsmonopol zu stärken, setzten sich die lusoafrikanischen Händler in Westafrika durch. Sie nutzten auch Schiffe anderer Nationen, um die Forderungen des Handelsmonopols des portugiesischen Hofes zu unterlaufen[52]. Die Sklavenschiffe anderer Nationen nahmen die Waren der Kapverden ab und wurden auch für den Sklavenhandel der Afroportugiesen genutzt.

---

51 Brooks, George E., »Eurafricans in Western Africa: Commerce, Social Status, Gender, and Religious Observance from the Sixteenth to the Eighteenth Century«, Athens, Ohio, 2003, Kapitel »Gorée and Saint Louis: From Nharas to Signares«, S. 206–221.
52 Barry, »Senegambia«, S. 40 ff.

Abb. 13: Fort auf der Insel Gorée (2007).

*Das erste französische Handelskontor wurde 1638 in Senegambien errichtet und
die Compagnie du Senegal wurde 1694 gegründet.*

*Sie verbot den Angestellten und Offizieren, Afrikanerinnen zu heiraten. Die Gouver-
neure lehnten dies ab. Sie verteidigten die Arrangements der Ehen auf Zeit mit dem Argument, dass dadurch der Handel für längere Zeiträume stabilisiert werden könne und die
Angestellten länger im Senegal blieben. Die katholischen Priester segneten diese Ehen
auf Zeit. Da nur fünf bis sechs Afrikanerinnen im Alter von fünfzehn bis sechzehn Jahren
in Saint Louis waren, bat der Gouverneur darum, französische Mädchen aus Paris zwischen fünfzehn und sechzehn Jahren zu beschaffen, was aber abgelehnt wurde. Alle Franzosen, auch die Priester, hatten afrikanische oder euroafrikanische Frauen.*

*Geheiratet wurde meist nach lokalem Eherecht, in dem auch das Erbrecht der Kinder
geregelt wurde, die der Lineages ihrer Eltern angehörten. Franzosen wie Portugiesen bestanden darauf, dass die Frauen und die Kinder die Nachnamen ihrer Väter trugen*[53].
*Überlieferte Namen sind »Marie Charron Multesse, fille de Pierre Charron en son vivant
matelot [Matrose]«, »Marie-Thérèse Yacam Semaine, Négresse, Veuve [Witwe] de Joseph
de Gorée et son vivant maître de Barque [Bootsführer]«*[54]. *Catherine Baudet hatte um
1767 nacheinander drei Ehemänner geheiratet, die Herren Porquet, Pepin und Franciéro.
Sie hatte sechs Kinder von ihnen, die wie üblich zu ihrer Kin-Gruppe gehörten, auch wenn
Catherine die Namen der Männer annahm. Diese sukzessiven Ehen waren häufig, weil die
europäischen Männer entweder früh starben oder nach Europa zurückkehrten. Für sie
war das Leben in diesen großen prächtigen Häusern eine Lebensversicherung gegen den
frühen Tod durch Tropenkrankheiten, weil sie filtriertes Wasser, gutes Essen und medizinische Betreuung bekamen, sowie emotionale Sicherheit.*

*Die Frauen wurden »Signares« genannt, abgeleitet aus dem portugiesischen Senho-
ras (Damen). Auch eine Tochter des Königs von Waalo beteiligte sich an diesem Handel.*

---

53 Quellenbelege: Brooks, »Eurafricans«, S. 210.
54 Ebd., S. 211.

Die Signares lebten in großen Häusern, die zum Teil importiert wurden. Gekleidet in prächtigen Roben und mit Turbanen und geschmückt mit Gold- und Silberketten sowie Ohrringen, gaben sie große Feste und Bälle, an denen sich auch europäische Männer, Offiziere, Händler und Beamte beteiligten. Eine Gruppe von Signares restaurierte und erweiterte das verfallene Fort und nutzte es für den Handel, als Werkstatt bzw. für die Quartiere von Sklaven, wenn diese nicht in Lehmhütten im Compound wohnten. Das Obergeschoss wurde zum Wohnen genutzt.

Sie organisierten die Versorgung Gorées und der dort vor Anker liegenden Sklavenschiffe.

Auf der kleinen Insel Gorée lebten 1767 mehr als 1.000 Menschen, davon waren die meisten Haussklaven, die den Signares gehörten.

Die Insel musste mit allem Lebensnotwendigen per Boot versorgt werden: Getreide und auch Vieh, das an einem Seil an die Boote gebunden wurde und oft dabei ertrank. Vor allem musste Wasser aus dem moorigen Untergrund gewonnen und gefiltert werden. Es wurde mit Hirse, Wasser, Häuten und Baumwollkleidung gehandelt.

Aus den Flusshäfen des Senegal wurden die Waren des Sahel, besonders Gold, Gummiarabikum und Färbemittel wie Indigo, auch von den Signares geliefert. Sie versorgten die Insel und Saint Louis mit Haussklaven.

Die Konkubinen und Ehefrauen von Europäern und besonders die Töchter der Gouverneure und höheren Offiziere aus Ehen mit afrikanischen oder frankoafrikanischen Frauen betrieben Handelsfirmen. Durch ihre Männer hatten sie gute Kontakte zu den höheren Rängen der französischen Verwaltung der »Compagnie du Senegal« in Saint Louis. Sie liehen ihnen unter anderem Sklaven.

Signares wurden oft wohlhabende Händlerinnen. Sie erwirtschafteten große Vermögen, die auf Hunderttausende von Livres geschätzt wurden[55]. *Die Signares standen großen Haushalten vor und waren durch Heiraten hervorgehoben, die ihnen Prestige und Handelsverbindungen brachten. Weibliche Sklaven sorgten für sie und ihre Familien. Die Signares besaßen Köchinnen, Wasch- und Kinderfrauen*[56] *und hatten außerdem persönliche Zofen.*

Zeitgenossen haben anschauliche Beschreibungen veröffentlicht[57]. *Händlerinnen hatten den größten Teil des lokalen Handels in ihren Händen. Der ummauerte Compound diente auch als Werkstatt. Die Sklaven waren zum Teil erfahrene Schmiede, Maurer, Tischler, Weber, Schneider und Bootsleute. Andere arbeiteten auf französischen Schiffen und betrieben im Auftrag ihrer Herrinnen Handel. Sie waren Teil größerer Handelsnetze und kooperierten mit den höheren Chargen der französischen Compagnie. Sie verkauften ihre Sklaven nicht an Sklavenhändler, wenn die Sklaven über einen Monat bei ihnen gelebt hatten und zum sozialen Netzwerk der Signares gehörten, es sei denn, sie*

---

55 Ebd., S. 262.
56 Ebd., S. 270.
57 Brooks zitiert viele dieser zeitgenössischen Quellen.

hatten Schuld auf sich geladen. Die Kinder dieser Haussklaven wurden zusammen mit den Kindern der Signares in der Großfamilie erzogen. Heranwachsende Mädchen lernten die Haushaltstechniken, die Jungen Handwerke, so auch den Schiffbau.

Abb. 14: Ball der Signares (Stich).

Als die Compagnie die Zahl der Sklaven auf der Insel als Bedrohung wahrnahm, versuchte sie diese zu verringern. Aber da die französischen Soldaten in der Garnison der Insel mit den Haussklavinnen zusammenlebten, drohten sie mit Meuterei und verhinderten den Abzug der Sklaven.

Der Einfluss Frankreichs blieb während der französisch-englischen Weltkriege im 18. und frühen 19. Jahrhundert prekär, weil die Küste Senegals wiederholt von Großbritannien annektiert, aber in den Friedensschlüssen stets zurückgegeben wurde. Der militärische Einfluss wurde erst nach der endgültigen Entscheidung zugunsten Frankreichs ab 1844 wirksam, als auch bewaffnete Kanonenboote genutzt und Stützpunkte im Tal des Senegals geschaffen wurden. Die militärische Präsenz reichte bis in das zweite Drittel des 19. Jahrhunderts nicht aus, um in die Machtverhältnisse wirksam einzugreifen. Allerdings vermied Umar Tal einen dauerhaften Konflikt mit den Franzosen und zog sich nach Osten und Norden zurück, obwohl es Gefechte gab und er sogar Kanonen erbeutete.

11 Zwischenwelten der westafrikanischen Welt zum Kongo

David Birmingham hat in seinem Buch »Central Africa to 1870«[58] herausgearbeitet, dass es in der westafrikanischen Welt am Ostrand in den Hochländern von Kamerun einen Bereich gab, von dem aus die nördlichen Waldgebiete des Kongo durch sudansprachige und bantusprachige Gruppen besiedelt wurden. Ausgangspunkt waren die Gegend, die sich zum Königreich Bamum entwickelte, und auch die Region des künftigen Sultanats Adamau, das im frühen 19. Jahrhundert auf Initiative von Usman dan Fodio von Adama, einem Fulbe aus der Gegend von Bornu, gegründet worden war. Mit einer Armee aus freiwilligen Fulbe- und Haussa-Männern begann er eine Serie von Feldzügen mit wechselndem Erfolg gegen nichtmuslimische Staaten. 1825 erreichte er das Hochland von Adamau.

Auch das Königtum Bamum[59], ein Ableger eines royal Klans, der unter den Druck Adamaus geraten war, wehrte im 19. Jahrhundert Angriffe der Fulani ab. Bamum war eine Adelsgesellschaft und hatte wahrscheinlich nicht viel mehr als 10.000 Einwohner. Nach dem Tod des Königs in diesen Kämpfen akzeptierte der Nachfolger den Schutzvertrag mit dem Deutschen Reich und trat 1897 zusammen mit den Adelsfamilien zum Islam über. Er ließ eine eigene Schrift entwickeln und gründete Schulen, um die Identität zu stärken und einen Pfad der Modernisierung zu beschreiten. Bamum gelangte nach 1919 unter französische Herrschaft.

Die Geschichte Bamums weist daraufhin, dass die Kämpfe zu Fluchtbewegungen geführt haben müssen. Adamaua-Ubangi-Sprecher flohen aus den Savannen, wo sie von den Reiterarmeen bedroht wurden, in die Waldgebiete[60]. Damit begann indessen eine allmähliche Durchdringung der riesigen und wenig bevölkerten Waldgebiete des Kongo-Bassins. Sowohl Bantu Sprechende als auch sudansprachige Gruppen waren daran beteiligt.

Insbesondere die Bantu sprechenden Gruppen gingen eine Art Symbiose mit den Pygmäen ein. Sie nutzten deren Kenntnisse der Früchte und Pflanzen des Waldes und konnten sie, die sich kärglich von der Jagd ernährten, mit Fleisch von Ziegen und Schafen der Neusiedler versorgen. Viele Pygmäen übernahmen die Bantu-Sprache und wurden Klienten.

---

58 Birmingham, David, »Central Africa to 1870«, Cambridge 1983, ein Nachdruck aus der »Cambridge History of Africa«, Bd. 4, S. 50 ff. Siehe auch Vansina, Jan, »Paths in the Rainforests«, Madison 1990; Vansina, Jan, »Equatorial Africa before the Nineteenth Century«, in: Curtin/Feierman/ Thompson/Vansina, »African History«, S. 213–240.
59 Ogot, Bethwell A., »General History of Africa«, Bd. V: »Africa from the Sixteenth to the Eighteenth Century«, Berkeley 1999, S. 260 f. Eine gute Zusammenfassung auch in Wikipedia, Königreich Bamum (deutsch; https://de.wikipedia.org/wiki/K%C3%B6nigreich_Bamum), die der englischen Fassung überlegen ist.
60 Birmingham, »Central Africa«, S. 50 f.

Haus der Königin-Mutter, Fumban
Maison de la reine-mère, Foumban

House of the dowager-queen, Fumban
Palazzo della Regina-Madre, Fumban

Abb. 15: Der Palast der Königinmutter im Königreich Bamum im Grasland in Kamerun. Er illustriert die Bedeutung der Königinmutter, ähnlich auch im Kongo und in Uganda.

Diese Migration und die sich steigernde Vermehrung der Bevölkerung waren möglich geworden, weil die Neusiedler seit der Jahrtausendwende – als Ergebnis der Agrarrevolution in der arabischen Welt – südostasiatische Nutzpflanzen übernommen hatten, die hauptsächlich in Waldgebieten gediehen. Dazu gehörten vor allem die Banane, der Mangobaum, die Papaya und die Kokospalme[61]. Da insbesondere die Bantu-Sprecher die Eisentechnologie kannten, fiel es ihnen wesentlich leichter, Waldgebiet zu roden und neue, noch nicht erschöpfte Böden zu erschließen.

Dieser ferne Osten der westafrikanischen Welt stand mit dem Handelsnetz des Westens kaum in Verbindung. Die Menschen nutzten Bornu und seine Handelswege durch die Sahara. Dementsprechend hatte die Armee von Adamau auch keine Feuerwaffen. Die inneren Hoch- und Grasländer wurden auch nicht erreicht, als die Duala im 17. Jahrhundert einen Hafen an der Küste Kameruns bauten und sich am Sklavenhandel beteiligten.

Birmingham beschreibt die allmähliche Bevölkerungsverdichtung in einigen Zonen des Waldes. Es entsteht ein Bild von großer Mobilität und Staatsbildungen. Die König-

---

[61] Die südostasiatischen Nutzpflanzen erreichten zunächst Äthiopien, wo weitere Varianten der Banane gezüchtet wurden. Eine weitere Verbreitung erfolgte über die ostafrikanische Küste durch die Schifffahrt, wahrscheinlich auch von den pazifischen Inseln über Madagaskar.

reiche im Kongo, seit Ende des 13. Jahrhunderts, lassen sich als Folgen dieser Prozesse verstehen.

Die Agrarproduktion wurde nach der Ankunft der Portugiesen 1483 durch deren enge Verbindung mit Brasilien erweitert, als der Mais und die Cassava als neue Stapelfrüchte viele Teile Afrikas erreichten und am Unterlauf des Kongo schon im frühen 16. Jahrhundert angenommen wurden. Die Bauern dort bauten aber, wegen der Anfälligkeit des Mais bei Trockenzeiten, weiter Hirse als Stapelfrucht an. Am Unterlauf des Kongo waren es die Gebiete mit guten Böden und genügend Trinkwasser, die die Akzeptanz der neuen Pflanzen vergrößerten. Parallel dazu entwickelte sich eine Töpferei, die sich auch für den Handel gut eignete. Die Mobilität der Bevölkerung in den Waldgebieten beeinflusste auch die Entwicklung des Kongo-Königreiches, weil Kriege und Sklavenhandel diese Mobilität durch Fluchtbewegungen steigerten[62].

---

62 Siehe Kapitel 3 »Die zentralafrikanische Welt«, S. 87.

Kapitel 3
Die zentralafrikanische Welt

Zentralafrika lässt sich nicht als Einheit betrachten. Es bestand aus zwei Welten, zum einen dem Kongo-Bassin mit seinen Regenwäldern und den Savannen des südlichen Zentralafrika, mit den südlichen Ausläufern des Kongo-Flusssystems und seinen Wäldern sowie zum anderen dem Sambesi mit den Ebenen, die in der Regenzeit überflutet wurden.

Das Kongo-Bassin nahm einen weiten Raum ein. Die riesigen Waldgebiete reichten von der Grenze Kameruns bis an die Savannen des südlichen Zentralafrika und vom Atlantischen Ozean bis an den ostafrikanischen Grabenbruch und die Bergketten, die das Kongo-Gebiet von Ruanda trennten. Das Königreich Kongo und seine Nachbarn schlossen die Niederungen und die Hochländer Angolas, einschließlich der Insel Luanda, ein. Von Angola ging die portugiesische Expansion in den Kongo seit 1475 aus. Das Königreich Kongo wurde 1483 erreicht. Im südlichen Zentralafrika fanden politische und ökonomische Interaktionen über 1.700 Kilometer in West-Ost-Richtung statt. Sie reichten von den Niederungen der südlichen Nebenflüsse des Kongo bis zur ostafrikanischen Seenkette einschließlich des Meru-Sees im Süden. Vom Luba-Reich ging die politische Dynamik in der Region aus und schuf eine spezifische zentralafrikanische Welt. Politische Innovationen führten zu einer Stärkung von Königtum in Verbindung mit der Anerkennung der älteren Lineage-Strukturen.

Eine Welle von Expansionen seit dem 18. Jahrhundert erfasste die gesamte Region: Die Lunda, Chokwe und Bemba etablierten sich in großräumigen Bewegungen durch mehrere Staatenbildungen. Im 19. Jahrhundert setzten sich die bewaffneten Großkarawanen, die von Sansibar finanziell ausgestattet wurden, mit ihren Warlords Tippu Tip und Msiri durch. Sie drangen, von der ostafrikanischen Seenplatte aus, durch das südliche Zentralafrika und stellten die Verbindung zu dem Atlantikhafen in Benguela her. Zwischen beiden Welten gab es Berührungspunkte. In der vorkolonialen Zeit vor dem 19. Jahrhundert befanden sich die Erzgebiete unter dem Einfluss des Luba-Reiches. Im 19. Jahrhundert geriet das Gebiet unter den Einfluss des östlichen Lunda-Reiches Kazembe, dann fiel es an den Warlord Msiri. Erst mittels einer gewaltsamen Expedition 1891, bei der Msiri getötet wurde, sicherte sich Leopold II. von Belgien die Region Katanga. In einem Vertrag mit Großbritannien wurde auch das »Lunda-Commonwealth« aufgeteilt. Der nördliche Teil des Lunda-Bereiches wurde Teil des »Kongo-Freistaates«, der südliche Teil gehörte fortan zur britischen Kolonie Nordrhodesien (Sambia).

https://doi.org/10.1515/9783110452020-005

1 Die Welt des Kongo: Eine Großregion in Zentralafrika

Das Kongo-Bassin war in vorkolonialer Zeit weitgehend ein geschlossenes Waldgebiet[1]. Nur die nordöstliche Peripherie grenzte an den Sahel. Wie Westafrika stand es früh in Verbindung zur atlantischen Welt. Die Besonderheit bestand darin, dass größere zentralisierte Königreiche im tropischen Regenwald entstanden, das Kongo-Reich, Loango und Tio. Die Herausbildung dieser drei großen Staaten im Mündungsgebiet des Kongo-Flusses ging auf das 12. Jahrhundert zurück. Sie hatten sich aus verschiedenen Fürstentümern (»Principalities«) entwickelt.

Die Fürstentümer wiederum hatten sich ausgehend von der Kontrolle über eine größere Anzahl von Dörfern gebildet. Gemeinsam war ihnen, dass sie jeweils in einer fruchtbaren Agrarzone entstanden waren, in der die Trinkwasserversorgung garantiert war. Dort war die Bevölkerungskonzentration entsprechend größer als in anderen Gebieten. Tribute schlossen die Stellung von Zwangsarbeitskräften ein.

Der erste König einer stabilen Dynastie des Königreiches Kongo regierte von 1380–1420 und kontrollierte auch das Königreich Loango. Es gelang, die Herrschaft in den ersten zwei Jahrhunderten zu stabilisieren. Anfangs wurden Familienmitglieder zu Gouverneuren ernannt. Allmählich wurde deren Macht aber auf symbolische Funktionen reduziert. Es gelang, die Herrschaft in den ersten zwei Jahrhunderten zu konsolidieren, was es dem Monarchen ermöglichte, in die Adelsstruktur einzugreifen. Fürsten konnten ihren Titel verlieren. Vansina[2] sah Ansätze zur Zentralisierung und eine vom König abhängige Verwaltung.

Größere metropolitane Zentren mit einer verdichteten Agrarzone wurden an den Sitzen der Herrschaft um den Palastbereich herum gebildet. Der König konnte in dem metropolitanen Umfeld seiner Hauptstadt 25.000 Bewaffnete rekrutieren. Zwar war der Fluss Kongo bis zu den Katarakten auf 1.700 Kilometern schiffbar, aber typisch für riesige Waldgebiete blieb, trotz der Entwicklung von Königsherrschaft über große Orte und trotz mancher Tributbeziehungen, dass das riesige Areal vieler kleiner autonomer Gruppen, die wenig miteinander vernetzt waren, sich der Zentralisierung entzog.

---

1 Thornton, John K., »The Kingdom of Kongo«, Madison 1983; Thornton, John K., »The Kingdom of Kongo: Civil War and Transition, 1641–1718«, London 1979; Thornton, John K., »The Kongolese Saint Anthony: Dona Beatriz Kimpa Vita and the Antonian Movement, 1683–1706«, Cambridge 1998; Vansina, »Equatorial Africa«; Birmingham, David, »Trade and Conflict in Angola: The Mbundu and their Neighbours under the Influence of the Portuguese, 1483–1750«, Oxford 1966; Birmingham, David, »Central Africa to 1870«, Cambridge 1981; Reefe, Thomas, »The Rainbow and the Kings«, Berkeley 1981; Harms, Robert W., »River of Wealth, River of Sorrow«, Yale 1981; Miller, Joseph C., »Way of Death: Merchant Capitalism and the Angolan Slave Trade 1730–1830«, Madison 1988; Thornton, John K., »Elite Women in the Kingdom of Kongo: Historical Perspectives on Women's Political Power«, in: The Journal of African History, Bd. 47, 2007, S. 437–460, S. 438.
2 Vansina, »Equatorial Africa«.

Karte mit Beschriftungen:

LOANGO

Chiloango

OKANGO

Mpanza Nsundi

Congo NSUNDI

Mbanza Mpanga

MPANGA

KAKONGO Bungu

Inkisi

Cabinda

Lufu

BUNGA Lemba

Mbanza Mbata

ANGOI

MBEMBA

MBATA

Mepoza

São Salvador

Mbanza Soyo

Kibangu

SOYO

Mbanza Nkondo

M'Bridge

MBAMBA

Dande

MATAMBA

~ *Fluss*
● Stadt
HERRSCHAFT

Luanda

PORT. ANGOLA

Bengo

0   50   100 km

JDM

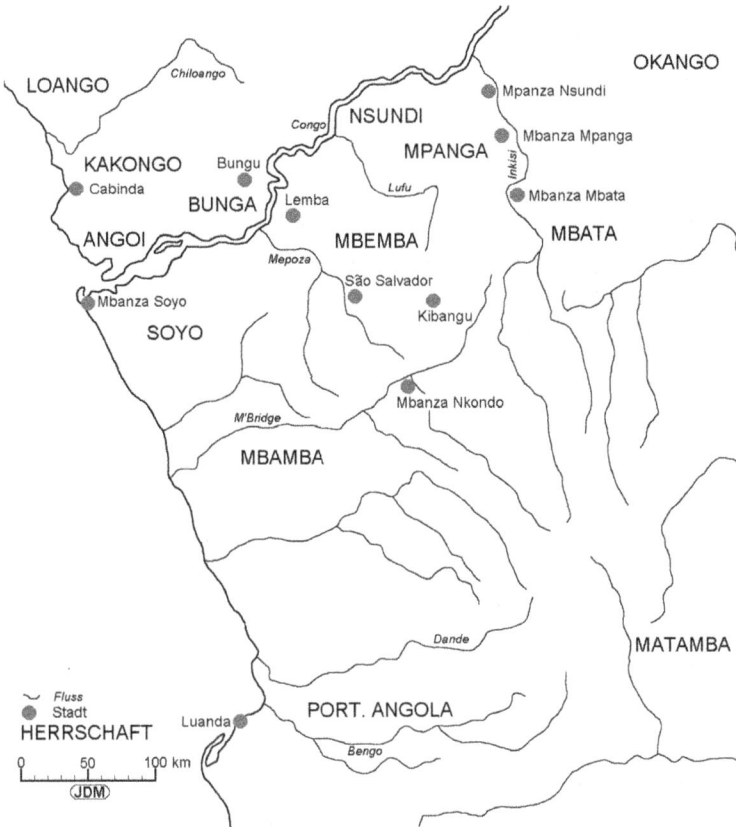

Karte 6: Königreiche und Fürstentümer im Kongo, 1700.

Die Stadt war von geordneten Straßenzügen und Palastbereichen geprägt, was zeitgenössische europäische Besucher beeindruckte und diese zum Urteil gelangen ließ, dass die Stadt den Vergleich mit europäischen Städten aushielt. Sie war von dreißig Kilometer langen Erdwällen umgeben und enthielt mehrere befestigte Palastbereiche und Schreine. In den dazugehörigen großen Arealen wurde Gartenwirtschaft betrieben. Grundlage war der interne Handel zwischen spezialisierten Produktionszonen, so dass vor allem Kupfer, Eisenwaren und Salz ausgetauscht wurden, außerdem Trockenfisch, Fleisch von Kleinvieh, Töpferware und Körbe, Textilien aus Baumwolle und dem Bast der Raffia-Palme. Die Errichtung von Stapelplätzen bei Hofe, die Besteuerung von Märkten und die Kontrolle von Fährstellen waren weitere Einnahmequellen des Hofes und der Klanführer.

In dieses Handelssystem wurden von den Portugiesen angebotene Waren integriert. Es waren Waffen, edle Textilien, Alkohol, Schmuck und Tabak. Überwiegend dienten diese Güter dem Prestigebedarf des Hofes und der Umverteilung an die Großen des Reiches. Das Königreich importierte von der der Küste vorgelagerten Insel

Luanda, die zum Reich gehörte, Kaurimuscheln als Währung für den alltäglichen Marktgebrauch. Kupfer- und Eisenteile wurden als Währung für größere Transaktionen benutzt.

Die portugiesische Besetzung von Luanda seit 1575 bildete den Ausgangspunkt der portugiesischen Expansion. Als Erstes fielen die wichtigen Einnahmen aus der Gewinnung der Kaurimuscheln für das Königreich weg, was immer wieder zu kriegerischen Auseinandersetzungen führte. Die Ankunft der ersten portugiesischen Karavelle am Unterlauf des Kongo unter dem Kommandanten Diogo Cão hatte bereits 1483 stattgefunden.

Zu dieser Zeit regierte König Nzinga a Nkuwu (1470–1509). Diogo Cão kam als erster Europäer mit dem Königreich in Berührung[3]. Im Rahmen seines Besuchs bei Hofe ließ er einige seiner Männer im Palast und nahm einige Adelige mit nach Lissabon, die er bei seiner Rückkehr 1485 wieder zurückbrachte. Sie waren in einem Kloster gewesen und getauft worden. Alphabetisierte kongolesische Adelige gründeten nach ihrer Rückkehr aus Portugal im Palastbereich eine Schule. 1491 kehrte Diogo Cão erneut ins Königreich zurück. Mit ihm kamen katholische Priester, Handwerker und Soldaten. Aus diesem Anlass ließ sich der König, Nzinga a Nkuwu, taufen und nahm als christlichen Namen den des portugiesischen Königs João I. an. Außerdem wurden die wichtigsten Prinzen und Adelige des Hofes und der Herrscher der Küstenprovinz, Soyo, getauft. Auch die Frau des Königs setzte durch, dass sie getauft wurde.

Der Sohn und Nachfolger Afonso I. machte nach 1509 das Christentum zur Staatsreligion und benannte die Königsstadt in São Salvador um. Als sein Bruder, der nicht getauft war, nach der Macht griff, konnte er sich nur mit Mühe behaupten. In einer fast verlorenen Schlacht will er durch Anrufen eines christlichen Heiligen wie durch ein Wunder obsiegt haben, wie er in einem Brief an den portugiesischen König schrieb. Er versuchte als gleichberechtigte unabhängige Macht zu handeln, womit er scheiterte. Das Dilemma des Königshofes war ohnehin, dass er für die Kommunikation mit anderen europäischen Mächten und mit der Kirche in Rom auf den portugiesischen Seetransport angewiesen war, weil die Versuche, einen eigenen Flottenbau zu initiieren, schon bei Afonsos Vorgänger an der Weigerung der Portugiesen, technische und handwerkliche Hilfe zu leisten, gescheitert waren. Die zunächst verhältnismäßig gleichrangige Verbindung zum portugiesischen Hof zerbrach an der Schlüsselstellung der Pflanzeraristokraten auf den beiden Inseln São Tomé und Príncipe, die die kongolesische Verbindung mit dem Hof in Lissabon durch Interventionen blockierten. Es wurde ein Portugiese als Bischof eingesetzt, der aus São Tomé stammte und die dortigen sklavenhaltenden Besitzer der Zuckerplantagen repräsentierte. Als schließlich doch ein Bischof direkt in São Salvador eingesetzt wurde, nahm die-

---

3 Details auf der Basis von Thornton, John K.; Oliver, Roland; Atmore, Anthony (Hrsg.), »Medieval Africa, 1250–1800«, Cambridge 2001, S. 169 f.

ser seinen Wohnsitz in Luanda in der portugiesischen Kolonie, um im Umfeld seiner Landsleute im europäischen Stil leben zu können.

Das System der Interaktion mit den portugiesischen Händlern, Missionaren und Soldaten blieb unter der langen Herrschaft von König Alvaro II. (1587–1614) erhalten. Aber es setzte ein Strukturwandel ein, der in die Katastrophe führte und in dessen Verlauf sich das Königreich Kongo zeitweilig faktisch auflöste. Es hatte sich in dem ersten Jahrhundert des Kontaktes eine lusoafrikanische Mittelschicht gebildet, die als Mittler zu den Europäern einflussreich wurde. Sie machte das Geschäft mit der Sklaverei zu ihrem destruktiven Hauptinteresse und bildete eine Allianz mit der Pflanzeroligarchie von São Tomé, die letztlich die Direktverbindung mit dem Hof in Lissabon blockierte.

Alvaro II. war wie sein Vater an einem Kontakt mit Europa und dessen kommerziellen und technischen Möglichkeiten interessiert, ebenso am Kontakt mit dem Vatikan. Diplomatische Beziehungen zum Vatikan sollten das portugiesische Machtmonopol durchbrechen. Alvaro wollte, dass Rom direkt einen Bischof entsandte. Deshalb sollte ein Gesandter nach Rom geschickt werden. Das wurde aber von den Portugiesen unterbunden, indem sie ihn für drei Jahre in Lissabon gefangen hielten. Nach seiner Freilassung verstarb er, bevor er den Papst erreichen konnte. Es ist argumentiert worden, dass die Agenten Portugals nicht auf eine Position als Adelige in Europa zielten, sondern vor Ort Reichtum und Macht akkumulieren wollten.

Das benachbarte Königreich Loango trug ebenfalls zu der Krise bei. Anders als das Königreich Kongo bestand es als politisches System fort. Gestützt auf die Kontrolle der Küste konnte es den Kontakt mit anderen europäischen Seemächten ausbauen und damit übermäßige Einflüsse begrenzen. Die Konsequenz war allerdings, dass es massiv in den Sklavenhandel einbezogen wurde. Es gelang ihm dabei auch, in die Interessensphäre des Kongo-Reiches vorzudringen und den Sklavenhandel am Hof von São Salvador vorbei auszuweiten, was dessen Krise vertiefte. Sklaverei für die Agrarproduktion von Hof und Adel war auch im Kongo üblich, aber wesentlich begrenzter. Da für die Zuckerproduktion – zunächst auf den Inseln São Tomé und Príncipe vor der Kongo-Mündung – Arbeitskräfte benötigt wurden, unterstützten die Gouverneure von Luanda, die eine Kolonialherrschaft errichtet hatten, den Sklavenhandel. In den Hochländern Angolas und in wachsendem Umfang im Königreich Kongo wurden Menschen nach militärischen Auseinandersetzungen zu Sklaven gemacht oder durch Militäraktionen geraubt und den Zuckerplantagen auf den Inseln zugeführt. Die Gouverneure von Luanda betrieben eine militante Frontier-Politik zugunsten portugiesischer Siedlerfamilien. Diese mündete 1622 in einen Krieg mit dem Königreich, der zu einer enormen Steigerung des Sklavenhandels führte. Dies trug zum Verfall des Reiches im 17. Jahrhundert bei. Der intensive Sklavenhandel, den der Gouverneur und die lusoafrikanischen Händler von Luanda aus betrieben, förderte die Desintegration des Königreichs Kongo. Eine nachhaltige Wirkung dieser Machtverschiebung war, dass mehr als 1.000 portugiesische Handelsagenten, häufig lusoafrikanischer Herkunft, mit ihren Karawanen bis an die Handelsgrenze des Reiches im Osten die dortigen Handelsmessen aufsuchten und so das königliche Handelsmonopol unterliefen und damit die entscheidende Quelle der Macht des Königs austrockneten.

Sogar der Gouverneur von Luanda und die Portugiesen am Hof des Kongo-Königs verloren die Kontrolle. Beschwerden erreichten Lissabon nicht oder wurden verzögert. Die Folge war, dass der Hof als Zentrum der Macht verfiel. Nach dem Tode Alvaros III. 1628 geriet das Königtum in eine fundamentale Krise, mit dem Ergebnis, dass in den folgenden dreizehn Jahren sechs Monarchen einander ablösten und Fraktionskämpfe vorherrschten. Das Königtum war zeitweilig so unwichtig geworden, dass Hafenkapitäne die ihnen angebotene Krone ablehnten, weil sie sich mehr auf das Exportgeschäft mit Sklaven konzentrieren wollten.

Tief in das historische Bewusstsein der Kongolesen drang die brutale Kriegsführung einer afrikanischen Hilfstruppe aufseiten der Portugiesen ein. Die Jagga plünderten und töteten in großem Umfang. Sie waren eine von Hungersnöten vertriebene Gruppe aus dem Bereich Angolas. Sie operierten als Söldner, bildeten aber auch große Banden von Mordbrennern, die sich durch die Lande wälzten. In den Überlieferungen werden ihnen Tendenzen zu Menschenfresserei nachgesagt, wobei strittig ist, ob dies auf rituelle Tötungen beschränkt blieb. Es muss nicht nur tatsächlicher Kannibalismus gemeint sein, der bislang kaum nachgewiesen ist, sondern es ist vor allem eine in Afrika verbreitete Metapher, die die Menschen verwenden, wenn sie von übermäßiger Gewalt und Versklavung bedroht wurden. Sie würden, weil unterworfen oder ausgeplündert, im übertragenen Sinn von den Mächtigen »gegessen«. Es ist ein dramatisches Beispiel einer durch Hunger und Not aus allen sozialen Bezügen herausgerissenen Großgruppe. Im Kontext des Krieges kam es zu fremdenfeindlichen Übergriffen gegen die lusoafrikanischen Händlerfamilien, obwohl diese ein völlig afrikanisiertes Leben führten. Der Hof verlor die Kontrolle über den Handel. Als die Zuckerproduktion im 17. Jahrhundert nach Brasilien und in die Karibik verlagert wurde, weitete sich das Geschäft mit Sklaven über den Atlantik enorm aus. Angola wurde zum am längsten und am stärksten betroffenen Gebiet Afrikas.

Während des Dreißigjährigen Krieges eroberte eine niederländische Flotte von Brasilien aus 1641 Luanda und übernahm die Kolonie. Damit bekam eine protestantische Macht in Angola und dem Kongo für einige Jahre Einfluss. Der kongolesische König Garcia II. kam im selben Jahr auf den Thron und regierte bis 1662[4]. Er nutzte die neue Lage der niederländischen Präsenz und deren protestantischer Ausrichtung und konsolidierte noch einmal die Einheit des Reiches. Gegen die Versuche der großen katholischen Orden, der Jesuiten und Dominikaner, die im Reich eine starke, auch politische Position errungen hatten, gelang es ihm, als Gegengewicht 1645 italienische Kapuziner ins Land zu holen. Sie wurden von den portugiesischen katholischen Orden abgelehnt und behindert. Die Kapuziner weihten im Unterschied zu ihnen auch Kongolesen zu

---

4 Für das Folgende Birmingham, »Central Africa«, S. 60 ff. und Thornton, »The Kongolese Saint Anthony«, S. 38 f.

Priestern. Unter Garcia II. kam es zu einer stärkeren Berücksichtigung auch der kongolesischen Kulte. Schreine wurden wiedererrichtet und ein Missionar getötet, der dagegen vorging. Den Quellen der hergebrachten religiösen Legitimität sollte gegenüber der europäischen religiösen Durchdringung mehr Geltung verschafft werden.

Im Interesse der Stabilisierung seiner Macht lehnte Garcia die von den Christen geforderte Monogamie ab, um mit strategischem Einheiraten in wichtige Klans sein politisches Netzwerk zu erhalten. Die Menschen im Kongo waren wegen der Kriege und Sklavenjagden tief verunsichert und es entstanden Protestbewegungen auch gegen Chiefs, die im Interesse des Sklavenhandels ihre Rechte, Arbeitszwang auszuüben, massiv missbrauchten. Seuchen, die während der Krisenzeiten ausbrachen, trugen dazu bei, dass die Heiler Zulauf bekamen und ebenso jene spirituellen Spezialisten, die für die Abwehr von Hexen wichtig waren, was die lokalen spirituellen Formen verstetigte. Auch christliche messianistische Erwartungen und Prophetien nahmen zu.

Mit der Rückkehr der Portugiesen nach Angola 1648 als Ergebnis des Westfälischen Friedens folgte die Revanche gegen die kongolesische Parteinahme für die »heidnischen«, weil nicht katholischen Niederlande. Der portugiesische Gouverneur zwang Garcia II. zu einem neuen Vertrag, nachdem er dessen Vorschläge eines Interessensausgleichs abgelehnt hatte. Er entschied sich 1665, das Kongo-Reich endgültig unter Kontrolle zu nehmen, und begann einen Krieg gegen den Nachfolger Garcias, König António I., unter dem Vorwand einer strittigen Grenzfrage.

Die kongolesische Armee wurde vernichtend geschlagen und der neue König sowie viele Mitglieder des Hochadels wurden im Kampf getötet. Der Kronprinz wurde gefangen genommen und zusammen mit dem Kopf seines Vaters nach Luanda gebracht. Krone und Zepter schickte man nach Lissabon[5]. Es war eine totale Katastrophe für den Bestand der Monarchie. Die Portugiesen setzten einen Marionettenkönig ein. Als dieser sich von dem mächtigen Prinzen Soyo, der die Provinz an der Kongo-Mündung kontrollierte, bedroht fühlte, entschied der Gouverneur von Luanda, Soyo auszuschalten. Er scheiterte total. Er selbst und sein Bruder fielen[6]. Danach stellten die Portugiesen die Versuche ein, das Königreich Kongo zu kontrollieren. Seit dem Tode von António war die Nachfolge umstritten. Diese Spannungen führten nach dem Rückzug der Portugiesen zu vierzigjährigen Nachfolgekriegen von 1670–1709[7]. Die Prätendenten hatten das Recht der Königinmutter Ana, eine Versammlung über die Nachfolge abzuhalten, übergangen. Da sie selbst ein Gebiet kontrollierte und eine große Armee zur Verfügung hatte, wurde sie ebenfalls zu einem bedeutenden Machtfaktor.

---

5 Birmingham, »Central Africa«, S. 61; Thornton, John K., »Warfare in Atlantic Africa 1500–1800«, London 1999, S. 103.
6 Gray, Richard, »Black Christians & White Missionaries«, New Haven 1990, S. 38.
7 Thornton, »The Kongolese Saint Anthony«.

Diese Kriege verwüsteten das Land. Einzelne Armeen zählten 25.000 Krieger und einen entsprechenden Tross. Plünderungen und Flucht der Menschen waren die Folge. Junge Männer, die sich nicht in die Armeen zwingen lassen wollten, verbargen sich auf Hügeln und in Wäldern. Ohne ihre Arbeitskraft wurde die Landwirtschaft vernachlässigt und Hungersnöte waren die Folge. 1678 wurde São Salvador geplündert und in Brand gesteckt. Die verschiedenen Prätendenten, einschließlich des künftigen Königs Pedro IV., kontrollierten wichtige Provinzen. Pedro residierte am Fuße des Kibango, eines heiligen Berges, dessen Gipfel in den Wolken lag. Er zog viele Menschen in seine Region. Es waren Neusiedler, die ihm deshalb folgten, weil ihre Existenz prekär war und sie wenig zu verlieren hatten. Ihre einfachen Häuser mussten unter den tropischen Bedingungen des Regenwaldes ohnehin jährlich erneuert werden. Wenn der Boden erschöpft war, wurde erneutes Roden erforderlich, wodurch sich Neuland erschließen ließ. Die enorme Mobilität und die Anziehungskraft spirituell legitimierter Führer und Könige waren groß. Der Krieg endete 1709 aus Erschöpfung der Parteien. Pedro IV., der nach langem Zögern São Salvador besetzt hatte und es wieder zu errichten begann, gelang es, die beiden entscheidenden rivalisierenden königlichen Klans durch Heiratsbeziehungen zu versöhnen und so seine Herrschaft von ihnen anerkennen zu lassen. Prinz Soyo hatte sich nach Invasionsversuchen bereits früher in seine Provinz zurückgezogen. Die Kapuziner haben um die 5.000 Seiten Aufzeichnungen dieser Zeit zu ihrem Mutterorden geschickt. John Thornton hat auch Quellen aus kongolesischer Überlieferung ausgewertet[8], die soziale und religiöse Folgen erkennen lassen. Wichtig ist die messianistische Bewegung der »Antonier«, die von einer jungen adeligen Frau, Dona Beatriz Kimpa, ausging. Sie hatte während einer Krankheit eine Marienerscheinung, die sie zur Wiederherstellung der Einheit des Reiches aufforderte. Sie zog zu Pedro am heiligen Berg und versuchte ihn zu überzeugen, die Einheit herzustellen. Als er zögerte, nachdem er sie angehört hatte, gründete sie die Antonier-Bewegung, die sich schnell verbreitete. Den katholischen Orden erschien diese Laienbewegung als Gefahr und Dona Beatriz Kimpa wurde als Hexe angeklagt und verbrannt. Sie war eine kongolesische Jeanne d'Arc. Schon vorher hatte eine andere Prophetin Erscheinungen gehabt. Millenarismus ist ein Ausdruck von Krisenerfahrungen der ländlichen Bevölkerung auch im Kongo.

Nach ihrer Niederlage gegen Prinz Soyo hatten die Portugiesen sich zurückgezogen, aber Luanda behauptet. Erst in der Mitte des 19. Jahrhunderts begannen sie erneut den Kongo zu durchdringen, blieben aber im Küstenbereich um Kabinda.

Vansina verweist darauf[9], dass der Handel Zentralafrikas sowohl mit Sklaven, Elfenbein und Rohgummi als auch mit den europäischen Importwaren sowie den Feuerwaffen vollständig in afrikanischen Händen lag.

---

8 Ebd., Analyse der Quellenbasis siehe »Introduction«, S. 1–8.
9 Vansina, Jan, »Upstarts and Newcomers in Equatorial Africa (c. 1815–1875)«, in: Curtin/Feierman/Thompson/Vansina, »African History«, S. 377–396, mit Bezug auf das späte 18. und das 19. Jahrhundert.

Die Häfen in Loango, Kabinda und Boma im Umfeld der Kongo-Mündung wurden weitgehend vom Fürstentum Soyo kontrolliert. Nur die Häfen in Angola standen unter portugiesischer Kontrolle. Die lusoafrikanischen Händlergruppen und die Ovimbundu-Händler betrieben die Geschäfte. Das galt auch für die Häfen der Küste, die von afrikanischen Hafenkapitänen kontrolliert wurden. In Kamerun war es der mächtige königliche Klan der Bell, der Duala kontrollierte. Das Mündungsgebiet des Mbé in Gabun mit dem Hafen beherrschte König Antchouwé. Dies setzte sich fort, obwohl bereits 1839 die Franzosen das Hafengebiet erwarben, nach Einrichtung eines Marinestützpunktes freigelassene Sklaven angesiedelt wurden und die Stadt 1849 in Libreville umbenannt wurde. Wie weit Kredite europäischer Kapitäne und Firmen eine Rolle spielten, ist für die Bucht von Benin bekannt, aber nicht für Angola und die nördlichen Häfen. Ein Teil der Häfen diente nach den Sklavenhandelsverboten weiterhin dem Schmuggel mit Sklaven.

Erst Leopold II. von Belgien sollte den Kongo-Freistaat gründen und das riesige Gebiet unter Kolonialherrschaft bringen. Dies geschah mithilfe des Reisenden, Journalisten und Abenteurers Stanley und erfolgte mit der Rückendeckung Bismarcks, der den Kongo von britischem und französischem Einfluss freihalten wollte.

2 Die Dynamik in der Welt des südlichen Zentralafrika

Das südliche Zentralafrika war von Savannen geprägt, die zwischen den Regenwäldern des Kongo-Bassins und dem bewaldeten Sambesi große Mobilität ermöglichten.

Es gab geographische Depressionen und Überflutungsgebiete der Flüsse, insbesondere des Sambesi. Die Bevölkerungen wichen bei Überflutungen in die benachbarten Hügel aus. Der Flusslauf ermöglichte Schifffahrt. Das südliche Zentralafrika war bis ins 19. Jahrhundert von beiden Ozeanen durch politische Umstände getrennt. In Angola errichtete Portugal zwar einen wichtigen Stützpunkt in Luanda, aber die portugiesische Herrschaft nahm vor allem Einfluss auf das Königreich im Kongo. Die gewaltsame Rekrutierung der Sklaven beschränkte sich lange Zeit auf die Hochländer Angolas. Die Niederungen Angolas wurden gemieden, weil Königreiche Widerstand leisteten. Fluchtbewegungen von Angolas Hochebenen in die Niederungen hatten aber Einfluss auf das Ausmaß abhängiger Arbeitsverhältnisse im südlichen Zentralafrika, lange bevor die Karawanen der Ovimbundu im 19. Jahrhundert auch den Sklavenhandel in diese Region brachten[10].

Die Region war zudem vom Indischen Ozean isoliert. Den Portugiesen gelang es nicht, von Mosambik aus in das Innere des Kontinents vorzudringen. In Mosambik kontrollierten die Portugiesen im Wesentlichen nur den Hafen Ilha de Moçambique mit einer direkten Verbindung nach Goa an der südwestlichen Küste Indiens. Außerdem stattete der portugiesische Gouverneur am Unterlauf des Sambesi portugie-

---

10 Birmingham, »Trade«.

Karte 7: Überblick südliches Zentralafrika und südliches Afrika.

sische Siedler mit befristeten königlich verbrieften Landrechten als »Prazo« aus. Diese Landansprüche konnten nur durch Einheirat in große afrikanische Familien, die große Güter hatten, realisiert werden[11].

Geschichte 8 – Die »Prazos« und die Kreolisierung in Mosambik

Die Prazos waren Landgüter, die von der portugiesischen Krone in Mosambik vom 16. bis zum 18. Jahrhundert für drei Generationen an portugiesische Familien verliehen wurden[12]. Es war ein Konzept, das Afonso de Albuquerque als Gouverneur (1509–1515)

---

11 Siehe Geschichte 8 »Die ›Prazos‹«.
12 Isaacman, Allen, »The Africanisation of an European Institution«, Madison 1972. Vgl. Fernandes, José Manuel; Luabo, Zambézia, »Edificações: Prazos do Zambeze«, online verfügbar unter: https:// www.hpip.org. Seite des »Heritage of Portuguese Influence/Património de Influência Portuguesa«,

entwickelt hatte, um Portugiesen auf afrikanischem Land anzusiedeln. Das Land ge-
hörte nach Mutterrecht afrikanischen Frauen und wurde an die erstgeborene Tochter
und danach die älteste Enkelin vererbt. Diese Praxis bestand über dreihundert Jahre.
Die Prazeiros heirateten in die afrikanischen Familien ein. Es entwickelte sich eine
Kultur, in der mehrere Traditionen verschmolzen, portugiesische, asiatische aus Goa
und vor allem afrikanische aus dem Kulturbereich des Sambesi[13].

Während Isaacman die Prazos als eine Entwicklung bezeichnet hat, die zur afrika-
nischen Institution wurde, betonen portugiesische Autoren den indischen und auch
portugiesischen Einfluss. Es heißt, die Prazos seien in Anlehnung an die portugiesi-
schen feudalen Regeln der Vergabe von Land entstanden. Isaacman betonte, dass die
Institution in das afrikanische Milieu eingebettet gewesen sei und den mutterrechtli-
chen ländlichen Traditionen der Macua im Sambesi-Tal zuzuordnen war. Andere Au-
toren verweisen auf Parallelen bei der Verteilung von Land in Brasilien und Indien.
Offensichtlich war die Krone an stabilen Verhältnissen interessiert. Mit der Institution
der Prazos sollte gewaltsame Landnahme verhindern werden.

Die Kontroversen über die Prazos deuten darauf, wie nahe beieinander in der frü-
hen Neuzeit europäische feudale und afrikanische Landpolitik sein konnten, auf die
die adeligen Chiefs Einfluss hatten. Auch der portugiesische König profitierte, indem
er sich die Landverleihung in Gold bezahlen ließ, das aus Simbabwes Goldfeldern
stammte. Nach drei Generationen wurde die Landübertragung in der Regel verlängert,
was die Stärke der Prazeiros verdeutlicht.

Die Institution durchlief drei Phasen. Der Errichtung um 1530 folgte der Höhe-
punkt im 17. Jahrhundert, als die portugiesischen Könige immer wieder per Gesetzge-
bung eingriffen. Der Verfall begann im 18. Jahrhundert. 1832 wurden die Prazos aufgelöst
und endgültig 1930 von Salazar abgeschafft. Bereits am Ende des 19. Jahrhunderts be-
setzte Großbritannien die Gebiete der Prazos und die Prazeiros und ihre Familien
übernahmen die Haltung des Siedlerrassismus des südlichen Afrika.

Die Prazos waren mit den Städten der Region und ihren Märkten verbunden. Ihre
Verbindungen reichten von der Küste bis an die Grenze des Rozwi-Reiches in Sim-
babwe. Das alte Munhumutapa-Reich war in eine Krise geraten. Mit der Entstehung
des Rivalen, des Rozwi-Königtums, in Form einer neuen Dynastie wurde das Mun-
humutapa-Königtum seit 1684 weit zurückgedrängt. Die Rozwi schwächten den portu-
giesischen Einfluss stark ab.

Die Portugiesen erhielten auch keinen Zugang zu den Fundstellen des Goldes, das
vor der portugiesischen Besetzung der Küste von Sofala über Kilwa exportiert worden
war. Sie konnten zudem nicht die Handelsnetze der afroarabischen muslimischen Händ-

---

ohne Datum. Siehe auch Newitt, Malyn D., »Portuguese Settlement on the Zambesi: Exploration,
Land Tenure and Colonial Rule in East Africa«, New York 1973. Siehe Newitt, Malyn D., »The Portuguese on the Zambezi: An Historical Interpretation of the Prazo System«, in: The Journal of African
History, Bd. 10, Nr. 1, 1969, S. 67–85.
13 Brooks, »Eurafricans«.

*ler mit ihren Kontakten zur Welt der Swahili[14] verdrängen, nachdem sie die Händler zu
Beginn des 16. Jahrhunderts aus Kilwa, das sie zerstörten, vertrieben hatten. Die afroarabischen Handelsnetze hinderten die Portugiesen daran, den Sambesi als Zugang
zum Inneren Zentralafrikas zu nutzen. Portugiesische Handelsagenten konnten aber teilweise die Märkte der islamischen Swahili mit benutzen.*

Abb. 16: »Great Zimbabwe«, Palastbereich und religiöses Zentrum des Munhumutapa-Reiches
(1972). Die Wasserwellen als Verzierung verweisen auf den Kult des Regengottes.

3 Die Öffnung des südlichen Zentralafrika zu den Ozeanen

In der Mitte des 19. Jahrhunderts wurde das südliche Zentralafrika mit beiden
Meeren verbunden. Die gesellschaftlichen und wirtschaftlichen Entwicklungen unterschieden sich deutlich von der Küstenzone des Indischen Ozeans, weil von Mogadischu bis nach Mosambik die städtische Swahili-Handelskultur Ostafrika mit Indien
und Persien verband. Hingegen war Luanda mit dem atlantischen System vor allem
durch den Sklavenhandel verbunden. Er erfasste allerdings dreißig Jahre lang bis
zum Ende der 1870er Jahre auch Ostafrika durch die Yao und Nguni als Sklavenjäger.

Die Seenkette des Großen Grabenbruches war der Ausgangspunkt, mit Ujiji als von
Sansibar befestigtem Ort und Markt. Von hier aus drangen die großen Karawanen der
Warlords Tippu Tip und Msiri in das südliche Zentralafrika vor. Die Karawanen wurden zunächst in Bagamoyo, das der Insel Sansibar gegenüberlag, mit politischem und
finanziellem Rückhalt des Sultans von Sansibar zusammengestellt. Sie verselbststän-

---

14 Siehe Geschichte 12 »Swahili-Identität«, S. 140.

digten sich und fortan wurde diese Verbindung zu Sansibar vermieden, auch weil Tippu Tip die Kredite nicht zurückgezahlt hatte. Die Karawanen stellten den Kontakt zu den atlantischen Häfen in Angola her, um an Feuerwaffen zu kommen.

Tippu Tip errichtete ein Herrschaftsgebiet nördlich des Tanganyika-Sees im Gebiet des heutigen Kongo, um eine wirtschaftliche Basis für die Versorgung der Karawanen zu haben. Warlord Msiri erreichte die Kupfererzgebiete und errichtete seine Herrschaft auf den Trümmern des Luba-Staates. Gleichzeitig versuchten Karawanen und Sklavenhändler aus Angola, auf die Märkte im südlichen Zentralafrika vorzudringen. Vor allem die Karawanen der Ovimbundu, die bis dahin von ihren kleinen Königtümern in Angola aus direkt mit Luanda gehandelt hatten und dafür vornehmlich Sklaven jagten, machten sich auf, um in die Kupfererzgebiete Katangas und in die Savannen des südlichen Zentralafrika vorzudringen. Sie wurden aber vom König der Kazembe und später auch von den Warlords an der Entfaltung gehindert.

4 Zur Entstehung des Luba-Lunda-Staatensystems

Giacomo Macola geht davon aus, dass der königliche Titel der Luba aus Ruund übernommen wurde, das westlich des Luba-Königtums am Kasai-Fluss lag. In den oralen Traditionen wird von der Ehe einer Ruund-Prinzessin Ruwej und dem wandernden Jäger Chibind Yirung der Luba berichtet. Wechselseitige Übernahmen von Herrschaftsformen der ursprünglich getrennten Systeme seien die Folge gewesen.

Die Ruund hätten eine formelle Nachfolgeregelung eines Königs institutionalisiert und aus dem Zwang zur Erbfolge gelöst. Zugleich sei eine Stabilisierung des Kinship-Systems erfolgt. Beide Institutionen haben sich im gesamten südlichen Zentralafrika verbreitet. Diese zwei Systeme miteinander zu verknüpfen, war eine Innovation, die die Zentralisierung durch den König mit der Anerkennung des Kinship-Systems verband. Macola nennt die Nachfolgeregelung für den Königstitel »Mwand Vav« eine »positional Succession«. Der Titel konnte nicht nur vererbt werden, sondern auch durch Ernennung verliehen und damit das Verwandtschaftsprinzip zugunsten anderer adeliger Klans oder auch von Usurpatoren durchbrochen werden. Nachfolger übernahmen mit dem Titel auch die Identität des Vorgängers und auch dessen Partner und Kinder sowie die politische Position. Sie wurden Teil der Kinship des Vorgängers. Damit wurden sie auch Teil des Netzwerkes der aristokratischen Klans und deren Titel.

Macola[15] analysiert am Beispiel der wechselseitigen Beeinflussung der Königreiche Ruund und Luba und deren Einfluss auf die Entwicklung und Expansion des

---

15 Macola, Giacomo, »Luba-Lunda States«, Wileys online library, 24.8.2015, online verfügbar unter: https://doi.org/10.1002/9781118455074.wbeoe060: Macola ist Associate Professor für afrikanische Geschichte an der Sapienza Università di Roma.

»Lunda-Commonwealth« die besonderen politischen Institutionen, die sich um etwa 1700 herausgebildet hatten und die für weite Teile des südlichen Zentralafrika zum Vorbild wurden. Die Dynamik der Handelsnetze und der damit verbundenen Expansionen in der Hauptsache im 18. und 19. Jahrhundert beruhten auf den Entwicklungen des europäischen und amerikanischen Weltmarktes. Die zweite grundlegende Innovation im Herrschaftssystem der Ruund war, dass sie die Lineages institutionell stärkten und sie nicht in ihrer Bedeutung zurückdrängten. Die alten Lineages wurden als ursprüngliche Eigner des Landes anerkannt. Sie wurden als erste Siedler nicht vernichtet oder marginalisiert, sondern ihnen wurden wichtige spirituelle Funktionen zugeschrieben, da sie über die Verbindungen zu den Ahnen Einfluss auf das Land hatten. Dafür wurden sie wertgeschätzt. Könige wurden »owner of the people«, die Herrschaft über Leute ausübten. Die alten Lineages waren die »owners of the land«. So war Herrschaft über Leute und Herrschaft über Land getrennt.

Macola argumentiert, dass diese Konstruktion bei Expansionen und Eroberungen die kulturellen Traditionen, die in den Weiten der Savannen des südlichen Zentralafrikas wirksam waren, akzeptierte und schonte. Auf diese Weise seien neue Regimes gut verstanden und die Expansionen in der Region wesentlich erleichtert worden. Den Anfang machte das Luba-Reich, das diese Herrschaftsform übernahm, obwohl das Königtum, worauf archäologische Funde hinweisen, bereits im 8. Jahrhundert entstanden war. Die Grundlage dieser frühen Bildung eines Königtums war die Beherrschung der Metallurgie. Die Kupferglocke der Luba und andere Gegenstände erhielten große spirituelle Bedeutung und wurden zur Machterweiterung auch weitergegeben.

Die Luba-Könige galten als Meister des »Lineage power brokering«[16]. Ihr Vordringen war trotz Demonstrationen von Macht weniger zerstörerisch. Auch periphere Kinship-Führer seien loyale Unterstützer geworden, da sie infolge der Verleihung von spirituell wichtigen Symbolen an der Aura des sakralen Königtums der Luba teilhatten. Die Kontrolle von Ressourcen des Luba-Reiches war neben diesen Herrschaftstechniken von erheblicher Bedeutung. Mwata Yamvo wurde zum zentralen Markt. Die Ausbeutung des Kupfererzes geriet unter die Kontrolle der Luba. Im späten 18. Jahrhundert ging die Bedeutung des Luba-Reiches stark zurück. Einerseits wurde es vom Lunda-Staat Kazembe aus den Erzgebieten verdrängt, andererseits verlor es sein wichtigstes Handelsgut, das Elfenbein, weil die Jäger der Luba die Elefantenbestände weitgehend vernichtet hatten und Elefanten in östliche Gebiete ausgewichen waren.

Die Perioden der Staatsentwicklung und ihrer Expansionen werden im Wesentlichen anhand der jeweils wichtigsten Handelsgüter erklärt. David Birmingham[17] beachtet dabei den Austausch von Nahrungsmitteln zwischen benachbarten Gruppen

---

16 Nach einem Begriff von Reefe, »The Rainbow«, S. 7, 92.
17 Ähnlich argumentiert auch Vansina mit Bezug auf das späte 18. und das 19. Jahrhundert, »Upstarts«.

zwischen Savanne, Wald, Seen und Flüssen. Besonders wichtig war der Handel mit getrockneten Fischen, Salz, Töpferwaren sowie Wachs. In Angola, dem Kasai-Bassin und im 19. Jahrhundert im gesamten südlichen Zentralafrika ging vom Sklavenhandel ein wichtiger Impuls für den Fernhandel aus. Nach dem Verbot des Sklavenhandels durch Portugal 1834 und 1851 durch Brasilien wurde die Jagd auf Elefanten entscheidend und Elfenbein wichtigstes Handelsgut. Der Sklavenhandel nach Sansibar durch die Großkarawanen und die sich in Zentralafrika festsetzenden Warlords ging bis zum Ende des 19. Jahrhunderts weiter. Die Jagd auf Elefanten erzwang, weil sich die Herden zurückzogen, ständig Migrationen der Jagdgruppen, was politische Unruhe verursachte. Außerdem wurde Handel mit Rohgummi, das in den Wäldern gezapft wurde, immer wichtiger. Für die Chokwe wurde Bienenwachs das erste Gut im Fernhandel, das das atlantische System erreichte.

Auch die Expansionswellen lassen sich mit dem Wandel des Fernhandels erklären. In dem Maße, in dem die Händler und Jagdgruppen Feuerwaffen – auch modernisierte des 19. Jahrhunderts – einsetzten, wurden die Waffen ein wichtiger Faktor. Der interne afrikanische Warenhandel, vor allem der nachbarschaftliche Austausch von Nahrung und Salz, behielt seine wichtige Rolle. Die zugehörigen Märkte und auch Tributbeziehungen blieben weiterhin eine bedeutsame Einnahmequelle der großen Klans und der Könige. Vor allem wurden Metallwaren und lokal hergestellte Textilien aus Baumwolle und Bast sowie der Raffia-Palme gehandelt, ebenso Fisch, Getreide, Trockenfisch und Vieh. Für die Steigerung der Agrarproduktion wurden abhängige Leute immer wichtiger. Sie waren bis zum 19. Jahrhundert keine Sklaven, sondern waren verschuldet oder verarmt. Menschen aus der bäuerlichen Welt wurden bei Kriegszügen gefangen genommen. Im Zentrum dieser Entwicklung stand die bäuerliche Verwundbarkeit. Nach dem Ende des Sklavenhandels über Atlantik und Indischen Ozean steigerte sich die Abhängigkeit, weil die Versklavten nun im Lande blieben. Es existieren Schätzungen, nach denen 30–50 % in Abhängigkeit gerieten. Diese Menschen wurden für die Vergrößerung von Gefolgschaft wichtig. Verkauf oder Entführung betraf auch Frauen, weil mit ihrer Arbeitskraft und der ihrer Kinder die agrarische Produktion gesteigert werden konnte. Die Chokwe setzten einen Großteil ihrer Einnahmen aus dem Fernhandel dafür ein. Neben Feuerwaffen kauften sie Frauen, die auf ihren Ländereien arbeiten mussten. Dabei nutzten sie auch die Polygamie.

Dieser Menschenhandel hatte sich bereits unabhängig vom Sklavenhandel für die Verschiffung über die beiden Ozeane entwickelt, nahm aber im 19. Jahrhundert zu, als versklavte Menschen nicht mehr über das Meer exportiert werden konnten.

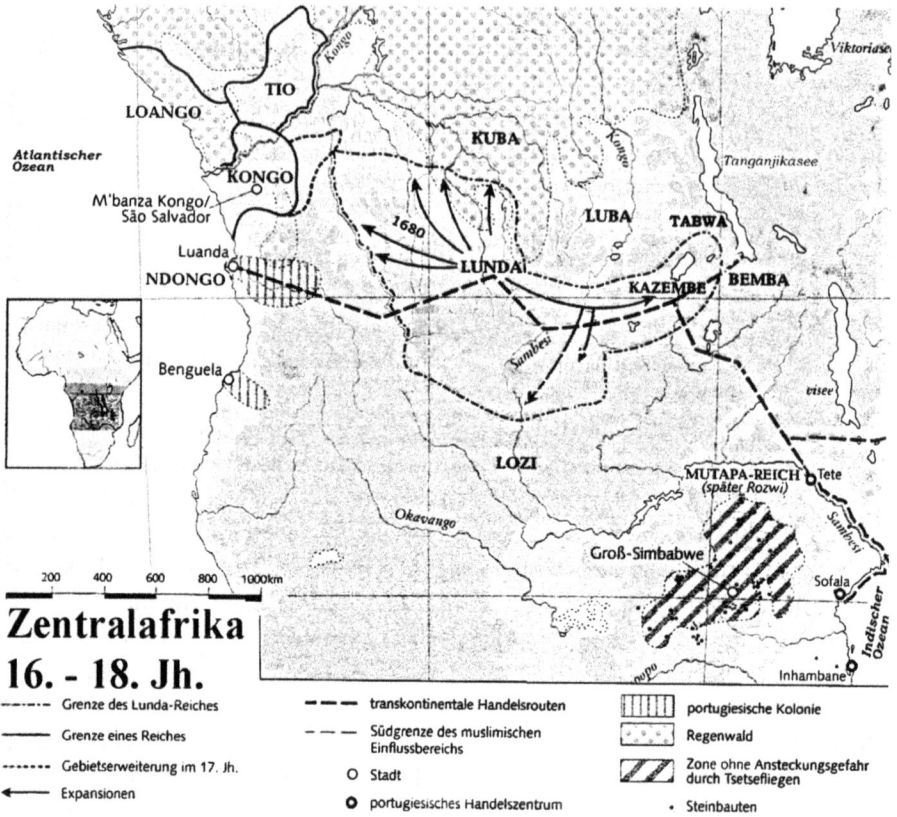

Zentralafrika 16. - 18. Jh.

·–·–·–· Grenze des Lunda-Reiches	– – – transkontinentale Handelsrouten	⨑ portugiesische Kolonie
——— Grenze eines Reiches	– – Südgrenze des muslimischen Einflussbereichs	⨯ Regenwald
········ Gebietserweiterung im 17. Jh.	○ Stadt	⧄ Zone ohne Ansteckungsgefahr durch Tsetsefliegen
◀——— Expansionen	◎ portugiesisches Handelszentrum	· Steinbauten

Karte 8: Expansionen im südlichen Zentralafrika, 16.–18. Jahrhundert.

5 Das »Lunda-Commonwealth«

Ab ca. 1700 entstand östlich des Kasai-Flusses und des Lula-Flusses das »Lunda-Commonwealth«[18], wie es Vansina genannt hat[19]. Es bildete sich ein Verband verschiedener Klangruppen, die nach Vansina in der Regel unter dem Kommando von Militärführern aus dem Königtum Ruund standen. Sie drangen in produktive Gebiete ein und gründeten in ihnen kleine »Königreiche«.

---

18 Diese Formulierung wurde von Vansina eingeführt, um darauf hinzuweisen, dass die einzelnen Machtkerne der Lunda, auch die Königreiche, selbstständig und doch auch durch Beziehungen und Traditionen miteinander vernetzt waren. Dies lässt sich mit der Vernetzung der Yoruba-Stadtstaaten und Königreiche vergleichen, die eine spirituelle Verbindung zu Ife hatten. Siehe auch Thornton, John K., »Africa and Africans in the Making of the Atlantic World, 1400–1800«, 2. Auflage, Cambridge 1998.
19 Vansina, »Equatorial Africa«.

Alle Lunda-Könige betonten ihre Herkunft von den Ruund und den Luba-Königen als Quelle ihres Prestiges. Den königlichen Klans der Lunda wurden spirituelle Gaben zugesprochen. Sie behaupteten auch, über gute Beziehungen zu den Ahnen der eroberten Lineages zu verfügen. Dieses Ansehen sakraler Herrschaft wurde auch von sich verselbstständigenden Heerführern in Anspruch genommen. Sie stabilisierten ihre kleinen Territorien mit Zwischenstationen häufig zu politischen Einheiten, indem sie in lokale Klans einheirateten oder sie durch Unterwerfung integrierten. Gefangene, die bei den Kämpfen gemacht wurden, erlitten das Schicksal, versklavt zu werden. Die expandierenden Gruppen, zu denen auch kleinere Handelskarawanen gehörten, hatten sämtlich Kontakte unterschiedlicher Intensität zu den königlichen Klans. Es waren Netzwerke von aristokratischen Eliten und solchen mit Königstiteln. Sie verfügten über militärische Macht. Ein starker Wille zur Autonomie war vorherrschend. Dies galt für die Herrscher ebenso wie für die unter ihrem Einfluss stehenden Lineages und Klans. Tribute ließen sich nur unregelmäßig eintreiben. Macola betrachtet dies als vorsichtiges integratives Verhalten und als Rücksicht auf die Traditionen der alten Lineages. Aus der Sicht Vansinas erkannten die expandierenden Lunda die bestehenden Produktionsverhältnisse an. So wurden die Salzpfannen und die Fischgründe nicht von den Lunda kontrolliert, sondern blieben in den Händen der alten Lineages.

Es waren die Chiefs solcher alten Produktionsgebiete, die an die Höfe von Ruund oder Luba gingen, um die spirituellen Symbole der Macht zu erbitten, mit denen sie dann Lunda-Prestige gewannen. Klanidentitäten wurden zum Teil verschleiert, indem Lunda-Namen üblich wurden, um die Anforderungen der Lunda zu erfüllen und dadurch die Fortsetzung der Klanherrschaft zu erreichen. Auf diese Weise wurden erzwungene Allianzen mit anderen starken Lineages ein wichtiges Instrument der Lunda, um die Zone der Kontrolle auszuweiten. Allen Staaten war gemeinsam, dass zu den spirituellen Quellen der Macht eine politische Ökonomie entwickelt werden musste. Giacomo Macola hat in seinem Buch über das Kazembe-Königtum[20] der östlichen Lunda ein anschauliches Bild dieser Entwicklungen gegeben. Auch Kazembes königliche Insignien wurden aus den Traditionen im Ruund- und im Luba-Reich abgeleitet. Das Recht auf Herrschaft über Leute sicherte man durch die Verteilung von Gütern an die Großen des Gebietes ab. Rohstoffe flossen durch Tribute von Aristokraten und Klienten den Königen zu. Um Zugang zu importierten Gütern zu erhalten, war die Teilhabe der Könige an den Handelsnetzen vorteilhaft, deren Knotenpunkte oft nahe den Königsstädten lagen. Die Märkte standen auch unter spirituellem Schutz der Könige. Diese städtischen Zentren bestanden aus Palastbereichen, Märkten und Handwerkerquartieren. Sie wuchsen im frühen 19. Jahrhundert deutlich an. Die Königsstadt der Kazembe hatte mindestens 10.000 Einwohner. Kazembe verdrängten schließlich auch das Luba-

---

20 Macola, Giacomo, »The Kingdom of Kazembe« (Studien zur Afrikanischen Geschichte 30, hrsg. von Helmut Bley, Leonhard Harding und Albert Wirz), Hamburg 2002.

Reich aus der Kontrolle der Kupfererzgebiete, bis sie selbst vom Warlord Msiri vertrieben wurden.

Zwischen 1700 und 1760 expandierten Lunda-Gruppen mit vielen Zwischenetappen 1.700 Kilometer in West-Ost-Richtung. Die besonders große Anzahl der Lunda Sprechenden, die im 19. Jahrhundert auf fast 200.000 geschätzt wird, dürfte ein zusätzlicher Faktor bei der Verbreitung des Lunda-Systems gewesen sein. Insofern war es auch eine Landnahme in relativ dünn besiedelten Gebieten. Statt direkter Eroberung dominierten die integrativen Tendenzen des Umganges mit den Institutionen der »positional Succession« und der Würdigung der alten Lineages. Auch die Lunda beherrschten nach diesem Modell des Luba-Staates das »Lineage power brokering«. Sie operierten stets gegenüber den einheimischen Klans mit der Übertragung von Titeln und übergaben ihnen spezielle Muscheln und Trommeln und andere symbolisch wichtige Gegenstände der Lunda. Mit der Annahme dieser Symbole demonstrierten die Unterworfenen die Anerkennung der neuen Herrschaft. Zum gleichen Zweck wurden Lunda-Namen von diesen Klans übernommen.

Militärischer Druck spielte stets eine Rolle. In kurzer Folge bildeten sich unterschiedliche Machtkerne des »Lunda-Commonwealth«. Die Lunda weiteten ihren Einfluss im 18. Jahrhundert und in den ersten Jahrzehnten des 19. Jahrhunderts enorm aus. Er reichte von den Songye[21] im nördlichen Bereich im heutigen Ostkongo bis an die Grenzen des Tanganyika-Sees im Osten und zum Meru-See im Südosten. Gegen Ende des 18. Jahrhunderts wurde Kazembe von den Chokwe unterwandert. Sie waren mit Gewehren ausgerüstete Elefantenjäger und zahlten zunächst erhebliche Tribute, waren später aber stark genug, dies zu verweigern und das Lunda-Königtum zu zerstören. Sie errichteten ein eigenes Königtum mit eigener Sprache und Traditionen. Lunda lebten weiter in der Region, aber mit reduzierter Macht. 1884 wurden die Lunda-Gebiete zwischen Leopold II. von Belgien, Großbritannien und den Portugiesen aufgeteilt. Lunda wurde dem Kongo-Freistaat und der britischen Kolonie Nordrhodesien, später Sambia, und der portugiesischen Kolonie Angola zugeschlagen.

6 Expansion im 19. Jahrhundert: Bemba und Chokwe

Andrew Roberts stellt die Entwicklung von Ruund, Luba und den Lunda in einen weiteren Zusammenhang[22]. Er schließt auch politische Prozesse im Kongo sowie in Ost- und Südafrika ein, um sie mit der Entwicklung der Bemba zu kontrastieren[23].

---

21 Siehe Geschichte 33 »Lupupa Ngye«, S. 428.
22 Birmingham, »Central Africa to 1870«, S. 122–134; Vansina, »Upstarts«, S. 388 f.; Miller, Joseph C., »Chokwe Expansion 1850–1900«, Madison 1969; David, Jean; Merzeder, Gerhard (Hrsg.): »Chokwe and their Bantu Neighbours«, Zürich 2003.
23 Roberts, Andrew D., »A History of the Bemba«, London 1973, »Conclusion«, S. 293–326, besonders S. 294 ff. Die Analyse ist sehr komplex. Roberts setzt sich auch mit der anthropologischen Lite

Seine Schlussfolgerungen eignen sich als Zusammenfassung. Er argumentiert, dass in diesem Teil Afrikas vom Kongo bis Südafrika und Ostafrika nur kleine politische Einheiten vorherrschend gewesen seien. Weit verstreute ethnische Gruppen, die als königliche Klans charakterisiert worden sind, seien autonom oder mitunter auf einen gemeinsamen Paramount Chief bezogen gewesen. Roberts verweist darauf, dass im südlichen Zentralafrika durch die Savannen und Waldgebiete des östlichen Katanga und des nordöstlichen Sambia spätestens zwischen dem 16. und dem 18. Jahrhundert eine Vielzahl kleiner Chiefdoms entstanden sei. Diese kleinen politischen Einheiten hätten ihre Traditionen des Regierens von den Luba und Lunda abgeleitet. Zwei ausgedehnte Staaten waren zwischen 1700 und 1800 das Luba-Königreich und das Lunda-Königreich Kazembe. Sie kontrollierten auch einige Gebiete außerhalb ihrer Kernzone durch ernannte Chiefs oder solche, die ihr Amt geerbt hatten. Sie mussten aus adeligen Klans sein. Ein solcher Klan konnte auch mehrere Chiefdoms kontrollieren. Die Klans bezogen sich auf einen fernen gemeinsamen Ahnen. In solchen Konstellationen erhielten einige Chiefs einen höheren Rang und damit Rechte, auf die Angelegenheiten anderer Chiefs einzuwirken. Aber derartige Autorität ließ sich selten durchsetzen. Außerdem waren Chiefs stets mit Ansprüchen anderer Mitglieder ihres Klans konfrontiert. Jeder Titel war umstritten. Mutterrechtliche und paternalistische Nachfolgeregelungen trugen dazu bei. Alle Kinder eines Bruders oder einer Schwester des Chiefs konnten Erbfolgeansprüche erheben.

Es bestanden prekäre hegemoniale Beziehungen, aber ebenso militärische Kooperationen. Spaltungen und Sezessionen waren häufig und damit auch Ursache von Migrationen oder gar Expansionen. Dabei sei oft eine Form von »Clustern« solcher Chiefdoms entstanden. Sie bildeten im 19. Jahrhundert mehrere Königtümer aus. Mit dem Aufstieg etlicher Klans zu königlichen Klans entstand zentralisierte Staatsgewalt.

Andrew Roberts hebt davon die Bemba ab. Obwohl sie im Gebiet der Flüsse des Lualaba und Luangwa die kulturellen Traditionen teilten und in einem ähnlichen ökologischen Umfeld lebten sowie Chiefdoms ausbildeten, hatten die Bemba eine Organisationsform entwickelt, die mittels Manipulation des traditionellen Kinship-Prinzips eine Konzentration der Macht auf einen Paramount Chief ermöglichte. Durch militärische Effizienz und territoriale Ausdehnung übertrafen sie die Machtkonzentration, wie sie im Königtum Kazembe bestand, bei Weitem. Sie konnten auch mit der militärischen Organisation der Yeke-Krieger unter Warlord Msiri und den Nguni, die wegen der Unruhen des Mfecane in Südafrika nach Ostafrika gezogen waren, mithalten.

Ihre geographische Lage ermöglichte Handel und militärische Eroberung durch ein Netzwerk königlicher Klans. Dies habe sich in der Mitte des 18. Jahrhunderts

ratur der 1940er Jahre auseinander und kritisiert, dass die Strukturalisten zu wenig die Veränderung im Laufe der Zeiten beachtet hätten.

durch Kooperation einiger Lineages des königlichen Klans ergeben, die mehrere Chiefdoms kontrollierten. Mehrere dieser königlichen Lineages nahmen nacheinander die Position des Paramount Chiefs, des »Chitimukulu«, ein. Jede Lineage kontrollierte dabei auch ihr eigenes Kerngebiet. Auch Chiefs niedriger Klans konnten das Amt erreichen, wenn sie im Zentrum des Bemba-Gebietes lebten. Eine geregelte Rotation im Amt, wie sie im Luba-Reich bestand, scheint sich nicht herausgebildet zu haben. Alle Chitimukulu fanden Anerkennung. Sie waren umgeben von priesterlichen Beratern. In den ersten Jahrzehnten des 19. Jahrhunderts gelang es einem der Chitimukulu, seine Macht zu steigern, indem er nach Eroberung neuer Gebiete seine Leute in neuen Chiefdoms einsetzte und dabei auch Gebiete der Mwambwe besetzte[24]. In den nächsten Jahrzehnten setzte sich sein Klan durch, so dass die Nachfolger sämtlich aus ihm stammten, teilweise sogar aus Lineages geringeren Ranges.

Schließlich erwirkte der Klan, dass die Nachfolge auf ihn beschränkt blieb. Zunächst galten noch mutterrechtliche Regeln, aber die patriarchale Nachfolge für die Söhne des Chitimukulu setzte sich durch und wurde zum Machtmonopol. Sie wurde für die von ihnen kontrollierten alten und neuen Chiefdoms eingerichtet. Diese Machtstellung wurde weiter dadurch ausgebaut, dass Nichtadelige (Commoners) und sogar Sklaven Titel und Ämter bekamen, um ihre Loyalität zu sichern. Es entstand so ein von der Lineage unabhängiges Gefolge. Commoners wurden für die Stärkung des Königtums interessiert. Sie bildeten in zentralen Chiefdoms sogar Korporationen, die die rivalisierenden aristokratischen Bewerber um das Amt beeinflussten und die Nachfolgen mit entschieden.

Roberts erklärt die expansiven Tendenzen der Bemba damit, dass die Gegend, aus der sie stammten, relativ unfruchtbar und von Tsetsefliegen verseucht war. Sie konnten daher kein Vieh halten. Sie suchten deshalb bessere Gebiete, die sie zunächst mit Raubzügen an sich brachten. Die Bevölkerungen dieser Gebiete zogen sich zurück und entwickelten spezialisierte Produktionsformen. Die Bemba raubten bei diesen Vorstößen auch viele Frauen. Durch sie erweiterten sich die Vernetzungen zwischen den Lineages.

Die Expansion nach Süden zielte auf Zugang zu den Importwaren und auf Textilien vom unteren Sambesi-Tal. Entscheidend wurde, dass die Märkte Kazembes immer stärker von Swahili und arabischen Händlern aufgesucht wurden. Kazembe vernachlässigte demgemäß die südliche Handelsroute und überließ den Süden der Bemba-Expansion. Die Bemba stellten um 1850 ihrerseits die Verbindung zu den Karawanen von Sansibar her, um an Importwaren zu kommen. Die Händler mit Kontakten zur Küste des Indischen Ozeans verlangten Elfenbein und Sklaven, die sowohl Kazembe als auch die Bemba liefern konnten. Die Bemba bauten dementsprechend ihre Expansion nach Nordosten aus. Sie hatten Kontrolle über einen Teil des Mwambwe-Gebietes und sogar Zugang zur Ostküste des Tanganyika-Sees und den südlichen Hochländern

---

24 Hierzu die Geschichte 9 »Meli«, S. 107.

des künftigen Tansania. Sie waren im Gegensatz zu den Karawanen der Warlords von Ujiji nicht an der Bildung von eigenen Karawanen mit einer großen Anzahl von Trägern interessiert. Auch gelang es den Bemba, die Nguni-Sklavenhändler aus der Region fernzuhalten, indem sie sich ihnen auch militärisch anpassten. Sie übernahmen die Regimentsstruktur, die auf Altersgruppen aufgebaut war, und drängten die Nguni zurück. Diese militärische Innovation hatte zur Folge, dass statt aristokratischer Herkunft auch Verdienst und militärische Erfolge von Commoners zu Einfluss führten.

Der Handel der Bemba wurde größer als der von Kazembe. Die ostafrikanischen Karawanen vermieden Stützpunkte im Bemba-Gebiet und nutzten Routen durch schwächere Chiefdoms. Sie umgingen auch durch Verlegung der Handelsrouten südlich von Kazembe die Konfrontation mit dem Lunda-Staat. Die Route der Karawanen, die zu den Kupfererzgebieten führte, verlief aber weiterhin durch Kazembe. Das Königreich wurde jedoch geschwächt, als die Chokwe eindrangen und den Elfenbeinhandel an sich rissen. Außerdem besetzte Msiri die Kupfererzgebiete. Der Aufstieg der Bemba war auch Folge dieser Entwicklungen.

Die Kohäsion der Bemba setzte sich auch während der Kolonialzeit fort. Roberts erklärt dies mit dem Funktionieren des Rotationsprinzips in den Nachfolgeregelungen, die Sezessionen verhinderte. Sie hatte während der Arbeitsmigration im Kolonialismus, die viele Bemba in die Bergwerke des sambischen Kupferbergbaus führte, weiterhin Bestand. Es lässt sich für diesen Prozess aber auch ein allgemeines Argument aus späteren Schriften von Andrew Roberts in Betracht ziehen. Die Großräumigkeit von Bewegungen auch in Zentralafrika habe ethnisches Bewusstsein und sogar territoriale Identität gefördert und Lineage-Beziehungen relativiert.

Geschichte 9 – Meli: Von der versklavten Häuptlingstochter zur angesehenen Sozialarbeiterin

Die Geschichte von Meli[25] führt in die Endphase des Sklavenhandels. Ihre Kindheit war von der Expansion der Bemba bestimmt. Meli entstammte einer Häuptlingsfamilie aus dem Volk der Mwambwe, die von Bemba unterworfen worden war. Sie gehörte mit ihrer Familie den Silvamba an, bekannten Kriegern, die unter den Bemba an den Kämpfen gegen die Nguni beteiligt waren, die ihre Sklavenjagden von der Küste des

---

25 Die Geschichte von Mama Meli wurde zuerst veröffentlicht von ihrem Enkel: Silanda, H. E., »Uzya wakwe Mama Meli«, Lusaka 1954. Marcia Wright veröffentlichte die Geschichte dann auf der Basis des Lebensberichtes für die Mission der Mährischen Brüder in: »Women in Peril: A Commentary on the Lifestories of Captives in Nineteenth-Century East-Central Africa«, in: African Social Research, 20.12.1975, S. 800–819 und erneut und erweitert in: »Strategies of Slaves and Women, Life-Stories from East/Central Africa«, London 1993. Dort ist auch der Kommentar des Enkels Silanda veröffentlicht.

Indischen Ozeans in die Gebiete der Bemba und Mwambwe ausgedehnt hatten. Erste britische Interventionen gegen den Sklavenhandel fanden dort statt. Gleichzeitig etablierten sich Missionsstationen.

Das Mädchen Meli, 1890 wohl zehn Jahre alt, war das jüngste Kind aus der zweiten Ehe eines dieser Krieger namens Mumembe. Seine erste Ehe war wegen Hexereianschuldigungen gegen seine erste Frau geschieden worden. Die Familie geriet in die Kämpfe mit einem Bemba-Chief um die Kontrolle von Dörfern. In der Unruhe der Kämpfe schwängerte der Bruder Melis eine geflüchtete Frau des Bemba-Chiefs Ponde, der die angebotene Kompensation ablehnte und den Bruder zur Strafe blenden lassen wollte. Der Bruder wurde bei Verwandten im Mwambwe-Gebiet verborgen, so dass die Familie weiter bedroht blieb. Als Chief Ponde die Mwambwe angriff, flüchtete der Bruder. Die Mwambwe wehrten die Bemba im Schutz befestigter Höfe ab, auch weil aus der nahen Missionsstation bewaffnete Männern zu Hilfe kamen und die Mission einem Teil der Dorfbewohner Zuflucht gewährte.

Meli blieb bei ihrer Mutter im Dorf. Beim Wasserholen aus dem nahen Fluss hörten sie, die Tante und ein Cousin Schüsse und erkannten, dass eine Armee anmarschierte. Sie verbargen sich in einem verlassenen Dorf, wurden dort entdeckt und gefangen genommen. Meli wurde Zeugin von Kindesmord durch die Krieger und vom Mord an den darüber verzweifelten Müttern. Sie wurde in ihr Dorf zurückgeschleppt, wo auch ihre Mutter gefangen genommen worden war. Meli entdeckte die Leichen von Onkel und Tante, die in ihrer Hütte lagen. Sie erfuhr, dass ihre Mutter verletzt geflohen war, und begriff, dass auch sie in großer Gefahr schwebte. Sie wurde mit anderen Leuten zusammengetrieben. Die Erwachsenen mussten die Beute, Haushaltsgegenstände, Hühner und Häute, bis zur Erschöpfung schleppen. Die Frauen hatten gleichzeitig ihre Babys und Kleinkinder auf dem Rücken. Diese wurde ihnen genommen und in Bündeln an die Bäume gehängt, was Meli mitansehen musste. Hunger und Durst erschöpfte die Gefangenen total. Auch im Dorf des Bemba-Chiefs Ponde bekamen sie nur gekochte Blätter und Bohnen als Nahrung.

Der Gruppe gelang zwar die Flucht aus dem Dorf. Dabei wurde Meli auf dem Rücken einer Frau mitgetragen. Aber alle wurden wieder eingefangen. Die Frauen wurden in Joche gebunden und zusammen mit Meli sowie einem anderen Kind in Pondes Dorf zurückgebracht. Bei einem zweiten Fluchtversuch der Frauen, der erfolgreich war, wurden die Kinder zu ihrem Entsetzen zurückgelassen, weil sie als eine Behinderung auf der Flucht galten.

Meli wurde einem Bemba-Gehöft zugeteilt. Aus Unachtsamkeit brannte sie eine Hütte ab und erlitt selbst schwere Brandwunden. Aus Sorge, dass ihr Tod als Angehörige eines Häuptlingsklans gerächt werden könnte, wurde sie an eine Gruppe Elefantenjäger verkauft. Einen Swahili-Jäger betrachtete sie nun als Vater. Als dieser bei der Elefantenjagd ums Leben kam, begriff sie, dass der Schutz für ihre Person erneut verloren war. Sie wurde von den übrigen Elefantenjägern als Sklavin mitgeführt, tätowiert und erhielt einen Swahili-Namen. Aber da sie weiter kränkelte, galt sie als ziemlich wertlos und wurde gegen Elfenbein an einen Nyamwesi-Händler verkauft.

Ein Cousin von ihr war ebenfalls von den Jägern gefangen worden. Mit ihm plante sie die Flucht. Sie mussten aber das Ende der Regenzeit abwarten, um die Flüsse überwinden zu können. Sie erreichten schließlich ein Dorf von Nyamwesi-Händlern, in dessen Nähe eine befestigte Station der Briten errichtet worden war.

Dort erfuhr Meli, dass ein Sklavereiverbot ausgesprochen worden war. Die Nyamwesi-Gruppe versuchte deshalb, mit ihrer Karawane ins Bemba-Gebiet auszuweichen, um ihre Sklaven zu sichern. Meli wurde, weil immer noch kränkelnd, für ein Stück Tuch an arabische Sklavenhändler verkauft, die die Gruppe begleiteten. Wieder bekam sie einen neuen Namen.

Diese Karawane wurde von einem dem Sklavenhandel feindlich gesinnten Mann, der sich als Führer anbot, in eine Falle gelockt und an die britischen Truppen und deren afrikanische Hilfstruppen verraten. Als Gewehrfeuer zu hören war, flüchtete Meli mit einigen anderen Kindern und verbarg sich im hohen Elefantengras. Ihren Hunger stillten sie, als sie ein Hirsefeld und Erdnüsse fanden. Dann hörte sie die Trommeln der afrikanischen Hilfstruppen der Briten und die Kinder fanden das Lager.

Dort wurde ihnen mitgeteilt, dass sie frei seien und nach Hause gehen könnten, wenn sie den Weg wüssten. Wer den Weg nicht wusste, wurde afrikanischen Familien vor Ort übergeben, die man aufforderte, die Mädchen zur Missionsstation zu bringen. 1899 erreichte Meli die Station. Neun Jahre Krieg, Sklaverei und Flucht lagen hinter ihr. Auf der Missionsstation wurde ihr der Name Meli (Maria) gegeben. Dort wurde auch ihre Lebensgeschichte aufgeschrieben.

Nahe der Missionsstation, beim Erkunden der Hütten und der Gegend, traf sie auf etliche Verwandte, die sie auch nach neun Jahren wiedererkannten. Um sicherzugehen, wurden weitere Verwandte in die Station gebeten, um sie zu identifizieren, was auch gelang. Der zuständige Chief überwachte diesen Prozess.

Die Missionare weigerten sich, Meli ohne Kompensation freizugeben. Sie sei eine gute Arbeiterin und gehe zur Schule. Wenn sie verheiratet sei, könne sie zu ihrem Dorf zurückkehren. Bis dahin könne man sie besuchen. Die Verwandten willigten ein und Meli blieb auf der Station. Ein Cousin entschied, ebenfalls dort zu bleiben und auf sie zu achten, was er ein Jahr lang durchhielt, bevor er dann aber ins Bemba-Gebiet zurückging.

Meli fand schließlich einen Missionshandwerker als Mann. Dieser musste der Mission den Brautpreis in Vieh bezahlen. Da er keine Mittel dafür hatte, gab die Missionsschwester ihm einen Kredit. Später übergab sie der jungen Familie das Vieh. Sie sollte als christliche Familie wirtschaften können. Die Mission verhielt sich wie im damaligen Afrika üblich: Sie verlangte Kompensation für das Mädchen in der Form von Vieh. So übernahm die Station die Rolle der Klanmutter.

Da die Ehe aber ohne Zustimmung der Verwandtschaft Melis geschlossen worden war, musste die Zeremonie, um legitim zu sein, wiederholt werden. Die kirchliche Trauung reichte nicht aus.

Als Meli verwitwete, war sie eine gute Partie, weil sie Vieh besaß. Ein männlicher Verwandter bestand auf sein Recht, sie zu heiraten. Sie akzeptierte diese afrikanische

Regel, verlangte aber die Monogamie. Nach einiger Zeit setzte sie die Scheidung durch und machte einen zweiten Versuch. Sie wurde über eine schon bestehende Ehe getäuscht und duldete nun diese Polygamie, zog sich aber aus der Eheverpflichtung zurück und führte das Leben einer angesehenen Hebamme und Sozialarbeiterin. Ihre neue Familie war die Mission geworden.

Es ist eine Geschichte der Emanzipation einer Tochter aus einer Häuptlingsfamilie. Nach dem Ende ihres Sklavenschicksals musste sie beide soziale Welten, die afrikanische soziale Realität und die der europäischen Missionsstation, verbinden. Sie löste sich de facto aus dem Eherecht ihrer afrikanischen Welt, der sie dennoch verbunden blieb. Sie lebte nach den Normen einer Christin und stieg als Hebamme und Sozialarbeiterin in der kolonialen Welt sozial auf.

7 Die Chokwe

Die Chokwe lebten in dem dicht besiedelten Quellgebiet des Kasai und Kwango auf engem Raum. Ihr kleines Gebiet war von großen Waldregionen umgeben, die kaum bevölkert waren. Die von ihren Chiefs sehr unabhängigen Jagdgruppen junger Männer durchstreiften die Wälder für die Jagd. Bereits im 18. Jahrhundert gingen sie dazu über, Bienenwachs zu sammeln und in das Handelsnetz der Ovimbundu einzuspeisen. Seit der Mitte des 19. Jahrhunderts weitete sich dieser Handel stark aus und das Geschäft mit Bienenwachs machte aus ärmlichen Waldleuten im Laufe der Jahre eine wohlhabende Gruppe.

Hintergrund war, dass sich in der Mitte des 19. Jahrhunderts der Handel mit Angola wesentlich veränderte, als der Sklavenhandel 1834 unterbunden wurde. Stattdessen wurden Elfenbein und Gummi zu von Europa nachgefragten Waren. Im Gegenzug wurden die neuen Handelsgüter des sich industrialisierenden Europa auch in Zentralafrika zu akzeptierten Waren. Das Handelsvolumen stieg um das Zehnfache an, weil die industriell hergestellten Güter aus Europa preiswert waren. Das galt auch für die Gewehre. Mit ihnen ausgestattet waren die Chokwe als Waldleute und erfahrene Jäger imstande, Elefanten zu jagen und sich am Handel mit Elfenbein zu beteiligen. Sie jagten auch im Luba-Gebiet. Als sich die Elefanten dort zurückzogen, durchdrangen die Jäger der Chokwe die Wälder in den Gebieten der Lunda. Zunächst vermieden sie direkte Konfrontationen. Sie jagten in Waldgebieten, in denen wenige Leute lebten. Kazembe wurde von den Chokwe unterwandert. Schließlich fiel ihnen der Staat zum Opfer. Sie errichteten ein Königtum mit eigener Sprache und Traditionen. Die Lunda lebten weiter in der Region, aber mit reduzierter Macht.

Die Chokwe-Invasion stand im Zusammenhang mit der zunehmenden Nachfrage nach Elfenbein. Sie begann mit voller Wucht 1840 in der Kasai-Region und erreichte Luluabourg 1860. Mit der entscheidenden Schlacht von Mueji 1885 wurde die Chokwe-Dominanz verfestigt. Die großräumigen Bewegungen der Chokwe waren keine Völkerwanderung. Die Expansion war durch den Waffenkauf bei den Portugiesen erleichtert, der aus den Einnahmen aus dem Bienenwachs finanziert wurde. Auch der Zugang zu importierten europäischen Gütern spielte eine immer stärkere Rolle, weil sich die Chokwe am Landhandel beteiligten. Die Intensivierung der portugiesischen Herrschaft in Angola, in Luanda und Benguela im späten 18. und frühen 19. Jahrhundert wurde zu einem weiteren Faktor, weil die Ovimbundu- und Imbangala-Händler aus den Hochländern Angolas verstärkt in die Niederungen zogen. Die Ausweitung des Sklavenhandels fand am Ende des 18. und in den ersten Jahrzehnten des 19. Jahrhunderts statt. Mit der Militarisierung der Expansion und ihrer Abwehr veränderte sich der Status der abhängigen Leute, die in der Mitte des 19. Jahrhunderts als Sklaven verkauft wurden. Ob Fluchtbewegungen aus den angolanischen Hochländern die Expansion der Chokwe mit verursachten, ist schwer nachzuweisen. Der Sklavenhandel mit Angola brach nach dem portugiesischen Sklavenhandelsverbot von 1834 zusammen, lief aber mit Ostafrika weiter.

Eine weitere Ursache für die Expansion der Chokwe kann auch die allmähliche Zunahme der Bevölkerung infolge der Ausweitung der Agrarproduktion gewesen sein, die mit den lateinamerikanischen Nutzpflanzen möglich wurde. Der wachsende Bedarf an metallischen Gegenständen für die Ackerwirtschaft, wie Eisenhacken, weist darauf hin. Ein Bündel von Ursachen bewirkte, dass sich neue Machtkerne bildeten. Metalle und die Ausweitung des Schmiedehandwerks wirkten sich auf die Waffenproduktion aus. Dies ermöglichte auch die Reparatur der Feuerwaffen. Die modernisierten Feuerwaffen wurden im zweiten Drittel des 19. Jahrhunderts relevant. Der Ruf des preußischen Zündnadelgewehrs, das in den deutschen Einigungskriegen seit 1864 erfolgreich eingesetzt wurde, verbreitete sich durch portugiesische Waffenhändler in der Region. Kazembe war ständig in Kämpfe mit Msiri verwickelt. Der Elfenbeinhandel wurde vorherrschend. Auch für Ovimbundu-Händler wurde dies ein neues Geschäftsfeld. Weil sich die Elefantenherden ständig in neue Gebiete zurückzogen, wurden die Jagdgruppen zu größerer Mobilität gezwungen und drangen immer wieder in die Interessenszonen anderer Ethnien und politischer Einheiten ein. Sie militarisierten sich dementsprechend. Im Laufe des 19. Jahrhunderts wurde Gummi zur zweiten wichtigen Einnahmequelle. Die Chokwe zapften es so rücksichtslos, dass viele Bäume eingingen und sie in neue Gebiete vordringen mussten. Für diese Tätigkeit wurden Frauen und Kinder aus dem Herkunftsgebiet eingesetzt, während die Männer der Jagd nachgingen. Beide Entwicklungen förderten die Chokwe-Expansion, die in die Waldgebiete eindrang, während sich die Lunda auf die Savannen konzentrierten. Die Überflutungsgebiete des Sambesi blieben unter der Kontrolle der Lozi.

Die Chokwe nutzten ihre Einnahmen nicht nur, um Waffen zu kaufen, sondern handelten auch mit Textilien, Perlen und Gebrauchsgütern, mit denen sie im Inland viele Frauen einhandelten, um ihre Landwirtschaft mit Arbeitskräften zu versorgen. Sie beschäftigten immer mehr Abhängige in der Agrarproduktion, was in Zentralafrika einen großen Umfang annahm und auch Männer einschloss.

Birmingham nennt die Chokwe Pioniere in dieser Handelswelt, die sich im 19. Jahrhundert von den Hochländern Angolas und Teilen des südlichen Kongo-Bassins bis in das südliche Zentralafrika ausdehnten. Es waren aber Ressourcen, die sich schnell erschöpften. Laut Birmingham wandten sich die Chokwe nach Abflauen des Geschäftes mit Gummi und Elfenbein ausschließlich dem allgemeinen Landhandel zu. Mit dem Erwerb von Frauen hatten sie ihre Landwirtschaft erweitert, die sie nun vermarkteten. Aus Jägern wurden überwiegend Bauern und Händler. Ihre militarisierten Gruppen überrannten aber noch in den 1880er Jahren das Königreich Ruund und dominierten auch die Bevölkerungen im Nordosten Angolas. Diese gewaltsame Phase endete in den 1890er Jahren, als von ihnen bedrohte afrikanische Bevölkerungen sich mit der Armee des Kongo-Freistaates verbündeten und gegen die Chokwe zur Wehr setzten. Die Chokwe-Migration setzte sich trotzdem fort. Als Machtfaktor wurden sie gegen 1920 ausgeschaltet.

8 Regionale Neuorientierung nach Ostafrika im 19. Jahrhundert

Bereits die Warlords Msiri und Tippu Tip beeinflussten die regionale und politische Struktur des südlichen Zentralafrika. Msiri und seine Yeke-Krieger aus dem Bereich des Victoria-Sees konzentrierten sich zu Lasten Kazembes auf die Kupfererzgebiete in Katanga[26]. Die Machtbasis ergab sich aus der Kontrolle der Kupfervorkommen. Msiri gelang es, moderne Gewehre von afrobrasilianischen Händlern zu kaufen, was seinen Kämpfern große Feuerkraft verschaffte. Er stabilisierte diese Verbindung durch die Heirat mit Maria de Fonseca[27], der Tochter eines afrobrasilianischen Waffenhändlers. Er heiratete außerdem weitere Frauen aus Klans seines Herrschaftsbereiches.

Seit 1860 banden die Warlords Leute in der Größenordnung von etwa 10.000 dauerhaft an sich, ohne dabei die Hilfskräfte des Gefolges wie Frauen, Kinder und Träger mitzuzählen. Tippu Tip befehligte 11.000 bewaffnete Leute, überwiegend Nyamwesi. Diese Größenordnung der Bewaffneten und der Träger führte bei beiden Warlords dazu, dass sie eine auf Sklavenarbeit gestützte Plantagenwirtschaft einrichteten. Die Cassava-Wurzeln eigneten sich für die Verpflegung auf den langen Märschen, weil man sie tragen konnte. Reis wurde in den Ruhezeiten benötigt.

Tippu Tip etablierte ein Herrschaftsgebiet in der Waldzone nördlich des Kazembe-Staates, am Ende des Tanganyika-Sees gegenüber Ujiji. Mit den Erlösen aus der Plantagenwirtschaft handelte er Eisenhacken ein. Sie tauschte er auf der Mitte des Weges zum Indischen Ozean, in den Uluguru-Bergen in Tansania, bei den Gogo gegen Lebensmittel für seine Großkarawanen ein. Dies ist ein weiterer Hinweis darauf, wie stark die Produktivität sowohl durch die Eisenhacken als auch durch Anfänge von Plantagenarbeit mit Sklaven gesteigert wurde. Mit seinen Kriegern und afrikanischen Verbündeten versorgte Tippu Tip sich mit Gewalt im Ost-Kongo mit Sklaven.

---

26 Miller, »Way of Death«, S. 214–236; Macolo, »The Kingdom«, Kapitel 4.
27 Siehe Geschichte 10 »Maria de Fonseca«, S. 113.

Die verstärkte Orientierung Zentralafrikas nach Osten war auch im Interesse des Hofes in Kazembe. Der Monarch hinderte die Portugiesen 1814/15 daran, ihre Handelsaktivitäten in Luanda mit denen in Mosambik zu verknüpfen, weil die Fährverbindung über den Tanganyika-See und die Nutzung der Handelsroute nach Sansibar für Kazembe als interessanter galten. Ohnehin waren die portugiesischen Handelsaktivitäten doppelt beeinträchtigt, weil nach 1834 in Portugal Sklavenhandel verboten war und außerdem das Kasanje-Reich der Imbangala, das sich mit drei Fernhändlerklans verselbstständigt hatte, sein Handelsmonopol an die Ovimbundu verlor.

Die Expansion der Bemba ging in die gleiche Richtung. Hingegen hatten die Chokwe aufgrund ihrer Herkunft und ihrer Verbindung mit den Ovimbundu-Händlern viel stärker Angola mit dem südlichen Zentralafrika verbunden, ähnlich wie Msiri dies mit der Besetzung der Kupfererzgebiete und seiner strategischen Heirat mit der Tochter des Waffenhändlers, Maria de Fonseca, getan hatte.

Geschichte 10 – Maria de Fonseca: Strategische Ehe von Msiri mit der Tochter des Waffenhändlers

Maria de Fonseca war die Tochter eines afrobrasilianischen Ehepaares in Angola. Ihr Vater war ein bedeutender Sklaven- und Waffenhändler, mit dem Msiri während seiner Herrschaft in Katanga Geschäfte machte und der ihm die notwendigen Waffen verschaffte. Zur Stabilisierung der Beziehung heiratete er dessen Tochter Maria, die außerdem die Schwester seines ersten Waffenhändlers Coimbrann war.

Sie wurde Msiris Hauptfrau[28]. Ein genaues Hochzeitsdatum ist nicht bekannt, aber sie war 1891, im Todesjahr Msiris, 45 Jahre alt, so dass sie mindestens zwanzig Jahre an seinem Hof lebte.

Msiri wurde von der Stairs-Expedition im Auftrage Leopolds II. von Belgien zur Unterwerfung gedrängt. Als er einen Unterwerfungsvertrag verweigerte, drang der Assistent von Stairs in Msiris Haus ein und erschoss ihn, als er Widerstand leistete. Maria lief in den Wirren um die Erschießung Msiris zu Stairs, der sich gegen die Erschießung von Msiri ausgesprochen hatte. Msiris enthauptete Leiche war vor ihrem Compound niedergelegt worden. Dort wurde Maria von dem Nachfolger Msiris mit der Machete hinterrücks erschlagen, offensichtlich um den Bruch mit der Herrschaft Msiris zu vollziehen. Der Täter wurde von Msiris Sohn erschossen, der später ebenfalls von Angehörigen der Expedition umgebracht wurde. Auch Maria, als Kreolin und Tochter

---

28 Auf der Webseite der Nachfahren von Msiri wird sie nur im Zusammenhang mit seiner Erschießung als eine seiner Frauen genannt. In der Liste seiner Frauen ist sie nicht erwähnt, weil sie als Kollaboreutorin der Stairs-Expedition und König Leopolds II. galt.

MARIA DE FONSECA, FAVORITE DE MSIRI [3]   **Abb. 17:** Maria de Fonseca.

eines mächtigen Händlers, wurde so das Opfer der belgischen Eroberung und der Machtansprüche des Nachfolgers auf den Thron[29].

9 Die Verbindung mit dem südlichen Afrika

Neben den Verbindungen zum Indischen Ozean erhielt Zentralafrika im frühen 19. Jahrhundert auch eine südliche Dimension. Während der Jahrzehnte andauernden Kriege, die als Folge der Zulu-Expansion in Natal an der Wende zum 19. Jahrhundert wüteten[30], wichen etliche Gruppen nach Zentralafrika aus. Sie waren meist militärisch organisiert. Die Kololo überrannten jahrelang die Lozi im Sambesi-Tal. Tswana-Klans zogen sich in die Grenzgebiete der Kalahari zurück und begründeten unter Führung mehrerer aristokratischer Klans eine defensiv orientierte Monarchie. Auch die Ndebele, unter einem der führenden Militärs der Zulu, zogen sich nach Niederlagen als ein Wanderkönigtum ins südliche Simbabwe zurück und errichteten dort eine Hegemonie über die Reste des Rozwi-Reiches der Shona, bis der Ndebele-Staat von Südafrika aus von Cecil Rhodes 1890 zerstört wurde. Auch das südliche Tansania und Mosambik wurden von diesen Ausweichbewegungen beeinflusst. Verschiedene Nguni-Gruppen, die die militärischen Innovationen des Zulu-Systems übernommen hatten, stießen durch die Lücke der Seen

---

29 Zur Stairs-Expedition siehe Moloney, Joseph, »With Captain Stairs to Katanga«, London 1893. Für die Darstellung aus der Sicht seiner Nachfolger siehe https://kingmsiri.com/mwami-kalasa-mukanda-bantu/.
30 Siehe Kapitel 6.2 »Die Nguni-Expansion und das Mfecane«, S. 185.

und entlang des Shire-Tals in Malawi vor und etablierten militärisch starke politische Systeme in Tansania und Mosambik. Die Nguni wurden zu wichtigen Sklavenhändlern wie die Yao Südtansanias.

Nach 1884/85 wurde die Region infolge der Expansion Leopolds II. von Belgien und der Bildung des »Kongo-Freistaates« als seines Privatbesitzes neu organisiert. Dies wurde unterstützt durch das in Berlin vereinbarte Konzept Bismarcks, eine große Freihandelszone vom Kongo bis nach Tansania zu schaffen. Es scheiterte aber an der Abschließung des Kongo durch Leopold II. und der Besetzung Ostafrikas durch das Deutsche Reich. Leopold sicherte dem belgischen Kapital den Kupferkomplex in Katanga.

Die gesamte Region war vorher intensiv von Geographen und europäischen »Entdeckungsreisenden« besucht worden. Zunächst kooperierte die Berliner Geographische Gesellschaft mit Leopold II., bis dann Stanley als dessen Agent die Führung übernahm und bei dieser Gelegenheit auch den als verschollen geltenden Livingstone in Ujiji traf.

In dieser Periode der Aufteilung Afrikas wurde anschließend das »Lunda-Commonwealth« zwischen Belgien, Großbritannien und Portugal aufgeteilt. Der Herrschaftsbereich Tippu Tips wurde dem belgischen Kongo zugeschlagen. Tippu Tip blieb für eine Übergangszeit nominell Gouverneur des Kongo-Freistaates für sein Herrschaftsgebiet. Er selbst zog sich nach dem Ende des Sklavenhandels nach Sansibar in die Stone Town zurück, wo er 1905 starb. Seinen Söhnen vererbte er einige der von ihn gegründeten Städte.

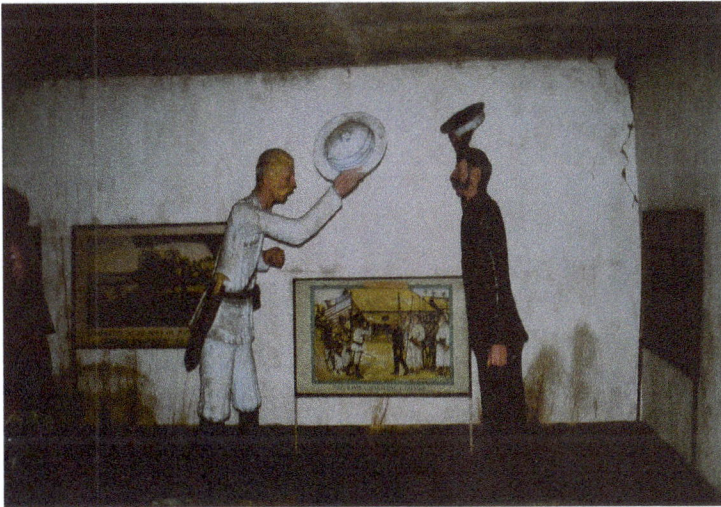

Abb. 18: Stanley begrüßt Livingstone in Ujiji (Gemälde im Museum in Ujiji; Foto: 1999).

Cecil Rhodes' Konzept, den Kupfergürtel Katangas in seinen Bergbaukomplex zu integrieren, scheiterte an der belgischen Politik. Nordrhodesien (das spätere Sambia) mit seinem Kupfergürtel sowie Simbabwe wurden den britisch-südafrikanischen Finanzinteressen untergeordnet. Sambia als Teil des südlichen Zentralafrika kam als Nordrhodesien ebenso wie Südrhodesien unter britische Kolonialherrschaft. Botswana entzog sich formell dem südafrikanischen Einfluss und wurde britisches Protektorat. Die Besetzung Namibias durch das Deutsche Reich durchkreuzte die Expansionspläne von Cecil Rhodes, der aber Botswana als Sperrriegel gegen weitere deutsche Expansionstendenzen besetzt hatte. Die Wanderarbeitsströme aus Sambia und Botswana und die finanzielle Durchdringung dieser Gebiete als Folge der Mineral Revolution in Südafrika verursachten eine weitgehende Südorientierung der Region, die auch im 20. Jahrhundert vorherrschend blieb.

Zentralafrika blieb während der gesamten kolonialen Periode bis zur Dekolonisation politisch ein gespaltener Raum. Sambia, Nord- und Südrhodesien und Malawi gehörten zum britischen Herrschaftsbereich. Das Finanzkapital Südafrikas durchdrang die Regionen. Die portugiesische Kolonie Mosambik geriet ebenfalls stark unter die Kontrolle großer Konzessionsgesellschaften und wurde Arbeitsreservoir für Südafrika. Angola wurde wieder von dem Flusssystem der Nebenflüsse des Kongo abgedrängt. Seine Niederungen gerieten – anders als die Hochländer mit katholischen Missionsgebieten – überwiegend unter protestantischen Einfluss durch amerikanische und Schweizer Missionare.

Kapitel 4
Ostafrikas Welten 1

1 Ostafrika, seine Teilregionen und die Autonomie von Hirten und Bauern

Ostafrika wurde erst im frühen 19. Jahrhundert zu einer integrierten Welt; zuvor bestanden einzelne Welten. Die Küstenkultur der Swahili und der Oman-Araber war eine Welt, die Feudalstaaten nördlich des Victoria-Sees waren davon getrennt eine eigene. Der größte Teil der Bevölkerung im heutigen Tansania und Kenia lebte in regionaler Autonomie von Bauerngruppen. Sie waren durch Nachbarschaften und durch Zuwanderer in unterschiedlicher Weise vernetzt.

Die Ausnahmen bildeten die Hirtengruppen der Oromo, die von ihrer Basis in Äthiopien aus lange bis in die Küstenzone Kenias vordrangen. Die Masai entwickelten westlich der Bergketten Kenias und Tansanias seit dem 18. Jahrhundert ein großräumiges Herrschaftsgebiet und verdrängten Bauerngesellschaften. Herrschaftskerne bildeten sich ebenfalls in den Hochländern des Mount Kenia bei den Kikuyu[1], am Kilimandscharo bei den Chagga sowie in den Pare- und Usambara-Bergen. Die Städte- und Handelswelt der Swahili und Oman-Araber prägte die afrikanische Küste des Indischen Ozeans. Diese Kultur strahlte weit aus. Sie reichte von Mogadischu bis nach Sofala, im heutigen Mosambik und zu der Inselgruppe der Komoren. Den Schwerpunkt bildeten Mombasa, Malindi, Lamu und Sansibar sowie vor der Zerstörung 1506 durch die Portugiesen auch Kilwa. Seit dem 11. Jahrhundert vernetzte sich die städtisch geprägte Swahili-Kultur in den Hafenstädten des Festlandes mit dem Kiswaheli als Verkehrssprache. Diese entwickelte sich auf Basis der Grammatik der Bantu-Sprache, nahm Elemente des Arabischen auf und wurde arabisch verschriftlicht. Der Einfluss auf das Festland beschränkte sich bis zum 19. Jahrhundert auf agrarische Austauschbeziehungen mit der Küstenregion[2] durch kleine Familienkarawanen, die die ariden Zonen in den Hochländern Kenias erreichten.

Die Kultur war islamisch geprägt, weil seit dem 8. Jahrhundert Flüchtlinge aus Medina an die Küste Somalias und Kenias sowie nach Sansibar kamen. Bereits im 17. Jahrhundert wurde das Sultanat Oman, das einen Handelssitz auf Sansibar errichtete und Gouverneure in Mombasa einsetzte, ein neues Machtzentrum. Von ihm wurden zu Beginn des 19. Jahrhunderts Großkarawanen ausgestattet und ein Netz von militärisch abgesicherten Stützpunkten eingerichtet, das Beziehungen zu Uganda

---

1 Die Kikuyu werden im Mau-Mau Krieg behandelt, die Chagga im Zusammenhang der Dekolonisation Tansanias.
2 Siehe Geschichte 13 »Die Giriama«, S. 143.

https://doi.org/10.1515/9783110452020-006

und Zentralafrika entwickelte. Als Träger in den Karawanen nahmen viele Männer aus der Region des Victoria-Sees in Eigeninitiative teil.

Eine Welt für sich bildeten nördlich des Victoria-Sees die Feudalstaaten Uganda, Bunyoro, Ruanda und der Haya in Karagwe. Ihre Handelsbeziehungen bestanden über den Victoria-See mit Flotten Bugandas zu den Märkten in Karagwe und zu den Eisen- und Kupfererzgebieten Zentralafrikas. Ruanda war mit den Märkten um den Kivu-See im Osten des Kongo-Bassins verbunden. Im Hinterland Tansanias entfaltete sich eine beachtliche Dynamik lokaler Handelsnetze und Arbeitsmigrationen. Regelmäßiger Austausch mit Nachbarn war üblich. Unterhalb späterer großregionaler Beziehungen funktionierten lokale und regionale Netzwerke. Diese wurden durch Wanderungen vieler Gruppen erweitert[3]. Bei Wanderungen, die sich über mehrere Generationen fortsetzten, wurden größere Strecken überwunden.

Karte 9: Ostafrika in den heutigen Staatsgrenzen.

---

3 Feierman in den Kapiteln 4 und 5 in Curtin/Feierman/Thompson/Vansina, »African History«. Ich folge der eindrucksvollen Analyse Feiermans, wenn auch stark verkürzt.

Für diese Mobilität gab es viele Gründe. Die Böden konnten sich erschöpfen. Brandrodung erzwang ohnehin das Weiterziehen in nahegelegene Gebiete, wenn auch der Rückweg nach einigen Jahren der Erholung des Bodens möglich blieb. Klimatischer Wandel verursachte in mehrjährigen Perioden insbesondere im 18. Jahrhundert Trockenzeiten und konnte Abwanderung während der Hungersnöte erzwingen. Die relative Austrocknung von Wäldern gefährdete die Nahrungssicherheit, weil die notwendige Feuchtigkeit für den Anbau der Yamswurzel verloren ging. Vertreibungen durch Mächtigere fanden statt; ebenso spalteten sich Gruppen bei Konflikten um die Nachfolge von Chiefs oder unzufriedene Altersgruppen ab. Sie mussten stets in der nahen Fremde neue Beziehungen aufnehmen und mit Einheiraten in Familien Altansässiger Sicherheit anstreben. Die verstärkte Nutzung der Eisentechnologie hatte erhebliche ökologische und agrartechnische Folgen. Waldgebiete ließen sich mit Eisengeräten besser roden. Die Eisentechnologie führte nicht nur zu einer Lichtung der Wälder, sondern aufgrund der Notwendigkeit, viel Holzkohle zu gewinnen, auch dazu, dass sich die Ausdünnung der Wälder beschleunigte. Wenn der gelichtete Wald an offene Steppengebiete angrenzte, ließen sich die Ackertätigkeit, Jagd und Sammeln mit Viehzucht verknüpfen. Wer die Eisentechnologie beherrschte, war militärisch überlegen und hatte meistens auch spirituell hoch bewertetes Prestige. Angehörige der Schmiedeklans heirateten in benachbarte Gruppen ein und stiegen in der Hierarchie auf. Sie konnten sich auch mit Gewalt etablieren. Es waren kleinräumige Bewegungen. Die bantusprachigen Gruppen bevorzugten zunächst die Hochländer Kenias und Tansanias, weil sich dort die Regenwolken des Indischen Ozeans abregneten, während die Tiefländer trockener waren.

2 Exkurs zur frühen Wanderungsgeschichte

Beim Durchqueren der Tiefländer insbesondere im Umfeld der großen Seen kam es offensichtlich in der Vorzeit (vor 2000 v. Chr.) zu größeren Menschenverlusten durch die Malaria, bis sich bei Bantu sprechenden Menschen Sichelzellen im Blut bildeten, die die Ansteckungsgefahr reduzierten. Auffallend ist, dass die Menschen in den Hochländern diese Zellen nicht oder wesentlich seltener entwickelten. Die Sichelzellen entstanden wiederholt im Neolithikum durch Mutationen. Eine dieser Mutationen trat bei der Bantu sprechenden Bevölkerung auf. Dies fand wahrscheinlich während des Überganges von Sammlergesellschaften zu Viehzucht, Anbau von Getreide und Yams und Nutzung von Eisen statt. Dabei wurden in Afrika die Kupfer- und die Bronzeperiode übersprungen und es wurde Eisentechnologie eingesetzt.

Die Ökologie der großen Trockengebiete in der Mitte Tansanias und hinter der Küste Kenias erforderte andere Mischformen von Wald- und Viehwirtschaft. Die Anrainer des Victoria-Sees hielten über Fischerei und Schifffahrt Kontakt zu den Nachbarn. Und es gab Wanderarbeit zum Kupfergürtel Zentralafrikas. Es waren sehr langsame Bewegungen, die oft von Phasen vorübergehender Sesshaftigkeit unterbrochen und von sehr unterschiedlichen Sprachgruppen vollzogen wurden. Bantu und Nilotisch Sprechende, aber auch die ältesten Zuwanderer, die Kushitisch sprachen, siedelten in Teilen des späteren Kenia und Tansania in Koexistenz. Sogar im östlichen Afrika wirkten sich indirekt die Folgen der Austrocknung der Sahara auf die Menschen aus. Entlang des Nils und seiner Zuflüsse von Norden her drangen Gruppen aus den ausgetrockneten Regionen in das östliche Afrika ein. Es war ein Prozess, der sich über Jahrhunderte bis ins 19. Jahrhundert fortsetzte.

Feierman[4] hat orale Traditionen analysiert, die mit einer Spannweite von fast 2.000 Jahren Auskunft über Trennungsmythen von Gruppen gleicher Sprache geben und die Bildung einer Vielzahl auch verwandter Sprachengruppen erklären. Eine wichtige Aussage dabei ist, dass diese Gruppen im Prozess der Wanderung mit anderssprachigen und auch kulturell unterschiedlichen Nachbarn in Beziehung traten. Durch Einheiraten oder auch als Ergebnis von Gewaltanwendung entstanden zweisprachige Familien. In ihnen versuchten bantusprachige Väter, ihren nilotischsprachigen Frauen die eigene Kiganda-Sprache aufzuzwingen[5]. Gemeinsame Kinder lernten entweder noch die Luo-Sprache oder die Mütter gerieten unter Druck, die Bantu-Sprache zu lehren. Frauen, die nach Kämpfen gefangen wurden, mussten hinnehmen, dass die Sprache des Mannes und Vaters ihrer Kinder dominierte. Es fanden kulturelle Übertragungen statt. So konnten Praktiken und Gegenstände wichtiger Schreine übernommen werden. Bei spirituellen Festen wurden der dabei getragene Schmuck und die Kleidung aus beiden kulturellen Kontexten kombiniert.

Feierman betont[6], dass die Suche nach Nahrungssicherheit Hauptmotiv für die Migrationen war. Angestrebt wurde eine Diversifizierung der Agrarprodukte durch Wurzelfrüchte und verschiedene Getreidesorten. Diese wurden mit Fleisch vom Kleinvieh und vom gejagten Wild sowie getrocknetem Fisch kombiniert und mit Wildpflanzen und Früchten des Waldes ergänzt. Die Übernahme von neuen Pflanzen und Tieren oder Kulturtechniken wurde stets mit erprobten Methoden verknüpft, um Nahrungssicherheit zu gewährleisten. Die Anpassung erfolgte auf unterschiedliche Weisen, je nach ökologi-

---

4 Es entwickelten sich die Sprachen des West- und Ost-Bantu sowie die kushitischen Sprachen während der frühen Wanderungsgeschichte. Vansina, Jan, »The Roots of African Culture«, in: Curtin/Feierman/Thompson/Vansina, »African History«, S. 12–26, Abschnitt »Traditions of Movements and the Environment«, S. 110–113 und »The Luo«, S. 115–120. Die neuen Nachbarschaften führten zu kulturellen und sprachlichen Durchmischungen, wobei Sprachwissenschaftler Kernvokabeln der einen Sprache auch in der anderen nachweisen konnten. Dies war häufig mit der Übernahme von neuen Kulturtechniken verbunden, so die Begriffe aus der Eisentechnologie. Auch die Erweiterung der Agrarwirtschaft, insbesondere die Verbindung von alter Ackerwirtschaft und neuer Viehzucht, spiegelte sich im Kernvokabular wider, so in der Bezeichnung von Vieh.
5 Siehe Geschichte 15 »Die Geschichte des Prinzen Womanafu« in einem kleinen Königreich in Busoga, an der Peripherie Ugandas, S. 160.
6 Curtin/Feierman/Thompson/Vansina, »African History«, vor allem die Kapitel 4 und 5 von Feierman.

schen Gegebenheiten. Dies erklärt die unglaubliche Vielfalt der Lebensweisen. Trotz sprachlicher, ethnischer und spiritueller Unterschiede beeinflussten sich Nachbargruppen gegenseitig.

Ein weiterer Impuls zur Diversifizierung der Agrarprodukte ergab sich aus der Annahme der südostasiatischen Nutzpflanzen. Durch die Übernahme agrarischer Errungenschaften im Zuge der arabisch-muslimischen Expansion seit dem 7. Jahrhundert wurde in der gesamten Region die Banane als sehr nährstoffhaltige Frucht eingeführt. Sie wurde in vielen Variationen gezüchtet, wobei Erfahrungen mit ähnlichen Pflanzen vor allem in den Gebieten der Regenwälder halfen. Neue Varianten der Yamswurzel wurden zu einem wichtigen Nahrungsmittel in den Waldgebieten. Außerdem verbreiteten sich Mango und Papaya als vitaminreiche Früchte. Die Geschichte der Verbreitungswege der Nutzpflanzen aus Südostasien ist nicht eindeutig geklärt, weil wohl auch die Besiedelung Madagaskars von Indonesien aus eine Rolle spielte und über die Küstenschifffahrt des Indischen Ozeans weitere Diffusionspfade möglich waren. Dies weist darauf hin, dass die Nutzpflanzenrezeption auf mehreren Verbreitungswegen erfolgte und damit auch regional unterschiedliche Agrarpraktiken und kulturelle Differenzierungen zur Folge hatte. Äthiopien war wegen seiner Verbindung über das Rote Meer einer der Ausgangspunkte dieser Diffusion, die sowohl Ost- als auch Westafrika erreichte. Seit dem 16. Jahrhundert kam es zur Übernahme der lateinamerikanischen Nutzpflanzen. Die Portugiesen brachten sie zunächst aus Brasilien nach Westafrika und in den Kongo. Spätestens seit dem 18. Jahrhundert kamen sie mit der portugiesischen Kontrolle von Mosambik und Mombasa nach Ostafrika. Diese Diffusion war zwar zukunftsträchtig, aber viel zu langsam, um daraus regionale Zusammengehörigkeit zu begründen. Noch viel langsamer verliefen die Wanderbewegungen der kleinen, auch sprachlich divergierenden Gruppen aus dem mittleren Niltal. Sowohl nilotische als auch die Bantu-Sprachen verbreiteten sich in einem riesigen Gebiet in sprachgeschichtlich relativ kurzer Zeit von ca. fünfhundert Jahren.

Wichtig für die Herrschaftsbildung wurde die Mobilität, die entstand, wenn sich ein Teil der jüngeren Generation aus Protest gegen die Herrschaft der Alten abspaltete und auf Neuland auswich. Insbesondere auf die Jagd spezialisierte Gruppen, oft als Altersgruppen organisiert, waren über größere Strecken mobil und militärisch effektiv. Die Altersgruppen, die durch gemeinsame Initiationsriten miteinander verbunden waren, schufen Netzwerke, die die Isolation der in Dörfern zusammengefassten Lineages überwanden, weil sie junge Leute aus mehreren Dörfern zusammenbrachten. Dies hatte wichtige militärische Vorteile, weil sie als größere Gruppen agierten und auch Fremde in diese Gruppen aufgenommen werden konnten. Aus kleinräumigen Vernetzungen seit dem 13. Jahrhundert entwickelten sich wahrscheinlich verstärkt Klanföderationen und Adelsherrschaft nördlich des Victoria-Sees, die zu neuen Formen von Staatlichkeit bis hin zu Monarchien führten. Auf diese Weise entstanden gut fünfzig kleine Staaten, die dann im 18. und 19. Jahrhundert unter den Druck der Hegemonialbestrebungen der

großen Monarchien wie Uganda, Bunyoro, aber auch Ruanda und Burundi gerieten[7].
Im künftigen Kenia durchzogen kleine Familienkarawanen die aride Zone der Nyka
von den Häfen zwischen Pate, Malindi und Mombasa bis zu den Hochländern Kenias.
Die Grenzgebiete zwischen dem Tanganyika-See und dem Nyassa-See waren eine Kon-
taktzone zu Zentralafrika. Die Chiefdoms in Zentral- und Ostafrika beeinflussten sich
gegenseitig. Rivalitäten und Wanderungen waren Faktoren der regionalen Interaktion.
Kupfer erreichte auch die Märkte in Karagwe und in Zentraltansania[8]. Kimambo
behandelt für Tansania vor 1800 die Wanderungs- und Siedlungsgeschichte einer
Vielzahl von Gruppen, die in ökologisch vielversprechende Gebiete vordrangen. Sie
bildeten eigene Chiefdoms aus, so dass spannungsreiche Nachbarschaften entstan-
den. Bei der Übernahme von Macht durch adelige Klans wurden auch königliche Re-
galien wie Trommeln, besonderer Haarschmuck und andere Symbole übernommen,
meist von den nördlichen Feudalstaaten, aus denen Gruppen zuwanderten. Die Unter-
scheidung von Adel und »Commoners« (Gemeinen) vertiefte sich. Aber auch »Common-
ers« konnten Ämter übernehmen, wenn deren Klans an der Macht beteiligt und in die
neue Herrschaftsstruktur integriert waren.

In den Landschaften des Großen Ruaha-Flusses und der umliegenden Gebiete in
Süd-Zentraltansania entstanden seit dem 17. Jahrhundert viele Chiefdoms. Ein we-
sentlicher Impuls ging von mobilen Jagdgruppen aus. Einige lassen sich auf Tutsi
aus Ruanda zurückführen. Die meisten entwickelten sich aus Allianzen benachbarter
Klans. Viele erhielten erst im 19. Jahrhundert zusammenfassende Namen, so die
Hehe, die Nyamwesi oder die Bena, oft zunächst als Zuschreibungen von den Geg-
nern. Bei den Machtkonzentrationen einzelner Klans spielten Ressourcenkonflikte
eine Rolle. Wechselseitiger Viehraub wird am häufigsten erwähnt. Kontrolle über
Salzlager, geeignete Tonvorkommen für die Töpferei, besondere Grassorten für das
Decken der Häuser und andere lokale Spezialitäten bildeten Ausgangspunkte für
Handel und Machtkonzentration. Die Kontrolle lokaler Märkte durch Chiefs ermög-
lichte zusätzliche Einnahmen und dadurch Machtmittel. Konflikte um Jagdreviere
waren häufig, weil das Fleisch der Wildtiere eine wichtige Nahrungsquelle auch für die
bäuerliche Wirtschaft war. Trotz vieler Konflikte blieb ein prekäres Machtgleichgewicht
zwischen Chiefdoms erhalten, so dass Konzentrationsprozesse im Herrschaftssystem
selten waren. Es genügten kleine Verschiebungen im Machtgefälle, einzelne Innova-
tionen im organisatorischen und militärischen Bereich sowie in spiritueller Ausstrah-
lung, um in die Einflusszonen anderer Chiefdoms einzudringen.

---

7 Siehe Kapitel »Feudalentwicklung«, in: Reid, Richard J., »Political Power in Pre-Colonial Buganda: Economy, Society & Warfare in the Nineteenth Century«, Oxford 2002, S. 76 f.
8 Kimambo, Isaria, »The Interior before 1800«, in: Kimambo, Isaria; Temu, Arnold (Hrsg.), »A History
of Tanzania«, Nairobi 1969, S. 14–33; Wimmelbücker, Ludger, »Kilimanjaro: A Regional History, Production and Living Conditions c. 1800–1920«, Münster/Hamburg 2002.

UGANDA

Victoria - See

Bukoba

Musoma

Nairobi

Kigali

RWANDA

KENYA

Mwanza

S u k u m a

M a a s a i

Bujumbura

BURUNDI

N y a m w e s i

C h a g g a

Arusha

Mombasa

Ujiji

S h a m b a a

Tabora

Tanga

Dodoma

Zanzibar

Bagamoyo

Morogoro

Dar es Salaam

Great Ruaha

ZAIRE /
DEM.REP. CONGO

F i p a

Rukwa - See

H e h e

Iringa

Rufiji

Kilombero

Mbeya

ZAMBIA

Kilwa

Lindi

Mtwara

Songea

Tunduru

MOZAMBIQUE

MALAWI

Malawi - See

● Stadt
Fluss oder See
LAND
E t h n i e
0 km 50 km 100 km
(JDM)

Karte 10: Tanganyika/Tansania im 19. Jahrhundert.

3 Das Shambaa-Königreich: Spirituelle Herrschaft unter dem Druck der Karawanen

Eine Fernhandelswelt bestand seit der Antike. Die Region wurde als Zanj bezeichnet, später als Azania. Römer, Griechen und Araber wussten durch Reiseberichte seit dem 4. Jahrhundert davon. Dieses Handelssystem war im 11. Jahrhundert von den See- und Handelswegen am Roten Meer bestimmt, das die Fatimiden in Ägypten ausgebaut hatten. Dabei spielten ägyptische Tücher eine wichtige Rolle. Aden und Jemen waren die zentralen Anlaufhäfen für die ägyptischen, persischen, omanischen und indischen, gelegentlich auch chinesischen Schiffe. Auch Äthiopien war Teil dieser Handelswelt.

In den Berglandschaften des nordöstlichen heutigen Tansania bildeten sich etliche Herrschaftskerne am Kilimandscharo durch die Chagga sowie in den Pare- und in den Usambara-Bergen durch den Klan der Kilindi.

Steven Feierman hat die Geschichte des Königreiches in einem wunderbaren Buch 1974 dargestellt[9]. Die Landwirtschaft wird von ihm unter dem Aspekt analysiert, dass komplexe Strategien von den Menschen entwickelt wurden. Sie wollten so Hungersnöte vermeiden oder minimieren. Es wurden z. B. verschiedene Höhenlagen der Berge genutzt. Man pflegte parallel zu den Stapelfrüchten eine Vielzahl von Nutz- und Wildpflanzen, um Ausfälle bei einer Pflanzenart durch andere kompensieren zu können. Auch die semiaride Ebene der »Nyka« spielte eine Rolle. Dort wurde Vieh gehalten und auch Mais angebaut. Die Lineages konnten relativ autonom wirtschaften, wenn sie Hügel und deren Plateaus besetzten. Der Austausch wichtiger Erzeugnisse des Handwerks und des Salzhandels unterlag nicht der Kontrolle des Monarchen.

Die Shambaa lebten und leben in den Usambara-Bergen im Norden Tansanias. Anders als in den Steppengebieten der Nyka mit unregelmäßigem Regenfall boten die Bergländer vielseitige Möglichkeiten der Diversifizierung der Agrarökonomie. Hauptpflanze war die Banane, die in dem Bewässerungssystem durch abgeleitete Bergbäche sehr gut gedieh. Die Blätter eigneten sich als Grünfutter für das Vieh, das teilweise in Stallfütterung gehalten wurde, wodurch auch Dung konzentriert anfiel. Bäume und Bananenstauden standen weit genug auseinander, so dass sie einerseits Schatten boten und andererseits genügend Licht durchließen, um den Anbau von Gemüsepflanzen und Getreide wie Hirse und Gerste, allmählich auch Mais, Bohnen und Wurzelfrüchten zu ermöglichen. Die Berghänge waren von der Malaria verschont, während die Ebenen und das Flusstal in feuchtheißen Zeiten wegen der Malariaansteckung gefährlich waren.

Die bäuerliche Wirtschaft war auch in den Usambara-Bergen auf Vermeidung von Hungersnöten angelegt, die fast regelmäßig alle fünfzehn Jahre die Familien trafen. Wichtigstes Abwehrmittel war die Diversifizierung des Pflanzenanbaus durch Nutzung der unterschiedlichen Hanglagen. Pflanzen wurden entsprechend der unterschiedlichen Klimazonen im Gebirge angebaut. Als der Mais eingeführt wurde, behielten die Bauern den Anbau von Getreidesorten wie Hirse und Gerste bei, die gegen Trockenheit resistenter waren. Sie brachten zwar geringere Erträge, boten aber mehr Erntesicherheit, während der Mais viel ertragreicher war, aber mehr Wasser benötigte.

In friedlichen Zeiten, nachdem die Masai sich aus den unteren Berghängen zurückgezogen hatten, wurde das Großvieh auch für die Bergbauern eine wichtige Reserve. Es wurde in den Ebenen gehütet, während es vorher in kleiner Zahl nur in Stallfütterung in den Bergen gehalten wurde. Bemerkenswert ist, dass diese Diversität des Anbaus nicht sicher davor schützte, dass immer wieder Hungersnöte ausbra-

---

9 Feierman, Steven, »The Shambaa Kingdom: A History«, Wisconsin 1974.

chen, wie Iliffe und Koponen übereinstimmend feststellten[10]. Die Diversifizierung verhinderte, dass die Hungersnöte töteten, es sei denn, Krieg und Seuchen hatten die Menschen zusätzlich geschwächt. Das Königtum wurde von einwandernden Klans aus dem nördlichen Kenia errichtet. Auf dem Rückzug vor der Expansion der Masai ließ sich der Klan der Kilindi nach Zwischenstationen in den Usambara-Bergen nieder. Die Kilindi waren ein Klan der Ngulu, die sich vor den Raids der Masai bereits aus Kenia zurückgezogen hatten. Nach einem längeren Zwischenhalt in den Pare-Bergen besiedelten sie die unteren Hanglagen der Usambara-Berge. Die Masai hatten sich immer wieder die Überschüsse der Bergbauern angeeignet und beanspruchten im Wechsel der Jahreszeiten vor allem bei Trockenheit die Hanglagen als Reserveweiden. Diese Bedrohung führte dazu, dass die Menschen verstärkt die Hochlagen besiedelten. In den unteren Hanglagen entstanden befestigte Orte zum Schutz gegen die Raids der Masai.

Auch die zugewanderten Ngulu zogen sich wie die Bauern der Shambaa aus den gefährdeten Tieflagen in die Berge zurück und es entwickelte sich ein Machtgefälle zu den Altsiedlern. Die Ngulu waren kampferfahren, organisierter und setzten ihre Landansprüche gegenüber den Altsiedlern in den Bergen oft mit Gewalt durch. Damit übertrug sich die allgemeine Unsicherheit der Ebenen in die Berge. Die Besetzung guter Böden wurde eine Basis für größere Hofhaltung, während viele Hügel im Regenschatten lagen oder das Land der Altsiedler geringere Bodenqualität hatte. Der zu den Ngulu gehörende Klan der Kilindi nutzte diese Situation zur Etablierung einer Oberherrschaft. Sie hatten die Abwehr gegen die Masai organisiert und vermittelten zwischen den aus der Ebene flüchtenden Neu- und den Altsiedlern. Unterschiede im Rechtssystem von Alt- und Neusiedlern wurden berücksichtigt. Die Kilindi betonten zwar ihren Sonderstatus und stützten sich auf ihr spirituelles Renommee, arrangierten sich aber mit den Altsiedlern. Die Großen der Kilindi heirateten in der Regel Frauen aus den führenden Familien der Altsiedler, die als »Commoners« galten. Die Frauen brachten die spirituellen Traditionen der Altsiedler ein.

Wichtiges Element bei der Vermittlung zwischen Alt- und Neusiedlern wurde die rechtliche Regelung, dass nur verurteilt werden konnte, wer ein Geständnis ablegte. Damit blieb die legale Autonomie der Altsiedler erhalten, die die Geständnisse verhindern konnten. Lediglich der neue König aus dem Klan der Kilindi konnte ohne Geständnisse aburteilen. Damit wurden die unterschiedlichen Rechtsauffassungen von Alt- und Neusiedlern berücksichtigt, aber auch die Stellung der neuen Dynastie gefestigt. Die Vereinigung der beiden Gruppen durch Eheschließungen hatte zur Folge, dass die Regeln und Vorschriften der jeweiligen Ahnenkulte geachtet wurden. Die Altsiedler wurden an Ämtern bei Hofe beteiligt.

---

10 Iliffe, John, »A Modern History of Tansania«, Cambridge 1978; Koponen, Juhani, »War, Famine and Pestilence in Late Precolonial Tanzania: A Case for Heightened Mortality«, in: The International Journal of African Historical Studies, Bd. 21, Nr. 4, 1988, S. 637–676.

Der König, der als Gerichtsherr als Einziger zum Tode verurteilen konnte, konnte mittels dieses Vorrechts seine Gefolgschaft vergrößern. Als Gerichtsgebühren wurde nicht nur Vieh verlangt, sondern es mussten Leute als Kompensation für den verursachten Schaden an den Hof gehen. Der König bot außerdem Ausgegrenzten Schutz, so auch Menschen, die der Hexerei verdächtigt wurden. Dadurch entstand sein Nimbus, dass er mit seiner spirituellen Kraft Hexen kontrollieren konnte. Diebe mussten zur Strafe am Hof dienen und für den Militärdienst zur Verfügung stehen oder in der Landwirtschaft arbeiten. Entlaufene Sklaven aus den Wäldern hinter der Küste, die in Dörfern verborgen vor den Omani und den Swahili lebten, kamen unter seinen Schutz und gingen oft an den Hof. Dies wurde durchgesetzt, obwohl es zu Spannungen mit dem Sultan von Sansibar führte. Auch Angehörige fremder Lineages, die bei ihren Ältesten hoch verschuldet und landlos geworden waren, nahmen den Schutz des Königs an. Diese Menschen, die ihre Lineage-Bindung als Außenseiter verloren hatten, steigerten die Macht des Hofes und vergrößerten das lineagefreie Gefolge. Sie galten als Sklaven, führten aber eine selbstständige Bauernwirtschaft. Der in den Bergen liegende Königssitz Vhuga wurde so zu einem neuen Zentrum mit hoher ritueller Anziehungskraft. Zentrale Figur zur Konsolidierung des Königreiches wurde Kimweri, der von 1815 bis zu seinem Tode 1862 das Amt innehatte. Andere wichtige Orte wurden von den Söhnen des Königs als Statthalter kontrolliert.

Eine grundlegend neue Situation entstand, als die Großkarawanen von Tanga und Pangani am Bergmassiv vorbei nach Norden zogen. Über 1.000 Menschen bewegten sich in einer Karawane. Sie waren mit Feuerwaffen ausgerüstet und benötigten Nahrungsmittel. Die Kampfkraft der Masai, die sich ohnehin wegen einer internen Krise in die Ebene zurückzogen, wurde dadurch gebrochen. Die unteren Hänge der Usambara-Berge kamen infolgedessen verstärkt unter die Kontrolle der Kilindi-Dynastie, insbesondere der Söhne Kimweris, die als Statthalter eingesetzt waren. Die Söhne strebten gestützt auf die Nähe zur Karawanenroute eine Machtverschiebung an. Vergeblich versuchte König Kimweri, die Handelskontakte an den Hof in Vhuga zu lenken, der aber zunehmend isoliert wurde. Er betrieb überregionale Außenpolitik, indem er die Besetzung von Führungspositionen im Hafen von Tanga und entlang des Pangani-Tales zu beeinflussen suchte. Dafür beschäftigte er bei Hofe einen Swahili-Schreiber. Aber es gelang nicht, mit diesen Maßnahmen den Gewehr- und Textilhandel auf den Hof zu konzentrieren. Der Ort Mazinde, wichtige Versorgungsstation für Karawanen am Fuß der Berge im Tal des Pangani-Flusses, wurde das eigentliche Machtzentrum, das von einem der Söhne Kimweris, Semboja, regiert wurde.

Als Kimweri in den 1850er Jahren die Kraft zu effektiver Herrschaft zunehmend verlor und auch nicht mehr dem Gericht vorsitzen konnte, glitt ihm die Macht immer weiter aus den Händen. Semboja ließ sich nicht mehr kontrollieren. Er verkaufte selbst Sklaven und höhlte damit das Schutzversprechen der Kilindi-Dynastie aus. Kimweri erkannte seinen schwindenden Einfluss und übertrug noch zu seinen Lebzeiten seinem Enkel Schekulwavu, dem jungen Sohn des verstorbenen Thronfolgers, die Macht.

Als Kimweri 1862 starb, entstand eine komplizierte Nachfolgekrise. Der sehr junge Enkel Schekulwavu wurde nun formell König, stieß aber bei den Söhnen Kimweris auf Widerstand, die als ältere Generation machtbewusst und einflussreich waren. Der Sohn Mshuza hatte die ranghöchste Frau des verstorbenen Thronerben geheiratet, wie es üblich war, und damit die Mutter des jungen Königs Schekulwavu. Sie brachte die spirituelle Sonderstellung als Regenmacherin in die Ehe ein, die sie bereits unter Kimweri innehatte. Semboja, der Herr von Mazinde, der aber in der Rangfolge der Erben zurückstand, nutzte seine Kontrolle des Handels im Pangani-Tal, um dem neuen König das Erbe streitig zu machen. Er und auch seine Söhne hatten Frauen von außerhalb des Kilindi-Klans geheiratet und damit die Distanz zwischen dem Kilindi-Adel und den Altsiedlern, den Commoners, verwischt. Die Chiefs in Vhuga unterstützten den neuen König nur solange dieser, wie bisher, die Tribute an sie weiterleitete.

Die große Gruppe der Bondei im Osten des Königreiches nutzte die Nachfolgekrise, um sich in einer Art antifeudalen Revolution gegen die Herrschaft der Kilindi zu stellen, weil sie zunehmend durch Sklavenjagden gefährdet wurden. Kimweri und einer seiner Söhne hatten seit den späten 1840er Jahren nicht verhindern können, dass zunehmend Bondei versklavt wurden, obwohl sie zum Shambaa-Königtum gehörten. Ein Sohn Kimweris wurde von den Bondei sogar getötet. Die Bondei fühlten sich schutzlos und begannen sich seit 1852 militärisch zur Wehr zu setzen. Mitte der 1860er Jahre versuchten sie, die Herrschaft der Kilindi abzuschütteln.

Auch im Shambaa-Königtum zerbrach das balancierte System unter dem Druck des Karawanenhandels und der zunehmenden Jagd nach Sklaven. Entscheidend waren die Machtverschiebungen durch die massenhafte Einfuhr von Gewehren in der Mitte des 19. Jahrhunderts, als ein bei der Thronfolge nicht berücksichtigter Sohn des Königs die neuen Machtmittel einsetzte, aber nicht verhindern konnte, dass zwei Jahrzehnte Bürgerkrieg den Staat der Shambaa so schwächten, dass deutsche Kolonialoffiziere erfolgreich die Macht an sich reißen konnten.

4 Das Netzwerk der Fipa

Die Geschichte der Fipa[11] beginnt mit einem Gründungsmythos, der sie mit Leuten im heutigen Sambia in Zusammenhang bringt, die in den Marschen des Meru-Wantipa-Sees lebten[12]. Sie nennen aber als ihre Herkunftsregion das Gebiet der Luba in Katanga. Dadurch wurde auch in früheren Jahrhunderten die Lücke zwischen Nyassa- und Tan-

---

11 Willis, Roy G., »The Fipa«, in: Roberts, Andrew (Hrsg.), »Tanzania before 1900«, Nairobi 1968, S. 82–95.
12 Im Folgenden werden nur einige Völker beschrieben, an denen sich regionale und überregionale Mobilität illustrieren lässt. Die großen Völker der Sukuma südlich des Victoria-Sees und die Chagga am Kilimandscharo werden im Kontext der Entwicklung der Nationalbewegung in Tanganyika nach dem Zweiten Weltkrieg behandelt.

ganyika-See genutzt, ohne dass dabei die Handelsnetze Zentralafrikas diese Lücke überwanden. Auch die Bemba-Expansion reichte nur bis zur Kontrolle von Teilen der Mwambwe in der Lücke zwischen den Seen[13].

Die Gründung der Fipa-Dynastie der Milansi wird auf 1700 geschätzt. Sie gehörten einem Schmiedeklan an, dessen Gewerbe und Geheimnisse vererbt wurden. Sie beanspruchten die Kontrolle über die gesamte Fipa-Hochebene Ufipa und formulierten damit nicht nur die Herrschaft über ihre Leute, sondern auch über das Territorium. Eisenschmelze und die Produktion von Eisenwaren für die Landwirtschaft sowie für Waffen stärkten ihre Herrschaft. Ob sich aus der Kontrolle der Eisengewinnung das Prinzip der Territorialität ableitete, ist unsicher. Die als »Söhne« des Dynastiegründers bezeichneten Chiefs wurden an strategischen Stellen des Plateaus angesiedelt. Es ist unklar, ob sie leibliche Söhne waren oder anderen eingesessenen Klans angehörten. Ihr Status war erblich und sie wurden »kleine Chiefs« genannt. Der große Chief wurde von ihnen als »Vater« bezeichnet. Bis heute werden bei den Mwambwe abhängige Chiefs als »Söhne« und »Enkel« bezeichnet, ohne dass dies nahe Verwandtschaft zum regierenden Chief bedeutet. Auch hier galt der Grundsatz, dass Durchbrechungen des Kinship-Prinzips in der Sprache der Verwandtschaft ausgedrückt wurden.

Die Dynastie der Milansi wurde in der Mitte des 18. Jahrhunderts von einer Twa-Dynastie abgelöst, die wohl Tutsi aus dem Norden waren und aus Ruanda stammten. Sie brachten das Langhorn-Ankole-Rind mit. Die alte Dynastie blieb aber einflussreich, denn die neue Dynastie überließ dem Klan der Milansi das Dorf Milansi und Land im Umfang von einigen Meilen. Dort waren sie Chiefs aus eigenem Recht. Die neuen Herrscher der Twa durften die Schmelzöfen nicht besuchen und die Milansi-Dynastie stellte weiterhin den höchsten Priester. Die spirituelle Macht der Milansi wirkte so weiter[14].

Diese Umstände verweisen auf einen friedlichen Machtübergang. Orale Traditionen thematisieren militärische Auseinandersetzungen[15]. Ein besiegter und getöteter Chief im Rukwa-Tal wurde sogar bis zum Ende des 19. Jahrhunderts als Gott verehrt.

Bei den Fipa wurde das Organisationsprinzip der nördlichen Monarchien übernommen, in dem neben der Unterstützung durch den Klan ein Gefolge aus lineage-freien Leuten geschaffen wurde, über das der Monarch verfügte. Er konnte Sub-Chiefs ohne Erbrecht ernennen. Als weitere Leute aus der Gegend von Mbeya in Südtansania in das Gebiet der Fipa einzuwandern versuchten, wurden sie in die Waldgebiete abgedrängt. Eine Krise bei matrilinearer Nachfolgeregelung am Ende des 18. Jahrhunderts zwischen zwei Söhnen der beiden Schwestern des Königs führte zu einem langen Krieg, in dessen Folge der Staat geteilt wurde.

1842 gelang es den Nguni mit ihren Kriegergruppen, die Fipa zu überrennen. Sie kamen aus dem heutigen Sambia, nachdem sie von Natal kommend 1835 den Sambesi

---

13 Siehe Kapitel 3 »Die zentralafrikanische Welt«, S. 87.
14 Willis, »The Fipa«, S. 84.
15 Ebd., S. 86 f.

Abb. 19: Eisenschmelzer (Tonfiguren, Makonde).

überschritten hatten. Ihr Ziel scheint die Aneignung der Langhornrinder gewesen zu sein. Als nach dem Tode des Nguni-Führers Nachfolgekonflikte ausbrachen und die Nguni das Fipa-Gebiet in getrennten Einheiten verließen, setzte sich eine Fipa-Dynastie wieder durch, nachdem sich deren Oberhaupt mit Gefolge über etliche Jahre in den Wäldern verborgen hatte. Seit der Nguni-Invasion hatte der Sklavenhandel zugenommen. Schwerpunkt war zunächst der Süden Tansanias mit Kilwa als Hafen. Nguni und Yao waren die größten Sklavenjäger und Händler, die auch Fipa versklavt hatten.

Großräumige Einflüsse, Ableitungen der Legitimität aus anderen Welten des südlichen Zentralafrikas und der Feudalgebiete nördlich des Victoria-Sees wirkten ebenso auf die Geschichte der Fipa ein wie die Fernwirkungen des Mfecane aus Südafrika. Und dennoch bestanden starke Kontinuitäten der Institutionen dieser Gesellschaft, deren spirituelle Legitimation mit den Geheimnissen der Schmiedekunst zusammenhing.

5 Die Nyamwesi

Die Nyamwesi[16] wurden von der Landschaft südlich des Victoria-Sees, in der sie lebten, begünstigt. Die lichten Miombo-Wälder erleichterten Bewegungen und Jagdzüge. Dadurch und weil sie während der Trockenzeiten von der Landarbeit freigestellt wer-

---

16 Die Bezeichnung Nyamwesi wurde in der Periode der Dekolonisation zugunsten von »Sukuma« aufgegeben; ob wegen des Odiums der Verbindung zum Sklavenhandel, ist unklar. Gerade die städtische Jugend in Dar es Salaam trieb diesen Prozess voran.

den konnten, wurden sie schließlich zu Vermittlern des Handels entlang der Küstenzone des Victoria-Sees. Sie stellten die Verbindungen zu den Märkten Karagwes und letztendlich zur Küste her, noch bevor die Omani in Sansibar den Handel mit dem Binnenland organisiert hatten.

Roberts geht davon aus, dass die führenden Händler der Nyamwesi auch genügend Kapital bildeten, mit dem sie den Handel finanzieren konnten. Auch die Omani griffen auf Nyamwesi als erfahrene Organisatoren und Träger zurück.

Die Handelsgüter waren Vieh, Eisenzeug, Rindentücher, Tonwaren und Salz[17]. Hacken, Draht, Äxte und Speere dienten auch als Währung. Die Eisenproduktionsstätten lagen im Einflussgebiet der Nyamwesi. Nicht selten erhielten Mitglieder der kastenmäßig abgeschlossenen angesehenen Familien der Schmiede und der Eisenschmelzer die Positionen von Chiefs. Einige Gruppen erreichten die Kupfererzgebiete in Katanga, wo sie als »Yeke« später die Krieger Msiris stellten. Erst am Ende des 19. Jahrhunderts waren sie an der Versorgung Westtansanias mit Kupfer aus Katanga beteiligt. Msiri und Tippu Tip wurden Warlords. Sie waren Statthalter des Sultans im Inland. Große Händler verschuldeten sich bei ihnen und kamen dadurch in Konflikte, so dass sie Sansibar vermieden und eher im Inland oder mit den Häfen in Angola handelten.

Die einzelnen Nyamwesi-Gruppen umfassten jeweils um die 1.000 Leute. Abweichend von anderen Gruppen in Afrika war das Konzept der politischen Organisation territorial bestimmt. Matrilineare und patrilineare Regelungen der Nachfolge koexistierten. Die Chiefs verbanden rituelle und administrative Funktionen miteinander, wie generell im östlichen und zentralen Afrika. Als Zeichen ritueller Kraft galt, dass der Wohlstand des Landes mit der Gesundheit des Chiefs und der richtigen Praktizierung der Rituale verknüpft wurde. Es gab zusätzlich Priester, deren Amt vererbt wurde. Der Chief ernannte Ratgeber und Klanführer. Die Weiträumigkeit der Handelsbeziehungen und die Zuwanderung von Gruppen aus vielen unterschiedlichen Richtungen führten häufig zu neuen Herrschaftskernen. Da Ruanda, Bunyoro und Uganda als stark besiedelte Gebiete galten, entstand ein Bevölkerungsdruck in Richtung Südküste des Victoria-Sees. Die Verbreitung der Eisen- und Kupfertechnologie hatte Einfluss auf die Lichtung der Wälder, die die militärische Mobilität der Jagdgruppen begünstigte. Die frühe regionale Vernetzung durch die Handelsaktivitäten und Wanderarbeitsstrukturen der Nyamwesi war ebenfalls wichtig. Diese Entwicklung begann im 17. und verstärkte sich im 18. Jahrhundert.

Die Verbindung zur Küste des Indischen Ozeans intensivierte sich seit den ersten Jahrzehnten des 19. Jahrhunderts durch die Nyamwesi. Sie bestimmte die Integration Ostafrikas in den Weltmarkt. Hierdurch wurde es eine Großregion. Dies schloss die Verknüpfung mit Zentralafrika und die Konkurrenz zu den Händlern aus Angola ein. Sklaven- und Elfenbeinhandel wurden dominierend.

---

17 Roberts, Andrew, »Nyamwesi«, in: Roberts, »Tanzania«, S. 122 f.

Das Gemeinschaftsbewusstsein der Nyamwesi verstärkte sich im 19. Jahrhundert. In den Handelsstädten Tabora und Ujiji sowie in den Küstenstädten Bagamoyo und Pangani betrachteten sich Nyamwesi als aus der gleichen Gegend stammend. Die Bewunderung der großen Warlords unterstützte diese Entwicklung. Dynastiegründer wie Tippu Tip, Msiri und Mirambo[18] operierten mit jungen Kriegern aus verschiedenen Gruppen der Nyamwesi. Tippu Tips Vater, der einen omanischen Hintergrund hatte, heiratete gegen 1840 in eine Familie in Unyanyembe bei Tabora ein, die als Nyamwesi-Dynastie die formale Oberhoheit über Unyanyembe und demzufolge Einfluss auf diesen wichtigen Stützpunkt Sansibars hatte, auch wenn die oman-arabischen und Swahili-Händler formal dem Sultan in Sansibar unterstanden, der einen »Liwali« als Statthalter ernannte.

Msiri sammelte jene Nyamwesi, die sich in den Kupfergebieten Katangas niedergelassen hatten und als Yeke bezeichnet wurden.

Geschichte 11 – Mirambos Militärstaat

Mirambo wurde von der ersten Frau (»principal woman«) des Ntemi Kasanda 1840 geboren[19]. Sein Gebiet lag zwischen dem afrikanisch-arabischen Zentrum in Unyanyembe und Ujiji am Tanganyika-See. Uyowa, das er durch Urambo erweiterte, war die sichere Basis für die Logistik der Kriegszüge. Bereits sein Vater war Führer einer Kriegergruppe gewesen. Mirambo nahm am frühen Karawanenhandel mit der Küste teil wie viele junge Nyamwesi. Er war wie ein Muslim von der Küste gekleidet und trug ein arabisches Schwert[20]. Die Jugendlichen lebten in eigenen Hütten wie auch die Mädchen, so dass sexuelle Freiheit bestand. Erst nach etlichen Kriegerjahren wurde die Heiratserlaubnis erteilt und erst dann wurden ihnen Land und Sklaven zugewiesen. Bennett geht davon aus, dass Mirambo bei den Kriegsspielen der Jugendlichen bereits die Techniken der Nguni übernahm, die das Gebiet in den 1850er Jahren erreichten[21]. Er begann ca. 1856 als »Ntemi« (Chief) des Kleinstaates Uyowa[22].

Mirambo veränderte die alte Militärorganisation. Er machte die Rekrutierung nicht mehr von der religiösen Autorität des Ntemi und ihrer Priester abhängig, sondern schuf eine Art permanenter Armee, in die er auch Männer aus anderen Nyamwesi-Gruppen aufnahm. Diese professionellen Krieger wurden »ruga ruga« genannt[23]. Sie entwickelten sich zu einer Art Kaste von Landsknechten, die aber für Neulinge, insbesondere auch aus eroberten Gemeinschaften, offen war. Sie erhielten durch Kontakt mit der Küste

---

18 Bennett, Norman Robert, »Mirambo of Tanzania 1840?–1884«, Oxford 1971.
19 Ebd., S. 33.
20 Ebd., S. 42.
21 Ebd., S. 35.
22 Ebd., S. 176.
23 Ebd., S. 38.

Feuerwaffen. Mirambo wurde zu ständigen Kriegs- und Beutezügen gezwungen[24]*. Er war nicht nur Warlord, sondern auch Herrscher eines gut funktionierenden Nyamwesi-Staates, den Bennett als »Militärstaat« bezeichnet. Wie die Nguni nutzte Mirambo die Überraschungstaktik im Morgengrauen, um gegen stark befestigte Dörfer vorzugehen*[25]*. In der Regel ernannte er nach Eroberung eines Ortes einen der Überlebenden aus den führenden Familien zum Chief und beachtete die jeweiligen Verfahren zur Regelung der Nachfolge. Außerdem heiratete er in solche Familien ein und nahm Geiseln in seine Hauptstadt mit. Wenn sich Unterwerfung mit Geschenken wie Hacken und Munition erreichen ließ, vermied er das Auskämpfen des Krieges. Die Nyamwesi des Chiefdoms waren aber auch am regionalen Handel beteiligt. Durch Viehzucht, Getreidewirtschaft und Jagd glichen sie den Menschen der anderen Chiefdoms der Gegend. Begrenzte militärische Konflikte entstanden vor allem um die Nachfolge, die auch in Uyowa nicht eindeutig geklärt war.*

Das Hauptthema seiner Herrschaftszeit war der Versuch, Unyanyembe mit Tabora unter Kontrolle zu bringen. Unyanyembe war der Hauptsitz der oman-arabischen Händler und wurde regiert von einem führenden Beauftragten des Sultans, dem Liwali. Die formelle Oberherrschaft lag beim Nyamwesi-König Mkwasi. Tabora war Knotenpunkt der Haupthandelsroute. Mirambo gewann die Nguni als Alliierte und vergrößerte damit seine aus ca. 1.000 Kriegern bestehende Armee mit 1.500 Nguni, während die arabischen Händler über 2.255 Krieger – mit 1.500 Gewehren – verfügten[26]*. Da es ihm nicht gelungen war, die arabische Händler-Community auf seine Seite zu ziehen, entschied er sich für den Krieg. Seine Überraschungstaktiken versetzten seine Gegner in Panik und brachten sie an den Rand einer totalen Niederlage. Warum Mirambo diesen Sieg nicht voll ausnutzte, ist unklar. Wahrscheinlich stand die Sicherung der großen Beute durch Rückzug in das eigene Herrschaftsgebiet im Vordergrund, auch um die Krieger zu befriedigen. Ein Friedensschluss misslang, weil die arabischen Händler ihm nicht trauten, da sie in ihm einen unzuverlässigen Warlord sahen.*

Der Liwali Said bin Salim als Beauftragter des Sultans von Sansibar war vorsichtig und setzte mehr auf die Zuverlässigkeit des Nyamwesi-Herrschers Mkwasi.

Dieses Patt in den Machtverhältnissen ließ sich trotz eines vierjährigen Krieges 1871–1875 nicht überwinden, obwohl es Mirambo gelang, den arabischen Handel zum Tanganyika-See und zeitweilig zum Victoria-See zu unterbrechen[27]*. Auf erfolgreiche*

---

24 Reif, Sascha, »Generationalität und Gewalt: Kriegergruppen im Ostafrika des 19. Jahrhunderts«, Göttingen 2015. Reif löst die Beziehung zur Jugendkultur wohl doch zu weit von den sozialen und ökonomischen Dimensionen wie Sklavenhandel und Elefantenjagd und der Anpassung der Militärorganisation an die jeweiligen Konfliktlagen. Seine These gilt wohl eher für kleine Gruppen mit begrenzten Konflikten und wenigen Todesopfern.

25 Bennett, »Mirambo«, S. 43 f.

26 Ebd., S. 53.

27 Ebd., S. 49. Stanley ist in dieser Zeit Beobachter bei seiner Suche nach Livingstone, den er in Ujiji traf: Ebd., S. 52 f.

Gegenstöße der arabisch-omanischen Truppen reagierte er effektiv mit Guerillataktik. Die arabischen Händler in Tabora konnten ihre Truppen nicht ausreichend ernähren und waren zudem politisch zerstritten. Sie zogen sich immer wieder im Interesse ihrer Handelsgeschäfte aus dem Krieg zurück[28].

Mit dem Machtwechsel in Sansibar zu Sultan Bargasch 1870 und der Entschlossenheit des britischen Konsuls Kirk, Mirambos Macht zu brechen, veränderte sich die Lage. In Tabora wurde eine Truppe aus Baluchen vom Sultan in Sansibar eingesetzt und ein Munitionsembargo gegen Mirambo durchgesetzt. Da der neue Vertreter des Sultans in Unyanyembe von den Händlern Schulden zurückforderte und ihnen Zollerhöhungen aufzwang und überdies die Baluchen unbeliebt waren, kriselte es in Tabora.

Dennoch wurde Mirambo die wachsende Bedeutung Sansibars auch für die inneren Verhältnisse in Ostafrika als Folge der neuen Politik von Bargasch klar. Er versuchte einen Ausgleich mit ihm zu erreichen. Mirambo bot ihm als Geschenk Elfenbein an, was Bargasch aber ablehnte, indem er es bezahlte. Die von Sansibar ausgerüsteten Karawanen wurden angewiesen, bei Durchzug durch das Gebiet Mirambos die üblichen Gebühren zu entrichten[29]. Damit war sein Herrschaftsgebiet als unabhängiger Staat de facto anerkannt. Die wichtigste Handelsroute Tabora–Ujiji war somit unter Mirambos Kontrolle[30].

In Gesprächen mit Stanley, mit dem Mirambo Blutsbrüderschaft schloss, zeigte sich Letzterer an der Niederlassung von Missionaren der London Missionary Society in seinem Staat interessiert. Er erkannte damit an, dass sich mit den Europäern ein neuer Machtfaktor ankündigte. Der Anlass war sein Konflikt mit dem britischen Konsul Kirk, nachdem zwei Europäer, unter ihnen ein Brite, bei kriegerischen Aktivitäten Mirambos umgekommen waren. Mirambo behauptete, von deren Anwesenheit in den belagerten Orten nichts gewusst zu haben, was glaubhaft ist, denn mit einem dieser europäischen Händler hatte er ein enges Gesprächsverhältnis gehabt[31]. Er bat Tippu Tip, der mit über 3.000 Mann von Manyema, seinem Territorium im späteren Kongo-Freistaat, durch den Herrschaftsbereich Mirambos zog, für ihn bei Bargasch und Kirk zu vermitteln, was scheiterte, weil Tippu Tip es wegen seiner großen Schulden vermied, nach Sansibar zu gehen, wie dies auch der Liwali von Unyanyembe getan hatte, obwohl er vom Sultan eingesetzt worden war.

Missionare der London Missionary Society versuchten zu vermitteln. Sie hatten Mirambo mit ihren medizinischen Leistungen beeindruckt, weil zunächst eine missionarische Medizineinrichtung in Urambo etabliert wurde, die 1.600 seiner Leute behandelte. 1882 erlaubte er, dass auch die Weißen Väter eine Station einrichteten.

In diesen letzten Jahren vor der Eroberung des Gebietes durch das Deutsche Reich und der Anerkennung des Kongo-Freistaates auf der Berliner Kongo-Konferenz 1884/ 85 versuchte Mirambo, durch viele Gespräche mit Europäern und Taktieren nach vielen Seiten neue Spielräume zu nutzen. Seine Militärmaschine musste trotz all dieser

---

28 Ebd., S. 59.
29 Ebd., S. 64 ff.
30 Ebd., S. 131.
31 Ebd., S. 117 ff.

Abb. 20: Mirambo im hohen Alter.

neuen politischen Faktoren aktiv bleiben. Er durchbrach das Pulverembargo, indem er auf seinem Gebiet eine belgische Station duldete, die ihn belieferte[32].

Durch die Verbindung zu Tippu Tip erhielt er sehr viele Sklaven, die meist nicht die Küste erreichten, sondern im Inneren in der Landwirtschaft eingesetzt wurden. Außerdem stieß er zur südlichen Küste des Victoria-Sees vor, führte Krieg gegen die sich inzwischen Sukuma nennenden Nyamwesi, entführte 3.000 Stück Großvieh und nahm Sklaven. Damit verschärfte er den Konflikt mit dem britischen Konsul Kirk, der die britische Antisklaverei-politik durchsetzen wollte. Auch die Nguni wechselten in den Kämpfen gelegentlich die Seiten und der Herrschaftsbereich Mirambos geriet in Gefahr. Weil wegen eines Kehlkopf-krebses 1882 seine Kraft nachließ, konnte er wenig an dieser Lage ändern. Er starb 1884. Wahrscheinlich haben ihn im letzten Stadium der Krebserkrankung die Krieger seiner Um-gebung, wie üblich, erwürgt, um seine Schmerzen zu beenden. Sein Bruder wurde Nachfol-ger, hatte aber kein vergleichbares Charisma. Nach dessen Tod 1889 folgte der letzte unabhängige König. 1895 setzten die Deutschen dann einen Nachfolger ein, nachdem sie Urambo bereits 1890 besetzt hatten.

Unabhängige Herrschaft, auch wenn sie oft von Rivalitäten gefährdet war, ließ sich unter den Bedingungen militärischer Eroberung durch eine industrialisierte Kolo-

---

32 Ebd., S. 138. Leopold II. von Belgien gab diese Station 1885 wieder auf.

nialmacht wie das Deutsche Reich nicht aufrechterhalten. Es war die kurze Zeit des hinhaltenden Umganges mit afrikanischen Machthabern in der Ära des Freihandels- imperialismus, die Könige und Warlords wie Mirambo eine Zeitlang Möglichkeiten po- litischer Herrschaft gab. Mirambo stützte sich auf spirituelle Autorität als legitimer Fürst und innovative Heerführung. Er versuchte zugleich mit der wachsenden europäi- schen Präsenz von Missionaren, Händlern und Reisenden mit politischem Einfluss sowie Offizieren und Diplomaten flexibel umzugehen.

1889 setzten sich deutsche Truppen aus dem Reich durch, die die schwachen und vertriebenen Kräfte der Deutsch-Ostafrikanischen Gesellschaft ersetzten. Wissmann kämpfte mit großer Härte den Aufstand der Küstenbevölkerung nieder. Tanganyika oder Deutsch-Ostafrika wurde entgegen der ursprünglichen Absicht des Reichskanz- lers Bismarck deutsche Kolonie. Im sogenannten Helgoland-Sansibar-Vertrag durch seinen Nachfolger von Caprivi wurde 1890 Ostafrika in britische und deutsche Inter- essenszonen aufgeteilt, mit Uganda und Kenia unter britischer Kontrolle. Die deut- sche Kolonialeroberung setzte sich neben vielen Strafexpeditionen im Inneren des Territoriums nach ersten Niederlagen gegen das Königreich der Hehe durch.

Abb. 21: Deutsche Befestigung in der Ortsmitte von Bagamoyo (1971).

Unter deutscher Herrschaft überlebte die Küstenschifffahrt und es wurden Reisen fortgesetzt, um entfernte Handelspartner und ihre Familien zu besuchen. Swahili als Kulturphänomen der Welt des Westindischen Ozeans in Afrika blieb erhalten. Der Niedergang der Swahili-Oligarchie und ihres ambivalenten Verhältnisses zur Sultansherrschaft auf Sansibar bedeutete aber nicht, dass die Küstenkultur die Prä- gung durch das Swahili verlor.

6 Die Verflechtungen der Küste Ostafrikas mit der Welt des Indischen Ozeans: »Shungwaya« – ein Handelsreich von Klanföderationen der Oromo und die Anfänge der Swahili

Die Kushitisch sprechenden Oromo entwickelten mithilfe von durch Blutsbrüderschaften verbundenen Klanföderationen ein locker vernetztes Großreich »Shungwaya«[33], das im 9. Jahrhundert entstand. Die Region reichte vom Turkana-See östlich von Äthiopien bis nach Somalia. Die Häfen waren Lamu und Pate an der Küste des heutigen Kenia. Als Handelsrouten dienten neben Landrouten Flüsse wie der Sabaki und der Tana sowie der Pangani im heutigen Tansania, dessen Wasser vom Kilimandscharo und den Pare-Bergen gespeist wurde. Oromo organisierten als Hirten die Transporte. Es wurde vor allem Zimt als begehrtes Gewürz gehandelt. Außerdem waren Eisenwaren, Holz und Textilien, Elfenbein und Bergkristalle wichtige Handelsgüter. Auch Sklaven wurden gehandelt.

An diesem Handel nahmen auch Gruppen in Somalia teil, die eine Swahili-Identität entwickeln sollten[34]. Die Handelsstädte, die in der Regel auf vorgelagerten Inseln entstanden, hatten Verbindungen zu ihrem unmittelbaren Hinterland. Es bestand eine große Nähe zwischen der ländlichen Bevölkerung und den Städten. Auf stadtnahen Märkten wurden Nahrungsmittel angeboten. Die importierten Waren wurden durch kleine Familienkarawanen, vor allem der Kamba, ins Innere Kenias weitergeleitet. Den Handel kontrollierten Gruppen, die auf dem Festland siedelten. Von ihnen hing auch die Versorgung mit Getreide und Vieh ab. Sie stellten Arbeitskräfte. Einzelne bewaffnete Gruppen, wie die Bogenschützen der Giriama, spielten bei innerstädtischen Konflikten eine wichtige Rolle. In Notzeiten lieferten aber auch die Städte Getreide aus Indien gegen Schuldverschreibungen und Geiselnahmen, so dass die bäuerliche Welt bei Trockenzeiten versorgt wurde[35].Es entstanden enge Beziehungen und Heiraten zwischen Stadt und Land waren häufig.

Seit dem 7. Jahrhundert war der Islam in Somalia und an der Küste Ostafrikas verbreitet. In den Siedlungen der Proto-Swahili an der Küste wurden Überreste von Moscheen aus dem 9. Jahrhundert ausgegraben[36]. Den Schwerpunkt bildeten die fruchtbaren Ebenen des Tana-Flusses mit Pate und Lamu als Hafenstädten. Die Stadtkerne waren von Gebäuden geprägt, die aus Korallengestein gebaut waren, darunter große Moscheen und Paläste. Sie waren von Lehmsiedlungen der afrikani-

---

33 Allen, James de Vere, »Swahili Origins: Swahili Culture and the Shungwaya Phenomenon«, London 1993, insbesondere Kapitel 7 »Great Shungwaya and its Successor-States«, S. 135 ff. Wegen der mangelnden Quellenlage unternimmt Allen eine schwierige Rekonstruktion. Vgl. auch Kapitel 2. Für den frühen Handel und das Netzwerk siehe Kapitel 3, S. 55 ff. und Karte S. 56.
34 Sheriff, Abdul, »Slaves Spices and Ivory in Zanzibar«, London 1987; Nicollini, Beatrice, »The First Sultan of Zanzibar«, London 2012, italienische Ausgabe 2002.
35 Siehe Geschichte 13 »Die Giriama«, S. 143.
36 Allen, »Swahili Origins«, auch für das Folgende.

schen Küstenbevölkerung umgeben, die auch auf dem nahen Festland gegenüber den Städten lagen. Pate und Lamu kontrollierten die Märkte, die Nahrungsmittel, Elfenbein und andere Güter vom Festland anboten. Die größeren Schiffe, die Dhows, wurden meistens in Persien gebaut, die kleinen, für die Küstenschifffahrt dienenden Dhows wurden an der Küste selbst hergestellt[37]. Der Wechsel der Monsunwinde zweimal im Jahr bestimmte den Rhythmus der Reisen.

7 Die Handelsexpansion der Portugiesen im Indischen Ozean seit 1500 und die Auswirkungen auf die ostafrikanische Küste

Um 1600 zerfiel »Shungwaya«. Das Handelssystem wurde aufgrund des Eingreifens der Portugiesen im Indischen Ozean verändert. Ihre Politik zielte nach der Umsegelung des Kaps der Guten Hoffnung 1497 darauf, den Gewürzhandel nach Europa zu monopolisieren. Die Portugiesen besetzten wichtige Küstenstädte, vor allem Mombasa und Malindi 1502 und zerstörten 1506 Kilwa, das bis dahin den Goldhandel von Simbabwe über Sofala kontrolliert hatte.

Abb. 22: Portugiesisches Fort auf Kilwa (1970).

Beim Textilhandel konnten die ägyptischen Tücher nicht mit den indigogefärbten Baumwolltüchern aus Indien konkurrieren, mit denen die Portugiesen handelten.

---

37 Krajewski, Patrick, »Kautschuk, Quarantäne, Krieg. Dhauhandel in Ostafrika 1880–1914« (ZMO Studien 23), Berlin 2006 (zgl. Diss. Hochschule Hannover unter dem Titel: »Dhauhandel in Ostafrika und die Transformation der Warenströme 1885–1914«).

Das Osmanische Reich setzte seine Expansion fort, was zur Eroberung von Konstantinopel 1453 und der Expansion nach Nordafrika führte, so dass die portugiesische Offensive auf Widerstand stieß. Äthiopien zog sich unter dem Druck der osmanischen Expansion vom Roten Meer auf die Hochebenen des amharischen Kernlandes zurück. Die Portugiesen versuchten, den Ägyptern durch Blockade des Roten Meers den Gewürzhandel zu entziehen. Es kam zu Seekriegen von 1505–1517 zwischen den portugiesischen Flotten und denen der Mamelucken in Ägypten. Zwischen 1514 und 1516 wurden die Mamelucken vom Osmanischen Reich unterstützt, das mit Schiffen, Soldaten und Kanonen eingriff. Diese Operation erhielt logistische Hilfe von Venedig. Das gemeinsame Interesse bestand darin, die Fortsetzung des Gewürzhandels über das Mittelmeer zu sichern.

Die Portugiesen unter Albuquerque behaupteten sich. Die Herrschaft der Mamelucken wurde finanziell durch Wegfall des Handels ruiniert und ihr Reich 1517 von den Osmanen erobert. Kairo wurde 1521 besetzt.

Obwohl die Blockade des Roten Meeres nicht völlig gelang, gelang es den Portugiesen durch Kontrolle der Häfen im westlichen Indischen Ozean, den Gewürzhandel nach Europa umzuleiten. Sie besetzten 1515 Muskat, den Sultanssitz von Oman. Trotz osmanischem Einfluss auf Muskat konnten sie mit Unterbrechungen ihre Besetzung fortsetzen.

Die Portugiesen eroberten auch etliche Küstenstädte bis nach Mosambik einschließlich Kilwa, wo sie ein Fort errichteten. Sie konnten Mombasa im 17. Jahrhundert zweimal kurzfristig besetzen und sogar 1589 das Fort Jesus errichten. Als es dem Sultan von Oman gelang, sich aus der portugiesischen und auch persischen Abhängigkeit zu befreien, eroberte er Mombasa 1698 endgültig mithilfe der Stadtbewohner und Malindis sowie der Bogenschützen der Giriama.

Seitdem bestand eine Hegemonie der Omani. Sie errichteten Handelssitze auf Sansibar. Omani, Perser, Inder und Baluchen bildeten die multikulturelle Oberschicht. Sie verloren aber 1741 Mombasa an den Mazrui-Klan, dessen Haupt sie nach 1689 zum Gouverneur gemacht hatten. Die Mazrui verselbstständigten sich. Sie waren Gouverneure der alten Dynastie und verweigerten der neuen Dynastie die Anerkennung. Die Mazrui waren wesentlich intensiver mit der Küstenzone verbunden als mit Sansibar. In den Häfen des Festlandes wie Pangani, Tanga und Bagamoyo versuchte eine Swahili-Oligarchie, den Omani-Einfluss einzudämmen.

Nach der Besetzung Ägyptens durch Napoleon 1798 verschärfte sich der französisch-britische Konflikt um die Kontrolle der See- und Landwege nach Indien und damit die Kontrolle des Zugangs zum Roten Meer und zum Persischen Golf. Im Persischen Golf verkomplizierte sich die Lage durch die Hegemonialpolitik der Saudis unter dem Einfluss der Wahhabiten, die seit 1750 einflussreich geworden waren.

Oman, die Briten und die Emirate am Persischen Golf reagierten auf die expansionistische Tendenz des radikalisierten Islam der Wahhabiten und entwickelten ein Sicherheitssystem, in das sowohl Oman als auch die britische Flotte einbezogen waren.

Nach der Niederlage der französischen Flotte bei Trafalgar und Abukir brach die französische Strategie mit Ausnahme der Kontrolle Madagaskars zusammen und es stabilisierte sich die britische Hegemonie im Westindischen Ozean. Sie wurde weitgehend von der britisch-indischen Regierung in Bombay und einigen indischen Fürsten bestimmt. Indisches Kapital aus Hyderabad und Gujarat sollte dann das moderne Fernhandelssystem auf Sansibar finanzieren und stützen.

Das Sultanat von Oman nutzte die Rivalität der europäischen Großmächte zum Ausbau eines eigenen Spielraumes. Vorübergehend segelten britische Schiffe sogar unter omanischer Flagge, um unter einer »neutralen« Flagge vor französischen Angriffen geschützt zu sein. Entscheidend wurde, dass der Handel mit Sansibar eine neue Dimension erreicht hatte. Es waren die Briten, die die Busaidi-Dynastie veranlasst hatten, einen Zweig der Dynastie von Sansibar aus operieren zu lassen. Schrittweise setzten sich die Omani auf Sansibar fest.

Abb. 23: Prinzessinnenpalast im persischen Stil in der Nähe der Stone Town Sansibar (1972).

Aufgrund der Entwicklung der Großkarawanen durch die Busaidi und ihre indischen Finanziers auf Sansibar wurden die ostafrikanischen Gebiete zu einer miteinander verflochtenen Großregion. Die »Île de France« wurde nach der Eroberung durch britisch-indische Truppen 1810 in Mauritius umbenannt und die Arbeitskräfte wurden durch indische Kontraktarbeiter ergänzt und ersetzt.

Das Sultanat auf Sansibar ging zur Nelkenproduktion auf der Basis von Sklavenarbeit über und organisierte auch seinen Getreideanbau auf Pemba mit Sklaven.

Der Aufbau der Großkarawanen vollzog sich in den 1820er Jahren und erreichte in den 1850er Jahren einen Höhepunkt. Sansibar kontrollierte die Handelswege nach Tabora, Ujiji und Uganda mit Beauftragten, teilweise auch mit Baluchen als Söldnertruppen. Es verließ sich aber vor allem auf indirekte Einflussnahme auf die Community der Händler und auf Beziehungen zu den regierenden royal Klans der Nyamwesi in Unyanyembe und Tabora sowie den anderen befestigten Stützpunkten. Die Kontrolle der Warlords und ihrer Karawanen, die über eigene Truppen verfügten, gelang nur zum Teil und nach mühevollen Auseinandersetzungen.

Abb. 24: Sklave (Ebenholzschnitzerei, Makonde).

Geschichte 12 – Swahili-Identität

Allen hat ein sehr komplexes Bild von der Entstehung der Swahili-Kultur rekonstruiert. Es beruht auf oralen Quellen, die er mit einem komplizierten Verfahren interpretiert. Dabei nimmt er einen Zeitraum von mehr als 1.000 Jahren (800–1900) in den Blick. Proto-Swahili sind danach Teil des Handelsnetzes des Großreiches »Shungwaya« gewesen. Zunächst scheinen sie als Eisenproduzenten am Handel mit Eisen beteiligt gewesen zu sein[38]. Die Fähigkeit zur Eisengewinnung und die Beherrschung der Schmiedekunst verweisen auf die bantusprachliche Herkunft der Sprache dieser Proto-Swahili. Sie lebten auch als Hirten und Bauern und agierten als Händlerklans. Ihre Sprache entwickelte sich auf der Grundlage einer Bantu-Sprache, die sie vom Kushitischen der Oromo abgrenzte. Es gab auch, wohl eher fiktive, Bezüge auf die Herkunft aus Shiraz in Persien. Einzelne Gruppen bezeichneten sich als »Shirazi«. Der Begriff »Swahili« scheint eine Übertragung des Namens einer lokal gewebten Tuchsorte zu sein, der »Swahili«-Tücher, die sie ebenfalls vertrieben haben sollen. Die Tücher wurden im heutigen Somalia und

---

[38] Allen, »Swahili Origins«, S. 59 ff., 256.

wohl auch im Hinterland von Pate und dem Lamu-Archipel produziert[39]. *Swahili siedel-
ten in den Hafenstädten und ebenso auf dem Festland gegenüber dem Lamu-Archipel.
Sicher scheint, dass, wer vor 900 in einer Swahili-Community an der Küste lebte, den
Islam übernommen hatte, lange bevor die oman-arabische Hegemonie wirksam wurde.
Dieser Prozess der sprachlichen und kulturellen Identität nahm seinen Ausgang in
»Shungwaya« im heutigen Somalia. Swahili-Klans waren zunehmend in den Küsten-
städten urbanisiert. Auch Mombasa und Malindi entstanden um 900.*

*Allen diskutiert Probleme der Identitätsbildung, die sich daraus ergaben, dass
sehr unterschiedliche Gruppen und Zuwanderer sich der Kultur zugehörig fühlten. Dies
fand trotz riesiger Distanzen auf den Seewegen statt, wo Kontakte auf der Grundlage
der gemeinsamen Sprache und Kultur möglich waren, obwohl sprachlich starke Ab-
weichungen des Kiswaheli bestanden.*

Topan diskutiert in diesem Zusammenhang das Swahili-«Paradox«[40]. *An einem
Beispiel weist er nach, dass es Personen gab, die sich Swahili nannten, aber bei der
Frage nach ihren Vorfahren stolz auf die ethnische Herkunft verwiesen. Zugehörig zu
einer ethnischen Gruppe in Mosambik, erkannten sie und die Swahili sprechenden Besucher aus Ostafrika einander nicht als Swahili an.*

*Die Zugehörigkeit zum Islam gilt als Identitätsmerkmal, aber die Übernahme des
Islam verlief ungleichzeitig. So wandten sich die Giriama offensichtlich erst in der
Krise des 19. Jahrhunderts und nur teilweise dem Islam zu. Ethnische Herkunft stand
nicht im Vordergrund, war aber auch Teil der Identität.*

*Im 19. Jahrhundert verkomplizierte sich die Lage. In dem Maße, wie sich die Oman-
herrschaft auf Sansibar und den Hafenstädten auf dem Festland Bagamoyo, Tanga,
Mombasa, Malindi und Lamu verfestigte, geriet das Swahili-Patriziat in eine verstärkte
Abhängigkeit unter deren staatliche Strukturen. Es entwickelte eine Art Gegenidentität
gegenüber der oman-arabischen Herrenschicht, deren indischer Finanzoligarchie und
Truppen mit persischem Hintergrund.*

*Im 19. Jahrhundert gab es erfolgreiche Karawanenführer, unter ihnen die Nyamwesi
aus dem Hinterland Tansanias, die an der Swahili-Kultur orientiert waren und doch
den Kulturen des Inlands verbunden blieben, wo ihre politische und soziale Basis war.
An der Küste selbst verschob sich die soziale Struktur. Die Zahl der Sklaven stieg in
den Städten an. Viele waren bei den Karawanen beschäftigt und hielten sich länger in
den Städten auf. Sie hatten sich oft selbst befreit und zogen Nutzen aus dem Handels-
boom an der Küste. Viele waren Arbeiter auf den Zuckerplantagen auf dem Festland
oder lebten in abgelegenen Dörfern in den waldigen Hügeln. Sie erwarteten Formen*

---

39 Es findet sich auch die Aussage, dass Swahili von »*swahil*«, dem arabischen Wort für Wasser
und Küste, abgeleitet ist. In späterer Zeit nach dem Ende des Shungwaya-Reiches mag sich diese
Deutung durchgesetzt haben, ebd., S. 60.
40 Topan, Darouk, »From Coastal to Global: The Erosion of the Swahili Paradox«, in: Loimeier,
Roman; Seesemann, Rüdiger (Hrsg.), »The Global Worlds of the Swahili: Interfaces of Islam, Identity and Space in 19th and 20th-Century East Africa«, Berlin 2006, S. 55–66.

der Anerkennung und eine Beteiligung an der patrizialen Herrschaft der Swahili. Als die Deutsch-Ostafrikanische Gesellschaft mit ihren Truppen die Macht in den Küstenstädten Tanganyikas übernahm und die Omanherrschaft beendete, kam die Krise des Swahili-Patriziats, die aus den Machtansprüchen der Sultane von Sansibar erwachsen war, 1888 zum Ausbruch. Der Auslöser war, dass die Deutsch-Ostafrikanische Gesellschaft die Zolleinnahmen an sich riss.

Zum Ausbruch kam die Krise des Swahili-Patriziats 1888 in Pangani, als deutsche Offiziere mit Brutalität die Omanherrschaft in den Küstenstädten übernehmen wollten. Sie verletzten grob islamische Bräuche und Feiertage und gingen mit Stiefeln und Hunden in die Moschee. Es entstanden Chaos und ein Machtvakuum, das zu Protesten führte. An den aufkommenden Unruhen beteiligten sich nicht nur die Swahili-Händlerschicht und die Plantagenbesitzer sowie Karawanenführer, sondern ebenso die Träger der Karawanen, die Arbeiter der Palmölplantagen und auch viele Sklaven. Sie versuchten, sich durch Teilnahme am Aufstand zu emanzipieren, und wollten einen besseren sozialen Status erreichen. Es kam zu Unruhen in einem komplexen Gemisch aus »Feasts and Riots«[41], Festen und aufständischen Handlungen. Dies führte zu einer sozialen und politischen Revolution. Die sozialen Bewegungen kontrollierten für kurze Zeit die Städte Pangani und Tanga, so dass das Swahili-Patriziat die Kontrolle verlor.

Abb. 25: Omanisches Zollhaus in Pangani (1971).

Die Swahili-Händler und Plantagenbesitzer versuchten, im Interesse ihrer Geschäfte zu vermitteln, und betrachteten nun die oman-arabische Herrschaft als mit ihren Inter-

---

41 Glassman, Jonathon, »Feasts and Riot, Revelry, Rebellion, and Popular Consciousness on the Swahili Coast, 1856–1888«, Ann Arbor 1995.

essen besser vereinbar, als es der direkte Griff der Deutschen nach Zolleinnahmen und Kontrolle der Karawanenrouten war. Nach der Rückkehr des deutschen Militärs, das sich während der Unruhen zurückgezogen hatte, versuchte das Swahili-Patriziat vergeblich den Konflikt durch Verhandlungen zu mildern. Insbesondere die Plantagenbesitzer begannen unter der Führung von Bushiri und Bwana Heri einen Guerillakrieg, der sich zum allgemeinen Aufstand der Küstenbevölkerung ausweitete. Die deutschen Truppen unter Wissmann schlugen den Aufstand 1888/89 mit großer Härte nieder und Ostafrika wurde deutsche Kolonie.

Der Niedergang der Swahili-Oligarchie und ihres ambivalenten Verhältnisses zur Sultansherrschaft auf Sansibar bedeutete aber nicht, dass die Küstenkultur verloren ging. Die Prägung durch das Swahili und seine Ausbreitung als Lingua franca unter deutscher und dann britischer Herrschaft und schließlich als Staatssprache Tansanias seit 1961 blieb erhalten. Dank der Küstenschifffahrt, die unter der Kontrolle der deutschen Verwaltung überlebte, erhielten die Swahili-Händler ihre Netzwerke durch Reisen zu entfernten Handelspartnern und ihren Familien. Swahili als Kulturphänomen der Welt des Westindischen Ozeans in Afrika blieb bestehen.

Geschichte 13 – Die Giriama im Hinterland Mombasas 1600–1915

Ständiger Wandel, Vertreibung, Neuansiedlung und agrarische Innovationen bestimmten die Entwicklung der Giriama und der mit ihnen verwandten Mijikenda-Gruppen[42]. Durch den Handel mit Mombasa und mit den Hirtenvölkern der Oromo und Masai wurden sie Teil der Handelswelt des Indischen Ozeans und der Halbwüste der Nyka. Sie erweiterten im Laufe der Jahrhunderte ihre politische Organisation und die religiöse Orientierung. Als Bogenschützen mit Giftpfeilen griffen sie in die inneren Konflikte Mombasas ein.

Die Mijikenda und mit ihnen die Giriama lebten ursprünglich im südlichen Somalia. Allen[43] ordnet sie dem Shungwaya-Komplex zu. Sie hatten eine eigene Sprache und Religion und waren durch Zuwanderer aus Persien (Shirazi) beeinflusst. Sie wurden Teil der Swahili-Kultur, nachdem sie von den nomadischen Völkern Südsomalias aus ihren Wohngebieten vertrieben worden waren. Anfang des 17. Jahrhunderts zogen

---

42 Brantley, Cynthia, »The Giriama and Colonial Resistance«, Berkeley 1981; Brantley, Cynthia, »Mekatalili and the Role of Women in Giriama Resistance«, in: Crummey, Donald (Hrsg.), »Banditry, Rebellion and Social Protest in Africa«, London 1986, S. 333–350; Spear, Thomas T., »The Kaya Complex: A History of the Mijikenda Peoples of Kenya Coast to 1900«, Nairobi 1978; Cooper, Frederick, »From Slaves to Squatters: Plantations Labour and Agriculture in Zanzibar and Coastal Kenya 1890–1925«, New Haven 1982; Bley, Helmut, »Migration und Ethnizität im sozialen, politischen und ökologischen Kontext: Die Mijikenda in Kenya«, in: Bade, Klaus (Hrsg.), »Migration, Ethnizität, Konflikt«, Osnabrück 1996, S. 305–328.
43 Allen, »Swahili Origins«, insbesondere S. 256–261.

sie nach Süden. Ob sie zwischendurch gegenüber dem Lamu-Archipel am dortigen Handel beteiligt waren, ist unklar.

Sie besiedelten schließlich im 17. und 18. Jahrhundert die bewaldeten Hügel im Hinterland vom Mombasa in der Nähe einer Gruppe, die schon länger dort wohnte. Das Volk, die Giriama, wurde zur größten Gruppe im Verband der Mijikenda, die insgesamt aus neun Gruppen bestanden. Die Giriama zählten Anfang des 19. Jahrhunderts 3.000 Personen, 1916 waren es etwa 40.000 Menschen. Die Zunahme erfolgte im Wesentlichen durch Integration vieler Fremder. Sie gründeten acht durch Palisaden geschützte Dörfer, die jeweils von einem Ältesten regiert wurden, mit einer »Kaya« als Schrein. Die neunte Kaya wurde von den bereits dort Angesiedelten errichtet, die sich diesen acht neuen Gruppen anschlossen. Die Giriama bildeten Altersgruppen, die »Rika«, die die Macht für eine Generation ausübten. Die erste Rika nannte sich »Amawendo«, was bedeutete, »die, die gegangen sind«. Sie regierte von 1610–1662. Die nachfolgende Altersgruppe nannte sich »Mijoga«, die Kriegerischen. Diese Namensgebung beschrieb ihren Abwehrkampf gegen Somali und Oromo und auch ihre Einmischung in die Konflikte in Mombasa.

Die Giriama umfassten zunächst wenige Tausend Personen und waren damit nicht größer als die anderen Gruppen. Sie trafen die riskante Entscheidung umzusiedeln und gründeten ihre zentrale Kaya auch im Wald, aber nicht in den regenreicheren Hangzonen der Hügel, die der Küste zugewandt waren, sondern auf der dem Regen und dem dichten Wald abgewandten Seite und damit nahe der Halbwüste der »Nyka«. Nachteilig war, dass damit der Regen unregelmäßiger fiel und deshalb häufig Ernteausfälle entstanden. Aber die Rodungsarbeiten und damit die Nahmigration auf neue Böden wurden erleichtert. Vor allem konnten sie wegen der Abwesenheit der Tsetsefliege den Getreideanbau mit Viehzucht verbinden. Sie konkurrierten damit jedoch mit den Weideansprüchen der Nomaden der Masai und Oromo, tauschten aber Handelsgüter aus.

Die Waldbauern nutzten den Wald auch für Produkte, mit denen sie Handel trieben. Aus »Gum Copal« ließ sich Lack herstellen. Das »Orchilla Weed« war ein Färbemittel. Sie handelten mit Holz. Das wichtigste Waldprodukt waren Pflanzen, aus denen sich Pfeilgift herstellen ließ. Damit wurden die Krieger der Altersgruppen zu wirkungsvollen Bogenschützen.

Bei den Giriama dynamisierten sich die politisch-religiösen Verhältnisse. Da die Zentral-Kaya zum Symbol der Herrschaft der Alten und der Zentralisierung von Politik geworden war, entstanden im Laufe der Zeit ziemlich lange Wege zu den Feldern. Die jungen erfolgreichen Krieger und Händler spalteten sich von der Zentral-Kaya ab und gründeten Sub-Kayas. Sie konnten als Karawanenführer – eine Position, für die sich Jäger und Bewaffnete besonders eigneten – Vermögen akkumulieren und sich so der Kontrolle der Alten entziehen. Sie mussten nicht mehr um Kredit für den Brautpreis bitten, sondern hatten dafür eigene Mittel. Das Neuland stand nicht mehr unter der Kontrolle der Alten. Ganze Klans oder Klanteile nahmen an der Landnahme und der Neugründung von Sub-Kayas teil. Die abgewanderten jungen Männer der Giriama erweiterten ihre Gefolge durch Blutsbrüderschaften und Adoptionen. Sie machten Klien-

ten von sich abhängig, indem sie Teile ihrer Herden verliehen oder Fremde in die Jagd-gruppen integrierten. Sklaven wurden für den Maisanbau eingesetzt. Im Sabaki-Tal im Hinterland von Malindi entstanden große Maisplantagen. Mais wurde auch in Ostafrika verstärkt seit dem 18. Jahrhundert angebaut.

Der Zulauf von Fremden durch Adoption, Blutsbrüderschaften und Klientelbildung ist der Hauptgrund dafür, dass die Giriama zur größten Gruppe der Mijikenda wurden. Dadurch veränderte sich die gesellschaftliche Organisation. Die Initiationszeiträume für Altersgruppen wurden verlängert, so dass diese für längere Perioden an der Macht blieben. Sie verloren allerdings an Kohäsion. Geheimgesellschaften gewannen an Bedeutung. Infolge der Erhöhung der Aufnahmegebühren wurden ökonomisch geschwächte Klans gezwungen auszuscheiden, was den politischen Aufstieg wirtschaftlich gestärkter Gruppen erleichterte. Um die gewonnenen Reichtümer zu sichern und Vermögen auch im Erbfall zusammenhalten zu können, vermieden die Wohlhabenden das mutterrechtliche Erbsystem, das oft zur Zersplitterung des Erbes führte, weil viele Neffen erbten. Stattdessen stärkte sich das vaterrechtliche System mit dem ältesten Sohn als Erben. Die wirkungsvollste Form, aus den mutterrechtlichen Beziehungen auszubrechen, bestand darin, möglichst viele lineagefreie Frauen oder gar Sklavinnen zu heiraten oder die Kinder von Konkubinen zu adoptieren, da hinter diesen Frauen und Kindern keine Familien mit Erbansprüchen standen.

Die Welt der Giriama bestand aus unterschiedlichen Sphären. Sie mussten das ganze politische Feld der Oromo und Masai und die Lage in Somalia beachten, vor allem aber die Konflikte in den Swahili-Städten im Blick behalten. Ihre Bogenschützen griffen in innerstädtische Kämpfe ein. Als die Portugiesen 1729 eine Wiedereroberung Mombasas versuchten, wurden Mijikenda-Älteste und so auch Giriama Teil einer Delegation, die nach Muskat in Oman segelte, um Hilfe vonseiten der Omani auszuhandeln.

Es entstand ein enges Beziehungsgeflecht. Die Giriama und andere Mijikenda-Gruppen hatten auf dem Festland vor der Stadt, die auf einer Insel lag, die Märkte fest in der Hand. Sie entsandten von dort aus Kleinkarawanen zur Halbwüste der Nyka und versorgten Masai und Oromo mit Importgütern. Die große Stadt wurde von den Giriama mit Getreide und Vieh versorgt. Außerdem wehrten sie Plünderungszüge der Oromo ab.

Ein portugiesischer Reisender meinte 1634, Mombasa befände sich in der Gefangenschaft der Mijikenda und insbesondere der Giriama. Dies ist eine Übertreibung, weist aber auf die starke Position der Giriama in der Stadt hin. Aber so einseitig war das Verhältnis zwischen Giriama und Mombasa nicht. Periodische Hungersnöte zwangen die Giriama dazu, Getreide aus Indien in Mombasa auf Kredit zu erwerben. Als Sicherheit wurden Frauen und Mädchen der Giriama in die Schuldknechtschaft der Mombasa-Klans gegeben. Sie wurden aber regelmäßig wieder ausgelöst. Dieses Patronageverhältnis bestand vor allem zum Klan der Mazrui. Es entstand eine wechselseitige Beziehung zwischen den Mazrui und den Giriama. An innerstädtischen Kämpfen um die Kontrolle der Stadt waren stets neben städtischen Gruppen auch die Bogenschützen der Giriama beteiligt. Besonders bei der Vertreibung der portugiesischen Be-

satzung 1689 wirkten die Bogenschützen der Giriama mit, als Mombasas Bewohner, mit Unterstützung der Omani und der Nachbarstädte, die Stadt von den Portugiesen zurückeroberten. Die Mazrui, zunächst von den Omani in Mombasa als Gouverneure eingesetzt, hatten im 18. Jahrhundert einer neuen Dynastie in Muskat die Anerkennung verweigert und sich zu unabhängigen Herren von Mombasa gemacht.

Die politische Lage veränderte sich am Beginn des 19. Jahrhunderts. Es ergaben sich Krisenlagen, die zur Spaltung der Gesellschaft führten. Ein Zweig der Omani-Dynastie, die Busaidi, etablierte sich auf Sansibar und entwickelte den ostafrikanischen Sklavenhandel. Die Sklaven wurden zunächst in die arabische Welt, nach Indien und auf die französischen Zuckerinseln im Indischen Ozean exportiert. Unter dem Druck der britischen Bewegung gegen den Sklavenhandel gingen die Busaidi dazu über, Plantagen für Gewürznelken auf Sansibar zu organisieren und dort Sklaven einzusetzen. Außerdem entwickelten sie mit indischem Kapital seit ca. 1820 die Großkarawanen, die die Kleinkarawanen auskonkurrierten und den Karawanenhandel der Giriama und der Kamba⁴⁴ verdrängten. Auch die Mazrui in Mombasa gingen auf der Insel Pemba zur Plantagenwirtschaft für Getreide über, die mit Sklaven betrieben wurde. Die Stadt entzog sich damit der Abhängigkeit von den Getreidelieferungen der Giriama.

Seit 1820 führte das Sultanat Krieg gegen die Mazrui. Im selben Jahr verloren die Mazrui bereits die Insel Pemba. 1837 wurde Mombasa von den Busaidi erobert. Damit zerbrach das alte Patron-Klient-Verhältnis zwischen den Giriama und der Stadt. Frauen und Mädchen in Schuldknechtschaft wurden von den Mazrui versklavt.

Es entstand eine brisante Gemengelage. Einige Giriama entwickelten Guerillataktiken gegen die Mazrui, um sich gegen die Versklavung zu wehren. Sie verbündeten sich mit ehemaligen Sklaven, die isolierte Siedlungen gegründet hatten und sich zum Teil an von der »Church Mission Society« gegründeten britischen Missionsstationen anlehnten. Diese befreiten Sklaven standen unter deren Schutz. Giriama kooperierten mit befreiten Sklaven und brachten den Mazrui Niederlagen bei.

Der große Teil der Giriama zog jedoch mit den Mazrui nach Norden. Das ermöglichte den Maisproduzenten unter den Giriama, die Sklaven hielten, ihre Bedingungen für die Nutzung des Hafens Takaungu durchzusetzen, den die Mazrui kontrollierten. Die Produktion für den Maisexport auf der Basis von Großplantagen entwickelte sich besonders zwischen 1860 und 1870. Sklaven und Giriama-Landarbeiter waren auf diesen Plantagen tätig. 1892 traf zu allem Unglück die Rinderpest die Viehhalter unter den Giriama wie gleichfalls die Oromo und Masai. Auch die Giriama verloren 90 % ihres Viehs. Große Hungersnöte verschärften die Krise. Der Hungersnot von 1883–1885

---

44 Hinweise auf den Fernhandel in Krapf, Johann L., »Travels, Researches and Missionary Labours during an Eighteen Years' Residence in Eastern Africa«, London 1969, Nachdruck der Ausgabe von 1860. Siehe Bursik, Heinrich, »Geographie und Sprachwissenschaft als Instrumente der Mission – der Afrikareisende Johann Ludwig Krapf«, Diplomarbeit Universität Wien 2008, Kapitel »Krapfs Reisen nach Usambara und Ukambani«, S. 42 ff., dort die Schilderung der Begegnung mit dem Fernhändler Chief Kivoi.

*folgte die von 1895, nach britischem Artilleriefeuer »Bom Bom« genannt. 1898 und
1899 fielen die Ernten für zwanzig Monate aus. Die Giriama bezeichneten diese Hungersnot als »Magunia«, die Zeit der Säcke, da die Briten mit Getreidesäcken erstmals
Nahrungsmittelnothilfe organisierten.*

*Die Spaltung der Giriama-Gesellschaft vertiefte sich. Die Krisengewinnler waren
die Maisproduzenten. Sie integrierten sich, gestützt auf ihr Gefolge aus Klienten, Konkubinen und Ex-Sklaven, zum Teil in die Swahili-Gesellschaft und traten zum Islam
über.*

*Die Briten wollten die Verbindungen der Giriama zu den Mazrui weiter schwächen
und legten ihnen ein Handelsverbot auf. Nach vergeblichen Versuchen, eine Versammlung der Giriama-Ältesten einzuberufen, verhafteten die Briten den einflussreichen Plantagenbesitzer Ngonyo wa Mwavuo und setzten ihn sechs Monate lang fest. Er war Herr
über ein Dorf von 1.200 Leuten, einschließlich der Sklaven, Schuldknechte und des Gefolges. Die Briten führten ihm die Feuerkraft der Maschinengewehre und Schiffskanonen
vor, um ihn auf ihre Seite zu ziehen. Danach überzeugte Ngonyo im Interesse des Schutzes seines Eigentums die Versammlung der Ältesten, dass es keine Alternative zur Kollaboration mit den Briten gäbe. Diese seien stärker als die Mazrui. So rettete er seine
Getreidewirtschaft in die Kolonialzeit.*

*Die nächste Krise begann 1912, als die Briten die neuen Siedlungsgebiete der Gi-
riama, die diese beim Zug in Richtung Norden ins Hinterland von Takaungu und Malindi
besiedelt hatten, für europäische Plantagen enteignen wollten. Außerdem suchten sie
junge Männer für den Bahnbau. Die Giriama deuteten diese kolonialen Vorhaben und die
damit verbundene Krise auf unterschiedliche Weise. Die jungen Giriama-Männer sahen
den britischen Druck zur Arbeiterrekrutierung als Wiederaufnahme der Versklavung der
Giriama. Die Frauen unter der Führung von Mekatilili, einer Frau aus dem Klan des ein-
flussreichsten Kaya-Ältesten, betrachteten den Abzug der jungen Männer in die Wanderarbeit oder gar Versklavung als Gefährdung der Alterssicherung der älteren Frauen. Der
drohende Verlust der im 19. Jahrhundert gewonnenen Siedlungsgebiete veranlasste die
nördlichen Giriama, sich erneut auf die Kernräume um die alte zentrale Giriama-Kaya zu
konzentrieren, die zum Symbol einer konservativen Wende und des Widerstandes wurde.
Mekatilili, die der Geheimgesellschaft der Frauen vorstand, wurde vom spirituellen Oberhaupt der Zentral-Kaya unterstützt, mit dem sie eng verwandt war. Diese Restauration
um die Zentral-Kaya wurde zum Symbol der Giriama-Einheit, die in den Jahren der Siedlungsexpansion und der vielen Sub-Kayas geschwächt worden war.*

*Mekatilili sprach sich mit dem Newcomer Ngonyo ab und argumentierte als wich-
tigste Rednerin ihres Volkes, der Gegensatz zwischen alter und junger Generation sei
zurückzustellen und die Macht der zentralen Kaya zu respektieren. In einer großen
Versammlung, mehrheitlich von nördlichen Giriama besucht und durch Eide gefestigt,
wurde eine Politik der Nichtkollaboration mit den Briten verabredet und diese Politik
durchgehalten. Als die Briten tatsächlich die jungen Männer rekrutierten, um sie als
Träger gegen die deutschen Kolonialtruppen einzusetzen, führten die Giriama 1914
und 1915 Krieg gegen die Briten.*

Mekatilili wurde von den Briten gefangen gesetzt. Sie erklärte gegenüber dem sie vernehmenden Kolonialbeamten: »Der Regen blieb letztes Jahr weg und in den Regionen südlich des (Flusses) Sabaki war keine Nahrung. Ich höre, dass der Regen ausgeblieben sein soll, weil die Rupie und der Cent in das Land eingeführt wurden«. Sie machte damit die moderne Geldwirtschaft, die Lohnarbeit und die Subventionen für Älteste durch die Kolonialmacht für die Krise verantwortlich. Sie sagte weiter: »Ich ging zu Ngonyo und fragte ihn, ob das wahr sei. Er sagte mir, das sei nicht so. Er meinte, dass die aus der Kaya verschwundenen Geister das Land zerstörten. Ich rief alle Frauen zusammen und jede Frau brachte Mais, der für zwei männliche Ziegen eingetauscht wurde, die den Geistern geopfert wurden. Ngonyo prüfte die Eingeweide und urteilte, dass die Geister und nicht die Europäer die Ursache der Krise seien«[45]. Nach ihrer Freilassung hielt sie auf einer großen Versammlung erneut die Hauptrede: Die Ältesten sollten keine Gehälter annehmen, sondern die traditionelle Ältestenverfassung respektieren. Wenn sie sich nicht trauten, das Geld zurückzuzahlen, würde sie es persönlich der »Big Queen« (Königin Victoria) übergeben. Mit einer Reihe von Eiden der Männer- und Frauengesellschaften wurde der Loyalitätstest zugunsten der einigenden alten Gewalten und zum Schutz vor dem Verlust der sozialen Sicherung organisiert. Damit wurde versucht, die politische und religiöse Struktur der Migrationszeit des 17. Jahrhunderts als Konzept wiederzubeleben.

Abb. 26: Statue von Mekatilili in Kenia.

Die britische Verwaltung unterlief diesen Prozess, indem sie einerseits im Krieg 1915 die Zentral-Kaya zerstörte und zugleich ein Reservat nach ethnischen Kriterien durchsetzte.

---

45 Bley, »Migration«, Abschnitt »Giriama deuten die koloniale Offensive«, S. 125 f. nach Brantley, »The Giriama«.

In ihm gaben sich die Menschen dann 1940 den Namen Mijikenda, »jene, die aus den neun Kayas stammten«, und bezogen sich damit nun als Großgruppe und vereinheitlichte Ethnie auf die zerstörten spirituellen Symbole der Kaya. Diese Rückbesinnung auf die Spiritualität erfolgte unter dem Druck der kolonialen Landenteignung und der Reservatbildung. Dies geschah bei einer Gruppe, die in den Wechselfällen der Geschichte in der Welt der ostafrikanischen Küste des Indischen Ozeans einen enormen Wandel durchmachte. Er fand statt in Produktion und Handel, in der Verbindung zur städtischen Welt, nicht zuletzt im Verhältnis der Generationen und unter dem Druck von Hegemonialkriegen um Mombasa und dem Vordringen der britischen Kolonialherrschaft.

Die moderne Geldwirtschaft und der Beginn von Lohnarbeit, zunächst als koloniale Zwangsarbeit, griffen in diese Welt der Giriama ein und spalteten sie. Ein Teil integrierte sich in die Swahili-Gesellschaft und den Islam, der andere Teil führte einen aussichtslosen Kampf gegen die Kolonialherrschaft und endete in einem ethnisierten Reservat.

Kapitel 5
Ostafrikas Welten 2:
Die Feudalstaaten Uganda und Ruanda

1 Uganda

Aristokratische Klans und Chiefs waren in Afrika weit verbreitet. In Ostafrika nördlich des Victoria-Sees entstand aus vergleichbaren kleinen Anfängen Feudalherrschaft in einer für Afrika besonderen Ausprägung. Grundlage waren die wasserreichen Berglandschaften des Quellgebietes des Nils und seiner vielen Zuflüsse. In den Landschaften erfolgte eine große Verdichtung der Bevölkerung. Es entwickelten sich zwischen dem 13. und 15. Jahrhundert monarchische Herrschaften in mehreren Feudalstaaten, die miteinander interagierten. Anders als Westafrika blieb Ostafrika lange unabhängig von den Entwicklungen und der Dynamik von Sklavenhandel und Sklaverei, obwohl die Institution der inneren Sklaverei Teil der Arbeitsorganisation war. Ein signifikanter Unterschied war jedoch die Organisation der feudalen Abhängigkeiten. Aus Klanföderationen entstanden seit dem 13. Jahrhundert über fünfzig Kleinkönigtümer. Aus ihnen wiederum entwickelten sich einige wenige größere Staaten, so Bunyoro, Burundi, Ruanda und Uganda[1]. Die beiden letzteren werden als Beispiele gewählt.

Grundlage war in Bunyoro und Uganda die hohe Produktivität des Bananenanbaus. Die Züchtung der Bananen brachte hohe Erträge. Die Pflanzen trugen bis zu vierzig Jahre Früchte. Bananenblätter wurden zur Düngung genutzt und eigneten sich als Viehfutter.

Die intensive und langjährige Nutzung der Bananengärten machte abweichend von sonstigen afrikanischen Gesellschaften die Kontrolle über Land zum Schlüssel von Herrschaft.

Die Zentralisierung und Steigerung der Königsmacht erfolgte in Uganda nach einem langen Vorlauf seit dem späten 17. Jahrhundert. Königsherrschaft war eine Konsequenz zweier einander bedingender Prozesse. Die intensive Gartenwirtschaft, die im Wesentlichen von Frauen und Sklavinnen betrieben wurde, stellte viele Männer von landwirtschaftlicher Arbeit frei. Dies ermöglichte eine personell stark besetzte Hofhaltung und erlaubte die häufige Mobilisierung von Kriegern. Allmählich militarisierte

---

1 Die wichtigste neuere Studie: Reid, »Political Power«. Siehe auch Fallers, Lloyd A. (Hrsg.), »The King's Men: Leadership and Status in Buganda«, Nairobi 1964; Karguire, Samwiri Rubaraza, »A Political History of Uganda«, Nairobi 1980; Low, Donald A., »Buganda in Modern History«, London 1971; Rusch, Walter, »Klassen und Staat in Buganda vor der Kolonialzeit«, Berlin 1975; Füsser, Wilhelm-Karl, »Rebellion in Buganda: Eine Staatskrise in Ostafrika«, Hamburg 1989; Bley, Helmut, »Konflikte vorprogrammiert: Geschichte Ugandas«, in: Journal für Geschichte, Bd. 1, Heft 2, 1979, S. 19–23.

https://doi.org/10.1515/9783110452020-007

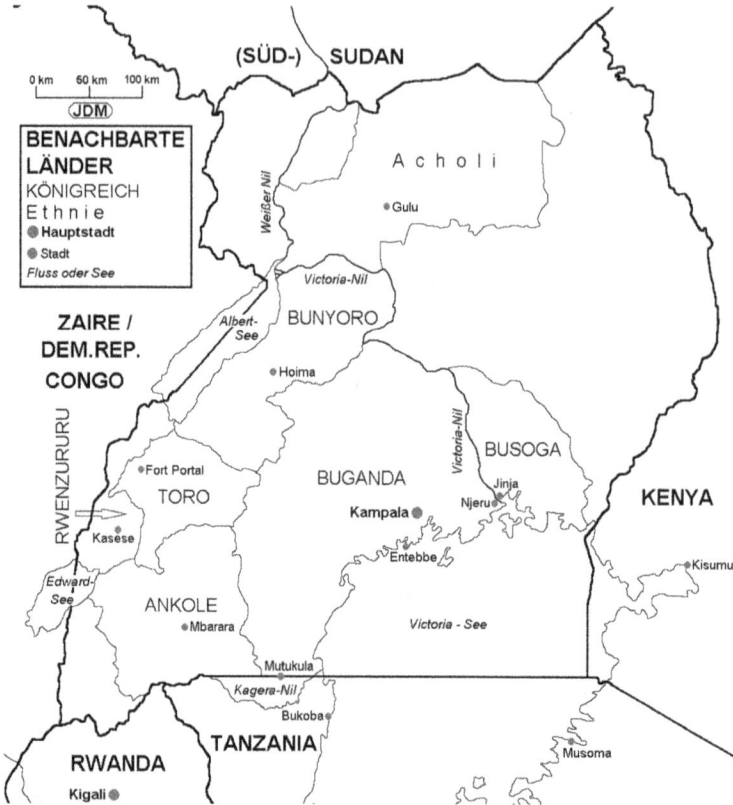

Karte 11: Das Königreich Uganda und seine Nachbarstaaten Bunyoro und Karagwe im 19. Jahrhundert.

sich die Königsherrschaft in Uganda. Wrigley[2] nannte sie sogar eine »Militärmaschine«. Mit der Palastgarde entstand ein stehendes Heer. Neben den Eroberungskriegen gegenüber benachbarten Dynastien wurde die Armee in Zeiten von Hungersnöten auch zum Plündern der Ernten der bäuerlichen Welt außerhalb der adeligen Landgüter und der von ihnen kontrollierten Dörfer eingesetzt[3]. Außerdem war Großvieh ein begehrtes Raubgut. Wenn abhängige Hirten das Vieh für die neuen Herren weideten, durften sie die Milch als Nahrung nutzen. Viehzucht wurde vor allem von Ethnien des Nordens in semiariden Zonen betrieben.

Kontrolle über Dörfer fand über lange Zeiträume statt. Weil die Bauern bei Machtmissbrauch seitens der Feudalherren den Herrn wechseln konnten, hatten sie eine

---

2 Wrigley, C. C., »The Changing Economic Structure of Buganda«, in: Fallers, Lloyd A. (Hrsg.), »The Kings Men«, Nairobi 1964, S. 16–63, hier S. 19.
3 Twaddle, Michael, »Kakungulu & the Creation of Uganda, 1868–1928«, London 1993, S. 13 f. Twaddle stützt sich vor allem auf Roscoe, John, »The Baganda«, London 1911.

starke Verhandlungsposition, da adelige Herren mit ihnen Steuereinnahmen verloren, die der König erwartete. Bäuerliche Wirtschaft überwog.

Im 18. und beginnenden 19. Jahrhundert war die Region östlich des Nils eine friedlose Zone. Fluchtbewegungen führten zu Machtkämpfen. Brigantentum griff um sich und auch Kidnapping fand statt, wodurch der Hof von Buganda mit Arbeitskräften versorgt wurde. Seit der zweiten Hälfte des 19. Jahrhunderts kam es zu Sklavenjagden auch für den Sklavenhandel zur Küste des Indischen Ozeans. Außerdem jagten Jägergruppen Elefanten im Namen des Königs, des »Kabaka«, der diesen Handel mit Elfenbein monopolisierte und es vor allem gegen Musketen eintauschte, was die militärische Hegemonie gegenüber Adel und Nachbarstaaten verstärkte.

Die Adelsherrschaft ergänzte die Kontrolle der nördlichen Peripherie und ihrer Hirtengesellschaften durch Zugang zu Vieh über Tributbeziehungen oder gewaltsame Aneignung. Uganda wurde nach Schwächung der benachbarten Königtümer, vor allem Bunyoros, im 18. Jahrhundert zur Hegemonialmacht.

Die Macht des Königtums steigerte sich im Zuge der Expansionen, weil sich der Kabaka eroberte Gebiete als »Amtsländereien« aneignete, die er an Adelige und Hofbeamte verteilte. Der Zugang zu ihnen musste durch Anwesenheit bei Hofe errungen werden. Auch die alten adeligen Klans mit ihren großen eigenen Ländereien beteiligten sich an dem Wettbewerb um den Zugang zu Amtsländern.

1.1 Faktoren der Hegemonialbildung

Lokale Märkte und regionale Netzwerke entstanden[4]. Wichtig wurden die Verbindungen zu den Märkten des Königreiches Karagwe westlich des Victoria-Sees, den vor allem Nyamwesi-Händler vermittelten. Über Karagwe und wohl auch direkt über erste von Nyamwesi geführte Karawanen wurden Waren von der Küste importiert. Uganda konnte Elfenbein liefern. Begehrt waren gleichfalls die guten Stoffe aus Rindenfasern (Barkcloth) und auch Sklaven. Auf dem indirekten Weg gelangten Kaurimuscheln, die als Währung eingeführt worden waren, nach Uganda. Erste Erwähnungen in Uganda gehen auf 1600 zurück. Zwischen 1750 und 1760 wurden auf diesem Wege auch Tassen und Teller aus Porzellan aus China importiert. In den Berichten wurde Porzellan besonders hervorgehoben. Es symbolisierte wegen seines hohen Wertes die Gesamtheit dieser Importe. Reid lehnt eine zu starke Betonung des Einflusses des zunächst indirekten Handels mit der Küste ab. Er argumentiert, es habe keine Unterscheidung zwischen dem Handel auf lokalen oder regionalen Märkten und auf überregionalen Märkten gegeben, da die meisten Warensorten auch ohne Verbindung zur Küste erhältlich waren. Es gab einige reguläre Märkte, auf denen auch Eisenwaren gehandelt wurden. Sie wurden von Händlern aus dem mehrere Hundert Kilometer entfernt liegenden Staat

---

4 Reid, »Political Power«, S. 150.

Bunyoro eingeführt. Bunyoro strebte in der Region in Rivalität zu dem Königreich Buganda nach Einfluss, bis es von Buganda in Tributverhältnisse gezwungen wurde. Der Handel nutzte Nilfähren und Pfade, die auch isolierte Regionen zugänglich machten.

Die vielen Märkte waren stets unter Kontrolle des Chiefs, in dessen Territorium der Markt war. Die Gebührensätze lagen zwischen 10 und 20 % des Warenwertes. Das galt auch für Märkte, die der Kabaka direkt kontrollierte und bei denen er die Gebühren erhob. Allerdings erreichten auch größere Mengen Baumwolltücher Uganda. Vor allem wurden die Märkte in Karagwe von islamischen oman-arabischen Händlern besucht, so dass hier ein früher Kontakt entstand.

Im 18. Jahrhundert wurden von den Kabaka Mawanda und Junju zunächst die Gebiete östlich des Nils, dann der Handel nach Westen entlang des Kagera-Flusses nach Karagwe[5] erschlossen. Kabaka Suna, der 1832–1856 regierte, erweiterte das regionale Handelssystem erneut. Die Kontrolle großer Teile des Victoria-Sees mit einer bewaffneten Kanuflotte verstärkte zusätzlich die neue großregionale Dimension.

Unter Sunas Herrschaft kamen 1844 die ersten oman-arabischen und Swahili-Händler von der Küste an den Hof. Das Hauptinteresse galt den Feuerwaffen, auf die der Kabaka ein Monopol beanspruchte. Die Handelshegemonie Bunyoros wurde mit militärischen und kommerziellen Mitteln drastisch geschwächt. Bunyoro und Karagwe gerieten unter Tributeinfluss. Damit gelang auch die Kontrolle des Kupfers aus Zentralafrika und des Eisens, das aus Karagwe kam. Salz wurde vom Albert-See über Bunyoro importiert.

Nicht nur die militärischen Beutezüge festigten die Königsmacht, sondern auch, dass es dem Hof gelang, den Handel mit strategischen Gütern wie Gewehren und Elfenbein zu monopolisieren und das Nachbarreich Bunyoro vom direkten Handel mit der Küste abzuriegeln. Dies wurde besonders relevant seit der Mitte des 19. Jahrhunderts, als sich die Handelsbeziehungen mit der weiteren Welt intensivierten. Zunächst brachten die Nyamwesi, die am Südufer des Victoria-Sees siedelten, eigenständig Güter von Sansibar nach Uganda, bis die vom Sultanat in Sansibar ausgerüsteten Großkarawanen den Handel übernahmen und die Nyamwesi in den Karawanen Beschäftigung fanden.

In der zweiten Hälfte des 19. Jahrhunderts wurden überregionale Beziehungen wichtiger. Durch islamische Händler aus dem ägyptischen Sudan kam es zu vertieften Beziehungen zum Islam. Händler aus Sansibar kamen seit 1844. In beiden Fällen waren neben den Handelsgütern die religiösen Einflüsse und auch das Interesse an speziellen handwerklichen Fähigkeiten von erheblicher Bedeutung. Auch christliche Missionare wurden nach diesen Kriterien beurteilt. Es entstanden Konflikte zwischen den verschiedenen religiösen Einflüssen. Die Kiganda-Religion geriet unter den Druck zunächst des Islam, dann der katholischen und evangelischen Missionen. Die konfessionellen Konflikte zwischen den Anhängern der verschiedenen Religionen wurden am Hof ausgetragen.

---

5 Ebd., S. 5.

1.2 Wandel der Adelsstruktur und Ausbau der Königsmacht

Bereits unter Suna II., der von 1832–1856 regierte, entwickelte sich eine enorme Macht-fülle des Kabaka, die von seinem jüngeren Sohn Mutesa I. ausgebaut wurde[6]. Mutesa wurde 1837 geboren und regierte von 1856–1884. Eine Konsequenz der Stärkung der Königsherrschaft war, dass – mit Ausnahme der Kernzonen der alten Klans – viel Land unter die Kontrolle der Krone geriet. Es wurde für Verdienste am Hof, in den Kriegs-zügen und bei der Jagd nach Elfenbein an Klanführer und an Prinzen aus der königli-chen Familie als Amtsländer vergeben. Diese Amtsländereien, die auch Inhaber von hohen Hofämtern erhielten, konnten im Erbfall und immer häufiger auch bei Zweifeln an der Loyalität ihrer Inhaber wieder eingezogen und damit umverteilt werden. Es war das entscheidende Machtmittel des Königs, Amtsländereien, die durch Eroberung oder Erbfall an ihn gefallen waren, zu verteilen, so dass damit eine Art Lehen erworben wer-den konnte. Wer in Ungnade fiel, dem konnte es wieder entzogen werden. Die Inhaber der Amtsländereien wurden praktisch zu einem Dienstadel. Der alte Adel hatte über-dies noch seine alten Ländereien und damit eine eigenständige Quelle der Macht.

Der Chef eines Amtslandes musste einen Teil der Steuern an den Hof liefern. Dar-aus entstand eine Dynamik für die Bauernfamilien, die bei übermäßigem Missbrauch der Herren der Amtsländer einen neuen Herrn suchen konnten und damit die Steuer-einnahmen des alten schmälerten. Daraus und aus den häufigen Wechseln an der Spitze der Amtsländer ergab sich die Möglichkeit zum Wechsel der Herren. Durch die Suche nach einem neuen Herrn verstärkte sich das Potenzial der Bauern, Arbeitsbedin-gungen und Abgaben zu mildern. Insofern war die Kontrolle über Dörfer, die eigene Vorsteher hatten, feudal verankert, wobei die Dorfvorsteher gelegentlich auch in den Adel aufsteigen konnten. Aber es bestand eine hohe Mobilität der Bauern bei der Wahl von Herren. Somit wich dieses Modell von europäischen feudalen Strukturen ab. Auch die führenden Klans waren der Mobilität insofern unterworfen, als ihnen immer wieder neue Amtsländereien zufielen und sie sich in ihnen auch mit lokalen Klans, meist mit-tels Einheirat, arrangieren mussten. Klanübergreifende Ehen durch Polygamie führten dazu, dass Abkömmlinge, insbesondere auch Prinzen, die Klanzugehörigkeit nach Op-portunität wechseln konnten.

Die Häupter der Klans mussten bei Hofe nicht nur monatelang präsent sein, sondern zudem Söhne als Pagen stellen. Außerdem versuchten sie, Töchter zur Ehe-schließung mit dem Kabaka zu entsenden, die thronberechtigte Prinzen gebären sollten. Damit waren die Grenzen zwischen Klans relativ offen. Der Kampf um Kont-rolle von Land wurde vor allem in Form der Rivalität zwischen den aristokratischen Klans am Hof um die Gunst des Kabaka ausgetragen. Anwesenheit bei Hofe war Voraussetzung für den Erwerb von hohen Hoftiteln und Amtsländereien. Es entwi-

---

6 Rusch, »Klassen«. Ich halte sie für die wichtigste Analyse der Struktur des Königreiches Buganda. Eine Analyse des Ansatzes von Rusch gibt Füsser, »Rebellion«.

ckelte sich am Hof ein Klima außerordentlicher Konkurrenz zwischen den Häuptern der Klans und insbesondere zwischen den Pagen.

Als Folge der Machtsteigerung des Monarchen veränderte sich die Deutung der Spiritualität des Königs. Die Zentralisierung des mit der Königinmutter verbundenen Kiganda-Kultes zielte auf die Einführung eines Hochgottes. Man suchte nach einem universalen Kult, um die Königsherrschaft gegenüber den Klans und ihrer Spiritualität zu stabilisieren. Das führte auch zu Experimenten mit dem Islam, dem Katholizismus und dem Protestantismus, um die Königsmacht zu steigern. Dabei ergaben sich aufgrund der jeweiligen religiösen Orientierung und der damit verbundenen Rivalitäten am Hof machtpolitische Optionen.

Bereits während der Herrschaft Sunas II. begann die ägyptisch-sudanesische Expansion in Richtung der Nilquellen, was dazu führte, dass Beauftragte an den Hof des Kabaka kamen. Suna wurde in religiöse Gespräche verwickelt und beendete die Hinrichtung von Muslimen. Die Abgesandten wurden mit großen Geschenken bedacht und islamische Kleidung wurde am Hof eingeführt.

Der Kabaka versuchte sein Handelsmonopol grenzübergreifend gegen die Händler aus dem Norden, später aus Richtung Sansibar zu behaupten. Es beschränkte sich zunächst auf Sklaven und auf Elfenbein, bis unter Mutesa die Feuerwaffen hinzukamen. Seine Sicherheitskräfte kontrollierten die Grenzübergänge, die Landeplätze am Victoria-See und die wenigen wichtigen Wege. Die Händler wurden bis zum Hof eskortiert. Damit wurde auch die Durchreise in das konkurrierende, nördlich gelegene Bunyoro blockiert.

Die Unruhe blieb groß genug, so dass während der Thronwirren nach dem Machtantritt Mutesas I. 1856 der Handel mit den sudanesischen Händlern für acht Jahre unterbrochen wurde. Im Auftrag des Khediven von Ägypten reisten 1862 die Europäer Speke und Grant nach Uganda und hielten sich monatelang am Hof auf. Sie waren auf der Suche nach den Nilquellen.

Das Vordringen vom Norden her hatte einen anderen Charakter als die späteren Handelsbeziehungen mit Sansibar. Die militärische Dimension war ausgeprägt, weil sudanesische Gruppen Sklaven und Elefanten jagten, gestützt auf ihre Bewaffnung mit Musketen. Diese Gruppen drangen gewaltsam in Bunyoro ein und griffen in die Nachfolgekämpfe des 1869 verstorbenen Königs ein, wie dies auch Mutesa I. tat. So wurde die Bedrohung vom Norden her offenkundig. Im Kampf um das Elfenbein und die Sklaven der ägyptisch-sudanesischen Jäger erlitt Mutesa eine Niederlage, weil diese sich mit Gewehren in einem Fort erfolgreich verschanzten und ihre Feuerwaffen einsetzten. Dies veranlasste ihn, umgehend die Gewehreinfuhr aus Sansibar zu steigern.

Ein Teil dieser »Turks« genannten Ägypter und Sudanesen waren Deserteure aus der Armee des Khediven, die nun Verwendung in der Palastgarde des Kabaka fanden. Die ständigen Gewehrlieferungen und die arabische militärische Beratung wurden zur Bildung eines Heeres von einigen Tausend Mann genutzt. Die traditionelle Verpflichtung der Distrikte, Krieger zu stellen und durch Klanoberhäupter anzuführen, bestand weiter. Wichtig wurde, dass ausschließlich die Palastgarde mit Gewehren ausgerüstet war. In den 1880er Jahren wurden die häufigen Plünderungszüge formalisiert. Sie wurden wesentlich für das politisch-ökonomische System Ugandas.

Geschichte 14 – Formalisierte Kriegsentscheidungen

Der König und sein Erster Minister, der »Katikiro«, entschieden über das Ziel der militärischen Expansion[7]. Die königliche Trommel wurde geschlagen und die am Hof anwesenden Häupter der Adelsklans wurden zusammengerufen. Aus ihrer Mitte wurden ein Kommandeur, der »Omugugabe«, und sein Stellvertreter aus der Gruppe der rivalisierenden Generäle berufen. Der Berufene schwenkte vor dem König seinen Speer und schwor, dass er in Führung und Kampf völlig furchtlos vorgehen werde. Nach seiner Ernennung warf der Kommandeur Asche des königlichen heiligen Feuers über sich. Mit Trommeln wurden dann die Krieger aus den Provinzen zur Teilnahme aufgefordert und nach zehn Tagen war die Armee in Grenznähe mobilisiert. Dort wurde mit den Klanführern die Strategie beraten und mithilfe der Spirit Mediums wurden die Götter befragt. Der Gott Nende war für die Expansion nach Osten zuständig, der Gott Kibanuka für den Marsch nach Norden und Westen. Dann schickte man Spione vor, die erkunden sollten, wo Nahrungsmittel zu finden waren und wo Vieh und Frauen sowie andere Beute versteckt waren.

Die Ordnung der Armee während der Schlacht entsprach der politischen Struktur des Königreiches. Links vom Kommandeur standen die Krieger der Distrikte Buddu, Butambale, Gomba und Singo – zentrale Distrikte des Staates unter Führung der Distrikt-Chiefs. Außerdem nahmen ebenfalls links die Krieger aus dem persönlichen Gefolge der Schwester der Königin Aufstellung. Rechts standen die Männer der Distrikte Kyaggwe und Bulemezi zusammen mit den Klienten von Kimbugwe und die der Königinmutter, vorne die Männer der Klienten des Katikiro und die Männer des Kommandeurs, des Omugugabe. Die Nachhut bildeten Krieger anderer Distrikte. Der Omugugabe marschierte im Zentrum umgeben von im Laufe der nächsten Jahrzehnte immer zahlreicheren Musketieren, den Waffenimport älterer europäischer Gewehrtypen repräsentierend.

Auch die Verteilung der Beute wurde stetig formalisiert. Nach Apolo Kagwa, einem ehemaligen Katikiro, erhielten die Häupter der Klans feste Anteile für sich und ihre Klienten, vor allem Sklaven, Vieh und Frauen. Lediglich Elfenbeinzähne waren ausschließlich für den König reserviert: Er benötigte sie für den Handel, vor allem um Gewehre zu beschaffen.

Ende des 19. Jahrhunderts weitete sich in der nordöstlichen Peripherie Busogas die Adelsherrschaft aus. Der Adel begann Baumwolle für den Weltmarkt anzubauen, was die Landnutzung veränderte und die Landkonzentration begünstigte (diese Entwicklungen begannen also bereits vor der Kolonialzeit) und den Adel stärker auf

---

7 Kagwa, Apolo, »Ekitabo kye Mpisa za Baganda«, Kampala 1952, Kapitel 14 Beschreibung der Plünderungsexpeditionen.

abhängige Arbeitskräfte zurückgreifen ließ. Der Adel und vor allem der König setzten verstärkt weibliche Arbeitskräfte in den Gärten ihrer Palastbereiche ein. Die extreme Ausdehnung der Polygamie diente der Rekrutierung von Arbeiterinnen. Aber auch Sklavinnen arbeiteten in den großen Gartenanlagen, die die Herrenhäuser und Paläste umgaben. Dem Kabaka Mutesa I. wird zugeschrieben, dass er um die 3.000 Frauen heiratete, die die Gartenarbeit leisteten. Sie mussten als Frauen des Königs sexuell treu bleiben. Pagen und andere Männer, die sich mit ihnen einließen, wurden hingerichtet. Ähnliche Funktionen erfüllte die ausgedehnte Polygamie an den Adelssitzen, während ein Bauer meistens nur drei Frauen hatte.

Abb. 27: Mutesa I. und Ratgeber, Kleidung im islamischen Stil.

Der Hof war der zentrale Ort, an dem über Amtsländereien und Kriegszüge entschieden wurde. Die Zahl der Pagen nahm erheblich zu. Damit steigerte sich die Rivalität bei Hofe. Pagen, die durch Intrigen und Gruppenbildung negativ auffielen, wurden oft hingerichtet, wenn sie nicht rechtzeitig fliehen konnten. Amtsträger, die den Zorn des Kabaka auf sich gezogen hatten, weil ihr Steueraufkommen zu gering war, sie bei Gefechten Niederlagen erlitten oder Beute unterschlagen hatten, verloren ihre Ämter und oft ihr Leben.

Abb. 28: Apolo Kagwa (rechts) mit seinem Sekretär Ham Mukasa erhielt eine zentrale Machtstellung bei den Krisen um Mutesa I.

Prinzen, die sich für die Nachfolge in Position zu bringen versuchten, vermieden den Hof und bauten in der Peripherie eine eigene Gefolgschaft auf. Hervorgehobene Königinnen als erste oder »Senior«-Frauen hatten strategisch bessere Chancen, ihre Söhne in der Thronfolge durchzusetzen. Auch Neffen und Brüder waren als »Princes of the Drums« grundsätzlich zur Thronfolge berechtigt. Mutesa I. ließ angeblich 62 Brüder umbringen, um Rivalen auszuschalten. Nur zwei Brüder, die im Kindesalter waren, überlebten.

Die Kombination von Gefolgschaft und Klanallianzen ermöglichte Raubzüge in die Peripherien jenseits des Herrschaftskernes. Im 19. Jahrhundert dienten sie der Elefantenjagd sowie dem Raub von Sklaven und Frauen. Aufstieg und Machtsteigerung wurde bei Hofe entschieden und hingen von mehreren Faktoren ab. Es konnte wichtig werden, die Zugehörigkeit zu seinem Klan aufzugeben und sich einem am Hof besser positionierten Klan anzuschließen. Bei den Pagen kam es darauf an, zwei Qualitäten zu erfüllen: Tapferkeit in Verbindung mit ehrenhaftem Verhalten im Kampf während der Plünderungszüge war die eine, entsprechend höfisches Verhalten die andere. Die Beteiligung an Intrigen gegen Rivalen gehörte zu den Strategien, sich durchzusetzen. Dieser Kampf bedrohte ständig das Leben der Pagen. Wer bei diesen Intrigen in Ungnade beim König fiel, musste mit der Hinrichtung rechnen. Jedes Misstrauen des Kabaka führte im Interesse der Machtsicherung zu einer exzessiven Hinrichtungspraxis: Sie war ein Kennzeichen der Herrschaft. Vielfältige Anlässe führten ins Unglück oder erzwangen bestenfalls die Flucht. Versagen im Kriege, sexuelle Beziehungen zu einer der 1.000 Königsfrauen, die Verweigerung homosexueller Praktiken bei Hofe hatten die Hinrichtung zur Folge. Auch Adelige, die, um ihre Söhne zu schonen, an deren Stelle Söhne von Sklaven als eigene ausgaben und als Pagen anboten, wurden hingerichtet, wenn dies bekannt wurde.

Die Komplikationen in dieser Adelsgesellschaft auf dem Wege zu einer sehr starken Monarchie sollen anhand der Geschichte eines Prinzen an der Peripherie Ugandas, in Busoga, durch ein Gegenbeispiel ergänzt werden. Es ist die Geschichte des Prinzen Womanafu Mukama in der kleinen Region Bunafu im späten 18. und 19. Jahrhundert. Sie ist Teil der Entwicklung des Königreiches Buganda zu einem zentralisierten und expansiven Staatswesen. Eine Folge war, dass immer wieder vom Zentralisierungsprozess bedrohte und bedrückte Adelige über den Nil nach Osten in das spätere Busoga und seine dichten Waldgebiete auswichen. Dort waren sie zudem durch breite und versumpfte Flussläufe geschützt, die sich an nur wenigen Stellen in Trockenzeiten überwinden ließen.

Geschichte 15 – Die Geschichte des Prinzen Womanafu

Der Anthropologe David Cohen[8] hat die Biographie des Prinzen Womanafu verfasst, um einer Missdeutung des Feudalismus in Uganda durch Überbetonung des Territorialprinzips entgegenzuwirken. Prinz Womanafu schuf seine Einflusszone, ohne dass er die Königswürde in dieser Peripherie erringen konnte oder wollte. Cohens zentrale These lautet, dass ein wesentliches Element der Legitimation der Herrschaft dieses Prinzen seine spirituelle Kraft durch einen Kult der Besessenheit gewesen sei, bewirkt von der Inkorporation des mythischen Begründers des königlichen Klans der Region, Mukama. Der Prinz operierte ohne einen dauerhaften Sitz für sich und seine Gefolgschaft. Vielmehr errichtete er etliche umschlossene Palastbereiche (Enclosures) in Gegenden, in denen er sich durch Einheirat in wichtige Familien sozial integrierte. Es ist ein Aspekt, der die Kontinuitäten von Adel in Afrika erklären kann. Zugleich spielte die Mobilität der Prinzen eine große Rolle und damit auch weiträumige Beziehungsnetze.

Die Geschichte beginnt mit Chuka und seinem Sohn Wagubona. Sie waren ca. 1800 wegen schwerer Kämpfe, in deren Verlauf viele Klanführer hingerichtet wurden, zur Flucht aus dem Herrschaftsbereich des Kabaka von Buganda gezwungen, obwohl auch Klanmitglieder in Uganda zurückblieben. Nach mehrjährigem Aufenthalt im kleinen Königreich Luuka zogen sie in die umkämpften nördlichen Grenzgebiete. Dort etablierten sie das Enclosure »Bonafu«, eine befestigte Siedlung mit einem palastartigen Hauptgebäude im Zentrum. Wagubona heiratete Lubago, die Tochter des lokalen Klan-Chiefs Nafa, dessen Status Cohen als »Commoner«, also als nicht adelig, beschreibt. Nafas Klan kontrollierte den Ort Bonafu, ein Zentrum spiritueller Ausstrahlung. Schon die Vorfahren Nafas waren Spezialisten in der Herstellung von Amuletten gewesen. Sie beherrschten aber auch religiöse Rituale und kontrollierten heilige Schreine.

---

8 Cohen, David William, »Womunafu's Bunafu: A Study of Authority in a Nineteenth-Century African Community«, Princeton 1977.

Sie repräsentierten Elemente der Luo-Kultur, obwohl sie immer stärker unter den Druck der Baganda gerieten. Durch die Ehe Wagubonas mit der Tochter Nafas war er mit dieser spirituellen Welt verbunden. Als Bantu sprechende Flüchtlinge aus Uganda nahmen sie dennoch Einflüsse der alten und bedrängten Luo-Kultur auf. Diese wurde auch dann gepflegt, wenn Luo-Sprecher die Bantu-Sprache annahmen. Außerdem wurde eine Tradition der Ehre etabliert, die sich auf die Erinnerung an die Vorfahren von Wagubona und Lubago bezog. Dies stärkte die Position Bunafus als spiritueller Ort. Noch 140 Jahre später wurde dies in vielen auch entfernten Lineages erinnert.

Bunafo lag am Beginn des 19. Jahrhunderts in einer nicht von Königen administrierten Zone. Es war auch noch nicht von den plündernden Armeen des Baganda-Reiches erreicht worden, fiel aber im Zuge der Expansion des Luuka-Staates in dessen Einflussbereich.

Wagubona hatte drei Söhne. Mit ihnen besetzte er im benachbarten kleinen Königreich Bugabula einflussreiche Positionen, was die zusätzliche Kontrolle über mehrere Dörfer einbrachte. Diese Dörfer sollte die Lineage auch noch im späten 20. Jahrhundert kontrollieren. Damit war es den Flüchtlingen gelungen, sich zu etablieren. Sie wurden Amtsträger eines der kleinen Königreiche in Busoga und erwarben, was selten war, Erbansprüche. In der von großer Mobilität kleinster Gruppen geprägten Region gab es viele Neuankömmlinge, die in der Regel höchstens zwei Generationen lang am gleichen Ort lebten. Die unterschiedlichen Sprachgruppen Kiganda und Luo koexistierten. Luo wurde von »Commoners« gesprochen, die keine Verbindung zu adeligen Klans hatten.

Der Aufstieg in dieser unruhigen Peripherie war leicht möglich. Die königlichen Klans, insbesondere von Luuka, entwickelten die Strategie, in der Region den Prinzen in oder jenseits der Peripherie des Staates Land zuzuweisen. Diesen Prinzen schlossen sich neu Zugewanderte und solche mit schwachen Lineage-Bindungen als Gefolge an.

Die königlichen Klans in Luuka suchten nach Möglichkeiten, sich vor den Gefahren, die von den rivalisierenden Prinzen ausgingen, zu schützen, indem sie auch Zugewanderte mit Ämtern ausstatteten, die nicht erblich waren. Als königliche Amtsträger sollten und konnten sie auch Autorität über Prinzen ausüben und diese so kontrollieren. Damit reduzierten Könige die Gefahr, durch Intrigen der vielen Prinzen am Hof im Kampf um die Nachfolge gestürzt zu werden.

Den sechzehn Prinzen des Herrschers von Luuka, Inhensiko I., wurde zwar Land zugewiesen, aber die neu durchdrungene nördliche Region wurde auch von Dienstleuten kontrolliert. Außerdem zielte die Heiratsstrategie auf Inkorporation von Klans im Expansionsgebiet.

Der Wettbewerb unter den Prinzen um die Thronfolge stand im Zentrum der politischen Rivalitäten bei Hofe, wobei die Mütter ihre Klaninteressen verfolgten und die Priester und spirituellen Spezialisten Einfluss nahmen. Bedrohte benachbarte Klans nutzten Heiratsstrategien, um Positionen bei Hofe zu sichern, obwohl sie noch außerhalb des direkten Einflussbereiches des Königreiches lebten.

Eine dieser zugewanderten Familien suchte den Kontakt zum Hof. Die Tochter Kabula wurde »Senior«-Frau des Königs, allerdings nicht die »Erste Frau«. Sie gebar einen Sohn, Wambuzi, der damit Chancen auf die Thronfolge Inhensikos I. hatte. Er wurde noch in der Nacht seiner Geburt in das Enclosure seiner Mutter gebracht, wo er aufgezogen wurde. Das war üblich in der Region und diente dem Schutz des neugeborenen Prinzen, der im mütterlichen Klan sicherer war als am Hof. Seine Erziehung diente aber auch der Integration in den mütterlichen Klan und förderte die kulturellen Einflüsse der luosprachigen Gruppen.

Einen Tag nachdem Inhensiko I. nach langer Regierungszeit verstorben war, wurde Wambuzi in einer Art Coup in den dreißig Kilometer entfernten Königspalast gebracht und inthronisiert, während den rivalisierenden Prinzen der Tod des Königs verschwiegen wurde, bis es zu spät war[9]. Die Dramatik der Thronfolge wiederholte sich bei dem neuen König Wambuzi im fünfzehnten Jahr seiner Regentschaft in den 1830er Jahren. Wambuzi schlief wiederholt mit Mukanni, einem jungen Mädchen aus einem Klan von Zuwanderern. Sie war wegen einer illegitimen Schwangerschaft von ihrer Familie verstoßen worden und hatte sich im Interesse ihrer Sicherheit bei Hofe als Magd und Prostituierte verdingt. Als der König wahrnahm, dass sie von ihm schwanger war, befahl er seinen priesterlichen Ratgebern, sie loszuwerden. Er hielt die Geburt eines Kindes mit königlichem Blut von dieser Mutter bei der Nachfolgefrage für einen verkomplizierenden Umstand. Der ungenaue Befehl hätte Tötung oder Verkauf in die Sklaverei bedeuten können. Ihm folgten die Ratgeber nicht, sondern erkannten, dass sie mit der Protektion eines, wenn auch illegitimen, Prinzen in die Thronfolge eingreifen könnten. Zunächst sollten mit dem kleinen Prinzen Land und Ämter auch im nördlichen Expansionsgebiet errungen werden, wo der Klan Mukannis Land kontrollierte. Allerdings brachten die Begleiter die hochschwangere Mukanni nicht in dem Enclosure ihrer Mutter unter, wie das üblich war, sondern in gut drei Kilometern Abstand, wohl, um nicht in den Einflussbereich Nafas zu geraten, in dem Mukannis Familie lebte.

Das Besondere an dem jungen Prinzen war, dass er, der Überlieferung nach, schon im Bauch gesprochen haben soll, was als sicheres Zeichen der Besessenheit mit dem Geist Mukamas galt, einer mythischen Luo-Größe[10]. Nach der Geburt kamen weitere Zeichen hinzu. Er hatte unter anderem milchfarbene Streifen am Unterarm. Diese spektakulären Umstände der Geburt zogen religiöse Spezialisten an. Gaben wurden offeriert und das Gefolge, das ihn zum Geburtsort gebracht hatte, errichtete ein befestigtes Enclosure. Es heißt, dass der neugeborene Prinz durch seine priesterlichen Berater König Wambuzi aufforderte, das Enclosure des Prinzen zu besuchen. Königliche Insignien wie Schild und Speer, Trommeln und eine rote Kuh kamen dazu, außerdem ein dreibeiniger Königsstuhl, um den Prinzen als legitim anzuerkennen. Man pflanzte einen Baum, aus dem später königliche Borkenkleidung gearbeitet werden konnte. Es war eine erstaunliche Aufwertung eines illegitim Geborenen. Sein Status war überdies im Widerspruch zu den Traditionen in Luuka, das weltliche Königsherrschaft repräsentierte, während der von Mukama Besessene als der mythische Gründer aller Staaten des nördlichen Busoga

9 Ebd., S. 24 f.
10 Ebd., S. 34 f.

galt. Er ragte hervor, weil er als Melker, Hirte und Jäger dargestellt wurde, also alle wichtigen Tätigkeiten repräsentierte. Er galt als ein Held, der Gefolge und Frauen anzog und Begründer großer Familien wurde. Aufgrund dieses Status war der junge Prinz in seiner Isolation im Enclosure den Machtkämpfen am Hof entzogen und von Priestern umgeben, die ihn aus der irdischen Herrschaftszone heraushoben.

Für den jungen Womanafu Mukama entstand eine dramatische Lage, als in der Periode zwischen 1820 und 1830 die Armeen Bagandas die Region durchzogen. Der Hauptgrund war, dass wegen der Ernteausfälle in diesen Jahren die Beschaffung von Nahrungsmitteln gewaltsam erfolgte. Wie auch in anderen Teilen Afrikas hatte eine schwere Dürreperiode um 1820–1830 enorme Knappheit verursacht. So wurde auch die Hauptstadt Wambuzis angegriffen und abgebrannt. Der König selbst zog sich zum Klan seiner Mutter, den Munhanna, zurück.

Auch der junge Womanafu Mukama musste mit seinen Leuten und Priestern fliehen. Ein neues Enclosure, das sogar größer war als das seines Vaters Wambuzi, wurde in der Nähe des Herrschaftsgebietes von Nafa errichtet. Während sich in Krisenzeiten bei etlichen Prinzen die Gefolgschaft auflöste, da die Leute zu neuen Patronen wechselten, war Womanafu wegen seiner spirituellen Auszeichnung als Mukama und seiner priesterlichen Umgebung weniger vom Verlust der Gefolgschaft bedroht. Durch seine spirituelle Autorität konnte er als Mukama einen stabilen Anhang sichern, der überdies unabhängig davon war, ob er König werden würde oder nicht.

Da seine Herrschaft nicht ausschließlich auf Territorialität beruhte, zog seine Autorität auch die Flüchtigen oder sonst Verzweifelten an, auch dann, wenn keine Perspektive auf Land und Ämter bestand. Dafür wurden ihnen Sicherheit angeboten, dies allerdings nur zu Lebzeiten des Womanafu Mukama, weil nach seinem Tode keine weltlichen erblichen Ämter und Landtitel bereitstanden. Der Mukama war darauf angewiesen, immer neue Enclosures zu gründen und so mit neuen Familien und Klans Beziehungen aufzunehmen. Das erste Enclosure wurde um 1830 errichtet, als er zehn Jahre alt war. Vier weitere folgten bis zu seinem Tode 1906. Die Verlagerung der Enclosures diente dazu, die Verankerung im Neuland zu erleichtern und durch strategische Heiraten vor Ort die Macht zu erweitern.

Wie Cohen analysiert, symbolisierte der Prinz, weil er ständig auf der Flucht war, das Lebensgefühl der anderen Vertriebenen. In der Mobilität lag seine Sicherheit. Es heißt, Kennzeichen seiner Gefolgschaft sei gewesen, dass viele von ihren Lineages isolierte Menschen aufgenommen wurden. Unfruchtbare junge Frauen, aber auch alte Frauen und Männer gehörten dazu. Es war ein Gefolge, das selbst oft keine Familien gründen konnte. Zu diesem Gefolge stießen viele Leute von König Wambuzi nach dessen massiver Niederlage gegen die Baganda-Armee. Sie waren nun ebenfalls zu Flüchtigen und Verstreuten geworden. Stabile Familien im Umfeld des Mukama blieben eine Ausnahme[11]. Der Mythos des Mukama in den Dörfern und Enclosures war bei den

---

11 Ebd., S. 81.

Luo-Sprechern in deren Traditionen verankert, bis er sich über ganz Busoga erstreckte und damit auch Bantu-Sprecher erreichte. Die Bantu-Sprache Kiganda war eine Sprache, die trotz aller kulturellen Kontinuität der ursprünglich Luo Sprechenden von diesen angenommen wurde. Aber es gelang dem Mukama nicht, in luosprachige Familien einzuheiraten. Ohne einen zentralen Herrschaftsort in der Region, trotz seiner spirituellen Sonderstellung, blieb er nur einer von vielen Thronprätendenten ohne Aussicht auf den Königsstuhl. Aber er war dennoch Teil eines Prozesses, in der die Klans der Nichtadeligen, die »Commoners«, immer mehr entmachtet wurden, auch wenn sie Ämter errungen hatten. Es setzte sich immer stärker das Erbprinzip der adeligen Prinzen durch. Auch Womanafu Mukama als Baganda-Prinz beteiligte sich daran, indem er den Klan Nafas in die Abhängigkeit als Commoners zwang.

1.3 Religiöse Innovationen und Polarisierung der Hofparteien

Mutesa I. nahm bewusst die kulturellen Möglichkeiten wahr, die sich aus dem Kontakt sowohl zum Norden als auch zur Küste des Indischen Ozeans ergaben. Zunächst überwog der Einfluss der Oman-Araber und Swahili von der Küste des Indischen Ozeans. Ihr Einfluss reichte so weit, dass Mutesa Swahili lernte und arabische Kleidung trug. Der Ramadan wurde eingeführt und der Druck erhöht, die muslimischen Regeln zu befolgen. Verweigerung führte zu vielen Hinrichtungen unter Anhängern der Kiganda-Religion. Mutesa verweigerte allerdings die Beschneidung, da königliches Blut nicht vergossen werden durfte. Er beschäftigte arabische Schreiber und Übersetzer für seine Korrespondenz sowohl mit dem Khediven in Kairo als auch mit dem Sultan auf Sansibar. Die wichtigsten Händler wurden in das Hofzeremoniell eingebunden, nahmen an den Beratungen teil und erhielten sogar Ämter.

In den 1870er Jahren verkomplizierte die verstärkte Zuwanderung der muslimischen Händler aus dem Norden die religiöse Lage, weil strengere Islamformen propagiert und praktiziert wurden, womit sich Pagen und Adelige in den Gegensatz zum am Hof gepflegten Islam setzten. Wer sich nicht an den Gebetsstunden bei Hofe beteiligte, die nach Westen statt nach Osten gerichtet waren, und die Nahrungsregeln des Islam nicht befolgte, musste damit rechnen, hingerichtet zu werden, wenn nicht die Flucht zum Teil mithilfe von muslimischen Händlern gelang, bis sich die Lage am Hof beruhigt hatte. Die neue Religion, aber auch die damit verbundenen technischen Fertigkeiten, z. B. handwerkliche Fähigkeiten (so bei der Reparatur von Feuerwaffen), fanden Interesse am Hof.

Das Schreiben und Lesen und damit unabhängige Zugänge zu den religiösen Schriften berührten immer stärker auch das Loyalitätsgebot zum Kabaka. Das führte zu enormer Repression gegenüber den Angehörigen des Hofes. Mit dem Sieg der Mahdisten im Sudan 1879 brach die Verbindung zum Norden ab. Der arabische Handel über Land nach Norden hatte ohnehin nicht mit dem Handel der Großkarawanen von Sansibar konkurrieren können. Außerdem verlagerten sich nach der Eröffnung des Suezkanals die Handelsinteressen Ägyptens und des Sudan.

Die Bedrohung aus dem Norden und die Gefährdung Bunyoros vonseiten ägyptischer Agenten hatten dem Kabaka vor Augen geführt, dass er Bündnispolitik durch Förderung des Handels mit Sansibar betreiben müsse.

Als potenzielle Bündnispartner galten auch europäische Mächte. Zugang zu ihnen schien durch die Ankunft der Missionare möglich. Dabei erschien die Rivalität der europäischen Großmächte um Einfluss in Afrika als nützlich. Propagandist des anglikanischen Glaubens in Anlehnung an Großbritannien war Stanley, der eine politische Mission verfolgte. Die katholischen »Weißen Väter«, die vom französisch besetzten Algerien gekommen waren, standen den französischen Interessen nahe, wurden aber gleichfalls von Karl Peters, der die Kolonialeroberung Ostafrikas vorbereitete, als Gegengewicht gegen die britischen Einflüsse gefördert. Er signalisierte damit, dass auch das Deutsche Reich Interesse an Uganda hatte. Dadurch verkomplizierte sich erneut die religiöse Lage. Gleichzeitig erreichten 1877 anglikanische und katholische Missionare den Hof des Kabaka. Auch für sie galt die Anwesenheitspflicht bei Hofe. Die Missionare erhielten, dem Adel vergleichbar, große Anwesen im Palastbereich. Auf den Audienzen disputierte die Hofgesellschaft über den neuen Glauben, wobei nun nicht nur eine neue Konkurrenz zum Islam wirksam wurde, sondern die christlichen Missionare zudem ihren Konfessionskonflikt am Hof austrugen[12]. Das Ganze war den Stimmungen des Kabaka unterworfen. Er schätzte die handwerklichen Fähigkeiten und die Verstärkung der Schriftlichkeit, wobei Swahili auch für die Missionare das Mittel der Kommunikation blieb. Die Bibelübersetzungen wurden auf Arabisch in Angriff genommen.

Im Helgoland-Sansibar-Vertrag von 1890 wurde Uganda endgültig als britische Interessenszone vom Deutschen Reich anerkannt. Mutesa I. verlor allmählich die Kontrolle, obwohl ihm die Veränderungen der Lage in der riesigen Region bewusst waren. Er kränkelte seit 1877, verstarb aber erst 1884. Die Heilungsmöglichkeiten der neuen Religionen konnten ihm offensichtlich nicht helfen. Deshalb zog er sich immer mehr in den Kiganda-Glauben und zu den Heilern dieser Religion zurück. Die »Weißen Väter« gaben 1882 Uganda auf und verlegten ihre Station an das Südende des Victoria-Sees.

Die Religionskämpfe, die als Adelskämpfe gegen die absolute Monarchie gerichtet waren, spielten eine immer stärkere Rolle. Dabei ging es auch um die Verteilung der Amtsländer nach konfessionellen Kriterien, die zu Konflikten zwischen den konfessionell geprägten Adelsparteien, die aus den Adelsfamilien stammten, führte.

---

12 Für die religiösen Konflikte siehe das wichtige Kapitel »Conversions and Revolution and the New Regime in Buganda, 1860–1900«, in: Low, »Buganda in Modern History«, S. 13–54. Eine sehr detaillierte und quellennahe Untersuchung ist die Biographie von Twaddle, »Kakungulu«. Für den Einfluss des Islam siehe außerdem Oded, Ayre, »Islam in Uganda Islamization through a Centralized State in Precolonial Africa«, Jerusalem 1974.

Um diese Entwicklung zu verstehen, ist eine Betrachtung des Einflusses der neuen Religionen auf den Hofstaat wichtig. Die Adeligen praktizierten auch auf ihren Landsitzen die Kämpfe um die Konversionen zu neuen Religionen. Es wird argumentiert, dass der Kabaka von der Ankunft der islamischen Händler aus dem Sudan und dem Vordringen islamischer Händler von Sansibar verunsichert war. Er nahm diese Einflüsse in seinem Hof auf und nutzte die neuen Möglichkeiten der Schriftlichkeit und der technologischen Importe. Vor allem aber erwartete er, durch die Orientierung an den monotheistischen Religionen seine Macht steigern zu können. In Phasen der Abwendung von den monotheistischen Religionen des Christentums und des Islam entwickelte auch die Kiganda-Religion unter dem maßgebenden Einfluss der Königinmutter monotheistische Züge im Sinne der Stärkung eines Hochgottes über andere Götter.

Entscheidend war, dass diese Konversionsprozesse bei Hofe kein ausschließlich königliches Projekt blieben. Die Hofgesellschaft und insbesondere die Pagen nahmen leidenschaftlich an diesen Konversionen teil. Der Kabaka ließ – analog zum Wandel seiner religiösen Vorlieben – Muslime, Katholiken und Protestanten und sogar Anhänger der Kiganda-Religion hinrichten, wenn er seine spirituelle Autorität bedroht sah. Die Gewalt bei religiösen Rivalitäten wurde zum Charakteristikum dieser Monarchie.

Mit einer doppelten Argumentation lässt sich diesem Phänomen der Konversion unter Lebensgefahr näherkommen. Der Wettbewerb bei Hofe war voller großer Risiken. Wer mit den neuesten religiösen Entwicklungen beim Kabaka nicht mithielt und einem anderen Glauben anhing, war gefährdet und es drohte die Hinrichtung, wenn nicht die Flucht gelang. Die Schwankungen fanden seit der Herrschaft von Suna II. in kurzen Abständen und unter Mutesa I. fast im Jahresrhythmus statt. Das Festhalten am neu erworbenen Glauben hing damit zusammen, dass die Erlösungs- und Heilsversprechen der beiden Weltreligionen die Schrecken des durch viele Hinrichtungen geprägten Hofes milderten[13]. Die persönliche Ausstrahlung einzelner Missionare, wie des anglikanischen Missionars Mackay, wird dazu beigetragen haben, denn Pagen riskierten, heimlich bei ihm Bibelunterricht zu nehmen, wobei sie vielleicht auch auf die Sicherheit hofften, die die Missionsstation auf dem Gelände des Königshofes bot. Auch arabische Händler stellten Schutz für verfolgte Muslime bereit und ermöglichten ihnen im Krisenfall die Flucht. Der Adel praktizierte auch auf seinen Landsitzen die neuen Religionen.

Obwohl Mutesa I. auf dem Lande gottähnliche Autorität zugesprochen wurde, hatte er zwar viel Macht, aber er war in der Kiganda-Religion nicht gottähnlich. Seine Experimente mit den Weltreligionen und die damit verbundenen Verfolgungen lösten die Beziehungen zu den alten Göttern auf, die den König auch mit den alten Klans verbanden. Die Erneuerung der Klanföderationen als religiöse Adelspar-

---

13 Twaddle, »Kakungulu«, S. 19 ff. mit vielen Details über die Strategien bei Hofe in der Atmosphäre der Gewalt.

teien machte außerdem klanübergreifende Parteibildungen möglich, auch wenn das monarchische Prinzip und seine Nachfolgeregelungen nicht infrage gestellt wurden. Die Willkür und schnelle Todesurteile konnten auch dann wirken, wenn keine religiösen Fragen relevant waren. Es genügte, wenn sich ein Page den homosexuellen Praktiken bei Hofe entziehen wollte. Eine weitere, den bisherigen Argumenten nicht widersprechende Deutung ergibt sich aus der rasanten Vergrößerung von konfessionell geprägten Adelsparteien unter Mutesa I. was sich beim Nachfolger, Mwanga, noch steigerte. Es bahnte sich eine Adelsrevolution an, um die wachsende Unsicherheit auch in Glaubensfragen zu beenden. Mit der Loyalität gegenüber dem Kabaka konkurrierte, als ein neuer wichtiger Bezugspunkt, der Gott der jeweiligen Konfession.

1.4 Der Machtwechsel von Mutesa I. zu Mwanga 1884

Der Machtwechsel nach dem Tode Mutesas I. zu Mwanga, einem jüngeren Sohn, verlief im Vergleich zu den Erfahrungen der Vergangenheit friedlich. Die meisten Klanoberhäupter und die Brüder Mwangas stimmten der Wahl zu. Auch aus Kreisen der konfessionellen Hofparteien gab es keinen Widerstand. Mwanga, der wie üblich außerhalb des Hofes erzogen worden war, musste erfahren, dass sich die konfessionellen Hofparteien polarisierten[14]. Sie warben beim neuen Kabaka mit Diffamierungen gegen die rivalisierenden Konfessionen. Dies scheint von den Exponenten der Kiganda-Religion ausgegangen zu sein, um den neuen Herrscher an alte religiöse Traditionen zu binden. Da Mwanga zu einem Zeitpunkt an die Macht kam, als Großbritannien starken Einfluss auf Sansibar erlangt hatte und Deutschland sich auf dem Festland gegenüber Sansibar festzusetzen begann, fürchteten die am Hof Mwangas präsenten arabischen und Swahili-Händler, ihren Einfluss zu verlieren. Sie warnten vor der wachsenden Aktivitäten der Europäer in der Region und am Hof. Damit wurde die sich anbahnende Staatskrise auch von den Anfängen der kolonialen Penetration beeinflusst. Das Regime von Mwanga stand im Zentrum dieser Entwicklung. Es ging ihm darum, die Machtfülle seines Vaters zu erreichen, ohne religiöse Präferenzen zu erkennen zu geben. Er stand unter dem Einfluss des Katikiro, der auf die Restauration des Einflusses der Kiganda-Religion hinarbeitete. Mwanga hingegen stand der Generation der ersten getauften Adeligen nahe. Es waren bereits Hunderte. Misstrauen ihnen gegenüber entstand, als aus der Sicht des Hofes die Einflussnahme der Europäer in der Region mit den Aktivitäten der Missionare verknüpft wurde. Die getauften Adeligen erschienen dem Kabaka als Verräter an der Unabhängigkeit des Königreiches. In der ugandischen Historiographie wird deshalb Mwanga trotz seines Scheiterns als ein Verteidiger der

---

14 Füsser, »Rebellion«, S. 107–117; siehe auch Karguire, »A Political History«, Kapitel 2 »The Beginning of Religio-Political Polarization 1860–1900«.

Unabhängigkeit und als Vorreiter des nationalistischen Widerstandes betrachtet, was eine nachträgliche Überhöhung ist. Er wandte sich auch gegen Priester der Kiganda-Religion, wenn sie ihn bei Hofe störten. Vor allem misstraute er den alten Adelsfamilien, denen er unterstellte, dass sie ihn aus dem Amt vertreiben wollte, was wohl nicht zutraf[15].

Es ging um die Kontrolle des Zuganges zum Königreich. Der Missionar James Hannington und seine Leute hatten ohne Erlaubnis die Grenze überschritten. Es kam zu Sanktionen bei Verweigerung der Teilnahme an Ritualen am Hof. Als christliche Pagen sich 1886 den üblichen homosexuellen Praktiken bei Hofe entzogen, wurden 32 von ihnen hingerichtet. Das Klima der Verfolgung trieb Konvertiten in den Untergrund. Das verstärkte gegen den Kabaka gerichtete konfessionelle Parteien. 1885 wurde Missionar Mackay zum Verlassen des Landes aufgefordert. Junge Konvertiten, die er mitnehmen wollte, wurden auf Befehl des Katikiro Mukasa wegen unerlaubten Verlassens des Landes grausam hingerichtet. Ende 1885 wurde der katholische Bischof für Ostafrika Hannington in Busoga auf Befehl des Kabaka ebenfalls hingerichtet. Gegen die Ermordung protestierende Katholiken bei Hofe erlitten das gleiche Schicksal und den Konvertiten beider christlichen Konfessionen wurde jeglicher Kontakt zu Missionaren verboten, was die »Reader« jedoch heimlich weiter praktizierten. Nachrichten, dass die Deutschen entlang der Karawanenroute mit den Königen in Usambara Verträge abgeschlossen hatten, alarmierten den Kabaka. Sie wurden ihm von muslimischen Händlern, die am Hof des Kabaka residierten, überbracht.

Mackay hatte, bevor er aus Uganda ausgewiesen wurde, einen »Native Church Council« gegründet, dem Leute bei Hofe, aber auch Mitglieder großer Adelshaushalte angehörten. Diese Adelsfamilien und wichtige Amtsträger unterstützten den Council und organisierten damit eine Adelsopposition gegen den Machtmissbrauch des Kabaka. Mwanga II. hatte sich mit seinen Aktivitäten gegen alle Gruppen viele Feinde gemacht und Loyalitäten sowie Leute mit modernen Kompetenzen verloren. Um gegen den Druck der alten, seinem Vater verbundenen Adelsfamilien ein Gegengewicht zu schaffen, vollzog er einen Kurswechsel und griff wieder auf die »Reader« zurück, die er rehabilitierte, um kompetente Kader zu gewinnen, die für die Amtsführung in einer Zeit wachsender regionaler Verflechtung und europäischer Präsenz geeignet waren. Er versuchte sich durch die Einrichtung von vier neuen Heeresformationen bei Hofe und in den Provinzen abzusichern. Diese Heeresbezirke »Bitongole« wurden zu Lasten der Amtsländer geschaffen, in denen der Adel saß. Die Bildung der Regimenter und die Politik der Rehabilitierung vorher verfolgter und misshandelter Exponenten der christlichen Konfessionen und des Islam führten zu einer massiven Zuwanderung junger Männer in diese Bitongole. Damit verloren die alten Adelsfamilien Landbesitz und Gefolge. Dies wurde dadurch verstärkt, dass Mwanga an der Spitze dieser Regi-

---

15 Füsser, »Rebellion«, S. 109 und Kiwanuka, M. S. M., »Kabaka Mwanga and his Political Parties«, in: Uganda Journal, Bd. 33, Nr. 1, 1969, S. 1–16, hier S. 2 ff.

menter durch das Land zog. Statt der üblichen Anmahnung, die Tribute zu zahlen, artete der Zug in intensives Plündern aus, das auch Mitglieder der königlichen Familie und Tempel der Kiganda-Götter traf. Hierdurch machte sich das Regime noch verhasster. Höhepunkt der Demütigung der Adelsgruppen war, dass Mwanga sie zu körperlicher Arbeit beim Ausheben eines Sees zwingen wollte.

Die Adelsfamilien versuchten, Mwanga II. von der neuen Führungsschicht der »Reader« abzudrängen, denen sie zu große Nähe zu den Europäern unterstellten. Mwangas Misstrauen wurde erfolgreich geweckt und er versuchte seinerseits erneut, sich vieler »Reader« in Führungspositionen zu entledigen. Das sollte auch die Krieger aus den neuen Regimentern treffen. Er befahl, sie mithilfe der Kanuflotte auf einer Insel des Victoria-Sees auszusetzen und so dem Hunger und den Krokodilen auszuliefern. Der entsprechende Befehl erfolgte am 9. September 1888. Am 10. September wurde Mwanga durch einen Putsch am Hof gestürzt, ihm gelang aber die Flucht an das Südende des Sees. Inthronisiert wurde sein ältester Sohn Kiwewa. Da sich die Führer des Putsches über die Verteilung der Ämter und Amtsländereien zerstritten, der neue Kabaka aber keinen Einfluss auf diesen Konflikt hatte, hatte – wie Low zutreffend formuliert – eine »oligarchische Revolution und Machtübernahme« stattgefunden, die eine erneute Teilhabe des Monarchen an den Verteilungskämpfen verhinderte[16].

Die Mehrheit der Amtsländer, die entsprechend dem Proporz zwischen den religiösen Parteien aufgeteilt wurden, fiel an die Muslime. Die christlichen Adelsparteien fanden sich mit diesem Ergebnis nicht ab und begannen den Krieg. Die Muslime obsiegten und die christlichen Adeligen flohen entweder in den Norden nach Ankole, die von Hirten geprägten Gebiete, oder an das Südende des Victoria-Sees. Missionare wurden zunächst verhaftet, durften dann aber mit einem von Mackay für die Church Mission Society gebauten Schiff Uganda im Oktober 1888 mit der Auflage verlassen, dass für zwei Jahre keine Missionare und Lehrer in die Monarchie durften, bis Uganda islamisiert sei. Das Schiff müsse Gewässer Ugandas meiden. Den Muslimen misslang die Konversion des von ihnen eingesetzten Kabaka Kiwewa, der die Beschneidung ablehnte. Er versuchte Widerstand gegen die Muslime zu organisieren, scheiterte aber und wurde gefangen gesetzt. In der Gefangenschaft verstarb er nach neun Monaten.

Sein Bruder Kalema wurde eingesetzt, der sich widerstandslos beschneiden ließ. Als die christlichen Adelsgruppen einen Prinzen zur Legitimation ihrer Ansprüche außer Landes zu bringen versuchten, verhinderte dies Kalema, der außerdem ein Massaker unter den Prinzen und Prinzessinnen anrichtete, um einen Machtantritt eines Mitgliedes des königlichen Klans zu verhindern. Nach verlustreichen Kämpfen der christlichen Gruppen, die sich notgedrungen nun Mwangas in seinem Exil bedienten, gelang ihnen die Aufrüstung mit Gewehren und Munition mithilfe des ehema-

---

16 Low, Donald A., »The Mind of Buganda: Documents of the Modern History of an African Kingdom«, London 1971, Kapitel »Buganda 1860–1900«, S. 11–23; Füsser, »Rebellion«, S. 147–162.

ligen Missionars Charles Stokes, der ein großer Waffenhändler geworden war. Stokes war es auch, der die arabischen Schiffe auf dem Victoria-See vernichtete, die Waffen für die Muslime an Bord hatten. Dadurch wurde die militärische Überlegenheit der christlichen Adelsgruppen entscheidend gefördert. Ihnen gelang die Wiedereroberung der königlichen Hauptstadt im Oktober 1898. Der Gegenschlag der Muslime erfolgte von Bunyoro aus und trieb die christlichen Gruppen erneut in die Flucht, bis Mwanga mit seinen Truppen endgültig die Muslime besiegen konnte.

Dies gelang allerdings nur, weil er die Unterstützung der Imperial British East Africa Company suchte und dabei auch deren militärische Möglichkeiten in Anspruch nahm. Entscheidend wurde der Einsatz der Maschinengewehre. Mwanga verweigerte sich einem Bündnisvertrag mit Karl Peters für das Deutsche Reich in der Hoffnung, die beiden Großmächte gegeneinander ausspielen zu können. Das misslang. Hierüber wurde letztlich in Berlin und London beraten und die regionale Aufteilung wurde im Helgoland-Sansibar Vertrag von 1890 entschieden. Dabei gab das Deutsche Reich seine Ansprüche auf Uganda auf und Großbritannien konnte nach Mobilisierung der öffentlichen Meinung vor allem durch die Church Mission Society das britische Protektorat durchsetzen. Unter Lord Lugard und seinen Truppen wurde eine katholisch-protestantische Allianz gefestigt, die die muslimischen Adelsgruppen besiegte.

Die Dynastie blieb erhalten. Hier wie ein gutes Jahrzehnt später im Sokoto-Sultanat in Nordnigeria wurden das Prinzip der »indirect Rule« und eine Hierarchisierung von Adelsherrschaft in vielen britischen Kolonien durch Lugard etabliert. Mwanga II. blieb Kabaka bis 1897.

Auf die Zuspitzung des Machtmissbrauches der Monarchie eine Antwort zu finden, ist kaum möglich. Die ägyptisch-sudanesische Expansion gefährdete ebenso die Macht wie die Vorstöße des deutschen Kolonialmilitärs entlang der Karawanenroute. Noch wichtiger wurde, dass sich die Religionsparteien und der Hof nicht einigen konnten. Die unterschiedliche Anlehnung an die Weltreligionen und die zentralisierte Kiganda-Religion verhinderten eine gemeinsame Abwehr des wachsenden Einflusses Europas und der islamischen Mächte. Dennoch blieb es im Kern ein interner Konflikt. Er wurde um symbolische Herrschaft geführt, die die Monarchen exzessiv in Anspruch nahm und die sie zugleich mit wiederholten, auch religiösen, Positionswechseln zerstörten. Dies vermischte sich mit der Revolte des Feudaladels gegen den Gewaltmissbrauch der Monarchen in Form der extrem häufigen Hinrichtungen unter den Pagen und der Kontrolle über die Amtsländereien. Damit war die Machtbasis der alten Familien ebenso gefährdet wie die der mit Amtsländern belehnten Adeligen und Hofbeamten. Konflikte unter den Adelsparteien, die religiös definiert waren, spitzten dies zu, weil die Adelsparteien die Monarchie zum Zwecke der Steigerung ihrer eigenen Macht zu manipulieren suchten. Das führte zur Implosion des Feudalstaates und zu Akten der Selbstzerstörung. Die britischen Maschinengewehre entschieden die Machtfrage. Die Monarchie blieb bestehen. Die großen Amtsländer wurden in Privateigentum der adeligen Familien umgewandelt. Dass die Monarchie zu so exzessiver Gewalt fähig war, bleibt erklärungsbedürftig. Sie bestand weiter, bis Obote Mutesa II. für kurze Zeit zum Präsidenten des unabhängigen Staates machte und 1966 die Monarchie mit einem gewaltsamen Übergang zum Einparteienstaat abschaffte.

2 Ruanda: Adelsstrukturen und Monarchie

Durch den Vergleich Ugandas mit Ruanda[17], einer ebenfalls stark organisierten feudal verfassten Monarchie, soll eine Variante in der Adelsstruktur mit deren Machtbasis erörtert werden. Ruanda blieb lange Zeit isolierter. Erst spät im 19. Jahrhundert bestand Kontakt zum Karawanenhandel und den Märkten am Kivu-See im Osten des Kongo. Und kurzzeitig wirkte sich der ägyptisch-sudanesische Einfluss aus. Auch der Kolonialismus des Deutschen Reiches wurde spät wirksam.

Im bergigen Ruanda war die Kontrolle einiger Hügel der Ausgangspunkt von Herrschaft. Den Höhenlagen entsprechend waren Böden und Vegetation unterschiedlich. Weideflächen waren begrenzt, so dass Hirten und Bauern koexistierten. Ruandas Bauern betrieben auch Viehwirtschaft. Es existierten Hirtengruppen. Sie waren viel mobiler und der bäuerlichen Welt überlegen, da ihre Chiefs die ursprünglich für die Jagd in den Wäldern eingesetzten Männergruppen zu ständigen Militäreinheiten umwandelten. Diese Gruppen, zunächst gut einhundert Leute, wurden zur Kontrolle von Bauern eingesetzt. Immer häufiger wurden die Kriegergruppen der großen Familien zur Erbeutung von Viehherden der Bauern und anderer Hirten verwendet. Seit dem 13. Jahrhundert steigerte sich die Akkumulation dieser Rinderherden in Ruanda. Die Krieger wurden dafür zu größeren Einheiten zusammengefasst. Es wurden in Ruanda Klans groß und mächtig, die bewaffnete Gruppen zum Raub der Herden und zur Besetzung der Hügel einsetzen konnten. Sie stahlen auch Nahrungsmittel. Vor allem Frauen wurden Opfer von Raub und Entführung. Durch den Griff nach den begehrten Weidegebieten gerieten viele Bauern an den Hängen dieser Hügel in Abhängigkeit. Aus der Arbeitsteilung zwischen Hirten und Bauern entstand infolge der Mobilität der Hirtengruppen eine soziale Differenz, obwohl auch die bäuerlichen Gesellschaften Könige oder Chiefs hatten. Die Hirten wurden als Tutsi, die Bauern als Hutu bezeichnet. Bei ökonomischem Erfolg konnte ein Hutu zum Status eines Tutsi aufsteigen. Bei Verarmung konnten Tutsi zu Hutu werden. Es war eine auf Krieger gestützte Herrschaft. Viehhirten stiegen zu Aristokraten auf. Die Übergänge zu formalisierten feudalen Herrschaftsformen waren fließend und begannen oft als Patron-Klient-Verhältnisse.

Die Bauern wurden gegen ein Schutzversprechen zu Tributen gezwungen. Ihre ökonomische Basis war stets gefährdet. Trockenzeiten, Heuschreckenplagen, Viehseuchen und Epidemien bei Menschen konnten die Akkumulation von Vieh, Land

---

17 Vansina, Jan, »Antecedents to Modern Rwanda«, Madison 2004. Der sein Lebenswerk zusammenfassenden Analyse folge ich mit Vereinfachungen.

und Leuten behindern. Bauern gelang es, sich der Adelsherrschaft in diesen Krisenzeiten zu entziehen. Das geschah oft mithilfe von Prinzen, die im Kampf um die Sukzession unterlegen waren und neue Klienten als Gefolge suchten. Die Legitimation von Adel und Monarchen wurde dadurch von Bauern immer wieder infrage gestellt, weil Adel und Monarch trotz religiöser Autorität die Katastrophen in der ländlichen Welt nicht hatten abwenden können. Auch die bäuerliche Welt der Hutu entwickelte adelige Strukturen von Königen und Chiefs, die häufig unterworfen wurden oder zumindest in Tributabhängigkeit gerieten.

Derartige Krisenzeiten über mehrere Jahre hinweg ereigneten sich wiederholt im 18. und 19. Jahrhundert. Die Patron-Klient-Beziehungen waren oft nicht dauerhaft gesichert. Der Wechsel zu einem anderen Patron blieb eine Option oder wurde erzwungen und bot Handlungsräume für Bauern. In dieser militarisierten Welt blieb das Schutzversprechen ein zentraler Aspekt der Existenzsicherung.

In der Historiographie wurde diskutiert, ob nicht doch Ethnien mit unterschiedlicher Wanderungsgeschichte den Tutsi-Hutu-Gegensatz begründeten. In den 1930er Jahren wurden die Tutsi im Rahmen der Hamiten-Theorie[18] als eine erobernde, überlegene und etwas hellhäutigere »Rasse« charakterisiert. Diese These ist aus wichtigen Gründen revidiert worden. Steven Feierman[19] geht davon aus, dass sich seit ca. 1500 adelige Hirtenkrieger, »pastoral aristocrats«, auf der Grundlage ihrer Spezialisierung auf die Haltung großer Viehherden ausbildeten und mehrere kleine Königreiche gründeten.

Im 18. Jahrhundert entstanden größere monarchisch regierte Gebiete. Erst nach weiterer Machtkonzentrationen durch Akkumulation riesiger Herden und größerer Weidegebiete entwickelte sich eine zentrale Monarchie unter einer führenden Dynastie. Ständige Militäreinheiten am Hof waren das Herrschaftsinstrument. Die großen Adelsfamilien hatten ebenfalls eigenes Militär. Mit militärischer Gewalt wurden die Patron-Klientel-Verhältnisse stabilisiert. Es bestand zwar kein allgemeines Obereigentum des Monarchen an Land wie in Uganda, aber die monarchischen Strukturen ähnelten sich und auch viele adelige Klans gerieten in Abhängigkeit.

Spiritualisten, die über eine eigene weltliche und militärische Machtbasis verfügten, waren für die Legitimation der Monarchie und der großen adeligen Familien zuständig. Bei der Erbfolge war spirituelle Unterstützung nötig. Spirituelles Ansehen ließ sich auch durch strategische Heiraten, die über Klangrenzen hinweg erfolgten und häufig waren, übertragen. Für die Nachfolge wurden geeignete Kandidaten als Prinzen auch adoptiert und hatten so an königlicher Spiritualität teil. Auch in Ruanda waren die Monarchen keine Gottkönige.

---

18 Seligman, Charles G., »Races of Africa«, London 1930; Seligman, Charles G., »Pagan Tribes of the Nilotic Sudan«, London 1932. Siehe auch Rohrbacher, Peter, »Die Geschichte des Hamiten-Mythos«, Wien 2004, über Seligman S. 232–239.
19 Curtin/Feierman/Thompson/Vansina, »African History«, in den Kapiteln 4 und 5, S. 101–151. Siehe auch Newbury, Catherine, »The Cohesion of Oppression: Clientship and Ethnicity in Rwanda, 1860–1950«, New York 1988.

Karte 12: Ruanda im 19. Jahrhundert.

Nur durch Tötung konnten Menschen mit spiritueller Autorität ausgeschaltet werden. Gefährliche Prätendenten wurden auch von der Macht ausgeschlossen, indem man sie blendete. Die Rolle der Königinmutter war stark und spirituell bedeutend; deshalb war es wichtig, bei Versuchen, kleinere Königtümer – auch solche der Hutu – zu annektieren, die Königinmutter eines Königs gefangen zu nehmen und auch hinzurichten, wie den König selbst.

Der Terror gegen Angehörige unterlegener Klans oder Prinzen verweist auf die Bedeutung von Spiritualität für Status und Machtanspruch. Der Einfluss der Militärkommandanten bei Hofe war stark. Berater wurden aus wenigen vorherrschenden Adelsfamilien berufen. Eine zentrale Position am Hof hatten Priester, die für die Krönung zuständig waren. Dieser Kreis bildete Koalitionen am Hof, die trotz aller Rivalitäten an der Stärkung der Position des Königs interessiert waren.

Die regionale Verflechtung der ruandischen Monarchie ist schwer zu erfassen. Anders als in Uganda mit seinen Traditionen der Plünderungszüge und den komplizierten Handelskontakten zum Sudan und zur Handelswelt Sansibars beschränkte sich die Expansion der ruandischen Monarchie eher auf das unmittelbare Umfeld und in Richtung der Niederungen des Kivu-Sees, der das Zentrum eines kommerziellen Netzes bildete. Wichtiger für die Monarchie war die Eroberung von Herden und entsprechendem Weideland.

Vansina unterscheidet zwei Perioden des Ausbaus und der Expansion der Königsherrschaft[20]. Bis 1720 koexistierten noch mehrere unabhängige Klanoberhäupter mit royalen Ansprüchen. Zwischen 1720 und 1766 wurden fünfzehn Herden vom

---

20 Vansina, »Antecedents«, S. 67 ff.

König an Klienten übergeben. Die Klans mussten sich nach 1766 der Oberherrschaft des Königs unterwerfen, der zwischen 1766 und 1801 mithilfe seiner Armee sogar 45 Herden an sich riss. Er ließ aber den adeligen Familien die Kontrolle ihrer Ländereien, so dass er keine Herrschaft über die Ländereien der unterworfenen Klans errichten konnte. Die Herden wurden an Gefolgsleute, Militärkommandanten und einige große Familien sowie an Spiritualisten verteilt.

Der König konnte außerdem durchsetzen, dass die Kälber dieser Herden ihm zustanden. Da sich nach wenigen Jahren nicht mehr unterscheiden ließ, was königliche Kälber bzw. was adeliger Herdenbesitz war, drohte immer der Einzug der als Lehen vergebenen Herden. Die Nachfolger Nduris erweiterten die Zahl der königlichen Herden und gaben sie meist an die Kommandeure ihrer Armeen. Auch sie konnten jederzeit undifferenziert Herden unter dem Vorwand beschlagnahmen, dass sie aus dem Nachwuchs der königlichen Kälber entstanden seien. Damit war auch immer Landrecht verbunden. Es entwickelten sich so feudale Verhältnisse, da der Monarch praktisch ein Obereigentum an den Herden erwarb, das er jederzeit einziehen konnte.

Die Königsherrschaft stabilisierte sich, da die Hofhaltung deutlich vergrößert wurde, weil die neuen Herden auf den erworbenen Weideländern im Umfeld des Hofes den Palastbereich mit Milch und Fleisch versorgten. Am Hof lebten bis zu 1.000 Menschen, unter ihnen Musiker, Handwerker und die Produzenten von magischen Gegenständen. Ärmere wurden mit Milch versorgt, was darauf verweist, dass diese Verarmten Tutsi waren. Um den großen Komplex der königlichen Hütten und Nebengebäude befand sich im Umkreis von sieben Kilometern Weidefläche, die menschenleer war, wie von europäischen Reisenden 1895 beobachtet wurde. Kleine Karawanen versorgten den Hof mit Lebensmitteln. Auch seltene Güter wie Kaurimuscheln, Baumwolltücher, Kupfer und Glasperlen erreichten den Hof über Verbindungen zu Nachbarstaaten, die erst in diesem Zusammenhang dem Hof bekannt wurden.

In Zeiten der territorialen Expansion steigerten sich die Auseinandersetzungen um Einfluss. Bei Hofe wurde bei Dissens die Hinrichtung ständig praktiziert und verschonte auch hohe Amtsträger nicht. Auch in Ruanda konnte Königsmacht exzessiv ausufern, ohne dass die Gegenkräfte bei Hofe zur Milderung der Autokratie wirksam wurden.

Vansina bezeichnete diese Phase der gewaltsamen Aneignung von großen Herden zwischen 1720 und 1766 als Bürgerkrieg[21]. Im Zuge eines Coups um 1766 begannen die Könige Rujugira und Ndabarasa institutionelle Reformen. König Rujugira entwickelte nach Ende des Bürgerkrieges 1770 Marschlager für die Armeen. Diese Maßnahme war ein Vorwand, um die Armeen vom Zentrum des Landes abzuziehen. Damit sollte die Gefahr abgewendet werden, dass die Armeen, die bisher zum Teil auf

---

21 Ebd., S. 69.

den Domänen der Kommandeure stationiert waren und von dort aus gegen den Hof operieren konnten, die Königsherrschaft bedrohen konnten. Außerdem mussten die Kommandeure den größten Teil ihrer Zeit am Hof des Königs verbringen. Die Marschlager wurden zunächst entlang der Grenzen zu Burundi südlich und zu Ndorwa nordwestlich des Königreiches angelegt. Eine Armee hatte ca. vierhundert aktive Kämpfer und jeder Krieger hatte einen Assistenten mit zusätzlichen Speeren, Pfeilen und Bögen. Spezialisten raubten während des Kampfes das Vieh. Eine Entourage zur Versorgung der Armee mit Lebensmitteln und Unterkunft ergänzte die Krieger, so dass recht große Gruppen eingesetzt wurden. Unter Mazimpaka wurden erstmals die Krieger als Tutsi bezeichnet und die bäuerliche Entourage als Hutu.

Ein wichtiger Nebeneffekt der Militärlager an den Grenzen war, dass Großkarawanen und Händler keinen Zugang zum Königreich bekamen, weil sich die Grenzen leicht abriegeln ließen. Eine Großkarawane wurde beim Grenzübertritt sogar vernichtet. Die großen Märkte in Karagwe erhielten nur indirekt Einfluss, da Schmuggler auf einigen Märkten im Reich geduldet wurden. Eine Durchdringung durch Karawanen und der Anschluss an die Weltwirtschaft wurden so vermieden. Das galt sogar für den Handel mit Feuerwaffen. Erst deutsche Kolonialoffiziere ermöglichten den Zugang zu Feuerwaffen für die königliche Armee.

Dies ließ ein Drittel der Prinzen und andere hochadelige Prätendenten leer ausgehen und schwächte ihre Machtbasis entscheidend. Deshalb entwickelten sich seit der Wende zum 19. Jahrhundert Machtkämpfe am Hof, mit Coups und Countercoups durch die großen Familien. Die Ermordung von Thronprätendenten und der jeweiligen Königinmutter oder auch Massaker an mehreren Hundert Aristokraten eines Klans setzten Spiralen innerer Konflikte in Gang. Bei Krieg um Herden und Weideland konnten die Unterlegenen hingerichtet werden.

Die Rivalität der aristokratischen Klans ersten Ranges[22] um die Macht am Hof war der zentrale Faktor. Hierzu trugen auch die starken Lineages der königlichen Prinzen bei.

König Rujugira steigerte die Kontrolle über Herden und Land, indem er dreizehn neue Herden für den Monarchen, sieben für Militärkommandeure und eine für die Experten für Rituale verteilte. Seit der Herrschaft Ndabarasas waren alle großen Herden unter Königskontrolle. Insgesamt steigerte sich dadurch die Königsmacht.

Unter den Nachfolgern aus der Lineage von König Mazimpaka wurde die Führung der Armeen erblich und das Kommando ging vom Vater auf den Sohn über, was die Unabhängigkeit der Kommandeure vergrößerte. Die Palastgarde des Königs bestand teilweise aus Angehörigen der Twa und flüchtigen Kriegern aus Burundi. Die Garde wurde so mit Landfremden aufgefüllt.

---

22 Ebd., S. 142.

Abb. 29: Ruandischer adeliger Krieger (Holzskulptur).

Mazimpaka hatte die Königsmacht zur exzessiven Autokratie gesteigert. Gestützt auf eine große Zahl von männlichen Nachkommen mit ihren Gefolgen und Herden, darunter beeindruckenden Herden von Langhornrindern, übte er maßlose Gewalt am Hof aus. Ihm wird in den Traditionen nachgesagt, dass er unter dem Einfluss von Wahnsinn agiert habe, so dass extremer persönlicher Machtmissbrauch möglich wurde.

Ruanda entging durch die Ausschaltung der Fernhandelskarawanen bis ins späte 19. Jahrhundert der für Uganda so dramatischen Destabilisierung der Monarchie, wie Vansina argumentiert.

Insgesamt wurde die Isolierung Ruandas Ende des 19. Jahrhunderts beendet. Es verstärkte sich der Kampf um den Kivu-See und seine Märkte. Die Jagd nach Elfenbein und Sklaven fand nun auch in Ruanda statt. Neben dem Erwerb von Herden griff das kommerzielle System der Zeit auf Ruanda über. Dies wurde dadurch erleichtert, dass deutsche Offiziere gegenüber den als »rassisch minderwertig« betrachteten Hutu die Königsmacht der Tutsi stärkten und die Palastgarde mit Gewehren ausrüsteten.

Die größte Krise entwickelte sich in den 1890er Jahren als Folge der Rinderpest, die von Äthiopien nach Uganda und Tansania kam und 90 % der Herden vernichtete. Der Ausbruch der Maul- und Klauenseuche unter dem Vieh wirkte zusätzlich destabilisierend. Überdies traf eine Trockenzeit das Land, so dass sich der Hunger ausbreitete. Die Masern verbreiteten sich mit der Ankunft der Europäer in der Großregion des östlichen Afrika. Auch viele Menschen in Ruanda starben an ihnen; die Familien der Aristokraten und Monarchen waren ebenfalls davon betroffen.

Mit den Resten der Herden wurden nur die mächtigsten Armeekommandanten ausgestattet, was erneut einen Krieg zwischen den großen Familien auslöste. Sie versuchten eine neue Dynastie aus ihren Reihen zu etablieren[23]. Acht oder neun Aufstände fanden allein zwischen 1867 und 1889 statt. Ganze Geschlechter der Aristokraten ersten Ranges wurden von ihren rivalisierenden Gegnern vernichtet. Der König schickte einige der Armeeeinheiten des Adels in den Krieg, um sie verdeckt bei Kampfhandlungen von anderen Armeeteilen umbringen zu lassen. Auch Vater- und Muttermorde gehörten in diese extreme Zeit. Unterlegene wurden hingerichtet, manchmal ganze Klans. Aber auch die Königinmutter wurde nicht verschont.

Trotz dieser katastrophalen Krisenfolge behauptete König Rwabugiri, der von 1867–1897 regierte, die Macht. Sein Regime war von extremer Gewalt und von Terror geprägt, nachdem die königliche Armee mit Feuerwaffen aus deutscher Hand ausgerüstet war. Große territoriale Gewinne für das Gesamtreich Ruanda wurden so ermöglicht. Der alternde Rwabugiri versuchte seine Macht durch Ernennung seines Adoptivsohnes zum Nachfolger zu stabilisieren; auch hatte er in den mächtigen Ega-Klan eingeheiratet und sich der Unterstützung der einflussreichen Tsobe-Spiritualistin versichert.

Vorboten der Kolonialherrschaft erreichten 1885 Bukoba im Umfeld von Karagwe, als der Gouverneur der ägyptischen Provinz Äquatoria, der Österreicher Emin Pascha, dort einen Stützpunkt einrichtete. Nach Vermisstenmeldungen wurde eine Expedition auf die Suche geschickt, was in die Periode der Kolonialherrschaft des Deutschen Reiches überleitete.

1897 kam es zum gewaltsamen Dynastiewechsel und die Monarchie fiel unter die deutsche Kolonialherrschaft und den Einfluss der katholischen Mission der Weißen Väter. 1919 erfolgte die Übernahme der Herrschaft durch Belgien. Beide Kolonialmächte haben aufgrund der rassistischen Konzepte der Zeit den Gegensatz zwischen Tutsi und Hutu verschärft und ethnisiert. Dadurch wurde die soziale Mobilität noch stärker eingeschränkt. Dies geschah, obwohl gerade in jener frühen Periode der Kolonialherrschaft ein Teil der enteigneten oder sonst verarmten Tutsi-Familien aus dem Hochadel zu Hutu wurden. Dennoch blieben Adelsstruktur und Monarchie unter indirekter Kontrolle der Kolonialmächte erhalten.

3 Großregionen in Ost- und Zentralafrika zwischen Weltgeschichte und innerer Entwicklung

Die Geschichte der Großregionen Zentral- und Ostafrikas stand seit dem 16. Jahrhundert in einem weltgeschichtlichen Kontext. Portugal machte den Anfang. Es besetzte zunächst Luanda und durchdrang von dort aus im späten 15. Jahrhundert das Königreich Kongo, bis es sich im 18. Jahrhundert nach einer schweren Niederlage nach

---

23 Ebd. Die Traditionen, die ihm zugänglich waren, erlaubten Vansina nur eine historische Skizze für den Klan der Nyiginya und der Ega, während der historische Hintergrund einer Familie der führenden Spiritualisten nicht überliefert ist.

Luanda zurückzog. Im 16. Jahrhundert wurde es zur großen Seemacht im Indischen Ozean. Es setzte sich gegen die Flotte der Mamelucken von Ägypten durch, die von der Flotte des Osmanischen Reiches unterstützt wurde. Venedig agierte mit logistischer Hilfe im Hintergrund. Dadurch sollte der Gewürzhandel weiter über das Mittelmeer geleitet werden. Allmählich wurde Portugal von niederländischen und britischen Flotten bedrängt. Die oman-arabische Dynastie aus Muskat sicherte sich die Häfen an der ostafrikanischen Küste und verdrängte Portugal endgültig am Ende des 17. Jahrhunderts aus Ostafrika.

In Konkurrenz zu Frankreich erlangte Großbritannien seit dem 18. Jahrhundert allmählich die Hegemonie im Indischen Ozean. Zunächst reagierte Großbritannien auf die Bewegung der Wahhabiten mit ihrem radikalisierten Islam, die sich seit 1750 organisierten und von der Dynastie der Saudis politisch gestützt wurden. Die Emirate am Persischen Golf fühlten sich durch die wahhabitische Bewegung bedroht. Die britisch-indische Regierung in Bombay sah sich zur Intervention veranlasst, um den Persischen Golf und das Rote Meer kontrollieren zu können. Sie drängte die Emirate, den Schutz der britischen Flotte in Verträgen anzunehmen, während die Emirate sich auf den Ausbau ihrer Armeen konzentrierten. Dadurch richtete sich das britische Interesse auch auf Ostafrika. Die Briten nutzten die Interessen des Sultanats von Oman in Muskat an Ostafrika und ermunterten es zur Expansion unter ihrer Hegemonie. Dieses Verhältnis stabilisierte sich im frühen 19. Jahrhundert während der Rivalitäten mit Frankreich in der napoleonischen Ära. Strategien, um See- und Landwege von Europa nach Indien zu sichern, beeinflussten die Politik. Nach der Niederlage der Franzosen in den Seeschlachten vor Ägypten verlor Frankreich an Einfluss im Indischen Ozean. Es verlor Inseln und konnte nur Madagaskar behaupten. Das Sultanat als neutraler Staat beschützte die Flotte britischer Schiffe, die unter der Flagge des Sultanates segelten, gegen die französische. Das eröffnete der Dynastie in Oman neue Spielräume. Die Versorgung mit Sklaven sowohl für Brasilien als auch für die Zuckerplantagen der Inseln im Indischen Ozean verlagerte sich an die afrikanische Ostküste. Durch die Flottenpräsenz gewährleistete Großbritannien die Festsetzung Omans auf Sansibar. Davon ging eine Revolution des Fernhandels von den sansibarischen Häfen an der Küste Tansanias aus, im Zuge derer Großkarawanen, finanziert von indischem Kapital, seit 1820 bis nach Zentralafrika und Uganda vordrangen.

Bereits im 18. Jahrhundert war die innere Entwicklung der afrikanischen Gesellschaften in Zentral- und Ostafrika durch eine enorme Mobilität vieler Gruppen gekennzeichnet. Es vollzog sich eine Vernetzung der Handelsrouten und der überregionalen Märkte der beiden Regionen. Vielfältige handwerkliche Produktion, der Austausch von Textilien, der Handel mit Salz und Nahrungsmitteln, z. B. Trockenfisch aus den Seen, fand zwischen den ökologischen Zonen statt. Wichtig wurden die Kontrolle der Kupfervorkommen in Katanga und im südlichen Zentralafrika und die Eisenerzlager bei Karagwe. Die Expansionen der Lunda im 18. Jahrhundert nutzten diesen inneren Austausch. Er war bedeutender als der geringe Export über den Atlantik, auch wenn Sklaven aus den Hochländern Angolas und des Küstenbereiches des Kongo in das atlantische

System verkauft wurden. Die Jagd auf Elefanten für die Gewinnung von Elfenbein begann ebenfalls im 18. Jahrhundert. Zentralafrika wurde zur Großregion. Die Ausnahme bildete das Königreich Kongo, das nach dem Rückzug der Portugiesen im späten 17. Jahrhundert eine Sonderentwicklung nahm.

Im 19. Jahrhundert führte die Ausweitung des Handels mit Sklaven und Elfenbein zu weiteren Expansionsbewegungen durch die Bemba und Nguni-Gruppen auch im südlichen Zentralafrika. Außerdem erfolgte der Anschluss an das Karawanensystem Sansibars durch Warlords. Die meisten ihrer Sklaven wurden für die Landwirtschaft genutzt. Nguni und Yao handelten auch mit den Küstenstädten des südlichen Tansanias. Der regionale Austausch von Nahrungsmitteln, Textilien und Salz sowie Kupfer blieb wichtig.

Ostafrika wurde erst mit dem Ausbau des Karawanensystems durch Sansibar eine Großregion. Uganda wurde erreicht. Die Initiativen der Nyamwesi, vom Victoria-See aus den Handel mit der Küste aufzunehmen, gerieten unter Kontrolle der Oman-Araber und ihrer Stützpunkte im Zentrum des Nyamwesi-Gebietes. Die Warlords, die sich auf die Handelstradition der Nyamwesi stützten, organisierten sich als Krieger. Das Königreich der Shambaa zerfiel unter dem Druck der militarisierten Karawanen. Es entstand eine neue und intensive Verbindung zwischen dem südlichen Zentralafrika und der ostafrikanischen Region. Nur die Monarchie in Ruanda hielt bis zum Ende des 19. Jahrhunderts Karawanen aus dem Staatsgebiet fern.

Akkumulation von Reichtum fand in den monarchischen Zentren Kazembe, Uganda und Ruanda statt. Auch die Familien in den Stadtstaaten an der Küste, die Swahili-Oligarchie und die Oman-Araber in »Stone Town« auf Sansibar im Zentrum des Sultanates erwarben Wohlstand und sogar Reichtum. Beteiligt daran waren auch die Warlords, die sich im Laufe der zweiten Hälfte des 19. Jahrhunderts auf den Handel im Inneren der beiden Großregionen konzentrierten. Die meisten Sklaven wurden dem Landadel und größeren Bauern verkauft oder sie wurden auf den Plantagen der Warlords beschäftigt.

Bis zur Mitte des 19. Jahrhunderts war Agrarökonomie so wesentlich für weite Bereiche Zentral- und Ostafrikas, dass nicht von einer Integration in das System der Weltwirtschaft gesprochen werden kann. An den Knotenpunkten des Handels und den damit verbundenen Palastbereichen kam es zu einer erheblichen Machtsteigerung für die daran beteiligten Dynastien und Klans. Der Sklavenhandel militarisierte diese Welt. Die Verbreitung von Feuerwaffen für die Expansion von Militärgruppen und die Jagd auf Elefanten waren ein Motor dieses Prozesses. Auch militarisierte Gruppen aus Südafrika drangen in Zentralafrika ein und zogen von dort aus nach Ostafrika, wo sie den Sklavenhandel zur Südküste Tansanias betrieben, Gruppen wie die Fipa zeitweise unterwarfen und sich die Langhornrinder aneigneten. Die Monarchie der Hehe übernahm deren Militärtechnik und konnte den Druck der Nguni und auch die ersten deutschen militärischen Vorstöße abwehren. Es war die Militärrevolution des Mfecane in Südafrika, die die Militärtechnik durch Regimentsbildung in beiden Regionen beeinflusste. Besonders im19. Jahrhundert entstand aus diesen Gründen viel Gewalt. Die exzessive Gewalt an den Höfen der Feudalmonarchien im Krieg und beim Raub von Sklaven und Frauen ist unbestreitbar. Sie entstand weniger aufgrund der Einführung der Feuerwaffen bei Eroberungszügen, sondern wurde vor allem bei der Ausschaltung von Rivalen ausgeübt. Jeder Anschein der Bedrohung der Stellung des Monarchen wurde aus Unsicherheit über die Wirkung der eigenen Quellen der spirituellen Macht mit einem Übermaß an Gewalt, nämlich mit Hinrichtungen, geahndet. Extremes Machtungleichgewicht und extremer Autoritarismus waren die Ursachen des Machtmissbrauches, der pathologische Züge annehmen konnte. Die Mächtigen waren sich ihres Amtes und der Fortsetzung ihrer Dynastie nie sicher. Die Spiritualität der Rivalen aus der großen Zahl der Prinzen und rivalisierenden Klans sollte durch umfassende Tötungen zerstört werden. Parallel dazu gab es auch Wege der Mäßigung. Eine Eroberung konnte mittels Einheirat in unterworfene Adelsfamilien gemildert werden.

Machtmissbrauch war kein spezifisch afrikanisches Phänomen. Die Kolonialkriege und die unzähligen militärischen Strafexpeditionen setzten die Unsicherheit der vorkolonialen Zeit für mindestens zwanzig Jahre fort. Während der europäischen Weltkriege, die auch in Afrika ausgetragen wurden, wiederholten sich Zwangsrekrutierungen und Zwangswirtschaft und betrafen viele Millionen Afrikaner. Erschöpfung durch ein Übermaß von Arbeitsleistung und Arbeitszwang sowie exzessives Strafen mit der Peitsche kennzeichneten nicht nur die Anfangszeit des Kolonialismus. Krankheiten aufgrund von Epidemien waren häufig eine indirekte Folge der verstärkten Präsenz von Europäern und deren Krankheiten, gegen die in Afrika noch keine Immunität bestand. Die großen Kolonialkriege führten zur Vernichtung von Ernten und die Politik der verbrannten Erde, wenn der Widerstand die Form des Guerillakrieges oder des allgemeinen Aufstandes annahm, verursachte tödliche Hungersnöte.

Dennoch stellt sich die Frage, ob die Forschung diese Phänomene überzeichnet und so das Bild eines besonders friedlosen Kontinents verursacht haben könnte, weil die Betonung der Staatsbildungsprozesse und der bewaffneten Mobilität im Zentrum vieler Untersuchungen stand. Zu ergänzen wäre, dass in diesen riesigen noch nicht dicht besiedelten Räumen unzählige Weiler, Dörfer sowie Einzelgehöfte existierten, die oft von den Stürmen der Zeit weniger berührt wurden. Sie lagen nicht an den großen Handelswegen, auf denen Karawanen, Heere und auch europäische »Entdecker« auf gebahnten Wegen entlangzogen. Diese Welt geriet auch spät in den Blick der Ethnographie. Die Kontinuität der Lineage-Beziehungen und der Erinnerungen an die Welt der Ahnen verweist auf die Existenz dieser anderen afrikanischen Welt. Trotz Gefährdungen durch marodierende Banden und Sklavenjäger war die dörfliche Welt sehr stabil. Die Menschen waren darin geübt, sich in gefährlichen Situationen in Wäldern, Sümpfen und auf Hügeln zu verbergen, um danach, oft mit Verlusten von Angehörigen, wieder die Arbeit in ihren Dörfern aufzunehmen. Das Abwandern in sichere Gebiete war eine oft genutzte Option, auch durch Anschluss an Sicherheit versprechende, charismatische Führer. Die Menschen aus den Dörfern verloren einander nicht leicht aus den Augen und sie versuchten auch aus der Distanz zu Angehörigen auf den Plantagen, später in den Bergwerken und in den neuen Städten, die Verbindung zu halten. Briefe waren eine Möglichkeit, wenn man die Schule besucht hatte, ein Enkel schreiben oder ein Dorfschreiber bezahlt werden konnte. Viele gingen im Alter zurück in die Dörfer, wo Pflege möglich war und eine kleine Parzelle Land und eine rechtzeitig gebaute kleine Hütte zur Verfügung standen.

In dem Maße, in dem die Vernetzung zunahm und Nachbarschaften sich bildeten, wurden mehr Waren ausgetauscht. Heiratsbeziehungen schufen Verbindungen zu anderen Dörfern und verringerten die Isolation. Sicherlich lebten auch Nachbarn nicht immer im Frieden miteinander. Sie vermieden meistens tödliche Waffen, um Blutrache auszuschließen. Es kam darauf an, friedensfähig zu bleiben. Strafen, die Geheimgesellschaften verhängten, wurden unter dem Schutz von Masken vollstreckt, so dass die Identitäten der Täter verborgen blieben und die Gefahr der Blutrache bei Tötungen ausgeschlossen werden konnte. Solche und ähnliche Institutionen, um Konflikte zu regulieren, waren verbreitet. Die Praxis, Arbeitskraft als Ersatz für Schaden zu leisten, war Teil dieser Regelungen.

Die Expansionen in Südafrika nach den Diamanten und Goldfunden von 1868 und 1886 lösten eine finanzielle Durchdringung auch des südlichen Zentralafrika mit Finanzkapital und durch ein System der Wanderarbeit aus. Letztlich wurde das südliche Zentralafrika einschließlich Malawi, Simbabwe und Mosambik sowie Bechuanaland (Botswana) Teil der neuen Großregion des südlichen Afrika.

Das »Lunda-Commonwealth« wurde zwischen Großbritannien, dem Kongo-Freistaat und Portugal aufgeteilt. Im Interesse der »Imperial East African Company« wurde das Baganda-Königtum unter britische Kontrolle gebracht. Durch den Einfluss auf Sansibar und Mombasa wurde die Durchdringung des künftigen Kenia vorbereitet. Dies geschah in Rivalität mit dem Deutschen Reich, dessen Kolonialpioniere nun entlang der Handelsrouten von Pangani und Bagamoyo aus die Karawanenrouten kontrollierten und ebenfalls Einfluss auf Uganda zu nehmen versuchten[24]. Der Ausgleich der Interessen beider Mächte im Helgoland-Sansibar-Vertrag von 1890 führte dazu, dass nach einer turbulenten Übergangszeit unter der Deutsch-Ostafrikanischen Gesellschaft das Deutsche Reich den gesamten Raum des künftigen Tansania und auch Ruanda sowie Burundi zu kontrollieren begann. Seitdem trennten die von europäischen Großmächten garantierten Staatsgrenzen diese Kolonien voneinander ab und leiteten Sonderentwicklungen ein.

In Kenia, Sambia und Malawi sowie in den Hochländern Tansanias setzte sich die Ansiedlung von Europäern durch. Die an den Bedürfnissen Europas orientierten Strategien der Landnahme und der Rekrutierung von Arbeitskräften schwächten oder verdrängten die afrikanische Agrarproduktion. Das handwerkliche Gewerbe geriet unter den Druck der industriellen Fertigwaren von Geräten und Textilien. Märkte in den Zen-

---

24 Wehler, Hans-Ulrich, »Bismarck und der Imperialismus«, Köln 1969, 2. Auflage Frankfurt 1985, Kapitel »Ein ›deutsches Indien‹ in Afrika«, S. 263 ff. und »Ostafrika: Peters und die Gesellschaft für Deutsche Kolonisation«, S. 333 ff. Siehe auch Perras, Arne, »Carl Peters and German Imperialism«, Oxford 2004.

tren der Regionen verloren an Bedeutung und europäische oder indische Läden ersetzten sie.

Im Kupfergürtel Zentralafrikas, des Kongo und im Goldbergbau und dem Tagebau der Diamantenminen im südlichen Afrika entwickelten sich Bergbaukomplexe. Dadurch floss auch Kapital in eine europäische agrarische Großlandwirtschaft für Mais, Tabak und Großvieh sowie für Zucker, Kaffee, Tee, Sisal und andere Exportprodukte. Sie stand zunächst in Konkurrenz zu einer afrikanischen Landwirtschaft, die die neuen städtischen Märkte versorgte. Vor allem in Südafrika und Simbabwe, in Kenia und Sambia enteignete man zunehmend bäuerliches Land und entzog Afrikanern die produktivsten Landstriche. Die ihnen zugewiesenen Reservate wurden Armenhäuser und zwangen ihre Einwohner zur Landarbeit auf europäischen Farmen oder zur Wanderarbeit in die städtischen Zonen.

Kapitel 6
Gewalträume im südlichen Afrika im 18. und 19. Jahrhundert

Die Entwicklung des südlichen Afrika zu einer Großregion vollzog sich in mehreren Phasen[1]. Bis ca. 1830 entstanden mehrere Machtkerne, die expandierten. Siedler der Kapkolonie drängten nach 1652 zunehmend aus dem Umfeld Kapstadts in die semi-ariden Zonen des Nordens und an den Indischen Ozean in nordöstlicher Richtung. Dort stießen sie auf den Widerstand der Xhosa, die entlang der Küste nach Süden vordrangen. Die Xhosa waren vor der Expansion der Nguni-Gruppen in Natal ausgewichen, die seit Ende des 18. Jahrhunderts expandierten und das Mfecane auslösten. Aus dieser Konfrontation mit den Xhosa entwickelten sich ein Jahrhundert lang bis 1878/79 Kriege mit den Siedlern und britischen Truppen. Bei den Nguni errangen die Zulu unter Shaka Zulu eine Hegemonie, die Ende des 18. Jahrhunderts begann und zwischen 1816 und 1828 Kriege und Vertreibungen auslöste. 1836 etablierten sich Burenrepubliken im künftigen Transvaal und dem Oranje-Freistaat. Zwischen diesen Zentren der Expansion lagen der große Bereich der »Frontier« (Grenzgebiete) und die Kriegszone an der Küste des Indischen Ozeans.

Damit entstand ein großer Handlungs- und Gewaltraum. Die Kapkolonie wurde Hegemon mit Einfluss auch auf die Frontier. Die Zulu-Monarchie wurde 1879 von Großbritannien besiegt, blieb aber eine Monarchie unter britischem Einfluss. Ein Teil der Zulu-Monarchie wurde als Kolonie Natal annektiert, um den Burenrepubliken den Zugang zum Indischen Ozean zu versperren. Die von der Nguni-Expansion bedrohten Gruppen bildeten in den Bergregionen Monarchien, die sich dort leichter verteidigen ließen. Es entstanden die Königreiche Lesotho und Swasiland (inzwischen umbenannt in »Eswatini«). Bechuanaland (später Botswana) wurde das Rückzugsgebiet der Tswana am Rand der Kalahari-Wüste, wo eine aristokratische Oligarchie einen König einsetzte. Der wandernde Militärstaat der Ndebele unter Mzlikazi, einem Shaka-General, etablierte sich schließlich als Hegemon über die Shona in Simbabwe.

Als Teil der Ausläufer der Bantu-Wanderung hatten zwischen dem 13. und 16. Jahrhundert die Owambo und Herero von Angola und Sambia ausgehend Namibia besiedelt. Nama-Orlams wichen vor dem Druck der Siedler bei Kapstadt nach Norden aus, überschritten im 19. Jahrhundert die Grenze des Oranje-Flusses und errichteten eine Hegemonie im Süden des künftigen Namibia. Sie kontrollierten bis 1870 das Handelssystem von Kapstadt bis an die Grenze Angolas.

---

1 Ross, Robert, »A Concise History of South Africa«, Cambridge 1999.

https://doi.org/10.1515/9783110452020-008

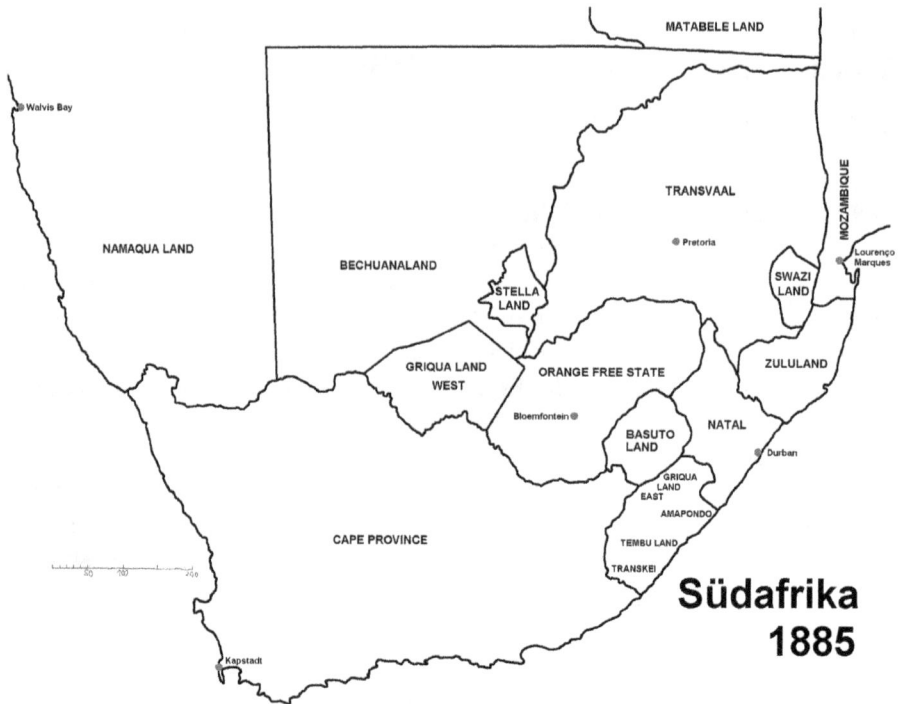

Karte 13: Südafrika 1885.

1 Die Siedlungsdynamik am Kap

Die niederländische Ostindien-Kompanie (»Vereenigde Oostindische Compagnie«, VOC) hatte 1652 in Kapstadt einen Stützpunkt zur Versorgung der Schifffahrt nach Niederländisch-Indien (Indonesien) errichtet. Gegen den ursprünglichen Willen der Leitung der Kompanie, die die Stadt ausschließlich als Versorgungsstation geplant hatte, brachen die Siedler aus der Enge des unmittelbaren Umfeldes der Stadt aus. Jäger, Farmer und Händler drängten ständig in neue Siedlungsgebiete nördlich von Kapstadt vor.

In vielen Kämpfen mit den Khoi Khoi und San eigneten sie sich Großvieh und Schafe und schließlich Land an. Der Widerstand der Khoi Khoi und San war organisiert und heftig, aber auf die Dauer gegen die mit Gewehren bewaffneten Milizen der »Burgher« unterlegen. Khoi Khoi und auch die San wurden in großer Zahl versklavt. Südafrika wurde eine Gesellschaft mit Sklaven. Dies verstärkte sich durch die Zufuhr aus Asien, unter anderem durch Strafgefangene aus Niederländisch-Indien und aus den portugiesischen Kolonien Luanda und Mosambik. Zum Zeitpunkt des Verbotes der Sklaverei 1834 waren in der Kapgesellschaft ca. 30 % der Bevölkerung Sklaven.

Die Kapregion entwickelte sich zu einem verhältnismäßig stabilen expansiven und finanzkräftigen Agrarstaat. Nach der Besetzung durch die Briten 1795 sowie erneut 1803 und der endgültigen Annexion 1806 sicherte das britische Militär die Expansion entlang des Indischen Ozeans. In neun Kriegen gegen die Xhosa von 1778–1878 wurde das »Eastern Cape« erobert und das meiste Land annektiert.

Die Kapkolonie war den entstehenden Burenrepubliken und den afrikanischen Staaten des Nordens überlegen. Dazu trug bei, dass nach dem Wiener Kongress 1815 sowohl britisches Kapital als auch viele britische Siedler in die Kapkolonie einwanderten.

Im 19. Jahrhundert entstand Großgrundbesitz. Weizen, Wein und Wolle wurden exportiert. Extensive und oft überwiegend auf Subsistenz ausgerichtete bäuerliche Farmwirtschaft der weißen Siedler mit ihren Sklaven und abhängigen »Beiwohnern« versorgte Kapstadt und andere Städte. Die Siedler verkauften Wolle und Felle auf Märkten. Unter ihnen waren Wanderhändler, die den afrikanischen Bauern und Hirten Waren aus Kapstadt lieferten. Diese Bauern und Hirten hatten den größten Teil ihres Landes noch nicht verloren. Sie nahmen an dem Austausch der Frontier-Zone teil und versorgten bis zu den Landenteignungen durch die Burenrepubliken und die Kapkolonie im letzten Viertel des 19. Jahrhunderts erfolgreich die wachsende Zahl der kleinen und mittleren Städte und die Region um Johannesburg mit seinen Goldbergwerken. Wie die Großbetriebe hatten auch die kleineren Farmbetriebe einen ständigen Arbeitskräftebedarf. Er wurde bis 1834 durch Sklaven, danach durch Übergangsformen abhängiger Arbeit (»Apprenticeship«) und schließlich durch Wanderarbeit aus den afrikanischen Gebieten gedeckt.

2 Die Nguni-Expansion und das Mfecane

Seit dem späten 18. Jahrhundert entstand im Gebiet des heutigen Natal eine politische Konzentration bei den Nguni-Völkern. Die Ursachen für diese Entwicklung werden in der Forschung unterschiedlich gewichtet, je nachdem, ob interne Prozesse der afrikanischen Gesellschaften in den Fokus gerückt werden oder Einflüsse der Außenwelt durch die Gewaltverhältnisse an der Frontier[2] und die Expansionstendenzen der Kapkolonie betont werden. Am überzeugendsten scheint es, eine Kombination von Ursachen anzunehmen und die Chronologie der Entwicklung zu beachten[3].

---

2 Siehe ebd., Abschnitt »Frontiers-Societies«.

3 Hamilton, Carolyn (Hrsg.), »The Mfecane Aftermath: Reconstructive Debates in Southern African History«, Johannesburg 1995. In diesem Band werden die Thesen von Julian Cobbing und J. Wright diskutiert, die eine zentrale Bedeutung der Gewalt an der Frontier mit Sklavenjagden und des verstärkten Sklavenhandels in Mosambik annehmen. Die politische Entwicklung bei den Nguni und die besondere Gewaltherrschaft Shaka Zulus wurden als Mythos deklariert, den die Siedler zur Rechtfertigung ihrer Expansion erfunden bzw. übertrieben hätten. Cobbing hat argumentiert, dass

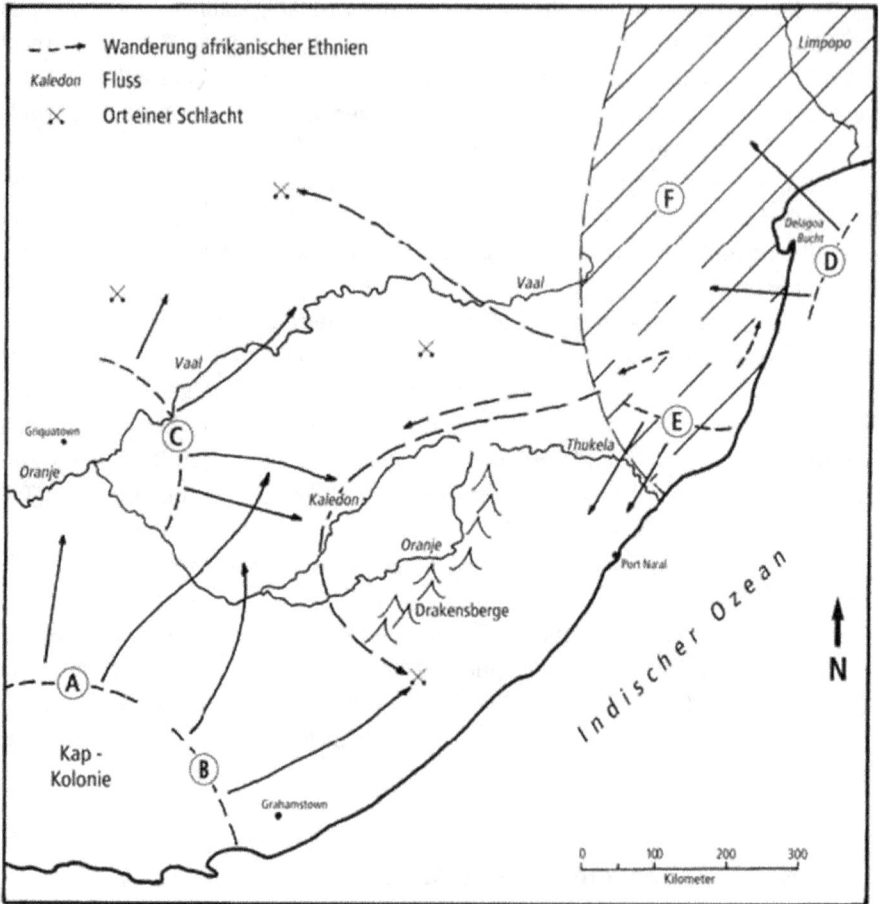

Karte 14: Das Gebiet des Mfecane im 19. Jahrhundert.

Ausgangspunkt war die Bevölkerungsverdichtung bei den Nguni-Völkern in Natal. Die Einführung der Maisproduktion und die Ausweitung der Viehherden bildeten den

---

durch die Gewaltverhältnisse im Frontier-Bereich auch die Konfliktlagen im Mfecane ausgelöst worden seien. Das ist aus chronologischen Gründen nicht haltbar. Nach meiner Beurteilung wirken sich die Verhältnisse an der Frontier deutlich später aus. Auch die Kämpfe der Treckburen mit der Zulu-Monarchie, den Ndbele und den Pedi fanden dreißig Jahre nach Beginn des Mfecane statt und setzten das Mfecane voraus. Richtig bleibt, dass das Gewaltklima auf den weiteren Verlauf des Mfecane einwirkte. Cobbing, Julian, »The Mfecane as Alibi: Thoughts on Dithakong and Mbolompo«, in: The Journal of African History, Bd. 29, 1988, S. 487–519; Wright, John, »Beyond the Concept of the ›Zulu Explosion‹: Comments on the Current Debate«, in: Hamilton, »The Mfecane Aftermath«, S. 107–122.

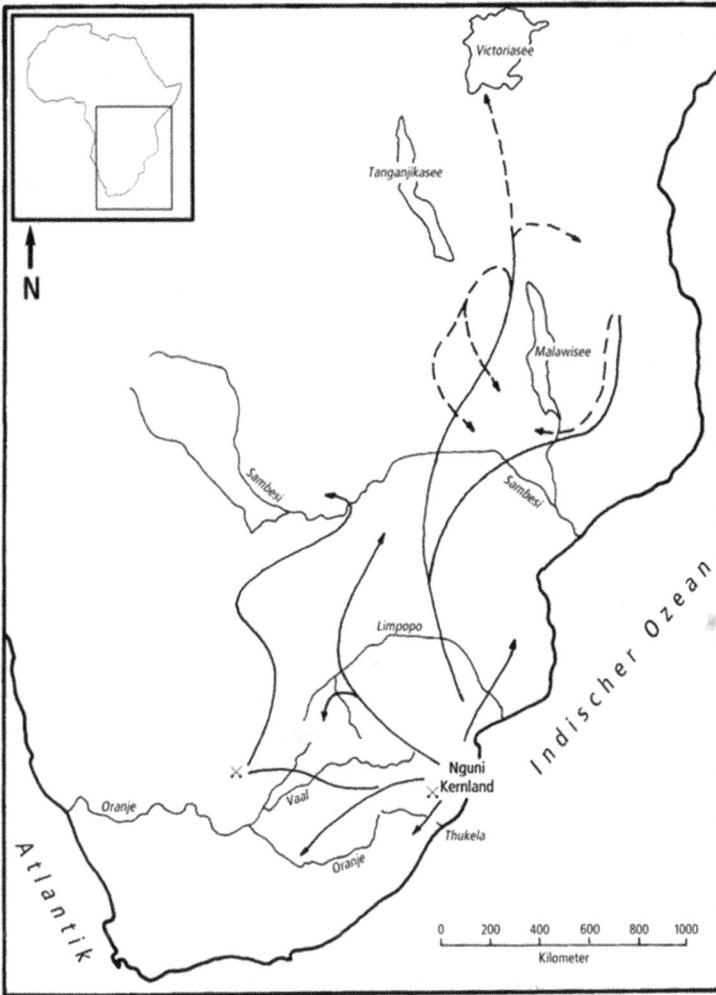

Karte 15: Mfecane, überregionale Ausstrahlung bis nach Tansania.

Hintergrund. Jeff Guy[4] geht von einer ökologischen Krise aus. Infolge des übermäßigen Aufbaus der Herden und deren Konzentration in den Händen des Adels litten die empfindlichen Weidegebiete an Überweidung. Viele Waldgebiete wurden zugunsten von Weideflächen abgeholzt. Eine Klimaverschlechterung seit den 1750er Jahren kam hinzu und verursachte zusätzlich Dürren. Hungersnöte waren die Folge. In Mosambik ent-

---

4 Guy, Jeff, »The Destruction of the Zulu Kingdom: The Civil War in Zululand 1879–1884«, London 1979, besonders Kapitel 1, S. 3–20.

stand ein Markt für Vieh. Die Konkurrenz um die Kontrolle der Herden und der Handelswege erhöhte sich dadurch.

Es verstärkten sich feudale Tendenzen, weil die Herden verliehen wurden und damit abhängiges Gefolge entstand. Royal Klans und andere große Klanoberhäupter konnten mehr als 100.000 Stück Großvieh kontrollieren. Eine politische und militärische Dynamik entstand, als Nguni-Gruppen um Einfluss kämpften, um ihre Machtbasis zu vergrößern. Es kam im Laufe der 1820er Jahre zur Beteiligung am Sklavenhandel mit Mosambik, weil Gefangene und Besiegte gehandelt werden konnten.

Militärische Innovationen verschoben das Machtgleichgewicht. Bei mehreren Nguni-Gruppen wurden Altersgruppen von Männern in »Regimentern« zusammengefasst, die den verschiedenen Klangruppen zugeordnet waren. Dem strategischen Genie Shaka Zulu aus einer kleinen Nguni-Gruppe, den Zulu, gelang es, diese Regimenter auf die zentrale Monarchie zu verpflichten, die er errichtete. Shaka bewaffnete diese Regimenter mit dem Kurzspieß für den Nahkampf in geschlossenen Formationen und setzte Umschließungstaktiken und die schiefe Schlachtordnung ein. Bei militärischen Siegen integrierte er gegnerische Regimenter, sofern sie nicht flohen und eine neue politische Einheit bildeten, wie dies unter seinem General Mzlikazis nach einer verlorenen Schlacht geschah. Nach Ende der Kampfzeit eines Regimentes durften die Männer die Frauen ihrer Altersgruppe oder auch adelige Frauen der besiegten Klans heiraten. Die zur entsprechenden Altersgruppe gehörenden Mädchen hatten bis zu diesem Zeitpunkt in den Haushalten ihrer Väter gelebt. Die Regimenter behielten einen Teil der eroberten Viehherden und ihnen wurde Land zugewiesen. Manche fliehende und unterlegene Gruppen zogen mit Zwischenetappen nach Norden, so die Ndebele nach Simbabwe, andere Nguni-Gruppen wichen nach Tansania und Mosambik aus. Die Xhosa wurden nach Süden abgedrängt.

Die Adelsgruppen und Leute der Sotho und Swasi errichteten defensive Monarchien in Gebirgszonen. Die Tswana zogen sich an den Rand der Kalahari-Wüste zurück. Ihre Klanallianz entwickelte eine halbnomadische Gesellschaft von Viehzüchtern, die von einigen festen Orten aus operierten und ihre Leute mit der Aufsicht über die Herden bis zu fünfzig Kilometer entfernt von den Orten entsandten.

Shaka wurde 1828 von seinen Halbbrüdern, unter anderem von Dingane, erschlagen. Dingane trat als sein Nachfolger an und stabilisierte die Monarchie, die durch die Willkür und exzessive Gewalt Shakas gefährdet worden war. Er begrenzte die militärische Expansion. Dingane und sein Nachfolger Mpande, ein Neffe von Shaka, behaupteten trotz Niederlagen und Landverlusten gegenüber den Buren und schließlich nach der entscheidenden Niederlage gegen britische Truppen 1879 den Kern dieser Monarchie. Aus diesen Konflikten und permanenten Expansionsbewegungen, flüchtenden Gruppen und endemischer Gewalt entstand das Mfecane, die Zeit der Wirren und Vertreibungen zwischen 1816 und 1840. Es war zunächst eine innerafrikanische Entwicklung, wenn auch Viehhandel und später Sklavenhandel mit den Portugiesen in Mosambik eine Rolle spielten. Je länger viele Menschen unter Druck und in Bewegung gerieten, desto mehr floss diese Entwicklung mit der

Abb. 30: Zulu-König Shaka (Stich, 1824).

der Frontier zusammen. Die Frontier wurde von den Siedlern der Kapprovinz vorgeschoben und durch von ihnen verdrängte Gruppen der Khoi Khoi und Außenseiter mit ihren Herden, Jagd und Wanderhandel geprägt. Kidnappen von Menschen für die Sklavenhaltung im europäisch dominierten Süden erweiterte die Zone der Gewalt. Die Folgen des Mfecane lassen sich deshalb nicht nur auf die innerafrikanische Dynamik reduzieren, so wichtig sie auch für die politische und ethnische Struktur Natals, Transvaals und auch der Transkei wurde. Militärische Aktionen der Briten entlang des Indischen Ozeans und in Natal sowie der Durchzug der burischen Kommandos nach 1836 wirkten daran mit.

3 Der große Treck und die Gründung der Burenrepubliken

Der große Treck der Buren war eine Reaktion auf die anhaltenden Konflikte mit der britischen Administration wegen ihrer Sicherheit im Eastern Cape und wegen der Abschaffung der Sklaverei. Von den 27.000 Afrikaans sprechenden Leuten war die Mehrheit niederländischer Herkunft, ein Viertel war deutscher Abstammung und ein Sechstel waren Hugenotten, die in der Mitte des 18. Jahrhunderts Französisch zugunsten des Niederländischen aufgegeben hatten. Von den Buren waren 30.000 afrikanische und asiatische Sklaven und 17.000 Khoi Khoi und San abhängig.

Der Konflikt mit der Administration in Kapstadt begann nach 1795, als Großbritannien die Kapkolonie zunächst bis 1803 kontrollierte. Kurz vorher hatte die Ostindien-Kompanie einen Handelsplatz am Indischen Ozean in Graaff-Reinet gegründet. Die burischen Siedler dort verwickelten sich in Kämpfe mit den Xhosa. Sie kritisierten die »Compagnie« und später die Briten wegen mangelnder militärischer Unterstützung. Außerdem lehnten sie die auferlegten Steuern ab. Bereits 1795 gründeten sie im Umfeld von Graaff-Reinet eine burische Republik, die von Truppen aus den Niederlanden besiegt und aufgelöst wurde. Nach Etablierung der britischen Administration 1806 fühlten sich die Afrikaans sprechenden Siedler erneut nicht ausreichend in den Grenzgebieten geschützt.

Auch in den Kerngebieten der Kapregion spitzte sich der Konflikt zu, weil die britische Administration in Kapstadt 1828 die Sklaven befreite. Kompensationszahlungen wurden nur gewährt, wenn sie in London abgeholt wurden. Nach schweren Konflikten, auch am Kap, kam es zu einer Rebellion von Buren, die niedergeschlagen wurde. Einige Anführer wurden hingerichtet. 1834 erfolgte die formelle Befreiung der Sklaven. Die burischen Farmer, die ihre Betriebe mit Sklaven bewirtschafteten, protestierten dagegen. Die Briten provozierten weiter, indem sie Niederländisch als Amtssprache abschafften. 1834 kam es zum Treck. Nach einigen Suchbewegungen durch »Vortrecker« ging er von Graaff-Reinet aus in Richtung Nordosten. Ungefähr 12.000 Buren, ein Fünftel der niederländischsprachigen Bevölkerung, nahmen daran teil. Die den Buren nahestehende Niederländisch-Reformierte Kirche hatte den Treck abgelehnt. Die militärische Überlegenheit der Buren gegenüber afrikanischen Gruppen ergab sich aus der Bewaffnung mit Gewehren und der dezentralen Organisation in »Kommandos« von ungefähr jeweils zwanzig Leuten, alle beritten und mit Ochsenwagengespannen mobil, die sich als Wagenburgen zur Defensive eigneten. Genutzt wurde das militärische Machtvakuum als Folge der Kriege des Mfecane. Die Buren gründeten seit 1836 eine Reihe von Republiken in Transvaal, Natal und dem Oranje-Freistaat. Die Expansion ins Gebiet der Zulu scheiterte nach einer großen Niederlage und es entstand ein prekäres Gleichgewicht. Die Pedi[5], die von den Ndebele besiegt und in sich zersplittert waren, reorganisierten sich zwar, wurden aber auch von den burischen Kommandos besiegt und der Kolonialherrschaft unterworfen. Die Ndebele zogen sich aus Transvaal zurück und unterwarfen in Simbabwe die Shona. Die britische Regierung reagierte mit der Annexion von Natal 1842, um den Republiken den Zugang zum Indischen Ozean zu versperren. Der Konflikt mit den Siedlern und der Druck des britischen Militärs im Eastern Cape führte zu einer dramatischen Krise der Xhosa und zur Cattle-Killing-Bewegung 1856–1858[6].

---

5 Delius, Peter, »The Land Belongs to us: The Pedi Polity, the Boers and the British in the Nineteenth Century Transvaal«, Johannesburg 1983.
6 Siehe Geschichte 18 »The Dead Will Arise«, S. 204.

4 Die »Frontier« und ihre Protostaaten

Zwischen der effektiv administrierten Zone Kapstadts und dem Machtzentrum der Zulu-Monarchie entstand eine große, sich verändernde Region der »Frontier«. In ihr lebten viele Gruppen und es bildeten sich politische Einheiten, die sich als Protostaaten bezeichnen lassen. Viele Flüchtlinge und meist ähnlich der burischen »Kommandos« organisierte Gruppen agierten in einem von Gewalt geprägten Raum. Die Auswirkungen des Mfecane und der Durchzug der Trecks der Buren auf dem Weg nach Norden verstärkten diese Tendenzen.

»Frontier«, Turners Schlüsselbegriff für die Westexpansion in der Geschichte der USA, wird auch für die Charakterisierung der Randzonen der europäischen Expansion in Südafrika und generell für die Grenzzonen bei afrikanischen Staaten verwendet. Damit gelingt es, für diese Zonen ein zu starres ethnisches System zu dekonstruieren, weil sich die Gruppen aus vielen Vereinzelten und Flüchtigen zusammensetzten. Der Begriff ist auch sinnvoll, um die ökonomische und politische Dynamik in den Grenzzonen herauszuarbeiten[7].

Für das südliche Afrika ging die Entwicklung der »Frontier« aus dem Umfeld Kapstadts hervor. Dort wurden die Khoi Khoi verdrängt oder versklavt. Dies führte zu Fluchtbewegungen. Massenhaftes Sterben an den Masern und anderen von Europäern eingeschleppten Krankheiten löste die sozialen Bande der Khoi Khoi auf und zwang viele Menschen, sich in neuen Gruppen zusammenzufinden. Die Flucht in nicht von der Regierung der niederländischen VOC kontrollierte Gebiete des Hinterlandes verstärkte diese Tendenz. Etliche weiße »Outcasts«, die in der Kapkolonie verfolgt wurden, schlossen sich ebenfalls an. Entlaufene Sklaven suchten dort Freiheit. Auch europäische Siedler zogen in das von der VOC nicht oder wenig kontrollierte Hinterland. Schon Anfang des 18. Jahrhunderts durchzogen Jäger, Frachtfahrer und Händler sowie Sklavenjäger diese Räume. Man experimentierte mit ersten Farmstellen, meist für die Schafzucht. Ein zusätzlicher Impuls ergab sich nach dem Ende der napoleonischen Kriege in Europa, als die Kapkolonie von Großbritannien 1795 besetzt und 1806 annektiert wurde. Suchbewegungen der Vortrecker fanden entlang des Atlantischen Ozeans bis über den Oranje-Fluss in Richtung Namibia und in das nördliche Highveld jenseits des Oranje und Vaal statt. Diese Bewegung in der Frontier erhielt eine weitere Dimension, als die militärischen Unruhen in der Folge des Mfecane auf die südlichen Grenzräume einwirkten. Es waren insbesondere die Wanderungen des Ndebele-Generals Mzlikazi, der in Konflikte mit Griqua und Treckburen verwickelt wurde, bis er nach Norden in das künftige Simbabwe abgedrängt wurde.

7 Ross, »A Concise History« verwendet den Begriff »Frontier« vor allem für den Expansionsprozess der europäischen Bevölkerung, bezieht aber auch die Dynamik des Mfecane darin ein, S. 26 f. Kopytoff, Igor (Hrsg.), »The African Frontier: The Reproduction of Traditional African Societies«, Bloomington 1987. Kopytoff weitet diesen Begriff auf die Grenzräume afrikanischer Gesellschaften und ihre Bedeutung für die regionale Identität aus.

König Moshoeshoe von Lesotho versuchte im Interesse der Sicherheit seines Rückzugsraumes in den Drakensbergen eine Allianz mit den marodierenden Koranna. Letztlich verlor er die wertvollen Getreideanbaugebiete an die Burenrepubliken.

Die mobilen Machtkerne wurden durch die Übernahme des Konzeptes der Ämterselbstverwaltung nach dem Vorbild der Buren politisch gestärkt. Sie wurden aus der Kapkolonie übernommen. Dazu gehörten die Institutionen des Feldkornets und des Landdrostes. Ihre Anerkennung seitens der Administration in der Kapkolonie war ein Mittel der Einflussnahme auf die Verhältnisse in der Frontier.

In der kargen und ariden Zone nördlich des Oranje und Vaal stießen die Zuwanderer auf Hirtengruppen der Sotho, Tswana, San und Koranna.

Alle waren auf die nomadische Wirtschaftsform angewiesen, so dass Konflikte um Vieh, Weideland und Wasserstellen die Folge waren. Es entstanden größere Siedlungen. Die multiethnischen Verbindungen waren eine Reaktion auf die gewaltförmigen Entwicklungen, wozu das Mfecane in den frühen 1820er Jahren beitrug. Neue Führungsformen schwächten die alten Klanbeziehungen. Ausschlaggebend wurde, wer für Feuerwaffen und Nachschub von Pulver sorgen konnte. Waffen waren entscheidend, um Viehherden zu erobern oder zu verteidigen oder um Elfenbein bei der Elefantenjagd als Handelsgut zu gewinnen. Sämtliche Anführer erhielten Zulauf von vielen Leuten, die auf der Suche nach Sicherheit und Existenzmöglichkeiten waren[8]. Dabei kannten sich die meisten Anführer der Gruppen, die als »Kommandos« organisiert waren, und kooperierten. Sie trugen Rivalitäten und auch Konflikte untereinander aus.

Legassick betont[9], dass aus den Exportbeziehungen nach Kapstadt und später auch nach British Natal neue Formen der Abhängigkeit wurden. Sie stärkten Lineage und Klanführer, die den Import von Waffen kontrollierten. Oft stiegen neue Führungspersonen auf, die Gefolge an sich zogen, wenn sie erfolgreich Waffen einhandelten. Er betont die Entstehung von Klientelbeziehungen, die eine Tendenz zu feudalen Entwicklungen annahmen. Legitimität aus erbrechtlich gestützten Nachfolgeregelungen entstand und strategische Ehen mit einflussreichen Klans wurden eingegangen.

In der Frontier-Zone im Nordosten in den Tswana-Sotho-Gebieten gewannen die Chiefs bei den Thlaping neue Macht. An der Wende zum 19. Jahrhundert gründeten sie einen Zentralort mit mehr als 16.000 Leuten und einer Fläche, die so groß wie die Kapstadts war. Dies war die Folge der erweiterten Handelsbeziehungen mit Elfenbein, Häuten, Vieh und europäischen Gebrauchsgütern, vor allem aber mit Waffen und Munition.

---

8 Legassick, Martin, »The Northern Frontier to 1840«, in: Elphick, Richard; Giliomee, Hermann (Hrsg.), »The Shaping of South African Society 1652–1840«, 2. Auflage, Kapstadt 1990, S. 358–420; Legassick, Martin, »The Politics of a South African Frontier: The Griqua, the Sotho-Tswana and the Missionaries, 1780–1840«, Basel 2010, Kapitel »The Diaquane, the Bergenaars and the Kora 1822–1826«, S. 176 ff.
9 Legassick, »The Northern Frontier«, S. 367 f.

Es kam zu Jagd, Viehraub, Plünderungen von Transporten und Farmen, ebenso zu Kidnapping von Khoi Khoi und San. Die Verfolgung entlaufener Sklaven verursachte ständig Kämpfe zwischen verschiedenen rivalisierenden Gruppen und Banden. Die exzessive Jagd vernichtete die Elefantenbestände und fast das gesamte Wild.

Multiethnische Gruppierungen aus Khoi Khoi, entlaufenen Sklaven und Buren, mitunter auch einzelnen europäischen Jägern und Flüchtlingen, bildeten Banden und Gruppen. Orlam, Griqua und Koranna waren die am stärksten organisierten Gruppen, die auch Territorium kontrollierten[10].

Die Mobilität der betroffenen Gruppen war groß. In einigermaßen festgefügten Communities entstanden durch den Handel Kreditbeziehungen mit europäischen Siedlern, die zu Landverlusten führten und die europäische Siedlungsexpansion förderten. Händler wie Strachan verfügten über eigene Streitkräfte, die die Kreditforderungen durchsetzten, was in der Regel in der Form von Landenteignung erfolgte. Der Bezug zum Markt in Kapstadt war stets präsent. Händler und Frachtfahrer organisierten die Beschaffung von Gewehren und Munition, was mit Vieh, Häuten von Wildtieren sowie Elfenbein, aber auch Sklaven beglichen wurde. Afrikaans sprechende Farmer in der Frontier nutzten den Markt in Kapstadt und besuchten in Abständen die reformierten Kirchen in der Kapkolonie, um das Abendmahl zu nehmen.

Die Kolonialregierung griff nur in Einzelfällen ein, um mit organisierten Gruppen und ihren Sprechern Verträge abzuschließen. Sie wurden zu »Kapteins« ernannt, um sie politisch anzuerkennen. Das galt sowohl für die VOC-Regierung als auch für die britische Verwaltung der Kapkolonie. Die Missionare der London Missionary Society wurden dabei oft als Emissäre benutzt. Aber auch Strafkommandos von Orlam-Milizionären wurden eingesetzt.

An zwei Beispielen soll die Entwicklung von multiethnischen Protostaaten geschildert werden: an der Entwicklung der Griqua nördlich des Oranje und Vaal und der Wanderung von Orlam-Gruppen aus dem Namaqualand nördlich von Kapstadt, die politisch dominierend im südlichen Namibia wurden.

5 Die Entstehung der Griqua-Community

Die Griqua-Community[11] entwickelte sich aus Lineages der Khoi Khoi[12], die sich noch vor Ankunft der Niederländer in der Spitze Südafrikas als Nomaden mit ihren

---

10 Ross, »A Concise History«, S. 26.
11 Legassick, Martin, »The Politics of a South African Frontier: The Griqua, die Sotho-Tswana und the Missionaries 1780–1840«, Basel 2010. Ich folge im Wesentlichen der sehr genauen Analyse. Anschauliche Erzählung in: O'Connell, Sean, »The Story of the Griqua Re-visited«. Vortrag vor der Van Plettenberg Historical Society am 10.1.2013, S. 1–16; online verfügbar unter: https://www.plett history.org/talks/the-story-of-the-griqua-re-visited/.
12 Khoi Khoi wurden von den Niederländern als »Hottentoten« bezeichnet.

Herden, von Zentralafrika kommend, im Umfeld des Kaps niedergelassen hatten. Sie entwickelten Beziehungen zu den Jägern und Sammlern der San und lebten halbnomadisch in größeren Familiengruppen. Aus ihnen kamen auch die späteren Führungspersonen der Griqua, die ihre Erfahrungen in den neuen sozialen Konstellationen am Kap sammelten.

Da die Männer der VOC ohne Frauen aus Europa eingereist waren, nahmen sie sich Khoi-Khoi-Frauen für geringe Entgelte. Daraus entstanden viele Nachkommen, abwertend »Bastards« genannt, die der Khoi-Khoi-Kultur und -Sprache nahestanden. Allerdings revolutionierten sich die Sozialformen drastisch, weil die Europäer vielen Khoi Khoi Land entrissen. Zu den später als Coloureds definierten Nachkommen von Europäern und Khoi-Khoi-Frauen gehörten die »Griqua«. Die Khoi Khoi gingen auch Verbindungen mit den aus Indonesien stammenden Sklaven ein.

Geschichte 16 – Die Geschichte Adam Koks

Die Geschichte von Adam Kok, dem späteren Griqua-«Kaptein«, illustriert diese Zusammenhänge. Die Großmutter Adam Koks war eine Sklavin mit dem Namen Francine, die nach Vergewaltigung durch den Sohn des Farmers als Schwangere vertrieben wurde. In der Nähe von Stellenbosch fand sie Aufnahme bei dem Farmer Adam Tas. Nach der Geburt ihres Sohnes nannte sie ihn in Dankbarkeit nach dem Vornamen des Farmers Adam, später wurde er auch Adam Kok genannt. Als einer der Söhne von Tas Ehebruch mit Francine beging, wurde sie nach zwanzig Jahren erneut mit ihren Kindern vertrieben. Sie schlug sich gut einhundert Kilometer nördlich von Kapstadt in ein von Siedlern noch nicht besetztes Gebiet durch. Sie lebte von Ernte- und Viehraub und wurde dementsprechend bedroht und verfolgt. In diesen Verhältnissen wuchs ihr Enkel Adam Eta auf, der 1710 geboren wurde.

1713 vernichteten die Masern große Teile der Khoi Khoi und andere Coloureds. Sie verloren dadurch weitgehend ihre sozialen Bindungen und sahen sich nun eher als Europäer. Auch Adam verlor seine Eltern und wurde von Sklaven aufgezogen, die zu einem Farmer in der Gegend des Piquetbergs gehörten. Dort fiel er als begabter Sklave auf und wurde zum Koch (»Kok«) des Farmers ausgebildet. Im Alter von 25 Jahren nahm ihn der Farmer auf eine Fahrt nach Kapstadt mit. Dort hörte der Gouverneur von den Kochkünsten und tauschte ihn gegen Land für den Farmer ein. Adam, nun mit dem Namen Kok, arbeitete in der Residenz des Gouverneurs. Nach einem Wechsel im Amt des Gouverneurs ca. 1740 wurde er freigelassen und mit mehreren 100 Rix-Dollars ausbezahlt. Adam Kok hatte nach der Katastrophe der Masernepidemie Donna, die Tochter des Chiefs, aus dem royal Klan der Chariguriqua der geschwächten Khoi Khoi geheiratet.

Mit einem Teil der 100 Rix-Dollar kaufte er einen Ochsenwagen und Zubehör und zog zu der Farm zurück, auf der er geboren worden war. Er fand sie aber abgebrannt vor. Ein alter Sklave aus seiner Kindheit erzählte ihm, dass Konflikte mit den Siedlern der Grund gewesen waren. An den Hängen des Voorberges fanden er und sein kleines Gefolge ein verborgenes Gelände, wo sich Outcasts aus der Gruppe der Bastards und weiße Männer auf der Flucht gesammelt hatten. Sie lebten von Raub und Plünderung weißer Farmen. Da die Zahl der Siedler zunahm, ging Adam Kok davon aus, dass die Sicherheit des Geländes am Voorberg nicht mehr lange gewährleistet sein würde.

Nach dem Tode des Führers dieser Gruppe, Koos Kleinman, wurde Adam Kok zum neuen Führer gewählt. Er entschied 1743, mit zehn Ochsenwagen nach Norden zu ziehen. O'Connell bezeichnet ihn als den ersten Vortrecker[13]. Die Militärform des »Kommandos« wurde übernommen. Auch die Orlam unter Klaas Afrikaner nutzten das Konzept des »Kommandos«, so dass mit dem oft verwendeten Begriff der »marodierenden Banden« der Organisationsgrad und die Bedeutung der Klanführer unterschätzt wurden.

Die Griqua wurden bei ihrem Weg nach Norden von den Bergenaar-Griquas begleitet, die mit Gewalt und Plünderungen gegen die San vorgingen, sie töteten oder versklavten. Adam Kok verbündete sich mit einer Berends-Familie, die mit gut dreißig Leuten und Hunderten von Rindern geflüchtet war. Er zog mit ihr weiter nach Norden. Sie errichteten eine gemeinsame Herrschaft. Die Griqua wurden 1823 auf 2.600 Leute geschätzt[14]. 1795 wurde Adam Kok vom letzten niederländischen Gouverneur als »Kaptein« anerkannt. Da er bereits 85 Jahre alt war, gab er dieses Amt an seinen Sohn Cornelius weiter. Nachfolger Cornelius entschied, nach Klaarwater zu ziehen. Die Gruppe geriet dort unter den Einfluss des Missionars Kramer der »London Missionary Society« (LMS). Er benannte diesen neuen Ort in Griqua Town um und bezeichnete die Gruppe wegen der Assoziation mit dem Klan der Chariguriqua als Griqua, um den diskriminierenden Begriff »Bastard«, der auf illegitime Herkunft verwies, abzulegen. Der Versuch der Missionare, ihre christlichen Regeln auch mit harten Strafen durchzusetzen, führte zu Konflikten zwischen den Griqua-Familien, von denen einige weiterzogen. Ohnehin bewegten sich ständig auch andere Gruppen. So operierten auch die Koranna[15], die schon früher nach Norden gezogen waren.

Die Bergenaar suchten mit ihren Herden nach Plünderungsmöglichkeiten in einem weiten Umfeld. Sie wurden bei dem Versuch, sich die riesigen Viehherden der Ndebele anzueignen, in einem nächtlichen Überraschungsangriff fast vollständig vernichtet.

Der Missionseinfluss verstärkte sich im ersten Viertel des 18. Jahrhunderts, als der Missionar John Philip in Philippolis eine Station zur Missionierung der San einrichtete und deren Schutz vor Versklavung anstrebte. Er wurde als Superintendant der LMS einflussreich und bewegte die Griqua-Führung dazu, ihn beim Schutz der San zu unterstützen. Viehraub, betrieben von San, Griqua und anderen Gruppen, und eine grausame Kriegsführung dezimierten die San weiter. Treckburen und Mzlikazis Ndebele betrieben ebenfalls die Vernichtung der San. Ohne den Schutz der Bergenaar zogen

---

13 O'Connell, »The Story«, S. 6.
14 Legassick, »The Politics«, S. 189.
15 Siehe Geschichte 17 »Die Koranna und ihre Felsmalereien«, S. 197.

die Griqua unter Adam Kok II. nach Philippolis[16] und gaben Griqua Town auf. Sie spalteten sich und überließen dem Klanführer Waterboer die Herrschaft in Griqua Town.

In der neuen Siedlung der Griqua in Philippolis etablierten sich auch Teile der Koranna und überlebende Bergenaar. Die Familie Berends hielt am Bündnis mit den Koks fest. Adam Kok III. schuf die Institution des »Raad« mit dem Bergenaar Hendricks als Sekretär. Das neue Gebiet der Griqua in Philippolis hatte aber unter dem Expansionsdruck der europäischen Siedler keine Chance zur Konsolidierung. Nachdem Treckburen nach der Annexion von Natal durch die Briten 1842 wieder über die Drakensberge zurückgewandert waren, setzten sie bei der britischen Regierung der Kapkolonie durch, dass sie Griqua-Gebiete für vierzig Jahre pachten durften. Adam Kok III. erkannte zu spät, dass es sich um einen dauerhaften Verlust handelte. Er wich erneut aus. Aber Griqualand East wurde ebenso 1875 annektiert wie Griqualand West, nachdem 1868 in Kimberley die Diamanten gefunden worden waren.

Das Ende der Eigenstaatlichkeit verursachte eine Identitätskrise unter den Griqua. Die Familie Kok versuchte trotz der multiethnischen Struktur ihre Herrschaft als erbliches dynastisches Haus zu behaupten. Noch heute gibt es das »Griqua Royal House«[17]. Neue Formen der Identitätssicherung wurden versucht. So entstand um die Wende zum 20. Jahrhundert eine Bewegung der »Roepers«, der Rufer. Sie waren ursprünglich Mitglieder eines Mädchenchores, die unter den verstreuten Griqua ein Gemeinschaftsbewusstsein, nun ohne Land, zu stiften versuchten.

6 Die Gefährdung der interethnischen Existenz

Die Möglichkeiten interethnischer Existenz verschlechterten sich, als die rassistischen Kriterien der Siedlungsgesellschaft seit der Mitte des 19. Jahrhunderts systematisch durchgesetzt wurden. Bis dahin spielten multiethnische Gruppierungen eine wichtige Rolle. In Südafrika lebten viele freigekommene oder entlaufene Sklaven als vereinzelte Personen. Sie waren von unterschiedlicher Herkunft: San, Khoi Khoi, Tswana, Sotho und auch »Malaien«, die oft wegen widerständigen Verhaltens in den niederländischen Kolonien als Strafgefangene nach Südafrika gekommen waren. Durch verschleppte Imame fanden viele im Islam etwas Sicherheit. Die Abkömmlinge aus Beziehungen untereinander oder mit europäischen Siedlern gerieten in sozial prekäre Lagen. Sie entwickelten oft eine ambivalente Beziehung zum werdenden südafrikanischen Staat. Die »Bastards«, die illegitim Geborenen, strebten die Anpassung an die europäische Gesellschaft an, ohne sie erreichen zu können. Viele nahmen Arbeit auf europäischen Farmen und in Läden auf oder wurden Handwerker. Sie nä-

---

16 Legassick, »The Politics«, Abschnitt »The New Balance of Power, 1826–1832«, S. 189–196.
17 Smillie, Shaun, »Why the Griqua People Deserve Respect and Recognition«, Nov 6, 2019 (https://www.iol.co.za/saturday-star/news/why-the-griqua-people-deserve-respect-and-recognition -36750600).

herten sich den Normen europäischer Kultur an, sprachen und schrieben oft Niederländisch, waren getauft und vertrauten dem christlichen Gleichheitsversprechen der ihnen nahestehenden Missionare. Sie bevorzugten europäische Kleidung und führten meist monogame Ehen. Sie hatten Ochsenwagen, konnten reiten und vor allem hatten sie legalen Zugang zu Feuerwaffen und Munition, insbesondere wenn sie sich als Milizionäre im Grenzdienst verdingten. Sie bezeichneten sich am Ende des 18. Jahrhunderts auch als »zwarte Hollander«[18]. Aber sie blieben aus den europäischen christlichen Gemeinden ausgeschlossen. Diejenigen, die sich betont den europäischen Kulturtechniken zuwandten, wurden nach einem malaiischen Wort als die »Erfahrenen« bezeichnet. Viele, die auch »Orlams« genannt wurden, arbeiteten auf Farmen relativ unabhängig. Sie wurden mit Frachtfahrten beauftragt und führten an Wagen und Gewehren Reparaturarbeiten durch. Sie raubten im Auftrag ihrer weißen oder Bastard-Herren Vieh. Sie jagten Elefanten, deren Elfenbeinzähne und Häute auf den Märkten in Kapstadt gehandelt wurden. Bei ihnen wie bei den Griqua setzte sich trotz klientelähnlicher Beziehungen das Klanprinzip durch. Kommandoführer wurden nach Khoi-Khoi-Tradition Chiefs und vererbten ihr Amt an die Söhne.

Geschichte 17 – Die Koranna und ihre Felsmalereien

In der Regel schreibt man Felsmalereien Völkern oder Gruppen der Frühgeschichte zu. Bemerkenswert ist, dass in der von Gewalt und Unsicherheit geprägten Welt der Frontier Südafrikas Felsmalereien gefunden wurden, die aus dem 18. und 19. Jahrhundert stammen und den Koranna zugeordnet werden[19]. Sven Ouzman bezeichnet die Koranna als »Raider« Society, die er dem »sozialen Banditentum« zurechnet. Sie waren eine Gruppe im zentralen Südafrika, die im britischen Zensus von 1850 auf 20.000 Leute geschätzt wurde. Wie auch die Griqua waren sie im Kern von der Herkunft Khoi Khoi und stammten aus Namaqualand im Umfeld des Oranje-Flusses. Sie wurden zu einer multiethnischen Gruppe, in der neben den Khoi-Khoi-Sprechern auch Bantu-Sprecher waren und solche, die Afrikaans sprachen. Auch Weiße gehörten ihnen an, so Jan Bloem, ein Thüringer. Er gilt sogar als Gründungsvater der Hauptgruppe der Koranna, die vom Namaqualand aufbrach. Er war 1780, nachdem er seine Frau ermordet hatte, vor den Behörden in Kapstadt ins Namaqualand geflohen und hatte sich den Koranna angeschlossen. Er führte sie zu den Griqua, löste sich jedoch bald wieder und zog in den Norden. Koranna waren zur Mobilität gezwungen. Sie folgten dem wandernden Wild und mussten ihre eroberten Herden auf Weideland bringen, das meist auch von anderen Gruppen beansprucht wurde. Außerdem waren die Wasserstellen

---

18 Legassick, »The Northern Frontier«, S. 370.
19 Ouzman, Sven, »The Magical Art of a Raider Nation: Central South Africa's Korana Rock Art«, in: Blundell, Geoffrey (Hrsg.), »Further Approaches to South African Rock Art« (South African Archaeological Bulletin, Goodwin Series, Bd. 9), 2005, S. 101–113. Von dort sind die Abbildungen übernommen.

umkämpft. Bloem entwickelte weiter entfernt von den Kolonialbehörden ein Raubre-gime. Jagd auf Sklaven und Elfenbein sowie Viehräubereien wurden vorherrschend. Viele Outcasts schlossen sich den Gruppen an.

Waffen, Pferde und Alkohol handelten sie mit den Treckburen gegen Sklaven und Elfenbein ein. Sie wurden ein so starker Machtfaktor, dass zeitweise König Moshoe-shoe I. von Lesotho sie an sich zu binden versuchte, um seine Hirten und Getreidebau-ern der Ebenen zu schützen. Auch die Koranna wurden von Seuchen, insbesondere den Masern, dezimiert und mussten sich immer wieder neu, unter Führung jener, die überlebt hatten und immun geworden waren, organisieren. Ouzman betont die ausge-prägte Dynamik der Gruppenbildung bei aller Fragmentierung. Die Tatsache, dass Felsmalereien mit magischer Bedeutung entstanden, gibt einen Einblick in die seeli-schen Folgen der Gefährdungen in dieser Zone der Gewalt. Magische Beschwörungen sollten Hilfe und Sicherheit bringen.

Abb. 31: Felszeichnung (19. Jahrhundert).

Die Felsmalereien thematisieren Jagd, Pferde und Gewehre sowie aggressiv posierende Männer. Sie entstanden in multiethnischen Gruppen von großer Wandlungsfähigkeit. Diese Menschen hatten Zugang zu modernen Gewehren und trieben Handel mit Treck-buren. Das zeitweilige Klientelverhältnis zu König Moshoeshoe verweist darauf, dass auch sie Sicherheit suchten. Aus diesem Motiv wurde gelegentlich die Nähe zu einer Missionsstation gesucht, was aber regelmäßig nach kurzer Zeit scheiterte, weil die An-forderung an Sesshaftigkeit und Verzicht auf Raub sich nicht durchhalten ließ.

7 Nama-Orlam und die vorkolonialen Entwicklungen in Namibia

Orlam[20] lebten auf europäischen Farmen, hielten aber auch eigene Herden in den Grenzzonen. Sie waren umgeben von Khoi-Khoi-Hirten, die sich ihre Unabhängigkeit hatten erhalten können.

Brigitte Lau[21] betrachtet »Orlam« als einen Statusbegriff, während viele andere Termini zur sozialen Kategorisierung auf ethnischen oder »rassischen« Zuschreibungen beruhten. Orlam übernahmen die militärische Technik des »Kommando« für Jagd und Raubzüge. Beim Tode des weißen »Master« verselbstständigten sie sich. Etliche lebten auf illegal besetztem Land vor allem im Namaqualand im Grenzbereich zum künftigen Namibia. Sie blieben in Kontakt zu den Überlebenden der Masernepidemie der Khoi Khoi, heirateten dort ein und hielten neben dem Holländischen an der Sprache der Khoi Khoi fest. Die politische Bewegung der als »Orlam« Bezeichneten begann, als aus ihren Kreisen nach Konflikten mit der Justiz der Kapregierung etliche als »Outcasts« in die Grenzräume auswichen und zu Viehraub, Jagd und Plünderungen von Farmen übergingen. Gruppen entstanden, wenn der Anführer das Amt eines Chiefs über sein Gefolge annahm und damit in die Tradition der Khoi-Khoi-Organisation eintrat.

Die Kommandos operierten auch im Auftrag des Grenzregimes der Kapregierung. Sie griffen in Konflikte zwischen Koranna und europäischen Farmern ein und verfolgten andere Kommandos, die ihren Kontrollauftrag zum Viehraub nutzten. Orlam-Kommandos konnten vor Konflikten mit der Kapregierung in die kaum kontrollierten Grenzräume des unteren Oranje und ins künftige Namibia ausweichen.

Seit 1770 stand der Afrikaner-Klan unter Klaas Jager Afrikaner (geboren vor 1760) in Diensten von Petrus Pienaar, der mehrere Lohnfarmen am mittleren Oranje besaß. Pienaar arbeitete mit Kommandos zusammen. Klaas Afrikaner diente bei Pienaar als »Veldwachtmeester«, Pienaar stattete ihn mit Waffen und Munition aus und überließ ihm Vieh, das er geraubt hatte. Er arbeitete ebenso mit dem flüchtigen Seemann Bloem aus Thüringen, der nach Transorangia ausgewichen war. Bloem sicherte sich später ein Koranna-Gefolge, mit dem er andere Koranna, aber auch Sotho-Tswana-Gruppen überfiel. Als Bloem seine Aktivitäten weiter nach Norden verlegte, wurde der Sohn vom Orlam-Chief Klaas Afrikaner, Jager Afrikaner, als dritter Führer seines Klans, als Kommandoführer, von Pienaar eingesetzt.

---

20 Legassick, »The Northern Frontier«; Lau, Brigitte, »The Emergence of Kommando Politics in Namaland, Southern Namibia«, Diss. University of Cape Town 1982, S. 358–420. Siehe auch Lau, Brigitte, »Conflict and Power in Nineteenth-Century Namibia«, in: The Journal of African History, Bd. 27, 1986, S. 29–39; Lau, Brigitte, »Namibia in Jonker Afrikaner's Time«, Windhoek 1987. Sie behandelt die Nama-Orlams und betont die »Kommando«-Strukturen der Nama. Siehe auch Lau, »Conflict«. Für das 18. und frühe 19. Jahrhundert siehe auch Dedering, Tilman, »Hate the Old and Follow the New: Khoekhoe and Missionaries in Early Ninteenth Century Namibia«, Stuttgart 1997. Siehe auch die Geschichte 26 von Hendrik Witbooi als letztem Orlam-Führer, S. 308.
21 Lau, »Conflict«, S. 29 f. Siehe auch Legassick, »The Northern Frontier«, S. 368–372.

Jager Afrikaner hatte wie sein Vater als ein von der Kolonialverwaltung Beauf-tragter im »Pandoeren-Corps« 1792 gedient und San mit einem Strafkommando über-zogen[22]. 1796 tötete sein Sohn Jonker Afrikaner mit seinen Leuten Petrus Pienaar, vermutlich weil dieser Frauen aus dem Klan vergewaltigt hatte[23]. Jager eignete sich die großen Herden Pienaars an und zog sich mit seinen Leuten zunächst auf eine Insel im Oranje-Fluss zurück. Er vergrößerte sein Gefolge durch Khoi Khoi und San aus dem Tal des Oranje sowie einigen Xhosa, die aus dem Eastern Cape geflüchtet waren. Sie waren in Kämpfe rebellischer Khoi Khoi gegen die Kapregierung verwickelt gewesen, die sich nach Abebben der Rebellion ihnen anschlossen.

Missionare versuchten aus diesen Gruppen ähnlich wie bei den Griqua einen Grenz- oder Protostaat zu entwickeln. Sie scheiterten aber, weil der Viehraub für die Gruppe vorherrschend blieb. Ein Ausgleich mit der Kapregierung schlug 1800 fehl, so dass der legale Zugang zum Markt und zu Waffen verschlossen blieb. Die Orlam wichen nach Norden aus, griffen 1811 die Missionsstation Warmbad in Namibia an und agierten zeitweise beiderseits der Grenze.

Etliche Orlam- und Nama-Gruppen, die schon seit der Mitte des 18. Jahrhunderts über den Oranje gezogen waren[24], gewährten dem Afrikaner-Klan und anderen Zu-wanderern die Ansiedlung.

8 Der Beginn der Orlam-Hegemonie in Südnamibia

Unter der Führung von Jonker Afrikaner, der seinem Vater, Jager Afrikaner, 1823 nach-folgte, entwickelten die Orlam eine politische Hegemonie in Allianzen mit Nama- und anderen Orlam-Gruppen des südlichen Namibia[25]. Die Nama-Struktur als Teil der Khoi-Khoi-Kultur dominierte den Charakter dieser Gruppen, trotz der christlichen Einflüsse und des Holländischen als einer der Sprachen ihrer Eliten. In den Siedlungen lebten zwischen achthundert und 1.500 Personen. Der Einfluss der Chiefs hing von ihrer Fä-higkeit ab, Gewehre, Munition[26] und geraubtes Vieh zu verteilen.

Die bewaffneten Kommandos, in der Regel fünfzig berittene und mit Gewehren ausgestattete Leute, waren den übrigen Hirtengruppen überlegen. Jonker Afrikaner

---

22 Dedering, »Hate the Old«, S. 54.

23 Ebd., S. 54 f. und Legassick, »The Northern Frontier«, S. 374.

24 Dedering, »Hate the Old«, S. 39.

25 Legassick, »The Northern Frontier«, S. 374 f. Dedering, »Hate the Old«, S. 37, gibt für diese Nama-Gruppen auf der Grundlage der Schätzung des Missionars Hugo Hahn von 1853 die Gesamt-zahl von ca. 12.000 Menschen an.

26 Schürmann, Felix, »Der graue Unterstrom: Walfänger und Küstengesellschaften an den tiefen Stränden Afrikas (1770–1920)«, Frankfurt 2017, S. 81–141. Brigitte Lau zitiert Missionar Schmelen vom 28.3.1828 über die Wirkungen des Waffenhandels via Walfishbay. Siehe auch das Kapitel »Vom Walgrund zum Handelshafen: Walvis Bay, 1780–1860«. Jonker Afrikaner bezog 1823 die Walfish Bay in seinen Herrschaftsbereich ein, S. 106. Siehe auch Lau, »Conflict«, S. 32.

hatte 1823 bei seinem Zug nach Walfishbay dreihundert berittene Personen unter sich und ebenso viele beim Zug ins Ovamboland im hohen Norden an der Grenze zu Angola, wo er Elefanten jagte.

Fünf führende Familien kontrollierten den Handel und grenzten Territorien ab.

Jeder wichtige Kommandoführer bemühte sich um einen Missionar, der Einfluss auf die politische Organisation und auf die Marktbeziehungen nahm. Viele Ämter hatten holländische Bezeichnungen. Der Kommandoführer hatte das letzte Wort bei der Vergabe der Ämter und der Mitgliedschaft im »Raad«. Er umgab sich mit Assistenten, die lebenslang ihr Amt ausübten. Jonker Afrikaner ließ ein Netz von Handelsstraßen errichten[27]. Er gründete als seinen Hauptsitz Windhoek, das Residenz und Marktort wurde und in der Mitte des Landes südlich der großen Weidegebiete der Herero lag.

Unter den Orlam und Nama lebten große Teile der Bevölkerung in Abhängigkeit. Mittellos oder nur mit wenigen Stück Vieh und ohne Feuerwaffen waren sie lediglich »Beiwohner«. Viele waren Sklaven, oft aus Familien der Damara[28]. Sie wurden als Hirten eingesetzt und mussten die Wege sowohl durch die Namib zum Atlantik als auch nach Norden bis zum Ovamboland bauen und unterhalten. Es entstanden quasi feudale Beziehungen der Orlam-Führer zu den Hirten der Viehposten und den abhängigen Gruppen und deren Chiefs.

Herero-Chiefs und adelige Großleute gerieten ebenfalls in eine Art feudaler Abhängigkeit. Sie hüteten auch Nama-Herden und mussten Vieh als Tribut abgeben. Außerdem kämpften sie bei den Kommandos mit.

Die großen Herdenbesitzer unter den Herero profitierten vom Zugang zu den Märkten in Windhoek. Brigitte Lau[29] betont die zentrale Bedeutung des Fernhandels mit Kapstadt. Bis zum Tode Napoleons I. 1823 in der Gefangenschaft auf St. Helena war die große britische Garnison dort ein zusätzlicher Markt. Seit dem späten 18. Jahrhundert wurde Walfishbay von amerikanischen, britischen und französischen Walfängern angelaufen. Die Verbindung zu den Walfängern[30] in Walfishbay war wichtig. Die lokale Bevölkerung und die Orlam-Afrikaner verkauften den Walfängern Vieh, das diese für ihre Ernährung benötigten. So erhielten sie im Gegenzug regelmäßig Zugang zu Waffen und Munition.

Der Umfang der Herden, die den Herero von den Nama-Orlams geraubt wurden, umfasste oft 10.000 Stück bei einem Kommandozug. Dies erschwerte die angemessene Pflege des Viehs. Weideland wurde knapp und war umkämpft, ebenso die Wasserlöcher. So wurden immer neue Jagdzüge nötig. Außerdem nahm die Abhängigkeit von importierten Gebrauchsgütern zu, die auf den Märkten und von Wanderhändlern

---

27 Lau, »Conflict«, S. 34.
28 Der Kommandoführer Amraal mit vierhundert Mann hatte 1.200 Leute, die 1840 in Knechtschaft lebten, ebd.
29 Ebd., Grundzug der Argumentation.
30 Ebd.

erhältlich waren. Lokales Handwerk wurde vernachlässigt. Zwischen den Nama-Gruppen kam es zur Spaltung darüber, ob man den Missionaren Einfluss überlassen sollte. Jonker Afrikaner hielt sie für Agenten des Kolonialismus und »Landsucher«. Er betrachtete sie außerdem als Verfälscher des Glaubens. Trotzdem hielt er über zwei Jahrzehnte lang den Kontakt zum Missionar Hugo Hahn mit gegenseitigen Besuchen und Korrespondenz[31]. Händler vom Kap mischten sich ein und unzufriedene und abgewanderte Herero-Gruppen entzogen sich den feudalen Verpflichtungen der Nama-Orlams. Nach verlustreichen Kämpfen griffen Missionare und Händler durch strategische Planungen und selektive Verteilung von Waffen und Munition zugunsten der Herero ein. Die politische Kohärenz der Herero vertiefte sich. Missionare und Händler erreichten eine größere Unabhängigkeit von ihnen[32]. Maßgebenden Einfluss hatte dabei die Präsenz des schwedischen Händlers Andersson, der mit einer Privatarmee und Zugang zu Waffen und Waren die Herero-Führung veranlasste, ihren Hauptsitz nach Otjimbingwe am Weg durch die Namib-Wüste zur Atlantikküste zu verlegen. Dies beendete die Hegemonie der Nama-Orlams.

Nach Jonker Afrikaners Tod 1861 begann sich die Orlam-Hegemonie, die inzwischen auch das Hereroland dominierte, aufzulösen. Tjamuaha Maharero (auch als Kamaharero bekannt), der künftige König oder »Oberkaptein« der Herero, wurde am Hauptsitz der Orlam in Windhoek zusammen mit Jonker Afrikaners Neffen, Jan Jonker Afrikaner, militärisch ausgebildet. Beide wurden enge politische Freunde. Damit wurden die Orlam in Beziehungen zu den Herero eingebunden.

Parallel dazu begann Maharero, gegen die Orlam-Hegemonie zu rebellieren. Der als schwach geltende Nachfolger von Jonker Afrikaner, Christian Afrikaner, sah sich von Maharero und seinem Rivalen Jan Jonker Afrikaner bedroht und begann einen Präventivkrieg gegen Maharero und Jan Jonker. Dabei wurde Christian Afrikaner am 15. Juni 1863 vernichtend geschlagen und getötet, so dass Jan Jonker Afrikaner die Nachfolge antreten konnte. Er verweigerte sich aber der Unterordnung unter Maharero, so dass bis 1864 immer wieder Kämpfe ausbrachen. In der Schlacht vom 22. Juni 1864[33] wurde Jan Jonker Afrikaner, auch mithilfe von Soldaten der Händler Green und Andersson, geschlagen. Andersson war von Maharero sogar lebenslang zum militärischen Oberbefehlshaber der Herero ernannt worden. Die Herrschaft der Orlam über die Herero war damit beendet. Massaker der Herero an Orlam-Afrikanern fanden statt und Windhoek wurde 1880 zerstört. Gefechte der Orlam-Afrikaner und anderer

---

31 Lau, »Conflict«, S. 36.
32 Ebd.
33 Siehe Bericht über die Schlacht von Green an Andersson, 22.6.1864, eine von Andersson handschriftlich angefertigte Kopie. Andersson, Charles John, »Trade and Politics in Central Namibia 1860–1864: Diaries and Correspondence of Charles John Andersson«, hrsg. von Brigitte Lau, Bd. 2, Windhoek 1989, S. 236. Für biographische Details Dierks, Klaus, »Biographies of Namibian Personalities«, Einträge für Maharero (Kamarero), Jan Jonker Afrikaner und Christian Afrikaner, online verfügbar unter: http://klausdierks.com/Biographie/Biographies_htm 2010 und 2011.

Nama-Gruppen gingen in den Jahren 1880 und 1881 verloren. Viele der Leute Jan Jonkers und sogar zwei seiner Söhne waren zu den Witbooi-Nama übergegangen. Nach den Niederlagen floh Jan Jonker Afrikaner in die Gegend des Gamsberges, wo er aber von den Witboois als Eindringling betrachtet, verfolgt und gestellt wurde. Bevor die Kapitulationsverhandlungen am 10. August 1880 begannen, wurde er von einem seiner Söhne erschossen. Das südliche und zentrale Namibia geriet in eine protokoloniale Phase, obwohl Kapstadt seit 1878 den Oranje als Grenze definiert hatte und auf die nördliche Region verzichtete. Allerdings wurde der Tiefwasserhafen Walfishbay annektiert.

Abb. 32: Pulverturm des Missionshändlers Otto Hälbich, der die Herero mit Waffen belieferte (1972).

9 Das Eastern Cape und die Krise der Xhosa-Gesellschaft

Das Xhosa-Gebiet lag teils außerhalb von »British Kaffraria« und wurde durch Xhosa-Gesetze regiert, ausgehend vom »Great Place« des Königs Sarhili nördlich des Great Kei River[34]. Aber auch innerhalb British Kaffrarias waren Gebiete unter Kontrolle von Königen. König Sandiles »Great Place« lag südlich des Flusses. 1850–1853 fand der 8. Krieg gegen die Xhosa statt. Die insgesamt neun Kriege gegen die Xhosa wurden damals »Kaffern-Krieg« genannt. Im 8. Krieg wurde Maqoma bei den Kämpfen um Waterkloof zum bedeutendsten Xhosa-General. Als älterer Bruder von Sandile war er aufgrund der niedrigeren Herkunft seiner Mutter in der Erbfolge übergangen worden und wurde rebellisch. Trotz einer gewissen Nähe zum Christentum und seines Inter-

---

34 Siehe Karte S. 65 in Peires, Jeffrey B., »The Dead Will Arise: Nongqawuse and the Great Xhosa Cattle-Killing Movement of 1856–7«, Johannesburg 1989.

esses an der britischen Kultur wurde er ununterbrochen von der Regierung British Kaffrarias als erratischer Rebell verfolgt[35].

Als Folge des Drucks durch das ständige Vordringen der Siedlergesellschaft und der damit verbundenen Expansionskriege der Kapkolonie entwickelte sich eine Krise der Xhosa-Gesellschaft. Höhepunkt wurde das »Cattle-Killing«. Es erfolgte auf Rat der Prophetin Nonqawuse und des Propheten Mhlakaza 1857. Geschätzt wird, dass 400.000 Stück Großvieh von der Cattle-Killing-Bewegung geschlachtet wurden[36]. Das Cattle-Killing, das dem 8. »Kaffern-Krieg« folgte, war eine Verzweiflungstat nach einem Jahrhundert kolonialer militärischer Durchdringung und Siedlungsexpansion, bei der die Xhosa mit Kriegen überzogen wurden oder sich gegen Landverluste militärisch wehrten.

Die Viehverluste durch die vorangegangene Lungenseuche kamen hinzu. Von 150.000 Xhosa starben wahrscheinlich bis zu 50.000 an den Folgen der Vieh- und Getreideverluste. Noch einmal die gleiche Anzahl wurde in ein Reservat getrieben. Nach dem Angriff der Kolonialtruppen auf König Sarhili verlor der König zwei Drittel seines Landes, andere Xhosa-Chiefs verloren ihr gesamtes Land.

Jeffrey B. Peires hat dieser Krise 1989 ein wunderbares Buch gewidmet, dessen zentrale Aussagen zu einer Geschichte zusammengefasst werden.

Geschichte 18 – »The Dead Will Arise«

> *»Oh! Nongqawuse!*
> *The girl of Mhlakaza*
> *She killed our nation*
> *She told the people, she told them all*
> *That the dead will arise from the graves*
> *Bringing joy and bringing wealth*
> *But she was telling a lie«*[37].

Die Cattle-Killing-Bewegung hatte eine Vorgeschichte. Bereits 1853 hatten die Xhosa 100.000 Stück Vieh vernichtet, weil die Lungenseuche ausgebrochen war. Sie war aus Europa eingeschleppt worden, auf einem holländischen Schiff, das Bullen aus Friesland nach Mosselbay, einen kleinen Hafen zwischen Port Elizabeth und Kapstadt, brachte. Die Seuche führte zu einem langsamen und quälenden Tod der Tiere[38]. *In der Inkubationszeit, die bis zu achtzehn Monate dauerte, mischten sich die kranken Tiere unerkannt mit den gesunden, so dass der Herdenbesitzer oft viel zu spät bemerkte, dass ihn das Unheil erreicht hatte. Die Verbreitung erfolgte auch durch die Ochsen,*

---

35 Ebd., S. 67.
36 Ebd., S. 319.
37 Lied von Peires aus Xhosa übersetzt, ebd., S. XVI.
38 Ebd., S. 70 f.

die die Wagen auf den Handelsrouten nach Natal zogen. Die Seuche erfasste spätestens 1855 das gesamte Xhosa-Gebiet mit Ausnahme abgelegener Gegenden.

König Sarhilis Land erreichte sie im Januar 1855, danach das des Königs Sandile. Die Xhosa ergriffen alle Abwehrmaßnahmen, die ihnen zur Verfügung standen, als sie die Seuche kommen sahen. Sie trieben ihre Herden in bergige, abgelegene Gebiete, stellten alle fremden Tiere und die von Europäern unter Quarantäne und verboten die Einfuhr fremder Tiere. Sie zäunten Kilometer um Kilometer Weidegebiet ein und verbrannten alles Gras außerhalb dieser umzäunten Gebiete. Die Körper der verendeten Tiere wurden tief in der Erde vergraben. Die meisten Menschen aßen kein Fleisch mehr.

Der König ließ diejenigen hinrichten, die ihr krankes Vieh nicht schlachteten, sondern auf dessen Erholung hofften. Es starben geschätzt 5.000 Tiere im Monat. Insgesamt gingen zwei Drittel des Viehs verloren. Manche Chiefs verloren über 90 % ihrer Bestände. Die Katastrophe vergrößerte sich, weil auch der Mais von den Wurzeln her durch eine Krankheit angegriffen wurde, so dass die Kolben nicht heranreiften und starker Regen viele Pflanzen zerstörte. Die Menschen waren verzweifelt und depressiv. Sie suchten auch nach Menschen als Ursachen und vermuteten Hexerei. Der König richtete viele angebliche Hexen hin. Eine abwegige Hoffnung verbreitete sich, als der ehemalige Gouverneur von Kaffraria im Krimkrieg gefallen war: Es entstand das Gerücht, dass die Russen, von denen man nicht einmal sicher wusste, ob sie schwarz waren, über das Meer kommen, die Briten vertreiben und die Xhosa erlösen würden. Männer hielten auf Hügeln nahe der See Ausschau nach ihren Schiffen. Prophetie fand statt. Der Sohn des Nxele, eines Propheten an Sarhilis Hof, behauptete, dass sein Vater, der nach dem 8. »Kaffern-Krieg« auf Robben Island vor Kapstadt gefangen gehalten worden war, nicht auf der Flucht ertrunken sei, sondern mit einer schwarzen Armee mit berühmten Helden, die wiederauferstanden seien, über die See zur Befreiung kommen würde. Diese Armee würde alles Vieh wieder zum Leben erwecken. Die Xhosa sollten ihr Vieh töten und die Bearbeitung des Landes einstellen. Andere Propheten versprachen unbegrenzte Mengen an Häuten für die Kleidung und gaben Ratschläge, wie man die Hexerei verhindern könne. Sie empfahlen das Cattle-Killing und die Errichtung neuer Zäune für Kraals zur Aufnahme neuer Tiere.

Peires bezeichnet diese frühen Propheten als durchweg »anti-white«. Man sollte sich nicht mit den Weißen einlassen, weil diese Gottes Sohn getötet hätten. Da die Prophetien nicht eintrafen, obwohl feste Termine angekündigt wurden, und außerdem Großbritannien mit den Russen Frieden schloss, schwächte sich die Wirkung der Prophetien im März 1856 ab.

Im April 1856 aber traten zwei neue Propheten mit viel größerer Wirkung auf den Plan: Nonqawuse und Mhlakaza[39]. Letzterer war der Sohn eines Beraters von König Sarhili. Der Vater hatte seine Frau, die Mutter von Mhlakaza, getötet. Mhlakaza floh in die

---

39 Ebd., S. 309 f.

Kapkolonie. Dort nahm er einen christlichen Namen und Elemente des Christentums an. 1848 traf er den Missionar N. J. Merriman, mit dem er auf Predigtreisen durch das Eastern Cape zog. Er empfand sich als gleichberechtigten Partner bei der Verbreitung des Glaubens. Aber da ihn die Familie Merrimans nur als einen normalen schwarzen Diener sah und seine religiöse Mission nicht ernst nahm, ging er ins Xhosa-Gebiet zurück und agierte als ein »Gospel Man«. Alsbald legte er seine christliche Orthodoxie ab und kommentierte die Krise. Er hatte seine Nichte Nonqawuse in Obhut genommen, da ihre Eltern in den Kämpfen um Waterkloof zwischen 1851 und 1853 umgekommen waren. Sie selbst hatte dort die Schrecken der britischen Kriegsführung erlebt.

Abb. 33: Nonqawuse.

Eines Tages im April 1856 verließ sie, nun ungefähr fünfzehn Jahre alt, mit einer acht bis zehn Jahre alten Verwandten das Gehöft ihres Onkels am Gxarha-Fluss, um Vögel von den Äckern zu vertreiben. Sie hörte, wie zwei Fremde, die sich hinter einem kleinen Busch neben dem Acker verbargen, ihren Namen riefen. Diese teilten ihr mit, alle Verstorbenen der Community würden wieder von den Toten auferstehen, wenn alles noch lebende Vieh geschlachtet werde, das von verhexten Händen beschmutzt worden sei. Es dürften die Äcker nicht bearbeitet werden. Neue große Vorratsbehälter, neue Häuser und große Vieh-Kraals müssten gebaut werden. Das sei die Botschaft von Chief Napakade. Außerdem sollten die Leute die Praktiken der Hexerei aufgeben, denn sie würden bald von »Diviners« geprüft[40]. Niemand glaubte den beiden Mädchen. Aber sie gingen am nächsten Tag wieder auf das Feld und sagten, sie hätten die Fremden wieder getroffen, die sich nach der Wirkung ihrer Botschaft erkundigt hätten. Die Mädchen erklärten ihnen, ihr Bericht sei als Witz aufgenommen worden. Darauf hätten die Fremden erwidert, Mhlakaza möge sich reinigen und selbst zu ihnen kommen. Mhlakaza hatte aus der Beschreibung der Personen im zweiten Bericht der Mädchen gedeutet, dass ein Fremder sein jüngerer Bruder, der verstorbene Vater von Nonqawuse, sein müsse. Er reinigte sich gemäß den Anweisungen vier Tage lang und kam auf das Feld. Die Fremden verbargen sich und nur Nonqawuse konnte die Stimmen hören, die mitteilten, dass die alten großen Könige der Xhosa sie in dem Bemühen, die Weißen aus dem Land zu treiben, unterstützen würden. Sie seien von ihnen gesandt worden. Die Fremden wiederholten, dass sie alles, was der Hexerei diente, vernichten und alles Vieh schlachten sollten.

Mhlakaza informierte umgehend die Chiefs und die Leute der weiteren Community. Er nannte die Boten die »New People«, die viel Vieh und Pferde hätten und alle Xhosa kennen würden. Nonqawuse bestärkte ihn mit der Aussage, die Menschen würden künftig in Überfluss leben und essen, was die Briten äßen.

Darauf entsandten die Könige und Chiefs der Xhosa hochrangige Emissäre, unter anderem ihre Söhne. Sie trafen die New People nicht an, weil ihnen gesagt wurde, diese seien gerade auf einem Feldzug gegen die Briten[41]. Das wurde geglaubt und einige Chiefs schlachteten einige Ochsen. König Sarhili übergab Mhlakaza einige Kühe und teilte seinen Chiefs mit, dass alles Vieh verhext sei. Sie sollten alle Tiere töten und würden von den »New People« Ersatz bekommen. Sarhili, König aller Xhosa[42] und nach zwanzig Jahren Regierung auf der Höhe seiner Macht, hatte drei Kolonialkriege durchgestanden, ohne seinen Status zu kompromittieren, da er einen Krieg gegen die Thembu gewonnen hatte, die eine Allianz mit der Kolonialmacht eingegangen waren. Sein Wohlstand war groß und er besaß mehrere Tausend Stück Vieh. Er genoss hohes Ansehen bei den Chiefs seines dezentralen Königtums und galt als sehr beliebt bei seinem Volk. Dennoch war sein Urteilsvermögen stark dadurch geprägt, dass er seit seiner frühen Kindheit in Obhut von Magiern und Diviners verbracht hatte, weil er mental und körperlich so schwach war, dass man ihm kein langes Leben vorhergesagt hatte. Durch die gemahlenen Knochen einer riesigen Pythonschlange, mit denen ihn ein Heiler namens Bomela behandelte, soll er gesundet sein.

Bomela wurde aufgrund des Erfolges im Krieg gegen die Thembu sehr einflussreich. Als er die militärischen Niederlagen Sarhilis 1853 nicht hatte verhindern können

---

40 Ebd., S. 79. In Anm. 2 auf S. 100 gibt er die Quellen an. Die wichtigsten stammen von Polizeispionen vom Juli 1858, bevor das Ausmaß der Bewegung bekannt war.
41 Ebd., S. 80.
42 Ebd., Kapitel »The Python Encircles Hohita«, S. 81 ff. Hohita ist der Name des »Great Place« des Königssitzes.

und Sarhili außerdem drei seiner Söhne verloren hatte, zuletzt den 1853 den zwölfjäh-rigen Thronfolger 1853, fiel die Verantwortung auf den Heiler.

Durch einen anderen an den Hof gerufenen Heiler kam es zur Anklage wegen He-xerei. Der alte Heiler wurde daraufhin zu Tode gefoltert, da in seinem Haus angeblich Mittel für Hexerei gefunden wurden. Sarhili, der an die Unschuld seines engsten Bera-ters und Heilers glaubte, konnte nicht verhindern, dass dem Heiler Bomela und indi-rekt ihm selbst auch der Tod seiner Söhne angelastet wurde. Er war vom Schicksal seines engsten Beraters und Heilers tief getroffen und versorgte dessen Kinder mit Vieh. Sarhili glaubte, ihm stehe durch den ungerechten Tod des Heilers großes Un-glück bevor.

Diese Erwartung verband sich mit der Erinnerung an ein Ereignis zwanzig Jahre zuvor, 1835, als sein Vater, der ihn mitgenommen hatte, trotz freien Geleites vom briti-schen Gouverneur getötet worden war. Daraus entstand ein tiefer Hass gegen die Koloni-altruppen, die in weiteren Kriegen und besonders 1851 Hunderte seiner Leute getötet hatten. In diesen Kriegen schienen die Missionare an der Seite seiner Feinde zu stehen. Er brannte deshalb deren Stationen nieder und wich nach Hohita in eine Gegend aus, die zu abgelegen für europäische Siedler war. Dennoch nahm er die Ansiedlung einer Missionsstation in der Nähe des »Great Place« in Hohita hin und lud den Missionar an den Hof ein. Er war beeindruckt von den Illustrationen in der Bibel, insbesondere davon, dass Jesus über das Wasser gehen konnte und dennoch gekreuzigt wurde[43].

Peires geht davon aus, dass diese Bilder wirksam wurden, als Nonqawuse in An-wesenheit Sarhilis auf das Meer zeigte, über das die wiederauferstandenen Menschen kommen würden, und dies zu einem Zeitpunkt, als die Lungenseuche in unmittelbarer Nachbarschaft seines Great Place ausgebrochen war. Deshalb pilgerte er im Juli 1856 zu Mhlakazas Anwesen. Dort wollte er sogar wie Nonqawuse auch die Stimmen der Fremden gehört haben. Er fertigte formale Befehle aus, dass sein Volk den Anweisun-gen Mhlakazas folgen solle. Hunderte von Xhosa wanderten zur besagten Schlucht, um sich zu vergewissern. Nonqawuse war inzwischen so verwirrt und krank, dass sich die Leute und auch Chiefs lieber an die junge Verwandte Nombanda wandten. Die Be-sucher, die nie die »New People« sahen, deuteten in der düsteren Meeresschlucht Nebel und Schattenspiele als Hinweise und unterdrückten ihre Zweifel, zumal es hieß, dass nur Angehörige der königlichen Familie diese New People sehen könnten. Das Prestige von Mhlakaza und Nonqawuse war so groß, dass die Menschen, die weite Wege zurückgelegt hatten und oft zum ersten Mal das Meer sahen, nach schlaflosen und durchtanzten Nächten denen glaubten, die auf den Hügeln in der Dämmerung und im Nebel das neue Vieh gesehen haben wollten[44]. Es gab Ungläubige, die aber sehr viel Mut aufbringen mussten, um den Propheten zu widersprechen. Auch Chiefs

---

43 Ebd., S. 86.
44 Zeitzeugnis in: Ebd., S. 92.

waren unter den Ungläubigen. Sie folgten als von der Kolonialverwaltung bezahlte Magistrate den Vorstellungen der Briten.

Etliche Xhosa verkauften ihr Vieh auf den europäischen Märkten, erhielten aber nur noch den Preis für die Häute. Einige Chiefs brannten Siedlungen von Gläubigen nieder. Es entstanden Zweifel an den Prophetien, als die Erwartungen enttäuscht wurden, dass die Auferstandenen im Juni 1856 ankommen würden. Die Propheten hatten zwar vermieden, genaue Daten zu nennen. Schließlich aber zwangen die Enttäuschten Mhlakaza zu sprechen und er nannte den Mondwechsel am 16. August 1856. Als das Ereignis wieder nicht eintraf, schwächte das zum ersten Mal die Bewegung. König Sarhili glaubte noch die Ausreden Mhlakazas, nämlich, dass das Vieh nicht nach rituellen Regeln geschlachtet worden sei und sich deshalb die Prophetie nicht erfüllt habe.

Beamte der britischen Kolonialverwaltung waren sich in der Frage der Beurteilung der Cattle-Killing-Bewegung uneinig. Sie lehnten das Angebot Sarhilis ab, mit ihnen auf die Hügel am Meer zu gehen, um die Propheten zu konfrontieren. Zwar veranlasste der Gouverneur Grey etliche Chiefs innezuhalten, indem er ihre Gehälter sperrte. Da dies aber mit diktatorischer Geste erfolgte, wandte sich die Bewegung stärker gegen die Kolonialmacht[45]. Auf eine Warnung des Gouverneurs in einem Brief an Sarhili antwortete dieser, dass er in seinem Land unter Befehl eines höheren Wesens weitermache. Implizit argumentierte er, der Gouverneur habe keinen Einfluss auf sein Land. Er bestätigte die Prophetien: »I was ordered to do so by the thing which speaks in my country«[46].

Sarhili hielt große Versammlungen zur Förderung des Cattle-Killing ab. In Erwartung der Pflanzzeit im September vertiefte sich die Bewegung gegen die Anpflanzung. Spaten wurden ins Meer geworfen. Es entstand eine Frauenbewegung gegen die Aussaat. Gläubige zertrampelten angesäte Felder. Die Ungläubigen, die von der Prophetie nicht beeindruckt waren, warteten auf eine Entscheidung Sandiles, des Chiefs in British Kaffraria. Der aber geriet zwischen die Fronten der Kolonialregierung und der Ungläubigen und wichtigen Beratern, die der Bewegung angehörten. Er blieb deshalb passiv. Er gab auch keine rituelle Anweisung zum Beginn der Pflanzzeit. Der Gouverneur schickte gegen den Rat seiner Leute ein Kriegsschiff in die Mündung des Great Kei River. Ohne Lotsen fuhr es in einen falschen Mündungsarm, wo das ausgesetzte Boot kenterte und bewaffnete Matrosen ertranken. Den Xhosa wurde so ein Spektakel geboten, das sie als Bestätigung ihrer Prophetien wahrnahmen und außerdem als Angriff deuteten.

Schließlich geriet Mhlakaza doch unter Druck, einen festen Termin zu nennen. Seine Autorität wurde angezweifelt, weil er nur ein einfacher Xhosa und kein adeliger Chief war. Als der nächste Vollmond im Dezember wieder keine »New People« brachte, fiel die Bewegung in sich zusammen. Auch Sarhili wurde mit der Tatsache konfrontiert, dass nichts von den Prophezeiungen eintraf. 6.000 Xhosa versammelten sich

---

45 Peires zur britischen Politik, ebd., S. 82 ff.
46 Antwort Sarhilis an Grey, ebd., S. 115.

mit Sarhili und vielen Beratern, um den Tag der Entscheidung zu erwarten. Sarhili ging erneut am 3. Januar 1857 zur Bucht, aber Nonqawuse und Mhlakaza waren verschwunden. Sie hatten eine Botschaft hinterlassen, dass es der nächste Mondwechsel sein würde. Sarhili unternahm vergeblich einen Selbstmordversuch, um sich aus der Situation zu befreien[47], machte aber danach weiter. Er umgab sich mit den Söhnen von Kriegshelden, die ihn zur Schlucht begleiteten. Obwohl nichts geschah, sagte er trotzdem nach Gesprächen mit den Propheten, er hätte wundervolle Dinge gesehen. Er wusste aber wohl schon, dass er log.

Andere wichtige Chiefs gerieten in starke Zweifel, obwohl Gerüchte sie erreichten, dass Gläubige inzwischen viel neues Vieh bekommen hätten. Bis Mitte Februar 1857 saßen die Leute vor ihren Häusern und an den Gräbern ihrer Verstorbenen, nun schon vom Hunger gezeichnet, und warteten vergeblich bei jeder neuen Sonne, ob die New People kommen würden. Aber sie kamen nie. Stattdessen baten die Ungläubigen die britische Kolonialverwaltung um Hilfe gegen die Hungerkatastrophe.

Mhlakaza verhungerte mit seinen Leuten auf seinem Anwesen. Nonqawuse überlebte, wurde von Kolonialbeamten gefangen genommen und mit einer anderen Prophetin in ein Frauengefängnis nach Kapstadt gebracht. Als dieses 1859 aufgelöst wurde, war ihr Name nicht auf der Liste und ihr weiteres Schicksal blieb unbekannt[48].

Die Geschichte dieser Katastrophe ist nicht leicht zu interpretieren. Sie lässt sich aus der Kette der »Kaffern-Kriege« und der Brutalität der britischen Kolonialkriegsführung mit den damit verbundenen Landverlusten als eine millenarische Bewegung einer bedrohten agrarischen Gesellschaft deuten. Solche Kulte traten weltweit auf, insbesondere auch in Südostasien, wo Cargo-Kulte in ähnlichen Situationen entstanden, die Überfluss auch an europäischen Waren versprachen. Allerdings waren für die Xhosa das Großvieh und die neu eingeführten Maissorten aus Lateinamerika von zentraler Bedeutung. Eingeführte Waren aus Europa konnten diese überhaupt nicht ersetzen. Peires gibt zu bedenken, dass die Gläubigen – er nennt sie auch »Hard-Believers«, im Unterschied zu den »Soft-Believers« – überwiegend aus der bäuerlichen Schicht der Commoners stammten, während die Könige und Chiefs mit großen Herden und teilweise in finanzieller Abhängigkeit von den Kolonialbehörden eher ambivalent waren. Allerdings war König Sarhili eine psychologisch zu deutende Ausnahme. Für ihn waren die Kriegserfahrungen, in denen die Herrschaft über »sein« Land gefährdet war, ebenso prägend wie bei der jungen Prophetin, die die Schrecken des Krieges erfahren hatte. Deshalb verwendete er religiöse Argumente gegenüber dem Gouverneur und verteidigte mit erstaunlicher Zähigkeit die religiöse Deutung und die Heilserwartungen. Eine wichtige Dimension war seine tiefe Gläubigkeit in Bezug auf die Rolle der Heiler und des Hexenwesens. Die religiöse Dimension des Königtums und der adeligen Chiefs war zentral.

---

47 Ebd., S. 150.
48 Ebd., S. 336.

Zugleich enthielten die Prophezeiungen ein christliches Element durch den Glauben an die Wiederauferstehung der Toten und sogar des für sie so zentralen Viehs. Dies weist auf die Verunsicherung in religiösen Fragen und die Annäherung an eine neue Religion hin. Die Kreuzigung des Gottessohns wurde gegen die Weißen gewendet, die sie zu verantworten hatten. Man wusste um die große Nähe der Missionen zur Kolonialmacht. Die Hoffnung auf die Wiederauferstehung bezog sich auf die Restauration der alten Machtverhältnisse, deshalb die Hoffnungen auf die alten Krieger oder gar auf neue Armeen.

Auch Respekt vor der neuen Religion beeinflusste die Entwicklung der Krise. Die Enttäuschung Mhlakazas, als »Gospel Man« nicht anerkannt zu werden, spielte, wie häufig bei frühem antikolonialem Widerstand, eine Rolle. Die kulturelle Überlegenheit der Weißen wurde gesehen. Es gab den Respekt gegenüber den Kolonialbeamten, weil sie eine überlegene Macht repräsentierten. Die militärischen Fähigkeiten der Europäer und deren Warenwelt beeindruckten ebenfalls.

Alles war ambivalent. Die Eindringlinge waren über das Meer gekommen. Auch die Erlösung sollte über das Meer kommen, so durch die völlig unbekannten Russen oder die toten Helden. Es gab die Vorstellung, den Europäern gehöre nicht das Land der Afrikaner, sondern das Meer. Dennoch: Vieles bleibt unverständlich. Die Tiefe des Glaubens an das Wunder überrascht, wenn es über Monate ausblieb. Ökonomischer Ruin und der Hungertod wurden in Kauf genommen. Die Gesellschaft blieb tief gespalten in »Gläubige« und »Ungläubige«, die sich gegenseitig angriffen.

Sarhilis verzweifeltes Festhalten an den Prophezeiungen zu einem Zeitpunkt, als keine Hoffnung mehr bestand, sollte die spirituelle Quelle seiner Macht und seines Ansehens erhalten. Bei aller Ambivalenz von König Sandile war sie auch als Absage an die Kolonialmacht formuliert.

Nach der Katastrophe verstärkte sich die Besiedelung durch weiße Siedler. Die überlebenden Xhosa wurden der Zwangsarbeit unterworfen. Kaffraria hörte aus der Sicht von Weißen auf, ein fremdes Land zu sein. Die Städte und ihre Distrikte, so East-London, King-Williams-Town und andere »weiße« Gebiete des Eastern Cape, erhielten durch den Arbeitszwang eine nennenswerte schwarze Bevölkerung.

Peires urteilt, dass die kulturelle und ökonomische Integrität der Xhosa nach langem kolonialem Druck und verstärkt durch die Katastrophe des Cattle-Killing völlig zusammenbrach. Als König Sandile 1877 einen weiteren Krieg wagte, war das keine realistische Strategie des Widerstandes mehr und nur noch von emotionaler Bedeutung. Die Masse der Xhosa fand sich mit ihrem Schicksal ab. Die Katastrophe, die die Propheten zugespitzt hatten, war irreversibel geworden[49].

---

49 Ebd., S. 321.

Kapitel 7
Unfreie Arbeit in Südafrika: Wandlungen der Arbeitsverfassung

1 Sklaverei in Südafrika

Die Sklaverei in Südafrika bestand fast zweihundert Jahre lang bis 1834[1]. Sie gehört in die brutalisierte Welt der europäischen Siedlerherrschaft und begründete die Tradition unfreier Arbeit für Afrikanezr in Südafrika.

Die Sklaverei traf zunächst Khoi Khoi. Sie lebten lange vor Ankunft der Europäer am Kap. Es waren Jäger und Sammler, die teilweise zur Viehzucht übergegangen waren. Sie nannten sich Khoi Khoi, »Menschen der Menschen«. Durch Beziehungen zu den San entstanden auch Khoisan. Die San standen als Jäger und Sammler meist in einer Art Klientelverhältnis, solange sie nicht das Vieh der Khoi Khoi als Jagdbeute betrachteten und daraus Konflikte entstanden.

Die Angestellten der niederländischen Kompanie handelten von den Khoi Khoi zunächst im Wesentlichen Vieh ein, um die Frischfleischversorgung für die Schiffe sicherzustellen. In dem Gründungsbefehl der niederländischen Ostindien-Kompanie (VOC) war Gouverneur van Riebeeck sogar angewiesen worden, friedliche Austauschbeziehungen herzustellen. Versklavung war untersagt. Die niederländische Kompanie konnte sich an dieses Prinzip nicht lange halten. Sie überließ zögerlich die Nahrungsmittelproduktion auch freien »Burghern« (burisch für Bürger), die sie unter Kontrolle zu halten versuchte. Wegen des aggressiven Charakters europäischer Siedler versuchten die Burgher unter allen Umständen ihr Glück am Tafelberg zu finden und die einengenden Zwänge einer Monopolgesellschaft zu durchbrechen. Sie wollten selbstständig für einen Markt wirtschaften. Die Kontrollmechanismen der Gesellschaft waren auf Dauer zu schwach. Etliche Burgher drängten entgegen den Intentionen der Gesellschaft in das Hinterland und damit in die Weidegebiete der Khoi Khoi, die sie beanspruchten. Sie begannen – anders als in den Gärten, die unmittelbar um Kapstadt angelegt waren –, extensiv Viehzucht zu betreiben. Dabei blieben sie mit den Märkten in Kapstadt verbunden, stellten sich aber in schlechten Zeiten, wenn sich nichts verkaufen ließ, auf Eigenversorgung und Jagd um. Die Angestellten der Kompanie und die Burgher, die im Hinterland lebten, das zur Frontier wurde, brauchten Arbeitskräfte, auch wenn Eigenarbeit beibehalten wurde. Sie nannten sich im Laufe der Zeit »Buren« oder auch Afrikaaner. Es war selbstverständlich, dass man »Herr« war. Als leitender Angestellter war es ohnehin üblich, Diener zu haben. Auch wer als kleinerer Mann sein

---

1 Bley, Helmut; Lehmann-Grube, Uta, »Sklaverei in Südafrika«, in: Bley, Helmut (Hrsg.), »Sklaverei in Afrika«, Pfaffenweiler 1991, S. 137–151.

https://doi.org/10.1515/9783110452020-009

Glück in Übersee versuchte, wollte ebenso wie ein Herr leben und mindestens für die harten Arbeiten und für die häuslichen Dienstleistungen Diener haben.

In dieser europäischen Männergesellschaft mit Mangel an europäischen Frauen aus der eigenen Gesellschaft wurden afrikanische und asiatische Frauen gezwungen, als Konkubinen zur Verfügung zu stehen. Unter wechselnden gesetzlichen Regeln wurde es üblich, Khoi Khoi und Frauen aus Mischehen zu heiraten. Khoi-Khoi-Männer wurden – durch Gewalt, als Kriegsgefangene oder weil sie in ihrer Gesellschaft ausgestoßen waren – in Einzelfällen als Arbeitskräfte an die Farmen gebunden, was sich im Laufe des Jahrhunderts verstärken sollte. Die Zahl beschränkte sich gegen Ende der Herrschaft der niederländischen Kompanie auf wenige Tausend Khoi Khoi, denn sie waren an abhängiger Arbeit für Europäer nicht interessiert. Was die siedelnden Farmer von ihnen für schlechten Lohn verlangten, waren Jagd- und Hütedienste und damit nichts anderes als ihre eigene auskömmliche Arbeit. Es gab wenige Gründe dafür, sie gegen schlechtere Arbeitsbedingungen für Fremde auszuüben. Eher konnten sie, wenn es um Kapstadt zu eng wurde und weil sie militärisch unterlegen waren, in die Frontier ausweichen, solange sie noch Gelegenheit dazu hatten.

Abb. 34: Alltagsszene freier Khoi Khoi.

Um die Probleme bei der Beschaffung von Arbeitskräften zu lösen, gab es als Alternative zur Versklavung der Khoi Khoi und Khoisan den Sklavenhandel, da Kapstadt zwischen den Hauptströmen des internationalen Handels lag.

Die Sklaven kamen aus fünf Regionen, dem indonesischen Archipel, aus Bengalen und Südindien, Sri Lanka, Madagaskar und der ostafrikanischen Küste. Unter den Sklavenhändlern waren bengalische Banians, Händlerpiraten aus Celebes, chinesische Shunken-Kapitäne, Sakalava-Könige aus Madagaskar, Prazeros, Großgrundbesitzer portugiesisch-afrikanischer Herkunft vom Sambesi, portugiesische Beamte von der Delagoa Bay in Mosambik oder aus Luanda. So entstand an der Südspitze Afrikas die wohl internationalste Sklavengesellschaft der Welt.

Der Transport erfolgte zum Teil illegal als Fracht von Seeleuten und Kompanieangehörigen in kleinen Zahlen. Viele kamen mit französischen und portugiesischen Sklavenschiffen. Sie versuchten vor allem erkrankte Sklaven zu verkaufen, die die Überfahrt nach Amerika nicht überstehen würden. Van Riebeeck, der Gründer Kapstadts, gab den ersten Sklaven eine Lebenserwartung von fünf Jahren nach ihrer Ankunft am Kap.

Die Kapkolonie war während der gesamten Herrschaftsperiode der Ostindien-Kompanie eine Strafkolonie, in die insbesondere die politischen Gegner der Niederländer aus dem indonesischen Archipel gebracht wurden. Diese Exilanten waren in der Regel Aristokraten und oft gelehrte Muslime. Der Statusunterschied zwischen aristokratischen Javanern und indischen Unberührbaren war sehr groß.

Das Verhältnis von Sklaven und Herren unterschied sich in Stadt und Land. In Kapstadt, wo rund ein Drittel der Sklaven lebte, bestand keine rigorose Trennung zwischen Sklaven und Herren, sondern eher der Unterschied zwischen der kleinen Zahl »respektabler Leute« und dem Rest der Gesellschaft. Zu den respektablen Leuten gehörten die Beamten der Kompanie, die Schiffsoffiziere und Kaufleute sowie Burgher, die Sklavenbesitzer waren, und die kleinen Krämer und Handwerker. Der »Rest« bestand aus Seeleuten auf der Durchreise, Soldaten, freien Afrikanern, Chinesen und den Sklaven. Sie betrieben teils selbstständig die Läden ihrer Herren. Etliche freie Schwarze kontrollierten die Kneipen und Bordelle und die Chinesen den Kleinhandel einschließlich der Hehlerei und der Versorgung mit Opium, das viele Sklaven rauchten, um die eigene Lage zu vergessen. Eine Minderheit der Sklaven konnte auf eigene Rechnung kleine Werkstätten betreiben. Die Grenze war in Einzelfällen so verwischt, dass gelegentlich freie Europäer der Unterschicht und Sklaven gemeinsam flohen und im Hinterland eine oft kurzlebige Freiheit suchten. Nur gut ein Viertel der Sklaven lebte in Gruppen von über zwanzig Sklaven zusammen, etwa 7 % in Gruppen über fünfzig. Südafrika war kein Land der Großplantagen und der Anonymisierung der Arbeitsverhältnisse; es war überwiegend ein Land kleiner Sklavenbesitzer. Keiner der Wein und Weizen anbauenden Aristokraten besaß mehr als einhundert Sklaven.

Die Burgher veranlassten die Khoi Khoi, entlaufene Sklaven wieder einzufangen, indem sie ihnen Geld in der Höhe des Preises für eine Kuh boten. Allerdings entstand ein ambivalentes Verhältnis zu entlaufenen Sklaven. Viele Khoi-Khoi-Gruppen waren daran interessiert, Fremde – und so auch entlaufene Sklaven – zu integrieren, um so die Gruppe größer und konkurrenzfähiger zu machen. Dies galt für von der Kolonialherrschaft entfernter lebende Gruppen. Diese Tendenz zur Integration der Entlaufenen ließ im Laufe der Jahrzehnte unter dem Druck der Burgher-Kommandos und der intensivierten Marktbeziehungen nach.

Die Lage auf den Farmen war von totaler Abhängigkeit und relativer Vereinzelung in kleinen Gruppen bestimmt. Die Gruppen standen unter Aufsicht des Herrn oder seiner »Knechte«. Relative Distanz und Selbstständigkeit bestand beim Hüten des Viehs, oft sogar auf einer Zweitfarm der Herren. Sklaven als Frachtfahrer und Jäger, die sogar mit Gewehren ausgerüstet waren, handelten sehr selbstständig. Auf kleinen und mittleren Farmen arbeiteten die Farmer beim Haus- und Brunnenbau, beim Frachtfahren und auf Jagdzügen mit ihren Sklaven zusammen. Es entstand so eine bemerkenswerte Vermischung von herrschaftlicher Distanz und alltäglicher Nähe, in der zugleich die ständige Verteidigung der Distanz durchgesetzt wurde. Konflikte zwischen Herren und Sklaven bei enger Zusammenarbeit auf engstem Raum und die sexuellen Spannungen auf den Farmen schufen ein Klima der Gewalt und Brutalität.

Robert Ross[2] hat zutreffende Aussagen darüber gemacht, wie Gewalt das Verhältnis zwischen Herren und Sklaven bestimmte. Es sei wahrscheinlich, dass in einer durch Gewalt und Sklaverei brutalisierten Gesellschaft die meisten Menschen brutalisiert würden. Das gelte auch für die Sklaven.

Es hat immer wieder Sklavenwiderstand gegeben. Die häufigste Form war die Flucht. Sklaven haben ihre Herren immer wieder auch getötet. In der malaiischen Tradition war eine Form äußersten Widerstandes in aussichtsloser Lage, den Herrn umzubringen, um dann Amok zu laufen und Unbeteiligte zu töten, bis man selbst zu Tode kam. Immer wieder versucht man, Elemente eines autonomen Lebens zu erreichen.

Zum Herrschaftswissen von Herren und Sklavenhaltern dieser Zeit gehörte, die Leute nach tatsächlichen oder ihnen nachgesagten Fähigkeiten zu beschäftigen. So wurde es üblich, Afrikanern, den Khoi Khoi aus dem Kap und Bantu Sprechenden aus Mosambik und Angola die Viehzucht und oft das Jagdwesen zu überlassen. Im Transportwesen, im Handwerk und im häuslichen Dienst wurden eher Sklaven aus dem asiatischen Raum eingesetzt.

Ein wichtiges indirektes Prinzip, Herrschaft über Sklaven abzusichern und Widerstand zu erschweren, lag in der Schaffung sozialer Gegensätze. Es gab die privilegierten Aufseher, die selbst Sklaven waren. Haussklaven nahmen auch in Südafrika gegenüber den Farmsklaven eine Sonderstellung ein. Darüber hinaus setzten die Farmer oft Farmverwalter, die »Knegte«, ein. Diese Knegte wurden von der Kompanie auf Zeit vermietet. Sie konnten freie Burgher, freie Schwarze oder auch Sklaven sein. »Frei« waren die

---

2 Ross, Robert, »Cape of Torments, Slavery and Resistance in South Africa«, London 1983. Aufgrund der günstigen Quellenlage, weil die Administratoren, Kommissionen und Gerichte reichhaltig Quellen produzierten, ist viel über die innere Struktur der Sklaverei bekannt.

Knechte meist dann, wenn ein Farmer mehrere Farmen hatte. Geriet dem Farmer die Sklaven-Community außer Kontrolle, konnte er von seinen Nachbarn bestraft oder sogar regulär enteignet werden. Insbesondere wenn auf Farmen Schusswaffen unkontrolliert blieben, wurden die Gerichte angerufen. Konflikte zwischen Knechten oder Aufsehern und Sklaven waren an der Tagesordnung.

Selbstverständlich waren auch Herren allein durch die persönliche Strafausübung bis hin zu Folter und Tötung an der Aufrechterhaltung der Kontrolle beteiligt. Direkte Gewaltanwendung der Herren gegenüber Sklaven wurde von der Kompanie rechtlich begrenzt, weil sie ein Gewaltmonopol für sich durchsetzen wollte. Sklaven konnten zum öffentlichen Ankläger, dem »Fiscaal«, gebracht werden. Aber es gab die Möglichkeit der »häuslichen Korrektur«, was in der Regel erbarmungsloses Auspeitschen bedeutete. Ohnehin überließen die lokalen Behörden, wenn sie denn überhaupt gefragt wurden, häufig das Strafen den Herren. Die öffentlichen Strafen gegenüber Sklaven waren weit über den ohnehin grausamen Standard des 17. und 18. Jahrhunderts brutalisiert. Wurde ein Mörder zum Brechen der Körperteile am Rad verurteilt, erhielt er doch den Gnadenstoß, um einen schnellen Tod zu gewährleisten. Dieser Gnadenstoß fiel weg, wenn ein Sklave einen Herrn getötet hatte. Dann wurden ihm noch am Rad mit glühenden Zangen Körperteile herausgerissen und der Sklave wurde seinem Schicksal überlassen. Es wird berichtet, dass die gnädige Ohnmacht meistens nicht vor dem dritten Tag eintrat. Auf Diebstahl stand Tod durch Erhängen. Auf kleine Vergehen im Arbeitsalltag stand das Auspeitschen oder die Tretmühle in den Kornmühlen der Stadt.

Sadismus, Angst und Brutalität konnten extreme Zustände schaffen. Der Umgang mit Konflikten unterhalb des Eingreifens des Herrn war für die Stabilisierung der Herrschaft von großer Bedeutung. Zwischen direkter Gewaltanwendung, insbesondere dem Auspeitschen bei widerständigem Verhalten, Weglaufen oder dem offenen Ungehorsam bestand ein enger Zusammenhang. Dies war der Grund für die Regierungspolitik, die offene Gewalt zu begrenzen, um die Effektivität der Sklaverei zu gewährleisten.

Die soziale und gesellschaftliche Isolation und Entfremdung der meisten Sklaven wurden dadurch extrem zugespitzt, dass sie kaum eine Chance zur Familiengründung hatten. Das Verhältnis von männlichen zu weiblichen Sklaven betrug im 17. und 18. Jahrhundert vier zu eins, so dass bis auf wenige, die Khoi-Khoi-Frauen heiraten konnten, die meisten Männer ohne Frau blieben. Die Spannungen, die sich aus dieser, auch sexuellen, Not ergaben, bestimmten das Klima auf den Farmen, steigerten die Isolation und im Falle der Homosexualität auch die Illegalität, da dies nach den Gesetzen der Kolonie ein todeswürdiges Verbrechen war. Gefährliche Spannungen entstanden, weil Müttern und Vätern die Autorität gegenüber ihren Kindern verweigert wurde. Ohne Chance zur Familiengründung und bei sehr geringer Lebenserwartung blieb das Sklavereisystem auf ständige Zufuhr von Menschen von außen angewiesen. Im 19. Jahrhundert glich sich das Verhältnis zwischen den Geschlechtern in der Sklavenbevölkerung aus.

Ein kultureller Zusammenhang zwischen versklavten Menschen so unterschiedlicher Herkunft und so kleiner Anzahl war schwer zu stiften. Gemeinsam war, dass Sklaven nicht getauft werden durften. Dadurch drückte sich die Distanz von Sklaven zum Herrn religiös aus. Sklaven waren Muslime oder Hindi, Herren waren Christen. Die gelehrten aristokratischen Muslime begründeten islamische Gemeinden. Sie halfen Sklaven unter Umständen beim Weglaufen, weil Muslime nach dem Koran nicht versklavt werden durften. Bei den wenigen organisierten Aufstandsversuchen richteten sich die Befehle der Anführer, Sklavenbesitzer zu bekämpfen oder zu töten, nicht gegen diese als Herren (Master) oder »Weiße«, sondern stets gegen sie als »Christen«.

Ein verbindendes Element war die Hauptverkehrssprache, das Afrikaans. Es entstand aus der Sprache zwischen Sklaven und Herren. Auch wenn das Grundvokabular niederländisch war, so wurde es am Anfang sogar auch in arabischer Schrift niedergeschrieben und enthielt viele malaysische und afrikanische Elemente. Hinzu kam, dass die meisten Angestellten der Kompanie Niederländisch nicht als Muttersprache beherrschten, da sie meist Deutsche und Skandinavier waren.

2 Erste Utopie der totalen räumlichen Trennung

Seit Beginn des 18. Jahrhunderts wurde darüber nachgedacht, ob nicht die gesamte soziale und ökonomische Struktur der Kolonie verändert werden müsse. Zu den damals angestellten Überlegungen gehörte die fantastische Idee, einen breiten Wassergraben zwischen der Kolonie der Europäer und dem Rest des südlichen Afrika zu ziehen, um so eine klare Abtrennung zu erreichen – ein utopisches Apartheidkonzept des 18. Jahrhunderts. In der Debatte um 1717 über die Zukunft der Kolonie kam das ganze Dilemma der Sklavenökonomie zur Sprache. Schließlich empfahlen die Räte der Kompanie in Kapstadt, das System der Sklaverei beizubehalten, aber das Hauptquartier der Kompanie in den Niederlanden zu bitten, über die Schiffsversorgung hinaus selbstständig mit den afrikanischen Nachbarländern und Inseln handeln zu können.

Dominique de Chavonnes, der Kommandeur der Garnison und Bruder des Gouverneurs, machte vergeblich einen Gegenvorschlag. Er argumentierte, seine Ratskollegen wollten an der Sklaverei festhalten, weil weiße Arbeiter ihrer Meinung nach zu faul, inkompetent, dem Alkohol ergeben und im Übrigen zu teuer seien. Dagegen befand de Chavonnes, freie weiße Arbeiter seien produktiver, weil sie auf eigene Rechnung und im eigenen Interesse arbeiteten, auch wenn ihre Arbeit teurer sei. Der Hang zur extensiven Landwirtschaft und zu Großbetrieben würde durchbrochen werden. Durch viele verdienende Handwerker und intensiv betriebene mittlere Farmen entstünde ein aktiver Binnenmarkt und schließlich ein Anreiz zur Familiengründung und damit auch zum Zuzug europäischer Frauen. Der Offizier war natürlich an einer derartigen Bevölkerungsstruktur auch aus militärischen Überlegungen heraus interessiert, aber es bleibt doch bemerkenswert, dass diese aufgeklärte kapitalistische Logik so eindeutig bereits 1717 formuliert wurde, auch wenn man sie überstimmte. Kurzfristige Kosteninteressen und die gewohnte Lebensform ließen die Gesellschaft trotz offenkundiger Krisensymptome an der Ökonomie der Sklaverei festhalten.

3 Das Ende der Sklaverei und der Übergang zu unfreier Arbeit

Trotz der Tatsache, dass Sklaverei illegal wurde, gelang es in Südafrika, die Arbeiter unfrei zu halten. Die Kontrolle der Arbeitskräfte wurde auch nach Abschaffung der Sklaverei 1834 durch ein über die Jahrzehnte verfeinertes Netz von Gesetzen sowie ein System der Zwangsarbeit und der umfassenden Arbeiterkontrolle ersetzt. Zur Vorgeschichte des Apartheidsystems des 20. Jahrhunderts gehört der erfolgreiche Versuch der europäischen Siedler am Kap der Guten Hoffnung, die Vorteile der Sklaverei in das 19. und 20. Jahrhundert hinüberzuretten und den modernen Erfordernissen anzupassen.

Eine der Übergangsmaßnahmen, um die Arbeitsverfassung nicht zu stark zu stören, bestand darin, die in Hörigkeit gehaltenen Kinder und Jugendlichen auf den Farmen als »Lehrlinge« zu deuten, die mit den Farmern in einem vieljährigen Ausbildungsverhältnis (»apprenticeship«) standen.

Der von Großbritannien ausgehende Druck zur Abschaffung der Sklaverei erreichte das Kap 1806 mit der erneuten britischen Besatzung. Zwar wurden noch immer Ausnahmegenehmigungen erteilt, insgesamt aber veränderte sich die Lage, weil der Preis für Sklaven anstieg. Zugleich wandten sich die britischen Philanthropen, unterrichtet von Missionaren, gegen den brutalen Umgang mit Khoisan und Khoi Khoi. Die Khoisan waren durch die gnadenlose Jagd der Burenkommandos auf sie wegen Viehdiebstahl, aber auch wegen der gewaltsamen Suche nach Arbeitskräften in ihrer physischen Existenz gefährdet. Kinder wurden gekidnappt oder als Waisen auf die Farmbetriebe gebracht. Im Grunde war ein schleichender Genozid im Gange. Ihnen stand ein Schicksal bevor, das dem der indianischen Einwohner in Amerika ähnelte. Sie zu schützen und die barbarische Praxis der Menschenjagd an der »Frontier« zu beenden, war ein politisches Ziel der britischen Administration, das 1828 schließlich zur Anerkennung dieser Menschen als »Zivilpersonen« und damit als rechts- und vertragsfähige Subjekte führte. Gouverneur Caledon führte dieses System 1809 ein. Sein Motiv war, einen Ersatz für die Ausfälle zu schaffen, die durch das Verbot des Sklavenhandels entstanden waren, um so Arbeitskräfte zu beschaffen. Außerdem sollte die wilde und gewaltsame Rekrutierung der Khoi Khoi und Khoisan begrenzt werden. Die Ambivalenz dieses Programmes wird aus den Details der Maßnahmen deutlich. Der Widerstand der Khoi Khoi gegen hörige Arbeit war in der Vergangenheit am wirkungsvollsten gewesen, wenn eine starke Lineage bestand, zu der man sich zurückziehen konnte. Diese afrikanische Organisation war geschwächt worden durch Gewaltmaßnahmen, die Dezimierung als Folge von Masernepidemien oder weil einzelne Khoi Khoi sich aus den Zwängen ihrer Gesellschaft hatten lösen können.

Gouverneur Caledon löste die »Stammesverfassung« auf und »emanzipierte« die Khoi Khoi als Individuen, mit individueller Vertragsfreiheit, wie es die liberale Ideologie nahelegte. Diese persönliche Vertragsfreiheit hielt sich in engen Grenzen. Die Khoi Khoi durften die Distrikte, in denen sie Arbeit hatten, ohne einen Pass und ohne Genehmigung der Behörden nicht verlassen, waren also den lokalen Gewalten und damit auch den Farmern ausgeliefert. Die Kinder von Eltern, die bei Inkrafttreten der Bestimmungen in einem Dienstverhältnis standen, wurden in einen zehnjährigen Lehrlingsvertrag gegeben. Dies sollten die Wege werden, mit denen aus der abhängigen Arbeit, später auch für die freigelassenen Sklaven, eine fiktive »freie Arbeit« mit faktisch starken Elementen von Zwangsarbeit konstruiert wurde.

Es war ein Konzept, das aus dem britischen Arbeitsrecht stammte, dort aber unter dem Druck der Arbeiterschaft 1814 abgeschafft worden war.

In der Kapkolonie kam noch ein weiteres Element hinzu, das in die Ideologie der Zeit passte. Es war die Auffassung, dass Arbeit bei Europäern, ganz gleich wie die Bedingungen waren, sogar die der Unfreiheit, Menschen »zivilisieren« würde. Die koloniale Legende, die in vieler Hinsicht der Vorreiter kolonialpolitischer Techniken und Ideologien wurde, war schon an der Jahrhundertwende voll entwickelt. Wirklich kritisch wurde es, als die Freilassung der Sklaven ab 1833 anstand und 1834 durchgesetzt wurde. Zu diesem Zeitpunkt lebten 39.000 Sklaven und 65.000 Europäer in der Kapkolonie. Das Verbot der Sklaverei für Khoi Khoi und seit 1807 die steigenden Sklavenpreise zwangen die weißen Herren in Südafrika, die Grenzen zwischen Sklaverei und unfreier Arbeit zu verwischen. Deshalb wurden in das Arbeitsrecht viele Maßnahmen aus der vor- und frühindustriellen Arbeitsverfassung Europas übernommen. Je härter die Konkurrenz um die Arbeitskräfte wurde, je widerstandsfähiger afrikanische Arbeiter sich zeigten, desto schärfer entwickelte sich der Kontrollapparat.

Als die »Lehrlingsgesetze« nicht mehr griffen, weil die Frist 1838 verstrich, wurde ein »farbenblindes«, für alle Vertragsverhältnisse gültiges »Master and Servants«-Gesetz verabschiedet: Jeder Arbeitskonflikt wurde kriminalisiert, die Rechtlosigkeit fest geschmiedet und die Grenzen der Freizügigkeit wurden eng gezogen. Langfristig geriet die aus der Sklaverei abgeleitete Arbeiterkontrolle in eine Krise. Die Gesetze zur Kontrolle der Gewinnung afrikanischer Arbeiter konnten das Hauptproblem nicht lösen, weil die große Mehrheit der afrikanischen Bauern und ihrer Söhne ihr Land nicht aufgab und sogar erfolgreich mit den europäischen Siedlern um die Versorgung der Städte konkurrierte, da viele europäische Farmer sich nicht von der extensiven Bewirtschaftung ihres Landes lösten, um zu intensiverer Landnutzung überzugehen.

Der Arbeitskräftebedarf vergrößerte sich erheblich; eine immer kapitalintensivere Landwirtschaft verlangte große Mengen von Arbeitskräften. Dies ließ sich mit den alten Gesetzen der Arbeiterkontrolle als Erbe der Sklaverei allein nicht mehr bewerkstelligen. Ergänzend kam eine Politik der Landenteignung und Landverknappung hinzu, weil nur Landlose zur Arbeit gezwungen werden konnten.

Das Konzept der territorial definierten separaten Entwicklung (»Segregation«) wurde als Methode der Landverknappung für die afrikanischen Bauern und Hirten genutzt, um sie zur Aufnahme der Arbeit zu zwingen. Dieses Prinzip der Kolonialpolitik in Südafrika wurde nach der Niederlage der Zulu 1879 entwickelt. Es ging zurück auf den Native-Kommissionär von Natal, Shepstone. Im verbliebenen Rest der Zulu-Monarchie wurde das Element »indirekter Herrschaft« mittels Präsenz von Kolonialbeamten bei Hofe eingeführt[3], wie auch Chiefs anderer Gruppen als »Magistrates« durch Gehaltszahlung eingebunden wurden. Shepstone konzipierte innerhalb der Kolonie Reservate und erzwang die räumliche Trennung in den Städten. »Black Spots«, kleine afrikanische Siedlungsinseln im Siedlungsgebiet der Europäer, wurden durch Umsiedlung ausgelöscht. Die Xhosa siedelte man nach der Katastrophe des »Cattle-Killings« in große Reservate um.

Voraussetzung für diese Entwicklung war eine Politik der Landverknappung für die bäuerliche afrikanische Bevölkerung innerhalb Südafrikas, schließlich auch in Simbabwe (Südrhodesien) und in Sambia (Nordrhodesien). Bereits 1913 war die Enteignung von 85 % des afrikanischen Landbesitzes in Gesetzesform angekündigt. Dies führte im Vorfeld 1912 zur Gründung des ANC (»African National Congress«), der aber lange eine Vereinigung von Honoratioren ohne Massenbasis blieb. Die Verarmung der auf dem reduzierten Land lebenden Afrikaner wurde zu einem Dauerproblem auch für das gesamte 20. Jahrhundert.

Die Sozialstruktur Südafrikas im 20. Jahrhundert wurde also bereits durch die Agrargesellschaft der Kapkolonie entschieden und damit unter britischer Herrschaft, bevor sich der burische Nationalismus mit seiner systematischen Ausgrenzung der Afrikaner nach 1922 durchsetzte. Für die Zuckerplantagen in Natal wurden Arbeiter aus Indien und Mosambik rekrutiert. Das umfassende Wanderarbeitssystem erfasste auch die Randstaaten wie Nyassaland (Malawi). Die ihrer Lebensgrundlagen beraubten Xhosa suchten Arbeit bei den in ihre Gebiete nachrückenden Siedlern.

4 Mineral Revolution, unfreie Arbeiter der Afrikaner und die Sonderstellung der weißen Arbeiterschaft

Die »Mineral Revolution« mit den Diamantenfunden 1868 und den Goldfunden am Witwatersrand 1886 wurde zu einem tiefen Einschnitt.

Der Diamantenabbau in Kimberley begann 1868 und schuf für Cecil Rhodes die Finanzgrundlage für den späteren Goldabbau. Diese Durchkapitalisierung wurde finanziert mit der Anhäufung von Kapital durch Rhodes aus den Diamantenfunden in

---

3 Welsh, David, »The Roots of Segregation: Native Policy in Colonial Natal 1845–1910«, Kapstadt 1971.

Kimberley sowie mit Krediten von Rothschild (London) und Ferdinand Beitz (Hamburg). Infolge der Entwicklung des »Deep Level Mining«, das eine Tiefe von 3.000 Metern erreichte, entstand ein modernes kapitalistisches System mit hoher technologischer Ausstattung und einer Entfaltung des Finanzsektors, der bereits zeitgenössischen Betrachtern als in die Zukunft des Kapitalismus weisend erschien[4]. Lenin leitete daraus sein Konzept des Finanzkapitalismus ab[5].

Es fand eine Verlagerung des ökonomischen Gewichtes nach Norden statt; Kimberley, die Diamantenstadt, befand sich im Gebiet der Griqua, das annektiert wurde. Die Goldminen lagen in der Südafrikanischen Republik der Buren unter Präsident Ohm Kruger. Auch Simbabwe galt als ein potenzielles Bergbaugebiet. Rhodes erwarb 1889 eine »Royal Charter« und gründete die »British South Africa Company«. Er eroberte 1890 das Gebiet der Ndebele und Shona im künftigen Südrhodesien mit einer »Pioneer Column« und gründete die britische Kolonie, obwohl König Lobengula an Queen Victoria appellierte, seine Monarchie zu schützen. 1896 schlugen britische Truppen die großen Aufstandsbewegungen der Shona-Bevölkerung nieder, die nach der Zerstörung der Ndebele-Herrschaft ihre neugewonnene Selbstständigkeit verteidigen wollten[6].

Es folgte der Versuch, die Burenrepublik in Transvaal unter Präsident Ohm Kruger unter Kontrolle zu bekommen, um am Witwatersrand und in Johannesburg für die Mehrheit der neuen Zuwanderer die Herrschaft zu erringen. Eine Gruppe von Söldnern unter Jameson, dem Vertrauten von Cecil Rhodes, drang militärisch ein und versuchte, die Unzufriedenheit der weißen Bergarbeiter und Geschäftsleute zu nutzen, die in die Burenrepublik geströmt waren und die Mehrheit in den Städten bildeten. So sollte das ländliche Regime des Präsidenten Ohm Kruger 1896 durch einen Putsch übernommen werden. Er scheiterte kläglich, weil die Widerstandskraft des Regimes völlig unterschätzt wurde. Da der Raid mit Wissen von Rhodes erfolgt war, musste er als Premierminister zurücktreten.

Schließlich wurden die Burenrepubliken nach einigen Kurswechseln im Burenkrieg 1899–1902 in langen Kämpfen niedergerungen, an denen sich auch viele Afrikaner in der vergeblichen Hoffnung beteiligten, ihre Rechtsstellung im Lande verbessern zu können und der burischen Herrschaft zu entgehen[7]. Mit dem Frieden von Vereeniging 1902 wurde die Inkorporation der Burenrepubliken in die 1910 gebildete Südafrika-

---

4 Bereits 1902 wurde die Analyse von John A. Hobson veröffentlicht, »Imperialism: A Study«, London 1902, 2. Auflage 1905.
5 Bley, Helmut, »Hobson's Prognosen zur Entwicklung des Imperialismus in Südafrika und China. Prognoseentwicklung als Beitrag zur Theorie-Diskussion«, in: Radkau, Joachim; Geiss, Immanuel (Hrsg.), »Imperialismus im 20. Jahrhundert: Gedenkschrift für George W. Hallgarten«, München 1976, S. 43–71. Siehe auch die Einleitung von Schröder, Christoph zu Hobson, John A., »Der Imperialismus«, Übersetzung von Helmut Hirsch, Köln 1968, der die Hobson-Rezeption von Lenin behandelt.
6 Ranger, Terence, »Revolt in Rhodesia«, London 1968.
7 Warwick, Peter, »Black People and the South African War 1899–1902«, Cambridge 1983. Siehe Kapitel 11.2 »Der Krieg Großbritanniens gegen die Südafrikanische Burenrepublik 1899–1902«, S. 299.

nische Union vollendet. Mit Zustimmung der liberalen britischen Regierung aufgrund des Wahlrechtes nur für Weiße kam es zur Führung durch die Burengeneräle Botha und Smuts. Der Aufstieg des burischen Nationalismus nach 1902 und seiner Hegemonie seit 1948 veränderte die politischen Machtverhältnisse innerhalb des weißen Machtkerns[8]. Die ursprünglich aus dem burischen Nationalismus erwachsene Ideologie der Rassentrennung floss mit den Traditionen der Segregation zusammen, die die Briten entwickelt hatten. Es entstand eine Einheitsfront zur Kontrolle der afrikanischen Arbeit trotz der Spannungen zwischen dem burischen und dem britischen Bevölkerungsteil, trotz linksliberaler und sozialistischer Kritik am System und relativer Autonomie des Kapitalsektors.

Im Ersten Weltkrieg versuchten die südafrikanischen Truppen, den Komplex weißer Siedlungsgebiete auch in Zentral- und Ostafrika zu stärken. Durch die Beteiligung Südafrikas am Feldzug gegen die deutsche Kolonie Ostafrika sollten die Positionen der Siedlerminderheiten in Kenia und Tansania gestärkt und politisch privilegiert werden. Als Folge des langjährigen Kriegs, den von Lettow-Vorbeck als Guerillakrieg führte und der Hunderttausende Opfer in der ostafrikanischen Bevölkerung verursachte, zog sich das südafrikanische Militär nach ergebnislosen Kämpfen zurück. Der ehemalige General der Buren Smuts, der im Ersten Weltkrieg auch dem britischen Kriegskabinett angehört hatte, folgte der Linie der britischen Politik, vorrangig die Interessen des Minensektors und der Großlandwirtschaft zu fördern. Dies erfolgte gegen die Opposition des erstarkten burischen Nationalismus, der Privilegien für die weißen Arbeiter und die im Burenkrieg verarmten Weißen forderte.

Bergwerke und Großlandwirtschaft benötigten Wanderarbeiter aus den umliegenden Regionen, was während der Mineral Revolution systematisiert wurde. Unter dem Einfluss der Finanzwirtschaft der britisch geprägten Bergbauindustrie wurden die Nachbarregionen in einen umfassenden Markt für Wanderarbeiter einbezogen[9].

Durch die Mineral Revolution erweiterte sich die Großregion des südlichen Afrika im 20. Jahrhundert. Rekrutiert wurde in den ländlichen Räumen der Kapkolonie und der Burenrepubliken. Es entstand ein industrieller Komplex von überregionaler Bedeutung. Die Investitionen bezogen Südrhodesien (Simbabwe) und Nordrhodesien (Sambia) ein. Sie erfassten auch die Großlandwirtschaft. Beide Sektoren entwickelten eine große Nachfrage nach Arbeitskräften, sowohl von Facharbeitern aus Europa als auch von Arbeitern aus dem gesamten südlichen Afrika.

Für die Rekrutierung zur Versorgung der Minenindustrie ab 1870 schlossen die Anwerber in der Regel Verträge auf Zeit mit den Chiefs ab, die junge Männer zur Verfügung stellten.

---

8 Vatcher Jr, William Henry, »White Laager: The Rise of Afrikaner Nationalism«, London 1965.
9 Welter, Volker, »Wanderarbeit in Basutoland zwischen 1870 und 1910: Aspekte der politischen Ökonomie«, Bern 1989.

Das Interesse der Rekrutierten konzentrierte sich auf die Möglichkeit, mit Geld wichtige Güter für ihr Leben in den Heimatgebieten zu erwerben. Ein Gewehr oder ein Pflug war oft das erste Ziel. Wesentlich wurde auch, Mittel für den Brautpreis zu verdienen, um sich aus der Abhängigkeit der Alten lösen zu können. Die Kontrolle der Arbeit verschärfte sich. In Kimberley waren bereits 50.000 afrikanische Arbeiter beschäftigt[10]. Da Diamanten beim Abbau leicht unterschlagen werden konnten, entstand ein rigoroses »Compound-System«, mit dem die Arbeiter kontrolliert werden konnten und das auch im Goldbergbau angewandt wurde.

Die Wanderarbeiter und -arbeiterinnen kehrten in den Vertragspausen in ihre ländlichen Gebiete zurück, wo Ehefrauen und Kinder sowie Alte und Kranke ein ärmliches Leben führten. Viele Männer kehrten auch im Alter in die ländlichen Gebiete zurück. Bei den häufigen Krankheiten, die mit dem Bergbau verbunden waren, veranlassten die Betriebsärzte vor allem bei Lungenkrankheiten, dass die Kranken, ohne ihre Diagnose zu kennen, in die Reservate und später in die Homelands zurückgeschickt wurden. Da Verträge oft verlängert wurden, verstärkte sich ständig die Präsenz der afrikanischen Arbeiter in den Städten. Sie wurden zunächst in den Compounds der Bergwerke untergebracht, die für Singles nach ethnischen Gruppen segregiert waren. Der Einsatz der afrikanischen Arbeiterschaft im Minensektor ließ sich nicht zurückdrängen, aber die Privilegierung der weißen Arbeiterschaft wurde ausgebaut. Das Compound-System auf den Bergwerksgeländen für die Wanderarbeiter wurde beibehalten. Für die de facto dauerhaft urbanisierten Arbeiter entwickelten sich immer mehr Slums und illegale, später legalisierte und staatlich geplante Townships.

Die urbanisierte afrikanische Arbeiterschaft etablierte sich trotz der politischen Gegenstrategien. Männer gründeten oft eine zweite Familie. Frauen zogen nach und verdrängten oft die Männer in der Wäscherei und im Hausdienst. Bierbrauen und illegale Kneipen, »Shebeens«, waren neben der Prostitution ein weiterer Bereich der Frauen, die kein Einkommen fanden. Multiethnizität wie im District Six in Hafennähe Kapstadts und in Johannesburg wurde ein Kennzeichen dieser Urbanität[11]. Eine kulturelle Szene entwickelte sich mit Jazzbands, Tanzhallen, Zeitungen und Literaturzirkeln. Glücksspiel und auch organisierte Kriminalität bildeten wie die Prostitution die düstere Seite dieser oft romantisierten Szene dieser Stadtteile[12]. Dies setzte sich in den 1940er Jahren in Soweto in Johannesburg fort.

Die Stadtentwicklung wurde auch durch brutale Umsiedlungsaktionen und den Abriss ganzer Stadtteile geprägt, wenn gemischte Siedlungen aus Afrikanern, Coloureds und auch armen Weißen in der Nähe der Citykerne entstanden waren. Zum Symbol wurde Sophiatown als Stadtteil von Johannesburg. Die afrikanische Literatur beschreibt – zum Teil beschönigend – den multikulturellen Charakter von So-

---

10 Ross, »Concise History«, S. 55.
11 Zur Sozialgeschichte von Johannesburg: Onselen, Charles van, »Studies in Social and Economic History of the Witwatersrand 1886–1914«, Bd. 1: »New Babylon«; Bd. 2: »Ninive«, Harlow 1982.
12 Maré, Gerry, »African Population Relocation in South Africa«, Johannesburg 1980, S. 25.

Abb. 35: Soweto (1972). Die Sterilität der geplanten Großsiedlung im Südwesten von Johannesburg wurde in den 1980er und 1990er Jahren dank der Eigeninitiative seiner Bewohner dadurch überwunden, dass viele Anbauten oft mit primitiven Materialien hinzukamen. In den kleinen Gärten wurden Papayabäume und etwas Gemüse angebaut. Blumen schmückten den Vorgarten. Oft wurden Autowracks dazugestellt, deren Rückbank als Schlafplatz vermietet wurde. Wandmalereien und gemalte Reklametafeln vor den Läden machten die Kundschaft aufmerksam.

phiatown mit Bars und einer Musikszene, aber auch mit organisierter Prostitution und aggressiven Banden[13]. Eindrucksvoll sind auch die beiden Bände von Charles van Onselen über die Sozialgeschichte von Johannesburg und die sehr anschaulich illustrierten Arbeiten von Luli Callinicos[14].

In Kapstadt waren die Coloured Communities vergleichbar kulturell aktiv. Sie standen der burischen Kultur relativ nahe und sprachen Afrikaans.

Nach dem Ersten Weltkrieg entstanden afrikanische Gewerkschaften[15]. Sie waren häufig von Sozialisten als Generalsekretären geleitet, die aus dem Baltikum dem Druck der Bolschewiki ausgewichen waren.

Afrikanische Gewerkschaften wurden diskriminiert: Weder wurden sie registriert, noch erhielten sie Tarifrechte. 1919 wurde die ICU, die »Industrial Commercial Union«, als allgemeine Gewerkschaft gegründet, die auch die Landarbeiter und Sharecropper erfolgreich ansprach. Gründer war Clements Kadalie, der nach der Niederschlagung

---

13 Mattera, Don, »Gone with the Twilight: A Story of Sophiatown«, Kapstadt 1987.
14 Onselen, Charles van, »Studies in Social and Economic History of the Witwatersrand 1886–1914«, Bd. 1: »New Babylon«; Bd. 2: »Ninive«, Harlow 1982; Callinicos, Luli, »Working Life 1886–1940: A People's History of South Africa. Factories; Townships, and Popular Culture on the Rand«, Johannesburg 1987; Callinicos, Luli, »A Place in the City: The Rand on the Eve of Apartheid«, Johannesburg 1993.
15 Bley, Helmut, »Gewerkschaften in Südafrika: Historische Vorbelastungen«, in: Loderer, Eugen (Hrsg.), »Metallgewerkschaften in Südafrika«, Köln 1983, S. 27–58.

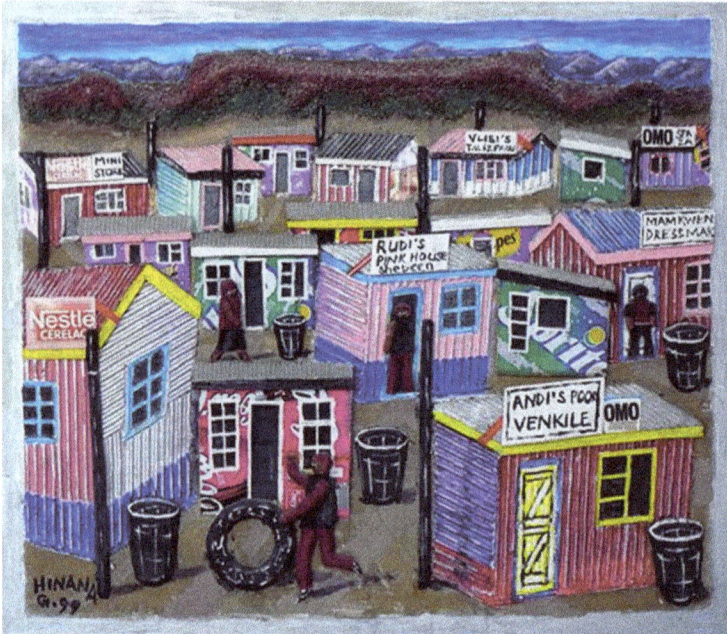

Abb. 36: Hinana, Die Township Langa in Kapstadt (Gemälde, 1999). Das dreidimensionale Bild zeigt die Vielfalt der Beschäftigungen im informellen Sektor in der Township Langa in Kapstadt.

des Aufstandes von Chilembwe 1915 nach Südafrika geflohen war. Die ICU wurde bis zur Weltwirtschaftskrise eine Massengewerkschaft mit mehr als 100.000 Mitgliedern. Die rote Mitgliedskarte wurde zum Symbol wiederhergestellter Würde. Etliche Arbeiter organisierten sich in den Gewerkschaften – insbesondere nach 1919 in der Massengewerkschaft der ICU[16], die auch die Landarbeiter ansprach.

Die aus Europa zugewanderten Bergleute weigerten sich, in Kimberley in Compounds zu wohnen, und entzogen sich durch Streiks der Kontrolle. Mit den Streiks setzten sie ein eigenes Lohnniveau für Weiße durch. Sie verlangten außerdem, in eigenen Häusern außerhalb der Compounds zu wohnen. Damit war das Konzept der »civilized Labour« etabliert, das weißen Arbeitern einen grundsätzlich höheren Lebensstandard garantierte als den Afrikanern. 1907 wurde es auf chinesische und indische Kontraktarbeiter ausgeweitet, als die Bergbauindustrie mit ihnen das gegen die Afrikaner gerichtete Prinzip unterlaufen wollte.

Die Absicherung der Sonderstellung der weißen Arbeiterschaft im industriellen System erfolgte mit der »Rand Revolt« 1922. Es entstand eine Streikbewegung gegen die Absichten der Bergwerkskonzerne, billige afrikanische Arbeiter in den Minen

---

16 Siehe Geschichte 30 »Clements Kadalie«, S. 350.

Abb. 37: Alte Goldmine in Johannesburg (1972).

einzusetzen und sie für den Untertagebau zu qualifizieren. Die kommunistische Partei Südafrikas unterstützte die Streikbewegung; die Regierung Smuts kämpfte sie unter Anwendung von automatischen Feuerwaffen nieder und setzte die Interessen der Bergbauindustrie durch.

Danach näherten sich die weiße Arbeiterpartei und die burischen Nationalisten einander politisch an. Sie schlossen 1924 einen Wahlpakt und bildeten danach eine Regierungskoalition unter Hertzog, die bis zum Ausbruch des Zweiten Weltkrieges hielt[17]. Wegen ihrer Opposition gegen den Kriegseintritt wurden sie von Smuts abgelöst. Der abgespaltene rechte Flügel der Nationalpartei unter Malan gewann die Wahlen 1948 und leitete die Apartheid ein.

5 Das südliche Afrika: Eine Großregion oder spezifische »Welten«?

Es stellt sich die Frage, ob in diesem großen Raum ein Bewusstsein der Zugehörigkeit zu einer Welt entstehen konnte. Es war ein kulturell stark empfundener Gegensatz mit einer deutlichen Tendenz zur Abgrenzung gegeneinander. Aber letztlich wurden sie zu einem geschlossenen Block der Behauptung der Rassengesellschaft, die ihre

---

17 Lass, Hans Detlef, »Nationale Integration in Südafrika: Die Rolle der Parteien zwischen den Jahren 1922 und 1934«, Hamburg 1969.

Welt war. Die Welt der Afrikaner in den Townships kannten sie nicht, trotz Zusammenarbeit in den Betrieben. Außerdem war die Behauptung der Distanz nicht nur auf den Farmen, sondern auch in den segregierten Stadtteilen ein zentrales weißes Interesse. Das war ihre Welt. In ähnlicher Weise funktionierte die Abgrenzung in den weißen Siedlungsgebieten in Simbabwe, Kenia, Nordrhodesien (Sambia) sowie in den Hochländern Tansanias und im besetzten Namibia. Der Versuch des burischen Nationalismus, Südrhodesien (Simbabwe) zum Anschluss an Südafrika zu bewegen, misslang. Die Siedler Südrhodesiens lehnten in einer Abstimmung 1939 mehrheitlich den Anschluss ab und entwickelten eine eigene Siedlergesellschaft, die auf ihrem Weg in die einseitige Unabhängigkeit von Großbritannien und beim Krieg gegen die Befreiungsbewegung scheiterte[18].

Für Südafrika stellt sich die Frage spezifischer: Dort lebten verfeindete Großgruppen wie Briten und Buren in unterschiedlichen Welten durch den stark empfundenen Gegensatz in Sprache und Religion sowie zwischen der politischen und finanziellen Hegemonie der Briten und der Verarmung der ländlich verankerten Buren. Die afrikanischen Nationalisten setzten ihr Konzept eines burischen »Volkskapitalismus« dem britischen liberalen Konzept der kapitalistischen Entwicklung entgegen, das den ökonomisch unterlegenen Buren massive Arbeitsplatzgarantien im öffentlichen Dienst, der Bahn und im Versicherungswesen gewähren sollte. Der Zusammenbruch des burischen Nationalismus in der Wende nach 1992 führte zur Auflösung der Nationalpartei. Der ANC und besonders Mandela boten das Konzept einer Regenbogenkoalition an. Das Machtmonopol des ANC bestand, aber die Eigentumsordnung wurde beibehalten.

Die Verteidigung der Würde, das einigende Band der Afrikaner

Fragt man, in welcher »Welt« die afrikanische Bevölkerung lebte und wie sie auf den Ausschluss aus der weißen Gesellschaft reagierte, stößt man auf Paradoxien. Zahlreiche Wanderarbeiter aus Malawi, Sambia, Mosambik, Simbabwe und Namibia wurden Südafrikaner. Viele von ihnen, auch solche, die sich nach 1948 mit ihren südafrikanischen Kollegen gegen die Apartheid-Gesetze organisierten, schlossen sich aber den entstehenden Nationalbewegungen in den Kolonien an, die ihre Heimat waren. Gemeinsamer Feind waren die rassistischen Siedlergesellschaften. Insofern lebten sie in der neuen Großregion des südlichen und zentralen Afrika. Die gemeinsamen Interessenlagen verhinderten nicht, dass trotz überregionaler ökonomischer Verflechtung und politischer Systemnähe die Kolonialgrenzen politisch akzeptiert blieben. Die verschärfte, politisch gewollte Ethnisierung vonseiten der weißen Siedler und der britischen und burischen Kolonialpolitik hat Spuren hinterlassen. Auch die Erinnerung an die monarchischen Traditionen blieben trotz der einigenden Tendenz der Natio-

---

18 Hyam, Ronald, »The Failure of South African Expansion 1908–1948«, New York 1972.

nalbewegungen virulent. Das gilt besonders für die von Südafrika umschlossenen Staaten Lesotho und Swasiland und ebenso Botswana, die selbstständige Staaten geworden sind. Adelsstrukturen blieben für die Landverteilung relevant, so auch in der Zulu Monarchie in Natal innerhalb der Südafrikanischen Union. Die Absolventen der Schulen und jene mit Nähe zu den christlichen Missionen, sogar Prediger und Bibelübersetzer lebten in einer Welt, die dauernd von Enttäuschungen begleitet war.

Gesine Krüger geht diesem Thema in ihrem Buch »Schrift – Macht – Alltag: Lesen und Schreiben im kolonialen Südafrika«[19] in der südafrikanischen Kolonialperiode vor dem Ersten Weltkrieg nach. In Südafrika entwickelt sich früh und ausgeprägter als in den anderen Großregionen die Kompetenz des Lesens und Schreibens. In wenigen Jahrzehnten des 19. Jahrhunderts erreichte die Alphabetisierung breitere afrikanische Volksschichten. Dazu trugen Katecheten, Hilfsprediger, Dorfschreiber und afrikanische Lehrer bei. Fast jeder wurde davon berührt, auch wenn er noch nicht selbst alphabetisiert war. In der »native« Verwaltung und in der Polizei war Alphabetisierung ebenfalls verbreitet. Auch in den adeligen Haushalten war Schriftlichkeit vorhanden oder wurde von Schreibern und Übersetzern eingeführt. Der Prozess der Alphabetisierung verlief in Südafrika anders als in Europa. Dort war Schriftlichkeit lange auf Klerus, Staatskanzleien und Kontore der Kaufleute beschränkt geblieben. Selbst Hochadelige und Fürsten konnten oft nicht schreiben und lesen. Eine erste Erweiterung fand mit der Bibelübersetzung, der Erfindung des Buchdrucks und der Verbreitung der Flugschriften im 16. Jahrhundert statt. Schulpflicht wurde in Sachsen 1642, in Württemberg 1649 und in Preußen 1717 eingeführt, sonst in Europa meist im 19. Jahrhundert, z. B. in Frankreich 1833. Das war fast zeitgleich mit der Alphabetisierungsarbeit der Mission für die afrikanische Bevölkerung in Südafrika. Das Schreiben und Lesen war eng mit der »Heiligen Schrift« verbunden. Aus ihr wurde die Gleichberechtigung der Christenmenschen abgeleitet. Die Kolonialisten und die Missionare stellten sich als Bringer der Zivilisation dar, verwiesen aber vor allem auf die Pflicht zu abhängiger Arbeit als zivilisatorischem Weg. Die »Book People« und »Reader« indessen nahmen die Gleichberechtigung für sich in Anspruch.

Gesine Krüger betont, dass auch die Auseinandersetzung mit dem Staat der Siedlergesellschaft durch Schriftlichkeit mitbestimmt war. Anträge und Widerspruch gegen staatliche Maßnahmen wurden ein Kampfmittel. Schließlich führten Zeitungen und Literatur zur Selbstverständigung. Auch Wanderarbeiter pflegten die Kommunikation zwischen Stadt und Land im Alltag, um die Verbindung zur Familie aufrechtzuhalten. Wer nicht selbst lesen und schreiben konnte, nahm alphabetisierte Kinder und Verwandte, aber auch Schreiber in den Dörfern in Anspruch. Aufgrund der rechtlichen und politischen Ausgrenzung lebten auch die »Book People« in der abgetrennten afrikanischen Welt der Segregation in den Townships und Compounds. Sie litten beson-

---

19 Krüger, Gesine, »Schrift – Macht – Alltag: Lesen und Schreiben im kolonialen Südafrika«, Köln 2009 (zgl. Habilitationsschrift Hochschule Hannover).

ders unter den demütigenden getrennten Lebenswelten und standen als »educated« oder gar als »halbgebildet« häufig unter Verdacht. Siedlergesellschaft und Kolonialverwaltung betrachteten die »educated« als eigentliche Gefahr. Das Ziel war, sie unter die Kontrolle der Chiefs zu bringen, um eine konservative Bewahrung der ländlichen Gesellschaften zu sichern. Auch die Differenzierung der afrikanischen Gesellschaft durch die Zuschreibung von Ethnizität wurde zugespitzt. Aber der Prozess des Schreibens und des Lesens konnte auch ethnisch prononciert sein. Auch wenn man in Sotho oder Zulu oder auch Afrikaans schrieb, blieb doch der Anspruch erhalten, zivilisiert und gleichberechtigt zu sein. Auch die großen Ethnien machten eine protonationalistische Entwicklung durch.

Der Anspruch auf Gleichberechtigung zielte auf eine gemeinsame Welt, die Proteste gegen die Enteignung des Landes und gegen die Unterwerfung der afrikanischen politischen Eliten auf Koexistenz mit der weißen Gesellschaft. Selbst der Anspruch des Panafrikanismus nach dem Ersten Weltkrieg mit dem Slogan »Afrika den Afrikanern« artikulierte lediglich den Anspruch auf Kontrolle durch die afrikanische Mehrheit und forderte in der Regel keine Vertreibung der Weißen. Das war anders in der Zeit, als die Xhosa und auch afrikanische Theologen die Weißen auf ihre Herkunft aus dem Meer verwiesen. Zwar entstanden vom alten Adel geprägte Traditionen der ländlichen Gesellschaft, am ausgeprägtesten im Bereich der Zulu. Dies erwies sich aber durch die gemeinsame Opposition gegen die Apartheid als nicht zukunftsfähig. Die politischen Vereinigungen, die Gewerkschaften und die Arbeitsplätze stifteten übergreifende Verbindungen. Der ANC wurde dafür das Symbol der Einheit. Die urbane Welt führte ohnehin zu interethnischen Verbindungen und Ehen zwischen den afrikanischen Ethnien. Nach 1983 stifteten die starken kommunalen Bewegungen und die Elternverbände in den Townships eine Einheitsfront gegen Polizeiwillkür und wehrten sich erfolgreich gegen Aktionen der Sicherheitskräfte zur Destabilisierung der sozialen Bewegungen. Es war kein Widerspruch, dass die Ethnien als große Landsmannschaften stolz auf ihre Geschichte waren. Die jeweils unterschiedlichen Erfahrungen wurden als Teil des gemeinsamen Kampfes respektiert. Diese Betrachtungen führen bereits weit ins 20. Jahrhundert.

Kapitel 8
Afrika jenseits der Großregionen

1 Die mittelmeerische Welt seit der Frühen Neuzeit und Afrika

Die Betrachtung der Großregionen südlich der Sahara wird durch einen Blick auf die afrikanischen Anrainer des Mittelmeeres und des Roten Meeres ergänzt[1]. Es sind afrikanische Regionen, dadurch unterschieden, dass sie zum Mittelmeer und dem Roten Meer hin orientiert waren und dadurch mit der expandierenden Welt des Osmanischen Reiches konfrontiert wurden. In der afrozentrischen Historiographie wurde diese Sonderstellung aus panafrikanischer Überlegung heraus als Ausklammerung aus der afrikanischen Geschichte gedeutet, die einem rassistischen Vorurteil geschuldet sei[2], während die Historiographie Afrikas sich in der Regel auf den Bereich südlich der Sahara konzentriert.

Die Gegenthese dazu war, dass die antiken Kulturen, so z. B. die der Phönizier, maßgeblich von Afrika bestimmt worden seien und Ägypten eine afrikanische Hochkultur gewesen sei. Dies wurde symbolisiert durch die These, dass »Athena black«[3] gewesen sei. Zutreffend daran ist, dass vor allem das östliche Mittelmeer von allen seinen Anrainern geprägt geworden ist, wie auch die neolithische Agrarrevolution von den alten Gesellschaften des Nahen Ostens bestimmt[4] wurde, so auch Ägypten.

Wichtig war die von den Phöniziern geprägte Handelswelt. Karthago und die Punier (abgeleitet von dem Begriff der Phönizier) hatten einen Einfluss auf das gesamte Nordafrika bis nach Marokko. Karthago besetzte Teile Südspaniens, Sardinien und Korsika.

Nordafrika wurde von der römischen Expansion erfasst, nachdem in den Punischen Kriegen der Nachfolger des Phönizischen Reiches erobert worden war. Der römische Einfluss reichte bis nach Marokko. Die Verbindung zwischen der Nordküste des Mittelmeers und den Gesellschaften Westafrikas war also sehr alt. Bereits die

---

1 Kaiser, Wolfgang, »Mediterrane Welt«, in: »Enzyklopädie der Neuzeit«, Bd. 8, Stuttgart 2008, Sp. 249–260. Vgl. auch Bohn, Robert, »Korsaren«, in: »Enzyklopädie der Neuzeit«, Bd. 7, Stuttgart 2008, Sp. 80–83; Bley, Helmut, »Europäische Expansion in Kontext der Weltgeschichte, Einleitung«, in: »Enzyklopädie der Neuzeit«, Bd. 3, Stuttgart 2006, Sp. 689–702 und Faroqhi, Suraiya, »Osmanische Expansion«, in: ebd., Sp. 702–708.
2 Diop, Cheikh Anta, »The African Origin of Civilization: Myth or Reality«, Chicago 1974; Diop, Cheikh Anta, »Towards the African Renaissance: Essays in African Culture and Development, 1946–1960«, London 1996. Aus Gründen der Quellenlage wird Nordafrika meist der Orientalistik überlassen, Ägypten der Ägyptologie und Äthiopien der Äthiopistik.
3 Bernal, Martin, »Black Athena: The Afroasiatic Roots of Classical Civilization«, New Brunswick 1987.
4 Lange, Dierk, »Ancient Kingdoms of West Africa: Africa-Centred and Canaanite Isrealite Perspectives«, Dettelsbach 2004.

https://doi.org/10.1515/9783110452020-010

Römer hatten eine große Karawanserei in Volubilis in Marokko erbaut. Sie hatte 20.000 Einwohner.

Die Pferde für das Militär und auch wertvolle Textilien waren wichtige Handelsgüter bis nach Senegambien.

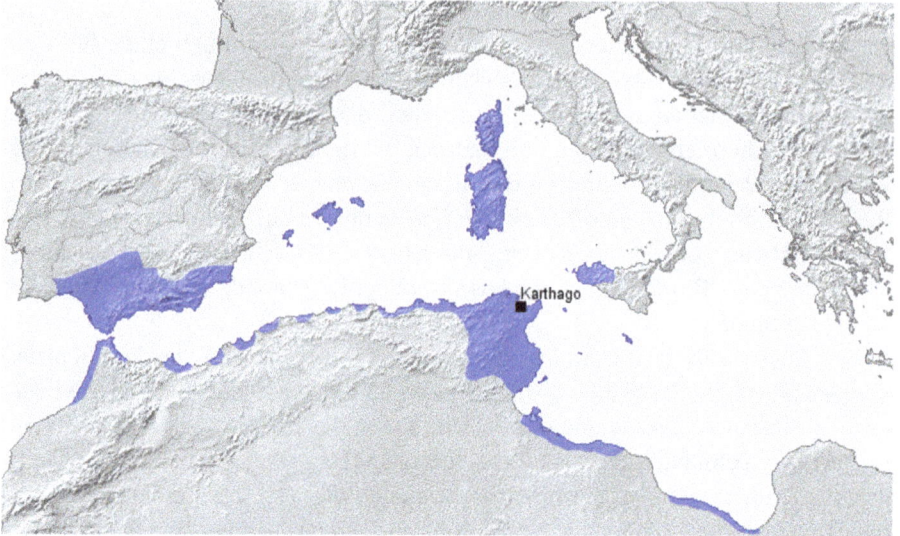

Karte 16: Karthago als afrikanischer Mittelmeeranrainer, 264 vor unserer Zeitrechnung.

Abb. 38: Volubilis, römische Ruinenstadt in Marokko (2016).

Der Einfluss des Islam durch Marokko und Ägypten auf die Städte des Sahel und die islamisierten Staaten Westafrikas war im Grunde seit dem 7. Jahrhundert ein grundlegendes Phänomen, da auch die nordafrikanischen Gesellschaften einschließlich der Berberreiche islamische Elemente aufgenommen hatten.

Islamische Bewegungen und Orden erreichten den Sahel meistens von Marokko aus. Auch Kairo mit der al-Hazar-Moschee und ihren Schulen war insbesondere seit dem 16. Jahrhundert einflussreich geworden. Die Orden in den Städten und Oasen waren von Menschen geprägt, die mit den Gesellschaften Nordafrikas verbunden waren.

Widerstand leisteten Berber, die schon bei der Eroberung Spaniens islamisiert im Heer der Muslime mitgekämpft hatten. Im 11. Jahrhundert etablierte sich die Herrschaft der Almoraviden, die die Region Marokkos und der Westsahara unter ihre Kontrolle brachten. Die nomadischen Berber kontrollierten weiter den Karawanenhandel.

Das nördliche Afrika war im 15. Jahrhundert von der Auseinandersetzung zwischen den iberischen Mächten und dem Osmanischen Reich betroffen, die um die Vorherrschaft im Mittelmeer kämpften. Die islamische Expansion hatte seit dem 7. Jahrhundert Nordafrika erreicht und hatte sich unter der Herrschaft der Almoraviden in Marokko über Karawanenrouten mit Gold aus Westafrika versorgt. Insofern war Nordafrika mit der Großregion Westafrika verbunden. In den Hafenstädten Nordafrikas hatten sich jüdische Gemeinden nach der Vertreibung der Juden aus Spanien verstärkt etabliert. Die Präsenz von Arabern war gering. Europäische Versuche, sich in Tunis festzusetzen, scheiterten. Trotz der vernichtenden Niederlage der osmanischen Flotte bei Lepanto 1571[5] wurden im östlichen Mittelmeer Zypern und Kreta vom Osmanischen Reich besetzt. Die Karawanenrouten durch Syrien an den Persischen Golf waren durch die osmanische Expansion verschlossen worden. Deshalb sahen sich Genua und Venedig veranlasst, die Blockade zu umgehen, indem sie die Finanzierung des Seeweges nach Indien unterstützten. Das galt nicht nur für die Fahrten des Kolumbus.

Auch die afrikanische Westküste wurde systematisch von den Portugiesen erkundet. Portugiesische Händler nahmen Einfluss auf die atlantischen Häfen Marokkos, die als Stapelplätze für den Handel mit Mauretanien und Senegambien nun auch von den Portugiesen genutzt wurden. Außerdem strebten die Portugiesen auf diesem Wege an, ebenso den Zugang zu den Goldfeldern Westafrikas zu bekommen. Der Transsaharahandel von Westafrika an die Küsten des Mittelmeers lag in der Regel in der Hand der nomadischen Gruppen der Tuareg und vieler Berbergruppen. Berittene Berber wurden für die militärischen Aktivitäten Marokkos rekrutiert, bis der Einsatz der Feuerwaffen die Kavallerie entwertete. Der Sklavenhandel durch die Sahara spielte über 1.000 Jahre eine wichtige Rolle. Das Gold Westafrikas blieb we-

---

5 Sivers, Peter von, »Nordafrika in der Neuzeit«, in: Haarmann, Ulrich; Halm, Heinz (Hrsg.), »Geschichte der arabischen Welt«, 4. Auflage, München 2001, S. 502–530.

sentlich für die Mittelmeerökonomie. Es floss in das Finanzsystem der islamischen Staaten. Die Veränderung der Finanzströme nach Goldfunden in Tirol und vor allem in Lateinamerika verringerte dann die Dominanz des Sudan-Goldes und stärkte die Finanzen der europäischen Kolonialmächte. In den Untersuchungen zur mittelmeerischen Welt seit Fernand Braudels Analyse von 1949[6] steht die Auseinandersetzung der europäischen Großmächte mit der Expansion des Osmanischen Reiches im 15. und 16. Jahrhundert im Vordergrund. Nach der Niederlage der islamischen Staaten in Spanien als Folge der Reconquista und nach der Besetzung von Ceuta 1415 durch Portugal wurde das westliche Mittelmeer zum Konfliktfeld. Die portugiesischen und spanischen Flotten entwickelten eine starke Präsenz im Mittelmeer, die zu Auseinandersetzungen mit den Flotten des Osmanischen Reiches führte.

2 Osmanische Sklaverei im Mittelmeer und die Versklavung von Europäern durch die Beutezüge der Korsaren

Konstantinopel setzte Freibeuter im Kampf um die Seeherrschaft im Mittelmeer ein: die »Korsaren«[7]. Diese Freibeuter wurden vom Osmanischen Reich mit moderner Segeltechnik und Schiffskanonen ausgerüstet. Sie operierten zunächst von ihren ursprünglichen Stützpunkten an den Küsten der Peloponnes aus, nutzten dann aber schwer zugängliche Buchten an der Küste Nordafrikas. Die Korsaren dehnten die Beute- und Plünderungszüge bis nach Irland, Südwestengland und nach Hamburg aus. Damit entzogen sie sich den osmanischen Zielen und wurden zu einer enormen Behinderung des europäischen Handels im Mittelmeer. Eine bis 1,25 Millionen Europäer wurden (nach Davis) versklavt und nur gegen Lösegeld ausgeliefert. Für die Auslösung von Gefangenen gab es in Genua im 16. Jahrhundert ein Amt, den »Magistrato per il riscatto degli schiavi«. Vielerorts kümmerten sich spezielle Bruderschaften und Orden um den Freikauf. Hamburg und Lübeck richteten ab 1624 zu diesem Zweck »Sklavenkassen« ein, um ihre Seeleute auszulösen. Die Zahlungen gingen zum Teil auch an die kleinen politischen Einheiten, die die Buchten an der nordafrikanischen Küste kontrollierten. Die Korsaren nahmen nicht nur Menschen von gekaperten Schiffen gefangen, sondern raubten auch Menschen aus Küstenstädten vor allem in Spanien und von Inseln im Mittelmeer.

Mit Unterstützung der Korsaren breitete sich die osmanische Kontrolle über Tributgebiete aus. Algier wurde 1519 tributpflichtig, die Cyrenaika 1521, Tripolitanien 1551 und Tunis 1571. Ägypten war zwischen 1517 und 1521 vom Osmanischen Reich besetzt.

---

6 Braudel, Fernand, »Das Mittelmeer und die mediterrane Welt in der Epoche Philipps II.«, Frankfurt am Main 1990, französische Originalausgabe Paris 1949.
7 Bohn, »Korsaren«.

Bis ins 19. Jahrhundert waren die Korsaren ein Faktor im Kampf um die Kontrolle des Mittelmeers. Seit dem 18. und frühen 19. Jahrhundert griffen die europäischen Seemächte und auch die US-amerikanische Flotte wirksam ein. Der Beginn der Eroberung Algeriens durch die Franzosen ab 1830 diente zunächst dem Niederkämpfen der Korsarengefahr[8].

Die europäischen Mittelmeerländer trieben bis ins 18. Jahrhundert Sklavenhandel mit Menschen aus dem Kaukasus und der Turkvölker. Jacques Heers[9] nennt als Zentren des Menschenhandels unter anderem Lissabon, Sevilla, Barcelona, Genua, Venedig und mit geringerem Anteil Marseille. Außerdem waren die Königreiche Neapel und Sizilien sowie Sardinien beteiligt. Gefangene wurden im Zuge der kriegerischen Auseinandersetzungen versklavt. Es gab auch regelrechte Razzien, durch die Sklaven erbeutet wurden. In den christlichen Städten des Mittelmeeres überwog Hausssklaverei. Vor allem Frauen vom Schwarzen Meer, aus dem Maghreb, von den griechischen Inseln und aus den Balkanländern wurden versklavt. Es wird argumentiert, aufgrund der verschiedenen Herkunftsländer habe sich keine einheitliche Sklavenklasse bilden können. Bei aller Erniedrigung als Folge von Rechtlosigkeit und harten Arbeitsbedingungen habe aber durch Taufe und Freilassungen nach vielen Jahren des Dienstes auch Assimilation an das Leben der Städte stattgefunden.

Die Praxis, Zuckerplantagen mit Sklavenarbeit zu betreiben, wurde in Sizilien entwickelt und dann nach Fernando Póo und Príncipe vor dem Delta des Kongo übertragen[10]. Griechische Inseln und die Küstenstriche des Schwarzen Meeres waren gleichfalls Rekrutierungsgebiete. Für Venedig war Kreta wichtig. Norditalien wurde auch aus dem Alpenraum beliefert. Die Iberische Halbinsel importierte Sklaven aus Westafrika. In Andalusien wurden größere Gruppen von Sklaven aus Afrika öffentlich gehandelt. Heers argumentiert, dass Sklaven aus Westafrika seit der Mitte des 15. Jahrhunderts besonders brutal behandelt worden seien.

Häufig wurden junge Mädchen und Kinder, die »anime«[11], obwohl rechtlich frei, in Dienstverhältnisse gezwungen und als Sklavinnen weiterverkauft. Sie stammten überwiegend aus der Lombardei und dem Trentino. Sie wurden von Venedig aus nach Florenz, Siena und sogar nach Rom verkauft und dort dem Status von Sklavinnen unterworfen. Der italienische Handel mit Sklaven unterlag öffentlicher Kontrolle. Dienstverträge unterlagen einer Rechtsanforderung, bei der notarielle Beglaubigung

---

8 Ressel, Magnus, »Zwischen Sklavenkassen und Türkenpässen: Nordeuropa und die Barbaresken in der Frühen Neuzeit«, München 2012 und Davis, Robert C., »Christian Slaves, Muslim Masters: White Slavery in the Mediterranean Barbary Coast and Italy, 1500–1800«, London 2004. Davis geht von einer bis zu 1,25 Millionen Europäern aus, die zwischen 1580 und 1680 versklavt wurden.
9 Heers, Jacques, »Esclaves et domestiques au Moyen Âge dans le monde méditerranéen«, Paris 1981.
10 Mintz, Sidney W., »Sweetness and Power: The Place of Sugar in Modern History«, New York 1985.
11 Heers, »Esclaves«.

erforderlich war. Sie verhinderte aber meist nicht den faktischen Sklavenstatus. Das »Sklavenkai« in Venedig befand sich am Rialto. Die Genueser Zollregister geben Hinweise auf eintreffende Schiffe mit einer größeren Zahl von Sklaven aus Chios und Caffa. Auf den meisten Schiffen bildeten Sklaven nur einen Bruchteil des verzollten Wertes der Waren an Bord[12]. Die Einfuhr von Sklaven erfolgte oftmals auf Anfrage. In Florenz und Venedig wurden sie darüber hinaus von den Obrigkeiten der Zuhälterei beschuldigt, wenn es zum Verkauf von Frauen für die Prostitution kam. Auf der Iberischen Halbinsel duldeten die Sklavenhalter die Kohabitation von Sklavinnen und Sklaven. Die Kinder wurden aber auch verkauft.

Auch das Osmanische Reich versklavte Menschen. Größere Sklavenmärkte mit institutionellem Charakter entstanden im östlichen Mittelmeer in den Häfen und an den größeren Knotenpunkten des Überlandhandels und im Schwarzmeergebiet.

Die Janitscharen waren Militärsklaven, wie auch die Mamelucken in Ägypten, die sich zu Militärkasten entwickelten. Christliche Knaben im Alter von acht bis fünfzehn Jahren wurden den Familien abgezwungen, mussten zum Islam konvertieren und wurden den Janitscharen zugeführt oder übten Sklavenarbeit in muslimischen Familien aus. Auch in den muslimischen Gesellschaften Unteritaliens und Spaniens gab es Sklaven und Sklavinnen.

3 Ägypten und die Anrainer des Roten Meeres

Seit vorislamischer Zeit bestanden von Ägypten[13] aus Fernhandelsrouten nach Westafrika, besonders nach Kanem, Bornu und in die Haussa-Region. Ein Gründungsmythos verweist auf Zuwanderung aus dem Nahen Osten über Nordafrika zur Zeit der Herrschaft Babylons[14]. Zu dieser Zeit steckte die Austrocknung der Sahara noch in den Anfängen.

Ägyptens wichtigstes Vorfeld war weniger Afrika mit dem Sudan, sondern Syrien. Aber es kam zu einer systematischen Besetzung der Häfen am Roten Meer, im Sudan und zeitweilig an der Küste Eritreas. Maritime Interessen dominierten[15]. Diese

---

12 Details in Cluse, Christoph, »Sklaverei im Mittelalter – der Mittelmeerraum: Eine kurze Einführung«, basierend auf Heers, online verfügbar unter: https://docplayer.org/29950263-Sklaverei-im-mittelalter-der-mittelmeerraum.html.

13 Keller, Barbara, »Der arabische Osten unter osmanischer Herrschaft 1517–1800«, in: Haarmann/ Halm, »Geschichte«, S. 323–364.

14 Lange, »Ancient Kingdoms«.

15 Ebd., S. 325 ff., 363–431. Für den ägyptischen Modernisierungsprozess und sein Scheitern: Schölch, Alexander, »Ägypten in der ersten und Japan in der zweiten Hälfte des 19. Jahrhunderts: Ein entwicklungsgeschichtlicher Vergleich«, in: Geschichte und Wissenschaft im Unterricht, Bd. 33, 1982, S. 333–346. Den Versuch der Modernisierung hat Schölch als eine Parallele zur Meiji-Restauration in Japan gedeutet, ist allerdings auch auf Kritik an diesem Vergleich gestoßen bei Owen, Roger, »The Middle East in World Economy 1800–1914«, London 1981, S. 72–75.

Expansion war den Interessen der Hafen- und Handelsstädte entlang des Roten Meeres geschuldet, die damit die Verbindungen zum Indischen Ozean und zum Persischen Golf absicherten. Jemen und Aden vermittelten den Handel mit dem Indischen
Ozean.

Abb. 39: al-Hazar-Moschee in Kairo (1972).

Nach Ankunft der Portugiesen im Westindischen Ozean kam es Anfang des 16. Jahrhunderts zu Auseinandersetzungen mit der portugiesischen Flotte. Der Sultan der
Mamelucken wurde zeitweilig vom Osmanischen Reich unterstützt. Venedig beteiligte sich an der Ausrüstung der osmanischen Flotte. Nach Niederlagen gegen die
Portugiesen wurde die ägyptische Ökonomie durch den Ausfall des Handels im
Roten Meer und der Handelsbeziehungen mit Jemen und Aden und damit der Verbindung nach Indien geschwächt, so dass das Osmanische Reich 1517 Ägypten zu
besetzen begann und 1521 Kairo einnahm. Die Mamelucken waren der osmanischen
Artillerie nicht gewachsen. Sie waren eine Militärkaste aus Sklaven, die sich verselbstständigt hatten und sich aus Georgiern, Albanern, Syrern sowie aus Kopten
aus Oberägypten zusammensetzten. Ägypten hatte auch starke Interessen in den
arabischen Gebieten östlich des Roten Meeres. Die heiligen Städte Mekka und Medina waren für Ägypten wichtige religiöse, aber auch Handels- und Wirtschaftszentren. Im Mittelpunkt der osmanischen Reformen in Ägypten nach der Besetzung stand
die Registrierung des Landes zum Zweck der Steuerverwaltung. Die größeren Güter
wurden Militärs als nicht vererbbare Lehen gegeben, wodurch sie autark wurden. Anders als bei den Mamelucken, die nur die Kommandeure der Kavallerie mit Land ausgestattet hatten, wurden unter dem Einfluss der Bedeutung der Feuerwaffen auch die

Kommandeure der Infanterie bedacht. Die Mamelucken blieben in dem halb autonomen Land einflussreich.

Abb. 40: Bewässerungssystem in Ägypten bei Sankara (1972).

Mit der Besetzung Ägyptens durch Napoleon 1798 und dessen Niederlage 1801 gegen britische und osmanische Truppen veränderte sich die Situation grundlegend. Nach der Machtergreifung Muhammad Alis 1805 wurde Ägypten autonom. Nach dem Schock der französischen Besetzung und der Dynamik der Französischen Revolution musste Muhammad Ali, ein Armeeführer des Osmanischen Reiches aus Mazedonien, der neuen Herausforderung begegnen. Er gewann den Machtkampf in Ägypten und beendete die Mameluckenherrschaft in den Jahren 1811 und 1812. Er schuf einen Militärkomplex und gründete eine moderne Armee unter französischer Anleitung. Die für den Aufbau einer großen Armee nötigen Rekruten beschaffte er sich zunächst durch eine Invasion in den Sudan, um an Sklaven als Soldaten zu kommen. Er war 1820 vom Sultan von Sennar im Sudan gebeten worden, gegen die aus Ägypten geflohenen Mamelucken vorzugehen, die große Sklavenhändler geworden waren. 1822 wurde ihre Macht gebrochen. Auch der Sultan von Sennar wurde dabei unterworfen und der Sudan besetzt. Er wurde Absatzgebiet für ägyptische Waren. Weil die Sklaven in Ägypten massenhaft starben, erlosch das Interesse, sie als Soldaten zu rekrutieren. Muhammad Ali ging zu gewaltsamer Rekrutierung der bäuerlichen Bevölkerung, der »Fellachen«, über, die sich mit allen Mitteln zu entziehen versuchten. Dennoch wurde die Armee aufgebaut. Sie war mit 175.000 Mann eine der größten ihrer Zeit.

Muhammad Ali erneuerte die Bewässerungssysteme und setzte Steuerpächter über große Agrargebiete ein. Diese wurden wie eine große staatliche Domäne zentral administriert. Er führte die langfaserige Baumwolle ein, die ein wichtiges Exportgut für die britische Baumwollindustrie wurde, und entwickelte eine Textilindustrie, die er durch Hochschutzzoll absicherte. Außerdem ließ er Zuckerrohr in großem Stil anbauen und errichtete dafür Raffinerien. Seine Handelspolitik richtete sich auf die Kontrolle des östlichen Mittelmeeres aus. Er besetzte große Teile Südarabiens und vertrieb dabei die Wahhabiten, die 1806 Mekka und Medina erobert hatten, aus den heiligen Stätten. Als der Sultan in Istanbul ihn um Hilfe gegen den Aufstand der Griechen bat, entsandte er seine Flotte. Er besetzte Kreta und operierte vor allem im Bereich der Peloponnes. Seine Intervention in Griechenland diente der Stärkung seiner Handelspositionen im östlichen Mittelmeer. In der Schlacht von Navarino 1827 zerstörten britische, französische und russische Flottenverbände die osmanische und ägyptische Flotte und setzten die Unabhängigkeit Griechenlands durch. Muhammad Ali ließ sofort eine neue Flotte bauen und nutzte die Schwäche des Osmanischen Reiches, um Syrien und Kilikien zu erobern. Schließlich marschierte er auf Konstantinopel zu, das die Türken informell Istanbul nannten. Er wollte im Osmanischen Reich die Macht ergreifen. Die europäischen Seemächte verhinderten dies 1839 und zwangen ihn zum Rückzug. Er musste die Gebiete östlich des Roten Meeres aufgeben. Vor allem aber setzten die europäischen Mächte unter Führung Großbritanniens die Abschaffung des Hochschutzzolls durch, der das Modernisierungskonzept in Ägypten abgesichert hatte. Dies leitete den Zusammenbruch der ambitionierten eigenständigen Modernisierung ein. Der Sultan in Istanbul musste ihn aber 1839 zum Wali erklären, was seine Autonomie besiegelte. Seine Nachfolger wurden als »Khediven« Vizekönige. Auch das Osmanische Reich wurde zur Öffnung seiner Märkte gezwungen. Ohnehin wurde mit den »Tanzimat«-Reformen begonnen, europäische Verwaltungs- und Finanzkonzepte einzuführen. Dies alles erfolgte im Rahmen des »Freihandelsimperialismus« Großbritanniens, dem sich die anderen Großmächte anschlossen. Muhammad Ali starb 1848.

4 Ägypten, Sudan und Abessinien (Äthiopien) nach dem Bau des Suezkanals im Zeitalter des Imperialismus

Muhammad Alis Nachfolger Abbas ließ sich auf den Bau des Suezkanals ein, was Muhammad Ali vermieden hatte, um nicht unter die direkte Kontrolle Großbritanniens zu geraten. Nach der Eröffnung des Suezkanals 1869 und der Finanzkrise des ägyptischen Staates, dem die Finanzlasten des Kanalbaus aufgebürdet worden waren, kam es 1875 zum Staatsbankrott. Großbritannien forcierte in den 1860er Jahren den Baumwollanbau, um den Ausfall der Baumwolle während des Amerikanischen Bürgerkrieges 1861–1865 für die britische Textilindustrie zu ersetzen, und erzwang so eine Monokultur ohne eigene Textilverarbeitung. Mit dem Khedive Ibrahim begann eine neue Dynamik. Er fing an, den Sudan zu durchdringen, um eine Verbindung nach Ostafrika zu schaffen. Von der ägyptischen Regierung wurden Europäer zur Organisation der Verwaltungsreform im Sudan bestellt, unter anderem der Brite Gordon Pascha nach

Khartum und 1871 der Österreicher Eduard Schnitzer, genannt Emin Pascha, in die Provinz »Äquatoria«, die bis zu den ostafrikanischen Seen reichte. Ägyptische Händler stellten den Kontakt zu Uganda her und der Kabaka von Uganda konvertierte schließlich zum Islam[16]. Emin Pascha kam dort in Kontakt mit Karl Peters und beteiligte sich letztlich an dessen Kolonialplänen für das Deutsche Reich. 1873 wurde das Sultanat Darfur im Südwesten des Sudan von Ägypten erobert. Diese Expansion geriet nach einem Aufstand großer Sklavenhändler in die Krise. Der Aufstand war von ägyptischen Provinzgouverneuren ausgelöst worden, nachdem sie unter britischem Druck begonnen hatten, den Sklavenhandel zu unterbinden. Ägypten zog sich seit 1877 aus dem Sudan zurück, als sich dadurch die ägyptische Herrschaft im Sudan noch destabilisierte. Auch in Ägypten selbst entstand eine Krise, weil die ägyptischen Offiziere gegen die Vorherrschaft der Albaner und Tscherkessen im Militär den »Urabi-Aufstand« auslösten. Großbritannien schlug diesen Aufstand nieder und nutzte die Wirren 1882 zur formellen Übernahme der Macht. Dabei wurde die Armee aufgelöst und viele Soldaten flohen in den Sudan.

Geschichte 19 – Der Sudan und die Mahdisten-Bewegung

Im Sudan hatten sich die »Mahdisten« als eine fundamentalistische islamische Erneuerungsbewegung entwickelt[17], die die Krise in Ägypten nutzte, um die ägyptische Herrschaft im Sudan zu beenden. 1881 überrannten die Mahdisten die wichtigsten sudanesischen Städte. Das zum Entsatz entsandte ägyptische Heer, das nach seiner Auflösung hastig wieder mit entlassenen Soldaten aufgefüllt worden war, wurde 1883 vernichtet. Die Niederschlagung des Aufstandes der Mahdisten dauerte siebzehn Jahre und erfolgte unter Beteiligung britischer Truppen. Daraus entwickelte sich einer der großen Kriege am Ende des 19. Jahrhunderts in Afrika[18]. Sehr große Armeeeinheiten waren beteiligt. Der britische Premier Gladstone, der den Sudan aufgeben wollte, ließ die Briten den Sudan evakuieren. Sie wurden dabei von Kaiser Yohannes von Äthiopien unterstützt. Daraufhin griffen die Mahdisten das Heer des äthiopischen Kaisers im Grenzgebiet vom Sudan und Äthiopien an. Kaiser Yohannes wurde schwer verwundet und starb. Seine Armee zog sich zurück[19].

Nach der Eroberung von Khartum durch die Mahdisten und der Hinrichtung des Gouverneurs Gordon überwogen Prestigefragen. Es kam zu halbherzigen und langwierigen Operationen mit britischer Beteiligung, wobei immer wieder britisch-indische Truppen nach Afghanistan abgezogen wurden, um dort den Krieg gegen Russland zu bestehen. Der Aufwand auf beiden Seiten war erheblich. Die Mahdisten hatten nicht

---

16 Siehe Kapitel 5.1 »Uganda«, S. 151.
17 Holt, P.M., »Mahdist States in the Sudan 1881–98«, Oxford 1970.
18 Zusammenfassend in: Vandervort, Bruce, »Wars of Imperial Conquest in Africa«, London 1998.
19 Siehe Kapitel 8.6 »Äthiopien im 19. Jahrhundert«, S. 246.

Abb. 41: Muhammad Ahmad bin Abd. Er war ein religiöser Lehrer des Samaniyya-Ordens. Ende Juni 1881 erklärten ihn seine Schüler zum »Mahdi«, dem messianischen Erneuerer des Islam.

nur sehr große Armeeeinheiten, sondern auch Massen von Waffen und viele Kanonen erobert. Sie entwickelten Manufakturen für Waffen und verwandten Dampfboote auf dem Nil für den Nachschub. Die Briten bauten eine über 360 Kilometer lange Eisenbahnlinie, ebenfalls zur Organisation des Nachschubs. Während die Mahdisten wegen des Fehlens von Nachschub oft Hunger litten, funktionierte die moderne Organisation der Briten und trug zum Erfolg des Feldzuges von Kitchener wesentlich bei[20]. Entscheidend für die militärischen Siege unter Kitchener wurde der massive Einsatz der Maxim-Maschinengewehre, die generell die europäische Überlegenheit am Ende des Jahrhunderts in Afrika begründeten. Der Mahdisten-Staat geriet nach dem Tode seines Gründers in eine Krise. Nachfolgekonflikte waren eine Ursache. Außerdem betrachteten pietistische Kreise der Bewegung den neuen Staat als zu weltlich. Auch die Wiederherstellung der Sklaverei im Interesse des Aufbaus der Armee schuf Unruhe. Dennoch begründete das Erbe der mahdistischen Herrschaft ein sudanesisches Staatsgefühl. Nach der Zerschlagung des Mahdisten-Staates mit seiner Hauptstadt Omdurman am Nil gegenüber von Khartum durch Großbritannien 1899 wurde der Sudan ein britisch-ägyptisches Kondominium. Es wurde aber Ägypten de facto entzogen, als Ägypten wie der Sudan britische Kolonie wurde[21].

---

20 Vandervort, »Wars«, S. 117.

21 Auf dem Höhepunkt der britisch-französischen Rivalität um die Interessenszonen in Afrika versuchte Frankreichs Militär, von Westafrika zum Roten Meer vorzudringen, stieß aber 1898 auf britischen Widerstand, weil der imperiale Traum von Cecil Rhodes, eine Verbindung vom Kap nach Kairo zu schaffen, noch Einfluss hatte. Der Konflikt mit Frankreich nach dessen Vorstoß nach Faschoda wurde aufgelöst, indem Großbritannien die französischen Interessen in Nordafrika anerkannte und letztlich der Ausgleich der beiden Mächte auch unter dem Eindruck der deutschen Machtsteigerung angebahnt wurde, der zur Entente 1904 führte.

5 Äthiopien zwischen islamischer und italienischer Bedrohung und der Entwicklung zum Großreich im 19. Jahrhundert

Äthiopien[22] war am Handel mit den Anrainern des Roten Meeres beteiligt. Es zog sich unter dem Druck der islamischen Expansion im 16. Jahrhundert zurück. Diese konnte jedoch mit portugiesischer Beteiligung abgewehrt werden. Im 19. Jahrhundert geriet es unter den Druck Großbritanniens, der Mahdisten und Italiens, aber die Unabhängigkeit wurde erfolgreich verteidigt und nach langen inneren Kämpfen erweiterte sich der Staat zu einem Großreich.

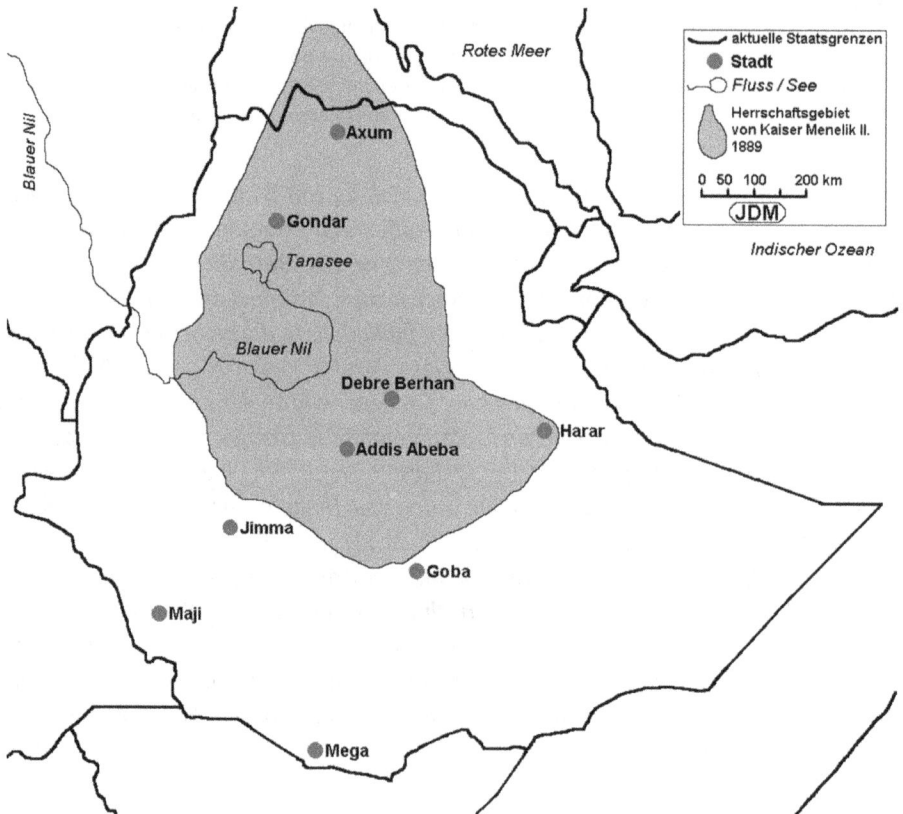

Karte 17: Die Expansion Äthiopiens (1889–1897).

---

22 Zewde, Bahru, »A History of Modern Ethiopia 1855–1974«, Ohio 1991; Rubenson, Sven, »The Survival of Ethiopian Independence«, London 1976; Caulk, Richard, »Between the Jaws of Hyenas: A Diplomatic History of Ethiopia (1876–1896)«, Wiesbaden 2002.

Die Wahrnehmung Äthiopiens vonseiten Europas geht auf die Antike und das Mittelalter zurück. Diese Geschichte wird vorangestellt. Von der mythologischen Gestalt des Priesterkönigs Johannes[23] gingen die europäische Hoffnung und Fantasie aus, dass ein mächtiger christlicher Staat im Rücken der islamischen Staatenwelt als Bündnispartner gewonnen werden könnte. Es war eine Erwartung, die infolge der Niederlagen in der Zeit der Kreuzzüge entstand. Entlang der Entwicklung dieses Mythos und der realen Beziehungen des mittelalterlichen Europas soll in die Geschichte der Beziehungen zu diesem großen afrikanischen Staat eingeführt werden.

Geschichte 20 – Europas Hoffnungen auf ein christliches Äthiopien: Die Legenden um Priesterkönig Johannes

Nach den christlich-europäischen Niederlagen in den Kreuzzügen vertiefte sich bei Kreuzfahrern die Hoffnung auf Entlastung durch den »Priesterkönig Johannes«. Diese Hoffnungen verbanden sich zunächst mit der Erinnerung an den Indienzug Alexanders des Großen. Man verortete den Priesterkönig Johannes lange in Indien.

Die Kenntnisse über Äthiopien gingen auf die Antike zurück. Der Begriff umfasste große Gebiete. Auf den Karten des Mittelalters schloss Äthiopien Nubien und große Teile Afrikas ein. Europäer kannten das Gebiet Äthiopiens nicht aus eigener Anschauung.

Der Mythos lässt sich bis ins 12. Jahrhundert zurückverfolgen. Die Suche nach dem legendären Priesterkönig Johannes im 14. Jahrhundert und die Hoffnung auf eine antiislamische Allianz mit einem starken christlichen König in »Asien« gehen auf Legenden aus dem 12. Jahrhundert zurück. Otto von Freising erwähnte 1145 Priesterkönig Johannes. Die Nachricht von einem großen Sieg eines christlichen Tartarenfürsten erreichte Papst Eugen III. Der Name »Wang« wurde als Johann gelesen und Khan als Priester übersetzt. Nach den ersten Siegen der Mongolen über islamische Heere lokalisierten die zu den Mongolen reisenden europäischen Gesandten den Priesterkönig Johannes in Zentralasien.

Diese Nachricht stammte von Armeniern, die sie mit Sagen der Nestorianer verbanden. Außerdem machte ein Brief des Priesterkönigs Johannes, von einem Unbekannten verfasst, die Runde. Er wurde als Fürstenspiegel gedeutet und von einigen Autoren Otto von Freising zugeschrieben. Priesterkönig Johannes wurde im 13. Jahrhundert auch zu einer Idealfigur, die den in weltliche Machtkämpfe verstrickten Kaisern und Päpsten entgegengesetzt wurde. So gab es Darstellungen, dass der Gral in das Heilige Land des Priesterkönigs Johannes gebracht worden sei, und er wird in der Parzivaldichtung erwähnt.

---

23 Bley, Helmut, »Priesterkönig Johannes«, in: »Enzyklopädie der Neuzeit«, Bd. 10, Stuttgart 2010, Sp. 338–342, mit Aussagen zur portugiesischen Intervention und der Abwehr der muslimischen Expansion im 16. Jahrhundert.

Abb. 42: Priesterkönig Johannes, noch als Patriarch in Indien beschrieben (illustrierter Holzschnitt aus der »Schedelschen Weltchronik«, 1493).

Die neuere Forschung sucht keinen Ursprung mehr in historischen Ereignissen und geht von Hoffnungen und Prophezeiungen des 12. und 13. Jahrhunderts aus. Erst im 14. Jahrhundert wurde der Priesterkönig Johannes in Äthiopien vermutet, wobei es von Bedeutung ist, dass Äthiopien als Teil Asiens galt. Vorstellungen vom Orient mit einer Einheit von Priestertum und Herrschaft spielten bei diesen Erwartungen eine Rolle. Deshalb eignete sich diese Gestalt zur Mythenbildung. Es gab Kontaktversuche durch Bettelorden seit dem 13. Jahrhundert. Auch Marco Polo erwähnte ihn.

Die Verlegung nach Äthiopien in Afrika und damit auf reale Verhältnisse geht auf Begegnungen europäischer Pilger mit äthiopischen Christen in Jerusalem Ende des 14. Jahrhunderts zurück. Zu Beginn des 15. Jahrhunderts versuchten italienische Kaufleute die direkte Verbindung durch den islamischen Riegel hindurch. Florentiner und Venezianer fanden den Weg nach Äthiopien. Der Florentiner Antonio Bartoli kam gegen 1400 vermutlich bis Aksum. 1407 erreichte Pietro Rombulo Äthiopien und wurde später vom äthiopischen Herrscherhaus als Gesandter in Asien eingesetzt. Er kam erst 1450 nach 37 Jahren zurück. Seine Kenntnisse verbreiteten sich deshalb nicht in Europa.

Auch die Portugiesen sollen bei ihren Explorationsfahrten um Afrika unter anderem durch die Suche nach einem gewaltigen christlichen Königreich motiviert worden sein, mit dem ein Bündnis gegen die mächtigen muslimischen Staaten erhofft wurde. Diese Hoffnung ging auf Berichte von Pilgern und Reisenden aus dem Orient im 14. Jahr-

hundert zurück. Die römische Kirche nahm diese Berichte auf und versuchte, wie auch die italienischen Handelsstädte, Kontakt zu Äthiopien zu bekommen. Versucht wurde, die auf die Mameluckenherrschaft in Ägypten zurückzuführende Behinderung des Asien-handels zu durchbrechen. Die mittelalterlichen Fantasien über ferne Welten verwoben sich mit Mythen über den idealen christlichen König vor dem Hintergrund der Kon-flikte zwischen Kaiser und Päpsten. Nach den Niederlagen in den Kreuzzügen ver-mischten sich europäische Interessen mit den Motivationen von Expansion, um das islamische Handelsmonopol zu beenden. Es sollte von einer westlichen Flanke her be-droht werden und man wollte versuchen, direkt in die Regionen zu gelangen, in denen sich das afrikanische Gold und die asiatischen Gewürze finden ließen. Es waren aber die christlichen Fürsten Äthiopiens selbst unter der Vermittlung der koptischen Patri-archen in Alexandria, die als Erste eine Verbindung zu Europa herstellten. Sie schick-ten Botschafter nach Portugal. Abgesandte nahmen am Konzil von Florenz (1439–1443) teil. Seit Beginn des 15. Jahrhunderts befanden sich Äthiopier teils als Pilger in Europa, so in Rom und auf dem Konzil von Konstanz. Äthiopische Mönche überbrachten Briefe im Auftrage des portugiesischen Königs. Dieser Kontakt wurde nicht auf Priesterkönig Johannes bezogen, weil dieser Titel in Äthiopien nicht bekannt war. Deshalb wurde er wieder in Indien vermutet. Entsprechend den vielfältigen Kontakten erschien Äthio-pien auf vielen Weltkarten des 15. Jahrhunderts. Priesterkönig Johannes wurde erst-mals 1320 eingetragen. Diese Dichte des Kontaktes änderte nichts an der Tatsache, dass er weitgehend als sagenhafte mächtige Gestalt wirkte, der auch die Suche nach den Quellen des Nils ermöglichen würde.

Nach dem Tod eines Herrschers von Äthiopien wurde erkannt, dass der Priester-könig nicht existierte. Man versuchte, die Herrschaftsstruktur zu präzisieren, indem statt einer konkreten Person ein Amt in den Blick kam und die Nachfolge in das Amt des Priesterkönigs beschrieben wurde. Gesandtschaften wurden auf den Weg gebracht. Entscheidend für den Kontakt mit Äthiopien wurden der Landweg und die Pilgerroute über Kairo und den Nil. Pêro da Covilhã erreichte sowohl Calicut und Goa in Indien als auch Sofala an der ostafrikanischen Küste. Über Hormuz am Roten Meer gelangte er 1496 nach Äthiopien. Er wurde dort aber festgehalten und galt als verschollen, bis ihn 1520 eine portugiesische Gesandtschaft in Äthiopien fand. Sie stand im Zusammen-hang mit der Ankunft der portugiesischen Flotte des Vizekönigs von Goa, um die See-herrschaft gegenüber den Osmanen durchzusetzen, und ankerte im Hafen Massawa im heutigen Eritrea. Auch diese Gesandtschaft wurde sechs Jahre festgesetzt. Das por-tugiesische Interesse vertiefte sich seit der Mission Vasco da Gamas, der auf ein weite-res großes afrikanisches Reich im Hinterland der Ostküste Afrikas stieß, »Groß Simbabwe«, das Gold via Sofala und Kilwa exportierte.

Mit der portugiesischen Präsenz im Indischen Ozean und dem Aufbau portugie-si-scher Stützpunkte intensivierte sich die Frage des Bündnisses mit einem Priesterkönig in Äthiopien erheblich. Die Kontrolle des Roten Meeres und der Zugang zum Indischen Ozean führten zu Konflikten mit dem Osmanischen Reich, den Mamelucken in Ägypten und den Venezianern, die ihre Handelsverbindungen durch die neue atlantische Kon-

kurrenz bedroht sahen. Die Initiative zu einem Kontakt mit Portugal und Rom ging indessen vom Herrscher in Äthiopien, dem Negus, aus. Er suchte Unterstützung im Kampf gegen muslimische Fürsten, die vom Osmanischen Reich unterstützt wurden. Die Offensiven des Fürsten von Adal, Sultan Ahmad Ibrahim, genannt »Gran«, führten seit 1527 zu einer Existenzkrise des äthiopischen christlichen Reiches, dessen Fürsten sich in die Hochländer zurückziehen mussten, obwohl Guerillataktiken der Äthiopier wirkungsvoll blieben. Die Kämpfe zwischen den islamischen Fürsten und Herren Äthiopiens zielten auf die Kontrolle über die Weide- und Ackerflächen. Hauptsächlich aber ging es um den Sklavenhandel über das Rote Meer zur Versorgung des Osmanischen Reiches und teilweise auch Indiens. Äthiopien wurde vor allem Rekrutierungsgebiet für Sklaven. Die portugiesische Flotte griff vom Vizekönigtum Goa aus in die Kämpfe ein. Sie versuchte, den Verkehr der Haupthäfen Aden am Roten Meer und Hormuz am Persischen Golf zu stören, um den Waffenhandel zu unterbinden. Nach der Landung in Massawa zog ein portugiesisches Aufgebot 1541 in das Hochland von Äthiopien, in dem immer noch Gesandte Portugals gefangen gehalten wurden. Gut vierhundert portugiesische Musketiere beteiligten sich an den Kämpfen gegen Gran. Da die Feuerwaffen aus osmanischer Produktion, einschließlich beweglicher Kanonen, den europäischen Waffen überlegen waren, ging die Schlacht verloren. Der Sohn Vasco da Gamas, Christopher, wurde gefangen genommen und hingerichtet. Erst eine zweiten Schlacht 1543 zeitigte einen Erfolg. Einem portugiesischen Musketier gelang es, Gran zu erschießen, so dass das Kaiserreich diesen Ansturm überstand. Die Versuche Portugals, mithilfe der Jesuiten das koptische Christentum durch den Katholizismus zu ersetzen, scheiterten. Das in den Hochländern existierende christliche äthiopische Kaiserreich blieb isoliert.

6 Äthiopien im 19. Jahrhundert

Äthiopien (auch Abessinien genannt) wurde in den Strudel der imperialistischen Expansionen des 19. Jahrhunderts gezogen[24]. Es geriet unter den Druck Italiens, das Eritrea bereits seit 1850 besetzte.

Während und nach dem Bau des Suezkanals geriet Äthiopien weiter unter Druck, weil das Rote Meer eine zentrale Bedeutung für den Seeweg nach Indien erhielt. Frankreich und Großbritannien sicherten sich Kolonialgebiete in Dschibuti und das spätere Britisch-Somalia. Ägypten besetzte Massawa, den wichtigsten Hafen Äthiopiens.

Das Kaiserreich war schwer von inneren Machtkämpfen zwischen den Königen der Teilregionen erschüttert. In den 1860er Jahren fand eine erste große Konfrontation mit

---

24 Zewde, »A History« und Levine, Donald N., »Wax and Gold: Tradition and Innovation in Ethiopian Culture«, 5. Auflage, Chicago 1972. Auch hilfreich für die Perspektive auf Eritrea in der Frühen Neuzeit und im 18. Jahrhundert: Pateman, Roy, »Eritrea – Even the Stones are Burning«, Trenton 1990, Kapitel »Eritrea, Ethiopia and the Red Sea«, S. 29–46 und »Resistance to the Italian Occupation«, S. 47–66.

Großbritannien im Zuge dieser Entwicklung statt. Kaiser (Negus) Theodor II.[25] widersetzte sich der ägyptischen Expansion Muhammad Alis und der britischen Einflussnahme auf sein Reich. Aufgrund eines diplomatischen Konfliktes mit Großbritannien nahm er ab 1865 sukzessive alle Europäer in seinem Land als Geiseln gefangen, die zuvor meist als Handwerker für ihn gearbeitet hatten. Dies gipfelte in der britischen Äthiopien-Expedition zur Befreiung der Gefangenen. Sie wurde von Indien aus durch General Napier organisiert. Im Dezember 1867 traf das britisch-indische Expeditionsheer mit 57 Dampfschiffen aus Bombay ein. Ingenieure errichteten dafür Hafenpiere.

Während der Schlacht um Magdala 1868 entfaltéte sich die ganze Überlegenheit dieser modernen Armee mit 3.500 Soldaten und Kanonen. Als der äthiopische Kaiser in seiner Bergfestung die aussichtslose Situation erkannte, erschoss er sich mit einer Pistole. Napier gab die Plünderung von Residenz, Stadt, Kirchen und Klöstern frei, so dass große Kunstschätze, auch die Krone selbst, von den Truppen nach Großbritannien verschleppt wurden. Tekle Giyorgis konnte sich als Nachfolger gegen seine Konkurrenten um den Thron durchsetzen und wurde 1868 zum Kaiser proklamiert. Gefahr drohte Tekle Giyorgis II. jedoch von seinem Schwager, dem späteren Kaiser Yohannes IV. In einer Schlacht nahe Adua wurde Tekle Giyorgis 1871 besiegt. Er und nächste Angehörige wurden in einem Kloster gefangen gehalten, wo er später aus ungeklärten Gründen in der Gefangenschaft starb. Yohannes IV. wurde als Nachfolger 1872 in Aksum, Stadt der antiken Hochkultur und legendärer Vorläufer der äthiopischen Monarchie, zum Kaiser gekrönt. Wie sein Vorgänger konnte auch er aus der Dynastie in Tigre die Herrschaft über alle äthiopischen Provinzen erringen. Er versuchte im Gegensatz zu Theodor II. einen Ausgleich mit den starken regionalen Fürsten zu schaffen, unter ihnen Menelik, der König der amharischen Kernprovinz Shewa (der spätere Kaiser Menelik II.). Yohannes beließ Menelik, wie andere Fürsten auch, nach der Unterwerfung im Amt. Menelik musste aber Tribute entrichten.

Yohannes IV. hatte bereits 1875–1876 eine Vergrößerung des Reichsgebietes in den islamischen, von Oromo kontrollierten Gebieten begonnen. Er stieß auf heftigen Widerstand und löste eine islamische Gegenbewegung aus, die unter anderem die Shewa-Provinz in Bedrängnis brachte. Die islamische Bewegung wurde wahrscheinlich auch von den Mahdisten gefördert. Derartige Expansionen wurden genauso von rivalisierenden Fürsten und Königen der Provinzen betrieben. Die Oromo und ihre Klanföderationen sowie ihre Staaten waren zersplittert und teilweise verfeindet. Außerdem unterstützten assimilierte Oromo als Teil der äthiopischen Elite diese Politik. Die Generäle von Menelik zerschlugen die islamische Oromo-Bewegung militärisch. Priester, die mit den Armeen zogen, vollzogen Zwangstaufen.

Die Bauern wurden zu Hörigen gemacht und zu Steuerzahlungen verpflichtet. Amharische Soldaten und Siedler übernahmen deren Kontrolle. Die meisten Oromo

---

25 Rubenson, »The Survival«, Ausgabe 1978, mit Korrekturen. Rubenson konzentriert sich ausschließlich auf die Herrschaft von Theodor II.

lebten nun im Kaiserreich[26]. Die Eroberungen vergrößerten die Einnahmen und die militärische Macht Meneliks. Da er Yohannes unterlegen war, handelte er von den Italienern Waffenlieferungen ein. Die Italiener erwarteten, dass dadurch ihr Eindringen in Äthiopien von einem ihnen günstig gesinnten Fürsten erleichtert werden würde. Menelik setzte den Machtkampf gegen Yohannes im Bündnis mit anderen Fürsten fort und es stand ein großer Krieg zwischen den Fürsten bevor.

Yohannes entschied sich aber, zunächst gegen die Mahdisten vorzugehen. Er half den Briten und Ägyptern bei der Evakuierung ihrer Garnisonen an der sudanesisch-äthiopischen Grenze während des Mahdi-Aufstandes. Bereits 1885 kam es deshalb zu Kämpfen mit den Mahdisten. 1887 begann der äthiopische Statthalter von Gondar einen Angriff auf ein von den Mahdisten gehaltenes Gebiet. Der Anführer der Mahdisten verstärkte daraufhin seine Truppen auf 85.000 Mann. Die Äthiopier unter Yohannes IV. mobilisierten 130.000 Infanteristen und 20.000 Kavalleristen gegen die Armee der Mahdisten und es kam zur Schlacht. Da die Mahdisten nach der Niederlage ein Friedensangebot des Kaisers ablehnten, verkündete Yohannes, er werde nach Khartum ziehen. Im März 1889 griffen die Äthiopier unter Führung des Kaisers selbst den Mahdisten-Staat im Sudan an. Es zeichnete sich erneut eine Niederlage der Mahdisten ab, als der äthiopische Kaiser verwundet wurde und am nächsten Tag starb. Die äthiopischen Truppen zogen sich zurück, die Mahdisten nahmen die Verfolgung auf und es entwickelte sich eine weitere Schlacht. Die Äthiopier wurden in die Flucht geschlagen und der Leichnam des Kaisers geriet in die Hände der Mahdisten. Sein Kopf wurde in deren Hauptstadt zur Schau gestellt und der Krieg wurde beendet. Der Machtkampf zwischen Menelik II.[27] und Yohannes IV. war mit dem Tod des Letzteren 1889 entschieden. Menelik nahm die Modernisierungspolitik Theodors II. verstärkt wieder auf, auch zu Lasten der gesteigerten Feudalabgaben der Bauern. Mithilfe deutscher Ingenieure begann er, Eisenbahnen zu bauen und die Telegraphie einzuführen, und machte Addis Abeba zur Hauptstadt. Unmittelbar nach der Thronbesteigung setzte er eine Expansion zur Vergrößerung des Territoriums[28] von den amharischen und tigrischen Kerngebieten aus fort. Etliche Gebiete im Süden und Westen, die Äthiopien im 17. Jahrhundert während der islamischen Expansion verloren hatte, wurden erobert.

Menelik sicherte mittels einer diplomatischen Offensive die territoriale Integrität seines Reiches ab, indem er mit Großbritannien und Frankreich Verträge über

---

26 Baxter, Paul T. W.; Hultin, Jan; Triulzi, Alessandro, »Being and Becoming Oromo: Historical and Anthropological Enquiries«, Uppsala 1996 und Zitelmann, Thomas, »Nation der Oromo: Kollektive Identitäten, nationale Konflikte, Wir-Gruppenbildungen. Die Konstruktion kollektiver Identität im Prozeß der Flüchtlingsbewegungen am Horn von Afrika. Eine sozialanthropologische Studie am Beispiel der saba oromoo (Nation der Oromo)«, Berlin 1994.

27 Zewde, »A History« und Prouty, Chris, »Empress Taytu and Menilik II: Ethiopia, 1883–1910«, London 1986.

28 Zewde, »A History«, Abschnitt »The Process of Expansion«, S. 61–68.

die Grenzen seines Reiches abschloss[29]. Die großen Kriege fanden in einer Periode statt, in der Bauern und Hirten in große Not geraten waren. 1887 brach in Äthiopien die Rinderpest aus, die 90 % der Rinder tötete. Sie war durch Rinder aus Indien eingeschleppt worden, die die Italiener für ihre Truppen in Eritrea benötigten. 1888 fiel zudem der Regen aus. Heuschrecken und andere Insekten zerstörten die Ernten. Zwischen 1888 und 1892 soll ein Drittel der äthiopischen Bevölkerung an Hunger, Typhus und Cholera sowie den eingeschleppten Masern gestorben sein. Die Krönung von Menelik II. wurde dadurch überschattet, weil Shewa, seine Kernprovinz, besonders schwer getroffen war. Es ist zu vermuten, dass diese Krise durch die enormen Belastungen der Bauern wegen der ständigen Kriegszüge der äthiopischen Fürsten und Kaiser gesteigert wurde. Bei der Mobilisierung seiner Truppen wegen des Konfliktes mit Italien verwies Menelik II. in seiner Proklamation auf diese schweren Lasten für Äthiopien, war aber dennoch 1896, als die Krise abgeklungen war, zum Krieg gegen die italienische Invasion entschlossen.

Der Konflikt mit den Italienern verschärfte sich ständig. Die Italiener expandierten seit 1887 auch in das Hochland von Eritrea und reagierten auf den dortigen Widerstand mit einem Massaker an zwölf Chiefs und neunhundert Leuten aus deren Gefolge; damit hatten sie die Hälfte der adeligen Elite getötet. Die Bauern begrüßten die italienische Herrschaft zum Teil mit Enthusiasmus, weil mit ihr die Gefahr der Versklavung abgewendet wurde. Die italienische Armee verstärkte sich 1893 mit eritreischen Soldaten, den »Askaris«, und behauptete sich mit Mühe in den Kämpfen im Hochland. Dabei setzte sich bei der italienischen Administration die Ansicht durch, dass auch das Hochland um Asmara gut für eine italienische Besiedlung geeignet sei. Die Bauern und vor allem der eritreische Klerus mussten Landverluste hinnehmen, aus denen wieder Rebellionen entstanden, weil auch den Bauern Land genommen wurde. Menelik hatte mit den Italienern 1891 einen Vertrag zur Unterstützung abgeschlossen. Diese aber hatten den Vertrag in der italienischen Fassung verfälscht und einen Satz aufgenommen, der im amharischen Text nicht vorkam: nämlich dass sich Menelik mit der Erklärung eines italienischen Protektorats einverstanden erklärt hatte. Außerdem hatten sie italienische Spione im Übersetzungsbüro des Kaisers eingeschleust. 1895 begann der Vormarsch der italienischen Truppen auf das Hochland Äthiopiens.

Menelik II. verlangte von den Italienern eine offizielle Erklärung, in der sie auf die Forderung nach einem Protektorat verzichteten, war aber bereit, ihnen Eritrea zu überlassen. Da die Italiener dies ablehnten, mobilisierte er – nach einigem Zögern – seine Armee; dies tat auch die Kaiserin Taytu, die über eine eigene Armee verfügte. Nach verschiedenen Kämpfen kam es 1896 zur entscheidenden Schlacht bei Adua. Menelik hatte große Versorgungslager für seine Armeen eingerichtet. In ihnen bereiteten viele Frauen die Verpflegung für die Soldaten vor. Während der Schlacht versorgten 5.000 Frauen mit Ledereimern die Kämpfer mit Wasser aus

---

29 Caulk, »Between the Jaws«.

dem nahegelegenen Fluss. In der Schlacht wurde die italienische Armee vernichtet. Viele Soldaten und Offiziere gerieten in Gefangenschaft. Wer sich auf dem Schlachtfeld totgestellt hatte, um der Gefangennahme zu entgehen, wurde durch im trockenen Gras gelegte Feuer ebenfalls in die Gefangenschaft getrieben, wenn er nicht als schwer Verwundeter verbrannte. In den Waffenstillstands- und Friedensverhandlungen nutzte Menelik die Gefangenen als Faustpfand zur Durchsetzung seiner Forderungen. Er blieb dabei, Eritrea den Italienern zu überlassen. Äthiopien zog sich nach dem Sieg über die Italiener auf sich selbst zurück. Menelik setzte den Modernisierungskurs, unter anderem mit etlichen deutschen Ingenieuren, durch den Bau der Eisenbahnen und Telegraphieverbindungen sowie den Ausbau Addis Abebas fort. Die Feudalstrukturen blieben erhalten. Kirche und Adel behielten die Kontrolle und die Modernisierung erreichte die Bauern nicht. Hungersnöte waren das Ergebnis der vielen Kriegszüge und der großen erzwungenen Abgaben. Es entstand ein Groß-Äthiopien unter amharischer Herrschaft über viele andere Völker. Menelik II. starb 1913. Äthiopien blieb unabhängig, bis es 1935 erneut von Italien angegriffen wurde und von den Westmächten im Völkerbund keine Unterstützung erfuhr. Diese Haltung gegenüber einem Mitglied des Völkerbundes politisierte viele Intellektuelle in Afrika.

7 Ausblick auf die weiteren Entwicklungen am Horn von Afrika

Aufgrund der britischen Kolonialherrschaft über Ägypten und den Sudan nach der Niederlage der Mahdisten und aufgrund der Isolation Äthiopiens entstand keine Großregion mit ökonomischen und sozialen Verflechtungen. Dafür zersplitterte die Kolonialherrschaft das Horn von Afrika. Dschibuti war französisch. Die britischen Kolonien Ostafrikas standen nicht in Beziehungen zu Äthiopien. Großbritannien hatte seit 1839 durch Verträge mit Klans Berbera als Hafen für den Seeweg nach Indien gesichert. 1884–1886 schloss es weitere Abkommen mit verschiedenen Klans und sicherte sich dadurch Gebiete, die vorwiegend von nomadischen Somali-Viehzüchtern bewohnt wurden, die für die Fleischversorgung zuständig waren. Von 1884–1898 wurde ein Protektoratsvertrag geschlossen. Ab 1888 vereinbarte Italien ebenfalls einen Protektorats- und verschiedene Schutzverträge in Somalia, die auch Mogadischu einschlossen. Bereits 1888 wurde mit Frankreich ein Grenzabkommen getroffen. Die Südprovinz wurde von Britisch-Ostafrika beansprucht. 1936 gliederte Italien Somalia in sein Kolonialreich ein und bildete aus Äthiopien, Eritrea und Italienisch-Somaliland die Kolonie »Italienisch-Ostafrika«. Im Zweiten Weltkrieg wurde Äthiopien 1941 britische Kolonie, bis 1950 Kaiser Haile Selassie wieder in sein Amt eingeführt wurde und Italienisch-Somaliland an Italien als UN-Treuhandgebiet zurückgegeben wurde. Damit war die Entwicklung zu einer Großregion blockiert. Im Ogaden-Krieg 1977–1978 behauptete Äthiopien seine Grenzen gegen die von der UdSSR ausgestattete Armee Somalias, die ein Groß-Somalia anstrebte. Insbesondere nachdem die UdSSR nach der Revolution in Äthiopien das neue sozialistische Regime unterstützte und sich aus Somalia zurückzog, spitzte sich die Krise in Somalia zu. Es handelte sich um Auseinandersetzungen im Rahmen des Kalten Krieges. Dabei wurden 15.000–18.000 kubanische Soldaten aus Angola nach Äthiopien verlegt, Nordkorea half bei der Ausbildung einer »Volksmiliz«. Auch die Demokratische Volksrepublik Jemen und die DDR unterstützten Äthiopien mit Militärhilfe[30].

---

30 Matthies, Volker, »Kriege am Horn von Afrika: Historischer Befund und friedenswissenschaftliche Analyse«, Berlin 2005.

Kapitel 9
Zwischenbetrachtung zu den vorkolonialen Welten

Die vier großen Regionen waren drei Jahrhunderte lang Welten von jeweils besonderer Ausprägung. Die Unterschiede in den Beziehungen zu den Welten außerhalb Afrikas waren groß. In Westafrika überwogen die Verbindungen durch die Sahara und die weiten Bewegungen innerhalb des Sahels lange den Einfluss des atlantischen Systems. Dies wurde wichtig wegen des Sklavenhandels, der von europäischen Stützpunkten an der Küste ausging. Je länger, je mehr wurden infolge der Lieferung von Feuerwaffen Verschiebungen der Machtverhältnisse zwischen den afrikanischen Staaten wirksam.

In allen Regionen bildeten sich vor allem im 18. und 19. Jahrhundert etliche ältere Staaten um. In einigen Fällen lässt sich von Ansätzen eines Staatensystems sprechen. Auch Städte mit ihrem agrarischen Umfeld bildeten ein System von Stadtstaaten. Das gilt besonders für die Yoruba-Städtewelt und für Handelsplätze um das innere Nigerdelta. Auch die Emirate des Sokoto-Sultanates kontrollierten große Städte, die miteinander vernetzt waren. Ähnliches trifft zu für die Städtewelt des südlichen Zentralafrika und die Welt der Swahili in den Küstenstädten Ostafrikas. Die Jagd auf Sklaven in Westafrika und ihr Transport über viele Stationen lagen in afrikanischer Hand und waren die Quelle innerer Konflikte. Große Teile der Sklaven wurden von Adelshaushalten und Königshöfen für die Agrarproduktion, für das Transportwesen und für militärische Einheiten genutzt. Dieser inneren Sklaverei kommt eine große Bedeutung zu. Sie steigerte sich in der Abolitionsperiode noch. Die späte vorkoloniale Periode erstreckte sich von den 1840er Jahren bis nach 1890. Erst danach wurde Kolonialherrschaft dominant.

In Zentralafrika hatten die Verbindungen sowohl zum atlantischen System als auch zu dem des Indischen Ozeans in Intensität und Zeitablauf sehr unterschiedliche Wirkungen. Das Kongo-Königreich kam schon Ende des 16. Jahrhunderts unter portugiesischen Einfluss einschließlich einer starken missionarischen Wirkung der katholischen Kirche durch ihre Orden. Das Königtum wurde durch den zunehmenden Sklavenhandel destabilisiert, weil sich wichtige Tributgebiete an der Küste verselbstständigten und Direkthandel mit den britischen und niederländischen Sklavenhändlern betrieben. Diese Destabilisierung ging von der portugiesischen Kolonie in Luanda aus, das militärisch immer wieder in die Verhältnisse des Königreiches eingriff. Letztlich war die portugiesische Macht zu schwach und schlecht organisiert, so dass das Königreich und wichtige Vasallen Portugal zwangen, seinen Einfluss aufzugeben. Ein vierzigjähriger Krieg zwischen verschiedenen Thronpräten-

https://doi.org/10.1515/9783110452020-011

denten erschütterte dennoch das Reich. Die Handelsverbindungen mit Angola durch
die Ovimbundu wurden von den Warlords aus Tanganyika unterbrochen[1].

Das südliche Zentralafrika blieb bis ins 19. Jahrhundert sowohl vom Atlantik als
auch vom Indischen Ozean abgeschnitten und von den Folgen des Sklavenhandels
bis auf indirekte Wirkungen durch Fluchtbewegungen verschont. Aber es entstand
ausgehend von den Staatsbildungen der Luba ein extrem durch Mobilität von militarisierten Adelsgruppen bestimmtes politisches System. Es wurde im 19. Jahrhundert
vor allem durch die Großkarawanen von den Häfen Sansibars an der ostafrikanischen
Küste, die auch Beziehungen zu Angola aufbauten, mit dem Indischen Ozean und
dem Sklavenhandel verbunden.

Ostafrika bestand lange aus mehreren Zonen. Die Welt der Oromo und ihres
Handelssystems in Somalia hielt sich bis zum Beginn der portugiesischen Präsenz
ab dem 16. Jahrhundert. Diese Welt geriet zeitweilig unter portugiesische Kontrolle.
Den Portugiesen gelang es, den ägyptischen und osmanischen Einfluss im Indischen Ozean zu brechen, bis die Omani zusammen mit den Bevölkerungen der Küstenstädte die Portugiesen am Ende des 17. Jahrhunderts vertrieben. Es folgte der
Aufstieg der Swahili-Kultur in den Küstenstädten von Somalia bis nach Mosambik
ab dem 17. Jahrhundert. Sie geriet unter die Kontrolle der Oman-Araber von Sansibar. Das Sultanat Sansibar stützte sich zu Beginn des 19. Jahrhunderts auf die Hegemonie der britischen Flotte im Indischen Ozean. Im Inneren Kenias und Tansanias
lebten weitgehend autonome Bauern und Hirten. Wenige Staaten entstanden. Nur
Oromo-Hirten und Masai-Hirten schufen großräumige politische Systeme von Klanföderationen. Davon unterschied sich deutlich die Entwicklung der Feudalstaaten
Uganda, Bunyoro, Ruanda und Karagwe nördlich des Victoria-Sees und der Quell-
flüsse des Nils. Uganda als Hegemon entwickelte eine produktive Ökonomie der Bana-
nenproduktion, band die Hirtengruppen des Nordens ein, kontrollierte mit Flotten
den Victoria-See und sicherte sich den Zugang zum Eisenerz sowie über Handelsbeziehungen auch den Zugang zum Kupfer Zentralafrikas.

Mit dem Aufbau der Großkarawanen von Sansibar aus in den ersten Jahrzehnten des 19. Jahrhunderts und der Errichtung befestigter Plätze im Inneren Tansanias
und am Tanganyika-See wirkte sich die Handelswelt des Indischen Ozeans auf alle
Regionen aus. Warlords als Führer der Karawanen stellten die Verbindungen nach
Zentralafrika und an den Atlantik her. Islamische Händler aus Ägypten und Sansibar sowie Missionare der verschiedenen christlichen Missionen griffen in Uganda
ein, so dass eine umfassende Staatskrise entstand, die zur Protektoratserklärung
führte. Die deutsche Besetzung der Küste Tansanias erschütterte die Swahili-Welt.
Der Helgoland-Sansibar-Vertrag von 1890 teilte Ostafrika zwischen Großbritannien
und dem Deutschen Reich auf. Im südlichen Afrika entwickelte sich nach der Er-

---

1 David Birmingham betont die wichtige Rolle Angolas für die Entwicklung in Zentralafrika in
»Central Africa«.

richtung der Versorgungsstation in Kapstadt durch die niederländische Ostindien-Kompanie (VOC) 1652 und unabhängig davon seit Ende des 18. Jahrhunderts ein großer afrikanischer Expansions- und Staatsbildungsprozess bei den Nguni-Völkern im Nordosten, der zu einer großen Zeit der Wirren, Kriege und Fluchtbewegungen von 1816–1840 führte. Dazwischen entstand eine große Frontier-Zone, in der einheimische Hirtenvölker, vor der Administration am Kap flüchtende Menschen, Sklaven, weiße Outcasts und Wanderhändler, Khoisan, Orlam und entlaufene Sklaven multiethnische politische Gemeinschaften bildeten. Auch Namibia wurde Frontier-Zone und von der Orlam-Hegemonie in das Handelssystem von Kapstadt integriert. Seit den 1830er Jahren drängten die Treckburen aus der Kapkolonie nach Norden und trugen zur Unruhe in der Region bei. Die Mineral Revolution mit Diamanten- und Goldfunden 1868 und 1886 schuf ein finanzkräftiges Zentrum und verstärkte die britische Expansion in der Region. Die Sklaverei in Südafrika, eingesetzt durch weiße Farmer und Großgrundbesitzer, betraf 30 % der Bevölkerung in der Kapkolonie und wurde seit 1834 in ein System abhängiger Arbeit umgewandelt. Es wurde die Grundlage für die Arbeitsverfassung nicht nur in Südafrika, sondern in der gesamten Zone des britischen Einflusses im südlichen Afrika etabliert und schloss auch das südliche Zentralafrika zu Beginn des 20. Jahrhunderts ein. Trotz der hier zusammengefassten Besonderheiten der Großregionen als Welten gab es kulturelle, soziale und politische Gemeinsamkeiten, die nachfolgend hervorgehoben werden sollen.

1 Adel in afrikanischen Gesellschaften

Adel wird in der Literatur für alle afrikanischen Regionen festgestellt und von dem Status des »Commoner« unterschieden. Bei vergleichender Betrachtung wurde deutlich, wie verbreitet Adel in fast allen afrikanischen Gesellschaften war. Bei der Behandlung der Großregionen zeigte sich, dass die innerafrikanische Dynamik durch Raub und Handel und Verwendung von Sklaven in Afrika selbst von großer Bedeutung war. Sie steigerte Adelsherrschaft und Königsmacht enorm. Die innerafrikanische Sklaverei und der darauf konzentrierte Handel stärkten vor allem die adeligen Klans und die von ihnen geprägten Kriegerkasten. Diese Entwicklung ist nicht von dem internationalen Handel allein abzuleiten. Verwundbarkeit der bäuerlichen Welt als Folge von Missernten und Seuchen, von Raub ihrer Herden und der Verschleppung vieler Frauen verursachten der Sklaverei vergleichbare Abhängigkeiten. Am Beispiel des südlichen Zentralafrika ließ sich darstellen, dass auch ohne internationale Handelsbeziehungen Abhängigkeit endemisch werden konnte, so dass mehr als ein Drittel der Bevölkerung in Abhängigkeit und als unterbäuerliche Schicht lebte. Im Kongo entstand ein starkes Klientelverhältnis von Bantu-Sprechern und Pygmäen. In Namibia waren die Damara von den Herero und Nama in Abhängigkeit gebracht worden.

Die Wege in die Abhängigkeit waren vielfältig. Häufig wurden Kriegsgefangene zu Sklaven. Kidnapping durch Überfälle auf Dörfer war häufig. Ziel dieser gewaltsamen Aneignung waren fast immer Fremde. In Benin galten Leute der zentralen Ethnie der Edu als frei. Auch in Dahomey wurden die eigenen Dörfer verschont. Sklaven waren lineagefrei, also ohne Verpflichtungen gegenüber ihren alten Lineages, weil sie fern von ihnen lebten. Sie vergrößerten die Gefolgschaft von adeligen Klans und von größeren Haushalten der Bauern. Verschuldung stand oft am Anfang, um Schuld durch ungemessene Arbeit abzugelten. Flüchtige mussten Sicherheit durch Unterwerfung unter eine Lineage suchen. Strafen für Verletzungen und Totschlag erzwangen Kompensation zum Ausgleich für den Ausfall der Arbeitskraft. Wenn Entjungferung die Heiratschancen einer Frau vernichtete, musste auch dies durch eine andere Frau ausgeglichen werden. Versklavte Frauen und ihre Kinder stärkten die Lineages, weil sie abweichend von der üblichen Regelung der Lineage des Mannes angehörten. Das galt auch für die Konkubinen. Die Geburt eines Kindes konnte den Status verbessern. Die meisten Sklaven arbeiteten in separierten Dörfern oder lebten in getrennten Quartieren. In Palastbereichen der Könige und des Adels wurden sie in der landwirtschaftlichen Produktion eingesetzt. Im 19. Jahrhundert nutzte man sie auch zunehmend auf Plantagen für die Palmöl- und Zuckerproduktion. Im Sokoto-Sultanat arbeiteten sie auf großen Getreideplantagen und im Omani-Sultanat auf Sansibar für die Gewürznelkenproduktion und auf Getreideplantagen auf der Insel Pemba. Sklaven waren die Träger in den Handelskarawanen.

Sie wurden im Militär eingesetzt, weil sie als Lineagefreie unabhängig von den Kontingenten adeliger Klans waren. In Dahomey wurden Sklaven in der Palastgarde der Frauen und der Armee der Männer beschäftigt. Jeder Krieger und jede Kriegerin hatte abhängige Hilfskräfte für den Kampf und die Versorgung. Wurden Militäreinheiten aus Sklaven geschaffen, konnten die Militärsklaven nach der Macht greifen und sogar Dynastien begründen, wie das in Senegambien wiederholt der Fall war.

Jack Goody[2] hat – orientiert am europäischen Beispiel – eine Feudalentwicklung in Afrika, da ohne Schriftkultur, bezweifelt. Die Entstehung von aristokratischen Klans war nicht von Schriftlichkeit abhängig. Die Ausbildung von Adel führte nicht automatisch zum Feudalismus. Es ist sinnvoll, sich vom europäischen Feudalismusmodell zu lösen. Auch wenn sich Monarchien mit zentralistischer Hofhaltung entwickelten, blieben die aristokratischen Klans aufgrund der langen religiösen Bindung an Land eigenständig. Die Bauern unterlagen der Umverteilung durch Chiefs, die ebenfalls zum Adel gehörten, trotz der Bindung ihres Landbesitzes mit den Ahnen und Erdgöttern und waren so auch abhängig. Adel existierte im islamischen Herrschaftssystem und hatte vorislamische Wurzeln. Er war ausgeprägt im Sokoto-

---

2 Goody, Jack, »Feudalism in Africa?«, in: Journal of African History, Bd. 4, März 1963, S. 1–18. Die enge Fixierung auf den westeuropäischen Feudalismus stellt einerseits die Existenz von Adel nicht direkt infrage, unterschätzt aber andererseits das Kontinuum von Herrschaftsformen.

Sultanat, aber auch in den Staaten, die aus den islamischen Revolutionen entstanden. Adelige Klans gab es in Großreichen wie Oyo oder in kleinen Staaten wie im Shambaa-Königreich, in Benin, in Dahomey und bei den Asante, außerdem im Kongo und in Uganda, Ruanda und Karagwe, die sämtlich feudale Monarchien waren.

Im Wesentlichen kontrollierten royal Klans und adelige Klans Leute. Das konnten Gefolge von vielen Brüdern und Neffen sowie Söhnen sein, aber ebenso Sklaven, Schuldner, viele Frauen und Konkubinen mit ihren Kindern. Auch Vertriebene suchten neuen Schutz. In allen Regionen waren adelige Klans unterhalb der Königswürde mächtig. Sie waren Träger spiritueller Legitimität, die sogar noch nach politischem Machtverlust erhalten blieb. Es war ein wichtiges Ziel adeliger Klans, an dieser Spiritualität teilzuhaben. Auch siegreiche Klans und erfolgreiche Militärs heirateten im Interesse der Stabilisierung von Herrschaft in besiegte Klans ein. Verbreitet war, dass Prinzen, die von der Nachfolge ausgeschlossen worden waren, bei anderen Höfen oder mächtigen Klans aufgenommen wurden, um als zusätzliche Machtoption genutzt zu werden.

Die Wirtschaft der Paläste und der adeligen Hofhaltungen beruhte auf intensiver Landnutzung in den Palastbereichen und deren engerer Umgebung. Dort gab es ein grundherrschaftliches Zentrum mit Gartenanlagen und Viehweiden zur Versorgung von Gefolge und Militär. Es mussten oft bis zu 10.000 Menschen versorgt werden, was verdichtete Agrarzonen voraussetzte. Militäreinheiten, die oft aus Jagdgruppen entstanden oder aus Sklaven rekrutiert wurden, sicherten das weitere Umfeld. Tributbeziehungen waren zentral. Sie wurden von Bauern, unterlegenen Klans, der Kaufmannschaft in den Städten sowie von Märkten und Fährstellen verlangt. Die Reichweite der Erzwingung von Tributen hing vom jeweiligen Erzwingungspotenzial ab. Bewaffnete Königsboten wurden eingesetzt und Kriegergruppen wurden ausgesandt. Vieles erfolgte sehr unregelmäßig und an der Peripherie der Herrschaft seltener als im Zentrum. Tribut konnte Gegenstand von Friedensverhandlungen sein. Zur Milderung des Konfliktes wurden auch Kinder der Könige gegenseitig zur Ehe gegeben.

Großvieh wurde in beträchtlichen Herden als eine Art Lehen gegeben, so bei den Nguni-Völkern und in Ruanda. Eine Methode war, dass der Nachwuchs der Herden, die an Klienten gegeben wurden, dem König oder dem verleihenden Klanoberhaupt zustand, so in Natal, Simbabwe und Botswana. In Ruanda raubten die Armeen der Könige riesige Herden, so dass aristokratische Klans verarmten und in den Status des »Commoners« absanken und Hutu wurden. In Uganda gab es die großen Amtsländer, die der König vergeben, aber auch wieder einziehen konnte. In Westafrika war bei den vielen Kriegszügen das Vieh eine wichtige Beute. Im Sahelrand war die Fähigkeit, Pferde zu importieren und veterinärmedizinische Pflege durch die versklavten Pferdehüter zu betreiben, eine Grundlage der militärisch gestützten Herrschaft und der Mobilität über große Räume. Tributbeziehungen ähnelten häufig Gefolgschaftsverhältnissen, so dass Bewaffnete, in der Regel unter der Führung der betreffenden Klanoberhäupter, gestellt werden mussten. Im großen Stil fand dieses Prinzip in Äthiopien Anwendung. Der Adel behielt auch dann seinen Status, wenn die materielle Kultur im Vergleich zur bäuerlichen Welt auf den ersten Blick gering war. Aber besondere Kleidung aus »Bark-Cloth« oder importierten edlen Textilien sowie die Verteilung von Luxusgütern wie importierten Alkoholika, Tabak und Schmuck verweisen darauf, dass materielle Differenz wichtig war. Könige und Heerführer gaben sie an ihr adeliges Gefolge aus, weil sie eine wesentliche Bedingung für den Machterhalt waren. Güter aus Plünderungen bei Kriegszügen mussten ebenfalls an Heerführer und Klanoberhäupter verteilt werden. Adelsklans und besonders die vielen Prinzen aus den polygamen Ehen waren bei Nachfolgekonflikten und beim Machtantritt von Usurpatoren extrem gefährdet. Ihnen drohte nicht selten Vernichtung, um damit die Quellen der Legitimität zu zerstören.

Die Grenzen zur bäuerlichen Welt waren im Unterschied zu Europa fließend. Die Spiritualität entwickelte sich aus den Ahnenkulten und der Verbindung zu religiösen Experten und heiligen Schreinen, die auch für die Welt der Bauern, Hirten und Jäger relevant waren. Aber es ist beachtlich, wie stark die Kontinuität der Wirkung der spirituellen Legitimation des Adels ist, die oft bis in die Gegenwart hineinreicht. Sogenannte staatenlose Gesellschaften waren ebenfalls von adeligen Klans geprägt. Allerdings wurde die Zentralisierung von Macht vermieden. In Dörfern oder Verbünden von Dörfern war die Macht verteilt. Es gab Ämter und Kommandanten der Krieger auf Zeit. Geheimgesellschaften sorgten durch die Anonymität von Entscheidungen unter der Maske für die Regulierung von Konflikten. Die Zugehörigkeit hing aber vom Vermögen ab, insofern gab es Auf- und Abstieg beim Zugang zu den Gesellschaften. Die Ämter des Regenmachers, des Heilers, der Führer von Jagdgruppen und der nach Altersgruppen zusammengestellten militärischen Einheiten konnten erblich sein und lagen in der Hand adeliger Klans. Gerade im religiösen Bereich konnten Ämter auch bei besiegten Alteingesessenen verbleiben. Auch in den staatenlosen Gesellschaften gab es abhängige Arbeit. Sklaven arbeiteten überwiegend in besonderen Dörfern mit erhöhtem Abgabenzwang nach bäuerlichen Prinzipien. Schuldknechte mussten ihre Schulden abarbeiten. Verurteilte, die Schaden angerichtet hatten, hatten Kompensation in Form von Arbeitsleistungen von Familienmitgliedern zu leisten. Angehende Schwiegersöhne mussten oft eine Zeitlang auf den Feldern der Braueltern arbeiten. Durch diese Verhältnisse waren die Grenzen zwischen größeren Bauernhaushalten und dem Adel verwischt.

Eine Möglichkeit von Bauern, sich von adeliger Herrschaft zu lösen, lag in der Androhung weiterzuziehen. In Uganda bestand die Option, den Herrn zu wechseln, was diesen dazu bewegen konnte, die Bedingungen zu verbessern, um nicht zu viele Bauern zu verlieren. Aufgrund des Zwangs bei der bäuerlichen Wirtschaft, Brache über viele Jahre liegen zu lassen und in Neuland weiterzuziehen, entstand die Möglichkeit, sich dem Einfluss der alten adeligen Herren zu entziehen und mit einem charismatischen neuen Herrn oder gar König in Neuland zu ziehen, was meist die Anlehnung an einen neuen Adelsklan notwendig machte. Auch die Varianten des Status des »Commoner« verweisen auf die Existenz des Adels, aber auch auf eine freie Bauernschaft. Ob Adelsstrukturen und Formen des Königtums durch

Kulturtransfers Ausbreitung fanden, wird nicht erörtert. Die verbreitete Weitergabe königlicher Symbole spricht dafür. In diesem Buch werden die internen regionalen Bedingungen betont, wenn auch die Übernahme von Organisationsformen von nahen und fernen Nachbarn immer wieder zu beobachten ist. Sehr schwierig ist das Schicksal der Aristokratien in der Schlussphase des Kolonialismus und im postkolonialen Afrika zu beurteilen. Mamdani geht von einer Kontinuität aus, die in moderne Patron-Klientel-Verhältnisse durch Verstärkung von Lokalverwaltung überführt wurde, allerdings mit der wichtigen Differenz, dass an diesen Patronageverhältnissen auch die Mitglieder der Staatsklasse und wohlhabende Geschäftsleute teilhatten. John Iliffe argumentiert, dass mit der Abschaffung der Sklaverei die wichtigste Machtbasis für den Adel verloren ging. Dies könnte sich als »Verbürgerlichung« deuten lassen, obwohl die Traditionspflege der aristokratischen Klans und insbesondere der royal Klans weiterbestand und auch Verflechtungen mit der Staatsklasse erkennbar sind.

2 Innerafrikanische Sklaverei: Ein unterschätztes Phänomen

Die innerafrikanische Dynamik durch Raub und Handel und die Verwendung von Sklaven in Afrika selbst ist unterschätzt worden. Der interne Sklavenhandel und die Arbeit der Sklaven waren eine Quelle des Reichtums. Sie trugen maßgeblich zur Entwicklung der Aristokratien, der Monarchien und ihrer militärischen Organisationen bei. Sklaverei in Afrika und ähnliche Formen der Abhängigkeit hatten alle Regionen erfasst. Der transsaharische Handel und die Verschiffung von Sklaven über den Indischen Ozean waren fast ein Jahrtausend lang Bestandteil dieser Entwicklung. Der atlantische Sklavenhandel steigerte die Sklaverei und veränderte auch ihre Struktur. Er begann an der Westküste Afrikas in die Amerikas am Ende des 15. Jahrhunderts und endete mit längeren Übergangszeiten am Ende des 19. Jahrhunderts. Die Bewegung der Abolition, die von amerikanischen und britischen christlichen Kreisen am Ende des 18. Jahrhunderts ausging, hatte unterschiedliche Wirkungen. Schmuggel und Umgehung der maritimen Kontrollen Englands ließen den Sklavenhandel insbesondere nach Brasilien bis in das 19. Jahrhundert anwachsen, so dass wahrscheinlich 80 % des Handels in der Periode der Abolition stattfanden. Von Ostafrika wurden ebenfalls Sklaven viele Jahrhunderte lang nach Persien und Mesopotamien über den Indischen Ozean verschleppt. Von Aufständen afrikanischer Sklaven in Mesopotamien ist bereits für das Jahr 900 berichtet worden. Im 19. Jahrhundert verlagerte sich der Sklavenhandel nach Ostafrika. Von dort aus wurden die französischen Zuckerinseln im Indischen Ozean versorgt, wurde die Plantagensklaverei auf Sansibar etabliert und Brasilien beliefert. Transformationen der Institutionen und zunehmender Missbrauch des Status von Abhängigkeit erfassten alle Regionen, wenn auch in unterschiedlicher Intensität und Dauer. Massenhafte Versklavung durch die Sahara während eines langen Zeitraums von 1.000 Jahren und über den Atlantik über fünfhundert Jahre hinweg macht erklärlich, dass Sklaverei Teil der innerafrikanischen Sozialstruktur wurde. Die innerafrikanische Sklaverei stärkte vor allem die adeligen Klans und die von ihnen geprägten Kriegerkasten. Sklaverei oder vergleichbare Formen der Abhängigkeit waren nicht nur durch den internationalen Sklavenhandel bestimmt. Auch ohne internationale Handelsbeziehungen konnte Abhängigkeit endemisch werden. Im südlichen Zentralafrika soll mehr als ein Drittel der Bevölkerungen in Abhängigkeit gelebt haben. Im Kongo entstand ein Klientelverhältnis zwischen Bantu-Sprechern und Pygmäen. In Namibia waren die Damara von den Herero und Nama in Abhängigkeit gebracht worden.

Formen der Abhängigkeit waren das Ergebnis der vielfältigen Katastrophen, die Familien und ganze Gruppen treffen konnten. Hunger, Seuchen, Krieg und der Zwang zur Flucht führten bei vielen zu Vereinzelung und zur Trennung von der Lineage. Anlehnung an andere Lineages und Unterwerfung war die einzige Option. Kidnapping und Raubüberfälle oder Kriegsgefangenschaft führten direkt in die Sklaverei. Die Institution der Schuldknechtschaft bei Krediten für geliefertes Getreide in Notzeiten und Verurteilungen zu Kompensationsleistungen für Vergehen wurden für den Übergang in die Versklavung missbraucht. Zum Sklavendasein oder einem ähnlichen Status wurden Menschen gezwungen, die durch Verlust des Schutzes der Lineage vereinzelten oder beim Zusammenbruch der Familien auf der Flucht in Kriegszeiten in Abhängigkeit gerieten. Auch die Ausgrenzung von weiblichen und männlichen Hexen konnte der Grund sein oder die Schutzlosigkeit alleinstehender Witwen. Der Raub von Frauen war häufig. Sogar Prinzen, die auf der Flucht vor Verfolgung bei Nachfolgekonflikten waren, konnten in Abhängigkeit geraten, wenn sie Geiseln in adeligen Haushalten wurden. Sie sollten der Erweiterung der Machtposition des jeweiligen Haushaltes dienen. Sklaven wurden nicht nur für die Arbeit in größeren Haushalten eingesetzt. Sie waren Träger bei den Warentransporten, ruderten die Kanus, bewachten die gefangenen Sklaven und beteiligten sich an der Agrarproduktion der Exportgüter. Sklaven waren oft Spezialisten als Metallurgen, Veterinäre, Weber und Färber von Tüchern. Sie dienten als Hilfskräfte der Krieger im Kampf und bei deren Versorgung oder wurden selbst Krieger, oft unter dem Kommando von Sklaven. Die kreolischen Händler und Händlerinnen in den Küstenstädten handelten nicht nur mit Sklaven, sondern verliehen sie auch. Sie nutzten sie als Träger und setzten sie zum bewaffneten Schutz der Waren auf den Wegen und Flüssen ein. Sie wurden als Handwerker ausgebildet und beschäftigt.

Das soll den negativen Einfluss des europäischen Sklavenhandels über den Atlantik, des Sklavenhandels durch die Sahara und von Afrikas Küsten am Indischen Ozean nicht relativieren. Die ungeheure Brutalität auf den Schiffen der Mittelpassage über den Atlantik und auf den Plantagen in den Amerikas ist unbestreitbar. Die Militarisierung, die sich aus den Geschäften mit den europäischen Sklavenhändlern ergab, destabilisierte ganze Regionen. Auch die Auswirkungen der europäischen Kriege auf Annexionen von Forts oder Konjunkturschwankungen verlagerten den Handel in andere Regionen und bewirkten damit innerafrikanische Machtverschiebungen. Die innerafrikanische Sklaverei kannte sehr unterschiedliche Formen und auch Wege in die Freilassung und Integration in die Lineages. Wenn Sklaven in Dörfern lebten oder gar Handwerkergilden bildeten, waren die Freiräume größer. Es gab Umstände für wenige, die zur Integration in die Gesellschaft der Freien führen konnten. Flucht war stets eine Option für Sklaven, obwohl in einer neuen Fremde ebenfalls Abhängigkeit drohte. Man versuchte sich an Dorfgründungen in abgelegenen Gebieten und Wäldern. Solche Sklaven in Freiheit waren auch eine Bedrohung, weil sie Räuberbanden bilden konnten. Durch zugesprochene spirituelle Kräfte galten sie als besondere Gefahr. Im Shambaa-Königreich wurden sie vom König geschützt und kontrolliert. Es war sehr schwierig, nach der Freilassung dem Stigma des Sklavenstatus zu entgehen, selbst noch in der urbanen Welt des 20. Jahrhunderts. Das lange Ende der Sklaverei[3] hat dazu beigetragen, eine schleichende Emanzipation zu ermöglichen, weil viele Versklavte an den Küsten nicht mehr abtransportiert wurden und in der Agrarökonomie nicht nur auf Plantagen eingesetzt wurden, sondern sich bei Bauern verdingten und so Landarbeiter wurden. Die afrikanische Historiographie hat häufig versucht, die Institutionen der afrikanischen Sklaverei als milde zu charakterisieren. Für diese Ansicht gab es auch Anknüpfungspunkte. Sie gilt wie auch in anderen Weltregionen für die Haussklaven und für Wege aus der Sklaverei für Frauen über das Konkubinat und für Kinder der Herren mit Sklavinnen. Das darf aber nicht darüber hinwegtäuschen, dass die Steinsalzproduktion in der Sahara und der Transport des Salzes eine der brutalsten Formen der Sklaverei war. Der Raub von Frauen und Kindern wurde mit großer Brutalität durchgeführt. Sklaven konnten überdies Opfer beim Begräbnis eines Monarchen oder aus Anlass großer religiöser Feste sein. Innerafrikanische Sklaverei war je nach dem Zweck, für den Sklaven verwendet wurden, sehr variantenreich. Aber selbst Sklaven und Sklavinnen, die einen gewissen Status erreicht hatten, waren immer davon bedroht, weiterverkauft zu werden. Eltern mussten erfahren, dass ihre Kinder von ihnen getrennt und verkauft wurden. Die Zunahme der Sklaverei durch den internationalen Sklavenhandel beschleunigte und verstärkte diesen Prozess[4]. Dabei führten Strafen und Sanktionen immer häufiger in die Sklaverei und verloren dadurch ihre gesellschaftliche Legitimität. Innerafrikanische Sklaverei war ein Massenphänomen und möglicherweise umfangreicher als der Export der Sklaven in die Amerikas, ins Osmanische Reich und andere asiatische Regionen. Nur durch sie ließen sich Adelsherrschaft und Monarchie errichten und fortsetzen.

---

3 Miers, Susanne Z.; Roberts, Richard, »The End of Slavery in Africa«, Wisconsin 1988.
4 Searing, »West African Slavery«. Searing widerspricht der These von Lovejoy, dass die Formen der Sklaverei durch den atlantischen Sklavenhandel und die Veränderung der Größenordnungen transformiert worden seien. Lovejoy, »Transformations«. Er betont auch im Kontrast zur älteren Arbeit die Bedeutung der innerafrikanischen Sklaverei. Curtin, »Economic Change«; Diop, Adoulaye Bara, »La sociéte Wolof: Tradition et changement – Les systémes d'inégalité de domination«, Paris 1981; Searing, »Aristocracy«, S. 476.

3 Das Problem der Inkorporation in das Weltsystem

Der Sklavenhandel und die innere Sklaverei trugen maßgeblich zur sozialen Umstrukturierung vor allem in Westafrika bei. Daraus hat Immanuel Wallerstein abgeleitet, die Region sei aufgrund der massiven Ausweitung des Sklavenhandels im 18. Jahrhundert in das (atlantische) »Weltsystem« »inkorporiert« worden[5]. Das unterschied den westafrikanischen Sklavenhandel aus seiner Sicht vom Sklavenhandel durch die Sahara und über den Indischen Ozean für die islamische Welt. Die kapitalistische Struktur dieses Handels habe Elemente der europäischen Moderne direkt oder indirekt in die afrikanischen Gesellschaften gebracht. Konjunkturschwankungen in der Produktion der Kolonialwaren und Krisen im Zuge der europäischen Rivalitäten hätten dazu beigetragen.

Wallerstein argumentiert, dass bis ca. 1750 der Sklavenhandel mit der westafrikanischen Küste zahlenmäßig relativ gering gewesen sei. Der Warenaustausch mit europäischen Gütern sei jenen Austauschbeziehungen ähnlich gewesen, die den alten transsaharischen Handel geprägt hätten. Es seien »externe Arenen« außerhalb des Weltsystems gewesen, in denen Sklaven gegen Luxusgüter getauscht wurden. Dies hätte keinen Einfluss auf die soziale und politische Struktur in den von diesem Handel betroffenen afrikanischen Gesellschaften gehabt. Schwankungen und regionale Verschiebungen des Handels konnten zwar politische Einheiten schwächen oder stärken und hätten so Einfluss gehabt. Da Sklaven »nur« gegen Luxuswaren gehandelt wurden, sei es aber traditioneller Fernhandel und kein Handel mit Massenprodukten gewesen, der den Übergang zum Kapitalismus begründet hätte. Mit dem ständigen Anwachsen des Handels zwischen 1700 und 1750 habe der Sklavenhandel aus der Sicht der kapitalistischen Weltökonomie aufgehört, ein Luxusprodukt zu sein. Sklaven »traten in die Produktion aller Waren ein«. Die mit Sklaven handelnden Staaten seien Teil der Peripherie geworden, obwohl sie nicht die Sklaven »produziert« hätten, sondern sie aus Gegenden holten, die außerhalb der damaligen Weltwirtschaft lagen. Das Argument der Peripherisierung leitete Wallerstein aus dem Faktum ab, dass Sklavenhandel weniger produktiv gewesen sei, als die Menschen innerhalb Afrikas in der Warenproduktion für den Weltmarkt selbst einzusetzen. Stattdessen habe der Sklavenhandel die Ausweitung der Warenproduktion behindert.

Abweichend von Wallersteins Analyse der Periode des Sklavenhandels vor 1750 lässt sich feststellen, dass die Gesellschaften in Westafrika wesentlich stärker struktu-

---

5 Wallerstein, Immanuel, »The Three Stages of African Involvement in the World-Economy«, in: Wallerstein, Immanuel, »Africa and the Modern World«, Trenton 1986, S. 101–138. Siehe auch Bley, Helmut, »Wallerstein's Analysis of the Modern World System Revisited: The Regional Perspective – The Case of (West) Afrika«, in: Hauptmeyer, Carl-Hans; Adamczyk, Darius; Eschment, Beate; Obal, Udo (Hrsg.), »Die Welt querdenken: Festschrift für Hans-Heinrich Nolte«, Frankfurt am Main 2003, S. 95–106.

rell verändert wurden. Der Hauptgrund dafür ist, dass die stetige Ausweitung des Sklavenhandels in allen Regionen die sozialen und ebenso die Machtverhältnisse verschoben hatte und die Adelsbildung verstärkte. Auch die islamischen Revolutionen reagierten auf die Ausweitung des Handels und auf den Widerstand der bäuerlichen Welt gegen die Versklavung. Die Unterscheidung von Luxusgütern und Massengütern, die generell für die Entwicklung des Welthandels so zentral war, wird man relativieren müssen. Für die afrikanischen Führungsschichten waren Feuerwaffen, Schmuck und alkoholische Getränke sowie wertvolle Stoffe keine Luxusgüter, sondern wichtig für die politische Ökonomie, denn sie dienten der Festigung und Steigerung der Macht. Mit ihnen konnten Vasallen gebunden werden. Emanzipation und Aufstiegschancen für neue Machtgruppen ergaben sich daraus. Entscheidend war in der Regel der erweiterte Zugang zu europäischen Feuerwaffen, der viel bedeutender war als die Auswirkungen der Importe europäischer Fertigwaren.

Die stetige Ausweitung des Sklavenhandels über Jahrhunderte steigerte die Nutzung von Sklaven in der Agrarproduktion besonders für den internen Bedarf und für die Bevölkerung der Küstenstädte. Dadurch wurden die Machtverhältnisse zwischen Familien und Klans verändert, weil mehr Menschen außerhalb von Lineage- und Klanbeziehungen kontrolliert werden konnten. Die Ausweitung der Sklaverei erhöhte die Polygamie und die Häufigkeit von Verhältnissen zu Konkubinen bei den Erfolgreichen. Das steigerte wiederum die Zahl von Kindern, die nicht durch Lineage-Beziehungen gebunden waren. Sklavinnen und oft auch Konkubinen und ihre Kinder waren verwandtschaftsfrei. Sklaven konnten an Höfen Kommandeure von Truppen oder Königsboten werden und damit eine Grundlage für die Entwicklung bürokratischer Strukturen ermöglichen. Die Integration von Sklaven in mächtige Haushalte erhöhte die institutionalisierten Abhängigkeiten. Diese Institutionalisierung konnte dazu führen, dass bestimmte Handwerke in Städten von Sklaven betrieben wurden.

Ob vor dem 19. Jahrhundert, insbesondere in den Haussa-Staaten, Sklavenarbeit auf Plantagen eingesetzt wurde, ist umstritten, obwohl systematischer Arbeitseinsatz in den Gebieten mit Steinsalzgewinnung in der Sahara die Regel war. Für das südliche Zentralafrika ließ sich zeigen, dass dieser Prozess auch in Regionen stattfand, in denen lange kein Sklavenhandel existierte, sondern Fluchtbewegungen zustande kamen, die mit Sklavenjagden in Nachbargebieten zusammenhingen. Das Chaos der Raubzüge nach Sklaven oder auch nur die Bedrohung durch Versklavung erfasste viele Gesellschaften unabhängig von der Stärke ihres Bezuges zur atlantischen Welt. Das Konzept der Inkorporation erweist sich als ein teleologisches Konzept, das das Potenzial der afrikanischen Gesellschaften zu eigenständigem Handeln unterschätzt. Die Bedeutung der Verarbeitung der indirekten, aber auch direkten Impulse des atlantischen Systems wird unterschätzt. Sklaverei steigerte das Potenzial für soziale Stratifikation und politische Kontrolle. Dabei wandelte sich die Nutzung der Sklaven als Arbeitskraft nur selten. Meistens blieben sie der bäuerlichen Arbeitswelt verbunden, selbst wenn sie in Sklavendörfern mit erhöhter Abgabepflicht produzierten. Plantagenproduktion blieb die Ausnahme.

Das Weltsystem wirkte sich ständig aus und beeinflusste durch Schwankungen im Handelsvolumen und durch regionale Verlagerungen ständig die Entwicklung in den Regionen, aber die politische Struktur und die Arbeitsverfassung regelten sich nach der inneren Logik dieser Gesellschaften. Allerdings behinderten die Instabilitäten und Diskontinuitäten der Zeit die Möglichkeiten der Stabilisierung von sozialen Strukturen. Die Entwicklung der Warenwirtschaft ging sehr langsam vonstatten. Der Warenimport war nur bei wenigen Produkten für Eliten wichtig, so bei besonderen Textilien. Die große Masse der kleinbäuerlichen Produzenten und bis ins 20. Jahrhundert auch des handwerklichen Gewerbes blieb autonom. Der ausgeweitete Sklavenhandel ermöglichte es Staaten, an die Küsten zu drängen, um besser am Handel teilzunehmen, so z. B. das Asante-Reich. Das Kongo-Königreich zerfiel, weil die Direktbeteiligung von Vasallen am Sklavenhandel zur Destabilisierung beitrug. Im Gegensatz dazu expandierte das Sultanat auf Sansibar wegen des Aufbaus von bewaffneten Großkarawanen, die tief in das Hinterland des künftigen Tansania und Kenias eindrangen und auch Uganda erreichten. Außerdem entwickelte es eine eigene auf Sklaverei basierende Plantagenökonomie für Nelken und Getreide. Dieses Handelssystem wurde von indischen Bankiers in Stone Town auf Sansibar finanziert. Hier spielten allerdings auch US-amerikanische Kredite eine Rolle.

Die wichtigste Wirkung des westafrikanischen Sklavenhandels lag in der allmählichen Umstrukturierung der Arbeitsverhältnisse. Die afrikanischen Gesellschaften kannten überall abhängige Arbeit, weil zu häufig Menschen durch Unglücksfälle aller Art, durch Seuchen und Krieg, alles verloren hatten. Missernten konnten zu Verschuldung und damit in abhängige Arbeitsverhältnisse führen. Infolge der Ausweitung der internen Sklaverei verstärkte sich die Tendenz, immer mehr Menschen in die starken Klans und Familien zu integrieren. Die Haushalte mächtiger Familien vergrößerten sich. Da überwiegend Männer über den Atlantik transportiert wurden, erweiterten sich die Polygamie und die Zahl der Konkubinen. Bei Störungen im transatlantischen Verkehr durch Seekriege und Kaperfahrten, seit Mitte des 19. Jahrhunderts auch als Folge der Antisklavereipolitik Großbritanniens, saßen viele versklavte Menschen in den Küstenregionen fest und wurden in Sklavendörfern und teilweise in Plantagen vor allem für die Palmölproduktion eingesetzt. Insofern wirkte sich das Weltsystem ständig aus. Schwankungen und regionale Verschiebungen des Handels, im 19. Jahrhundert auch verstärkte Waffenimporte beeinflussten die soziale und politische Struktur der afrikanischen Gesellschaften und steigerten viele Konflikte. Aber sie folgten der inneren Logik der Gesellschaften. Instabilitäten und Diskontinuitäten führten auch in diesem Punkt dazu, dass die Verstetigung der sozialen Organisationen behindert wurde. Die machtpolitischen Konflikte um Erbfolge von Fürsten und Klanführern sowie das Aufkommen von Usurpatoren und Warlords trugen dazu bei. Dies ist eine der wichtigsten innerafrikanischen Voraussetzungen dafür, dass die Kolonialexpansion mit relativ geringem Aufwand erfolgen konnte.

Wie weit die allgemeine Unsicherheit der bäuerlichen Bevölkerung aufgrund der Wirren dieser späten vorkolonialen Periode eine Passivität gegenüber dem neuen Phänomen verursachte, lässt sich nur vermuten. Die Aufgabe der Befestigungen vieler Orte und Dörfer weist auf diesem Zusammenhang hin. Wallerstein geht davon aus, dass der Sklavenhandel der nächsten einhundert Jahre bis ca. 1850 eine Transformation erfuhr, in der das metropolitane Interesse in Europa den Boden für das Interesse an kolonialen Exportprodukten auch aus Westafrika bereitet habe. Deshalb sei der Sklavenhandel ausgetrocknet oder für ungefähr dreißig Jahre nach Ostafrika transferiert worden. In der Periode der Abolition der Sklaverei sei der europäische Handel mit Afrika zurückgegangen und habe die politische Ökonomie eine erhebliche Zahl von Staaten, die von Sklavenraub gelebt hatten, in eine schwere Krise gebracht. Bill Freund argumentiert ähnlich, dass in der Mitte des 19. Jahrhunderts eine Phase des Handelskapitalismus afrikanische Regionen durchdrungen habe[6]. Das gelte auch für jene Regionen, die für den europäischen und amerikanischen Weltmarkt Elfenbein, Wild, Gummi, Felle und Walöl geliefert hätten.

In der Mitte und im letzten Viertel des 19. Jahrhunderts weitete sich die Plantagenökonomie auch in Afrika aus. Sie war in der Regel in europäischer, seltener in afrikanischer oder indischer Hand. Für das 20. Jahrhundert entfaltete sich nach einer Experimentierphase bis zum Ersten Weltkrieg die Kolonialwarenproduktion für den Export in vielen Bereichen – so bei Palmöl, Erdnüssen, Baumwolle, Kaffee, Tee, Sisal und anderen Produkten. Der Import von in Europa produzierten Tüchern und Metallwaren nahm zu, was die lokale Handwerkerproduktion geschwächt habe. Wallerstein konstatiert, dass zwischen ca. 1815 und 1873, solange die Weltwirtschaft unter dem Schirm und der hegemonischen Kontrolle Großbritanniens gestanden habe, eine allmähliche Peripherisierung der afrikanischen Küstenregionen fortgeschritten sei, »so wie Lava von den Hängen eines Vulkans langsam fließt«. Dies habe sich abrupt mit der Krise der Weltwirtschaft seit den 1870er Jahren verändert und der Wettbewerb unter den europäischen Mächten vergrößerte sich, was in die Phase des Kolonialismus von 1900–1975 übergeleitet habe.

Wallerstein betrachtet als Kriterium für Inkorporation die Funktion, die die afrikanischen Gesellschaften für das Weltsystem erfüllten. Als Wendepunkt gilt, dass statt der Sklaven Landarbeiter und Bauern für die Massenproduktion von Kolonialwaren in Afrika selbst eingesetzt wurden. Damit wurde Afrika Teil des internationalen Arbeitsmarktes. Zwar ist dem zuzustimmen, dass sich mit der hundertjährigen Abolitionsperiode die koloniale Expansion vorbereitete. Aber bis in die erste Phase der kolonialen Durchdringung nahm die innere Sklaverei deutlich zu, weil in den Amerikas, vor allem in der Karibik, statt der Sklaven zunehmend indische und chinesische Kontraktarbeiter rekrutiert wurden. Die Abwendung vom Sklavenhandel, der per Schmuggel von Ostafrika aus vor allem nach Brasilien weiter betrieben

---

6 Freund, Bill, »The Development of African Society since 1800«, London 1984.

wurde, war nicht der einzige Grund für den Übergang zum Kolonialismus. Die französische Expansion in Nordafrika hing mit den Expansionstendenzen Frankreichs nach dem Sturz Napoleons I. zusammen. Außerdem verschärfte die Eröffnung des Suezkanals die britisch-französische Rivalität um Ägypten. Auch die Siedlergesellschaft in Südafrika, selbst eine Gesellschaft mit Sklaven, entwickelte eine eigene Expansionsdynamik, die in der Mineral Revolution seit 1868 gipfelte.

Kapitel 10
Bäuerliches Wirtschaften von der vorkolonialen zur kolonialen Zeit

1 Die Debatte über die bäuerliche Entwicklung in Afrika

Fallers fragte bereits 1961, ob man afrikanische Kultivatoren »Bauern« nennen könne[1]. Hinter dieser Frage stand die europäische Erfahrung, dass während der Protoindustrialisierung des frühen 19. Jahrhunderts viele Leute aus der Agrarproduktion herausgefallen waren. In der Regel waren es neben verschuldeten Bauern unterbäuerliche Schichten, also Leute ohne eigenes Land, Knechte sowie Hörige, die als ländliche Unterschichten in der Periode der Protoindustrialisierung marginalisiert wurden. Die Frage war, ob Verbäuerlichung in Afrika eine Folge der Warenwirtschaft im Kolonialismus war oder ob eine Schicht von Bauern früher entstanden sei. Was einen »Kultivator« von einem »Bauern« unterscheidet, lässt sich mit der Definition von Eric Wolf[2] beantworten, die Michael Watts und Michael Kearney weiterentwickelten[3]. Danach ist Bauer nur, wer seine Produktion in Beziehung zu einer Herrschaft, zu Märkten und Städten organisiert. Bei den Analysen, dass die Bauern auch unter kapitalistischen Bedingungen vorkapitalistische Methoden verwandten, wurde entdeckt, dass sie eine andere Ökonomie zu betreiben versuchten. Genannt wurde dies von bedeutenden Sozialhistorikern »moralische Ökonomie«[4]. Die Familienarbeit der Bauern richtete sich häufig nicht konsequent nach der Marktlage aus. Sie kompensierten den Preisverfall, indem sie flexibel den Umfang der Familienarbeit erhöhten. Außerdem wurde ungemessene Hilfeleistung von Verwandten und Nachbarn erwartet, die ihrerseits die moralische Erwartung hatten, dass diese Hilfen (wieder ungemessen) vergolten würden. Es waren Händler und vor allem Adelige, die diese »moralische Ökonomie« verletzten, indem sie für Nothilfe hohe Zinsen oder ein Übermaß an Arbeitsleistungen einforderten. Als in den großen Weltwirtschaftskrisen 1926–1938 die Preise verfielen, bauten Bauern mehr Baumwolle statt weniger an, um so den Einkommensverlust auszugleichen[5]. Au-

---

1 Fallers, Lloyd A., »Are African Cultivators to Be Called ›Peasants‹?«, in: Current Anthropology, Bd. 2, 1961, S. 108–110.
2 Wolf, Eric, »Peasants«, New York 1966.
3 Watts, Michael; Kearney, Michael, »Rethinking Peasants«, in: Österreichische Zeitschrift für Geschichtswissenschaft (ÖZG), Bd. 4, 2002, S. 51–61.
4 Scott, James C., »The Moral Economy of the Peasant: Rebellion and Subsistence in South East Asia«, 2. Auflage, New Haven, Conn., 1977; Thompson, Edward P., »Plebeische Kultur und moralische Ökonomie: Aufsätze zur englischen Sozialgeschichte des 18. und 19. Jahrhunderts«, hrsg. von Dieter Groh, Frankfurt am Main 1980.
5 Bley, Helmut, »Die koloniale Dauerkrise in Westafrika: Das Beispiel Nigeria«, in: Rothermund, Dietmar (Hrsg.), »Die Peripherie in der Weltwirtschaftskrise: Afrika, Asien und Lateinamerika

https://doi.org/10.1515/9783110452020-012

ßerdem gehört zum Konzept der »moralischen Ökonomie«, dass die ungemessene gegenseitige Hilfe, so unbezahlte oder zinslose Nahrungs- oder Saathilfe, erwartet oder geleistet wird. Diese Verpflichtung auf Gegenseitigkeit konnte vonseiten mächtiger Leute missbraucht werden, indem sie häufiger mehr nahmen als zurückgaben. Weitgehend in die Marginalisierung führte die Aushöhlung der »moralischen Ökonomie«, wenn Nahrungsmittelhilfe nur noch mit oft bis zu 100 % Zins für das gelieferte Getreide gegeben wurde.

Das Konzept der »moralischen Ökonomie« beschrieb eine Idealsituation und wurde auch relevant für jene vielen Menschen der ländlichen Räume, die nicht in die moderne Weltwirtschaft und die Marktökonomie integriert wurden. Zur Definition gehörte gleichfalls, dass »Bauern« in gesicherten Rechtsverhältnissen lebten und vor allem auch vererbbare Rechte auf Landnutzung hatten, selbst wenn es kein verbrieftes Privateigentum an Land gab. In diesem Sinne gab es auch in der vorkolonialen Periode Bauern, weil sie durch Märkte und Tribute sowie Steuern in die regionalen Machtverhältnisse eingebunden waren. Eine unterbäuerliche Schicht von Sklaven und sonstigen Abhängigen war ebenfalls vorhanden und damit lineagefreie Arbeitskräfte, die den Bauern zugeordnet waren. John Iliffe beschreibt für die Kolonialzeit die Entstehung einer neuen breiten Schicht von »African Poor«. Er betont, dass die Konsequenzen der Hungersnöte von kolonialstaatlichen Interventionen gemildert worden seien. Er geht von einem Rückgang des Adels aus, weil diesem die versklavten Arbeitskräfte abhandenkamen. Mamdani[6] indessen geht von einer Kontinuität des Einflusses der adeligen Familien aus. Deren Einfluss durch Stärkung des Chiefs und durch Aufsteiger aus der Verwaltung sowie der kommerzialisierten Agrarwirtschaft habe sich zunehmend gesteigert. Es intensivierten sich Patron-Klient-Verhältnisse, die die ländliche Welt prägten. Lange vor den Handelsbeziehungen mit Europa bestanden bäuerliche Produktion sowie regionale und überregionale Märkte. Mittels Fernhandel wurden auch bäuerliche Produkte besonders zwischen unterschiedlichen ökologischen Zonen gehandelt. Bauern waren zudem über Tribute und Steuern an herrschaftliche Kontrolle gebunden. Der zunehmende Rückgriff auf die Arbeit von Sklaven nicht nur für die adeligen, sondern auch für viele bäuerliche Haushalte verstärkte deren Position. Es entstand in zunehmendem Maße bäuerliche Arbeitsteilung, da Sklaven, Kinder von Sklaven und Konkubinen als Arbeitskräfte eingesetzt wurden. Arbeitskräfte wurden auch als Kompensation für Verfehlungen in Anspruch genommen. Schuldner konnten zur Arbeit bei anderen Lineages verpflichtet werden. Zusätz-

---

1929–1939«, Paderborn 1982, S. 37–59, Abschnitt »Die Weltwirtschaftskrise und ihre Auswirkungen auf das Produktionsverhalten«; Iliffe, John, »The African Poor«, Cambridge 1987, Kapitel »Poverty and Power«, S. 48 f. und »Rural Poverty in Colonial Africa«, S. 143.

6 Mamdani, Mahmood, »Citizen and Subject, Contemporary Africa and the Legacy of Late Colonialism«, Princeton 1996, Kapitel IV »Customary Law: The Theory of Decentralied Despotism«, S. 109–137 und Kapitel V »Native Authority and the Free Peasant«, S. 138–180. Die britischen und französischen Verwaltungen entschieden in den 1930er Jahren, dass feudale Tribute abgelöst wurden und der Staat diese Tribute als Steuern übernahm und zur Finanzierung der Lokalverwaltung nutzte.

lich saisonbedingte Arbeiten als Handwerker, Hausbauer und Wanderarbeiter spielten für die Einkommen eine ergänzende Rolle. Sie waren ebenfalls in Marktbeziehungen einbezogen. Während der Kolonialzeit verstärkte sich die bäuerliche Produktion im Umfeld der wachsenden Städte und in den Produktionsgebieten für Kolonialwaren.

Insbesondere marxistisch geprägte Sozialhistoriker und Geographen haben – orientiert an der Entwicklung in Europa – erwartet, dass die bäuerliche Welt und ihre Mentalitäten unter dem Einfluss des Agrar- und Handelskapitalismus in der Neuzeit und dann unter dem Druck von Industrialisierung, Urbanisierung und kommerzieller Großlandwirtschaft im 20. Jahrhundert verschwinden würden. Für Afrika wurde prognostiziert, dass es einen Zwischenschritt geben würde. Die afrikanischen Kultivatoren würden erst Bauern im europäischen Sinn werden, wenn sie vor allem für überregionale Märkte oder für den Export produzieren würden. In einem zweiten Schritt würde aus Bauern und ihrem Anhang ein ländliches Proletariat der Landarbeiter und der Wanderarbeiter werden, selbst dann, wenn sie noch kleine bäuerliche Nebenstellen für die Selbst- und Altersversorgung behielten. Die Annahme, dass die bäuerliche Welt von den weltwirtschaftlichen Entwicklungen zerrieben würde und durch Abwanderung ein Proletarisierungsprozess eingeleitet würde, erwies sich als zu undifferenziert. Es war eine eurozentrische Perspektive, denn in Afrika fanden keine umfassenden Industrialisierungsprozesse statt, die die Masse der Marginalisierten in geregelte Arbeitsverhältnisse hätten bringen können, wenn es auch mit dem Bergbau industrielle Enklaven gab. Außerdem standen für Millionen von Europäern die USA als unbegrenztes Einwanderungsland zur Verfügung.

Die afrikanische Entwicklung verlief deshalb deutlich anders, als in den Prognosen angenommen wurde. Die adelige Kontrolle über Land seitens der Chiefs blieb erhalten. Die Notwendigkeit, für die Alten und sich selbst durch Zugang zu Land eine Alterssicherung zu erreichen, band stets Teile der Großfamilien an das Land. Es überwogen Formen von vergemeinschaftetem Land, das Chiefs oder Erdpriester umverteilten. Die afrikanische Landwirtschaft wurde lange von »Shifting Cultivation« geprägt. Oft rodete man nach einigen Jahren Neuland. Das alte Agrarland blieb häufig bis zu fünfzehn Jahre brach liegen. Erst die Landverknappung im 20. Jahrhundert verkürzte die Fristen. Rechte an Land waren wenig gesichert. Auch Hirten unterlagen zumindest saisonmäßig der Transhumanz. Sie benötigten für Trockenzeiten Reserveweiden, die lange ebenfalls brach lagen, oder sie mussten mit Ackerbauern darüber verhandeln, ob sie deren Brachen beweiden und damit auch düngen durften. Diese Nutzung konnte auch gewaltsam durchgesetzt werden.

Die Erfahrung der zweiten Hälfte des 20. Jahrhunderts zeigt, dass die bäuerliche Lebensweise zwar sehr unterschiedliche Formen annahm, aber doch weiter existierte. Wer erfolgreich für städtische Märkte oder für den Export produzieren konnte, blieb Bauer im Familienbetrieb, und setzte oft zusätzlich bezahlte oder mit Kost und Logie versorgte Landarbeiter ein. Wer nicht genügend Land hatte, produzierte nach ähnlichen Regeln als Pächter auf dem Land von Großgrundbesitzern und gab Ernteteile oder Arbeitskraft ab oder zahlte Pachtgeld. Wer Wanderarbeiter oder Landarbeiter wurde, hatte oft zumindest für die Familie und das Alter kleine Landparzellen und fühlte sich nicht als Proletarier, sondern behielt die Mentalität eines wenn auch vielleicht degradierten Bauern. Viele konnten nicht genügend für den Markt anbauen, weil keine Chancen zur Vermarktung bestanden oder weil die Landparzelle zu klein oder der Boden zu schlecht war. Dann wurden mehrere Tätigkeiten für sich und die Angehörigen kombiniert. Der Bauer und seine Familienmitglieder arbeiteten auch im Bauhandwerk, als Saisonarbeiter im Bahn- und Straßenbau oder als Träger. Frauen betrieben Straßenküchen oder nahmen Dienste in wohlhabenden Haushalten an. Viele agierten als Wanderhändler in arbeitsarmen Perioden. Ein Mitglied der Familie wurde kleiner Angestellter in der Verwaltung.

Untersuchungen haben gezeigt, dass, selbst wenn das Einkommen aus den nichtagrarischen Bereichen höher war als aus der bäuerlichen Produktion, die Berufsbezeichnung »Bauer« in der Regel beibehalten wurde. Emanzipierte Sklaven blieben oft als Landarbeiter in den Haushalten. Es ist ein unzureichend untersuchtes Thema, wo und wie die Sklaven nach dem langen Ende der Sklaverei integriert wurden. Der Arbeitskräftebedarf der neuen Kolonialherren sog sicherlich viele Sklaven nach der formellen Befreiung zunächst über Zwangsverpflichtungen auf. Auch Chiefs griffen bei Arbeitsanforderungen seitens des Kolonialstaats besonders auf ehemalige Sklaven zurück. Wer annimmt, dass die koloniale Herrschaft afrikanische Produzenten zu Bauern gemacht habe und der kapitalistische Markt sie in ein neues Machtgefüge einbezogen habe, verknüpft dies mit der Annahme, dass immer mehr Bauern proletarisiert würden, weil sie gezwungen seien, überwiegend zu Lohnarbeit als Landarbeiter überzugehen. Die fast systemisch zu nennende Unterbeschäftigung steigerte aber Marginalisierung und Improvisationen im informellen Sektor und ließ ein wachsendes Prekariat entstehen, das oft zwischen den Welten pendelte und damit auch ohne Proletarisierung in einer modernen Arbeitswelt existieren musste. Es bestanden aber auch Kontinuitäten zur vorkolonialen Zeit.

Seit dem 17. Jahrhundert beschickten Bauern lokale Märkte in Westafrika. Dort beschafften sich die Europäer über die Signares und andere Vermittler die erforderliche Nahrung für ihre Handels- und Sklavenschiffe und für die Besatzungen der Forts. Je länger Sklaven auf den Abtransport über den Atlantik warten mussten, desto länger wurden sie in eine Art von Pachtverhältnis gezwungen, um ihre Nahrungsmittel für sich selbst anzubauen. Für die Überlassung von Land entrichteten sie Arbeit auf dem Land des Verpächters oder gaben einen Teil der Ernte ab. In diesem Kontext entstand regelmäßig Wanderarbeit. Auch Übergangsformen von Sklavenarbeit nahmen in der Landwirtschaft zu. So versorgten sich Adel und auch Bauern mit abhängigen Arbeitskräften. Nach der oft faktischen Emanzipation im 19. Jahrhundert integrierten sich ehemalige Sklaven in die bäuerliche Produktionswelt[7].

---

7 Manchuelle, François, »Willing Migrants: Soninke Labor Diaspora, 1848–1960«, London 1997, posthum nach seinem Flugzeugabsturz 1996. Vgl. Iliffe, John, »Geschichte Afrikas«, München 1997,

Es existierten Kontinuitäten zwischen bäuerlicher vorkolonialer Produktion und kolonialer Wirtschaft, die bäuerliches Verhalten prägten. So spielten in der Städtewelt des Sokoto-Sultanats im nördlichen Nigeria bäuerliche Getreideprodukte und Viehzucht eine erhebliche Rolle bei der Versorgung der großen Städte. Auch auf den vielen Märkten zwischen den Königreichen und Emiraten wurden Nahrungsmittel angeboten. Steuerzwänge und Pflicht zu feudalen Abgaben spielten eine Rolle. Die Vorratshäuser der Emire, die die Versorgung in Hungerzeiten unterstützen sollten, wurden missbraucht, als sie im 19. Jahrhundert auch in Notzeiten ihr Getreide vollständig auf die Märkte brachten und feudale Verpflichtungen auf Gegenseitigkeit brachen[8]. In Dahomey trugen der Hof und die beiden konkurrierenden Armeen Konflikte darüber aus, wie weit man sich von den Einnahmen des Sklavenhandels abhängig machen sollte. Insbesondere die Priesterschaft mit ihrer spirituellen Kontrolle über Land stützte die agrarischen Produzenten, die zur Palmölproduktion übergingen und dabei die Abhängigkeit der Bauern von den adeligen Klans für Arbeitsleistungen nutzten. Ohnehin benötigten die großen Hofhaltungen gesicherte Nahrung. Das galt für Benin, weswegen dort freie Männer, die Edo, nicht versklavt werden durften.

In Ostafrika entwickelte sich weit vor dem 16. Jahrhundert eine regelmäßige Versorgung der Hafenstädte mit Nahrungsmitteln. In Krisenzeiten konnte man auf Importe aus Indien ausweichen. Im 19. Jahrhundert begann Sansibar nicht nur mit der Exportproduktion der Gewürznelken auf der Basis von Sklavenarbeit auf Plantagen, sondern legte auf der Insel Pemba Plantagen für den Anbau von Getreide an, nachdem die Insel dem in Mombasa sitzenden Klan der Mazrui entrissen worden war. Auch die Giriama[9] hatten mit der Besiedelung von Neuland und der Entstehung großer Grundbesitze im großen Stil Plantagen für die Maisproduktion errichtet.

Viele dieser vorkolonialen Marktbeziehungen waren unabhängig von dem Handel mit Europäern. Vielmehr wurden Salz, Ton, Metalle, Vieh, Kolanüsse und Textilien im Austausch mit Nahrungsmitteln gehandelt. Die Palmöl- und Palmkernproduktion wurde als Reaktion auf die Einschränkung und Behinderung des Sklavenhandels in Westafrika und mit Verzögerung auch in Ostafrika stetig ausgeweitet. Sie wuchs parallel zu den steigenden Bedürfnissen an Schmieröl, Seifen und Speiseöl im sich industrialisierenden Europa. Die Kakaoproduktion in Ghana und Westnigeria begann im letzten Jahrzehnt des 19. Jahrhunderts. Die Bauern in Bukoba und am Kilimandscharo

---

S. 271 ff., englische Originalausgabe Cambridge 1995. Iliffe hält die Integration der internen Sklaven als für überwiegend reibungslos vollzogen, schließt die Fortsetzung von Abhängigkeitsformen aber nicht aus. Viele Träger der Karawanen seien als Arbeitskräfte für den Wegebau und Bahnbau angeworben worden. Außerdem verweist er auf die Entwicklung der Wanderarbeit, die mittels Erhebung von Steuern erzwungen worden sei. Insgesamt unterschätzt er wohl die Krisenhaftigkeit dieser Prozesse.

8 Watts, Michael, »Silent Violence: Food, Famine and Peasantry in Northern Nigeria«, Berkeley 1983.
9 Siehe Geschichte 13 »Die Giriama«, S. 143.

veredelten ihre Kaffeesorten unter Einfluss der Kolonialherren. Die Erdnussproduktion, vor allem in Gambia und verstärkt im Senegal, begann bereits in der Mitte des 19. Jahrhunderts.

2 Marginalisierung in vorkolonialer und kolonialer Zeit

Drohende Verwundbarkeit, Marginalisierung und Krisenanfälligkeit gehörten zu den bäuerlichen Erfahrungen der vorkolonialen Periode. John Iliffe hat in seinem Buch »The African Poor«[10] betont, dass die Gewalt in der vorkolonialen Periode die Verwundbarkeit der bäuerlichen Produzenten gesteigert habe. Er verweist dabei auf die Kriegszüge Samorys. Die Kriege der Jihadisten seit dem 18. Jahrhundert wirkten ähnlich, so auch die bewaffneten Karawanen Tippu Tips und Mirambos in Ostafrika, das Mfecane im südlichen Afrika oder die Lunda-Expansion in Zentralafrika. Marginalisierung entstand aber auch in der langen Periode des Sklavenhandels. Von ihm ging Instabilität bei Wirtschaftskrisen sowie bei europäischen Kriegen zwischen den Kolonialmächten aus. Erhebliche ökologische Krisen gefährdeten zusätzlich die Produktion der Bauern und der Hirten, wenn lange Trockenzeiten und Heuschreckenplagen die Ernte gering ausfallen ließen. Die damit einhergehenden Seuchen brachten viele Familien in große Not, wenn die familiären Arbeitskräfte ausfielen. In Senegambien und im Sahel trug die Serie der großen Trockenzeiten seit 1750 dazu bei. In Nigeria führten der Zerfall Oyos und die anschließenden Yoruba-Kriege 1816–1876 zu Fluchtbewegungen und Marginalisierung. In Südafrika entstanden während des Mfecane 1816–1840 Gewalträume und es kam zu Vertreibungen sowie Fluchtbewegungen, die sich mit der Expansion der Buren und der Annexion Natals durch Großbritannien steigerten. Diese Risiken haben sich in das bäuerliche Bewusstsein tief eingeprägt. Daraus entwickelten sich ihre Strategien, die Folgen von Ernteausfällen abzuschwächen. Die wichtigsten Maßnahmen bestanden darin, gegen Trockenheit resistentere Pflanzen anzubauen, um nicht nur auf die ertragreicheren, aber gefährdeten Pflanzen wie Mais angewiesen zu sein. Das Sammeln von Pflanzen und Früchten wurde stets parallel betrieben[11]. In der Saison der Trockenzeit boten handwerkliche Tätigkeiten als wandernde Handwerker, als Träger in den Karawanen oder als Saisonarbeiter in den Kupferminen alternative Einkommen[12]. Letzter Ausweg war die dauerhafte Migration, die aber oft zu neuer sozialer Abhängigkeit führte. Das konnte bei einem der Warlords oder einer Adelsfamilie sein oder als Gelegenheitsarbeiter bzw. -arbeiterin in prekären Arbeitsverhältnissen in den wachsenden Städten. Oft waren Leute aus der eigenen Ethnie behilflich. Man wohnte im gleichen Quartier am Rande der Stadt. Handlangerdienste, Wäscherei an

---

10 Iliffe, »The African Poor«, Kapitel 3 »Islamic Traditions«, S. 36 ff. und Kapitel 4 »Poverty and Power«, S. 48–65.
11 Siehe Kapitel 4.3 »Das Shambaa-Königreich«, S. 123.
12 Siehe Kapitel 4.5 »Die Nyamwesi«, S. 129 und Geschichte 11 »Mirambos Militärstaat«, S. 131.

den Flüssen, Bierbrauerei meist durch Frauen und auch Prostitution waren das Schicksal der so Marginalisierten.

Inkorporation in den Kolonialismus bedeutete oft Marginalisierung. Dies ist ein Grund dafür, warum bäuerlicher Protest und offener Widerstand vergleichsweise selten waren. Untersucht werden muss, ob für Bauern der Kolonialismus auch oft Befreiung von der Adelsherrschaft bedeutete. In Eritrea reagierten Bauern auf das italienische Massaker an neunhundert Adeligen und den Chiefs zum Teil mit Enthusiasmus. Gewaltverhältnisse in den Frontier-Gebieten Südafrikas kumulierten im Mfecane. Die Siedler entlang des Indischen Ozeans nahmen das Land der Xhosa mit Gewalt, ebenso wie die Treckburen afrikanisches Land an sich rissen und die Enteigneten zur abhängigen Arbeit zwangen. Auch der südafrikanische Krieg marginalisierte viele Menschen, unter ihnen die Buren, die ihr Land verloren und »poor Whites« wurden. Die Rinderpest 1891–1897 zerstörte in weiten Teilen Afrikas die Rinderherden und löste eine umfassende Krise aus. In Äthiopien starb durch Rinderpest und Dürre sowie Seuchen ein Drittel der Bevölkerung. Ohnehin hatten die ständigen Machtkämpfe mit großen Heeren die überlebenden Familien auf ein Existenzminimum gesenkt.

Die Bedrohung durch Marginalisierung war ständig präsent. Die dabei entwickelten Verhaltensmuster blieben sowohl in der Kolonialzeit als auch in der postkolonialen Periode relevant. Erinnerung ist in Agrargesellschaften über etliche Generationen wirksam und lässt sich selten nur aus der Aktualität ableiten. Die Option für das Leben in der Stadt entstand besonders in Zeiten ökonomischer Krisen oder gar von Hungersnöten. Der lange Zeitraum, in dem sich die Weltwirtschaftskrise in Afrika auswirkte, führte zu fragiler Inkorporation in die urbane Welt und deren prekäre Arbeitsverhältnisse. Er dauerte vom Zusammenbruch der Exportpreise 1929 bis ins Jahr 1938. Familien wurden oft zwischen Land und Stadt zerrissen, wenn nicht sogar in der Stadt eine zweite Familie parallel zur ersten entstand.

Alle Agrarsysteme in der vorindustriellen Welt erlebten erhebliche Schwankungen ihrer Erträge. Beeinträchtigung der Ernten oder gar deren Ausfall fanden in unregelmäßigen Abständen statt; Seuchen gingen damit oft einher. Selbst in Europa im 19. Jahrhundert überlagerten Agrarkrisen die klassischen zyklischen Wirtschaftskrisen noch in den ersten Jahrzehnten. In der Mitte des Jahrhunderts, 1847, wirkten sich eine Agrarkrise und eine Weltwirtschaftskrise gleichzeitig aus. Seit 1874 dominierten dann die Krisen des Industriezeitalters. Die Krise 1874 erreichte die afrikanischen Regionen indirekt, weil sie die Aufteilung Afrikas beschleunigte. Sie gelangte aber noch nicht direkt zu den afrikanischen Produzenten. Die Zwangsmaßnahmen in der frühen Periode der Kolonialzeit zur Beschaffung von Arbeitskräften und das formelle Ende der inneren Sklaverei wirkten sich mit Problemen des Übergangs aus. Erst die Weltwirtschaftskrisen nach dem Ersten Weltkrieg beeinflussten die älteren Formen der Agrarkrisen, weil die Einnahmen aus dem Export der Kolonialwaren ein zusätzlicher Faktor wurden.

Abb. 43: Bäuerin mit zwei Kindern (Serpentinskulptur von Colleen Madamombe, Simbabwe).

3 Ethnizität als Erfindung

Die meisten Kolonialverwaltungen hatten ein Interesse daran, Verwaltungsgrenzen mit angenommenen ethnischen Grenzen zu verbinden. Das führte dazu, dass viele kleinere Gruppen an Autonomie verloren und lokale Machtzentren neu zugeschnitten wurden. Auch die Mission war für die Bibelübersetzungen an der Förderung größerer Sprachen interessiert und unterstützte die Bildung größerer Verwaltungs- und Spracheinheiten. Dies führte zu einer Serie von erfundenen Traditionen des Tribalen. Hobsbawm und Ranger haben in ihrem einflussreichen Buch »The Invention of Tradition«[13] diese Herrschaftstechnik charakterisiert. Es gab bereits in der vorkolonialen Periode des 19. Jahrhunderts Veränderungen im ethnischen Bewusstsein. Dies wurde von der neuen Machtgruppe und vor allem von den Kolonialverwaltungen und neu geschaffenen Chiefs oder Paramount Chiefs ausgenutzt, um größeren Verbänden eine Identität und oft einen neuen Namen zu geben. In den unruhigen Zeiten und bei Fluchtbewegungen vor kolonialer Repression wechselten viele Menschen trotz Zuschreibung einer ethnischen Loyalität zu neuen Chiefs oder Herren

---

13 Hobsbawm, Eric; Ranger, Terence (Hrsg.), »The Invention of Tradition«, Cambridge 1995 und Vail, Leroy (Hrsg.), »The Creation of Tradition in Southern Africa«, London 1989. Katja Werthmann betont, dass erst in der Kolonialperiode aus den Begriffen Dyula und Coulibaly ethnische Stereotypen wurden und dass in der postkolonialen Periode ab 1995 ein nationalistisches Konzept in der Elfenbeinküste viele Gruppen, auch die Dyula, zu Ausländern erklärte. Werthmann, »Wer sind die Dyula?«.

und passten sich deren ethnischen Identitäten an, wenn sie in kritische Umstände gerieten. Dies begann deutlich vor Beginn der Kolonialzeit.

Die weiträumige Mobilität schuf erweiterte Vorstellungen von Zusammengehörigkeit. Das Karawanenwesen im östlichen Afrika brachte Tausende von Trägern aus den Regionen südlich des Victoria-Sees an die Küste des Indischen Ozeans. Die Truppen und Gefolge der Warlords in der gesamten Region waren eher interethnisch geprägt. Von Tansania bis nach Sambia und dem südlichen Kongo erweiterten sich Identitäten. Moderne Ethnizität hatte damit einen vorkolonialen Anfang. Mit dem Ausbau des Plantagenwesens, der Anforderungen des Bahn- und Straßenbaus sowie der Rekrutierung von Soldaten und Trägern für die Kolonialarmeen verstetigte sich der Prozess der Arbeitsmigration. Er beschleunigte auch die Urbanisierung und damit die Bildung städtischer sozialer Gruppen. Interethnische Ehen wurden geschlossen.

Dennoch blieben die Kontakte zur ländlichen Herkunftswelt noch wichtig. Oft war dort ein Grundstück oder ein Haus, das für das Alter gedacht war, und man wollte nicht in der Stadt, sondern in der Nähe der Vorfahren und Ahnen beerdigt werden. Zu einem großen Migrationssystem kam es im südlichen Afrika als Folge der Mineral Revolution. Die neuen Arbeitswelten prägten die Ausbildung einer spezifischen Moderne, was sich im Zeitalter der beiden Weltkriege enorm steigerte. Die kolonialpolitischen Zuschreibungen als »Stammesangehörige«, die von den afrikanischen Chiefs als Nutznießern verstärkt wurden, spielten dabei eine große Rolle. Es wurden Distrikte nach ethnischen Kriterien zugeschnitten und dabei kleinere Gruppen unter die Oberherrschaft eines Paramount Chiefs gebracht, die vorher autonom gewesen waren. Es bildeten sich Unionen von einander nahestehenden ethnischen Gruppen, deren Repräsentanten sehr schnell »Traditionen« dieser neuen Großgruppe erfanden. Vom Kolonialismus geschlagene alte Eliten nutzten diesen Prozess für den Aufbau einer viel dichteren lokalen Herrschaft, die auch erhöhter Kontrolle der Frauen und der Jungen diente. Dies verband sich mit der Klientelbildung und der intensivierten Herrschaft über Bauern. Viele der inzwischen geläufigen ethnischen Namen wie die der Yoruba oder der Giriama entstanden erst nach 1890, manche gar erst 1940. Der postkoloniale Staat veränderte das System nicht und blieb dadurch in einer autoritären und ländlichen Moderne der Staatsstruktur gefangen.

4 Beispiele bäuerlicher Produktion

In den Beispielen sollen Kontinuitäten von vorkolonialen und kolonialen Übergängen in das Wirtschaften für Märkte und Export sowie Varianten in der Organisation von Landarbeit dargestellt werden. Sie zeigen, wie verflochten beide Perioden miteinander waren.

Geschichte 21 – »The Seed is Mine«: Das Leben der Familie Maine 1780–1920

Charles van Onselen hat auf über sechshundert Seiten eine große Biographie des Share-croppers (Teilpächters) Kas Maine (1894–1985) geschrieben, die eine Geschichte der BaSotho-Familie Maine im Verlauf von zweihundert Jahren vom Mfecane bis zur End-phase der Apartheid in Südafrika umfasst[14]. Sie wird zunächst bis 1920 erzählt. Die Fa-milie musste zwischen 1780 und 1902 ihren Lebensmittelpunkt mehrmals durch Wechsel zu verschiedenen Landlords, oft über vierhundert Kilometer, verändern. Alle wesentli-chen Perioden der südafrikanischen Geschichte betrafen sie unmittelbar. Ihre Anpassungs-fähigkeit, die Kunst, immer wieder Herden aufzubauen und erfolgreich Getreidewirtschaft zu betreiben, ließ sie große Krisen überwinden und verschaffte ihnen hohes Ansehen bei ihren jeweiligen weißen Landlords. Zwischen 1902 und 1949 blieben sie, wenn auch mit wechselnden Landlords, in West-Transvaal bei Vryhof.

Familiengründer war Lethebe Maine. Ihm wurde in der Nähe des Caledon-Flusses im heutigen Lesotho vom zuständigen Chief ein Platz zugewiesen, der zu seinen Fähig-keiten als großer Jäger passte und doch auch erste Viehzucht und Getreidewirtschaft ermöglichte. Das Anwesen im Dorf Sekameng war von einem überhängenden Sand-steinfelsen gut geschützt.

In den 1820er Jahren geriet auch dieses Gebiet in die Wirren des Mfecane. Plün-dernde Banden veranlassten die Familie unter der Führung von Seonya, dem Sohn Lethebe Maines, wegen der Gewalt und wohl auch einer Hungersnot nach Norden auszuweichen und ins vierhundert Kilometer entfernte Molote in der Nähe des heutigen Rustenburg zu ziehen. Seonyas Sohn Hwai lernte beim Viehhüten in den Bergen die Heilpflanzen ken-nen und begründete die Tradition der Familie, sich mit Kenntnissen der Heilkräuter ver-traut zu machen. Er war ein fähiger Landwirt auf gepachtetem Land. Als traditioneller Heiler konnte er zusätzliche Einnahmen erwirtschaften. Außerdem genossen die Maines dadurch größeres Ansehen. Mathope, Chief der BaKubung, nahm sie auf und überließ ihnen Land. Als er früh starb, übernahm seine schwangere Witwe die Nachfolge, um für ihr ungeborenes Kind das Amt des Chiefs zu sichern. Die Maines ergriffen Partei für sie. Da sich aber der Bruder des Chiefs durchsetzte und die Witwe zu ihrer Familie zurück-kehrte, gaben sie den Platz auf, was die BaKubung als Verrat betrachteten, weil der Verlust so vieler Leute in unruhigen Zeiten auch ihre Existenz bedrohte. Sie konnten fast ein Jahrhundert lang die Abwanderung nicht verzeihen.

Die Maines wanderten zurück nach Sekameng, wo sie sich zwischen 1850 und 1870 niederließen. König Moshoeshoe hatte die Monarchie in Lesotho nach den Wirren des Mfecane stabilisiert. Es entwickelte sich in den Ebenen Lesothos eine intensive

---

14 Onselen, Charles van, »The Seed is Mine: The Life of Kas Maine, South African Sharecropper 1894–1985«, Kapstadt 1996. Hier wird die Periode bis 1920 behandelt. Die Fortsetzung (Geschichte 31) konzentriert sich auf das Erwachsenenleben von Kas Maine, S. 353.

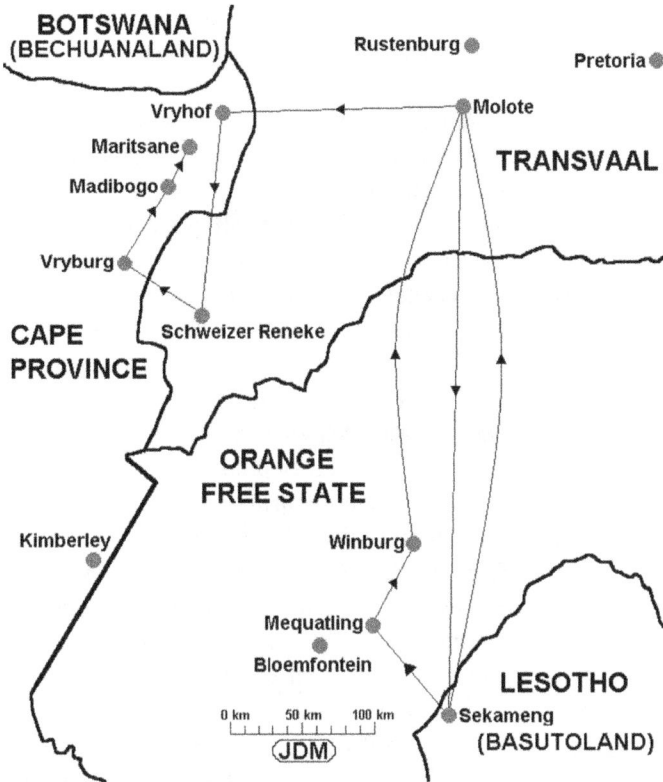

Karte 18: Die langen Wege der Sharecropper-Familie Maine in Südafrika nach Charles van Onselen, »The Seed is Mine«.

Getreidewirtschaft. 1863 beschrieb ein Dokument der Kapkolonie[15], dass diese Ebenen die Kornkammer für den Oranje-Freistaat und einen Teil der Kapkolonie darstellten und die Sotho ein aufstrebendes und gut organisiertes Volk seien. Nach der Entdeckung der Diamantenfelder in Kimberley 1868 vergrößerten sich die Absatzmöglichkeiten, an denen auch die Maines teilhatten, nun unter der Führung des Sohnes von Seonya, Hwai. Sein Name bedeutet »einer, der viel und gut kultiviert ...«[16] Seonya gab ihm den Namen als Hinweis, dass die Maines sich auf die bäuerliche Wirtschaft und den Boden festlegen sollten. Hwai, 1820 geboren, erwies sich tatsächlich als ein großer Könner seines Faches, außerdem war er ein anerkannter Herbalist[17]. Die neu gegründete Burenrepublik des Oranje-Freistaates begann indessen 1865 einen Krieg mit Lesotho, der bis 1875 andauerte. Als dessen Ergebnis wurden die produktiven Ebenen

---

15 Ebd., S. 17.
16 Ebd., S. 15.
17 Ebd., S. 17 ff.

Lesothos annektiert und mit burischen Farmern besiedelt. Damit ging die Zeit des afrikanischen Bauerntums dort zu Ende[18]. Moshoeshoe I. starb unmittelbar nach dem Krieg 1875.

Nach dem Tod seines Vaters übernahm Hwai das Patriarchat. Die Maines hielten sich noch bis 1889 in den Ebenen und zogen dann mit dreißig Personen und viel Vieh und Pferden erneut nach Norden. Nach zwei Zwischenaufenthalten war ihr Ziel wieder Molote, weil sie das Gerücht erreicht hatte, dass der Sohn der Witwe des Chiefs nun an der Macht sei. Das allerdings erwies sich als Irrtum, da er bereits 1884 wieder von der Macht verdrängt und durch einen »Commoner« aus dem Süden ersetzt worden war. Hwai entschied, im Highveld Transvaals sein Glück zu versuchen. Das war schwierig genug, denn dort war bereits eine Gruppe von Tswana in ein kleines Reservat gezwängt worden. Er ließ sich dort trotzdem mit seinem Anhang nieder und die Familie begann erneut, und nun auf kargem Boden, zu wirtschaften. Um nicht von den Tswana isoliert zu sein, verheiratete er seinen Sohn Sekwala, dessen Braut verstorben war, mit Motheba, eine Frau mit Tswana-Hintergrund, die mit der methodistischen Kirche verbunden war. Die Ehe wurde geschlossen, obwohl Hwai Christen ablehnte, weswegen er seinen Sohn drängte, eine zweite Frau mit BaSotho-Bezug zusätzlich zu heiraten. Da die Gegend dicht besiedelt und die Konkurrenz um Weideland stark war und viel Viehdiebstahl stattfand, fühlte sich die Familie verletzlich. Als ihre Pferde von weißen Viehdieben gestohlen wurde, die sie über die Grenze nach Bechuanaland verschleppten und dort verkauften, verloren die Maines ihren wichtigsten Besitz[19].

Eine neue Entscheidung musste getroffen werden. Hwai blieb nichts anderes, als nach einem weißen Farmer zu suchen, der ihn als Pächter annehmen würde. Er fand einen Buren in der Nähe des alten Hauptsitzes der Koranna. Diese Koranna lagen mit einer anderen Koranna-Gruppe im Streit um Weideland und Feuerholz und hatten dabei weiße Söldner eingesetzt, die sie mit Landbesitz entgalten. Buren hatten schließlich den Hauptsitz der Koranna überrannt und zerstört und die kleinste Burenrepublik »Stellaland« gegründet, die nur kurze Zeit Bestand hatte. Das Ganze wurde von Paul Kruger, dem Präsidenten der Südafrikanischen (Buren-)Republik, annektiert und von weißen Farmern im Umfeld des Schweizers Reyneke besiedelt.

Hwai und drei seiner Söhne wurden von dem sechzigjährigen Farmer, Jacobus Cornelius Reyneke, unter Vertrag genommen. Sie erhielten als Gegenleistung je eine junge Kuh und die Erlaubnis, ihr Vieh auf seinen Weiden grasen zu lassen. Außerdem musste ein junges Mädchen der Maines Dienste bei dem Farmer leisten, was einem üblichen Vertrag für afrikanische Pächter entsprach. Jacobus Cornelius Reyneke war ein sehr frommer Mann. Da in seinem Ort keine Kirche war, baute er im Nachbardorf mithilfe von italienischen Steinmetzen eine Backsteinkirche für die Niederländisch-Reformierte Kirche. Er ging aber auch dazu über, auf seiner Farm selbst Gottesdienste abhalten zu lassen, an

---

18 Bundy, Colin, »Rise and Fall of the South African Peasantry«, London 1988.
19 Onselen, »The Seed is Mine«, S. 21 f.

denen seine afrikanischen Pächter und Mitglieder anderer Denominationen sowie auch dort lebende Koranna teilnahmen. Gerade für die Niederländisch-Reformierte Kirche war das sehr ungewöhnlich, weil sie sonst auf Exklusivität für Weiße achtete und später zu einem der Hauptträger der Apartheid werden sollte. Motheba gebar zwei Söhne. Der zweite, 1894 geboren, bekam den BaSotho-Namen Ramabonela. Da aber die befreundeten Koranna auf den Neugeborenen ein Preislied sangen: »Ich bin Ramabonela vom Ort des Kasianyane (ein Koranna-Chief), vollständig schwarz, Sohn mit Schild und Pflug, von der Frau Phokane der Ndebele«[20], wurde der Knabe abgekürzt von den Koranna Kas genannt. Da dies im christlichen Sprachgebrauch eine Abkürzung von Kaspar bedeutete, wurde aus Ramabonela Kas. So war er mit den Koranna vernetzt und hatte durch seine Mutter, die Tswana war, aber einen Ndebele-Hintergrund hatte, zu den Ndebele Beziehungen. Zugleich wurde mit Kas ein christlicher Vorname assoziiert. Alles spiegelte die ethnische und kulturelle Vielfalt dieser Jahrzehnte wider.

Hwai blieb ein BaSotho-Traditionalist, der auf Enkel aus der zweiten Ehe seines Sohnes hoffte. Er entwickelte Viehzucht, kaufte einen kleinen Pflug und erweiterte das bearbeitete Land. Die Familie gewann an Status und es gelang, auf einer zweiten Farm mehr Land zu pachten, das der ehemalige Präsident von Stellaland, Niekerk, als Entschädigung erhalten hatte. Niekerk benötigte dafür Arbeitskräfte. Damit bekam Hwai praktisch Zugang zu unbegrenztem Weideland, so dass die Maines 1895 übersiedelten. Aber wie viele andere Viehzüchter des Transvaals traf auch die Maines die Katastrophe der Rinderpest 1896, der 90 % des Viehs zum Opfer fielen. Fast wäre Kas umgekommen, als vom Fieber verwirrte Rinder in einer Stampede die Hütten überrannten und er nur durch die Geistesgegenwart Mothebas gerettet wurde. Die Familie, nun erneut verarmt, zog sich nach Rietput zurück, auf die Farm von Jacobus Cornelius Reyneke, der sie wieder aufnahm. Dort kaufte Hwai einen Zugochsen und nahm einen Kredit für einen Wagen auf, um als Frachtfahrer ein Einkommen zu erzielen.

Da Reyneke nicht genügend Weideland anbot, wich Hwai mit seinen Söhnen auf eine benachbarte Farm eines englischen Landspekulanten aus, der Weideland an einen Buren verpachtete, was dieser wiederum mit erhöhter Pacht 1898 an »Kaffern-Farmer«, die Maines, weiterverpachtete. Arbeitskräftemangel für die weißen Farmer erleichterte diesen erneuten Wechsel. Motheba genoss die Geselligkeit in dem als »Stad« firmierenden Ort, in dem sie lebte, wozu auch eine verarmte weiße Witwe namens Swanepol gehörte. Die Maines halfen ihr immer wieder, als Krankheit, Dürre und Heuschrecken sie schwer trafen. Sekwala gelang es, überlebende Zugochsen von einem Nachbarn zu leihen. Dabei traf er den Sohn der Witwe Swanepol, Hendrik, der Sotho sprach, und freundete sich mit ihm an. Diese Freundschaft hielt ein Leben lang.

Durch diese ausgeprägte Fähigkeit von Hwai, Sekwala und den anderen Männern der Maines, aber auch der Frauen wie Motheba, schufen sie sich ein Umfeld, zu dem auch gute Verhältnisse zu den weißen Farmern gehörten, die bei den regelmäßigen

---

20 Ebd., S. 22 ff.

Frachtfahrten besucht wurden. Auch Kas teilte dabei diese Erfahrungen. Die Schwie-rigkeiten, das trockene und karge Land zu bewirtschaften, unterstützten, wie van On-selen urteilte, die Kooperation zwischen den verschiedenen »Rassen«[21]. Noch waren die Folgen der Rinderpest nicht überwunden, da drohte wieder neue Gefahr. Seit dem gescheiterten Jameson Raid von 1895 gingen die Menschen im Transvaal davon aus, dass Krieg zwischen den Burenrepubliken und Großbritannien wahrscheinlich war. Jameson, engster Mitarbeiter des südafrikanischen Ministerpräsidenten Cecil Rhodes, hatte einen Putschversuch mit Söldnern gegen die Regierung Ohm Krugers unternom-men, um den zugewanderten weißen Bergarbeitern und Geschäftsleuten die Machtüber-nahme im Burenstaat zu ermöglichen, was scheiterte, so dass auch Rhodes zurücktreten musste.

Der Krieg zwischen den Burenrepubliken und Großbritannien brach 1899 durch einen burischen Präventivschlag aus. Gestellungsbefehle für die weißen Männer, so auch für Hendrik Swanepol, wurden überbracht. Sie mussten sich den Kommandos anschließen. Auf die Maines wurde Druck ausgeübt, sich den afrikanischen Hilfskräften anzu-schließen, was Sekwala zögerlich befolgte. Als die Briten die burischen Kommandos aus West-Transvaal verdrängt hatten, geriet Sekwala hinter die Linien und flüchtete zum Onkel seiner zweiten Frau im Oranje-Freistaat. In West-Transvaal zerstörten die Briten Rietput, so dass viele mit ihrem Vieh flüchteten, unter ihnen auch die Maines. Sie trauten sich nicht, ihr Vieh auf abgelegenen Weiden von den Kindern hüten zu lassen, so dass sie Hunger traf. Die Briten richteten Konzentrationslager ein, in die auch die Maines gebracht wurden. In dem Chaos verloren sie Mothebas ältesten Sohn. Zu ihrem Glück tauchte einer ihrer Brüder auf, der in der britischen Armee als »Scout« diente. Er verhalf ihr zur Flucht zu ihren Eltern, die in der Nähe wohnten, um dem Hunger für sich und die Kinder zu ent-gehen. Hwai und die anderen Maines wurden versteckt. Sekwalas zweite Frau fand ihren Mann an seinem Fluchtort bei ihren Angehörigen im Oranje-Freistaat, als sie auf dem Weg zu ihren Eltern war. Nach Ende des Krieges 1902 ging Sekwala über dreihundert Kilo-meter zurück in das zerstörte Rietput, fand aber dort seine Familie nicht, sondern erst, als er zu seinen Schwiegereltern ging. Auch der älteste Sohn wurde wiedergefunden. Eine jün-gere Schwester Mothebas hatte ihn die ganze Zeit über versorgt. Trotz der großen Distan-zen und der Zerstreuung der Familie funktionierten die verwandtschaftlichen Netze. Nur Hwai, der Patriarch der Familie, blieb verschwunden. Wieder kam der Bruder Mothebas zu Hilfe, der in die Listen der britischen Armee einsehen konnte und erfuhr, dass Hwai in einem Lager im Oranje-Freistaat gelandet war. Er gab Sekwala ein Pferd, um seinen Vater zurückzuholen. Die Maines waren wieder vereint[22]. Hendrik Swanepol kehrte erst 1907 aus einem britischen Gefangenenlager auf den Bermudas zurück und siedelte sich als Nachbar neben den Maines an.

---

21 Ebd., S. 25.
22 Ebd., S. 28 ff.

Die Maines hatten über einen Agenten einen schwedischen Großgrundbesitzer als Verpächter gefunden. Dieser war der Pressezar in Johannesburg und wollte die Farm für Großwildjagd und als Pferderennbahn nutzen[23]. Die Söhne der Maines erhielten Ziegen und Kühe als Lohn und konnten so eine Herde wiederaufbauen. Sekwala gelang es, Ochsen zu pachten und bei seinem alten Händler in Rietput einen Kredit für einen großen Pflug zu bekommen, der so tief pflügte, dass feuchter Boden erreicht wurde. Hendrik Swanepol setzte ihm diesen Pflug, der in Einzelteilen geliefert worden war, zusammen. Kas erwies sich als guter Kenner der Pferde und pflegte deshalb die Reitpferde. Sekwala handelte mit Häuten. 1911 gingen sie zur Schafzucht über, da Wolle höhere Preise erzielte als die Aufzucht von Rindern[24]. Dieser Wiederaufbau stieß auf Widerstände, als ein neuer burischer Magistrat monierte, dass die Maines keine Pacht bezahlten, und die Eingeborenenverwaltung in Pretoria veranlasste, die Anti-Squatting-Gesetze auf die Sharecropper anzuwenden.

Unmittelbar geschah zwar nichts, aber das Klima zwischen den Buren, insbesondere den vom Krieg verarmten »poor Whites«, und den Afrikanern verschlechterte sich. Diese Entwicklung gehörte in das Umfeld des Landgesetzes, das 1913 erlassen wurde, in dem nur noch 13% des südafrikanischen Landes Afrikanern zugesprochen wurden, was zur Gründung des ANC (»African National Congress«) führte. Für die Maines war es ohnehin eine schwere Zeit, weil der Regen ausgeblieben war. Als 1913 ein Teil der Herde ausbrach und auf dem Farmland des benachbarten burischen Farmers weidete, kam es zum Konflikt, in dem Kas von den Knechten festgehalten wurde und sich mit Gewalt wehrte. Die Auseinandersetzung eskalierte und Kas kündigte dem Farmer, der dem »little Kaffie« eine Lektion erteilen wollte, was Sekwala in große Schwierigkeiten brachte. Generell hatte sich das soziale Klima verändert, nachdem die De Beers Company von Rhodes alle Diamantensucher von ihrem Betriebsgelände vertrieben hatte und viele von ihnen neue Felder zu erschließen suchten. Sie wurden in der Nähe von Vryhof fündig. 1908 strömten mehrere Tausend Glückssucher in die Gegend. Sie hatten Geld genug, um für ihr Vieh Weideland zu pachten. In der Stadt entstanden Banken, Geschäfte, Bars und Restaurants. Auch der Druck der »poor Whites« gegen die Afrikaner auf den Farmen nahm zu. Es brach der Erste Weltkrieg aus. Die Südafrikanische Union, 1910 gegründet, nahm am Krieg gegen das Deutsche Reich teil. Ihre Truppen besetzten Südwestafrika (das künftige Namibia) und beteiligten sich am Krieg in Ostafrika. Gegen diese Entscheidung rebellierten etliche ehemalige Generäle der Buren mit Waffengewalt und kämpften damit gegen die Regierung der Union, die mit Smuts als Premierminister und Botha als Chef der Armee ebenfalls von ehemaligen burischen Generälen geführt wurde und die Rebellion niederschlug. Die Afrikaner in Transvaal beobachteten mit Interesse und Verwunderung, dass bewaffnete Rebellion gegen die Regierung möglich war.

---

23 Ebd., S. 31 ff.
24 Ebd., S. 40.

Die Maines blieben auch während des Krieges auf dem Land des Schweden. Hwai starb 1915 im Alter von 95 Jahren. Kas, nun 21 Jahre alt, und erwachsen, wurde zum wichtigen Pferdepfleger, Hufschmied und Kutscher der jungen Frau Lindbergh, der Ehefrau des Pressezaren, die sich sogar zu ihm auf den Kutschbock setzte und so, zum Entsetzen der weißen Community, in die Stadt fuhr. Mit einem neuen Englisch sprechenden Manager verschlechterten sich 1917 die Pachtbedingungen und das Klima[25]. Sekwala zog sich auf einen kleinen Teil des Landes zurück. Der unverheiratete Kas benötigte Einkommen, um eine Familie gründen zu können, und ging als Arbeiter in die Diamantminen. Er agierte aber weiter als Heilkundiger. 1920 heiratete Kas die von Vater und Brüder vermittelte Leetwane nach klassischen BaSotho-Regeln. Seine weitere Geschichte führt von der Nachkriegszeit bis in die Endphase der Apartheid und wird dort wieder aufgegriffen.

Geschichte 22 – Die »Navetanes« in Senegambien

Die Übergänge von vorkolonialen zu kolonialen Wirtschaftsformen sollen in einigen Beispielen behandelt werden, die das Wirtschaften für Märkte und Export und die Varianten in der Organisation von Landarbeit illustrieren[26]. Sie zeigen, wie verflochten beide Perioden miteinander waren.

Die Soninke waren nach dem Verfall des Großreichs des alten Ghana seit dem 10. Jahrhundert ein weit über Westafrika zwischen Mauretanien, dem Senegal und Gambia verstreutes Volk. Viele waren im 18. und 19. Jahrhundert am Handel beteiligt. Sie handelten mit Waren, die sie in der Küstenregion um den Gambia-Fluss und im Senegal beschafften und in die Sahelgebiete vermittelten. Sie handelten mit Salz und Kolanüssen für die aride Zone des Sahel sowie mit Sklaven. Einige Händler gingen dazu über, auf gepachtetem Land Kolanüsse für ihren Handel ernten zu lassen, was ein Vorbild für die spätere Produktion von Erdnüssen in der Region wurde. In den 1830er Jahren begann der Erdnussanbau für den Export. Im Gegenzug wurden die preiswerten britischen Baumwollwaren importiert. Es waren Händlerfarmer der Soninke, die die Initiative für den Erdnussanbau im größeren Stil ergriffen, während die lokale Küstenbevölkerung das neue Produkt nur zögernd annahm. Diese Erfahrungen der Wanderhändler, die selbst in der Landwirtschaft kurzzeitig tätig waren, bildeten den Hintergrund für die regelmäßige Arbeitsmigration der Navetanes[27]. Das hieß übersetzt aus der Sprache der Wolof »die während der Regenzeit weggehen«, im Gegensatz zu den »Nooraan«, die Arbeitsmigranten in der Trockenzeit waren. Die Navetanes nutzen dabei die alten Handelsnetze und Wege.

---

25 Ebd., S. 65 f.
26 Manchuelle, »Willing Migrants«, Abschnitt »Migration, a Time of Prosperity, the Novetanes«, S. 53–59.
27 Ebd., S. 53.

Was im Tal des Gambia-Flusses begann, übertrug sich auf die Gebiete des oberen Senegal mit seiner expandierenden Erdnussproduktion im 19. und 20. Jahrhundert und auf Sierra Leone. Die Navetanes bauten bereits 1849 die Hälfte der Erdnüsse im Tal des Gambia-Flusses an. Die älteste Quelle von 1856 beschrieb sie als »Bands of agricultural Migrants«, die sich in der Regenzeit in der Nähe der europäischen Handelsplätze auf unbesetztem Land niederließen und Erdnüsse anbauten. Nachdem sie ihre Ernte verkauft hatten, brachten sie ihren Gewinn in ihre Heimatgebiete und gingen im nächsten Jahr wieder zurück. Sie gaben wenig aus und wurden bei lokalen Leuten untergebracht. Sie beglichen die Kosten der Unterkunft, indem sie Hilfe bei der Feldarbeit leisteten[28]. Noch in der Mitte des 20. Jahrhunderts waren es senegambische Farmer, »Jatigigi« genannt, die die Navetanes mit Landstücken versorgten, auf denen diese die Erdnüsse anbauten. Außerdem arbeiteten sie für Kost und Logis an fünf Tagen für die »Jatigigi« auf deren Feldern. Nach Verkauf der Ernte und nach Erwerb ausreichender Handelsgüter begannen sie mit der Rückwanderung. Sie hatten nun das Mehrfache der Einkaufpreise erzielt. Über die gewohnten Handelsrouten kehrten sie zu ihren nördlichen Heimatgebieten zurück, was gut zwei Wochen in Anspruch nahm. Dort gaben sie ihre Einnahmen ihren Lineage Heads – ein Hinweis darauf, dass sie sich de facto in einem Sklavenstatus befanden und keine Chance sahen, sich in der Küstenbevölkerung zu integrieren.

Abb. 44: Wanderarbeiter (Holzfigur, Nigeria).

Auch Sklavenhändler ließen schon im 18. Jahrhundert Sklaven bei langen Wartezeiten bis zur Verschiffung selbst ihre Nahrungsmittel anbauen. Außerdem belieferten sie zugleich die Schiffsbesatzungen und die europäischen Siedler in Städten wie Gorée, Saint Louis und Bathurst mit Getreide. Dafür pachteten sie Land lokaler Landlords.

---

28 Siehe Geschichte 1 »Bericht über eine Sklavenplantage«, S. 31; Bertrand-Bocandé zitiert nach Manchuelle, »Willing Migrants«, S. 55.

Manchuelle stellte deshalb die Frage, warum die Arbeit der Navetanes nicht von Sklaven geleistet wurde, die es reichlich gab, sondern freie Arbeiter bevorzugt wurden. Er gibt zwei Antworten: Das Arrangement mit den Navetanes sei für beide Seiten vorteilhaft gewesen. Die Arbeiter konnten ihre eigene Nahrung anbauen und die Ernte verkaufen, ohne auf kleine Pauschallöhne angewiesen zu sein. Die »Jatigigi« hätten das ganze Jahr über Sklaven beschäftigen müssen, während die Navetanes nur in der kurzen Regenzeit die Landstücke bearbeiteten. Die Sklaven waren ohnehin das ganze Jahr über ausgelastet, denn sie rodeten Busch und Wald für neue Felder, schleppten Wasser und versorgten das Vieh. Außerdem wurden sie bei der Reparatur der Häuser eingesetzt. Sklaven, die für diese sehr arbeitsintensiven Tätigkeiten nicht benötigt wurden, mussten in der Trockenzeit weben. Das galt insbesondere für die kapitalkräftigeren Farmer[29]. Da die Farmer in Gambia Erdnüsse nur in geringem Umfang anbauten, setzten sich im Senegalgebiet die Soninke-Farmer durch, mit denen die Navetanes ohnehin vertraut waren. Diese Migranten mussten ihre Gewinne weitgehend den Haushaltungsvorständen ihrer Lineages abgeben, was darauf hindeutet, dass sie einen recht abhängigen Status hatten, der von dem eines Sklaven nicht scharf getrennt war. Rückkehr war offensichtlich eine soziale Pflicht. Diese Arrangements für Arbeitsverhältnisse ersetzten die Ausfälle, die das Verbot des Sklavenhandels nach sich gezogen hatte.

Manchuelle verweist darauf, dass sowohl die Navetanes als auch die Sklaven im Dienst der Farmerhändler in einem Produktionssystem verbunden waren. Sklaven waren nicht mehr Ware für den Verkauf, sondern wichtige Arbeitskräfte in der Landwirtschaft. Sklaven der zweiten Generation konnten sogar gegen Abgaben eines Teils ihres Lohnes Arbeit in den Städten annehmen. Insofern verwischten sich die Grenzen von Sklavenarbeit und Lohnarbeit. Tätigkeiten, die zunächst mit dem Odium der Sklaverei verbunden gewesen waren, wurden auch für Freie und sogar für Adelige akzeptabel.

Geschichte 23 – »Laptots« als militärische Wanderarbeiter

Parallel zur Entwicklung der Navetanes gab es eine militärische Dimension der Wanderarbeit[30]. Es entstand die Institution der »Laptots«, eine Form des Söldnertums, das die Franzosen zusätzlich zur Bildung der »tirailleurs sénégalais« nutzten. Sie soll hier erörtert werden, obwohl sie nicht direkt in den Kontext der Veränderung der afrikanischen Arbeitsverhältnisse und des Einflusses der Kolonialwarenproduktion auf die ländlichen Welten gehört. Mehrere Aspekte sind zu beachten. Manchuelle weist auf das Verwischen der Arbeitsfelder von Sklaven und Freien hin. Sogar viele Adelige dieser Region hätten Arbeiten übernommen, wenn sie ertragreich genug waren, obwohl

---

29 Manchuelle, »Willing Migrants«, S. 56.
30 Ebd., Abschnitt »Laptots: Royal Migrants«, S. 59–65, »Laptots«, S. 82–84, 125 f. und Searing »West African Slavery«, S. 77–89, 102 f.

sie ursprünglich als Sklavenarbeit oder Wanderarbeit stigmatisiert waren. Auch diese Um-
wertungen in der Ökonomie der damaligen agrarischen Arbeitswelt weisen auf eine tiefe
Krise hin. Der in der Literatur oft betonte Erfolg des »legitimen Handels« bei der Ablösung
des Sklavenhandels und der Nutzung afrikanischer Arbeiter für die Produktion von Koloni-
alwaren verdeckt diese Krise der afrikanischen Gesellschaften in der Übergangszeit. Auch
die Arbeit der Freien als Bauern, Wanderarbeiter und Wanderhändler ähnelte der Skla-
venarbeit auf den Feldern oder im Handwerk an den Webstühlen und im städtischen
Handwerk. Die Stigmatisierung dieser Arbeit ließ nach und es entwickelten sich Misch-
und Übergangsformen. Der französische Reisende Paul Solleilet berichtete von seiner
Reise 1868 in der Region und auf dem Senegal, dass nicht nur militärische Tätigkeiten
mit dem Konzept der Soninke-Ehre verbunden waren, sondern dies auch für viele hand-
werkliche Berufe galt. Er nannte Metallarbeiter, Maurer, Klempner, ebenso Hausdiener
und Köche in den großen Haushalten der französischen Händler und der Signares. Was
lange als typische Sklavenarbeit galt, wurde für Freie, Adelige und sogar Angehörige
von königlichen Klans interessant. Sie konnten Kapitäne, Navigatoren und Organisato-
ren der Verteidigung an Bord der Schiffe werden oder auch eine Position in der Armee
der Signares einnehmen. Die Nähe zum Militärdienst entsprach dem Soninke-Konzept
von Ehre und ließ zu, dass Adelige in der Infanterie der französischen Truppen dienten.
So entstand eine militärische Variante der Wanderarbeiter: die Laptots. Sie wurden
1791 zuerst erwähnt[31]. Sie waren auf Beute aus[32]. Beute zu machen, Handel zu treiben
und als Wanderarbeiter auf gepachtetem Land vorübergehend zu wirtschaften, war
miteinander verquickt.

Es war seit Langem üblich, Sklaven für die Sicherung der Handelswege und bei
der gefährlichen Flussschifffahrt stromaufwärts auf dem Senegal einzusetzen. Da die
Schiffe den Senegal-Fluss aufwärts über fünfzig Kilometer von vielen Männern gezogen
werden mussten, waren sie und die Waren besonders im Bereich des unruhigen Futa
Jalon gefährdet. Searing[33] schildert in diesem Zusammenhang die Funktionen des frei-
gelassenen Sklaven. James Scipio war der Navigator und Befehlshaber auf dem Han-
delsschiff, auf dem der Franzose Paul Solleilet reiste. Er wehrte erfolgreich einen Angriff
auf das Schiff ab.

Die Signares von Gorée und Saint Louis beschäftigten ebenfalls Laptots in ihren
Privatarmeen zur Sicherung der Transportwege. Sie verpachteten sie für gleiche Zwe-
cke an die französischen Händler und sogar an die französische Armee. Manchuelle
betrachtet dies als eine parallele Entwicklung zu den Ceddo, nur dass die Laptots
keine organisierten Gruppen bildeten. Etliche waren Vermittler zwischen den Höfen
und den Franzosen. Viele Sklaven hatten als »Laptots« in den Städten Privilegien. Sie
wurden von ihren Eigentümern für Geld an die Händler und französischen Beamten

---

31 Manchuelle, »Willing Migrants«, S. 59.
32 Ebd., S. 61.
33 Searing, »West African Slavery«, S. 124 f. Siehe auch Manchuelle, »Willing Migrants«, S. 61.

und Offiziere verliehen. Von dem so verdienten Geld behielten sie ein Drittel. Die königlichen Haushalte hatten sogar ein Monopol für diese Tätigkeiten, weil sie dabei viel mehr Einkommen generierten als aus ländlicher Arbeit[34]. Die Mehrheit der Laptots waren Freie. Sie kooperierten mit solchen, die noch Sklavenstatus hatten. Die Übergangsformen von der Sklaverei zu Varianten freier Arbeit blieben in der Regel sozial eingebunden[35], wie dies auch bei den Navetanes der Fall war.

Geschichte 24 – Die »Migrant Cocoa Farmers« seit 1892 im späteren Ghana

Polly Hill hat 1963 in einer detaillierten Studie die Geschichte der wandernden Kakaofarmer des südlichen Ghana beschrieben[36]. Es ist das Beispiel einer ungewöhnlichen Innovationskraft von Bauern, die damit in wenigen Jahrzehnten das größte und ergiebigste Kakaoanbaugebiet der Welt schufen. Die Akwapim lebten auf einer Hügelkette in kleinen Landstädten. Es gab Experimente zunächst durch die Basler Mission 1843, der aber die Pflanzen eingingen. Dann wurde versucht, Pflanzen aus Kamerun zu übernehmen. Schließlich bemühte sich der auch für die Gold Coast (das spätere Ghana), zuständige Gouverneur Griffith, Pflanzen aus der Karibik einzuführen und im botanischen Garten zu züchten.

Der Durchbruch gelang Tetteh Quarshie, einem Ga. Er kam aus Christiansborg, war Hufschmied und gelangte als Wanderarbeiter auf die Insel Fernando Póo auf eine Kakaoplantage. Dort lernte er die Kakaopflanzen kennen. Er schaffte es, Pflanzen erfolgreich großzuziehen und er baute 1897 eine kleine Baumschule in Akwapim auf, die er seinem Neffen überließ. Tetteh Quarshie gilt deshalb als der eigentliche Gründer des Kakaoanbaus, wofür er 1927 geehrt wurde. Auch die Basler Mission ermunterte Ende der 1880er Jahre Christen in Akwapim zu Experimenten mit Kakao und Kaffee[37]. Neben den Bauern der Akwapim-Hügelkette beteiligten sich im Laufe der Zeit Ga, Twi und Krobo, teils auch als Landarbeiter. Polly Hill nennt die migrierenden Bauern Halbnomaden[38], was für die Periode gilt, in der die Waldgebiete der Gegend des Akwapim Höhenzuges nahe genug waren.

---

34 Manchuelle, »Willing Migrants«, S. 83 f. Für den Reisenden Paul Solleilet war die landwirtschaftliche Tätigkeit von Adeligen ohnehin eine Selbstverständlichkeit. Er verglich die Verhältnisse im Senegal mit den Verhältnissen in der Bretagne, wo auch der kleine Adelige hinter dem Pflug ging.
35 »Conclusion«, ebd., S. 63–65.
36 Hill, Polly, »Migrant Cocoa Farmers of Southern Ghana: A Study in Rural Capitalism«, Cambridge 1963, Reprint 1977. Vgl. Berry, Sarah S., »Innovation and the History of Cocoa Farming in Western Nigeria«, Cambridge 1974.
37 Hill, »Migrant Cocoa Farmers«, Appendix VI »Tetteh Quashie«, S. 172 f.
38 Ebd., S. 19.

Die kleinen Agrarstädte in Akwapim lagen auf einer langgestreckten Hügelkette. Unterhalb befanden sich fast unbesiedelte Wälder, die nur für die Jagd genutzt wurden. Zwischen 1896 und 1897[39] begannen gleichzeitig Bauern aus den größeren Orten, Forstland von den Chiefs aufzukaufen. Sie hatten neben dem Anbau ihrer Nahrungsmittel bereits Palmöl für den Export produziert und investierten dieses Geld in Land für den Kakaoanbau. Die Gebiete im Wald waren in der Regel zwanzig Kilometer entfernt, nach der späteren Expansion waren es oft über fünfzig Kilometer. Der Hauptsitz blieb in den Städten erhalten. Zunächst musste die Ernährung am alten Ort produziert werden, bis unter den Kakaobäumen, die meist erst nach sieben Jahren Früchte trugen, Nahrungspflanzen angebaut werden konnten. In der Anfangsphase der Kakaoproduktion lebten die Leute aus den Akwapim-Städtchen teilweise noch in ihren alten Wohnorten, um dort Nahrung zu erzeugen, den Kindern den Schulbesuch zu ermöglichen und die sehr alten Leute zu betreuen. Die Expansion in den 1920er Jahren führte sie in das Asante-Gebiet im Umfeld von Kumasi. Dadurch wurden für häufiges Pendeln die Entfernungen zu groß. Aber in den alten Wohnsitzen gab es wichtige soziale Beziehungen. Außerdem wurden Verwalter und Landarbeiter eingesetzt, wenn mehrere Farmen bewirtschaftet wurden.

In einer Radiosendung der »Voice of Ghana« wurden die schwierigen Anfänge geschildert[40]. Die Sendung begann mit einem Sprichwort, das darauf hinwies, dass etwas Neues auch die Nachbarn zum Mittun veranlasste. Das habe auch für den Anbau von Kakao gegolten, als etliche Leute gleichzeitig in den Forstbereich aufbrachen. In der Radiosendung berichtet ein Bauer namens Kwame Atiri, ein Twi, dass er bereits mit Kakao experimentiert habe. Durch die Swollen-Shoot-Krankheit der Bäume habe er eine sehr schlechte Ernte gehabt. Deshalb habe er einen neuen Anfang machen wollen. Er lud eines Abends das Klanoberhaupt, außerdem seine Frau, die Kinder und andere nahe Verwandte zu einem Gespräch ein und entwickelte in einer langen Rede seine Pläne. Er argumentierte, Glückssucher säßen nicht auf ihrem Land fest. Der neue Kakaoanbau habe den Modus des Reisens und der Migration ausgelöst. Auch seine Nachbarn und Freunde hätten dies schon getan. Er werde für einige Monate als Sharecropper für ein Drittel der Ernte arbeiten gehen und dann direkt Land kaufen. Sollten sie scheitern, würden sie zurückgehen und weiter Ölpalmen anbauen und Palmöl herstellen. Seine Erzählung bezieht sich auf den Aufbruch in den 1920er Jahren zu entfernteren Waldgebieten.

---

39 Häufig wird 1892 als Beginn des Kakaoanbaus genannt: Es bezieht sich auf Erfolge bei den Experimenten zur Aufzucht der Pflanzen.

40 Hill, »Migrant Cocoa Farmers«, Appendix I.5, S. 30–37; Amankwa Opoku, Andrew, »Across the Prah« (gemeint ist der Fluss Prah), Serie 1955–1957, hrsg. von Henry Swanzy, gedruckt vom Government Printer 1958, S. 24–29. Die Originalfassung des Textes war in Twi verfasst. Der Bericht bezieht sich auf die Zeit nach 1918 und damit auf einen fortgeschrittenen Zeitraum in der Periode der Expansion des Anbaus. Die Anfänge im Wald waren immer noch mühsam, aber die Eisenbahn in das Umfeld von Kumasi und schließlich Lastwagen wurden zur Anfahrt zum Waldgebiet bereits genutzt, S. 33 ff.

Nach dem Einkauf von Geräten und Kerosin für den Aufenthalt im Wald brach die Familie auf. Sie verabschiedete sich sorgfältig von den Nachbarn und Verwandten, damit die Rückkehr ohne Probleme möglich blieb.

Alle Schritte wurden mit Sprichwörtern abgesichert. Sie fuhren auf Lastwagen und auch mit der Eisenbahn. Vor Ort angekommen, bekamen sie eine Audienz beim Chief und seinen Ratgebern und wurden zeremoniell empfangen. Mit Verweis darauf, dass ihre Freunde und Bekannte vom Chief bereits freundlich akzeptiert worden seien, bat Atiri um Land. Vor Ort wurde vom Schatzmeister des Chiefs und einem Rat unter dem Vorsitz einer »Alten Frau« entschieden, dass sie direkt Land kaufen könnten. Sie erhielten ein großes Stück Forstland, das den sechsfachen Umfang des Üblichen hatte. Sie ließen sich direkt im Wald nieder und vermieden einen Wohnsitz in der nahegelegenen Stadt mit dem Argument: »Aus den Augen entgeht man dem Hass.« Sie übernachteten zunächst bei Leuten im Dorf, die ihnen halfen, die Pfade in den Wald zu schlagen.

In einer Felsspalte, die die Vögel aufsuchten, fanden sie Wasser. Sie begannen mit den Rodungsarbeiten, um die Dornbüsche zu entfernen. Das Ganze war sehr schmerzhaft, aber es hieß, was man sich selbst zufüge, dürfe man nicht beklagen. Zusammen mit den Kindern wurden die Gerüste für die Hütten errichtet. Gedeckt wurde mit Baumrinde, durch die man in der Nacht die Sterne sehen konnte. Oft brachte sie der Regen um den Schlaf. Auch die schwarzen Ameisen und andere Insekten gaben keine Ruhe. Nur Feuer vor und in der Hütte behinderte die Insekten etwas und hielt die Leoparden ab, deren Schreie sie wachhielten. Die Kinder waren nicht bekleidet, sondern mit einer Schicht Lehm eingeschmiert, was auch die Wunden und Geschwüre heilen sollte. Nach einem Monat waren die ersten Früchte im Wald reif, so dass etwas Nahrung nachwuchs. Davor hatten sie von wildem Yams und wilder Cassava gelebt, die die Frauen heranschleppten. Auch Früchte von verlassenen Farmen wurden geerntet. In der schlimmsten Hungerszeit halfen Nachbarn aus, in Erwartung künftiger Gegenleistung. Erst nach einigen Monaten war der ausgesäte Mais gereift. Ihr Groß- und Kleinvieh bekam Nachwuchs, das sie schlachten konnten.

Die Sendung endet mit der Erzählung, dass schließlich die Siedlung in einem guten Zustand war. Die Häuser waren mit Schilf gedeckt und die Gehöfte mit Zäunen aus Baumrinde umgeben. Die Bananen trugen Früchte. Die Kakaopflanzen waren teils gepflanzt, teils ausgesät und wuchsen heran. Ananas und Zuckerrohr gediehen so gut, dass die Familie einiges davon verkaufen konnte. Hühner, Puten, Kaninchen, Ziegen und Schafe waren nun reichlich vorhanden. Außerdem wurden Spinat, chinesische Kartoffeln, Cocoyams, Früchte vom Eierbaum, Kürbisse und Zitruspflanzen angebaut und geerntet. Sie waren in der Gegend weitgehend unbekannt und ließen sich gut verkaufen. Die Sendung bezog sich auf die Ausweitung des Produktionsgebietes nach Norden im Umfeld von Kumasi in den 1920er Jahren, als mit Lastwagen und Eisenbahn neue Transportmöglichkeiten entstanden waren. Die Strapazen dieser Gründungen waren denen des Anfanges sicherlich ähnlich. Die großen Entfernungen zwangen aber auch zu dauerhafteren Siedlungen.

Polly Hill erörtert, warum die Methode des Wanderfarmers akzeptiert war, ständig expandiert wurde und die erwirtschafteten Gewinne wieder investiert wurden. Dies sei nicht typisch für bäuerliches Verhalten gewesen. Sie argumentiert, dass die Exportwirtschaft und die dort zu erreichenden Gewinne seit dem Exportboom des Palmöls bekannt gewesen seien. Außerdem habe sich die Mobilität der Bevölkerung erhöht. Auch hätten die Erfahrungen vieler als Handwerker und Spezialisten die Bereitschaft zur Migration erhöht. Innovation und langfristiges ökonomisches Denken sei dadurch gefördert worden. Das Forstland für die Kakaoproduktion wurde in der Regel nicht individuell, sondern von Gesellschaften gekauft. Es konnten Familien sein, aber auch Gesellschaften von Freunden und Bekannten. Stets spielte persönlicher Bezug untereinander eine Rolle[41]. Aus dem Radiobericht geht hervor, wie sorgfältig die sozialen Bezüge zu Familie, Nachbarn und den zuständigen Chiefs beachtet wurden. Bei Migration auf Zeit musste die Rückkehr gesichert werden. Bei den Landverkäufen mussten die Bestimmungen der kommunalen Landrechte beachtet werden, die aber flexibler gehandhabt wurden, als dies ethnologische Analysen annahmen. Es war ein komplexes System mit vielen ungeschriebenen Regeln. In den ersten beiden Jahren des Ersten Weltkrieges erlitt die Kakaowirtschaft einen herben Rückschlag, weil der Export behindert war. Erst ab 1918 begann ein neuer Boom, zu dem auch die bessere Vermarktung nach der Einführung des Lastwagens beitrug.

Die Zwischenkriegszeit war von der Wirtschaftskrise 1920/22 und der großen Weltwirtschaftskrise seit 1929 geprägt. Verschärft wurde die ökonomische Lage der Kakaobauern dadurch, dass Unilever, Cadbury und schließlich das Monopol der »United Africa Company« die Preise niederdrückten. Die Kakaofarmer setzten sich zur Wehr, organisierten Genossenschaften und veranlassten die Verwaltung, öffentliche Gesellschaften zum Ankauf von Kakao zu etablieren. Ihr erfolgreichstes Kampfmittel waren immer wieder »Kakao-Verkaufsstops« (»Cocoa Hold ups«). Ein erstes Embargo wurde 1904 von Chiefs organisiert. Im Ersten Weltkrieg reagierten einige Gebiete mit »Hold ups«. Als gegen Kriegsende die Produktion um das Zehnfache angewachsen war, brach unerwartet die Wirtschaftskrise 1920/22 aus und es kam zu einem umfassenden »Hold up« 1921/22. Das wiederholte sich gegen Ende der großen Weltwirtschaftskrise, als es 1937/38 zum größten und längsten »Hold up« kam[42].

Der Nimbus dieses Widerstandes, das Desinteresse der Kolonialregierung und das schwindende Ansehen der Chiefs trugen maßgeblich zur Steigerung der Nationalbewegung bei. Präsident Nkrumah setzte nach der Unabhängigkeit 1957 in der Weltwirt-

---

41 Hill, »Migrant Cocoa Farmers«, Kapitel »The Company«, S. 38–54 und »The Family Land«, S. 75–86.

42 Ehrler, Franz, »Handelskonflikte zwischen europäischen Firmen und einheimischen Produzenten in Britisch Westafrika: Die Cocoa-Hold-ups in der Zwischenkriegszeit«, Zürich 1977. Genossenschaften wurden nach häufigen Anläufen erst 1929/30 gegründet, ebd., S. 39–47. Zu den »Hold ups« ebd., S. 87–154.

schaftskrise 1966/77 das Instrument des »Hold up« nun mit der Autorität des neuen Staates für sein sozialistisches Programm ein. Er scheiterte an der erfolgreichen Lagerhaltung der großen Firmen und der Ablehnung seiner Politik durch den Westen, was zu dem Putsch gegen ihn führte, nachdem sein Einparteienstaat repressiv wurde und er sich auch den Asante und anderen ethnischen Gruppen entfremdete[43].

43 Beckmann, Björn, »Organizing Farmers: Cocoa Politics and National Development in Ghana«, Upsala 1976; Deutsch, Jan Georg, »Educating the Middlemen: Political and Economic History of Statutory Cocoa Marketing in Nigeria, 1936–1947«, Berlin 1995.

Kapitel 11
Das 20. Jahrhundert 1

1 Große koloniale Eroberungskriege 1879–1907

Seit dem letzten Drittel des 19. Jahrhunderts, bereits vor der Aufteilung Afrikas auf der Berliner Afrika-Konferenz (1884/85), fanden große Kolonialkriege statt. Deren Ziel war meistens, die Macht der großen Monarchien mit Gewalt zu brechen. Schon 1860 wurde Lagos britische Kolonie. Die Monarchie der Zulu wurde 1879 entscheidend von Großbritannien besiegt. Gleichzeitig erfolgte die Eroberung Kumasis, der Königsstadt der Asante in Ghana; auch die Hauptstadt des Königreiches Benin wurde erstürmt und geplündert. Das Sokoto-Sultanat wurde 1903 erobert. Auch der Krieg Großbritanniens gegen die burische Südafrikanische Republik 1899–1902 wurde unter riesigem militärischen Aufwand geführt, um die Goldfelder zu sichern. 1890 wurde das Königreich der Ndebele in Simbabwe zerschlagen. Die militärische Penetration Westafrikas durch Frankreich begann bereits in der Mitte des 19. Jahrhunderts und steigerte sich zwischen 1860 und 1900 erheblich. Die Zerschlagung des Reiches von Touré Samory fand zwischen 1883 und 1900 statt[1]. Nach der ersten Eroberung Algeriens 1830 setzten sich die Kämpfe gegen den ständigen Widerstand algerischer Gruppen bis in die 1870er Jahre fort.

Ägypten war schon zwischen 1798 und 1801 von Napoleon besetzt worden. Nach den französischen Niederlagen gegen die britische Flotte ergriff Muhammad Ali die Macht. Bereits 1839/40 hinderten die Flotten der europäischen Großmächte ihn an seinem Vorstoß nach Konstantinopel. Sie stoppten seinen Versuch einer autochthonen wirtschaftlichen Entwicklung, indem sie ihn zwangen, sich den Freihandelsregeln und damit den europäischen Waren zu öffnen. Damit begann die finanzielle und ökonomische Penetration Ägyptens zunächst durch ein britisch-französisches Kondominium. Großbritannien ergriff 1881 mit der Niederschlagung des Urabi-Aufstandes ägyptischer Offiziere und Soldaten gegen die Vorherrschaft der meist aus dem Balkan stammenden Armeen der Khediven die Macht in Ägypten.

Der Krieg Großbritanniens gegen die Mahdisten im Sudan endete mit der Kolonisierung des Sudan 1886. Es wurden große Truppenmassen eingesetzt, dazu auf beiden Seiten Artillerie und Dampfschiffe. Die Briten rekrutierten ihr Militär in Indien und bauten eine Eisenbahnstrecke in das Kampfgebiet. Bereits 1867/68 hatte Großbritannien eine große Militärexpedition mit Truppen aus Indien nach Äthiopien entsandt. Der Grund war die Geiselnahme von Europäern durch Kaiser

---

1 Siehe Geschichte 25 »Das Reich von Samory«, S. 293.

https://doi.org/10.1515/9783110452020-013

Theodor wegen eines diplomatischen Konfliktes mit Großbritannien. Die kaiserliche Bergfestung wurde erobert und im Moment der drohenden Niederlage erschoss sich der Kaiser. Der Versuch Italiens, Äthiopien zu erobern, scheiterte 1896 und Äthiopien konnte seine Unabhängigkeit behaupten, bis Italien 1935 erneut angriff.

Das Deutsche Reich führte Kolonialkriege zur Eroberung Ostafrikas 1888/89 in der Küstenregion und 1896 gegen das Königtum der Hehe. In Namibia begannen die Herero unter Führung Samuel Mahareros als König den Krieg gegen die Deutschen, wegen der massiven Landverluste und der Diskriminierung auch der adeligen Familien. Das Ergebnis war eine Vergeltungsstrategie, die zum Genozid führte[2]. Die Nama unter Hendrik Witbooi hatten zunächst auf deutscher Seite gekämpft, um die vertraglichen Verpflichtungen zur Waffenhilfe zu erfüllen. Da in dem hasserfüllten Klima trotzdem ihre Entwaffnung drohte, gingen die Nama zum Guerillakrieg über, der auch noch nach dem Tode Hendrik Witboois 1905–1908 andauerte und erst dann mithilfe britischer Vermittlung beendet werden konnte. Dies waren bereits Reaktionen auf die ersten zwanzig Jahre deutscher Kolonialherrschaft. Gleichzeitig wurde 1905–1907 der große Maji-Maji-Krieg geführt.

Während die europäischen Großmächte im frühen 19. Jahrhundert Verzögerungen der Expansion und Kompromisse mit afrikanischen Machteliten ins Kalkül genommen hatten, erschien dies im Zeitalter des Imperialismus unnötig. Das hing maßgeblich mit der Waffentechnik zusammen, die entscheidende Fortschritte gemacht hatte. Die Gewehre ermöglichten eine größere Schussfolge. Leichtere Kanonen ließen sich besser transportieren und die Schiffsgeschütze hatten eine größere Reichweite. Vor allem das Maschinengewehr und das motorisierte Kanonenboot entfalteten eine überwältigende Feuerkraft. Nur wenn Guerillataktiken genutzt wurden, so von den Buren im Krieg gegen Großbritannien und von den Nama in Namibia 1904–1908, wurden unverhältnismäßig große Truppenkontingente nötig und Kompromisse ausgehandelt. Dampfschifffahrt und Telegraphie steigerten überdies die effektive Organisation des Nachschubs.

Nach der Berliner Afrika-Konferenz 1884/85 wurde den Mächten freie Hand in ihren Interessengebieten zugesichert, so dass sich anstelle der Durchdringung mithilfe des Freihandels das Konzept direkter territorialer Kontrolle durchsetzte. Leopold II. von Belgien, dessen »Freistaat Kongo« zur zentralafrikanischen Freihandelszone gehörte, setzte sich gegen das Prinzip ohne Weiteres durch.

---

2 Bley, Helmut, »Kolonialherrschaft und Sozialstruktur in Deutsch-Südwestafrika 1894–1914«, Hamburg 1968, englische Übersetzung London 1971, 2., ergänzte Auflage Hamburg und Windhoek 1996, Kapitel I, S. 18–61; Krüger, Gesine, »Kriegsbewältigung und Geschichtsbewusstsein: Realität, Deutung und Verarbeitung der deutschen Kolonialkriege in Namibia 1904–1907«, Göttingen 1999.

Geschichte 25 – Das Reich von Samory und Frankreichs Eroberung

Der Eroberung des Reiches von Touré Samory durch Frankreich gingen Jahrzehnte des Aufbaus eines Reiches voraus, das im Westen an Futa Jalon grenzte und über vierhundert Kilometer nach Osten reichte. Der Oberlauf des Niger durchfloss große Teile des Gebietes. Das linke Ufer bildete die Grenze bis kurz vor Bamako im heutigen Mali.

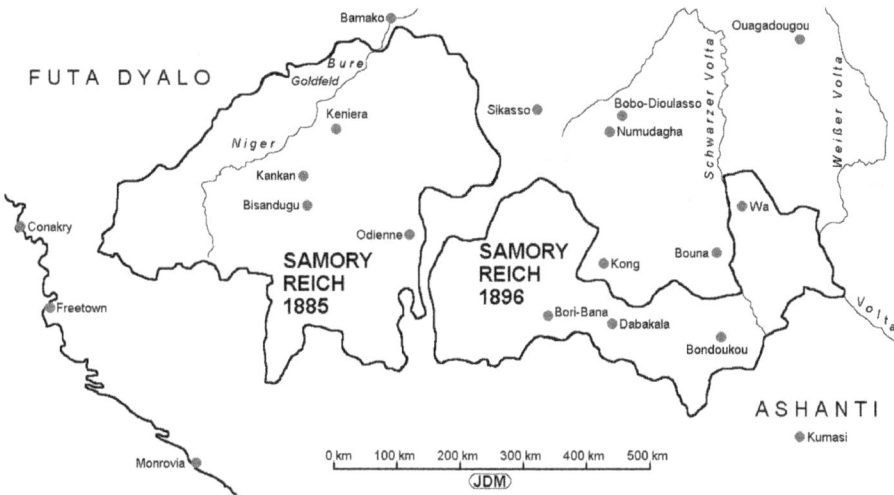

Karte 19: Die beiden Herrschaftsgebiete von Samory im Westen und Osten.

Die Reichsbildung Samorys begann in der Mitte des 19. Jahrhunderts und war beeinflusst von den Staatsbildungen der islamischen Revolution am Beginn dieses Jahrhunderts. In der Phase der europäischen Expansion in den 1880er Jahren kreuzten sich seine Aktionen mit den Zielen des französischen Vordringens in den Sahel bis nach Bamako. Da er sich zeitweilig auch in Freetown in Liberia aufhielt, um sich Waffen und Munition zu beschaffen, bewegte er sich auch in einem Interessengebiet Großbritanniens.

Die Reichsgründung von Samory
Samory gehörte zur Familie der Touré, die Händler und Weber waren. Sie engagierten sich im Kolanusshandel mit dem Sahel und bildeten die wohlhabendste und bevölkerungsreichste Gruppe der Dyula[3]. Sie siedelten in einer Savannenenklave des Hochlan-

---

3 Katja Werthmann behandelt sowohl die Dyula als auch die Coulibaly unter dem Aspekt, dass ihre Formierung bereits in der vorkolonialen Zeit stattfand, es sich aber eher um sozioprofessionelle Zuschreibungen handelte. Der Begriff Dyula war eng mit dem Status des Händlers verbunden, der der

des von Guinea an der Wasserscheide der Flüsse, die zum Niger flossen. Dort war es – wie im Sahel – möglich, Pferde zu halten und damit eine erhöhte Mobilität zu entwickeln. Ihre Organisation war von Chiefdoms bestimmt, die sich im Übergang zu Kleinstaaten befanden. Die Dyula und mit ihnen die Touré gehörten zu jenen Gruppen, die sich nicht an den Jihad-Bewegungen beteiligt hatten, weil sie aufgrund ihrer weiten Handelsverbindungen ein gutes Auskommen besaßen. Die Dyula und auch die Touré hatten auf ihren Handelsreisen die Entstehung des islamischen Fulani-Staates Masina als Folge des Jihad 1818[4] zur Kenntnis genommen, was ihre Tendenzen zur Staatsbildung verstärkte. Obwohl die Dyula mit dem Staat der Fulani-Nomaden wenig gemein hatten, erkannten sie die Risiken, die von der islamischen Revolution und der Verbreitung der Feuerwaffen ausgingen. Sie waren finanziell und durch die Vorstufe von Kleinstaaten vorbereitet und strategisch wegen ihrer berittenen Einheiten mobil genug, um den Herausforderungen gewachsen zu sein. Katalysator für das, was Yves Person die »Dyula Revolution« genannt hat[5], wurden die Entwicklungen in der großen Marktstadt Kankan, die Person als eine Metropole bezeichnet hat. Sie lag nördlich des Siedlungsgebietes der Dyula.

In Kankan hatte ein Marabut, Mori-Ulé Sisé aus einer islamischen Minderheit der Malinke in Futa Jalon, die Macht in der Stadt ergriffen und eine starke Armee aufgebaut. Auch er war von den militärischen Erfolgen der Jihad-Bewegungen beeindruckt worden. Er wurde unmittelbar eine Gefahr für die Dyula, als er begann, die Zwangsislamisierung in Angriff zu nehmen. Seine Söhne wichen von diesem Vorhaben ab, zwangen aber die von ihnen unterworfenen Dörfer und Orte zu erheblichen Steuerzahlungen. Von diesen Vorgängen wurde Samory unmittelbar betroffen, weil seine Mutter, wahrscheinlich 1853, von den Sisé gekidnappt worden war. Um ihren Zustand zu überwachen, verdingte er sich bei den Sisé als Krieger, lebte dort fünf Jahre und erlernte deren Kriegstechnik. Als eine der von den Sisé unterworfenen Gruppen, selbst islamisch, wirksamen Widerstand gegen sie leistete, wurde dies für Samory zum Vorbild. Nach einem Zwischenaufenthalt bei dieser Gruppe kehrte er zu seiner weiteren Familie zurück. Sie hatte sich inzwischen durch eine Heirat mit der Gesellschaft der Konya verbunden, sich deshalb vom islamischen Glauben wieder abgewandt und war zum Animismus zurückgekehrt.

Samory galt als fähiger Krieger und hatte sich als Händler ausgezeichnet. In dieser Zeit diskutierten die Dyula in »Palavern« 1861 und 1862 ihre Strategie. Samory nahm daran teil. Er wurde aufgrund seiner Erfahrungen zum Kommandeur der Truppe (»Kèlètiki«) ernannt, der das Recht hatte, die Krieger zu mobilisieren. Er bekam außerdem die Mittel, um eine kleine permanente Truppe aufzubauen, die von Freunden,

---

Coulibaly mit dem Status der Krieger. In den Orten wohnten sie in bestimmten Stadtteilen. Werthmann, »Wer sind die Dyula?«.

4 Siehe Kapitel 1.6 »Jihads und islamische Staatenbildungen im 18. und 19. Jahrhundert«, S. 36.

5 Person, Yves, »Guinea-Samory«, in: Crowder, Michael (Hrsg.), »West African Resistance: The Military Response to Colonial Occupation«, New York 1970, S. 116 ff.

Verwandten und Söldnern, die ihm persönlich verbunden waren, gebildet wurde[6]. Sein Ansehen und seine Macht wuchsen. Bei Spannungen in seiner Gesellschaft zeichnete ihn sein Talent aus, Kampfhandlungen zu vermeiden. Außerdem konnte er Kräfteverhältnisse sehr gut einschätzen. Zeitweilig zog er sich bis zu drei Jahre in die Wälder zurück, um die Entwicklungen abzuwarten. Er setzte sich in den 1870er Jahren durch und ergriff die Macht. Dabei war hilfreich, dass seine Truppe sehr diszipliniert war. Er wandte sich von den Konya ab, kooperierte mit den Sisé und unterstützte sie bei Eroberungen, bis sie sich in einen großen Krieg verwickelten. Dann schlug er zu.

Nach Persons Urteil organisierte er nun seine eigene Revolution. Er verbündete sich mit den muslimischen Händlern der großen Marktstadt Kankan, die die Blockade der Handelswege durch die animistischen Chiefs durchbrechen wollten. Er erweiterte seine Handelsbeziehungen zu einem weiträumigen Einflussgebiet. Zwischen 1875 und 1879 arrondierte er sein Territorium von der Grenze zu Futa Jalon bis zu den Goldfeldern von Buré, die er unter seine Kontrolle brachte. Dadurch standen ihm die Mittel zur Verfügung, eine große Armee auszurüsten. Er errichtete das größte Reich in der Geschichte der Malinke. Diese Staatsbildung fand nach vorkolonialem Muster statt, war aber von der verstärkten Verbreitung der Feuerwaffen beeinflusst. Außerdem war eine gesteigerte Nachfrage vieler Chiefs und Priester nach Importwaren aus Europa entstanden, die die Händler bedienten.

Hauptinstrument war Samorys Armee, die zunächst der von Sisé nachgebildet war. Neben der Gruppe der eng Vertrauten erweiterte er die Armee auch mit Kriegern, die er gefangen genommen hatte und denen er die Freiheit versprach. Als Gegenleistung verlangte er ihre Unterordnung unter sein Kommando. Außerdem rekrutierte er junge Männer, die ihm ihre von ihm eroberten Gebiete als Zeichen der Unterwerfung überließen. In einer Zeremonie nahmen sie ein Getränk aus Mehl und saurer Milch zu sich. Er rekrutierte aber ebenso Krieger auf Zeit, vor allem aus den Kreisen der Dyula, darunter auch Handwerker. Schmiede reparierten die Gewehre und bauten sie nach. Auch die Munition wurde von ihnen hergestellt. Das Geschirr für die Pferde fertigten die Lederarbeiter. Bauhandwerker errichteten die befestigten Plätze.

Auf diese Weise wurde die Armee professionalisiert. Person nennt sie eine »Dyula-Armee« und geht von einer relativ großen Homogenität aus. Diese Armee setzte sich in ihren Einheiten nicht mehr aus Männern eines Dorfes zusammen, sondern wurde nach einheitlichen Standards in Einheiten zusammengefasst. Sie gingen nach einer Schlacht auch nicht mehr in ihre Dörfer zurück[7]. Die grundlegende Loyalität galt den Kommandeuren, den »Kèlètiki«, und letztlich dem Almamy Samory selbst. Die Armee bestand im Wesentlichen aus Infanteristen. Die militärische Tradition in der Region verlangte, dass Chiefs beritten waren. In den ersten Jahren war die Kavallerie noch bedeutend und trug zu Siegen bei, so bei der Belagerung von Kankan. Später folgte Samory dem

---

6 Ebd., S. 120 f.
7 Für die Armeeorganisation ebd., S. 119–122.

Modell der französischen Armee mit der Schlüsselstellung der Infanterie. Sie bestand aus 35.000–50.000 Infanteristen, die sämtlich mit Gewehren, auch neueren Typs, ausgerüstet waren, die aus Sierra Leone bezogen wurden. Nach Experimenten entschied sich Samory für relativ leichte, schnell feuernde Gewehre. Hiervon konnte er aber keine großen Mengen beschaffen. Die Kavallerie bestand aus 3.000 Reitern zuzüglich der Pfleger ihrer Pferde. Sie genossen ein besonderes Ansehen. Samory suchte im Laufe der Zeit für sein großes Territorium ein einigendes Prinzip und übernahm unter dem Einfluss der Muslime in Kankan erneut den islamischen Glauben. Er gab seinen alten animistischen Titel auf und erklärte sich 1884 zum »Almamy«[8]. Zwischen 1886 und 1887 führte er schrittweise eine theokratische Herrschaft ein.

Die wachsende Konfrontation durch das französische Militär

Die Reichsgründung von Samory war noch nicht von den Militäraktionen der Franzosen beeinflusst. Sie bedeutete noch keinen Widerstand gegen die französische militärische Penetration, wie der Titel des Buches von Crowder suggeriert[9]. Aber die französische Militärpräsenz muss Samory bekannt gewesen sein, weil sich Umar Tal[10] in den frühen 1860er Jahren veranlasst gesehen hatte, durch Rückzug vom Einflussgebiet der Franzosen am Senegal Konflikte mit ihnen zu vermeiden. Es wurde notwendig, die militärische Macht dieses neuen Akteurs zu beachten, ohne dass die Konsequenz erkennbar war, dass hinter dem Vorrücken des französischen Militärs eine kolonialistische Strategie stand.

Abb. 45: Almamy Samory Touré.

Seit 1881 stieg der französische militärische Druck und steigerte sich bis 1888[11]. In diesen Jahren gab es keinen Zivilgouverneur in Westafrika, sondern die französischen Offiziere handelten in der Region des westlichen Sudan autonom. Paris erfuhr immer erst nachträglich von den Ereignissen und billigte dann die Ergebnisse. Das französische Marinekorps, das für die Expansion zuständig war, orientierte sich bei seinem Vormarsch am Lauf des Niger. Die Korpsmitglieder hatten sich bei ihrem Vorhaben, die Weiten der Savanne zu durchdringen, von der Versorgung durch Frankreich und Senegal weitgehend abgekoppelt. Sie wurden von Gruppen afrikanischer Familien und deren Viehherden begleitet, außerdem von Gefangenen. Sie bewegten sich so weit nach Osten, dass der Tschad-See in Sicht kam. Der Marsch der ersten Kolonne fand von 1881–1883 statt. Er zielte nicht auf Samory, der kaum bekannt war.

1882 kam es zu einem ersten Kontakt. Die Franzosen waren auf dem Vormarsch nach Bamako, als ein französischer Leutnant Samory aufsuchte und ihn aufforderte, sich von der großen Marktstadt Kényéran fernzuhalten. Samory lehnte das Ansinnen ab, weil sich in der Stadt viele Flüchtlinge aus Kankan aufhielten, das er belagert und erobert hatte. Außerdem versperrten ihm die Truppen der Stadt den Durchmarsch zu den Mandinge und Bambara. Die Franzosen schickten eine leichte Kolonne, um Kényéran zu entsetzen. Größerer Truppeneinsatz war nicht möglich, weil im Senegal eine Gelbfieberepidemie ausgebrochen war und keine Verstärkung geschickt werden konnte. Die kleine Kolonne überraschte Samory in der Stadt. Er konnte sich aber zurückziehen und betrachtete dies als Sieg über die Franzosen. Es kam zu einem Wettlauf auf Bamako, den sein Bruder mit der Nordarmee verlor, da die Franzosen schneller waren und in Bamako ein großes Fort errichteten.

Samory hatte bei dem Zwischenfall die enorme Feuerkraft der Franzosen in zwei Gefechten zur Kenntnis nehmen müssen. Deshalb operierte er seitdem sehr vorsichtig. Als sich aber die Franzosen den Goldfeldern von Buré näherten, musste er reagieren. Ihm gelang es, die Franzosen, die sich in der Regenzeit in zwei Forts zurückgezogen hatten, sehr zu bedrängen. Mit ihrer Feuerkraft konnten sie sich behaupten und Samory verlor neunhundert Mann sowie seinen Bruder, den Kommandeur der Nordarmee. Nach diesen Kämpfen machte sich im französischen Militär und in Paris eine Stimmung breit, diesen Teil des Sudan aufzugeben, zumal im oberen Senegal Aufstände gegen die Franzosen ausgebrochen waren.

Das Ergebnis war ein Friedensvertrag, in dem Samory die Goldfelder behauptete. Sein ältester Sohn, siebzehn oder achtzehn Jahre alt, begleitete französische Offiziere nach Paris. Er traf dort den Staatspräsidenten und den einflussreichen General Boulanger und war beeindruckt von der Größe der französischen Armee. Er kam aber unverrichteter Dinge nach Guinea zurück, weil in Paris der Friedensvertrag abgelehnt wurde. Die Konfrontation nahm weiter ihren Gang. Samory versuchte mit wechseln-

---

11 Person, »Guinea-Samory«, S. 126–133.

dem Erfolg ein weiteres Gebiet an sich zu reißen, erlitt aber wieder erhebliche Verluste. Französische Offiziere, die ihn aufsuchten, erhielten den Eindruck, dass seine Truppen sehr reduziert und seine Vorräte in der Regenzeit 1888 weitgehend erschöpft seien. Samorys Prestige war geschwächt, seine Bevölkerung wegen der Lasten des Krieges unruhig. Auch seine religiöse Intoleranz schuf erhebliche Unzufriedenheit. Eine Vielzahl von Aufständen erschütterte sein Reich. Ausnahme blieb die Kernzone, einschließlich der Stadt Kankan.

Auch die Franzosen trugen zu dieser Krise bei, weil es ihnen gelang, verschiedene ethnische Gruppen gegen ihn zu mobilisieren. Die Franzosen standen inzwischen unter der politischen Führung des Militärs Gallieni. Er hielt eine starke politische und militärische afrikanische Kraft, wie Samory sie darstellte, für nicht vereinbar mit den kolonialpolitischen Plänen, so dass er beschloss, ihn auszuschalten. Samory sah sich vor die Alternative gestellt, sich entweder den Franzosen zu unterwerfen oder eine letzte große Auseinandersetzung zu wagen. Er entschied sich für den Konflikt und bereitete sich darauf vor.

Zunächst musste er aber die umfassenden Rebellionen in seinem Reich niederkämpfen. Danach entschloss er sich, seine Herrschaft nach Osten zu verlagern. Schon in den Kämpfen mit den Rebellen waren weite Teile seines Reiches verwüstet worden. 1895 beschloss er den Rückzug. Über 100.000 Bauern und Hirten wurden gezwungen, ihr Land aufzugeben und mit ihm nach Osten zu ziehen. Er betrieb beim Rückzug eine Politik der verbrannten Erde, um das Nachrücken der Franzosen zu erschweren, und brachte damit großes Elend über seine Leute, unter denen es viele Todesopfer gab. Seine Armee umfasste immer noch 10.000 Infanteristen und 2.000 Reiter. Während Samory jeden Kontakt mit Franzosen und überhaupt mit Weißen zu vermeiden suchte, brachten seine Verbündeten den französischen Truppen 1897 eine Niederlage bei und verübten ein Massaker an ihnen. Dies führte zum französischen Entschluss, ihn endgültig zu entmachten. Er verlor 1898 sein stärkstes Fort an die Franzosen. Dann konzentrierte er seine Armee und wieder 100.000 seiner Leute auf einer Ebene zu einer letzten Kampfposition. Dort errang er mit 12.000 Mann, davon 2.000 Berittene, und 4.000 Gewehren einen letzten militärischen Sieg. Als er sich danach mitten in der Regenzeit in die Wälder zurückzog, fiel die Armee dem Hunger zum Opfer und löste sich über Nacht auf. Das Ende kam überraschend, weil Samory, umgeben von einer kleinen Gruppe von Kriegern, von einer kleinen französischen Kolonne entdeckt und gefangen genommen wurde. Er wurde 1899 auf einer Flussinsel interniert, wo er 1900 starb[12].

---

12 Ebd., »The Great Confrontation« und »The Years of Reprieve«, S. 133–141.

2 Der Krieg Großbritanniens gegen die Südafrikanische Burenrepublik 1899–1902

Der Krieg in Südafrika an der Jahrhundertwende ist von exemplarischer Bedeutung und charakteristisch für das 20. Jahrhundert[13]. Das gilt für die Ursachen und die Größenordnung des Krieges. Viele Afrikaner wurden durch Zwang, als Hilfstruppen mitzuwirken, in ihn hineingezogen, viele meldeten sich auch freiwillig, weil sie die Herrschaft der Buren fürchteten. Die britische Antiguerillataktik der verbrannten Erde traf nicht nur die burischen Farmer, die durch sie »poor Whites« wurden, sondern auch Afrikaner, die wie die Farmer in Konzentrationslager[14] kamen.

Der Krieg hatte eine Vorgeschichte. Die Diamantenfunde 1868 veränderten den Agrarstaat der Kapkolonie. Er erhielt Finanzmittel, die den Eisenbahnbau und eine verstärkte Kommerzialisierung der Landwirtschaft ermöglichten. Die Finanzkraft erlaubte dem Premierminister der Kapkolonie, Cecil Rhodes, als Besitzer der Diamanten zu expandieren. Als Erstes wurde Griqualand West annektiert. Bereits 1877 versuchte die Kapkolonie, die Goldfelder durch Annexion zu kontrollieren. Die britische Regierung nutzte den Druck des afrikanischen Königreiches der Pedi auf die Republik der Buren in Transvaal und besiegte die Pedi mit Unterstützung des Königreiches der Swasi. Selbst die burischen Siedler duldeten unter diesen Umständen die britische Annexion. Großbritannien zog sich zunächst wieder zurück. Das Signal, die Burenrepubliken zu erobern, war aber dadurch gegeben.

Zunächst eroberte Cecil Rhodes, im Besitz einer Charta der »South African Company« für die Expansion, 1890 die Monarchie der Ndebele unter König Lobengula, der vergeblich Queen Victoria um Hilfe gegen die Aggression bat. Rhodes hatte auf weitere Goldfelder in Südrhodesien (Simbabwe) gehofft, was sich nicht erfüllte. 1896/97 wehrten sich die Shona in Simbabwe, die der Feudalherrschaft der Ndebele durch Rhodes' Sieg über die Ndebele entronnen waren, gegen die britische Kolonialherrschaft in einem langen Aufstand[15]. Nach deren Niederlage entwickelte sich Südrhodesien zur Siedlungskolonie für Europäer, umgeben von einer starken afrikanischen bäuerlichen Gesellschaft.

Rhodes inspirierte dann, ebenfalls 1896, seinen Mitarbeiter Jameson zu einem Putsch gegen die Regierung der burischen Republik Südafrika unter dem Vorwand, den vielen zugewanderten »Ausländern«, den Bergarbeitern und Geschäftsleuten, Stimmrecht zu verschaffen und damit ihnen die Macht zu übertragen. Der Putsch-

---

13 Warwick, »Black People«: Analysen zum Schicksal und der Beteiligung von Afrikanern im Krieg. Die knappe Einleitung ist eine glänzende Zusammenfassung der Kriegsursachen und des Kriegsverlaufes. Walker, Eric, »A History of Southern Africa«, 3. Auflage, London 1962.
14 Ebd.
15 Ranger, »Revolt«. Seine These, dass die Spirit Mediums eine koordinierende Rolle im Krieg hatten, wurde bezweifelt: Beach, D. N., »Chimurenga: The Shona Rising of 1896–97«, in: The Journal of African History, Bd. 20, Nr. 3, 1979, S. 395–420.

versuch scheiterte am entschlossenen militärischen Widerstand, den Ohm Kruger als Staatsoberhaupt organisierte. Cecil Rhodes musste sein Amt als Premierminister der Kapkolonie aufgeben. Die Burenrepublik hatte damit die Hegemonie der bäuerlichen Agrargesellschaft behauptet und sich dem Industrialisierungsdruck des Finanzkapitals verweigert.

Wegen der drohenden Gefahr einer Übernahme Transvaals durch Großbritannien entschied sich Präsident Ohm Kruger 1899, der Expansion mittels eines Präventivkriegs zuvorzukommen. Nach ersten burischen Erfolgen und der Belagerung von wichtigen britischen Stützpunkten entschied sich London, im großen Stil zurückzuschlagen. Die Goldfunde waren eine Grundlage für das internationale Finanzsystem. London stieg zum wichtigsten Finanzzentrum der Welt auf. Deshalb wurde der Krieg von liberalen Kritikern wie Hobson und nach ihm Lenin als Prototyp finanzkapitalistischer Herrschaft betrachtet, in der sich die Zukunft der ökonomischen Struktur für Europa und die USA abzeichnen würde.

In einem überraschend langen Krieg wurden insgesamt 448.000 Soldaten eingesetzt[16], die auch in Indien und Australien rekrutiert wurden. Der Krieg verlief in drei Phasen. Zunächst dominierten die Offensiven der Burengeneräle, bis der britische Einsatz organisiert war. In dieser Phase[17] beteiligten sich afrikanische Kräfte an der Verteidigung der belagerten Städte. Den Buren gelang es bei der Besetzung von Teilen von Natal, durch starke Steuerermäßigungen afrikanische Gruppen auf ihre Seite zu ziehen. Von Botswana aus beteiligten sich Regimente des Könighauses und des Adels am Krieg im Umfeld von Kimberley aufseiten der Briten, in der Erwartung, das Land und Vieh wieder zurückzubekommen, das die Buren ihnen abgenommen hatten. Ähnlich hoffte der König von Lesotho, im Bündnis mit der britischen Armee sein an die Buren verlorenes Land zurückzuholen. Könige und Adelsgruppen versuchten, Vorteile aus dem Krieg der Weißen zu ziehen. So hofften Adelsgruppen in Natal, die von Shaka Zulu unterworfen worden waren, auf eine Restauration ihrer Macht unter der burischen Besetzung in Natal. Die »Coloured Community« der Kapkolonie war am Sieg der Briten interessiert, weil sie hoffte, ihr indirektes Wahlrecht verbessern zu können und vor den burischen Herrschaftspraktiken geschützt zu sein. Im Laufe des Jahres 1900 wurden alle wichtigen Städte der Südafrikanischen Republik und des Oranje-Freistaates besetzt.

Für Großbritannien schien der Sieg errungen, aber die Burengeneräle gingen zum Guerillakrieg mit »Kommandos« über, der sich auf die Agrarökonomie der Kapkolonie verheerend auswirkte. Deshalb ging die britische Armee unter dem Chef des Stabes Kitchener, der zum Oberkommandanten aufgestiegen war, ab 1900 zum

---

16 Warwick, »Black People«, S. 3.
17 Die Beteiligung von Afrikanern wurde geleugnet, weil es ein Krieg zwischen den Weißen sei. Es ist eine kolonialistische Legende, die Warwick überzeugend widerlegt hat, weil die afrikanische Gesellschaft in den verschiedenen Regionen in den Krieg gezogen worden ist.

»Krieg der verbrannten Erde« über, um der ländlichen Gesellschaft der Buren die Existenzgrundlage zu entziehen. Frauen und Kinder sowie Afrikaner, die sich nicht am Krieg der Weißen gegeneinander beteiligen wollten, wurden in Konzentrationslager gepfercht, wobei vor allem viele Kinder umkamen. Am 31. Mai 1902 kapitulierten die burischen Generäle. Ohm Kruger floh in die Schweiz und der Frieden wurde in Vereeniging abgeschlossen.

Betrachtet man das Schicksal der afrikanischen Bevölkerung vor und während des Krieges, zeichnet sich ein düsteres Bild ab, das darauf verweist, dass es sich trotz der Goldfelder in Johannesburg immer noch um eine sehr verwundbare Agrarwelt handelte. Der Krieg brach in einer Phase aus, in der die afrikanischen Hirtengesellschaften schwer getroffen worden waren. Bis zu 90 % ihrer Viehbestände waren nach Ausbruch der Rinderpest vernichtet worden. Hunger war die Folge. Außerdem zwang der Krieg Hunderttausende von Wanderarbeitern dazu, ihre Arbeitsplätze in den Kampfgebieten aufzugeben, um in ihre Heimatregionen auszuweichen. Sie brachten kein Geld mit und die jungen Männer konnten keine Brautpreise mehr erwirtschaften. Die Anschaffung von Pflügen und Gewehren wurde unmöglich. Dies erklärt, dass die verunsicherte bäuerliche Welt und die Vielzahl der Wanderarbeiter völlig auf Existenzsicherung in ihren Ursprungsgebieten angewiesen waren. Für sie reihte sich der Krieg in die Krisenjahre des 19. Jahrhunderts ein, einschließlich der Auswirkungen des Mfecane. Sie suchten sowohl Hilfe in den von Buren zeitweise besetzten Gebieten als auch bei der britischen Armee. Alle afrikanischen Gruppen wurden enttäuscht. Wegen der internationalen Kritik am britischen Krieg gegen die Buren standen der Friedensschluss und die anschließende Vereinigung aller Regionen Südafrikas in eine Union 1910[18] im Zeichen des Ausgleiches mit der besiegten burischen Elite. Sie behielt ihre Ländereien und erwarb große Autonomierechte. Sie hielt auf der Basis eines erstarkten burischen oder, in Selbstbezeichnung, »Afrikaaner«-Nationalismus an den Konzepten der Rassentrennung fest und weitete sie für die ganze Republik aus. Dabei berücksichtigte man die Interessen der britisch dominierten Minenindustrie und Großlandwirtschaft. Die Diskriminierung der afrikanischen Arbeiter wurde verschärft[19]. Der ehemalige Burengeneral Smuts, der im Ersten Weltkrieg dem britischen Kriegskabinett angehörte und Premier der Südafrikanischen Union nach dem Ersten Weltkrieg wurde, stellte sich auf die Seite des britischen Großkapitals. 1922 ließ er die »Rand Revolt« der weißen Arbeiterschaft mit Maschinengewehren niederschlagen, als sie die Zulassung afrikanischer Arbeiter als Facharbeiter zu verhindern suchte. Die weißen Arbeiter wurden dabei von der kommunistischen Partei Südafrikas unterstützt[20].

---

18 Die drei Königreiche Botswana, Swasiland und Lesotho blieben britische Protektorate.
19 Vatcher Jr., »White Laager«.
20 Simons, Jack; Simons, Ray, »Class and Colour in South Africa 1850–1950«, London 1983.

Die Reaktion des »Afrikaaner«-Nationalismus blieb nicht aus. Nach der Krise der burischen Landwirtschaft als Kriegsfolge drängten viele verarmte Buren als ungelernte Arbeiter in die Städte. Es gelang unter Führung des Afrikaaner-Nationalisten, Premier Hertzog, die Interessen der meist englischsprachigen weißen Facharbeiter mit denen der aus dem Land in die Städte gezogenen ungelernten burischen Arbeiter, den »poor Whites«, in einer Koalition gegen den Aufstieg der afrikanischen Arbeiter zusammenzuschließen. Die systematische Diskriminierung nichtweißer Arbeiter wurde zementiert. Eine nationalistische Kulturrevolution der Afrikaaner im Kulturbund und anderen Organisationen verfestigte deren Hegemonie. Nach Ende des Zweiten Weltkrieges wurde Smuts abgewählt. Mit dem Wahlsieg der burischen Nationalpartei 1948 wurde die ›Große Apartheid‹ durchgesetzt.

3 Deutsche Kolonialkriege 1888–1907

Die drei großen Kolonialkriege des Deutschen Reiches[21] unterschieden sich von den britischen und französischen Eroberungen. Eroberungskriege fanden in Ostafrika 1888/89 gegen den Aufstand der Küstenbevölkerung[22] und 1896 gegen das Königreich der Hehe statt. 1892–1894 wurde Krieg gegen Hendrik Witbooi geführt, der die deutsche Forderung, sich einem Schutzvertrag zu unterwerfen, mit Anspruch auf seine Souveränität zurückwies und militärischen Widerstand leistete. Die großen Kolonialkriege fanden 1904–1907 nach zwanzig Jahren deutscher Herrschaft statt. Sie waren keine Eroberungskriege wie die brutalen Improvisationen einer gewaltbereiten privaten Kolonialgesellschaft. Mit riesigen Opfern innerhalb der afrikanischen Bevölkerung wurden Protestbewegungen der Bauern im Süden von Tansania in einem Drittel der Kolonie niedergekämpft. Die Proteste richteten sich gegen den Zwangsanbau von Baumwolle, der die Nahrungssicherheit bedrohte. Die deutsche Kolonialverwaltung hatte den Anbau forciert, um 1 % der Welternte zu erreichen, mit dem Ziel, die Ware auf den Markt zu werfen, um die amerikanischen Baumwollpreise zu senken. Die von den Deutschen eingesetzten afrikanischen Aufseher wurden wegen ihres Machtmissbrauches abgelehnt. Das Hirtenvolk der Herero in Südwestafrika (Namibia) entschied sich für den Aufstand, um die permanenten Verluste an Weideland, die ständigen Beschlagnahmen von Vieh und das rigorose Eintreiben von Schulden zu beenden. Sie wollten durch den Aufstand die Aushandlung neuer Bedingungen erreichen. Sexuelle Übergriffe von Siedlern und Soldaten an Frauen der königlichen Klans hatten ohnehin die Führungsschicht der Herero empört, weil die rassistisch geprägte Justiz die Täter verschonte. Die afrikanischen Opferzahlen dieser

21 Bley, Helmut, »Deutsche Kolonialkriege 1904–1908«, in: Grumblies, Florian; Weise, Anton, »Unterdrückung und Emanzipation in der Weltgeschichte«, Hannover 2014, S. 150–164.
22 Siehe Geschichte 12 »Swahili-Identität«, S. 140.

Kriege waren riesig. In Ostafrika kamen um die 300.000 Menschen durch die kriegs-
bedingten Folgen von Hunger und Seuchen um. In Südwestafrika führte der auf Vernichtung angelegte Feldzug dazu, dass von geschätzt 60.000–80.000 Herero 16.000
überlebten und 2.000 durch die Wüste nach Bechuanaland flüchteten. Es war ein in-
tendierter Völkermord, der vollendet wurde, indem in den Gefangenenlagern, die
nach britischem Muster als »Konzentrationslager« bezeichnet wurden, 45–50 % der
Insassen durch Vernachlässigung umkamen.

Generalstabschef von Schlieffen hatte die Vernichtungsstrategie unterstützt, aber
festgestellt, dass dazu die Truppen nicht ausreichten. Zwar übte Reichskanzler von
Bülow Kritik am Vorgehen des Generalleutnants von Trotha: Seine Vernichtungspolitik
verstoße »gegen alle Regeln der Menschlichkeit und des Christentums«. Er konnte jedoch die Folgen nach zähen Verhandlungen mit dem Militär nur insofern mildern, als
die flüchtigen, von deutschen Militärpatrouillen gefangenen Herero den Missionsstationen übergeben wurden.[23] Die Reichsregierung beschloss trotz der Reformrhetorik
des neu ins Amt des Kolonialstaatssekretärs eingesetzten Bankiers Dernburg, die rigorosen »Eingeborenenverordnungen« von 1908. Durch sie wurde das gesamte Land und
Vieh der Herero enteignet und ihnen die Viehzucht untersagt. Sie wurden zwangsumgesiedelt und die soziale Organisation der Chiefs wurde verboten. Mehr als zehn Familien war das Zusammenleben verboten. Sie wurden der Zwangsarbeit unterworfen,
die auch für zehnjährige Kinder galt. Es fand sich zwar im Deutschen Reichstag
eine Mehrheit aus SPD, Zentrum und Liberalen (der künftigen Weimarer Konstellation nach 1919), um die Beschlagnahme von Land und Vieh zurückzunehmen. Die Resolution wurde von der Reichsregierung aber übergangen.

Es war ein von Bürokraten vollendeter Genozid, weil zusätzlich zu den hohen
intendierten Menschenverlusten die ökonomische, soziale und kulturelle Basis der
Herero zerstört wurde. Es kommt einem Wunder gleich, dass die Herero in einem
mühsamen Prozess ihre soziale und kulturelle Identität bewahrt und wieder gestärkt
haben[24]. Die Herero pflegten heimlich die Gräber ihrer Vorfahren, die auf dem Gelände der deutschen Farmen im Hereroland lagen. Entdeckten das Farmer, kam es
auch zu Mord und Totschlag, wie Prozesse 1913 zeigten. Nach der südafrikanischen
Besetzung des Landes überführten die Herero 1923 feierlich ihren König Samuel Maharero, der in Bechuanaland gestorben war, zu den Gräbern seiner Vorväter. Aus diesem Ereignis entstand der »Hererotag«, an dem sich die Herero seitdem regelmäßig
versammeln. Die deutsche Kolonialpolitik veränderte als Reaktion auf den Maji-Maji-
Krieg in Ostafrika die Politik gegenüber Bauern. Sie sollten ermutigt werden, Kolonialwaren zu exportieren. Dieses Konzept blieb für die Siedlungskolonie Südwestafrika
ausgeschlossen.

---

23 Bley, »Kolonialherrschaft«, Abschnitt »Das Eigengewicht des Krieges«. Zitat von Bülow S. 203.
24 Krüger, »Kriegsbewältigung«. Zur Diskussion über den Genozid siehe Exkurs, S. 315.

Bei der Konzentration auf die großen Kriege gerät zu sehr in den Hintergrund, dass der Prozess der Unterwerfung und die Disziplinierung von Chiefs im Interesse der Beschaffung von Arbeitskräften sehr oft militärische Interventionen zur Folge hatten. Sie fanden in großer Zahl als Strafexpeditionen des Militärs statt[25,26] und wurden in der Regel auch von afrikanischen Polizeisoldaten oder den Kriegern rivalisierender Chiefs begleitet. Das galt in der Anfangszeit der Kolonialherrschaft ebenso bei Eingriffen der Kolonialbürokratien und ihres Militärs in die vorkoloniale Struktur und Praxis von Tributsystemen, der Fortsetzung der Sklavenjagden oder der Austragung von Rivalitäten unter verschiedenen vorkolonialen Staaten bei ihren Versuchen, Handelsmonopole mit Gewalt durchzusetzen. Dies hatte ebenfalls kolonialpolitische und militärische Aktionen zur Folge.

In Kamerun kam es während der gesamten Kolonialperiode zu bewaffneten Auseinandersetzungen mit Teilen der Duala. Militärische Eroberungen erfolgten im Grasland im Königreich Bamum und im Sultanat Adamau. Letzteres wurde zwischen Großbritannien und dem Deutschen Reich nach gemeinsamem Kampf aufgeteilt. Die deutsche Verwaltung richtete nach dem Vorbild Großbritanniens im Sultanat Sokoto für die größeren Königreiche und Sultanate nur Residenturen ein und ließ die Herrschaftsstruktur unberührt. Sie verbot sogar die christliche Mission in diesen Gebieten, um Stabilität zu erreichen. Das Konzept einer neuzeitlichen Landfriedenspolitik mit einem staatlichen Gewaltmonopol führte immer wieder zu militärischen Interventionen. Menschenverachtung und Missachtung der Würde sogar der afrikanischen Hilfstruppen und Polizeisoldaten zogen Meutereien nach sich. Die Polizeisoldaten wehrten sich mit einem Aufstand. Sogar die in Dahomey von den Deutschen aufgekauften Sklaven, aus denen eine militärische Einheit gebildet worden war, rebellierten und besetzten das Gouvernementsgebäude[27]. Gegen sie wurde mit rigoroser Gewalt vorgegangen, in völliger Unkenntnis über den Status von Sklaven im Militär des vorkolonialen Westafrika. Die Kolonialpolitik in Kamerun wurde als erste der parlamentarischen Kritik im

25 Hausen, Karin, »Deutsche Kolonialherrschaft in Afrika: Wirtschaftsinteressen und Kolonialverwaltung in Kamerun vor 1914«, Freiburg 1970, Kapitel 2 »Die Großstaaten des Graslandes«, S. 149–161. In Anmerkung 87, S. 164, zitiert sie aus den Akten der Kolonialverwaltung die Zahl der Getöteten in neun Strafexpeditionen; ergänzende Angaben in den Anmerkungen 88 und 89. Vgl. auch Wirz, Albert, »Vom Sklavenhandel zum kolonialen Handel: Wirtschaftsräume und Wirtschaftsformen in Kamerun vor 1914«, Freiburg 1972, Abschnitt »Eroberung und Verwaltung von Adamau«, S. 165–186.
26 Auch die Aktion Leutweins gegen die Khauas 1894 war eine derartige Strafexpedition.
27 Stoecker, Helmuth, »Kamerun unter deutscher Kolonialherrschaft«, Berlin 1960, S. 71–77, 129 f.; Stoecker, Helmuth (Hrsg.), »German Imperialism in Africa«, Berlin 1986, S. 62–84. Siehe auch Hausen, »Deutsche Kolonialherrschaft« und Wirz, »Vom Sklavenhandel«. Für Togo erschöpfende Analysen: Sebald, Peter, »Togo 1884–1914: Eine Geschichte der deutschen ›Musterkolonie‹ auf der Grundlage amtlicher Quellen«, Berlin (Ost) 1988 und Trotha, Trutz von, »Koloniale Herrschaft: Zur soziologischen Theorie der Staatsentstehung am Beispiel des ›Schutzgebietes Togo‹«, Tübingen 1994.

Reichstag unterzogen, als Erzberger für das Zentrum die Forderungen nach Kolonialreformen stellte. Der krasseste Fall von Missachtung und Gewalt fand statt, als Bell, der König der Duala, an den Deutschen Reichstag eine Eingabe gegen Missstände verfasste und für dieses Faktum zu Beginn des Ersten Weltkrieges am 8. August 1914 hingerichtet wurde.

3.1 Namibia 1884–1893: Hendrik Witboois Verweigerung der deutschen Kolonialherrschaft

Nama-Kaptein Hendrik Witboois Widerstand gegen die deutsche Kolonialeroberung lässt sich aufgrund seiner Tagebücher und der Korrespondenzen aus seiner Sicht rekonstruieren. Sein Versuch, erneut die Orlam-Hegemonie[28] zu errichten, führte zu einem Dauerkonflikt mit den Königen der Herero Tjamuaha Maharero und Samuel Maharero. Hendrik Witbooi wurde zwischen 1824 und 1838 in die Familie der Führungsgruppe der Orlam geboren[29]. Diese Orlam waren zum Teil christlich getauft und hielten Kontakt zu Missionaren. Der Großvater Kido führte die Gruppe in den Jahren um 1855 über den Oranje-Fluss gut 150 Kilometer nördlich in das künftige Namibia. Vorher hatten sie vergeblich versucht, sich den Griqua anzuschließen. Den Ort, an dem sie sich 1863 niederließen, nannten sie Gibeon, nachdem Kido 1868 getauft worden war. Kidos ursprüngliches Ziel war, sich in der Nähe des Herero-Gebietes niederzulassen, das wegen seines Viehreichtums als gelobtes Land erschien.

Nachdem die London Missionary Society (LMS) das Gebiet nördlich des Oranje aufgegeben hatte[30], baten die Witboois auch im Namaland im südlichen Namibia um einen Missionar wie vorher in Pella, nun von der Rheinischen Missionsgesellschaft. Die Rheinische Mission war seit 1842 in Namibia aktiv und sandte den Missionar Olpp, der ein enges Verhältnis zur Familie der Witboois aufbaute und sie bald nach seiner Ankunft taufte. Hendrik Witbooi wurde von Olpp zum Ältesten der Kirchengemeinde ernannt. Aus seiner ausgeprägten Religiosität entwickelte sich ein prophetischer Anspruch, mit dem er gegen den Willen seines Vaters 1884 den Zug mit seinen Leuten nach Norden antrat, um das alte Zielgebiet, das sein Großvater Kido angestrebt hatte, doch noch zu erreichen. Er wollte in die Weidegebiete der Herero vordringen und mit religiösem Auftrag die Orlam-Hegemonie gegen Maharero, den Herero-König in Okahandja, wiederherstellen.

---

28 Für die Ansiedelungsgeschichte der Nama siehe Dedering, »Hate the Old«, S. 63 f.

29 Die unterschiedlichen Aussagen zum möglichen Geburtszeitpunkt diskutierte bereits Schlosser, Katesa, »Propheten in Afrika«, Braunschweig 1949, Abschnitt »Hendrik Witbooi«, S. 335–348.

30 Dedering, »Hate the Old«, Kapitel IV, S. 65 ff. Er verweist auf den Umstand, dass etliche der LMS-Missionare einen deutschen Hintergrund hatten und gegen 1800 nach Südafrika kamen, unter anderem nach Pella. Dies erklärt, dass Hendrik Witbooi neben Nama und Niederländisch auch Kenntnisse im Deutschen und Englischen hatte.

In der Nähe von Rehoboth, im Grenzgebiet der Herero, wurde er von den Herero angegriffen, erkannte deren Überlegenheit und zog sich nach Gibeon zurück. Missionar Olpp entließ Hendrik Witbooi zur Strafe für den Angriff aus allen Kirchenämtern. Trotzdem zog er 1885 erneut nach Norden – nun zum Hauptsitz der Herero in Okahandja, wo er eine vernichtende Niederlage erlitt und Maharero ihm einen Friedensschluss verweigerte, so dass er zum Guerillakrieg überging. Damit wurde deutlich, dass sich die Machtverhältnisse verschoben hatten. Dieser Konflikt fand zu dem Zeitpunkt statt, als das Deutsche Reich seinen Kolonialanspruch auf Südwestafrika aufgrund dubioser Verträge mit Chiefs der Küstenregion um den künftigen Hafen Lüderitzbucht erklärt hatte[31]. Die deutsche Herrschaft bestand nur nominell. Sämtliche Nama-Gruppen hatten entgegen den Empfehlungen der Missionare die Schutzverträge abgelehnt, weil Viehraub zur Existenzgrundlage geworden war. Hendrik Witbooi setzte seine Kampf- und Raubzüge fort und geriet sogar in den Besitz des Pferdes des deutschen Reichskommissars Göring, dem er es zurückgab.

Die Herero hatten einen solchen Schutzvertrag unterzeichnet, um den Angriffen der Witboois etwas entgegensetzen zu können. Sie wurden aber von der deutschen Machtlosigkeit enttäuscht und kündigten 1889 den Vertrag auf. Die deutsche Verwaltung, deren Sicherheit nicht bedroht wurde, zog sich dennoch in die britische Enklave Walfishbay zurück. Die gewährte Truppenverstärkung auf fünfzig, später 150 Mann, nahm der in der Nachfolge Görings[32] entsandte Hauptmann von François als Erlaubnis für den Krieg gegen Hendrik Witbooi. Er verwickelte sich jedoch in einen Guerillakrieg, den er nicht gewinnen konnte. 1891 fiel in Deutschland die Entscheidung, Südwestafrika nicht als Kompensationsobjekt einzusetzen. Stattdessen wurde der Interessensausgleich mit Großbritannien in Ostafrika 1890 mit dem Helgoland-Sansibar-Vertrag gefunden. In Opposition dagegen entstand wachsender Druck der Kolonialbewegung unter der Führung von Karl Peters[33], so dass es politisch riskant wurde, Südwestafrika, das als deutsches potenzielles Siedlungsgebiet betrachtet wurde, aufzugeben. Ein neuer Kommandeur und Chef der Verwaltung wurde nach Windhoek geschickt, mit der Maßgabe, den Krieg gegen Hendrik Witbooi zu beenden, ohne einen größeren Kolonialkrieg zu riskieren[34]. Landeshauptmann Leutwein, dem späteren Gouverneur, gelang es, ein stabiles Verhältnis zu Samuel Maharero aufzubauen, der 1890 seinem Vater Maharero als Oberhäuptling oder König nachfolgte[35].

---

31 Für die kläglichen deutschen Anfänge siehe Drechsler, Horst, »Südwestafrika unter deutscher Kolonialherrschaft«, Bd. 1: »Der Kampf der Herero und Nama gegen den deutschen Imperialismus (1884–1915)«, Berlin (Ost) 1966, Kapitel I, S. 23–77.
32 Göring ist der Vater der nationalsozialistischen Führungsfigur Hermann Göring.
33 Karl Peters war über den Helgoland-Sansibar-Vertrag von 1890 empört und wurde Mitbegründer des Alldeutschen Verbandes.
34 Bley, »Kolonialherrschaft«, Kapitel I, S. 18–61.
35 Ebd., S. 1–64.

Samuel Maharero war durch eine Hofintrige an den eigentlichen Prätendenten vorbei als Sohn der vierten Frau Mahareros und als Christ durchgesetzt worden. Er war in einer prekären Lage. Er musste die religiösen Pflichten an seinen Onkel abtreten und hatte den mächtigen Feldherrn Riarua, Vater eines der übergangenen Prätendenten, bei sich am Hof zu dulden. Bereits vor Ankunft Leutweins in Windhoek hatte er den Verwaltungssitz der Deutschen besucht und den Anspruch der Herero auf ihren alten Haupt- und Marktort aufgegeben, der allerdings wegen der Konflikte mit den Witboois seit 1880 brachlag. Als ihn Riarua in Okahandja bedrohte, verließ er den Ort, verschanzte sich außerhalb und bat Leutwein vertragsgemäß um Vermittlung. Leutwein nutzte die Krise um Riarua und bestätigte Samuel Maharero als »Oberhäuptling«, um dessen Status zu stärken. Bei dem Vermittlungsversuch vermied er im letzten Moment, in das Haus von Riarua einzudringen, der sich der Vermittlung entziehen wollte. Es gelang Leutwein, einen allgemeinen Krieg zu verhindern, indem er demonstrativ eine Kanone in Stellung brachte und drohte, seine Truppe abzuziehen. Da dies als Kriegsdrohung gedeutet wurde, entschied sich Riarua, die Vermittlung zu akzeptieren. Riarua musste unter anderem auf die Kontrolle der Munition verzichten[36]. Danach begann Leutwein, Hendrik Witbooi und seine Leute einzukreisen.

Zuvor hatte er den Chief der Khauas, einer Nama-Gruppe, entmachtet. Dieser war für einen Mord an einem weißen Händler und für Viehraub verantwortlich. Er wurde nicht zum Tode verurteilt, versuchte aber, sich den Deutschen durch Flucht zu entziehen. Daraufhin ließ ihn Leutwein hinrichten. Damit demonstrierte er den deutschen Machtanspruch. Er begann, Hendrik Witbooi militärisch so zu bedrängen, dass dieser nach Gefechten den Kampf abbrach, einen »Schutzvertrag« akzeptierte und eine Bündnisverpflichtung auch im Kriegsfalle einging. Sowohl François als auch Leutwein und in besonderem Maße Hendrik Witbooi nutzten während der Kriegshandlungen und in Gefechtspausen Korrespondenzen, die von Boten oder Vermittlern überbracht wurden. Das geschah einerseits, um den Standort des Gegners auszuspionieren, andererseits, um Vorstellungen und Angebote mitzuteilen. Hintergrund der Korrespondenz war die Haltung Hendrik Witboois, als führender »Kaptein«, der sich auch als »König« bezeichnete, den Anspruch auf Unterwerfung unter die deutsche Herrschaft abzuwehren[37]. Aufgrund der Erfahrungen mit der Kapkolonie wussten auch die Witboois, was Kolonialherrschaft bedeuten würde.

---

36 Leutweins Machtwort hatte den internen Konflikt zunächst geschlichtet. Er brach 1896 wieder aus und endete nach einem Aufstand der Ost-Herero mit der Hinrichtung der aufständischen Prätendenten für den Königstitel.
37 Auch Griqua-Chef Adam Kok wurde von der Kapkolonie der Titel »Kaptein« verliehen, der ihm Autonomie brachte. Er erkannte den nominellen Herrschaftsanspruch der Kapkolonie an. Dementsprechend wurde Griqualand West erst nach den Diamantenfunden 1875 formell annektiert.

Es entstand jedoch auch Kooperationsbereitschaft, weil die Missionare aus Großbritannien und Deutschland hoch angesehen waren und der christliche Glaube, stark vom Alten Testament geprägt, Fuß gefasst hatte. Dieser Glaube wurde zu einem wichtigen Maßstab im Handeln von Hendrik Witbooi, bei aller politischen Rationalität und Bereitschaft zu Kämpfen mit den Herero und den Deutschen. Witbooi nahm für sich das alttestamentarische Recht des Gottesgnadentums und damit das Recht auf Unabhängigkeit in Anspruch. Die afrikanische Elite, auch in Namibia, war beeindruckt von der technischen Überlegenheit der Europäer. Ihre Mitglieder verlangten Zugang zu Gewehren und Munition als allgemeines Menschenrecht und wandten sich gegen das von den europäischen Kolonialmächten verhängte Importverbot von Waffen, nachdem die Europäer seit Jahrhunderten Waffenhandel mit Afrikanern betrieben hatten. Sie forderten Zugang zur europäischen Warenwelt, die von Wanderhändlern, die durch das Land reisten, und von den Walfängern, die Walfishbay anliefen, angeboten wurden. Auch der europäische kulturelle Anspruch beeindruckte und wurde mit Erwartungen verknüpft, dass die europäischen Vorstellungen von Zivilisation auch gegenüber ihnen zur Geltung kämen. Enttäuschungen angesichts der Realität der allmählichen Kolonialeroberung waren unvermeidlich. Hendrik Witbooi richtete seine Mitteilungen über seine politischen Wünsche und Friedensangebote auch an viele Nama- und Herero-Führer, außerdem an die britischen Behörden in Kapstadt und Walfishbay, sowie an Missionare und an die Vorgänger Leutweins, Göring und von François. Im Folgenden sollen wesentliche Argumentationen wiedergegeben und analysiert werden[38].

Geschichte 26 – Hendrik Witboois Anspruch auf Unabhängigkeit

Bereits im Mai 1890[39], also ein Jahr nach dem Rückzug der deutschen Verwaltung 1889, reagierte Hendrik Witbooi mit einem Brief an Maharero kurz vor dessen Tod auf die Nachricht von Reichskommissar Göring, dass sich die Herero unter deutschen Schutz gestellt hätten[40].

Hendrik Witbooi schrieb an Maharero:

Hornkranz, 30. Mai 1890
»Sehr geliebter Kapitain Maharero Tyamuaha!

An Euch, Oberhaupt des Hererolands, schreibe ich heute diesen Brief. Ich habe einen Brief von Dr. Göring erhalten, aus dem ich große Dinge herauslese, die es mir nötig erscheinen lassen, Euch

---

38 Dieser Abschnitt beruht auf Bley, »Kolonialherrschaft«, S. 1–64.
39 Ebd., S. 48 und Tagebuch, Nr. 26 vom 30.5.1890.
40 Bley, »Kolonialherrschaft«, S. 1–64. Witboois Korrespondenz ist zum kulturellen Welterbe der Vereinten Nationen erklärt worden. Wiedergabe mit geringen Kürzungen.

etwas dazu zu sagen. Aus dem Brief von Dr. Göring ersehe und verstehe ich, dass Ihr Euch unter deutschen Schutz gestellt habt und dass Dr. Göring dadurch recht großen Einfluss bekommen hat und es nun in seiner Macht steht, Befehle und Anordnungen zu geben, die unsere Landesverhält-nisse und den Krieg, der von alters her zwischen uns besteht, betreffen. Ich wundere mich sehr über Euch und nehme es Euch sehr übel; denn Ihr behauptet immer von Euch, dass Ihr der Oberkapitain des Hererolands seid.

Das ist auch wahr. Dieses trockene Land ist nur unter zwei Bezeichnungen bekannt: Dama-raland und Namaland. Das will heißen, dass das Damaraland dem Hererovolk allein gehört und ein selbstständiges Königreich auf eigenem Gebiet ist. Namaland gehört allein allen rotfarbenen Stämmen, und auch dies sind selbstständige Königreiche, wie es auch von den Ländern der wei-ßen Menschen wie Deutschland, England und wie die Länder über See alle heißen, gesagt wird. Auch das sind selbstständige Königreiche. Und alle die verschiedenen Völker haben ihre eigenen Oberhäupter.

Jedes Oberhaupt auf dieser Welt ist nur ein Statthalter unseres allergrößten Gottes und ist dem großen Gott allein Verantwortung schuldig, ihm dem König aller Könige, dem Herren aller Herren, vor dem wir alle, die wir unter dem Himmel leben, unsere Knie beugen sollen und den wir allein um Hilfe, Kraft und Schutz in allen schweren Lagen des Lebens um Trost und Rat bitten sollen, denn er gibt allen gern, die ihn darum bitten. Aber lieber Kapitain!

Nun habt Ihr eine andere Regierung angenommen und habt Euch dieser Regierung ergeben, um von ihr beschützt zu werden gegen alle Gefahren, deren erste und nächstliegende wohl ich mit meinem Krieg gegen Euch bin, der seit alters zwischen uns steht.

Dagegen wollt Ihr von der deutschen Regierung geschützt und unterstützt werden! Lieber Kapitain! Diesen Schritt werdet Ihr schwer bereuen; ewige Reue werdet Ihr empfinden, dass Ihr Euer Land und die Regierungsrechte an die weißen Menschen abgetreten habt. Der Krieg, den wir gegeneinander führen, ist nicht so schlimm und schwer, wie Ihr meint und deshalb diesen wichti-gen Schritt getan habt. Unser Krieg geht um bestimmte Punkte und bestimmte Ursachen und wird durch den Willen und die Fügung des Herren zur rechten Zeit zum wahren Frieden gebracht werden«[41].

»... Trotz allem hoffe ich, dass dieser unserer Krieg zum friedlichen Ende kommen wird; aber diese Sache, dass Ihr Euch der Regierung der Weißen unterworfen habt und noch glaubt, weise gehandelt zu haben, diese Sache wird für Euch sein, als ob Ihr ›Sonne auf dem Rücken trüget‹«.

Maharero starb im Oktober 1890 und Samuel Maharero folgte ihm nach, so dass nicht bekannt ist, wie Maharero auf die christlichen Herrschaftsvorstellungen und die Ober-herrschaft des christlichen Gottes reagiert hat. Hendrik Witbooi nahm in der Formulie-rung seiner christlich zentrierten Position keine Rücksicht auf die religiöse Basis Mahareros, trotz des Versuches einer politischen Annäherung.

---

41 Hendrik fügt dann eine längere Passage ein, in der er über Kriegsgräuel der Herero auch gegen Unbeteiligte und Frauen und Kinder klagte. »Afrika den Afrikanern«, S. 91.

Zwei Jahre später, im Juni 1892[42], stellte er dem neuen Kommissar von François die Frage, was Schutz bedeute. François antwortete, dass Buren und andere Mächte in das Land eindringen wollten und die Deutschen davor Schutz böten. Als Antwort darauf argumentierte Hendrik Witbooi:

> »Ich denke folgendermaßen. Die Sache erscheint mir unmöglich und wunderlich; ich kann sie nicht verstehen. Ein jeder Kapitain regiert sein Volk und Land selbstständig und ist unabhängiges Oberhaupt seines Landes und Volkes. Er hat sein Volk gegen jede Gefahr oder Not, die über sein Volk kommt oder ihm Schaden zufügen könnte, zu beschützen. Aus diesem Grunde gibt es verschiedene Königreiche, und jeder Kapitain sorgt für sein Volk und Land und beherrscht es. Wenn nun ein Kapitain einem anderen unterstellt ist, dann ist der Unterstellte nicht mehr unabhängig und nicht mehr sein eigener Herr und nicht mehr Herr seines Volkes und Landes; denn wer einem anderen unterstellt ist, ist nur Untertan dessen, der ihn beschirmt, denn der steht oben, und wer über ihm steht, ist sein Herr, Vorgesetzter und Oberhaupt. Ich kann wahrlich keine Möglichkeit sehen, um einen Kapitain, der sich einem anderen unterstellt, als unabhängigen Kapitain zu bezeichnen, der tut, was ihm beliebt.
>
> Dieses Afrika ist das Land von uns roten Kapitainen. Wenn über einen von uns eine Gefahr kommt und er sich zu schwach fühlt, ihr allein zu begegnen, so kann er zu seinen Mitbrüdern, den Kapitainen der roten Volksstämme, sagen: ›Kommt Bruder, oder Brüder, lasst uns für unser Land Afrika zusammenstehen und die Gefahr abwenden, die mit Gewalt in unser Land eindringen will. Denn nach Lebensart gehören wir zusammen, und dieses Afrika ist als Ganzes das Land der roten Kapitaine. Dass wir verschiedene Königreiche und Gebiete besitzen, bedeutet nur eine nebensächliche Unterteilung Afrikas.‹«

Die Nama unter Hendrik Witbooi beteiligten sich vertragsgemäß am Krieg gegen die Herero. Als trotzdem die Entwaffnung der Nama durchgesetzt werden sollte, gingen sie zum Guerillakrieg über. Hendrik Witbooi fiel im Dezember 1904. Unter Führung Morengas wurde der Kampf bis 1908 durchgehalten. Nach der Flucht auf britisches Gebiet wurden eine sichere Rückkehr und Rentenzahlungen vereinbart[43].

3.2 Der Krieg gegen die Herero und Nama in Namibia 1904–1908

Die von Samuel Maharero bei der Nachfolge im Amt übergangenen Rivalen wagten 1896 einen Aufstand, den Leutwein niederschlug. Anschließend ließ er die Herero-Häuptlinge Nikodemus und Kahimema hinrichten und enteignete viel Land der Herero. Die versprengten Reste der Ovaherero flohen durch die Wüste der Omaheke nach Bechuanaland und wurden dort aufgenommen. Den gleichen Fluchtweg sollte

---

42 Gesprächsprotokoll vom 5.6.1892, Tagebuch Nr. 59, siehe Text bei Reinhardt, S. 126 ff.
43 Der Schriftsteller Uwe Timm hat diesem Kampf seinen wichtigen Roman »Morenga« gewidmet, der 1978 erschien und im Hinblick auf die allgemeinen Hintergründe der Lage 1904–1908 von Bley, »Kolonialherrschaft« beeinflusst worden war.

Kapitän Hendrik Witbooi.

Abb. 46: Hendrik Witbooi (1896).

Maharero nach der Schlacht am Waterberg 1904 nehmen. 1897 folgte die Rinderpest. Sie vernichtete den größten Teil der Herero-Herden und verursachte eine tiefe
soziale und kulturelle Krise. Als die Herero ab 1902 die Herden zum großen Teil wie-
deraufgebaut hatten, stießen sie auf die enorm ausgeweiteten Weideflächen der
deutschen Siedler und Landgesellschaften[44]. Außerdem durchschnitt die Trasse der
Eisenbahn zu den Kupfervorkommen im Norden ihre zentralen Weidegebiete. Große
Weideflächen beiderseits der Bahnstrecke wurden den deutschen Siedlern und den
meist britischen Landgesellschaften zugedacht. Eine neue Schuldenverordnung sollte
1903 in Kraft treten, um die enorme Verschuldung der Herero zu begrenzen. Die
Händler begannen im Vorfeld rigoros ihre Schulden einzutreiben und pfändeten das
Vieh, das sie mit Gewalt abtrieben. Infolge der Machtverschiebungen zugunsten der
Siedlergesellschaft nahmen offener Rassismus, demütigendes Verhalten und Rassen-
justiz zum Vorteil der Deutschen zu. Besonders beunruhigt war die Herero-Führung
wegen wiederholter Vergewaltigungen von Frauen aus den königlichen Klans.

Als die Schutztruppe unter Leutwein im Süden des Landes in einen Aufstand
der Nama-Gruppe der Bondelzwarts, sechshundert Kilometer entfernt, verwickelt
war, sahen Samuel Maharero und seine Großleute eine Chance, die aus dem Ruder
geratenen Verhältnisse durch Krieg und erneutes Aushandeln der Landfrage und der

---

44 Drechsler, Horst, »Südwestafrika unter deutscher Kolonialherrschaft«, Bd. 2: »Die großen Land-
und Minengesellschaften (1885–1914)«, Stuttgart 1996.

Beziehungen zu den Deutschen zu korrigieren. Ab Januar 1904 wurden die Siedler und die geringe Zahl des Militärs überrascht. Mehr als einhundert deutsche Männer, Farmer und Mitglieder von Stationsbesatzungen wurden getötet, die Bahnlinie und die Telegraphenleitungen wurden unterbrochen. Leutwein musste erst nach Kapstadt und dann über See nach Swakopmund und weiter nach Windhoek reisen. Ein Marinebataillon wurde in Berlin mobilisiert. In dieser Zwischenphase kontrollierten die Herero ihr Land, versuchten aber nicht, die befestigten Plätze und Orte zu erobern. Leutwein wurde entmachtet, weil er den Krieg nicht vorhergesehen hatte und erneut mit den Aufständischen verhandeln wollte. Gegen den Wunsch der Kolonialabteilung setzten Wilhelm II. und die Oberste Heeresleitung unter Generalstabschef von Schlieffen durch, dass mit Generalleutnant von Trotha ein ausgesprochener Militarist zum Kommandeur der Truppen ernannt wurde.

Leutwein blieb zwar noch kurze Zeit Gouverneur, aber von Trotha zog mit der Erklärung des Kriegszustandes alle Macht an sich. Er plante in klassischer deutscher Militärtradition des 19. Jahrhunderts eine Umfassungsschlacht gegen die Herero, die sich mit ihren Herden am wasserreichen Waterberg verschanzt hatten. Den Herero gelang der Ausbruch aus dem Kessel. Mit der Verfolgung und dem Vertreiben des Großteils der überlebenden Herero in die Omaheke-Wüste begann die von von Trotha proklamierte Vernichtungspolitik, weil er Frieden zwischen den Gegnern aus verschiedenen »Rassen« für ausgeschlossen hielt. Von Trotha hatte während seiner Kriegführung gegen die Hehe in Tansania 1891–1898 und seiner Beteiligung am Boxerkrieg in China (1900) rassistische Vernichtungsfantasien entwickelt, die Generalstabschef von Schlieffen teilte.

Es wurde nicht nur von der militärischen Seite her ein Genozid mit Jagdkommandos auf überlebende Herero und mit einem Regime von Kriegsgefangenen- und Konzentrationslagern fortgesetzt, dessen Todesquoten bis nahe an die 50 % reichten. Auch die Kolonialverwaltung setzte mit den Eingeborenenverordnungen die Totalenteignung der Herero an Land und Vieh durch. Die überlebenden Herero wurden zwangsumgesiedelt und die soziale und politische Struktur des Häuptlingssystems verboten. Nur um die zehn Familien durften auf den ihnen zugewiesenen deutschen Farmen als Arbeitskräfte zusammenleben. Sie wurden außerdem an Soldaten und Firmen als Arbeitskräfte verteilt. Die »Rädelsführer« wurden hingerichtet. Es war nicht nur ein militärischer, sondern auch ein ökonomischer, sozialer und kultureller Genozid. Jegliche soziale Organisation wurde verboten. Es bestand Arbeitszwang auch für Kinder. Das Volk schien in voller Auflösung. Erst ab 1908 durften sich überlebende Herero unter Leitung deutscher Missionare in der Nähe der Arbeitsplätze in Missionsgemeinden wieder sammeln. Außerdem pflegten sie heimlich die Gräber ihrer Ahnen und Gefallenen, was auch den Anspruch auf das verlorene Land symbolisierte. Ungefähr 2.000 Flüchtlinge überlebten die deutsche Verfolgung in der Wüste der Omaheke und erreichten Bechuanaland (Botswana) unter der Führung ihres Königs Samuel Maharero. König Khama III. überließ ihnen Land. Sie bauten allmählich wieder Viehherden auf, indem sie in den Goldbergwerken Südafrikas dafür die Mittel erarbeiteten.

Exkurs zur Debatte um den Genozid

Zum Problem des Genozids habe ich 1968 in »Kolonialherrschaft und Sozialstruktur« im Abschnitt »Totalitäre Aspekte der Menschenbehandlung« Position bezogen (S. 260–263) und die Radikalität von Militär und Verwaltung analysiert. In der Einleitung zur zweiten Auflage von »Namibia under German Rule« 1996 wurden die fehlerhaften Argumente von Brigitte Lau und Karla Poewe, mit denen sie behaupteten, dass kein Genozid stattgefunden habe, von mir ebenso widerlegt, wie dies auch Gesine Krüger in ihrem Buch zur »Kriegsbewältigung« ähnlich analysiert hat. Vor allem ist die Beschränkung der Bewertung auf eine begrenzte Wirkung der Vernichtungsbefehle von Trothas abwegig, weil Herero der rücksichtslosen Verfolgung und Tötung durch die deutschen Militärs ausgesetzt waren, wenn sie auch zum Teil ausweichen konnten.

Besonders verfälschend ist, dass das Massensterben in den Konzentrations- und Gefangenenlagern mit um die 50 % Todesopfern unberücksichtigt blieb. Skandalös ist, dass die Radikalität der Eingeborenenverordnungen gleichfalls keine Berücksichtigung fand. Die Verordnungen führten zur Totalenteignung von Land und Vieh und zum Verbot jeder sozialen und politischen Organisation. Zwangsumsiedelungen und Zwangsarbeit wurden durchgesetzt. Dieser Umgang mit den Überlebenden nach der weitgehenden Vernichtung der Mehrheit der Herero war auch nach zeitgenössischen Kriterien ein sozialer, ökonomischer und kultureller Genozid, obwohl die Zeitgenossen diesen Begriff noch nicht benutzten, sondern von Vernichtung oder Völkermord sprachen. Auch Hannah Arendt sah Parallelen in der damaligen kolonialpolitischen Praxis. Ihr Beispiel war die despotische Herrschaft Kitcheners im Sudan, die sie als ein Element des beginnenden Totalitarismus sah. Ich bezog mich auf sie. Ein direkter Vorläufer zur Vernichtungspolitik der Nationalsozialisten war der Genozid an den Herero nur in ersten Ansätzen, weil die rassistische Sprache der Vernichtung wirksam wurde und nach produktiven und unproduktiven Völkern unterschieden wurde, wobei die »lebensunwerten« nicht geschützt werden sollten. Der Ansiedlungskommissar und Kolonialschriftsteller Paul Rohrbach, der auch für die Ostexpansion war, argumentierte so und wollte die Herero »ihrer nationalen Identität entkleiden«[45]. Der Vorsitzende des Alldeutschen Verbandes Claß sprach ebenfalls 1907 davon, dass die Vernichtung der Juden notwendig sei. Aber es existierte keine Kontinuität und es bestanden Gegenströmungen und Kritik von der SPD, den Missionen, dem Zentrum und den Linksliberalen. Im Parlament gab es eine Mehrheit, die Enteignungen rückgängig zu machen, was von der Reichsregierung übergangen wurde, obwohl der Reichskanzler

---

45 Bley, »Kolonialherrschaft«, Abschnitt »Totalitäre Aspekte der Menschenbehandlung«, S. 260–262, Zitat von Paul Rohrbach aus seinem Buch »Kolonialwirtschaft«, Berlin 1907, S. 385.

den Vernichtungsbefehl mit den »Regeln der Menschenwürde und des Christentums«
öffentlich für unvereinbar erklärt hatte. Von Trotha erhielt vom Kaiser trotzdem den
höchsten Orden »Pour le Mérite«.

Der deutsche Kolonialrevisionismus hat zwar verharmlost, aber keine Vernichtungs-
fantasien propagiert. Der Nationalsozialismus war wegen der britischen maritimen Hege-
monie nicht dauerhaft an Afrika interessiert, vernichtete aber kriegsgefangene Afrikaner
in Frankreich. Der Blick richtete sich nach Osteuropa mit allen seinen katastrophalen Fol-
gen für die europäischen Juden und die polnische und russische Zivilbevölkerung.

An dieser Debatte, die auch Entschädigungen von mehr als 150 Milliarden Dollar
einschließt, beteiligen sich auch deutsche Kritiker des Kolonialismus. Dabei ist auf-
fällig, dass nur die Nähe zur Katastrophe nach 1933 behandelt wird, aber nicht das
Schicksal der Menschen in Afrika das eigentliche Thema geworden ist. Das wird
auch daraus deutlich, dass nur die Opfer der Herero in der Größenordnung von min-
destens 40.000 Menschen thematisiert werden, aber nicht die 300.000 Opfer des
Maji-Maji-Krieges zur gleichen Zeit und die 500.000 Opfer infolge der Kriegführung
im Ersten Weltkrieg durch von Lettow-Vorbeck. In der deutschen Kolonie Ostafrika
wurde die bäuerliche Bevölkerung durch die Beschlagnahme der Ernten dem Hun-
gertod ausgeliefert. Seuchen steigerten die Krise, weil die geschwächten Menschen
ihnen keine Abwehrkräfte entgegensetzen konnten. Bei Rückzügen wurden zusätzlich
die Dörfer abgebrannt und es wurde eine Strategie der verbrannten Erde betrieben.
Es ist notwendig, die Proportionen und die Dimensionen des verursachten Elends zu
wahren und den Blick nicht von der deutschen Perspektive des Holocaust bestimmen zu
lassen.

Die Herero versammelten sich 1923, als das Land südafrikanisches Mandatsgebiet geworden war, nach der Überführung der Leiche Samuel Mahareros zur Beerdigung ihres
Königs bei den Gräbern seiner Vorfahren in Okahandja. Dieses Ereignis gilt als Beginn
eines Herero-Nationalgefühls und wird seitdem jährlich wiederholt. Die Frauen tragen
dabei prächtige viktorianische Gewänder in Rot und Grün, entsprechend der Trennung
in Ost- und West-Herero. Die Männer, oft beritten, tragen Uniformen, die eine Mischung von deutschen und britischen Elementen darstellen und so das Überleben
nach den Kriegen symbolisieren[46]. Sie segnen am Grab auch Gäste wie mich, als Anerkennung menschlicher Zusammengehörigkeit.

Es kann als politisches und soziales Wunder bezeichnet werden, dass sich die
Herero in einem langen Prozess der Wiederbesinnung zu einer neuen Gesellschaft,
wenn auch als Minderheit, in Namibia gefunden haben.

---

[46] Maßgeblich für die Geschichte der sozialen Rekonstruktion der Herero-Gesellschaft Krüger,
»Kriegsbewältigung«. Siehe auch auch Gewald, Jan-Bart, »Towards Redemption: A Socio-Political
History of the Herero of Namibia between 1890 and 1923«, Leiden 1996, in der er die These aufstellt,
dass der Krieg durch das Verhalten von Bezirksamtmann Zürn provoziert worden sei.

Abb. 47: Hererotag (2000).

3.3 Der Maji-Maji-Krieg in Tansania 1905–1907

Der »Maji-Maji-Krieg« hatte über ein Drittel der Landfläche Tansanias erfasst[47]. Es werden 300.000 Opfer geschätzt. Die Größenordnungen der Opfer im Maji-Maji-Krieg waren so hoch, weil die im Kriege angewandten Methoden der verbrannten Erde Hungersnöte verursachten und auch Seuchen ausbrachen.

Gouverneur von Götzen und der Kommandeur der Schutztruppe Wangenheim radikalisierten im Maji-Maji-Krieg die Kriegführung aus militärischer Hilflosigkeit gegen Bauernguerillas. Brutalität und Politik der verbrannten Erde wurden auch als Unterwerfungskonzept artikuliert, weil dies die einzige Sprache sei, die die Afrikaner verstünden[48].

Der Süden Tansanias wurde dadurch langfristig geschwächt. Dazu trug auch der vierjährige Guerillakrieg von Lettow-Vorbecks[49] gegen die alliierten Truppen im Ersten Weltkrieg bei. Ihm fielen erneut geschätzt 500.000 Afrikaner zum Opfer. Als

---

47 Gwassa, Gilbert, »The Outbreak and Development of the Maji Maji War 1905–1907«, Diss. Universität Dar es Salaam 1973. Literaturübersicht in Beez, Jigal, »Geschosse zu Wassertropfen«, Köln 2003; Iliffe, »A Modern History«.

48 Iliffe, John, »Tanganyika under German Rule, 1905–1912«, Cambridge 1969 und Koponen, Juhani, »Development for Exploitation: German Colonial Policies in Mainland Tanzania, 1884–1914«, Helsinki 1995.

49 Von Lettow-Vorbeck hat seinen radikalen Rassismus bis zu seinem Tode nach dem Zweiten Weltkrieg nie aufgegeben, wie seine Memoiren zeigen. Er war mit von Trotha am Krieg gegen die Hehe beteiligt und danach Transportoffizier im »Boxerkrieg« in China. Dort nahm er an etlichen »Strafexpeditionen« teil. In Namibia war er einer der Adjutanten Generalleutnants von Trotha während des Herero-Krieges.

Ursache galt seine Politik der verbrannten Erde bei Rückzügen und die Plünderung der Ernten[50,51]. Im Krieg waren die afrikanischen Kämpfer, zumindest in den Anfängen, durch kultische Gemeinsamkeiten verbunden. Ihnen wurde prophezeit, dass gesegnetes Wasser sie vor Kugeln schützen würde, deshalb der Name Maji-Maji-Krieg (vom Swahili-Wort für »Wasser«). An ihm waren sehr unterschiedliche Gruppen beteiligt. Der Kampf war nicht koordiniert und wurde meist innerhalb der eigenen Gruppe organisiert.

Er richtete sich generell gegen übermäßige Gewaltausübung beim Zwangsanbau von Baumwolle, für dessen Überwachung die deutsche Verwaltung Aufseher, die »Jumben«, einsetzte. Außerdem hatte die deutsche Politik durch den Handel mit Rohstoffen wie Gummi und insgesamt durch die Kontrolle der Küstenschifffahrt Gummihändler und -sammler gegen sich aufgebracht[52]. Die Erinnerung an die Herrschaft der großen Familien der Swahili unter dem Einfluss Sansibars, die als legitimiertere und gerechtere Herrschaft galten, war noch präsent.

Die Maji-Maji-Bewegung und ihre Unterstützer waren keine auch nur protonationale Bewegung. John Iliffe und Terence Ranger haben darauf hingewiesen, dass es sich um eine dem Kolonialismus angepasste Widerstandsform handelte. Aufgrund neuer Studien[53] ist es zweifelhaft geworden, ob es überhaupt antikolonialer Widerstand war. Händlergruppen, Chiefs und oft kleine Warlords waren Kontrolleure der Handelswege und der Rohstoffe. Sie nahmen ihre Interessen auch in Form von Kriegen wahr. Das richtete sich oft gegen die Deutschen, aber sie kooperierten auch mit ihnen gegen Rivalen.

Es war eine gewaltorientierte Frontier-Gesellschaft, die im Stil der Konflikte der zweiten Hälfte des 19. Jahrhunderts Politik und Handel betrieb. Sie reagierte auf die deutschen Interventionen in ihr Wirtschaftssystem. Außerdem versuchte sie, die Auswirkungen des Verbots des Sklavenhandels zu kompensieren. Auch die afrikanischen Akteure unter kolonialem Druck waren eher an der späten vorkolonialen Gesellschaft orientiert. Sie nutzten aber die neue Situation, um Konflikte auch untereinander

---

50 Siehe die englische Übersetzung des Kriegstagebuches der deutschen Schutztruppe. Fundort: Imperial War Museum, London. Das Original ist in Berlin im Zweiten Weltkrieg mit dem Heeresarchiv verbrannt. Literatur zu von Lettow-Vorbeck: Schulte-Varendorff, Uwe, »Kolonialheld für Kaiser und Führer: General Lettow-Vorbeck«, Berlin 2006; Michels, Eckard, »Der Held vom Deutsch-Ostafrika, Paul von Lettow-Vorbeck: Ein Preußischer Kolonialoffizier«, Paderborn 2008; Bührer, Tanja, »Die Kaiserliche Schutztrupp für Deutsch-Ostafrika: Koloniale Sicherheitspolitik und transkulturelle Kriegführung 1885–1918«, München 2011, Kapitel V.1 »Kriege gegen autochthone Gesellschaften« und X »Der erste Weltkrieg in Deutsch-Ostafrika«.
51 Bley, Helmut, »Gutachten über Paul von Lettow-Vorbeck«, in: Hannoversche Geschichtsblätter, Neue Folge, Bd. 62, 2008, S. 169–188.
52 Krajewski,«Kautschuk«, S. 126–205 (Entwicklung des internen Handelssystems in Tansania nach der deutschen Besetzung).
53 Becker, Felicitas, »Traders, Big Men and Prophets: Political Continuity and Crisis in the Maji Maji Rebellion in Southeast Tanzania«, in: Journal of African History, Bd. 45, 2004, S. 1–22.

auszutragen, und griffen zur Wahrung ihrer Interessen auch die Vertreter der Kolonialmacht und die von ihnen eingesetzten Agenten an.

Der Krieg begann damit, dass viele Bauern die Baumwollschösslinge aus dem
Boden rissen und die Aufseher, die »Jumben«, angriffen oder vertrieben. Sie waren
zum Baumwollanbau gezwungen worden, ohne dass Rücksicht auf die erforderliche
Arbeitszeit für den Anbau ihrer Nahrungsmittel genommen wurde.

Es ist wahrscheinlich, dass der Maji-Maji-Krieg nicht nur ein Krieg der Bauern
und Händler war, sondern auch ein Krieg gegen den neuen, als brutal empfundenen
Herrn, der die politische Herrschaft der alten Führungsschichten bedrohte. Der Bezug
auf die eher anerkannte Legitimität der Oberherrschaft des Sultans von Sansibar
weist in diese Richtung.

Der Krieg als Teil der nationalen Erinnerungskultur
Der Maji-Maji-Krieg gehört in den Gründungskanon der tansanischen Nationalbewegung. Auch die Matengo entwickelten eine Erinnerungskultur. Eine Rebellion gegen
Steuern und Zwangsarbeit fand in Südtansania schon 1902 als Krieg der Matengo
statt[54]. Auch dort wurden viele Oberhäupter der Klans hingerichtet. Sie beteiligten
sich deshalb nicht am Maji-Maji-Krieg. Aber sie halfen ihren ehemaligen Feinden,
den Nguni, mit Nahrungsmitteln im Maji-Maji-Krieg. 2002 errichteten sie ein Denkmal für beide Kriege, das sich zu einer religiösen Kultstätte entwickelt hat. Der vorkoloniale Krieg gegen die mächtigen Sklavenhändler und der antikoloniale Krieg
gegen die Deutschen wurden gemeinsam erinnert und auf das eigene Volk der Matengo bezogen.

Ähnlich entwickelte sich auch der Kult um den König der Hehe, Mkwawa, der im
Kampf um die Selbstständigkeit seines Königtums 1896 gefallen war. Die Gewaltakte
sind vor Ort erinnert und wurden selten in den nationalen Mythos aufgenommen.

Aber trotz dieser Erinnerungskulturen entwickelte sich der nationale Stolz, Tansanier zu sein, im Wesentlichen in den Zeiten des Aufbaus der TANU (»Tanganyika National Union«) und des Aufstiegs von Julius Nyerere. Er kam in den Leistungen der
Genossenschaftsbauer zum Ausdruck und bezog sich auf den erfolgreichen Kampf
gegen den europäischen Großgrundbesitz am Mount Meru in den 1950er Jahren. Auch
der Stolz der Lehrer und Regierungsangestellten war Teil dieser Entwicklung, ebenso
wie die Streikfähigkeit der Hafenarbeiter. Der Maji-Maji-Krieg wurde zu einem eher fernen Symbol, zumal der in zwei Kriegen verwüstete Süden des Landes lange marginalisiert blieb. Diese Randlage ist eine Folge dieser Kriege.

---

54 Frau Dr. Maria Kecskési, Brief an den Verfasser. Sie war Leiterin der Afrika-Abteilung des
Völkerkundemuseums in München.

Abb. 48: Mausoleum für den König der Hehe Mkwawa (1972). Die deutsche Kolonialverwaltung brachte den Schädel in ein deutsches Museum. Im Vertrag von Versailles von 1919 wurde in Artikel 246 gefordert: »Within six months from the coming into force of the present Treaty, Germany will hand over to His Britannic Majesty's Government the skull of the Sultan Mkwawa which was removed from the Protectorate of German East Africa and taken to Germany.« Die Weimarer Republik überging die Forderung, und erst im Juli 1954 wurde auf Drängen des letzten britischen Gouverneurs Twining der Schädel nach Tanganyika gebracht und kam in das Mausoleum.

3.4 Kolonialpolitische Folgen

Die deutsche Kolonialpolitik reagierte auf beide Kriege (in Namibia und in Tansania) sehr unterschiedlich.

Vorangegangen war die parlamentarische Kolonialkritik des Zentrumsabgeordneten Erzberger an Missständen in Kamerun seit 1903. Als die Kriege ausbrachen, wurde die Krise offensichtlich. Es kam zur Ernennung eines liberalen Kolonialstaatssekretärs, Bernhard Dernburg, eines Bankiers, der im nationalistisch aufgeheizten Reichstagswahlkampf von 1905/06 (den »Hottentotten-Wahlen«) ein Konzept der Kolonialreform propagierte[55]. Er nahm auf einer Afrikareise die Ideen des neuen Gouverneurs von Ostafrika von Rechenberg auf, die von seinem Reisebegleiter, dem literarisch und philosophisch interessierten Chef der AEG Walter Rathenau, dem späteren, früh ermordeten Außenminister der Weimarer Republik, erweitert wurden. Rechenberg deutete den Maji-Maji-Krieg als Bauernkrieg aus berechtigten Gründen und als Gegenwehr gegen die Vorherrschaft von weißen Plantagen. Wahrscheinlich war er als ehemaliger Generalkonsul in Warschau bis 1905 auch von den Bauernunruhen der ersten russischen Revolution beeinflusst.

---

55 Crothers, George, »The German Elections of 1907«, New York 1941.

Sein Grundgedanke war, in einem überwiegend nicht für weiße Siedlung geeigneten Land die koloniale Ausbeutung mittels bäuerlicher Agrarproduktion für den Export zu betreiben. Gegen die Proteste der deutschen Plantageneigner wollte er nicht weiter die weißen Plantagen durch Landenteignungen und Stellung von Zwangsarbeitern fördern.

Im Sinne des »Shareholder Value« hieß dies in der Sprache des Bankiers Dernburg, die »Eingeborenen« seien als »Aktivum der Kolonien« zu betrachten. Dieses ökonomische Wort war auch gegen die Vernichtungspolitik in Namibia gerichtet. Die Kolonialreformer wandten sich gegen jene, die jeden Arbeiterschutz zugunsten der Kolonisierten und die Sicherung der Lebensgrundlagen für Bauern als »Humanitätsduselei« diffamierten. Gegen diese vermochten sie sich nur mit Argumenten des ökonomischen Nutzens zu wehren. Die Staatssekretäre Dernburg und Solf resignierten vor dem Einfluss der Siedlerschaft auf Presse und Kolonialbewegung. Diese Haltung wurde von der deutschen Kolonialbürokratie für Namibia radikal abgelehnt. Der ehemalige stellvertretende Gouverneur unter Leutwein, von Lindequist, war ein vehementer Verfechter völkischer Ideen. Er befürwortete die Ansiedlung von Deutschen. Er war deshalb ein Vertreter einer radikalen Landpolitik und eines Systems der Zwangsarbeit[56]. Die Lobby der weißen Farmer war überwältigend groß und hatte meist die nationalistische Presse auf ihrer Seite. Auch der Nachfolger von Dernburg, Kolonialstaatssekretär von Lindequist, war ein überzeugter völkischer Rassist. Er wollte Siedlung sogar unter brutalen Bedingungen, auch wenn er Vernichtung wegen des Verlustes von Arbeitskräften ablehnte. Obwohl eine Reichstagsmehrheit von SPD, Zentrum und der Deutsch-Freisinnigen Partei mehrheitlich Resolutionen verfasste, mit denen man die Enteignungen von Vieh und Land rückgängig zu machen versuchte, lehnte dies die Reichsregierung ab[57]. Damit stützte sie den radikalen Kurs der Totalenteignung und Zerstreuung des Volkes.

Diese an weißen Siedlern orientierte Politik wäre auch in Tansania unter von Lindequists Regime in Berlin durchgesetzt worden, aber er stürzte über die Marokkokrise 1911 und die Pflanzer am Kilimandscharo und in den anderen Hochländern hatten nicht genug Zeit, sich vor dem Ersten Weltkrieg durchzusetzen[58]. Die Reformpolitik wurde nach dem Ersten Weltkrieg in dem zum Mandatsgebiet umgewandelten Tanganyika durch das Konzept der »indirekten Herrschaft« fortgesetzt.

Die Nachkriegszeiten in Südwestafrika (Namibia) und Tanganyika (Tansania) waren dementsprechend sehr verschieden. Die genozidale Militär- und Verwaltungspolitik in Namibia war ein Strang, Reformbereitschaft in Richtung des Schutzes bäuerli-

---

56 Diese Parallele mit der Politik der Apartheid wurde von der südafrikanischen Presse in Dar es Salaam und in Rezensionen von Bley, Helmut, »Namibia under German Rule«, London 1971, so im »Natal Mercury« vom 23.9.1971 betont.
57 Bley, »Kolonialherrschaft«, Resolution des Reichstages vom 15.5.1906; Akten des Reichstages 1906; Anlageband VI, Nr. 516.
58 Iliffe, »A Modern History«, S. 193 ff.

cher Produktion für den Export der andere. Allerdings übte das Militär Rachejustiz, auch in Tansania, gnadenlos aus und richtete mitunter alle Klanoberhäupter der Kriegführenden hin.

Der Guerillakrieg von Lettow-Vorbecks 1914–1918 gegen die Invasion der Truppen des britischen Empire mit den Methoden der Beschlagnahme der Ernten, Zwangsrekrutierungen von Trägern und einer Politik der verbrannten Erde bei Rückzügen, was in vielen Befehlen dokumentiert ist, hatte nach Schätzungen von deutschen Kolonialmedizinern 500.000 afrikanische Opfer zur Folge.

Die Empire-Truppen aus Südafrika, Indien und Kenia sowie die belgischen Kolonialtruppen aus dem Kongo nahmen wie die deutschen Truppen im Kampf gegeneinander keinerlei Rücksicht auf die afrikanische Bevölkerung[59].

Auch die Militärs in Europa kalkulierten den Einsatz von Millionen jungen Männern im Feuerhagel der Artillerie und der Maschinengewehre vor Festungen wie Verdun nüchtern ein und nahmen das Massensterben im Ersten Weltkrieg relativ gleichgültig hin, wie es der extremen Distanz zwischen Eliten in Europa und einfachen Soldaten entsprach. Die Vernachlässigung der fast 800.000 afrikanischen Opfer der Kriege in Deutsch-Ostafrika (Tansania) gehört in diesen Kontext, wenn auch verschärft durch rassistische Vorstellungen. Darüber findet keine Debatte um »Wiedergutmachung« statt. Die Debatte konzentriert sich ausschließlich auf den Genozid in Namibia. Der Grund dafür dürfte sein, dass der Genozid und die eingerichteten Konzentrationslager in Namibia mit dem von Deutschen verübten Völkermord im Zweiten Weltkrieg in engen Zusammenhang gebracht werden. Damit wird offenkundig, dass nicht so sehr die Opfer in Afrika im Blickpunkt stehen, sondern die Aufarbeitung der deutschen rassistischen Vergangenheit.

---

59 Pesek, Michael, »Das Ende eines Kolonialreiches: Der Erste Weltkrieg in Ostafrika«, Frankfurt 2010 und Kuß, Susanne, »Deutsches Militär auf kolonialen Kriegsschauplätzen: Eskalation der Gewalt zu Beginn des 20. Jahrhunderts«, Berlin 2010.

Kapitel 12
Das 20. Jahrhundert 2:
Verdichtung und Krisen der Kolonialherrschaft

Die Zeit vor 1890 war eine Experimentierphase der Kolonialherrschaft, die bis in das erste Jahrzehnt des 20. Jahrhunderts reichte. Zunächst wurden die noch nicht besiegten afrikanischen Staaten unterworfen und erste Verwaltungsstrukturen, angelehnt an die militärischen Stützpunkte, entwickelt. Von Beginn an war die Beschaffung von Arbeitern vorrangig. Träger und Hilfskräfte für die Truppen sowie Dienstleistungen für die Verwaltung waren von zentraler Bedeutung. Die unterfinanzierten europäischen Firmen nutzten brutale Methoden, um mit verschärfter Ausbeutung die Rentabilität zu sichern. Weigerten sich Chiefs, Leute zu stellen, wurden Söldner und später staatliche Truppen in zahllosen Strafexpeditionen eingesetzt.

Die Auflösung der Sklaverei vollzog sich sehr langsam. John Iliffe konstatierte, dass dieser Prozess deshalb scheinbar konfliktfrei verlief, weil die koloniale Zwangsarbeit eine Verlängerung der Sklaverei der vorkolonialen Zeit war. Die Exzesse beim Zwang zum Einsammeln und Transportieren des Rohgummis im »Freistaat Kongo« des belgischen Königs Leopold II. sprengten allerdings aufgrund ihrer Brutalität und der vielen Todesopfer völlig den Rahmen und den Kontext zur vorkolonialen Welt. Diese Verhältnisse wurden erst 1908 geändert, als der belgische Staat den Privatbesitz von Leopold II. in Afrika übernahm.

Die Einnahmequellen des Adels, darunter viele Chiefs, wurden gekappt, weil ihre Zölle, Steuern und Tributzahlungen zugunsten der Einnahmequellen der Kolonialmächte abgeschafft wurden. Der afrikanische Fernhandel im Inneren wurde durch Monopole für die großen europäischen Firmen ersetzt. Die Einnahmen der Kolonialverwaltungen wurden mit Zolleinnahmen, Kopf- und Hüttensteuern abgesichert. Ausnahmen gab es vor allem in den »Residenturen« in Sokoto, Adamau und Uganda. Dies sicherte dort die Adelsherrschaft ab.

Die endemische Gewalt der Kriege und Sklavenjagden der vorkolonialen Zeit wurde beendet und bewaffneter Sklavenhandel unmöglich. Weder rivalisierende Staaten noch Warlords konnten ihre Herrschaftsbereiche weiter ausdehnen. Die militärischen Aktionen, die darauf gerichtet waren, führten meist zur Eroberung und Entmachtung der daran Beteiligten. Sie dienten der Eroberung und wurden häufig als Kampf gegen die Sklaverei gerechtfertigt, so durch die Deutschen bei der Niederschlagung des Widerstandes der Küstenbevölkerung in Ostafrika, der als »Araberaufstand« denunziert wurde. Als sich bei der Eroberung von Bida durch die Truppen der Royal Niger Company die Sklaven selbst befreiten, wurden sie wieder eingefangen. Auch versklavte Giriama wurden in Kenia von den Briten an ihre Eigentümer zurückgegeben.

Die großen Kolonialkriege hatten zusammen mit der Vielzahl der »Strafexpeditionen« insgesamt sehr viel mehr afrikanische Opfer zur Folge als die in der Regel

https://doi.org/10.1515/9783110452020-014

begrenzten Kriege zwischen afrikanischen Gruppen. Nimmt man die Opfer während der beiden Weltkriege hinzu, dann hat die Kolonialherrschaft einen viel größeren Gewaltanteil als die Kriegszeiten des 18. und frühen 19. Jahrhunderts.

Dennoch entstand trotz aller kolonialen Gewaltverhältnisse eine Art Landfrieden durch die Fähigkeit, ein Machtmonopol durchzusetzen. Der neue Landfrieden wurde trotz der Strafexpeditionen von der afrikanischen Bevölkerung wahrgenommen. Das zeigt sich daran, dass wieder Siedlungssicherheit entstand und sich Einzelsiedlungen oder kleine Weiler ohne besonderen Schutz wie Palisaden oder Dornverhaue ausbreiteten. Überdies operierten Militärs und Kolonialbeamte vorsichtig, häufig wegen zu geringer Mittel und der Kritik aus den Metropolen an den Kosten für die Bekämpfung von »Aufständen«.

Wegen der ungleichmäßigen Penetration der Gebiete und der anfänglichen Beschränkung auf die Küstenzonen erschien die neue Herrschaft vielen Afrikanern oft noch fern. Sie konnten deshalb in dieser Übergangszeit ihre Herrschaft fortsetzen. Ein Beispiel dafür ist Abeokuta[1]: Der Stadtregierung wurden schon in der Mitte des 19. Jahrhunderts die Zölle genommen, aber Stadt und Umland wurden erst 1914 annektiert.

Kolonialherrschaft blieb oft relativ berechenbar. Der Einsatz afrikanischer Hilfstruppen sollte die Legitimität der Interventionen stärken, bedrohte aber häufig lokale Machthaber, wenn illegitime Nachfolger von Chiefs unter Druck der Kolonialmacht eingesetzt wurden und sich dabei die Nachfolge durch afrikanische Rivalen auch manipulieren ließ. Allerdings setzten die Kolonialmächte häufig landfremde oder entfernte Militärgruppen ein, so sudanesische Söldner der aufgelösten ägyptischen Armee. Dies wirkte auf die betroffene afrikanische Bevölkerung als Fortsetzung der vorkolonialen Gewalt. Die »Force Publique«, die afrikanischen Truppen der Belgier, kämpfte, raubte und vergewaltigte noch im Ersten Weltkrieg in Ostafrika in der Fasson vorkolonialer Kriegführung[2]. Bei afrikanischen Entscheidungen, Widerstand zu leisten, wurde die Fähigkeit der Kolonialmächte, diesen Widerstand mithilfe des militärischen Nachschubs aus der Metropole zu brechen, oft unterschätzt, weil der Rückgriff auf die gewaltigen Ressourcen der Metropolen nicht erkennbar war. In den portugiesischen Kolonien hielten sich vorkoloniale Staaten noch bis in die 1930er Jahre. Erst kurz vor dem Ersten Weltkrieg war die Experimentierphase der Kolonialherrschaft beendet. Damit begann systematische Kolonialpolitik. Sie war eine der Voraussetzungen für gesteigerte bäuerliche Produktion von Kolonialwaren, diente aber auch der Eigenversorgung und der Belieferung der lokalen Märkte. Allmählich entstanden für den Export nach Europa und in die USA ausgerichtete spezialisierte Regionen. Im Umfeld der neuen Kolonialstädte trug die bäuerliche Produktion immer stärker zu deren Versorgung bei.

---

1 Siehe Geschichte 3 »Abeokuta«, S. 51.
2 Pesek, »Das Ende«.

Vor dieser Phase erschütterte die afrikanischen Welten die Katastrophe der Rinderpest. Sie breitete sich zwischen 1888 und 1897 in den gesamten östlichen, südlichen und westafrikanischen Regionen aus. 1888 wurde sie in Eritrea eingeschleppt, als italienische Viehtransporte aus Indien angelandet wurden. Am Horn von Afrika brach die Rinderpest 1889 aus. Sie erreichte Ostafrika und den Sahel 1890 und ab 1896/97 das südliche Afrika und Namibia. In der Regel wurden über 90 % der Großviehbestände vernichtet[3]. Nicht nur die Hirtenvölker wurden schwer getroffen, sondern auch bäuerliche Gesellschaften, die Zugtiere für die Pflüge benutzten.

In Äthiopien soll nach der Überlieferung ein Drittel der Menschen umgekommen sein[4]. Hungersnöte trafen Transvaal 1896. Die Kikuyu in Kenia verloren infolge der Hungerkrisen 1888–1900 wahrscheinlich zwei Drittel ihrer Menschen. Die mit der Rinderpest verbundene kulturelle und soziale Krise besaß eine tiefe Wirkung[5].

Ende der 1880er Jahre begann außerdem eine Periode geringer Regenfälle, die zu Ernteausfällen und Hungerkrisen führte. Seuchen begleiteten sie, so die Pocken, an denen viele geschwächte Menschen starben. Die Krise der Agrarwirtschaft wurde dadurch in den Savannengebieten West-, Ost- und Zentralafrikas sowie im südlichen Afrika verschärft. 1913/14 wiederholten sich die Dürren in der westafrikanischen Savanne und der Hunger. Seuchen entwickelten sich zur Katastrophe, weil gegen eine neue Variante der Pocken keine Immunität bestand. In Zentralafrika breitete sich bereits seit den 1860er Jahren die Schlafkrankheit von Angola in weitere Regionen aus[6]. Die Seuchen erreichten 1901 Tansania. In schwer betroffenen Gebieten wurde eine Todesquote von 90 % angenommen[7]. Hinzu kam die erhebliche Zunahme der Geschlechtskrankheiten. Die Verbreitung der Seuchen beschleunigte sich wegen der gesteigerten Mobilität durch die zunehmende Arbeitsmigration sowie durch Fluchtbewegungen und die Expansionen in Zentralafrika.

John Iliffe hat darauf aufmerksam gemacht, dass der Eisenbahnbau zwischen 1900 und 1914 die Marktchancen für viele Produzenten, die von den Bahnen nicht berührt waren, erheblich schwächte und Abwanderungen stattfanden. Jene, die von der Eisenbahn erreicht wurden, vermarkteten ihre Produkte in Richtung Küste und entzogen sie dem Sahel. Iliffe verknüpft die Katastrophen im Sahel mit den Folgen der Einführung der Besteuerung und dem Verfall des transsaharischen Karawanenhandels in Nordnigeria.

John Iliffe geht von schweren demographischen Konsequenzen für Afrika aus, die sich bis in die 1920er Jahre auswirkten. Ein erheblicher Bevölkerungsschwund

---

3 Loimeier, Roman, »Die Rinderpest 1887–1898 in Afrika: Eine Tragödie in zwei Akten«, in: Periplus: Jahrbuch für außereuropäische Geschichte, Berlin 2011, S. 83–114.

4 Iliffe, »Geschichte Afrikas«, S. 279–284.

5 Bley, »Kolonialherrschaft«, zur Rinderpest 1897 S. 164, zur kulturellen Krise der Herero S. 166–169.

6 Als Beispiel Geschichte 33 »Lupupa Ngye«, S. 428.

7 Iliffe, »Geschichte Afrikas«, S. 281.

habe in den meisten Teilen Afrikas stattgefunden. Am schlimmsten sei, mit Verlusten von 30–50 % der Bevölkerung, der belgische Kongo betroffen worden. Groß waren auch die Folgen in Französisch-Äquatorialafrika. Die westafrikanische Waldzone habe wegen der jahrhundertelangen Kontakte zu Europa mehr Immunität erworben. Auch für Ostafrika hatten sich die Seuchen geringer ausgewirkt.

Die Zunahme der Bevölkerung in den 1920er Jahren stand mit der gesteigerten bäuerlichen Produktion in Zusammenhang. Außerdem hatte sich die Krisenintervention der Kolonialmächte verbessert.

Großbritannien hatte schon in den 1920er Jahren die »Closer Union« zwischen Kenia, Tansania und Uganda zu schaffen versucht. Da sie im Siedlerinteresse lag, gab Großbritannien aber wegen des massiven afrikanischen Widerstandes das Ziel auf. Die Wanderarbeit zu den Bergbaukomplexen und den Plantagen war auch außerhalb des südlichen Afrika grenzüberschreitend. So arbeiteten im Kupfergürtel des Kongo und Sambias Arbeiter aus Ruanda. Die ökonomische Fixierung der jeweiligen Kolonialökonomie auf wenige Produkte und die Ausfuhrrouten über den oft einzigen Hafen wurden durch diese Entwicklungen nicht verändert.

Übergreifend wirkten außerdem die Kolonialsysteme selbst. Die südafrikanischen Kolonialmethoden blieben lange das Vorbild. Die nach »Rassen« segregierte Stadt wurde dort entwickelt. Das System der »indirekten Herrschaft«, in Uganda begonnen, wurde überall angewandt. In der französischen Kolonialpolitik bestimmten Vorstellungen zum Umgang mit islamischer Herrschaft die Politik im gesamten französischen Westafrika. Auch die Assimilierung städtischer Eliten in das französische politische System wurde generell praktiziert.

1 Die Kriege der Europäer und die Rekrutierung von Millionen Afrikanern

Erster und Zweiter Weltkrieg werden in ihren Wirkungen meist stark unterschieden. Die Bedeutung des Zweiten Weltkrieges für den Prozess der Erosion der Kolonialherrschaft wird betont, während in diesem Kapitel die Periode 1914–1945 als Einheit betrachtet wird, weil die wirtschaftlichen Folgen der Kriege, die massenweise Rekrutierung von Afrikanern und die Unterbrechungen des wirtschaftlichen Wachstums durch Krisen sowie Streik- und Protestbewegungen für die gesamte Periode gelten. Der Organisationsgrad der nationalen Bewegungen war am Ende des Zweiten Weltkrieges größer und die Jugendorganisationen übernahmen die Führung. Aber es muss beachtet werden, dass erst am Ende des Zweiten Weltkrieges 1944 die Honoratioren der Zwischenkriegszeit in den Hintergrund traten.

Der Erste Weltkrieg begann nur gut fünfzehn Jahre nach den letzten entscheidenden Eroberungsfeldzügen. Seine Folgen und die Erinnerung der Menschen an jene Jahrzehnte der Gewalt in ihrer Mischung aus vorkolonialen Konflikten und kolonialer Intervention lassen sich kaum klar trennen. Der Erste Weltkrieg wurde in

Afrika zur ersten Krise des kolonialen Systems. Es war zwar eine Periode, die mit der Systematisierung der Kolonialwirtschaft im Interesse der Kriegführung verknüpft war. Aber die Influenzakrise 1918/19 mit wohl zehn Millionen Todesfällen und die Wirtschaftskrisen der Zwischenkriegszeit 1920–1922 und 1929–1938 lösten eine erste Phase der Erosion der Kolonialherrschaft aus, die von den Kolonialverwaltungen jedoch so nicht wahrgenommen wurde. Der Erste Weltkrieg und die Zwischenkriegszeit lassen sich nicht als ökonomische und politische Stabilisierung der Kolonialherrschaft deuten, wie es häufig geschehen ist. In der Kernzeit der Kolonialherrschaft 1910–1956 stieg aufs Ganze gesehen das Wachstum der bäuerlichen Produktion für den Export zwar stetig an[8], Inflation, Einschränkung des Transportes und die Preispolitik der großen Nahrungsmittelkonzerne führten aber zu großen Unzufriedenheiten. Außerdem war irritierend, dass sechs deutsche Kolonien besetzt und unter den Siegermächten verteilt wurden und damit der Krieg nach Afrika getragen worden war. Ungefähr 2,5 Millionen Männer wurden rekrutiert. Die Todesquote bei Trägern und Soldaten lässt sich auf 20 % schätzen, also auf 500.000 Tote. Hinzu kamen geschätzt zehn Millionen Tote durch die Influenzaepidemie 1918/19. Gegen das Abkommen der Berliner Afrika-Konferenz, einen europäischen Krieg nicht in die Kolonien zu tragen, wurde von allen Seiten verstoßen.

Die Eroberung der deutschen Kolonien stieß auf keinen großen Widerstand. Die Ausnahmen bildeten der zweijährige Krieg in Kamerun und der vierjährige Krieg in Ostafrika. Als der deutsche Kreuzer Königsberg ein britisches Handelsschiff aufbrachte, wurde Dar es Salaam von den Briten von der See her beschossen. Von Lettow-Vorbeck, der Kommandeur der Schutztruppe in Ostafrika, begann den Landkrieg mit einem Angriff auf Taveta in Kenia gegen den Willen des Gouverneurs. Zur Sicherung der deutschen Siedler griff er die britischen Truppen erfolgreich in Tanga an. Das führte zu einer intensiven Mobilisierung auf der britischen Seite unter Führung der britischindischen Armee. Außerdem beteiligten sich die Force Publique aus dem Belgisch-Kongo und die Truppen der Südafrikanischen Union.

Gegen diese Übermacht und abgeschnitten vom Nachschub über See wich von Lettow-Vorbeck in einem langen Guerillakrieg aus, den er über vier Jahre durchhielt. Er führte einen rücksichtslosen Krieg der verbrannten Erde und der Plünderung der Lebensmittel der bäuerlichen Bevölkerung[9]. Um die 500.000 Menschen vor allem in Südtansania fielen dem Krieg, dem Hunger und den Seuchen zum Opfer. Auch die Force Publique der belgischen Truppen verfuhr rücksichtslos.

---

8 Ebd., englische Originalausgabe, Cambridge 1995. Er schreibt den Bahnbauten zu Beginn des 20. Jahrhunderts eine zentrale Rolle für die Entwicklung der bäuerlichen Exportproduktion zu, S. 271–279.

9 Pesek, »Das Ende«; Schulte-Varendorff, »Kolonialheld«; Michels, »Der Held«; Iliffe, »A Modern History«, Kapitel 8 »Fortunes of War«, S. 240–272. Wichtige Quelle: Imperial War Museum, London, »Translation of General von Lettow Vorbeck's Diary« (Kriegstagebuch der Schutztruppe), vier Bände (1914–1918) mit vielen detaillierten Telegrammen und Befehlen. Das Original ist im Zweiten Weltkrieg im Heeresarchiv verbrannt.

Auf beiden Seiten wurden über eine Million Träger rekrutiert, die häufig die Truppe zu ihrer Versorgung mit Frauen und Kindern im Tross unterstützten. Viele Träger kamen durch Krankheiten und Kampfhandlungen um. Ungefähr 10 % der deutschen Träger und Askari desertierten. Frauen wurden Freiwild für die kämpfenden Truppen. In der Schlussphase des Krieges drangen die deutschen Truppen nach dem Kriegseintritt Portugals 1916 in Mosambik ein, aus dem sie, nach erheblichen Plünderungen, wieder vertrieben wurden und nach Nordrhodesien auswichen, um dort im November 1918 zu kapitulieren. Die südafrikanischen Truppen hatten Namibia nach kurzem Kampf besetzt. Sie zogen sich aber frühzeitig aus den Kämpfen in Ostafrika zurück, als sie erkannten, dass es ihnen nicht gelingen würde, die europäischen Siedler in Tansania und in Kenia mit den beiden Rhodesien zu verbinden und in ihrem Einfluss zu stärken. Kamerun und Togo wurden zwischen Großbritannien und Frankreich aufgeteilt.

Millionen von Männern wurden rekrutiert. Die Strategien zur Rekrutierung ergeben ein uneinheitliches Bild. Offiziell ging es um Freiwillige; in der Regel gab es aber starken Druck auf die Chiefs, junge Männer zu stellen. Allein in Kenia starben von 350.000 der rekrutierten Träger ca. 40.000. Nach Ansicht von Geoffrey Hodges betrug die Verlustrate unter den Trägern, die an der Front eingesetzt wurden, über 20 %[10].

Großbritannien setzte Afrikaner auch im Nahen Osten ein. In Gallipoli allein fielen um die 20.000 Mann. In Kenia deuteten die Giriama die Zwangsrekrutierung ihrer jungen Männer 1915 als Wiederaufnahme der Sklaverei und riskierten einen Krieg. Da Großbritannien Rekrutierungen aus sogenannten »warlike tribes« bevorzugte, wurden gerade aus Kriegerkasten Leute mit der Zahlung von Sold, der Einkleidung in Uniformen und später auch Auszeichnungen gewonnen. In der Gold Coast flüchteten die Arbeiter aus den Bergwerken, als sie hörten, dass sich Anwerber für Träger näherten. Die Leitung der Bergwerke hatte Schwierigkeiten, sie zurückzuholen[11]. Im kleinen Nyassaland (Malawi) wurden 18.000 junge Männer rekrutiert. In Malawi protestierte 1915 Chilembwe gegen die Rekrutierung[12], vor allem aber gegen die Anfeindungen seines Status als Intellektueller, gekleidet als Europäer und Priester einer unabhängigen Kirche. In Südafrika kam es zu Protesten nach der Enttäuschung, dass sich trotz der afrikanischen Mitwirkung am Burenkrieg die Rechte der Afrikaner wegen der starken Berücksichtigung des burischen Nationalismus verschlechterten. Nationalistische Buren organisierten einen Aufstand gegen die Regierung Smuts, weil sie den Krieg der Südafrikanischen Union gegen Deutschland verhindern wollten. Die zunehmende Diskriminierung der Afrikaner in der Arbeitswelt unter dem Druck der burischen Bewegung zugunsten der Sonderstellung der Weißen war der entscheidende Faktor, als 1919 die Massengewerkschaft »Industrial Commercial Union« (ICU)

---

10 Hodges, Geoffrey, »Kariakor: The Carrier Corps: The Story of the Military Labour Forces in the Conquest of German East Africa, 1914 to 1918«, Nairobi 1999, S. 19–21.
11 Wrangham, Elizabeth, »Ghana during the First World War«, Durham 2013, S. 105–107.
12 Siehe Geschichte 27 über Chilembwe, S. 329.

unter Clements Kadalie gegründet wurde[13]. Kadalie stand unter dem Einfluss der Lehren von Marcus Garvey und gehörte zu der Intelligenz, die nach dem Aufstand von Chilembwe nach Südafrika ausgewichen war. Die rote Mitgliedskarte der ICU wurde zum Symbol der Betonung der Menschenwürde auch der einfachen Landarbeiter und war ein Signal der Emanzipation. Dies stand im Kontext der sozialökonomischen Veränderungen in Südafrika.

In den vier Städten Dakar, Gorée, Rufisque und Saint Louis der französischen Kolonie Senegal hatten gebildete Afrikaner seit 1848 Wahlrecht. Deshalb unterstützte die afrikanische Intelligenz in Französisch-Westafrika die Kriegsteilnahme in der Hoffnung auf Ausweitung des Wahlrechtes. Einer der Unterstützer war Blaise Diagne, der sich bereit erklärte, sein großes Ansehen für die Rekrutierung einzusetzen. Er war als französischer Staatsbürger und als Mitglied der städtischen Elite im Senegal Mitglied der französischen Nationalversammlung. Seine Mission, bei der er von dekorierten afrikanischen Offizieren begleitet wurde, übertraf alle Erwartungen. Er hoffte, dass nach dem Krieg viele Gebildete Stimmrechte bekommen würden. In Europa setzten die Franzosen zahlreiche Soldaten der »Tirailleurs« aus Senegal an der Westfront ein, rekrutierten aber auch in Dahomey und auf Madagaskar. Viele wurden zu Schanzarbeiten und als Träger verwendet. Stark betroffen von der Rekrutierung war Algerien. Dort wurden im Laufe des Krieges 175.000 Soldaten und 75.000 Arbeiter rekrutiert, von ihnen fielen 25.000 und 72.000 wurden verwundet. Wegen der Unruhen wurde in einigen Bezirken die Rekrutierung 1917 vorübergehend eingestellt[14]. In Französisch-Westafrika rekrutierte man fast 193.000 Menschen. Davon galten über 17.000 als Freiwillige. Selbst Madagaskar hatte 45.000 zu stellen, von denen 4.000 fielen. Die Gesamtzahlen für die französischen Kolonien in Afrika werden zwischen 535.000 und 607.000 angenommen. Außerdem wurden 200.000 Arbeiter für die Rüstungsindustrien und das Transportwesen verpflichtet[15].

Die Männer wurden durch Druck auf die Chiefs rekrutiert, meist mit Zwang. Häufig griffen diese auch auf ehemalige Sklaven zurück. Viele versuchten zu fliehen und wichen in benachbarte Kolonien aus. Der französische General Mangin berichtete seiner Regierung, dass mindestens 50.000 Mann aus der Elfenbeinküste in die Gold Coast (Ghana) und nach Sierra Leone geflohen seien[16]. Es kam vor, dass dann Eltern verhaftet wurden, um die geflohenen Söhne zu zwingen, sie auszulösen. Der Generalgouverneur in Dakar, van Vollenhoven, der Gegner der Zwangsrekrutierun-

---

13 Siehe Geschichte 30 »Clements Kadalie«, S. 350.

14 Braukämper, Ulrich, »Afrika 1914–1918«, Berlin 2015, vor allem Kapitel 7 »Szenarien des antikolonialen Widerstandes vom Mittelmeer zum Kap«, S. 101 ff. und Kapitel 6 »Afrikanisches Menschenmaterial«, S. 81–91.

15 Ebd., S. 85.

16 Johnson, G. Wesley, »African Political Activities in French West Africa 1900–1940«, in: Ajayi, Jacob Festus Ade; Crowder, Michael (Hrsg.), »History of West Africa«, 2. Auflage, Bd. 2, London 1987, S. 610.

gen war, berichtete, dass in Französisch-Westafrika größere Rebellionen in dreizehn Distrikten des französischen Sudans, in fünf des Niger und in fünf größeren Städten Dahomeys stattgefunden hätten[17]. Die französische Verwaltung konfiszierte 1916 13.000 Gewehre allein im ländlichen Senegal[18]. Dies ist ein Hinweis darauf, dass sich erst in dieser Phase, und damit nach sechzig Jahren, die Kolonialherrschaft so tiefgreifend auswirken konnte, dass eine derartige Entwaffnung möglich wurde. Es verweist auf das Gewaltklima im Weltkrieg in der ältesten Kolonie Afrikas.

Brutaler Zwang fand während des Vormarsches der Truppen in Ostafrika und Kamerun statt, wenn für den Nachschub Träger fehlten oder wegen der Ausfälle beim Schleppen der Maschinengewehre und Geschütze Leute ersetzt wurden.

Die Folgen für die Zivilbevölkerung waren gravierend. Der Landwirtschaft fehlten die jungen Männer, so dass Hungersnöte ausbrachen. Dies steigerte sich zu Katastrophen, wenn ganze Ernten beschlagnahmt wurden, um Getreide nach Europa zu bringen. In Ostafrika und Kamerun waren die deutschen Truppen vom Nachschub über See abgeschnitten und mussten sich aus dem Lande ernähren. Auch dort wurden die Bauern zum Teil mit wertlosen Schuldverschreibungen um die gesamte Ernte gebracht. Widerstand wurde mit Hinrichtungen und Abbrennen der Häuser gebrochen. Beim Rückzug der deutschen Truppen und auf den langen Wegen während des Guerillakrieges wurden ebenso Ernten und Dörfer verbrannt. Fluchtbewegungen und Hungersnöte sowie dadurch ausgelöste Seuchen waren die Folge. Für Ostafrika werden die Folgen dieser Politik der verbrannten Erde auf 300.000–500.000 Menschen geschätzt.

Braukämper[19] berichtet über vielfältige Widerstandsformen. Neben Widerstand gegen die Rekrutierungen wurden die diversen Kriegssteuern abgelehnt oder ihnen wurde ausgewichen. In der Sahelzone und in der Sahara ergriffen etliche nomadische Gruppen die Gelegenheit, ihre Niederlagen gegen das französische Militär in den späten 1890er Jahren zu revidieren. Sie nutzten die Ausdünnung der französischen Militärpräsenz aus und nahmen ihre Versuche zur Staatsbildung wieder auf. Diese Aktivitäten reichten bis an die Grenzgebiete Ägyptens. Deutsche Agenten, wie der Völkerkundler Frobenius, ließen sich in die Bemühungen einspannen, die Bewegung des Sanusi-Ordens in Libyen zu fördern.

Der Erste Weltkrieg zog die afrikanischen Kolonien mit großer Wucht in die Weltverhältnisse und berührte alle Großregionen. Wenn bis dahin die koloniale Durchdringung der Territorien unvollständig war, wurden die Kolonien unvermittelt hineingerissen. Nicht nur die Rekrutierungen führten zu Widerstand, sondern in vielen Teilen Afrikas auch die Beschlagnahme von Ernten und die Steuererhö-

---

17 Ebd.

18 Ebd., S. 612.

19 Braukämper, »Afrika«, Kapitel 7 »Szenarien des antikolonialen Widerstandes vom Mittelmeer zum Kap«, S. 101–157, Abschnitt »Der Aufstand des Sanusi-Ordens in Libyen und Ägypten 1914–1917«, S. 106–112.

hungen[20]. Umfassend war die Beschlagnahmung der Ernten und Lebensmittel in Algerien und Marokko. In Ghana und Senegal kam es erstmals zu umfangreichen Streikbewegungen, die ihre Ziele auch erreichten[21]. Wirtschaftliche und politische Folgen und Kritik an den kolonialpolitischen Methoden verknüpften sich miteinander. Unabhängige Kirchen nahmen zu. Die Gründungen vieler unabhängiger afrikanischer Kirchen in Südafrika hatten allerdings einen längeren Vorlauf und reichten bis in das 19. Jahrhundert zurück. Für das französische Westafrika berichtete der Generalgouverneur in Dakar im Mai 1919, dass viele rückkehrende Veteranen das Klima der Aufsässigkeit vergrößern würden[22].

Geschichte 27 – Gegen die Rekrutierung im europäischen Krieg: Der Aufstand Chilembwes in Nyassaland (Malawi) 1915

Unter der Führung des Predigers John Chilembwe der »Providence Industrial Mission« wurde in Nyassaland, dem späteren Malawi, ein Aufstand organisiert, der vom 23. Januar bis zum 4. Februar 1915 andauerte und mit der Erschießung Chilembwes auf der Flucht nach Mosambik endete. George Shepperson und Thomas Price haben 1958 darüber eine eindrucksvolle Biographie von über fünfhundert Seiten vorgelegt[23]. Die Entstehung dieser Bewegung wurde als Beispiel afrikanischen Widerstandes betrachtet, die nach der Unterscheidung von Terence Ranger[24] nicht mehr dem »primären Widerstand« der alten Eliten der Könige und Chiefs zugeordnet werden konnte, sondern eine neue Organisationsform war. Sie ging von gebildeten Afrikanern aus und war nicht ethnisch definiert, auch wenn Chilembwe sich als Yao betrachtete. Er konnte eine ethnisch gemischte Unterstützergruppe in Nyassaland mobilisieren. Die Nahtstelle zwischen den Formen des älteren Widerstandes und der neuartigen Bewegung ergab sich aus der Verselbstständigung südafrikanischer Prediger. Damit wollte er sich vom Einfluss der Missionsgesellschaften lösen, die den Kolonialmächten nahestanden und in der Regel keine afrikanischen Eigenkirchen zuließen.

Seine zunächst religiös konnotierte Bewegung wandelte sich in eine politisierte Protestbewegung gegen den Kolonialismus. John Chilembwes Radikalisierung begann mit seinem Eintritt in die Dienste des amerikanischen Missionars Booth. Dieser hatte

---

20 Ebd., Kapitel 7 »Szenarien«, S. 101–157.
21 Wrangham, »Ghana«, S. 107; für Senegal Johnson, »African Political Activities«, S. 612 f.
22 Ebd., S. 611.
23 Shepperson, George; Price, Thomas, »Independent African: John Chilembwe and the Origins, Settings and Significance of the Nyasaland Native Rising 1915«, Chicago 1958 und White, Landeg, »Magomero: Portrait of an African Village«, Cambridge 1987. Magomero ist das Zentrum des Aufstandes.
24 Ranger, Terence, »Connexions between Primary Resistance Movements and Modern Mass: Nationalism in Eastern and Central Africa«, in: Journal of African History, Bd. 9, Nr. 3, 1968, S. 437–457.

sich bereits in Wisconsin (USA) mit der antikolonialen Tradition der amerikanischen Unabhängigkeitsbewegung verbunden. In der Zeit nach dem Amerikanischen Bürgerkrieg stand er auf der Seite der Sklavenemanzipation. Entsprechend war er ein Förderer der »Negro Churches«.

Booth blieb nach seiner Ankunft Ende 1892 in Nyassaland ein Außenseiter, da er die im südlichen Afrika um die Wende zum 20. Jahrhundert entstehenden unabhängigen Kirchen begrüßte. Sie wurden als »äthiopische Kirchen« von Kolonialverwaltungen und Siedlerschaft mit großem Misstrauen beobachtet[25]. Er geriet in Nyassaland in Konflikte mit gleich drei Missionsgesellschaften, bevor er eine Missionsstation der Baptisten gründete.

Ihr schloss sich Chilembwe im Alter von 23 Jahren als Koch an und kümmerte sich auch um die mutterlose kleine Tochter von Booth. Sie entwickelten ein enges Verhältnis zueinander. Chilembwe nahm früh die kolonialkritische Haltung Booths zur Kenntnis. So berichtete sein Missionskollege und Freund David Livingstone, nach dem berühmten Missionar benannt, von einer mehrtägigen Verhandlung des Missionars Booth mit Chief Madeja der Kololo, zu der er als Übersetzer mitgenommen worden war[26]. Der Chief fragte Booth: »Why did Dr. Livingston first come? Did the White Queen send him? Who paid him and helped him with goods and money? Did he come with a soft tongue to spy out the land and make the way for these men of guns and taxation, to steal the land and make slaves of them? Who sent the smooth-tongued man Johnston (Harry Johnston[27])? Why did the white Queen sent him? Why did he bring more men with guns?«. Er fuhr fort: »Were white men preparing to steal all Africa? Did he (Booth) not think my nation was a nation of robbers? Had we stolen any other country? Were we (the colonial Powers) going to make them a nation of Slaves?« Außerdem fragte er, was geschehen würde, wenn er sich weigerte, der britischen Aufforderung zu folgen, sie mit Kriegern zu unterstützen.

Booth antwortete mit Bibelzitaten aus dem Buch Jeremias, die der Chief als Texte wiedererkannte, die Livingstone ihm vor Jahren vorgelesen hatte. Ein Vers lautete: »He hath sent me to bind up the broken hearted to proclaim liberty to the captives and the opening of the prison to them that are bound; to proclaim the acceptable year of the Lord and the day of vengeance of our God«.

Der Chief prüfte mit seinen Fragen, ob Booth ein potenzieller Verbündeter sein könnte. Ebenso skeptisch war auch die britische Verwaltung, die Booth misstraute, als sie von dem mehrtägigen großen Treffen erfuhr. Sie schickte einen sansibarischen Askari, ausgestattet mit einem Brief von einem Beamten Johnstons, der die Versammlung auflöste. Chilembwe erfuhr von alledem.

---

25 Füllberg-Stolberg, Katja, »Amerika in Afrika. Die Rolle der Afroamerikaner in den Beziehungen zwischen den USA und Afrika 1880–1910«, Berlin 2003.

26 Bericht von Booth aus »Manuscript Makololo Call«, Booth Papers, zitiert in Shepperson/Price, »Independent African«, S. 50 und Anm. 76.

27 Harry Johnston, Forscher und Administrator in Nyassaland.

Dem Chief Madeja war das Vordringen der Briten in das Umfeld von Nyassaland offensichtlich bewusst. Das Gebiet der Prazos war aus dem portugiesischen Einflussbereich herausgelöst worden. Die Eroberung der benachbarten Gebiete Simbabwes durch Cecil Rhodes und die Aufteilung Sambias zwischen Belgien und Großbritannien verliefen gleichzeitig. Aber auch die Unruhe und Bedrohungen durch die Raubzüge auf Sklaven war unmittelbare Vergangenheit. Auch Chilembwes Vater hatte als Yao noch Sklaven gejagt und eine Sklavin zur Frau genommen. Chilembwes Mutter wurde in die Lineage der Manganja integriert. Chilembwe definierte sich durch seinen Vater als Yao, trotz dessen Verbindung zum Sklavenhandel.

Um seinen vielversprechenden Schüler zu fördern, nahm Booth Chilembwe 1897 nach Amerika mit, damit er die afroamerikanischen Kirchen kennenlernen und sich weiterbilden konnte. Er blieb dort bis 1900. Chilembwe, der weit in den USA herumkam, wurde in Lynchburg bei Philadelphia in einem College für Afroamerikaner ausgebildet und als Prediger ordiniert. Er traf dort auf John Langalibalele Mafukuzela Dube, einen der bedeutenden Köpfe aus Natal, der bei der Selbstorganisation der Afrikaner Südafrikas beteiligt war. Darüber hinaus las er die politische Literatur von Padmore, Douglass und wohl auch Schriften von Booker T. Washington, dessen Konzept und Praxis der gewerblichen Bildung (»industrial education«) er aufnahm.

Schon in Südafrika auf dem Wege nach Amerika sog er die weiße Zivilisation als Vorbild auf und war beeindruckt, dass auch die Afroamerikaner sich an diesem Stil orientierten. Das geschah in einer Periode nach dem Amerikanischen Bürgerkrieg, in der nach der Sklavenemanzipation Afroamerikaner Lynchmorde erlebten und Chilembwe den aggressiven Rassismus der weißen Amerikaner wahrnahm. Ihn beeindruckte der Wille vieler Afroamerikaner, darauf nicht passiv zu reagieren.

Nach Nyassaland zurückgekehrt, gründete er die Providence Industrial Mission. Er baute eine große eindrucksvolle Backsteinkirche, die 1913 fertig wurde. Seine Arbeit fand in einem feindseligen Klima statt, da er ähnlich radikal wie Booth argumentierte und predigte und deshalb wie Booth bei den Siedlern und großen Plantagenbesitzern als gefährlich eingeschätzt wurde. Insbesondere der Besitzer der größten Plantage, William Livingstone, ein Verwandter des großen Missionars, verweigerte ihm Kirchenbauten und Schulen und ließ Kirchen auch abbrennen.

Landeg White sieht in dem Konflikt mit diesem extrem hartherzigen, größten Landbesitzer in Nyassaland die Hauptursache für den Aufstand, in dessen Verlauf Livingstone auf Anordnung Chilembwes enthauptet und sein Kopf als Siegestrophäe mitgenommen wurde. Eine wichtige Rolle spielte, dass der Lebensstil Chilembwes in Anlehnung an den Lebensstil der Europäer für ihn das Symbol der Zivilisation und des Aufstiegs war. Er ging europäisch gekleidet, trug Hüte und kaufte für seine Frau, die eine Coloured war, Seidenstrümpfe in Läden ein, in denen nur Europäer einkauften. Sein Handeln galt als skandalös und machte ihn missliebig.

Die Zerstörung seiner Kirchen und Schulen auf dem Gebiet der Plantagen war ohnehin extrem verletzend. Der Plantagenbesitzer war grundsätzlich gegen Bildung und Aufstieg von Afrikanern. Das Zivilisationsversprechen des Kolonialismus schloss in einer von Siedlern geprägten Kolonie die Aufsteiger aus. Chilembwes Haltung verband sich mit dem Stolz, ein Yao zu sein. Die konfliktreiche Zeit des 19. Jahrhunderts war auch ihm noch nah. Erst vor Ort in Amerika hatte er erfahren, dass – anders, als die arabischen Sklavenhändler behauptet hatten – die Sklaven in Amerika nicht Menschenfressern zum Opfer gefallen waren, sondern lebten, und das in einem bemerkenswerten zivilisatorischen Zustand. Durch seinen Yao-Hintergrund hatte er außerdem enge Beziehungen zu Mosambik. Viele, meist islamische Nguru waren nach Nyassaland geflohen, weil in der Zeit des Missmanagements der portugiesischen Kolonie Hungersnöte ausbrachen und die Administration passiv blieb. Aus ihnen sollte sich ein großer Teil seiner Gefolgsleute rekrutieren.

Der Zeitpunkt des Aufstands Januar/Februar 1915 spielte wahrscheinlich für die Auslösung eine wichtige Rolle. Die Europäer bekämpften einander, so die Deutschen und Briten auf dem Nyassa-See. Die Deutschen erlitten eine Niederlage und verloren ihr Schiff auf dem See. Wichtiger war, dass praktisch alle britischen regulären Truppen nach Norden abgezogen worden waren und nur kleine Reservistenverbände im Lande blieben. In Nyassaland wurden insgesamt 19.000 Mann als Träger und Hilfskräfte in den Krieg in Ostafrika gegen das Deutsche Reich geschickt.

Chilembwe protestierte 1914 in einem Brief an die »Nyasaland Times« unter dem Titel »The Voice of the Natives in the Present War«[28].

> *»We understand that we have been invited to shed our innocent blood in this World's War which is now in progress throughout the wide world. On the commencement of the war we understood that is was said indirectly that Africa had nothing to do with the civilized war. But now we find that the poor African has already been plunged into the Great War. A number of our people have already shed their blood, while some are crippled for life. And an open declaration has been issued. A number of Police are marching in various villages persuading well built natives to join in the war. The masses of our people are ready to take on uniforms ignorant what they have to face or why they have to face it.*
>
> *We ask the honourable Government of our country which is known as Nyasaland. Will there be any good prospects for the natives after the end of the war? Shall we be recognized as anybody in the best interest of civilization and Christianity after the great struggle is ended? ... Everybody knows that the natives have been loyal to all Nyasaland interests and Nyasaland institutions.«*

Der Brief endete mit der Aufforderung: »Let the rich men, bankers, titled men, storekeepers and landlords go to war and get shot. Instead the poor Africans who have nothing to own in this present world, who in death, leave only a long line of widows and orphans in utter want and dire distress are invited to die for a cause which is not theirs.« Er schloss damit, dass nun nichts mehr zu ändern sei und sie eingeladen seien zu sterben. Er hoffte auf den Tag »that the Government will recognize our indispensibility and that justice will prevail« und zeichnete mit »John Chilembwe on behalf of his countrymen«.

---

28 Abgedruckt in: Shepperson/Price, »Independent African«, S. 234, vom Dezember 1914. Die Kopie stammt von einem Mitglied seiner Providence Industrial Mission, ebd., Anm. 126.

Der Brief wurde an den Commissioner geleitet und auf dessen Weisung vom Zensor unterdrückt.

Zehn Jahre zuvor hatte bereits Chief Madeja gefragt, wie er sich im Falle der Zwangsrekrutierung seiner Leute als Soldaten seitens der Briten verhalten solle. Dies war Chilembwe berichtet worden. In dem Brief schreibt er einerseits ironisch vom »civilized war« der Europäer, übernimmt aber auch die Position der Briten, dass Deutschland der imperialistische Aggressor sei. Er konzentriert sich auf eine gerechtere Nachkriegsordnung und betont die Loyalität der Afrikaner Nyassalands. Zentrales Anliegen war die Anerkennung der Unverzichtbarkeit der Afrikaner in der kolonialen Ordnung und damit auch seine Anerkennung als zivilisierter Sprecher seines Volkes.

Dennoch riskierte er den Aufstand. Der Krieg der Europäer untereinander schien eine Gelegenheit, den Abzug der britischen Truppen nach Tansania zu nutzen. Auch der Skandal der Zwangsrekrutierung so vieler Afrikaner für diesen europäischen Krieg war ein wichtiges Element für diesen Entschluss. Die Demütigungen, die er vonseiten der Siedlerschaft, besonders von Livingstone, dem Plantagenbesitzer der Bruce Estates, erlitten hatte, bildeten ein zentrales Motiv. Die Unterdrückung seines Briefes erschien ebenfalls als ein Hinweis, dass keine Hoffnung auf eine gerechtere Nachkriegszeit bestand. Der Brief war vielleicht nur ein rhetorisches Element, um die Europäer an ihre Unglaubwürdigkeit zu erinnern.

Der Aufstand war schlecht organisiert. Der Plan war aber vielen Afrikanern der Gegend bekannt und wurde strikt geheim gehalten. Nur ein Siedler wurde am Tage des Aufstands misstrauisch. Der Bote, der warnen sollte, wurde aber erschlagen. Die wenigen Kämpfer Chilembwes wurden aufgeteilt und zersplitterten sich dadurch. Trotz völliger Überraschung gelang es der Verwaltung bereits einen Tag später, eine der Gruppen durch bewaffnete Siedlergruppen und Reservisten verfolgen zu lassen, um sie schnell und effektiv auszuschalten. Chilembwe und seine engsten Partner schafften es nicht, nach Mosambik zu den Nguru zu fliehen, um dort »unsichtbar« zu werden. Sie wurden nahe der Grenze erschossen. Sein eindrucksvoller Kirchenbau wurde niedergerissen. In der »Nyassaland Times« wurde im Februar eine Liste mit 43 Namen von Männern veröffentlicht, die als Teilnehmer des Aufstandes galten und noch nicht gefangen waren[29].

2 Die wirtschaftlichen Folgen des Krieges und die afrikanischen Kriegserfahrungen

Die wirtschaftlichen Folgen waren gravierend. Millionen von jungen Männern wurden für die Armeen rekrutiert. Sie wurden Kämpfer, Arbeiter hinter den Fronten in Europa und Träger in den Feldzügen in Afrika. Sie fielen für die Landwirtschaft aus.

---

29 Ebd., Anhang S. 539 f.

Agrarkrisen und Hunger waren die Folgen. Dies steigerte sich, weil ganze Ernten beschlagnahmt wurden. Die Inflation für Importwaren war hoch und lag zwischen 50 und 100 %, was zur Folge hatte, dass der Schiffsverkehr stark reduziert wurde. Es fehlte an Krediten, weil die deutschen Banken ausfielen und die britischen Banken wegen der unsicheren Lage Kredite verweigerten. Händler hielten ihre Waren zurück[30]. Davon war vor allem die stark angewachsene städtische Bevölkerung betroffen, die sich auf Importwaren eingestellt hatte. In Nigeria und Ghana fielen die Hamburger Firmen aus, die für den Palmölhandel wichtiger waren als die Firmen Großbritanniens. Der Anteil Deutschlands am Außenhandel betrug 1913 50 %[31].

Die an der Vermarktung der Kolonialwaren beteiligten afrikanischen Zwischenhändler waren allerdings bereits an der Wende zum 20. Jahrhundert systematisch ausgeschaltet. Die großen afrikanischen Handelshäuser im Nigerdelta wurden zerschlagen. Koloniale Handelsgesellschaften strebten Monopole an. Die traditionellen Fernhandelswege mit ihren Märkten wurden geschwächt, weil der Bau der Eisenbahnen die alten Handelsplätze umging. Die Bahnverwaltung vermietete außerdem die Waggons überwiegend an die großen britischen Firmen. Der Export von Kolonialwaren wurde drastisch eingeschränkt. In Ghana. brach für einige Jahre die gerade erst aufgebaute Kakaoproduktion zusammen und erholte sich erst 1918[32]. Außerdem starben viele Kakaobüsche ab. Der Erste Weltkrieg verstärkte diese Tendenz. Wichtig waren in diesem Zusammenhang die Verknappung des Schiffsraums und die Monopolstellung der Reederei Dempster. Große Firmen wie »Lever Brothers« erhielten Sonderkonditionen für Monopole und Transport. Die britische Kolonialregierung versuchte, die Einnahmeausfälle aus der Importsteuer mit vielfältigen Steuererhöhungen auszugleichen. Steuerforderungen ruinierten Handelsplätze in Südostnigeria. Im Yoruba-Gebiet wurde der Abgabendruck durch Eingriffe in die Häuptlingsstruktur so erhöht, dass Steuerverweigerung die Folge war. Auch die Intervention in die Verfasstheit der Städtelandschaft der Region stieß auf heftigen Widerstand, dem wiederum mit großer Härte begegnet wurde[33]. Insofern waren Krieg und unmittelbare Nachkriegszeit von Gewalt geprägt.

Auf die Krise der Exporte und den Preisverfall reagierten die Bauern mit der Organisation von Genossenschaften. Von der Kolonialverwaltung verlangten sie, für die Stabilisierung der Preise »Marketing Boards« zu schaffen. Nach dem Krieg wandten sich Bauern und Genossenschaften erneut mit »Cocoa Hold ups« gegen die multinationalen Konzerne. Die Wachstumsphase vor dem Krieg, aber auch die Krise während des Krieges veränderte das politische Bewusstsein der politischen Eliten. Zunächst

---

30 Bley, »Die koloniale Dauerkrise«.
31 Osuntokun, Akinjide, »Nigeria in the First World War«, London 1979. Siehe auch Bley, »Die koloniale Dauerkrise«, S. 43.
32 Wrangham, »Ghana«, Kapitel 4 und 5.
33 Gavin, R. J.; Oyenakinde, Wale, »Economic Development in Nigeria since 1800«, in: Ikime, Obaro (Hrsg.), »Groundwork of Nigerian History«, Ibadan 1980, S. 504 und Osukuntun, »Nigeria«, Kapitel »Disaffection and Revolt in Southern Nigeria 1914–1918«, S. 100–138.

nutzten afrikanische Geschäftsleute mit Firmengründungen den Ausfall der Hamburger Firmen, wurden aber in den Wirtschaftskrisen der Zwischenkriegszeit von den Monopolgesellschaften verdrängt. Der Krieg endete mit einer demographischen Katastrophe. Der Influenzaepidemie 1918/19 fielen geschätzt zehn Millionen Afrikaner, vornehmlich in den Küstenbereichen, zum Opfer – in Nigeria sogar 24 %[34]. Die Krankheit war unter anderem in Soldatenkamps der USA ausgebrochen und an der Westfront verbreitet worden. Ein anderer Herd wird in Nordchina vermutet. Auch wenn Ausbruch und Verbreitung mit dem Krieg und seinen Transportwegen eng verbunden waren, blieb der Kontext der Krankheit unerkannt. Das Unheimliche für die Menschen war, dass sie häufig vor allem junge Menschen traf und der unzeitgemäße Tod unverständlich blieb. Dementsprechend waren die bekanntesten Reaktionen religiös konnotiert. Im Kongo entstand die große religiöse Protestbewegung des Kimbanguismus durch Simon Kimbangu 1921. Die belgischen Behörden deuteten dies als politischen Protest und verurteilten Kimbangu zum Tode. Er wurde dann aber begnadigt. Seine prophetische Bewegung erreichte über eine Million Menschen und wird auch mit der Reaktion auf die Influenzaepidemie in Verbindung gebracht.

Die Rückkehrer aus dem Krieg hatten neue und unerwartete Erfahrungen gemacht. Der Mythos der europäischen Unbesiegbarkeit geriet ins Wanken. Europäer und auch Inder erwiesen sich in den Kämpfen in Afrika als schwach und auf afrikanische Hilfe angewiesen, wenn sie dem tropischen Klima nicht gewachsen waren. Oft mussten europäische und indische Soldaten auf den langen Transporten sogar von den Afrikanern getragen werden. In Frankreich hatten sie das Leben der einfachen Europäer und deren Verwundbarkeit gesehen. Etliche Afrikaner wurden von französischen Familien eingeladen und erlebten völlig andere Verhaltensweisen, als sie es von den Franzosen in den Kolonien kannten. Da die afrikanischen Soldaten und Träger in den Wintermonaten in Fréjus in Südfrankreich in Lagern untergebracht waren, entstanden dort am ehesten engere Kontakte. Sie lernten europäische Frauen kennen und standen zu ihnen in unterschiedlichen Beziehungen[35]. In Ausnahmefällen erlaubten die Kommandeure, dass sie Frauen heiraten durften. Einige dieser ehemaligen Soldaten ließen sich in Frankreich nieder. In der Masse mussten sie aber in ihre Kolonie zurückkehren.

---

34 Phillips, Howard; Killingray, Davis (Hrsg.), »The Spanish Influenza Pandemic of 1918–19«, London 2003. Spezialstudien für viele afrikanische Länder in: Müller, Jürgen, MA Hannover, in seiner Bibliographie in Phillips/Killingray, S. 301–351, insbesondere Afrika, S. 304–316, und Gewald, Jan-Bart, »Die spanische Grippe in Afrika: Einige Anmerkungen zur Quellenlage und künftiger Forschung«, in: Periplus: Jahrbuch für außereuropäische Geschichte, Berlin 2011, S. 152–174. Der Beitrag enthält keine Größenangaben.
35 Ginio, Ruth, »African Soldiers, French Women, and Colonial Fears during and after First World War II«, in: Byfield, Judith; Brown, Carolyn; Parsons, Timothy; Sikainga, Ahmas (Hrsg.), »Africa and World War II«, Cambridge 2015, S. 324–339, mit Bezügen auch zum Ersten Weltkrieg, S. 329 f.

Soldaten, Träger und Arbeiter teilten die Erfahrungen mit Afrikanern aus anderen Regionen sowohl an den afrikanischen Fronten als auch auf den Kriegsschauplätzen in Europa und im Nahen Osten. Da die europäischen Arbeiter und Handwerker in den Kolonien eingezogen wurden, rückten viele Afrikaner in deren Tätigkeitsfelder nach. So konnten Afrikaner Lokomotiven fahren; sie übernahmen Metallarbeiten und Reparaturen am Schienensystem. Sie erhielten anspruchsvollere Aufgaben in den Verwaltungen. In Ghana organisierten sich die Arbeiter in den Zinn- und Goldminen in Gewerkschaften. Sie streikten in den letzten Kriegsjahren erfolgreich[36].

Die Intelligenz war zunächst der jeweiligen Kolonialmacht gegenüber loyal geblieben. Sie erwartete, dass sie nach dem Krieg mehr Rechte in den Organen der Selbstverwaltung erhalten würde. Die Nachkriegszeit wurde in dieser Hinsicht eine Enttäuschung. Die Kolonialverwaltungen stützten sich auf den Einfluss der Chiefs. Das nützte immer weniger, da die größeren Probleme mit der städtischen Bevölkerung entstanden und mit den Chiefs nicht zu bewältigen waren, zumal deren Einfluss weitgehend auf die ländlichen Räume beschränkt war. Viele Chiefs hatten aufgrund ihrer Kollaboration mit der Kolonialverwaltung bei der Rekrutierung und der Durchsetzung neuer Steuern viel an Autorität verloren[37].

In Dakar hatte Blaise Diagne nach seiner Rückkehr aus Paris keinen Erfolg mit dem Versuch, das Wahlrecht für gebildete Afrikaner auf die Afrikaner im Hinterland auszuweiten. Bis dahin war dieses Recht an französische Händler in Saint Louis und an Kreolen in Gorée verliehen worden. Im Krieg war der Status gebildeter Städter verbessert worden. Gebildeten mit Wahlrecht war es gestattet, nach afrikanischem Recht zu heiraten, und sie konnten nach europäischem Recht vererben[38]. Als Diagnes Loyalität gegenüber den französischen Kriegsanstrengungen keine politischen Folgen hatte, organisierte er die erste große politische Partei in Afrika, die »Parti Républicain Socialiste« mit dem Slogan »Senegal für Senegalesen«. Er nutzte den Umstand, dass in den vier Städten, in denen gebildeten Afrikanern Bürgerrechte verliehen worden waren, diese vor allem die Kreolen erhalten hatten. Ihm gelang es, im Wahlkampf die Macht dieser Kreolen zu brechen. Er gewann die Wahlen 1919 mit überwältigender Mehrheit, so dass sich der bis dahin als Abgeordneter gewählte Kreole François Carpot aus der Politik zurückzog[39]. Diagne verlor an politischem Ansehen, als er einer Reform der Generalversammlung der vier Städte zustimmte, die zur Hälfte mit Chiefs besetzt wurde. Seine engsten Mitarbeiter wurden zu Kritikern und forderten ihn bei der Wahl 1928 heraus, die er dennoch knapp gewann. Diagne entfremdete sich ohnehin vom politischen Leben, weil er überwiegend in Paris lebte.

---

36 Wrangham, »Ghana«, Kapitel 4, S. 107 f.; für Senegal Johnson, »African Political Activities«, S. 612 f.

37 Braukämper, »Afrika«, Kapitel 7 »Szenarien«, S. 101–157.

38 Johnson, »African Political Activities«, S. 615.

39 Ebd., S. 613.

Wichtig wurde, dass diese Opposition in Paris Verbindungen zur sozialistischen Partei aufbaute. Außerdem wurde Diagne und der französischen Verwaltung Wahlfälschung vorgehalten[40]. Es ist nicht eindeutig, ob diese ersten Ansätze afrikanischer Organisation vom Weltkrieg ausgelöst wurden oder ob die zweite und dritte Generation der Schulabgänger und Gebildeten mit Schulbildung, gewerkschaftlicher Organisation und Erfahrungen mit diskriminierenden Praktiken in den Kolonialverwaltungen der eigentliche Grund waren.

Die Politisierung der Eliten wurde sowohl von den älteren Verhältnissen als auch von den aktuellen Maßnahmen gegen die afrikanische Händlerschicht beeinflusst[41]. Die Elite in Westafrika stammte häufig aus Familien von Händlern, die ihre Studienaufenthalte in Sierra Leone oder in London finanzierten oder, im frankophonen Afrika, sie nach Paris schickten. Sie waren überwiegend Rechtsanwälte, Ärzte und Priester und zum Großteil nicht kaufmännisch tätig. Es war eine Elite, die vom viktorianischen und französischen Liberalismus geprägt war.

Wie in Ghana hatte sich auch in Nigeria bereits vor dem Weltkrieg eine kritische afrikanische Presse entwickelt. Zunehmend war man beeindruckt von den afroamerikanischen Emanzipationsbewegungen, die vor allem über Liberia vermittelt wurden. Die Älteren waren Zeitgenossen des Amerikanischen Bürgerkrieges und der anschließenden Rekonstruktionszeit. Die Lehren von Marcus Garvey wurden wichtig. Die von ihm begründete Bewegung mit dem Slogan »Back to Africa« strahlte ausgehend von New York panafrikanische Gedanken aus, die besonders West- und Südafrika erreichten[42]. Die Elite in Westafrika war überregional vernetzt mit Sierra Leone, Nigeria und Ghana sowie Liberia. Dies war stark von den Entwicklungen in den USA geprägt, über die man durch die afrikanischen Rückkehrer und die Missionare aus Kanada und den USA unterrichtet war. Die Rückkehrer aus Amerika errichteten 1848 eine Art kolonialer Herrschaft mit dem Ziel der Zivilisationsmission über die einheimische afrikanische Bevölkerung, die erst in den 1990er Jahren zerbrach. Die akademischen Professionals, Studenten und Geschäftsleute bündelten 1920 ihre Aktivitäten nach dem Ersten Weltkrieg im »National Congress of British Westafrica«. Sie nahmen panafrikanische Ideen auf und zielten auf die Verbesserung der Stellung von Afrikanern in der lokalen Selbstverwaltung. Dort waren bislang von der Verwaltung nur weiße Geschäftsleute und der Verwaltung nahestehende Privatpersonen ernannt worden. Damit war ein Selbstverwaltungsorgan in Ansätzen etabliert. Die Organisation blieb auf Honoratioren beschränkt. Sie erhielten erst am Ende des Zweiten Weltkrieges eine Massenbasis.

---

40 Ebd., S. 619 ff.
41 Siehe Geschichte 28 »Tete-Ansah«, S. 339.
42 Langley, J. Ayandele, »Pan-Africanism and Nationalism in West Afrika 1800–1945«, Oxford 1973.

3 Erste afrikanische Aufbrüche während der Nachkriegszeit und der Weltwirtschaftskrisen

In diesen Jahren hatte es deshalb kaum ökonomische Forderungen der afrikanischen Elite gegeben. Es ging noch um die Verteidigung der alten vorkolonialen Ordnung sowie um das Recht auf interne Zölle der Stadtstaaten und den Status der Monarchen. Abeokuta wurde in diesem Kontext 1914 überhaupt erst in die britische Kolonie Nigeria durch Annexion einverleibt. Die Elite konzentrierte sich auf institutionelle Aspekte.

Zum unerwarteten Kollaps kam es 1920/22. Dieser Weltwirtschaftskrise folgte eine kurze Phase der Stabilisierung ab 1923 mit einem Boom von 1927–1929. Dann brach die große Depression der Zwischenkriegszeit von 1929–1938 auch in Afrika aus[43]. Sie führte jeweils zum Einbruch der Preise im Exporthandel, der größer war als der der Nahrungsmittel aus dem Import, sowie bei den Konsumgütern.

Hopkins folgerte, dass damit die kosmopolitische Gesellschaft des 19. Jahrhunderts zu Lasten der afrikanischen Geschäftswelt ein Ende fand.

Die ökonomischen Entwicklungen in Ghana und Nigeria in der Zeit vor Ausbruch des Ersten Weltkrieges und der ersten Jahre des Krieges

Im Vergleich zum Ende des 19. Jahrhunderts war die Zahl der Farmer in Britisch-Westafrika, die von der Entwicklung des Weltmarktes abhängig geworden waren, kurz vor dem Weltkrieg stark angewachsen. Der Anteil der Einnahmen aus dem Export war verglichen mit denen aus dem inneren Markt erheblich angestiegen. Die Kakaoproduktion wurde erheblich gesteigert und mehr Arbeitskräfte wurden eingesetzt sowie mehr Zeit und Land dafür aufgewandt. Die Schwankungen in der Weltwirtschaft vor 1914 waren begrenzt, so dass daraus keine politischen Probleme entstanden waren, obwohl sich die Verhandlungsposition der Produzenten abschwächte. Die Weltmarktpreise waren hoch, auch wenn es im Krieg Schwankungen gab. Unmittelbar nach Ende des Krieges kam es 1919/20 sogar zum Rekordboom.

Mit der Depression 1920–1922 wurde die Periode der Prosperität abgelöst, an der die afrikanischen Geschäftsleute teilgehabt hatten. Die Krise verschärfte sich für sie auch, weil sie gegenüber den 1890er Jahren im Wettstreit mit den europäischen Firmen zurückgefallen waren. Die europäischen Firmen hatten Filialen im Landesinnern etabliert und setzten sehr viel mehr Kapital ein, als Afrikanern zur Verfügung stand. Mit dem Übergang zu Gesellschaften mit beschränkter Haftung stand ein überlegenes Instrument zur Verfügung. Außerdem unterstützte der Kolonial-

---

43 Hopkins, A. G., »Economic Aspects of Political Movements in Nigeria and in the Gold Coast 1918–1939«, in: Journal of African History, Bd. 7, Nr. 1, 1966, S. 133–153, hier S. 134 f.

staat die europäischen Firmen durch den Ausbau der Verkehrswege. Die Eisenbahn lief an den alten wichtigsten Handelsplätzen vorbei. Diese Entwicklung wurde von der afrikanischen Geschäftswelt wahrgenommen. Aufgrund der veränderten Lage entstand ein Bewusstsein von Gefährdung. Dazu trug bei, dass immer mehr europäische Firmen fusionierten. So widmeten sich die »Nigerian National Democratic Party« (NNDP) und der National Congress of British West Africa seit der Depression ökonomischen Fragen. Gefordert wurde, afrikanische Genossenschaften und Banken zu gründen, Schiffsraum für die Exporte zu sichern und Genossenschaftsläden und Aufkaufzentren für die Farmer zu schaffen.

Casely Hayford, der Panafrikanist und Vizepräsident des National Congress of British West Africa, wollte damit eine »closer union of the negro race« voranbringen. Er erläuterte dies in einer Keynote auf einer Sitzung des »Congress« 1926[44]. Diese ökonomische Politik des Kongresses wurde stark von Tete-Ansah[45] beeinflusst und umgesetzt.

Geschichte 28 – Tete-Ansah und die Anfänge des ökonomischen Nationalismus in Westafrika

Tete-Ansah[46] wurde 1889 in einem Dorf nahe der Hauptstadt des Königtums von Manya Krobo in Ghana geboren. Sein Vater war Händler, ging dann aber in die deutsche Kolonie Togo und brachte es dort bis zum Kommissar bei der Polizei. Er zog sich nach Dienstende in seinen Ort zurück und wurde ein enger Vertrauter des Cousins des Königs, Nene Emanuel Mate Kole, der von den Briten zum »Sir« geadelt und Paramount Chief der Manya Krobo war.

Winifried Tete-Ansah wurde in der örtlichen Schule der Basler Mission ausgebildet und Christ wie sein Vater. Er konvertierte in späteren Jahren zum Islam und nahm den Namen Musa an. Er wurde zum kaufmännischen Angestellten ausgebildet und wurde nach Zwischenstationen Leiter der Buchhaltung der großen britischen Firma »F. and A. Swanzy Ltd.« in Accra in Ghana. Kurz vor dem Ersten Weltkrieg wechselte er zu einer anderen britischen Firma.

Ab 1915 begann er, selbstständig mit Kakao zu handeln, indem er den Kakao der Krobo-Farmer vermarktete und dabei im Krieg recht erfolgreich war. 1919 gab er sein Geschäft auf, um vier Jahre in England Wirtschaft und Bankwesen zu studieren, womit er zu seinem Glück den Folgen der Depression von 1920–1922 entging. Nach einer kurzen Rückkehr setzte er seine Studien in Europa und den USA fort. Er kam 1928 nach

---

44 Ebd., S. 136 und Anmerkung 8.
45 Ich folge fast wörtlich Hopkins, ebd., S. 136 ff.
46 Vgl. auch seinen Beitrag: Hopkins, A. G., »The New Economic History of Africa«, in: Journal of African History, Bd. 50, 2009, S. 155–172.

Nigeria zurück und wurde zu einer wichtigen Figur in afrikanischen politischen und kommerziellen Kreisen.

Hopkins betont, dass Tete-Ansahs familiärer Hintergrund für diese Entwicklung sehr wichtig gewesen sei. Als ein Krobo habe er einem Volk angehört, das seit Langem am Handel mit der Welt beteiligt gewesen sei, zunächst mit der Produktion und dem Handel von Palmöl, dann von Kakao. Kennzeichnend für die Krobo war eine starke Tradition von kooperativen Aktionen[47].

In diese Traditionen und Wirtschaftsaktivitäten wurde Tete-Ansah früh eingeführt. Deswegen hatte er nicht den üblichen Karriereeinstieg wie das Studium des Rechts oder der Medizin gewählt. Er gehörte damit zu den wenigen, die erkannten, dass und wie man ökonomische Politik in die Praxis umsetzen musste.

Sein Familienhintergrund half dabei, weil deren Beziehung zum »Konor« (König) der Manya Krobo ihm geschäftlich genutzt hatte. Vom König wurde er in die führende afrikanische Gesellschaft in Accra und Lagos eingeführt. Da Tete-Ansah nie über ein größeres Vermögen verfügte, wurde er aus diesen Verbindungen mit Hof und afrikanischer Geschäftswelt für sein Studium finanziell unterstützt. Diese Verknüpfung von vorkolonialen Institutionen mit der neuen Elite war häufig. Er hatte wahrscheinlich kein offizielles Mandat vom »National Congress« und der NNDP, war aber in völligem Einklang mit den Ideen der führenden Leute.

Er veröffentlichte 1926 seine Ansichten in »What Does West Africa Want?« in der »Empire Review« in London. Er hielt den Vortrag »Imperial Cooperation: British West African Developments« vor britischem Publikum und veröffentlichte ihn 1926 in der »Whitehall Gazette« in London. 1930 veröffentlichte er »Africa at Work« in New York und 1932 außerdem »The Ottawa Conference and British West Africa« in der »Lagos Daily«[48]. Er argumentierte, dass für die Afrikaner trotz einiger Vorteile die Geschäfte nicht eigentlich profitabel seien. Die Farmer hätten die Produktion in eigener Initiative enorm ausgeweitet, erzielten aber nicht die vollen Gewinne aus dieser Ausweitung, weil ihre Produkte auf den Märkten in Übersee von ausländischen Firmen als Zwischenhändler vermarktet würden. Durch diese Kontrolle der Marktmechanismen komme es zu Preismanipulationen und zu der Ausbeutung der Produzenten. Die Antwort darauf bestehe darin, dass die Afrikaner ihre Ressourcen in der Form von Gesellschaften mit beschränkter Haftung bündeln müssten, um sowohl die Produktion als auch die Vermarktung zu kontrollieren.

Hopkins charakterisierte diesen kühnen Plan als zu begrenzt, weil er die Verbesserung der »Terms of Trade« innerhalb der kolonialen ökonomischen Struktur erreichen wollte. Tete-Ansah sprach damit seine britische Zuhörerschaft in London 1926 direkt an: »Unsere Exporte sind Rohstoffe für Eure Fabriken; unsere Importe Eurer Industriegüter würden in dem Maße steigen, wie unsere Exporte zunehmen.«[49] Hopkins merkte

---

47 Hopkins, »Economic Aspects«, S. 137, gibt dafür Beispiele zum Ölboykott der Krobo 1855–1866; mit Literaturangaben in Anm. 11.
48 Ebd., S. 137, Anm. 13. In der Ottawa-Konferenz ging das Britische Empire zum Zollschutz über.
49 Ebd., S. 138.

an, dass Tete-Ansah keine Forderungen an die kolonialpolitischen Verhältnisse richtete, sondern die damalige Position des National Congress of British West Africa teilte, dass ein »Dual Mandate« bestehe, sowohl für die Afrikaner als auch für die britischen Kolonialinteressen.

Tete-Ansah gründete in Konsequenz seiner Positionen drei Firmen mit beschränkter Haftung, so z. B. die »West African Co-operative Producers Ltd«. Sie wurde 1925 in Nigeria und 1928 in Großbritannien registriert. Von dem erwarteten Kapital von 250.000 Pfund Sterling wurden aber wohl nur 3.000 Pfund tatsächlich eingezahlt. An den Firmen waren als Direktoren namhafte afrikanische Firmeneigner und Kakaofarmer beteiligt. Tete-Ansah gewann bis 1930 die Unterstützung der führenden Kakaofarmer, die 60 % des Kakaos produzierten. Als zweite Firma gründete er die »Industrial and Commercial Bank Ltd«. Sie war schon 1914 von britischen Geschäftsleuten in London registriert worden. Bei Kriegsbeginn wurde sie aber aufgelöst und Tete-Ansah erwarb ihren Namen 1924. Von dem nominellen Kapital von 300.000 Pfund Sterling waren 1930 knapp 75.000 gezeichnet. Neben Tete-Ansah waren Geschäftsleute und Politiker Direktoren. Die dritte Firma war die »West African American Corporation«, die in Delaware registriert wurde. Die nominelle Summe betrug 1.000 $. Außer Tete-Ansah waren alle anderen Direktoren Afroamerikaner. Auch hier waren die Hoffnungen auf eine panafrikanische Solidarität von den Konzepten Marcus Garveys beeinflusst. Die Firma sollte Vermarktung und Verschiffung des Kakaos und anderer Produkte in den USA organisieren. Zunächst erfüllten die Firmen teilweise ihre Funktionen und förderten die Exporte. Aber so kühn die Pläne und Gründungen waren, sie überforderten Tete-Ansah. Sehr bald nach den Gründungen scheiterten die Firmen.

Im Oktober 1930 auf dem ersten Höhepunkt der Weltwirtschaftskrise musste die Bank die Zahlungen einstellen. Auch das Management unterschätzte die Schwierigkeiten und die Komplexität der Operationen. Man hatte es mit einer feindseligen Haltung der europäischen Firmen zu tun. Die Direktorenschaft zog sich zurück oder spaltete sich ab. Drei von ihnen gründeten die »National Bank of Nigeria Ltd«, die die Krise überstand und die erste erfolgreiche westafrikanische Bank wurde. Ihre Gründer hielten Distanz zu Tete-Ansah, der den täglichen Operationen wenig Aufmerksamkeit geschenkt hatte und als extravagant galt, was ein Hinweis darauf ist, dass wohl Managementfragen im Vordergrund standen und weniger die Wirtschaftskrise selbst. Die Direktoren der Bank konzentrierten sich auf die Institution in dem Land Nigeria und hielten nichts von einem breit aufgestellten Kombinat vieler Firmen, die im transatlantischen System operierten.

Diese Abkehr von panafrikanischen Träumen läutete nach 1929 das Ende des National Congress of British West Africa ein. Das Territorialprinzip setzte sich durch, wie künftig ebenfalls im unabhängigen Afrika. Beide Banken konkurrierten eine Zeitlang miteinander, bis die Bank Tete-Ansahs 1936 liquidiert wurde. Danach zog er sich nach Ghana zurück.

Tete-Ansah stand aber weiter in hohem Ansehen sowohl in Nigeria als auch in Ghana. Die führenden Leute der NNDP und deren Gründer Macaulay stützten Tete-Ansah weiter. Seine Kontakte zu führenden Farmern und Politikern in Ghana blieben *ihm erhalten. Er hoffte immer noch, dass seine Firmen eine wichtige Rolle in der öko-nomischen Entwicklung Westafrikas spielen würden.*

Die Generation von Macaulay und den übrigen Honoratioren, die Tete-Ansah stütz-ten, waren im Wesentlichen auf die beiden Städte Accra und Lagos konzentriert. Entschei-dend wurden in der Krisenphase die sozialen Bewegungen in den ländlichen Gebieten. In den Kreisen der Kakaofarmer wurde ein »Cocoa Hold up« geplant. Tete-Ansah wurde zwar um Rat gefragt, aber er hielt nichts von der Idee, weil er richtig voraussah, dass die Farmer nach kurzer Zeit des Boykotts doch ihren Kakao zu noch niedrigeren Preisen verkaufen müssten, was beim »Hold up« von 1931 auch geschah. Diese »Hold ups« waren die traditionelle Reaktion der ländlichen Produzenten auf die Fortdauer der Weltwirt-schaftskrise. Sie hatten das Vertrauen in das Kolonialsystem verloren.

Tete-Ansah resignierte nicht. Er verkündete 1934 einen nationalen Plan für »Economic Development«. Es waren der Asanthene, der König der Asante, und viele wichtige Chiefs, die ihm zustimmten. Erneut misslang es ihm, seine Vorschläge erfolgreich umzusetzen. Er wollte, vom Farmerverband unterstützt, ein nationales »Cocoa Control Board« und auch eine Bank für Ghana gründen. Damit schloss er sich dem Trend an, nationale Institutionen zu schaffen[50]. Wieder kam es zur Spaltung in der Organisation und Tete-Ansah wurde sei-nes Postens enthoben, weil man nicht mit ihm kooperieren könne. Er ging 1935 nach Eu-ropa und dann nach Nordamerika. Nach Westafrika kehrte er nicht mehr zurück und starb 1940 im Alter von 51 Jahren in Montreal[51].

Der Freund Tete-Ansahs und Chef der »Gold Coast Farmers' Association«, Ayew, or-ganisierte erneut einen »Cocoa Hold up« 1937, der zwei Jahre durchgehalten wurde.

Die Zeit des National Congress of British West Africa und der Nigerian National Democratic Party, die wiederholt erfolgreich Wahlen für den Legislative Council in Lagos gewonnen hatten, ging zu Ende.

In Nigeria war eine Jugendorganisation gegründet worden, die sich 1926 in »Nige-rian Youth Movement« umbenannte. Diese Bewegung und ähnliche Gruppen wurden von Nnamdi Azikiwe (Nigeria) und J. B. Danquah (Ghana) dominiert. Das Movement, das sich als Partei etabliert hatte, gewann die Wahlen zum Legislative Council 1938 mit dem starken Rückhalt durch Nnamdi Azikiwe und Obafemi Awolowo, den künfti-gen zentralen Personen des unabhängigen Nigeria. Sie lösten damit die Generation der Honoratioren und die Organisationen der 1920er Jahre ab, zu denen auch Tete-Ansah gehörte.

Danquah hatte als neues Konzept 1941 Folgendes formuliert: »It is not enough to live in the old agricultural economy. We must manufacture and buy our own goods. We must industrialize our country«[52]. Daraus zog er den Schluss, dass die Ko-lonialherren diesem Ziel im Weg standen. Nkrumah forderte dementsprechend nach

---

50 Ebd., S. 149.
51 Ebd., S. 150.
52 Ebd. und Danquah, J. B., »Self Help and Expansion«, Accra 1943, S. 15.

dem Zweiten Weltkrieg das »Political Kingdom«. Kein afrikanisches Land konnte sich nach der Unabhängigkeit erfolgreich industrialisieren, so dass alle von den Einkünften aus dem Export der mineralischen und agrarischen Produkte abhängig blieben.

4 Protest in Kenia: Frühe nationalistische Pioniere

Harry Thuku war der Pionier des kenianischen Nationalismus nach dem Ersten Weltkrieg. Er wurde insbesondere von den kenianischen Frauen unterstützt, so von Muthoni Nyanjiru, die diese Unterstützung 1922 mit dem Leben bezahlte. Am Beispiel dieser beiden sollen die besonderen Bedingungen in einer Kolonie illustriert werden, die stark von einer aggressiven weißen Siedlerschaft geprägt war, die vom britischen Militär und dessen zahllosen Strafexpeditionen gegen die afrikanische Bevölkerung unterstützt wurde. Große Teile der Hochländer, dem Kerngebiet der Kikuyu, wurden enteignet und viele Kikuyu in Reservate zwangsumgesiedelt. Aus britischer Sicht erschien die europäische Siedlung als einziger Verwendungszweck des kenianischen Binnenlandes, um das Gebiet zwischen der Küste des Indischen Ozeans und dem als wertvoll betrachteten Uganda aufzuwerten. Nairobi war ursprünglich nur ein Eisenbahnstützpunkt für die Uganda-Bahn.

Die Besetzung Kenias erfolgte auf dem Höhepunkt einer Katastrophe in Zentralkenia, dem Siedlungsgebiet der Kikuyu[53]. Geschwächt von der Rinderpest der 1890er Jahre, wurden sie von schwersten Dürren und Heuschreckenplagen heimgesucht. Nach europäischen Beobachtungen und Schätzungen starben zwischen 50 und 90 % der Menschen in Zentralkenia. Das Trauma dieser Erfahrung ist kaum nachvollziehbar. Folgt man den Analysen von Berman und Lonsdale[54], blieben trotz der Katastrophe die Institutionen bestehen, die die Gesellschaft zusammenhielten, so die Funktion der Chiefs, der »Royal Houses« und der Initiationsgruppen der »Age Sets« (Altersgruppen). Der Einfluss der Missionsgesellschaften, die zunächst die Bibel in Kiswaheli übersetzen ließen – 1926 auch in Kikuyu –, verursachte soziale und kulturelle Veränderungen. Bei der Jugend trat an die Stelle der Initiationsgruppen der »Age Sets« vorwiegend ein Generationsbewusstsein.

Die zentrale Frage für die Kikuyu blieb die nach dem Zugang zu Land, da der größte Teil ihres Landes zu »White Highlands« für die Siedler erklärt worden war. Die Lage spitzte sich zu, weil in den drei Jahrzehnten nach der Katastrophe die Bevölkerungszahl wieder anstieg und Landnot entstand. Außerdem verschärfte sich

---

53 Hungersnot in Zentralkenia 1899, Artikel in Wikipedia (https://de.wikipedia.org/wiki/Hungersnot_in_Zentralkenia_1899), als besonders qualifizierter Text ausgezeichnet. Fassung 25.6.2019. Siehe auch das ausgezeichnete Literaturverzeichnis in den Einzelnachweisen.
54 Berman, Bruce; Lonsdale, John, »Unhappy Valley: Conflict in Kenya and Africa«, Canterbury 1992.

der koloniale Arbeitszwang durch Druck auf die Chiefs. Die erhöhten Steuerforderungen in Geld zwangen die Menschen, Arbeit bei den Weißen aufzunehmen.

Der Erste Weltkrieg hatte die Verknappung der männlichen Arbeitskräfte erhöht, weil von den rund 350.000 afrikanischen Trägern 150.000 in Kenia für die »Carrier Corps«[55] rekrutiert worden waren, der größte Teil hiervon unter Zwang. 50.000 von ihnen wurden nach dem Krieg offiziell als verstorben registriert. Die Männer waren von ihren Feldern, aus ihren Häusern und von den Straßen geholt worden. Infolge der Influenzaepidemie 1918/19 kamen zusätzlich zwischen 10 und 15 % der Menschen in den bevölkerungsreichsten Gebieten um. Danach wurden verstärkt Frauen für Arbeitsleistungen rekrutiert. Diese koloniale Gewalt, die ohne Hemmungen operierte, muss das Trauma und damit wohl auch die Resignation bei vielen auf dem Lande verstärkt haben.

Innerhalb der Kikuyu-Gesellschaft entstanden Spannungen. Ein Teil der in Missionen ausgebildeten Elite vergrößerte ihren Landbesitz. Dadurch entstand ein starker Druck auf die Kleinbauern und die unterbäuerliche Schicht der Kikuyu. Da auch früher nationalistische Akteure Loyalität zur Kolonialregierung für sinnvoll hielten, um ihren ökonomischen Aufstieg nicht zu gefährden, sollte sich an dieser sozialen Differenz die Kikuyu-Gesellschaft spalten. Selbst die radikaleren, auf Unabhängigkeit drängenden Kräfte blieben durch urbane Formen der Mobilisierung wie Versammlungen, Flugschriften und Zeitungen auf die Städte beschränkt und erreichten die ländliche Bevölkerung kaum. In der kleinbäuerlichen Welt entwickelte sich im Zuge der Landfrage allmählich ein Protestpotenzial, das 1952 zu einer revolutionären Situation führte.

Die »Fighter for Land and Freedom«, von den Briten »Mau Mau« genannt, organisierten einen Guerillakrieg. Kämpfer und Sympathisanten wurden durch »Eide«, ein starkes rituelles Mittel der Kikuyu-Gesellschaft und damit eines großen Teils der Gesellschaft, eingebunden. Trotz der Kampfmaßnahmen gegen das britische Militär und Farmen erhielt der Kampf immer stärker auch Elemente eines Bürgerkrieges. Großbritannien reagierte mit großem Truppeneinsatz. Die Zwangsumsiedlungen in Konzentrationslager erfassten weite Teile der Kikuyu-Bevölkerung[56]. Der britischen Regierung gelang zwar nach einigen Jahren die Unterdrückung der Bewegung, aber das Land war an die Grenze der Unregierbarkeit gelangt und wurde trotz der Interessen der Siedler – wie in den meisten anderen afrikanischen Staaten – Anfang der 1960er Jahre unabhängig.

Dieser Überblick greift der Entwicklung der frühen Nationalisten, wie Harry Thuku, weit voraus, aber Spaltungen in der kenianischen Gesellschaft und insbesondere bei den Kikuyu begannen in der Zeit nach dem Ersten Weltkrieg.

---

55 Hodges, »Kariakor«, S. 19–21. Nach Geoffrey Hodges schwanken die Verlustzahlen. Von 350.000 rekrutierten Trägern waren über 40.000 an Krankheiten gestorben. Hodges gibt die Verluste mit 20 % an, so dass über 70.000 starben.

56 Elkins, Caroline, »Imperial Reckoning: Untold Story of Britain's Gulag in Kenia«, New York 2005.

Geschichte 29 – Harry Thuku und Mary Muthoni Nyanjiru

Harry Thuku[57] wurde 1895 in der Region von Kiambu geboren, einer Gegend zwischen Nairobi und den Aberdare Mountains im zentralen Gebiet der Kikuyu. Im Alter von sieben Jahren kam er zur »Gospel Mission Society« als Hirtenjunge und »Houseboy«. Dort lernte er lesen und schreiben. Mit sechzehn Jahren ging er nach Nairobi. Wegen Scheckfälschung kam er für zwei Jahre ins Gefängnis. Nach der Entlassung ging er in die Redaktion des »Leader«, einer Zeitung der Kolonie. Während des Ersten Weltkriegs fand er eine Beschäftigung im Schatzamt der Kolonie. Er erweiterte dort seinen Kreis von politisch interessierten Freunden und Kollegen. Zunächst schloss er sich dem East African Indian National Congress an. Möglicherweise bot sich ihm die kritische Position des Indian Congress gegen die Kolonialverwaltung als Vorbild einer modernen Organisation an. Die Inder in Kenia wollten die Gleichstellung mit den weißen Siedlern. Die Kolonialregierung wies die Forderungen der Inder 1923 ab und erklärte, dass die Interessen der Afrikaner »paramount« (vorherrschend) seien. Sie verhielten sich anders als die Inder in Südafrika unter Gandhi, der sich dort bis 1915 aufhielt und Kontakt zum ANC (»African National Congress«) hatte.

Harry Thuku trat später der »Young Buganda Association« bei. In dieser Organisation übernahm er schließlich den Vorsitz und erweiterte den Organisationsrahmen durch Umbenennung in »East African Association«. Er bezog sich damit auf die engen Verbindungen zwischen Kenia, Uganda und Tanganyika (später Tansania)[58]. Dieser junge Kikuyu überschritt die ethnische und regionale Grenze und orientierte sich an der großen Region »Britisch-Ostafrika«. Harry Thuku teilte den Panafrikanismus von Marcus Garvey und betonte auf seinen Reisen durch die Distrikte in seinen Reden, dass die Kolonialregierung die Interessen der Afrikaner vernachlässigte. Die Frauen forderte er auf, keine britischen Waren zu kaufen. Er erlangte besondere Popularität bei den Frauen. Der verstärkte Zwang zur Arbeit trieb sie auch in die Prostitution, die sich wegen der Anwesenheit vieler Soldaten im Lande ausgebreitet hatte. Sogar aus Malaya wurden Prostituierte geholt. Viele Frauen liefen aus ihren Familien weg, um sich den Zwangsheiraten zu entziehen.

Hinter Harry Thukus Engagement, sich bei der Kritik an den Missständen in der Kolonie auf die Frauen zu konzentrieren, standen auch christliche puritanische Vorstellungen von der erforderlichen weiblichen »Reinheit«. Seine Bewegung wurde sehr von den Frauen unterstützt, die ihm den Ehrentitel »Chief of the Women« gaben.

Aufgrund seiner wachsenden Popularität kam er im März 1922 erneut ins Gefängnis. Seine Anhänger und viele Anhängerinnen forderten seine Freilassung und riefen

---

57 Franz, Alyssa, »Harry Thuku (1895–1970)«, online verfügbar unter: https://www.blackpast.org/global-african-history/thuku-harry-1895-1970, May 30, 2009.
58 In der Zwischenkriegszeit wurde die interregionale Verbindung unter dem Aspekt der Hegemonie der Siedler als »Closer Union« angestrebt. Baumhögger, Goswin, »Dominanz oder Kooperation: Die Entwicklung der regionalen Kooperation in Ostafrika«, Hamburg 1978.

Abb. 49: Zwangsheirat (um 1930). Die Braut wird zur Schwiegermutter gezerrt.

Abb. 50: Zeitgenössische Skizze einer jungen
Händlerin aus dem Umfeld von Nairobi (um 1930).

erfolgreich zu Streiks auf. Eine Demonstration von zunächst 7.000 Menschen fand am
15. März 1922 vor der Polizeistation in Nairobi statt, wo Harry Thuku festgesetzt worden war. Es wurden sechs Männer gewählt, die zum leitenden Beamten der Kolonialverwaltung gingen, um über Thukus Freilassung zu verhandeln. Sie fanden sich mit
der Zusicherung ab, dass er nur zur Anhörung festgesetzt worden sei und ihm nichts
geschehen würde. Sie sollten den Prozess abwarten. Mit diesem Ergebnis unzufrieden,
versammelten sich am zweiten Tag 8.000 Menschen vor der Polizeistation. Eine Un-
terstützerin Thukus, Mary Muthoni Nyanjiru, ergriff die Initiative. Sie beleidigte die
Delegation der Männer mit der äußersten Form, die bei den Kikuyu möglich war. Sie

zog ihre Kleidung über den Kopf, so dass sie nackt zu sehen war, und verlangte von den Männern, die Hosen herunterzulassen, da sie Feiglinge seien. Dann forderte sie die Menge auf, das Tor zum Gefängnis aufzubrechen. Harry Thuku konnte das Ganze von seinem Zellenfenster aus beobachten. Die Polizei eröffnete das Feuer. Siedler, die das Ganze im benachbarten Norfolk Hotel, ihrem sozialen Treffpunkt, mitbekamen, nahmen ihre Gewehre und schossen von hinten in die Menge. Die Polizei behauptete, 21 Menschen seien getötet worden, darunter Mary Muthoni Nyanjiru, die damit zur Heldin des Widerstandes wurde. Die Demonstranten nannten einhundert bis sogar zweihundert Tote[59]. Harry Thuku wurde aus dem Gefängnis entlassen, aber von 1922–1930 an verschiedene Orte an der Nordgrenze Kenias und auf der Insel Lamu verbannt.

Nach seiner Rückkehr nach Nairobi wurde er Präsident der »Kikuyu Central Association« (KCA), die 1922 als Nachfolgeorganisation der verbotenen East African Association gegründet worden war[60]. Damit konzentrierte er sich auf die größte Volksgruppe.

Abb. 51: Harry Thuku.

Der Gegensatz dieser Entwicklung der kenianischen Nationalbewegung zu Harry Thuku konnte nicht größer sein. Harry Thuku ging den Weg vieler Gebildeter der ersten Generation. Sein Engagement wurde gebrochen. Er schreckte vor der Radikalisierung der Mau-Mau-Bewegung zurück. Er wurde wohlhabend, vielleicht sogar nahe der Korruption, und wurde von anderen Kräften im Prozess der Dekolonisation völlig in den Hintergrund gedrängt. Wie weit die Periode der Verbannung und der Druck der Kolonialverwaltung

---

59 Bryan, Ngartia, »The Ageless Defiance of Muthoni Nyanjiru«, Feature des Schriftstellers, der als Community Manager in Nairobi arbeitete (https://owaahh.com/ageless-defiance-muthoni-nyanjiru/). Nach Ngartia Bryan beteiligten sich viele Prostituierte an der Demonstration.

60 Ngartia Bryan bezeichnet Harry Thuku nach dessen Rückkehr als einen durch Folter und Exil gebrochenen Mann. Da das auf seine Missbilligung des »Mau Mau«-Aufstandes bezogen wird und er konservativ geworden sei, handelt es sich wohl um eine nachträgliche Entschuldigung für seine spätere Entwicklung. Im unabhängigen Kenia entstand ein Kult der Verehrung des Generals, des »Fighter for Land und Freedom« Kimathi mit einem Denkmal in Nairobi.

dabei ausschlaggebend waren, ist nicht entscheidbar. Während der Zeit der Verbannung Thukus begann der Aufstieg Kenyattas, des künftigen Führers und Präsidenten.

Harry Thuku blieb trotz seiner zeitweiligen Popularität auch ein Einzelkämpfer. Seine weitere Entwicklung drängte ihn in eine Art loyale Haltung gegenüber dem Kolonialsystem. Er hatte wegen der Verbannung seine Farm, auf der er Bananen anbaute, anderen Leuten überlassen müssen, die er nach der Rückkehr vertrieb. Als ihm vorgeworfen wurde, für den Ausbau der Farm »Paradiso« Gelder der Assoziation benutzt zu haben, gründete er 1935 eine »Kikuyu Provincial Association«. In deren Satzung nahm er eine Erklärung der Loyalität zur britischen Kolonialverwaltung auf. Damit entfernte er sich von seinen alten antikolonialen Positionen. Nach der Aufhebung des Verbots für Afrikaner, Kaffee anzubauen, entwickelte er sich zum wohlhabenden Kaffeepflanzer. Er wurde das erste afrikanische Mitglied der kenianischen Kaffeefarmer-Union. Schließlich wandte er sich 1952 gegen den Mau-Mau-Aufstand und zog sich völlig aus der Politik zurück.

Der Aufstieg Kenyattas

Jomo Kenyatta schloss sich 1924 der Kikuyu Central Association (KCA) an und wurde zum Geschäftsführer ernannt. Im Mai begann er, das Kikuyu-Wochenmagazin »Muigwithania« (Der Versöhner) herauszugeben. 1929 wurde er von der KCA nach London entsandt, um gegen die Landenteignungen Klage zu erheben, was er mit Artikeln in führenden britischen Zeitungen zu fördern versuchte.

Ende 1930 kehrte Kenyatta zurück, ging aber 1931 erneut nach London, wo er eine Petition der KCA vor einer Parlamentskommission vortragen sollte. 1932 konnte er vor der Parlamentskommission für Landfragen aussagen. Er besuchte die UdSSR und belegte auf Einladung des Panafrikanisten George Padmore Ökonomie an der Universität von Moskau. Er musste aber nach einem Jahr nach Großbritannien zurückkehren, weil Padmore in Moskau missliebig geworden war. Er studierte am London University College beim namhaften Anthropologen Malinowski. Seine Masterarbeit wurde unter dem Titel »Facing Mount Kenya« 1938 veröffentlicht. Nach dem Zweiten Weltkrieg 1945 war er an der Organisation des Weltgewerkschaftskongresses in London beteiligt und nahm im Oktober auch am 5. Panafrikanischen Kongress in Manchester teil. Mit Kwame Nkrumah gründete Kenyatta 1946 eine »Panafrican Federation«. Danach kehrte er nach Kenia zurück und wurde 1947 Präsident der »Kenya African Union«, in der Dedan Kimathi, der künftige Führer der »Land and Freedom Army«, und Oginga Odinga, Sprecher der Luo, sowie Tom Mboya, als radikaler Gewerkschaftsführer, wichtige Positionen innehatten.

Beim Ausbruch des Mau-Mau-Aufstandes 1952 hatte sich in Kiambu, dem zentralen Ort der Kikuyu, eine große Menge versammelt, um Kenyatta zu hören. Kenyatta, ein Opponent von Kimathi, wurde von den Briten der Unterstützung des Aufstandes bezichtigt. Der Ausnahmezustand wurde erklärt und Kenyatta wurde zusammen mit

182 anderen verhaftet und wegen Anstiftung zum Aufstand angeklagt. 1953 verurteilte man ihn wegen der angeblichen Beteiligung am Mau-Mau-Aufstand zu sieben Jahren Zwangsarbeit mit anschließender Sicherungsverwahrung. Auch die andere große Volksgruppe der Luo entwickelte vergleichbare Organisationen unter Führung von Oginga Odinga. Zu dieser Führungsgruppe gehörten auch die Gewerkschafter unter Tom Mboya. Sie schlossen sich schließlich 1960 in der Endphase der Kolonialherrschaft in der »Kenya African National Union« (KANU) zusammen und organisierten eine Kampagne zur Freilassung von Kenyatta, der aber erst nach Abbüßen der gesamten Zeit 1960 freikam.

Die Dynamik eines Kenyatta, der international vernetzt war, und eines Kimathi, der die Bauern organisierte, überschritt die Möglichkeiten von Odinga. Mit Jomo Kenyatta war bereits lange zuvor die zentrale neue Führungsperson in den Mittelpunkt gerückt. 1922 soll er bei der Demonstration zur Freilassung Thukus anwesend gewesen sein. Kenyatta löste sich von seinen radikaleren Vorstandsmitgliedern Tom Mboya und Dedan Kimathi und stabilisierte die Hegemonie der Kikuyu in den Machtpositionen der KANU.

Abb. 52: Ancient Soi, »Rush Hour Nairobi« (Öl auf Leinwand, 1973).

Geschichte 30 – Clements Kadalie und die Massengewerkschaft der »Industrial and Commercial Union« in Südafrika

Clements Kadalie stammte wie Chilembwe aus Nyassaland, dem späteren Malawi. Er wurde ca. 1896 geboren und war ein Enkel des Paramount Chiefs der Tonga in Malawi und damit Mitglied einer königlichen Familie, deren Oberhaupt immer noch das Amt innehat. Er ging auf die Missionsschule der Church of Scotland und wurde im »Livingstonia Institute« der Mission als Lehrer ausgebildet. 1912 schloss er im Alter von sechzehn Jahren mit »honours« ab und wurde Leiter einer Distriktschule. Nach einem Jahr ging er nach Mosambik und von 1915–1918 lebte er in Südrhodesien (Simbabwe), wo er als Angestellter arbeitete. 1918 zog er weiter nach Kapstadt. Dort freundete er sich mit Arthur F. Batty an, einem weißen Sozialisten, Gewerkschafter und Gründer der »Labour Democratic Party«. Batty war beeindruckt von Kadalie und brachte ihn mit den damals aufblühenden Gewerkschaften der schwarzen und coloured Arbeiter zusammen[61].

Im Rahmen eines Treffens der Hafenarbeiter in Kapstadt im Januar 1919 wirkte er an der Gründung der »Industrial and Commercial Union« (ICU) mit. Im Dezember 1919 organisierte er einen Streik im Hafen von Kapstadt, an dem sich 2.000 Hafenarbeiter und Eisenbahner beteiligten. Der Streik wurde vierzehn Tage durchgehalten, obwohl Polizei und Armee ihn zu unterbrechen versuchten, indem sie die Arbeiter aus ihren Wohnquartieren in den Docks vertrieben und sie wegen Vertragsverletzung nach dem »Master und Servants«-Gesetz verfolgten. Außerdem wurde die Zufuhr von Nahrung gestoppt. Durch den Streik wurde der Umschlag der Waren unterbrochen. Da aber die Dachgewerkschaft den Streik finanziell nicht unterstützte, musste er abgebrochen werden. Dennoch war er erfolgreich: Die Hafenfirmen akzeptierten einen Mindestlohn, Arbeiter erhielten eine Lohnerhöhung, Vorarbeiter sogar in doppelter Höhe. Außerdem sollten Überstunden bezahlt werden.

Dadurch wurde Clements Kadalie zu einem prominenten Gewerkschafter. Die Mitglieder der ICU wählten ihn zum Sekretär und er wurde Herausgeber der Zeitung »The Workers Herald«. Mithilfe Vertrauter gründete er Gewerkschaften in Mosambik, Simbabwe und Malawi. Vor allem aber gewann er A. G. Champion, den Gewerkschaftsführer in Bloemfontein, der neben der Hafenstadt Durban die ländlichen Bezirke in Natal und Transvaal organisierte. Auf diese Weise wurden Landarbeiter, Sharecropper und afrikanische Pächter für die ICU gewonnen, die seit dem Ersten Weltkrieg mit vielen

---

61 Bley, »Gewerkschaften«; Simons/Simons, »Class«, Kapitel 16 »The Industrial and Commercial Union«, S. 353–385; Karis, Thomas; Carter, Gwendolen, »From Protest to Challenge: Documentary History of African Politics in South Africa«, Bd. 2: »Protest and Hope, 1882–1934«, Teil 3: »New Groupings for Effective Organization and Representation, 1921–1934«, Stanford 1972 und Lodge, Tom, »Black Politics in South Africa since 1945«, London 1983, Kapitel 1 »Black Protest before 1950«, S. 1–32; für die ICU, S. 5–10, und »Industrial and Commercial Union (ICU), South African History«, online verfügbar unter: https://www.sahistory.org.za/article/industrial-and-commercial-workers-union-icu. Oktober 2020.

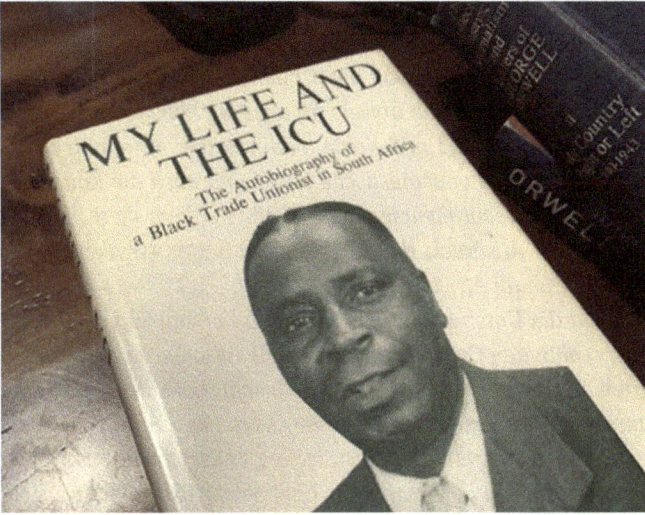

Abb. 53: Cover der Autobiographie von Clements Kadalie (1970).

Protesten und widerständigem Verhalten gegenüber den weißen Landlords und Farmern in Aufsässigkeit geraten waren.

Die ICU entwickelte sich zur Massengewerkschaft, die eher eine Partei wurde. Die rote Mitgliedskarte wurde von ihren Inhabern als Symbol wiedergewonnener Würde betrachtet. 100.000 – nach eigenen Angaben 150.000 – Menschen wurden von 1924–1927 Mitglieder.

Der Niedergang begann um 1928, weil eine Massengewerkschaft ohne Spezialisierung auf bestimmte Branchen nicht in der Lage war, erfolgreich Forderungen durchzusetzen. Clements Kadalie stieß aber auch auf starke Spannungen innerhalb der gewerkschaftlichen Strömungen in Südafrika. Er war misstrauisch gegenüber der 1921 gegründeten kommunistischen Partei. Ihr hatten sich etliche aus der jungen Sowjetunion nach Südafrika eingewanderte Linke, meist Litauer, angeschlossen. Häufig hatten sie vorher kleinen linken marxistischen und auch zionistischen Gruppen angehört, da etliche einen jüdischen Hintergrund hatten. Sie unterstützten besonders afrikanische Gewerkschaftsgründungen, oft als deren Sekretäre. So versuchten sie auch, die ICU zu kontrollieren. Die kommunistische Partei wurde von der Komintern der Sowjetunion unterstützt. Mit Ausnahme der aus den kleinen linken Gruppen stammenden Aktivisten konzentrierte sich die kommunistische Partei in der Hauptsache auf die weiße Gewerkschaftsbewegung, trotz deren rassistischer Einstellungen. Dabei stand lange die Verteidigung des Lebensstandards der weißen Arbeiter, vor allem der Bergarbeiter, im Vordergrund. An der Organisation der Afrikaner und Coloureds waren die Kommunisten weniger interessiert, weil es ihr Ziel war, das hohe Niveau der Löhne der Weißen als Ausgangspunkt für eine Organisation der Arbeiterklasse zu nutzen. Sie hielten deshalb die Rassenschranke zwischen diesen beiden Gruppen eher für hilfreich.

Höhepunkt der Fixierung auf die weiße Arbeiterschaft war ihre Haltung zur »Rand Revolt« der weißen Bergarbeiter 1922. Sie wurde von der Regierung unter Smuts, einem ehemaligen Burengeneral, mit militärischer Gewalt unter Einsatz von Maschinengewehren niedergeschlagen. Die Bergarbeiter wollten abwehren, dass die Minenbetriebe auch schwarze Arbeiter für den Abbau von Gold und Kohle qualifizierten, um damit Druck auf die weißen Löhne aufzubauen. Die kommunistische Partei und auch die Komintern unterstützten den Streik, der auf Rassentrennung zielte. Zugespitzt kam diese Haltung beim Schwenken einer Fahne zum Ausdruck, die die Aufschrift hatte: »Workers of the World fight and unite for a white South Africa«[62].

Clements Kadalie vermied die Unterwanderung durch die Kommunisten, die 1923 ausgeschlossen wurden. Er wollte den Gegensatz zur südafrikanischen Regierung eingrenzen. Seine Ziele waren begrenzter und bewegten sich innerhalb des kolonialen Systems. Erst in den Kampagnen in West-Transvaal 1927/28 radikalisierte er sich als Nationalist, der die rassistische Diskriminierung als Sklaverei bezeichnete und deren Abschaffung forderte. Kadalie war ein autokratischer Chef seiner ICU, der sich nicht hineinreden ließ.

Nach dem Ausschluss der Kommunisten suchte er zum Ausgleich den Kontakt zu den britischen Gewerkschaftlern des »Trade Union Council«, die ihm mit William G. Ballinger einen Organisator schickten, der die ICU nach britischem Modell in Branchen aufspalten wollte. Kadalie, der ursprünglich »recht britisch« dachte, wie Champion kritisch kommentierte, empfand Ballinger zunehmend als unerwünschten Aufseher. Da die Schwachstelle Kadalies aber darin bestand, dass er die organisatorischen und buchhalterischen Zwänge einer so großen Organisation vernachlässigte und wohl auch andere Führungsfiguren sich finanziell bedienten, geriet er in eine isolierte Position. 1923 verlor Kadalie das Amt des Sekretärs, blieb aber aufgrund seiner Popularität Chef der Propaganda. 1927 vertrat er die ICU auf der »International Labour Conference« der ILO in Genf. Er reiste danach fünf Monate durch Europa. Mit Vorträgen vor Sympathisanten erreichte er große Publizität.

1928 kam es zum Machtkampf mit William G. Ballinger; daraufhin wurde Kadalie vom Vorstand der ICU, der Ballinger unterstützte, entlassen. Kadalie gründete zwar eine neue Organisation, die »Independent Commercial Union« in East London, als einen Zweig des ANC, der noch eine kleine, wenig wirksame Organisation war. Er hatte bereits auf dem Höhepunkt der ICU Kontakte zum ANC gehabt, als Gumede Präsident war. Aber es war zu Belastungen gekommen, als Gumede am Kongress der »Internationale« teilnahm, die von der Komintern organisiert war. Kadalie hatte seine eigene Teilnahme abgelehnt wegen der Nähe zu den Kommunisten und wohl auch, weil er Distanz zu den Größen der antikolonialen Bewegung wie Nehru, Senghor und anderen herstellen wollte. Er fühlte sich trotz seiner Kritik an der Diskriminierung der Afrikaner als Teil des südafrikanischen Systems. Er blieb mit seiner Frau Emma und fünf Kindern in East London bis zu seinem Tode 1951.

---

62 Simons/Simons, »Class«, S. 385.

Geschichte 31 – Sharecropper Kas Maine und die ICU in West-Transvaal

Charles van Onselen hat in seiner Biographie des Sharecroppers Kas Maine die Strategie der ICU in den ländlichen Räumen des westlichen Transvaal analysiert und die üblichen allgemeinen Aussagen über die ICU am Beispiel der Haltung von Kas Maine differenziert. Nach van Onselen war die ICU-Führung stark von der Arbeitswelt in den Hafenstädten Kapstadt und Durban geprägt, wo die Rolle der Gewerkschafter mit sozialistischer Prägung auf die industriellen Züge dieser Arbeitswelt konzentriert war. Auch in West-Transvaal stand zunächst die Organisation der Diamantensucher im Vordergrund.

Champion und auch Kadalie kamen während der Besuche in Transvaal bei ihren Versammlungen in Kontakt mit der ländlichen Welt der Sharecropper und Pächter und lernten deren Wut über die Verhältnisse auf dem Lande kennen. Sie nahmen auch die feindselige Aufmerksamkeit gegenüber den Abgesandten der ICU und deren Versammlungen durch die verarmten »poor Whites« unter den burischen Farmern zur Kenntnis, die den Druck auf ihre afrikanischen Arbeiter erhöhten und sie oft als »Affen« diffamierten. Die Ausweitung der Diamantensuche in neue Gebiete außerhalb des von De Beers kontrollierten Kimberley schuf einen Sog zur Wanderarbeit aus allen Bevölkerungsteilen. Die Wanderarbeiter blieben aber durch Familienbindungen mit der Landwirtschaft verbunden. Wegen der großen Dürren mit riesigen Staubwolken besonders 1913 und fünfzehn Jahre später 1927/28 verschärfte sich die Lage. Im Umfeld von Lichtenburg wurde diese ökologische Krise von der Umstellung der Landwirtschaft auf Schafzucht und Wollproduktion statt Weizen- und Maisanbau begleitet.

Gleichzeitig spaltete die Mechanisierung mittels Traktoren und Dampfpflügen die ländliche Bevölkerung, indem die Großfarmer gestärkt wurden. Diese profitierten ohnehin von den besseren Zugängen zu den neuen Märkten der städtischen Gebiete im Umfeld der Diamanten- und Platinförderung, als Tausende Diamantensucher in die Gegend strömten[63]. Geschäfte, Hotels, Bars und Banken entstanden. Die Sharecropper in den Reservaten konnten sich in dem aggressiver werdenden rassistischen Klima nicht gegen die Besetzung von Weideland durch die Diamantensucher wehren. Weiße Farmer gingen zu einer aggressiven Landpolitik über, indem sie den Sharecroppern kündigten. Auch Transvaal erreichten 1926 die Vorboten der Weltwirtschaftskrise und die Diamantenpreise brachen ein.

Kas Maine geriet nach seiner Familiengründung 1920 in diese schwierigen Zeiten, als er gerade dabei war, sich als Sharecropper in Verbindung mit Diamantensuche als Wanderarbeiter und Handwerker beruflich zu etablieren. Er entfremdete sich seinem Landlord, der den Kontakt zu den Buren intensiviert hatte. Spannungen zwischen burischen Farmern und den afrikanischen Sharecroppern, Pächtern und Landarbeitern sowie Handwerkern nahmen zu[64]. Sie waren auch die Folge des Wettbewerbs um länd-

---

63 Onselen, »The Seed is Mine«, S. 145.
64 Ebd., S. 132–137.

liche Arbeitskräfte, da viele auf die Diamantenfelder gingen. Kas Maine grenzte sich auch von den ärmeren Teilen seiner weiteren Familie ab[65]. *Er konnte einen schweren Pflug anschaffen und hatte ausreichend Zugochsen. Für die Mechanisierung fehlten ihm die Mittel. Immer häufiger fielen Nebentätigkeiten als Handwerker bei weißen Farmern weg. Ein Haus, das seine Söhne für seinen Landlord erbaut hatten, wurde nicht mehr bezahlt. Die Influenzaepidemie 1918/19, die von den zuwandernden Diamantensuchern eingeschleppt worden war, forderte ungewöhnlich viele Todesopfer, aber Kas Maine hatte damals rechtzeitig die Diamantenfelder verlassen. Er wechselte wiederholt den Landlord und etablierte sich unabhängig in einem Reservat.*

Ab 1926 wurde die ICU in West-Transvaal aktiv. Ausgangspunkt war es, die Diamantensucher zu organisieren. Weil diese eng mit den Wanderarbeitern und deren Sharecroppern verflochten waren, begann die ICU auch die ländliche Bevölkerung zu mobilisieren. Sie agitierten im Oranje-Freistaat, in Natal und im krisengeschüttelten westlichen Transvaal[66]. *Es war eine engagierte Gruppe von Gewerkschaftern, die sich von den auf die Hafenstädte konzentrierten Kollegen emanzipierten. Auch Clements Kadalie unterstützte diese Entwicklung.*

Es entstand eine hochexplosive Mischung von Gewerkschaftsarbeit, afrikanischem Nationalismus und millenianistischen Erwartungen[67]. *In sie flossen Traditionen des Widerstandes und religiöse Motive ein, was die ICU-Organisatoren sowohl begeisterte als auch ängstigte. Viele Gläubige in den Gemeinden der amerikanischen methodistischen Missionskirchen in Transvaal, insbesondere die Frauen, entwickelten Hoffnungen, dass die Afroamerikaner ihnen die Freiheit bringen würden. Sie sangen in den Gottesdiensten die künftige afrikanische Hymne »Nkosi Sikelela Africa«*[68], *wie Sellwane, die Frau von Kas Maine berichtete*[69]. *Das Bewusstsein, in einer ungerechten Gesellschaft zu leben, die die Afrikaner in ihrem eigenen Land diskriminierte, hatte zugenommen. Die Akteure der ICU griffen das Thema auf. Die Veranstaltungen, die durch Plakate und Mundpropaganda angekündigt waren, zogen aus einem weiten Umkreis Afrikaner zu Fuß, mit dem Fahrrad, zu Pferd und auf Karren an. Kas Maine erinnerte sich:* »All the farm folk went to hear what they had to say. So we also went. There were a lot of people, more than a thousand and the town was full. It was person upon person. And the speaker was above us on a platform so that everybody could hear«[70]. *Auch weiße Farmer standen am Rande der Versammlung dieser großen Menge von Afrikanern. Makatini, Sprecher der ICU, wandte sich direkt an die weißen Farmer. Er*

---

[65] Ebd., S. 97.

[66] Ebd., S. 144 ff.

[67] Ebd. Von den Spannungen innerhalb der ICU und den Vorwürfen von Korruption kam in dieser Phase nichts in Transvaal an.

[68] Nationalhymne in Tansania und nach 1994 in Südafrika.

[69] Onselen, »The Seed is Mine«, S. 149.

[70] Ebd., Zitat S. 147. Kas Maine nahm unter anderem an einer Versammlung in Bloemhof nahe seines Arbeitsplatzes teil, wo die Warnung »I see you« wiederholt wurde.

Kas Maine (right) with his daughter Nthakwana (left) and Mathe (center), in 1949—the earliest known photograph of Kas Maine family.

Abb. 54: Kas Maine (rechts) und Familie (1951).

verwendete das BaSotho-Wort für ICU »Keaubona«, was übersetzt hieß: »I see you«. Es war eine Warnung, dass ihr Umgang mit Afrikanern nun unter Beobachtung stand[71]. *In Bloemhof wurden Hunderte der roten Mitgliedskarten ausgegeben. Ein weißer Journalist berichtete, es sei viel über die Würde der Arbeit gepredigt worden, aber zu seiner Erleichterung hatte der Sprecher der ICU die Farmarbeiter auch aufgefordert, ihren Herren zu gehorchen, wenn sie höhere Löhne erhalten wollten.*

Die Ambivalenz der ICU, die allerdings auch von der Erfahrung geprägt war, dass Streiks der ländlichen Bevölkerung in Gewalt umgeschlagen waren[72], *kam in dieser Warnung zum Ausdruck. Wenig später hieß es unter den Landarbeitern, die Funktionäre hielten nur Reden, aber nichts geschehe.*

Kadalie hatte auf einer dieser Veranstaltungen sogar dazu aufgerufen, nicht zu streiken[73]. *Die Afrikaner wurden aufgefordert, sich zu bilden und die Kinder zur Schule zu schicken, ihre Lage sei auch selbst verschuldet. Auf einer Versammlung hieß es*

---

[71] Ebd.
[72] Ebd., S. 148 f.
[73] Ebd.

dementsprechend: »*Black should blame themselves because, having failed to educate themselves they succeeded in handing themselves to the whites*«[74].

Kadalie versuchte in dieser Periode, die »*educated*« *unter seinen Zuhörern für die Ziele des afrikanischen Nationalismus zu gewinnen. Dies macht deutlich, dass für ihn die ICU eher eine Partei war. Dementsprechend unterstützte die ICU auch den ANC, wenn es zu Polizeieinsätzen gegen ihn kam. Es brachen Streiks auf den Diamantenfeldern von Grasfontein aus, die den Umfang und die Heftigkeit eines Aufstandes annahmen. Die Differenz zwischen den Löhnen für Weiße und für Afrikaner spielte dabei eine wichtige Rolle. Die Schlichtung durch den Staat scheiterte. Da die Streiks letztlich auch für Afrikaner erfolgreich waren, führte dies zu einem weiteren Zustrom zu den Diamantenfeldern, wobei die Afrikaner saisonale Arbeit mit der Farmarbeit kombinieren konnten. Die Organisatoren im Transvaal verlagerten nach den Gewaltausbrüchen bei den Streiks ihre Argumentation. Neben der Aufforderung zu Bildungsanstrengungen wurde das Ziel einer schwarzen Republik beschworen. Die ICU-Aktivisten in der Gegend, Mphaka, der auch die Familie Maine oft besuchte, und Mobise Tubane, der ein bekannter Heilkundiger war, befürchteten, dass in der sich entwickelnden Wirtschaftskrise die gebildeten und erfolgreichen Sharecropper wie Kas Maine in den Status von Lohnarbeitern gedrängt werden würden. Wie Kadalie hatten sie deren Interessen im Blick. Deshalb stellten sie auch Forderungen nach mehr Land für Afrikaner. Sie charakterisierten das südafrikanische System als Sklaverei und verlangten das Ende der rassistischen Ordnung*[75]. *Auch Kadalie hatte in Reden in West-Transvaal gefordert, es sei* »*höchste Zeit, dass sich die Schwarzen von der Sklaverei befreiten*«[76].

Anfang 1929 griff die lokale Polizei ein und verbot Versammlungen an Sonntagen. Farmer erschossen 1929 Arbeiter, die an den Versammlungen teilgenommen hatten[77]. *Die Polizei, zunächst hinter den weißen Farmern verborgen, griff weiter die Versammlungen an und schlug die Redner zusammen. Den Wortlaut der Reden hatten sie notiert. Auch die weißen Farmer organisierten sich. Es hieß, die Polizei habe den Arbeitern den Krieg erklärt.*

Kas Maine nahm weiter an den Versammlungen teil, entwickelte aber eine Skepsis gegenüber dem autoritären Stil der ICU-Organisatoren. Man habe mit Ausnahme der Abstimmung keinen Einfluss und würde bei Abwesenheit von den Versammlungen als Rebell betrachtet[78]. *Es dauerte noch, bis die Krise der ICU den Transvaal erreichte. Kas Maine hatte sich dennoch politisiert. Er überwarf sich mit seinem Landlord wegen der Arbeitsführung mit den Worten:* »*Father you have been cruel. What do you think the little Kaffir could have done, the cattle running away and the water was overflowing? Look you have expelled Kas. Where will you get another boy like him?*« *Eine*

---

74 Zitiert nach ebd., S. 150.

75 Ebd., S. 148.

76 Ebd.

77 Aussage der zweiten Frau von Kas Maine, Motlagomang Maine, zitiert nach ebd., S. 153.

78 Ebd., Zitat, S. 155. Kas Maine trat der ICU trotz seiner engen Kontakte nicht bei.

sehr alte Beziehung zerbrach. Van Onselen urteilt, dass die Herausforderung, die die ICU darstellte, Landlord und Pächter auf unterschiedliche Weise alarmiert habe. Kas' Selbstbezeichnung in dritter Person als »kleiner Kaffir« und als »Boy« war Polemik gegen den rassistischen Sprachgebrauch, selbst eines vertrauten langjährigen Landlords. Der Stolz auf seine Leistungen beim Ausbau der Farm des alten Landlords und auf seine eigene Wirtschaft kam in dem Satz zum Ausdruck, dass der Landlord keinen Besseren finden würde. Es kam noch zu einer Art persönlicher Versöhnungsgeste, aber Kas Maine suchte einen neuen Landlord für sich, seine zwei Frauen und die drei kleinen Kinder und fand ihn zwanzig Meilen entfernt[79]. Er geriet 1931 auf dem Höhepunkt der Weltwirtschaftskrise und der größten Trockenheit des 20. Jahrhunderts in Not[80], von der er sich 1934 allmählich wieder erholte[81]. Sein weiteres Leben war von den sich ständig verschärfenden Bedingungen des Apartheidsystems bestimmt, in dem Land verknappt wurde und die ländlichen Räume Elendsgebiete wurden.

5 Der Zweite Weltkrieg und die Erosion von Kolonialherrschaft

Zwei Jahrzehnte nach dem Ende des Ersten Weltkrieges rissen die europäischen Mächte und seit 1941 auf alliierter Seite die USA Afrika erneut in einen Krieg[82]. Wer 1914 zwanzig Jahre alt war, wurde 1939 45 Jahre und Zeuge von beiden Ereignissen. Wer 1890 geboren war und die Eroberungskriege als Kind erlebt hatte, war auch erst fünfzig Jahre alt. Die wenigen Achtzigjährigen waren 1860 geboren, als sich das Ende des Sklavenhandels abzeichnete. Lebenszeiten reichen weit über die kurzen Perioden hinaus, die in der Geschichtsschreibung als sehr unterschieden und meist getrennt betrachtet werden. Nimmt man die Erinnerung der Eltern oder Großeltern als kollektive Erinnerung hinzu, reicht sie bis an die Wende vom 18. zum 19. Jahrhundert zurück und damit zu dem Großteil der Ereignisse, die in diesem Buch behandelt werden.

Die beiden Weltkriege und ihre Nachkriegszeiten waren lebensgeschichtlich eine Einheit, auch wenn sich die Prozesse der Politisierung in der Intensität unterschieden. Bis kurz vor Kriegsausbruch 1939 standen Honoratioren aus der afrikanischen Bildungselite und der Geschäftswelt an der Spitze von Reformbewegungen. Allerdings hatte der Aufstieg von Azikiwe in Nigeria, Danquah in Ghana, Kenyatta in Kenia, Senghor im Senegal und Houphouët-Boigny in der Elfenbeinküste schon nach dem Ersten Weltkrieg begonnen. Die Weltwirtschaftskrisen verurteilten viele Nationalisten der ersten Generation wie Harry Thuku, Clements Kadalie oder Tete-Ansah zur politischen Resignation. Die Unruhe in der Arbeiterschaft und die Ungeduld der Nach-

---

79 Ebd., S. 154.
80 Ebd., S. 171 f.
81 Ebd., S. 179.
82 Parsons, Timothy, »The Military Experiences of Ordinary Africans in World War II«, in: Byfield/ Brown/Parsons/Sikainga, »Africa«, S. 3–23, hier S. 20.

kriegsjugend alarmierten sogar die Kolonialmächte, die ihre Strategien den neuen Entwicklungen anzupassen versuchten. Auf beiden Seiten war Unabhängigkeit selten ein Thema. Belgien und Portugal allerdings verhinderten durch die systematische Verweigerung von Bildungsmöglichkeiten die Herausbildung einer Bildungsschicht, die Voraussetzung für einen geordneten Prozess der Dekolonisation gewesen wäre.

Es bestanden Kontinuitäten von Zwischenkriegszeit und Zweitem Weltkrieg. Wie nach dem Ersten Weltkrieg wurden die Ressourcen des Kontinents im Zweiten Weltkrieg systematisch genutzt, im Zweiten Weltkrieg wesentlich intensiver. Da die Rohstoffe aus Südostasien 1941–1945 an die Japaner gefallen waren, wurden sie nun verstärkt aus den afrikanischen Bergwerken gewonnen; ebenso nahm die Produktion von Gummi zu. Großprojekte sollten die Stagnation der Kolonialwarenproduktion überwinden. Die Erlöse aus dem Verkauf der Kolonialwaren eigneten sich die Kolonialmächte an, die dringend Devisen für den Handel mit den USA benötigten. Die Devisen wurden durch spezielle Fonds in den kolonialen Metropolen verwaltet und damit den Ökonomien in Afrika entzogen. Dies wurde zu einem wichtigen Argument für den ökonomischen Nationalismus der afrikanischen Eliten und der Genossenschaftsbauern.

5.1 Afrikaner in den Kriegen vor und während des Zweiten Weltkriegs

Der Zweite Weltkrieg begann aus der Sicht von über 100.000 afrikanischen Soldaten bereits 1935 mit der italienischen Aggression gegen Äthiopien. An der Eroberung Äthiopiens waren 40.000 Afrikaner beteiligt. Sie wurden von den Italienern in Somalia, Eritrea und Libyen rekrutiert. Bei der afrikanischen Intelligenz im britischen und französischen Kolonialreich und in Südafrika herrschte Empörung darüber, dass der Völkerbund nicht gegen die italienische Aggression gegen Äthiopien, das Mitglied des Völkerbundes war, einschritt und auf einen Ölboykott verzichtete. Die koloniale Reformrhetorik wurde durch diesen international praktizierten Rassismus gegen das unabhängige afrikanische Land unglaubwürdig.

Während der sechs Jahre dauernden italienischen Besetzung Äthiopiens waren nur Teile des Kaiserreiches von Italien besetzt. Äthiopische »Patrioten« führten die ganze Zeit über einen effektiven Guerillakrieg. Eine Besonderheit war, dass auch Frauen daran stark beteiligt waren. Prinzessinnen führten Verbände. Wie in der vorkolonialen Periode waren Frauen Teil der Entourage der Truppen zur Versorgung und als Konkubinen[83]. Das Interesse zahlreicher Frauen ging über die Rolle als Teil der Entourage weit hinaus. Viele galten als gleichberechtigte Kämpferinnen. Ihre

---

[83] Habtu, Hailu; Byfield, Judith, »Fighting Fascism: Women Patriots 1935–1941«, in: Byfield/Brown/Parsons/Sikainga, »Africa«, S. 383–400 und Jennings, Eric T., »Free French Africa in World War II: The African Resistance«, Cambridge 2014.

wichtigste Motivation beim Kampf gegen die Italiener bestand darin, Einfluss auf die Landverteilung zu bekommen.

Francos Angriff auf die republikanische Regierung in Spanien begann 1936 vom spanischen Teil Marokkos aus. Er setzte 1936/39 62.000 Marokkaner der »Armée d'Afrique« ein, die nach internationalen Militärbeobachtern zu 40 % fielen oder verwundet wurden[84]. Der Krieg Japans gegen China begann 1937, betraf Afrikaner erst bei ihrem Einsatz an der Burmafront nach dem Fall Singapurs.

Der Zweite Weltkrieg zwang erneut über eine Million Afrikaner in den Krieg. Vor allem mussten sie auch gegeneinander kämpfen. Sie wurden von den Italienern rekrutiert für die Eroberung Äthiopiens und von den Alliierten für die Rückeroberung Äthiopiens und Somalias. Afrikanische Truppen der Bewegung des »Freien Frankreich« de Gaulles kämpften gegen Truppen der Vichy-Regierung in Madagaskar. Nach dem Angriff Hitler-Deutschlands auf Frankreich rekrutierten die Franzosen 100.000 Mann in Westafrika. Es waren Kampftruppen, die in zwölf Divisionen organisiert wurden. Von ihnen fielen 17.500. In die deutschen Kriegsgefangenenlager kamen 70.000. Weitere 10.000 wurden 1944 aus Lagern in Frankreich nach Deutschland verlegt. In deutschen Lagern herrschten unsägliche Lebensbedingungen. Über ein Drittel hatte in »Arbeitskommandos« eine etwas bessere Versorgung. Von den 40.000 afrikanischen Gefangenen, die 1944 von den Alliierten in Frankreich befreit wurden, gehörten die meisten den Arbeitskommandos an. 5.000 war vorher die Flucht gelungen. 3.000 wurden von den Deutschen exekutiert[85]. Die Afrikaner unter der Kontrolle der Vichy-Administration wurden erneut in Afrika als Truppen eingesetzt. Da sie 1940 größeren Widerstand gegen die deutsche Wehrmacht geleistet hatten als die desillusionierten und kriegsmüden französischen Soldaten, forderten die afrikanischen Soldaten wegen »gleicher Opfer gleiche Rechte« als politische Dividende[86].

Wichtig für die Stärkung antikolonialen Bewusstseins wurde, dass sowohl de Gaulle, der Französisch-Äquatorialafrika kontrollierte, als auch das Vichy-Regime, dem gegenüber die meisten Gouverneure der Kolonien Westafrikas loyal blieben, afrikanische Truppen organisierten, die gegeneinander kämpfen sollten. Auch Großbritannien beteiligte sich an den Vorbereitungen eines Krieges innerhalb Westafrikas mit der »Royal West African Frontier Force«. Nach einem missglückten Angriff de Gaulles mit Unterstützung britischer Flotteneinheiten auf Dakar 1940 kam es aber zu keiner direkten Konfrontation. Wichtiger wurde, dass de Gaulle seine afrikanischen Truppen und Arbeitskräfte aus Prestigegründen in Nordafrika gegen die Italiener einsetzte. Sie wurden bei Tobruk von den deutschen Truppen stark dezimiert. Viele Arbeiter kamen beim Brand der zerschossenen Öltanks um. Erst mit dem britischen Sieg

84 Parsons, »The Military«, S. 3 f.
85 Ebd.; Scheck, Raffael, »French African Soldiers in German POW Camps, 1940–1945«, New York 2015, online verfügbar unter: DOI: https://doi.org/10.1017/CBO9781107282018.023, S. 420–438.
86 Parsons, »The Military«, S. 21.

von El Alamein und der italienischen Kapitulation wurde der Krieg in Nordafrika beendet, bis 1954 der Algerienkrieg ausbrach, der sich mit Unruhen seit 1945 angekündigt hatte und 1962 endete.

Eine direkte militärische Konfrontation fand zwischen den Afrikanern der verschiedenen Armeen bei der Wiedereroberung Äthiopiens statt. Afrikanische Truppen aus Kenia, Uganda Britisch-Somaliland und Nigeria wurden eingesetzt. Einheiten der Force Publique aus dem Kongo, Südafrika und Indien waren Teil des Feldzuges; ebenso nahmen Einheiten unter der Kontrolle de Gaulles aus Äquatorialafrika an den Kämpfen in Somalia und Äthiopien teil.

Ihnen standen italienische Truppen mit einem großen afrikanischen Anteil gegenüber. Von 250.000 Kämpfern in der italienischen Armee waren 71 % Afrikaner, von denen viele desertierten oder rebellierten, weil sie nicht mehr an der Fortsetzung der italienischen Kolonialherrschaft beteiligt sein wollten. Als nach dem Sieg der Alliierten und der Besetzung Addis Abebas afrikanische Soldaten der Allianz nach Madagaskar verschifft werden sollten, weigerten sich 6.000 Soldaten, die Schiffe zu besteigen. Sie wollten sich nicht an dem Krieg de Gaulles gegen das von Vichy kontrollierte Madagaskar beteiligen, was wieder Krieg gegen Afrikaner bedeutet hätte[87]. Außerdem reagierten sie damit auf die schlechte Behandlung. In Südafrika versuchten die Behörden, aus den 600.000 arbeitslosen jungen Männern Rekruten für Einsätze in Nordafrika und in Äthiopien zu gewinnen, was weitgehend misslang[88]. Auch Chiefs wurden eingespannt, ebenfalls mit geringem Erfolg. Die afrikanischen Männer waren an dem Krieg der Weißen gegeneinander nicht interessiert und litten unter der scharfen Segregation und der Missachtung, die ihnen entgegengebracht wurde. Der ANC-Präsident Xuma schrieb, es sei »Konsens unter den Afrikanern in den Städten und auf dem Lande, dass die Bedingungen, unter denen sie Dienst tun sollten, sowohl hinsichtlich der Bezahlung als auch der Diskriminierung durch die weißen Offiziere sie von der Rekrutierung abhalte«[89]. Schließlich ließen sich 75.000 registrieren[90,91].

Die südafrikanischen Truppen gerieten in der multirassischen Koalition gegen Äthiopien in Konflikte. Pretoria setzte eine strenge Segregation in den Truppen durch. Allerdings hatte die südafrikanische Regierung nicht verhindern können, dass von den britischen Protektoraten im südlichen Afrika – Swasiland, Lesotho und Botswana – afrikanische Truppen gestellt wurden, weil die Monarchen in den Protektoraten sich dadurch Unterstützung von Großbritannien gegen Annexionswünsche der Südafrikani-

---

87 Ebd., S. 11 und 16.
88 Byfield/Brown/Parsons/Sikainga, »Africa«; Grundlingh, Louis, »The Military, Race and Resistance: Conundrums of Recruiting Black South African Men during the Second World War«, New York 2015, online verfügbar unter: DOI: 10.1017/CBO9781107282018.005, S. 71–88, hier S. 73.
89 Byfield/Brown/Parsons/Sikainga, »Africa«; Grundlingh, »The Military«, S. 82.
90 Grundlingh, »The Military«, S. 86.
91 Für Vergleichbares in Kenia siehe: Parsons, Timothy, »No Country Fit for Heroes. The Plight of Disabled Kenyan Veterans«, in: Byfield/Brown/Parsons/Sikainga, »Africa«, S. 127–143.

schen Union erhofften. Die Haltung Pretorias empfanden die in Südafrika rekrutierten Afrikaner als stark rassistisch, zumal die Allianz in ihrer Propaganda um Soldaten gegen den faschistischen Rassismus geworben hatte.

Die afrikanischen Einheiten, die unter dem Befehl de Gaulles standen, beteiligten sich auch an der Invasion in der Normandie[92]. Als de Gaulle triumphierend mit seinen Truppen als Erster in Paris einmarschierte, demütigte er die an der Befreiung beteiligten afrikanischen Verbände, indem er sie vor dem Einmarsch in Paris ausgliederte und durch Résistance-Kämpfer ersetzte[93]. Auch in den Kämpfen in Südostasien, insbesondere an der Burmafront gegen die japanische Armee, wurden Afrikaner eingesetzt. Sie kämpften mit 9 % oder 90.000 Mann im Dschungelkampf und sicherten strategisch wichtige Brücken[94]. Allein 1.500 ertranken nach japanischen U-Boot-Angriffen auf die Truppentransporter.

Mit der US-Armee kamen auch Afroamerikaner nach Afrika. Sie betrachteten diesen Einsatz zum Teil als »Defending the Lands of their Ancestors«[95]. Viele Veteranen hatten sich dabei politisiert und beteiligten sich später an der Bürgerrechtsbewegung[96]. Das Versprechen, das in der Atlantik-Charta ausgesprochen wurde, nämlich dass der Krieg gegen Rassismus und für Demokratie geführt würde, war aus Sicht der Afrikaner eines der hohlen Bekenntnisse der Kolonialmächte, die nicht eingelöst wurden.

5.2 Kriegsökonomie und Arbeiterfrage

Anders als im Ersten Weltkrieg spielten Rohstoffe aus Afrika im Zweiten Weltkrieg eine besondere Rolle, da Japan nach der Eroberung Südostasiens 1941 die dortige und damit den größten Teil der weltweiten Rohgummi- und Zinnproduktion kontrollierte[97]. Beide Rohstoffe mussten nun in Afrika zum Teil mit Zwangsarbeit gewonnen werden. Kleinbauern mussten Gummi sammeln. Sie litten unter dem Abzug vieler junger Männer in den Krieg, der ihnen die Arbeitskräfte nahm. Außerdem wurden sie durch die Beschlagnahme von Nahrungsmitteln schwer belastet. Portugiesisch-Afrika unter der Diktatur Salazars hatte bereits im Spanischen Bürgerkrieg die

---

92 Byfield/Brown/Parsons/Sikainga, »Africa«; Grundlingh, »The Military«, S. 71–88.
93 Parsons, »The Military«, S. 9.
94 Ebd., S. 11.
95 Titel des Beitrags von Hutchinson, Daniel, »Defending the Lands of Their Ancestors: The African American Military Experience in Africa during World War II«, in: Byfield/Brown/Parsons/Sikainga, »Africa«, S. 401–419.
96 Ebd., S. 417.
97 Clarence-Smith, William, »Africas ›Battle for Rubber‹ in the Second World War«, in: Byfield/Brown/Parsons/Sikainga, »Africa«, S. 166–182. Für Tansania siehe: Sunseri, Thaddeus, »World War II and the Transformation of the Tanzanian Forests«, in: ebd., S. 238–258, hier S. 249.

Truppen Francos mit Nahrungsmitteln und Rohstoffen versorgt[98]. Mit dem amerikanischen Kriegseintritt 1941 wurde Westafrika zur Nachschubbasis für den Krieg in Nordafrika gegen das Afrikakorps der deutschen Wehrmacht und die italienische Armee. Für die amerikanischen Flugzeuglieferungen benötigte man erweiterte Häfen und Flughäfen sowie ein vergrößertes Schienennetz und Pisten für die Lastwagen, die von Takoradi in Ghana durch die Sahara bis nach Ägypten führten[99]. Es war eine Großraumstrategie über die alten Großregionen hinaus. Die Struktur der afrikanischen Arbeiterschaft veränderte sich. Neue Qualifikationen wurden nötig für den Anlagenbau, für die notwendigen Reparaturen an Geräten und Fahrzeugen. Lastwagenfahrer wurden gebraucht und viele andere Tätigkeitsfelder standen nun Afrikanern offen, zumal die europäischen Fachkräfte eingezogen worden waren. Die Zahl der afrikanischen Arbeiter wuchs stark an und mit ihnen wuchsen die Städte.

Die alten rassistischen Annahmen, dass afrikanische Arbeiter primitiv, nicht alphabetisiert und in tribalistischen Vorstellungen eingeengte »Eingeborene« seien, erschienen zunehmend als abwegig. Die europäischen Aufseher waren mit dem Umgang mit diesen selbstbewussten Arbeitern überfordert, so dass Berichte über Brutalitäten zunahmen[100].

Carolyn Brown sieht einen Wendepunkt im Verhältnis vom kolonialen Staat und den Arbeitern für die Zeit von 1942–1945. Eine Streikwelle in fast jedem industriellen Standort überraschte die Verwaltungen, die zunächst mit drakonischen Maßnahmen wie Streikverboten, Einschränkungen der Bewegungsfreiheit und verstärkter Kontrolle der Gewerkschaften reagierten. Die Streikgründe waren allerdings unabweisbar. Der Krieg hatte eine Inflationsrate von mindestens 75 % zur Folge gehabt. Damit wurden die Lebensbedingungen untragbar, zumal viele Nahrungsmittel an die Fronten gebracht wurden[101]. In Westafrika wurden die »Cacao Marketing Boards« zu Kontrolleinrichtungen für alle Produkte. In Yoruba-Gebieten in Nigeria wurden Tausende von Tonnen Reis beschlagnahmt. Wie im Ersten Weltkrieg waren Ernten auch in entlegeneren Regionen von der Beschlagnahme betroffen. Im östlichen Afrika führte die Mobilisierung großer Truppenverbände gegen die italienische Besetzung Äthiopiens zu ähnlichen Beschlagnahmungen.

Die Nahrungsmittelnot übte einen enormen Druck auf die Frauen aus[102]. Sie mussten die Ausfälle in der Kakaoproduktion ihrer Familien durch Verarbeitung von Palmöl

---

98 Newitt, Malyn, »Portuguese African Colonies during the Second World War«, in: Byfield/Brown/Parsons/Sikainga, »Africa«, S. 220–237, hier S. 225.

99 Brown, Carolyn, »African Labor in the Making of World War II«, in: Byfield/Brown/Parsons/Sikainga, »Africa«, S. 43–70, hier S. 50–55.

100 Ebd., S. 43 f.

101 Ebd., S. 56.

102 Byfield, Judith, »Women, Rice and War: Political and Economic Crisis in Wartime Abeokuta«, in: Byfield/Brown/Parsons/Sikainga, »Africa«, S. 147–165, besonders Abschnitt »Women and the Wartime Economy«, S. 155 ff.

und Palmkernen ausgleichen. Ihre Rolle als Händlerinnen auf den lokalen Märkten wurde von der Inflation und der Bevorzugung europäischer Handelsfirmen durch die Administration erschwert. Die Frauen kämpften um die Versorgung mit Reis und waren gezwungen, die nährstoffärmere Cassava als Ersatz zu entgiften und mühsam zu prozessieren. Die Konzentration von Soldaten in Britisch-Westafrika führte zur Ausweitung der Prostitution. Es gab erheblichen Handel mit Frauen und Mädchen von Nigeria nach Ghana[103]. Die Arbeitsbedingungen in den Zinnbergwerken und in den Kohleminen führten zu erheblichen Spannungen[104]. Das System der Zwangsarbeit in Französisch-Westafrika verschärfte sich unter der Vichy-Regierung und stieß auf wachsenden Widerstand sowohl im Krieg als auch bei den Veteranen nach dem Krieg[105].

Bei der Rekrutierung für den Eisenbahnbau und die Kohlegewinnung zwangen die Chiefs viele ehemalige Sklaven, sich rekrutieren zu lassen. Deren Löhne behielten die Chiefs ein, wie überhaupt »Big Men« stets eine Rolle spielten, so auch nach der Dekolonisation[106]. Auffällig an den Protesten war, dass die Diskriminierung am Arbeitsplatz dabei ein Dauerthema wurde, was die politische Dimension dieser Bewegungen zeigt[107].

6 Die Wirkungen der Dekolonisationen in Asien und Verzögerungsstrategien gegen die Unabhängigkeit in Afrika

Der Zusammenbruch des südostasiatischen Kolonialreiches der Europäer durch die japanische Besetzung zerstörte einen Nimbus. Die Eroberung Singapurs vom Land her wurde zum Symbol der Krise des britischen Empire. Die Unabhängigkeitserklärung Hồ Chí Minhs 1945 für Indochina verwies auf das Ende der französischen Kolonialherrschaft. Der Kampf an der Burmafront und der Kontakt zu den indischen Soldaten brachten den afrikanischen Soldaten den Kampf um die Unabhängigkeit Indiens nahe, der dann 1947 zum Erfolg führte. Großbritannien musste die indische Unabhängigkeit zulassen. Mit der Spaltung nach Hindus und Muslimen in zwei Staaten verursachte es dabei eine Katastrophe.

---

103 Ray, Carina, »World War II and the Sex Trade in British West Africa«, in: Byfield/Brown/Parsons/Sikainga, »Africa«, S. 339–356.

104 Generell für Nigeria und speziell für die Verhältnisse in der Kohleindustrie in Nigeria siehe Brown, Carolyn, »To Be Treated as a Man: Wartime Struggles over Masculinity, Race, and Honor in the Nigerian Coal Industry«, in: Byfield/Brown/Parsons/Sikainga, »Africa«, S. 276–302.

105 Bogosian Ash, Catherine, »Free to Coerce: Forced Labor during and after the Vichy Years in French West Africa«, in: Byfield/Brown/Parsons/Sikainga, »Africa«, S. 109–126.

106 Brown, Carolyn, »To Be Treated as a Man«, Abschnitt »Fathers, ›Big Men‹ Slaves and Boys: Young Workers Challenge of Senior Masculinity«, S. 282 ff.

107 Für parallele Entwicklungen in Kenia, Tansania und Simbabwe siehe Brown, Carolyn, »African Labor«, S. 61, Anmerkung 74 und 75.

Der Zweite Weltkrieg beschleunigte die Entwicklung zur Dekolonisation auch in Afrika. Die Verkündigung der Selbstbestimmung der Völker in der Atlantik-Charta von 1941 klammerte noch die Kolonien aus. Auch de Gaulles Ankündigungen auf der Konferenz von Brazzaville 1944 gingen vom Fortbestand der französischen Kolonialherrschaft aus, wenn auch durch Reformen gemildert, die er ankündigte, um die Rekrutierung in den Kolonien zu erleichtern, die dem »Freien Frankreich« und nicht der Vichy-Regierung zugehörten. Er weckte bei der afrikanischen Intelligenz Hoffnungen. Beide großen Kolonialmächte hielten sogar noch koloniale Expansion für möglich. Sie rivalisierten nach der Niederlage Italiens um die Kontrolle des Fezzan[108]. Noch bei den Verhandlungen über die Satzung der UNO 1944 erreichten die Kolonialmächte, dass keine Festlegung auf den Begriff von »Unabhängigkeit« aufgenommen wurde, obwohl auf amerikanischen Druck hin der »Treuhandausschuss« für den Übergang der Kolonien in Richtung Unabhängigkeit gebildet wurde. Die Kolonialmächte hielten die Unabhängigkeit erst in den nächsten zwei bis drei Jahrzehnten für realistisch.

Die USA verhielten sich widersprüchlich. Als die Niederländer 1949 mit einer »Polizeiaktion« die indonesische Unabhängigkeitsbewegung niederkämpfen wollten, verhinderten dies die USA. Sie drohten den Niederländern an, die Mittel aus dem Marschallplan zu streichen. Damit wurde die Übergabe der Macht an Sukarno erreicht. So sollte das Übergreifen der chinesischen Revolution auf das Land mit der größten kommunistischen Partei Asiens verhindert werden.

Anders hingegen reagierten die USA unter dem Druck des Kalten Krieges in Indochina. Der Krieg in Indochina (Vietnam) begann 1945. Er wurde gegen die kommunistische Befreiungsbewegung der Vietkong geführt, nachdem Japan das Gebiet hatte räumen müssen und Hồ Chí Minh 1945 die Unabhängigkeit ausgerufen hatte. Nach der vernichtenden Niederlage der Franzosen bei Điện Biên Phủ 1954 übernahmen die USA bis 1974 den Krieg, den sie verloren. Sie wollten damit eine Ausweitung des chinesischen Einflusses verhindern.

Aktivisten aus Südafrika hatten bereits die Führer der antikolonialen Bewegungen aus Asien kennengelernt, so die Witwe von Sun Yat-sen aus China und Nehru aus Indien. Sie nahmen an dem Kongress gegen den Imperialismus 1927 in Brüssel teil, der von der »Liga gegen Imperialismus« von Willy Münzenberg organisiert worden war. Auch die künftigen Anführer der afrikanischen Unabhängigkeitsbewegungen waren vernetzt. Sie trafen sich bei Gesprächen mit den linken Parteien in Paris und in der Fabian Society in London. In den 1930er Jahren und besonders gegen Ende des Zweiten Weltkrieges wurden Führer der Jugendbewegungen maßgebend, so Nnamdi Azikiwe, der erste Staatspräsident Nigerias. In Ghana mobilisierte Nkrumah die Jugend, indem er sich demonstrativ von London aus von den Honoratioren

108 Jennings, »Free French Africa«. Vgl auch: Schafer, Tony, »The End of Empire in French West Africa: France's Successful Decolonization«, Oxford 2002.

absetzte. Nelson Mandela übernahm 1944 den Jugendverband des ANC und eröffnete den Kampf gegen die drohende Apartheid, die nach dem Wahlsieg Malans 1948 umgesetzt wurde.

Da die Italiener im Friedensvertrag 1947 Tunesien und Libyen an die UNO abtreten mussten, konnten die Regierungen Großbritanniens und Frankreichs den Unabhängigkeitsprozess in beiden Gebieten nicht verhindern. Er wurde 1956 abgeschlossen. Aber Frankreich führte von 1954–1962 einen zweiten Krieg um die Siedlungskolonie in Algerien. Um sich darauf konzentrieren zu können, wurde das Protektorat über Marokko aufgegeben. Der mit brutalen Mitteln geführte Krieg in Algerien[109], in dem die französische Seite auch systematisch Folter einsetzte, führte wegen des starken innenpolitischen Drucks der Siedlerorganisationen zur Staatskrise, die de Gaulle nach der erneuten Übernahme der Macht mit dem Frieden von Evian 1962 beendete. Damit wollte er eine Verzögerung der Dekolonisation der westafrikanischen Gebiete erreichen. Er kam aber damit zu spät, weil die Mehrzahl der französischen Kolonien in Westafrika 1960 auch unter Druck der UNO die Unabhängigkeit erreichte.

Die Expansion der Sowjetunion nach Mitteleuropa und insbesondere der kommunistische Putsch in der Tschechoslowakei 1948 sowie die chinesische Revolution hatten das Weltklima in Richtung Kalter Krieg und Systemwettstreit verändert. Die Hegemonie der USA wurde bestimmend, auch wenn die USA den Kolonialmächten in Afrika weitgehend freie Hand bei Art und Zeitpunkt der Dekolonisation ließen. Die Devisennot der alten Kolonialmächte machte sie abhängig von den USA und beeinflusste die kolonialwirtschaftliche Richtung.

In der Endphase des Krieges entwickelten sich große Streikbewegungen. Enttäuschungen begleiteten das Kriegsende. 1944 kam es zu Massenstreiks der Bergarbeiter in Südafrika. In Lagos war 1945 ein Generalstreik erfolgreich. Hafenarbeiterstreiks fanden 1945 in Dar es Salaam statt. Die Demobilisierung der afrikanischen Soldaten in Frankreich zog sich bis 1948 hin. Die versprochenen Abfindungen bei Kriegsende wurden nicht gezahlt[110]. Von einem ugandischen Soldaten ist bekannt, dass er in Anerkennung seines Dienstes an der Front das Wahlrecht für den »advisory Council« der Baganda beanspruchte. Die Verweigerung kommentierte er mit den Worten: »Der Punkt ist, es ist Betrug, unsere Männer an die Front zu schicken, um für die Demokratie zu kämpfen, um dann zurückzukehren und eine Regierung vorzufinden, die autokratisch und bürokratisch ist«[111].

Betrachtet man die Verflechtungen, die der Zweite Weltkrieg in Afrika zur Folge hatte, wird deutlich, dass der ganze Kontinent ein großer Handlungsraum gewor-

---

109 Elsenhans, Hartmut, »Frankreichs Algerienkrieg 1954–1962: Entkolonisierungsversuch einer kapitalistischen Metropole: Zum Zusammenbruch der Kolonialreiche«, München 1974.

110 Reinwald, Brigitte, »Reisen durch den Krieg: Erfahrungen und Lebensstrategien westafrikanischer Weltkriegsveteranen«, Berlin 2005.

111 Parsons, »The Military«, S. 22. Für die verbreitete Praxis beider Kolonialmächte, die angekündigten Rentenzahlungen und andere Begünstigungen zu verweigern, Reinwald, »Reisen«.

den war, auch wenn die Großregionen Afrikas ihre eigene Prägung behielten. Wirtschaftspolitik und Rohstoffsicherung standen im Vordergrund. Transkontinentale Verbindungen wurden für den Kriegseinsatz geschaffen. Von Britisch-Westafrika aus wurde der Krieg durch die Sahara bis Ägypten und Nordafrika organisiert. Von Ostafrika aus wurde der Krieg gegen Italien um Äthiopien und Somalia geführt. De Gaulle operierte von Brazzaville aus nach Nordafrika. Die Mobilität von Soldaten und Arbeitern erfasste den ganzen Kontinent. Sie lernten andere Afrikaner und andere Regionen kennen und teilten die Erfahrung der Ungleichbehandlung und der rassistischen Diskriminierung. Das Versprechen der Selbstbestimmung in der Atlantik-Charta 1941 wurde ebenso wenig gehalten, wie die Erwartungen eingelöst wurden, die die Kriegspropaganda geweckt hatte, dass es sich nämlich um einen Krieg gegen Rassismus und für Demokratie gehandelt habe, eine Propaganda, die die afrikanischen Soldaten ebenfalls auf die Kolonien bezogen, in denen sie lebten. Diese Enttäuschungen vergrößerten die Politisierung.

Kapitel 13
Kolonialherrschaft in Afrika: Eine Reflexion

1 Europäische Expansion und die Entwicklung unterschiedlicher kolonialer Herrschaftsformen

Der Kolonialismus in Afrika war Teil der langen Geschichte der europäischen Expansion seit dem 15. Jahrhundert. Er beeinflusste alle Kontinente und durchlief verschiedene Perioden, in denen sich unterschiedliche Formen von Kolonialherrschaft entwickelten[1].

Die Kolonialherrschaft durchdrang Hochkulturen und sogenannte staatenlose Gesellschaften, in Australien und im Gebiet Kapstadt auch sehr alte Kulturen der Sammler und Jäger. Die Frage ist, worin sich koloniale Eroberungen von der mit der Geschichte der Menschheit verbundenen Eroberungen, die in Afrika auch noch im 19. Jahrhundert stattfanden, unterscheiden. Es lässt sich mit Kenneth Pomeranz[2] argumentieren, dass die Entwicklung der modernen Weltwirtschaft durch Europas Seemächte in der Frühen Neuzeit den Prozess auslöste, der die strategischen ökonomischen und militärischen Voraussetzungen dafür schuf, dass spätestens im 18. Jahrhundert »the Great Divergence« zu China, aber auch zur übrigen Welt entstand. Auch Wallerstein hat in seiner Theorie des Weltsystems so argumentiert. Daraus entstanden stetige Akkumulationsprozesse, eine Beherrschung der Weltmeere und als Ergebnis der großen Kriege zwischen den europäischen Rivalen starke Heere, die Infanterie mit Schusswaffen und Kanonen, die schon die europäischen Feudalherren mit Gewalt in die erstarkten Staaten zwangen.

Ein weiterer Epochenschritt war die Industrialisierung, die die strategischen Bedingungen für Expansionen steigerte, eine überlegene Warenproduktion entwickelte und mit dem Ende der Segelschifffahrt ein überlegenes Transportsystem zur Verfügung hatte, das von der Eisenbahn ergänzt wurde. Europäische koloniale Durchdringung ging parallel mit der Entwicklung eines überlegenen weltwirtschaftlichen Systems einher. Den protektionistischen, vom Absolutismus getragenen ökonomischen Strategien der rivalisierenden Großmächte Portugal, Spanien, der Niederlande, Frankreich und Großbritannien folgte die ökonomische Hegemonie Großbritanniens, die in die Industrialisierung überleitete. In der ersten Hälfte des 19. Jahrhunderts gerieten alle Gesellschaften, auch jene, die nicht oder unvollständig der Kolonialherrschaft unterworfen

---

1 Reinhard, Wolfgang, »Geschichte der europäischen Expansion«, Bd. 1: »Die Alte Welt bis 1818«, Stuttgart 1983; Reinhard, Wolfgang, »Geschichte der europäischen Expansion«, Bd. 2: »Die Neue Welt«, Stuttgart 1985; Reinhard, Wolfgang, »Geschichte der europäischen Expansion«, Bd. 3: »Die Alte Welt seit 1818«, Stuttgart 1988; Reinhard, Wolfgang, Geschichte der europäischen Expansion«, Bd. 4: »Dritte Welt Afrika«, Stuttgart 1990.
2 Pomeranz, Kenneth, »The Great Divergence: China, Europe and the Making of the Modern World Economy«, Princeton 1998.

https://doi.org/10.1515/9783110452020-015

wurden, unter den Druck dieser ökonomischen Expansion, die oft unter Androhung und Einsatz militärischer Gewalt erfolgte. Es ist deshalb schwierig, diese Formen der Durchdringung von den Folgen direkter Kolonialherrschaft zu unterscheiden.

Die alte Hochkultur Chinas geriet darüber fast in Auflösung. In China wurden Häfen und Küstenstreifen besetzt. Der Druck delegitimierte die Mandschu-Dynastie. Das chinesische Reich durchlitt im 19. Jahrhundert die größte bäuerliche Revolution der Weltgeschichte. Die Taiping-Revolution, die Herrschaft von Warlords und christliche millianistische Tendenzen spielten beim »Himmlischen König« der Taiping eine Rolle. Vierzig Millionen Menschen verloren ihr Leben. Die europäischen Mächte griffen militärisch ein. Große Militäroperationen waren der Opiumkrieg 1840, der die Krise mit auslöste, das Eingreifen in die Machtkämpfe während der Taiping-Revolution sowie die Kämpfe gegen den Widerstand der Geheimgesellschaft der »Boxer« 1900. 1910 erfolgten die politische Revolution und die Abschaffung der Monarchie. 1926–1928 stellte Chiang Kai-shek die Einheit des Staates wieder her und vernichtete die städtischen Kader der kommunistischen Partei, deren Führung sich tief in das Innere zurückzog. Die erneute Destabilisierung erfolgte durch Japan seit 1923. Es begann den Krieg gegen China 1937. Dieser Krieg führte zur Mobilisierung einer bäuerlichen Massenbewegung seitens der kommunistischen Partei, die in eine kommunistische Herrschaft 1949 überleitete und dabei die Intervention der USA nach der Flucht Chiang Kai-sheks nach Formosa (Taiwan) verhinderte. Zeitgleich gerieten andere Staaten in Asien und ebenfalls das gerade unabhängig gewordene Iberoamerika unter den Druck des Freihandelsimperialismus und der damit zusammenhängenden Weltkriege des 20. Jahrhunderts.

Entsprechend der Periode war diese Divergenz unterschiedlich ausgeprägt. Die Expansionen Portugals und Spaniens über den Atlantik nach Lateinamerika waren noch von einer Kombination feudaler Aufsteiger, eines erstarkenden Staates und der Finanzkraft der oberitalienischen Städte beeinflusst. Auch Portugals Erkundung des Seeweges nach Indien entlang der Westküste Afrikas und seiner Küste des Indischen Ozeans galt dem Gold Westafrikas und später den Goldfeldern Groß-Simbabwes. Hauptziel war es, den Gewürzhandel mit Südasien an sich zu ziehen. Trotz der Seeherrschaft und des Einsatzes von Infanterie blieb die Machtfrage prekär. Erfolgreicher afrikanischer Widerstand war noch möglich. Mombasa ging verloren und nach Niederlagen gegen einen kongolesischen Fürsten zogen sich die Portugiesen sogar aus dem Kongo zurück. Aber die Moderne schritt voran und immer mehr Ressourcen ließen sich im Konfliktfall von Europa aus mobilisieren.

Dennoch begann die Kolonialherrschaft zwischen 1884 und 1900 kläglich. Sie ließ kaum erkennen, was vonseiten europäischer Mächte möglich war. Die Überlegenheit speiste das europäische Selbstgefühl, ohne das der moderne Rassismus undenkbar ist. Für die davon betroffenen alten Eliten und später die sozialen Aufsteiger war dieser spezifische Rassismus als kaum veränderbare Grundeinstellung nicht erkennbar. Wer sich nach europäischem Vorbild alphabetisiert und ausgebildet hatte und auch zum Christentum übergetreten war, erlebte erst später die systematische Diskriminierung, Stigmatisierung von »Eingeborenen«, »Indios« und »Negern«, die angeblich dumm und faul waren, dem Alkohol oder dem Opium verfallen waren und sehr viele Kinder und auch Frauen hatten. Bei allem Exotismus entsprachen diese Stereotypen dem Verhältnis zu den protoindustriellen Unterschichten in Europa.

Die Gesellschaften, die von Europa angegriffen wurden, praktizierten ebenfalls den Unterschied zwischen »oben und unten« in krasser, menschenverachtender Weise. Adelsgesellschaften, »Big Men«, Kriegsherren beim Sklavenraub bzw. der Umgang mit Sklaven und Außenseitern waren generell von Arroganz geprägt. Auch die Unterwerfung von Frauen in der Polygamie konnte von Verachtung durch die Seniorfrau bestimmt sein. In Kriegen waren Frauen sexueller Gewalt ausgeliefert. Die systematische Verleugnung der Möglichkeit zur Gleichberechtigung war in den meisten außereuropäischen Gesellschaften durch deren Sozialverhältnisse üblich. Das Kastenwesen in Indien ist dafür ein Beispiel und auch das Verhältnis der arabischen Oberherren zu ihren Versklavten oder den Fellachen in Ägypten. Die Verwissenschaftlichung biologischer Rassismuskonzepte seit dem 19. Jahrhundert in Verbindung mit mangelnder Legitimität der europäischen Fremdherrschaft behinderte Assimilation und Integration. Dadurch unterschied sich europäische Herrschaft von den Integrationsstrategien vieler erobernder afrikanischer Klans.

Europäische Kolonialherrschaft entwickelte sich in den Weltregionen unterschiedlich. In Lateinamerika wurden Hochkulturen mit wenigen Gewaltschlägen untergeordnet und weitgehend zerstört. Erhebliche Teile der indianischen Bevölkerung überlebten wegen mangelnder Immunität gegen die aus Europa eingeschleppten Seuchen nicht. Vorherrschend wurden Latifundien feudaler Art. Die Indianer wurden generell marginalisiert und zur Arbeit in den Bergwerken gezwungen oder in die tropischen Waldgebiete abgedrängt. Plünderung der Edelmetallvorkommen war das zentrale Ziel. In großen Bereichen, vor allem in Brasilien und der Karibik, wurden afrikanische Sklaven für die Plantagenökonomie eingesetzt. Sklaverei und Marginalisierung der Indianer wurden zur lateinamerikanischen Form des Rassismus, als sich zu Beginn des 19. Jahrhunderts die spanischen und portugiesischen kreolischen Bevölkerungen als Nationen definierten und ihre Unabhängigkeit durchsetzten. Sie wurden vom britischen Imperialismus des Freihandels unterstützt.

Die britische und französische Handelsexpansion nach Nordamerika führte zu einer massiven Besiedelung durch Europäer mit ersten Anfängen in Virginia am Beginn des 17. Jahrhunderts. Die Siedler verdrängten die indianische Bevölkerung, die in den »Indianerkriegen« weitgehend vernichtet wurde. Die Überlebenden wurden in Reservate gezwängt. Als Reaktion auf die Lasten der Weltkriege im 18. Jahrhundert zwischen Großbritannien und Frankreich um die Kontrolle Nordamerikas erzwangen die Siedler mit der amerikanischen Revolution 1776, die 1783 abgeschlossen war, gegen eine royalistische Opposition die Unabhängigkeit. Im Süden der künftigen USA entstand eine Sklavengesellschaft auf kapitalistisch geführten Großplantagen. Der atlantische Sklavenhandel brachte elf Millionen Sklaven in diesen Süden, in die Karibik und nach Brasilien.

Die Siedlungsexpansion setzte sich nach Westen mit einer stetig vorgeschobenen »Frontier« fort. Nach dem amerikanischen Bürgerkrieg wurden die Sklaven zwar freigelassen, aber in der Periode der »Rekonstruktion« nach 1865 setzten sich extreme Formen der Diskriminierung der ehemaligen Sklaven fort. Gewalt prägte die rassistischen Einstellungen der amerikanischen Gesellschaft. In Erinnerung an die britische Kolonialherrschaft entwickelte sich in den USA eine ablehnende Haltung gegenüber der europäischen Kolonialherrschaft. Trotzdem bestanden Vorstellungen von »Zivilisationsmission« gegenüber Afrikanern, die auch von Afroamerikanern geteilt wurden. Erst nach der Aufdeckung der »Kongo-Gräuel« 1908/09 entwickelte sich bei Afroamerikanern eine grundsätzliche Kolonialkritik und wurden panafrikanische Ideen populär, die nach Afrika ausstrahlten.

Die britische Kolonialherrschaft in Indien, die 1750 in Rivalität mit Frankreich entschieden wurde, unterschied sich von den amerikanischen Formen des Kolonialismus erheblich. Es handelte sich um eine Herrschaft über viele indische Fürstentümer, die auch nach militärischen Niederlagen weiter bestanden. Das Ziel war die Errichtung eines asiatischen Handelsmonopols. Dies wurde von einer königlichen Charter-Kompanie organisiert, die allerdings aufgrund extremer Korruption ihrer leitenden Angestellten in eine Dauerkrise geriet[3]. Kolonialwaren wie Tee, Baumwolle, Gewürze wurden exportiert und China wurde zum Import von Opium gezwungen, was zum Opiumkrieg 1840 führte, der den Beginn der Krisenperiode des chinesischen Kaiserreiches einleitete.

Die Herrschaft über Fürsten veränderte die ethnische und religiöse Vielfalt der ländlichen Bevölkerung nicht und die soziale Schichtung des Kastenwesens blieb erhalten. Parallel dazu bildete sich eine anglo-indische Bildungsschicht heraus, die Elemente der europäischen Kultur verarbeitete und früh Konzepte der Modernisierung entwickelte, die besonders im Zeichen der Liberalität des britischen Systems in den ersten Jahrzehnten des 19. Jahrhunderts gefördert wurde.

Die britische Herrschaft geriet 1857 durch den »Sepoy-Aufstand« der indischen Truppen in eine große Krise. Sie führte zu einem Strukturwandel der Herrschaft. Es wurde eine moderne Kolonialverwaltung, gesteuert vom Indian Office, aufgebaut, deren Grundzüge Vorbild für das britische Kolonialreich in Afrika wurden.

Der Herrschaftsstil war von einer Mischung aus kolonialer Arroganz und Respekt vor der indischen Hochkultur und dem System der Fürstenherrschaft bestimmt. Sie wurde dadurch symbolisiert, dass Queen Victoria »Kaiserin von Indien« wurde. Großbritannien nutzte die Ressourcen Indiens für die britische Textilindustrie, während der indischen Produktion die Baumwolle entzogen wurde. Indische Truppen wurden eingesetzt bei der Expedition einer großen Armee nach Äthiopien 1867 und für Kriege gegen die Mahdisten sowie gegen Russland in Afghanistan, im Burenkrieg und in bei-

---

3 Hintze, Andrea, »The Mughal Empire and its Decline: An Interpretation of the Sources of Social Power«, Farnham 1997.

den Weltkriegen. Indisches Kapital aus Bombay und Haiderabad stützte die Sultansherrschaft auf Sansibar. Der britische Einfluss auf Asien wurde weitgehend von der
britischen Regierung in Indien organisiert. Die Rassismusvorstellungen waren durch
die strategische Bedeutung Indiens verstärkt und liefen parallel zu der Diskriminierung der unteren Kasten durch die indischen Führungsschichten.

Die Kolonialherrschaft im Nahen Osten wurde von Großbritannien gemeinsam
oder im Konflikt mit Frankreich an den Peripherien des Osmanischen Reiches von
Syrien bis Mesopotamien und Ägypten durch einen aggressiven Freihandelsimperialismus vorbereitet. Im frühen 20. Jahrhundert wurde der Nahe und Mittlere Osten
Zentrum der Ölgewinnung. Der Iran wurde mit dem zaristischen Russland 1907 geteilt; dort wurde ebenfalls die Ölproduktion unter Kontrolle genommen. Imperiale
Arroganz mischte« sich mit rassistischen Einstellungen gegenüber den »Arabern«,
obwohl die Anfänge des arabischen Nationalismus zunächst christliche und liberale
Elemente aufwiesen, die sich in den kosmopolitischen Handelszentren Damaskus
und Beirut entwickelten. Nationalistische und christliche Modernisierungskonzepte
koexistierten mit panarabischen und panislamischen Ideen. Der Wiederaufstieg der
Türkei nach 1923 verstärkte laizistische Elemente, was auch für die französische Politik
in Syrien galt. Dagegen orientierte sich die britische Politik in den Mandatsgebieten im
Irak, in Jordanien und in Palästina an Strömungen des arabischen Nationalismus und
installierte im Irak und in Jordanien arabische Dynastien mit mahdistischem Hintergrund. Dies leitete die Dekolonisation im Nahen Osten schon nach dem Ende des Ersten Weltkrieges ein, zu der auch die begrenzte Unabhängigkeit Ägyptens zu zählen ist.

2 Die koloniale Situation in Afrika

Die Kolonialperiode in Afrika[4] hatte einen Vorlauf in der vorkolonialen Zeit vom
späten 18. bis in das letzte Drittel des 19. Jahrhunderts. Vor Beginn der Kolonialherrschaft herrschte in den Großregionen Afrikas eine gesellschaftliche Dynamik von
großer Intensität, die sich aus vielen Quellen speiste. Die Ausdifferenzierung der
afrikanischen Gesellschaften ging vor allem auf die Verdichtung der Bevölkerung und
die Intensivierung der Agrarproduktion zurück. Daraus erwuchsen Chancen zur Vernetzung der Handelswege im Inneren der Regionen. Zugleich häuften sich sowohl in
West- als auch in Ostafrika klimatische Krisen, die Instabilität und gleichfalls Bevölkerungsverluste sowie Wanderungsbewegungen zur Folge hatten. Frühneuzeitliche
Kontakte mit Europa spielten insofern eine Rolle, als es zu zusätzlichen Impulsen
durch Warenhandel und zu frühen Beeinflussungen durch portugiesische Mission
kam. Mit dem Sklavenhandel wurden immer mehr Feuerwaffen importiert und die

---

4 Vgl. auch Bley, Helmut, »Das 20. Jahrhundert aus der Sicht eines Afrikahistorikers«, in: Zeitschrift
für Weltgeschichte, Jg. 10, Heft 1, 2009, S. 9–28. Text der Abschlussvorlesung vom 7. Februar 2003.

Machtverhältnisse verschoben. Die Akkumulationsmöglichkeiten des Adels, von Usurpatoren und Warlords wurden auf diese Weise gefördert, wodurch Staatsbildungen erleichtert wurden.

Zu diesem Vorlauf gehört auch das Vordringen Portugals. Von Angola aus nahmen die Portugiesen seit 1487 durch Abgesandte, katholische Orden und schließlich auch Militär Einfluss auf das Königreich im Kongo. Gleichzeitig kontrollierten sie die Westküste des Indischen Ozeans. Portugal musste aber in einem fragilen Gleichgewicht der Kräfte auch Rückschläge hinnehmen.

Die maritime Machtstellung Portugals wurde im 17. Jahrhundert von niederländischen und seit dem 18. Jahrhundert von britischen Flotten unterminiert. Im 19. Jahrhundert gerieten Portugals afrikanische Kolonien unter den Druck der Freihandelspolitik Großbritanniens. Ein vormodernes Verwaltungssystem war nicht in der Lage, dauerhaft die Macht der afrikanischen Königtümer zu brechen. Dies erfolgte im späten 19. Jahrhundert und an der Südgrenze Angolas erst 1930.

Seit dem 17. Jahrhundert entsprachen der bewaffnete maritime Handel und vor allem der Sklavenhandel mit Westafrika der Wirtschaftsform des neuzeitlichen Absolutismus und zielten auf Handelsmonopole. Die Kette von Forts diente der Abwicklung des Handels. An der gesamten Westküste Afrikas entstanden in den Hafenstädten kosmopolitische Gesellschaften, die dem atlantischen System zugewandt waren. Es entwickelten sich Kooperationen zwischen afroportugiesischen und frankoafrikanischen Kreolen mit den europäischen Schiffskapitänen und den Offizieren der Forts und europäischen Handelskompanien. In der Küstenzone dominierte bis weit ins 19. Jahrhundert die Arbeit der Sklaven für Händler, Adel und royale Klans. Sie arbeiteten auf Farmen, als Handwerker und wurden militärisch genutzt. Die Interaktionen von »Herren und Knechten«, unter Einschluss der Sklaven, die sich auch emanzipieren konnten, charakterisieren diese vormoderne Welt. Raub von Sklaven, die Brutalität des Umgangs mit Sklaven während der Schiffspassage in die Amerikas und die gnadenlose Ausbeutung in den Steinsalzbrüchen in der Sahara waren grausame Bestandteile der gesellschaftlichen Verhältnisse, auch wenn rassistische Einstellungen wenig Raum hatten. Stigmatisierung von Arbeit als typisch für Sklaven ließ eher nach, weil selbst Adelige in Arbeitsverhältnisse eintraten, die vorher Sklavenarbeit gewesen waren, wenn sie genug Einkommen oder militärische Ehre einbrachten.

Die niederländische Ostindien-Kompanie, die mit vormodernem Handelskapital gegründet worden war, richtete in Kapstadt 1652 einen Stützpunkt ein. Entgegen der ursprünglichen Absicht konnte ihre Leitung die Siedlungsexpansion europäischer Siedler und eine Gesellschaft mit Sklaven, die Amsterdam abgelehnt hatte, nicht verhindern. Neben der Versklavung von Khoi Khoi und San und häufig auch deren physischer Vernichtung entwickelte sich die internationalste Sklavenbevölkerung, die aus Indonesien, China, Indien und den portugiesischen Kolonien in Afrika stammte.

Moderne Eroberung im südlichen Afrika erfolgte mit der Besetzung durch Großbritannien nach 1806. Die afrikanischen Staaten der Pedi, Xhosa und schließlich der Zulu wurden im Laufe des 19. Jahrhunderts niedergekämpft. Die Sklaverei wurde abgeschafft und durch Übergangsformen unfreier Arbeit, nach dem Vorbild der früh-industriellen Arbeitsgesetze in Großbritannien, ersetzt. Die Transformation während der Mineral Revolution schuf eine kapitalistisch-industriell gestützte Siedlerherrschaft. Sowohl bei den Siedlern britischer Herkunft als auch bei den burischen Siedlern existierte eine extreme Form des Rassismus. Dies hatte Konzepte der territorialen Segregation der Landenteignung und eine Arbeitsgesetzgebung, die Zwangsarbeit möglich machte, zur Folge.

3 Religiosität und der Einfluss von Weltreligionen

Die religiöse Sphäre veränderte sich nicht erst im Kolonialismus, sondern bereits in der vorkolonialen Zeit seit dem 18. Jahrhundert. Schreine entwickelten überregionale Reichweiten und größere Autorität. Früh nutzten einige Königshäuser die Universalreligionen des Islam und des Christentums für die Legitimation der Konzentration von Macht, um die über die lokalen Kulte einflussreichen Klans des Adels zurückzudrängen.

Der Islam strahlte zwar schon seit dem 7. Jahrhundert auf die Paläste, Städte und Ulema in Westafrikas Sahel aus, aber für die Welt der Bauern und Hirten vertiefte sich der Islam erst seit der Mitte des 18. Jahrhunderts. Auch zunächst animistisch geprägte Staatengründer in Westafrika wie Samory wandten sich dem Islam zu, um die Herrschaftslegitimation der animistischen Klans zu unterminieren.

Das frühe Christentum in Äthiopien verteidigte seine Positionen der alten »Orthodoxie« im 16. Jahrhundert erfolgreich gegen die islamische Expansion, die vom Osmanischen Reich ausging. Die Könige des Kongo konvertierten im 16. Jahrhundert zum Katholizismus. In der Staatskrise des 17. Jahrhunderts versuchte die adelige Beatriz Kimpa, mit einer religiösen Bewegung die Einheit der Monarchie wiederherzustellen, was Marienerscheinungen ihr nahelegten. Sie wurde, wie eine afrikanische Jeanne d'Arc, von den katholischen Orden verbrannt[5].

In den Anfängen der christlichen Mission in der vorkolonialen Zeit und zu Beginn des Kolonialismus gab es Ohnmachtserfahrungen. Missionare benötigten die Zustimmung der lokalen Chiefs und Könige, die ihnen Land zur Verfügung stellten. Missionen wurden oft nur als zusätzliche religiöse Einrichtung neben den eigenen Schreinen und deren Priesterschaft geduldet. Wenn ein Königshof konvertierte, wie in Uganda, konnte das zu erheblichem Einfluss führen, obwohl dort die beiden christlichen Konfessionen gegeneinander operierten, der Islam wie auch die Kiganda-Religion konkurrierten und sich konfessionelle Hofparteien erbitterte Kämpfe lieferten.

Tauferfolge blieben oft für ein bis drei Jahrzehnte aus. Meist waren es ausgegrenzte Personen, die Schutz in der Missionsstation suchten: Witwen, Waisenkinder

---

5 Thornton, »The Kongolese Saint Anthony«.

sowie in Erbfolgestreitigkeiten unterlegene Prinzen. Meli war eine solche Person[6]. Der Missionar konnte mit seinem Gefolge in der Station als Konkurrenz des Chiefs wahrgenommen werden. Es gibt Analysen, die Missionsstationen als feudale Güter betrachten.

Die christlichen Konfessionen entfalteten erst im 20. Jahrhundert nach einer langen Phase der Erfolglosigkeit ihre erhebliche Wirkung. Eine Ausnahme bildete Südafrika im 19. Jahrhundert. Dort waren die »Herren« Christen, die Sklaven durften nicht getauft werden und getaufte Afrikaner mussten in getrennten Kirchen zum Gottesdienst gehen.

Die Missionsgesellschaften waren mit dem Konzept der »Zivilisationsmission« Teil der kolonialen Situation und lehrten Disziplinierung durch Arbeit im ökonomischen Sinn des Kolonialismus. Sie waren, wenn auch mit Abstufungen, Teil der weißen kolonialen Eliten. Bis weit in das 20. Jahrhundert spiegelten sie den autoritären Stil ihrer Zeit wider und schlossen Afrikaner von Führungspositionen aus. Sie verloren infolge ihrer Nähe zum Kolonialstaat als Missionskirchen oft viel Glaubwürdigkeit. Afrikanische Katecheten blieben nur Assistenten und erhielten keine eigenständigen Predigerpositionen, obwohl sie in Außenstationen selbstständig predigten und maßgeblich an Bibelübersetzungen beteiligt waren. Die Gemeindemitglieder hatten sich den Kleidungsvorstellungen und der Monogamie zu unterwerfen, sie mussten dem Glauben an Hexen abschwören und die Vernichtung religiöser Gegenstände ihrer alten Welt der Ahnenkulte und heiligen Schreine hinnehmen.

Auf der anderen Seite führte Konversion zur Entstehung christlicher Familien[7], nachdem Konversionen in nennenswertem Umfang nach Jahrzehnten geringer Missionserfolge stattfanden. Dies führte allmählich zu starken Gemeinden. Seit dem frühen 20. Jahrhundert entwickelten sich aus oder gegen Missionskirchen unzählige unabhängige afrikanische Kirchen, was einer innerlichen Aneignung des neuen Glaubens gleichkam. Diese Emanzipationsbewegung konnte auch in eine antikoloniale Richtung gehen. Es gab Übergangs- und Vorformen politischer Organisationen, die sich auch als Übernahme von modernen Organisationsprinzipien deuten lassen[8].

Die Zugehörigkeit zu Missionen schuf Aufstiegschancen im kolonialen Staat. Durch Alphabetisierung wurde Arbeit in den unteren Rängen der Kolonialverwaltung möglich. Aber in Firmen, Verwaltungen und beim Kolonialmilitär stießen diese Menschen als Erste an die rassistischen Grenzen. Afrikaner machten früh die Erfahrung, dass der koloniale Staat und die Missionskirchen das Zivilisationsversprechen, an das zunächst viele glaubten, nicht einlösten und sie diskriminierten.

Die Verbindung mit dem Prozess der Moderne ist sehr differenziert zu betrachten. Zu afrikanischen Grundgegebenheiten gehörte es oft, parallel verschiedene

---

6 Siehe Geschichte 9 »Meli«, S. 107.
7 Ranger, Terence, »Are we not Men: The Samkange Family & African Politics in Zimbabwe 1920–1964«, Harare 1995.
8 Ranger, »Connexions«.

Glaubenselemente zu praktizieren. Der Ahnenkult blieb weiter relevant. Heiler wurden ebenso in Anspruch genommen wie die moderne Medizin der Krankenhäuser des Staates und der Mission, wenn sie denn überhaupt in der Nähe waren. Der Hexenglaube und die dafür notwendigen Abwehrmittel durch spirituelle Spezialisten blieben erhalten. Auch wurde die Polygamie vor allem von unabhängigen Kirchen geduldet und vom lokalen Gewohnheitsrecht abgesichert.

Ein weiterer wichtiger Aspekt ist, dass im 19. Jahrhundert in vielen afrikanischen Gesellschaften die Notwendigkeit empfunden wurde, statt der Beschränkung auf religiöse Mikrosysteme der Lineage und des Klans Glaubenssysteme zu akzeptieren, die über diesen engen Bereich hinausreichten. Hierzu gehörten überregional beachtete Schreine und Heiler sowie ein erweiterter Begriff eines Hochgottes, was eine afrikanische Antwort auf den Monotheismus war[9]. Horton[10] hat diese Entwicklungen auf die Ausweitung der Handlungsräume der Menschen, insbesondere seit der Mitte des 18. Jahrhunderts, zurückgeführt. Zusätzlich zu den kleinen Lineage- und Klanverbänden entwickelte sich verstärkt das Bewusstsein, größeren ethnischen Einheiten zugehörig zu sein. Geläufige ethnische Selbstbezeichnungen wie Yoruba oder Giriama entstanden oft erst am Ende des 19. Jahrhunderts oder noch später. Neben dieser Möglichkeit, weniger fremd in der Fremde zu sein, entstanden individuelle Strategien. Strategische Heiraten erfolgten über die unmittelbare Nachbarschaft hinaus. Damit suchten Händler, die Sicherheit ihrer Warenlager zu erhöhen und Stützpunkte auf den Karawanenwegen zu etablieren. Eine weitere Praxis, die engen Grenzen des Schutzes durch Lineage und Klan zu erweitern, führte dazu, Blutsbrüderschaften einzugehen und Freundschaftsverträge abzuschließen. Diese Innovationen wurden in der Sprache der (fiktiven) Verwandtschaft formuliert.

Im religiösen Bereich verbreiteten sich Kulte mit größerer territorialer Reichweite. Das Angebot der Universalreligionen des Christentums und des Islam konnte in diesem Sinne wirksam werden. Fluchtbewegungen, um der Versklavung zu entgehen, aber auch die Neugründung von Städten nach dem Zusammenbruch eines großen Reiches wie Oyo im heutigen Nigeria begünstigten überregionales Bewusstsein. In Missionsstationen sammelten sich zunächst von ihrer Lineage isolierte entlaufene Sklaven, verwitwete Frauen und verwaiste Kinder, mitunter auch bei Erbfolgekonflikten besiegte Prinzen als Prätendenten. Missionsgemeinden traten manchmal konkurrierend

---

9 Gwembe, Ezekiel, »Ancestors in African Culture«, in: Makobane, Mohlomi (Hrsg.), »The Church and African Culture«, Germiston 1995, S. 30–39; Nürnberger, Klaus, »The Power of the Dead or the Risen Christ«, in: ebd., S. 158–169; Denis, Philippe (Hrsg.), »The Making of an Indigenous Clergy in Southern Africa«, Pietermaritzburg 1995. Siehe die kritische Positionen in Luig, Ulrich, »Conversion as a Social Process: A History of Missionary Christianity among the Valley Tonga, Zambia«, Hamburg 1997, S. 14. Vgl. auch Bley, Helmut, »Sozialgeschichtliche Bedingungen von Konversion in Afrika 1750–1980«, in: Koschorke, Klaus (Hrsg.), »Christentum und Gewürze: Konfrontation und Interaktion kolonialer und indigener Christentumsvarianten«, Göttingen 1988, S. 274–285.
10 Horton, R., »African Conversion«, in: Africa 37, 1971, S. 85–108 und Horton, R., »On the Rationality of Conversion«, in: Africa 45, 1975, S. 219–235. Siehe kritische Positionen in Luig, »Conversion«, S. 14.

an die Stelle der Lineage und des Klans und wurden von Chiefs und kleineren Königen durchaus als gefährlicher neuer Machtfaktor wahrgenommen.

Für Königshäuser konnten monotheistische Religionen – wie das Christentum – zu einer erweiterten Legitimität führen, mit der sich Abhängigkeiten von den großen Klans verringern ließen. Am Hof Ugandas wurde mit dem Islam, beiden christlichen Konfessionen und schließlich mit einem zentralisierten Kiganda-Kult experimentiert, bis sich die Anglikanische Kirche mithilfe der britischen Kolonialmacht durchsetzte[11].

Die Geschichte der Verbreitung des Islam lässt sich in dieses Konzept einordnen, nicht nur weil auch er eine monotheistische Religion ist, sondern weil seine theologischen Strömungen über große Entfernungen miteinander vernetzt waren. Die großen islamischen Staaten des Sahelrandes waren seit dem 9. Jahrhundert insofern ein Sonderfall, als sie von urbanen Gesellschaften, von monarchistischen Höfen und von der Gesellschaft der Händler sowie der Ulema der religiös Gebildeten geprägt waren. Auch die zum Teil in Oasen lebenden Bruderschaften waren weit vernetzt. Diese alte islamische Welt hatte die Bauern und Nomaden bis ins 18. Jahrhundert wenig berührt. Dies änderte sich mit den intensivierten Fluchtbewegungen der ländlichen Bevölkerung in Westafrika nach 1750, da die Konversion zum Islam Schutz vor Versklavung versprach. Außerdem verwiesen wandernde Mitglieder von Bruderschaften auf Missstände in den islamischen Staaten und auf Steuervorschriften im Koran, die gerechtere Regelungen für Bauern und Hirten verlangten. Aus diesen Reformbestrebungen entstanden der Jihad dan Fodios und vergleichbare Bewegungen in Futa Toro, was ebenfalls die Unterschichten erfasste, wenn auch die erfolgreichen Emire eine verhärtete Adelsherrschaft schufen.

Ranger hat sich gegen die Charakterisierung intellektueller und religiöser Bewegungen in Afrika als »hybrid« gewandt. Das sei eine völlige Verkennung des Verlaufs der Weltgeschichte. In allen Weltregionen seien vielfältige Einflüsse von anderen Kulturen aufgenommen worden. Es handle sich um verfehlten kulturellen Essenzialismus. Dem ist mit Nachdruck zuzustimmen. Die Notwendigkeit, kulturelle Einflüsse aufzunehmen und zu verarbeiten, wird aufgrund der Diffamierung als »Hybridität« völlig unterschätzt. Es ist geschichtsvergessen und eine Fehldeutung im essenzialistischen Gewand. Ranger argumentiert zu Recht, das Christentum wäre demnach auch eine »hybride« Religion, weil es sich aus vielen Quellen gespeist habe und aus dem Nahen Osten stamme. Ergänzt sei, dass sich das Christentum mit Europas Adelskulturen verschiedenster europäischer Völker und den Traditionen des römischen Staates verschmolz. Die vielfältigen Formen der afrikanischen unabhängigen Kirchen und ihre Verknüpfung mit den sozialen Realitäten ihrer Zeit und Umgebung sind Verarbeitungsformen. Sie sind durch international vernetzte Erweckungsbewegungen und Heilsversprechungen ein universales Phänomen.

---

11 Low, Donald A., »Conversion, Revolution and the New Regime in Buganda 1860–1900«, in: Low, Donald A., »Buganda in Modern History«, London 1971, S. 13–54.

Auch in Europa ereigneten sich fundamentale Erschütterungen. Die Entdeckung der außereuropäischen Menschheit während der Aufklärung veränderte das europäische Menschenbild. Der zur Abgrenzung benutzte Rassismus war eher eine »hybride« Form missverstandener Wissenschaft vom Menschen. Auch die Staatsformen in Europa beeinflussten sich gegenseitig und haben gewaltige Transformationen und Krisen hinter sich. Die Französische Revolution war ein solcher fundamentaler Umbruch. In der Russischen Revolution von 1917 und dem anschließenden Bürgerkrieg schien sich der Staat aufzulösen. Er entwickelte sich aber zur industrialisierten Weltmacht, um dann wieder 1990 zu zerfallen; selbst die formelle Ökonomie wurde so zurückgedrängt, dass der informelle Sektor 45 % des Sozialproduktes ausmachte. Ähnliches lässt sich für das China des Großen Sprunges und der Kulturrevolution sagen. Die totalitäre Herrschaft des Nationalsozialismus griff mit ungeheuren Menschenopfern und massenhafter planmäßiger Vernichtung zerstörerisch in Osteuropas Welt ein. Dennoch regenerierte sich Deutschland, zunächst in zwei Teile gespalten, nach der totalen Niederlage innerhalb von zehn Jahren. Ranger lehnt deshalb auch die gängigen Thesen vom Staatszerfall in Afrika ab, weil er die vielen sozialen Initiativen, die Demokratiebewegungen und die intellektuelle politische Fantasie in den afrikanischen Gesellschaften kennt.

4 Übergang zu Formen der Kolonialherrschaft

Der allmähliche Übergang zu Formen der Kolonialherrschaft begann mit der Abolitionsbewegung im späten 18. und zu Anfang des 19. Jahrhunderts. Seit dem 18. Jahrhundert wurden Feuerwaffen aus Europa importiert, die stetig verbessert wurden. Dies löste eine militärisch geprägte politische Revolution aus. Warlords, Fernhändler und die Jihad-Bewegungen statteten ihre Truppen mit den Waffen aus. Außerdem kamen britische Baumwolltücher und industriell produzierte Eisenwaren nach Afrika. Alkohol, Tabak, Schmuck, oft Glasperlen, spielten ebenfalls eine Rolle. Die großen afrikanischen Handelshäuser in kleinen Stadtstaaten des Nigerdeltas, die über – mit Sklaven besetzte – Kanuflotten verfügten, importierten ganze viktorianische Häuser für ihre Niederlassungen und orientierten sich am Luxuskonsum in Europa. Ähnliches galt auch für die kreolischen Händlerinnen, die »Signares« in Gorée[12].

Es war eine Zeit, die zur Stärkung des Adels infolge von Sklavenhandel, innerafrikanischer Sklaverei, Beteiligung an Handel sowie Kontrolle von Märkten und Städten führte. Dies lässt sich als eine Form primärer Akkumulation deuten. Der Adel konnte viele Sklaven und andere Abhängige einsetzen. Afrikanische Fernhändler und erste europäische Kaufleute brachten ein erweitertes Warenangebot nach West- und Zentralafrika. In Ostafrika bewirkten Großkarawanen seit 1820, dass sich das Warenangebot

---

12 Siehe Geschichte 7 »Die Signares«, S. 79.

des Indischen Ozeans, zeitweilig auch des sich modernisierenden Ägyptens, vergrößerte. Sansibar war der Knotenpunkt nicht nur für den Sklavenhandel und den Export der Gewürznelken, sondern auch für die Importwaren aus den USA und aus Europa. Palmöl, Erdnüsse und das in den Wäldern gezapfte Rohgummi waren die Vorläufer der Kolonialwarenproduktion. Ägypten lieferte bereits in großem Stil Baumwolle und Zucker nach Europa. Ein weiteres wichtiges Produkt war das Elfenbein; dies setzte die Jagd auf Elefanten voraus, bei der Feuerwaffen eingesetzt wurden.

Diese Waren ersetzten zum Teil die Ausfälle, die durch das Verbot und die Behinderung des Sklavenhandels entstanden waren. Die Verunsicherung infolge der Abschaffung des internationalen Sklavenhandels war erheblich. Mithilfe von Verlagerung und von Umgehung der Kontrollen setzte sich der Sklavenhandel noch bis tief in das 19. Jahrhundert fort, aber er wurde kostspielig und letztlich unrentabel. Ein Teil der Sklaven versuchte sich zu emanzipieren, indem sie in der bäuerlichen Welt Arbeit aufnahmen. Transformationen in die Zwangsarbeit fanden besonders im ersten Jahrzehnt der Kolonialzeit statt. Im französischen Westafrika war sie gesetzlich bis nach dem Ende des Zweiten Weltkrieges zulässig.

Das Interesse an der Wirtschaft des atlantischen Systems verlagerte sich nach Afrika selbst, wo die Arbeitskraft der Afrikaner für die Kolonialwarenproduktion genutzt wurde. In der Karibik und in Ost- und Südafrika wurde Sklavenarbeit durch Kontraktarbeiter aus Indien und China ersetzt.

Weitere Impulse zur Kontrolle Afrikas kamen hinzu. Im südlichen Afrika weitete sich Kolonialherrschaft wegen der Entdeckung von Diamanten und Gold aus und führte zu weiteren Expansionen. In Nordafrika expandierte Frankreich in Algerien und durchdrang seit 1860 Senegambien und die Sahelgebiete. Die Kontrolle des Roten Meeres und damit auch Ägyptens und des Sudans diente nach 1868 der Sicherung des Seeweges nach Indien. Die britische Hegemonie im Indischen Ozean steigerte das Interesse an Ostafrika. Lagos wurde bereits 1860 Kolonie und die Kontrolle des Niger wurde ein wichtiges Ziel.

Seit der Ausrichtung der Afrika-Konferenz 1884/85 in Berlin beteiligte sich auch das Deutsche Reich an dem Wettlauf um territoriale Herrschaft. Hoffnungen auf Absatzmärkte, Sicherung von Rohstoffen für die Industrie und Erwartungen von Siedlungsland, um die Massenauswanderung nach Nord- und Südamerika umzulenken, waren die Motive. Nationalistischer Wettbewerb und der Wunsch, die Klassengegensätze zu mildern, ließen den Sozialimperialismus entstehen, um die europäische Arbeiterschaft zu integrieren. Die Entfaltung des wissenschaftlich verbrämten Rassismus gegenüber »Eingeborenen« sowie der »Gelben Gefahr« aus China und verstärkter Antisemitismus liefen parallel und prägten die Vorstellung von der Sonderstellung des »arischen« Menschen und des zur Herrschaft bestimmten »Gentleman« oder des forschen Kolonialmilitärs.

5 Allmachtsfantasien über den Kolonialismus und die Diskussion um die Tiefenwirkung der kolonialen Situation

Das Thema der Wucht der kolonialen Expansion zwischen 1875 und 1914 kann nur angemessen behandelt werden, wenn man die gängigen und auch moralisch sehr aufgeladenen Positionen des Antikolonialismus dahingehend relativiert, dass man europäische Allmachtsvorstellungen von der Durchdringungstiefe des Kolonialismus hinterfragt und die Erfahrungswelt der afrikanischen Gesellschaften zum Ausgangspunkt nimmt. Dabei müssen die zeitlichen und räumlichen Dimensionen dieser Durchdringung beachtet werden. Wichtig ist, dass es sich zunächst um die Erfahrungswelten agrarischer Gesellschaften mit teilweise feudalähnlichen Verhältnissen handelte. Aus diesen Gründen ist es schwierig zu erkennen, wann das Bewusstsein, dem Rassismus ausgesetzt zu sein, wirklich die meisten Menschen erfasste.

Die alten Führungseliten erlitten strategische Niederlagen gegen einen militärisch überlegenen Feind mit starken Organisationsmöglichkeiten. Sie erhielten Gelegenheiten, lokale Herrschaft auszubauen, solange sie den Anforderungen der Kolonialverwaltung folgten. In britischen Kolonien wurden in der Periode »indirekter Herrschaft« um die 50 % der Chiefs abgesetzt und durch willfährige Nachfolger, auch Usurpatoren, ersetzt. In speziellen Schulen für Chiefs wuchs eine »modernisierte« Elite heran, die auf rassistische Diskriminierung stieß. Chiefs versuchten, auf ihren schleichenden Verlust von Legitimität gegenüber den eigenen Leuten zu reagieren, indem sie an der Genossenschaftsbewegung teilnahmen oder in die Geschäftswelt des Exportes der Kolonialwaren eintraten bzw. sich mit bäuerlichen Protesten solidarisierten.

Das koloniale Erziehungssystem stieß im Zweiten Weltkrieg an seine Grenzen, als den Kolonialmächten klar wurde, dass sie sich in Zukunft auf die neuen Eliten einstellen mussten. Nur Portugal und Belgien hielten an dem Verzicht auf höhere Bildung für Afrikaner fest und gerieten völlig unvorbereitet in den Dekolonisationsprozess, weil weder Abiturienten noch Universitätsabsolventen in ausreichender Zahl zur Übernahme der Verantwortung ausgebildet waren. Das intellektuelle Klima war trotz des Aufkommens nationalistischer Konzepte mit den afroamerikanischen Diskursen in den USA und der Karibik verbunden[13]. Viele Organisationen und insbesondere die Parteien, die sich zunächst an regionalen Wahlen zur erweiterten Selbstverwaltung beteiligten, organisierten sich. Generell wurde dieser Faktor in der Hoffnung auf »Nationbuilding« von Führungsgruppen in Afrika und von der zeitgenössischen Wissenschaft weit unterschätzt.

Die Diskussion um die Tiefenwirkung der kolonialen Situation entfaltete sich als grundsätzliche Kritik nach dem Zweiten Weltkrieg. Sie konzentrierte sich auf die

---

13 Füllberg-Stolberg, »Amerika«, Kapitel 5 und 6; Langley, »Pan-Africanism«; Geiss, Immanuel, »Panafrikanismus: Zur Geschichte der Dekolonisation«, Frankfurt am Main 1968.

Rassismusfrage und damit auf das Verhältnis zwischen »Herr« und »Knecht«. Die Analyse des Gewaltverhältnisses in dieser Dichotomie geht auf Hegel zurück, der die europäischen Sozialverhältnisse im Übergang zur Industrialisierung in den Blick nahm. Auch die Zuschreibungen im Rassismus ähneln denen, die die »Herren« für die europäischen Unterschichten benutzten, die faul und dumm seien, zu viele Kinder hätten und dem Alkohol verfallen seien.

Die Reflexionen über den Rassismus und die koloniale Situation als Gewaltverhältnis zwischen »Herr« und »Knecht« wurden im Vorfeld der Dekolonisation 1950 von dem französischen Psychotherapeuten Mannoni[14] auf die koloniale Situation übertragen. Er war von dem Gewaltausbruch 1947 in Madagaskar dazu bewegt worden. Der französische Soziologe Balandier verallgemeinerte das Konzept 1952[15]. Die Eskalation des Algerienkrieges seit 1954 und die Ausweitung des französischen staatlichen Terrors veranlassten Frantz Fanon, geboren in Martinique, zu seinem berühmten Buch »Die Verdammten dieser Erde«, das 1961 an seinem Todestag erschien[16]. Die Persönlichkeitsverletzung des »Knechtes« stand im Vordergrund. Fanon erweiterte das Konzept der kolonialen Situation dahingehend, dass er einen gewaltsamen Befreiungsakt erwartete und wohl auch erhoffte. Er verallgemeinerte die Wirkung dieser persönlichen Gewaltverhältnisse für alle von der Weltwirtschaft Marginalisierten. Das war eine Erwartung, die später auch Immanuel Wallerstein teilte[17]. Er ging davon aus, dass die Marginalisierten in der kapitalistischen Welt als »asystemische« Kräfte – zu denen er auch die technische Intelligenz jener marginalisierten Regionen zählte – das System sprengen würden. Die »koloniale Situation« wurde als von explosiven personalen Beziehungen gespeist angesehen. Die innergesellschaftlichen Spannungen zu den Sklaven und den vielen Abhängigen in den großen Haushalten flossen mit ein.

Diese Analysen klammerten das Herr-Knecht-Verhältnis und damit die soziale Distanz zwischen oben und unten im vorkolonialen Afrika aus. Zwischen Chiefs, Adel und Händlern und ihren Abhängigen und Sklaven konnte ebenfalls eine sehr große Distanz bestehen. Allerdings wurden Kolonialherren und Siedler als Fremde wahrgenommen, denen bei all ihrem Machtgehabe die Legitimität fehlte. Diese Distanz traf auf besondere Weise gerade diejenigen, die von der europäischen Welt fasziniert waren und trotz aller Bemühungen zurückgestoßen wurden. Auch der Status

---

14 Mannoni, Octave, »Psychologie de la colonisation«, Paris 1950, englische Ausgabe »Prospero and Caliban. The Psychology of Colonization«, 4. Auflage, New York 1964.
15 Balandier, Georges, »Koloniale Situation: Ein theoretischer Ansatz«, in: Albertini, Rudolf (Hrsg.), »Moderne Kolonialgeschichte«, Köln 1970, Originalausgabe 1952; Balandier, Georges, »L'anthropologie appliquée aux problèmes des pays sous-développés«, Paris 1955.
16 Fanon, Franz, »Die Verdammten dieser Erde«, 15. Auflage, Frankfurt am Main 2015, französische Erstausgabe Paris 1961.
17 Wallerstein, Immanuel (mit Collins Randall et al.), »Does Capitalism Have a Future?«, Oxford 2013.

der Alten und der Amtsträger wurde verletzt und damit die Würde dieser Gruppen durch rassistische Arroganz.

Diese Wahrnehmung wurde in der bäuerlichen Gesellschaft und bei den ehemaligen Sklaven von den Erfahrungen mit den vorkolonialen Kriegen, der Adelsherrschaft und der indirekten Fortsetzung der Arbeit durch Elemente der Zwangsarbeit verdeckt. Es bestanden Kontinuitäten. Allerdings wurden bei Raub des Landes zentrale Interessen und Regeln verletzt. Die Vertreibung in Reservate verletzte Lebensperspektiven sowie die Würde. Bei der Absetzung von Chiefs wurde spirituale Legitimität auch aus der Sicht der einfachen Leute außer Acht gelassen. Auch Bauern erlebten, dass ihre Kinder mit Schulbildung oder als Katecheten in den Missionen als Afrikaner diskriminiert wurden. Ein Kennzeichen der kollektiven Ablehnung der Kolonialherrschaft war, dass auch aussichtslose Entscheidungen für Aufstände von allen in der betroffenen Gesellschaft, auch den Missionierten, akzeptiert wurden. Sie wurden total geheimgehalten. Das erfolgte auch gegenüber dem Herrn, dessen Tötung beschlossen worden war. Die rassistischen Voreinstellungen der Kolonialisten wurden in den Metropolen Paris, London, Berlin, Brüssel oder Lissabon vorbereitet. Aber es war der lokale Kontext, der den Rassismus der Europäer gegenüber Afrikanern durch Missachtung und Machtmissbrauch, trotz personaler Beziehungen, ermöglichte. Maschinengewehr und Kanonen töteten unterschiedslos.

Im 20. Jahrhundert verstärkten die Erfahrungen und Perspektiven jener Afrikaner, die in Europa oder den USA ausgebildet wurden, die Wahrnehmung der rassistischen Diskriminierung. Es war eine aufstiegswillige Intelligenz in Mission, Kolonialverwaltung und in der Geschäftswelt, die an rassistische Grenzen stieß. Dabei flossen die afroamerikanischen Diskurse in die panafrikanischen Vorstellungen ein.

Dass man afrikanischen Menschen eine Minderwertigkeit zuschrieb, hatte Auswirkungen auf das Verhalten und die Selbstwahrnehmung der Europäer. Auch sie wurden von der kolonialen Situation geprägt und brutalisiert. Die Allmachtsfantasien europäischer Überlegenheit führten durch die klägliche Realität der Anfänge der Kolonialherrschaft und steigerten die Gewaltformen. Da dies oft Folge der viel zu geringen Mittel war, über die die ersten Kolonialmilitärs, Beamten, Händler und Siedler verfügten, beschädigte es die Selbstwahrnehmung. Es bestand längere Zeit ein prekäres Machtverhältnis. Die ersten Kolonialpioniere, aber auch die Missionare waren wenige. Sie waren häufig von der Zustimmung der Könige und Chiefs sowie der Warlords abhängig. Taktieren um des Überlebens willen oder um Ansprüche gegenüber konkurrierenden europäischen Kolonialpionieren durchzusetzen, war unvermeidlich.

Die mangelnde Dauer der Präsenz der Europäer vor Ort erzwang immer wieder Abbrüche, weil Versetzung im Amt oder früher Tod, vor allem infolge von Tropenkrankheiten, allgegenwärtig blieb. Die Überlebenschancen vieler Pioniere waren sehr gering. Außerdem musste bis zum Ersten Weltkrieg oft Widerstand überwunden werden und es wurden Parteinahmen bei internen Krisen der afrikanischen Gesellschaften unvermeidlich. Nur Einzelne beachteten und schätzten die Würde afrikanischer Menschen und die kulturelle Vielfalt des »alten Afrikas« oft mit Sentimentalität, weil das »alte Afrika« endgültig untergehe und durch die moderne Kolonialherrschaft ersetzt werden müsse.

Bei Soldaten und Stationsbesatzungen geriet das Selbstbild ins Wanken, weil – entgegen der Zivilisationsrhetorik – geraubt und vergewaltigt wurde, Männer mit afrikanischen Konkubinen zusammenlebten oder sogar heirateten. Lange Zeit wohnte man sehr primitiv. Nur in Verwaltungsstationen gab es die kleine Kaste von Europäern, bestehend aus Militärs, Pflanzern, Kaufleuten und dem Missionar; der getrennte Gottesdienst, der Afrikaner ausschloss, war mühsam zu organisieren und selbst das eigene Wirtschaften war von Rückschlägen geprägt. Die Diskrepanz zwischen der Charakterisierung des Kolonialismus als christlich und dem ganz unchristlichen Huren, Saufen und Morden war gewaltig. Sie förderte den Zynismus von vielen Kolonisierenden und wurde so von Afrikanern auch gesehen.

Die Rassismuserfahrungen der afrikanischen Bevölkerungen entstanden in unterschiedlichen Kontexten. Die Erfahrungen der Niederlagen und Demütigungen der alten Eliten waren ein wichtiges Ereignis, aber der Gewalt und Eroberung aus der vorkolonialen Periode ähnlich. Den Monarchen und Adelsklans sowie den Chiefs erschienen die Kolonialpioniere, Missionare und ersten Administratoren zunächst als neuer und überraschender Akteur, der Faszination auslöste. Vor allem erschienen sie als kalkulierbarer Machtfaktor, wenn auch die Erfahrung der Niederlagen, die Interventionen in der Erbfolge und die Angriffe der Mission auf religiöse Praktiken, Fetische sowie die Zerstörung von Schreinen den neuen Charakter der Eroberungen und Machtausübung deutlich machten. Diese waren mit militärischer Überlegenheit durch Maschinengewehre und Geschütze verbunden. Die vorkolonialen Kriegsformen wurden vor allem bei Strafexpeditionen fortgeführt, mit Abbrennen der Dörfer und Hinrichtung von Chiefs und Adel. Neben dem Abbrennen von Dörfern kam es zu Plünderungen und zum Abtreiben von Vieh. Frauen blieben der Vergewaltigung ausgesetzt. Die rekrutierten afrikanischen Hilfskräfte und afrikanischen Truppen als Bündnispartner trugen dazu bei. Rekrutierungen von Männern für den Wegebau und andere koloniale Zwecke ähnelten zwar alten Verhältnissen der Sklaverei, fanden aber in wesentlich größerem Stil und systematisch statt. Das galt ebenfalls für das Requirieren von Nahrungsmitteln und Vieh während der Feldzüge und für das Abbrennen widerständiger Dörfer. Es waren zwar aus der vorkolonialen Zeit bekannte Phänomene, in den Dimensionen jedoch erheblich ausgeweitet. Viele Monarchen und die meisten Chiefs erlangten durch Kooperation für ihre Söhne Zugang zu privilegierten Bildungseinrichtungen und erhielten in der Lokalverwaltung einen Sonderstatus. Aber die Ambivalenz der Kooperation wurde wegen der Niederlagen nie vergessen. Der Urenkel von Samory, Sekú Touré, wurde erster Staatspräsident von Guinea; der Urenkel von Hendrik Witbooi wurde stellvertretender Vorsitzender der SWAPO (»South-West Africa People's Organisation«); Buthelezi, der Zulu-

Monarchie eng verbunden, begründete die Nkatha-Partei als starken Machtfaktor im innersüdafrikanischen Konflikt seit 1983. Chief Adam Sapi, Nachkomme der Hehe-Dynastie, wurde Parlamentspräsident in Tansania. Auch Nyerere und Mandela kamen aus Klans mit royaler oder Chieftradition.

In den Kolonien, in denen es größere Siedlergruppen gab, in Südafrika und Simbabwe, Algerien und Kenia, Nordrhodesien und Namibia sowie im Kongo, herrschten eine besonders harte Form der rassistischen Abgrenzung und zugleich aggressive Furcht vor der Widerstandsfähigkeit der afrikanischen Bevölkerung. Die Demütigung des Auspeitschens und die sexuelle Gewalt gegenüber Frauen vonseiten der Europäer blieben bei der afrikanischen Bevölkerung unvergessen. Diese Periode der Etablierung von Kolonialherrschaft dauerte sehr lange an. Sie begann in Westafrika in den 1860er Jahren und in Ostafrika zwischen 1865 und 1890, dem Beginn der intensiveren Besetzung[18], und endete kurz vor dem Ersten Weltkrieg.

Die Rassismuserfahrungen der bäuerlichen Bevölkerung, der Wanderarbeiter und der Landarbeiter sind nicht gut dokumentiert. Aus den Beispielen, die in diesem Buch behandelt sind, lassen sich differenzierte Aussagen treffen. Die Logik der bäuerlichen Welt und die Logik der Welt der Arbeiter sind dabei zu berücksichtigen. Eine häufige Fehlwahrnehmung europäischer Besucher, die nach afrikanischer Kritik an der kolonialen Situation fragen, entsteht aus der Überraschung, dass die Kolonialzeit auch positiv beurteilt wird. Das hat mehrere Gründe. Es gibt jene bäuerlichen Familien, die befreit von der Gewalt und Unruhe des 18. und 19. Jahrhunderts ihre befestigten Wohnsitze in größeren, mit Palisaden oder Dornsträuchern geschützten Dörfern aufgeben und wieder zur Einzelsiedlung zurückkehren konnten. Ambivalenter war das Verhalten, wenn die adeligen und monarchischen Herrschaftsverhältnisse sich verändert hatten. Auch dies wurde als Befreiung empfunden. Die Tribut- und Arbeitsleistungen für die Chiefs und andere adelige Haushalte waren beendet, dennoch wurden sie in der neuen kolonialen Situation ersetzt durch rigoros durchgesetzte Kopf- und Hüttensteuern, was zu vielen Steuerstreiks führte. Der Unterschied zur vorkolonialen Zeit erschien gering, weil die Position vieler Chiefs gefestigt wurde, wenn sie mit der Kolonialmacht kooperierten. Eine tansanische Familie erzählte meinen Studierenden auf die Frage nach der Kolonialherrschaft, dass mit dem Schulbesuch der soziale Aufstieg der Familie begonnen habe. Zugleich erklärten sie, stolze Tansanier zu sein. Andere verglichen die damalige Regelmäßigkeit des Busverkehrs mit den verrotteten Zuständen des öffentlichen Verkehrswesens in manchen Perioden der postkolonialen Zeit. Das Lob der fernen deutschen Kolonialzeit war implizit auch Kritik an der britischen oder französischen Herrschaft und ebenfalls ein Stück Verharmlosung der »guten alten Zeit«. Trotzdem waren sie stolz auf die Erringung der Unabhängigkeit und sie waren überzeugte Nationalisten.

---

18 Diese Datierung gilt nicht für Südafrika, Algerien und Ägypten, die früher durchdrungen wurden.

Viele Vorgänge in der Kolonialzeit erinnerten an vorkoloniale Verhältnisse. Es bestand eine Nähe zwischen Sklaverei und Zwangsrekrutierung. Siedler nahmen viel systematischer Land. Aber Adelsfamilien und große Landlords hatten ebenfalls Land an sich gerissen und Chiefs konnten bei der Umverteilung von Land sehr ungerecht vorgehen. Auch die Kolonialherren führten Kriege. An den Strafexpeditionen nahmen afrikanische Chiefs mit ihren Kriegern teil oder es wurden gar landfremde Truppen als Söldner eingesetzt. Ernten wurden in den Zeiten der Weltkriege beschlagnahmt. Die daraus entstandene Feindseligkeit war nicht Ablehnung des Rassismus, sondern Abwehr gegen Herrschaft, die als ungerecht und als illegitim empfunden wurde. Koloniales Militär und viele Distriktbeamte, Kolonialisten und sogar Missionare wurden als arrogante Herren wahrgenommen. Trotz alledem blieb die materielle Kultur der Europäer attraktiv und der Wille zur Kooperation durchgehend erhalten.

6 Individuelle Rassismuserfahrungen

Die Herr-Knecht-Beziehungen auf den Farmen von Siedlern führten trotz der rassistischen Untertöne und der Gewaltformen der Herren selten zu sozialen Explosionen. Der Mau-Mau-Terror war eine solche Explosion und auch die Übergriffe auf Farmen beim Kampf der ZANU (»Zimbabwe African National Union«) in Südrhodesien (künftig Simbabwe) lassen sich dazu zählen. Zur Absicherung seiner Diktatur nutzte Mugabe die verhinderte Landreform, um die junge Generation zur Besetzung vieler weißer Farmen zu mobilisieren. In Südafrika kam es in der Zeit nach der Apartheid zu Mordserien an Farmern, auch weil die Landreform zu schleppend verlief und Farmer nach wie vor den afrikanischen Eltern auf ihren Farmen ihre Kinder entzogen und mit der Waffe in der Hand Anweisungen gaben.

Bei **Kas Maine** (siehe Geschichte 31) lässt sich die Entwicklung der rassistischen Erfahrung nachvollziehen. Sein Großvater, Vater und auch er selbst waren stolze traditionsbewusste Sotho, entwickelten aber enge persönliche Beziehungen zu ihren europäischen Verpächtern. Kas Maine hatte in Swanepol einen engen Freund. Die Gattin seines englischsprachigen Pressezars saß bei ihm mit auf dem Kutschbock. Erst als sein Verwalter rein kapitalistische kommerzielle Bedingungen durchsetzen wollte und die burische Bürokratie mobilisierte, zerbrach die Beziehung. Noch deutlicher stieß er auf rassistische Grenzen, als burische »poor Whites« und Farmer sich mit Polizeigewalt gegen die ICU-Versammlungen wendeten. Kas Maine wurde so weit politisiert, dass er mit dem ihm eng vertrauten Verpächter brach, dem er vorwarf, ihn als kleinen »Kaffer« und »Nigger« zu betrachten. Trotz einer herzlichen Geste der Versöhnung entschied er sich, das Pachtverhältnis deswegen aufzulösen. Durch den Kontakt zur ICU und deren Betonung der Würde des Menschen und seiner Arbeit begann Kas – wie viele andere auch –, den Rassismus der Europäer bewusst wahrzunehmen. Ein bis dahin quasi patriarchalisches Verhältnis zwischen dem Landlord und seinem erfolgreichen Pächter, der zugleich Landwirt, Hufschmied und Herbalist war, zerbrach und es standen sich plötzlich Schwarze und Weiße als Vertreter von antagonistischen Großgruppen gegenüber.

Rassistische Diskriminierung wurde am stärksten empfunden, wenn trotz Bildungsaufstieg und Taufe den Afrikanern die Anerkennung verweigert und ihnen voller Verachtung vorgeworfen wurde, nur »Halbbildung« zu besitzen und doch einfacher »Nigger« geblieben zu sein. Das mussten schon die Reformer der Fante um 1860 erleben. Viele Katecheten, Übersetzer und Übersetzerinnen der Bibel und Hilfsprediger verzweifelten an diesen Verweigerungen und erkannten, dass europäische Zivilisationsversprechen unglaubwürdig waren. Aus ihnen gingen jene hervor, die Terence Ranger als Akteure des protonationalen Widerstandes analysiert hat.

Chilembwe (siehe Geschichte 27) gehörte dazu. Seine Hinwendung zur Gewalt entsprach am ehesten der Charakterisierung von Mannoni. Seine Kirchen wurden vom größten Grundbesitzer im Nyassaland zerstört. Seine europäische Kleidung und die Seidenstrümpfe für seine Frau wurden zum Skandal. Zunächst stellte er noch auf Kooperation ausgerichtete Forderungen. In einem von der Zensur unterdrückten Brief an den Gouverneur, den er an die Presse leitete, verlangte er als Gegenleistung für die Rekrutierung der 19.000 Soldaten aus Nyassaland für den Einsatz im Ersten Weltkrieg einen größeren Anteil an der Selbstverwaltung. Der Brief wurde unterschlagen und es kam zur Explosion. Er ließ dem Großgrundbesitzer den Kopf abschlagen. Dieser individuelle Hassausbruch gegen den Peiniger war kein isolierter Akt. Die vielen afrikanischen Mitwisser behielten das Geheimnis für sich, wie es auch alle Herero taten, die ihren Herren den Aufstandsplan und die Absicht, sie zu töten, verschwiegen hatten.

Harry Thuku (siehe Geschichte 29) unterstützte die Emanzipationsversuche der Jungen von der Generation der Alten und der Chiefs. Er wurde bei den Frauen populär, weil er deren Versuche, der Kontrolle der alten Männer und den Zwangsheiraten zu entfliehen, in seinen Reden begrüßte. Die Wanderarbeit und die Niederlassung in der großen Stadt erschienen als geeigneter Weg. Diese Emanzipation der Jungen wurde von den Chiefs oft abgewehrt. Sie bildeten dabei eine konservative Koalition mit den Kolonialverwaltungen, nicht nur in Kenia, aber dort besonders, da die gebildete Jugend als Gefahr erschien. Es gab die generelle soziale und ökonomische Ausgrenzung, die nicht personaler Natur und dennoch rassistisch gefärbt war. Nach dem jeweiligen Ende der Weltkriege wuchs die Wut auf die weltwirtschaftliche Hegemonie des Westens in der afrikanischen Geschäftswelt und bei den Bauern, die durch Monopolpreise bedrängt wurden. Der Ausschluss aus der Selbstverwaltung trotz der Kriegspropaganda, die besagte, dass im Zweiten Weltkrieg gegen Rassismus und für Demokratie gekämpft werde, steigerte dies. Die Kolonialverwaltungen nahmen die Risiken der Entwürdigung zunächst der alten Eliten und seit den 1920er Jahren auch die Diskriminierung der Geschäftsleute, Rechtsanwälte, Lehrer und Ärzte wahr, reagierten aber nur sehr selektiv und sehr verzögert darauf.

Aufgrund der begrenzten Mittel für die eigene Herrschaft wurden islamische Herrschaftsformen unter Aufsicht beibehalten und christliche Missionen ferngehalten. Die Franzosen waren in dieser Hinsicht besonders umsichtig. Im Senegal beließ man den Mouriden die Herrschaft über Bauern und kooperierte mit ihnen beim Export der Erdnüsse. Das Deutsche Reich verlieh dem Sultanat Adamau einen besonderen Status und kooperierte mit dem reformbereiten Königtum im Grasland von Kamerun. In Ruanda und Burundi stärkte die deutsche Politik die Herrschaft der Tutsi gegenüber den Hutu, was ethnische und Statusgrenzen verhärtete. Großbritannien ließ die Herrschaft der Emirate im Sokoto-Sultanat und die Monarchie sowie den Adel in Uganda bestehen, wobei den ugandischen Adeligen die Amtsländereien, die unter ihrer Kontrolle waren, als Privateigentum zugesprochen wurden. Einige afrikanische Monarchen wurden von der britischen Königin und/oder dem König geadelt. Am weitesten ging Frankreich nach der Julirevolution 1848. Die kosmopolitische Gesellschaft der Bildungs- und Geschäftselite der großen Händler, meist Kreolen, wurde in vier westafrikanischen Städten zu französischen Staatsbürgern erklärt, von denen einige Mitglieder der französischen Nationalversammlung wurden. Schon vor der von der französischen Regierung ungewollten Unabhängigkeit 1960 waren 1946 afrikanische Minister im Kabinett an den kolonialen Reformen beteiligt. Eine Ausweitung dieses Status, der nach dem Ersten Weltkrieg von Digne angemahnt wurde, unterblieb und beschleunigte die antikoloniale Bewegung.

7 Autoritäre und despotische Herrschaftsverhältnisse

Entgegen verbreiteten Vorstellungen wurde die Kolonialherrschaft des 20. Jahrhunderts nicht gewaltfrei erreicht. Nach der Verständigung der Großmächte über die Aufteilung Afrikas 1884/85 endete das 19. Jahrhundert mit massiven Militärschlägen der Kolonialmächte gegen die starken Monarchien.

Bereits seit 1830 hatten die Franzosen mit der Eroberung Algeriens begonnen, die 1847 abgeschlossen war. 1912 wurde Marokko Protektorat. 1874 wurde die Königsstadt der Asante, Kumasi, nach etlichen Konflikten in Brand gesetzt; 1900 wurde der Staat annektiert und der König, der Asanthene, verbannt. 1878 wurde die Monarchie der Zulu unterworfen. 1890 entschieden die Truppen der »British Imperial East Africa Company« unter Lugard den Krieg in Uganda und errichteten dort 1890 das Protektorat. Die Italiener versuchten 1896 vergeblich, Äthiopien zu erobern. 1911 begannen sie den Kolonialkrieg in Tunesien und Libyen, der in den 1920er Jahren mit Panzern, Flugzeugen und Giftgas fortgesetzt wurde. 1890 marschierte Cecil Rhodes mit seinen Truppen auf der Suche nach einem zweiten Goldfeld wie dem des Witwatersrand in das Königreich der Ndebele in Simbabwe ein. 1896/97 kämpften britische Kolonialtruppen den Widerstand der Shona in Simbabwe nieder[19]. 1888/89 wehrte sich die Küstenbevölkerung in Tansania gegen die deutsche Kontrolle. 1897 wurde die Stadt Benin erobert und geplündert. 1899–1902 fand der Krieg zwischen der Kapkolonie

---

19 Ranger, »Revolt«.

und den Burenrepubliken statt, an dem sich viele Afrikaner beteiligten, um den Herrschaftsmethoden der Buren zu entgehen. 1903 eroberte Lugard, nach Verkauf der Royal Niger Company an den Staat, das Sultanat Sokoto. 1904/05 organisierten die Herero ihren Widerstand gegen die deutsche Herrschaft, deren Vergeltung in einem Genozid endete. Gleichzeitig brach in Tansania der Maji-Maji-Krieg aus, der ein Drittel der Kolonie erfasste und ca. 300.000 Afrikaner vor allem durch Hunger und Seuchen tötete.

Nach der Etablierung der formellen Kolonialherrschaft fanden überall in Afrika ungezählte Strafexpeditionen gegen widerständige Bauern und Chiefs statt. Das prägte den kolonialen Alltag bis in die 1920er Jahre. Selbst in der Periode der britischen Politik der »indirect Rule« wurden alte und neu eingesetzte Chiefs häufig ausgetauscht oder unter die neu geschaffenen Ämter von »Paramount Chiefs« gezwungen. In Tanganyika hatte die afrikanische Bevölkerung nach dem Abzug der Deutschen 1918 die meisten von den Deutschen eingesetzten Chiefs vertrieben und neue gewählt. Sie wurden von der britischen Verwaltung zur Hälfte wieder abgesetzt.

Unter diesem Druck wurden Chiefs in der Regel Teil des kolonialen Gewaltsystems. Sie waren daran beteiligt, wenn Träger für den Warentransport, den Bahn- und Straßenbau und die Kolonialtruppen rekrutiert wurden. Gleiches galt für die Rekrutierung von Arbeitskräften für die Plantagen und die Bergwerke. Chiefs kooperierten mit den Anwerbern für das System der Wanderarbeit. Während der Weltkriege rekrutierte man nochmals unter größtem Druck für die Arbeiten hinter den Fronten in Frankreich, den Einsatz im Grabenkrieg und den forcierten Anbau von agrarischen Rohstoffen in den Kolonien.

Die wichtigste Kontinuität zwischen vorkolonialer Herrschaft und dem kolonialen Staat des 20. Jahrhunderts war, dass autoritäre, wenn nicht despotische Herrschaft ausgeübt wurde. Die Eintreibung von Tributen, die Versklavung der Leute und das Abtreiben von Vieh wurden durch bewaffnete Königsboten durchgesetzt, so in Senegambien durch die »Ceddo«, in Dahomey durch die Männer- und die Frauenarmee und im südlichen Afrika durch die bewaffneten Kommandos der Orlam.

Am Beginn der Kolonialherrschaft wurde despotische Herrschaft ausgeübt. Sie erfolgte durch das Militär der Konzessionsgesellschaften und der Royal-Charter-Kompanien, danach durch den kolonialen Staat. Befestigte Militärstationen mit »Strafexpeditionen« übten die direkte Gewalt aus. Die Despotie der Bürokratien der Kolonien im imperialistischen Zeitalter hat Hannah Arendt in ihrem Buch »Elemente und Ursprünge totaler Herrschaft« als Form totalitärer Herrschaft interpretiert[20]. Sie schloss die bürokratischen Herrschaftsformen ein und nahm die britische Bürokratie im Sudan als Beispiel. Meine Arbeit über die deutsche Kolonialgeschichte

---

20 Arendt, Hannah, »Elemente und Ursprünge totaler Herrschaft«, Wiesbaden 1955, Kapitel »Rasse und Bürokratie« und »Die imperialistische Legende und der imperialistische Charakter«. Siehe auch Bley, »Kolonialherrschaft«, Schluss, S. 312–316.

Namibias ist von ihren Positionen beeinflusst worden. Der Krieg gegen die Herero war nicht nur von der Vernichtungsstrategie von Trothas bestimmt worden. Gravierende Folgen waren durch die »Eingeborenen-Verordnungen« 1907 von der Bürokratie verursacht. Mit der totalen Enteignung von Land und Großvieh, dem Verbot der überlieferten sozialen Organisation, der Errichtung von Konzentrations- und Gefangenenlagern mit einer Todesquote um 45 % sowie den Zwangsumsiedlungen und dem Arbeitszwang organisierte sie die Fortsetzung des sozialen, ökonomischen und kulturellen Genozids. Das war bereits vollzogene moderne totalitäre Herrschaft unter deutscher Kontrolle[21].

Despotisches Handeln erfolgte durch Zwangsumsiedlungen in Reservate nach Landenteignungen, durch verbreiteten Arbeitszwang – im Kongo auch noch nach der Entmachtung Leopolds II. von Belgien – sowie durch Beschlagnahme von Ernten im Kriegsfall. Die Apartheid in Südafrika war systematische Despotie von 1948–1992.

Gerd Spittler hat darauf hingewiesen, dass bei der Herrschaft über Bauern – sowohl im Kolonialismus als auch in der postkolonialen Periode – wegen der geringen staatlichen Fähigkeiten, Abgaben, Arbeiter oder auch Rekruten zu gewinnen, terroristische Methoden durchgesetzt wurden. In postkolonialen frankophonen Gebieten fanden Kampagnen des Militärs statt, um mit terroristischem Druck Abgaben und Arbeitskräfte zu erzwingen. Diese Aktionen fegten wie ein Sturm über die Bauern, die sich selbst, ihr Vieh und die jungen Männer und Frauen zu verbergen suchten, um danach wieder an die Normalität anzuknüpfen[22]. Trutz von Trotha hat in ähnlicher Richtung die Fiktion der Informationen herausgearbeitet, die die deutschen Kolonialbeamten in Togo von den Chiefs und übersetzenden Hilfskräften erhielten[23].

Dieses Prinzip der autoritären oder gar despotischen Kolonialherrschaft galt trotz unterschiedlicher rechtsstaatlicher Ansätze. Die beiden großen Kolonialmächte Großbritannien und Frankreich räumten im Grunde erst nach dem Zweiten Weltkrieg bei ihrem zögerlichen Eingehen auf die politischen Bewegungen parlamentarische Selbstbeteiligung in Stufen ein. Die Absicherung des eigenen Herrschaftsvorbehaltes bei allen konstitutionellen Versuchen blieb erhalten. Frankreich hielt bis zuletzt an der Fiktion einer politischen Union fest und führte zwischen 1954 und 1962 einen erbarmungslosen Kolonialkrieg in Algerien.

Der koloniale Staat war eine Sonderform von Staatsentwicklung. Seine Betonung der Territorialität unterschied ihn von den vorkolonialen Staaten in Afrika. Er war eine mit festen Grenzen ausgestattete regionale Einheit. Er blieb auch im Postkolonialismus erhalten, trotz einer panafrikanischen Grundstimmung bei vielen Präsidenten der ersten Phase nach der Dekolonisation. Nur unabhängige Staaten konnten Mitglied

21 Ebd., Kapitel »Totalitäre Aspekte der Menschenbehandlung«, S. 260 ff.
22 Spittler, Gerd, »Herrschaft über Bauern. Ausbreitung staatlicher Herrschaft in einer islamisch-urbanen Kultur in Gobir«, Frankfurt am Main 1978.
23 Trotha, »Koloniale Herrschaft«.

der Weltorganisation der UNO werden. Daneben existierte die OAU (»Organisation of African Unity«), eine Union souveräner afrikanischer Staaten, deren Grenzen durch ihre Mitgliedschaft in der OAU garantiert wurden. Sezessionen wurden illegitim. Nur Eritrea konnte sich daraus lösen. So unvollständig diese Staaten auch waren, sie schufen zusammen mit anderen Institutionen wie Schulen und Universitäten sowie den technischen Diensten Strukturen der Moderne. Sie waren zwar am Ende des 20. Jahrhunderts und im 21. Jahrhundert zum Teil gefährdet durch interne und regionale Kriege und Konflikte; Staaten erschienen zeitweise als »failed States«. Immer aber blieb das Modell Staat oder gar Nationalstaat Leitbild.

Wie überall auf der Welt nahmen translokale und transnationale Netzwerke zu. Migrationen und vernetzte Wirtschaftsaktivitäten ergänzten oder unterliefen klassische Staatsfunktionen und überwanden die Grenzen auf allen Ebenen der Gesellschaft und der Wirtschaft. Ohnehin konnten die staatlichen Institutionen nicht mit den Dienstleistungen und Infrastrukturmaßnahmen mithalten, die ihnen die dramatische Bevölkerungsvermehrung abforderte. Wenn Nigeria um 1910 auf zwanzig Millionen Einwohner geschätzt wurde, überschritt es im 21. Jahrhundert die Zahl von zweihundert Millionen Einwohnern.

8 Strategien der Anpassung

Nach einer Übergangsphase durchdrang die Kolonialherrschaft sehr ungleichmäßig die Gebiete. Nach 1890 wurde den meisten Afrikanern und Afrikanerinnen klar, dass das Machtzentrum jeder Kolonie und die durch Militär gesicherten Stützpunkte nicht mehr von afrikanischen Chiefs und ihren Kriegern erschüttert werden konnten. Die großen Kolonialkriege in den deutschen Kolonien hatten von afrikanischer Seite das Ziel, die Bedingungen der Kolonialherrschaft zu verbessern. Die vorkoloniale Herrschaft war zwar noch nicht überall beseitigt und existierte bis in die 1930er Jahre weiter, aber die Machtfragen waren entschieden[24]. Versuche, die Kolonialmacht bei Konflikten mit Rivalen zu manipulieren und sie als eine Art Bündnispartner zu nutzen, wurden meist nach einiger Zeit unmöglich. Nur die Residentur an großen Höfen und die Duldung der Emirate waren Ausnahmen, die die internen sozialen Machtverhältnisse weiterhin bestimmten.

Die entmachteten alten Eliten wurden ins Lokale zurückgedrängt und hingen vom Wohlwollen der kolonialen Lokalbehörden ab. Gegen die Regulierung des Anbaus von Pflanzen für den Export protestierten Bauern, auch wenn dadurch der

---

24 Die Owambo-Königreiche im Grenzbereich von Angola und Namibia wurden erst in den 1930er Jahren sowohl von der südafrikanischen Mandatsherrschaft über Namibia als auch von der portugiesischen Verwaltung unterworfen. Williams, Frieda-Nela, »Precolonial Communities of Southwestern Africa: A History of Ovambo Kingdoms 1600–1920«, Windhoek 1991.

Nahrungsmittelanbau zu kurz kam. Gegen massive Arbeitsrekrutierung wurde ebenfalls Widerstand geleistet. Dann ließen sich gewisse Reformen und Zugeständnisse
erreichen.

Afrikanische Strategien der Kollaboration und der Anpassung an die Kolonial-
strukturen entstanden in Schule, Beruf und politischer Organisation. Dies erfolgte
zunächst meist im Bereich der kolonialen Machtkerne. Die Missionen verlangten europäische Kleidung. Afrikanische Kolonialsoldaten trugen stolz die Uniformen und
spielten durchaus auch die »Big Men«[25]. Wenn aber Afrikaner elegante Kleidung als
Zeichen des Stolzes auf ihre Bildung und »Zivilisation« trugen, stießen sie auf vehe-
mente rassistische Abwehr, wie das Beispiel von Chilembwe zeigt[26]. Im Laufe der
Zeit entstand eine bemerkenswerte afrikanische Mode. Berühmt wurde die der kongolesischen Frauen, der »mosiki«.

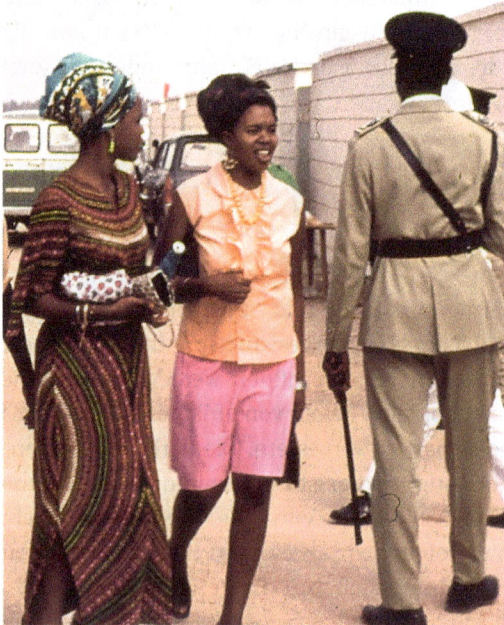

Abb. 55: Tansania am Nationalfeiertag (1971).

Soldaten und Träger lebten in abgetrennten Quartieren am Rande der Stadt. Auf
Brachen, meist hinter Industriegeländen und Bahnanlagen, entwickelten sich die
Slums der Zugewanderten.

---

25 Moyd, Michelle R., »Violent Intermediaries: African Soldiers, Conquest and Everyday Colonialism in German East Africa«, Cambridge 2014.
26 Siehe Geschichte 27 über Chilembwe, S. 329.

Abb. 56: »Kariakoo« (Carrier Corps)-Siedlung in Dar es Salaam (1970).

Es gab viele Versuche, afrikanische Elemente zu betonen. Dazu gehörte die traditionalistisch konzipierte Gestaltung des Amtes des Chiefs. Es betonte die Ethnizität, die oft erfundene Fiktion war und von der Kolonialverwaltung als Gegengewicht zur »educated Elite« gefördert wurde. Dies beruhte oft auf ethnologischen Untersuchungen und deren Gewährsmännern. Ranger[27] hat diese Phänomene als »Erfindung von Traditionen« systematisiert, die auch von den lokalen Machthabern politisch genutzt werden konnten. Demgegenüber existierten die panafrikanischen Hoffnungen, die aber eher an Unionen von Staaten orientiert waren und als intellektuelle Strömung die überethnischen Kooperationen in der werdenden Nationalbewegung förderten.

Vielfältige Anpassungen und Erwartungen an die neuen politischen und ökonomischen Strukturen vollzogen sich. Die Option auf ein Leben in der Stadt wurde gerade in Zeiten ökonomischer Krisen oder bei Hungersnöten wahrgenommen. Viele Wanderarbeiter wurden nach etlichen Vertragsverlängerungen in der Stadt sesshaft. Das Wohnen an den Stadträndern in Slums oder im Fall von Hausangestellten in »Servant Quarters« führte zu fragiler Inkorporation in die urbane Welt und deren prekäre Arbeitsverhältnisse. Dadurch wurden regelmäßig Familien zwischen Land und Stadt zerrissen, wenn nicht sogar in der Stadt eine zweite Familie parallel zur alten entstand. Während der Großen Depression in den 1930er Jahren entstanden im frankophonen Westafrika sogenannte »Bidonvilles« (Slums)[28].

---

27 Hobsbawm/Ranger, »Invention of Tradition«.
28 Coquery-Vidrovitch, Catherine, »Histoire des villes d'Afrique noire: Des origines à la colonisation«, Paris 1993.

Nach dem ersten Jahrzehnt der Eroberungskriege und der mit Gewalt durchwirkten chaotischen Verhältnisse bei der Etablierung der Macht veränderte der Kolonialismus die Lage im Vergleich zu den unruhigen Zeiten des späten 18. und des gesamten 19. Jahrhunderts. Die Verringerung interner Konflikte und das Ende der Jagd auf Sklaven führten oft zu neuen Siedlungsformen.

Dort, wo der koloniale Staat massiv eingriff, halfen der afrikanischen Bevölkerung langfristig nur neue Organisationsformen, um Einfluss zu gewinnen. Es waren dies die Gründungen von Genossenschaften durch die Bauern, die Entwicklung der Gewerkschaften und Streiks in den Häfen und Bergwerken durch die Arbeiter und die Organisation der Angestellten in der Kolonialverwaltung, um Forderungen nach angemessenen Löhnen durchzusetzen und eine Mitwirkung an der Selbstverwaltung zu erringen. Auch ethnische, quasi protonationale Verbände und unabhängige Kirchen bildeten sich im Vorfeld der Politisierung. Sie zielten vor dem Zweiten Weltkrieg nur in Einzelfällen auf Unabhängigkeit, weil die Herrschaft zu stabil schien. Diese Organisationsformen setzten in aller Regel Teilhabe der führenden Personen an der Schulbildung voraus. Die Alphabetisierung der Bevölkerung lässt sich weniger mittels allgemeiner Prozentangaben messen, sondern eher an den Strategien erkennen, mindestens für ein Kind, fast immer Jungen, den Schulbesuch zu ermöglichen. Man konnte dann hoffen, dass der Junge später in der Mission oder Verwaltung eingestellt wurde. Ein wichtiges Ziel der Bauern war es, sich vor Betrug der oft indischen Händler zu schützen, deshalb kontrollierten die Rechen- und Lesekundigen das Abwiegen der Ernte. Mit selbstgeschriebenen oder von Schreibern verfassten Briefen wurde die Verbindung zu den abgewanderten Verwandten gehalten. Auch konnten Anträge an die lokale Kolonialverwaltung verschickt werden. Für Söhne von Chiefs wurden spezielle Bildungseinrichtungen geschaffen. Am wirkungsvollsten war oft die Umgehung der kolonialen Anforderungen durch stilles Ausweichen oder gar Abwandern.

Diese Strategien wurden auch in der postkolonialen Periode angewandt, denn es bestanden große Ähnlichkeiten zwischen der nur begrenzten Durchdringung der ländlichen Räume vonseiten der Kolonialstaaten und den Verhältnissen in den postkolonialen Staaten. In Uganda empfanden die Bauern die Regierungstruppen, die zum Niederkämpfen der »Lord's Resistance Army« 1981 in ihre Gebiete geschickt wurden, als unerwünschte Ankunft des modernen Staates[29].

Risiken und Strategien, um als Gruppe oder Familie zu überleben, schufen dialektische Beziehungen zwischen der Verteidigung der Autonomie und der Integrationsbereitschaft in eigentlich unerwünschte soziale Dimensionen des kolonialen Staates, die sich in der postkolonialen Periode fortsetzten. Klientelismus verstärkte sich zwischen afrikanischen »Big Men« und »Commoners« in den lokalen Gebieten unter der Kont-

---

29 Schubert, Frank, »War Came to our Place: Eine Sozialgeschichte des Krieges im Luwero-Dreieck, Uganda 1981–1986«, Diss. Universität Hannover, Philosophische Fakultät 2005.

rolle der lokalen Eliten. Insofern ist der Position von Mamdani[30] zuzustimmen, dass sich Adel und andere Patrone in ihren lokalen Kerngebieten im Lauf der Jahrzehnte der Kolonialherrschaft behaupteten.

Zwischen der Kolonialzeit und der postkolonialen Periode bestanden bedeutende Kontinuitäten. Oft ist betont worden, dass die Kolonialwirtschaft auf die jeweiligen Metropolen ausgerichtet wurde, wenn auch das britische Kolonialreich wegen des Konzepts des liberalen Welthandels für andere Staaten mit ihren Firmen zugänglich blieb[31]. Die Konzentration der Firmen zu multinationalen Großkonzernen nach dem Ersten Weltkrieg führte zu einem ökonomischen Übergewicht, das die Dekolonisation überdauerte, wenn nicht sogar eine Voraussetzung für die Bereitschaft war, Dekolonisation kampflos zuzulassen.

Kontinuität bestand in der Frage nach dem Eigentum an Land. Die Umverteilungsfragen blieben in der Gewalt der Chiefs. Gesichertes Landeigentum für Bauern entstand auch nicht in der postkolonialen Zeit, da der Staat nominell Eigner allen Landes wurde. Davon ausgenommen waren der europäische Besitz an Plantagen und das Bodenrecht der Farmer in den Siedlungsgebieten der Europäer. In den sogenannten »Reservaten« oder in Gebieten, die als kommunales Land ausgewiesen waren, gab es kein privates Eigentum. In der postkolonialen Periode wurden de facto für Eliten, die die hohen Kosten tragen konnten, Grundbucheintragungen möglich. Im Umfeld der großen Städte wurden Umgehungsmethoden entwickelt, um erhöhte Bodenpreise zu realisieren.

9 Strukturwandel der Großregionen

Die Kolonialherrschaft brachte neue großregionale Dimensionen hervor. Die etablierten Kolonialmächte Frankreich und Großbritannien versuchten mit unterschiedlichem Erfolg, ihre Kolonien untereinander in Verbindung zu bringen. Am weitesten ging Frankreich, das bis zum Vorabend der Dekolonisation eine große Westafrikanische Union schuf, diese aber im Interesse der Kontrolle des Dekolonisationsprozesses wieder auflöste, um Einfluss auf die einzelnen Staaten nehmen zu können. Großbritannien hatte schon in den 1920er Jahren eine »Closer Union« zwischen Kenia, Tansania und Uganda herzustellen versucht, da sie im Siedlerinteresse lag, gab diesen Plan aber wegen des massiven afrikanischen Widerstandes auf. Die Vereinigung von Malawi, Simbabwe und Sambia als »Zentralafrikanische Föderation« misslang 1953 aus den gleichen Gründen.

Grenzüberschreitende Einflüsse der Bildungssysteme wurden wichtig. Die britischen Bildungsinstitutionen in Sierra Leone mit Lehrerbildungsanstalten und Colle-

---

30 Mamdani, »Citizen«.
31 Bley, Helmut, »Die koloniale Dauerkrise«.

ges sowie Priesterseminaren ließen früh eine Intelligenz entstehen, die im gesamten Britisch-Westafrika wirksam wurde. Sie konnte dort im Missionsbereich, den unteren Verwaltungsstellen und in der Geschäftswelt Fuß fassen. Ähnlich wirkte sich die französische Schulbildung in Dahomey aus, deren Absolventen in französischen Kolonien eingesetzt wurden.

Die Wanderarbeitssysteme der Bergbaukomplexe und der Plantagenwirtschaft überschritten auch außerhalb des südlichen Afrika Grenzen. So arbeiteten im Kupfergürtel des Kongo und Sambias Arbeiter aus Ruanda. Ovimbundu aus Angola wurden gezwungen, in São Tomé und Príncipe zu arbeiten, Mosambikaner in Südafrika und Rhodesien, Nigerianer in den Bergwerken von Ghana. Durch die Nutzung der alten Handelswege, bis die Eisenbahntrassen neue Routen eröffneten, blieb zunächst die vorkoloniale Handelsstruktur bestehen, wenn auch die Kolonialmacht Zölle und Marktgebühren sowie die Monopolstellung europäischer Firmen begünstigte. Die Konzentration auf den meist einzigen Hafen blieb erhalten, obwohl die afrikanische Küstenschifffahrt fortbestand.

Der interne afrikanische Handel ist weitgehend unerforscht. In Nigeria funktionierte während der großen Weltwirtschaftskrise, als der Exportsektor zusammengebrochen war, der Handel im Inneren weiter und die Esel ersetzten die Lastwagen beim Transport[32]. Meist führten die Fernhandelswege nur noch über einen Hafen. Nach dem Zweiten Weltkrieg wurden die internationalen Großkonzerne verstärkt aktiv. Sie operierten in etlichen Ländern. Die großen Nahrungsmittelkonzerne in Westafrika hatten den Anfang gemacht. Entsprechende Konzentrationen fanden auf den Kaffee-, Tee- und Zuckerplantagen Ostafrikas statt. Das südafrikanisch-britische Finanzkapital in Süd- und Zentralafrika galt Hobson bereits 1900 als Vorreiter der Herrschaft des Finanzkapitals für die künftige Weltentwicklung[33].

Übergreifend wirkten die Kolonialsysteme selbst. Die südafrikanischen Kolonialmethoden blieben lange das Vorbild für britische kolonialpolitische Konzepte. Die nach »Rassen« segregierte Stadt wurde dort entwickelt. Das System der »indirekten Herrschaft« wurde in Uganda begonnen und überall im britischen Kolonialreich in Afrika angewandt. In der französischen Kolonialpolitik bestimmten Vorstellungen zum Umgang mit islamischer Herrschaft, die als stabilisierender Faktor galt, die Politik im gesamten französischen Westafrika. Auch die Assimilierung städtischer Eliten in das französische politische System wurde generell praktiziert. Grenzüberschreitend waren die Massenrekrutierungen von Soldaten und Trägern beider Großmächte während der beiden Weltkriege.

In den Kämpfen um die Dekolonisation im südlichen Afrika nutzten die Befreiungsbewegungen die faktische Durchlässigkeit der Grenzen, um sich Rückzugs- und

---

32 Füllberg-Stolberg, Katja, »Nordnigeria während der Weltwirtschaftskrise 1929–1939«, Pfaffenweiler 1999.
33 Bley, Helmut, »Hobson's Prognosen«.

Rekrutierungsräume zu schaffen. In den Kriegen der postkolonialen Periode operierten kriegführende Gruppen und Milizen in ähnlicher Weise, was die Schwäche der postkolonialen Staaten widerspiegelte. Auch Schmuggel verbreitete sich. Im beginnenden 21. Jahrhundert operierten islamistische Gruppen regionenübergreifend. Auch die großen evangelikalen Bewegungen waren überregional verbreitet und ihre Prediger und Finanziers kamen oft von außerhalb des Kontinents. Die Panafrikanische Bewegung erzielte keine vereinheitlichende Wirkung. Die Afrikanische Union ist eine Organisation von Staaten. Auch die Anhänger der starken intellektuellen Strömung des Panafrikanismus konzentrierten sich politisch auf den jeweiligen Staat, trotz der Versuche von Nkrumah in Ghana, Unionen zu fördern. Auch die Interventionen der OAU in Konflikten waren nicht überregional ausgerichtet. In dem großen Kongo-Krieg nach 1990 intervenierten afrikanische Staaten des südlichen und östlichen Afrika, ergriffen Partei für die verschiedenen Seiten und folgten den Eigeninteressen.

Afrikas Regionen haben trotz der vereinheitlichenden Wirkung der Kolonialreiche und der Wucht des Weltmarktes als Gleichmacher ihre unverkennbaren Profile behalten. Die politischen Kulturen in Tansania, Nigeria, dem Senegal oder Südafrika unter der Führung des ANC (»African National Congress«) sind spezifisch entwickelt und unverkennbar. Dies gilt, obwohl die Rentenmentalität der Eliten[34], ihre oft undemokratischen Tendenzen und die Art der Abhängigkeit vom Weltmarkt ähnlich sind. Auch die regionalen Spannungen innerhalb der Länder haben wegen der ungleichmäßigen ökonomischen Entwicklung ähnliche Ursachen, sind aber durch die Geschichte der betroffenen Gruppe und den Stil der Herrschaftsformen sowie die Art, wie Auseinandersetzungen geführt werden, doch deutlich mit der jeweiligen regionalen Welt verbunden. Dies gehört zu einem Bild von unserer Welt. So wie West- und Osteuropa oder die Regionen Asiens von ihrer Geschichte geprägt worden sind, gilt dies gleichfalls für die Großregionen Afrikas, deren Struktur die Grundlage der Analysen sein muss, um die üblichen Klischees von Afrika als unstrukturierter Einheit zu überwinden.

Kolonialherrschaft war im sozialen und ökonomischen Sinn Hegemonie des kolonialen Systems. Sie ist auf die Mitte der 1920er Jahre zu datieren. Zu Beginn der 1950er, also 25 Jahre später, dominierte bereits die Dekolonisationslogik. Dabei gab es wichtige Einschnitte, die sich aus den massenhaften Rekrutierungen in den Weltkriegen sowie in der Zwischenkriegszeit aus dem ökonomischen Zusammenbruch während der Weltwirtschaftskrise und den Folgen der Verknappung der Waren und der Transportmittel ergaben. Dennoch ergriffen der Kolonialismus und der damit verbundene Rassismus auf vielen Wegen die afrikanischen Gesellschaften im Laufe der Jahrzehnte tiefgehend.

---

34 Tetzlaff, Rainer; Jakobeit, Cord, »Das nachkoloniale Afrika«, Wiesbaden 2005, Kapitel 4.5, unter anderem »Rentenstaat«, S. 128 f.

10 Zu Kontinuitäten der Krisenlagen von der Mitte des 18. Jahrhunderts bis zur Wende vom 20. zum 21. Jahrhundert

Terence Ranger wies der Kolonialperiode eine Schlüsselrolle in der Transformation afrikanischer Gesellschaften zu[35]. Seine These lautet, dass Afrika einer fundamentalen sozialen Revolution unterworfen worden sei. Er zog dazu Vansinas Argument heran, dass zur Eroberung (Zentral-)Afrikas vierzig Jahre benötigt worden seien: »Vierzig Jahre, in denen die äquatoriale Tradition zerstört wurde«[36]. Afrika sei durch eine gewaltsame apokalyptische Eroberung gegangen. Eine Kombination von Krieg und Zerstörung vieler Dörfer mittels Feuer, Krankheiten und Hunger habe den offenen afrikanischen Widerstand um 1920 gebrochen.

Ranger bezeichnet die Position von Vansina als in den Langzeitfolgen zu »pessimistisch«[37]. Er betont wie die meisten Autoren im Band von Werbner und Ranger die starken Kontinuitäten von Kolonialismus und postkolonialer Situation. Die Fähigkeit zur Regeneration der Gesellschaften und die Transformationen ihrer Identitäten seien ständig erfolgt. Insofern stellt er den Krisenmodus nicht in den Vordergrund, obwohl ihm die Krisenphänomene bekannt sind. Wichtig sind ihm und den anderen Autoren eher die Kontinuitäten der Identitäten als die Kontinuitäten der Krisenlagen. Beide Aspekte schließen sich gegenseitig nicht aus. Auch in der These dieses Buches werden Kontinuitäten der Identitäten, ihre Transformationen und kreative Verarbeitung betont. Allerdings treten stärker in den Vordergrund die Kontinuitäten der Abhängigkeit der »African Poor« (John Iliffe), der Millionen von Flüchtlingen und Vertriebenen, die Opfer der ungeregelten Gewalt der Milizen und der Bürgerkriege wurden. Auch die von den weltwirtschaftlichen Ungleichgewichten Getroffenen und die dadurch Marginalisierten gehören dazu.

Die Gewaltschläge gegen die vorkolonialen afrikanischen Staaten und die andauernde Gewalt durch Strafexpeditionen, oft mit afrikanischer Beteiligung, hatten die von Ranger beschriebene Wirkung. Damit erweitert er das Bild von den Folgen autoritärer und despotischer Herrschaft und verweist auf die indirekten Wirkungen der Gewaltanwendung[38]. Die Wirkungen des Kolonialismus werden auch von John Iliffe in seinem Buch »The African Poor« insofern bestätigt, als er für die Anfangszeit der Kolonialherrschaft belegt, dass eine demographische Katastrophe stattfand, die erst nach 1920 überwunden wurde.

---

35 Ranger formuliert seine These in: Ranger; Werbner (Hrsg.), »Postcolonial Identities« im »Postscript Colonial and Postcolonial Identities«, S. 271–281.

36 Ranger zitiert in diesem Kontext Vansina, was hier in Übersetzung und teilweise zusammengefasst wiedergegeben wird. Zitat im »Postscript«, S. 276, aus Vansina, Jan, »Path in the Rainforest: Toward a History of Political Tradition in Equatorial Africa«, London 1990; ebd., S. 415.

37 Ebd., »Postscript Colonial and Postcolonial Identities«, Anm. 2.

38 Siehe auch Kjekshus, Helge, »Ecology Control and Economic Development in East African History«, London 1977.

Teil dieser Katastrophe war die Rinderpest, die weite Teile Afrikas zwischen 1888 und 1897 erfasste und bis zu 90 % des Großviehs vernichtete. Es war ein Unglück, das nicht von kolonialer Gewalt ausgelöst wurde, wenn auch die infizierten Tiere aus einem Viehtransport aus Indien für die italienischen Truppen in Eritrea stammten. Die großen Hirtengesellschaften der Masai, der Oromo, der Herero und die der Fulbe-Hirten im Sahel versanken im Elend.

Die großen Kriege des Deutschen Reiches gegen den Widerstand von Bauern, die sich gegen den Zwangsanbau von Baumwolle und die Ausschaltung des lokalen Handels wehrten, hatten katastrophale Folgen, weil geschätzt 300.000 Bauern an Hunger und Seuchen starben. In Namibia vollzog sich gleichzeitig die militärisch geplante und anschließend durch die Eingeborenenverordnungen umgesetzte bürokratisch organisierte Vernichtung aller Lebensgrundlagen der Herero, die schon unter der Rinderpest schwer gelitten hatten. Marginalisierung setzte sich generell auch aufgrund der verbreiteten Zwangsarbeit durch, ebenso war die Wanderarbeit mit Zwangsregimen verbunden und durch Landverknappung gefördert. Die Enteignung von Land fand nicht nur in den Siedlungskolonien statt, sondern erfolgte auch in den Siedlungsgebieten für Europäer in Kenia, Tansania, Sambia, Angola und im Kongo. Das enteignete Land wurde für europäische Plantagenwirtschaft genutzt. Die für die Menschen in Afrika sehr belastenden, chaotischen und von Raubbau geprägten Anfänge der Kolonialherrschaft waren Teil einer großen Krise der afrikanischen Gesellschaften.

Ergänzend zu Ranger muss die Krise in einen weiteren Kontext gestellt werden, denn sie entstand bereits spätestens in der Mitte des 18. Jahrhunderts: Die vorkoloniale Periode seit dem 18. Jahrhundert ist der Beginn einer Langzeitkrise, die im Kolonialismus zugespitzt wird.

Gewalträume existierten in allen Großregionen im vorkolonialen Afrika. Die Militärexpansion Marokkos nach Mauretanien und Timbuktu gehört dazu. Im Kongo entwickelte sich nach dem Abzug der Portugiesen von 1669–1709 ein vierzigjähriger Krieg um die Nachfolge der zentralen Monarchie. Tausende von oft kreolischen Sklaven- und Wanderhändlern hatten destabilisierend gewirkt. Verzweifelte Bauern schlossen sich den Truppen der verschiedenen Prätendenten an, um Sicherheit zu erlangen. Eine millenianistische Bewegung der Antonier unter der Führung der adeligen Beatriz Kimpa, die eine Marienerscheinung hatte, versuchte, die Einheit des Reiches zu retten. Beatriz wurde aber von den katholischen Orden verbrannt. Sie war eine afrikanische Jeanne d'Arc.

Die islamischen Reformbewegungen im 18. und 19. Jahrhundert führten zu kriegerischen Expansionen. Es waren Kriege um die Kontrolle der großen Marktstädte in Westafrika und gegen Chiefs, die Handelswege kontrollierten. Die Kriege wurden zudem zur Gewinnung von Sklaven genutzt. Sie wurden endemisch, weil rivalisierende islamische Heerführer auch gegeneinander Krieg führten. Das Sokoto-Kalifat unterwarf den Haussa-Adel und eroberte die Städtelandschaft des nördlichen Nigeria. Die Yoruba-Kriege von 1816–1876, die die Städtelandschaft ihrer Region verwüsteten, resultierten aus der Expansion des Sokoto-Kalifates nach Ilorin und dem Zerfall des Oyo-Reiches.

Die Frontier-Zone Südafrikas war ebenfalls ein Gewaltraum. Ohne die Siedlerexpansion ist er nicht denkbar. Das Mfecane und die Expansion der Nguni-Völker waren eine unabhängig von der Siedlerexpansion verlaufende Entwicklung, beeinflussten aber auch den Gewaltraum der Frontier. Das Mfecane strahlte durch Fluchtbewegungen nach Zentralafrika und Ostafrika aus. Die von den Zulu übernommene militärische Organisation verschob die Machtverhältnisse und vergrößerte die Jagd auf Sklaven bis in die 1890er Jahre auch in Ostafrika. Die Expansionen der Lunda, Chokwe und Bemba in Zentralafrika begannen mit dem 18. Jahrhundert und schufen eine kriegerische Welt im Kampf um die Handelsroute, die Herrschaft von royal Klans und die Jagd auf Elefanten. Der Zugang zu Feuerwaffen war eine entscheidende Voraussetzung für Kriegführung, Angriffe auf Städte und zum Erwerb von Elfenbein geworden. Auch die von Sansibar finanzierten Großkarawanen, die zum Teil unter die Kontrolle sich verselbstständigender Warlords gerieten, nahmen an dem Transport der Sklaven und Waren teil und verbanden Ost- mit Zentralafrika.

Es bestehen Kontinuitäten zwischen vorkolonialer und früher kolonialer Herrschaft. In der Periode der Kolonialeroberungen verschärften sich die Krisen. Die überlegene Feuerkraft der Europäer mit Maschinengewehren und Kanonen war eine Zuspitzung des Gebrauchs der Feuerwaffen und der Militarisierung.

In Westafrika wurden die islamischen Staaten zwischen 1860 und der Wende vom 19. zum 20. Jahrhundert von den Kolonialmächten militärisch besiegt. Samory zwang bei der Verlegung seines Territoriums auf dem Rückzug vor den Franzosen über 100.000 Bauern und Hirten, ihr Land zu verlassen. Sie wurden ins Elend gezwungen. Warlord Msiri in Katanga wurde von einer Expedition, die Leopold II. von Belgien ausgestattet hatte, in seinem Haus erschossen. Die Warlords Tippu Tip und Mirambo gaben ihr militärisches Geschäft unter britischem Druck auf.

Die Briten schickten 1867 zur Befreiung von europäischen Geiseln 35.000 Mann aus Indien nach Äthiopien. Kaiser Theodor verübte bei der Belagerung seiner Bergfestung in aussichtsloser Lage Selbstmord. Die Kriege im Sudan zwischen Mahdisten, Briten und Äthiopiern wurden mit riesigen Heeren geführt und richteten große Verwüstungen an. Da der äthiopische Kaiser Yohannes dabei tödlich verwundet wurde, entstanden weitere Kriege um die Nachfolge in Äthiopien. Zugleich betrieben verschiedene Fürsten die Expansion der Amharen in die islamischen Regionen, unter ihnen Menelik, der sich als Kaiser durchsetzte. Er musste mit großem militärischem Aufwand die italienische Invasion 1896 abwehren. Das Elend unter den Bauern steigerte sich, weil sie einer harten Feudalherrschaft unterworfen wurden und unter schweren Hungersnöten litten. In Eritrea äußerten sich Bauern enthusiastisch, als die Italiener nicht nur Chiefs, sondern neunhundert Adelige in einem Massaker umbrachten. Die Bauern hofften, dadurch der von dem Adel betriebenen Versklavung zu entgehen, stattdessen verloren sie aber ihr Land an italienische Siedler.

Die Monarchie in Uganda geriet unter dem Druck rivalisierender religiöser Adelsparteien in eine Existenzkrise, die ausgekämpft wurde und schließlich durch die
britische militärische Intervention zum Protektorat führte, wobei Adel und Monarchie aufrechterhalten wurden. In Ruanda hatten dessen Monarchen und Militärs
den Hutu-Bauern und den alten Adelsklans gewaltige Herden geraubt. Auch hier
entwickelte sich eine exzessive Gewaltherrschaft, auch hier blieben Monarchie
und Adel unter deutscher Herrschaft bestehen. Die Bauern in Uganda, Ruanda
und Äthiopien waren harter Feudalherrschaft unterworfen und versuchten immer
wieder, durch Wechsel der Herren mildere Bedingungen zu erreichen.

Diese Zeit des häufigen Wechsels von Herrschaft in den großen Marktstädten
sowie von Kriegen, die mit Aushungern der Städte und Brandschatzung geführt
wurden – alles führte zu massiven Fluchtbewegungen. Aufgrund der Dürren im
Sahel verhungerten in manchen Gebieten bis zu 60 % der Bevölkerung. Für die
bäuerliche Welt war die größte Bedrohung der oft gewaltsame Sklavenhandel.
Wahrscheinlich geriet die Mehrheit derer, die versklavt wurden, in die Abhängigkeit
der adeligen Haushalte und der Palastökonomien. Die islamischen Reformbewegungen konnten das Versprechen, dass Muslime nicht versklavt werden könnten, nicht
einlösen. Sokoto wurde die größte Sklavengesellschaft der Welt mit geschätzt drei
Millionen Sklaven und übertraf die Anzahl der Sklaven in den Südstaaten der USA.
Es waren die politischen Machtmöglichkeiten, die die soziale Krise verschärften.

Der frühen Kolonialzeit und ihren Eroberungen und Strafexpeditionen gegen
Widerständige folgten die Periode der Weltkriege und die Wirtschaftskrisen der Zwischenkriegszeit. Man wird sie in diese lange Kette politischer, ökonomischer und
vor allem sozialer Krisen aufnehmen müssen. Jeweils viele Millionen Männer wurden rekrutiert und somit der Landwirtschaft entzogen. Frauen wurden oft in die Prostitution für die Truppen gezwungen. Sie waren auch Teil der Trosse. Afrikanische
Truppen drohten zu meutern, wenn Frauen, die oft ihre Kinder bei sich hatten, sie
nicht versorgen durften. Ernten wurden beschlagnahmt, um damit Truppen und die
Zivilbevölkerung in Westeuropa zu versorgen.

Im Zweiten Weltkrieg wiederholte sich die Welle der Rekrutierungen, wenn auch
nach dem schnellen Zusammenbruch des französischen Widerstandes die afrikanischen Arbeiter und Kampftruppen geringer waren als im Ersten Weltkrieg. Im Zweiten
Weltkrieg wurde die italienische Herrschaft über Äthiopien und Somalia militärisch
von den Alliierten beendet. Auf beiden Seiten kämpften Afrikaner, wobei 70.000
von der italienischen Armee desertierten. Sie wurden an der Front in Nordafrika,
schließlich auch an der Burmafront gegen die Japaner eingesetzt. Die SS richtete
beim Rückzug nach der Niederlage in der Normandie 3.000 afrikanische Kriegsgefangene hin.

Westafrika wurde zum Ausgangspunkt für den Nachschub nach Ägypten und
die Front in Libyen wurde logistisch ausgebaut. Man baute Pisten für die Lastwagen
durch die Sahara und Flughäfen. Die Hafenanlagen in West- und Ostafrika wurden
erweitert. Außerdem mussten nach dem Wegfall der Rohstoffe aus Südostasien nach

der Besetzung durch die Japaner die Rohstoffe in Westafrika ausgebeutet werden. US-Militär setzte sich deshalb auch im Kongo fest. Afrikaner kämpften außerdem in Nordafrika gegen deutsche und italienische Truppen.

Es kam erneut zur Beschlagnahme von Ernten und Nahrungsmitteln, was Hunger verursachte. Die heftigen Inflationen zwischen 50 und 100 % auch im Zweiten Weltkrieg senkten den Lebensstandard wieder ab, der infolge der erfolgreich begonnenen Produktion von Kolonialwaren bei vielen Bauern und den davon profitierenden städtischen Eliten entstanden war. Diese Erfolge wurden durch die rücksichtslose Kriegswirtschaft der Kolonialmächte gemindert.

In der Nachkriegszeit verstärkten sich die afrikanischen Nationalbewegungen. Ihr Aufstieg und schließlich ihre Erfolge bestimmen das Urteil über diese Zeit, weil die Dekolonisation in den Kolonien des französischen und britischen Westafrika fast gewaltfrei verlief und der Exportboom auch durch die Lieferungen für den Koreakrieg gesteigert wurde und zu optimistischen Erwartungen für die Zukunft in der Unabhängigkeit Anlass gab.

Diese Wahrnehmung klammert aus, dass die Kolonialmächte besonders in den Siedlungsgebieten für Europäer in Zentral- und Ostafrika an der Macht festhielten und Gewalt anwendeten. Frankreich führte von 1954–1962 einen sehr brutalen Kolonialkrieg in Algerien. Der portugiesische Diktator Salazar verstrickte sich zwischen 1962 und 1974 in Kolonialkriege gegen die Befreiungsbewegungen in den portugiesischen Kolonien, die im Patt endeten und erst mit der Nelkenrevolution 1974 ein Ende fanden. Die Siedlungskolonie Südrhodesien (Simbabwe) kämpfte bis zur Erschöpfung und mithilfe Südafrikas 1972–1979 einen langen Krieg gegen die Guerillakämpfer der Befreiungsbewegungen. Nach 1975 destabilisierte das Smith-Regime, das von der Welt nicht anerkannt wurde, Mosambik durch die Organisation und Förderung eines Bürgerkrieges.

Das Apartheid-Regime in Südafrika versuchte am Tage der Unabhängigkeit Angolas Ende 1975, die Machtergreifung der MPLA (»Movimento Popular de Libertação de Angola«) durch einen Blitzkrieg zu verhindern, und förderte zusammen mit den USA den Bürgerkrieg in Angola, der erst 2002 beendet wurde. Nur die kubanische Intervention mit Ausrüstungshilfe seitens der Sowjetunion brachte dieses Konzept zum Scheitern. Im Zuge dieses Konflikts wurden auch die Basen des ANC in Sambia und der SWAPO in Angola wiederholt angegriffen.

Großbritannien kämpfte in Kenia gegen die »Land and Freedom Army« für die Fortsetzung des Siedlerregimes und verantwortete dabei massive Zwangsumsiedlungen der kenianischen Bauern. Großbritannien mit Frankreich und Israel griffen 1956 Ägypten an, um die Verstaatlichung des Suezkanals zu verhindern. Sie wurden aber von den Drohungen der beiden Supermächte USA und Sowjetunion zum Rückzug gezwungen.

Die USA waren zusammen mit Belgien an der Destabilisierung des unabhängigen Kongo unter Lumumba und an dessen Ermordung beteiligt, um sich die wichtigen

Rohstoffe des Landes – insbesondere Uran – zu sichern. Zu diesem Zweck förderten sie 37 Jahre lang die Militärdiktatur Mobutus.

Nach 1966 kam es zu einer Welle von Militärputschen in vielen Ländern, als der Exportboom in eine Depression umschlug und die Wendung Nkrumahs in Ghana zu einer Art sozialistischer Diktatur den Widerstand des Militärs und der Polizei ermöglichte, den die Westmächte durch Hilfe beim Putsch förderten.

In der Folge des Genozids 1994 in Ruanda an den Tutsi revoltierten Tutsi-Gruppen im Kongo, die sich bedroht fühlten. Aus dem Einmarsch der siegreichen ruandischen Tutsi-Armee entwickelte sich die Diktatur Kabilas, der Mobutu stürzte. Diese Konflikte mündeten im großen Kongo-Krieg von 1998–2002 mit Beteiligung afrikanischer Staaten auf beiden Seiten. Dreißig Milizen im Osten Kongos nutzten die Rohstoffe, ähnlich wie die ausländischen Armeen, um den Gewaltmarkt für die Verlängerung des Krieges und zur eigenen Bereicherung zu nutzen. Die Auswirkungen des Kongo-Krieges, der Bürgerkriege in Angola und Mosambik und die Verschlechterung der Lebensbedingungen unter der Diktatur Mugabes in Simbabwe verursachten massenhafte Fluchtbewegungen von vielen Millionen Menschen, die von den Nachbarländern aufgenommen wurden. In Südafrika allein waren es zehn Millionen Flüchtlinge. Minenfelder und die enorme Verbreitung der Kleinwaffen und Kriminalität verschärften die Lage.

Es ist dieser gewaltreiche Übergang in die postkoloniale Zeit – zu dem auch Bürgerkriege in Westafrika gehörten[39], die von der OAU unter Führung Nigerias eingedämmt wurden –, der es sinnvoll macht, diese Krisenperiode als Teil der fundamentalen Revolution seit dem 18. Jahrhundert anzusehen. Auch sie verhinderte Kontinuität in den Institutionen. Dies begann schon bei den Monarchien der vorkolonialen Zeit, bei denen überaus häufig die Nachfolge umstritten war, weil sehr viele Prätendenten um die Macht kämpften. In den Gewalträumen der »Frontier« Südafrikas und im südlichen Zentralafrika konnte sich aufgrund der Expansionswellen verschiedener Gruppen Macht nicht konsolidieren und institutionalisieren. Der Kolonialismus zerschlug nicht nur die alten Machtstrukturen oder instrumentalisierte sie, sondern zerstörte ebenso die Fernhandelsnetze. In den deutschen Kolonien übernahmen nach dem Ersten Weltkrieg neue Kolonialherren die Macht. Viele postkoloniale Staaten glitten nach den ersten Jahren in Militärdiktaturen ab und es gab viele Putsche, was die neuen Institutionen schwächte. Auch die Angriffe der Missionare auf Schreine, Fetische und die Diskriminierung der traditionellen Heiler und Herbalisten verunsicherten. Diese Entwicklung der postkolonialen Zeit in Verbindung mit der ökonomischen Marginalisierung des Kontinents in der Weltwirtschaft legt es nahe, diese gegenwärtige Phase in den Kontext der langen Krisenperiode von mehr als drei-

---

39 Bei der Analyse der Ursachen des Bürgerkrieges in der Elfenbeinküste verweist Katja Werthmann auf die lange Vorgeschichte der Spannungen zwischen den nördlichen und südlichen Leuten, die weit in die vorkoloniale Periode hineinreichten. Werthmann, »Wer sind die Dyula?«.

hundert Jahren einzuordnen. Sowohl das Ausbleiben der Industrialisierung, das ungeordnete Wachstum der Megastädte und der Agglomerationen als auch der hohe Anteil von 70 % der Menschen in informeller Beschäftigung verstärken die Tendenzen der Schwäche der Institutionen und der Marginalisierung. Die Bevölkerungsexplosion (alle 25–28 Jahre verdoppelt sich die Bevölkerung) trägt zur Vertiefung der Krise bei, die auch die ländliche Welt erfasst, in der noch mehr als die Hälfte der Menschen lebt. Die Last, die großen innerafrikanischen Fluchtbewegungen zu bewältigen, und grenzüberschreitende Migrationen forcieren den Krisenmodus. Gleichfalls spielen auch schon die ersten Auswirkungen des Klimawandels in Gestalt der Zunahme der Dürren eine Rolle.

Gegen das Konzept einer fast dreihundert Jahre andauernden Krise lassen sich ökonomische Aufschwünge anführen. Sowohl in der späten vorkolonialen Periode als auch während der Kolonialzeit konnten sich Sklaven emanzipieren. Bauern befreiten sich von den Lasten der Abgaben an den Adel. Die Durchsetzung des Gewaltmonopols der Kolonialmächte ließ mehr Siedlungssicherheit für die bäuerliche Welt entstehen. Die befestigten Dörfer wurden aufgegeben.

Ein Weg zum sozialen Aufstieg bestand neben dem Anbau von Kolonialwaren für den Export darin, zumindest einen Sohn in die Missionsschule zu schicken. Die Familie konnte zum Christentum konvertieren und sich so mit der kolonialen Realität abfinden. Die Alphabetisierung nahm relativ schnell zu. Die Entwicklung der Kolonialwarenproduktion stieg stetig an, trotz der Wirtschaftskrisen. Die Boomperiode 1926–1929 und ein erheblicher Nachkriegsboom 1945–1966 ermutigten viele Bauern und die afrikanische Geschäftswelt. Zumindest viele der »educated Elites« blieben trotz allem Rassismus der Kolonialherren und deren despotischem Regierungsstil von den zivilisatorischen Normen Europas und Nordamerikas tief beeindruckt und strebten nach Anerkennung, lange auch innerhalb des kolonialen Systems. Allerdings verselbstständigten sich viele Christen in unabhängigen Kirchen. Aber auch dies war nicht nur Abgrenzung gegen die zu große Nähe der Missionskirchen zum Kolonialismus, sondern ebenso ein Zeichen eines neuen, oft noch vorpolitischen Selbstbewusstseins, wie es auch die Gewerkschaftsbewegungen wurden. Selbst die Dekolonisation sollte, anders als Fanon erwartet hatte, keinen Bruch mit dieser Zivilisation einleiten.

Diese unterschiedlichen Tendenzen sind gegeneinander abzuwägen. Es scheinen die Diskontinuitäten der Institutionen und ihre Schwäche und vor allem die Marginalisierungsprozesse der Mehrheit der Menschen zu überwiegen. Außerdem gibt es bedeutende regionale Varianten.

Erweitert man die langfristigen Auswirkungen der Krisenperioden seit dem 18. Jahrhundert auf die Kolonialzeit und das postkoloniale Afrika, sind drei Aspekte hervorzuheben. Ein wichtiger Beitrag zur Kontinuität der Krisenzeiten ergab sich aus dem Einfluss der weltwirtschaftlichen Entwicklungen. Sie intensivierten sich kontinuierlich und verschärften die Marginalisierung. Dabei ist erheblich, dass die afrikanischen Eliten keine Kohärenz als nationale Bourgeoisie entwickelt haben. Als Staatsklasse leben sie eher von Lizenzgebühren und Einnahmen aus der Korruption. Sie parken ihr Fluchtkapital in den Wirtschaftsmetropolen, wo sie Luxusgrundstücke besitzen, in die sie sich im Krisenfall zurückziehen können. Sie nutzen die Kliniken der Metropolen und lassen ihre Kinder in den Eliteuniversitäten des Westens studieren. Sie können sich auf Verwandte und Freunde stützen, die in Europa oder Amerika leben und internationale Netzwerke bilden. Sie sind eher kosmopolitisch und nicht national orientiert, obwohl sie ihre Machtbasis im Lande für Wahlen nutzen. Diese Vernetzung findet auch zwischen Familien und Händlern bzw. Händlerinnen aus anderen sozialen Schichten statt, die eigene Netzwerke zur Beschaffung von Waren für den Verkauf oder zu Überweisungen von Geld aus den Einnahmen der Migranten in Europa und Amerika besitzen. Diese Besonderheiten der persönlichen Integration in das Weltsystem schwächen die nationalen Institutionen zusätzlich und verstärken den Krisenmodus.

Ein wichtiger Hinweis von Kontinuitäten zwischen den Perioden über eine so lange Zeit liegt im Fortbestehen der sozialen Bewegungen in all diesen Perioden. Das historische Gedächtnis vieler Gruppen, Klans und Familien verbindet die Erinnerung an Ereignisse und Personen aus der vorkolonialen Zeit mit der Unruhe der postkolonialen Konflikte. Die Liste der Internetseiten, auf denen an die Helden des primären Widerstandes sowie an die Aktivitäten der frühen Reformer und auch an die Prophetinnen des Widerstandes in Wort und Bild erinnert wird, ist lang. Die Warlords werden ebenfalls erinnert und noch 2002 wurden Denkmäler für frühe Ereignisse errichtet, die zu religiösen Schreinen werden können. Nkrumah wählte als Datum des Unabhängigkeitstages für Ghana den 6. März, den Tag, an dem die erste Fante-Union 1844 gegründet wurde und 1868 ein britisches Protektorat wurde.

Bereits Ranger hat bei seiner Analyse einer fundamentalen Krise betont, dass trotz dieser Dimension die afrikanischen Gesellschaften lebendig und kraftvoll geblieben seien[40], was seine Fortsetzung im postkolonialen Afrika gefunden hat. Für ihn ist damit die Kraft der sozialen Bewegungen mit den Krisenphänomenen vereinbar. Es gab immer wieder Widerständigkeit aus den afrikanischen Gesellschaften heraus. Die ersten »Cocoa Hold ups« fanden 1907 statt und wiederholten sich bis 1938. Im Ersten Weltkrieg kam es zu Steuerstreiks. Die Nomaden in der Sahara versuchten, die von den Franzosen unterdrückten Staatsgründungen und nach dem Abzug viele Kontingente der Kolonialtruppen im Ersten Weltkrieg wieder aufzunehmen. Die Kimbanguisten reagierten auf die verbreiteten Todesfälle während der Influenzapandemie 1918/19. Der Widerstand der »Freemen of Meru« 1950 und viele andere Bewegungen verweisen darauf, dass die These einer langanhaltenden fundamentalen Krise seit dem 18. Jahrhundert nicht mit Resignation gleichzusetzen ist.

---

40 Ranger riet dazu, mit den Methoden, die an den Krisenphänomenen des Postkolonialismus entwickelt worden seien, auch die Periode des Kolonialismus zu analysieren, Ranger; Werbner (Hrsg.), »Postscript Colonial and Postcolonial Identities«, S. 271–281.

Aber es erscheint notwendig, die Langzeitwirkungen in die Analyse mit einzubeziehen. Auch Célestin Monga, der Exponent der Kameruner Demokratiebewegung, beachtet die soziale Kraft selbst von Bewegungen aus der Mitte der Marginalisierten. Aber er fordert auch stabile demokratische Institutionen[41], um die Vielfalt der sozialen und kulturellen Aktivitäten in der urbanen Welt im politischen System wirksam werden zu lassen.

---

41 Monga, Célestin, »The Anthropology of Anger«, Boulder 1996; siehe Abschnitt in Kapitel 17, S. 567.

Kapitel 14
Wege zur Dekolonisation:
Die erste Welle 1948–1964

Im Zweiten Weltkrieg wurde der afrikanische Kontinent von der gewaltigen Kriegs-
maschinerie der kolonialen Intervention mit größerer Wucht als je zuvor unterworfen[1]. Es erfolgte der Aufbau der Transportwege für den Krieg in Nordafrika und die
Kontrolle Ägyptens sowie für die Rückeroberung von Äthiopien und Somalia, dem
italienischen Ostafrika. Nach dem Ausfall der Rohstoffe Südostasiens, vornehmlich
Zinn und Gummi, nach der Besetzung durch Japan steigerte sich die Rohstoffaus-
beutung in Afrika. Uranerz für die Entwicklung der Atombombe machte den Kongo
zu einem zentralen Rohstofflieferanten und zog die USA in die afrikanischen Angelegenheiten. Die Mehrheit der französischen Gouverneure in Afrika stützte das
Vichy-Regime. De Gaulle hatte mit Brazzaville und der Eroberung von Madagaskar
nur eine relativ kleine Basis, beteiligte sich aber am Feldzug in Nordafrika und Äthiopien, um die Ansprüche auf französische Kolonialherrschaft zu untermauern. Ein
Krieg um die Kontrolle der französischen Kolonien wurde nach dem erfolglosen Angriff de Gaulles mit britischer Flottenhilfe auf Dakar umgangen. Bei der Formulierung der Nachkriegsordnung für die Kolonien während der Verhandlungen über die
Gründung der Vereinten Nationen gelang es den beiden Kolonialmächten, den Begriff
Unabhängigkeit für ihre Kolonien zu vermeiden. Trotz dieser Machtentfaltung ist un-
bestritten, dass der Zweite Weltkrieg den Dekolonisationsprozess stark beschleunigte.
Man wird aber stärker als üblich auch den Ersten Weltkrieg und die Zwischenkriegszeit mit ihren Wirtschaftskrisen und kurzen Boomphasen für die Entstehung der
Dekolonisationsprozesse einbeziehen müssen. Im Nahen Osten wurde 1932 der Irak
unabhängig. Das Mandatskonzept des Völkerbundes versprach mit dem »dual mandate« mehr Selbstverwaltung. Im Nahen Osten ermöglichten die »C-Mandate« weitgehende Selbstverwaltungsrechte für Syrien, den Libanon und Palästina. Politisierend

---

1 Die Literatur ist unübersehbar. Wichtige Überblicke: Holland, R. F., »European Decolonization
1918–1981«, London 1985; Cooper, Frederick, »Decolonisation and African Society«, Cambridge
1995. Für Frankreich: Chafer, Tony, »The End of Empire in French West Africa: France's Successful
Decolonization?«, Oxford 2002. Für Großbritannien: Pearce, Robert, »Turning Point in Africa: British Colonial Policy 1938–48«, London 1982. Pearce antwortete auf den ein Jahr früher erschienenen
Artikel von John Flint, »Planned Decolonization and its Failure in British Africa«, in: African Affairs, Bd. 82, Nr. 328, 1983, S. 389–411, mit dem Aufsatz: »The Colonial Office and Planned Decolonization in Africa«, in: African Affairs, Bd. 83, Nr. 330, 1984, S. 77–93. Für Belgisch-Kongo:
Reybrouck, David van, »Kongo: Eine Geschichte«, Frankfurt 2010 und Mollin, Gerhard T., »Die USA
und der Kolonialismus: Amerika als Partner und Nachfolger der belgischen Macht in Afrika;
1939–1965«, Berlin 1996.

https://doi.org/10.1515/9783110452020-016

wirkte auch die Annexion der deutschen Kolonien besonders in Togo und Kamerun, die aufgeteilt wurden.

Afrika südlich der Sahara wurde in der Zwischenkriegszeit in nur sehr kleinen Schritten lokale Selbstverwaltung gewährt, was einen Politisierungsschub in den afrikanischen Gesellschaften zur Folge hatte. Dessen Ursachen lagen in den Folgen der Massenrekrutierung von Millionen Männern, in der ruinösen Kriegswirtschaft durch Beschlagnahme von Ernten und einer großen Inflation, die die Lebenshaltungskosten stark erhöht hatte. Der Nachkriegsboom des Kolonialwarenexportes wurde in kurzer Folge von den Weltwirtschaftskrisen 1920–1922 und 1929–1938 unterbrochen. Nur die Jahre 1926/27 waren wieder Boomjahre. Die Monopolbildung der Nahrungsmittelkonzerne erstickte den Aufstieg vieler afrikanischer Geschäftsleute, die daraufhin nationalökonomische Lösungen suchten, die Tete-Ansah ihnen nahelegte. Dennoch war Unabhängigkeit noch kein politisches Thema, sondern die Erwartungen richteten sich darauf, dass Selbstverwaltungsrechte ausgebaut würden, was zu enttäuschten Hoffnungen führte. Nur Azikiwe als Führer der nigerianischen Jugendbewegung forderte Unabhängigkeit schon 1934.

Die Kolonialmächte gingen von kleinen Schritten in Richtung Selbstverwaltung aus. Diese Absichten und ersten Fortschritte wurden von den weltgeschichtlichen Entwicklungen nach dem Zweiten Weltkrieg überholt, denn das Kriegsende in Nordafrika führte nach der Niederlage Italiens unter amerikanischem Druck zur Unabhängigkeit von Libyen und Tunesien. Das Kaiserreich Äthiopien wurde nach der Befreiung durch die alliierten Truppen restauriert. Dennoch verflochten sich widersprüchliche Tendenzen miteinander. In der älteren kolonialhistorischen Literatur stand das Verwaltungshandeln der Kolonialmächte im Vordergrund. Rudolf von Albertini[2] beschrieb eine Stufenfolge für das britische Empire, in der erste Schritte zur Selbstverwaltung sich zur vollen Selbstständigkeit, zum Dominienstatus und schließlich zur vollen Unabhängigkeit steigerten. Dies entspreche dem Prozess für Kanada und Australien.

Betrachtet man die Initiativen der Kolonialmächte in den 1950er Jahren, lässt sich von einer Offensive zur Sicherung der Kolonialherrschaft sprechen. Frankreich versuchte in Indochina, die Unabhängigkeit, die Hồ Chí Minh 1945 nach Abzug der Japaner ausgerufen hatte, rückgängig zu machen, verlor jedoch den Krieg in der Schlacht um Điện Biên Phủ 1954. Außerdem begann es im gleichen Jahr nach größeren Unruhen seit 1945 in Algerien mit großem Aufwand einen Krieg, um Algerien

---

2 Albertini, Rudolf von, »Dekolonisation: Die Diskussion über Verwaltung und Zukunft der Kolonien 1919–1960«, Köln 1966. Von Albertini konzentrierte sich auf die Postionen der Kolonialverwaltungen und ist dafür ein wichtiger Klassiker. Wichtige afrikanische Positionen sind versammelt in: Falola, Toyin (Hrsg.), »Africa«, Bd. 4: »The End of Colonial Rule: Nationalism and Decolonization«, Durham 2002, mit Beiträgen unter anderem von Ierirbor, Ehiedu E.; Gloria Dibuja, J. I.; Chuku, I.; Ugo Nwokeji, G.; Beispiele unter anderem für Westafrika: Adebayo, Akammu, für Ostzentralafrika und Äquatorialafrika: Ndege, George und Korich, Chima J.

als Siedlungskolonie zu halten. Als der Krieg in Vietnam verloren ging, übernahmen ihn die USA zur Einschränkung einer erwarteten Expansion des kommunistischen China; sie verloren ihn erst 1974. 1953 trugen der britische und der amerikanische Geheimdienst maßgeblich zum Sturz des iranischen Ministerpräsidenten Mossadegh bei[3], als dieser die Ölraffinerien von Abadan verstaatlichen wollte. 1956 griffen Großbritannien, Frankreich und Israel Ägypten an, um Nasser zu stürzen, weil dieser beabsichtigte, den Suezkanal zu verstaatlichen. Die Drohungen einer Intervention vonseiten der USA und der UdSSR erzwangen den Abzug der Truppen. Die Niederlagen in Ägypten und in Indochina beendeten den Weltmachtstatus der alten Kolonialmächte, den sie nicht einmal mit der Entwicklung eigener Atombomben stabilisieren konnten, wenn ihnen auch das Vetorecht im Weltsicherheitsrat blieb. Wenn wesentliche Wirtschaftsinteressen auf dem Spiel standen, gerieten die Reformdiskurse ins Abseits. Dennoch setzte Nkrumah die Unabhängigkeit Ghanas am 6. März 1957 durch. Die Schwäche der Kolonialmächte kam auch darin zum Ausdruck, dass die afrikanischen Märkte für die USA und nach Beitritt zur EG für die Bundesrepublik Deutschland geöffnet werden mussten.

1 Die afrikanischen Perspektiven

Betrachtet man die Entwicklung aus der Sicht der afrikanischen Gesellschaften und ihrer politischen Dynamik nach dem Zweiten Weltkrieg, wird die Realitätsferne der Kolonialmächte deutlich. Das gilt auch für Portugal unter der Diktatur Salazars, das Kolonialkriege bis zur Nelkenrevolution von 1974 führte, und für Belgien, das den Kongo als eine Insel der Stabilität empfand, bis der Sturm der Dekolonisation 1959 losbrach.

Die massiven Investitionen in die Infrastruktur von Häfen, Pisten und Flughäfen sowie die gesteigerte Produktion im Bergbausektor bedeuteten einen Qualifikationssprung für afrikanische Arbeitskräfte, die wegen des Ausfalls der eingezogenen weißen Facharbeiter in Berufssparten tätig wurden, die ihnen bislang verschlossen waren. Die Inflation und wachsendes Selbstbewusstsein der Gewerkschaften führten zu Streikbewegungen in der Endphase des Krieges. Dies hatte sich in Sambia 1937/38 schon angebahnt, wie auch bei den großen »Cocoa Hold ups« in Ghana 1937/38. In Nigeria und Ghana kam es zu erfolgreichen Streiks und auch die Hafenarbeiter in Dar es Salaam gingen 1945 in den Ausstand. Im Zweiten Weltkrieg hatte die Nahrungsmittelknappheit auch viele Frauen mobilisiert, die gegen Beschlagnahme der Ernten und ebenso der Reisvorräte protestierten. Der Abzug der Devisen aus den Exporteinnahmen in die Zentralbanken in London und Paris politisierte die Genossenschaftsbauern in Westafrika, weil ihr Einkommen für die Begleichung der Schulden der Kolonial-

---

3 Deutzmann, Sabine, »Die britische Iranpolitik 1945–1954«, Münster 2019.

mächte bei den USA verwendet wurde, um deren Devisennot zu verringern. Das erschien als Form der Plünderung. Der Nachkriegsboom für Kolonialwaren, der durch den Koreakrieg seit 1953 gesteigert wurde, stärkte das Bewusstsein von der eigenen Kraft, damit unabhängig erfolgreich Politik machen zu können.

Die Deputierten in der Französischen Nationalversammlung und im ersten Nachkriegskabinett vom Oktober 1945 aus dem Senegal und der Elfenbeinküste trieben eine radikale Reform voran, wurden aber von der Veränderung der Mehrheitsverhältnisse 1946 ausgebremst und enttäuscht. Digne gründete als Erster eine sozialistische Partei. Viele Zwischenmanöver der Kolonialmächte beeinflussten den Gang der Dinge. Frankreich experimentierte mit unterschiedlichen Konzepten einer Union und löste die überregionalen Organisationen in Westafrika schließlich auf. Der nationalistische Eigenwille der Führer des Senegals und der Elfenbeinküste unterstützte den Schritt. Durch die Kontrolle der Währung und der Verteidigung der Einzelstaaten lagen entscheidende Machtpositionen weiter in der Hand Frankreichs.

Auch in Südafrika standen die Zeichen auf Sturm. Der größte afrikanische Metall- und Bergarbeiterstreik der südafrikanischen Geschichte fand 1944 statt. Im gleichen Jahr übernahm Nelson Mandela den Vorsitz des Jugendverbandes des ANC (»African National Congress«) und leitete damit das Ende der Honoratioren des alten ANC ein. Der Kampf ging mit dem Machtantritt der burischen Nationalbewegung 1948 verloren. Es lässt sich aber das Konzept der ›Großen Apartheid‹ als Reaktion auf die Dekolonisationsbewegungen deuten. Nach ethnischen Kriterien sollten Homelands mit einer Scheinunabhängigkeit unter südafrikanischer Kontrolle geschaffen werden. Sie wurden aber zu Armenhäusern und mit ihnen ließen sich die Urbanisierung der afrikanischen Bevölkerung in den Großstädten und Großbetrieben sowie die damit verbundene Politisierung nicht verhindern. Repression mit dem Verbot von ANC und PAC (»Pan Africanist Congress«) wurde die vorherrschende Praxis.

Erst die großen Streikbewegungen 1972/73 und die Entfaltung der »Black Consciousness«-Bewegung 1976 brachten den Durchbruch zu massenhafter Politisierung der afrikanischen Bevölkerung. Schließlich schwächte die Unruhe in den Townships wegen der erneuten Verweigerung des Wahlrechtes für Afrikaner das System, weil die Proteste in der UDF (»United Democratic Front«) nach 1983 gebündelt wurden. Dies steigerte sich durch die wachsende Isolation in der Welt aufgrund von Boykottbewegungen und durch das militärische Patt im Krieg um Angola. Die Unabhängigkeit Angolas und Mosambiks schuf neue Fronten. Der Zusammenbruch der Siedlergesellschaft in Simbabwe infolge des Guerillakriegs von ZANU (»Zimbabwe African National Union«) und ZAPU (»Zimbabwe African People's Union«) 1980 hatte den Prozess beschleunigt. Am Ende stand der ausgehandelte Zusammenbruch des Apartheid-Systems und die Wahl Nelson Mandelas zum Präsidenten durch den überwältigenden Wahlsieg des ANC.

Beeinflusst wurde der Weg in die Dekolonisation von unterschiedlichen Interessen zwischen der »educated Elite« im Kolonialdienst und in der Geschäftswelt und den Chiefs, die die ländlichen Räume nach »traditionellen« Regeln kontrollierten.

Er war zum Teil dadurch relativiert, dass auch Chiefs und Mitglieder der königlichen Häuser oft eine Basis im Handel hatten und der Geschäftswelt nahestanden. Von 1952/53 an erhielten ihre Söhne in besonderen Schulen ebenfalls moderne Bildung. Im britischen Westafrika rechnete die Kolonialregierung ähnlich wie die französische Kolonialverwaltung mit diesem Gegensatz. Da die Zahlen der »educated Elite« als noch zu gering für die Selbstverwaltung galten und die Elite bei allem Gegensatz zu den Chiefs keine Massenbasis hatte, wurde dies zu einem zentralen Argument, um Reformen zu verzögern. So sollte Zeit für den Erhalt des Empire gewonnen werden, das mit den Einnahmen aus afrikanischen Exporten die eigene Devisennot zu mildern versuchte, was die Genossenschaften verbitterte. Die Kolonialmächte behaupteten, dass ihre afrikanischen Kolonialreiche viel zu unterschiedliche Strukturen aufwiesen, die berücksichtigt werden müssten. Die britischen Kolonialbeamten verwiesen auf die Feudalgesellschaften in Nordnigeria und in Uganda, in denen sich auf lange Zeit noch die »traditionellen« Hierarchien behaupten würden. Außerdem müsse für die Minderheiten der europäischen Siedler in den britischen Kolonien Zentralafrikas Schutz organisiert werden.

In beiden Kolonialreichen führten die Radikalisierung und Ungeduld der Bediensteten im Kolonialdienst und in den europäischen Firmen, der Kleinhändler und organisierten Arbeiter sowie der Jugendorganisationen überraschend schnell zu einer Massenbasis für die politischen Führer der Nationalbewegungen. Zugleich erweiterte sich die Massenbasis entscheidend dadurch, dass in die Nationalbewegung das wachsende Bewusstsein einfloss. Teil dieser Bewegung waren auch die Angehörigen ethnischer Großgruppen, die eine Massenbasis für ihre ethnischen Interessen hatten. Dies war ein von der Ethnologie, die sich auf Kleingruppen konzentriert hatte, lange übersehenes Phänomen. Seit der Mitte des 19. Jahrhunderts waren diese ethnischen Großgruppen aus kleineren Verbänden als Ergebnis von gesteigertem Fernhandel und Arbeitsmigration entstanden, weil größere Räume miteinander verbunden wurden. Dies nivellierte außerdem den Gegensatz zwischen dem System der traditionellen Herrschaft der Chiefs und der modernisierenden Elite. Viele Chiefs hatten erkannt, wie geschwächt ihr Ansehen aufgrund der langen Kooperation mit den Kolonialmächten geworden war. Sie nutzten die neue ethnische Dimension und schlossen sich den Nationalbewegungen an, um zumindest den lokalen Einfluss zu behalten. Viele zeitgenössische europäische und amerikanische Sozialwissenschaftler haben in ihrer Übernahme des Konzeptes von »Nationbuilding« diese ethnische Dimension weit unterschätzt. Die großräumige Struktur Französisch-Westafrikas und der Regionen des britischen Kolonialreiches in Afrika in den Regionen Westafrika, Zentralafrika und Ostafrika beeinflusste auch die jeweiligen afrikanischen Eliten in ihren Konzepten der Dekolonisation. Kooperation in der Übergangsphase mit der jeweiligen Kolonialmacht wurde angestrebt.

Der Schutz der Siedlerenklaven scheiterte an den nationalistischen Bewegungen im östlichen und zentralen Afrika. Die Siedlerschaft in Simbabwe entzog sich durch eine einseitige Unabhängigkeitserklärung dem britischen kolonialen Einfluss. Nkrumah übernahm in Ghana bei den »Riots« 1948 die Führung und drängte die Honoratioren in den Hintergrund. Daraus entstand eine Dynamik, die zur ersten Dekolonisation in 1956 führte und eine große Symbolkraft entfaltete. Nyerere wurde 1958 Ministerpräsident. 1960 war das Jahr der Unabhängigkeit vieler Staaten.

Die Polarisierung des Kalten Krieges spielte eine Rolle. Die Erwartungen an verbesserte Handelsbedingungen im Rahmen des vom Westen bestimmten Weltmarktes waren groß. Ein weiterer Faktor war die Bereitschaft beider großen Kolonialmächte, die Interessen der weißen Siedlerschaft in Algerien, Zentralafrika und Ostafrika abzusichern. Dass galt auch für die starke weiße Präsenz im Kongo, die portugiesische Plantagenwirtschaft in Angola und die kleinbürgerliche Existenz vieler Portugiesen in Mosambik. Insofern spielten die großregionalen Räume und die politischen Kulturen der Kolonialmächte eine eher unterschwellige Rolle.

2 Dekolonisationsprozesse

Der Dekolonisationsprozess wird im Folgenden aus der Perspektive der beiden großen Kolonialmächte und dann in vier Fallbeispielen behandelt.

2.1 Französisch-Westafrika

In einem kurzen Zeitfenster zwischen Oktober 1945 und dem Entwurf der Verfassung im April 1946 fand eine radikale Wende in der französischen Kolonialpolitik statt[4]. Es gelang den afrikanischen Deputierten in der Nationalversammlung, wesentliche Entscheidungen durchzusetzen. Houphouët-Boigny erreichte als Deputierter die Abschaffung der Zwangsarbeit und die Einrichtung eines »Fonds d'investissement pour le développement économique et social«, was in der Verfassung festgeschrieben wurde[5]. Vor allem wurde das Konzept einer französischen Union zwischen Metropole und den Überseeterritorien anstelle des Konzeptes eines »Größeren Frankreichs« festgelegt. Artikel 44 garantierte allen Angehörigen der »Union française« den Status des »citoyen«. Freie Wahlen sollten die afrikanischen Deputierten für die Nationalversammlung bestimmen. In Abschnitt VIII des Dokumentes zur Gründung der »Union française« wurde festgelegt, dass überall im französischen Kolonialreich lokale Vertretungen nach allgemeinem universellem Wahlrecht gebildet werden sollten. Die Menschenrechtserklärung von 1789 sollte für alle Angehörigen des Kolonialreiches gültig sein.

---

4 Chafer, »The End«.
5 Ebd., S. 63 ff.

Vieles wurde indessen nach den Wahlen zur zweiten Verfassung mit veränderten Mehrheiten zurückgenommen, aber wichtige Elemente hatten Bestand.

Die Abschwächung des radikalen Pfades zur Dekolonisation hatte eine Spaltung politischer Strömungen im französischen Westafrika zur Folge. Führende Politiker wie Houphouët-Boigny, Senghor und andere mit Sitz in der französischen Nationalversammlung und in der AOF (»Afrique-Occidentale française«), der »Westafrikanischen Union«, waren dem französischen System eng verbunden und strebten nach Kontinuität in den Beziehungen zu Frankreich.

Hierzu trug die Gründung der RDA (»Rassemblement démocratique Africain«)[6] 1946 bei. Sie lud im Oktober zu einem Kongress in Bamako, Hauptstadt der französischen Kolonie Soudan (heute Mali) ein. Über 1.000 Delegierte nahmen teil. Da der französische Kolonialminister den Sozialisten angehörte, die RDA aber mit der kommunistischen Partei in der französischen Nationalversammlung von 1946–1950 kooperierte, lehnte er nach anfänglicher Sympathie die Bewegung ab.

Auch Senghor und andere wichtige Aktivisten des Senegal nahmen nicht am Kongress teil. Durch die lange Tradition der Teilhabe der afrikanischen Oberschicht der vier Städte mit Wahlrecht in Frankreich (Dakar, Gorée, Rufisque und Saint Louis) löste der Senegal sich aus diesen transterritorialen Verbindungen, was getrennte Entwicklungen bei den Wegen zur Unabhängigkeit zur Folge hatte. Sie waren deswegen nicht weniger antikolonial und antirassistisch, sondern strebten die Gleichberechtigung gegenüber der weißen Bevölkerung und in der Administration an. Auch das Ziel der kulturellen Assimilation verdrängte nicht die Rückwendung zu afrikanischen kulturellen Traditionen, wie es Senghor mit seinem Konzept der »Négritude« zum Ausdruck brachte.

Dekolonisation in der Form der Unabhängigkeit galt den Aktivisten als »Sezession« und nicht wünschenswert. Mit der Formulierung von Chafer war ihr Konzept der »Kompromiss zwischen Assimilation und Assoziation«[7], eine Tendenz, die die französische Administration förderte.

Es ist bemerkenswert, dass führenden Repräsentanten aus der afrikanischen Elite und großen Teilen der afrikanischen Angehörigen des Kolonialdienstes die Gleichberechtigung mit Europäern lange wichtiger war als die Forderung nach Unabhängigkeit. Sie wurde oft in negativer Konnotation als »Separation« von Frankreich bezeichnet.

Gleichberechtigung hieß Teilhabe an der Menschenrechtserklärung von 1789 sowie Wahlrecht für die französische Nationalversammlung und für die territorialen Gremien in den Kolonien. Eine große Rolle spielte, dass eine Reihe afrikanischer Politiker zeitweise Minister im französischen Kabinett war.

---

6 Ebd., Abschnitt »The Founding of Rassemblement Démocratique Africain«, S. 73 f.
7 Ebd., S. 74.

Für die afrikanischen Bediensteten in den Kolonialverwaltungen der Territorien bedeutete Gleichberechtigung die Forderung nach den gleichen Gehältern wie die französischen Bediensteten. Es war dies eine Forderung, die Séku Touré als ruinös für die Finanzen der unabhängigen Staaten zu Lasten der bäuerlichen Bevölkerung erklärt hatte – eine zutreffende Prognose. Die Belastungen durch die Gehälter und die Ausdehnung des öffentlichen Dienstes erreichten in Französisch-Westafrika bei 45.000 Bediensteten in den Übergangsjahren bereits 60 % des Budgets; sie wirkten sich überall in Afrika ähnlich aus[8].

Dennoch stimmten, mit Ausnahme Guineas, alle Kolonien mit überwältigenden Mehrheiten der »Communauté française« zu, was zunächst bedeutete, dass die Finanzhoheit und die Geldpolitik, Außenpolitik und Verteidigung sowie das höhere Bildungswesen unter französischer Kontrolle blieben. Die Universität Dakar wurde für die Lehrerbildung zuständig und das Curriculum der Schulen folgte dem französischen System. Nach der Unabhängigkeit dieser Staaten blieben wichtige Elemente der »Communauté française« erhalten.

In Französisch-Westafrika herrschte Desillusion, weil die Versprechen des Verfassungsentwurfs von 1946 nicht eingelöst worden waren. Die Mitglieder der CEFA (»Comité d'études franco africaines«), die in Dakar gegründet wurde und sich schnell auch in anderen Kolonien etablierte, waren afrikanische Aktivisten, die die Unabhängigkeit anstrebten. Mit ihnen bekamen große Teile der einfachen städtischen Bevölkerung, die starken Organisationen der Jugend und der Studierenden sowie Teile der Gewerkschaftsbewegung eine Stimme[9]. Aktivisten und Gewerkschafter kooperierten mit der französischen kommunistischen Partei. Auch die Bevölkerung auf dem Lande entzog sich immer stärker dem Einfluss der französischen Verwaltung, unter ihnen ehemalige Soldaten der »tirailleurs sénégalais«. Allerdings gelang Senghor im Senegal die Kooperation mit den Mouriden, die Teile der Bauernschaft dort kontrollierten[10]. Es bildeten sich in den verschiedenen Kolonien kulturelle und politische Gruppen, die »Freiheit und Unabhängigkeit« forderten.

Eine weitere Wende der französischen Afrika- und Überseepolitik vollzog sich, als bei den Wahlen 1952 die Sozialisten wieder an die Macht kamen. Defferre wurde Minister für die Überseegebiete. Da sein Vater eine Rechtsanwaltskanzlei in Dakar im Senegal betrieben hatte, war ihm Westafrika aus der Kindheit bekannt[11]. Als Bürgermeister von Marseille sah er die Krise und Revolution in Algerien kommen. 1954 brach dann der Krieg aus. Gleichzeitig wurde die französische Armee in Indochina von den Vietkong in Điện Biên Phủ entscheidend geschlagen und damit das Ende

---

8 Ebd., S. 145 und 151 f.
9 Ebd., S. 158.
10 In Mali gelang es der Regierung de Gaulle 1958 gegen den Willen des Präsidenten Keïta, die Chiefs für eine Zustimmung zum Beitritt zur »Communauté française« zu gewinnen.
11 Chafer, »The End«, S. 165. Er war in Dakar von 1928–1931.

des Kolonialreiches eingeläutet. Marokko wurde 1954 unabhängig, Tunesien 1956. Außerdem war die Invasion in Ägypten gescheitert.

Defferre reagierte mit dem »Loi-cadre«[12], das im Juni 1956 von der Nationalversammlung verabschiedet wurde. Die Alternativen bestanden darin, entweder den einzelnen Kolonien nach dem Vorbild Togos volle Autonomie zu gewähren oder eine föderale Lösung für Französisch-Westafrika zu schaffen. Wegen heftiger Widerstände gegen eine föderale Lösung wurde nur eine beratende Versammlung ohne exekutive Macht eingerichtet und damit dem Territorialprinzip Vorrang gegeben. Die Tür zur Auflösung Westafrikas als Union wurde damit geöffnet. Sieben Territorien bildeten zwar noch die AOF, aber vor allem für Senghor zählte der Senegal als eigentliche Machtbasis. Houphouët-Boigny lehnte ebenfalls die föderale Lösung ab und folgte dem Traum der panafrikanischen Einheit.

Die Entwicklung der UdSSR galt vielen Aktivisten in Afrika als attraktiv. Die Bewegung der blockfreien Staaten wurde 1955 in Bandung gegründet. Und auch die Kolonialbehörden empfanden 1955 den Druck, dass Reformen unabdingbar seien. Die Kosten des Kolonialreiches galten in der öffentlichen Kritik als untragbar. Auch Sartre und die Gruppe um die Zeitschrift »Les Temps Modernes« übten fundamentale Kritik.

Mit dem Machtantritt de Gaulles 1958 und der Präsidialverfassung, die ihn 1959 zum Präsidenten machte, wurde ein letzter Versuch unternommen, die französische Kontrolle mit einem Konzept von afrikanischer Unabhängigkeit zu kombinieren. Der Konflikt mit der Siedlerschaft in Algerien während des Algerienkrieges hatte nicht nur die Staatskrise Frankreichs verursacht, sondern die französischen Politiker sorgten sich, dass der Algerienkrieg einen afrikanischen Unabhängigkeitskrieg nach sich ziehen könnte und von daher Reformen in Westafrika unumgänglich seien. De Gaulle forderte im Dezember 1958 die bereits unabhängige Union von Mali auf, weiter mit Frankreich zu kooperieren. Dafür schuf er die »Communauté française«, die die Option für die Unabhängigkeit eröffnete. Guinea, unter der Führung von Séku Touré, verweigerte den Beitritt mit dem Verweis auf sofortige Unabhängigkeit, den Touré in einer konfrontativen Rede bei einem Besuch de Gaulles vorbrachte und damit die sofortige Unabhängigkeit durchsetzte. De Gaulle reagierte heftig auf die Ablehnung Séku Tourés, des Urenkels von Samory. Zur Strafe und Abschreckung ließ er die französische Infrastruktur zerstören.

Alle anderen Territorien des französischen Westafrika stimmten dieser Lösung mit überwältigenden Mehrheiten zu. Sie erklärten anschließend 1960 ihre Unabhängigkeit, blieben aber in der »Communauté française«. Durch Währungseinheit und Infrastrukturmaßnahmen blieb dieser Teil der Großregion Westafrika miteinander verflochten. Später kam die ECOWAS (»Economic Community of West African States«) als eine Art Wirtschaftsunion, die auch ehemalige britische Kolonien einschloss, zustande.

---

12 Ebd., Kapitel »The Loi-Cadre«, S. 169–180.

Diese Union war allerdings ungleich schwächer als die EG in Europa. Der großregionale Zusammenhang blieb trotz der Souveränität der Einzelstaaten wirksam.

2.2 Geplante Dekolonisation? Zur Diskussion über die britische Reformpolitik 1938–1947

In der Kontroverse zwischen John Flint[13] und Robert Pearce[14] ist die Frage diskutiert worden, ob die britische Politik dem Projekt einer »geplanten Dekolonisation« für die Kolonien in Afrika gefolgt sei oder dieses Konzept an der sozialen und politischen Dynamik der nationalistischen Bewegungen in Afrika gescheitert sei.

Gemeinsamer Ausgangspunkt ist, dass 1938 ein auf den ersten Blick radikaler Kurswechsel der kolonialpolitischen Strategien erfolgt war. Nach den Unruhen in den britischen Kolonien in Westindien 1937/38, den großen Streikbewegungen in Nordrhodesien (heute Sambia) und in den »Cocoa Hold ups« in der Gold Coast (heute Ghana) beauftragte der neue Kolonialstaatssekretär der Labour Party, Malcolm John MacDonald[15], Lord Hailey mit einem »Survey« für die britischen Kolonien in Afrika[16]. In dieser Analyse kam Hailey zu dem Schluss, dass ein grundlegender Kurswechsel unvermeidlich sei. Das alte vorherrschende Konzept der »indirect Rule« durch Chiefs und Emire und königliche Häuser sei tribalistisch und dysfunktional geworden. Stattdessen müsse man auf die »educated Elites« der Afrikaner in der Geschäftswelt und im öffentlichen Dienst in der Kolonialverwaltung und auf eine kontrollierte Gewerkschaftsbewegung setzen. »Colonial Reform« in deren Sinne bedeute neben einem Gewerkschaftsrecht auch erste Stufen einer Selbstverwaltung.

MacDonald nahm diese Ideen mit Enthusiasmus auf und erklärte sie zur neuen Leitlinie auch in Erklärungen vor dem Unterhaus in London.

Flint betrachtete dies als eine Revolution in der Kolonialpolitik. Ihm war dabei wichtig, dass diese Reform bereits vor Ausbruch des Zweiten Weltkrieges konzipiert wurde und nicht in einer Phase der Schwächung Großbritanniens als Folge des Krieges und des Anwachsens des afrikanischen Nationalismus. Allerdings blieb die Festigung des britischen Empire das Ziel. Dekolonisation wurde noch nicht in den Blick genommen.

Pearce, dem ich folge, sieht diesen Einschnitt ebenfalls als wichtig an. Er arbeitete aber sorgfältig heraus, dass zentrale Leute im Colonial Office den Enthusiasmus MacDonalds nicht teilten. Er schied nach dem Amtsantritt Churchills, 1940, ohnehin

---

13 Flint, »Planned Decolonization«.
14 Pearce, »Turning Point«; vgl. Fußnote 577.
15 Malcolm John MacDonald (17. August 1901–11. Januar 1981) war britischer Wissenschaftler und 1938–1940 Kolonialstaatssekretär für die Labour Party.
16 Hailey, William M., »An African Survey: A Study of Problems Arising in Africa South of the Sahara«, London 1938.

aus. Das Ansehen Haileys indessen war nicht gebrochen. Er verfasste 1943 einen weiteren Survey, nachdem er 1942 zum Leiter des »British Colonial Research Council« ernannt worden war. Pearce argumentiert, dass trotz des hohen Ansehens, das Hailey genoss, die nachfolgenden Kolonialstaatssekretäre etliche Kurswechsel vollzogen. Hailey hatte ein sehr differenziertes Bild der Entwicklung in Afrika gezeichnet, wie auch etliche der Kolonialbeamte in London und in den Kolonien[17]. Außerdem formulierten sie öffentlich Zielvorstellungen, die weitreichender waren als ihre tatsächlichen, weil sie damit den US-amerikanischen Erwartungen entgegenkamen. Die Rhetorik des Krieges gegen Rassismus und für Demokratie trug ebenfalls dazu bei, die eigene Politik radikaler erscheinen zu lassen, als sie war.

Die Westafrika-Abteilung formulierte intern, »es würde unmöglich sein, den Territorien ›self-government‹ unmittelbar zu geben, und es sei nicht abzusehen, wann dieser Zeitpunkt erreicht sein könnte«[18]. Eine Erklärung von Kolonialstaatssekretär Oliver Stanley[19] aus dem Jahr 1943 brachte dies noch klarer zum Ausdruck: Er empfahl, Großbritannien müsse »die Kolonialvölker entlang des Weges zur Selbstverwaltung innerhalb des Rahmens des britischen Empire führen«[20].

Unabhängig von diesem Generalvorbehalt kritisierten die Beamten auch das Konzept, die traditionellen Führungsstrukturen zu vernachlässigen. Der Generalgouverneur von Nigeria hielt die Herrschaft der Emire im Sokoto-Sultanat für weitsichtig genug, sich neuen Entwicklungen anzupassen. Außerdem gebe es zu ihnen keine Alternative. Zwar sei es möglich, dass sich die »educated Elites« zu Rivalen der Chiefs entwickelten, aber das werde nicht in einer Polarisierung enden. Auch die traditionellen Autoritäten müssten am Erziehungsprozess beteiligt werden. In Ghana wurde unter anderem der König der Asante zum inoffiziellen Mitglied des »legislative Council« ernannt.

Die Regierung der Labour Party unter Attlee wurde unmittelbar nach dem Ende des Zweiten Weltkrieges gewählt. Sie entwarf einen Stufenplan zur Selbstverwaltung entsprechend der organisatorischen Stärke der Nationalbewegung. Die Schriften der afrikanischen Gruppe um den Führer der Nationalisten in Nigeria, Azikiwe, wurden rezipiert. Aber das »Colonial Office« ging von einer Machtübernahme frühestens nach einer Generation aus. Die Afrikaner sollten bis dahin in den Lokalverwaltungen in einer »Apprenticeship« (Lehrzeit) Erfahrungen sammeln. Azikiwe akzeptierte unter der Bedingung, dass lediglich eine Übergangsfrist zur vollen Selbstregierung von fünfzehn Jahren vorgesehen werde. Es schien ein echter Kurswechsel zu sein, der in dem Augenblick, in dem Indien das britische Empire verließ, unvermeidlich schien.

---

17 Pearce, »The Colonial Office«, S. 79.
18 Ebd., S. 80. Übersetzung von Helmut Bley.
19 Kolonialstaatssekretär Oliver Stanley, ein einflussreicher Konservativer mit engen Beziehungen zu Churchill.
20 Pearce, »The Colonial Office«, S. 80.

Die britische Vorbedingung, Selbstverwaltung erst nach ausreichender ökonomischer und sozialer Entwicklung zu gewähren, trat dabei in den Hintergrund. Allerdings gab bereits die Regierung Attlee de facto das Konzept einer schnellen Dekolonisation auf. Die Labour-Regierung entwarf 1951 das Konzept einer »Zentralafrikanischen Föderation«, das nach ihr die neue konservative Mehrheit übernahm. Damit sollte der wachsende Einfluss der seit 1948 regierenden nationalistischen Partei der Südafrikanischen Union auf die Siedler in Nord- und Südrhodesien sowie Nyassaland abgewehrt werden. In allen Territorien kontrollierte das südafrikanische Minenkapital die Bergbaukomplexe. Eine »Zentralafrikanische Föderation« hätte allerdings einen Kompromiss zwischen weißer Siedlerschaft und afrikanischem Nationalismus zur Voraussetzung.

In der Kabinettsvorlage des Planes hieß es:

> »Wir sehen uns in Zentralafrika dem Druck eines Landes ausgesetzt, das weit stärker ökonomisch und industriell ist als jene der zentralafrikanischen Territorien und geführt ist von einer militanten nationalistischen Partei mit expansiven Zielen, ausgerichtet darauf, ihren Einfluss im Norden zu stärken. Dieser Druck kann nur abgewehrt werden durch eine entschlossene Politik des Widerstandes sowohl im politischen als auch im ökonomischen Bereich. Dafür ist die Unterstützung sowohl der europäischen als auch der afrikanischen Bevölkerungen der zentralafrikanischen Territorien erforderlich, die nach unserer Auffassung nur eine geringe Chance hätten, den Druck abzuwehren, ... wenn wir nicht einen "British bloc of territories in Central Africa" durch eine konstitutionelle Verbindung schaffen. Um unser Ziel sicher zu erreichen, müssen Bedingungen in Zentralafrika geschaffen werden, unter denen das britische Element unter der europäischen Bevölkerung nicht nur wesentlich größer als die Afrikaner (Buren) sein muss, sondern auch bereit ist, loyal zur Verbindung mit Großbritannien zu stehen.«[21]

In dieser Verfassung sollten afrikanische Vertreter nur beratend tätig sein und vom britischen Generalgouverneur ernannt werden. Die zentralafrikanische Union scheiterte am afrikanischen Widerstand, insbesondere durch die Kampagne von Hastings Banda, dem künftigen Präsidenten von Malawi.

Ordnet man diesen gescheiterten Versuch aus der Periode der kolonialen Reform in das politische Umfeld der 1950er Jahre ein, wird deutlich, dass – trotz der Unabhängigkeit Indiens – der Wille weiter Bestand hatte, so viel vom Empire zu behaupten wie möglich. Im Fall des Konzepts der »Zentralafrikanischen Föderation« spielte der Schutz der Interessen vor allem der britischen Siedler eine wichtige Rolle. Es war auch kein neues Konzept, sondern 1929–1931 schon einmal versucht worden[22].

---

21 Zitat in: ebd., S. 88. Übersetzung von Helmut Bley.
22 Callahan, Michael D., »The Failure of ›Closer Union‹ in British East Africa, 1929–31«, in: The Journal of Imperial and Commonwealth History, Bd. 25, 1997, S. 267–293.

3 Fallstudien zur Dekolonisation

Ghana, der Kongo und Tansania werden als Beispiele gewählt, um zu verdeutlichen, wie stark die inneren Strukturen der Länder im Prozess der Dekolonisation waren. Dennoch hatten die Positionen der Kolonialmächte auf den Gang der Dinge Einfluss. Internationale Interventionen wirkten sich im Kongo während des Verlaufs der Dekolonisation verheerend aus. Auch gab es verschiedene Strömungen innerhalb der afrikanischen Eliten in Bezug auf die Wege in der ersten Phase der Unabhängigkeit. Die Attraktivität sozialistischer Optionen bestand. Panafrikanische Ideen waren Allgemeingut, auch wenn sich die führenden afrikanischen Politiker bei der Erringung der Macht auf das Land ihrer Herkunft beschränkten.

Die ersten Jahre der Unabhängigkeit standen noch stark unter der Abwägung, wie viel Konfrontation mit den Kolonialmächten möglich war und welche Kontinuitäten zu berücksichtigen waren. Bei aller Tendenz, sich »blockfrei« zu fühlen und zu verhalten, blieb die Rücksicht auf die aggressive Ungeduld der Westmächte, insbesondere der USA, gegenüber sozialistischen Positionen ein wichtiger Faktor. Dazu gehörte die Überlegung, nicht den Faden zum kapitalstarken Westen abreißen zu lassen. Dies musste mit der Absicht, die neu gewonnene Unabhängigkeit zu verteidigen, ausbalanciert werden.

In der postkolonialen Periode verlaufen diese unterschiedlichen Tendenzen parallel. Die ehemaligen Kolonien etablierten sich in der äußeren Form von Nationalstaaten, ohne dass der Prozess der Nationsbildung abgeschlossen war.

Die Großinstitutionen der Weltwirtschaft, wie Weltbank, Internationaler Währungsfond und die multinationalen Konzerne, wirkten als globale Akteure auf die ökonomische Entwicklung ein. Selbst die großen Organisationen der UNO, wie der Flüchtlingsrat, die Weltgesundheitsorganisation und das Welternährungsprogramm, operierten bei allem Länderbezug global. Sie boten aber den noch nicht voll entwickelten Verwaltungen eine statistische Basis und Verwaltungskonzepte. Die großen Geberländer wandten unterschiedliche Konzepte zur Entwicklungspolitik an, die sich ständig den Moden der Debatte um Entwicklung anpassten. Nichtregierungsorganisationen waren, trotz aller an der Basis orientierten Projekte, Teil der entwicklungspolitischen Diskurse.

In der Übergangsphase nach erfolgter Dekolonisation beherrschte die Modernisierungstheorie und damit die Erwartung, dass eine nachholende Industrialisierung möglich sei, die Debatte. Auch die meisten Führer der afrikanischen Unabhängigkeits- und Befreiungsbewegungen wurden im Exil oder während des Studiums davon geprägt.

Mit der ECOWAS (»Economic Community of West African States«) und der SADC (»Southern African Development Community«) wurden Wirtschaftsräume im Bereich der alten Großregionen geschaffen. Manche geplanten Bündnisse wie die »Ostafrikanische Union« und Versuche afrikanischer Staaten, sich unter panafrikanischer Zielsetzung miteinander zu verbinden, scheiterten.

Die Afrikanische Union aller afrikanischen Staaten, die OAU (»Organisation of African Unity«), garantierte von Anfang an, dass die kolonialen Grenzen unverändert blieben, wozu auch die Charta der Vereinten Nationen beitrug. Die OAU gewann nach Spaltungen und Schwächen im 21. Jahrhundert, umbenannt in »Afrikanische Union« (AU), neue Substanz und erwarb die Fähigkeit zu Interventionen in afrikanischen Staatskrisen und Bürgerkriegen.

Seit der Auflösung der großen Kolonialreiche lässt sich nicht mehr von »Welten« im Sinne der vorkolonialen Zeit sprechen. Nimmt man aber die kulturellen weiträumigen Beziehungen, die religiösen Großsysteme, die afrikanischen intellektuellen Deutungen der Lage in Afrika und die transnationalen Migrationsbewegungen zum Maßstab, dann schufen die afrikanische Musik, die Literatur und die moderne Malerei sowie die afrikanische Mode weiträumige Verbindungen. Es waren kulturelle Strömungen, die den Hintergrund der Verflechtung der neuen souveränen Staaten bildeten und die auch zunehmend Verbindungen zu den kulturellen Entwicklungen der Welt herstellten.

Der Klimawandel und die Verschiebungen der Klimazonen brachten großräumig Gemeinsamkeiten in den davon besonders betroffenen Regionen hervor. Sowohl der Sahel als auch die Region des Nordostens, Kenia, Äthiopien und Somalia – das sind die prägnantesten Fälle. Die weiträumige Ausstrahlung der Bürgerkriege in Sierra Leone und Liberia sowie die von Islamisten mitgeprägten Gewaltverhältnisse im Sahel und dem nördlichen Nigeria schufen Problemlagen, die ebenfalls regionsübergreifend sind. Sie verbinden sich mit den demographischen Dimensionen eines Kontinents mit über einer Milliarde Menschen. Es ist ein unüberschaubarer Prozess, der sich sozialgeschichtlicher Analyse weitgehend entzieht.

3.1 Ghana: Der frühe Weg in die Unabhängigkeit – Die »Accra Riots« (Unruhen) 1948–1957

In Accra, der Hauptstadt der »Gold Coast« (des späteren Ghana), entwickelten sich 1948 aus Demonstrationen heftige Unruhen, die »Accra Riots«[23]. Sie mündeten in einer breiten Protestbewegung, die sich auf viele andere Orte ausweitete. Diese Dynamik begründete den Weg zur frühen Unabhängigkeit. Es war eine von sehr unterschiedlichen Gruppen getragene Massenbewegung. Damit hatte die Kolonialregierung nicht gerechnet, weil sie überzeugt war, dass die »educated Elite« keine Massenbasis hatte. In Lon-

---

[23] Jungermann, Imke, »Ghana auf dem Weg in die Unabhängigkeit: Die ›Accra Riots‹ 1948 als Wendepunkt für die ghanaische Dekolonisierung«, Masterarbeit Universität Hannover 2009, vor allem S. 53–93. Es ist eine quellengestützte, exzellente Arbeit.

don blieben die Illusionen erhalten, dass den politischen Führern in der Gold Coast diese Massenbasis auf lange Sicht fehlen würde und genügend Zeit bliebe, die »educated Elite« mithilfe kleiner Schritte der Beteiligung an der Lokalverwaltung anlernen zu können. Diese ideologische Enge verweist auf die tiefe Unkenntnis der sozialen und politischen Strömungen im Lande. Wunschdenken und die Hoffnung auf Zeitgewinn für den Erhalt des Empire waren vorherrschend.

Imke Jungermann[24] verweist darauf, dass sich bereits nach dem Ende des Zweiten Weltkrieges die Kritik an der ökonomischen Situation verschärft hatte, weil die Preise für Importgüter nach wie vor sehr hoch waren und zu einer Inflation führten. Nii Kwabena Bonne III.[25], »Oyokene«, Chief des Oyoko-Klans der Asante und Geschäftsmann in Accra, habe deshalb 1947 eine Kampagne begonnen.

Er forderte mit Briefen die Handelskammer und die »United African Company« auf, die Preise für die Importwaren neu zu verhandeln. Um seiner Forderung Nachdruck zu verleihen, drohte er mit einem Boykott gegen Importwaren für Anfang 1948. Er stellte ein Ultimatum für eine Antwort zum 24. Januar 1948. Da die Handelskammer nicht reagierte, gründete er ein »Anti Inflation Campaign Committee«. Er reiste in andere wichtige Städte Ghanas, um weitere Komitees zu organisieren und vielen Chiefs seinen Plan zu erläutern. Bei den Chiefs stieß er auf große Zustimmung, so bei den Chiefs Nene Many Krobo und Su Akim Odahum. Sie waren die Organisatoren der »Cocoa Hold ups« von 1937/38. Städte wie Takoradi und Sekondi, mit starken Gewerkschaften, die ebenfalls 1947 Streiks organisiert hatten, und die Chiefs handelten gemeinsam. Damit entstand eine politische Koalition zwischen Chiefs und der »educated Elite«, die die britische Verwaltung als Möglichkeit ausgeschlossen hatte, weil sie einen prinzipiellen Gegensatz konstruiert hatte.

In einer Neujahrsbotschaft 1948 forderte Nii Kwabena Bonne III. einen landesweiten Boykott für den 26. Januar. Eingeschlossen war auch der Boykott von Läden in europäischem und indischem Besitz. Viele von ihnen mussten schließen. Die britische Kolonialverwaltung, die sich bislang nicht für diesen Handelskonflikt zuständig erklärt hatte, organisierte Treffen zwischen der Handelskammer und dem »Anti Inflation Campaign Committee«, an denen auch einige Chiefs teilnahmen. Es wurde vereinbart, dass die Profitmargen von 75 auf 50 % gesenkt wurden. Am 28. Februar 1948 wurde der Boykott beendet. Die Stadt war voller Menschen, die auf die Preissenkungen in den Läden warteten. Sie bildeten die Massenbasis, als an diesem Tag aus einer Demonstration die eigentlichen »Riots« in Accra entstanden.

24 Ebd., S. 53 f.
25 Bonne, Nii Kwabena III, »Milestones in the History of the Gold Coast«, London 1953 (Autobiographie).

Es waren Veteranen des Zweiten Weltkrieges, die zur gleichen Zeit beim Gouverneur eine Demonstration angemeldet hatten[26]. Sie waren organisiert von der »Gold Coast Ex-Servicemen's Union«, einer Abspaltung von der »Gold Coast Legion«, die die Kolonialregierung 1945 geschaffen hatte. Das Ziel der Legion war es, unter Führung britischer Offiziere viele kleinere Veteraneninitiativen zusammenzufassen, um die Wiedereingliederung der Veteranen in die Gesellschaft zu fördern. Die Legion wurde von der britischen Regierung finanziert und stand ihr nahe. Sie hatte über 30.000 Mitglieder, während die »Gold Coast Ex-Servicemen's Union« auf 6.500 Mitglieder kam, vornehmlich aus dem Süden des Landes und aus Kumasi, der Hauptstadt der Asante. Die Legion hatte sich der Petition, die bei der Demonstration überreicht werden sollte, nicht angeschlossen. In der Petition wurde beklagt, dass die Versprechungen, die im Kriege gemacht worden waren, nicht erfüllt worden seien. Weder habe es weiterführende Möglichkeiten zur Ausbildung gegeben, noch hätten sie Arbeitsplätze erhalten. Außerdem hatten sie eine Freistellung von der Steuerpflicht erwartet.

Da Danquah und Nkrumah, die Gründer der »United Gold Coast Convention«, bei einer Versammlung zur Vorbereitung der Demonstration anwesend waren, war sie von vornherein ein politisiertes Ereignis. Die Veteranen hatten sich außerdem zusammen mit der Boykottbewegung an der Kritik an den erhöhten Lebenshaltungskosten beteiligt. Der Marsch auf das »Christiansborg Castle«, den Sitz des Gouverneurs, fiel aufgrund einer Terminverschiebung eher zufällig auf den Tag des Endes des Boykotts[27]. Es musste eine andere Route gewählt werden, weil die Polizei eine Annäherung der gut 1.000 Veteranen an den Sitz des Gouverneurs verbot. Die Petition sollte auch nur einem Beamten der Kolonialverwaltung übergeben werden und nicht dem Gouverneur persönlich. Man einigte sich auf eine andere Route: Gewählt wurde die Hauptroute für große Paraden.

Beim Marsch durch die Stadt schlossen sich immer mehr Menschen an und es wurde von der vereinbarten Route abgewichen. Mittlerweise waren es über 2.000 Menschen, bei denen sich eine aggressive Stimmung aufgebaut hatte. Um 15:00 Uhr wurde die Demonstration an einer Kreuzung kurz vor dem »Christiansborg Castle« von der Polizei gestoppt.

---

26 Jungermann, »Ghana«, S. 61 f.
27 Killingray, David, »Soldiers, Ex-Servicemen, and Politics in the Gold Coast, 1939–50«, in: The Journal of Modern African Studies, Bd. 21, Nr. 3, Sept. 1983, S. 523–534. Insgesamt waren mehr als 60.000 Ghanaer und Ghanaerinnen im »Gold Coast Regiment« der »West African Frontier Force«, die nach Killingray und Jungermann keine homogene Gruppe gewesen ist.

Abb. 57: Das von den Dänen erbaute Schloss Christiansborg in Accra.

Es kam zur Konfrontation. Protestrufe wurden laut, Steine wurden geworfen und die Menge rückte weiter vor. Tränengas wurde eingesetzt, was zur Eskalation beitrug. Schließlich machte die Polizei von den Schusswaffen Gebrauch. Zwei Ex-Servicemen wurden getötet und vier bis fünf verwundet[28]. Danach liefen die Menschen in das Stadtzentrum zurück. Die Nachricht über die Opfer verbreitete sich. Plünderungen fanden statt und Autos wurden zerstört. Ausländische Geschäfte, die Niederlassungen der »United African Company« und anderer Firmen gingen in Flammen auf. Dabei waren die Übergriffe gezielt. So wurden die Geschäfte einer zypriotischen Firma verschont. Die Unruhen setzten sich in der ganzen Nacht und am folgenden Morgen fort. Gefängnisse wurden gestürmt und viele Gefangene befreit. In Orten in der Nachbarschaft Accras brachen ebenfalls Unruhen nach der Ankunft des ersten Zuges aus. Sie erreichten Kumasi am 1. März.

Bei den Unruhen wurde insbesondere die Rolle der jungen Männer und Jugendlichen auffällig. Jugendorganisationen hatten sich vor allem seit Ende des Zweiten Weltkrieges gebildet. Mit der Bezeichnung »Youngmen« wurde sehr Unterschiedliches verbunden. Damit konnten Kleinhändler und Kleinhändlerinnen gemeint sein. Es gab die »Veranda Boys«, eine Gruppe, die sich häufig obdachlos auf den überdachten Veranden von Häusern aufhielt. Ihre Mitglieder hatten meist keine Ausbildung und waren arbeitslos.

---

28 Jungermann, »Ghana«, S. 58. Sie gibt die Gesamtzahl der Opfer während der Unruhen, die einen Monat dauerten und auch andere Städte erreichten, mit 29 Toten und 237 Verletzten an, S. 53.

Die Landbevölkerung war in Unruhe versetzt, weil seit Anfang 1947 viele Kakao-bäume wegen einer Baumkrankheit von den Behörden zwangsgefällt worden waren. Es kam zu gewaltsamem Widerstand gegen die »cutting gangs«. Die »United Gold Coast Convention« bündelte diese verschiedenen Bewegungen. Die wichtige »Akim Cocoa Farmers' Association« wurde von Danquah für die Teilnahme an der Prozession der Ex-Servicemen gewonnen, weil sich die Ex-Servicemen auch an sie wegen Unterstützung gewandt hatten[29].

Der Notstand wurde erklärt und die führenden Repräsentanten der United Gold Coast Convention wurden verhaftet. Es waren die »Big Six« der Nationalbewegung: Ebenezer Ako-Adjei, Edward Akufo-Addo, William Ofori Atta, Joseph Danquah, F. Kwame Nkrumah und Emmanuel O. Obetsebi-Lamptey. Truppen aus Nordghana wurden nach Accra verlegt und Kriegsschiffe vor der Küste stationiert. Die politischen Folgen waren erheblich. Die eingesetzte Untersuchungskommission emp-fahl eine Änderung der Verfassung von 1946, durch die die »educated Elite« den Chiefs gegenüber im Legislative Council bevorzugt worden war. Nach den Ände-rungen wurde die Bevorzugung der Chiefs aufgehoben, sie blieben aber wählbar. Daraufhin zogen sich die Elite und ein Teil der Chiefs aus der Protestbewegung zurück; ebenso hielt es Danquah, der Gründer der United Gold Coast Convention und Repräsentant der »educated Elite«. Sie wollten sich dem Einfluss unkontrol-lierter Massen entziehen[30]. Die United Gold Coast Convention wurde danach als eine Organisation konservativer Honoratioren wahrgenommen. Für sie war Nkru-mah noch unverzichtbar, weil er Massen im ganzen Land mit seinem Charisma mobilisieren konnte. Aber sie lehnte seinen Plan ab, direkt auf die Unabhängig-keit hinzuwirken. Nach der Entlassung aus der Haft setzte Nkrumah seine erfolg-reichen Reisen durch das Land zur politischen Mobilisierung fort.

Als die britische Verwaltung nur ihnen genehme Mitglieder zur Mitwirkung an Verhandlungen über eine Verfassungsreform einlud, wurde Nkrumah ausgeschlos-sen[31]. Er gründete daraufhin im Dezember 1948 ein »Committee of Youth Organiza-tions« als eine Art Dachverband und entwickelte Beziehungen zu den Gewerkschaften. 1949 gründete er die »Convention People's Party« (CPP) – mit dem Slogan »Self-Government NOW!« – und verband dies mit der Forderung nach sofortiger Auto-nomie. Nach erneuten Demonstrationen 1950, die er nach dem Vorbild Gandhis gewaltfrei mitorganisiert hatte, wurde er wieder verhaftet. Er gewann aber die Wahlen von 1951 aus dem Gefängnis heraus (in Accra mit 98,5 % der Stimmen). Im März 1952 wurde er von der gesetzgebenden Versammlung frei gelassen und in geheimer Wahl zum Premierminister gewählt. 1957 erreichte er die Unabhängig-keit für die »Gold Coast«, die er in Ghana umbenannte.

---

29 Ebd., S. 72.
30 Ebd., S. 92.
31 Ebd., S. 91.

Abb. 58: Unabhängigkeit Ghanas (1957).

3.2 Ghana nach der Unabhängigkeit und die Periode der Militärputsche 1966–1979 nach dem Sturmlauf gegen »Imperialismus und Neokolonialismus«

Nkrumah machte sich zum Sprecher der antiimperialistischen Stimmen in Afrika und zum Exponenten des Panafrikanismus[32]. Innenpolitisch formulierte er ein ehrgeiziges Industrialisierungsprogramm, in dem die Errichtung des Voltastaudammes nicht nur die Wasserversorgung verbessern, sondern auch die Energie für eine Aluminiumindustrie liefern sollte. Hierfür erhielt er zunächst auch die Zusagen der USA. Er schloss sich der Casablanca-Gruppe der OAU an, die eine kritische Haltung zu den Westmächten eingenommen hatte und Partei für Lumumba in der Kongo-Krise ergriff. Nkrumah kritisierte die britische Politik in Südrhodesien, das Festhalten des NATO-Mitgliedes Portugal unter der Diktatur Salazars am Kampf gegen die Befreiungsbewegungen in den portugiesischen Kolonien und die französische Algerienpolitik. Südafrika mit seiner Apartheid-Politik wurde nach dem Massaker in Sharpeville 1960 als repressiver Krisenstaat kritisiert.

Innenpolitisch baute Nkrumah die Herrschaft der CPP mit marxistischer Rhetorik und Mobilisierung der aggressiven Jugendorganisation aus. Als die USA die Finanzierung des Voltastaudammes wegen seiner Kritik am Westen einstellte, wandte

---

32 Nkrumah, Kwame, »Neocolonialism: The Last Stage of Imperialism«, Accra 1965.

er sich an die UdSSR, die die Finanzierung übernahm. Es kamen Hunderte von sowjetischen Beratern nach Ghana.

Nkrumahs ehrgeizige Pläne stießen schnell an finanzielle Grenzen, weil die Rohstoffpreise und insbesondere die des Kakaos verfielen. Im Vertrauen auf die errungene staatliche Macht versuchte er, die Kakaoproduzenten zu einem generellen Boykott der Lieferung an die Abnehmer des Kakaos zu bewegen. Das gelang zwar, aber anders als bei den früheren »Hold ups« waren die Kakaolager der entscheidenden Firmen wie Cadbury und anderer gefüllt. Außerdem unterliefen einige Länder wie die Elfenbeinküste heimlich den Boykott.

Die ökonomische Krise verschärfte sich. Die groß angelegten Agrarprojekte im Norden Ghanas scheiterten aus verschiedenen Gründen. Staatsfarmen überwogen. Rivalitäten im Management beeinträchtigten die Effizienz. Die Mechanisierung, die mit Nachdruck vorangetrieben wurde, ging an den bäuerlichen Bedürfnissen vorbei und die Maschinen erhielten keine angemessene Wartung[33]. Erfolgreiche Wahlen für die bisher unterlegenen Gruppen gaben Konkurrenten Auftrieb, so dem Geschäftsmann Busia. Nkrumah, verbittert über die Entwicklung, isolierte sich immer mehr und zog sich in seinen Regierungssitz Flagstaff House zurück. Damit verlor er den Kontakt zu der Entwicklung im Lande. Wegen der repressiven Einparteienherrschaft entfremdeten sich wichtige Teile des Landes von ihm. Die Unruhe erfasste die Asante-Region, Obervolta und Teile der Fante.

Die Krise erreichte ihren Höhepunkt, als das höhere Offizierskorps der Armee sich vernachlässigt fühlte und Putschpläne entwickelte. Die amerikanische Administration erfuhr von dieser Entwicklung. Zusammen mit Großbritannien wurde beschlossen, einen Putsch zu unterstützen[34]. Dieser erfolgte am 24. Februar 1966. Die Gelegenheit ergab sich, als Nkrumah auf einer Auslandsreise in Asien war. Vor seiner Abreise hatte er noch befohlen, die Armee solle sich auf einen Kampfeinsatz in Südrhodesien (Simbabwe) vorbereiten, um das Regime von Ian Smith zu stürzen, der im November 1965 einseitig die Unabhängigkeit von Großbritannien zur Sicherung der weißen Siedlerherrschaft erklärt hatte. Das Militär nutzte diesen Befehl, um die Armee im Umfeld von Accra zu konzentrieren, und führte den Putsch mit

---

33 Ntewusu, Samuel Aniegye, »Kwame Nkrumah and the Agricultural Development of Northern Ghana«, in: Lundt, Bea; Marx, Christoph (Hrsg.), »Kwame Nkrumah 1909–1972: A Controversial Visionary«, Stuttgart 2016.

34 Für die innere Entwicklung Ghanas, zeitnah geschrieben: Ansprenger, Franz; Traeder, Heide; Tetzlaff, Rainer, »Die politische Entwicklung Ghanas von Nkrumah bis Busia«, München 1972; insbesondere Tetzlaffs Beitrag, »Die Geburt der zweiten Republik: Der Übergang Ghanas von der Militärherrschaft zur parlamentarischen Zivilregierung«, S. 127–235, mit Wahlanalysen nach dem Putsch. Sie lassen die Erosion der Machtbasis von Nkrumah erkennen. In diesen frühen Texten ist der Anteil der USA und Großbritanniens am Putsch noch nicht bekannt. Für die US-Beteiligung siehe: Pohl, Jonathan, »Nkrumah, the Cold War, the ›Third World‹ and the US Role in the 24 February 1966 Coup«, in: Lundt/Marx, »Kwame Nkrumah«, S. 119–136. Pohl stützt sich auf die 1999 veröffentlichten amerikanischen Akten in: »Foreign Relations of the United States 1964–1968«, Bd. XXIV.

Unterstützung auch der Führung der Polizei durch. Nkrumah ging ins Exil in Guinea, wo er von Séku Touré zum »Ehrenpräsidenten« ernannt wurde. Aus der Bevölkerung kam kaum Widerstand, weil das Nkrumah-Regime viele Interessengruppen enttäuscht hatte. Die Militärjunta blieb drei Jahre an der Macht. Der Nimbus von Nkrumah indessen blieb bis in die Gegenwart erhalten[35].

Kofi Abrefa Busia gewann die Wahlen 1969 mit Zweidrittelmehrheit. Die westlichen Geberländer unterstützten ihn mit erheblicher Entwicklungshilfe. Damit war die erste Phase der Unabhängigkeit abgeschlossen. Busia war während seines politischen Aufstiegs eine wichtige Person in der Asante-Region gewesen. Er wurde der erste Professor für »African Studies« in Afrika, hatte sich aber nach der Übernahme der Macht durch Nkrumah bedroht gefühlt und war 1959 ins Exil in die Niederlande gegangen, wo er in Leiden eine Professur wahrnahm. Im März 1966 kehrte er nach Ghana zurück, wurde Mitglied des Verfassungsausschusses und gründete nach dem Ende des Parteienverbotes mit anderen die »Progressive Party«. Die Regierung Busia wurde vom zweiten Militärputsch in Ghana 1972 gestürzt. Die Kette der Militärputsche riss nicht ab. Es folgte 1979 ein erneuter Putsch durch Jerry Rawlings, einen höheren Offizier der Luftwaffe, kurz vor den Wahlen für eine Zivilregierung. Rawlings scheiterte und wurde zum Tode verurteilt, aber von einer Gruppe Offiziere befreit, die erfolgreich einen weiteren Putsch unternahmen. Sie gehörten wie er einer Untergrundgruppe des Militärs an, die mit einer Kette von Putschen auf der Basis panafrikanistischer und sozialistischer Ideen die Entwicklungen nach der Unabhängigkeit in andere Bahnen lenken wollte. Rawlings hatte dem Militärregime Korruption vorgeworfen, was eingeräumt wurde. Außerdem wandte er sich gegen die Ansprüche des Königshauses der Asante, dem die Generäle nahestanden, um die vorkolonialen Herrschaftsformen zu überwinden. Rawlings richtete etliche führende Militärs und auch den Präsidenten des obersten Gerichtshofes hin.

Das war ein Akt, der bei politischen Auseinandersetzungen in Ghana bislang nicht praktiziert worden war. Rawlings setzte trotzdem Wahlen an und ein ziviler Präsident, Limann, wurde 1979 mit den Stimmen der früheren Unterstützer Nkrumahs ins Amt gewählt. Bereits Silvester 1981 stürzte ihn Rawlings wieder. Er warf ihm die Fortsetzung neokolonialer Wirtschaftspolitik vor. Vierjahrespläne, Preiskontrollen und der Versuch, sich von der Abhängigkeit des Handels mit dem Westen zu lösen, bestimmten die als revolutionär konzipierte Politik. Rawlings verhandelte seit 1985 mit Präsident Thomas Sankara von Burkina Faso über die allmähliche Union beider Staaten, was sich mit der Ermordung Sankaras 1987 zerschlug. Auch Rawlings unterwarf sich schließlich den Vorstellungen der Weltbank. Ghana konnte dabei in seiner Amtszeit Erfolge vorweisen. 1992 gab er dem Land eine neue Verfassung, was zur Stabilisierung der politischen Lage beitrug.

---

35 Müller, Felix, »Ghanaian Intellectuals and the Nkrumah Controversy 1970–2007/8«, in: Lundt/ Marx, »Kwame Nkrumah«, S. 137–152.

Fragt man nach den Gründen, die diese Stabilisierung Ghanas trotz der Serie der Putsche nachhaltig werden ließen, muss man sie in der Differenziertheit und Stärke der ghanaischen Zivilgesellschaft suchen. Sie hat eine lange Vorgeschichte, die schon in der Fante-Föderation 1844 vorbereitet wurde und auch in der Kolonialzeit wirksam blieb. Das Gerichtswesen behauptete im Wesentlichen seine Unabhängigkeit. Es gab eine Tradition der Organisation der Rechtsanwälte. Eine kritische Presse konnte sich entfalten. Die machtvollen Organisationen der Genossenschaftsbauern und der Händlerinnen sowie die Gewerkschaften bildeten ein starkes Fundament. Das galt auch für die politischen Parteien, die sich nach dem Experiment des »Einparteienstaates« wieder belebten. Auch von der alten Asante-Staatskultur, den politischen Vorstellungen der Fante von Demokratie und der Genossenschaftstradition der Krobo blieb vieles erhalten. Nkrumah hatte daran angeknüpft, als er das Unabhängigkeitsdatum des 6. März 1957 in Erinnerung an den Beginn des britischen Protektorats über die Fante am 6. März 1844 wählte.

4 Der Kongo: Dekolonisation als Katastrophe 1959–1961

Vor der Darstellung der katastrophalen Ereignisse im Kongo[36] seit dem Januar 1959 und der Ermordung des ersten Ministerpräsidenten Lumumba 1960 sollen einige Vorbemerkungen stehen. Die Kolonialgeschichte des Kongo ist inzwischen auch in Belgien aufgearbeitet worden[37]. Die »Kongo-Gräuel«[38] in der Zeit von 1888–1908 sind tief in der kollektiven Erinnerung der Kongolesen verankert. Unter der Koloni-

---

36 Reybrouck, »Kongo«, Kapitel 5 zum Zweiten Weltkrieg, Kapitel 6 zur verspäteten und plötzlichen Dekolonisation, Kapitel 7 zur Machtübergabe, Kapitel 8 zum Kampf um die Macht, S. 219–293; Mollin, »Die USA«, Kapitel 6 »Das ökonomische Vordringen der USA in den Kongo« (im Zweiten Weltkrieg), Kapitel 7 »Der Weg zum kolonialen Schulterschluss«, Kapitel 9 »Das nationale Interesse der USA am Congo«, Kapitel 11 »Die strategische Rohstoffreserve der USA und der belgische Kolonialismus«, Kapitel 12 »Die große Zeit des Congo-Urans in der Anfangsphase des nuklearen Wettrüstens«, Kapitel 13 »Die Sicherheit Katangas«, Kapitel 16 »Die Destabilisierung der belgischen Herrschaft über den Congo«, Kapitel 18 »Der Konkurs der belgischen Herrschaft (Januar bis Oktober 1959)«, Kapitel 19 »Entstehung des Machtvakuums (Oktober 1959 bis Juni 1960)«, Kapitel 20 »Die Auflösung des belgischen Kolonialismus durch das amerikanische Eingreifen in die Congo-Krise (Juli/August 1960)«, S. 103–441; Holland, »European Decolonization«, Kapitel 6 »Order and Chaos: Patterns of Decolonization in French and Belgian Africa« für den Kongo, S. 175–191; für die Umstände der Ermordung Lumumbas siehe außer Reybrouck, »Kongo« und Mollin, »Die USA« Witte, Ludo de, »The Assassination of Lumumba«, London 2002. Siehe auch den ausgezeichneten Artikel in Wikipedia in englischer Sprache: »Patrice Lumumba« (https://en.wikipedia.org/wiki/Patrice_Lumumba), aufgerufen am 22.08.2019.
37 Der Repräsentant der Grünen Partei Belgiens in der Kommission berichtete darüber im »Kolloquium Peripherie und Zentrum« am Historischen Seminar der Universität Hannover.
38 Reybrouck, »Kongo«; dort die Geschichte der Herrschaft Leopolds II. und die nachfolgende belgische Kolonialpolitik.

alherrschaft Leopolds II. von Belgien in seinem Privatbesitz des »Freistaates Kongo« wurden viele Menschen zum Sammeln des Rohgummis gezwungen und unsäglichen Strafen ausgesetzt. Sklaven wurden eingesetzt. Das Regime verschärfte die Lage durch eine generelle Vernachlässigung im Umgang mit den Menschen im Kongo. Dies führte dazu, dass mindestens ein Drittel der kongolesischen Bevölkerung umkam. Diese Erfahrung verband sich mit den Erinnerungen an die Schrecken der Sklavenjagden, die bis in die Anfänge der Herrschaft Leopolds II. stattfanden[39].

Geschichte 32 – Der Batetela-Chief Ngongo Lutete

Tippu Tips Herrschaftsbereich fiel 1885 als Ergebnis der Berliner Kongo-Konferenz in den Bereich des Kongo-Freistaates von Leopold II. von Belgien. Tippu Tip nahm unter dem Druck der neuen belgischen Kolonialverwaltung zunächst das Amt eines Provinzgouverneurs an, betrieb aber weiter Jagd auf Sklaven und ebenso auf Elefanten, um Elfenbein zu gewinnen. Dabei setzte er auch Kommandeure ein, die aus den betroffenen Gebieten stammten, so z. B. Ngongo Lutete, der selbst versklavt worden war[40]. Nach seiner Freilassung machte er sich zum Chief der Batetela. Er schloss sich 1886 Tippu Tip an, der den Widerstand gegen den Freistaat zu organisieren begann, an dem sich Ngongo Lutete mit seinen Leuten unter dem Kommando Tippu Tips beteiligte. Nach einigen verlorenen Gefechten und weil Tippu Tip die versprochenen Zahlungen für den Einsatz nicht leistete, wechselte Ngongo Lutete die Seiten und kämpfte für den Freistaat. Er geriet aber 1893 in den Verdacht, sich wieder gegen den Freistaat zu wenden, und wurde hingerichtet.

Der Tod Ngongo Lutetes wurde von Legenden umgeben. Es hieß, dass die Kugeln des belgischen Exekutionskommandos ihn nicht hatten töten können, bis ein Magier die Stelle zeigte, an der er verwundbar war. Er wurde trotz der offenkundigen Widersprüche in seinem Verhalten zu einem Symbol des Widerstandes gegen die belgische Kolonialherrschaft. Seine Truppen meuterten nach der Hinrichtung und verselbstständigten sich. Sie töteten zwei Jahre später den für Ngongo Lutetes Tod verantwortlichen belgischen Kommandanten.

---

39 Lumumba erinnerte sich als Batatele an den Chief der Batetela, Ngongo Lutete, der mit Tippu Tip zeitweilig alliiert war und wegen seines späteren Kampfes gegen belgische Truppen zum Helden des antikolonialen Widerstandes gemacht worden war. Dieselben Ereignisse spiegeln sich wider in der Geschichte der Flucht und der Rückkehr der Leute des Dorfes Ngye nach Jahrzehnten einer prekären Existenz in den Wäldern, Geschichte 33 »Lupupa Ngye«, S. 428.
40 Turner, Thomas, »›Batetela‹, ›Baluba‹, ›Basonge‹: Ethnogenesis in Zaire«, in: Cahiers d'Études africaines, 132, 33, 1993, S. 587–612.

Geschichte 33 – Lupupa Ngye: Ein Dorf im östlichen Kongo

Bei seinem Versuch, die Weltvorstellungen der Menschen der Dorfgruppe Lupupa Ngye[41] im Osten des Kongo zu rekonstruieren, sah sich der Anthropologe Alan Merriam mit der siebzig Jahre andauernden Krise im östlichen Kongo konfrontiert. Die drei Dörfer gehörten den Bala an, einer Untergruppe der Basongye. In der Periode der als »arabische Sklavenkriege« bezeichneten Unruhe in der Region flohen die Menschen vor den bewaffneten Karawanen Tippu Tips, Ngongo Lutetes und dessen meuternden Truppen nach der Hinrichtung Ngongos. Sie wichen auch vor den Zwangsmaßnahmen der Belgier aus, die sie mittels hoher Steuern in der Form von Gummi bedrängten. Den Unruhen zwischen 1870 und 1897 fielen viele Menschen zum Opfer, durch Versklavung, die Kampfhandlungen, den Hunger, nach Plünderung ihrer Ernten und bei der Verteidigung der Felder. Außerdem wütete einer Masernepidemie.

Abb. 59: Basongye-Wächterfigur.

Die Leute, die 1890 aus ihren Dörfern in der Savanne in die Wälder geflohen waren, zerstreuten sich dort in mehreren Waldsiedlungen. Ihre Lineage-Organisation schwächte sich. Erst zwischen 1900 und 1906 wurden sie durch eine neue Generation stabilisiert. 1960 kehrten sie in die Savanne zurück und gründeten neue Dörfer in der Nähe der alten Wohnplätze. Vor der Entscheidung fürchteten sie auch noch 1959[42], am Vorabend

---

41 Merriam, Alan P., »African World: The Basongye Village of Lupupa Ngye«, Bloomington 1974, vor allem S. 25–46; Bley, Helmut, »Afrika Geschichte und Politik: Probleme afrikanischer Staatenbildung im 19. Jh.«, in: Christmann, Helmut (Hrsg.), »Kolonisation und Dekolonisation«, Schwäbisch Gmünd 1989, S. 301–305. Zur komplexen Geschichte der Basonye siehe Turner, »»Batetela««.
42 Merriam befragte die Leute in den Dörfern in den Jahren 1959–1960 während der Krise der Dekolonisation.

der Unabhängigkeit, erneut Gefahren. Sie hielten es für möglich, dass die BaLuba sie angreifen könnten. Das geschah zwar nicht, aber während der Krise der Unabhängigkeit verloren sie das kleine Regierungskrankenhaus und zwei ihrer Chiefs wurden abgesetzt.

Die ersten europäischen Reisenden, unter ihnen der Deutsche Hermann Wissmann (später Reichskommissar in Ostafrika), schilderten noch für 1886 das Basongye-Gebiet als dicht besiedeltes und landwirtschaftlich sehr produktives Gebiet. Die Dörfer waren von bewässerten Feldern umgeben und erstreckten sich über fünfzehn bis siebzehn Kilometer[43].

Nur acht Jahre später reiste Cameron durch verwüstete und entleerte Dörfer. Chaltin schrieb 1897[44], das Land, früher fruchtbar und wohlhabend und bevölkerungsreich, biete das Bild einer riesigen Leere. Die gesamte Region sei ruiniert und verlassen. Viele Menschen suchten den Schutz in der Tiefe der Wälder. Sie seien zu Nomadentum und zu Brigantentum gezwungen, um nicht zu verhungern. Der Reisende Laurent[45] schilderte 1895 die alten Plantagen der Basongye als von der Baumsavanne überwachsen. Die Öl-palmplantagen, einige mit 40.000–50.000 Bäumen, seien verlassen worden. Dement-sprechend habe sich die Tsetsefliege verbreitet, was die Viehhaltung unmöglich machte.

Le Marinel berichtete 1888, dass viele an Masern und an Unterernährung gestorben seien und den Hungernden Akte des Kannibalismus nachgesagt wurden. Wissmann wusste 1891 von Versuchen der Dorfleute, ihre Felder aus dem Schutz der Waldverstecke heraus zu bearbeiten. Sie mussten aber immer wieder hinnehmen, dass die Ernten ge-plündert wurden und die Männer bei der Verteidigung ihrer Felder umkamen oder ver-sklavt wurden. Auch er berichtete von tödlichen Masernseuchen und Hungersnöten. 1900 wurden die ersten Fälle von Schlafkrankheit für das Gebiet gemeldet[46].

Die drei Dörfer von Lupupa Ngye teilten die Erfahrungen des Volkes der Basongye. Die größeren sozialen Zusammenhänge der Lineage-Systeme waren zerrissen worden. Auch einzelne Familien wurden zerstreut. Sie hatten isoliert in Waldsiedlungen Zu-flucht gefunden, um den gewaltsamen Sklavenjagden Tippu Tips und Ngongo Lutetes auszuweichen. Tippu Tip hatte das gesamte Basongye-Gebiet und die Nachbarregio-nen mit seinen auf Sklaven- und Elefantenjagd ausgerichteten Truppen durchdrungen. Die Karawanen umfassten mit Sklaven, Trägern von Elfenbein und Nahrungsmitteln, bewaffneten Leuten und der Entourage nach Kalkulationen insgesamt für das Ba-

---

43 Ebd., S. 16–20, nach Wissmann, Herrmann, »Bericht von Leutnant Wissmann«, in: Mitteilungen der afrikanischen Gesellschaft in Deutschland 3, 1883, S. 249–254. Ähnlich Wolf, Ludwig, »Die Er-forschung des Sankuru«, in: Petermanns Geographische Mitteilungen, Bd. 34, 1888, S. 193–198.

44 Merriam, »African World«, S. 17, Zitate nach Chaltin, Louis Napoléon, »La question arabe au Congo«, in: Bulletin de la Societé Belge d'Étude Coloniales 1, 1894, S. 163–196.

45 Merriam, »African World«, S. 16–20 nach Laurent, Émile, »Rapport sur un voyage agronomique autour du Congo«, in: Bulletin officiel de l'État indépendant du Congo 12, 1894, S. 169–220.

46 Merriam, »African World«, S. 14 nach Whiteley, W. H., »Maisha ya Hamed bin Muhammed el Murjebi yaani Tippu tip kwa maneno yake mwenyewe«, Nairobi 1966, S. 117.

songye-Gebiet 120.000 Menschen[47]. *Die Zahl der von diesen Auseinandersetzungen betroffenen Menschen war extrem groß.*

Das Dorf Ngye lag in einem umkämpften Gebiet. Eine der ersten Schlachten fand nur wenige Meilen vom Ort entfernt statt, wo die Karawanen direkt durchzogen. Über 1.000 Menschen, die einer Karawane angehörten, zogen jeweils durch Dörfer, plünderten und nahmen Gefangene. In manchen Dörfern etablierten sich durch erzwungene Freundschaftsverträge Beauftragte der Kommandeure dieser Karawanen als Chiefs, um gesicherte Stützpunkte zu besitzen.

Alte Leute berichteten von den Schrecken der Überfälle, zeigten ihre markierten Ohren, mit denen ihr Sklavenstatus und die Zugehörigkeit zu einem Eigentümer gekennzeichnet worden waren.

Die Chronologie der Leute in Ngye orientierte sich an der Erinnerung an Ngongo Lutete, selbst ein Basongye. Sie nannten ihn »the worst Man in the World«[48]. *Sie erlebten die Revolte der afrikanischen Söldner des Freistaates und die Truppen Ngongo Lutetes, die 1895 meuterten.*

Merriam stellte fest, dass in den drei Dörfern die politischen und sozialen Strukturen sehr neu waren. Die Erinnerungen an die Anfänge des Einflusses der führenden Familien und an die Amtsträger der Dörfer gingen nicht weiter zurück als auf 1892, teilweise auf 1906, als die Dörfer als Ensemble von einer jungen Generation, deren Angehörige um 1890 etwa siebzehn Jahre alt waren, neu gegründet wurden.

In den Schöpfungsgeschichten der Dörfer kamen die Zeit vor der Krise und die Lineages der frühen Gründungszeit nicht vor. Die Schöpfungsgeschichte der Bala, zu denen die Dörfer und Leute aus Ngye gehörten und die die meisten Dorfältesten stellten[49], *verweist indirekt auf die Katastrophe. In der Geschichte der Schöpfung hieß es, dass der Schöpfer Mulopwe Kamusenge über Trommelsignale verbreitete: »Ich habe die Leute geschaffen. Ich habe Alles geschaffen«. Er erhielt daraufhin ebenfalls über ein Trommelsignal die Nachricht von einem Mann, der behauptete, Mulopwe habe etwas vergessen. Mulopwe ließ ihn suchen und zu sich bringen. Er fragte: »Bist Du die Person, die mir geantwortet hat, ich hätte etwas vergessen?« – »Ja.« – »Was habe ich vergessen?« – »Du hast vergessen, uns zu erklären, warum wir sterben müssen«, und Mulopwe fügte hinzu: »Ja, ihr müsst sterben, weil ihr sonst keine Kinder bekommen könnt. Wenn ihr sterbt, kommt ihr als Kinder auf die Welt zurück.«*[50] *Der so sprach, war ein geringerer Gott, der für das Böse, das Töten und die Ausbildung der Krieger zuständig war.*

Nach den Sklavenkriegen blieb die Unsicherheit zumindest ein weiteres Jahrzehnt bis in die ersten Jahre des 20. Jahrhunderts bestehen. Sie ging vor allem von Räuber-

---

47 Merriam, »African World«, S. 20. Er verweist auf Overbergh, Cyr. van, »Les Basonge«, in: Wit, Albert de, »Collection de monographies ethnographiques III«, Brüssel 1908, S. 80 f.
48 Merriam, »African World«, S. 27.
49 Wiedergabe der Legende in: ebd., S. 30 f., Auszug.
50 Ebd., S. 27.

banden aus. Erst zwischen 1900 und 1920 begannen sich die verstreuten und verängstigten Menschen neu zu organisieren. Die Erinnerung an die genaue Lage der alten Wohnorte und an die genealogischen Zusammenhänge der alten führenden Geschlechter war »vergessen«[51]. Die Logik der Erinnerung verlangte, das Alte aus dem Gedächtnis zu löschen, um der neuen Generation die Wiederherstellung der sozialen Ordnung in neuen Dörfern zu legitimieren und nach dem Desaster nicht zu gefährden. Die neue führende Lineage bestand aus einer Gruppe von Halbbrüdern. Ihr gemeinsamer Vater hatte für die Frauen, mit denen er in Polygamie lebte, jeweils eine Hütte errichtet, in der sie mit ihren Kindern lebten. Die Brüder übernahmen die Initiative zur Umsiedlung. Auf der Versammlung wurde darauf hingewiesen, dass kein Segen mehr über den Siedlungen im Wald läge. Ihre Pflanzungen seien von großen Bäumen überwuchert worden und die Wohnplätze seien kalt geworden. Die Schlafkrankheit habe zugenommen und die Tsetsefliege habe sich verbreitet. Und die Frauen würden viel weniger Kinder gebären. Die Menschen verhielten sich wie Leoparden. Die Konsolidierung einer neuen Gesellschaft fand 1905–1906 statt. Die Rückerinnerungen an die Krisenzeit gingen verloren. Viel Unruhe und Suchbewegungen blieben und es wurde oft umgesiedelt. Die Rekonstruktion war nach dem Urteil Merriams auch in den 1960er Jahren noch nicht beendet. Was er bei den Bala und den Dörfern Ngye vorgefunden hatte, sei das Ergebnis einer relativ neuen Entwicklung der »Basongye-Gesellschaft«.

4.1 Die Vorbelastungen durch die belgische Kolonialherrschaft

Die Geschichte der Dekolonisation im Kongo ist von Vorbelastungen beeinflusst, die die Kolonialentwicklung prägten. Sie begann mit der Aufdeckung der »Kongo-Gräuel« seit 1900, die durch einen Bericht von Edward Morel öffentlich wurden[52]. Er war Angestellter einer britischen Reederei. Der Bericht wurde in Belgien als Nörgelei von Freihändlern gegen die Abschottung des Kongo diffamiert. Morel gründete danach eine der ersten Menschenrechtsorganisationen. Auch afroamerikanische Missionare hatten auf die katastrophalen Zustände aufmerksam gemacht. Die britische Regierung ließ den Bericht von dem Diplomaten Roger Casement[53] überprüfen, der seit Langem mit den Verhältnissen im Kongo vertraut war. Er erklärte ihn für zutreffend. Schriftsteller wie Arthur Conan Doyle, Joseph Conrad und Mark Twain protestierten öffentlich. Leopold II. berief eine internationale Kommission ein, in der Erwartung, sie würde ihn entlasten. Aber nach gründlicher Befragung vieler betroffener Menschen bestätigte sie die Gräuel. 1906 wurde entschieden, dass Belgien den

---

51 Ebd., S. 44.
52 Reybrouck, »Kongo«, S. 122 ff.
53 Roger Casement verhandelte im Ersten Weltkrieg als irischer Freiheitskämpfer mit der deutschen Reichsregierung über eine Unterstützung des irischen Freiheitskampfes, der zum Osteraufstand 1916 führte, und wurde von der britischen Regierung 1916 hingerichtet.

Kongo als Kolonie übernehmen sollte, was erst zwei Jahre später umgesetzt wurde, weil Leopold II. zögerte.

Die Nachrichten über die Gräuel veränderten auch die Haltung der Afroamerikaner in den USA zum Kolonialismus. Sie hatten ihn bis dahin wohlwollend als Zivilisationsmission betrachtet und sowohl die Rückkehr von Afroamerikanern nach Liberia als auch die Gründung Liberias 1848 durch die USA als unabhängige afrikanische Republik unterstützt. Ähnlich agierte Großbritannien in Sierra Leone, das als Kolonie für befreite Sklaven gegründet wurde. Wegen der Kongo-Gräuel entstand nun eine fundamentale Kolonialkritik, die im Ersten Weltkrieg mit Markus Garvey einen radikalen Panafrikanismus zur Folge hatte[54].

Die belgische Kolonialpolitik war auch in der Folge durch Härte und soziale Repression geprägt[55]. Als Simon Kimbangu nach dem Ersten Weltkrieg eine soziale, prophetische, vom Christentum beeinflusste Erweckungsbewegung gründete und afrikanische Proteste bündelte[56], wurde er zunächst zum Tode verurteilt, dann aber begnadigt. Es entwickelte sich eine große, ca. eine Million Anhänger zählende Kirche. Der Zeitpunkt der Gründung lässt vermuten, dass die soziale Krise auch mit den vielen Opfern der Influenzaepidemie 1918/19 in Verbindung stand.

Eine Besonderheit der belgischen Kolonialherrschaft bestand darin, dass mit über 50.000 Belgiern eine erhebliche Anzahl von Beamten und Siedlern im Lande lebte, obwohl der Kongo ein ausgeprägt tropisches Klima hat. Viele fanden im Offizierskorps der »Force Publique«, in der Polizei und der Verwaltung Verwendung. Belgier waren Plantagenbesitzer, viele waren Angestellte der »Union Minière«. Außerdem befanden sich die meisten Betriebe in ihrer Hand. Obwohl keine Siedlungskolonie, war die belgische Bevölkerung im Kongo ausreichend groß, um ein ausgeprägtes rassistisches Kastendenken zu entwickeln und zu pflegen, stärker als im benachbarten Nordrhodesien (Sambia), aber ähnlich wie in Kenia. Die belgischen Siedler waren mit ihren Interessen ein mächtiger Einflussfaktor in der belgischen Politik neben der »Union Minière«. Sie hatten Verbindungen zum Königshaus, das sich seit der Gründung des »Freistaates Kongo« unter Leopold II. mit der Kolonie eng verbunden fühlte. Diese Präsenz einer einflussreichen Siedlergesellschaft trug dazu bei, dass keine Strategie der Ausbildung einer afrikanischen Schicht der »Evolués« zur Vorbereitung von Autonomie oder gar Selbstverwaltung entwickelt wurde. Die systematische Vernachlässigung der Bildung hatte dazu geführt, dass nur dreißig Afrikaner Abgänger höhe-

---

54 Zu den Kongo-Gräueln und ihrer Aufdeckung siehe Reybrouck, »Kongo«, Kapitel 2. Zur Charakterisierung der Kolonialherrschaft unter belgischer Verwaltung siehe ebd., Kapitel 3–5. Zur afroamerikanischen Kritik am Kolonialismus im Zusammenhang der »Kongo-Gräuel« siehe Füllberg-Stolberg, »Amerika in Afrika«.

55 Siehe Reybrouck, »Kongo«, Kapitel 3–5, insbesondere Kapitel 4 »Im Klammergriff der Angst, zunehmende Unruhe, gegenseitiges Misstrauen in Friedenszeiten 1921–1940«, S. 72–218.

56 Ustorf, Werner, »Afrikanische Initiative: Das aktive Leiden des Propheten Simon Kimbangu«, Frankfurt am Main und Bern 1975 und Reybrouck, »Kongo«, S. 173–191.

rer Schulen waren. Bis 1959 hatten nur drei Afrikaner höhere Ränge in der Verwaltung inne. Dies geschah trotz der französischen und britischen Beispiele in der Gewährung von mehr Autonomie für ihre Kolonien. Besonders die Nähe Brazzavilles, das Léopoldville gegenüber lag und von diesem nur durch den Fluss Kongo getrennt war, vermittelte die Entwicklungen aus dem restlichen Afrika. Von dort aus hatte de Gaulle 1944 die Autonomie der französischen Kolonien angekündigt. In einer Erklärung 1958 hatte er für die afrikanischen Mitglieder der »Communauté française« die Unabhängigkeit freigegeben. Aus Brazzaville erreichten die französischen Radiosendungen die Kongolesen.

Im Rahmen der Vorgeschichte der Dekolonisation des Kongo müssen auch die Veränderungen beachtet werden, die der Zweite Weltkrieg mit sich gebracht hatte. Nach der Besetzung Belgiens durch die deutsche Wehrmacht 1940 musste die belgische Regierung, die nach London ins Exil gegangen war, mit Großbritannien einen Vertrag zur Finanzierung der Verwaltung des Kongo abschließen, der britischen Einfluss auf die Kolonie nach sich zog.

Die USA betrachteten Westafrika und auch den Kongo als wichtig für ihre Strategie, einen logistischen Zugang nach Afrika über Luftwege und Fernrouten für Lastkraftwagen zu bekommen, um den Krieg gegen das deutsche Afrikakorps und die italienische Besatzungsmacht in Äthiopien zu führen. Dafür stationierten die USA Soldaten auch im Kongo. Sie verschafften sich Zugang zu den Rohstoffen und förderten die Präsenz amerikanischer Firmen im Kongo. In der Nachkriegszeit steigerte sich wegen des nuklearen Wettlaufes das Interesse an den kongolesischen Uranvorkommen. Der belgische Bergbaukonzern »Union Minière« konzentrierte sich auf die südliche Provinz Katanga und besaß die Kontrolle über deren Ressourcen, zu denen auch Mangan, Kobalt und Kupfer gehörten, außerdem Diamanten. Der belgische Kongo war damit stark von anglo-amerikanischen Interessen beeinflusst. Der Ausbau des Hafens Matadi, die Entwicklung von Léopoldville (Kinshasa) und Stanleyville (Kisangani) sowie Élisabethville (Lubumbashi) hatte die Urbanisierung stark vorangetrieben.

4.2 Die angloamerikanische Präsenz im Kongo seit dem Zweiten Weltkrieg und die Dynamik des Kalten Krieges

In der öffentlichen Wahrnehmung der kolonialistischen Zeitgenossen in Belgien erschien der Kongo[57] bis 1959 als eine »Oase der Ruhe«. Dies ergab sich im Vergleich zu dem sich ausweitenden Krieg in Algerien und der Entwicklung in Ghana. Wirkung hatte auch die britisch-französische Intervention in Ägypten zusammen mit Israel. Sie veranlasste die USA während der Suezkrise zu einem Kurswechsel gegenüber den

---

57 Mollin, »Die USA«, Kapitel 6 »Das Ökonomische Vordringen der USA in den Kongo«.

Kolonialmächten. Die USA befürchteten, dass die Intervention gegen Ägypten den Einfluss der UdSSR im Nahen Osten verstärkt hatte. Präsident Eisenhower und das State Department wollten den Verlust der ölreichen Region vermeiden. Deshalb mobilisierten die neuen Weltmächte die Vereinten Nationen. Es wurde die erste militärische Friedensmission der UN beschlossen. Die Blauhelme wurden im Sinai stationiert[58]. Dass die UdSSR im Schatten der Suezkrise die ungarische Revolution durch Einsatz der Roten Armee zerschlagen hatte, erhöhte die Sorgen über ihre offensive Außenpolitik, signalisierte aber auch die Anerkennung des sowjetischen Herrschaftsbereiches.

Die Suezkrise bestimmte die amerikanische Afrikapolitik, weil Ägypten als mögliches Einfallstor für den sowjetischen Einfluss in Afrika galt. Deshalb beschlossen die USA zunächst, sich an der Finanzierung des Assuan-Staudammes zu beteiligen – trotz der Proteste zionistischer Kreise in den USA und der amerikanischen Baumwollproduzenten. Als Nasser die Chinesische Volksrepublik diplomatisch anerkannte, galt er als »Fellowtraveller« der Kommunisten und die Zusage wurde zurückgezogen. Die UdSSR sprang ein.

Es war die Zeit, in der die amerikanische Administration auf die afroamerikanische Bürgerrechtsbewegung reagierte[59], die Unabhängigkeit für die Afrikaner forderte und sich auch gegen die Apartheid in Südafrika wandte. Damit entstanden zwei Linien, die widersprüchliche Politiken zur Folge hatten. Die alte Politik der Tolerierung der zögerlichen Dekolonisationspolitik seitens der Kolonialmächte wurde fortgesetzt. Der Schock der erfolgreichen kubanischen Revolution in diesen Jahren steigerte das Gefühl einer Ausweitung des Kommunismus. Unbeachtet bei diesen Analysen der Amerikaner blieb, dass die Dekolonisierung Ghanas unter dem Druck der Massenmobilisierung durch Nkrumah bereits 1957 erreicht wurde. Auch die Apartheid-Regierung in Südafrika erschien den USA nach dem Massaker in Sharpeville 1960 zeitweilig als ein Risiko.

Die antikoloniale Dimension in der amerikanischen Politik wurde auch von den Nationalisten im Kongo stark beachtet, zumal der amerikanische Vizepräsident Nixon an der Unabhängigkeitsfeier in Ghana teilnahm. Patrice Lumumba, der die kongolesische Nationalbewegung führte, nahm 1958 als Vertreter seiner Partei, des MNC (»Movement National Congolese«), am Panafrikanischen Kongress in Ghana teil[60].

---

58 Belgien war zu diesem Zeitpunkt Mitglied im UN-Sicherheitsrates und enthielt sich dort der Stimme.

59 Mollin, »Die USA«, Kapitel 15.

60 Der zweite wichtige Führer der afrikanischen politischen Bewegung im Kongo, Kassavubu, der erste Präsident des unabhängigen Kongo, wurde an der Teilnahme unter dem Vorwand gehindert, dass sein Impfpass ungültig sei. Er galt der belgischen Kolonialverwaltung als zu radikal. Siehe unten.

Karte 20: Der Kongo als belgische Kolonie seit 1885, inkl. der Städtenamen nach der Dekolonisation.

Die Administration in Washington ging davon aus, dass sich ein entscheidender Kampf um Afrika entwickeln könnte und die Gefahr einer Ausweitung zum Weltkrieg bestand. Auch Dag Hammarskjöld sah die Dynamik des Kalten Krieges und drängte zur Eile. Lumumbas Bitte an die UdSSR um Waffenhilfe war das Ergebnis seiner Panik im Kampf um den Erhalt der Einheit seines Landes und dessen Unabhängigkeit[61]. In einer improvisierten Reise flog er in die USA. Präsident Eisenhower weigerte sich, ihn zu empfangen. Im Hauptquartier der UNO stießen seine unbegrenzten Forderungen auf Missbilligung. International war er isoliert. Als auch der Süden von Kasai die Sezession aussprach und damit die wichtige Diamantenregion wegen eines ethnischen Konfliktes wegzufallen drohte, steigerte sich die Panik. Lu-

---

61 Reybrouck, »Kongo«, S. 355.

mumba schickte seine Truppen auch in diese Region, diese veranstalteten aber ein planloses Gemetzel.

4.3 Urbane kulturelle Bewegungen, die Informationsrevolution durch das Kurzwellenradio und die Politisierung der kongolesischen Intelligenz

Blickt man auf die Biographie von Patrice Lumumba, wird die Verspätung und zugleich die Überstürzung des Dekolonisationsprozesses des Kongo überdeutlich. Lumumba wurde 1925 als Sohn einer katholischen Farmerfamilie geboren. Sein Geburtsname war Élias Okit'Asombo.

Lumumba stammte aus dem Osten des Kasai, dem Wohngebiet der Batetela[62], denen er angehörte. Seine Familie lebte in dem Gebiet, das zur Zeit des Kongo-Freistaates von Tippu Tip und dem Batetela-Chief Ngongo Lutete kontrolliert wurde und mit Gewalt überzogen worden war[63]. Es ist wahrscheinlich, dass seine Großeltern unter die Herrschaft von Tippu Tip geraten waren und unter der Gewalt, die von der Jagd auf Sklaven und Elefanten ausging, gelitten hatten. Diese gewaltreiche Zeit und die Brutalitäten in den ersten Jahrzehnten des Kongo-Freistaates waren nicht vergessen[64].

Lumumba ging den klassischen Weg eines Aufsteigers zum »Evolué«. Er besuchte zunächst eine protestantische, danach eine katholische Missionsschule. Schließlich schickte ihn die Post in Stanleyville nach Léopoldville in eine Regierungsschule zur Ausbildung von Postbeamten, die er mit Auszeichnung abschloss. Er sprach neben seiner Muttersprache auch Lingala, Kiswaheli und Französisch und bildete sich außerhalb der Schule weiter. Als Aushilfe verschaffte er sich Zugang zu einer Bibliothek und las die Autoren der französischen Aufklärung.

Zwölf Jahre war er Postangestellter in Stanleyville (Kisangani). Dort schloss er sich dem Club der »Evolués« an und wurde zum Vorsitzenden in Stanleyville gewählt. Er hatte Kontakte zu dem kongolesischen Zweig der liberalen Partei Belgiens. Danach arbeitete er als Verkaufsleiter für die »Polar«-Brauerei. Er reiste viel durch das ganze Land und machte mithilfe von Freibierspenden »Polar« zum populären Getränk vieler »Evolués« in Léopoldville (Kinshasa), während die Bakongo und Anhänger Kassavubus eine andere Sorte bevorzugten.

Das belgische Kolonialministerium ermöglichte ihm 1956 eine Studienreise nach Belgien. Insofern handelte es sich um einen Lebensweg, der mit dem kolonialen System noch verbunden war, wenn auch Lumumba zu den sich politisierenden »Evo-

---

62 Zur komplexen Geschichte der Batetela siehe Turner, »›Batetela‹«, vor allem S. 598–608. Die Batetela gehörten im späten 19. Jahrhundert zum Herrschaftsbereich von Tippu Tip. Turner geht von einer Identität der Basongye und der Batetela aus.
63 Siehe Geschichte 32 »Der Batetela-Chief Ngongo Lutete«, S. 427.
64 Siehe Geschichte 33 »Lupupa Ngye«, S. 428.

lués« gehörte. Nach seiner Rückkehr aus Belgien wurde er wegen des Vorwurfes der Unterschlagung von Postgeldern verhaftet und wurde zu einer Gefängnisstrafe von einem Jahr und einer Geldstrafe verurteilt. Er bekannte sich zu den Vorwürfen mit der Bemerkung, der belgische Staat habe im Kongo so viel gestohlen, dass er sich einiges zurückgeholt habe. Nach seiner Freilassung beteiligte er sich Ende 1958 an der Gründung des MNC und wurde dessen Sekretär. Er war ein glänzender Redner und wurde sehr populär.

Viele seiner künftigen Rivalen aus der städtischen Schicht der »Evolués« gründeten ethnische Parteien. Dagegen war der MNC interethnisch und mit Zweigstellen im ganzen Land verankert. Der Schwerpunkt lag im Osten. Lumumba kannte den Kongo durch seine Reisen in zahlreiche Regionen des riesigen Landes besser als viele andere, nicht zuletzt durch seine Erfahrungen als Verkaufsleiter des »Polar«-Bieres, später als Sekretär der Organisation seiner Partei. Das Parteiprogramm enthielt die Forderung nach Unabhängigkeit sowie eine allmähliche Afrikanisierung der Verwaltung und Regierung. Außerdem wurde eine staatlich gelenkte Entwicklungspolitik gefordert. In der aufgeregten Phase des Kalten Krieges wollte der MNC Blockfreiheit in der Außenpolitik. Lumumba war begeistert von der Bandung-Konferenz 1955, in der die unabhängigen Mächte wie Jugoslawien, Indien, Ägypten, Indonesien und andere dieses Prinzip beschlossen. Der MNC ging von der Beibehaltung des zentralistischen Einheitsstaates aus, während die ethnischen Parteien eine föderale Struktur anstrebten. Der Aufstieg der Partei war beeindruckend.

Die belgische Kolonialverwaltung glaubte zunächst, der »Evolué« Kassavubu sei der für den Bestand der Kolonialherrschaft gefährlichere Nationalist. Kassavubu hatte als ethnischer Nationalist die Bakongo im unteren Kongo-Gebiet in der »Abako« organisiert, weil er empört war, dass sie in Léopoldville, das sie zu ihrem Gebiet zählten, wegen der vielen Zuwanderer in die Minderheit geraten waren. Bei den neu eingeführten Lokalwahlen in einigen Städten wurde er zu einem Bezirksbürgermeister in einem afrikanischen Stadtteil Léopoldvilles gewählt und erhielt auch Stimmen, die nicht zum Lager der Bakongo gehörten.

Er griff als Erster die Thesen des Belgisch-Kongo-Spezialisten Jef van Bilsen auf, der Ende 1955 in einem Zeitungsartikel der katholischen Arbeiterbewegung in flämischer Sprache die Notwendigkeit eines Weges zur Unabhängigkeit betont hatte, die er aber erst in dreißig Jahren für erreichbar hielt. Der Artikel erreichte, ins Französische übersetzt, Anfang 1956 den Kongo. Kassavubu war fasziniert, dass ein prominenter Belgier von Unabhängigkeit sprach, bevor die Kongolesen dies selbst gewagt hatten. Er empörte sich aber darüber, dass es noch drei Jahrzehnte dauern sollte. Damit gelangte der Wunsch nach schneller Unabhängigkeit in die kongolesische Politik[65]. In diesen Jahren steigerte sich ohnehin eine teils unpolitische, teils politische Protestkultur in den großen Städten des Kongo.

---

65 Zu Kassavubu: Reybrouck, »Kongo«, S. 272 ff.

Die Jugend im Kongo war in dem Jahrzehnt nach 1950 auf 40 % der Gesamtbevölkerung angewachsen. Viele organisierten sich als »Bills«[66], nach Buffalo Bill aus den Westernfilmen. Es entstand eine Jugendkultur mit eigener Jugendsprache und Kleidung, die die Garderobe der »Evolués« karikierte. Die Frauen, die von den 1957 eingeführten Wahlen für die afrikanischen Stadtteile wegen der Beschränkung des Wahlrechtes auf Männer ausgeschlossen waren, organisierten sich in Frauenvereinen. Sie entwarfen eine neue prächtige afrikanische Mode, nannten sich »moziki«[67] und waren eng mit der aufblühenden kongolesischen Musik und ihren berühmten Bands und Gitarristen verbunden. Die wenigen Frauen, die auf höhere Schulen gegangen waren, hatten Französisch gelernt und pflegten das in den Vereinigungen, um sich den Männern gleichzustellen.

Die belgische Politik unterlag auch 1955 noch immer der Selbsttäuschung, den Kongo von der Entwicklung der Politik der Dekolonisation Frankreichs und Großbritanniens isolieren zu können. Sie entzog sich der Verpflichtung zur Dekolonisation, die Belgien mit dem Beitritt zu den Vereinten Nationen eingegangen war, mit diplomatischen Manövern und amerikanischer Unterstützung. Im Gegensatz zur belgischen Politik eines Status quo in der Kolonie hatte sich der Vatikan 1955 entschlossen, in allen Kolonien Afrikas selbstständige Gebietskirchen mit afrikanischer Priesterschaft zu begründen[68]. Damit distanzierte sich eine der Hauptsäulen der belgischen Kolonialherrschaft vom Status quo. Van Reybrouck urteilt, dass dadurch ein weiterer Schritt zur Auflösung der belgischen Kontrolle erfolgte, obwohl die Entscheidung des Vatikans vor allem dazu gedacht war, durch die Stärkung der Gebietskirchen dem Vordringen des Islam in Westafrika zu begegnen.

Besonders wichtig wurde die Revolution der Informationswege. Dank Radio Kairo und Radio Brazzaville, indischen und anderen Kurzwellensendern konnten die Kongolesen nun nicht mehr nur »Radio Belga« aus den Lautsprechern auf den Marktplätzen hören, sondern heimlich auch im Wohnzimmer Sendungen aus dem Transistorradio. Die »Evolués« lasen überdies die belgischen und französischen kommunistischen Zeitungen.

4.4 Die Entwicklung der Krise zur Katastrophe

Das politische Klima im Kongo verschlechterte sich. Den Anfang machten Zwischenfälle in Stanleyville. Dort war es Lumumba gelungen, im September 1959 die wichtigsten Parteien zu einem Kongress einzuladen, um eine einheitliche Linie beschließen zu lassen. Die Polizei versuchte, die damit verbundene Demonstration aufzulösen.

---

66 Ebd., S. 280–283.
67 Ebd., S. 280 f., abgeleitet von »Musik«.
68 Mollin, »Die USA«, S. 324 f.

Zur gleichen Zeit fand erstmals ein Fußballspiel zwischen einer belgischen Spitzen-
mannschaft und einem kongolesischen Team statt, in dem ein belgischer Offizier als
Schiedsrichter nach Ansicht der Zuschauer die kongolesische Mannschaft bei wieder-
holtem offensichtlichem Handspiel um zwei Elfmeter gebracht hatte, so dass das
Spiel 1 : 2 verloren ging. Wütend strömten 20.000 Fußballfans aus dem Stadion. Daraufhin eskalierte die Situation. Aus der Menge heraus wurde randaliert, viele europäische Fahrzeuge wurden beschädigt und Läden geplündert. Die Polizei und die »Force
Publique« machten von den Schusswaffen Gebrauch. Dreißig Kongolesen wurden er-
schossen, auch Mitglieder der MNC. Die erschrockenen Weißen zogen sich in ihre
Stadtquartiere zurück und verbarrikadierten sich. Die Unruhen weiteten sich in viele
Landesteile aus.

Hintergrund dieser Unruhen war die unklare Haltung der belgischen Regierung
in Brüssel, ob und wann die Unabhängigkeit gewährt werden würde. Die harte Haltung des belgischen Oberkommandierenden der »Force Publique«, Janssens, hatte
an der Zuspitzung maßgeblichen Anteil. Zu den Spannungen trug auch die Haltung
der kongolesischen Parteien bei, die sich mit ihren Forderungen wechselseitig zu
übertreffen suchten. Außerdem hatten die jungen »Evolués« keinerlei politische Erfahrung und Weitsicht. Die Geduld insbesondere der »Evolués« erschöpfte sich. Sie
nahmen die rassistischen Umgangsformen der Weißen und der bewaffneten Kräfte
immer weniger hin. Ihnen wurde immer unerträglicher, dass sie mit Vornamen an-
gesprochen und an Schaltern von Europäern wegen deren Anspruchs auf Vorrang
zurückgedrängt wurden. Verletzend war ebenfalls, wenn Europäer in öffentlichen
Räumen und auf Plätzen oder in Geschäften keinen Weißen sahen und sie lauthals
sagten, »niemand ist da«, obwohl Kongolesen anwesend waren. Es war eine Form
der Missachtung, die besonders in den Siedlungskolonien üblich war. Weiße Siedler
in Salisbury (Harare) sagten ebenfalls, wenn sie auf den Boulevards keine Siedler
sahen, die Straßen aber von Afrikanern bevölkert waren, dass niemand da sei.

Lumumba wurde wegen Hetze zum Rassenhass zu 69 Monaten Gefängnis verurteilt. Die Kolonialverwaltung setzte im Dezember 1959 allgemeine Lokalwahlen an,
vermied also die nationale Ebene. Diese Wahlen gewann der MNC mit überwältigender
Mehrheit, obwohl Lumumba im Gefängnis saß. Daraufhin erklärte sich die belgische
Regierung zu einer »Round Table«-Konferenz mit belgischen Ministern, Vertretern der
belgischen Parteien und den wichtigsten kongolesischen Gruppen, einschließlich einiger Chiefs, bereit. Die belgische Delegation war inhomogen und weitgehend unvorbereitet, so dass die kongolesische Delegation zu ihrer eigenen Überraschung ihre
Hauptforderungen durchsetzte. Als Erstes bestand sie auf der Anwesenheit Lumumbas, der deshalb aus dem Gefängnis entlassen und nach Brüssel geflogen wurde. Dann
forderte sie, dass die Beschlüsse der Konferenz für die belgische Regierung bindend
sein müssten, und verlangte schließlich einen festen Termin für die Unabhängigkeit.
Dies alles wurde von Belgien akzeptiert.

Der belgische Kolonialminister schlug den 1. April 1960 als Tag der Unabhängigkeit vor, wohl in der Erwartung, dass eine derartig absurd kurze Frist von vier

Monaten abgelehnt werden würde. Aber es wurde tatsächlich eine fünfmonatige Frist bis zu den Wahlen beschlossen. In völliger Verkennung der wahrscheinlichen Dynamik vertraute die belgische Regierung auf den Fortbestand ihres bürokratischen Apparates und auf die Kontrolle durch die »Force Publique« unter General Janssens. Nach den allgemeinen Wahlen zur Nationalversammlung gerieten die kongolesischen Parteien bei der Koalitionsbildung in Schwierigkeiten[69]. Sie konnten sich über die Frage einer föderalen oder zentralistischen Staatsform lange nicht einigen. Außerdem entstand ein heftiger Konflikt zwischen Lumumba und Kassavubu darüber, wer die Führung der Regierung übernehmen solle. Als Kompromiss wurde beschlossen, dass Lumumba Ministerpräsident und Kassavubu ihm als Präsident formal übergeordnet sein solle. Oberkommandeur der »Force Publique« blieb General Janssens.

Am Tag der Unabhängigkeit, dem 30. Juni 1960, hielt König Baudouin eine Rede, in der er die Errungenschaften der belgischen Kolonialverwaltung und Leopold II. als den Gründer des Freistaates lobte. Lumumba, der als Redner nicht vorgesehen war, antwortete mit einer improvisierten scharfen Rede, in der er die Kongo-Gräuel und die Sklaverei erwähnte, den Rassismus anklagte und die Vernachlässigung der Kongolesen anprangerte. Die belgischen Honoratioren versteinerten und der König wurde gerade noch von der Abreise abgehalten. Er war ohnehin schon schwer verärgert, dass bei der Fahrt im offenen Wagen ein Dieb seinen Degen gestohlen hatte und dies auch gefilmt und fotografiert worden war. Lumumba wurde für die Belgier zum Feind. Nur vier Tage später meuterten Hunderte afrikanische Soldaten der »Force Publique« in Léopoldville. Die Meuterei weitete sich in den nächsten Tagen auf die Hauptgarnison aus. Die Soldaten wollten nicht mehr von belgischen Offizieren kommandiert werden und verlangten Solderhöhungen. Sie klagten über Misshandlungen, häufiges Einsperren in Kerkern, schlechte Wohnverhältnisse und zu geringe Nahrung. Lumumba entschied, jeden Soldaten um einen Rang zu erhöhen. Als das nicht zur Beruhigung beitrug, entließ er den belgischen Kommandeur General Janssens und die belgischen Offiziere. Damit zerbrachen die Organisation und Disziplin in der Armee. Weder der neue Kommandeur noch Mobutu als Stabschef konnten die Lage beruhigen. Sie hatten als ehemalige Feldwebel und vor allem als schlipstragende »Evolués« zunächst keine Autorität.

Ein Zug mit aus der Garnisonsstadt fliehenden Belgiern erreichte Léopoldville. Gerüchte von Gewalttaten und auch Vergewaltigungen von weißen Frauen verbreiteten sich. Sie waren weit übertrieben, aber die Vorurteile von sexueller Gewaltbereitschaft und Wildheit der »Eingeborenen« schienen sich zu bestätigen. Panik brach aus. Tatsächlich wurden Belgier angespuckt und eine Frau vergewaltigt. Die belgische Regierung empfahl den Belgiern im Gegensatz zu ihrer bisherigen Position, das Land zu verlassen, obwohl es noch keinen Todesfall unter den Weißen gegeben

---

69 Reybrouck, »Kongo«, Kapitel 8 »Der Kampf um die Macht«, S. 333–392.

hatte. Viele Flüchtlinge gingen auch davon aus, bald wieder zurückkehren zu können, was sich als Illusion erwies. Innerhalb von drei Wochen verließen 30.000 Belgier, meist über eine Luftbrücke der Sabena, von Brazzaville aus den Kongo. Damit brach auch die Verwaltung zusammen. Außerdem gab es einen schweren wirtschaftlichen Rückschlag, weil die agrarischen Exportgüter wie Baumwolle, Kaffee und Kakao nicht geerntet wurden und auf den Plantagen verfaulten. Auch der Kautschuk wurde weder gezapft noch verarbeitet. Das afrikanische Personal der Europäer in den Haushalten, auf den Plantagen und in Firmen wurde arbeitslos. Straßenbau und andere Infrastrukturmaßnahmen wurden unterbrochen. Am 9. Juli kam es dann tatsächlich zu den ersten Toten in Élisabethville (Lubumbashi) in Katanga.

Am 11. Juli erklärte Tschombé die vorher vorbereitete Sezession Katangas, die von Belgien und den USA unterstützt wurde. Belgien schickte 10.000 Soldaten unter dem Vorwand nach Katanga, Landsleute zu schützen. Sie wurden aus Deutschland abgezogen, wo sie als Truppen der NATO stationiert waren, nachdem die Bundesrepublik Deutschland am 9. Mai 1955 NATO-Mitglied geworden war. Lumumba und Kassavubu hatten den Truppeneinsatz zunächst akzeptiert, weil sie den Schutz von Belgiern für berechtigt hielten. Sie zogen diese Zustimmung wieder zurück, als deutlich wurde, dass Belgien strategische Interessen verfolgte. Die belgische Marine beschoss die wichtige Hafenstadt Matadi, in der keine Weißen bedroht waren. In Katanga wurde vor allem der Bergwerkskomplex der »Union Minière« abgesichert. Außerdem griffen die Belgier kongolesische Truppen an, die eingetroffen waren, um die Sezession in Katanga zu beenden.

Am gravierendsten war aus der Sicht Lumumbas und Kassavubus, dass Belgien die Sezession Katangas, die Tschombé am 11. Juli erklärt hatte, sofort unterstützte, wenn es auch Katanga nicht formell als Staat anerkannte. Belgische Offiziere verweigerten den beiden Führern des Kongo sogar die Landung in Élisabethville. Das alles führte zur totalen Eskalation, zumal auch Tschombé eine katangalesische Gendarmerie als Armee aufbaute. Im ganzen Land weitete sich die Gewalt gegen Belgier aus. Mehr als einhundert Männer wurden meist von Soldaten der kongolesischen Armee misshandelt, fünf Männer ermordet. Ähnlich groß war die Zahl der misshandelten Frauen, viele wurden vergewaltigt. Nonnen mussten sich nackt ausziehen. In dieser Krise wandten sich Lumumba und Kassavubu an die Vereinten Nationen. Generalsekretär Dag Hammarskjöld berief den Sicherheitsrat ein. Obwohl Belgien »nicht ständiges Mitglied« des Sicherheitsrates war, wurden drei Resolutionen nötig, bis es die Truppen zurückzog. Hammarskjöld schuf eine Blauhelmtruppe mit im Wesentlichen afrikanischen Soldaten, von denen die meisten aus Ghana, Marokko und Äthiopien stammten. Es bestand nur ein begrenztes Mandat. Belgien wurde nicht verurteilt. Die UN-Truppen erreichten am 15. Juli Léopoldville. Gleichzeitig kamen Lastwagen, Waffen und Lebensmittel in elf Iljushin-Flugzeugen aus der UdSSR.

Unzufrieden mit der UN und den USA und beeindruckt von der klaren Haltung der UdSSR, wandte sich Lumumba an sie und bat um Waffen. Vorher hatte er vergeblich bei den USA angefragt. Die US-Regierung war alarmiert. Bei den USA galt

Lumumba nun als Kommunist, obwohl er ein Liberaler war und nicht an Staatswirtschaft glaubte. Im September kam es zur Regierungskrise. Kassavubu verkündete im Rundfunk die Absetzung Lumumbas. Dieser sprach Kassavubu ebenfalls im Rundfunk die Kompetenz dazu ab, weil das Parlament zuständig sei. Er gewann die Vertrauensabstimmung und verfügte seinerseits die Entlassung von Kassavubu, die dieser ignorierte. In der UN-Vollversammlung wurde mit 53:24 Stimmen Kassavubu und nicht Lumumba als Repräsentant des Kongo anerkannt. Eisenhower hatte entschieden, dass Lumumba eliminiert werden sollte[70]. Mobutu griff am 18. September durch einen Putsch, den der CIA unterstützt hatte, in die Regierungskrise ein, beließ aber Kassavubu als zeremoniellen Präsidenten im Amt.

Lumumba wurde unter Hausarrest gestellt. Weil er seine Ermordung befürchtete, erbat er Schutz von den Blauhelmen, die sich in dem Garten seiner Residenz niederließen und zweihundert Soldaten Mobutus an seiner Verhaftung hinderten. Lumumba gelang es, während eines schweren Gewitters zu fliehen; er wollte nach Stanleyville, wo sein Stellvertreter Gizenga eine Gegenregierung gebildet hatte. Mobutu erfuhr davon und war überzeugt, dass Lumumba, wenn diese Flucht gelänge, aufgrund seines Massenanhangs im Volk wieder an die Macht käme. Ihm wurde ein Aufklärungsflugzeug zur Verfügung gestellt, mit dem seine Leute die Autokolonne Lumumbas entdeckten.

Lumumba wurde zunächst in ein Militärlager gebracht. Weil eine Meuterei der Soldaten zu seinen Gunsten befürchtet wurde, verständigten sich Kassavubu und Mobutu mit der belgischen Regierung darauf, Lumumba der Kontrolle Tschombés in Katanga zu übergeben. Im Flugzeug wurde er schwer misshandelt und anschließend von einer Hundertschaft katangalesischer Soldaten unter dem Befehl des belgischen Hauptmannes Gat in ein leer stehendes Haus gebracht, das von Militärpolizei unter dem Kommando zweier belgischer Offiziere bewacht wurde[71]. In einer Sitzung, an der keine Europäer teilnahmen, wurde seine Erschießung beschlossen. Es war der katangalesische Minister Godefred Munongo, der die Initiative zu dem Beschluss ergriff. Am 17. Januar 1961 wurden Lumumba und seine beiden Begleiter im Beisein von Tschombé, Munongo und weiteren Ministern sowie auch vier Belgiern mit Maschinengewehren vor einer bereits vorbereiteten offenen Grube erschossen. Dies erfolgte drei Tage vor dem Amtsantritt von Präsident Kennedy, der im Wahlkampf hatte erkennen lassen, dass er die Wiedereinsetzung Lumumbas anstreben würde. Dieses Timing spricht für eine Rolle der Administration Eisenhower bei diesem Mord. Kassavubu ernannte Mobutu zum Generalmajor und regierte bis zu dessen zweitem Putsch 1965. Mobutus Diktatur dauerte bis 1997 – 36 Jahre – und machte ihn zu einem der reichsten Männer der Welt, bis er von Kabila, einem Anhänger Lumumbas, unter Führung des ruandischen Militärs gestürzt wurde und ins Exil nach Marokko ging.

---

70 Die entsprechende Aktennotiz in Mollin, »Die USA«, S. 445. Siehe auch Reybrouck, »Kongo«, S. 362. Zwei Pläne des CIA-Repräsentanten scheiterten.
71 Reybrouck, »Kongo«, S. 364 f.

5 Tansania: Dekolonisation und postkoloniale Krisen

Die Dekolonisation in Tansania, damals Tanganyika, als Treuhandgebiet der UN unter britischer Kontrolle entwickelte sich vor allem aus der inneren Dynamik[72]. Die Nationalisten begannen seit 1950, eine Vielzahl von ländlichen Protesten zu bündeln, und verbanden sie mit städtischen und gewerkschaftlichen Bewegungen[73]. Nach dem Ende des Zweiten Weltkrieges erlebten die Genossenschaften der Kaffee-, Baumwoll-, Mais- und Reisproduzenten einen Aufschwung, der ein neues Element in die ökonomische und politische Entwicklung in »Tanganyika« brachte. Infolge des enormen Anstiegs der Weltrohstoffpreise während des Koreakrieges 1950–1953 wurde die Position jener Bauern gestärkt, die für den Weltmarkt und die im Zweiten Weltkrieg angewachsenen städtischen Zentren produzierten[74]. Eine zweite Gruppe bildeten die im Kolonialdienst angestellten Afrikaner, Lehrer und Sekretäre in den Firmen. Sie waren in Angestellten-Clubs organisiert und landesweit vernetzt. Diese Clubs standen der »Tanganyika National Union« (TANU) zur Verfügung, die 1954 gegründet wurde. Einen wichtigen Einfluss erlangten die Gewerkschaften nach den großen Streiks im Hafen von Dar es Salaam 1947.

Die Massenbasis ergab sich aus der Verbindung zu der Vielzahl der lokalen Protestbewegungen gegen die Auswirkungen der Kolonialherrschaft auf dem Lande. Insbesondere richteten sich die Proteste gegen Maßnahmen der kolonialen Agrarpolitik in den späten 1940er und frühen 1950er Jahren, vor allem wenn diese einen repressiven Charakter annahmen. Hierzu zählten der Kampf der »Freemen of Meru« 1950 gegen verstärkte Landnahme weißer Siedler[75] und die Steuerstreiks der Pare 1947[76]. Bei den Baumwollproduzenten im Sukuma-Gebiet am Victoria-See kam es zu Protesten gegen das betrügerische Abwiegen der Baumwolle vonseiten der indischen Händler, weil die Bauern die Zahlen und Gewichte nicht kontrollieren kon-

---

72 Iliffe, »A Modern History«, die Abschnitte über den Dekolonisationsprozess sind von großer Präzision und Detailliertheit. Siehe insbesondere Kapitel 11, »The Crisis of Colonial Society«, Kapitel 13 »The African Association 1929–45«, Kapitel 15 »The New Politics, 1945–55«, Kapitel 16 »The Nationalist Victory«, S. 342–567 und Pratt, Cranford, »The Critical Phase in Tanganyika 1945–1968: Nyerere and the Emergence of a Socialist Strategy«, Cambridge 1976.

73 Bley, Helmut, »Politische Probleme Tanzanias nach der Sozialisierung des modernen Wirtschaftssektors«, in: Verfassung und Recht in Übersee, Nr. 6, 1973, S. 311–325. Die Analyse entstand nach der Zeit der Gastdozentur des DAAD am »History Department, University of Dar es Salaam«, 1970–1972. Wieder abgedruckt in: Füllberg-Stolberg, Katja (Hrsg.), »Afrika: Geschichte und Politik: Ausgewählte Beiträge 1967–1992«, Berlin 1996, S. 47–64.

74 Iliffe, John, »Agricultural Change in Modern Tanganyika« (Historical Association of Tanzania 10), Saldanha Lane 1971.

75 Japhet, Kirilo; Seaton, Earle, »The Meru Land Case«, Nairobi 1967. Die Autoren waren die Rechtsanwälte bei den Meru-Landprotesten. Zu den Meru-Protesten siehe auch Iliffe, »A Modern History«, S. 498–504.

76 Kimambo, Isaria, »Mbiru: Popular Protest in Colonial Tanzania« (Historical Association of Tanzania 9), Dar es Salaam 1971.

nten. Daraus entwickelte sich ein starkes Interesse an Schulbildung und Rechenfähigkeiten, so dass die Genossenschaftsbauern Schulen gründeten. In den Uluguru-Bergen protestierten die Luguru gegen den Zwang zur Terrassierung 1952[77]. Die »staatenlose« Gesellschaft der Ndenduli stellte eine Besonderheit dar. Die Ndenduli waren in den 1860er Jahren unter die Kontrolle der Nguni geraten und emanzipierten sich 1951 auf spektakuläre Weise. Nach der Einführung von Tabakpflanzen in den 1930er Jahren waren sie erfolgreiche Kultivatoren von Tabak geworden und engagierten sich in Genossenschaften. Als es bei den Nguni zu einem Nachfolgekonflikt kam, zeigten sie sich in dem damit verbundenen Wahlkampf desinteressiert und forderten und erhielten ihre Autonomie[78]. Es gab auch Organisationen, die sich auf die Verwaltungsdistrikte bezogen. Die »Mbeya District Original Tribes Association« wurde gegründet, um der Kontrolle des Distriktes durch die Nyankyusa-Zuwanderer im Distrikt entgegenzuwirken.

Die Gründer dieser Organisationen waren meist Lehrer und Händler. Viele hatten einen Abschluss vom Makarere College, später der Universität in Uganda, und kannten sich untereinander. Iliffe urteilt[79], dass diese tribalen Unionen wenig effektiv waren. Deshalb hätten die Menschen in Tanganyika mehr von der nationalen Bewegung erwartet und wollten ihre Unions stark machen, um auf nationaler Ebene einflussreich zu werden. Auch die TAA (»Tanganyika African Association«) und die TANU stützten diese »tribalen« Unionen. Es wurde eine Art Arbeitsteilung zwischen lokalen Angelegenheiten und den großen Problemen.

Die britische Kolonialpolitik versuchte – im Gegensatz zu ihrer Rhetorik der Kolonialreform –, die Interessen der Minderheiten der europäischen Siedler in Nordrhodesien (Sambia) und Nyassaland (Malawi) mit der Gründung der »Zentralafrikanischen Föderation« zu organisieren. Auch der Gouverneur in Tanganyika betrieb den Schutz der Interessen der europäischen Siedler und Firmen sowie der Inder, denen er Sonderrechte einräumen wollte. Diese Politik löste in den frühen 1950er Jahren heftige Protestbewegungen aus und trug zur Politisierung in Tanganyika bei. In Nordosttanganyika spitzte sich diese Haltung 1951 zu, als die Briten mit militärischer Gewalt unter Einsatz von Kikuyu-Soldaten aus Kenia Land der »Freemen of Meru« gegen deren Widerstand enteigneten. Jene Bauern, die die Kompensations-

77 Cliffe, Lionel, »Nationalism and the Reaction to Enforced Agricultural Change during the Colonial Period«, in: Cliffe, Lionel; Saul, John (Hrsg.), »Socialism in Tanzania«, Bd. 1, Dar es Salaam 1972, S. 17–24. Bei den Feiern zum zehnjährigen Jubiläum der Unabhängigkeit 1972 führte ich ein Gespräch mit dem britischen District Commissioner, der für die Zwangsterrassierung zuständig gewesen war. Er hatte die Uluguru-Berge wieder besucht und festgestellt, dass die Bauern wirksamere Methoden zur Verhinderung der Bodenerosion entwickelt hatten, indem sie das Unkraut hatten wuchern lassen, bis die Nutzpflanzen groß genug waren, um die Erde zu halten. Er räumte ein, dass ihr Widerstand berechtigt gewesen war.
78 Iliffe, »A Modern History«, S. 489.
79 Ebd., S. 490.

Abb. 60: Bäuerin der Gogo mit Kindern in den Uluguru-Bergen (1971).

zahlung annehmen wollten, wurden von den Meru mit der Drohung, sie würden aus den tribalen und Klanverbänden ausgeschlossen, gezwungen, sich der Abwehrfront anzuschließen. Es wurde dies einer der wichtigsten Auslöser für eine landesweite Kampagne der »Tanganyika African Association« (TAA), des Vorläufers der »Tanganyika National Union« (TANU), und der eigentliche Beginn der neubelebten Nationalbewegung nach dem Zweiten Weltkrieg. Die Situation im östlichen Afrika hatte sich wegen Betonung der Sonderrechte der Europäer und deren Landnahme ohnehin zugespitzt, weil in Kenia 1952 unter der Führung von Dedan Kimathi der Kampf der »Land and Freedom Army« ausgebrochen war, den die Briten »Mau-Mau-Aufstand« nannten und mit großer Gewalt und Umsiedlungen bekämpften[80]. Der Kampf der Mau Mau in Kenia und die erfolgreichen Proteste gegen die »Zentralafrikanische Föderation« 1953 sowie der Widerstand der Meru in Tanganyika waren Reaktionen, die den großregionalen Kontext von Britisch-Ostafrika und -Zentralafrika zeigen und auf die politischen Inhalte der Nationalbewegungen ausstrahlten.

Am Beispiel Tanganyikas wird deutlich, dass die Verzögerungstaktik der britischen Kolonialpolitik, ähnlich wie in Ghana, die Radikalisierung der Nationalbewegung förderte. Dies wurde durch die britische Begünstigung der Siedler verschärft.

---

[80] Siehe Geschichte 29 »Harry Thuku und Mary Muthoni Nyanjiru«, S. 345.

Die Aufmerksamkeit auf die Landnahme von Siedlern und deren Sonderstellung steigerte die Möglichkeiten der Nationalbewegungen zur Mobilisierung, wenn auch der Terror des Mau-Mau-Krieges polarisierte. Er galt bei konservativen afrikanischen Kräften, auch in Tansania, als unerwünschte Radikalisierung der Proteste. Nyerere wurde in seiner abgelegenen Heimatprovinz Tarime wegen seines Ziels, sofortige Unabhängigkeit zu erlangen, als »Mau Mau« bezeichnet. In Tanganyika hielt die britische Verwaltung wie in Ghana an der Politik der Förderung der Chiefs als Gegengewicht zur modernen Elite fest, trotz der Empfehlungen Haileys. 1953 wurde den afrikanischen Bediensteten in der Kolonialverwaltung sogar verboten, Mitglied der TAA und der TANU zu werden. Der Gouverneur lehnte die Haltung der TANU als rassistisch ab, Europäern und Indern die Mitgliedschaft zu verweigern. Er sah zugleich unverhältnismäßig große Vertretungsrechte von Europäern und Indern im Verfassungsentwurf für die Selbstverwaltung vor[81].

Ein Teil der Chiefs schloss sich den agrarischen Bewegungen an, nachdem ihre Autorität wegen der Kooperation mit der Kolonialmacht stark geschwächt war. Sie besaßen gute Voraussetzungen, um neue politische Autorität zu gewinnen: Vor Ort hatten sie die Gewalt über die Landverteilung und konnten sich in Genossenschaftsbauern verwandeln. Dank Sonderschulen für Chiefs waren sie gut ausgebildet und ein Teil der gebildeten Elite. Insbesondere der Paramount Chief der Chagga, Marealle, in der Region des Kilimandscharo wurde ein prominenter Sprecher auch vor den Vereinten Nationen. Ähnliches galt für Führer der Genossenschaftsbauern der Sukuma am Victoria-See. Überraschend in der Dekolonisationsperiode war, dass die theoretisch übermächtige Koalition der Genossenschaftsbauern zusammen mit den Vertretern der politisierten Chiefs und der »educated Elite«, die auf dem Lande und in den Städten ein privatwirtschaftliches System wollte, wider Erwarten der große Verlierer beim Kampf um die Macht auf dem Weg zur Unabhängigkeit wurde[82].

Das frühe Zentrum der Protestbewegung nach dem Zweiten Weltkrieg wurde zunächst das Sukumaland am Victoria-See. Dort organisierten Paul Bomani und andere die Genossenschaftsbewegung. 1945 hatten bereits Lehrer und Handwerker eine »Tribal Federation« gegründet, die 1950 revitalisiert wurde[83]. Henry Chagula, ein Lehrer, ausgebildet im Makerere College in Uganda, wurde Präsident der »Sukuma Union« und Paul Bomani wurde der Sekretär. Es handelte sich um eine kulturelle Organisation, die die Sprache pflegen und die »guten Sitten« bewahren wollte. Der Kampf der Meru politisierte landesweit und die Sukuma Union und die TAA

---

81 Nyerere nahm Europäer und Inder in sein Kabinett auf oder besetzte wichtige Ämter wie das des Generalstaatsanwaltes mit ihnen.

82 Iliffe, »A Modern History«. Die Abschnitte über den Dekolonisationsprozess sind von großer Präzision und Detailliertheit. Siehe insbesondere Kapitel 11 »The Crisis of Colonial Society«, Kapitel 13 »The African Association 1929–45«, Kapitel 15 »The New Politics, 1945–55«. Für die erste Lebensphase: Smith, William, »Nyerere of Tanzania«, London 1973; Bley, »Politische Probleme«.

83 Iliffe, »A Modern History«, S. 487 ff.

übernahmen die Führung in Tansania. Dar es Salaam war trotz der großen Streikbewegung 1947 im Hafen noch kein politisches Zentrum.

Die Sukuma Union hatte 1954 fast 6.000 Mitglieder und 32 Zweigstellen. In Dar
es Salaam bildeten junge Leute einen Zweig der Sukuma Union, wobei sie sich von
der alten Bezeichnung »Nyamwesi« abgrenzten.

Abb. 61: Baumwollvermarktung im Sukumaland (1971).

Iliffe bezeichnet diese Entwicklung als »tribal Aggregation«, als Zusammenfassung
zu Großgruppen[84]. Sie war gegen die von der britischen Administration ins Amt ge-
hobenen Chiefs gerichtet. Andere Völker, so die Chagga am Kilimandscharo, die
Bondei in den Usambara-Bergen und die Zigua an der Küste, beschritten diese Wege
auf unterschiedliche Weise. Bei den Makonde an der Grenze zu Mosambik organisierten die jungen gebildeten Leute sogar eine bis dahin »staatenlose« Gesellschaft. Sie
strebten wie viele andere zur Erringung des größeren Zusammenhaltes »Paramount
Chiefs« (oberste Chiefs) an. Dabei entstanden auch Rivalitäten zwischen unterschiedlichen Linien mit königlichem Anspruch.

Bei den Chagga setzte sich Marealle durch, weil er von der höchstrangigen königlichen Linie abstammte.

Das Gebiet der Chagga am Kilimandscharo war seit der Zwischenkriegszeit zum
besonders entwickelten Gebiet Tanganyikas geworden. Kaffeeanbau und Export hatten eine starke bäuerliche Welt entstehen lassen, die dem Druck der weißen Siedler

---

84 Ebd., S. 487.

Abb. 62: Markt in Marangu am Kilimandscharo (1971).

ausgesetzt war. Sie organisierte sich bereits in den 1930er Jahren. Die britische Verwaltung hatte versucht, dem »Chagga Council« von neunzehn Chiefs durch einen »Paramount Chief« eine zentrale Führung zu geben. Sie konnte ihren Kandidaten aber nicht durchsetzen, weil die Chiefs Marealle von Machame bevorzugten[85].

Stattdessen setzte die Verwaltung ohne Rücksprache drei Chiefs als Leitung des Council ein, »Waitoris« genannt, was sie in den Augen der Chagga zu Angestellten der Kolonialregierung machte. Außerdem wurden auch einige »Commoners« für den Council ausgewählt und man begann nach dem Zweiten Weltkrieg erheblich in die Bildung zu investieren, so dass die Regionen des Kilimandscharo die am meisten alphabetisierten Gebiete wurden.

Auch hier entstand ein Konflikt mit der Verwaltung, weil diese das meiste Geld für die Verwaltungsaufgaben verwendete und Bildungs- und Medizinausgaben klein hielt. Die Konflikte eskalierten, als Joseph Kimalando 1947 in Moshi einen Zweig der »African Association« begründete und sie auch in vier Chiefdoms in der Bergregion aufbaute. Zwei prominente Bauernpolitiker der 1920er Jahre, Petro Njau und Joseph Merinyo, kehrten zurück und wurden wieder aktiv; sie verdrängten Kimalando und wandten sich gegen das autoritäre Regiment des Chief Council. Weil ihrer Ansicht nach die TAA zu wenig auf die lokalen Probleme einging, übernahmen sie sie und nannten sie nun »Kilimanjaro Union« (KU). Njau und Merinyo griffen umgehend die Landfrage auf, da das Land der vertriebenen deutschen Siedler aufgeteilt werden sollte. Sie wollten es den »progressiven Farmern« überschreiben, die kapitalistische Agrarwirtschaft mit Einsatz von Landarbeitern betrieben.

---

85 Ebd., S. 492 ff.

Abb. 63: Kaffeeplantage der Chagga am Kilimandscharo (1970).

Außerdem verlangten sie einen Paramount Chief, der die Waitoris entmachten sollte, und gewannen für die Kandidatur Thomas Marealle. Bei dieser Kampagne nahmen auch die Meru Kontakt zu Njau auf. Sie baten um Aufnahme in die Kilimanjaro Union, der sich dann alle anderen Gruppen, einschließlich der Masai, anschlossen. So wurde die Kilimanjaro Union für eine große Region über die Grenzen der »tribal Aggregation« hinaus Teil der Nationalbewegung. Marealle grenzte sich als Paramount Chief der Chagga von dieser Entwicklung ab und distanzierte sich von der KU. Er erklärte Njau gegenüber, dass er kein Kandidat der Kilimanjaro Union sei, sondern überparteilich bleiben wolle. Schließlich nominierte ihn der Chief Council selbst neben einem der Waitoris. Marealle gewann die Wahl mit 15.661 der 24.000 abgegebenen Stimmen. Njau wurde isoliert und verlor die Unterstützung der Meru und der Masai. Marealle wurde zu einem prominenten Sprecher der Forderungen Tanganyikas auch vor der UNO. Dennoch wurde er kein Führer der Nationalbewegung.

5.1 Der Aufstieg Nyereres

Nyerere wurde 1922 in ein kleines »staatenloses« Volk der Zanaki[86] von rund 40.000 Leuten geboren. Das Gebiet lag zwischen Musoma und der nördlichen Serengeti. Staatenlos hieß, dass es bis zur deutschen Kolonialzeit keine Chiefs gab. Ein »Regenmacher« übernahm im Kriegsfalle die Führung der Klasse der Krieger. Kämpfe mit

---

[86] Smith, »Nyerere« gibt eine gute Beschreibung der Verhältnisse bei den Zanaki und von Nyereres Kindheit in Abschnitt III und IV, S. 34–62. Seine Quellen sind Gespräche mit dem lokalen katholischen Missionar Wille und das Missionsarchiv sowie Gespräche mit Nyerere.

den Masai um Jagdreviere waren häufig. Die Institution des Regenmachers ging auf einen Regenmacher aus Buhaya westlich des Victoria-Sees zurück, der dort, weil er eben keinen Regen gemacht hatte, vertrieben worden war und sich bei den Zanaki ansiedelte. Auch er ist ein Beispiel für weiträumige Bewegungen außerhalb des Fernhandels und die interethnische Anerkennung der Würde spiritueller Ämter.

Die deutsche Kolonialverwaltung setzte in acht Dörfern Chiefs ein, die nacheinander dem Gericht vorstanden. Als die deutsche Kolonialverwaltung einen geeigneten Chief suchte, schlug der Bote des Regenmachers, der mit den Deutschen verhandelte, erfolgreich seinen Sohn vor, der jedoch nach Ansicht der Zanaki keinen Anspruch hatte. Er wurde nach Abzug der Deutschen 1918 vertrieben. Der Chief aus Butiama, Burito Nyerere, kam 1912 ins Amt und blieb bis 1942 einer der acht Chiefs. Er war der Vater von Julius Nyerere. Nyereres älterer Halbbruder wurde 1942 Nachfolger. In dieser Gesellschaft wuchs Nyerere auf. Seine Zähne wurden nach ihrer Sitte geschliffen und er akzeptierte, dass sein Vater ein kleines Mädchen als seine künftige Frau auswählte, das aber noch bei seiner Familie blieb.

Nyereres egalitäre Überzeugungen stammten nach dem Urteil Iliffes aus dieser ursprünglich staatenlosen Gesellschaft. Er hielt die Regierungsgewalt der Chiefs und Regenmacher für Scharlatanerie. Als er seinen Halbbruder fragte, warum dieser elf Frauen habe, und der zurückfragte, wer sonst die Arbeit machen solle, bekam er von Julius Nyerere zur Antwort, »dann kaufe doch einen Traktor«.

Er durchlief die katholische Erziehung, ging auf das Regierungsgymnasium für Söhne von Chiefs in Tabora und studierte am Makerere College in Uganda. Dort wurde er als Student in Organisationen aktiv. So entstand in den 1940er Jahren sein Netzwerk innerhalb der Bildungselite mit den Absolventen dieser Einrichtungen. Iliffe charakterisierte diesen Verlauf als typisch für einen »Missions Boy«. Er studierte auch noch in Edinburgh im Missionskontext und schloss mit einem »Master of Arts« ab. In Großbritannien politisierte er sich. Er wurde Mitglied in der Kolonialkommission der britischen »Fabian Society«, die der Labour Party nahestand, und hörte die Vorlesungen von Padmore zum Panafrikanismus. Nyerere kritisierte die Pläne zur Gründung der »Zentralafrikanischen Föderation« in der britischen Presse. In diesem Zusammenhang traf er Hastings Banda, der den Kampf gegen diese Pläne erfolgreich in Nyassaland (Malawi) führte. Außerdem bewunderte er die Kampagnen Nkrumahs in Ghana. Er kehrte 1953 nach Tanganyika zurück, heiratete nach seiner Rückkehr aus Edinburgh eine Frau seiner Wahl und arbeitete als Lehrer.

Als 1954 die TANU gegründet wurde, schlug ihn ein Freund als Präsidenten der Partei vor. Oskar Kambona aus Songea im Süden des Landes wurde unter seiner Präsidentschaft der charismatische Generalsekretär der TANU; Bibi Titi Mohammed[87] wurde zur maßgebenden Frau, die die Frauen für die TANU mobilisierte.

---

87 Geiger, Susan, »Tan Ganyikan Nationalism as Women's Work: Life Histories. Collective Biography and Changing Historiography«, in: Journal of African History, Bd. 37, Nr. 3, 1996, S. 465–478.

Geschichte 34 – Die Rolle der Frauen in den Kampagnen der TANU

Susan Geiger hat in ihren Veröffentlichungen die wichtige Rolle der Frauen in Tansania in der Aufbauphase und der landesweiten Präsenz betont. Sie organisierten sich in den »Ngoma«, Tanzgruppen für Frauen[88]. Es gab auch Ngomas der Männer. Diese Gruppen erleichterten den Neuankömmlingen vom Lande in der Stadt die Teilhabe, was die interethnischen Tendenzen förderte. Mit der Musik der bekanntesten Bands vertieften sie die kulturelle Dimension der TANU. Sie waren interethnisch organisiert, wie auch die meisten Frauen Männer aus anderen Ethnien geheiratet hatten. Sie repräsentierten die urbane Swahili-Kultur nicht nur an der Küste, sondern auch im Inland, von Tabora bis Kigoma. Frauen erinnerten sich in Gesprächen mit Susan Geiger noch 1984[89] mit Stolz, dass es ihnen gelungen war, die Ngoma-Gruppen zu politisieren und untereinander zu einem Netzwerk für den Informationsaustausch zu machen. Sie gingen auch zu den Frauen, die Bier brauten, weil sich dort viele Leute befanden, die sie agitieren konnten. Die Nachbarschaften der Frauen und auch religiöse Gruppen wurden einbezogen[90].

Die prominenteste Frau wurde Bibi Titi Mohammed, die zusammen mit Generalsekretär Oskar Kambona für die TANU Mitglieder mobilisierte. In wenigen Monaten nach der TANU-Gründung 1954 verkaufte sie in Dar es Salaam 5.000 Mitgliedskarten. Im ganzen Land bildete sie Empfangskomitees für die Parteigrößen mit Trommeln, Musik und großen jubelnden Menschenmengen bei Aufläufen. Die Frauen waren die selbsternannten Sicherheitskräfte bei den Rallyes. Wohlhabendere Frauen waren Gastgeberinnen für die durchreisenden TANU-Größen und spendeten Geld, wie auch die Frauenaktivistinnen Geld sammelten. In Wahlkämpfen waren es häufig Frauen, die von Tür zu Tür Wahlkampf machten.

Für die Finanzierung des Hauptquartiers der TANU, Gerichtskosten und für Nyereres Reisen ins Ausland verpfändeten Frauen ihren Schmuck. Bei all diesen Gelegenheiten entwarfen sie einheitliche Kleidung, mit der TANU-Mitglieder öffentlich erkennbar waren. Die Kleidung war farbenfroh und signalisierte die Popularität der TANU insbesondere seit 1957. Auch das knüpfte an kulturelle Traditionen an, weil bei den großen Hochzeiten die beiden Familien, die sich verbanden, einheitliche »Kangas« in zwei verschiedenen Farben trugen.

Die Distriktbeamten der Briten versuchten vergeblich, mittels Beschränkungen die Größe der Rallies einzudämmen und »Uniformverbote« durchzusetzen. Nyerere argumentierte dagegen, dann seien die langen schwarzen Gewänder der muslimischen Frauen auch Uniformen. Grün wurde die Farbe der Bewegung. Bibi Titi Mohammed und enge Freundinnen waren bekannte Sängerinnen. TANU-Chöre und Chöre der TANU Youth

---

88 Für die Tanzgruppen auch Ranger, Terence, »Dance and Society in Eastern Africa, 1890–1970: The Beni Ngoma«, London 1975.
89 Geiger, »Tan Ganyikan Nationalism«, S. 270.
90 Ein gutes Beispiel für Strategien und Vernetzung gibt das Interview mit der Freundin von Bibi Titi Mohammed, Tatu Mzee, ebd., S. 427.

Abb. 64: Bibi Titi Mohammed.

League traten bei den Veranstaltungen auf. Die Kolonialverwaltung versuchte, die Ver-
knüpfung der Veranstaltungen mit spirituellen Gebräuchen, Liedern und Gedichten als
der Praxis der »Mau Mau« ähnlich zu diffamieren. Die Männer, die im Kolonialdienst
von Entlassung bedroht waren, operierten vorsichtiger als die Frauen.

Sowohl Nyerere als auch John Iliffe meinten, dass die Männer ihre Frauen vorge-
schickt hätten. Sie unterschätzten die Selbstständigkeit der tansanischen und generell
der afrikanischen Frauen. Diese handelten in der patriarchalischen Gesellschaft kol-
lektiv. Sie betrieben eigenen Handel. Die Frauen, auch in polygamen Ehen, agierten
bei aller Rivalität kollektiv und pflegten die Kontakte zu den Frauen ihrer Herkunfts-
familien. Reisen ohne Genehmigung der Männer war selbstverständlich.

Auch die Gründungen der Tanzvereinigungen waren ihre Initiative. Viele Männer
betrachteten sie als unschicklich. In den Empfangskomitees kooperierten sie mit
den Männern, die Aktivisten waren.

Bibi Titi Mohammed drehte die Vorstellung, dass Nyerere der »Vater der Nation«
sei, in die Feststellung um, er sei in den Anfängen der Bewegung ihr und der Frauen
»Sohn« gewesen. Sie habe ihm, der Zanaki als Muttersprache und Englisch als Schul-
und Universitätssprache beherrschte, erst richtig Kiswaheli beigebracht. Das war ge-
wiss eine Übertreibung für jemanden, der Shakespeares »Kaufmann von Venedig« ins
Kiswaheli übersetzt und in die Handelswelt Sansibars übertragen hatte.

Susan Geiger formuliert: »Frauenaktivistinnen schufen und stellten den Nationalis-
mus dar, den Nyerere benötigte, um die TANU glaubwürdig zu machen«[91]. Mit Bezug zu

---

91 Ebd., S. 469.

Andersons[92] *Thesen zum Nationalismus als kulturellem System betont sie, dass der Nationalismus der Dekolonisation weniger den politischen Konzepten des europäischen Modells entsprach, wie es die »educated Elite« vertrat. Die Tanzgruppen der Frauen hätten nicht die Frauen durch Tanz und Musik für den Nationalismus mobilisiert, sondern sie hätten einen populären afrikanischen Nationalismus mithilfe des Netzwerks der Ngoma-Gruppen verbreitet. Sie hätten keine westlichen Regierungen und Erziehung sowie »educated Elites« benötigt oder die Konstruktion von äußeren Feinden, um innere Einheit zu stiften. Susan Geiger urteilt, TANU-Frauen und auch viele Männer auf dem Lande seien überrascht gewesen zu erfahren, dass der Kolonialismus sie von ihrer Kultur entfremdet hätte. Dementsprechend hatte Nyerere in seiner Eröffnungsrede als Präsident 1962*[93] *erklärt:* »*Wie viele von uns haben die Lieder der Wanyamwezi oder der Wahehe gelernt? Viele haben die Rumba, den Walzer und den Foxtrott getanzt, aber wie viele von uns können Gombr Zugu, den Mangala, den Konge, Nyang'umutumi, Kidduo oder den Lele Mama tanzen? Und wie geben diese westlichen Tänze die Art von Nervenkitzel, dem wir beim Tanzen von Mganda oder dem Gombe Sugu bekommen? Selbst wenn die Musik nur vom Schütteln der Zinnrasseln kommt. Es ist hart für jedermann, wirklich erregt zu werden von Tänzen und Musik, die nicht in seinem Blut sind.«*

Susan Geiger schließt ihren Artikel mit der Aussage, dass die Frauenbewegung, die von den Suaheli- und Muslimfrauen ausging, verantwortlich für die Entwicklung des nationalen Selbstbewusstseins gewesen sei. Sie sei dennoch Teil eines Narrativs, das die Bedeutung der Ideologie des westlichen Nationalismus relativieren würde. Dies gelte ebenso für die Rolle »einiger guter Männer« bei der Konstruktion des Nationalismus in Tanganyika. Auch Nyereres ideologische Bedeutung sei begrenzt.

5.2 Der Weg zur Macht und das sozialistische Experiment und sein Scheitern

Nyerere unternahm viele Reisen durchs ganze Land und stellte auch die Verbindung mit der Genossenschaftsbewegung im Sukumaland her[94]. Entscheidend für die weitere Entwicklung wurde, wie Iliffe überzeugend argumentiert, dass die Politik der »tribal Aggregation« zu lokal zentriert blieb und die TAA als Organisation wenige Erfolge hatte. So missglückte die Gründung einer Mittelschule in Mwanza, dem Zentralort des Sukuma-Gebietes.

Die TANU zielte aufs Ganze und damit auf die Unabhängigkeit. Nyerere gelang es, über das Instrument der Affiliation sowohl Tribal Unions als auch die Zweigstel-

---

92 Ebd., Anmerkung 18. Geiger verweist auf Anderson, Benedict, »Imagined Communities: Reflections on the Origins and Spread of Nationalism«, London 1991.

93 Nyerere, Julius Kambarage, »Freedom and Unity«, in: »Presidential Inaugural Address 1962«, Nairobi 1967, Reprint 1970, S. 177–194, hier S. 186, Übersetzung Helmut Bley.

94 Bley, »Politische Probleme«.

len der TAA an die Partei zu binden, soweit die TAA nicht ohnehin zur Zweigstelle der TANU wurde. Durch die Unterstützung der ländlichen Protestbewegungen gewann er die Kleinbauern. Seine egalitäre Position stand im Mittelpunkt der Agitation. Der zentralen Punkt wurde, die Entwicklung zum Agrarkapitalismus zu verhindern. Drei Zitate machen das deutlich:

> Der zuständige britische Landwirtschaftssekretär für Tanganyika hatte 1952 erklärt:

> »Ich wünsche mir, dass aus unserer bisher undifferenzierten afrikanischen Gesellschaft eine substanzielle Anzahl von reichen Leuten heranwachsen kann. Sie sollen reich genug sein, um ihre Söhne in Europa erziehen lassen zu können. Sie müssten sich Autos leisten können, gute Häuser usw.«[95]

> Diese Vorstellung hatte auch Rückhalt in der Genossenschaftsbewegung. So schrieb die Nguu-Kaffee-Pflanzer-Genossenschaft in ihrer Satzung 1954 in die Präambel:

> »Wir gehen davon aus, dass das Ziel der Genossenschaft ist, ihren Mitgliedern zu ermöglichen, dass sie Farmen besitzen, ohne auf ihnen arbeiten zu müssen«.

> Nyerere protestierte gegen diese Haltung. Er erklärte aus Anlass der Einführung der Verkäuflichkeit von Land 1958:

> »Wenn wir zulassen, dass man Land wie einen Umhang verkaufen darf, bedeutet dies, dass nach nur kurzer Zeit einige wenige Afrikaner Land in Tanganyika besitzen und alle anderen wären Pächter. Wir werden dann mit einem Problem zu tun haben, das Antagonismen geschaffen hat unter den Völkern, das zu Blutvergießen in vielen Ländern geführt hat.«

In der Parteiorganisation der TANU hatte Nyereres Position dadurch eine Basis, dass die Interessen der ländlichen Bevölkerung auf zwei Ebenen zur Geltung kamen. Im Zentralkomitee der TANU, dem NEC, waren auch die lokalen Führer vertreten. Außerdem bestand eine Koalition der regionalen Parteiführer des unentwickelten Südens und des semiariden Zentrums des Landes. Unterstützt von der Parteispitze gab es eine Mehrheit, so dass die für den Weltmarkt produzierenden Regionen am Victoria-See und am Kilimandscharo in der Minderheit waren.

Die überwiegende Mehrheit bestand aus Kleinbauern, die höchstens über lokale Märkte verkaufen konnten. Auf ihren Frauen lag die Last des Wasserholens an oft zwei bis drei Kilometer entfernten Wasserstellen sowie das Heranschleppen des Feuerholzes, weil sie sich die teure Holzkohle nicht leisten konnten.

Kleinbauern in den marginalen Regionen mussten mit unregelmäßigem Regenfall rechnen. Der Busch musste immer wieder gerodet und ihre kleinen Äcker von Unkraut freigehalten werden. Die Ernte war vor Wildschweinen, Affen und Vögeln zu schützen und das Vieh gegen Löwen. Die einseitige Ernährung führte zu ständi-

---

95 Ebd.

Abb. 65: Bäuerin beim Holzschleppen (1970).

gem Eiweißmangel. Es war gerade diese Bevölkerung, die unter hoher Kindersterblichkeit litt und im Durchschnitt ein Alter von 43 Jahren erreichte[96].

Die Übergabe der Macht bahnte sich nach dem überwältigenden Wahlsieg der TANU für den »Legislative Council« im Oktober 1958 an. Gouverneur Twining zog daraus die Erkenntnis, dass in Tanganyika eine große afrikanische Mehrheit bestand, und gab als Konsequenz in einer Erklärung seine Position auf, dass die europäische und indische Minderheit eine starke Sonderstellung behalten müssten. Nyerere betrachtete das als Durchbruch auf dem Weg zur Unabhängigkeit, weil diese Sonderstellung bisher der Hauptkonfliktpunkt mit der britischen Kolonialregierung gewesen war. Er ging so weit, dass er im »Post Election Committee« zur Vorbereitung der landesweiten Wahlen 1959 vorschlug, für die beiden Minderheiten reservierte Sitze im Parlament vorzusehen, so dass von den 79 Sitzen dreizehn Sitze für die Inder und sechs für die Europäer geschaffen wurden. Dafür erhielt er die Zustimmung der TANU[97]. Tag der Unabhängigkeit wurde der 9. Dezember 1961.

Dieser Durchbruch zeigt, dass trotz allem kulturellen Nationalismus die koloniale Situation und die Wut über die Bevorzugung von Weißen und Indern sowie die Diskriminierung vieler Afrikaner ein wesentlicher Motor der Dekolonisation war.

Die Regierung Nyerere vollzog zunächst keinen abrupten Kurswechsel und blieb in den Bahnen der zeitgenössischen Konzepte von Entwicklungspolitik. »Settlement Schemes« wurden umgesetzt, von denen man sich eine Verbesserung der Lage in den ländlichen Räumen durch größere Dörfer erhoffte. Sie erwiesen sich aber wie in anderen Ländern auch als erfolglos. Die Erwartungen in eine eigenständige Entwicklungs-

---

96 Die Extreme lagen zwischen 28 und sechzig Jahren Lebenserwartung. Ebd., S. 48.
97 Pratt, »The Critical Phase«, Kapitel 3 »Shifting Strategies 1958–61«, S. 43–59; siehe auch Kapitel 4–6.

politik wurden ebenfalls enttäuscht, weil die Investitionen vonseiten der westlichen In-
dustrienationen weit hinter den Erwartungen zurückblieben. Außerdem entwickelte
sich eine politische Doppelkrise.

5.3 Die Revolution in Sansibar und Pemba

Die Revolution hatte einen Vorlauf: Bei der Übergabe der Macht an ein unabhängiges Sansibar durch Großbritannien 1962 organisierten die von Oman abstammende
arabische Feudalregierung und die sie unterstützenden indischen Finanziers eine
Manipulation der Wahlen, so dass die das Sultanat tragenden Kräfte die Macht behaupteten. Die Afro-Shirazi-Partei, in der viele Afrikaner organisiert waren, wurde
an den Rand gedrängt.

Abb. 66: Wahlgang auf Sansibar.

An der Gegenreaktion beteiligte sich Scheich Abdulrahman Mohamed Babu. Er wurde
1924 auf Sansibar geboren und hatte dort auf einer Plantage gearbeitet. Im Zweiten
Weltkrieg diente er in Tanganyika im Militär. Danach studierte er in London. Babu
nahm 1958 am Panafrikanischen Kongress in Ghana teil und traf dort Kwame Nkrumah, Patrice Lumumba und Frantz Fanon. Er hatte in London, wie die britische Verwaltung urteilte, sehr gute Chinakenntnisse erworben. 1959 besuchte er China und
entwickelte gute Beziehungen zur chinesischen Führung, bewunderte aber auch die
Sowjetunion. Er war Intellektueller und Marxist. Unter seiner Führung wurde die »Zanzibar Nationalist Party« (ZNP) eine Massenpartei. Nach der Unabhängigkeit 1962 bildete der rechte Parteiflügel eine Koalitionsregierung mit Scheich Karume als Führer
des gemäßigten Flügels der Afro-Shirazi-Partei, beließ jedoch den Sultan als konstitutionellen Monarchen im Amt. Als Reaktion darauf spaltete Babu 1963 den linken Flügel

der ZNP ab und gründete die Umma-Partei[98]. Ungewöhnlich war, dass die Umma-Partei in der Phase der Unabhängigkeit vor der Revolution zwar arabisch dominiert war, aber mit den Afrikanern vor allem auf der großen Insel Pemba kooperierte, auf der die afrikanische Bevölkerung in der Zansibar Pemba Peoples Party« (ZPPP) organisiert war. Anfang 1964 kam es zu heftigen Unruhen, bei denen die Umma-Partei insofern eine wichtige Rolle spielte, als sie zu verhindern suchte, dass die Spannungen auf Sansibar und Pemba sich zu einem blutigen Gegensatz zwischen Afrikanern und Arabern entwickelten.

Völlig überraschend mobilisierte am 12. Januar 1964 John Okello mehrere Hundert Revolutionäre der von ihm gebildeten Untergrundarmee auf Sansibar und überrannte die Polizeikräfte. Okello stammte aus Uganda, hatte in Kenia als Maurer gearbeitet und auf Pemba als Plantagenarbeiter. Er folgte millianistischen christlichen Ideen und hatte eine Untergrundarmee aufgebaut. Sie eignete sich die Waffen der Polizeistation an und stürzte in Sansibar-Stadt die Regierung des Sultans. Dabei kamen nach Schätzungen über 7.000 Menschen um, überwiegend Araber und Asiaten. Es geschah das, was Babu hatte verhindern wollen. Der Sultan und seine Familie brachten sich in Sicherheit und segelten nach Mombasa. Dort wurden sie abgewiesen und landeten in Dar es Salaam, von wo aus sie ins britische Exil gingen.

Okello, der ein Mitglied der Afro-Shirazi-Partei war, setzte mit dem Parteivorsitzenden, Scheich Karume, als Präsidenten einen Revolutionsrat ein. Auch Mitglieder der Umma-Partei wurden beteiligt, einschließlich Babu, der Außenminister wurde. Auf diese Revolution reagierten die Sowjetunion, China und auch die DDR mit Hilfsangeboten und begannen sich auf Sansibar zu etablieren.

Nyerere reagierte sehr schnell auf diese auch für Tanganyika gefährliche Entwicklung, weil infolge der Präsenz der sozialistischen Staaten des Ostblocks sein Konzept der Blockfreiheit in Gefahr geraten war. Ihm half, dass er schon in den 1950er Jahren gute Beziehungen zur Afro-Shirazi-Partei auf Sansibar geknüpft hatte. Dort war ohnehin sowohl bei der Afro-Shirazi-Partei als auch beim Sultan während der Vorbereitungen auf die Unabhängigkeit die Erwartung entstanden, dass Sansibar sich an einer »Ostafrikanischen Union« beteiligen könnte, die im Gespräch war. Die omanische Oberschicht hatte sogar gehofft, den ostafrikanischen Küstenstreifen einschließlich Mombasa zurückzugewinnen. Sie wollte damit ihren alten Herrschaftsbereich aus der Zeit vor der kolonialen Aufteilung wieder erringen. Großbritannien verweigerte sich, um mit Kenia, das ebenfalls 1963 unabhängig wurde, den Zugang zum Meer zu erhalten.

Nyerere stimmte mit Karume und Babu, der auch ein glühender Panafrikanist war, darin überein, die Revolution auf Sansibar einzuhegen, um ein Übergreifen auf das Festland zu verhindern, weil daraus – wie im Kongo – ein Konflikt mit den USA

---

[98] Wilson, Amri, »Abdul Rahman Mohamed Babu: Politician, Scholar and Revolutionary«, in: The Journal of Pan African Studies, Bd. 1, Nr. 9, 2007, S. 9 ff.

und deren Verbündeten entstehen würde. Mit einer schnellen Reaktion schlug er die Vereinigung Tanganyikas mit Sansibar zu einem Staat Tansania vor. Karume wurde Vizepräsident, der frühere Generalsekretär der Afro-Shirazi-Partei und Gründer der radikaleren Umma-Partei Babu wurde Minister im Kabinett Nyerere. 1965 demonstrierte Nyerere Distanz zur Sowjetunion im Interesse der Blockfreiheit, indem er das Angebot Chinas, das mit der UdSSR in scharfem ideologischen Konflikt stand, annahm, um das große Projekt der Eisenbahnstrecke nach Sambia zu finanzieren und zu bauen[99]. Babu, der sehr gute Kontakte zur chinesischen Regierung hatte, wurde der verantwortliche Minister. Als Folge der Vereinigung Tanganyikas mit Sansibar geriet die Regierung Nyerere in Konflikt mit der Bundesrepublik Deutschland. In Sansibar war eine Botschaft der DDR errichtet worden, wogegen die Bundesrepublik scharf protestierte, weil sie gemäß der »Hallstein-Doktrin« die Anerkennung der DDR mit Sanktionen belegte. Der Außenminister Schröder (CDU) erklärte, wenn die Botschaft Bestand habe, werde die Entwicklungshilfe eingestellt. Nyerere stufte die Botschaft zum Generalkonsulat herunter. Das wurde von der deutschen Diplomatie nicht akzeptiert. Daraufhin verzichtete er aus prinzipiellen Gründen auf die deutsche Hilfe, um seine Unabhängigkeit zu betonen[100].

1964 kam es zu einem zweiten dramatischen Ereignis. Zwei Bataillone der Armee in Dar es Salaam meuterten, um bessere Lebensbedingungen zu erreichen. In Kenntnis der verheerenden Folgen der Truppenmeuterei im Kongo 1960 verbargen sich Nyerere und Karume[101], die einen Umsturz befürchteten, während Oskar Kambona in Dar es Salaam die Krise zu meistern versuchte. Der TANU gelang keine Massenmobilisierung gegen die Meuterei oder sie wurde wegen der Verunsicherung nicht versucht. Die Regierung von Tansania sah sich gezwungen, die alte Kolonialmacht zu bitten, Truppen zu schicken. Sechzig britische Marinesoldaten landeten daraufhin mit Fallschirmen und Hubschraubern und schlugen die Meuterei nieder. Nyerere erhöhte, ähnlich wie Lumumba im Kongo, den Sold erheblich und erfüllte die Bedingung der Soldaten, nicht mehr von britischen Offizieren kommandiert zu werden. Die Verwundbarkeit des neuen Staates war offensichtlich geworden. Großbritannien nutzte die Lage aber nicht aus, anders als die belgische Regierung im Kongo.

---

99 Babu wurde aufgrund seiner guten Beziehungen zu China damit betraut, das von den Chinesen finanzierte und organisierte große Eisenbahnprojekt zwischen Lusaka in Sambia und Dar es Salaam zu leiten. Ziel war, das vom Meer abgeschlossene Sambia von den Transportwegen durch Südafrika unabhängig zu machen und sein Kupfer auf diesem neuen Weg transportieren zu können.
100 Engel, Ulf; Schleicher, Hans-Georg, »Die beiden deutschen Staaten in Afrika: Zwischen Konkurrenz und Koexistenz 1949–1990«, Hamburg 1998, »Teil II: Fallstudie 4.1: Bundesrepublik und Tanzania: Anwendung der Hallstein-Doktrin 1964–1965«, S. 151–180. Es war ein gemeinsames Forschungsprojekt der Stiftung Volkswagen, von Helmut Bley (Hannover) und Rainer Tetzlaff (Hamburg).
101 Pratt, »The Critical Phase«, S. 137 ff. Vgl. auch die detaillierte Analyse von Ayany, S. G., »A History of Zanzibar: A Study in Constitutional Development 1934–1964«, Nairobi 1970, Kapitel 7–9, S. 74–147.

Die Spannungen mit den USA und der Bundesrepublik Deutschland wegen der Entwicklung in Sansibar nahmen nach den Kontakten mit China zu. Als Großbritannien die Unabhängigkeit Rhodesiens verzögerte und die einseitige Unabhängigkeitserklärung des weißen Siedlerregimes hinnahm, kam es zu einer diplomatischen Entfremdung. Diese wurde durch die Rolle, die die USA und Großbritannien beim Putsch gegen Nkrumah 1966 gespielt hatten, noch gesteigert[102]. Die Enttäuschung über die Spannungen mit den Westmächten, den größten Geberländern, förderte die Entschlossenheit, einen Weg der »Self Reliance« anzustreben.

Abb. 67: Präsident Julius Nyerere (April 1965).

Mehrere Entwicklungen trugen dazu bei. Die alten Agrarregionen, die für den Weltmarkt produzierten, litten unter dem Verfall der Weltmarktpreise nach dem Ende des Koreakrieges und der sich anbahnenden Depression 1966/67. Die Produktion der Kleinbauern stagnierte. Auch die Zahlungsbilanz verschlechterte sich[103]. Deshalb war es ein Ziel des Prinzips der »Self Reliance«, die Verstaatlichung der großen Finanzinstitutionen, Versicherungen und Agenturen für Entwicklungsplanung zu erreichen. Diese Wende, die in der »Arusha Declaration« 1967 vollzogen wurde, zielte zugleich auf einen sozialistischen Entwicklungsweg eigener Art. Die jungen Intellektuellen im Kivukoni College, der Parteihochschule, und auch Dozenten, vor allem Linke aus den USA und der Karibik, entwickelten marxistische Positionen, die den egalitären Vorstellungen Nyereres entsprachen. Zunächst ging es um einen »Leadership Code«, der Selbstbereicherung unmöglich machen sollte.

---

102 Pohl, »Nkrumah«. Pohl wertete die 1999 von den USA freigegebenen Akten aus: »Foreign Relations of the United States 1964–1968«, Bd. XXIV.
103 Ausführlich Pratt, »The Critical Phase«, Kapitel 6 »The Loss of Innocence 1963–8«, S. 127–171 und Kapitel »The Prelude to a Socialist Strategy 1963–7«, S. 172–226. Pratt diskutiert auch die Tendenzen der Entwicklung einer Oligarchie des Einparteienstaates und Nyereres Befürchtungen, die demokratische Entwicklung zu zerstören. Nyerere reagierte mit dem Prinzip, dass in den Wahlkreisen der TANU stets zwei Kandidaten in Konkurrenz zueinander antreten mussten.

In der Folge der »Arusha Declaration« bahnte sich ein grundsätzlicher Kurswechsel an. Zunächst trafen die Enteignungen die europäischen und indischen Firmen. Aber es geriet auch in den Fokus der politischen Aufmerksamkeit, dass sich die Produktivität der Kleinbauern nicht verbessert hatte und »Settlement Schemes«, die auf Vorschlag der Weltbank versucht worden waren, ebenso gescheitert waren. Die Antwort war eine massive Mobilisierungskampagne zur Bildung von sogenannten Ujamaa-Dörfern, die teilweise einer Zwangskollektivierung gleichkam. Allerdings wurden die produktiven »Cash Crop«-Regionen ausgeklammert. Die Ujamaa-Dörfer sollten ähnlich wie das »Settlement Scheme« Sozial- und Bildungseinrichtungen sowie ein Netz von Kleinkliniken entstehen lassen.

Für die bäuerliche Produktion bedeutete dies einen Rückschlag, weil die kollektivierten Felder nachlässig bewirtschaftet wurden und lange Wege vom Dorfkern zu ihnen den Schutz der Ernte vor Vögeln, Affen und Wildschweinen behinderten. Die Frauen hingegen begrüßten es, in einem Zentraldorf zu wohnen. Dort waren sie durch die Kollektive der Frauen vor häuslicher Gewalt besser geschützt, was in den isolierten Weilern nicht funktioniert hatte. Der landwirtschaftliche Ertrag verringerte sich um 30 %. Auch die verstaatlichten Firmen der Außenwirtschaft und des modernen Sektors generell erreichten die erwarteten Ziele nicht. Sie wurden meist von Expatriates, aber auch von qualifizierten tansanischen Experten geführt, die an renommierten Universitäten in den USA und Europa studiert hatten. Sie strebten die international übliche Größenordnung der Institutionen an, benötigten entsprechend große Investitionen und litten unter geringer Profitabilität. Oft erreichten sie nur eine Produktivität von 10 % der geplanten Kapazität. Bei den nationalen und internationalen Fachleuten herrschte die Vorstellung vor, dass das Beste gerade gut für das Land sei; dabei unterschätzten sie, dass angepasste Betriebsformen benötigt wurden, die nicht verfügbar waren.

Die Krise des Ujamaa-Systems spitzte sich 1970/71 zu. Es gab zwar Putschgerüchte um Oskar Kambona, der wegen seiner Kritik an dieser Politik nach London geflohen war, sie schienen jedoch eher auf eine Paranoia zurückzugehen. Als Gegengewicht zur Armee wurde eine Volksmiliz zur Sicherung der Betriebe geschaffen, für deren Ausbildung allerdings die Armee zuständig blieb[104]. Das Gefühl, von einem Staatsstreich bedroht zu sein, steigerte sich, weil nach Ansicht der Regierung Nyerere der zur gleichen Zeit erfolgte Staatsstreich des Oberkommandierenden der ugandischen Armee mit Unterstützung Großbritanniens und Israels durchgeführt worden war. Dies wurde als Einkreisung des sozialistischen Systems interpretiert.

---

104 Bley, »Politische Probleme«, S. 60.

Geschichte 35 – Die Dar-es-Salaam-Schule für nationale Sozialgeschichte

Die Universität Dar es Salaam wurde von diesen Entwicklungen ebenfalls beeinflusst, weil auch viele Expatriates dort das Experiment mit Wohlwollen und oft Zustimmung begleiteten. Im History Department in Dar es Salaam entwickelte sich die Schule einer afrozentrierten linken nationalen Sozialgeschichte. Sie war angeregt von Terence Ranger, dem ersten Direktor des History Department, und seinen Nachfolgern John Iliffe und Isaria Kimambo sowie dem Dekan Arnold Temu. Eine enge Zusammenarbeit bestand mit Historikern wie Andrew Roberts, G. C. K. Gwassa, Steven Feierman, Walter Rodney und David Birmingham sowie für die Vor- und Frühgeschichte mit John Sutton. Die Veröffentlichungen erfolgten meist im Auftrag der »Historical Association of Tanzania« im »East African Publishing House« in Nairobi. Wichtige Texte aus der Zeit sind:

- *Terence Ranger, »Connexions between ›Primary Resistance‹ Movements and Modern Mass Nationalism in East and Central Africa«, in: Journal of African History 1968, Bd. 9, Nr. 3;*
- *John Iliffe, »Agricultural Change in Modern Tanganyika«, in: Historical Association of Tanzania, Nr. 10;*
- *John Iliffe, »A Modern History of Tanganyika«, Cambridge 1978;*
- *Isaria Kimambo, »A Political History of the Pare of Tanzania, 1500–1900« (Peoples of East Africa, Bd. 3), Nairobi 1974.*

Siehe auch die Sammelbände:
- *Isaria Kimambo; Arnold Temu (Hrsg.), »A History of Tanzania«, Nairobi 1969;*
- *Andrew Roberts (Hrsg.), »Tanzania before 1900«, Nairobi 1968;*
- *David Birmingham konzentrierte sich auf die portugiesischen Kolonien und editierte zwei Sammelbände. David Birmingham; Phyllis Martin (Hrsg.), »History of Central Africa«, 2 Bände, London 1983;*
- *Walter Rodney: Ein zentraler Text für die ›Black Conciousness‹-Bewegung war »The Groundings with my Brothers«, London 1969. Rodneys meist verbreitetes Buch wurde »How Europe Underdeveloped Africa«, London 1972 und sein Hauptwerk zur westafrikanischen Geschichte ist »A History of the Upper Guinea Coast 1545–1800«, London 1970. Rodney war radikaler Panafrikanist und Sozialist. Nach seiner Zeit in Tansania und zeitweise in Hamburg wurde er politischer Aktivist in Guyana und Oppositionsführer. Er fiel im Wahlkampf 1980 einem Attentat zum Opfer.*

Der Weg in den Sozialismus ging mit einer Radikalisierung einher. Weihnachten 1971 spitzte sich der Konflikt zu. Klerru, der Regionalkommissar der TANU in Iringa, enteignete Großbauern, die sich große Ländereien für Mais- und Reisplantagen angeeignet hatten und diese mit Landarbeitern bewirtschaften ließen. Mit den Enteignungen wollte er die Schwäche der Ujamaa-Entwicklung überwinden, die die bäuerliche Mittelschicht der Genossenschaften ausgeklammert hatte. Klerru, ein arroganter junger Mann mit Rückhalt in der »TANU Youth League«, wurde von einem Farmer am

25. Dezember 1971 erschossen und auf dem Anhänger seines Pick-ups in der Polizeistation abgeliefert. Damit bekannte sich der Farmer demonstrativ zu dem politischen Mord[105]. Es wurde das Signal zur Radikalisierung. Sie verband sich mit der Unruhe im Lande über die entstandene Versorgungskrise, die man mit dem Versagen der verstaatlichten Einrichtungen in Zusammenhang brachte. Arbeiter streikten wieder. Das allerdings war verboten worden, weil die Partei verhindern wollte, dass die Arbeiter ihre Stellung im städtischen Umfeld zu Lasten der Kleinbauern nutzen konnten. Die Arbeiter stützten sich auf eine radikalisierte Parteirichtlinie, genannt die »Mongoso«, die sich gegen das Management der schlecht geführten verstaatlichten Betriebe, besonders gegen die »State Trading Corporation« richtete. Arbeiter entließen ihre Manager. Jugendbrigaden erzwangen massenhaft die Gründung von Ujamaa-Dörfern. Die Mongoso löste eine Massenbewegung aus, bis es der Parteiführung gelang, den Protest der Bevölkerung wieder in die offiziellen Kanäle zu leiten.

5.4 Tansanias Verwicklung in den Bürgerkrieg in Uganda

Auch Tansania blieb mit der Dynamik der Großregionen verbunden. Als Panafrikanist arbeitete Nyerere an der »Ostafrikanischen Union«, die aber aus zwei Gründen zerbrach: Kenia lehnte den sozialistischen Kurs Nyereres ab. Mit dem Sturz Obotes durch den Putsch des Generalstabschefs der ugandischen Armee Idi Amin 1971 fiel zudem der Verbündete für das Projekt weg. Nachdem Amin zweimal Grenzregionen in Tansania angegriffen hatte, entschied sich die Regierung 1978, militärisch einen Regimewechsel zu erzwingen und Obote wieder ins Amt zu bringen. Das gelang in einem erfolgreichen Feldzug 1978/79. Aber viele Gruppen hielten die Wiederwahl Obotes für gefälscht und agierten ab 1980 militärisch gegen ihn. Einer seiner Gegner war Yoweri Museweni, der ebenfalls in Dar es Salaam lebte und dort im Exil studierte. Er baute in Uganda eine »National Resistance Army« (NRA) auf. Der Krieg fand insbesondere im Luwero-Dreieck und in der West Nile Region statt und wurde zwischen 1981 und 1986 mit Plünderungen, Taktiken der verbrannten Erde und Zwangsrekrutierungen geführt, auch nachdem Obote von einem seiner Kommandeure, Tito Okello, 1985 durch einen Putsch gestürzt worden war. Okello blieb nur sechs Monate an der Macht, bis Musewenis Truppen die Hauptstadt Kampala einnahmen. Auch nach der Niederlage Okellos ging im Gebiet der Acholi im Norden Ugandas der Krieg weiter. Es war ein Krieg, der die bäuerliche Bevölkerung extrem belastete[106]. Insbesondere viele Soldaten der Armeen Obotes und Okellos mussten

---

105 Ebd., S. 58.
106 Für Uganda: Schubert, »War«. Frank Schubert, der in Zürich lehrt, gibt einen tiefen Einblick in die Wirkungen des Krieges auf die bäuerliche Bevölkerung.

sich in der Region verbergen, weil sie durch Plünderungen und Vergewaltigungen »Fremde im eigenen Land«[107] geworden waren.

Geschichte 36 – Der Krieg zur Beendigung aller Kriege: Das »Holy Spirit Movement« von Alice Lakwena

In Uganda hatte sich unter der spirituellen Führung von Alice »Lakwena«, der Botschafterin des Heiligen Geistes, die religiöse Bewegung des »Holy Spirit Movement« (HSM) gebildet, die einen Krieg gegen den Krieg begann. In einer Erzählung wird eine Begegnung von Alice zusammen mit ihrem Vater geschildert. In einem Naturpark für wilde Tiere befragt sie diese, ob sie Schuld am Kriege hätten; dann befragt sie das Wasser, in dem immer wieder Leichen schwammen, schließlich den Berg. Alle schildern die Gewalt der Menschen auch gegen die Natur.

Da Christen nicht töten durften, wurde den Soldaten, die vor und nach dem Kampf gereinigt wurden, befohlen, nicht auf den Feind zu zielen. Die Geister würden die Kugeln lenken. Diese spirituelle Bewegung hatte ihren Ursprung in den Verwüstungen und Vertreibungen, die die bäuerliche Bevölkerung erlitt[108]. Heike Behrend argumentiert, dass die Rekrutierung flüchtiger Soldaten diesen eine Chance auf Reinigung, Heilung und Reintegration in ihre Gesellschaft bot. Damit förderte Alice Lakwena die Wiederherstellung von Disziplin, die auch die Truppen von Museweni nicht hatten erreichen können. In jeder Einheit waren spirituelle Kontrolleure integriert.

Militärische Stärke erreichte Alice zunächst, weil ein Kommandeur der Truppen Okellos ihr 150 Soldaten zur Verfügung stellte. Mit zulaufenden Soldaten aus den Dörfern der Acholi brachte sie den Truppen Musewenis überraschende Niederlagen bei, die sie populär machten. Sie führte die HSM wie eine reguläre Armee, die 7.000–10.000 Männer und Frauen umfasste und zentral eingesetzt wurde[109]. Sie eroberte Gebiete und lieferte sich offene Kämpfe mit der NRA.

Dieser religiöse Kult, das Bündnis mit den Tieren, die sich der Fama nach an den Kämpfen beteiligten, sowie die Reinigung der Soldaten – alles verweist darauf, wie zerstörerisch und verstörend diese Kämpfe in der ländlichen Gesellschaft wirkten. Frank Schubert hat mit dem Titel seiner Dissertation »War Came to our Place« darauf hingewiesen, dass die bäuerliche Gesellschaft diese Kämpfe als unerwünschte Ankunft des modernen Staates und dessen Interventionsgewalt erlebte und missbilligte. Die Botschaft von Alice Lakwena zielte darauf, an die kultischen Traditionen der vorkolonialen bäuerlichen Welt anzuknüpfen, wenn auch mit der eigenen Interpretation der

---

107 Behrend, Heike, »Alice und die Geister: Krieg im Norden Ugandas«, München 1993; eine Untersuchung, die ungewöhnlich tief auf die innere Struktur dieser christlichen, mit den Geistern verbundenen Bewegung eingeht. Für den Soldaten als »Fremden im eigenen Land« und die Reinigung der Soldaten vor und nach dem Kampf unter anderem S. 39 f. »Die Unreinheit der Soldaten«.
108 Ebd.
109 Ebd., »Die Holy Spirit-Bewegung als regionaler Kult«, S. 78.

christlichen Botschaft. Heike Behrend verweist auf die Literatur von Terence Ranger und David Lan[110], die betonen, dass sowohl im Befreiungskrieg der ZANU als auch im Krieg der RENAMO (»Resistência Nacional Moçambicana«) die spirituelle Dimension von Krieg in bäuerlichen Gesellschaften eine Rolle gespielt habe.

Das Bündnis mit den anderen Rebellengruppen zerbrach 1987. Bei dem Versuch, die Hauptstadt Kampala zu erobern, um dort das Paradies zu errichten, musste Alice Lakwena weite Umwege gehen, weil die Brücke über den Nil versperrt war. Dabei entfernte sie sich zu weit von ihrer ethnischen Basis und wurde von der NRA geschlagen. Sie ging in ein Flüchtlingslager des UNHCR in Kenia ins Exil und starb dort 2007.

Ein Verwandter, Joseph Rao Kony, setzte den Kampf mit der »Lord's Resistance Army« (LRA) fort. Die Gruppe zersplitterte sich und unterschied sich kaum noch von kriminellen Banden. Sie wurde berüchtigt für ihre Taktik, Kinder zu kidnappen und in den Krieg zu zwingen. Die LRA operierte bis in die jüngere Gegenwart. Konys Operationsbasis erstreckte sich auch in den Südsudan, wo die Acholi herstammten. Auch er hatte erklärt, eine theokratische Herrschaft errichten zu wollen.

Die ökonomische Krise wurde nicht überwunden. Tansania, das lange von Korruption verschont geblieben war, konnte dies, insbesondere in den Staatsbetrieben, nicht verhindern. Nyerere hielt noch bis zum Ende seiner Amtszeit an seiner grundsätzlichen Linie fest. 1985 übergab er das Amt des Präsidenten seinem Nachfolger Ali Hassan Mwinyi, behielt aber den Parteivorsitz bis 1991. Unter Mwinyi wurde das ökonomische System liberalisiert und das Einparteiensystem abgeschafft. Tansania unterwarf sich den ökonomischen Bedingungen des Internationalen Währungsfonds (IMF) und erhielt die Zustimmung der wichtigsten Geberländer für Entwicklungshilfe. Dies bedeutete Austeritätspolitik sowie die Akzeptanz der Vorschläge der Weltbank zur Umschuldung. Tansania blieb auch nach den liberalen Reformen eines der ärmsten Länder in Afrika. Ein Urteil über die Langzeitfolgen des Ujamaa-Experiments führt zu dem Schluss, dass dem Lande große soziale Spannungen erspart blieben und auf dem geringen ökonomischen Niveau die egalitären Prinzipien Nyereres eine Wirkung ausstrahlten.

---

110 Ranger, Terence, »Peasant Consciousness and Guerilla War in Zimbabwe«, London 1985 und Lan, David, »Guns and Rain«, London 1987.

Kapitel 15
Ende des Siedlerkolonialismus

Das Ende des Siedlerkolonialismus kam in Rhodesien/Simbabwe 1980, in Namibia 1990 und in der Südafrikanischen Union 1994. Es war von Krieg und Gewalt begleitet. Nur Südafrika blieb, trotz massiver Repression und Jugendgewalt in Townships, ohne Bürgerkrieg. In abgewandelter Form lassen sich zu dieser Entwicklung auch die portugiesischen Kolonien Angola und Mosambik zählen. Ihre Befreiungskämpfe waren stark von den Entwicklungen in Simbabwe und Südafrika beeinflusst. Die Kriege mit Portugal wurden von 1962–1974 geführt und endeten in einem Patt, das durch die Nelkenrevolution in Portugal und die Bereitschaft zur sofortigen Unabhängigkeit aufgelöst wurde. Aber in beiden Ländern kam es zu langen und erbitterten Bürgerkriegen im Kampf um die Macht.

Die Kriegführung des Apartheid-Regimes bestand aus militärischen Aktionen der Armee in Kommandounternehmen in Sambia und Kampfhandlungen gegen die Guerilla der SWAPO (»South-West Africa People's Organisation«) in Südangola und Namibia sowie gegen die MPLA-Regierung in Luanda. In Angola wurde die Armee durch die kubanische Intervention zurückgeschlagen, was zur Krise im südafrikanischen Machtapparat führte, da der Armee auch die ihr übertragene Kontrolle von großen Townships misslungen war. Ein Waffenembargo seit 1978 zeigte insbesondere bei der Elektronik für Flugzeuge Wirkung. Der zunehmende Finanzboykott trug zu der Krise bei. Der Wendepunkt erfolgte nach dem Zusammenbruch der sozialistischen Systeme in Europa, weil damit das wichtigste propagandistische Instrument, die Zugehörigkeit zur »Freien Welt«, wegfiel.

Bis zur Unabhängigkeit Angolas und Mosambiks 1975 hatten Befreiungsbewegungen ihre Hauptquartiere in Tansania, so die FRELIMO (»Frente de Libertação de Moçambique«) und die SWAPO in Dar es Salaam und der ANC (»African National Congress«) in Morogoro. Die ZAPU (»Zimbabwe African People's Union«) von Rhodesien/Simbabwe hatte ihr Hauptquartier ebenfalls zeitweilig in Dar es Salaam. Die rhodesischen und südafrikanischen Militäreinheiten griffen immer wieder grenzüberschreitend Basen in Sambia und Mosambik an. Der ständige Druck Südafrikas auf das vom Meer abgeschlossene Sambia führte dazu, dass die Chinesen eine Bahnlinie nach Dar es Salaam für den Export des Kupfers bauten.

Die Befreiungsbewegungen in Mosambik, die FRELIMO, und in Angola, die MPLA (»Movimento Popular de Libertação de Angola«), die FNLA (»Frente Nacional de Libertação de Angola«) und die UNITA (»União Nacional para a Independência Total de Angola«), hatten von 1961–1974 einen antikolonialen Krieg gegen die portugiesische Kolonialarmee geführt. Sie erreichten 1975 die Unabhängigkeit, weil als Folge der Nelkenrevolution von 1974 in Portugal der Kolonialkrieg abgebrochen wurde. Vor dem 11. November 1975, dem anvisierten Tag der

https://doi.org/10.1515/9783110452020-017

Unabhängigkeit Angolas, lieferten sich alle drei Befreiungsbewegungen einen Kampf um die Kontrolle der Hauptstadt Luanda. Die CIA hatte die FNLA massiv ausgerüstet. Südafrika unterstützte nicht nur die UNITA, sondern versuchte, mit eigenen Truppen in einer Art Blitzkrieg die Etablierung der MPLA, die sich marxistisch gab, in Luanda zu verhindern. Der südafrikanische Angriff scheiterte wegen der Entscheidung Fidel Castros zum Truppeneinsatz für die MPLA und der sowjetischen Transport- und Ausrüstungshilfe.

Die Konflikte weiteten sich auf die gesamte Region des südlichen und zentralen Afrika aus. Die wichtigsten militärischen Initiativen gingen von Südafrika, Kuba sowie den USA und der Sowjetunion aus. Die Organisation für Afrikanische Einheit (OAU) unterstützte die meisten Befreiungsbewegungen und gründete dafür eine Kommission, in der Nyerere Vorsitzender wurde. Auch das verstärkte den internationalen Druck. Afrikanische Mitglieder der UNO und Indien beteiligten sich an der internationalen Kritik. Nigeria, das mit seiner großen Bevölkerungszahl und erheblichen Ölvorkommen eine afrikanische Großmacht wurde, nahm insbesondere zu der Zeit Einfluss, als es nichtständiges Mitglied des Sicherheitsrates der UNO war. Das südliche Afrika wurde zum Kampffeld des Kalten Krieges. Sambia wurde von der Sowjetunion und der DDR unterstützt. Nicht nur der Kalte Krieg wirkte sich bei den Parteinahmen aus, sondern auch der ideologische Gegensatz zwischen der Volksrepublik China und der Sowjetunion. China bildete die Kämpfer der ZANU (»Zimbabwe African National Union«) aus, die Sowjetunion die der ZAPU. Letztere wurde die professionellste Befreiungsarmee. Rhodesien und nach 1980 Südafrika destabilisierten das Regime der FRELIMO in Mosambik erfolgreich durch Förderung des Bürgerkrieges der RENAMO (»Resistência Nacional Moçambicana«).

1 Die sozialen Ursachen der Bürgerkriege in Angola und Mosambik

Die Gewaltentwicklung in Angola und Mosambik seit dem Übergang in die Unabhängigkeit lässt sich nicht nur auf die internationalen Interventionen zurückführen. Die sozialen Voraussetzungen für die Bürgerkriege in Mosambik nach der Erringung der Macht und in Angola im Kampf um die Macht lassen sich ursächlich auf Entwicklungen während der früheren Perioden der portugiesischen Herrschaft zurückführen[1]. Patrick Chabal und David Birmingham sowie Malyn Newitt haben in ihrem

---

1 Chabal, Patrick, »History of Postcolonial Lusophone Africa«, Bloomington 2003, Kapitel 3 »The Limits of Nationhood«, S. 88–135, darin: »Social Divisions, Political Rivalries and Civil War«, S. 133 f. Siehe auch Birmingham, David, »Angola«, in: Chabal, »History«, S. 137–184 und Newitt, Malyn, »Mozambique«, in: ebd., S. 185–235 und Birmingham, David, »Empire in Africa: Angola and its Neighbors«, Athens, Ohio, 2006, Kapitel »The Struggle for Power«, S. 139–158.

Buch »History of Postcolonial Lusophone Africa« die Entwicklung der Sozialstruktur im Laufe der portugiesischen Kolonialherrschaft analysiert.

Chabal betont in dem Abschnitt »The Weight of History«[2], dass die historische Entwicklung Angolas trotz des formalen Status einer portugiesischen Kolonie seit dem 16. Jahrhundert durch den Sklavenhandel eng mit Brasilien verbunden gewesen sei. In dieser langen Periode bildeten sich in Luanda kommerzielle und administrative afrobrasilianische kreolische Eliten. Sie waren aus verschiedenen Bevölkerungsgruppen zusammengesetzt (»mixed races«), die Portugiesisch sprachen und katholisch waren. Diese kreolische Gesellschaft habe zwar in Afrika gelebt, ihre Mitglieder hätten jedoch nur so viele Beziehungen zu den Menschen des Hinterlandes gehabt, wie für den lokalen Handel nötig war, den sie mit lokalen Repräsentanten abwickelten. Die Hauptbeziehung zwischen den Kreolen Luandas und den Afrikanern des Hinterlandes war der Sklavenhandel, der bis ins 19. Jahrhundert dominierte, wenn auch weitere Güter gehandelt wurden.

Der Sklavenhandel wirkte sich extrem unterschiedlich auf die afrikanische Bevölkerung aus. Es gab jene Gruppen, die die Sklaven jagten und mit Karawanen nach Luanda und Benguela vermittelten, so die Händler der Ovimbundu und Imbangala, die auch die Verbindungen in das südliche Zentralafrika herstellten. Viele Afrikaner wurden ihre Opfer. Es wird geschätzt, dass jährlich um die 10.000 Menschen versklavt wurden. Höhepunkt war das 18. und 19. Jahrhundert, bis 1836 der Sklavenhandel verboten wurde. Die Ovimbundu[3] stellten sich auf den Anbau von Mais um, den sie über portugiesische »Buschhändler« vermarkteten. Die kreolische Gesellschaft wandte sich den Gesellschaften Brasiliens und Portugals zu, mit denen sie komplexe familiäre, soziale und geschäftliche Beziehungen pflegte, und war kosmopolitisch orientiert. Aus der Sicht der Afrikaner waren diese »City-Kreolen« Fremde. Sowohl das Hochland als auch die Tiefebenen Angolas im Osten unterlagen anderen Einflüssen als die Kreolen. Im Gegensatz zum lusophonen Katholizismus waren die meisten Gruppen des Inlandes durch protestantische und katholische Missionare aus Belgien und der anglophonen Welt zum Christentum gekommen und hatten keine Verbindung zur lusophonen Kultur Luandas.

Die Zeit nach der Berliner Afrika-Konferenz 1884/85 hatte für Angola neue Formen der Kolonialherrschaft gebracht. Chabal hält für entscheidend, dass die Kreolen Luandas im Zuge der modernisierten Kolonialverwaltung immer weiter an Einfluss verloren und zu Hilfskräften reduziert wurden, weil Portugiesen die Verwaltung übernahmen und die Kreolen weitgehend ausschalteten. Im Hochland wurde verschärft »Pazifizierung« betrieben. Seit den 1920er Jahren seien die portugiesischen Beamten und ebenso die in der Kolonialwirtschaft für die Metropole Lissabon tätigen Portugie-

---

2 Chabal, »History«, S. 107.
3 Ovimbundu wurden im 20. Jahrhundert von der UNITA organisiert.

sen die »Master« geworden. Auch Afrikaner, die im kolonialen System Karriere machten, wandten sich gegen die alte Sonderstellung der Kreolen.

Die große Mehrheit der Afrikaner war den kolonialen Arbeitsregeln unterworfen worden und hatte Mühe, der Zwangsarbeit auszuweichen, die sie sogar auf die Plantagen nach São Tomé und Príncipe zwingen konnte. Eine Alternative bestand darin, sich auf den großen Kaffeeplantagen am unteren Kongo zu verdingen. Die meisten Zwangsarbeiter, die dort arbeiteten, waren Ovimbundu aus dem zentralen Hochland Angolas. Auch die Bakongo verloren ihr Land und wurden von den weißen Plantagenbesitzern zur Zwangsarbeit teilweise auf ihrem eigenen Land verpflichtet. Wenigen gelang es, selbst Kolonialwaren zu produzieren.

Neben der weißen Elite der großen Kaffeepflanzer lebten viele Portugiesen in Angola als Siedler. Chabal argumentiert, diese Siedler seien, anders als im britischen südlichen Afrika, arm geblieben, da sie zu wenig qualifiziert und gebildet gewesen seien. Ohne finanzielle Ressourcen seien die meisten als Farmer oder beim Betrieb von Plantagen gescheitert. Da sie den afrikanischen Farmern nicht gewachsen waren, gingen sie ohne ausreichende Ressourcen in die Städte und nahmen einfache Tätigkeiten auf. Auch wenn in den 1960er Jahren eine neue Schicht aus Portugal nach Angola kam, die bessere Voraussetzungen mitbrachte, blieb die Mehrheit der weißen Siedler vergleichsweise arm. Sie bildeten trotzdem eine Barriere für den Aufstieg von Afrikanern und waren wegen ihrer relativen Armut besonders rassistisch gegen Afrikaner und Kreolen eingestellt. Dies schuf eine Atmosphäre aus kleinlicher Diskriminierung und offenem Rassismus.

In Angola sei die Dichotomie der sozialen Ordnung mit ihren sozialen und damit verbundenen ethnischen oder rassischen Gruppen stärker als in anderen Kolonien ausgeprägt gewesen. Das Hervorstechendste sei die große Distanz gewesen, die zwischen den Kreolen und den Afrikanern, ob im Zentrum des Landes oder im Norden, herrschte. Die Ovimbundu, die in größerer Nähe zu den Kreolen lebten, deuteten deren Versuche, ihre alte Superiorität auch im entwickelten Kolonialismus zu behaupten und ihre kulturellen und religiösen Lebensformen verstärkt auszudrücken, als Kollaboration mit der Kolonialmacht. Dazu trug bei, dass die portugiesische Verwaltung wenig in die kulturellen und sozialen Praktiken eingriff, sondern diese tolerierte. Auch die Ovimbundu hatten durch das Ende des Karawanenhandels im 19. Jahrhundert einen Abstieg erlebt, der als Niederlage empfunden wurde. Sie Ovimbundu vergaßen nicht, dass ihre kleinen Königreiche bei der »Pazifizierung« von den portugiesischen Kolonialtruppen zerschlagen worden waren. Es war ein Statusverlust, der dem der Kreolen ähnlich war.

Eine Ausnahme bildeten die Mbundu, in deren Gebiet Luanda lag[4]. Sie machten ein Viertel der angolanischen Bevölkerung aus. Die Mbundu waren von Schweizer und amerikanischen Missionaren katholisch getauft und stärker alphabetisiert als

4 Birmingham, »Angola«, S. 141.

die Ovimbundu, mit denen sie die Sprache gemeinsam hatten. Ihre »kulturelle Assimilierung« galt als am weitesten fortgeschritten. Viele assimilierte Intellektuelle gingen aus ihren Reihen hervor. Sie wurden, wie Birmingham argumentiert, von ihren kreolischen »Cousins« in Luanda unterstützt. Mbundu bildeten im Kampf der MPLA um die Macht die bäuerliche Guerilla. Die MPLA war deshalb trotz ihres starken kreolischen Anteils nicht isoliert.

Auch die Mbundu in den ländlichen Gebieten litten unter dem harten Arbeitssystem der Portugiesen. In den 1920er Jahren wurde von ihnen der Zwangsanbau von Baumwolle verlangt. Wie die Ovimbundu hatten auch sie den Abstieg erlebt, der mit dem Verbot des Sklavenhandels verbunden war. Nach Chabal versuchte die portugiesische Kolonialadministration, das Land mit repressiven Methoden der Arbeiterpolitik in den Griff zu bekommen. Der wohlhabende Teil der weißen Siedler, vor allem die großen Kaffeepflanzer, beherrschte die koloniale Ökonomie. In den 1950er Jahren waren zwei tief frustrierte soziale Gruppen entstanden. Die kreolischen Eliten, wenn auch geschwächt, orientierten sich an ihrer machtvollen Stellung in der Vergangenheit. Die Afrikaner des Binnenlandes waren verarmt, ohne Bildung und vernachlässigt. Sie standen am Ende einer in Schichten rigide abgegrenzten Gesellschaft. Diese so unterschiedlichen Gruppen begannen ab 1961 den antikolonialen Krieg gegen die Kolonialtruppen der Diktatur Salazars.

Roberto Holden war ein intellektueller Bakongo mit Verbindungen zum Kongo[5]. Er begann mit den Bakongo – und Waffen aus dem Kongo – einen zerstörerischen Guerillakrieg gegen die Kaffeepflanzer des Nordens, von denen mehr als 1.000 umkamen. Die Wut der Bauern und Zwangsarbeiter richtete sich dagegen, dass sie von ihrem Land vertrieben worden waren.

Die MPLA als Repräsentantin der Kreolen und der Mbundu kämpfte unter widrigen logistischen Umständen. Ihre Anführer waren zunächst im Exil in Sambia und wurden von der Sowjetunion unterstützt, weil man die Befreiungsbewegung als leninistische Partei einschätzte. Die sambische Regierung hinderte sie daran, in Angola die Benguela-Bahn zu sabotieren, auf der das Kupfererz aus dem Kupfergürtel Sambias und Katangas exportiert wurde. Die MPLA wich nach Brazzaville aus und griff von dort die Enklave Kabinda an, die aber von den Portugiesen erfolgreich verteidigt wurde, um die Ölproduktion von »Gulf Oil« zu schützen. Die MPLA zog sich in das ferne Tansania zurück. Die Wege von dort durch Zentralafrika waren so weit, dass sich Kriegsmaterial kaum transportieren ließ. Die MPLA spaltete sich in viele Fraktionen; ideologisch nach Leninisten und Maoisten, aber auch nach ethnischen Kriterien. Ein Teil stellte sich gegen Neto, den Präsidenten der MPLA, einen Mbundu, Arzt und Schriftsteller. Die MPLA überlebte dank der Nelkenrevolution in Portugal und der Aussicht auf die Unabhängigkeit, als die Pattsituation im Krieg überraschend

---

5 Später sollte er in die Familie der Frau von Mobutu einheiraten.

aufgelöst war. Die Sowjetunion sah die Chance, dass sich in Angola ein sozialistischer Staat entwickeln könnte, und nahm die bereits eingestellte Hilfe wieder auf.

Der Befreiungskrieg der Ovimbundu kam nur zögernd in Gang. Die alte politische Zersplitterung aus der Zeit der kleinen rivalisierenden Königreiche blieb ein Hindernis. Die Isolation der Landarbeiter auf den weißen Farmen war groß. Nach ersten Kampfhandlungen richtete die portugiesische Armee viele »protected villages« – nach dem amerikanischen Vorbild in Vietnam – ein, die Birmingham »prison villages« nennt. Es fehlte eine Führungsfigur. Diese fand man schließlich in Jonas Savimbi. Zunächst arbeitete er am Aufbau eines Netzwerkes. Er hatte enge Beziehungen zu den protestantischen Kongregationen, bei denen er ausgebildet worden war. Über seinen Vater, der Eisenbahner bei der Benguela-Bahn war, entstand ein Unterstützerkreis bei den Eisenbahnern, was eine Verbindung quer durch den Süden Angolas schuf, die Savimbi für den Aufbau der Organisation der UNITA nutzte. Außerdem schuf er sich ein internationales Netzwerk. Er studierte in Portugal und in der Schweiz Medizin, was er abbrach, sich aber trotzdem Dr. Savimbi nannte. Anschließend studierte er Politik in Lausanne. In den USA benutzte er den Doktortitel auch bei seinen Reisen. Diese kosmopolitischen Erfahrungen und sein enormer Ehrgeiz führten aber noch nicht zum Aufbau einer politischen Organisation.

Zurück in Angola verhandelte er unter dem Eindruck des militärischen Patts im Lande heimlich mit portugiesischen Offizieren über eine neokoloniale Lösung. Er versuchte seinen Durchbruch mit einer Polemik gegen die MPLA, die von Weißen (Kreolen) dominiert sei und aus der Tasche der ausländischen Mächte bezahlt werde. Damit bediente er die Neurosen, die der Kolonialismus geschaffen hatte, und spielte mit dem Feuer. Zunächst argumentierte er, dass er der eigentliche Sozialist sei, nachdem er Peking besucht hatte. Er kooperierte deshalb mit der SWAPO, die aber nach 1975 ein Bündnis mit der MPLA für ihre Basen in Südangola schloss. David Birmingham argumentiert[6], dass Savimbi zwar wirkungsvoll die rassistische Karte zog, die sich gegen die kreolischen Gruppen, gegen die Mbundu und weiße Großmachteinflüsse richtete, aber er stieß auf Ablehnung in Lissabon und Washington. Um Unterstützung in Pretoria und Kinshasa zu finden, gab er seine offen rassistische und sozialistische Rhetorik auf. Die MPLA war gewarnt und verzögerte ihre Demobilisierung nach dem Ende des Kolonialkrieges mit Portugal.

Chabal schließt aus dieser Konstellation und ihrer Vorgeschichte, dass der Bürgerkrieg, der in Angola von den drei Bewegungen um die Macht in Luanda geführt wurde, wegen der tiefen Spaltungen, aber auch aufgrund der Persönlichkeitsstrukturen der Führer unversöhnlich blieb. Der Krieg gegen die UNITA ließ sich erst beenden, als Savimbi 2002 im Gefecht gegen MPLA-Einheiten fiel.

---

6 Birmingham, »Angola«, S. 151.

2 Mosambik: Bedingungen für den antikolonialen Kampf

Die Analyse für Mosambik unterscheidet sich von der Angolas deutlich[7]. Nach Chabal und Newitt war Mosambik unter portugiesischem Einfluss mit Indien, insbesondere mit Goa, verbunden statt mit Brasilien. Es gehörte statt zur Atlantischen Welt zu der des Indischen Ozeans. Außerdem spielte erst im letzten Viertel des 19. Jahrhunderts der Sklavenhandel eine Rolle.

Bis zur Aufteilung Afrikas bestand Portugiesisch-Ostafrika im Wesentlichen aus zwei Teilen. Das Zentrum der Herrschaft waren die Stadt und der Hafen »Ilha de Moçambique«, die Sofala als Hafen abgelöst hatten. Ilha de Moçambique war von Swahili-Communities gegründet worden und Teil ihres Handelssystems. Die Portugiesen hatten die Stadt 1506 besetzt; Afonso de Albuquerque ließ an der Nordspitze der Insel das Fort São Sebastião erbauen. Ilha de Moçambique wurde Hauptstadt und Ausgangspunkt für die Indienfahrten. Auch sie war kosmopolitisch. Die Bahai-Community hatte den Handel in der Hand. Etwa 150 Portugiesen lebten dort, sowie Afrikaner aus dem Umland. Außerdem gab es einige kreolische Communities in anderen Küstenstädten. Der portugiesische Handel konnte mit den afroarabischen muslimischen Händlergruppen nicht konkurrieren, bis nach der Aufteilung Afrikas eine modernere portugiesische Kolonialverwaltung etabliert wurde, die die weißen Händler und die Konzessionsgesellschaften begünstigte.

Der zweite Schwerpunkt lag bei den Gütern der Prazos, entlang des Sambesi im Norden der Kolonie. Sie waren eine Institution, die Afonso de Albuquerque nach portugiesischem königlichem Vorbild eingerichtet hatte. Um friedlich an Land zu kommen, wurden portugiesische Familien für drei Generationen mit afrikanischem Land belehnt. Das setzte voraus, dass die Prazeiros in die großen afrikanischen Familien einheirateten, um aus deren Sicht legitimiert zu sein. Dadurch »afrikanisierten« sie sich[8].

Die Kolonialherrschaft war auf Enklaven beschränkt. Diese konzentrierten sich auf die Produktion von Gummi, Zucker und Kokosnüssen.

Abgesehen vom Umfeld der Häfen waren die meisten Regionen nach 1885 de facto durch internationale Konzessionen kontrolliert. Die Nyassaland-Konzession kontrollierte den Unterlauf des Sambesi, wo er schiffbar war. Es bestand eine Verbindung mit dem Shire-Tal von Nyassaland, dem späteren Malawi. Zu dieser Konzession gehörte auch das Gebiet, in dem die Güter der Prazeiros lagen. Sie gerieten immer stärker unter britischen Einfluss, dem die erstarkte portugiesische Kolonialverwaltung entgegenzuwirken versuchte. 1890 zwang die britische Regierung mit einem Ultimatum Portugal, sich aus dem Gebiet der Nyassaland-Konzession der

---

7 Für Mosambik bezieht sich Chabal stark auf die Arbeit von Newitt, »Mozambique«. Wichtig als Ergänzung: Smith, William, »Third Portuguese Empire 1825–1975«, London 1985.
8 Isaacman, »The Africanisation«.

British South Africa Company (BSAC) zurückzuziehen. Damit kamen die Prazeiros unter den Einfluss der BSAC, die sich im Besitz von Cecil Rhodes befand. Sie verwandelten sich im Laufe der Jahrzehnte in weiße Siedler, wie im übrigen südlichen Afrika, und verloren damit die Beziehungen zur afrikanischen Gesellschaft.

Martin Legassick argumentiert, dass die kapitalstarken Konzessionsgesellschaften, die Bahnen und Straßen bauten, und die portugiesischen Siedler in Mosambik dieses Regime hinnahmen, sich mit ihrer Rolle als Kleinhändler und Ladenbesitzer abfanden und eine portugiesische und lusoafrikanische Kleinbourgeoisie bildeten, die sich im Lande ausbreitete. Dasselbe galt in den Fällen, in denen sie in Firmen untergeordnete Posten in der Verwaltung und im Betrieb einnahmen oder kleine landwirtschaftliche Betriebe für tropische Produkte hatten. Insofern war in Mosambik ein ziemlich stabiles Kolonialsystem entstanden, in dem am Ende des 19. Jahrhunderts die afrikanischen Königreiche besiegt und »pazifiziert« wurden. Die Kolonie hatte einen dauernden Bedarf an internationalem Kapital.

Mosambik geriet seit der Mineral Revolution in Südafrika in dessen Abhängigkeit. Die Häfen Beira und Lourenço Marques wurden neben Durban die wichtigen Exporthäfen. Aufgrund der schlechten Arbeitsbedingungen in Mosambik suchten Hunderttausende Mosambikaner Arbeit in den südafrikanischen Minen. Mit dem Niedergang der Rolle Goas und des portugiesischen Indienhandels schwächte sich auch die Position der Kreolen mit indischem Hintergrund in den Häfen der Kolonie ab[9].

Die Regionen der langgestreckten Kolonie hatten wenig Kontakt miteinander, mit der Ausnahme der Süd-Nord-Wanderung der Nguni-Gruppen in der Folge des Mfecane. Die nördlichen Regionen waren stark vernachlässigt und fungierten im Wesentlichen als Rekrutierungsgebiet für Wanderarbeiter. Viele hatten sich auch als Wanderarbeiter nach Simbabwe orientiert. In den südlichen Regionen gingen außer in die Wanderarbeit viele in die städtischen Zentren. Sie lebten dort, ähnlich wie in Südafrika, in segregierten Stadtteilen. Insgesamt blieb die Bevölkerungszusammensetzung in Mosambik sehr komplex. Neben der großen Mehrheit der afrikanischen Bevölkerung gab es die große Gruppe der portugiesischen Siedler und der kreolischen Bevölkerung. Außerdem hatten sich die indischen Communities während der Kontakte mit Goa etabliert. Sie waren im ganzen Land Kleinhändler. Im 20. Jahrhundert kamen indische und chinesische Kontraktarbeiter für die Plantagen dazu.

Im Vergleich beider Kolonien verweist Chabal für Angola auf die starken Einflüsse aus dem Kongo, wo das Regime Mobutus die FNLA stützte und die MPLA ablehnte. Für Mosambik sei der Druck Tansanias entscheidend gewesen, die rivalisierenden Bewegungen zur FRELIMO zusammenzuschließen, die von der OAU anerkannt wurde. In Angola wurde die FNLA sehr früh und allein von der OAU anerkannt. Dort war mitbestimmend, dass die beiden Supermächte verschiedene Bewegungen unterstützten, was

---

9 Chabal, »History«, S. 110 f.

auch für Südafrika galt. In Mosambik spielten diese Faktoren eine geringere Rolle, nicht nur wegen der Geschlossenheit der FRELIMO, sondern weil die RENAMO in Anknüpfung an die Vernachlässigung des Nordens die Lage für die spätere Mobilisierung nutzte. Die Enttäuschung über das gescheiterte sozialistische Experiment erzwang einen Kurswechsel, der den Ausgleich mit der RENAMO im Abkommen von Nkomati 1984 ermöglichte.

3 Rhodesien/Simbabwe 1957–1980

Die erste Krise einer Siedlergesellschaft im südlichen Afrika spitzte sich in Simbabwe zu. Es war ein Kampf, der um das Recht der Mehrheit der afrikanischen Bevölkerung geführt wurde, das allgemeine Wahlrecht zu erhalten und die Minderheitsregime der weißen Siedler zu beenden. Im Gegensatz zu der verbreiteten Vorstellung, dass Krieg in Afrika ein besonderes Phänomen des postkolonialen Afrika sei, verdeutlicht die Analyse des Krieges des rhodesischen Regimes gegen die bewaffneten Kräfte der ZANU und ZAPU, dass die Gewalt zur Verhinderung der Mehrheitsherrschaft von den Regimen der Siedler ausging. Die Forderungen der afrikanischen Nationalbewegungen zielten auf gleichberechtigten Status in den Siedlungskolonien. Auf diese Forderungen der überwältigenden Mehrheit der afrikanischen Bevölkerung wurde mit Parteiverboten, Verhaftungen der Führer und Aktivisten sowie massiver Repression bei Demonstrationen und Streiks reagiert. Der bewaffnete Kampf erschien nach langem Zögern als einzige Option, weil die Westmächte diese Repressionen duldeten.

In Rhodesien entstanden Unruhen bereits 1957, im Jahr der Unabhängigkeit Ghanas. Die Jugendorganisation des südrhodesischen ANC boykottierte die Busse der Hauptstadt und verhinderte damit Preiserhöhungen. Nach dem Erfolg rief sie den »Southern Rhodesian National Congress« ins Leben, den die Regierung 1959 verbot und über dreihundert Mitglieder verhaftete. Nur Joshua Nkomo, der künftige Chef der ZAPU, blieb verschont, weil er sich im Ausland aufhielt. Er gründete zusammen mit den späteren Führern der ZANU Mugabe, Chitepo und Sithole die »National Democratic Party«. Nkomo übernahm den Vorsitz und beteiligte sich mit einer Delegation an einer Verfassungskonferenz 1961. Danach wurde auch diese Organisation verboten und die Führer wurden verhaftet. Nur Nkomo war wieder im Ausland; er gründete im gleichen Jahr die ZAPU, die aber sofort verboten wurde. Die Selbstorganisation der afrikanischen Nationalbewegungen wurde immer wieder mit harten Methoden des Polizeistaats in die Illegalität gedrängt.

Die liberale Partei, die seit 1934 an der Macht war, reagierte auf diese Entwicklung mit ersten Reformvorschlägen zur Milderung der Diskriminierung. Dagegen etablierte sich die »Rhodesian Front« unter Ian Smith, die 1962 die Wahlen gewann. Smith begab sich damit in einen scharfen Gegensatz zur britischen Regierung, die die Kolonialherrschaft ausübte. Seit 1951 hatte die konservative Regierung die Reformen blockiert, die die Labour Party begonnen hatte, um die Dekolonisation vorzubereiten. Die konservative Regierung in Großbritannien vollzog 1960 einen Kurswechsel. In einer berühmten Rede vor dem südafrikanischen Parlament am 3. Februar 1960 hatte der britische Premierminister Harold Macmillan erklärt: »The wind of change is blowing through this continent. Whether we like it or not, this growth of national consciousness is a political fact«. In dieser Rede verwies er auch Südafrika darauf, dass Großbritannien nun die afrikanischen Nationalbewegungen anerkennen würde und nur einen Regimewechsel akzeptieren würde, der vom allgemeinen Wahlrecht für die gesamte Bevölkerung getragen war.

Nach Verhandlungen mit der britischen Regierung, die an dieser Frage scheiterten, erklärte der Regierungschef Ian Smith 1965 die einseitige Unabhängigkeit Rhodesiens. Er bezog sich darauf, dass Rhodesien seit 1923 autonom sei. Außerdem hatten die Wirren im Kongo und die Massenflucht der Belgier bei den Siedlern den Willen verstärkt, einen schnellen Wandel zu verhindern. Das britische Ansinnen auf Zulassung eines Wahlrechtes für die gesamte Bevölkerung und Anerkennung der nationalistischen Bewegungen wurde abgelehnt. Die einseitige Unabhängigkeit wurde von den Vereinten Nationen unter Zustimmung der USA und der UdSSR nicht anerkannt. Ein umfassendes Embargo wurde verhängt. Damit war der Konflikt internationalisiert. Um die Wirkungen des Embargos abzuschwächen, begann Südafrika, Rhodesien ökonomisch zu stabilisieren und mit Waffen zu versorgen. Außerdem wurden Netzwerke von Schmugglerringen geschaffen. Die rhodesische Regierung entschied sich für den Krieg gegen die Guerillabewegungen der ZANU und der ZAPU.

Bereits im Frühjahr 1972 war im Lande quasi eine revolutionäre Situation entstanden[10]. Das große Bergwerksunglück in Wankie mit 427 toten Bergleuten empörte die afrikanische Bevölkerung. Zur Beruhigung predigten die Bischöfe und läuteten die Glocken. Es kam aber zu keinen Unruhen[11]. Nachdem die Befreiungsbewegungen verboten worden waren, errichteten sie ihre Basen jenseits der Grenzen. Die ZAPU hatte Basen in Sambia, wie auch der ANC und die SWAPO, alle unterstützt von der OAU. Die ZANU kooperierte mit der FRELIMO in Mosambik und in abgelegenen Regionen in Rhodesien. Als 1972 die ZANLA – die »Zimbabwe African National Liberation Army«, der militärische Arm der ZANU – Farmen angriff, so die »Altena Farm«, führte dies zu großer Verunsicherung aufseiten der weißen Siedlerschaft, obwohl auf der Altena Farm der Farmer und sein Sohn nur leicht verletzt wurden und niemand getötet wurde. Die rhodesischen Sicherheitskräfte setzten schon unmittelbar nach der Erklärung der einseitigen Unabhängigkeit ihre Luftwaffe in geheimen Operationen zur Verfolgung der ZANLA ein. Die afrikanische Bevölkerung in den Grenzgebieten zu Mosambik wurde zwangsumgesiedelt. Die rhodesische Armee führte, wie auch Südafrika, verdeckt und offen Aktionen in Sambia und in Mosambik durch, wo die ZANLA Basen

---

10 Martin, David; Johnson, Phyllis, »The Struggle for Zimbabwe«, London 1981, geben ein sehr differenziertes Bild von der Uneinigkeit in den afrikanischen Bewegungen.
11 Eigene Erfahrungen in Wankie auf der Reise von Tansania nach Namibia am 6. Juni 1972.

hatte. Insbesondere die ZAPU erhielt in ihren Basen in Sambia erhebliche Hilfe von Ostblockstaaten. Hunderte von Militärberatern der Sowjetunion und der DDR waren anwesend. Zusammen mit der gelieferten Ausrüstung entstand mit der ZIPRA (»Zimbabwe People's Revolutionary Army«) für Nkomo die professionellste Militäreinheit.

Die Isolation Südafrikas und Rhodesiens/Simbabwes verschärfte sich nach dem Ende der Diktatur Salazars. In Mosambik erhielt die ZANU eine besser gesicherte Basis für ihre Operationen. Bis dahin hatten die Regierung Salazar wie auch Südafrika das Embargo durchbrochen, die portugiesische Kolonialarmee gegen die ZANU-Guerilla und deren Basen eingesetzt und Smith mit Waffenlieferungen, die auch aus NATO-Beständen stammten, unterstützt.

Innerhalb Rhodesiens entwickelte sich eine Dynamik. Der von Bischof Muzorewa als Dachorganisation gegründete rhodesische ANC, dem auch prominente Mitglieder der ZANU, wie Sithole, und Nkomo für die ZAPU angehörten, blieb legal. Als die britische Regierung 1971 mit Smith ein Abkommen abschloss, in dem de facto das Ziel der Nationalbewegungen, die »Majority Rule«, um fünfzig Jahre aufgeschoben werden sollte, organisierte Muzorewa erfolgreich eine »Nein«-Kampagne, die ihm große interne Popularität und internationales Ansehen einbrachte. Trotz der teilweise erfolgreichen Versuche von Ian Smith, die afrikanischen nationalen Kräfte zu spalten, setzten ZANU und ZAPU ihre Guerillaaktivitäten fort und wurden vom Befreiungskomitee der OAU, auch unter Androhung von Entzug der Mittel, zur Kooperation gedrängt. Die rhodesischen Sicherheitskräfte reagierten auf diese Entwicklung mit verdeckten Operationen in Mosambik.

Beim Übergang in die Unabhängigkeit waren aus der portugiesischen Kolonialarmee viele afrikanische Soldaten, insbesondere jene aus dem Manikaland, in die gleichnamige Provinz in Rhodesien geflohen.

Rhodesien nutzte die Unzufriedenheit in den nördlichen Regionen des Landes und der Sicherheitsdienst formte daraus die MNR (»Mozambican National Resistance«), aus der die RENAMO entstand. Ihr schlossen sich im Laufe der Operationen der MNR auch Chiefs und Bauern aus den nördlichen Provinzen an. Sie waren wegen der rigorosen sozialistischen Politik der Einheitspartei gegen das FRELIMO-Regime aufgebracht. Sie fühlten sich von der Herrschaft der FRELIMO, ihrer mangelnden Effizienz und auch Korruption vernachlässigt, so dass es den rhodesischen Sicherheitskräften gelang, die Proteste zum Bürgerkrieg auszuweiten.

Die RENAMO agierte laut dem Urteil des UNHCR, des Flüchtlingswerks der Vereinten Nationen, mit verheerenden terroristischen Aktionen gegen die Zivilbevölkerung und die FRELIMO-Administration. Über zwei Millionen Menschen flohen vor allem nach Malawi, aber auch nach Simbabwe[12]. Südafrika unter dem Konzept des

---

12 Bley, Helmut; Meier, Thorsten, »Flucht und Exil in Afrika nach 1967: Zur Reaktion internationaler Hilfsorganisationen auf Fluchtbewegungen verdeutlicht am ostafrikanischen Beispiel«, in: Bierbrauer, Günter; Schwarzer, Gudrun (Hrsg.), »Friedens- und Konfliktforschung in Niedersachsen: Forschungsprojekte«, Osnabrück 1996, S. 105; Meier, Thorsten, »Was leisten die NGO? Internatio-

»Total Onslaught« von Präsident Botha, der die Politik militarisierte, setzte die Unterstützung der RENAMO 1980, nach der Unabhängigkeit Simbabwes, bis 1992 fort[13].

Aufgrund der begrenzten Ressourcen bewegte sich die kleine rhodesische Armee von 19.000 Mann, ergänzt durch Reserve- und Spezialeinheiten für verdeckte Operationen, stets an den Grenzen ihrer Möglichkeiten in einem Krieg an drei Fronten. Entsprechend radikalisierte sich die Kriegführung insbesondere nach 1976. Chemische und biologische Waffen wurden eingesetzt und entlang der Wege, die die ZANLA-Kämpfer nutzten, wurde das Wasser vergiftet[14]. Die Angehörigen der rhodesischen Armee verwandten bei verdeckten Operationen Uniformen der FRELIMO und färbten ihre Fahrzeuge als FRELIMO-Fahrzeuge, um überraschend in deren Basen einzudringen. Dann griffen sie, mit schwarzen Gesichtsmasken als ZANLA-Kämpfer getarnt, an und verübten Massaker (Nyadzonya Raid 1976). Mit der Zündung eines Sprengsatzes im Kaufhaus »Woolworth« in Salisbury (Harare) trug die ZANLA den Krieg in die Stadt und nahm die Zivilbevölkerung ins Visier[15]. Auch Priester und Angehörige von Missionsstationen wurden Opfer von Angriffen in der zugespitzten Phase des Krieges 1977/78, so in der Elim Mission durch ZANLA-Guerillas.

Wegen des wachsenden internationalen Drucks stellte Südafrika die Unterstützung des Smith-Regimes ein, um die Konfliktzone mit den Westmächten zu verringern. Damit wurden für das geschwächte rhodesische Regime eine diplomatische Lösung und Verhandlungen mit den beiden Befreiungsbewegungen unvermeidlich. Ian Smith entschied sich zu einem Kompromiss in der Frage des Mehrheitswahlrechtes. In Verhandlungen mit »gemäßigten« Führern strebte er an, das Wahlrecht an afrikanischen Landbesitz und Steueraufkommen sowie höhere Schulbildung zu binden. Die wesentlichen Machtpositionen sollten aber bei der weißen Minderheit belassen bleiben. Interne Wahlen mit einem erweiterten Wahlrecht wurden 1979 abgehalten, in denen Muzorewa als Ministerpräsident eingesetzt wurde. Diese Wahl wurde international nicht anerkannt, weil die Befreiungsbewegungen ausgeschlossen waren.

---

nale Flüchtlingshilfe in Afrika«, in: Jahrbuch Frieden 1997, München 1996, S. 51–65; Bley, Helmut; Meier, Thorsten; Grünhagen, Freya, »Freiwillige Repatriierung nach Eritrea und Mosambik«, in: Bierbrauer, Günter; Schwarzer, Gudrun (Hrsg.), »Friedens- und Konfliktforschung in Niedersachsen: Forschungsförderung im Projektverbund 1993 bis 2003«, Osnabrück 2004, S. 155–186. Bei den Forschungsarbeiten standen Thorsten Meier und Freya Grünhagen die Akten des lokalen UNHCR zur Verfügung, die dessen Mitarbeiter bei der Flucht vor der RENAMO zurückgelassen hatten.
13 Für Simbabwe siehe Martin/Johnson, »The Struggle«; Ranger, »Peasant«; Kriger, Norma J., »Guerrilla Veterans in Post-War Zimbabwe: Symbolic and Violent Politics, 1980–1987«, Cambridge 2003.
14 Cross, Glenn, »Dirty War: Rhodesia and Chemical Biological Warfare, 1975–1980«, Solihull, UK, 2017.
15 Die Details im Wikipedia-Artikel »Rhodesian Bush War« (https://en.wikipedia.org/wiki/Rhode sian_Bush_War) sind sorgfältig belegt. Es werden als Opferzahlen genannt: 120 rhodesische Sicherheitskräfte und 10.000 Guerillakämpfer. Die Zahl der getöteten Zivilisten wird auf 20.000 geschätzt.

Stattdessen wurde in London im Lancaster House ein Abkommen abgeschlossen, nach dem Großbritannien vorübergehend wieder von der UNO als Kolonialmacht eingesetzt wurde. Die beiden Befreiungsbewegungen mussten sich zu einer »Patriotischen Front« zusammenschließen und gewannen die allgemeinen Wahlen 1980 mit überwältigender Mehrheit, während Muzorewa völlig unterging.

Nkomo wurde eingebunden, konnte aber Mugabe als Premierminister nicht verhindern. Er hatte sich vorgestellt, in einem Machtvakuum in der Übergangsphase mit seiner konventionell ausgerüsteten Armee die ZANU von der Macht verdrängen zu können. Die Anwesenheit von Commonwealth-Truppen zur Absicherung der Wahlen verhinderte dies. Die Truppen sicherten auch die international ausgehandelten Wahlen, in denen die Mehrheit der Bevölkerung dominierte: die Shona. Nkomo kam mit der Minderheitsgruppe der Ndebele nicht zum Zuge. Die Dekolonisation wurde stark dadurch belastet, dass Großbritannien keine ausreichenden Mittel zur Verfügung stellte, um Entschädigungen für Landenteignungen der Siedler zu finanzieren. So blieb die Landreform aus.

4 Mugabes gewaltsamer Weg in Diktatur und Bürgerkrieg

Nachdem sich die Herrschaft Mugabes in Richtung einer Einparteiendiktatur entwickelt hatte, entschied er 1981, Nkomo und die ZAPU auszuschalten. Die Nordkoreaner bildeten eine »fünfte Brigade« aus, die an der Kommandostruktur der Armee vorbei direkt Mugabe unterstellt wurde. Sie begann 1983 einen Krieg gegen die ZAPU und vor allem gegen die Zivilbevölkerung im Gebiet der Ndebele, der erst 1987 endete[16]. Mehr als 20.000 Ndebele wurden in Massakern getötet.

Mugabes Sicherheitskräfte verübten, wenn auch in geringerem Umfang, Massaker bei den Shona, vor allem in der Manika-Provinz, dem Zentrum der Opposition. Herrschaftssicherung stand damit mehr im Vordergrund als ethnische Rivalität, die aber genutzt wurde. Auch dieser Krieg löste Fluchtbewegungen aus, die mit der Diktatur und Misswirtschaft des Regimes wuchsen.

Die Konflikte spitzten sich 2000 zu, als Mugabe die als »Veteranen« deklarierten jungen Mitglieder der ZANU ermunterte, die Farmen der Weißen zu besetzen und dadurch einen Exodus der Betroffenen auslöste. Dies verursachte eine tiefe Krise der simbabwischen Landwirtschaft. Auch hier wurde vom Staat sanktionierte Gewalt ausgeübt.

---

16 Phimister, Ian, »The Making and Meaning of the Massacres in Matabeland«, in: »Development Dialogue 2008: Revisiting the Heart of Darkness«, S. 189–234, online verfügbar unter: https://www.researchgate.net/publication/237536201_The_making_and_meanings_of_the_massacres_in_Matabeleland.

Abb. 68: Zephania Tshuma (Ndebele) (Holzschnitzerei). Sie spiegelt die Angst der 1980er Jahre wider.

5 Namibia als Beispiel für den Wandel in Südafrika

5.1 Die Entstehung der SWAPO

Die namibische Befreiungsbewegung SWAPO entwickelte sich in Südafrika bei den Wanderarbeitern der Owambo seit 1957[17]. Sie schlossen sich den Protesten der südafrikanischen Kollegen gegen die Apartheid an. Auch namibische Studierende[18] hatten in Südafrika ein Büro gegründet, das sich an den Protesten des ANC gegen die Apartheid beteiligte. Daraus entstand 1955 als Partei die SWANU (»South West Africa National Union«), die überwiegend von Herero organisiert wurde. 1960 entstand die SWAPO aus der 1957 von Herman Toivo ya Toivo gegründeten »Ovambo People's Organisation« (OPO).

Ya Toivo hatte enge Beziehungen vor allem zu Gewerkschaftlern und Intellektuellen in Kapstadt entwickelt und arbeitete als ehemaliger Lehrer an der Weiterbildung der Arbeiter. Wie auch der mit ihm befreundete Sam Nujoma wandte er sich bei den Wanderarbeitern gegen die drohende Inkorporation von Südwestafrika in die Südafrikanische Union. Ya Toivo wurde 1967 in Südafrika zu zwanzig Jahren

---

17 Emmett, Toni, »Popular Resistance at the Roots of Nationalism in Namibia 1915–1966«, Basel 1999.
18 Leys, Colin; Brown, Susan, »Namibia's Liberation Struggle: The Two-Edged World«, London 1995; Vergau, Hans-Joachim, »Verhandeln um die Freiheit Namibias: Das diplomatische Werk der westlichen Kontaktgruppe« (Völkerrecht und Außenpolitik 73), Baden-Baden 2006; Bley, Helmut, »Die Bundesrepublik, der Westen und die internationale Lage um Namibia«, in: Bley, Helmut; Tetzlaff, Rainer (Hrsg.), »Afrika und Bonn«, Reinbek bei Hamburg 1978, S. 145–168; Melber, Henning, »Re-Examining Liberation in Namibia: Political Cultures since Independence«, hrsg. vom Nordic Africa Institute, Upsala 2003.

Abb. 69: Toivo ya Toivo, kurz vor seinem 90. Geburtstag.

Haft verurteilt und im gleichen Block wie Mandela auf Robben Island bis 1984 gefangen gehalten.

Die Führungsgruppe unter Sam Nujoma ging unter dem Druck der südafrikanischen Administration ins Exil und begann 1966 mit Vorbereitungen zum bewaffneten Kampf. Ein interner Zweig, der auf militärische Aktionen verzichtete, musste von Südafrika auf internationalen Druck hin geduldet werden. Auch die SWANU wurde zunächst von der OAU als Befreiungsbewegung anerkannt. Weil aber die ihr zugewiesenen Mittel nicht für den Kampf eingesetzt wurden, den sie ablehnten, wurde ihnen die Anerkennung wieder entzogen und die SWAPO zum einzigen legitimen Vertreter des namibischen Volkes erklärt.

Innerhalb Namibias steigerte sich der Widerstand. Parallel zur großen Streikbewegung in Durban (Südafrika) legten 1971/72 die Wanderarbeiter der Owambo die Arbeit nieder und weiteten die Streikbewegung zum Generalstreik aus.

Abb. 70: Streikende Wanderarbeiter in Namibia.

Die südafrikanische Administration zwang sie, aus den Kupferminen und anderen Arbeitsplätzen in ihre Dörfer zurückzukehren. Dort wurden sie von den Chiefs misshandelt und bestraft. Deren ohnehin angeschlagene Autorität wegen der Kollaboration mit der Administration brach deshalb endgültig zusammen. Viele Schüler in der Region flüchteten in Gruppen nach Angola und schlossen sich der SWAPO an.

Die Entwicklung der SWAPO verlief nach 1976 sehr krisenhaft. Sie stand zunächst in einem Bündnis mit der UNITA, weil die von ihr kontrollierten Gebiete an Namibia angrenzten. Militärische Misserfolge führten 1976 zu schweren Revolten innerhalb der Organisation. Die jungen Gymnasialschüler, die nach Angola geflohen waren, kritisierten die Ineffizienz.

Der Informationssekretär der SWAPO, Andreas Shipanga, war 1957 Mitbegründer der OPO und wichtiges Vorstandsmitglied der SWAPO. Er nahm die Kritik der jungen Leute auf, die auch Korruptionsvorwürfe enthielt, und verlangte 1976 einen Parteitag sowie Neuwahlen der SWAPO-Führung. Damit geriet er in den Verdacht, die Führung der Organisation übernehmen zu wollen.

Die sambische Armee unterdrückte die Revolte und ließ die Dissidenten in Sambia und Tansania gefangen nehmen. Es gab Todesurteile. Viele Dissidenten verschwanden in Angola. Shipanga wurde von der sambischen Regierung zu zwei Jahren Gefängnis verurteilt und, als dessen Frau einen »habeas corpus«-Antrag stellte, der nach britischer Tradition in Sambia galt, vor der Entscheidung nach Tansania verlegt[19]. Sambias Regierung verbot dem militärischen Arm der SWAPO den »Plan«, über sambisches Gebiet nach Namibia einzudringen.

Es gelang der SWAPO nach der Sicherung der Macht in Luanda durch die MPLA, die Seiten zu wechseln und ein Bündnis mit der MPLA zu schließen. Das machte die SWAPO zu ihrem militärischen Bündnispartner im Bürgerkrieg gegen die UNITA.

Die Geschlossenheit der Befreiungsbewegungen war ein zentrales Ziel der OAU.

5.2 Der diplomatische Weg zur Unabhängigkeit

Nach dem Spruch des Internationalen Gerichtshofes in Den Haag, dass die UN Rechtsnachfolger des Völkerbundes sei, richtete die UN den Treuhandausschuss für Namibia ein und verlangte die Berichtspflicht für Südafrika. Namibia als UN-Treuhandgebiet unter südafrikanischer Kontrolle wurde zu einem Hebel der Westmächte, die Dekolonisation des Landes zu einem völkerrechtlichen Anspruch zu erheben und Druck auf

---

19 Brenke, Gabriele, »Die Bundesrepublik Deutschland und der Namibia-Konflikt«, München 1989 und Graw, Ansgar, »SWAPO und die Menschenrechte: Augenzeugenberichte und Dokumente aus Angola, Sambia und SWA/Namibia«, hrsg. von der Internationalen Gesellschaft für Menschenrechte Deutsche Sektion e. V., Frankfurt am Main 1986, mit einer Selbstdarstellung Shipangas. Die Gesellschaft sympathisierte mit Südafrika. Nach der Freilassung ging er über Schweden nach Namibia zurück und gründete 1978 die »SWAPO Democrats« (SWAPO D), die sich an den von Südafrika inszenierten Wahlen in Namibia beteiligten, und übernahm in der Übergangsregierung ein Ministerium. Bei den freien Wahlen 1989 scheiterte die SWAPO D vollständig aufgrund des Odiums der Kollaboration mit Südafrika. Shipanga starb in Namibia 2012.

Südafrika als Besatzungsmacht auszuüben. Dies war auch eine Reaktion auf den Versuch der südafrikanischen Administration, eine provisorische Regierung unter Dirk Mudge durch Wahlen, die die SWAPO ausschloss, zu installieren. Die UN und die Kontaktgruppe des Sicherheitsrates protestierten gegen diesen Versuch, nach dem Beispiel in Rhodesien eine Scheinlösung zu erreichen.

Über die Verpflichtung der UN gegenüber Namibia wurde der Konflikt mit Südafrika internationalisiert. Boykottforderungen in den USA und anderen Staaten wurden schrittweise umgesetzt und die Lösung für Namibia zu einem Beispiel für einen entsprechenden Weg für Südafrika selbst gemacht. Besonders wirkungsvoll war das Waffenembargo von 1978, das der südafrikanischen Luftwaffe wichtige Elektronikelemente entzog, so dass ihr die Lufthoheit über Angola verloren ging. Außerdem behinderte der Kapitalabzug vonseiten der USA auf Druck amerikanischer Kirchen und der afroamerikanischen Bewegung die ökonomische Entwicklung.

Die südafrikanische Regierung reagierte letztlich auf den wachsenden Druck der Westmächte, um ein Konfliktfeld auszuräumen, und stellte die massive Unterstützung für das Smith-Regime ein, die sie unter Umgehung des von der UN verhängten Embargos geleistet hatte. Sie vermied damit einen schärferen Konflikt mit den westlichen Vetomächten im Sicherheitsrat, um sich den Schutz vor scharfen Resolutionsentwürfen durch das Veto der USA, Großbritanniens und Frankreichs zu sichern. In der Vollversammlung der Vereinten Nationen gab es Mehrheiten für umfassende Sanktionen, die damit verhindert wurden.

In der Selbstwahrnehmung der Westmächte wird ihr Beitrag zu einer friedlichen Lösung der Konflikte im südlichen Afrika sehr hoch eingeschätzt. Das Durchhaltevermögen des deutschen Außenministers Hans-Dietrich Genscher gegenüber der Reagan-Administration, die sich darauf versteifte, dem Abzug der Kubaner aus Angola Vorrang vor einer UN-gestützten Namibialösung zu geben, war beachtlich, wie auch das diplomatische Geschick von Dr. Hans-Joachim Vergau, der als stellvertretender UN-Botschafter der Bundesrepublik maßgeblich die Geschäfte der Kontaktgruppe des Sicherheitsrates führte. Es bedurfte erst der militärischen Rückschläge Südafrikas in Angola 1987/88 und des weltpolitischen Wandels, den Gorbatschow einleitete, damit die Unabhängigkeit Namibias nach gescheiterten Verhandlungen in Genf 1980/81 ganze neun Jahre später erreicht wurde. Auch in der letzten Phase geriet die sehr kompromissorientierte Haltung des finnischen UN-Kommissars für Namibia durch afrikanische Staaten wie Nigeria und Botswana unter massiven Druck. Damit wurde der Weg für einen echten Machtwechsel frei gemacht. Der überwältigende Wahlsieg der SWAPO unter Sam Nujoma führte zu einem stabilen und demokratischen Regierungssystem, in dem auch die Wechsel im Amt und die nachfolgenden Wahlen keine Krisen auslösten.

6 Die Entwicklung in Südafrika

In Südafrika[20] kam die burische Nationalpartei 1948 an die Macht und setzte ihre Pläne zur ›Großen Apartheid‹ durch, versuchte aber, auf die Dekolonisation in Afrika mit einer Scheinlösung zu reagieren, indem eine ›separate Entwicklung‹ umgesetzt wurde, die die scheinautonome Bildung ethnisch konzipierter »Homelands« schuf. Diese wurden jedoch zu Armenhäusern des Landes. In der Literatur wird die bäuerliche Widerständigkeit in allen Perioden betont[21]. Die Zuwanderung der afrikanischen Bevölkerung in die städtischen Zentren ließ sich so nicht einschränken.

Schon gegen Ende des Zweiten Weltkrieges 1944 hatten Massenstreiks stattgefunden. Der ANC wurde durch seine Jugendorganisation unter Führung von Nelson Mandela aus dem Status der Honoratiorenvereinigung gerissen und politisiert. Im Kampf gegen die Umsetzung der ›Großen Apartheid‹ radikalisierte sich der ANC; er kooperierte mit dem »Indian Congress« und besaß die Unterstützung der kommunistischen Partei Südafrikas, deren wichtigste Vertreter bereits im Exil in Skandinavien und Großbritannien von sozialdemokratischen Positionen beeinflusst worden waren[22]. Da nur die sozialistischen Länder den ANC unterstützten, formulierte er in der Regel seine Positionen in marxistischer Sprache. Der PAC (»Pan Africanist Congress«) spaltete sich 1960 vom ANC ab und wurde von der OAU ebenfalls als Befreiungsbewegung anerkannt. Da der PAC den bewaffneten Kampf aber ablehnte, wurde ihm diese Anerkennung wieder entzogen und er blieb organisatorisch und in den Wahlen 1994 mit 2 % der Stimmen bedeutungslos. Seine panafrikanische Grundströmung allerdings hatte und hat eine erhebliche Ausstrahlung.

---

20 Lodge, »Black Politics«; Meli, Francis, »A History of the ANC South Africa Belongs to us«, London 1988; Adam, Heribert, »Südafrika: Soziologie einer Rassengesellschaft«, Frankfurt am Main 1968; Schleicher, Hans-Georg, »Südafrikas neue Elite: Die Prägung der ANC-Führung durch das Exil«, Hamburg 2004; Forschungsprojekt der DFG, Helmut Bley, Universität Hannover; Gail, Gerhart M., »Black Power in South Africa: The Evolution of an Ideology«, Berkeley 1978; Callinicos, Luli, »Oliver Tambo: Beyond the Engeni Mountains«, Johannesburg 2005; Bierling, Stefan, »Nelson Mandela: Rebell, Häftling, Präsident«, München 2018. Die Biographie ist wegen der Klischees und mangelnden Einbettung in die Geschichte des Landes leider wenig hilfreich. Siehe Rezension von Kirsten Rüther von der Universität Wien, in: »Stichproben: Wiener Zeitschrift für kritische Afrikastudien«, Bd. 19, Nr. 36, 2019, S. 151–164.
21 Bundy, Colin, »The Rise and Fall of the South African Peasantry«, London 1979; Beinart, William; Bundy, Colin, »Hidden Struggles in Rural South Africa: Politics and Popular Movements in the Transkei and Eastern Cape, 1890–1930«, London 1987; Lehmann-Grube, Uta, »Taking up an Attitude of Defiance: Organization and Context of Grassroots Resistance in Eastern Cape Reserves from the Late 1940s to Early 1960s«, Diss. Universität Hannover 1997, Projekt der Stiftung Volkswagen, Projektleiter: Helmut Bley. Sie ist verfügbar in der TIB Hannover. Uta Lehmann-Grube lehrt »Public Health« an der University of Western Cape, Kapstadt.
22 Schleicher, Hans-Georg, »Südafrikas neue Elite«.

Nach dem Polizeimassaker in Sharpeville 1960 bei Demonstrationen gegen die Passgesetze wurden ANC und PAC verboten. Eine dauerhafte Wirkung auf die westlichen Hauptmächte hatte Sharpeville nicht, auch wenn das Massaker Auslöser für die Entstehung der Anti-Apartheid-Bewegungen in West- und Nordeuropa wurde[23]. Es entstand seitdem ein international vernetztes System von Unterstützern für die Befreiungsbewegungen in den Zivilgesellschaften. Der Propagandaapparat der südafrikanischen Regierung schuf im Westen, in Verbindung mit konservativen Kreisen und Wirtschaftsverbänden, eine wirkungsvolle Verteidigung des Status quo im südlichen Afrika. Für die wirtschaftlichen Interessen und die antisozialistische Orientierung bestand eine starke Lobby.

Nach dem Massaker von Sharpeville begannen die Planungen für den bewaffneten Kampf. Diese Vorbereitungen wurden von den südafrikanischen Sicherheitskräften entdeckt und führten zum Rivonia-Prozess, der vom 9. Oktober 1963 bis zum 12. Juni 1964 verhandelt wurde. Die meisten Angeklagten, unter ihnen Nelson Mandela, wurden zu lebenslanger Haft verurteilt und nach Robben Island vor Kapstadt gebracht. Die Konfrontation in Südafrika mit dem militärischen Arm des ANC verzögerte sich bis in die Mitte der 1980er Jahre. Trotzdem führte die südafrikanische Armee einen präventiven Kampf um die Kontrolle der Operationsbasen von ANC und SWAPO in Namibia, in Angola und in Sambia.

Die eigentliche Dynamik des afrikanischen Widerstandswillens in Südafrika entwickelte sich im Lande selbst. Die Massenstreiks 1973 und das Erstarken der Gewerkschaftsbewegung unter anderem durch Ramaphosa – der seit 2019 Präsident des Staates ist – sowie die Ausstrahlung der »Black Consciousness«-Bewegung unter Führung von Steve Biko, der im Polizeigefängnis aus dem Fenster gestürzt und getötet wurde, hatten eine breite Politisierung der Afrikaner zur Folge.

Seit 1983 verstärkte sich die breite Protestbewegung entscheidend im Zuge einer Wahlrechtsreform, die die Mehrheit der Afrikaner ausschloss. Außerdem organisierten sich viele kommunal verankerte Gruppen, um die Verbesserung der Lebensverhältnisse selbst in die Hand zu nehmen. Sie wurden in der »United Democratic Front« (UDF) zusammengefasst. Aufgrund der Militanz von Jugendbanden, den »Comrades«, gerieten viele große Townships in die Nähe der Unregierbarkeit. Zu ihr trugen auch die Sicherheitskräfte bei, die Verbrecherbanden, sogenannte »Vigilantes«, als Gegengewicht bewaffneten, die dann mit Gewalt gegen die UDF-Bewegung vorgingen. Es kam zu bürgerkriegsähnlichen Zuständen, die sich noch verschärften, als die südafrikanische Armee Townships direkt zu verwalten versuchte.

Diese Gewalträume konnten die überforderten Sicherheitskräfte nicht kontrollieren. Sie verloren deshalb in den späten 1980er Jahren das Vertrauen der Regierung, Garanten des Status quo zu sein, zumal sie militärisch auch im Krieg in Angola in die

---

23 Duve, Freimut, »Kap ohne Hoffnung«, Reinbek bei Hamburg 1965, war einer der ersten kritischen Texte in der Bundesrepublik Deutschland.

Krise gerieten. Diese Lage ließ in der Führung der Nationalpartei und bei Intellektuellen der Afrikaaner im Umfeld der Universität Stellenbosch sowie bei dem Staatspräsidenten de Klerk die Einsicht wachsen, dass eine grundlegende Reform unvermeidbar sei. Mit einer »Rubikon-Rede« am 2. Februar 1990 kündigte er die Anerkennung des ANC und einen Verfassungskonvent an. Die Rede war auch das Ergebnis von Geheimverhandlungen mit Mandela, der nach 26 Jahren freikam. Dem waren Geheimgespräche der ANC-Führung mit südafrikanischen Wirtschaftskreisen schon 1986 in Dakar im Senegal vorangegangen. In der Verfassungskonferenz, die Ramaphosa leitete, war die südafrikanische Seite schlecht vorbereitet und der international erfahrenen ANC-Führung unterlegen. Letztere setzte sich vollständig durch, auch weil nach der Ermordung des Generalstabschefs des ANC, Chris Hani, eine revolutionäre Situation entstanden war. Unter großer internationaler Beteiligung wurden die Wahlen ein großer Erfolg. Sie wurden ein großes Friedensfest, fast mit religiöser Überhöhung.

Geschichte 37 – Vom Massaker in Sharpeville 1960 zum religiösen Fest des Friedens 1994

Sharpeville[24] war noch im Wahlkampf 1994 ein wichtiges Symbol, als zwischen Jugendlichen des PAC und des ANC Spannungen entstanden, die in Gewalt umzuschlagen drohten. Damit die Wahl als Friedensfest mit religiöser Grundstimmung nicht gefährdet wurde, schlossen sich die Frauenorganisationen des ANC und des PAC, die sonst politische Gegner waren, zu einer gemeinsamen Demonstration zusammen. Sie wollten ihren Söhnen klarmachen, dass Mandela Sharpeville nicht besuchen würde, wenn sie keinen Frieden hielten.

Die Demonstration begann vor der Polizeiwache, von der das Massaker 1960 ausgegangen war. Die Frauen knieten zu einem Gebet nieder. In diesem Augenblick näherte sich eine Einheit südafrikanischer Zionisten singend und uniformiert sowie mit Hüten bedeckt der Szene. Die Zionisten gehörten zu einer großen unabhängigen afrikanischen Kirche mit über einer Million Menschen. Sie waren offiziell unpolitisch und sollten sich nicht an der Wahl beteiligen. Beim Vorbeimarsch an den betenden Frauen stellten sie ihren Gesang ein, zogen ihre Hüte und zeigten ihren Respekt vor diesen Frauen. Nach einigen Hundert Metern setzten sie ihre Hüte wieder auf und marschierten singend weiter[25].

Als ich kurze Zeit später zu einer Inspektionsreise nach Ost-Transvaal gebeten wurde, um Nachrichten über Unregelmäßigkeiten bei der Registrierung zu überprüfen, bat mich ein alter Herr, mit einem Zionistenstern am Jackett, in meinem Wagen mit-

---

24 Lodge, Tom, »Sharpeville: An Apartheid Massacre and its Consequences«, Oxford 2011.
25 Ich war Augenzeuge als Wahlbeobachter der EU.

Abb. 71: Gemälde von Godfrey Rubens zum Sharpeville-Massaker. Es hängt in der südafrikanischen Botschaft in London.

fahren zu dürfen, der als Fahrzeug der Wahlkommission gekennzeichnet war. Er war auf dem Rückweg von dem Jahrestreffen der Zionisten mit ungefähr einer Million Menschen, die von Staatspräsident de Klerk mit einer Rede umworben worden waren. De Klerk bestärkte sie in ihrer Haltung, sich nicht an der Wahl zu beteiligen. Auf meine Frage, ob er registriert sei und ob er sein Wahllokal kenne, bejahte er beides. Er wisse alles von seinem Enkel. Als Reaktion auf meine Verwunderung, er sei doch Zionist, antwortete er verschmitzt, bei der Wahl würde er seinen Stern in die Jacke stecken, dann Mandela wählen und danach den Stern wieder anheften. Das Ereignis der Befreiung war viel bedeutender als die religiösen Vorgaben.

Der ANC blieb knapp unter der Zweidrittelmehrheit. Mandela gelang es, den drohenden Bürgerkrieg in KwaZulu-Natal zu verhindern: Er löste die Abhängigkeit des Zulu-Monarchen auf der Basis von dessen adeliger Position von dem Chef der Nkatha-Partei Buthelezi, indem er ihn aus der Staatsschatulle finanzierte und Buthelezi zum Innenminister machte. Da die Adenauer-Stiftung, die die Nkatha als Alternative zum ANC gefördert hatte, erfuhr, dass dieses als Duldung einer Sezession Natals seitens der Bundesrepublik gedeutet wurde, intervenierte der Vorsitzende erfolgreich und signalisierte, dass die Stiftung jeden Gedanken an Sezession rigoros ablehnte. Unter dem Konzept der Versöhnung in einer »Regenbogennation« gelang Mandela eine Befriedung des Landes, obwohl die sozialen und ökonomischen Folgen der Apartheid auch in den nächsten Jahrzehnten nicht gelöst werden konnten.

Abb. 72: ANC-und PAC-Frauen auf dem Friedensmarsch nach Sharpeville (1994).

Die Wendung seiner Nachfolger zu neoliberalen Konzepten konnte, mit der Ausnahme von einigen Hunderttausend Aufsteigern, die sozialpolitischen Notwendigkeiten nicht erfüllen. Die Arbeitslosigkeit lag offiziell zwischen 20 und 30 %; vermutet wird, dass es tatsächlich über 40 % gewesen sein könnten und in Armutsgebieten auf dem Lande der Anteil noch höher gewesen sei.

Kapitel 16
Postkoloniales Afrika:
Betrachtungen zu Kriegs- und Friedenszeiten

Das Verhältnis von Kriegs- und Friedenszeiten im postkolonialen Afrika verlangt nach einem differenzierten Blick, da trotz aller kriegerischer Aktionen Frieden überwog[1]. Weil die Berichterstattung der Medien auf Extremsituationen konzentriert ist, hat sich das Bild verzerrt, auch weil es an rassistische Vorstellungen eines besonders von wilder Gewalt geprägten Kontinents anknüpfen konnte. Ein Überblick über Kriegs- und Friedenszeiten soll eine erste Orientierung geben.

1 Kriege im postkolonialen Afrika

An der Wende zum 21. Jahrhundert herrschte in 37 von insgesamt 54 afrikanischen Staaten sechzig Jahre nach der Unabhängigkeit Frieden.

Große Kriege fanden während des Prozesses der Dekolonisation statt. Sie gingen von den Kolonialmächten, den europäischen Siedlergesellschaften und den USA aus, die die Dekolonisation verhindern oder die Unabhängigkeit nach ihren Interessen im Kalten Krieg lenken wollten. Die gravierendsten Fälle waren der von Frankreich geführte Algerienkrieg 1954–1962 und die Destabilisierung des Kongo durch die USA und Belgien in der Unabhängigkeitskrise 1961. Sie wollten den linken Nationalismus von Patrice Lumumba und die von ihm notgedrungen vorgenommene Anlehnung an die Sowjetunion verhindern. Beide waren an der Ermordung Lumumbas beteiligt. Die USA unterstützten den Putsch von Mobutu und dessen Diktatur über 36 Jahre. Damit sollten die Bergbauinteressen und insbesondere die Verfügung über das Uran gesichert werden. Auch von den Siedlergesellschaften Rhodesiens und Südafrikas wurden Bürgerkriege in den unabhängigen ehemaligen portugiesischen Kolonien Angola und Mosambik gefördert, nachdem das NATO-Mitglied Portugal für seine Kolonialkriege beim Bündnis Unterstützung gefunden hatte. In Angola war das amerikanische und südafrikanische Ziel, eine Machtergreifung der sozialistischen MPLA (»Movimento Popular de Libertação de Angola«) zu verhindern. In Mosambik destabilisierten Rhodesien und anschließend Südafrika die sozialistische Herrschaft der FRELIMO (»Frente de Libertação de Moçambique«). Die UNITA (»União Nacional para a Independência Total de Angola«) in Angola wurde von Südafrika unterstützt. Auch nach der erfolgreichen Sicherung der Machtposition der MPLA durch Kuba mit sowjetischer Unterstützung wurde der Bürgerkrieg durch die UNITA mithilfe der USA

---

1 Bley, Helmut; Krüger, Gesine (Hrsg.), »Überleben in Kriegen in Afrika« (Comparativ, 8. Jg., Heft 2), Leipzig 1998.

https://doi.org/10.1515/9783110452020-018

und Südafrikas verlängert. Damit wurde die Krise zu einem 27-jährigen Bürgerkrieg, auch nachdem die USA und Kuba im Gegenzug zur Schaffung eines unabhängigen Namibia ihren Konflikt in Angola durch Rückzug der kubanischen Truppen geregelt hatten.

Es kam auch zu Kriegen zwischen afrikanischen Staaten, die oft auch zu Bürgerkriegen führten: Der Sezessionskrieg Eritreas von Äthiopien dauerte dreißig Jahre von 1960–1990[2] und setzte sich einige Jahre als Grenzkrieg fort, bis Abiy Ahmed, der neue Regierungschef Äthiopiens, den Weg zum Frieden eröffnete und dafür 2019 den Friedensnobelpreis bekam[3]. Diese Hoffnung auf eine friedliche Entwicklung in Äthiopien wurde im November 2020 dadurch gefährdet, dass sich Milizen in Tigray mit dem Machtverlust nach der Wahl von Abiy Ahmed offensichtlich nicht abfanden und ein militärischer Konflikt entstand. Berichterstatter haben darauf verwiesen, dass nicht nur im Norden, sondern auch im Süden Äthiopiens Spannungen wachsen. Auch der Konflikt um die Verteilung des Wassers des Nils könnte die Spannungen erhöhen und Nachbarstaaten involvieren, die die Stauung des Nils durch Äthiopien ablehnen.

In Somalia kam es bereits seit 1977 zu Kämpfen zwischen Klans und Milizen, in die auch Äthiopien eingriff. Nach gescheiterter internationaler Intervention blieb Somalia bis in die Gegenwart ein friedloser zerfallender Staat.

Militärische Übergriffe auf tansanische Regionen durch den ugandischen Präsidenten Idi Amin 1978 beantwortete Nyerere mit einer Intervention der tansanischen Armee. Amin, der für die Ermordung von über 300.000 Oppositionellen verantwortlich war, wurde gestürzt. Die umstrittene Wiedereinsetzung des alten Präsidenten Obote führte zum Bürgerkrieg, der bis 1986 andauerte und den Museweni gewann. In der Heimatregion Idi Amins im Norden wurde der Krieg vom »Holy Spirit Movement« fortgesetzt, das einen auf Heilung ausgerichteten letzten Krieg gegen alle Kriege führte. Nach der Niederlage und Flucht von Alice Lakwena nach Kenia ver-

---

2 Quehl, Hartmut, »KämpferInnen nach einem langen Krieg: Demobilisierung in Eritrea. Eine historische Untersuchung zur Sozialgeschichte des Krieges und zum Prozess der Transformation von Konfliktpotentialen«, Felsberg 1996, Förderung: »Niedersächsisches Vorab« der VolkswagenStiftung, Projektleiter: Helmut Bley.

3 Harneit-Sievers, Axel; Ahazuem, Jones O.; Emezue, Sidney, »A Social History of the Nigerian Civil War: Perspectives from below« (Studies of African History 17, hrsg. von Helmut Bley und Leonard Harding), Enugu und Hamburg 1997; Harneit-Sievers, Axel, »Kriegsfolgen und Kriegsbewältigung in Afrika: Der nigerianische Bürgerkrieg, 1967–70«, Hannover 1992, mit Beiträgen von Gesine Krüger & Frank Schubert; Harneit-Sievers, Axel, »Zwischen Depression und Dekolonisation: Afrikanische Händler und Politik in Süd-Nigeria, 1935–1954«, Saarbrücken u. a. 1991 (zgl. Diss. phil. Universität Hannover 1990). Nach der Bedrohung und Vertreibung der christlichen Ibbo im Norden Nigerias, wo sie geschäftlich erfolgreich waren, kam es zum Biafra-Krieg 1967–1970, den die nigerianische Armee niederkämpfte. Der Friedensschluss betonte Versöhnung. Die großen Regionen in Nigeria wurden in etliche föderale Einzelstaaten aufgelöst, um Autonomie zu fördern.

kam die Bewegung als »Lord's Resistance Army« zum Treiber eines Bandenkriegs mit schwerem Missbrauch von Kindersoldaten.

In den 1990er Jahren brachen mehrere Bürgerkriege und Kampagnen von Warlords in westafrikanischen Ländern aus, die letztlich von der OAE, der Organisation für Afrikanische Einheit, unter Führung von Nigeria beendet wurden. Im Sahel haben bis in die Gegenwart islamistische Gruppen mit Anschlägen und der Kontrolle von abgelegenen Gebieten in Mali, mit Auswirkungen auf Nachbarregionen, destabilisierend gewirkt. Der bekannteste Fall war die Eroberung von Timbuktu. Dort gelang im letzten Moment die Rettung der berühmten Bibliothek vor der Zerstörungswut fanatisierter Islamisten. Die internationalen Interventionstruppen konnten Mali bislang nicht befrieden[4].

Auch in Nordnigeria gibt es islamistische Strömungen, die sich seit 1978 aufbauten und sich zum offenen Terror der Boko Haram entwickelt haben. Sie operiert im Norden und teilweise im Zentrum des Landes. Auch Insider wie Toyin Falola[5], der sich mit den sich anbahnenden Konflikten befasst hat, versteht die Zusammenhänge nur begrenzt und kann die Hintermänner nicht identifizieren. Er zweifelt an der häufig angestellten Vermutung, dass diese aus feudalen Kreisen stammen könnten, um deren Herrschaft zu erhalten.

Auch auf Afrika wirken die Weltverhältnisse ein. Die islamistischen Bewegungen strahlen vom Nahen Osten aus und wurden zum Teil stark von Saudi-Arabien gefördert. Sie sind eher ein Problem der Krise des Islam. Im Sahel und wohl auch in Somalia sind es zusätzlich erste Auswirkungen der Klimakrise, die durch Dürren die Lebensmöglichkeiten bedroht. Die fortschreitende ökologische Krise im Sahel infolge der weiteren Ausdehnung der Sahara, die damit verbundene Verarmung und Bevölkerungsbewegungen können eine wichtige Rolle spielen, die in eine düstere Zukunft weisen. Auch Libyen ist nach dem Sturz von Gaddafi durch internationale Intervention vom Zerfall der Staatlichkeit und von inneren Kriegszuständen betroffen. Der Sudan versuchte mit Gewaltaktionen in Darfur und im Südsudan, seine Peripherien weiter zu kontrollieren. Nach der erfolgreichen Sezession des Südsudan kam es zum Bürgerkrieg um die Ölressourcen und zu einem Machtkampf zwischen den Führern der großen ethnischen Gruppen.

Die Bürgerkriege sind überwiegend Reaktionen auf regionale Ungleichheiten. Sie geben alten, vom Kolonialismus geförderten oder vernachlässigten Herrschaftseliten die Chance zum Machterwerb. Es sind in der Regel kurze Konflikte, denen eine Befriedung folgt. Allerdings erhalten Warlords und Milizen, indem sie Ressourcen wie Diamanten, Coltan und Edelhölzer plündern, auf den internationalen Märkten

---

4 Harding, Leonhard, »Mali: Rebellion, Heiliger Krieg oder Kampf um Lebensmöglichkeiten?«, Berlin 2020.
5 Falola, Toyin, »Violence in Nigeria: The Crisis of Religious Politics and Secular Ideologies«, Trento 1998; Information aus einem langen Gespräch mit ihm in Hannover 2004.

Abb. 73: Bertiers, »Ethnic Clashes« (Öl auf Hartfaser, 1992).

Einkommen, die die Kriege als Gewaltmärkte verlängern. Sie verteilten sich im postkolonialen Afrika auf einen Zeitraum von sechzig Jahren.

2 Die Extremfälle: Der Genozid in Ruanda 1994 und die zwei Kongo-Kriege 1996–1997 und 1998–2003

Die größte Katastrophe ereignete sich im Kongo nach 1994[6]. Sie begann mit dem Genozid der Hutu-Extremisten an den Tutsi in Ruanda, dem bis zu eine Million Menschen zum Opfer fielen. Tutsi-Truppen aus dem Exil in Uganda, die vom ugandischen Präsidenten unterstützt wurden, marschierten in Ruanda ein und stürzten das Hutu-Regime. Eine Million Hutu flüchteten in die kongolesische Provinz Kivu und organisierten sich in den Flüchtlingslagern. Es bildeten sich Hutu-Milizen, die die im Kivu-Gebiet lebenden Banyamulenge, die den Tutsi angehören, angriffen. Die Banyamulenge rebellierten gegen diese Hutu-Milizen und wurden ein sehr eigenwillig handelnder Teil der heterogenen kongolesischen Armee. Die ruandische Armee der Tutsi marschierte 1996 in den Kongo ein und unterstützte die Rebellion der Banyamulenge[7].

---

6 Reybrouck, »Kongo«, S. 468–544.
7 Der Zweite Kongo-Krieg, siehe Artikel in Wikipedia (https://de.wikipedia.org/wiki/Zweiter_Kongokrieg).

Laurent-Désiré Kabila, ein Anhänger des ermordeten Lumumba, nutzte die Situation und organisierte 1997 von seiner Basis in Ostkasai und Katanga aus den Angriff auf Mobutus Position. Mit militärischer Hilfe der ruandischen Armee marschierte er unter dem Jubel der Bevölkerung in Kinshasa, der Hauptstadt des Kongo, ein und beendete die 36-jährige Diktatur Mobutus.

Kabila verwandelte sich selbst in einen Diktator, der seine engsten Partner durch Ermordung, Verhaftung oder Vertreibung ausschaltete. Er unterdrückte die Demokratiebewegung, verbot andere Parteien und umgab sich nur mit Leuten aus Katanga. Sehr schnell verlor er Vertrauen und seine Glaubwürdigkeit. Dies alles geschah im Schutze der ruandischen Armee. Kabila ernannte James Kabarebe, den Chef der »Republikanischen Garde« Ruandas, zum Generalstabschef und sicherte der ruandischen Armee vertraglich Besatzungsrecht im Ostkongo zu. Jackson Nzinza, der dem ruandischen Geheimdienst vorgestanden hatte, wurde Sicherheitschef.

Die ruandische Armee wurde von der Bevölkerung Kinshasas als arrogante Besatzungsmacht wahrgenommen. Außerdem unterstellten viele Kongolesen Ruanda, den Osten des Kongo annektieren zu wollen, was der Präsident von Ruanda, Kagame, auch öffentlich als Option artikuliert hatte. Kabila verlangte unter dem Druck der Bevölkerung des Kivu-Gebietes und Kinshasas deshalb in einer Radioansprache unvermutet, dass die ruandische Armee den Kongo verlassen müsse. Er versuchte mit dieser Entscheidung, seine Macht zu retten, und erzwang so den Abzug der ruandischen Armee.

Das Ergebnis war, dass die ruandische Armee unter dem Befehlshaber Kabarebe 1998 in den Kongo zurückkehrte, um Kabila zu stürzen. Daraus entwickelte sich ein sechs Jahre anhaltender Krieg. Uganda, Ruanda und Burundi sowie Milizen aus dem Ostkongo bildeten eine Allianz gegen die kongolesische Regierung; Angola, Simbabwe und Namibia unterstützten sie und die kongolesische Armee. Libyen, der Tschad und die Zentralafrikanische Republik sandten Truppen zur Unterstützung des Kongo. Auch der Sudan und Israel sowie Nordkorea leisteten Hilfe. Drei Millionen Tote und große Fluchtbewegungen waren die Folgen. Mandela in Südafrika lehnte einen Militäreinsatz ab, hatte aber beim Sturz von Mobutu vermittelt und ihm das Exil in Marokko ermöglicht. Dieser zweite Kongo-Krieg gilt als der »Große Krieg Afrikas«[8]. Neben den staatlichen Akteuren beteiligten sich über dreißig Milizen im Ostkongo an den Kriegshandlungen. Sie setzten ihre Kämpfe auch nach dem offiziellen Kriegsende fort. Der Zugang zu Diamanten, Coltan, Gold und anderen Rohstoffen ermöglichte dies. Die verschlungenen Wege des illegalen Handels und Transportes führten dazu, dass diese geraubten Ressourcen ihren Weg in die Wirtschaftszentren der Welt fanden, was erheblich zur Fortführung des Krieges im Ost-

---

8 Reybrouck, »Kongo«.

kongo beitrug[9]. Eine weitere Brutalisierung lag im verbreiteten Missbrauch von Kindern als Kindersoldaten[10]. Außerdem missbrauchten Milizen und undisziplinierte Armeen im großen Umfang Frauen. Dies diente als terroristisches Kriegsmittel, um auch deren Männer, Väter und Brüder zu traumatisieren.

Eine Auswirkung dieser »Gewaltmärkte«[11] bestand darin, dass sich viele hohe Offiziere der beteiligten Armeen durch Erwerb von Lizenzen zum Abbau von Rohstoffen, Plünderungen und sogar den Verkauf von Waffen enorm bereicherten. Sie verstärkten die Korruption bei der Rückkehr in ihre Länder erheblich. Bekannt ist dies für die Armee Simbabwes. Gleiches galt für die tansanische Armee bei der Rückkehr aus Uganda und für die nigerianische Armee im Kampf gegen die islamistische Terrorgruppe »Boko Haram«.

3 Massenflucht und afrikanische Aufnahmebereitschaft

Der Bürgerkrieg in Angola zwischen der UNITA und der MPLA lief parallel zum Krieg im Kongo weiter, bis Savimbi 2002 in einem Gefecht getötet wurde und die UNITA den Kampf aufgab. Von Simbabwe ging nach dem Krieg Mugabes gegen die Ndebele und nach der Kampagne zur Besetzung der Farmen vieler Weißer eine Fluchtbewegung aus[12]. Auch der Krieg der RENAMO (»Resistência Nacional Moçambicana«)[13] gegen die FRELIMO-Regierung hatte Fluchtbewegungen zur Folge. Somalia wurde trotz internationaler Interventionen mit UN-Mandat und trotz Eingriffs des äthiopischen Militärs zu einem von Terror zerrissenen, zerfallenden Staat, dessen Milizen auch in Kenia Terror verübten.

All dies trug wesentlich dazu bei, dass es über ein Jahrzehnt zu riesigen Fluchtbewegungen von vielen Millionen Menschen kam. Drei Großregionen wurden davon erfasst. Dies war auch Folge der Kriege um die Dekolonisation im südlichen Afrika. Die Aufnahmeländer wurden enorm belastet. Unsicherheit, Hunger und Armut nahmen kein Ende. Jahrzehntelanger Aufenthalt in oft sehr großen Flüchtlingslagern begrenzte die Selbstbestimmung und erschwerte den Rückweg zu einem Minimum

---

9 Auch in den Bürgerkriegen in Westafrika dienten Diamanten der Finanzierung der Warlords und wurden »Blutdiamanten« genannt.

10 Kindersoldaten wurden auch in den westafrikanischen Bürgerkriegen von Warlords und in Uganda von der »Lord's Resistance Army« in großer Zahl eingesetzt.

11 Elwert, Georg, »Gewaltmärkte«, in: Trotha, Trutz von (Hrsg.), »Soziologie der Gewalt« (Kölnische Zeitschrift für Soziologie und Sozialpsychologie, Sonderheft 37), Köln 1997.

12 Harneit-Sievers, »Kriegsfolgen« (Projekt 1 zu Nigeria); Bley/Meier, »Flucht« (Projekt 2); Quehl, »KämpferInnen« (Projekt 3); Bley/Meier/Grünhagen, »Freiwillige Repatriierung« (Projekt 4 zum südlichen und östlichen Afrika); Schubert, »War« (zu Uganda).

13 Wines, Alex, »RENAMO: From Terrorism to Democracy in Mocambique«, 2., revidierte Auflage, London 1996.

an Normalität. Bis 2009 kamen nach Südafrika zehn Millionen Menschen[14], davon sieben Millionen Flüchtlinge aus Mosambik, Simbabwe und dem Kongo. Stark belastet wurde auch Malawi. Es hatte bis 1992 bei 8,8 Millionen Einwohnern 1,7 Millionen Flüchtlinge aufgenommen. Tansania mit 24 Millionen Einwohnern nahm in seinem Grenzgebiet den Zustrom aus Ruanda und Burundi von über 500.000 Flüchtlingen auf. Sie beanspruchten Land, Holz und Wasser der tansanischen bäuerlichen Bevölkerung. Mit ihrer Repatriierung wurde erst 2019 begonnen. Der Staatszerfall in Somalia verursachte ebenfalls erhebliche Migrationen, vor allem nach Kenia[15]. Die Menschen blieben in der Regel über zwanzig Jahre in den Lagern, die ungeplanten Städten glichen[16]. Wer nicht in Flüchtlingslagern betreut wurde, hatte keinerlei Unterstützung. Die großen Städte der Region wurden von Zuwanderern überflutet, weil Städte, mit der Ausnahme Mogadischus, vom Krieg verschont blieben.

Abb. 74: Flüchtlingslager im Kivu-Gebiet des Kongo.

Betrachtet man die Leistungen der afrikanischen Länder bei der Bewältigung dieser riesigen Flüchtlingsströme trotz der eigenen Armut, dann erscheint die Hysterie in Europa wegen der Aufnahme von einer bis drei Millionen Flüchtlingen bei einer ei-

---

14 Hofmeyr, Jan; Lefko-Everett, Kate; Lekalake, Rorisang, »Reicher und stabiler als die Nachbarn: Südafrika als Magnet für Migration«, PDF-Datei online verfügbar unter: www.kas.de/upload/dokumente/2011/02/migration/migration_suedafrika.pdf, ohne Datum, S. 92.
15 Matthies, Volker, »Der Grenzkonflikt Somalias mit Äthiopien und Kenya«, Hamburg 1977.
16 Unsere Untersuchungen haben gezeigt, dass die meisten Flüchtlinge im Durchschnitt länger als zwanzig Jahre in diesen Lagern bleiben mussten, auch weil die Aufnahmeländer so besser Kontrolle ausüben konnten und dies einer De-facto-Urbanisierung unter marginalsten Lebensbedingungen gleichkam. Siehe Anm. 726.

genen Bevölkerung von 513 Millionen und in Anbetracht des hohen Wohlstandsniveaus als skandalöses politisches und humanitäres Versagen. Die Dramatisierung in der Propaganda übertreibt maßlos die Größenordnungen der Fluchtbewegungen nach Europa und unterschätzt die Leistungen der viel ärmeren Gesellschaften in Afrika und auch der im Nahen Osten.

4 Der Gewaltraum Europa in der Vormoderne und im Zeitalter des industriellen Kapitalismus: Ein vergleichender Exkurs

Der Betrachtung über Krieg und Frieden im Afrika der vergangenen sechzig Jahre wird zum Vergleich ein Überblick über die Gewalt in Europa gegenübergestellt. Betrachtet werden Krieg in Europa in der Periode der Agrargesellschaften der letzten dreihundert Jahre, Kriege und Bürgerkriege sowie Massenvernichtung im 20. Jahrhundert, einschließlich der damit verbundenen Entwicklungen in den USA.

Verübte Gewalt und begangene Grausamkeiten sind Bestandteil des Krieges. Sie waren auch in Europa und nicht nur in der Vormoderne weit verbreitet. Im 20. Jahrhundert waren sie überwältigend. In Europa übertraf die Ausübung von Gewalt im eigenen Kontinent und in der Welt die in Afrika bei Weitem. Dieser Vergleich lässt Zurückhaltung bei Urteilen über ein friedloses Afrika geboten sein.

Wer Grimmelshausens »Simplizissimus« gelesen hat, weiß, welche Gewalt und Grausamkeiten den Dreißigjährigen Krieg bestimmten. Es war auch hier der Krieg, der sich »aus dem Lande« ernährte und die Bauern, ihre Söhne und Töchter durch Zwang und Missbrauch drangsalierte. Die Kriege in Europas Agrargesellschaften im 18. und 19. Jahrhundert rissen nicht ab. Auch die scheinbar geübte Disziplin der »Kabinettskriege«, die nach dem Dreißigjährigen Krieg versucht wurde, verhinderte Gewalt gegen Bauern und belagerte Städte nicht und verbreitete immer wieder Schrecken.

Die »Türkenkriege« Europas gegen das Osmanische Reich begannen im 16. Jahrhundert als Defensivkriege. Sie setzten sich bis zum Ende des 19. Jahrhunderts fort. Der »Siebenjährige Krieg« Preußens gegen eine große Koalition verwüstete Mitteleuropa. Er war auch ein Weltkrieg der Kolonialmächte Großbritannien und Frankreich um die Kontrolle Indiens und Nordamerikas in der zweiten Hälfte des 18. Jahrhunderts. Ihm folgte der amerikanische Unabhängigkeitskrieg gegen Großbritannien, wobei Frankreich die Amerikaner unterstützte. 23 Jahre dauerten die Kriege zwischen 1792 und 1815 mit Revolutionskriegen und den Feldzügen Napoleons I. bis vor die Tore Moskaus. Das 19. Jahrhundert wird oft als Jahrhundert des Friedens in Europa beschrieben. Aber weitere Türkenkriege fanden statt, so auch bei der militärischen Durchsetzung der griechischen Unabhängigkeit mithilfe der Großmächte und auf dem Balkan. Die Gräuel des Krimkrieges und die Kämpfe zwischen Österreich und den norditalienischen Regionen erschütterten erstmals humanistisch Gesinnte, die die Grausamkeiten mildern wollten und Hilfe für die Verletzten forderten, was zur Gründung des »Internationalen Roten

Kreuzes« führte, um humane Anstrengungen auch im Kriege zu ermöglichen. Am Ende des 19. Jahrhunderts wurden die großen Kolonialkriege in Afrika geführt.

Zu Beginn des 20. Jahrhunderts wurden wieder die Kriegsmethoden gegen Agrargesellschaften praktiziert. Großbritannien betrieb im Burenkrieg eine Politik der »verbrannten Erde« und der Zwangsumsiedlung in Lager, die erstmals »Konzentrationslager« genannt wurden. Der Genozid in Namibia 1904–1907 war nicht nur ein Vernichtungskrieg, sondern Ergebnis einer bürokratischen Politik der totalen Enteignung von Land und Vieh. Ein Organisationsverbot wurde erlassen, die Institution des Chiefs abgeschafft und dem Volk der Herero wurden Zwangsumsiedlungen sowie Zwangsarbeit auferlegt.

Mit dem Ersten Weltkrieg, an dem sich 1917 auch die USA beteiligten, steigerten sich Gewalt und die Zahlen der Kriegstoten als Folge des industrialisierten Krieges bis in – damals nur von Friedrich Engels und August Bebel[17] vorhergesagte – unvorstellbare Größenordnungen. Über achtzehn Millionen fielen in den Materialschlachten im Westen und auf den übrigen Kriegsschauplätzen in Russland, dem Nahen Osten und in Afrika.

Auch Afrika wurde in den Krieg gezogen. Die Angriffe auf die bäuerlichen Ressourcen in Afrika waren gewaltig. Afrikanische junge Männer wurden millionenfach zum Kriegsdienst gezwungen[18]. Sie kämpften an den Fronten in Europa und im Nahen Osten und arbeiteten beim Transport und dem Ausschachten der Gräben. Im großen Stil wurden Ernten beschlagnahmt. Paul von Lettow-Vorbeck hat in Ostafrika im Ersten Weltkrieg Ernten beschlagnahmt, Dörfer verbrannt, zur Kooperation unwillige Bauern hingerichtet und junge Leute zwangsrekrutiert, wie seine vielen Telegramme im Kriegstagebuch beweisen[19].

Im Zweiten Weltkrieg führte die Brutalisierung der deutschen Kriegsführung bei den Opferzahlen von Soldaten und vor allem von Zivilisten ins Extreme. Es waren die bürokratischen und auch die persönlichen Brutalitäten von SS, Polizeieinheiten und der Wehrmacht, die im Krieg gegen die Sowjetunion 1941–1945 die Gewalt gegen Zivilisten ins Unbeschreibliche steigerten. In der Sowjetunion fielen dreizehn Millionen Soldaten und es kamen vierzehn Millionen Zivilisten um. Polen verlor 300.000 Soldaten und 5,7 Millionen Zivilisten[20]. In Deutschland verloren fünf Millionen Soldaten und fast zwei Millionen Zivilisten ihr Leben. 3,3 Millionen sowjetische Kriegsgefangene kamen in den deutschen Lagern um.

---

17 Bley, Helmut, »August Bebel und die Strategie der Kriegsverhütung«, Göttingen 1975, 2. Auflage 2014.

18 Bley, Helmut; Kremers, Anorthe (Hrsg.), »The World during the First World War«, Essen 2014.

19 Kriegstagebuch der Schutztruppe, Bde. I–IV, Imperial War Museum London, Übersetzung von 1920.

20 Auch in China starben als Folge des Angriffs Japans 3,5 Millionen chinesische Soldaten und es kamen zehn Millionen Zivilisten um. Die Opfer der chinesischen Revolution und der Experimente Mao Tse-tungs einschließlich derjenigen der »Kulturrevolution« liegen im zweistelligen Millionenbereich.

Sechs Millionen Juden aus ganz Europa wurden verschleppt und vor allem in den Vernichtungslagern getötet. Über drei Millionen »nicht jüdische Häftlinge« starben in den KZs, mindestens 100.000 Roma und Sinti wurden ermordet. Im Zuge der Eutha- nasie wurden über 250.000 Menschen umgebracht. Der Luftkrieg auf Städte wurde durch Deutschland 1937 gegen Guernica in Spanien begonnen.

Abb. 75: Wandmalerei nach Picassos »Guernica«.

Deutsche Luftangriffe auf Rotterdam in den Niederlanden am Beginn des Krieges im Westen wurden fortgesetzt, Rotterdam und Coventry zerstört. In Großbritannien wurde der Luftkrieg zur Vorbereitung der Invasion begonnen und von den Deut- schen verloren. Und schließlich wurde gegen Ende des Krieges London mit Raketen beschossen.

Großbritannien und die USA systematisierten den Luftkrieg zu terroristischen Großangriffen auf die deutschen Städte, die ungefähr 600.000 Zivilisten töteten. Höhe- punkt war der Abwurf der Atombomben auf Hiroshima und Nagasaki im August 1945 mit 800.000 Toten allein in Hiroshima und vielen weiteren Opfern der Verstrahlung. Es sind ungesühnte Kriegsverbrechen.

Zusätzlich fanden Bürgerkriege in Europa und Amerika statt: Die »Indianer- kriege« in den USA entwickelten sich zu Genoziden. Der »Terreur« der Französischen Revolution war von systematischer Gewalt und zahllosen Hinrichtungen bestimmt. Der amerikanische Bürgerkrieg 1861–1865 tötete Hunderttausende. Der Weiße und Rote Terror im russischen Bürgerkrieg 1917–1921 war von umfassender Gewalt und Grausamkeit geprägt. Die Kampagne gegen die Kulaken führte zu Hungersnöten, die Millionen töte- ten. In den Lagern des Gulag waren über achtzehn Millionen Menschen, davon starben über 2,7 Millionen. Im Deutschen Reich entwickelte sich eine dem Bürgerkrieg ähnliche

Konstellation[21]. *In Bayern, dem Ruhrgebiet und in Thüringen*[22] *kämpften Freikorps oft im Auftrag der Reichsregierung aufständische Arbeiter nieder, verfolgten und töteten sie. Die Räterepublik in Bayern und das von einer Mehrheit links von der SPD beherrschte Parlament in Thüringen wurden mit Gewalt entmachtet und es wurde Lynchjustiz geübt. Der Spanische Bürgerkrieg 1936–1939 war voller Grausamkeiten und führte zur Diktatur Francos, der bis 1975 an der Macht blieb. Er wurde aufseiten der Putschisten vom nationalsozialistischen Deutschen Reich und vom faschistischen Italien unterstützt. Auf der Seite der legitimen demokratischen Regierung kämpften internationale Brigaden.*

Man muss nur diese Liste von Kriegen und Bürgerkriegen, die in Europa stattfanden oder von ihm ausgingen, mit den Entwicklungen im postkolonialen Afrika in Beziehung setzen, um festzustellen, dass das Vorurteil, dem Afrika unterworfen wird, besonders voller Gewalt zu sein, abwegig und ungerecht ist. Man kann als Erklärung für diese falsche Wahrnehmung hinzufügen, dass diese Gewalt in Afrika mit rassistischen Stereotypen besonderer Gewaltsamkeit und wilder Brutalität assoziiert wird. Sie ist aber auch dem Umstand geschuldet, dass Westeuropa seit 1945 im Frieden lebt. Die mit der Gewalt der Roten Armee unterdrückten Reformbewegungen in der Tschechoslowakei 1948, der DDR 1953, Ungarn 1956 und der Krieg in Irland werden ausgeklammert.

Die Ungleichzeitigkeit der sozialen und politischen Entwicklungen in Afrika von den Entwicklungen der Wohlfahrtsstaaten irritiert. Überlegenheitsgefühle mit rassistischer Konnotation und Geschichtsvergessenheit verzerren die Wahrnehmung. Das Überlegenheitsgefühl der erfolgreich industrialisierten Gesellschaften führt in die Irre, weil die Gewalt in Europa nicht nur ein Phänomen der Vormoderne war, sondern sich gerade im Verlauf der Industrialisierung steigerte. Auch die späteren Kolonialkriege wie der Algerienkrieg, der dreißigjährige Krieg in Vietnam oder der Krieg im Irak wurden externalisiert.

---

21 In Bayern wurde die Räterepublik im April 1919 ausgerufen und von Freikorps niedergekämpft.
22 Der Ruhrkampf war eine Gegenreaktion auf den Kapp-Putsch von der Roten Ruhrarmee, der USPD und KPD und anderen linken Verbänden, die die politische Macht anstrebten. Die Zahl der Kämpfer wurde auf 30.000–100.000 Männer geschätzt. Bei den Freikorps waren 45.000 beteiligt. Nach dem Ende des Kapp-Putsches griffen Reichswehr und Freikorps im Auftrag der Reichsregierung im Ruhrgebiet ein. Die linken Truppen erlitten über 2.000 Tote auch durch Hinrichtungen. Siehe Tenfelde, Klaus: »Bürgerkrieg im Ruhrgebiet 1918 bis 1920«, in: Ellerbrock, Karl-Peter (Hrsg.), »Erster Weltkrieg, Bürgerkrieg und Ruhrbesetzung: Dortmund und das Ruhrgebiet 1914/18–1924«, Dortmund 2010, S. 13–66. Im Oktober 1923 wurde in Thüringen eine Koalition aus SPD und KPD gebildet. Daraufhin rückte im November das Militär in Thüringen ein und verhängte die »Reichsexekution«, so dass die Landesregierung sich auflöste.

5 Leben im Frieden im postkolonialen Afrika: Exemplarische Betrachtungen und Assoziationen

Die Berichte über die Kriege in Afrika überdecken zu oft, dass in der Mehrheit der afrikanischen Staaten Frieden herrscht, auch wenn sie nicht frei von sozialen Spannungen und regional begrenzten Gewaltausbrüchen sind. Das gilt auch für Länder mit Kriegen. Im Kongo herrscht, außer in dessen Osten, Frieden. Der größte Teil der Länder, die vom islamistischen Terror betroffen sind, hat in anderen Regionen Frieden.

In Kriegen werden Strategien entwickelt, wie man dem Krieg ausweicht. Auch in Kriegen gibt es regionale Inseln des Friedens. Nach den Konflikten beteiligen sich viele Menschen an Verfahren zur »Reinigung« derer, die Blut vergossen haben, oder Heilung jener, die schwer traumatisiert wurden.

Die Geschichte erfolgreicher Konfliktvermeidung ist ein kaum erforschtes Gebiet. Konflikte unterhalb der Gewalt des Krieges gehören ebenfalls in Konzepte der Friedenssicherung. Eindämmen der Bandenkriminalität ist ein Teil davon. Bei häuslicher Gewalt greifen oft Frauengruppen ein, die diese Gewalt im Dorf öffentlich skandalisieren. Auch Distriktbeamte können Frieden fördern. So gelang es durch behutsame Vermittlungstätigkeit dem District Officer Charles Magoti, der in Hannover promoviert hatte, bei Ressourcenkonflikten am östlichen Rand der Serengeti in Tansania die Entwaffnung der Kontrahenten durchzusetzen und den Konflikt so zu entschärfen. In Ruanda waren es zunächst die Dorfgerichte, die die Folgen des Genozids bei sich bearbeiteten. Besonders bemerkenswert waren in Ruanda die Kommissionen zur Bewältigung des Genozids. Die »Wahrheitskommission« in Südafrika zur Aufarbeitung der Verbrechen der Apartheid war ebenso ein Versuch, die Gewalt aufzuarbeiten, ohne neue Gewalt zu verursachen. Auch die zunächst unwillige Bereitschaft der Bevölkerung, die Ankunft von Flüchtlingen hinzunehmen, lässt sich einschließen. Die Menschen duldeten die Inanspruchnahme von Land, Holz und Wasser. Es war ihr Beitrag zum Frieden, wobei, wie in Tansania, die Bauern ebenfalls Hilfeleistungen vom UNO-Flüchtlingsrat erwarteten. An den Rändern von Johannesburg kam es aber auch zu fremdenfeindlichen Exzessen, wenn die Raumnot in den Slums unerträglich wurde.

In den von Gewalt geplagten Räumen trug die massenhafte Verbreitung von Kleinwaffen, die auch aus den Beständen der Volksarmee der DDR, auf dem Waffenmarkt landeten[23], zum Gebrauch von Schusswaffen durch Banden bei. Die Minenfel-

---

23 Der Export wurde zum Teil im Rahmen der Affäre um den Verteidigungsminister Stoltenberg (CDU) annulliert. Die Waffen der Betriebskampfgruppen und anderer Sicherheitsorgane wurden nicht kontrolliert und teilweise schon von der letzten DDR-Regierung auf den Markt gebracht. Siehe »Vom Ende der NVA«, MDR Zeitreise vom 28.02.2016, Zitat aus der Sendung: »In nur fünf Jahren rüstete das wiedervereinte Deutschland fast die komplette NVA ab. Die Bundesrepublik wurde so zum zweitgrößten Waffenlieferanten der Welt. Neben Indonesien erhielten Lettland, Estland, Polen,

der in den ehemaligen Kampfgebieten bleiben für lange Zeit eine Gefahr für die Bauern und Bäuerinnen und ihre Kinder bei der Arbeit auf den Feldern. Diese Minen, die auch als Kinderspielzeug geformt sind, werden nicht in Afrika hergestellt, sondern in den Industrieländern[24]. Dies zeigt, wohin Profitgier führen kann, die durch mangelnde Staatskontrolle bei uns hingenommen wird.

Die Langzeitfolgen der Kriege wirken weiter. Traumatisierte Kämpfer und Kämpferinnen, die missbrauchten Kinder und Frauen sowie die Opfer der verbrannten Dörfer mussten in den Nachkriegszeiten wieder ins soziale Leben zurückgeführt werden. Immer wieder werden Praktiken der Reinigung der Kämpfer und die Betreuung der Kinder und Frauen als Wege zur Wiedereingliederung in die Gesellschaft versucht. Viele lokale Friedensaktionen bemühten sich, Gewalt einzudämmen[25]. In Sebokeng in Südafrika haben eine Dozentin und ihre Studierenden der Pädagogischen Hochschule Frieden im Stadtteil stiften können, wie dies auch viele Komitees in den Townships in Angriff genommen hatten. Die Heinrich-Böll-Stiftung hat unter dem Direktorat von Axel Harneit-Sievers in Lagos in der Zeit nach dem Biafra-Krieg viele lokale Friedensinitiativen in Nigeria begleitet und gefördert. In Kenia wurden Institutionen des kommunalen Gewohnheitsrechtes mobilisiert, um grassierende Kriminalität und die Überfälle somalischer Milizen, aber auch Konflikte zwischen Kikuyu und Masai wegen Land und Weidegebieten zu deeskalieren.

Friedensaktivitäten, Widerstand und Kritik an undemokratischen Verhältnissen, insbesondere an den Militärdiktaturen oder Übergriffen des Militärs, sind eng miteinander verbunden und Teil der Demokratiebewegungen. Sie entwickeln sich aus lokalen Missständen. Unterdrückung von Gewerkschaftern und politischen Aktivisten sowie grobe Verstöße gegen die Rechtsstaatlichkeit und unmäßige Urteilssprüche geben den Anlass. Rücksichtsloses Niederreißen von Hütten und provisorischen Unterkünften in den Slums oder ausufernde Korruption bei Behördengängen kann Widerstand auslösen. Demokratiebewegung und Friedenswunsch müssen zusammen gedacht werden. Diese Aktionsbereitschaft findet sich in allen afrikanischen Ländern, wenn sie auf Krisen ihrer Herrschaftssysteme reagieren. Lokale Konfliktvermittlung ist Teil des Alltags gerade in agrarischen Gesellschaften. Sie setzt sich in den Städten fort. Zu diesen Aktivisten lassen sich viele Künstler und Künstlerinnen in Afrika zählen.

Spanien, Uruguay und einige weitere Länder« Waffen. Siehe auch o. V., »Rüstung: Big Fred«, in: Der Spiegel 9, 1992 und Schwarz, Wolfgang, »Entsorgung per Export: Das Arsenal der einstigen DDR-Armee wird in alle Welt verkauft: Freunde schaffen mit vielen Waffen«, in: Die Zeit, 22.05.1992, Zitat: »250.000 automatische Handfeuerwaffen vom Typ Kalaschnikow, 5.000 Maschinengewehre nebst mehreren 100 Millionen Schuss Munition, dazu 5.000 Panzerfäuste RPG 7 plus 250.000 Einheiten entsprechende Munition und weiteres Schießzeug.«

24 Bericht und Beispiele wurden im Rahmen der Antiminen-Kampagne der UN vor dem Deutschen Komitee der UNICEF vorgetragen und gezeigt, in dem ich Mitglied war.

25 Beispiele: Hudson, Heidi, »The Power of Mixed Messages: Women Peace and Security Language in National Action Plans for Africa«, in: GIGA: Africa Spectrum 52, Nr. 3, 2017, S. 3–30.

5.1 Bildende Kunst, Literatur und Musik: Teil der afrikanischen Demokratiebewegung

Literatur und Malerei des postkolonialen Afrika haben ebenso wie die populäre Musik Gewalt und despotische Herrschaft immer wieder angeklagt und mussten oft schwere Sanktionen hinnehmen. Wichtige Autorinnen und Autoren, die nur exemplarisch behandelt werden können, beschrieben vor und nach der Erringung der Unabhängigkeit mögliche Gefahren der Entwicklung.

Geschichte 38 – Postkoloniale Literatur

- *Chinua Achebe (Nigeria) veröffentlichte vor der Unabhängigkeit Nigerias »Things fall apart« und 1960 »No longer at Ease« sowie 1966 »A Man of the People«.*
- *Wole Soyinkas literarisches Werk und seine Kritik am System in Nigeria stießen immer wieder auf massive Reaktionen der Militärdiktatoren. Sie trieben ihn wiederholt ins Exil und verurteilten ihn in Abwesenheit zum Tode. Seine Songs werden in Kapitel 5.2 vorgestellt.*
- *Ein besonders brutaler Akt der nigerianischen Militärjustiz war die Hinrichtung des Schriftstellers Ken Saro-Wiwa 1995. Er hatte gewaltfreie Kampagnen im Nigerdelta organisiert, weil im Gebiet seines Volkes, der Ogoni, die ruinöse Vergiftung des Grundwassers und Ackerlandes durch auslaufendes Öl aus den Leitungen der Shell Company andauerte[26]. Saro-Wiwa als Umweltaktivist stellte diese Methoden an den Pranger. Er war schon seit den 1970er Jahren als Satiriker im Fernsehen aufgetreten. Auch in seinem 1996 posthum veröffentlichten Roman »Lemona's Tale« behandelte er, am Schicksal einer zum Tode verurteilten Frau, die Geschichte der Armut und der Enttäuschung über die Lebensverhältnisse.*
- *Ngugi wa Thiong'o (Kenia) schrieb bereits 1967 seinen großen Roman unter dem Titel »Grain of Wheat«, in deutscher Übersetzung »Freiheit mit gesenktem Kopf«, und 1977 »Petals of Blood«, übersetzt »Verbrannte Blüten«. Ngugi geriet unter Druck des Vizepräsidenten von Kenia, Daniel arap Moi, als er ein Theater gründete, das in der Sprache der Kikuyu unzensierte Stücke aufführte. Er kam in ein Hochsicherheitsgefängnis. Dort schrieb er das Theaterstück über den Führer »Fighter for Land and Freedom«[27] und »The Trial of Dedan Kimathi«. Seine Position war in dieser Zeit von dem Marxismus geprägt, den Frantz Fanon vertrat. Er kam 1978 wieder frei, verlor aber seine Professur an der Universität Nairobi. Er beklagte wei-*

---

26 Zum Hintergrund siehe Ogbonnaya Okorie, Victor, »From Oil to Water? The Deepening Crisis of Primitive Accumulation of the Waterscapes of Nigeria's Niger Delta«, in: GIGA: Africa Spectrum 53, Nr. 1, 2018, S. 111–128.

27 Berman, Bruce, »Nationalism, Ethnicity, and Modernity: The Paradox of Mau«, in: Canadian Journal of African Studies, Bd. 25, Nr. 2, 1991, S. 181–206.

ter die Ungerechtigkeiten des Systems und wurde zusammen mit seiner Familie be-drängt. Deshalb ging er 1980 für 22 Jahre ins Exil und kehrte erst 2002 nach dem Ende der Amtszeit von Moi zurück.

– *Doris Lessing (Simbabwe) veröffentlichte ihr »Golden Notebook« 1962; sie begann ihre fünfbändige Romantrilogie mit den Bänden »A Proper Marriage« und »Child-ren of Violence« 1964 und beklagte darin Rassismus und Stagnation in Rhodesien.*

– *Bemerkenswert ist, wie der Lyriker Dambudzo Marechera, ebenfalls aus Simbabwe, schon weit im Vorfeld der Unabhängigkeit eine düstere und von Desillusionierung bestimmte Lyrik verfasste. Die frühesten Gedichte hatte Marechera 1970–1973 ge-schrieben. Sie sind unter dem Titel »Liberty« in dem Gedichtband zusammengefasst, den Flora Veit-Wild 1992 in ihrer Zeit in Simbabwe erstmals als Gesamtwerk in dem Lyrikband »Cemetery of Mind« veröffentlichte[28]. In ihrem Buch »Teachers, Preachers, Non Believers: A Social History of Zimbabwean Literature«[29] charakterisiert sie in Teil II, »The Lost Generation of the 1970s between Protest and Despair«, wie skep-tisch diese Generation auch den künftigen Entwicklungen in der Perioden der Unab-hängigkeit gegenüberstand. In Teil III »Writing Trends in the 1980s: A Diversity of Voices« thematisiert sie »War Trauma«, »Demythologising the Struggle« und »Satire and Urban Literature«. Auch dies charakterisiert die postkoloniale Literatur generell[30].*

Geschichte 39 – Malerei gegen den Krieg

Die Malerei repräsentiert vergleichbare Strömungen, die in der eindrucksvollen Samm-lung von Bildern und Skulpturen zum Ausdruck kommen, die Gunter Péus, der ZDF-Korrespondent in Nairobi, in den 1960er und 1970er Jahren zusammengetragen hat[31].

Die Maler verarbeiteten den Schock, dass nur wenige Jahre nach Erringung der Unabhängigkeit der Sezessionskrieg der Igbo zu einem Bürgerkrieg wurde, in dem die Weltöffentlichkeit die Not der Zivilbevölkerung in »Biafra« zum zentralen Thema machte. Beispielsweise wurde das harte Durchgreifen des nigerianischen Militärs gegen Schmuggler von Waren nach Biafra in der Malerei angeklagt.

---

28 Unter dem Titel »Writing Madness: Borderlines of the Body in African Literature«, das 2006 bei dem für Afrika so wichtigen Verlag von James Curry in London erschien, veröffentlichte Flora Veit-Wild eine Analyse seines Werkes.

29 Veit-Wild, Flora, »Teachers, Preachers, Non Believers: A Social History of Zimbabwean Litera-ture«, London 1992. Sie hat bis zu ihrer Emeritierung Afrikanische Literatur im Institut für Afrikanis-tik an der Humboldt Universität zu Berlin gelehrt.

30 Falola, Toyin; Harlow, Barbara, »African Writers and their Readers: Essays in Honor of Bernth Lindfors«, Trenton 2002.

31 Katholische Akademie Hamburg und Kulturbehörde Hamburg (Hrsg.), »Neue Kunst aus Afrika: Afrikanische Gegenwartskunst aus der Sammlung Gunter Péus«, Berlin 1977.

Abb. 76 und 77: Nigerianische Maler gegen den Krieg.

Geschichte 40 – Musikanten und demokratischer Widerstand: Eine Reise durch Landschaften der afrikanischen populären Musik

Viele Musiker und Musikerinnen nutzten ihre Musik zur Kritik an den autoritären post-kolonialen Regimen. Damit wandten sie sich gegen die politische Gewalt in ihren Län-

Abb. 78: Middle Art, Öffentliche Hinrichtung in Lagos. Öffentliche Hinrichtungen waren in Lagos, der Hauptstadt Nigerias, zunächst eine Sensation, die viele Schaulustige anzog. Als die Militärdiktatur auch Exekutionen zur Schau stellte, die die Menschen in Lagos als Justizwillkür empfanden, zogen sie sich davon zurück und die Regierung stellte die Praxis ein. Dies war das Ergebnis eines stillen, aber wirkungsvollen Protestes.

dern. Hugh Masekela, Miriam Makeba und Dollar Brand wurden wichtig im Kampf gegen die Apartheid und für die Freilassung von Nelson Mandela. Freiheitsbewegung und Bereitschaft, den Befreiungskampf zu unterstützen, verschmolzen miteinander. Die Musiker wurden verfolgt und gingen ins Exil. Ihre Musik war nicht nur populär, sondern sie waren Teil der Demokratiebewegung in Afrika.

Nimmt man die Darstellungen zur populären Musik im postkolonialen Afrika[32] von Veit Erlmann und den Mitautoren oder den eindrucksvollen Fotoband von Thomas Dorn, dann wird die große Verbreitung von Bands, Chören und Liedermachern in allen Regionen Afrikas deutlich. Sie reflektierten die Stimmung vor allem der jungen Generation und indem sie deren Ungeduld, aber auch Lebensfreude artikulierten, waren sie in dieser Weise politisch.

Viele Gruppen musizierten auf dem Lande im Freien bei festlichen Anlässen, Versammlungen, an Markttagen und auf Beerdigungen. Die Stars unter den Musikern agierten in offenen Hallen, großen Hotels und Clubs der Städte. Einige wurden Weltstars mit ihren Bands und besaßen eigene Studios. Das Radio, die Kassetten und Platten sowie CDs verbreiteten die Musik über den Kontinent. Dabei kamen ihre jeweiligen kulturellen Welten zum Ausdruck. Sänger und Musiker stammten auch aus Familien der alten Griots in Westafrika. In den Palästen der Könige gab es Hofmusikanten. Isla-

---

32 Erlmann, Veit (Hrsg.), »Populäre Musik in Afrika«, Mus.-Kat. Berlin, Museum für Völkerkunde, 2 CDs, Berlin 1991; Dorn, Thomas; Mensah, Ayokolo, »Houn-Noukoun: Gesichter und Rhythmen in Afrika«, München 1997, mit 2 CDs, französische Originalausgabe Paris 1996.

mische Traditionen flossen ein, ebenso die christliche Chormusik und die des kolonialen Militärs. Vieles war lokal verankert und dennoch gab und gibt es weitverbreitete Stile, so die »Highlife«-Musik in Westafrika. Der Jazz von Südafrika strahlte aus und ebenfalls die Musikstile der Ujamaa-Zeit in Tansania. Die Musik des Kongo beeinflusste das ganze östliche Afrika. Es gab Stilvermischungen. Die Musik der westlichen Welt wurde auch in Afrika rezipiert und umgeformt.

Viele der Weltstars studierten in England, Frankreich und den USA. Sie musizierten zusammen mit den großen Musikern dieser Länder, so mit Duke Ellington, Paul Simon, Peter Gabriel und anderen. Sie lebten nicht nur während des Studiums dort, sondern fanden Unterstützung, wenn sie ins Exil gehen mussten. Ihre Musikstile hatten weltweit Einfluss. Hugh Masekela und Dollar Brand wirkten bei der Entwicklung des Stils des modernen Jazz mit. Wichtig wurden afrikanische Musiker auch für die Entstehung des Konzeptes der »Weltmusik«.

5.2 Westafrika

Wole Soyinka und die Songs der Platte »Unlimited Liability Company«

Wole Soyinka wurde 1934 in Abeokuta (Nigeria) geboren[33]. Seine Mutter stammte aus der Ransome-Kuti-Familie und war eine prominente Frauenrechtlerin. Fela Kuti, der Star des »Afrobeat«, war sein Cousin. Wole Soyinka ging in Ibadan aufs Gymnasium und studierte zunächst am dortigen University College und anschließend im englischen Leeds. Er wandte sich der europäischen Theatertradition zu und übertrug sie nach Nigeria, wo er ein Theater und eine Vereinigung der Theaterleute gründete.

Über den Militärputsch 1966 war er entsetzt. Während des Biafra-Krieges nahm er informell Kontakt zum Führer der Sezessionisten auf, um Friedensmöglichkeiten zu sondieren. Dafür wurde er für zwei Jahre ins Gefängnis geschickt. Seine Theaterstücke wurden aber weiter aufgeführt. Nach der Freilassung 1969 übernahm er in Ibadan eine Professur für Vergleichende Literaturwissenschaft, zog sich aber daraus zurück und ging 1971 aus Protest gegen die innenpolitischen Verhältnisse ins freiwillige Exil in die USA. Zurück in Nigeria lehrte er von 1975–1984 an der Universität Ife. Er kritisierte immer wieder massiv die Korruption der Militärdiktaturen und veröffentlichte die Platte mit dem satirischen Song »I love my Country«.

1986 erhielt er den Nobelpreis für Literatur. 1994 floh er mit dem Motorrad nach Benin und von dort wiederum in die USA. 1997 verurteilte ihn der Militärdiktator Abacha in Abwesenheit zum Tode. Nach dessen Tod 1998 kehrte Soyinka nach Nigeria zurück. Neben seiner großen literarischen Produktion mischte er sich immer wieder öffentlich mit Kritik an den politischen Skandalen ein.

---

33 Biographische Daten und Foto aus Wikipedia-Artikel »Wole Soyinka« mit hervorragenden Nachweisen (https://en.wikipedia.org/wiki/Wole_Soyinka).

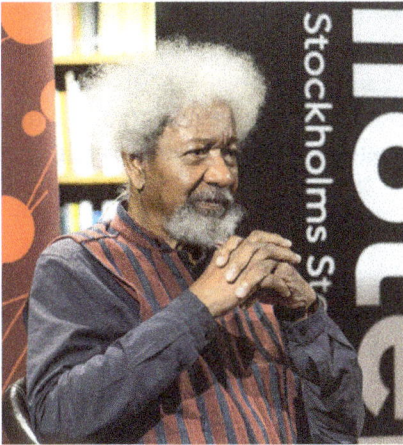

Abb. 79: Wole Soyinka (2018).

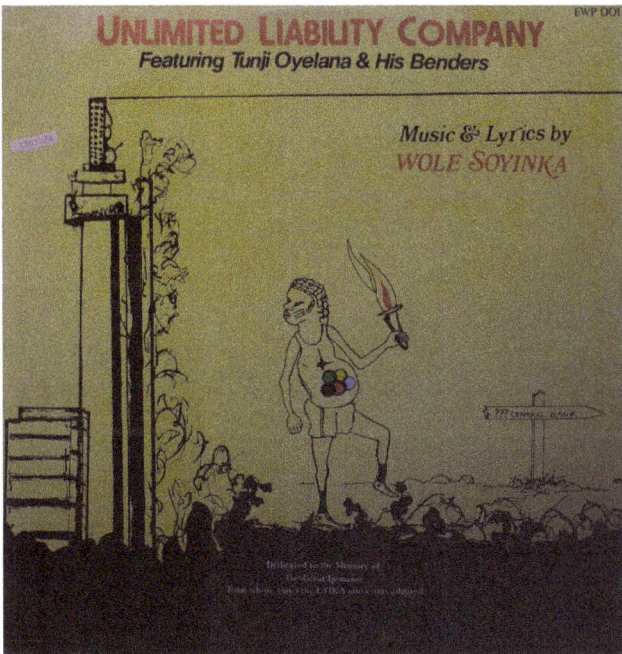

Abb. 80: Plattencover »Unlimited Liability Company«, Wole Soyinka.

Die Songs von Wole Soyinka von 1970 waren gesungene Satiren. Sie richteten sich gegen die Propaganda der Regierung, eine »ethische Revolution« zu vollziehen. Mit diesem Begriff versuchte das Regime, die Kritik am Lebensstil seiner Mitglieder zu übertönen. Soyinka griff diese Propaganda in dem Song »Etika Revo wetin?« an und wendete diese Formel ins Absurde. Er prangerte zugleich die Misswirtschaft in

Nigeria an. Die Nahrungsmittel würden vom Markt verschwinden und sogar das für das Kochen wichtige Palmöl werde knapp. Die Stromversorgung falle immer wieder aus. Soyinka lässt in seiner Satire die sowjetischen Astronauten beim Überflug über Nigeria berichten, dass auf den Highways große Berge sogar aus dem All sichtbar seien, womit er die Müllberge meinte. Er eröffnete den Song mit dem ständig wiederholten Chorus in Pidgin English:

> *»I love my country I no go lie*
> *Na inside am I go live and die*
> *I know my country I no go lie*
> *Na im and me go yap till I die*
> *I love my country I no go lie*
> *Na inside am I go live and die*
> *When e turn me so, I twist am so*
> *E push me, I push am, I no go go«*

Er schloss mit der satirischen Inflation des Begriffes »ethische Revolution«:

> *»Etika Revo why?*
> *Etika Revolution*
> *Corner – corner revo wetin?*
> *Etika revolution*
> *Me a go revo dem head o!*
> *Etika revolution*
> *Etika chop chop*
> *Etike, Etike*
> *Etika Millionaire: Etike Etike*
> *Etika champagne: Etike Etike*
> *Etika Swiss Account: Etike, Etike*
> *Etika private Jet: Etike Etike*
> *Elokomita: Etike, Etike«*

Der Text des zweiten satirischen Songs von Soyinka trägt den Titel »Unlimited Liability Company«. Es ist ein satirisches Gespräch eines westlichen Botschafters mit dem »Chairman« der Company, womit der Präsident Nigerias gemeint ist.

> *»Chairman, you sabi waka o*
> *We look for you from Tokyo to New York*
> *In Bulgaria, they say just commot*
> *Your executive jet pass us for Argentina*
> *Chairman, dis meeting go hot o*
> *Your Directors done chop all we money*
> *While you dey shake hands with Kings and Presidents*
> *Your business partners done shake the Treasury loose*
> *My eye see wonder the other day for Yola*
> *When your Directors meet for society wedding*
> *Private jet and helicopter na de fashion*
> *Mercedes na dash to their favourite singers*

Forty aeroplanes, all private, fly in the guests
Each Director and wife spray at least twenty thousand
When money finish at midnight they open the bank
For brandnew Naira to continue the lovely spray«

Als Antwort auf diese Vorwürfe kommt die Aufforderung, sich an der Company zu beteiligen:

»Shareholder you no wan chop?
There is still room in the company caucus
Your cheeks go robust like we very own
Milk an honey and sugar for your tea«[34]

Der »Afrobeat« der Band von »Fela Ransome Kuti & Africa«

Fela Kuti[35] wurde 1938 in Abeokuta in die Egba-Community der Yoruba geboren. Großvater und Vater waren protestantische Pastoren, der Vater zudem Direktor einer »Grammar School«. Seine Mutter war eine bekannte Frauenrechtlerin in Nigeria. Fela Kuti suchte früh Stätten auf, an denen traditionelle Egba-Musik gespielt wurde, und war an der Erhaltung dieses Erbes interessiert. Seine Eltern schickten ihn 1959 nach London. Er studierte aber nicht Medizin wie seine Brüder und seine Schwester, sondern schrieb sich in die »Trinity School of Music« ein. Dort blieb er fünf Jahre und heiratete eine Nigerianerin, die drei Kinder von ihm bekam. Gleichzeitig gründete er mit anderen Nigerianern in London eine »Highlife Band«, zu der auch J. K. Bremah gehörte, der ihn in Lagos in die Musikzirkel eingeführt hatte.

Fela Kuti kehrte 1963 nach Lagos zurück und spielte »Highlife« und Jazz. Er ging nach Kritik an dem Biafra-Krieg[36], in dem das Volk der Igbo die Sezession versuchte (1967–1970), mit seiner Band »Koola Lobitos« nach Los Angeles. Dort gab er der Gruppe den Namen »Fela Ransome Kuti Nigeria 70«. Die Amerikanerin Sandra Isodore, die mit den »Black Panthers« eng verbunden war, führte ihn in die Philosophie und Schriften von Malcolm X, Eldridge Cleaver und anderen »Black Panthers« ein. Dadurch politisiert, wurde er zum Panafrikanisten. Zurück in Nigeria änderte er den Namen seiner Gruppe in »Fela Ransome Kuti & Africa« und nannte seinen Stil »Afrobeat«. Er sang – wie sein Cousin Wole Soyinka – in Pidgin English, um das einfache Volk zu erreichen. Es war eine Protesthaltung gegen die Arroganz der Elite, der er angehörte. Seine Musik behandelte Alltagsszenen, mit denen sich sein Publikum identifizieren konnte.

---

34 »Sugar for my Tea« war die verharmlosende Bezeichnung für die Forderung nach Korruptionszahlungen auch durch die internationale Geschäftswelt. Die von ihm besungenen Skandale waren allgemein bekannt.
35 Inhaltliche Angaben aus CD-Booklet »Orbituary« von Rikki Stein »Fela Ankulapo Kuti: A Prophet«, August 1987; Sammlung Bley.
36 Harneit-Sievers/Ahazuem/Emezue, »A Social History«.

Abb. 81: Fela Kuti.

Zunächst musizierte er im »Empire Hotel«, dann in seinem eigenen Klub, einer großen offenen Halle.

Youssou N'Dour: Sänger in der Tradition der Völker des Senegal

Youssou N'Dour wurde 1959 in Dakar im Senegal geboren[37]. Sein Vater war Angehöriger der Serer, der drittgrößten Gruppe in Senegambien, seine Mutter eine Tukulor. Sie gehörte der Kaste der »Griots« an, den traditionellen Preissängern. Youssou N'Dour nahm diese Impulse nur indirekt auf, weil er kulturell den Wolof verbunden war. Er galt aber, auf dem Höhepunkt seiner Karriere, als »moderner Griot«. 1979 gründete er seine erste Gruppe »Étoile de Dakar« (»Stern von Dakar«) im Stil der Latinos und wurde damit populär. Der Sound seiner Gruppe »Super Étoile« nahm unverkennbar Elemente von »mbalax«, der populären Tanzmusik des Senegal, auf. Sie stammte aus der sakralen Musik der Serer, wurde aber vom Soul, Blues und Rock aus den USA beeinflusst. Youssou N'Dour hatte zusätzlich Einflüsse kongolesischer Musik und von lateinamerikanischem Jazz sowie Rhythmen aus der Kultur der afrikanischen Diaspora aufgenommen. Er schuf die musikalische Sprache der städtischen Jugend, nicht nur des Senegal. Er spielte im Rhythmus des heimischen »sabar«, einer Tanzform der Mandinge, und setzte Gesten ein, als seien er und seine Musiker »Griots«[38].

1991 hatte er ein eigenes Aufnahmestudio und sang mit Peter Gabriel, Sting und anderen Weltstars. Er wurde zum bekanntesten afrikanischen Musiker und erhielt

---

37 Artikel »Youssou N'Dour«, Wikipedia (https://en.wikipedia.org/wiki/Youssou_N%27Dour).
38 Artikel »mbalax«, Wikipedia (https://en.wikipedia.org/wiki/Mbalax).

den Ehrendoktor der Yale University. Er war ein erfolgreicher Geschäftsmann und betrieb die größte senegalesische Zeitung, »L'Observateur«. Außerdem wurde er »Good Will«-Botschafter für die FAO (»Food and Agriculture Organization of the United Nations«) und aktiv bei »Amnesty International«. Er sagte eine Amerikatour ab, um damit gegen den amerikanischen Angriff auf den Irak zu protestieren, und beteiligte sich an Kampagnen gegen den sudanesischen Terror in Darfur. 2012 kandidierte er in den Präsidentschaftswahlen, die er verlor, wurde aber Minister für Kultur und Tourismus bis zur Abwahl der Regierung 2013. Er ist in Stil, Sprache und Kritik ein politischer Musiker.

Abb. 82: Youssou N'Dour.

Dobet Gnahoré: Sängerin und Tänzerin in der Elfenbeinküste

Dobet Gnahoré wurde 1982 in der Elfenbeinküste geboren. Ihr Vater, Boni Gnahoré, war ein Perkussionist in Abidjan, wo sie sich einer bekannten Tanzgruppe anschloss. Mit einem französischen Gitarristen gründete sie 1999 das Duo »Ano Neko«. Während der bürgerkriegsähnlichen Unruhen in der Elfenbeinküste tourte sie mit ihm durch Frankreich und ließ sich in Marseille nieder. Sie kehrte 2001 zurück und hatte beim MASA-Off-Festival großen Erfolg. Als ihr neuer Partner bei Unruhen getötet wurde[39], ging sie nach Frankreich zurück. 2003 erweiterte sie »Ano Neko« mit einer Backgroundsängerin und einem Perkussionisten. Die Melodien beinhalten kongolesische Rumba sowie Highlife aus Ghana und Melodien der Mandinge. Dobet Gnahoré singt in mehreren Sprachen, auch in Suaheli. Flucht vor Unruhen, ein Leben im Exil in Marseille und Verwendung vieler Stilmittel der afrikanischen Musik und Sprache kennzeichnen ihre politische Position als Panafrikanistin – ein Traum, der sie mit vielen intellektuellen Jugendlichen verbindet und auch Kritik an den Staatsklassen beinhaltet.

---

39 Zu den Unruhen siehe Schiel, Rebecca; Faulkner, Christopher; Powell, Jonathan, »Mutiny in Côte d'Ivoire«, in: GIGA: Africa Spectrum 52, Nr. 2, 2017, S. 103–116.

Abb. 83: Plattencover »Djekpa La You«, Dobet Gnahoré.

5.3 Zentralafrika

Lokua Kanza: Zwischen Musik aus Zaire (Kongo) und der Weltmusik

Die Musik aus dem Kongo strahlte weit nach West- und Ostafrika aus. Lokua Kanza stammte aus der Kivu-Provinz im Osten und lebte seit 1964 in Kinshasa[40]. Bis sein Vater starb, ging er vorübergehend zur Schule. Er sang im Kirchenchor und ein befreundeter Musiker vermittelte ihn an das Konservatorium in Kinshasa, wo er klassische Gitarre studierte. Er spielte in regionalen Orchestern im Kongo, in Gabun und in der Elfenbeinküste als Gitarrist. 1984 ging er nach Frankreich, wo er in der afrikanischen Musikszene aktiv war.

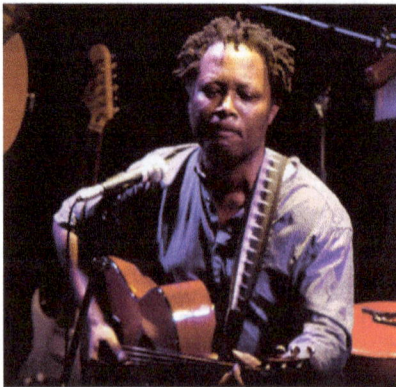

Abb. 84: Lokua Kanza.

---

[40] Lokua Kanza, Quelle: https://en.wikipedia.org/wiki/Lokua_Kanza. Siehe auch die Analyse seiner Musik bei Monga, »The Anthropology«, S. VI f.

Seine erste eigene CD wurde mit dem »African Music Award« ausgezeichnet. 1994 holte ihn Youssou N'Dour als Sänger zu den Aufnahmen für ein Album. Er tourte mit Peter Maffay und spielte in dessen Vorprogramm; auch schrieb er Stücke für Miriam Makeba.

5.4 Ostafrika

Musik aus Dar es Salaam, Morogoro und Kilwa

Die Traditionen der Musikerinnen und Musiker aus Morogoro und Dar es Salaam gehen auf die 1930er Jahre zurück. Ihre Musik wurde zwischen 1968 und 1973 und damit während der Hauptphase der Ujamaa-Bewegung aufgezeichnet. Sie entwickelte sich zum Sound der ganzen Region, auch wenn diese Einheit nach den politischen Spaltungen zerfiel, als Tansania den Weg zur Ujamaa einschlug, Kenia sich aus der geplanten »Ostafrikanischen Union« zurückzog und die Hoffnungen auf eine ostafrikanische Einheit mit dem Putsch von Idi Amin in Uganda erloschen.

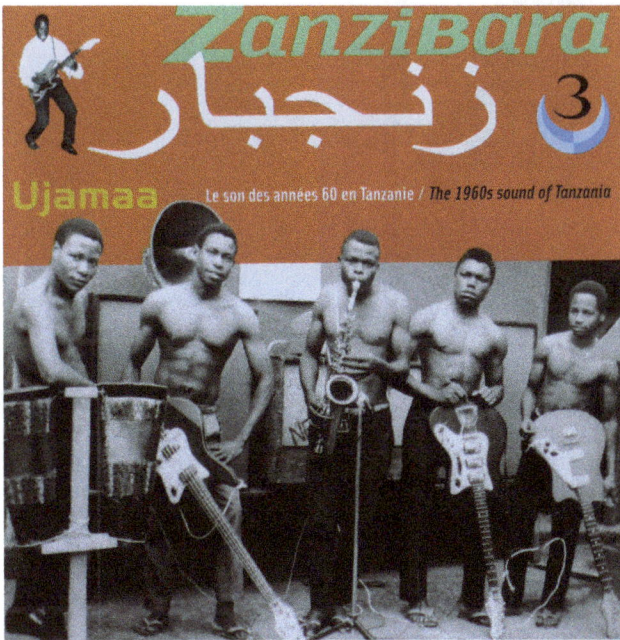

Abb. 85: Plattencover »Le son des années 60 en Tanzanie / The 1960s sound of Tanzania«, Zanzibara.

»Black Star Musical Club« in Tanga

Neben Dar es Salaam und Morogoro gewann auch die Musik des »Black Star Musical Club« in Tanga an Bedeutung[41]. Seit den 1960er Jahren wurde die Musik vor allem von Radio Dar es Salaam überregional verbreitet. Sängerin war zunächst Shakila. 1970 gründete sie einen neuen Klub, den »Musical Star Club«. Ihre Freundin Sharmila übernahm ihre Rolle im »Black Star Musical Club«. Beide Gruppen waren erfolgreich. Die Musik wurde unter dem Plattenlabel »Musiki« in Mombasa (Kenia) veröffentlicht. Die beiden Gruppen lösten sich weitgehend von den Intonationen der arabischen und indischen Musik, aber Musikwissenschaftler verweisen auf Intonationen und Stilmittel des Rezitativs, die auf arabische und Swahili-Elemente hinweisen. Ungewöhnlich war die Instrumentarisierung. Eingesetzt wurden Orgel, elektrischer Bass und Gitarren. Auch diese Musiker hatten politische Lieder im Programm. So begrüßten sie den Sieg von Samora Machel in Mosambik 1975 und kritisierten die Militärregimes in Afrika der damaligen Periode, wie andere Bands auch.

Foto 39. Die Sängerin Sharmila, Black Star Musical Club, Tanga

Abb. 86: Die Sängerin Sharmila, Black Star Musical Club, Tanga.

---

41 Graebner, Werner, »Tarabu: Populäre Musik am Indischen Ozean«, in: Erlmann, »Populäre Musik«, S. 181–200.

5.5 Südafrika

Hugh Masekela: Der Begründer des südafrikanischen Jazz

Masekela wurde 1939 in einem Township bei Witbank geboren[42]. Sein Vater war Gesundheitsinspektor und Bildhauer, seine Mutter Sozialarbeiterin. Masekelas jüngste Schwester Barbara war Lyrikerin und ANC-Aktivistin. Er wuchs bei seiner Großmutter auf, die eine illegale »Shebeen« (Bar) für Minenarbeiter betrieb. Früh fing er an, Klavier zu spielen und zu singen. Nach einem Film über amerikanische Jazztrompeter begann er mit vierzehn Jahren, Trompete zu spielen. Die Trompete kaufte ihm der spätere Erzbischof Trevor Huddleston, der die katholische Kirche in Südafrika gegen die Apartheid positionierte. Huddleston unterrichtete Hugh Masekela als Kaplan an der St. Peter's Secondary School in Rosettenville. Huddleston vermittelte ihn an die »Native Municipal Brass Band Uncle Sauda« in Johannesburg und gründete später die erste Jugend-Jazzband in Südafrika. Louis Armstrong, der mit Huddleston befreundet war, hörte von der Band und sandte 1959 eine seiner Trompeten als Geschenk für Hugh Masekela. Mit seiner Musik spielte Masekela gegen die Ausweitung der Apartheid im Südafrika der 1950er und 1960er Jahre. Er sang über die Alltagssorgen der afrikanischen Bevölkerung und wurde dadurch sehr populär.

Allmählich entwickelte sich eine Weltkarriere. Er sang mit Miriam Makeba in einem Musical. 1958 kam er in Kontakt mit den »Manhattan Brothers«, die in Südafrika auftraten. 1959 gründete er mit Dollar Brand, Johnny Gertze und anderen die »Jazz Epistles«. Als nach dem Massaker in Sharpeville im März 1960 die südafrikanische Regierung Versammlungen von mehr als zehn Leuten verbot, verließ Masekela Südafrika mit der Hilfe von Trevor Huddleston. Auf Initiative Yehudi Menuhins wurde er in London in die »Guild Hall School of Music« aufgenommen. Er besuchte die USA, freundete sich mit Harry Belafonte an und wechselte zur »Manhattan School of Music«. Das Ausmaß der Förderung durch die Kulturszene der angloamerikanischen Kulturwelt und durch Huddleston, einen katholischen Reformer, ist beachtlich und Teil der internationalen Solidaritätsbewegung. Das hatte Auswirkungen auf Masekelas Politisierung. 1962 heiratete er Miriam Makeba. Sie trennten sich aber nach zwei Jahren.

Von »Grazing in the Grass« (1968) wurden vier Millionen Platten verkauft. 1974 organisierte er mit anderen das »Zaire Music Festival«, das in Kinshasa parallel zu dem damals berühmten Boxkampf von Muhammad Ali gegen Foreman stattfand.

1987 wurde sein Song »Bring him back Home« in der Anti-Apartheid-Bewegung äußerst populär, weil er als Song zur Befreiung Nelson Mandelas verstanden wurde. Hugh Masekela betonte stärker seine afrikanischen Wurzeln und musizierte mit west- und zentralafrikanischen Bands. Die Verbindung mit Südafrika stellte er in den Jahren 1980–1984 her, indem er ein mobiles Aufnahmestudio in Botswana an

---

42 Nach Wikipedia, »Hugh Masekela« (https://en.wikipedia.org/wiki/Hugh_Masekela).

der Grenze zu Südafrika einrichtete. Er übernahm den »Mbanga«-Stil, der auf Traditionen der Musik der Zulu zurückging. 1985 gründete er die »Botswana International School of Music« in Gaborone. Er war auf der »Graceland Tour« mit Paul Simon und sang mit Fela Kuti. Seinen berühmten »Soweto Blues« sang seine Exfrau Miriam Makeba.

1990 kehrte er nach Südafrika zurück. 2016 spielte er in Johannesburg zusammen mit Abdullah Ibrahim das erste Mal nach sechzig Jahren wieder vereint in den »Jazz Epistles«. Sie erinnerten damit an den vierzigsten Jahrestag des 16. Juni 1976, den Beginn der großen Jugendunruhen im Apartheid-Staat. Hugh Masekela starb am 23. Januar 2018.

Abb. 87: Hugh Masekela.

Miriam Makeba: Die Stimme gegen die Apartheid

Miriam Makeba[43] wurde 1932 in Kapstadt geboren. Ihre Mutter war eine Heilerin der Swasi und arbeitete als Hausangestellte bei Weißen. Ihr Vater, ein Xhosa, starb, als sie sechs Jahre alt war. Nach der Grundschule in Pretoria kam sie über den Chorgesang zur Musik. Sie schloss sich in den 1950er Jahren verschiedenen Jazzbands an.

Ihre erste Single erschien 1953, die »Sky Larks« gründete sie 1956. Durch Musicals und die Beteiligung an dem Anti-Apartheid-Film »Come back Africa« 1959 wurde sie auch international bekannt. Während eines Aufenthaltes in den USA im gleichen Jahr starb ihre Mutter und die Apartheid-Behörden verweigerten ihr die Rückreise. Harry Belafonte half ihr, Asyl zu bekommen. Danach startete sie eine Weltkarriere mit Songs wie dem »Malaika Soweto«. Sie sang zum Geburtstag von John F. Kennedy im Madison Square Garden und forderte 1962 vor der Vollversammlung der Vereinten Nationen den Boykott des Apartheid-Systems. Sie ging mit Paul Simon auf dessen »Graceland

---

43 Quelle: Text des CD-Booklets, Sammlung Bley, und Wikipedia, »Miriam Makeba« (https://en.wikipedia.org/wiki/Miriam_Makeba).

Tour« und sang 1988 in Harare zum siebzigsten Geburtstag von Nelson Mandela zusammen mit Hugh Masekela. Im Juni 1990 kehrte sie auf Bitten Mandelas nach Südafrika zurück, wo sie 2008 starb.

Abb. 88: Miriam Makeba (1969).

Dollar Brand (Abdullah Ibrahim): Der Modernisierer des Jazz

Dollar Brand wurde ebenfalls in Kapstadt geboren und war zwei Jahre jünger als Miriam Makeba[44]. Nach der Ermordung seines Vaters wuchs er bei seinen Großeltern auf und fand Beistand bei der »American Methodist Episcopal Church«. 1960 spielte er erstmals in einer Band und trat ein Jahr später mit Hugh Masekela und anderen im Sextett der »Jazz Epistles« auf. 1962 verließ er Südafrika.

Seine musikalische Kariere entwickelte sich durch seine Innovationen. Er kreierte einen modernen Jazzstil und gründete in Zürich das »Dollar Brand Trio«. Dort wurde er von Duke Ellington entdeckt. 1974 nahm er mit anderen Jazzgrößen in Südafrika im Studio Platten auf. Seine Komposition »Mannenberg« wurde in der südafrikanischen Anti-Apartheid-Bewegung sehr beliebt[45]. 1982 gab er in Maputo, der Hauptstadt von Mosambik, ein Konzert für die Sozialwissenschaftlerin Ruth First, die durch eine Briefbombe der südafrikanischen Sicherheitsbehörden

---

44 Quelle: Text des CD-Booklets von 1990 »Good News from Africa«, Sammlung Bley, und Wikipedia, »Abdullah Ibrahim« (https://de.wikipedia.org/wiki/Abdullah_Ibrahim).
45 Urteil des Verfassers des Wikipedia-Artikels »Abdullah Ibrahim«.

ermordet worden war[46]. Das Konzert fand in Anwesenheit von Samora Machel, dem Präsidenten des Landes, statt. 1990 kehrte er wie Miriam Makeba nach Kapstadt zurück und spielte eine wichtige Rolle in der Jazzszene.

Abb. 89: Abdullah Ibrahim (Dollar Brand).

Kennzeichen dieser afrikanischen Musik ist, dass sie das Lebensgefühl der Periode um die Unabhängigkeit und in Südafrika den Kampf gegen die Apartheid widerspiegelte. Auch die Enttäuschungen und die Desillusionierung über die Entwicklungen im postkolonialen Afrika wurden zum Thema gemacht. Diese auf dem ganzen Kontinent aktiven Musikszenen waren Teil der Demokratiebewegung. Ihre Musik war an friedlichen Verhältnissen orientiert und strahlte in viele Regionen aus. Sie war gesamtafrikanisch. Vieles war zugleich mit der Welt der Musik ihrer Zeit verbunden. Gleichzeitig wurden viele Stile aufgenommen, wobei die Musik der afrikanischen Diaspora der Amerikas eine besondere Rolle spielte. In Europa und Amerika wurden die Highlights als Weltmusik rezipiert. Durch Studium und Musizieren mit europäischen und amerikanischen Musikern waren sie zugleich international vernetzt. Viele Stilelemente der alten afrikanischen Musik blieben aber präsent. Die Aufnahme so vieler Stilrichtungen verweist auf die Weltoffenheit vor allem in den großen Städten bei aller Verwurzelung in ihren kulturellen Welten, die sie unverkennbar macht.

5.6 Persönliche Beobachtungen von Momenten des friedlichen Miteinanders

Es ist die Erfahrung vieler, die sich mit Afrikas Welten befassen, dass die persönlichen Erfahrungen beim Reisen durch die Länder und bei den Begegnungen mit den Menschen ein viel positiveres Bild entstehen lassen, als sich aus den aggregier-

---

46 Begegnung mit Ruth First 1966 in London. Der Tagungsband »South West Africa: Travesty of Trust« wurde von ihr und Ronald Segal herausgegeben und erschien 1967 in London. Mein Beitrag: Bley, Helmut, »From Conquest to Mandate: German South West Africa«, S. 35–53.

ten Gesamtdeutungen und Krisenszenarien ergibt[47]. Pauschale Aussagen verdecken die unauffälligeren Regionen und Verhältnisse. Auch wir, meine Studierenden und ich, die mit den Projekten über »Kriegsfolgen und Kriegsbewältigung« sowie den Aspekten von »Flucht und Vertreibung« den Krisensituationen nahe waren, mussten versuchen, uns ein integriertes Bild zwischen düsteren Perspektiven und lebendigen sozialen Bewegungen zu erarbeiten.

Kirsten Rüther hat diese Spannung zwischen den Blickweisen in ihrem Buch »Afrika: Genauer betrachtet. Perspektiven aus einem Kontinent im Umbruch«[48] thematisiert. Sie hat ihre Reiseeindrücke mit der Geschichte der Länder kombiniert. Die wichtigsten Themen wurden systematisch erörtert und in Gesprächen mit den mitreisenden Studierenden und innerhalb ihrer Seminare verarbeitet. So entstehen Synthesen, die überzeugen. Auch die eigenen Reisen unterlagen Beschränkungen. Gebiete, die früher besucht worden waren, konnten zu »No-go-Areas« werden und waren zeitweilig unzugänglich[49]. In den folgenden Abschnitten sind Beispiele ausgewählt, die meine persönlichen Erfahrungen zu diesem Thema wiedergeben.

Diese Betrachtungen und persönlichen Erinnerungen sollen friedliche Verhältnisse auch nach Konflikten widerspiegeln. Sie betonen Demokratiebewegungen und Friedensbemühungen. Durch Gewaltausbrüche wurden aber immer wieder auch zunächst friedliche Regionen gefährdet. Darüber darf der Alltag im Frieden, wenn auch oft von Armut begleitet, nicht außer Acht gelassen werden. Die Komplexität der Lebensverhältnisse kennzeichnet auch die Welten des postkolonialen Afrika.

Geschichte 41 – Eritrea: Szenen nach dreißig Jahren Krieg

In Eritrea herrschte dreißig Jahre lang ein Sezessionskrieg um die Unabhängigkeit von Äthiopien. Frauen machten 25 % der Armee der Befreiungsbewegung aus. Sie mussten unter extremen Umständen durchhalten, meistens mehr als sechzehn Jahre lang. Sie mochten kaum emotionale Bindungen eingehen, weil sie sich dem Tod geweiht fühlten. Die wenigen Ehen, die gewagt wurden, lösten sich im Frieden unter dem Druck der Fa-

47 In diesem Teil sind Gebiete als Beispiele ausgewählt, die die persönlichen Erfahrungen zu diesem Thema wiedergeben. Fotos, die auf diesen Reisen gemacht wurden, sollen diese Erfahrungen illustrieren.
48 Rüther, Kirsten, »Afrika: Genauer betrachtet. Perspektiven aus einem Kontinent im Umbruch«, Wien 2017.
49 Ein Beispiel ist Jos in Zentralnigeria, wo ich Katja Füllberg-Stolberg 1986 besucht habe. Sie arbeitete dort über die Weltwirtschaftskrise der 1930er Jahre. Es war eine damals friedliche Welt im Gegensatz zur Entwicklung, die nach 2001 für Jos bestimmend wurde. Siehe auch Geschichte 45 »Nigeria – Begegnungen 1980–1986«, S. 526. Madueke, Kingsley Lawrence; Vermeulen, Floris F., »Frontiers of Ethnic Brutality in an African City: Explaining the Spread and Recurrence of Violent Conflict in Nigeria«, in: GIGA: Africa Spectrum 53, Nr. 2, 2018, S. 37–64.

milien wieder auf, weil die traditionellen Regeln der Eheschließung in den Familien trotz des langen Kriegs fortwirkten[50]. Das siegreiche Militär setzte die Repression, die in der Wüste im Kampf lebenswichtig gewesen war, im Frieden fort und zwang die männliche Jugend alsbald in einen mörderischen Grenzkrieg mit Äthiopien. Trotz dieser widrigen Umstände blühte das Leben 1995[51] wieder auf. Zum Nationalfeiertag 1995 kamen viele Exilierte aus den USA und auch aus Deutschland ins Land, trauten sich aber nicht zu bleiben. Für die Kinder, groß geworden in Frankfurt oder Berlin, waren das Land und die Lebensumstände der Großeltern fremd. Die Stadt Asmara hatte sich mit ihrem fast italienischen Flair erhalten und lebte auf. Bei den Wanderungen im Land traf ich Bauern beim Pflügen und sah noch die Überreste der zerstörten Panzer. Ich begegnete dem orthodoxen Priester Corkt von der St.-Michael-Kirche in der Nähe Asmaras. Er zeigte mir Anispflanzen auf der Wiese und nahm mich mit zum Gottesdienst. Danach vollzog seine achtjährige Tochter Irl Astik die Kaffeezeremonie für mich. Bei weiteren Ausflügen traf ich das Landvolk, das auf den Straßen unterwegs war. Es war bewundernswert, wie friedlich sich – trotz der harschen Militärdiktatur – das Leben in der agrarischen Welt wieder entfaltete.

Abb. 90: Asmara, Eritrea (1995).

---

50 Quehl, »KämpferInnen«.
51 Eigene Reiseerfahrungen zusammen mit Hartmut Quehl, dem Autor von »KämpferInnen«.

Abb. 91: Straße in Asmara (1995).

Abb. 92: Wieder unbehelligt vom Krieg: eritreischer Bauer beim Pflügen (1995).

Abb. 93: Spuren des Krieges: äthiopischer Panzer (1995).

Abb. 94: Die achtjährige Tochter, Irl Astik, des orthodoxen Priesters Corkt, St.-Michael-Kirche, zelebriert die Kaffeezeremonie für Helmut Bley (1995).

Geschichte 42 – Uganda 1986 nach dem Bürgerkrieg

Zur Vorbereitung des Forschungsprojektes zum Bürgerkrieg in Uganda, das Frank Schubert (nun Universität Zürich) bearbeitete, besuchten wir[52] Mahmood Mamdani, den renommierten Politologen, damals an der Makerere University in Kampala[53]. Er verhalf uns aus seinem Schülerkreis zu landes- und sprachkundigen Begleitern und mit ihnen kamen wir im Land herum. Alice Lakwena, Gründerin der Armee des Holy Spirit Movements, hatte in dieser Zeit noch große militärische Erfolge und war auf Jinja zumarschiert. Sie konnte aber den Nil nicht überwinden und scheiterte nach einer Niederlage. Danach trafen wir auf friedliche Szenen selbst in der Nähe von Jinja. Wir begegneten einer stolzen Bauernfamilie auf ihrer Bananenfarm, sahen die Frauen am Nil ihre Wäsche bleichen und erlebten das aus allen Nähten platzende Kampala, in das viele Menschen aus den Kampfgebieten geflohen waren.

Abb. 95: Wäschebleiche am Nil in Uganda, trotz Kriegszeit (1986).

---

[52] Auf der Reise nach Uganda begleitete ich Frank Schubert, der an seiner Dissertation mit dem Titel »War Came to our Place« über den Krieg in Norduganda arbeitete. Auch Axel Harneit-Sievers war dabei, der hannoversche Spezialist für den Bürgerkrieg in Nigeria und spätere Direktor der Heinrich-Böll-Stiftung in Lagos und Nairobi.
[53] Mahmood Mamdani veröffentlichte 1996 das wichtige Buch »Citizen and Subject: Contemporary Africa and the Legacy of Late Colonialism«.

Geschichte 43 – Kenia, Nairobi: Eine Großstadt mit einer differenzierten Ökonomie, trotz Spannungen und Konflikten

Kenia habe ich seit 1971 regelmäßig bereist. Trotz der langen autoritären Regierungszeit von Kenyatta und der Ausgrenzung des zweitgrößten Volkes von Kenia, den Luo, von der Macht waren die Spannungen ohne Gewaltausbrüche geblieben. Wichtig sind die Plantagensektoren für Kaffee, Tee, Gemüse und Blumen, die meist in der Hand von Europäern und Indern sowie einflussreichen Kikuyu sind. Madame Kenyatta, die Frau des ersten Präsidenten, wurde zur reichsten Frau in Afrika. Die letzte Reise 2012 war von den Nachwehen der Krisen in Kenia überschattet. 2008 war es zu heftigen ethnischen Gegensätzen mit vielen Toten gekommen, als die amtierende, von Kikuyu dominierte Regierung versucht hatte, die Wahlen durch ethnische Polarisierung zu beeinflussen. In der Literatur wird dennoch darauf hingewiesen, dass die Bevölkerung ermuntert wurde, ihre gewohnheitsrechtlichen Möglichkeiten zur Konfliktregulierung zu nutzen. Dazu gehörten Vermittlungstechniken bei Konflikten von Bauern (Kikuyu) und Hirten (Masai); außerdem Regeln, um lokale kriminelle Banden zu beobachten und sie mittels »Peace Committees« zu disziplinieren und auch in die Flüchtlingslager einsickernde somalische Gruppen mit terroristischen Absichten zu melden. Ich selbst hatte mich 1971 in das von Europäern als »No-go-Area« deklarierte große Slum »Mathare Valley»[54] *getraut und erfuhr den spontanen Schutz einiger junger Männer, als mich eine betrunkene Frau angriff. Ich hatte den hilfsbereiten Männern auf ihre Frage, wohin ich wollte, geantwortet, ich sei auf dem Weg zum benachbarten Stadtteil, was meinen Weg erklärte. In ihrer Haltung kam die Bereitschaft zum Eingreifen im Konfliktfalle zum Ausdruck. Es war sicherlich auch Stolz dabei, für ihr riesiges Wohnquartier die Respektabilität des Mathare Valley gegenüber den seltenen europäischen Besuchern zu demonstrieren.*

Kenia, das einst ein wirtschaftliches Vorzeigeland gewesen war, geriet seit den 1980er Jahren in eine ökonomische Krise[55]. *Unter den Angriffen der somalischen Milizen litt auch die wichtige Tourismusindustrie, die starken Schwankungen unterworfen wurde. Die ethnischen Konflikte während der Wahlen 2008 hatte dieselbe Wirkung.*

Der moderne Sektor in Landwirtschaft und Gewerbe erreichte die Mehrheit der Bevölkerung immer weniger. Kleinbäuerliche Wirtschaft litt unter Landnot. Die Viehhaltung wurde aufgrund häufiger Dürren in den ariden Zonen gefährdet. Für uns wurde das 2006 deutlich, als wir einen Umweg wegen schlechter Straßenverhältnisse nahmen und durch viele Dörfer fuhren, die nur zwanzig bis dreißig Kilometer hinter der boomenden Tourismuszone südlich von Mombasa lagen. Dort herrschte eine erhebliche Hungersnot und überall waren die Säcke mit Maismehl zu sehen, die internationale Nothilfeorganisationen geliefert hatten. In den Städten begrenzte eine Mischung

---

54 Hake, Andrew, »African Metropolis: Nairobi's Self-Help City«, New York 1977.
55 Kioko, Eric Mutisya, »Conflict Resolution and Crime Surveillance in Kenya: Local Peace Committees and Nyumba Kumi«, in: GIGA: Africa Spectrum 52, Nr. 1, 2017, S. 1–33.

von formellen Sektoren und informellen Beschäftigungen die Entwicklungsmöglichkei-
ten. In den 1980er Jahren kamen Ängste und Unsicherheiten vieler Menschen dadurch
zum Ausdruck, dass sie in der Mittagspause in großen Mengen den Predigern der
Pfingstkirchler und anderer Erweckungsbewegungen zuhörten, während vor der angli-
kanischen Kathedrale die Mercedesse des Establishments zum Gottesdienst oder zu
den aufwendigen Hochzeiten vorfuhren.

Abb. 96: Nairobi: Business People (1971).

Geschichte 44 – Lamu: Eine Idylle wird zum Krisengebiet

Lamu ist eine sehr alte Stadt und war bereits um 900 während des »Shungwaya«-
Handelsreiches ein wichtiger Hafen[56]. Es ist einer der frühen Ausgangspunkte der
städtischen Swahili-Kultur. Trotz etwas Tourismus und eines Flughafens auf dem Fest-
land hat sich die Gemächlichkeit auch 2006, als wir es besuchten, noch erhalten,
wenn auch etliche der schönen alten Häuser aus Korallengestein von Europäern und
Amerikanern restauriert wurden und als Zweithäuser dienen. Auf abgelegenen Inseln
im Lamu-Archipel nutzte Prominenz die Insel, so Mike Jagger, Prinz Charles und Caro-
line von Monaco mit dem hannoverschen Welfenprinzen.
Moscheen, ein Palast und der zentrale Platz bilden den Kern der Stadt. Die Gassen
sind so eng, dass man sich zur Seite drängen muss, wenn ein Lastesel vorbei will. An

---

[56] Siehe Kapitel 4.6 zu Ostafrika, »›Shungwaya‹ – ein Handelsreich von Klanföderationen der Oromo«, S. 136.

Abb. 97: Nairobi: Konferenzzentrum (1971).

Abb. 98: Kaffeearbeiterin bei der Qualitätskontrolle der Kaffeebohnen (2012).

Abb. 99: Hightech zur Kaffeeröstung made in Costa Rica (2012).

Abb. 100: Ein Metallhandwerker aus dem informellen Sektor auf dem Weg zum Markt (2012).

den Mauern des Schulgebäudes werden neoliberale Erziehungsziele verkündet. Lange Strände laden zur Bootsfahrt oder zur Wanderung zu einem edlen Ausflugslokal ein. Vielleicht keine Idylle, aber weitgehend entfernt von den Spannungen in unmittelbarer Nachbarschaft des von Gewalt zerrissenen Somalia.

Dieser Frieden wurde 2011 abrupt unterbrochen, als die sunnitisch-fundamentalistische Miliz der Al-Shabaab auf der Insel Anschläge verübte, wohl als Vergeltung für amerikanische Luftangriffe auf ihre Basen. Die Rückzugsräume der Milizen lagen in einem Waldgebiet nahe Lamu auf somalischem Gebiet. Auch in Nairobi und gegen amerikanische Militärbasen wurden Anschläge verübt. Das idyllische Lamu wurde zeitweise zum Sperrgebiet.

Abb. 101: Am zentralen Platz auf Lamu (2006).

Geschichte 45 – Nigeria: Begegnungen 1980–1986 in Kano

Bei einem Flug nach Kano, der großen Stadt des Sokoto-Kalifats, fragte ich 1980 einen nigerianischen Geschäftsmann, wo ich Geld wechseln könne. Er bot sich selbst an und schleuste mich ohne Aufwand durch die Einreiseprozedur. Am nächsten Tag besuchte ich sein Haus und bekam einen überraschenden Einblick in ein großes Netzwerk dieser sudanesischen Großhändlerfamilie in Nigeria. Mein Gastgeber war von Kairo zurückgekehrt, wo er eine Haussa-Frau aus der Kairoer Geschäftswelt geheiratet hatte. Sein Ziel war, sich mithilfe ihrer Verbindungen in Kairo am dortigen Bauboom zu beteiligen. Die in den Geschäften in Westafrika engagierten Familienmitglieder trafen sich, weil sie die Wirtschaftslage in Nigeria als schwierig einschätzten und überlegten, wie sie sich ohne große Verluste daraus zurückziehen könnten. Aus Kamerun war ein Cousin gekommen, der dort Waffen in das Krisengebiet im Tschad verkaufte. Man be-

Abb. 102: Noch ist Frieden, trotz der großen Nähe Somalias (2006).

Abb. 103: Eine der erhaltenen Türen aus der Hochzeit der Swahili-Kultur (2006).

schloss, dass er das Waffengeschäft für die Dauer des Konfliktes fortsetzen sollte. Die Immobilien würden an nigerianische Beamte verkauft, der Textilhandel sollte aufgegeben werden. An diesen Beratungen wurde der Großvater, der im Jemen lebte, per Telefon beteiligt. Zwischendurch trat ein Bettler ein, der die übliche islamische Geldspende abholen wollte. Er bekam sie aus einer bereitgestellten Schale. Da er als Spion der Regierung galt, verstummte die Runde während seines Aufenthaltes. Am nächsten Tag, dem Freitag als islamischem Feiertag, war zu einem allgemeinen Frühstück für die sudanesische Community geladen worden und auch ich durfte teilnehmen. Zu der Gesellschaft gehörten auch islamische Theologen aus dem Sudan, die Dozenten an der Universität waren. Von ihnen erfuhr ich viel über ihre Vorstellungen eines reformierten modernen Islam. Von den radikalisierenden Strömungen war in Kano, trotz erster Anzeichen seit 1978, noch nichts zu spüren oder aber ich wusste zu wenig und die sudanesischen Theologen betonten, in Abwehr dieser Tendenzen, die sie kennen mussten, die Reformfähigkeit ihres Glaubens.

Abb. 104: Indigofärberei in Kano (1980).

Auf der Fahrt mit Doktoranden nach Maiduguri im Norden, der damals noch friedlich schien, kamen wir durch Dörfer, in denen einzelne Häuser in ethnisch religiösen Konflikten von unmittelbaren Nachbarn in Brand gesetzt worden waren.

    Die Anfänge islamistischer Bewegungen seit 1978 begannen sich auszuwirken. Auf der Reise 1986 besuchte ich auch Jos in Zentralnigeria, wo Katja Füllberg-Stolberg im Rahmen des Projekts zur Weltwirtschaftskrise der 1930er Jahre den Fortbestand und das Wiederaufleben des traditionellen Handels und den verstärkten Nutzen der Esel als Transportmittel untersuchte. Es war ein Platz im tiefen Frieden, wie auch die Fahrt nach Katsina sehr ruhig verlief.

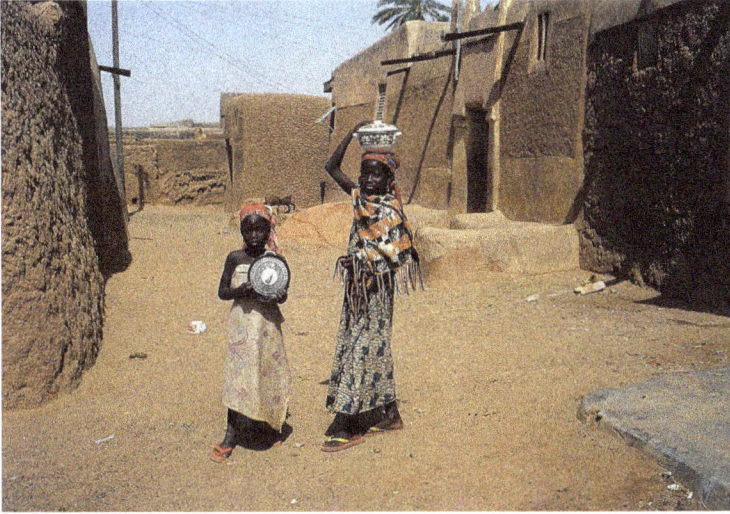

Abb. 105: In Kano (1980).

Abb. 106: Frieden am Tschad-See (1980).

2001 und wieder 2010 brachen schwerste ethnisch-religiöse Konflikte aus, die Tausende von Toten forderten. Die Stadt wurde zu einer »No-go-Area«. Damit griffen die religiösen Konflikte auf das Jos-Plateau über, das an den Norden grenzte. Kingsley Madueke und Floris Vermeulen haben dies unter dem Titel »Frontiers of Ethnic Brutality in an African City: Explaining the Spread and Recurrence of Violent Conflict in Jos,

Nigeria« analysiert[57]. Konflikte brechen meist selbst für Insider unvorhergesehen aus. Friedenszeiten können abrupt in Konfliktzeiten umschlagen[58].

Geschichte 46 – Im Tiv Country, Nigeria

Zum Reiseziel gehörte 1986 auch das Gebiet der Tiv im Middlebelt von Nigeria. Einer meiner ehemaligen Studierenden aus der Hamburger Zeit war ein großer Kenner der Tiv geworden. Er hatte sich in Agathe verliebt, eine junge Frau in der Region, und sie nach lokalen Regeln geheiratet. Er lebte aber weiterhin in Hamburg, während sie noch die Ausbildung als Lehrerin in ihrer Heimat zu Ende brachte. Da sie schwanger war, wollte er mir Babykleidung für sie mitgeben. Ich stimmte zu, sagte aber, dass ich dies nur verantworten könne, wenn er sie tatsächlich nach Hamburg holen und nach deutschem Recht heiraten würde. Schließlich würde die Überreichung des Geschenkes als Garantie für die Ernsthaftigkeit seiner Absichten gedeutet werden, da ich als sein Lehrer als glaubwürdiger Senior betrachtet werden würde. Das versprach er und hielt sein Versprechen, nachdem sie die Ausbildung abgeschlossen hatte. Agathe führte mich durch das Gehöft ihrer Eltern und zeigte mir die verschiedenen Hütten der Frauen ihres Vaters. Sie ließ keinen Zweifel daran, dass die jüngeren Frauen unter der Herrschaft der Hauptfrau litten. Die Tiv waren als eine ehemals »staatenlose« Gesellschaft ohne Chiefs organisiert. Die britische Kolonialverwaltung hatte in den 1930er Jahren »Warrant Chiefs« eingesetzt, darunter auch Agathes Großvater.

An einem Ruhetag setzte ich mich von meinen Studierenden ab und rastete unter Orangenbäumen am Fluss Katsina Ala. Am Uferweg kam eine Gruppe Frauen trommelnd anmarschiert; hinter ihnen jüngere Männer, die, wie sich herausstellte, Reisbauern waren. Ich fragte, wohin sie wollten. Zur Feier der Installierung des Sub Chiefs, hieß es. Die Feier sei am anderen Ufer des Flusses. Ich könne ja mitkommen. Ich stimmte zu und stieg in das Kanu der Männer. Die Frauen begleiteten uns trommelnd. Am Dorfrand wurde ich von einem Heiler, der die Funktion des Wächters und Herolds hatte, zum Fest zugelassen und in den inneren Kreis der Zeremonie geführt, um die Installation des Sub Chiefs mitzuerleben. Zum Fest gehörte ein Wettbewerb der Dörfer darüber, wer den besten Kreistanz ausführte. »Mein« Dorf rechnete sich besondere Chancen aus, wenn ich mittanzen würde, was auch geschah. Um den jungen Reisbauern, die ihre Freundinnen treffen wollten, nicht das Fest zu verderben, fragte ich nach dem Weg zum Bus und fuhr wieder zu meinen Leuten.

---

57 Madueke/Vermeulen, »Frontiers«.
58 In einem langen Gespräch mit Toyin Falola über die Ursachen der Konflikte im Norden Nigerias, die er untersucht hatte, waren selbst diesem Insider viele Hintergründe und besonders die Hintermänner unklar geblieben: Falola, »Violence«.

Abb. 107: Weihung eines Sub-Chiefs am Katsina Ala, Nigeria (1986).

Geschichte 47 – Spaziergänge in Ibadan

Wiederholt war ich Gast der Universität Ibadan und erschloss mir die Stadt[59]. Die Nächte waren unruhig. Wenn ein Hund bellte, antworteten ihm die unzähligen Artgenossen der ganzen Stadt. Dann krähten die wohl eine Million Hähne, die in den Garagen gefüttert wurden. Um sechs Uhr riefen die Imame von den Minaretten. Es war eine umwerfende Konzertfolge. Bei einem späteren Besuch blieben die Hähne still. Der Maispreis war gestiegen und das Geflügel geschlachtet worden.

Gegenüber früheren Besuchen fiel auf, wie viel soziale Aktivitäten die islamischen Gruppen in Schulen, sozialen Zentren und mit Plakaten zur Aufklärung gegen Hexerei betrieben. In der Stadt dominierten noch die prächtigen Häuser der libanesischen Händler. Auf den Stufen zum Königspalast musizierten die Hofmusikanten. Die Vorhöfe der Moscheen waren voller Studierender und Bettler. Auf den Märkten herrschte eine friedliche Betriebsamkeit.

Bei einem dieser Spaziergänge durch die Stadt umringten mich in einer Unterrichtspause viele Kinder, an jeder Hand bestimmt fünf. Dies sah ein älterer Herr, der auf den Stufen seines Hauses saß. Er fand, dass die Kinder sich unangemessen gegenüber einem älteren Herrn wie mir verhielten, indem sie mich umringten. Er zischte kurz, die Kinder öffneten eine Gasse zu ihm und ich begrüßte ihn. Er war ein Tischler. Als er erfuhr, dass meine beiden Großväter ebenfalls Tischler gewesen waren, war das

---

59 1986 ca. drei Millionen Einwohner.

Gesprächsthema über seine Berufswelt gefunden. Er entwickelte Ideen, durch Selbstor-
ganisation für seinen Beruf bessere Bedingungen zu erreichen. Dies tat er in der Spra-
che der alten Traditionen der britischen Chartisten und der französischen Konzepte
der Genossenschaften des 19. Jahrhunderts, von denen er gewiss nichts wusste. Ich
war erstaunt über diese Parallelität der Erfahrungswelten. Die afrikanische Realität
kam wieder zur Geltung, als er sich beim Abschied bei mir bedankte. Ich sei der erste
»educated« gewesen, der mit ihm gesprochen hätte. Dies war ein vernichtendes Urteil
über die meisten afrikanischen Angehörigen der Elite, die den Herrengestus pflegten.

Abb. 108: Ein Pressestand in Ibadan (1986).

Geschichte 48 – Dakar: Die moderne Metropole im Senegal

Der Anlass der Reise 2006 war die Verleihung der Ehrendoktorwürde durch die Uni-
versität Dakar an den Literaturwissenschaftler und Kollegen in Hannover, Professor
Leo Kreutzer. Er hatte etliche westafrikanische Germanisten in Hannover habilitiert,
die als Direktoren der germanistischen Institute auf Lehrstühle im frankophonen West-
afrika berufen wurden. Deutsch wird in den Gymnasien als Fremdsprache gelehrt[60].
*   Das Konzept dieses vom DAAD viele Jahre unterstützten Projektes bestand darin,*
dass sich die afrikanischen Germanisten mit der deutschsprachigen Literatur der Mo-

---

60 Kreutzer, Leo (Hrsg.), »Andere Blicke: Habilitationsvorträge afrikanischer Germanisten an der Universität Hannover«, Hannover 1996; Klemme, Hans-Peter, »Perspektiven einer anderen Moderne: Literatur und Interkulturalität. Festschrift für Leo Kreutzer«, Hannover 2003.

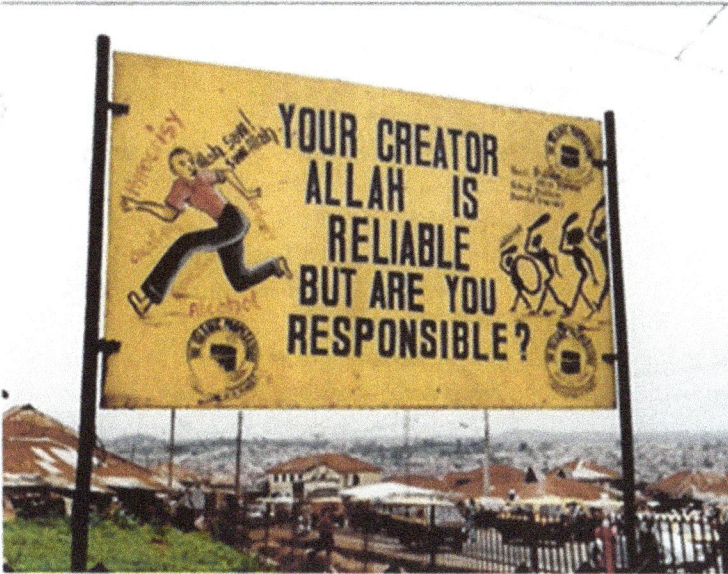

Abb. 109: Islamische Aufklärung in Ibadan (1986).

derne befassten. Kreutzer ermutigte sie, die Warnungen vor den Risiken und Kosten der Industrialisierung unter Aspekten der entwicklungspolitischen Debatte zu analysieren. Der Buchtitel der Zusammenstellung ihrer Habilitationsvorträge »Andere Blicke« verweist darauf. Ebenso der Titel der Festschrift für Leo Kreutzer: »Perspektiven einer anderen Moderne«. Kreutzer hatte mit seinen Essays, die im Buch »Goethes Moderne« zusammengefasst wurden, den Ton gesetzt. Im Essay[61] »Wilhelm Meister im Entwicklungsroman einer begierig lernenden Gesellschaft« wird die Warnung Goethes vor den Folgen des »Maschinenzeitalters« formuliert. In dem Essay »Fiesling Faust im Zweiten Teil der Tragödie« führt das moderne Riesenprojekt von Faust zur Landgewinnung aus dem Meer zum Untergang von Philemon und Baucis, den Faust in Kauf nimmt.

   Kreutzers Habilitanden nahmen die Herausforderung an. Einige Beispiele der Titel der Habilitationsvorträge sollen das illustrieren:
- Khadi Fall, »Bürgerliche Aufklärung und Volkspoesie: Johann Gottfried Herders Überlegungen zu einem unüberbrückbaren Gegensatz«;
- David Simo, »Fremderwartung und Fremderfahrung: Zur Bedeutung des Reisens bei Adelbert von Chamisso«;
- Joseph Gomsu, »Gottfried Kellers Novelle ›Das verlorene Lachen‹ als Unterrichtsversuch an der Universität Yaoundé«;

---

61 Kreutzer, Leo, »Goethes Moderne«, Hannover 2011.

- *David Simo, »Interkulturalität als Schreibweise und als Thema Franz Kafkas«;*
- *Kokora Michel Gneba, »Vormodernes Wissen und neuzeitliche Wissenschaft: Hermann Hesses Roman ›Das Glasperlenspiel‹«.*

Diese Tradition der Zusammenarbeit wurde unter der Koordination der Afrika-Historikerin Professorin Brigitte Reinwald, meiner Nachfolgerin an der Leibniz Universität Hannover, durch das Projekt der VolkswagenStiftung »Knowledge for Tomorrow« mit Fellowships für die Humanities für Subsahara-Afrika und Nordafrika fortgesetzt. Hierdurch wurde die Institutionalisierung gefestigt. Außerdem etablierte Brigitte Reinwald eine beständige Partnerschaft mit der Universität Dakar.

Spaziergänge in der Stadt und dem wüstenartigen Hinterland sowie ein Besuch des benachbarten Gorée, des Wohnsitzes der Signares und eines wichtigen Ortes der Verschiffung von Sklaven, vertieften die Eindrücke von dieser modernen Metropole.

Abb. 110: Dakar (2006).

Geschichte 49 – Begegnungen in Namibia

Den Prozess des friedlichen Übergangs in die Unabhängigkeit Namibias begleitete ich über Jahre. Die SWAPO-Führung war mir seit 1965 bekannt und ich traf sie während meiner Zeit in Dar es Salaam, wo ihr Hauptquartier war. Als Vorsitzender des Kuratoriums des Instituts für Afrikakunde in Hamburg beobachtete ich die Verhandlungen von 1980 in Genf zur Vorbereitung der Unabhängigkeit, die damals scheiterten. Es kam zu einem langen Gespräch mit dem Urenkel von Hendrik Witbooi – gleichen Namens –, der Vizepräsident der SWAPO (»South-West Africa People's Organisation«) geworden war.

Abb. 111: Germanistin der Universität Dakar (2006).

Abb. 112: Straßenszene in Dakar (2006).

Als Gutachter für die Gesellschaft für Technische Zusammenarbeit (GTZ) verfasste ich 1989 ein Gutachten zur Zukunft der tertiären Bildung. Zusammen mit Dr. Hans-Georg Schleicher[62] organisierte ich eine von der GTZ finanzierte umfangreiche Dokumentation über die Kolonialkriege und den Befreiungskampf für das Nationalarchiv in Windhoek. Damit wollten wir mit einer Geste gegen das Ausbleiben einer offiziellen Entschuldigung der Bundesrepublik für den Genozid reagieren. Die Staatssekretärin im Ministerium für Wirtschaftliche Zusammenarbeit und Entwicklung, Uschi Eid, und der deutsche Botschafter in Windhoek unterstützten das Projekt. Etliche Tagungen kamen hinzu und damit einhergehend viele Reisen durch das ganze Land. Zu Hans-Joachim Vergau, dem stellvertretenden UN-Botschafter des Auswärtigen Amtes, der die Vorbereitungen zur Unabhängigkeit in der Kontaktgruppe des Sicherheitsrates koordinierte, entwickelten wir gute Beziehungen und er kam in die Seminare zu meinen Studierenden.

Drei Begegnungen sind berichtenswert. Die erste fand illegal statt, nur mit einem Visum für Südafrika, mit dem mir die Einreise 1972 in Namibia verboten war. Aber da die Grenze nicht kontrolliert wurde, fuhren wir trotzdem in mein Promotionsgebiet, das ich wegen der Einreiseverbote noch nicht gesehen hatte. Ich war mit meiner Familie, meiner ersten Frau Gertrud und drei Kindern nach dem Ende meiner Lehrtätigkeit an der Universität von Dar es Salaam über Sambia, Simbabwe und Südafrika mit dem Auto gefahren. In Windhoek kamen wir im Juni 1972 in der Wohnung eines oppositionellen Rechtsanwaltes unter. Auf der Fahrt dorthin erkannten die afrikanischen Angestellten der Tankstellen in Namibia das tansanische gelbe Nummernschild mit »TZ«, das sonst für Transvaal gehalten worden war. Sie fragten unmittelbar: »How are our Brothers in Dar es Salaam?« und meinten die Führung der SWAPO. In Windhoek wurden wir von der deutschsprachigen Wissenschaftsgesellschaft in Namibia sofort nach der Ankunft angerufen und wussten daher, dass wir unter Beobachtung standen. Beim Besuch des Büros der anglikanischen Kathedrale in der Stadt fragte ich, ob ein Kontakt zu dem legalen Zweig der SWAPO hergestellt werden könne. Das geschah.

Die anglikanische Kirche war Gegner der Apartheid in Namibia. Der Bischof Colin Winter war nach Konflikten mit der südafrikanischen Administration über die der Zwangsarbeit nahen Leiharbeitsverhältnisse im Exil. Richard Wood vertrat ihn als Weihbischof und war zu diesem Zeitpunkt bei Winter in London. Er sollte 1975 deportiert werden. Damit bewegte ich mich in dem dort üblichen politischen Minenfeld. Das wurde deutlich, als die zuständige Sekretärin mich im Anschluss an den Besuch des Büros weinend anrief, um mir mitzuteilen, dass sie Spionin der Regierung sei und sie meinen Wunsch den Behörden mitgeteilt habe. Ich informierte die SWAPO-Führung in Windhoek darüber. Aber die Mitglieder lachten nur. Sie seien gerne bereit, für einen

---

62 Schleicher war für das südliche Afrika der zuständige DDR-Diplomat, stellvertretender Botschafter in der UN und Botschafter in Lusaka und Harare. Er wurde wie alle Diplomaten der DDR vom Auswärtigen Amt nicht übernommen. Mit Mitteln der VolkswagenStiftung forschte er zusammen mit Ulf Engel über die Afrikapolitik der beiden deutschen Staaten und mit DFG-Mitteln über den »ANC im Exil« in Hannover.

persönlichen Bericht über die Lebensumstände der Führer der SWAPO im Exil zwei Tage ins Gefängnis zu gehen. Ich hatte keinerlei Botschaft zu überbringen und sprach mit ihnen über deren Alltag in Tansania, den ich etwas beschönigte, weil die Lebensbedingungen trotz der hochtrabenden Solidaritätsbekundungen recht kläglich waren. Das Gespräch zog sich so lange hin, bis die Zeit der abendlichen Ausgangssperre überschritten wurde. Auf den Hinweis dazu lachten sie wieder und fuhren mit ihrem uralten Mercedes unbehelligt in ihre Wohnquartiere zurück.

Abb. 113: Windhoek (1999).

Die zweite Begegnung fand in der Übergangszeit zur Unabhängigkeit statt (1989). Die SWAPO-Führung kam nach 27 Jahren aus dem Exil zurück. Peter Katjavivi, selbst Historiker[63] und später Vice-Chancellor der Universität von Namibia, war erst seit einer Woche zurück im Land. Er hatte nach dieser langen Zeit seine Eltern besucht und erwies mir die große Ehre, mich zum Antrittsbesuch bei seinem Onkel mitzunehmen. Der Onkel lebte im Reservat der Herero auf kommunalem Land und saß vor seinem Haus in steiniger Landschaft. Aber er hatte eine gestaute Wasserstelle. Mich beeindruckte, mit welcher Sicherheit Peter Katjavivi, trotz des 27-jährigen Exils und des Lebens in Weltstädten die Höflichkeitsformen gegenüber seinem älteren und damit hochrangigen Familienmitglied beherrschte. Der Onkel begrüßte auch mich und wir setzten uns auf die steinerne Bank vor dem Haus. Er pfiff dann nach dem Leitbullen seiner Herde, der gravitätisch mit seinen riesigen Hörnern auf uns zuschritt, so dass ich ihn bewundern konnte. Dann folgte ein Gespräch über die Zukunft des Gebietes. Einzäunung

---

63 Katjavivi, Peter, »A History of Resistance in Namibia«, London 1988.

wurde erwogen, um die Überweidung einzuschränken. Von dem nun mächtigen Neffen wurde erwartet, dass er Draht liefern würde.

Jahre danach fragte Staatspräsident Sam Nujoma Hans-Georg Schleicher und mich, was gegen die Landnot zu tun sei[64] und ob die Bundesrepublik Gelder für den Aufkauf von Farmen bereitstellen würde. Die Regelungen des Überganges zur Unabhängigkeit hatten die Landfrage ausgeklammert und den Landbesitz der europäischen Siedler garantiert. Mittel zum Aufkauf solcher Farmen wurden nicht zur Verfügung gestellt. Nujoma spürte die Unruhe der jungen Leute in Namibia, die vom Beispiel der 2000 begonnenen Besetzungen der weißen Farmen in Simbabwe auf Druck des Veteranenverbandes beeindruckt worden waren. Dort hatte Großbritannien das Versprechen gebrochen, Mittel für den Ankauf von Farmland bereitzustellen. Mugabe hatte, um sein Regime zu stützen, junge Männer zur Besetzung von Farmen aufgefordert.

Die Landfrage ist auch in Namibia ein dorniges Problem. Sie verband sich in den letzten Jahren immer mehr mit der Forderung nach großen Entschädigungssummen für den Genozid an den Herero, über die Gerichtsverfahren gegen in Namibia tätige deutsche Firmen, die auch Firmensitze in den USA haben, geführt werden. Sie sind von erheblicher symbolischer Bedeutung für die Jugend, die nach Perspektiven sucht, aber – nach meinen Erfahrungen in Simbabwe – Landarbeit ablehnt und in die Städte drängt.

Nujoma wusste ohnehin, dass die Gebiete des alten Hererolandes auch für Ansiedlungen von Hirten wenig Gelegenheit boten. Nujoma hatte erlebt, wie finanzkräftige Owambo sich Land angeschafft hatten und in Dürrejahren dem Druck ihrer Verwandtschaft ausgesetzt waren, die ihre Herden auf die Weiden dieser einflussreichen Verwandten treiben wollten. Diese standen vor einem Dilemma. Entweder verletzten sie die Pflichten als Verwandte oder sie ließen die Herden auf ihr Land, was zur Überweidung und zum Ruin führte. Dafür ließen sich bei Fahrten durch das Land auch Beispiele finden. Die Regierung hoffte auf Ansiedlungen im Norden Namibias im eher tropischen Caprivi Strip, um Reisanbau in größerem Stil zu beginnen, was jedoch über eine Versuchsfarm nicht hinauskommen sollte. Bei der Entschädigung für den Genozid an den Herero wollte sie eine Ethnisierung von Entwicklungshilfe vermeiden, wenn auch verstärkt Projekte im Hereroland geplant waren.

Ein zusätzliches Problem ist, dass die hochadeligen Familien der Ovaherero von Samuel Maharero 1890 in der Erbfolge des Amtes des Paramount Chiefs oder Königs ausgeschaltet wurden. Sie gehen davon aus, dass sie die eigentlichen Inhaber von Rechten auf Entschädigung sind, weil sie die Kontrolle über die Landverteilung hatten und die riesigen Herden besaßen. Es sind feudale Ansprüche, die sich mit der demokratischen Struktur des Landes nicht vereinbaren lassen. Ihr verstorbener Sprecher Riarua wollte die Mittel für eine Parteigründung nutzen.

---

64 Siehe zur Landpolitik in Namibia Melber, Henning, »Colonialism, Land, Ethnicity, and Class: Namibia after the Second National Land Conference«, in: GIGA: Africa Spectrum 54, Nr. 1, 2019, S. 73–86. Die erste Land Conference fand 1991, die zweite 2018 statt.

Ohnehin ist es unwahrscheinlich, dass es zu entsprechenden Urteilen kommen wird und ebenso, dass sich die Bundesregierung daran gebunden fühlen würde. Zudem ist die Wirkung als Präzedenzfall für die ungeheuren Schäden, die allein in der Sowjetunion oder auch in Polen und Griechenland im Zweiten Weltkrieg angerichtet wurden, unabsehbar. Eine weitere Hypothek der Vergangenheit ist der Umgang der SWAPO mit ihren »Dissidenten«, die während und nach der Parteikrise 1976[65] verhaftet und unter unsäglichen Bedingungen auch in Erdlöchern gefangen gehalten wurden. Es ist ein tabuisiertes Thema. Auf einer Konferenz der Universität Namibia über »Forgotten History« ergriff der kanadische linke Politologe John Saul als Erster das Wort und setzte die Frage der Dissidenten auf die Tagesordnung der Konferenz. Alle waren wie versteinert und erwarteten das Ende der Konferenz. Ich fragte zwei der anwesenden Mitglieder des Politbüros der SWAPO, wie sie sich dazu verhalten würden. Sie sagten, sie würden das Thema am gleichen Abend auf einer Parteisitzung erörtern. Am nächsten Vormittag reagierten sie. Sie hätten beschlossen, eine Parteikommission zu dem Thema einzusetzen. Mit einer bemerkenswerten Erklärung stellten sie dann fest, dass in Namibia Wissenschaftsfreiheit herrsche und die Konferenz ihre Beratungen fortsetzen könne. Wie dann mit dem Thema politisch umgegangen würde, sei ihre Verantwortung und nicht die der Wissenschaftler. Es war eine Lektion in Demokratie ungeachtet dorniger Fragen zu Menschenrechtsverletzungen im Befreiungskampf.

Ich hatte die SWAPO-Führung bereits 1987 auf einer vertraulichen Tagung in Bonn mit Vertretern aus den Organisationen der Anti-Apartheid-Bewegung in einer Keynote, die ich ihr vorher übergeben hatte, darauf hingewiesen, dass es schwierig sei, sie glaubwürdig zu unterstützen, wenn sie nicht Abhilfe bei den Menschenrechtsverletzungen schaffen würde und dass andernfalls die Position ihrer Unterstützer in Deutschland geschwächt werden würde. Außerdem könne wegen der (damals noch unabsehbaren) Dauer des Krieges nicht länger mit einem ordentlichen Parteitag und demokratischen Parteiwahlen gewartet werden[66]. Diese Kritik wurde heftig abgewiesen. Die anwesenden Vertreter der Anti-Apartheid-Bewegung gingen davon aus, dass mein Band zur SWAPO nun gerissen sei. Selbst hier erwies sich, dass solidarische Kritik möglich war. Als ich wenige Wochen später in New York von einer mir bekannten Inderin, die für den Sicherheitsrat der UNO arbeitete, in eine Sitzung des Rates zu Namibia eingeladen wurde, kam Hage Geingob, der Vertreter der SWAPO in der UNO, vom Sitzungstisch auf die Zuschauertribüne und grüßte und umarmte mich demonstrativ. Er war Teilnehmer jener Sitzung in Bonn gewesen. Es war eine Geste der demokratischen und Friedenskultur und auch Anerkennung von Solidarität. Einer von ihnen sagte einmal, sie wollten keine »Yes Boys«, sondern kritische Solidarität.

---

65 Siehe Kapitel 15.5.1 über die SWAPO, S. 478 zur Shipanga-Affäre 1976.
66 Bley, Helmut, »Namibia: Historische Verantwortung der Deutschen?«, Rede auf dem Namibia-Workshop 28.–30.4.1987, veröffentlicht im »Reader der Anti-Apartheid-Bewegung«, Bonn 1987.

Abb. 114: SWAPO-Minister Nahas Angula auf Robben Island bei einer Konferenz zum Dank für die Unterstützung durch die skandinavischen Länder (1999).

Abb. 115: »Blue Lagoon« (1999). Auch die Kneipe am Weg ins Hereroland lässt sich als Symbol friedlicher Verhältnisse deuten. Sie zeigt Armut und auch Träume vom reicheren Leben durch ihren, wie in Afrika üblich, fantasiereichen Namen. Er verweist auf die weite Welt und ihren Reichtum. Für die Hirten und Straßenarbeiter ist die Kneipe der Treffpunkt nach Feierabend in kärglicher Umgebung. Die »Blue Lagoon« benennt den Wunsch nach reichlichem Wasser in der Dürre des Landes und deutet auch auf das »Paradies der Karibik« hin.

Geschichte 50 – Begegnungen mit einem spirituellen Bezug

1985 unternahm ich eine Reise nach Yaundé in Kamerun auf Einladung der dortigen Universität. Der Anlass war die Erinnerung an die Errichtung der deutschen Kolonialherrschaft vor einhundert Jahren. Während des Aufenthaltes führte mich Annegret Luttmann, Doktorandin von Leonhard Harding, in Stadt und Umgebung ein. Sie lebte mit Kameruner Frauen zusammen und war völlig integriert. Bei einem Diskobesuch wurde ich von etlichen Kameruner Männern und Frauen angetanzt, was ein herrliches Vergnügen war. Es war offensichtlich, dass Europäer selten diese Tanzveranstaltungen besuchten. Für den nächsten Tag lud sie mich zu einer Wanderung in den Regenwald ein. Mit Grandezza ging sie unbehelligt mit mir durch die Straßensperren des Militärs und wir wanderten entlang eines Flusses. Auf einem Hügel machten wir Rast und unterhielten uns. Dann sah sie ein Kanu auf dem Fluss und sagte mir, es käme zu uns. Es handelte sich um Vater und Sohn, die uns baten, sie zu ihrem Haus in der Nähe zu begleiten: Die Tochter sei sehr krank. Wir stiegen in das Kanu. Nach der Begrüßung der Familie wurde uns klar, dass das Mädchen entweder geistig behindert oder in eine schwere Depression gefallen war. Wir konnten nicht helfen. So wurden wir von den beiden Männern wieder zurückgebracht. Es war das erste Mal, dass ich erlebte, dass immer noch dem europäischen Fremden besondere Heilkräfte zugesprochen wurden, die wir nicht erfüllen konnten.

2000 nahm ich am Hererotag in Namibia in der Stadt Okahandja teil, wo sich die Königsgräber der Herero befinden. Ich schloss mich der Reihe der Menschen an, die am Grab Samuel Mahareros vorbeidefilierten. Man legte die Hand auf den Grabstein, das Oberhaupt der Herero legte seine Hand darauf und man wurde gesegnet; so auch ich, der aus Deutschland kam, das dem Volk der Herero so viel Leid angetan hatte. Dieser Segen berührte mich sehr.

Kapitel 17
Über die Unsicherheiten von Prognosen zur Zukunft der afrikanischen Welten

1 Probleme der Prognostik: Die Grenzen und Schwierigkeiten der Prognosen für Afrikas Welten

Sozialwissenschaftliche Prognosen[1] enthalten in der Regel zutreffende Elemente[2]. Sie überbetonen aber meist die auffallenden neuen Trends. Ältere Faktoren, die fortwirken, werden oft unterschätzt. Auch wenn Trends zutreffend vorausgesagt werden, lassen sich die tatsächlichen zeitlichen Abläufe kaum einschätzen. Am Beispiel der Prognose, die John Hobson 1900 für Südafrika und China gestellt hat, lassen sich die Probleme darstellen.

Hobson hatte nach den Goldfunden in Südafrika und dem deswegen von Großbritannien geführten Krieg die Dominanz des Finanzkapitals festgestellt und sein Urteil über die Entwicklung in Südafrika als Prognose auf die industrielle Welt übertragen. Lenin und Hilferding haben dieses Konzept übernommen. Es war eine zutreffende Prognose. Aber der Finanzkapitalismus entfaltete sich erst nach dem Zweiten Weltkrieg, also fünfzig bis sechzig Jahre später, als sich die internationalen Finanz- und Firmenkombinationen verdichteten. Hobson betonte auch zutreffend die wachsende Bedeutung des Militarismus. Er sah aber 1900 eine Periode von Weltkriegen nicht vorher, weil er wie andere aus der damaligen liberalen Friedensbewegung davon ausging, dass das kapitalistische Weltsystem durch Kooperation geprägt und Krieg deshalb unwahrscheinlich sei – eine leider krasse Fehlprognose. Eine weitere Konsequenz seiner Prognose der Dominanz des Finanzkapitals war, dass er – wie andere Zeitgenossen auch – für Europa den Rückgang der Produktivität annahm, weil es sich zum »Rentnerstaat« mit »Coupon-Schneidern« entwickeln würde. Europa würde von Luxuskonsum bestimmt werden und sich in ein Ferienparadies verwandeln. Diese Prognose einer Stagnation der »Rentnerstaaten« verfehlte die Entwicklung der Produktivität. Stattdessen erfolgte der Aufbau der Elektroindustrie, der Großchemie und des Auto-

---

1 Bley, Helmut, »Hobson's Prognosen«. Für China siehe Bley, Helmut, »Zusammenhänge zwischen Industrialisierung und Revolution: Erläutert am Beispiel der Entwicklung in Japan und China«, in: Geiss, Immanuel; Tamchina, Rainer (Hrsg.), »Ansichten einer künftigen Geschichtswissenschaft«, Bd. 2, München 1974, S. 150–175.
2 Die Fakten beruhen auf: Tetzlaff, Rainer, »Afrika: Eine Einführung in Geschichte, Politik und Gesellschaft«, Wiesbaden 2018. Vgl. Tetzlaff, Rainer, »Afrika in der Globalisierungsfalle«, Wiesbaden 2008; Tetzlaff, Rainer; Jakobeit, Cord, »Das postkoloniale Afrika«, Wiesbaden 2005 und Tetzlaff, Rainer, »Afrikas wirtschaftliche Zukunft liegt in Afrika«, in: Gesellschaft – Wirtschaft – Politik 1, 2020, S. 59–70.

https://doi.org/10.1515/9783110452020-019

mobilbaus. Außerdem erzwangen die sozialen Bewegungen nach Weltkriegen und Weltwirtschaftskrisen den Wohlfahrtsstaat, der Einkommen und auch Ferienparadiese für breitere Schichten der Industriegesellschaften ermöglichte.

Die Prognose, dass die hochentwickelte kapitalistische Siedlergesellschaft in Südafrika sehr bald eine Revolution erleben würde, das zerfallende China dagegen noch mehr als einhundert Jahre dazu benötigen würde, erfüllte sich ebenfalls nicht. Die zeitliche Dimension verkehrte sich ins Gegenteil. In China kam die Revolution des politischen Systems bereits 1911/12, also elf Jahre nach 1900. Es entwickelte sich nach der Vernichtung der organisierten Arbeiterschaft in den Städten durch Chiang Kai-shek 1926 eine agrarrevolutionäre Bewegung, die sich nach dem japanischen Angriff 1937 mit der nationalen Abwehr der japanischen Aggression verband. In Südafrika gelang es der weißen Siedlergesellschaft dank des Paktes der weißen Arbeiter mit dem burischen Nationalismus, ein System des »Social Engineering« zu errichten, das den Widerstand der afrikanischen Bevölkerung bis in die 1980er Jahre kontrollieren konnte.

Als am sichersten erwiesen sich Prognosen, die betonten, dass sich Gesellschaften unter dem Druck von schweren Ungerechtigkeiten regelmäßig schneller dynamisierten und eher Widerstandspotenzial entwickelten, als generell angenommen wurde. Hobson akzeptierte als linksliberaler sozialer Zeitgenosse diesen Zusammenhang, indem er Stuart Mill zitierte: »Ein Volk kann ein anderes als ein Gehege für seinen eigenen Gebrauch halten, einen Ort, an dem es Geld macht, eine menschliche Viehfarm, die für den Gewinn ihrer Bewohner betrieben wird«[3], was sich als Staatsziel nicht lange halten könne. Auch wenn Hobson die sozialistische Bewegung und die revolutionären Strömungen nicht zum Thema machte, ist deutlich, dass diese humanitäre Aussage prognostische Kraft in sich trug. Auch die Kolonialmächte lagen bei ihren Prognosen falsch, die Dekolonisation verhindern oder verzögern zu können. Stets spielten außerdem die allgemeinen Weltentwicklungen in diese Prozesse hinein und beeinflussten die Dynamiken.

Auch für den Weg zur Beendigung der Apartheid existierten unterschiedliche Prognosen. Meine Prognose und die von Theodor Hanf standen in einem starken Gegensatz zueinander. Im Interesse des »friedlichen Wandels« ging Hanf davon aus, dass weder der afrikanische Widerstand noch die internationale Boykottbewegung oder der bewaffnete Kampf zum Ziel führen würden. Dafür sei das Apartheid-System zu stark und geschlossen. Nur eine Spaltung der Eliten würde das Ende herbeiführen. Ich ging davon aus, dass die Formulierung weitreichender politischer und sozialer Ziele des ANC (»African National Congress«) aus dem Exil, unterstützt von einer starken Boykottbewegung, das System entscheidend schwächen würde. Mit dieser These ließ sich aber nicht ausschließen, dass ein Gewaltausbruch erfolgen könnte. Nach

---

3 Bley, »Hobson's Prognosen«, S. 47, nach Hobson, »Imperialism«, S. 245 und Stuart Mill, John, »Considerations on Representative Government«, Cambridge 1861, S. 326.

dem Ende der Apartheid diskutierten wir miteinander über die Tragfähigkeit unserer Prognosen[4]. Hanf hatte unterschätzt, dass, nach dem Aufbruch der Demokratiebewegung der »United Democratic Front« (UDF), die Schwäche von Sicherheitsapparat und Militär aufgedeckt wurde und dem Militär in den Townships die Kontrolle aus den Händen glitt, so dass die Städte allmählich unregierbar wurden. Außerdem ließ der Rückzug der südafrikanischen Armee wegen der militärischen Kraft der kubanischen Armee in Angola erkennen, dass das System auch militärisch überfordert war. Dies war der Fall, obwohl die zentralen Produktionsbereiche nicht tangiert worden waren.

Tatsächlich hatte die Spaltung der Elite und auch des Regierungs- und Sicherheitsapparates seit 1986 sich angebahnt. Aber das Regime war durch den Widerstand im Inneren und den Druck in Angola sowie die Sanktionsbewegung überfordert worden. Das Abschwächen der internationalen Kapitalströme als Folge der Sanktionen wurde zum Warnsignal. Dies waren entscheidende Faktoren, die zur Spaltung der Elite des Apartheid-Systems führten. Die großen Konzerne traten 1986 in Gespräche mit dem ANC ein. Die Führung der Nationalpartei unter de Klerk entmachtete Sicherheitsapparat und Militär und verhandelte mit Mandela, der in Stufen freigelassen wurde. Beide prognostischen Linien bildeten die Realität ab. In der Kombination und wegen des Wandels der Weltlage kam es zur friedlichen, aber politisch viel radikaleren Lösung einer unbeschränkten politischen Macht des ANC.

Unsicherheiten von Prognosen sind unvermeidlich viel größer, wenn ein ganzer Kontinent mit seinen unterschiedlichen Welten in den Blick genommen werden soll. Prognosen zur wirtschaftlichen Entwicklung stoßen an die Grenzen der statistischen Erfassung der agrargesellschaftlichen Strukturen. In den ökonomischen Prognosen kommt es systemisch zur Ausblendung der Einkommensverteilung bei der statistischen Erfassung des Pro-Kopf-Einkommens, so dass Ungleichheit nicht angemessen in die volkswirtschaftliche Gesamtrechnung eingeht.

Administrative Kapazitäten sind unterentwickelt und können grundlegende Reformen in Landwirtschaft, Steuersysteme und Kontrolle der Korruption nicht bewältigen. Die statistische Integration des Handels mit den wichtigsten Rohstoffen wie Öl und Metallen aus wenigen Ländern in die Gesamtrechnung für Afrika suggeriert ein afrikanisches Wachstum, wenn die dafür zentralen Ölländer und Südafrika mit seinen industriellen Kernen nicht herausgerechnet werden. Außerdem lässt sich der informelle Sektor beim Bruttosozialprodukt nicht angemessen berücksichtigen.

---

4 Bley, Helmut, »Prognosen zur Entwicklung Südafrikas: Eine Rückschau«, in: Molt, Peter; Dickow, Helga, »Kulturen und Konflikte im Vergleich: Festschrift für Theodor Hanf«, Baden-Baden 2007, S. 405–416. Als Koautor verfasste ich die Denkschrift der Vereinigung von Afrikanisten in Deutschland (VAD), »Südafrika zum Frieden zwingen«, Dezember 1986, sowie als Beitrag in der Enquete-Kommission des Deutschen Bundestages zur Frage der Sanktionen. Die Entwicklung der Weltlage beschleunigte den Prozess unerwartet.

Die formellen und illegalen Kapitalströme werden sehr unvollständig erfasst. Vieles spricht für die Vermutung, dass der Kapitalabfluss den Zufluss aus der internationalen Entwicklungshilfe immer noch deutlich überschreitet. Der Abfluss von Kapital in die industrialisierte Welt erfolgt durch ungünstige Preisgestaltung, Transfer der Gewinne, Zinsleistungen an den Kapitalmarkt und Kapitalflucht der Eliten sowie die mit Europa ausgehandelte Zollfreiheit für Ex- und Importe, die den Staaten die wichtigste Einnahmequelle entziehen. Viele Geschäftsbeziehungen werden durch Korruption und verdeckte Überweisungen verschleiert. Selbst der größte Teil der Sachleistungen und die Personalkosten der Entwicklungshilfe werden dem Kapitalzufluss nach Afrika zugerechnet, sie bestehen aber aus Gütern und Fachkräften der Industrieländer und fördern die Eigenentwicklung afrikanischer Länder nur sehr begrenzt.

Zur Unsicherheit der Prognosen führen auch die divergierenden Urteile über die afrikanischen Eliten. Es gibt generelle Prognosen der Weltbank und politologischer Beobachter, die die Tendenz zur »Rentenmentalität« der Eliten zum Haupthindernis für die Entwicklung erklären. Dabei werden die Wirkungen der Weltwirtschaftsordnung und die Kapitalströme meist unterschätzt.

Afrikas Eliten orientieren sich an dem Niveau der Superreichen in der Welt, denen sie in Überschätzung des Potenzials ihrer Volkswirtschaften nacheifern. Sie haben zwar noch ihre sozialen Wurzeln in ihren Ländern, aber auch Eigentum und Kapital in den Industriemetropolen der Welt. Sie nutzen die Kliniken der Welt für sich und die Universitäten der Welt für ihre Kinder. Sie machen Einkaufstouren in die Zentren der Mode und des Konsums. Sie sind keine »nationalen Bourgeoisien« wie im Europa des 19. Jahrhunderts.

Die dramatische »primäre Akkumulation« nach dem Zusammenbruch des sozialistischen Systems in Osteuropa und in China und die Entstehung einer Schicht von Oligarchen verweisen auf Beispiele im großen Stil in anderen Teilen der Welt. In Afrika spielen gewinnträchtige Möglichkeiten zur Absicherung eines Lebens im Wohlstand auch bei Regimewechseln und Putschen eine große Rolle. Familiäre Netzwerke in der Elite und ihre Freundschaften sollen sie und ihr Vermögen vor dem Zugriff der autoritären Staaten bei Putschen und anderen Umbrüchen absichern.

Am schwersten ist die Dynamik der sozialen und religiösen Bewegungen einzuschätzen. Ob sie die Kraft haben, grundlegende Systemänderungen zu bewirken oder an der Kraft und Gewaltbereitschaft autoritärer Herrschaftssysteme scheitern, ist nicht vorhersehbar. Das Scheitern des ersten Aufbruchs der Demokratiebewegungen in den 1990er Jahren stimmt nicht optimistisch. Extreme Armut und Perspektivlosigkeit der Jugend können auch zur Apathie trotz gelegentlicher Gewaltausbrüche führen. Allerdings haben die Dekolonisationsbewegungen und die soziale Widerständigkeit vielfältiger Initiativen zu dezentraler Selbsthilfe gezeigt, welche Kraft Gegenbewegungen entfalten können. Sie werden nicht gleichzeitig in ganz Afrika entstehen, sondern in einzelnen Ländern oder Ländergruppen, die dafür Voraussetzungen entwickelt haben. Dazu zählen auch stabilere demokratische Strukturen und Institutionen der Rechtsstaatlichkeit, ein reformfähiger Mittelstand, gewerkschaftlich organisierte Facharbeiter und Angestellte der Verwaltungen und des Dienstleistungssektors sowie dezentrale Verwaltungsstrukturen.

2 Prognostische Positionen für das postkoloniale Afrika

2.1 Die Analyse von Rainer Tetzlaff: Eine Gegenwartsanalyse nach Ländergruppen mit pessimistischen Implikationen

Rainer Tetzlaff, emeritierter Politologe der Universität Hamburg, hat die Entwicklung in Afrika seit Jahrzehnten begleitet[5]. Seine jüngsten Arbeiten enthalten, obwohl sie als »Grundwissen« konzipiert sind, erhebliche prognostische Elemente, die an Vergangenheit und Gegenwart anknüpfen. Er differenziert nach Ländergruppen, da Afrika »nur im Plural«[6] existiere, was Anknüpfungspunkte an das Konzept »Welten« hat, das diesem Buch zugrunde liegt[7]. Er geht von dem gegenwärtigen Stand aus, der unterschiedliche Entwicklungsmöglichkeiten wahrscheinlich macht[8]. Gemeinsam ist den Ländergruppen, die er unterscheidet, dass eine Industrialisierung bislang ausgeblieben ist.

Einer Gruppe von zehn Ländern attestiert er beachtliche entwicklungspolitische Erfolge. Für ihn sind es die pluralistischen Demokratien, da Demokratie als Staatsform eine zentrale Bedingung für dynamische Entwicklung sei. Im südlichen Afrika gehören zu dieser Gruppe Botswana und Namibia, in Westafrika Ghana, Senegal und die Elfenbeinküste sowie Marokko.

Dem stellt er eine zweite Gruppe von zwölf Ländern entgegen, die er vom Staatszerfall bedroht sieht, unter ihnen Somalia, Südsudan und Libyen. Auch Mali würde nur mit Mühe durch französische und deutsche Militärhilfe als Staat erhalten. Diese Länder seien nicht in der Lage, ihr gesamtes Territorium zu befrieden und zu verwalten. In ihnen nützten weder Entwicklungshilfe noch Direktinvestitionen. Nur unter großem Sicherheitsaufwand könnten Rohstoffe ausgebeutet werden, wie in der DR Kongo.

---

5 Tetzlaff, »Afrika: Eine Einführung«; Tetzlaff, »Afrika in der Globalisierungsfalle«; Tetzlaff/Jakobeit, »Das postkoloniale Afrika«; Tetzlaff, »Afrikas wirtschaftliche Zukunft«. Dort unterteilt er Afrika in »sieben Welten«.

6 Tetzlaff, »Afrikas wirtschaftliche Zukunft«, S. 60.

7 Bley, Helmut, »Ostafrikanische Welt«, in: »Enzyklopädie der Neuzeit«, Bd. 9, Stuttgart 2009, Sp. 586–600, mit der Einführung »Die Vielfalt Afrikas«. Die weiteren Artikel sind »Südafrikanische Welt«, »Westafrikanische Welt«, »Zentralafrikanische Welt«.

8 Tetzlaff, »Afrikas wirtschaftliche Zukunft«. Der Aufsatz ist daran orientiert, Fluchtursachen zu identifizieren. Eine These lautet, dass die meisten der nach Europa Fliehenden wegen der hohen Schlepperkosten von 5.000–10.000 € aus entwicklungspolitisch entwickelten Ländern stammen müssen, wie die in Gruppe 1 Genannten, wo die Familien diese hohen Beträge aufbringen können.

Die dritte Staatengruppe mit etwa dreißig Ländern werde »mehr schlecht als recht« von selbstherrlichen Diktatoren und Regierungen mit oftmals korrumpierten Ministern (Kleptokraten) als ›Fassadendemokratien‹ regiert[9]. Hierzu zählt er Ägypten, Kamerun, Gabun und Niger.

Als vierte Gruppe identifiziert er eine kleine Ländergruppe, die von Militärs diszipliniert werde und Entwicklungserfolge mit paternalistischen Systemen praktiziere. Dazu gehören Äthiopien, Ruanda, Kenia, Uganda und die Kapverden.

Die rohstoffreichen Länder des südlichen Afrika mit ihren industriellen Kernen sowie Angola, Nigeria und Algerien mit ihren Ölvorkommen und potenziell auch Libyen bei einem Ende des Bürgerkrieges sind nicht kategorisiert. Sie könnten trotz ihres statistisch relativ hohen Pro-Kopf-Einkommens nicht das Problem ihrer strukturellen Abhängigkeit von den Einnahmen aus dem Export der Rohstoffe lösen.

Neben der mangelnden Industrialisierung benennt Tetzlaff die geringe Produktivität der Landwirtschaft in drastischen Formulierungen: »Kein Pflug, kaum Tieranspannung, extensive Bodennutzung, wenig Einsatz von Agrarchemie, keine Mechanisierung und wenig Tierdüngung«[10]. Dazu kämen ungünstige natürliche Bedingungen wie nährstoffarme Böden, unregelmäßige Niederschläge und die Belastungen durch Krankheiten wie die von der Tsetsefliege verbreitete Schlafkrankheit.

Auch die ausländischen Direktinvestitionen in Plantagen für Palmöl, Baumwolle, Kaffee, Viehfuttergetreide und Tropenfrüchte trügen zwar gelegentlich zur Modernisierung der ländlichen Bereiche bei, aber der Nachteil sei, dass diese als »Land Grabbing« bezeichneten Strategien die Ernährungssicherheit der lokalen Bevölkerung auf Dauer unterminierten[11].

Unabhängig von diesen implizit eher pessimistischen Prognosen verweist Tetzlaff darauf, dass im Sahel und in den ebenfalls ariden Bereichen Somalias, Kenias und insbesondere Äthiopiens mit 115 Millionen Einwohnern Massenmigrationen wegen der zunehmenden Dürren ausgelöst werden könnten. Auch der Tschad-See habe bereits den größten Teil seines Wassers verloren. Den dort wohnenden vierzig Millionen Menschen – Fischern, Bauern und Hirten und ihren Großfamilien – gingen die Lebensgrundlagen verloren, ohne dass ein Recht auf Einwanderung in bessere Regionen der Nachbarländer bestände[12].

Die Bevölkerungsprognose für Afrika wird ausgehend von 1,3 Milliarden 2020 auf 2,5 Milliarden für 2050 geschätzt[13]. Gegenwärtig verließen in Nigeria bei einer Bevölkerung von zweihundert Millionen Menschen mehr als vierzig Millionen Jugendliche die Schulen. Fünfzig Millionen junge Leute seien arbeitslos.

---

9 Ebd., S. 61.
10 Ebd., S. 65.
11 Ebd.
12 Koigi, Bob, »Afrikanische Union: Ein Schengen für Afrika?«, online verfügbar unter: EURACTIV.de (aktualisiert: 4. Juli 2016).
13 Tetzlaff, »Afrikas wirtschaftliche Zukunft«, S. 63.

Der Kontinent sei ökonomisch in der Weltwirtschaft marginalisiert, trotz des Wachstums der Städte und der Konsumbedürfnisse von mehr als 1,3 Milliarden Menschen. Auch die Förderung durch Maßnahmen des Lomé-Abkommens (Laufzeit: 2000–2020) mit der Europäischen Union und die Abkommen zur Stabilisierung der Rohstoffpreise für die Länder Afrikas (und der Karibik und des Pazifik) hätten keine Wende eingeleitet. Das Einräumen von Handelspräferenzen, was den WTO-Regeln widerspräche, habe den Handel Afrikas mit Europa nicht gesteigert; dieser sei von 8 % in den 1970er Jahren auf 2 % zurückgegangen. Konsequent würden wie in der Kolonialzeit afrikanische industriell gefertigte Waren von den Präferenzzöllen ausgenommen und nur nicht verarbeitete Rohstoffe zugelassen[14]. Da die unterentwickelten Volkswirtschaften wesentlich auf Einnahmen aus Handelszöllen angewiesen seien, würden die Abkommen eher zur Belastung, weil die Länder selten in der Lage seien, Einkommensteuern und Vermögenssteuern durchzusetzen.

Ausgeklammert bleiben bei dieser Gegenwartsanalyse, dass sich in der späten Kolonialphase und in den Boomjahren nach der Unabhängigkeit die agrarische Exportwirtschaft positiv entwickelt hatte. Die wichtigsten Güter waren Baumwolle, Palmöl, Kaffee und Kakao. Diese landwirtschaftliche Produktion war trotz der geschilderten Hemmnisse durch arme Böden und unregelmäßigen Regenfall aufgeblüht.

Tetzlaff gibt neuen Faktoren ein großes Gewicht. Die Marktmacht der internationalen Nahrungsmittelkonzerne sei enorm gestiegen. Man sei zu veränderter Lagerhaltung übergegangen, um die Wirkung von Lieferboykotten abzuschwächen. Außerdem seien in anderen Weltregionen ähnliche Produktionsgebiete entwickelt worden. Auch die subventionierten Importe aus Europa und den USA schwächten die kleinbäuerliche Vermarktung bei der Versorgung der großen Städte. Die ehrgeizigen Projekte zu industrialisieren, die in der Regel scheiterten, hätte der bäuerlichen Produktion die Mittel entzogen, die in die städtischen Zentren flossen. Der überdimensionierte Staatsapparat und generell die beschleunigte Urbanisierung seien weitere Faktoren.

Tetzlaff hält eine »Kulturevolution« zur Veränderung der Produktivität der Landwirtschaft für erforderlich, womit eine umfassende Landreform, gesicherte Eigentumsverhältnisse an Land und letztlich Kapitalzufluss in die Landwirtschaft gemeint sind. Ob wegen zunehmender Marginalisierung der ländlichen Regionen und ihrer Menschen dazu ausreichend Kraft entwickelt werden kann, ist zu bezweifeln, so dass die pessimistische Dimension seiner Annahmen überwiegt.

In seinem Buch »Afrika: Eine Einführung«[15] stellt er in zehn Punkten fest: 1. Trotz der Wachstumserfolge einiger Ländergruppen sei der strukturelle Wandel in Richtung

---

14 Am Beispiel der Bundesrepublik illustriert, bedeutet dies, dass die BRD 21,7 Mrd. € – 2,15 % – ihrer Gesamtimporte mit Afrika tätigt, im Wesentlichen Erdöl und Erdgas, Metalle und auch Fahrzeuge aus Südafrika. Nach Afrika wurde im Wert von 24,632 Mrd. € exportiert. Der Wirtschaftsaustausch findet im Wesentlichen mit Südafrika und den Maghreb-Staaten statt; Tetzlaff, »Afrikas wirtschaftliche Zukunft«, S. 66 f.

15 Tetzlaff, »Afrika: Eine Einführung«, Abschnitt »Befunde und Entwicklungsperpektiven«, S. 317–323.

Industrialisierung und systemische Wettbewerbsfähigkeit ausgeblieben. 2. Die Einnahmen aus Konzessionen für den Abbau von Rohstoffen, kommerzielle Kapitalzuflüsse und Direktinvestitionen hätten sich zwischen 2000 und 2015 von 25 Milliarden Dollar auf 90 Milliarden Dollar beinahe vervierfacht, dies vor allem durch China. Zugleich sei durch Entschuldung die Verschuldungsrate auf geringe 20 % abgesunken, womit sich die Euphorie in ökonomischen Kreisen über neue Wachstumsschübe erkläre. 3. Die geringe Produktivität des Agrarsektors gefährde die Ernährungssicherheit. Der Anteil der ländlichen Bevölkerung in Subsahara-Afrika von 87 % (1961) sei auf gegenwärtig 60 % gesunken. Die absoluten Zahlen der ländlichen Bevölkerung hätten sich aber verdreifacht. Der Anstieg der Agrarproduktion sei Ergebnis der Ausweitung der Flächen, nicht der Steigerung der Produktivität. Die Betriebsgrößen seien über Jahrzehnte unverändert geblieben. Das »Land Grabbing« für Großplantagen würde diese Stagnation befördern.

4. Hunger, Mangelernährung und gefährdete Ernährungssicherheit bestimmten das Leben in strukturschwachen afrikanischen Ländern. Es bestehe Ernährungsunsicherheit in 35 von 54 Ländern. 5. Trotz der Erfolge in einigen Ländern bei der Verringerung der Armut nehme diese insgesamt zu. Sie betreffe immer noch um 50 % der Bevölkerung, was sich auch in naher Zukunft nicht ändern werde. Tetzlaff geht davon aus, dass die Knappheit der natürlichen Ressourcen, die für den Erhalt der Weiterentwicklung der afrikanischen Subsistenzökonomie und der Exportwirtschaft notwendig seien, nicht ausreichen wird. 6. Die Dürreperioden in großen Regionen hätten die Lage verschlimmert. Das Bevölkerungswachstum, das bis 2050 auf 2,5 Milliarden Menschen geschätzt werde, werde die Ressourcenknappheit verschärfen. Dabei bleibe unklar, ob die Urbanisierung die Geburtenzahl, mit Ausnahme der Kreise des etablierten Mittelstandes, senken werde.

7. Durch die Verdoppelung der ländlichen Bevölkerung alle 25–28 Jahre werde sich die Funktionsfähigkeit der »moralischen Ökonomie« in den verzweigten Familiensystemen erschöpfen und der Abstieg in absolute Armut und Marginalisierung steigern. 8. Die afrikanischen Länder verlören ihre Entwicklungspotenziale, weil der Kontinent jedes Jahr drei seiner wichtigsten Schätze an das Ausland verlöre. Es seien die produktivsten jungen Männer und Frauen, die als Kriegs-, Klima- und Wirtschaftsflüchtlinge ihre Heimat verließen. Außerdem gehe das »Sozialkapital« der Fachleute, kritischer Intellektueller, der Oppositionspolitiker und Künstler verloren, die aus politischen Gründen oder wegen des geringen Gehaltsniveaus ins Exil getrieben würden. Das Fluchtkapital von 60 Milliarden Dollar erreiche die Höhe der Direktinvestitionen. 9. »Kompetenz und Entschlossenheit bei den staatlichen Verantwortlichen« seien erforderlich. Das Festhalten am »postkolonialen Patronagestaat«, den »Staatsklassen«, blockiere die Entwicklung[16].

---

16 Die Begriffe »Patronagestaat« und »Staatsklassen« ziehen sich durch das Werk von Rainer Tetzlaff. Am prägnantesten in Tetzlaff; Jacobeit, »Das nachkoloniale Afrika«, Kapitel 4 »Staat und politische Herrschaft in Afrika«, S. 125–148.

10. Die bisher üblichen Verfahren internationaler Entwicklungszusammenarbeit hätten in den gefährdeten Ländergruppen nicht ausreichend geholfen. Tetzlaff konzentriert sich wie viele Politologen und Ökonomen auf die großen Trends auf Basis der für den gesamten Kontinent erhobenen Daten. Die Frage ist, ob die Gegenwartsanalyse ausreichend differenziert ist. Davon fast abgekoppelt fließt das Urteil über die Staatsklassen in die Prognose ein und in geringerem Umfang die Wirkungen der Weltwirtschaft und die Interessen der industriellen Giganten im Umgang mit Afrika.

2.2 Prognosen zur Urbanisierung

Eine Betrachtung der Diskurse über die Urbanisierung lässt – auch wenn die rasante Entwicklung bestätigt wird – erkennen, dass die Erweiterung der Datenbasis durch neue Studien viele Annahmen des Urbanisierungsprozesses erschüttert. Die Varianten erhöhen die Unsicherheiten von Prognosen. Deshalb sollen unterschiedliche Analysen über das Entwicklungspotenzial der Städte betrachtet werden.

Katja Werthmann: »Sind die Städte in Afrika ›unkennbar‹?«

Katja Werthmann, Ethnologin in Leipzig, diskutiert den Stand der Forschung über afrikanische Städte[17]. Bereits der Titel ihres Beitrags verweist auf die Grenzen der Prognostik. Die Stadtbewohner würden ihre Städte sehr wohl kennen, deren soziale Zusammensetzung, die unterschiedlichen Stadtquartiere, die aus der Kolonialzeit ererbte Struktur der Segregation sowie die Erwerbsmöglichkeiten, die ihnen zugänglich sind oder die sie sich selbst schaffen würden. Sie würden mit den staatlichen Institutionen, die in den Städten konzentriert seien, interagieren.

Katja Werthmann verweist auf die mangelnde Datenbasis, weil die statistischen Angaben über das Wachstum der Städte meist auf Hochrechnungen aus den 1970er Jahren stammten. Prognosen über das Wachstum der Städte seien meist überhöht. Es ließe sich auch Stagnation der Bevölkerung in Städten nachweisen. Rückwanderungen auf das Land erfolgten besonders bei Wanderarbeitern und Leuten mit einer Altersversorgung. Sie gingen in die Dörfer oder Kleinstädte zurück, in denen sie schon während ihrer aktiven Zeit in der großen Stadt Häuser errichten ließen, die je nach Finanzlage auch länger unfertig blieben. Schrumpfungen von Städten hätten als Folge von Deindustrialisierung stattgefunden, so im Kupfergürtel Sambias. Generell bleibe die Entwicklung der Klein- und Mittelstädte unbeachtet. Auch UNO-Statistiken berücksichtigten nur Städte über 500.000 Einwohner.

---

17 Werthmann, Katja, »Sind Städte in Afrika ›unkennbar‹?«, in: Zeitschrift für Ethnologie 139, 2014, S. 159–178, mit weiterführenden Literaturangaben. Durch ihren Beitrag wurde ich auf die Arbeiten von »Africapolis« und die Arbeit von Bill Freund aufmerksam.

Sie stellt fest, dass die Verbindungen zur ländlichen Gesellschaft oft erhalten bleiben. Bei allem Reiz der Urbanität, die große Städte zum Anziehungspunkt macht, sei es vor allem die arme Bevölkerung, die nicht die urbane Mentalität annehme. Bei urbanen sozialen Vernetzungen stehe bei ihnen aber nicht mehr nur Verwandtschaft im Zentrum, sondern Nachbarschaft, wie sie besonders bei Frauengruppen in Quartieren mit Reihenhäusern beobachtet worden ist.

Das Faktum des Wachstums der Städte wird nicht infrage gestellt. 1950 waren Kairo, Alexandria und Johannesburg die drei Städte mit einer Million Einwohnern. Lagos erreichte 1963 die Millionengrenze. Kairo wird gegenwärtig auf zwölf Millionen geschätzt, Lagos auf zehn bis fünfzehn Millionen, Kinshasa auf neun Millionen. Aber die Prognose, dass 2030 ungefähr 50 % der Bevölkerung nach Berechnungen der Vereinten Nationen in Städten leben würden, könne bezweifelt werden. Neue Zensusdaten legten eher Stagnation und sogar Rückgang nahe, weil verarmte Stadtbewohner zurück aufs Land gingen[18]. Der Vergleich von Zensusangaben mit Satellitenaufnahmen von sechzehn Städten über 10.000 Einwohnern ergab eine Urbanisationsrate von 34 %. Das sei weit unter den üblichen Schätzungen.

Robert Kappel: Die Städte und ihre informellen Sektoren

Robert Kappel, ehemals Präsident des GIGA in Hamburg und Professor der Afrikanistik in Leipzig, argumentiert, dass die Städte der einzige Bereich seien, in dem sich endogenes ökonomisches Wachstum ergeben könne[19]. In den Megastädten könne sich eine »Economy of Scale« entfalten. Die Möglichkeiten zur Kommunikation in den Städten trügen dazu bei.

71 % der Beschäftigten seien im informellen Sektor der Städte tätig. Die Tätigkeiten in diesem Sektor würden mehrheitlich von Frauen ausgeübt. Diese zählen zu den Armen, die als Händlerinnen mit winzigen Warenmengen ein kärgliches Einkommen suchen. Viele sind Betreiberinnen von Garküchen. Prostitution ist häufig das Schicksal. Zu diesem Bereich gehören ebenso die Betreiberinnen kleiner Hotels und Bierschänken. Männer sind Lastträger, Handlanger und Gelegenheitsarbeiter. Sie und oft Kinder verwerten Abfälle und Schrott, putzen Autos und Schuhe und dealen mit Drogen. Dennoch sei der informelle Sektor auch eine Quelle kreativen Engagements.

---

18 Ports, Deborah, »The Slowing of Sub-Saharan Africa's Urbanization: Evidence and Implications for Urban Lifehoods«, in: Environment and Urbanisation 21, 2009, S. 253–259.
19 Kappel, Robert, »Economic Growth and Poverty: Does Formalisation of Informal Enterprise Matter?« (GIGA Working Paper), April 2006, S. 1–38. Ein gutes Beispiel für die Kreativität bei der Nutzung formeller Ökonomie für den informellen Sektor gibt Stasik, Michael, »The Popular Niche Economy of a Ghanaian Bus Station: Departure from Informality«, in: GIGA: Africa Spectrum 53, Nr. 1, 2018, S. 37–60.

Geht man von Kappels Ergebnissen aus, üben 29 % der städtischen Bevölkerung eine Tätigkeit im formellen Sektor aus. Sie arbeiten im Dienstleistungssektor, in der Verwaltung, im Handwerk und in halbindustriellen Gewerben, in Firmen des Einzelhandels oder Supermärkten und im Großhandel. Bei fünfzehn Millionen Einwohnern einer Megastadt ergeben sich – zusammen mit ihren Kindern – Arbeit und Aufstiegschancen in den Mittelstand für fünf Millionen. Sie schaffen den Markt für endogene Entwicklungen. Auch Ärmere fänden Beschäftigung in den Haushalten des Mittelstandes als Gärtner, Reinigungskräfte in den Büros, in Großmärkten und auf Flughäfen. Bus- oder Lastwagenfahrer und die Eigner und Fahrer der Kleinbusse sowie die als Eisenbahner und Streckenarbeiter Tätigen gehörten dazu.

Diese Beschäftigungen könnten zum Einstieg in ein regelmäßiges Einkommen führen, obwohl Mitglieder der Familien und auch die Kinder zur Ergänzung der Familienökonomie oft im informellen Sektor tätig bleiben müssten. Arbeitsschutz, soziale Absicherung bei Krankheit und Alter sind in diesen Bereichen nur rudimentär oder gar nicht vorhanden.

Robert Kappel geht davon aus, dass der informelle Sektor keine Übergangsphase ist. Die Umwandlung in formelle Firmengründungen werde wegen hoher Antragsgebühren und monatelang verzögerter Genehmigungen sehr erschwert. Kapitalarmut und die Notwendigkeit, Korruptionsgelder zu zahlen, behinderten zusätzlich eine Firmengründung, so dass der Übergang in eine formelle Firmengründung viel zu riskant und teuer sei. Kappel verweist darauf, dass in den Städten sehr unterschiedliche soziale Schichten mit vielen Übergängen existieren. Auch die hohen Angestellten der Verwaltung und die Manager gewännen ihre Klienten, indem sie die im formellen Sektor und im Umfeld ihrer großen Haushalte Beschäftigten in Abhängigkeit hielten, während die Beschäftigten im informellen Sektor kaum Aufstiegschancen hätten.

Eine Schlussfolgerung ist, dass dieser Zustand so lange bestehen bleiben wird, wie Industrialisierungsprozesse nicht nachhaltig werden. Die afrikanischen Unterschichten werden wie in Europa die »Paupers« der protoindustriellen Phase weiterhin existieren. In Europa hat es über einhundert Jahre gedauert, bis die »Paupers« von den Fabriken als Arbeitskräfte beschäftigt wurden. Europas Slums wurden erst an der Wende zum 20. Jahrhundert abgerissen. Der soziale Wohnungsbau war Ergebnis der Sozialpolitik der Sozialdemokratie in den späten 1920er Jahren. Aus vielen europäischen Ländern und auch aus Deutschland wanderten bis Ende des 19. Jahrhunderts in Wellen viele Millionen vor allem in die USA aus – ein Ausweg, der jetzt für Afrika verschlossen wird. In den arabischen und südostasiatischen entwickelten Ökonomien müssen die Armen Asiens in sklavereiähnlichen Beschäftigungsverhältnissen leben. In Süditalien gilt dies auch für die Flüchtlinge aus Afrika.

Denis und Moriconi: »Urbanization Trends 1950–2020«
Denis und Moriconi haben mit den Mitteln der Geostatistik und der systematischen Analyse von Satellitenaufnahmen den Prozess der Urbanisation von 1950–2020 im

Rahmen des Projektes »Africapolis« herausgearbeitet[20]. Der Grad der Differenzierung verändert das Bild der Urbanisierung in Afrika erheblich. Die Autoren unterscheiden die großen Städte mit anerkannten Stadtrechten und »Aggregationen«, die viele Hunderttausende Menschen umfassen können oder aus einem Flickenteppich kleinerer Einheiten bestehen. Diese Siedlungen entstanden auch im Umfeld der großen Städte als Satelliten. Am häufigsten sind es aber Cluster von Aggregationen, die oft weit im Hinterland und in agrarischen Gebieten nebeneinander entstehen und zusammenwachsen. Sie haben nicht die administrativen Institutionen, die in den alten oder hauptstädtischen Zentren aktiv sind. Diese Aggregationen existieren überall in Afrika.

Die Aggregationen haben sich häufig in ländlichen Zonen ohne Verbindung zu den Ozeanen gebildet. Viele liegen in ländlichen Regionen, zum Teil angelehnt an exportorientierte Landwirtschaftszonen, nahe alten Orten der Salzgewinnung und der Tuchproduktion. Außerdem entstehen sie in der Nähe kleinerer Bergbaukomplexe. Sie stellen einen Bruch mit der Urbanisierung des Kolonialismus dar, der in der Regel von den Hafenstädten ausging.

Oft sind sie »Metropolregionen« zuzuordnen. Die Autoren benennen sieben solcher Metropolregionen: Westafrika, Nordafrika, am Unterlauf des Nils mit Kairo und Alexandria, die Lake-Region der Großen Seen in Ostafrika, das Hochland von Äthiopien und Zentralafrika. Aus geostatistischer Perspektive entstand im späten 20. und im 21. Jahrhundert ein System von Metropolregionen in den Welten, die in diesem Buch für die vorkoloniale und die koloniale Periode behandelt werden, eine überraschende Form der Kontinuitäten über große Zeiträume. Aus ihrer Sicht sind die Anrainer des Mittelmeers und des Roten Meeres den übrigen afrikanischen Welten zugeordnet.

Wichtig ist, dass die ländliche Bevölkerung in großer Nähe zu ihren Agrargebieten an dem Prozess der Urbanisierung beteiligt ist. Obwohl landflüchtig, bleibt sie den Herkunftsgebieten relativ nahe. Die »Aggregationen« haben häufig große unbebaute Flächen, die den Bewohnern Garten- und Landwirtschaft in kleinem Stil ermöglichen und das Auskommen erleichtern. Aggregationen bilden sich häufig auch an Staatsgrenzen, vor allem wenn auf beiden Seiten der Grenze ethnische Gemeinsamkeiten bestehen. Die Abstände zwischen diesen Urbanisationen können wenige Hundert Meter oder auch zehn Kilometer betragen. Geographen haben schon länger darauf verwiesen, dass Grenzen den ökonomischen Austausch fördern. Auch in der vorkolonialen Zeit lagen große Märkte und die dazugehörigen Städte an den Grenzen der Reiche, wie etwa zwischen Oyo und Benin.

---

20 Denis, Eric; Moriconi-Ebrard, François (Hrsg.), »Africapolis: Urbanization Trends 1950–2020. A Geostatistical Approach«, Paris 2009, S. 1–204, online verfügbar unter: http://www.afd.fr/webdav/site/shared/PUBLICATIONS/THEMATIQUES/autres-publications/BT/AFRICAPOLIS Final Report_EN.pdf. Ich wurde durch den Beitrag von Katja Werthmann, »Sind Städte«, auf das Projekt aufmerksam.

Karte 21: Agglomeration am Meru-See in Sambia (Ausdehnung: 10 km).

Karte 22: Agglomeration am Meru-See in Sambia (Satellitenaufnahme). Der Ausschnitt aus der Google-Satellitenaufnahme zeigt den ländlichen Charakter der Agglomeration in der Form einer Gartenstadt.

Ein weiteres wesentliches Element der Urbanisierung Afrikas ist die Bildung von Klein- und Mittelstädten. Sie wurden vor allem in der ersten Phase der Unabhängigkeit von den neuen Regierungen gefördert, weil diese so die ländliche Welt durchdringen und dort ihre Patronagesysteme und patrimoniale Herrschaft stabilisieren konnten. Dies entspricht den Forschungen von Mamdani[21], der die Entwicklung der Patronagesysteme seit der spätkolonialen Zeit analysiert hat. Auch auf diese Weise ist Urbanisierung mit der ländlichen Welt verknüpft. Arbeit in der Klein- oder Mittelstadt fällt an beim Bauen der Häuser, beim Brennen der Ziegel, beim Transportwesen mit Karren oder bei der Abfallbeseitigung. Dies lässt sich mit der Vermarktung von eigenem Getreide, Gemüse und Obst und auch von Viehs auf dem städtischen Markt kombinieren. Die Busverbindungen zu den Nachbarorten erweitern zudem den Aktionsraum. Schulen und Kliniken sind leichter erreichbar.

Geschichte 51 – Das Kleinstadtleben in Karatu im nördlichen Tansania

In Nordtansania reiste ich 2012 mit meiner Frau Dominique Gillissen nach Karatu. In dieser kleinen Stadt ließ sich die Entwicklung feststellen, die ich zuletzt 1971 gesehen hatte. Ich war beeindruckt, obwohl Tansania nach offiziellen Statistiken als sehr armes Land gilt. Die Maisfelder waren groß und gepflegt. Farmhäuser und Kirchen waren in gutem Zustand. Auf dem Markt in Karatu wurden viele Mopeds und Motorräder angeboten. Die Tischler stellten ihre Möbel aus. Es herrschte großer Reiseverkehr mit modernen Bussen. Selbst die Masai-Hirten in der Steppe hatten Mobiltelefone, mit denen sie ihren Müttern über den Kramladen im Dorf, die Duka, Geld überwiesen. Einige Fotos können das illustrieren.

Das Bevölkerungswachstum von 3 % jährlich und mit einer Verdoppelung in 25–28 Jahren ist ein neues Phänomen in Afrika. Zunächst hatten der atlantische und der arabische Sklavenhandel durch die Sahara zusammen mit der Gewaltanwendung bei der Jagd auf Sklaven und den damit verbundenen Kriegen die Bevölkerung verringert. Das gilt besonders für Westafrika und Angola, weniger für Zentral-, Süd- und Ostafrika. Häufig wird darauf verwiesen, dass Frauen wesentlich seltener über den Atlantik transportiert wurden und deshalb Polygamie und Konkubinate zunahmen, so dass die Fertilität nicht dramatisch absank und die Bevölkerungsverluste vermindert wurden.

In der Kolonialzeit sei, so Denis und Moriconi, in der Eroberungsphase und im Zuge weiterer Kolonialkriege sowie der geringen Immunität gegen eingeschleppte Krankheiten eine Absenkung der Bevölkerungszahl erfolgt. Als Beispiel nennen die Autoren die Stadt Kuuka in Nigeria, die um 1830 auf 100.000 Einwohner geschätzt wurde, 1850 auf 80.000 und 1870 auf 50.000–60.000[22]. Der französische Zensus in

---

21 Mamdani, »Citizen«.
22 Denis/Moriconi-Ebrard, »Africapolis«, S. 62.

Abb. 116: Markttag in Karatu, Nordtansania (2012).

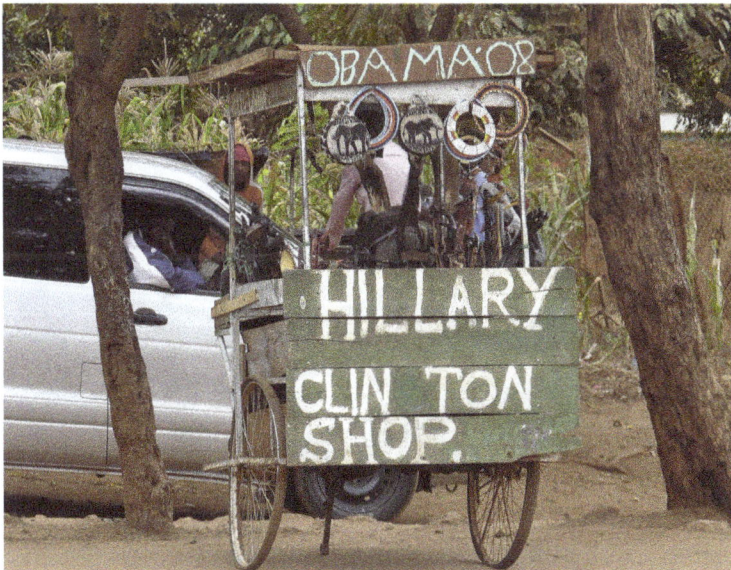

Abb. 117: Werbung mit Barack Obama und Hillary Clinton (2012).

Abb. 118: Beim Schuhmacher auf dem Markt: Sandalen aus Autoschläuchen (2012).

Abb. 119: Möbeltischler auf dem Markt in Karatu (2012).

Abb. 120: Ziegelbrenner auf dem Weg zum Markt in Karatu (2012).

Algerien von 1870 stellt im Vergleich zu dem von 1861 ein Absinken der Bevölkerung um 20 % fest. Libyen soll 40 % durch Kriegsereignisse aufgrund der italienischen Eroberungskriege 1911 und 1925 verloren haben.

Von den vorkolonialen Städtesystemen ist das System der berühmten Städte von
Timbuktu, Jenne, Gao und anderer verfallen. Das System der Haussa/Fulbe und der
Yoruba-Städte in Nigeria hat sich erhalten und auch das System der Suaheli-Städte
an der Küste Ostafrikas. Der Kolonialismus veränderte sie stark. In der Kolonialzeit
wuchs die Bevölkerung nach 1920 nur moderat. Die Kolonialherrschaft führte aber zu
Bevölkerungskonzentrationen in den Städten, auch jenen, die an Bahnknotenpunk-
ten wie Nairobi entstanden waren und zu Metropolen oder regionalen Mittelpunkten
in der Gegenwart wurden.

Erst nach dem Zweiten Weltkrieg und besonders zwischen 1960 und 2015 entstand
das gegenwärtige starke Bevölkerungswachstum. Die afrikanische Bevölkerung wuchs
von 263 Millionen auf 1.112 Millionen 2015. Dakar hatte 2015 so viele Einwohner wie der
gesamte Senegal fünfzig Jahre zuvor. In der Elfenbeinküste waren mehr Aggregationen
mit über 10.000 Einwohnern entstanden, als es im gesamten Afrika 1945 gab[23].

Die Autoren kommen zu dem Schluss, dass das Wachstum vieler Städte zunächst
Ergebnis der Zuwanderung aus den ländlichen Regionen war, deren Bewohner dem
Bevölkerungsdruck dort auswichen. Inzwischen stamme die Reproduktion der großen

---

23 Ebd., S. 69.

Städte aus der Stadtbevölkerung selbst. Dennoch bleibt die Verflechtung von ländlichen Regionen und Urbanisation ein wichtiger Aspekt. Im »Sahel-Korridor« seien auf drei Millionen Quadratkilometern 1.289 Aggregationen mit 69 Millionen städtischen Bewohnern entstanden. Die größte von ihnen hat 3,9 Millionen Einwohner. Durchschnittlich lägen diese Agglomerationen nur 21 Kilometer auseinander[24].

In etlichen ländlichen Regionen wurden mit internationaler Kapitalhilfe große Staudämme für die Bewässerung der landwirtschaftlichen Flächen errichtet. Sie führten zu Aggregationen, um die umgesiedelte ländliche Bevölkerung unterzubringen[25]. In der Hauptsache habe die Mehrheit der Bauern, die vom Regenfall abhängig seien, mit der Umwelt angepassten Mikrosystemen und intensivierter Landnutzung die städtischen Siedlungen versorgt. In von Kämpfen erschütterten Gebieten insbesondere in Nordafrika und Mauretanien hätten sich Agglomerationen selbst in der Wüste gebildet, um den Menschen mehr Sicherheit zu geben. Im Bassin des Victoria-Sees ließe der Ausbau von Agrargebieten Landschaften zwischen Städten und Land entstehen[26]. Das südöstliche Nigeria, besonders im Gebiet des Nigerdeltas, das bis dahin sogar als eine Region ohne Dörfer galt, sei urbanisiert. Die große Marktstadt Onitsha im Igbo-Gebiet hat inzwischen 8,5 Millionen Einwohner, Port Harcourt, der Ölterminal, 1,3 Millionen und die Universitätsstadt Nsukka 1,4 Millionen.

In ihren Schlussfolgerungen urteilen Denis und Moriconi, dass das Verhältnis zwischen der Urbanisation und der landwirtschaftlichen Entwicklung zwar chaotisch erscheine, aber in der lokalen Dimension verständlich werde. Es handle sich um ein Phänomen der »Posturbanität« und Ergebnis einer singulären Ländlichkeit. Es sei ein weitgehend rationaler Prozess der Urbanisation im Umgang mit dem Agrarland[27]. Das Extrembeispiel dafür sei Ruanda, das 1960 keine Agglomeration über 10.000 Einwohner besaß und gegenwärtig zu 56 % urbanisiert sei.

Die Agglomerationen seien spontan entstanden und oft politisch nicht anerkannt und ebenso wenig statistisch erfasst[28]. Diese Ablehnung und Vernachlässigung verstärkten die Dominanz der nationalen Metropolen. Die von »Africapolis« identifizierten 69 Metropolen machen mit 183 Millionen ein Drittel der urbanen Bevölkerung aus[29]. Dabei hätten die Hauptstädte, die meist im Inneren der Länder liegen, die ursprünglich wichtigeren Hafenstädte in der Bevölkerungszahl überholt, was auf die Bedeutung der politischen Systeme für den Urbanisationsprozess verweise. Dies relativiere sich allerdings dadurch, dass außerhalb der Stadtzentren an den Rändern Satellitenagglomerationen entstanden seien, die ebenfalls Verbindung

---

24 Ebd., S. 70, Box 3.2, Box 4.2, S. 115 f.
25 Ebd., S. 69.
26 Ebd.
27 Ebd., S. 77.
28 Ebd., S. 100.
29 Ebd., S. 101.

zur ländlichen Welt hätten[30]. Solche Agglomerationen am Rande der Metropolen lägen oft nur wenige Hundert Meter auseinander. Eine wichtige Ausnahme sei Kinshasa im Kongo, das in diesem Sinne keine Peripherien ausgebildet hätte, die vom Zentrum abhingen[31].

Das Faktum der großen Mengen spontan gebildeter neuer Agglomerationen oft mit Verbindungen zum ländlichen Raum erschüttere die gängige Vorstellung des Kontrastes von Megastädten zu ländlichen Räumen, die sich durch Abwanderung entleeren würden. Stattdessen ist es die ländliche Bevölkerung, die auch unter dem Bevölkerungsdruck ihrer Verdoppelung alle 25–28 Jahre, meist ohne staatlichen Einfluss, spontane soziale Bewegungen in Tausenden von Aggregationen bildet. Diese verlieren den Kontakt zur ländlichen Welt nicht. Selbst Wüsten sind nicht davon ausgenommen. Es sind Wunder der Überlebenskunst und der Improvisation, die so nicht vorhergesehen wurden und die in den Statistiken nicht präsent sind.

Bill Freund: Die postkoloniale Stadt 2007

Bill Freund, Professor an der University of Natal in Durban, Südafrika, hat in seinem 2007 veröffentlichten Buch über die Geschichte der afrikanischen Städte ein Kapitel über die postkoloniale Stadt verfasst[32]. In ihm verarbeitet er kritisch die sozialwissenschaftliche Literatur. Er unterscheidet sich von den politologischen und geographischen Arbeiten dadurch, dass er in der Analyse der Urbanisierung die Erfahrungen und Motive der Unterschichten, die Lage der Arbeiter und der Frauen in diesen Städten zum Thema macht. Er behandelt die Strategien der sozialen Bewegungen und schließt die kulturelle Welt ein, die sich auch in den Peripherien der Megastädte entfaltet hätte. Seine Fragestellung entwickelt er ausgehend von der These, dass die Globalisierung Afrika marginalisiere und das Management der Städte keine Möglichkeit habe, die Einwohner finanziell zu unterstützen. Ein großer Teil der Literatur halte die afrikanischen Städte im Wesentlichen für dysfunktional und gefährlich. Tatsächlich gebe es Beispiele für Städte in Afrika, die ein Albtraum seien. Aber ebenso gebe es Gegentrends, in denen die Rationalität der afrikanischen ökonomischen Aktivitäten zur Geltung komme. Die Städte seien außerdem die Quelle kultureller Kreativität. Dagegen würden die älteren aus der ländlichen Welt stammenden Lebensformen verblassen oder radikal neue Elemente enthalten.

Die Saat eines neuen Afrika könne das gegenwärtige Dilemma überwinden.

Den Aufstieg der nationalistischen Bewegungen habe der Traum der erfolgreichen Stadt und die Erwartung einer »kosmopolitischen Entwicklung und Modernität« be-

---

30 Ebd., S. 104.
31 Ebd., S. 107.
32 Freund, Bill, »The African Cities: A History«, Cambridge 2007, Kapitel 5 »The Post Colonial City«.

gleitet[33]. Freund sieht, ähnlich wie Denis und Moriconi, die Entwicklung des Wachstums der Städte seit 1960 beginnen, parallel zur Erringung der Unabhängigkeit. Die afrikanischen Städte seien seitdem jährlich zwischen 5 und 10 % gewachsen, besonders die Städte am Mittelmeer, in Sambia, Angola, im Kongo, der Elfenbeinküste, im Senegal sowie in Südafrika. In diesen Ländern würden bis zum Ende des 21. Jahrhunderts 40–50 % der Bevölkerung in Städten leben. Ihr Wachstum verlaufe schneller als das der Gesamtbevölkerung. Das gelte besonders für die Hauptstädte als administrative Zentren. Die Verfügbarkeit von Bildungseinrichtungen und Institutionen zur Gesundheitsversorgung, die Anwesenheit der Hauptquartiere der Organisationen der Entwicklungszusammenarbeit, Prestigebauten und Sportstadien, internationale Hotels und die Hochhäuser als Symbole der Modernität trügen dazu bei. Sie würden in den Provinzstädten imitiert[34].

Die Anzahl der von der Regierung Angestellten stieg enorm an. Damit wurde eine erhebliche Zahl von formellen Arbeitsplätzen auch für eine Arbeiterschaft geschaffen, die in der späten kolonialen Phase ohnehin in den Häfen und Werften und den Bergwerkskomplexen entstanden war und gewerkschaftliche Traditionen ausgebildet hatte. Ihren Konsumbedürfnissen passten sich Läden und Dienstleistungen an. Sie wurden zu einem Vorbild für ihre Freunde und Verwandten auf dem Lande.

Freund verweist auf die dramatische Ausnahme eines völligen Bevölkerungsaustausches in Algier: Dort verließ die französische Bevölkerung über Nacht das Land und die arabische Bevölkerung aus der Casbah, der Altstadt von Algier, zog in die Viertel der Europäer, während Verarmte aus den ländlichen Regionen, oft Berber, die Casbah besiedelten. Auch in Kairo und Alexandria verblasste der europäische Einfluss. Bei den Riots 1952, die zum Sturz der Monarchie und zur Machtübernahme von Nasser führten, seien Symbole der europäischen Präsenz wie der »Turf Club« und das »Shepheards Hotel« zerstört worden. Ungefähr 7.000 Häuser wurden abgerissen. Nasser wollte das Ende einer »kosmopolitischen Bourgeoisie« und eine moderne Stadt für die Arbeiterklasse[35]. Sansibar Stone Town verlor 1962 Tausende der arabischen Bevölkerung während der Revolution. In den portugiesischen Kolonien verließ 1975 die portugiesische Siedlerbevölkerung die Hauptstädte Luanda in Angola und Lourenço Marques (in Maputo umbenannt) in Mosambik. Dadurch verfielen die Geschäfte und Dienstleistungen; ebenso erging es den Zentren in Kinshasa und anderen kongolesischen Städten, nachdem der größte Teil der Einnahmen aus dem Bergbau bei den internationalen Konzernen verblieb oder bei Mobutu und seiner Klientel landete. Kinshasa blieb aber die größte Stadt zwischen Lagos und Johannesburg.

---

33 Ebd., S. 142 f. Er sieht in der Literatur zwei Wege, diese Prozesse als postmodern oder als modern zu charakterisieren, und will bei diesem Thema eine Parteinahme vermeiden, weil er in beiden Tendenzen Widersprüche feststellt.
34 Ebd., S. 145.
35 Ebd., S. 147.

Die auf Plantagen gestützte Landwirtschaft verfiel nach der fast vollständigen Panik und Flucht der belgischen Siedler. Die ländliche Bevölkerung verlor oft ihr Einkommen. Sie nutzte überdies die Möglichkeit zur Abwanderung in die Stadt, weil nicht nur im Kongo die ländliche Bevölkerung und unter ihr insbesondere die jungen Männer und Frauen oft dem lokalen Patriarchat entfliehen wollten. Sie waren auch an Einkommen in Form von Geld interessiert[36]. Es kam zu ähnlichen Katastrophen in Khartum, Luanda, Freetown, Monrovia und anderen Städten.

Zum Problem für diese Städte sei geworden, so Freund, dass sie nicht genügend Arbeit für die neu Urbanisierten gehabt hätten, weil keine industrielle Entwicklung stattfand, die Arbeit hätte schaffen können. Es sei ein soziales Klima entstanden, in dem sich die Panik wiederholte, die schon die Kolonialherren befallen hätte, nämlich dass eine verarmte, halbgebildete konzentrierte Masse von Leuten zur Gefahr werden könne. In der postkolonialen Periode habe dies dazu geführt, diese Masse als Parasiten anzusehen. Sie seien von Regierungen als »unproduktive« Bewohner betrachtet worden. So seien sie 1983 in Dar es Salaam vertrieben und in die Illegalität gedrängt worden. Dies habe besonders unverheiratete Frauen getroffen[37]. Auch in Nigeria seien über eine Million »Ausländer«, die meisten Arbeiter aus Ghana, vertrieben worden.

Freund stellte sich die Frage, ob diese Entwicklungen das neue »urban Africa« entstehen ließen oder nicht doch eher die alten Verhaltens- und Glaubensmuster der ländlichen afrikanischen Welt in den Städten fortbestanden, die dazu führten, dass die neu Zugewanderten sich gleichgültig oder feindselig gegenüber städtischen Institutionen verhielten. Sie hätten versucht, ihre Kinder im alten Sinne zu erziehen oder gar auf dem Lande groß werden zu lassen. Die anhaltende Zuwanderung zeige, dass die Attraktion der Städte auch für die Leute vom Lande anhalte.

Auch in der postkolonialen urbanen Welt sei ein kulturelles Leben mit Formen der Festlichkeit, Musik, Kinos, später Videos, Zugang zu den Printmedien, Büchern und der Presse möglich geworden. Es seien Assoziationen oder Vereine und sportliche Aktivitäten entstanden. Die Entwicklung sei dieselbe wie schon in den kolonialen Städten Südafrikas seit der Mineral Revolution gewesen. Sie alle seien an das urbane Terrain gebunden gewesen. Bill Freund zitiert Sid Lipelle, der die »Hip-Hop-Kultur« der Kinder Arushas, einer Mittelstadt in Tansania, beschrieb. Während der späten 1990er Jahre hätten sie aus dem ›Reality Rap‹ den ›Bongo Rap‹ entwickelt. »Bongo« bedeutete auf Swahili, »smart« oder »clever« zu sein mit der Implikation, dass »Individuals have to be smart to survive in the city«[38]. In Brazzaville entstanden spezifische Feste, das »Christmas Brazzaville« und »Brazzaville New Year«. Dies weise darauf hin, dass die Leute zwar noch an die übernatürliche Kraft von

---

36 Ebd., S. 148.
37 Ebd.
38 Sid Lipelle nach Freund. Ebd., S. 149, Anm. 2.

Hexen glaubten, die dominante ländliche Ideologie aber habe an Legitimität verloren. Stattdessen seien die christlich konnotierten Feste entstanden. Es sei die unübersehbare Zahl der Kirchen, die neue Netzwerke ermöglichten, soziale Kontakte schufen und Sicherheit in der Zeit der Not böten.

Es waren das Scheitern der Politik einer Industrialisierung durch Importsubstitution und die Verschuldung bei westlichen Banken sowie die Vernachlässigung des sozialen Wohnungsbaus und der öffentlichen Verkehrsmittel, die zur Kritik an der Stadtentwicklung führten. Sie steigerte sich, als immer mehr Siedlungen als Satelliten der Metropolregionen entstanden. Freund verweist wie Katja Werthmann auf Ferguson[39], der das Ende der optimistischen Erwartungen für eine industrielle Entwicklung beschreibt, als der Kupferpreis verfiel. Die Arbeiter, die ihr Einkommen und ihre Unterkünfte auf den Bergbaugeländen verloren hatten, stießen bei der Rückkehr in die ländlichen Gebiete ohne Mittel für ihren Lebensabend und verheiratet mit Frauen aus einer anderen Ethnie auf Ablehnung. Es sei mehr Verzweiflung als Opportunität, wenn man sich zwischen Stadt und Land bewegen musste[40]. Freund kommentiert, dass trotzdem der Kupfergürtel von Gewaltausbrüchen verschont worden sei.

Viel katastrophaler hätte sich die Entwicklung in Kisangani, dem ehemaligen Stanleyville im Kongo, ergeben, wo ebenfalls die Kupferindustrie stark reduziert worden sei und keine modernen Institutionen mehr funktionierten, sondern lokale Warlords die Stadt kontrollierten. Die Aggregationen außerhalb des alten Zentrums würden von Milizen dieser Warlords belagert. Dies sei während des großen Kongo-Krieges erfolgt, als sich die Stadt nach dem Ende des Kupferbooms wieder zu einer dynamischen Ökonomie entwickelt hatte. Den Kampfhandlungen sei der Verfall der Stadt gefolgt. Die Rückkehr auf das Land, zu dem immer noch Verbindungen gepflegt wurden, könne unmittelbar während einer Krise eine Lösung sein, aber es würden in der Regel die neu entstehenden Agglomerationen gewählt, in denen sich ökonomische Opportunitäten entwickeln ließen.

Freund verweist nach diesen eher pessimistisch stimmenden Fällen auf Gegenbeispiele. Oshakati in Namibia habe nach Ende der Kampfhandlungen in Südangola und nach der Unabhängigkeit die für militärische Zwecke ausgebauten Straßen genutzt, um mit Angola den Handel zu organisieren, der aufblühte[41]. Als die Kolonialbehörden in Lagos Zwangsumsiedlungen in den Slums begannen, verteidigten die Slumbewohner ihr Leben dort. Sie hatten in diesen vernachlässigten Teilen der Stadt emotionale, soziale und auch ökonomische Sicherheit gefunden. Nur die etwas besser Gestellten ließen sich auf Umsiedlung in neue Häuser ein[42]. In anderen Städten sei es

---

39 Ferguson, James, »Expectations of Modernity: Myth and Meanings of Urban Life on the Zambian Copperbelt«, Berkeley 1999.
40 Freund, »African Cities«, S. 152.
41 Ebd., S. 154.
42 Ebd., S. 155.

zu Diskussionen gekommen, ob man die Frauen in den Slums Nairobis weiter als Parasiten betrachten könne, weil sie doch eher die »Schöpferinnen der afrikanischen Städte« seien. Er zitiert Andrew Hake[43], der herausgearbeitet hatte, dass die Armen der Stadt, um ihr Leben zu verbessern, wichtige Dienstleistungen entwickelt und eigene Beschäftigungen geschaffen hätten und so die Ökonomie förderten und nicht schwächten. Auch in dem »berüchtigten« Slum Mathare Valley begannen Hauseigentümer mit niedrigen Mieten Raum für derartige Aktivitäten anzubieten. Freund betont, dass die Zukunft der afrikanischen Stadt die Förderung einer »Stadt der Armen« verlange. Sie benötige Stadtplanung sowie die Förderung lokaler Initiativen.

Die Versuchung, patriarchalisch Fäden zu ziehen, sei groß, die Fähigkeit lokaler Autoritäten, Mittel zu erhalten, hingegen gering. NGOs und »Charity Development Organizations« könnten helfen, wenn sie sich mit lokalen Initiativen verbänden. Hier sei ein Feld, Massen zu mobilisieren. Afrikaner in den Städten hätten nicht nur die Erfahrungen der ländlichen Assoziationen einzubringen, sondern eine Vielzahl städtischer Formen entwickelt, die völlig von den patriarchalischen Formen der ländlichen Welt abwichen. Sie müssten die alten Formen der Organisationen des Proletariats ersetzen, die in etlichen Ländern im Zuge der Deindustrialisierung in den 1970er Jahren geschwächt oder aufgegeben worden seien.

Charakteristisch seien vielfältige Formen von Mikrounternehmen, die allmählich Verbesserungen gebracht hätten. Nigerianer könnten »from below« leben. Ihre »Community Development Associations« hätten erfolgreich Straßen gebaut und routinemäßig ihr Umfeld gesäubert, einschließlich der Beseitigung der Folgen von Überschwemmungen. Nachbarschaftsassoziationen hätten in Lagos[44] den Einwohnern, die in desolaten Unterkünften lebten, geholfen, lebenswertere Nachbarschaften zu gründen. Solche Assoziationen seien in vielen afrikanischen Städten aktiv. In kleineren Städten würden sie den Familien beim Anbau von Nahrungsmitteln helfen und die Landnutzung regulieren, was eine lange Tradition in afrikanischen Städten habe. Generell gelte, dass immer mehr ziviler Widerstand auch durch die Assoziationen selbst autoritäre Regime herausforderte. Es seien besonders die Frauen und ihre Organisationen, die dazu beitrügen[45].

Freund warnt allerdings vor der Überschätzung der Bedeutung dieser Assoziationen »von unten«. Afrikanische Städte mit einem substanziellen Mittelstand würden mit großer Wahrscheinlichkeit neue Formen der Akkumulation bei unkontrollierter Expansion der Städte nutzen. Dies beruhe auf Hauseigentum. Diese »Landlords« könnten religiöse und ethnische Loyalität nutzen, um Klienten an sich zu binden und sogar das Wahlverhalten zu beeinflussen. Selbsthilfeorganisationen würden die Gesellschaft deshalb auch weiter differenzieren und ebenso spalten können. Er stimmt

---

43 Hake, »African Metropolis«.
44 Ahonsi, Babatunde et al., »Under Siege: Four African Cities. Freetown, Johannesburg, Lagos, Kinshasa«, New York 2002.
45 Freund, »African Cities«, S. 161.

der Position von Jean-Luc Piermy zu, dass »Survivalism« nicht das Gleiche sei, wie eine wirklich urbane soziale Struktur zu schaffen. Er sieht in dieser Spaltung Konflikte entstehen. »Landlordism« sei ideal für etwas besser Gestellte. Zu explosiven Beziehungen könne es kommen, wenn sich daraus »absentee Landlordism« entwickeln würde. Er beschreibt zwei Beispiele für Spaltung und Konflikte. In der alten Stadt Rabat in Marokko sei es Teil einer alten Kultur gewesen, mit Brunnen und öffentlichen Bädern Wasser für alle zur Verfügung zu halten. Das habe sich inzwischen grundlegend verändert, weil Wasser käuflich geworden sei. Wenn der öffentliche Zugang zu Wasser abgewürgt werde, erhöhten sich die Spannungen. Mit dem zweiten Beispiel illustriert er seine These, dass die Reichen ihren Status in einer Welt mit begrenzten Ressourcen viel weniger dauerhaft sichern können als die Armen in ihren kargen Verhältnissen. Während das Zentrum von Brazzaville nach dem Zerfall des autoritären Staates an Bedeutung verloren habe, seien die westlichen und östlichen Stadtteile durch die Reichen zu »Festungen« umgewandelt worden. Sie hätten unter der Kontrolle von ethnischen Milizen gestanden. Beide Stadtteile seien in den 1990er Jahren in zwei Wellen von Gewalt verwüstet worden. Es sei ein Nullsummenspiel um die knappen Ressourcen gewesen. In allen großen Ländern Westafrikas habe es Massenausweisungen von »Außenseitern« aus benachbarten Ländern gegeben, die zum Wohlstand mit beigetragen hätten. Die ethnischen und religiösen Unruhen in Nigeria in Kaduna, Jos, Warri und Lagos träfen auch die Etablierten.

Sicherheit zu gewinnen, sei ein wichtiges Ziel. In vielen großen Städten seien deshalb Strategien verbreitet, sich in den Agglomerationen in der Nähe der großen Städte Land zu sichern. Wenn das gelänge, werde das Leben sicherer. Man lebe länger und habe mehr erfolgreiche Geburten. Auf dieser Basis ließen sich Verbindungen zu den Zonen gewerblicher Arbeit herstellen, zu denen sich aber nur selten Zugang finden ließe.

Zugehörigkeit zu den neuen Organisationen verbände sich mit neuen kulturellen Formen. Neue afrikanische Musik und Kunst entstünden. In Buchläden afrikanischer Städte würden Schulbücher durch Texte ersetzt, die sich mit den Idealen und Dilemmata der städtischen Welt befassten und beim öffentlichen Vorlesen aufgenommen würden. »Kwawani?« (engl. Crush; dt. Zerdrücken) sei als Zeitschrift von Intellektuellen in Nairobi entwickelt worden, um in populärer Sprache die Themen des alltäglichen Lebens sowohl in Swahili als auch in Englisch zu veröffentlichen. Stile der Malerei und der Comics flössen in die Textgestaltung ein. Hinweise auf Innovationen und die Unterstützung von Protesten bezögen sich auf Situationen innerhalb der globalisierten Welt[46].

Freund schließt sein Kapitel über die postkoloniale Stadt mit der Aussage, dass die Umstände der afrikanischen Städte in der Gegenwart variierten, aber sich nicht völlig von einer Periode zur anderen änderten. Ihnen seien ständig neue Ebenen

---

46 Ebd., S. 164.

hinzugefügt worden. Aus dem Kampf unterschiedlicher Ideen hätten sich Paradoxien ergeben. Sie müssten sich aus den Konzepten lösen, die die Kolonialzeit verfolgt habe. Realistische Konzepte von Stadtverwaltung seien erforderlich und es müssten die verschiedenen Trends Berücksichtigung finden, da es kein einheitliches Konzept für alle Entwicklungen gebe. »Afropessimismus« verdecke die Varianten der einander oft widersprechenden sozialen und politischen Bewegungen und verhindere, dass ihre Logiken verstanden würden. Dadurch werde der Weg nach vorn blockiert[47].

2.3 Célestin Monga: »The Anthropology of Anger« (Die Ethnologie von Angst und Zorn)

Célestin Monga[48] war Chefökonom in einer Bank in Kamerun und wurde nach einem regierungskritischen Zeitungsartikel im Januar 1990 verhaftet und vor Gericht gestellt[49]. Zweihundert Rechtsanwälte der Anwaltsorganisation in Kamerun bildeten das Team zu seiner Verteidigung. Aus den Protesten entwickelte sich die Demokratiebewegung in Kamerun[50]. Im Norden des Landes schlugen Polizisten Demonstrationen nieder, machten von der Schusswaffe Gebrauch und töteten Demonstranten. Nach seiner Freilassung besuchte Monga die Familien der Opfer im Norden.

»The Anthropology of Anger« erschien zunächst 1994 in Paris und wurde nach einer erheblichen Erweiterung 1996 in den USA ins Englische übersetzt. Monga geht in dem Buch von der Wut der bäuerlichen Gesellschaft seines Landes und der Stimmung der Jugend aus. Er betont die Entwicklung der »Grassroot«-Organisationen. Mit Bezug auf Foucault schreibt er der kulturellen Dimension des politischen Denkens und Verhaltens eine Schlüsselrolle zu. Er spricht von einer Kultur der Gewalt, die sich gegen die autoritären Strukturen der afrikanischen Institutionen und insbesondere gegen die Einparteiendiktatur in Kamerun wenden werde. Er eröffnet das Buch mit einer längeren Passage, in der er die Musik des kongolesischen Musikers Lokua Kanza[51] als repräsentativ für die Stimmung einschätzt. Er unterscheidet Künstler grundsätzlich in jene, die wegen ihrer Verbindung zur »afrikanischen Tradition« den Regierungen genehm sind, und solche, die zu einem kulturellen und demokratischen Wandel beitragen wollen. Kanza schrieb auch Lieder für Miriam Makeba und lebt seit 1984 nach der Niederschlagung eines Putsches in Frankreich im Exil wie viele andere auch.

---

47 Ebd., S. 164 f.
48 Monga, »The Anthropology«, in einem Abschnitt unter dem Titel »The Myth of the African Exeption«, S. 183 f.
49 Ebd., S. 97 f.
50 Krieger, Milton, »Cameroon's Democratic Crossroads, 1990–4«, in: The Journal of Modern African Studies, Bd. 32, Nr. 4, 1994, S. 605–628.
51 Siehe Kapitel 16.5.3 »Zentralafrika«, S. 510.

Die Notwendigkeiten des täglichen Lebens hätten eine Vielzahl von Menschen, insbesondere die Jugend, zur Entwicklung vielfältiger Formen der Revolte gegen das bestehende System gebracht. Der Lebensstil, den sie entwickelt hätten, um zu überleben, habe eine neue urbane Kultur entstehen lassen. Sie beruhe auf »the truth of violence«. Die Jugend habe keinen Zweifel daran, dass Gewalt effektiv sei[52]. Der Respekt vor politischer, elterlicher und traditioneller Autorität sei zunehmend diskreditiert worden. Es verstärke sich diese Tendenz bei der Jugend, weil sie eine gesteigerte Ungerechtigkeit sehe, da der Staat unfähig sei, öffentlichen Wohlstand zu schaffen. Dadurch sei bei der Jugend eine große Bereitschaft zu Gewalt geschaffen worden. Monga ordnet auch die subversiven Tendenzen der afrikanischen Kunst in diesen Zusammenhang ein. Er hält die Position, dass diese Gewaltvorstellung spezifisch für Afrika sei, für Exotismus. Die Bedingungen für Krieg und Frieden seien in der ganzen Welt ähnlich. Methoden zu Konfliktlösungen, um Frieden zu erreichen, folgten generellen Prinzipien. Ähnlich argumentiert er auch für die Möglichkeiten der Integration in das ökonomische System der Weltwirtschaft.

Die informellen Strategien politischen Widerstandes der Bevölkerung zielten auf Unordnung und bestimmten ihre Vorstellungswelt. Er gibt diesem Gedanken die Überschrift »Topography of the Survivalist Imagination« und schließt einen weiteren Abschnitt an mit dem Titel »Optimal Anarchy and the Aesthetics of Disorder«[53]. Zu dieser Imagination gehöre auch, dass der Wille, die Macht selbst in ihrer ältesten und daher höchst legitimen Form als sozialen Code zu unterminieren, andauernd zum Ausdruck komme[54]. In seinem Ansatz einer Theorie demokratischer Entwicklung lehnt Monga es ab, Hoffnung auf »Mikro«-Gesellschaften zu setzen. Man könne sich nicht auf lokale Initiativen beschränken. Er sieht außerdem in »ethnic blocs« eine Gefahr. Es bedürfe einer Institutionalisierung, in der soziale Bewegungen integriert würden.

Demgegenüber konzentrierten sich viele »Elite-Fraktionen« auf die Unterminierung der Institutionen und behaupteten dabei, die exklusiven Interessen ihrer Netzwerke seien nützlich für alle. Es bestehe die Gefahr, dass mit den Mitteln der autoritären Nutzung der Kultur die Entdeckung des »Charmes der Freiheit« behindert würde. Ständig müssten populärere Techniken kreiert werden, um Pessimismus und Verachtung des Selbst in Schach zu halten[55]. Die verarmten bäuerlichen Massen könnten ethnisch mobilisiert werden, so dass bei ihnen die Tradition der Gewalt verstetigt würde, die ihnen keine Vorteile bringe und die ökonomische Entwicklung behindere. Er nennt dies »Surviving Dreams and Nightmares«[56].

Monga sieht als Kern dieser problematischen und gefährlichen Haltung den Wunsch der Menschen, ihre Würde zu verteidigen. Die Förderung von Selbstver-

---

52 Monga, »The Anthropology«, S. 94.
53 Ebd., S. 116.
54 Ebd., S. 118.
55 Ebd., S. 111.
56 Ebd., S. 184.

trauen, Selbstrespekt und Selbstachtung drücke sich auf unerwarteten sozialen und kulturellen Terrains aus. Die Steigerung der demokratischen Beteiligung sei aber der einzige Weg zur Besserung der Lage.

Ähnlich wie Freund sieht Monga die Dynamik und soziale Fantasie sich vor allem bei der Jugend entwickeln. Monga versteht die Dynamik der Unterschichten in den Städten, besonders die der Jugend und ihrer Kultur der Gewalt. Er sieht ebenfalls die Verführbarkeit und Gefahr der bäuerlichen Welt, die sich an ethnische Blocks anlehnt, von denen ebenso Gewalt ausgehen kann. Beide Tendenzen seien vorhanden. Ansätze für eine fundamentale kulturelle Revolution bestünden ebenfalls, aber genauso ein erhebliches Gewaltpotenzial, das es einzuhegen gelte. Mongas Analyse ist nicht eigentlich pessimistisch. Er ist den Realitäten der Lage in Afrikas Gesellschaften zugewandt und nicht ohne Hoffnung.

2.4 »Afrotopia«: Extremer Optimismus von Felwine Sarr

Felwine Sarr, der senegalesische Ökonom, hat 2016 eine Prognose für Afrika als Ganzes in seinem Buch »Afrotopia« vorgelegt, das »utopische« Annahmen enthält, die von extremem Optimismus geprägt sind[57]. Er stellt das demographische Potenzial Afrikas und das seiner vielen großen Städte in den Mittelpunkt. In Afrika lebten gegenwärtig über eine Milliarde Menschen; 2050 würden es 2,5 Milliarden sein, was ein Viertel der Menschheit ausmachen werde. Er sieht diese demographische Explosion als Ausgleich für die Verluste durch den transatlantischen Sklavenhandel[58]. In Afrika seien 30 % der Böden noch nicht genutzt. Es besitze die größten Rohstoffreserven der Welt, die höchstens zu 10 % ausgebeutet seien. Seine Prognose über die Urbanisierung in Afrika ergänzt diesen Ansatz[59]. Sarr geht davon aus, dass 2030 in Afrika 45 % der Menschen in Städten leben werden, davon in Lagos (Nigeria) 25 Millionen, in Kinshasa im Kongo sechzehn Millionen, in Kairo vierzehn Millionen und in Dakar fünf Millionen. Er verweist darauf, dass in den Städten eine »Gleichzeitigkeit verschiedener Welten und Epochen« nebeneinander existiere[60]. Sie seien von Lärm, Chaos, der Verstopfung und Enge sowie der Zusammenhanglosigkeit zwischen den in ihnen lebenden Bevölkerungsgruppen geprägt. Zugleich betont er ihre Vitalität und Kreativität. Sarr schöpft aus diesen kulturellen Gemengelagen und Dynamiken Hoffnungen für eine Neuordnung der Städte.

In »Afrotopia« wird als Bedingung formuliert, dass ein Wandel der Eliten erforderlich sei. Sie müssten sich von der Orientierung am europäischen und amerikanischen

---

57 Sarr, Felwine, »Afrotopia«, Paris 2016, deutsche Übersetzung, 2. Auflage, Berlin 2019.
58 Ebd., S. 10. Sarr lässt den ein Jahrtausend anhaltenden transsaharischen Sklavenhandel gleicher Größenordnung und den Handel über das Rote Meer und den Indischen Ozean unerwähnt.
59 Ebd., Kapitel »Afrikanische Konfigurationen des Möglichen«, S. 137–145.
60 Ebd., S. 139.

Entwicklungspfad emanzipieren. Sarr verlangt von ihnen einen verantwortlichen Umgang mit den Ressourcen des Kontinents und fordert eine verstärkte Abwehr der ungleich wirkenden Weltmarktverhältnisse. Er sieht Ansätze, dass dieser Elitenwandel im Gange sei, ohne dies zu belegen, und betont, dass die Ökonomen der Welt seit einigen Jahren eine Rhetorik der Euphorie hinsichtlich der ökonomischen Dynamik Afrikas entwickelt hätten.

Er geht von einem goldenen Zeitalter Afrikas bis zum 16. Jahrhundert aus, in dem sich der Zustand der afrikanischen Gesellschaften in einem Gleichgewicht von demographischen Verhältnissen und angepasster Produktivität befunden habe. Seiner Meinung nach war es der Sklavenhandel, der diese Verhältnisse zerstörte. Die Rückbesinnung auf die Struktur der agrarischen Produktionsverhältnisse ist für ihn die Voraussetzung für eigenbestimmte Entwicklung. Er zielt darauf, die gesellschaftlichen Traditionen von nachhaltigem Wirtschaften wiederzubeleben. Die Erinnerung an eine große Vergangenheit kann ein neues Selbstvertrauen fördern und zu einer sozialen und kulturellen Kraft werden. Aber die gegenwärtigen Verhältnisse müssen mit gleichem Gewicht betrachtet werden und es dürfen keine aus der Überhöhung der Vergangenheit abgeleiteten Allmachtsfantasien entwickelt werden.

Dieses historische Urteil ist undifferenziert und erfasst viele afrikanische Welten nicht. Es ist der Traum von einer afrikanischen Renaissance, ohne den historischen Wandel in den Blick zu nehmen. Diese Sicht auf die Zukunft enthält angesichts der Unwägbarkeit der Wirkung und der Dauer kultureller Prozesse keinen absehbaren zeitlichen Horizont. Viele nationalgesinnte Intellektuelle in der Welt haben auf der Schwelle zur Moderne ähnliche Gedanken zur Vorbereitung auf einen Prozess des Nachholens gehabt. Sarr formuliert sie im national-liberalen Gewande mit einem Appell an den Panafrikanismus. Aus seiner Sicht soll eine kulturelle Renaissance der Motor für den Prozess der Erneuerung und der Entwicklung in Afrika werden. Die Hoffnung auf das Gewicht schierer Größe seiner Einwohnerzahl und der hohe Grad der Verstädterung werden verknüpft mit utopischen Erwartungen vom Wandel der Eliten.

Er hat die Dynamik der großen Mehrzahl der Menschen und ihrer Überlebensstrategien und Aktivitäten nicht im Blick. Es fehlt die soziale Analyse, die Werthmann, Freund und Monga auszeichnen. Die Gewalterfahrungen und das Gewicht lokaler patrimonialer Herrschaft bleiben ausgeblendet. Das Bild Afrikas ist einfach und plakativ, die Vielfalt sowie die eigentlich unübersehbare Bedrohung großer Regionen durch die Klimakrise bleiben unberücksichtigt. So konnte der Bestseller zur Beruhigung von Europas Öffentlichkeit entstehen. Es ist keine sorgfältig begründete Prognose. Der Wille zum Optimismus ist indessen ein seltenes und gutes Signal und auch die bisher diskutierten Autoren haben für etliche afrikanische Welten Hinweise auf Dynamiken gegeben, aus denen sich eine positivere Zukunft entwickeln könnte.

3 Überlegungen zur Unmöglichkeit, realistische Szenarien zu entwerfen

Zum Abschluss des Kapitels über die Schwierigkeiten von Prognosen sollen jene Positionen hervorgehoben und miteinander kombiniert werden, die den größten Gehalt an Realitätsbezug zu haben scheinen.

Hilfreich ist der Ansatz von Rainer Tetzlaff, die Entwicklungsmöglichkeiten in Afrika für einzelne Ländergruppen zu diskutieren. Positivansätze haben für ihn die westafrikanischen Staaten Senegal, Elfenbeinküste sowie Ghana. Die Autoren von »Africapolis«, Denis und Moriconi, sowie Freund verweisen besonders auf die Entwicklungen in Marokko, Algerien und Tunesien. Viel skeptischer beurteilt werden Nigeria, Angola und Südafrika, weil sie in einer Rohstofffalle stecken und die ökonomische Diversifizierung verfehlen könnten, wie Tetzlaff argumentiert. Trotz des Hinweises auf die Leistungen von Militärdiktaturen für eine konsequentere Staatsintervention in Ägypten, Äthiopien und Ruanda hängt für Tetzlaff die Entwicklung maßgeblich vom Stand der demokratischen Entwicklung ab. Auch Monga betont dies für Kamerun.

Ob das von Tetzlaff formulierte Ziel einer vollen Industrialisierung eine realistische Perspektive ist, muss bezweifelt werden. Robert Kappel hält in den großen Metropolregionen Ansätze für ein endogenes Wachstum der gewerblichen Wirtschaft durch eine »Economy of Scale« für möglich. Er geht aber vom Fortbestand eines sehr großen informellen Sektors aus. Eine denkbare Prognose wäre, dass industrielle Enklaven in den großen urbanen Zentren und angelehnt an die Bergbaugebiete möglich und wahrscheinlich sind. Die Begünstigung der Industriegiganten aufgrund der Struktur des Weltmarktes und der WTO-Regeln bleibt aber ein formidables Hindernis. Auch die Kapitalflucht, die die Eliten in Afrika betreiben, statt im Lande zu investieren, ist ein Störfaktor.

Die enorme Jugendarbeitslosigkeit ist auch im Zuge höherer Wachstumszahlen nicht im Ansatz überwunden, was selbst für Südafrika gilt und beunruhigend ist.

Die Länder des Sahel, besonders Mali, Niger und Burkina Faso, aber auch die nördlichen Regionen Nigerias, Kameruns und wohl auch Ghanas, der Elfenbeinküste und des Senegal sind vom Klimawandel und der zunehmenden Trockenheit schwer betroffen. Die islamistisch geprägten gewaltsamen Konflikte ebenso wie der Druck von Massenwanderungen auch in die Nachbarländer könnten destabilisierend wirken. Das Gleiche gilt für das zerfallende Somalia und für einen großen Teil des Hochlandes von Äthiopien mit seinen 115 Millionen Einwohnern. Diese Dynamiken sind unvorhersehbar und beinhalten erhebliche Entwicklungshindernisse und potenzielle Konfliktherde.

Die Autoren von »Africapolis« sowie Freund und Monga haben ein sehr differenziertes Bild von den sozialen Folgen der Urbanisierung gezeichnet. Es macht pauschale optimistische oder pessimistische Urteile unmöglich. Zwei Phänomene sind dabei am auffallendsten. Die Urbanisierung durchdringt mit den mehr als 1.000 Aggregationen auch die ländliche Welt. Ein Teil der Landflucht geht in die Aggregationen in ländlichen Räumen und bietet dort Zugang zu urbaner Gartenwirtschaft und Viehhaltung. Sie verbindet sich mit Gelegenheitsarbeit im informellen Sektor. Diese Entwicklung entstand in der Regel spontan, war aber auch Ergebnis von Zwangsumsiedlungen aus Anlass des Baus von Staudämmen. Aggregationen sind von vielen Regierungen nicht als Städte rechtlich anerkannt und in den Statistiken völlig unterschätzt.

Ebenso unterschätzt werden die Klein- und Mittelstädte bei der Betrachtung der Urbanisierung. Sie sind Marktzentren, haben lokales Gewerbe und Bildungseinrichtungen. Mit der ländlichen Welt sind sie eng verbunden. Sie haben Patronagesysteme begünstigt. Auch dort gibt es die soziale und kulturelle Dynamik der Jugend. Freund und Monga betonen die enorme soziale Dynamik in den Städten. Katja Werthmann weist aber auch auf die Schwankungen im Urbanisationsprozess hin. Die sozialen Initiativen sind meist unabhängig von staatlichen Institutionen entstanden und werden vor allem von Frauen getragen. Die Risiken der Gewaltbereitschaft der Jugend als unberechenbarer Faktor wie auch die ethnische Manipulierbarkeit der bäuerlichen Traditionen schaffen ein Gewaltpotenzial in eher anarchistische Richtungen ohne klare Zielvorstellungen. Dieses Gewaltpotenzial kann von politischen Entrepreneuren ausgenutzt werden. Freund weist darauf hin, dass mit den Tendenzen zur Deindustrialisierung seit den 1970er Jahren die organisierte Arbeiterschaft, die so einflussreich in der Dekolonisationsperiode war, weitgehend verschwunden sei. Monga betont, dass die sozialen Bewegungen auch des Mikrobereiches und seiner lokalen Verankerung Anschluss an Institutionalisierung benötigten. Es ist eine Bestätigung der Demokratieforderung von Tetzlaff. Wohin diese Tendenzen führen werden und wann sie sich durchsetzen, ist nicht vorhersehbar.

Die Hoffnung auf die bloße Wirkung der großen Bevölkerungszahl von 2,5 Milliarden Menschen in Afrika im Jahr 2050 und der Stolz auf eine Urbanisierung von bald über 50 %, wie sie Sarr formuliert, verfehlen die Realität. Gleiches gilt auch für den Appell an den Wandel der Eliten, weil die Vernachlässigung der sozialen Lage der übergroßen Mehrheit der Menschen, besondere der Jugend, dazu führt, dass die Analyse keinen Anschluss an die sozialen Bewegungen findet. Das Ergebnis ist die idealistische Überhöhung des Potenzials der Eliten. Ebenso verfehlt ist der Traum von der »Renaissance« eines goldenen Zeitalters, der völlig die Realität der gegenwärtigen Weltverhältnisse missachtet.

Genauer ist der Ansatz von Monga. Demokratiebewegungen erscheinen als Alternative und als Bündnisse von Teilen der Elite und den sozialen Bewegungen denkbar, auch wenn der erste Anlauf in den 1990er Jahren versandete. Aus den Analysen zur sozialen Lage in den Städten und den vielfältigen »Grassroot-Initiativen« wird erkennbar, dass als Alternative zum Ziel einer schnellen, aber unwahrscheinlichen Industrialisierung für voraussichtlich lange Übergangszeiten eine protoindustrielle Phase fortbesteht. Dabei werden verstärkt viele Elemente der Moderne im Bereich Kommunikation und der Technik des Städtebaus wirksam werden. Die Teilhabe an der Weltkultur infolge von Migration und Ausbildung jenseits von Afrika wird sich verdichten. Die Konzentration auf die Vorbilder aus Europa wird sich durch den Blick auf andere dynamische Weltregionen abschwächen. Die Verbesserung der Lebensbedingungen der Menschen und die Sicherung ihres Auskommens werden für lange Zeit die realistischen Strategien sein. Die Entwicklung angepasster Technologien an mittelständische Produktionsformen könnte eine Vorstufe einer allmählichen Industrialisierung sein, wenn dafür Schutzmechanismen entwickelt werden, die nicht irrealen Zielen zum Opfer fallen dürfen.

Für die Entwicklungsmöglichkeiten der Landwirtschaft entsteht ein diffuses Bild. Sowohl der Klimawandel als auch die Verdoppelung der ländlichen Bevölkerung in jeweils einer Generation lassen einen enormen Druck erwarten. Die Urteile über die Landwirtschaft sind sehr pauschal. Dabei zeigen die Zahl der Aggregationen auf dem Lande und die Klein- und Mittelstädte mit ihrer engen Verbindung zur ländlichen Welt, dass die landwirtschaftliche Produktivität, wie sie in den 1950er und 1960er Jahren bestand, auch in der Gegenwart existiert. Traktoren und Pflüge waren in Gebrauch, Zugtiere seltener, weil die Tsetsefliege, vor allem in buschigen Landesteilen, Großtierhaltung verhinderte. Eine Landreform mit gesichertem Eigentum und erweiterten Betriebsgrößen ist nicht in Sicht. Die Veränderung des Landrechtes vollzieht sich in einer rechtlichen Grauzone im Umkreis der Städte und bevorzugt die finanzkräftigen Eliten. Es ist ein Prozess, der bereits in den 1920er Jahren in Gang kam und sehr zögerlich verläuft. Diese Landwirtschaft gerät von zwei Seiten unter Druck. Die Agrarlobby der Industriestaaten in der Europäischen Union sowie die USA exportieren Massen von subventioniertem Getreide und tiefgefrorenen Hähnchen. Sie beherrschen die Versorgung vieler städtischer Einwohner vor allem der Küstenstädte. Die diesen benachbarte Landwirtschaft wird dadurch auskonkurriert. Der umfassende Fischfang an den Küsten Afrikas seitens internationaler Fangflotten auch aus Asien überfischt zudem die Küstenzonen und entzieht der afrikanischen Ökonomie diese Eiweißressourcen. Die Bereitschaft der Eliten, Konzessionen mit Gewinn für sich zu verkaufen, fördert diese Tendenz. Ein weiterer Faktor ist, dass das »Land Grabbing« für große Plantagen durch Industrieländer in Afrika, besonders auch durch China, der bäuerlichen Welt fruchtbares Ackerland entzieht. Für die Regierungen sind die Plantagen eine Steuerquelle, während die vernachlässigte Landwirtschaft ohne gesichertes Bodeneigentum nur wenig besteuert wird. Diese Entwicklung erfüllt mit großer Sorge, denn das Wachstum der Landwirtschaft war für das protoindustrielle Europa und Nordamerika die Voraussetzung für das ökonomische Wachstum seit 1750. Es wurde neben dem Handel mit Europa und nach Übersee die Basis für die Industrialisierung.

Die Revision des Agrarprotektionismus der Industriewelt sowie ein mit Sanktionen belegter »Code of Conduct« beim Erwerb von Konzessionen für Landerwerb, Fischfang und Ausbeutung der Mineralien sind wichtige Faktoren, um die landwirtschaftliche und die gewerbliche Entwicklung in den Städten zu verbinden. Das ist wichtiger als Hilfsrhetorik und die Verhinderung der im Grunde geringen Fluchtbewegungen aus Afrika. Wichtiger ist, den »Brain Drain« zu minimieren, was einer Forderung nach Abschaffung der autoritären Herrschaftsformen gleichkommt.

Die Gewaltgeschichten Europas und anderer Regionen der Welt lassen es als wahrscheinlich erscheinen, dass auch in Afrika Konflikte um Land wegen grenzüberschreitender Massenmigrationen als Folge des Klimawandels und Massenhungers entstehen werden. Ebenso werden Konflikte zur Machtsicherung von Herrschaftseliten beim Anwachsen sozialer Protestbewegungen ausgetragen werden. Daraus können wie im Kongo große Koalitionskriege und endemische Gewalt durch Milizen entstehen. Instrumente zu ihrer Einhegung und die Förderung der Interventionsfähigkeit der OAE werden gestärkt werden müssen. Die Gewaltbereitschaft der Jugend, die überall und jederzeit zu Ausbrüchen führen kann, lässt sich nur durch Verbesserung ihrer Perspektiven eindämmen. Es ist ein zentrales Element einer friedlichen Zukunft für Afrika. Noch wichtiger ist, dass die Industrieländer die von ihnen geschaffenen Hindernisse abbauen, die das ökonomische Machtverhältnis prägen. Es ist bei Weitem wirksamer, dort Wandel zu schaffen, und verhindert überdies stärker Fluchtursachen als entwicklungspolitische Interventionen.

Die soziale Dynamik und Kreativität in großen und kleinen Städten und die alten und neuen Verbindungen zu ländlichen Regionen werden begleitet von einer auf Emanzipation orientierten kulturellen Welt. Dies ist das Potenzial, aus dem sich Optimismus schöpfen lässt, vor allem dann, wenn sich beträchtliche Fraktionen der Eliten daran beteiligen.

Karte 23: Die postkolonialen Staaten Afrikas (2020).

Kapitel 18
Statt eines Resümees: Die Befangenheit in der eigenen Gegenwart macht die übrige Welt fremder, als sie ist

Im Buch sind knappe vergleichende Betrachtungen zur Entwicklung der Gewalträume Europas seit dem 17. Jahrhundert und der Entwicklung von Massenarmut an der Wende zum 19. Jahrhundert skizziert worden. Der Hinweis auf die Gewalträume in Europa sollte darauf verweisen, dass die so oft überschätzte Gewalt in Afrika, die häufig bedrohlich und befremdend erscheint, im Vergleich zu den Gewaltexzessen in Europa noch im 20. Jahrhundert unvergleichlich geringer war. Die Kriegsführung in Agrargesellschaften führte immer wieder auf beiden Kontinenten und generell weltweit zur Plünderung der Ernten und des Viehs, zu massenhaftem Verschleppen von Gefangenen und zu umfassendem Missbrauch der Frauen. Geschichtsvergessenheit unter dem Eindruck der Friedenszeit seit 1945 und des Wohlstandes in Westeuropa seitdem trugen zu dieser Fehlwahrnehmung bei. Auch die Massenarmut, die Europa noch in der Übergangsphase der Industrialisierung als »Pauperismus« traf, ist Teil dieser Geschichtsvergessenheit. Der Umstand, dass viele Millionen vor allem nach Amerika auswanderten, gehört in diesen Zusammenhang, der nicht wiederholbar ist. Die Entwicklung zur »Wohlstandsgesellschaft« wurde zum Maßstab von »Normalität«.

Deshalb soll dieser exzeptionelle Prozess, der zur dominierenden Wahrnehmung in Europa wurde, in den Grundzügen skizziert werden. Die These ist, dass dabei das Fremde fremder wirkt, als es ist. Es wird mit Beispielen auf den Umstand verwiesen, dass diese eurozentrische Enge im Verlauf der sozialgeschichtlichen und ethnologischen Forschungen auch für Europa weitgehend überwunden wurde, aber nicht in das allgemeine Bewusstsein eindrang.

1 Paris 1792, London/Paris 1850, Berlin 1890, New York 1944

Die Zuspitzung der **Französischen Revolution 1792** beendete die Anciens Régimes. Die alte europäische Welt der ständischen Gewissheiten wurde erschüttert. Die Patronagesysteme und die vielfältigen lokalen Autonomien, die der vormoderne Staat noch nicht hatte überwältigen können, wurden geschwächt. Für das sich industrialisierende England lässt sich sagen, dass allmählich die ausschließliche Angewiesenheit der Gesellschaft auf die agrarische Eigenversorgung nachließ. Der Universalhistoriker

https://doi.org/10.1515/9783110452020-020

Wolfgang Reinhard[1] urteilt, dass der Erforschung und dem Verstehen der Welt der Anciens Régimes in Europa vergleichbare methodologische Hindernisse entgegenstehen wie bei anderen Anciens Régimes der Welt. Demgegenüber seien heute die Analysen der zeitgenössischen außereuropäischen Gesellschaften wesentlich erleichtert, weil viel mehr Quellen zur Verfügung stünden und der direkte Diskurs mit den Eliten Außereuropas möglich sei. Das heutige »Fremde« sei zugänglicher als das alte »Eigene«. Wir seien dieser Welt der Anciens Régimes inzwischen so fern wie den vergleichbaren Anciens Régimes des Osmanischen Reiches, des Moghul-Reiches, der britischen Herrschaft der Ostindien-Kompanie und des Asante-Königtums in Ghana.

London/Paris 1850 symbolisiert zumindest in der Wahrnehmung in den westeuropäischen Metropolen den Höhepunkt der Selbstvergewisserung des liberalen, christlichen Bürgertums, das dem technischen und industriellen Fortschritt vertraute. Es orientierte sich im privaten wie im beruflichen Bereich trotz des Flairs der vom Gaslicht erhellten Weltstädte noch an den Normen der ländlich geprägten Welt. Vorherrschend war die Großfamilie. Das Arbeitsethos der Handwerker und in den kaufmännischen Kontoren orientierte sich weitgehend an den vorindustriellen Normen. Diese Welt geriet wegen des Wandels in der Arbeitswelt in verschärfte Spannungen. Dadurch vergrößerte sich die soziale Distanz zu den Unterschichten, die in den Industrien tätig wurden und die sich zu organisieren begannen. Liberale wie autoritäre Staaten förderten diese Ausgrenzung.

Die normative Welt von Familie und patriarchalisch geführten Klein- und Mittelbetrieben blieb erhalten. Die Urteile über die »Paupers« als »faul« und »dumm« sowie die körperlichen Strafen ähnelten denen, die in den künftigen kolonialen Charakterisierungen der »Eingeborenen« üblich wurden. So wurde politisch und sozial das Oben und Unten für Generationen zementiert.

Die Arbeitsteilung zwischen Mann und Frau, die Trennung von Arbeits- und Familienplatz, die Entstehung von Kindheit und Schulzeit verfestigten sich. Sie wurden und werden in der allgemeinen Wahrnehmung bis heute quasi als Normalzustand der Welt empfunden und zum normativen Maßstab für den Blick auf andere Gesellschafts- und Sozialformen.

Die Realitäten der modernen Großstädte sowie der weltweiten Migrationsbewegungen der Auswanderer wichen von den Normen dieser bürgerlichen Welt ab. Sie blieben oder wurden fremd. Die eigenen alten Sozialformen gerieten in Vergessenheit. Sie hatten Gemeinsamkeiten mit denen in der außereuropäischen Welt. Der Ernterhythmus, die Gefahr des Hungers, des Krieges, früher Tod und hohe Kindersterblichkeit gerieten aus dem Blickfeld.

Missionare, Agenten der Handelskontore, Kolonialbeamte und Militärs trugen die Vorstellungen von den Normen dieser Zivilisation des 19. Jahrhunderts in die kolonia-

---

1 Reinhard, Wolfgang, »Verstaatlichung der Welt? Europäische Staatsmodelle und außereuropäische Machtprozesse«, München 1999.

len und halbkolonialen Welten. Dies schloss die zugespitzten negativen Zuschreibungen ein, die aus der europäischen Welt der Unterschichten stammten und die mittels der rassistischen Annahmen der Völkerkunde gesteigert wurden. Dieses Bild wurde in den Bildungseinrichtungen in Übersee reproduziert und zelebriert. Gestützt wurden diese Überzeugungen von der Gewissheit, dass die Hegemonie Westeuropas und allmählich auch der USA weltweit durch militärische, handelspolitische und diplomatische Überlegenheit abgesichert war.

Berlin 1890: Preußen/Deutschland war durch Hochindustrialisierung ein hochgerüsteter autoritärer Machtstaat. Er entwickelte unter dem Eindruck einer wachsenden sozialdemokratischen Arbeiterschaft erste Ansätze zur staatlichen Fürsorge im Jahr des Abganges von Bismarck. Der interventionistische Anstaltsstaat, beeinflusst von hochorganisierten Verbänden, wurde zum Maßstab für politische Organisationsformen. Abweichend von den liberalen Strukturen in Großbritannien und Frankreich existierte das Bewusstsein eines deutschen Sonderweges.

Jede andere Verfasstheit wurde als chaotische oder unentwickelte Vorform betrachtet. Zugespitztes aggressives Selbstbewusstsein sorgte nicht nur für eine Abgrenzung von den außereuropäischen »Peripherien«, sondern auch von den europäischen Peripherien in Südosteuropa und der Welt des Slawentums.

Die globalisierende Wirkung der weltumspannenden Telegraphie, der Linienschifffahrt und der transkontinentalen Eisenbahnen erfüllte die industrialisierte Welt mit Stolz. In Großbritannien und im Empire wurde das Westminster-Modell des Parlamentarismus gefeiert und doch der kolonialen Welt verweigert. Damit verband sich die Stilisierung des Gentlemans. Auf die Unsicherheit über den sozialen Wandel durch die Arbeiterbewegungen reagierte man mit Konzepten des »Sozialimperialismus«. Die Arbeiterschaft sollte möglichst auch in die nationalen Projekte der kolonialen Expansion eingebunden und ein gemeinsames Überlegenheitsgefühl gegenüber der restlos erschlossenen Welt zementiert werden. Im Familiären und in den dominanten Einstellungen der Privatsphäre lebte aber die bürgerliche Normenwelt des 19. Jahrhunderts weiter.

New York 1944 und das Ende des Zweiten Weltkrieges: Unter amerikanischer Hegemonie erfolgten die Neuordnung des Weltwährungssystems und der Wiederaufbau des westlichen Europa. Dies war begleitet vom Durchbruch des modernen Wohlfahrtstaates. Hobsbawm lässt in seinem Buch »Das Zeitalter der Extreme«[2] in der Nachkriegszeit das exzeptionelle goldene Zeitalter des Wohlfahrtstaates und der OECD-Welt beginnen, dessen Zeitgenossen wir sind und das sich dem Ende zuneigt. Dieses goldene Zeitalter erscheint als Normal- und Endzustand der Weltgeschichte, zunächst noch gestört vom sozialistischen Gegenmodell.

---

2 Hobsbawm, Eric, »Das Zeitalter der Extreme: Weltgeschichte des 20. Jahrhunderts«, München 1995.

Die entwickelte wohlfahrtsstaatlich organisierte Industrialisierung erschien als beliebig reproduzierbar und durch Modernisierungsstrategien weltweit wiederholbar. Dieser projizierte Endzustand verursachte eine ahistorische Weltsicht, die erst langsam – durch die historische Dynamik der weltpolitischen Wende mit den Revolutionen in Osteuropa, der Wahrnehmung der ökonomischen Krise und der Massenarbeitslosigkeit auch in Schwellenländern – an Seinsgewissheiten der OECD-Welt gerüttelt hat. Der Aufstieg Chinas zur zweitwichtigsten Wirtschaftsmacht und seine ökonomische Dynamik trugen dazu bei. Jede dieser skizzierten Perioden hat normative Positionen für die Weltsicht des Anderen und Fremden produziert. Der jeweilige Zustand der eigenen Gesellschaft wurde zum Maßstab des Normalen und Wünschenswerten. Zugleich schienen die Mittel bereitzuliegen, kraftvoll zu intervenieren.

Die Erinnerung an die Stationen der eigenen vorindustriellen Entwicklung war verloren. Die Überformung unserer eigenen Geschichte durch die jeweilige Gegenwart erfolgte für jede Generation auf ihre Weise – 1792, 1850, 1890, 1944. Sie hatte Einfluss auf die Wahrnehmung der außereuropäischen Gesellschaften, die sich zu emanzipieren begannen. Sie wurden zum Teil noch mit Kolonialkriegen wie in Algerien und Vietnam überzogen oder durch Interventionen bedrängt wie im Iran oder in Lateinamerika. Maßgeblich wurde das Modernisierungsmodell unter industriekapitalistischer Hegemonie, besonders als der sozialistische Entwicklungsweg scheiterte.

2 Die vormoderne Staatlichkeit in Europa und das Bild vom vorkolonialen Afrika als »Chaos«

Probleme von Historikern im Umgang mit der eigenen europäischen Vergangenheit sollen mit Beispielen aus der afrikanischen Kolonialgeschichte verknüpft werden, um auch im Bereich der Geschichtswissenschaft zu illustrieren, wie Revisionen notwendig wurden, um die Geschichtsvergessenheit gegenüber der vorindustriellen Periode zu überwinden.

Die Vergessenheit gegenüber der eigenen vorindustriellen Geschichte hatte zu erheblichen Fehldeutungen geführt. Der Staat des 19. Jahrhunderts galt als Norm und das europäische Mittelalter erschien als Chaos, wie auch die afrikanischen Herrschaftsverhältnisse von Kolonialpolitikern als Chaos gedeutet wurden und der Anspruch auf das Gewaltmonopol dieses modernen Staates erhoben wurde. Eine Ausnahme machten die meist adeligen Beamten und Offiziere bei den Feudalstaaten, die sie in der Struktur bestehen ließen. Erst 1940 hat Otto Brunner das staatszentrierte Mittelalterbild auf den Kopf gestellt. In seinem berühmten Buch »Land und Herrschaft«[3] wies er nach, dass das Mittelalterbild vollständig von der Staatlichkeit

3 Brunner, Otto, »Land und Herrschaft: Grundfragen der territorialen Verfassungsgeschichte Österreichs im Mittelalter«, 5. Auflage, Wien und Wiesbaden 1965.

des 19. Jahrhunderts ausgehend interpretiert worden war. Übersehen wurde, dass die politische Verfasstheit auf einer Vielzahl von Rechten und Privilegien beruhte. Zur Durchsetzung des Rechtes war Gewaltanwendung, die »Fehde«, zulässig. Es bestanden weder Gewaltmonopol noch klar abgrenzbare Territorien. Überall galten Teilrechte anderer feudaler Herren und Städte. Eine andere Herrschaftslogik als die des modernen Flächenstaates war bestimmend.

Die auf Afrika konzentrierte Historiographie und Ethnologie vollzogen eine ähnlich grundlegende Revision bei der Frage, was Ethnizität in den vorkolonialen afrikanischen Gesellschaften gewesen sei. Im Gegensatz zur älteren Ethnologie und der populären Vorstellung von »Stämmen« wurde nun Ethnizität nicht mehr als starre, sondern als außerordentlich dynamische Sozialform interpretiert. Die alten Definitionen von Verwandtschaftssystemen hätten eher auf Fiktionen als auf Realität beruht. In das Umfeld der führenden Familien und der Klanoberhäupter sowie auch vieler Chiefs gehörten zahlreiche Abhängige, Sklaven, Konkubinen, Schuldknechte, Klienten und sonst isolierte Menschen. Strategische Heiraten, Blutsbrüderschaften und Adoptionen waren weitere Instrumente der Flexibilisierung des Verwandtschaftskonzeptes. Es gab häufig Geheimgesellschaften und überregionale religiöse Schreine.

Dieser genauere Blick in die interne Struktur afrikanischer Gesellschaften und ihres Wandels hatte eine erstaunliche Nebenwirkung. Auch Althistoriker und Fachleute des Frühmittelalters nahmen diese Entwicklung wahr. Sie erkannten, dass diese Betrachtung afrikanischer Organisationsformen einen Schlüssel zum Verständnis antiker und frühmittelalterlicher Strukturen darstellt. Das starre Konzept des »Stammes« müsse aufgegeben werden. So ließen sich auch Prozesse antiker politischer Ökonomie neu deuten. Olympia sei zentrale Stätte des Gabentausches gewesen. Es war der friedliche Ort am Kreuzungspunkt der Transhumanzpfade der Herden – der Platz, an dem, durch den Frieden Olympias abgesichert, die Verteilung des Wassers für die Herden friedlich geregelt werden konnte.

Statt der Deutung eines Systemwechsels von Stamm zu Staat erkannte man nun Variationen personaler Herrschaft auch noch im frühneuzeitlichen Europa und in den übrigen Teilen der Welt. Durch die moderne Staatsbrille waren das Eigene wie das Fremde fremder geworden, als sie sind.

Gerd Spittler[4], Afrikawissenschaftler, Soziologe und Ethnologe, hat bei der Analyse des Verhältnisses von Bauern und Staat im postkolonialen Afrika der Gegenwart eine Entdeckung gemacht. Er stieß auf die Arbeiten über die Entstehung des preußischen Staates des Historikers Koselleck[5]. Der hatte zur Kritik an einer Art Heiligtum der deutschen Staatlichkeit angesetzt. Die Frühgeschichte der preußischen Bürokratie sei die eines schwachen Staates gewesen. Dessen werdende Bürokratie

---

4 Spittler, »Herrschaft«.
5 Koselleck, Reinhard, »Preußen zwischen Reform und Revolution: Allgemeines Landrecht, Verwaltung und soziale Bewegung von 1791 bis 1848«, Stuttgart 1967.

habe noch keine zureichenden Mittel gehabt, um effektive rationelle Kontrolle über die Bauern auszuüben. Das staatliche Aushilfsmittel zur Kompensation der Schwäche der Bürokratie waren bewaffnete Kampagnen, die mit terroristischer Wirkung gegen die Bauern angewandt wurden, wenn diese sich den staatlichen Anforderungen entzogen, um Abgaben oder die Rekrutierung ihrer Söhne zum Militärdienst zu vermeiden. Die Bauern wichen der Gewalt wie einem Unwetter aus. Sie versteckten sich in Sümpfen und Bergen. Sie verbargen die von der Rekrutierung bedrohten Söhne und die Frauen vor Vergewaltigung durch die Soldaten. Auch ihre Ernten wurden versteckt. Sie kamen nach dem staatlichen Einfall wieder in die Dörfer zurück, mit ihnen das Vieh und die Ernte. Die gewohnten Tätigkeiten wurden wieder aufgenommen. Aber es war zuvor auch gefoltert worden, um die Verstecke zu finden.

Spittler hat diese Form der Herrschaft über Bauern in den Strategien westafrikanischer postkolonialer Staaten wiedergefunden, als er den Ansatz von Koselleck anwandte. Unsere Forschungen in Hannover zur Sozialgeschichte der postkolonialen Kriege weisen in die gleiche Richtung. Da jede staatliche Aktion durch derartige gewaltsame Interventionen im Verdacht stand und steht, die bäuerliche Produktion und Arbeitskraft abzuschöpfen, stießen und stoßen selbst statistische Untersuchungen auf Widerstand. Spittler berichtet, dass die Dorfältesten ihre Leute zur Desinformation und bei Nachfragen zu falschen Angaben ermunterten. Der Schuster wurde zum Fischer, der Maurer zum Bauern und der Hirte zum Gärtner. Goran Hyden[6] hat deshalb die Frage gestellt, ob und wann Bauern in Afrika vom Staat überwältigt wurden oder ob sie doch eher noch immer in personalen Klientelverhältnissen eingebunden seien.

Die Historiker des Max-Planck-Instituts für Geschichte in Göttingen, Hans Medick und Peter Kriedte[7], veröffentlichten 1977 ihren Klassiker über die »Protoindustrialisierung« in Europa. Sie beschrieben jene Periode des Überganges, in der die ländliche Welt in vielen Regionen Europas sich mittels Heimarbeit und Wanderarbeit an der gewerblichen Produktion beteiligte. Die Menschen wurden in die kapitalistischen Kreditsysteme einbezogen, weil die Rohstoffe für das Weben und Spinnen auf Kredit geliefert wurden. Viele sanken unter dem Druck der Kommerzialisierung der Landwirtschaft in die unterbäuerlichen Schichten ab. Sie wurden »Paupers«. Sowohl in den ländlichen Räumen als auch am Rand der Städte entstanden Massenelend und Slums. Die damit verbundene Verunsicherung trug zur revolutionären Situation des Vormärzes und zur Revolution von 1848 bei.

Es war eine Agrargesellschaft in der Krise. Der Übergang in eine noch unübersichtliche industrielle Entwicklung verlief sehr langsam. Noch trafen die Ernteausfälle die ganze Gesellschaft. Der Massenhunger war am dramatischsten in Irland, einer Kolonie

---

6 Hyden, Goran, »Underdevelopment and Uncaptured Peasantry«, Lyimo 1981.
7 Medick, Hans; Kriedte, Peter; Schlumbohm, Jürgen, »Industrialisierung vor der Industrialisierung: Gewerbliche Warenproduktion auf dem Land in der Formationsperiode des Kapitalismus«, Göttingen 1977.

Großbritanniens. Es wurde an der industriellen Entwicklung und am Export seiner gewerblichen Waren nach Frankreich gehindert. Während des Ausbruchs einer Seuche bei den überlebenswichtigen Kartoffelpflanzen 1845–1849 wurde aus liberalen Marktprinzipien keine Nahrungshilfe geleistet. Die Hungersnot halbierte die Bevölkerungszahl, weil geschätzt eine Million Iren verhungerten. Fast zwei Millionen wanderten vor allem in die USA und nach Kanada aus.

In den Armutszonen im Umfeld der Industriestädte entstanden Slums, die erst zu Beginn des 20. Jahrhunderts abgerissen wurden. Überlebensstrategien führten zur Ausbildung von »informellen« Sektoren. Diese Krisenlagen der Agrargesellschaft des 19. Jahrhunderts in Europa verwoben sich 1847 erstmals mit den Wechsellagen der Weltwirtschaft und der europäischen Konjunkturzyklen, deren heftigste zwischen 1874 und 1896 auch den Kolonialboom verursachten. Erst allmählich wurden die Unterschichten in die Industriearbeit integriert. Bis zur Wende zum 20. Jahrhundert wanderten Millionen nach Amerika aus.

Es ist kein Zufall, dass die Debatte über die Protoindustrialisierung Einfluss auf die sozialgeschichtliche Betrachtung der Entwicklungsländer genommen hat. Der Vergleich bäuerlicher Strategien im Umgang mit Hungerkrisen im 18. und frühen 19. Jahrhundert in Mitteleuropa und im 18.–20. Jahrhundert in afrikanischen Gesellschaften verweist auf mehr Gemeinsamkeiten als Trennendes oder Befremdliches. Es ist deshalb sinnvoll, zunächst die ökonomischen und sozialen Gemeinsamkeiten dieser protoindustriellen Welten zu studieren, bevor die Ungleichzeitigkeiten der Entwicklung und die unterschiedlichen kulturellen und politischen Verarbeitungsmuster in den Blick genommen werden.

Auch in normativen Fragen gibt es frappante Parallelitäten. Ich berichtete Hans Medick von einem Besuch 1986 in einer Hungerregion der Masai in Kenia. In unserer Hilflosigkeit halfen wir mit Wasserfahren für einen Haushalt aus. Bei der Begrüßung durch die Mutter des Gehöftes legte sie ihr Baby in meine Arme. Nun kannte ich das als Geste einer besonders herzlichen Begrüßung. Medick, den Kontext der Hungersnot vor Augen, erkannte die Szene wieder: In Mitteleuropa habe die Geste in den Diskurs gehört, wenn die Familie entschieden hatte, dass in der Hungersnot die Kleinsten zuerst aufzugeben seien.

Es ist erforderlich, auf die normierende Wirkung des eigenen Konzeptes von Gegenwart zu verzichten und den exzentrischen Ausnahmezustand des OECD-Niveaus nicht als Maßstab für die Entwicklung in anderen Regionen zu verwenden. Stattdessen sollte der Blick auf die agrarische und protoindustrielle Vergangenheit Europas gerichtet werden, um Ansätze für Vergleich, Interpretation und Prognose in Bezug auf andere Gesellschaften zu finden. Dabei muss der Faktor der Ungleichzeitigkeit bei der Analyse beachtet werden. Die globalisierenden Wirkungen der europäisch-amerikanischen kapitalistischen Expansion und Kontrolle des Weltmarktes griffen und greifen in diese agrargesellschaftlichen Prozesse ein und begrenzen die Vergleichbarkeit. Zudem müssen kulturelle, religiöse und soziale Traditionen dieser Gesellschaften und ihr Wandel unter dem Druck der Verhältnisse in den Blick genommen werden.

Dafür ist eine regional und kulturell sehr differenzierte vergleichende Geschichtswissenschaft erforderlich.

Auch Europas Geschichte in seiner vorindustriellen Entwicklung muss einbezogen werden. Die europäische Expansion hatte Wirkungen in Europa selbst. Das Gold aus Süd- und Nordamerika sowie aus Südafrika wurde in Europas und Amerikas Bankensystem geleitet. Es wurde maßgebend für das Finanzsystem des Kapitalismus. Die Massenauswanderung nach Amerika verminderte den Bevölkerungsdruck. Die Textilindustrie in England sorgte mit dem Export der Baumwollstoffe in die außereuropäische Welt wesentlich für den Durchbruch zur Industrialisierung. Eine Provinzstadt wie Osnabrück profitierte davon, dass mit ihrem Leinen die Sklaven in Amerika gekleidet wurden. Die großen europäischen Häfen wurden auch zu Verarbeitern der Rohstoffe aus den Kolonien.

Im Vergleich der Entwicklung der sich ergänzenden Agrarsysteme Europas und der Entwicklung ihrer Produktivität liegt allerdings ein wichtiges Spezifikum. Seit der Wende vom 19. zum 20. Jahrhundert stehen alle Gesellschaften, ob kolonisiert oder vom informellen imperialistischen Machtanspruch bedroht, vor dem inneren oder äußeren Zwang, »Staat« im Sinne des europäischen Konzepts einzurichten oder über sich stülpen zu lassen. Dieser Zwang bestand und besteht unabhängig davon, wie der jeweilige gesellschaftliche und ökonomische Entwicklungsstand war oder ist. Das galt für den alten Staat in China seit dem Opiumkrieg 1842 ebenso wie für Afrikas Gesellschaften im 20. Jahrhundert, obwohl die sozialen und politischen Institutionen darauf nicht vorbereitet waren. Die despotische Kolonialherrschaft hatte überdies nur ein Zerrbild von Staatlichkeit geschaffen. Staatsbildung begann mit dem ›fait accompli‹ der Kolonialeroberung. Auch für die postkolonialen Agrargesellschaften in Afrika gilt, dass ohne Staat die Teilnahme am Weltsystem unmöglich geworden ist. Staatsbildung muss versucht werden in einer Periode, in der nicht nur schwache Staaten von multinationalen Konzernen, überstaatlichen Entwicklungsorganisationen und einer Internationalisierung der Akkumulationsstrategien durchdrungen werden. Daran sind auch die lokalen Eliten beteiligt. Sie sprengen überdies oft den traditionellen Staatsrahmen durch massive Kapitalflucht sowie Abschöpfen der Gewinne aus Konzessionen und Import- und Exportzöllen. Ihre Familien sind über Kontinente vernetzt. Sie haben Eigentum in den Metropolen der Welt, die notfalls Rückzugsorte werden. Und sie verlieren dadurch ihre Funktionen als »nationale Bourgeoisie«.

In der Wahrnehmung wird das Spannungsverhältnis zwischen der gängigen Vorstellung, dass afrikanische Gesellschaften dem Traditionalismus verhaftet seien, und den Dynamiken der modernen sozialen Entwicklungen deutlich. Sie nahmen an der modernen Kommunikation teil, was in der Regel unterschätzt wird. Sie überweisen ihren Eltern Geld über das Smartphone. Im Kongo wurde die Jugend durch Radiosendungen aus den Nachbarländern politisiert und in Ruanda wurde auf dem gleichen Weg zum Genozid aufgerufen.

Zur Ungleichzeitigkeit gehört, dass Vergleiche mit den Übergangsperioden der europäischen Moderne dadurch unterminiert werden, dass Zweifel am Modernisierungserfolg entstanden sind, die im ökologischen Dilemma und den Strukturproblemen der gegenwärtigen Phase des Kapitalismus begründet liegen.

Es muss davon ausgegangen werden, dass ein Nachholen dieser als vorbildlich empfundenen europäischen Entwicklung zum westlichen Wohlfahrtsstaat sich wahrscheinlich nicht massenwirksam wiederholen lässt. Die großen Gesellschaften Außereuropas nicht nur in China, Brasilien und Südafrika, sondern ebenfalls die ärmeren Staaten richten mit Selbstverständlichkeit ihre Politik auf diese Wiederholbarkeit aus.

Wenn in Europa zum Thema der Massenarmut in der Periode der Protoindustrialisierung die Massenauswanderung nach Amerika gehörte und dann das Wirtschaftswachstum in der Periode der Hochindustrialisierung die Armut weitgehend überwand, so dürfte sich dies für die Mehrheit der Menschen nicht nur in Afrika nicht wiederholen. Vielmehr könnte eine Mischung aus endemischer protoindustrieller Massenarmut und kapitalistischen Enklavenökonomien entstehen.

Die Diskurse über das Fremde haben in unserer Gesellschaft auch die ideologische Funktion mitzuteilen, dass das goldene Zeitalter seit 1950 unser Eigentum und nicht auf den Rest der Welt übertragbar ist, jedenfalls nicht auf unsere Kosten.

Modernisierung ohne wohlfahrtsstaatliche Wiederholungschance für die große Mehrheit der Menschen prägt die Diskurse in den großen kulturellen Bereichen Außereuropas. Sowohl der Hindu-Fundamentalismus als auch die radikalen Strömungen in der islamischen Welt wenden sich vom rationalen Diskurs der Modernisierung ab. Die Gerontokratie Chinas versucht mit umfassender Kontrolle sozialer Bewegungen, die Widersprüche ihres Modernisierungskurses zu kontrollieren. Damit verbunden ist der Prozess der Individuation. Er ist ein globales Phänomen der Moderne und unumkehrbar. Er hat zumindest die Führungs- und Mittelschichten in der ganzen Welt erreicht. Fundamentalistische Radikalität, Pflege autoritärer Patronagesysteme und populistischer Kollektivismen bei der Kontrolle der Massen werden im Zuge dieses Prozesses der Individuation ausgehend von den Führungs- und Mittelschichten in erhebliche Konflikte kommen. Es bedarf trotz seiner Verbindung zur europäischen Moderne und der globalen Medienpräsenz behutsamer Interpretationen. Eine traditionalistische oder kulturalistische Wahrnehmung des Fremden und auch des Eigenen würde das verkennen.

Der Maßstab der europäischen Moderne hatte insofern Erfolg, als er hegemonial wurde, weil der Kulturkontakt im Rahmen von politischer, ökonomischer und militärischer Hegemonie stattfand. Dies verursachte eine Asymmetrie in der Wahrnehmung, die oft noch durch offenen und verdeckten Rassismus belastet ist. Auch die überspitzten Diskurse über koloniale Schuld verfehlen einen realistischen Blick auf die Dynamik der afrikanischen Gesellschaften. Direkte Kolonialherrschaft dauerte gut vierzig Jahre. Davor hofften die Eliten auf kosmopolitische Teilhabe an der Weltzivilisation, die immer wieder enttäuscht wurde. Ihr Verhältnis zu dem wachsenden kolonialen Einfluss war ambivalent. Für viele Commoners handelte es sich auch um eine Befreiung von durch Gewalt und innere Sklaverei geprägter Adelsherrschaft. Auch sie wurden enttäuscht, weil der Arbeitszwang und die Verpflichtung, sich auf Exportkulturen zu konzentrieren, oft die Nahrungsbasis schmälerten und die kolonialen Konzerne ihnen ungerechte Preise aufzwangen. In den Siedlergesellschaften verloren viele ihr Land. Die »Herr-Knecht-Beziehung« war nicht nur ein koloniales und rassistisches Phänomen, sondern bestimmte sowohl im vorkolonialen Afrika als auch in der postkolonialen Zeit den Alltag vieler Patronageverhältnisse. Ein realistischer Blick auf die sozialen Bedingungen ist unverzichtbar. Der Rassismusdiskurs verschleiert auch diese Realitäten.

Für die Intelligenz in Afrika und auch sonst in Außereuropa war es von großer Bedeutung, die europäische Moderne genau zu kennen und einzuschätzen. Meist wurde sie bewundert. Der Wunsch nach Teilnahme bei gleichzeitiger Ablehnung von Diskriminierung schuf ein Spannungsverhältnis. Im Kontakt mit Europa, vor allem in den Weltkriegen des 20. Jahrhunderts, wurde auch die soziale Frage, die die europäische Entwicklung prägte, von Millionen Kriegsteilnehmern entdeckt. Die Geschichtsschreibung über Afrika hatte als erste Reaktion auf die gewonnene Unabhängigkeit soziale Ungleichheit nicht beachtet. Alles, was »groß« und bedeutend an der afrikanischen Geschichte erschien, wurde undifferenziert betont, ohne die sozialen Konsequenzen zu berücksichtigen. Erst in den 1970er Jahren wurden die sozialen Differenzen, die Wucht der inneren Sklaverei und die Lage der Arbeiter in Fabriken, Werften und Plantagen oder als Landarbeiter zur Kenntnis genommen. Auch wenn die Kolonialherrschaft mit viel Gewalt verbunden war, kannten die Bauern gleichfalls die Friedlosigkeit der vorkolonialen Zeit und sahen im entwickelten Kolonialismus auch die Vorteile des Landfriedens, so dass sie sich trauten, die Dörfer, die durch Palisaden geschützt waren, wieder aufzugeben und sogar in einzelne Gehöfte zu ziehen. Die Leute des Dorfes Ngye im Kongo fürchteten 1961 das Wiederaufleben vorkolonialer Gewaltverhältnisse. Sie nannten den Sklavenjäger Ngongo Lutete »the worst Man of the World«. Da er vom belgischen Militär hingerichtet wurde, stieg er in der nationalistischen Erzählung zum Nationalhelden auf.

Es war für Europäer und Amerikaner weniger wichtig, differenziert die außereuropäische Welt und auch Afrika zu betrachten. Europa und Amerika konnten sich im Exotismus verzetteln. Kolonialgeographie, Herrschaftswissen durch Ethnologie und orientalistische Vertiefung in Aspekte der Hochkulturen betonten Fremdheit und Andersartigkeit, weil es im Westen an existenziellem Interesse fehlte, die außereuropäische Welt und damit auch Afrika wirklich wahrzunehmen.

Dieser asymmetrische Blick führt in eine gefährliche Wahrnehmungsfalle. Er verbaut den Zugang zu den großen Gesellschaften der Welt. Außerdem wird auch noch übersehen, dass die Abhängigkeit des Kapitalismus von dauerndem Wachstum auch die industrialisierten Gesellschaften in eine fundamentale Krise führen wird, wenn die ökologische Erschöpfung der Ressourcen und der Wandel des Klimas auch unsere Gesellschaften umfassend verändern werden und nur durch Kooperation mit der Weltgesellschaft Lösungen gefunden werden können.

Nachwort

Für die drei Perioden der vorkolonialen Zeit, der Kolonialherrschaft und der postkolonialen Zeit werden gesellschaftliche und politische Prozesse exemplarisch behandelt. Vollständigkeit sollte und konnte kein Ziel sein. Für den Durchgang durch die Geschichte werden die vier Großregionen Afrikas und die afrikanischen Anrainer des Mittelmeeres und des Roten Meeres als Welten analysiert. Die vorkoloniale Periode reicht vom 17. Jahrhundert bis ins letzte Viertel des 19. Jahrhunderts. Danach wird Afrika als Ganzes behandelt, wobei die Kolonialreiche als Großregionen eigener Art gelten können. Die Welten der Großregionen bleiben aber als Hintergrund weiter im Blick.

Einundfünfzig Geschichten werden in allen Perioden eingefügt. Sie handeln von Dörfern, ethnischen und interethnischen Gruppen sowie von den Händlerinnen der Kreolen. Geschichten stellen religiöse Orakel vor, die für den Sklavenhandel missbraucht wurden. Katastrophale Prophetien in der Xhosa-Gesellschaft und das Schicksal verschleppter Kinder werden geschildert. Die Biographie eines Prinzen ohne Land und Herrschaft, aber mit großer spiritueller Ausstrahlung wird erzählt. Prinzipielle Gegner der Kolonialeroberung kommen mit ihren Positionen zu Wort. Der Familie Maine, Sharecropper in Südafrika, wird über zweihundert Jahre nachgegangen. Detaillierte Darstellungen, so die Geschichte des Shambaa-Königreiches in den Usambara-Bergen in Tansania, führen in die Differenziertheit der ländlichen Produktion ein, wie dies auch bei der Geschichte der Giriama im Hinterland von Mombasa geschieht. Die Analysen werden mit der Kolonialeroberung abgeschlossen. Die »Navetanes«, die in Senegambien über 1.000 Kilometer jährlich wandern, um in der Nähe der Küste auf gepachtetem Land Erdnüsse anzubauen, werden vorgestellt. Sie trieben Handel, um mit den Gewinnen Gold und Salz einzuhandeln. Danach gingen sie wieder in ihre Lineage zurück. Ihr militärisches Pendant waren die »Laptots«, die Sklaven waren, für Händler und Händlerinnen die Transportwege sicherten und auch an das französische Militär verliehen wurden.

Nach dem Ersten Weltkrieg agierten erste Vertreter des afrikanischen Nationalgedankens; es werden erste afrikanische Gewerkschaften vorgestellt. Im Umfeld der Weltwirtschaftskrise werden Positionen des ökonomischen Nationalismus entwickelt; Mama Bibi Titi Mohammed in Dar es Salaam mobilisierte nach dem Zweiten Weltkrieg die Frauen für die Partei von Julius Nyerere in Tansania. Es wird von dem Ugander Okello berichtet, der die Revolution in Sansibar 1964 auslöste. Alice Lakwena führte im Bürgerkrieg in Uganda um 1986 das »Holy Spirit Movement«, das den letzten Krieg aller Kriege führen wollte.

Die vorkoloniale Periode wird von 1700 bis zum Ende des 19. Jahrhunderts behandelt. Drei historische Prozesse werden hervorgehoben, die eng miteinander verflochten waren. Dazu gehören die Staatenbildung, die Stärkung von Adelsstrukturen und die Ausweitung der inneren Sklaverei, die vom Adel und den Monarchen zur

https://doi.org/10.1515/9783110452020-021

Machtsteigerung in ihren großen Haushalten und Landwirtschaften betrieben wurde. In Westafrika waren nach dem Verfall der mittelalterlichen Großreiche viele Nachfolger entstanden, so dass die großen Städte und Märkte, die auch Zugang zu den Goldfeldern hatten, mächtig blieben. Seit dem 18. Jahrhundert entstanden aus unterschiedlichen Gründen islamische Revolutionen von Guinea bis zum Sahel, in Nordnigeria sowie im Hochland von Kamerun. Nicht alle Staaten wurden islamisch, sondern wurden weiter von alten Dynastien regiert. Im Senegal behaupteten sich Monarchien der Wolof. Die besondere militärische Kraft entwickelten sie, nachdem der Zugang zu europäischen Feuerwaffen möglich wurde. Sie beteiligten sich am Import europäischer Luxusgüter, die sie aus den Einnahmen ihres Handels mit Sklaven und mit Gold finanzierten.

Im großen Bereich des heutigen Nigeria und seiner kulturell ähnlichen Nachbarregionen entstand ein Staatensystem. Es war durch viele Elemente aus der Religion der Völker der Yoruba verbunden. Das Großreich Oyo, Ilorin, Benin und Dahomey waren mächtige Monarchien gestützt auf Kavallerie. Sie waren in den ariden Zonen und in der Savanne wirksam, konnten aber wegen der Tsetsefliege Wälder schlecht durchdringen. Sie standen im Wettbewerb um die Kontrolle der Küstenregionen, in denen der Sklavenhandel abgewickelt wurde. Whydah, Porto Novo und Lagos waren umkämpft.

Große Mobilität bestand in riesigen Handelsräumen des vorkolonialen Westafrika. Sie reichte von Senegambien entlang des Niger bis zu den Städtelandschaften Nigerias. Zwischen den islamischen Staaten bestanden wechselseitige religiöse und theologische Einflüsse zu den Zentren islamischer Gelehrsamkeit in Kairo, Marokko, den Oasen in der Sahara und dem zentralen Pilgerort Mekka. Dies wird an der Biographie von Umar Tal illustriert, der seine Machtbasis in den Hochländern Guineas in den Quellgebieten der wichtigen Flüsse Westafrikas entwickelte. Er nahm in Marokko Reformgedanken auf, durchquerte zweimal die Sahara, besuchte Damaskus und lernte in Mekka die Wahhabiten kennen. Er war tief beeindruckt von der Gründung des Sokoto-Kalifats in Nordnigeria, lebte dort mehrere Jahre und heiratete die Tochter des Bruders des Staatsgründers. Seine eigene islamische Expansion ging von Guinea aus und er eroberte große alte Handelsstädte im Sahel. Im Osten der Region bestanden Handelswelten von Kanem und Bornu durch die Sahara. Durch die Haussa-Emirate und nach der islamischen Revolution durch Fulbe-Emire im Sokoto-Kalifat war im nördlichen Nigeria nach 1806 eine Städtelandschaft entstanden. Sie war vernetzt mit dem Großreich Oyo, Dahomey, Ilorin, Benin und dem System der Yoruba-Städte, die sich auf die Spiritualität der Monarchie in Ife bezogen. Auch hier verursachte der atlantische Sklavenhandel Konkurrenz um die Kontrolle der Häfen.

Die Ausweitung der urbanen Kultur der Swahili entlang der Ostküste Afrikas bis nach Sofala in Mosambik, wo das Gold Simbabwes vermarktet wurde, geriet nur vorübergehend durch die portugiesische Expansion im Indischen Ozean in eine Krise. Mithilfe der Flotten aus Oman und der Stadtbevölkerungen gelang am Ende des 17. Jahrhunderts die Vertreibung der Portugiesen und es begann die Hegemonie der Dynastie von Oman, die Mombasa und später Sansibar zum Zentrum ihres Handelsreiches machte. Im frühen 19. Jahrhundert durchdrangen die Karawanen Tansania und erreichten Uganda und Zentralafrika. Die verschiedenen Monarchien und das zentrale Königreich im Kongo bildeten einen weiteren großen Handelsraum, der durch die Ankunft der Portugiesen 1487 und die Gründung Luandas in Angola mit dem atlantischen System verbunden wurde. Wegen der Ausweitung des Sklavenhandels durch Tausende kreolische Sklavenhändler wurde es destabilisiert. Ein großer Handelsraum mit vielen Wellen von Staatsgründungen und Expansionen entwickelte sich im südlichen Zentralafrika – ebenfalls eine Städtelandschaft, die das Karawanenwesen im 19. Jahrhundert sowohl mit Angola als auch mit Ostafrika verband.

Die afrikanischen Staaten an der Küste des Mittelmeers mussten auf die Expansion des Osmanischen Reiches seit dem 16. Jahrhundert reagieren. Von den vom Osmanischen Reich unterstützten Freibeutern, den Korsaren, wurden bis zu ihrer Ausschaltung am Anfang des 19. Jahrhunderts durch europäische und amerikanische Flottenverbände mehr als eine Million Europäer versklavt und als Geiseln gegen Zahlungen ausgelöst. Genua, Hamburg und Lübeck hatten dafür Sklavenkassen eingerichtet. Auch die Anrainer des Roten Meeres, Ägypten und Äthiopien, gerieten unter den Druck der islamischen Expansion des Osmanischen Reiches und wurden in die Auseinandersetzungen um die Kontrolle des Gewürzhandels verwickelt. Dieser Handel wurde durch die portugiesischen Flotten seit 1506 gefährdet. Ägyptische und osmanische Flotten vermochten diese Entwicklung nicht zu verhindern. Ägypten fiel geschwächt unter osmanische Herrschaft. Das christliche Äthiopien wurde von islamischen Fürsten in seinem Bestand gefährdet, konnte sie aber mithilfe portugiesischer Musketiere abwehren.

Die Welt des atlantischen Sklavenhandels wurde nur indirekt von der Kette der europäischen Forts beeinflusst. Der innerafrikanische Handel lag in den Händen der afrikanischen Fürsten, Händler und Händlerinnen, die die Routen in das Innere absicherten, bis französische Kanonenboote nach 1860 zur gefährlichen Konkurrenz wurden. Als wichtige Vermittler entstanden die »Atlantikkreolen«, so die »Signares« in Gorée als frankoafrikanische Großhändlerinnen mit eigenen Truppen und prächtigen Haushalten. In Dahomey hatten die afroportugiesischen Kreolen in Anlehnung an die mächtige Dynastie eine ähnliche Position. In Angola waren die afroportugiesischen Kreolen entscheidend am Handel beteiligt. In Mosambik an der afrikanischen Küste des Indischen Ozeans kontrollierten Goanesen und Bahai die Häfen. Im Norden Mosambiks waren am Sambesi die portugiesischen Adelsfamilien von ihrem König mit Großgrundbesitz belehnt worden, was sie aber zwang, in afrikanische Adelsfamilien, denen das Land gehörte, einzuheiraten. Ihre Handelsaktivitäten mit Simbabwe wurden von islamischen Händlergruppen toleriert. Dieses Bild großer Handelswelten, in denen aber auch viele autonome bäuerliche Gesellschaften operierten oder unter dem Einfluss adeliger Klans standen, zeigt eine vielleicht überraschende Vielfalt an Vernetzungen und Mobilität.

Die Machtverhältnisse verschoben sich am Beginn des 19. Jahrhunderts, bevor europäischer Einfluss wirksam wurde. Das Sokoto-Kalifat entstand im Norden Nigerias als der größte Staat Afrikas, der seine Strukturen bis in die Gegenwart trotz Eroberung durch Großbritannien 1903 erhalten konnte. Unter seinem Druck zerfiel das große Reich Oyo aus internen Gründen. Aus den Fluchtbewegungen entstanden starke Stadtstaaten, die sich im Yoruba-Städtesystem 1816–1876 in Bürgerkriege verwickelten. Abeokuta versuchte einen Reformweg mit einer Koalition von ehemaligen Oyo-Kriegsherren und befreiten Sklaven, was als Geschichte dargestellt wird. Die Hauptmacht bildete Ibadan. Die Expansion Großbritanniens in Nigeria wurde von den Bürgerkriegen begünstigt, aber Abeokuta konnte erst 1914 annektiert werden.

Adel hatte sich in Afrika früh entwickelt; er reichte in das 8. Jahrhundert zurück. Es gab adelige Klans in Westafrika, die ihre Legitimität aus der Spiritualität der vorislamischen Zeit herleiteten. Sklaven waren eine Vorbedingung ihrer Herrschaft – und Sklavenhandel bestand in Westafrika und in Ostafrika seit dem 8. oder 9. Jahrhundert. Sklaverei, aber auch Abhängigkeit von Bauern und Hirten beruhte seit Langem darauf, dass die bäuerliche Welt verwundbar war. Ernteausfälle, Seuchen, Kriege, Strafen für Vergehen wurden häufig mit Schuldknechtschaft geahndet, die Arbeitsleistungen erzwang. Frauen wurden auf Kriegszügen geraubt und oft als Konkubinen in die Haushalte der Mächtigen gezwungen. Vereinzelung verursachte Gefährdung. Die Menschen wurden schutzlos, weil sie ohne Verwandtschaft »lineagefrei« wurden. Neben dem Status des Sklaven gab es viele Formen der Abhängigkeit von Mächtigen. An der Entwicklung im südlichen Zentralafrika ist erkennbar, wie stark Abhängigkeit auch ohne Sklaverei verbreitet sein konnte. Dort lebten mindestens 30 % – nach manchen Autoren 50 % – der Bevölkerung als Abhängige, bevor sich der atlantische Sklavenhandel auch dort auswirkte.

Es bestand ein Zusammenhang von bäuerlicher Verwundbarkeit mit der inneren Sklaverei. Die Abhängigkeit der Bauern bestand seit langer Zeit. Sie verstärkte sich aber mit wachsender Bevölkerungsdichte. Außerdem ermöglichte der gesteigerte Sklavenhandel die Stärkung von Adel und Monarchen. Viele Sklaven gingen nicht in den Export über den Atlantik oder durch die Sahara, sondern wurden in die adeligen Haushalte gezwungen. In Afrika wusste man, wer adelige Legitimität hatte oder nur »Commoner« war. Aber Auf- und Abstieg im Status waren Teil des Systems und der wechselnden Machtverhältnisse. Im Zuge der Verbreitung von Feuerwaffen, besonders seit dem 18. Jahrhundert, fand eine Militärrevolution statt. Sie führte zu vielen Machtverschiebungen als Folge von Kämpfen zur Eroberung von Staaten, um die Kontrolle der Hafen- und Marktstädte und Raub von Sklaven.

Als seit 1840 durch die Abolitionsbewegung in Großbritannien der Sklavenexport über den Atlantik zunehmend behindert wurde, standen immer mehr Sklaven dem Adel, den Monarchen und in geringerem Umfang auch den großen Bauern zur Verfügung. Sie dienten in den Hofhaltungen der Monarchen. Dort versorgten sie oft mehr als 10.000 Leute auf unterschiedlicher agrarischer Produktionsbasis. In Uganda wurden die Bananen intensiv genutzt. Außerdem wurde die Versorgung mit Milchprodukten und Fleisch durch die Viehbestände gesichert, die in der nördlichen Peripherie der Monarchie geraubt wurden. In Ruanda gelang es der militarisierten Monarchie der Tutsi, dem alten Adel und der bäuerlichen Welt der Hutu riesige Rinderherden zu entreißen. Diese weideten dann auf den großen Weideflächen in der Nähe der Palastbezirke und versorgten die Hofleute mit Milch und Fleisch. Geraubte Herden wurden auch als Lehen an Militärs, Hofleute und Priester vergeben. In der Sklavengesellschaft des Sokoto-Sultanats in Nigeria entstand eine Plantagenwirtschaft für Getreide mit Sklavenarbeit.

Die reiche gewerbliche Welt der großen Städte setzte Sklaven in der Tuchproduktion, der Färberei und anderen Handwerken ein. Sklaven gehörten in den Tross der Armeen zur Versorgung der Soldaten und der Pferde und dienten den Kriegern auch im Kampf, indem sie Ersatzpfeile und andere Waffen bereithielten. Die innere Sklaverei in Afrika blieb bis zum Ende des 19. Jahrhunderts und bis ins erste Jahrzehnt des 20. Jahrhunderts ein bedeutender Faktor, wenn auch veränderte Formen entstanden. Das Schicksal der Sklaven nach der allmählichen Abschaffung der Sklaverei ist schwer zu verfolgen. Sie blieben in Patronagebeziehungen. Besonders die koloniale Zwangsarbeit wurde zur Übergangsform, die in Französisch-Westafrika erst 1946 abgeschafft wurde. Es war ein Verdienst von Félix Houphouët-Boigny, der afrikanischer Abgeordneter in der französischen Nationalversammlung für die Elfenbeinküste war. Adelige Chiefs, die den Kolonialherren Arbeitskräfte liefern mussten, griffen nach Möglichkeit auf ehemalige Sklaven zurück. Freie oder entlaufene Sklaven gründeten in abgelegenen Wäldern eigene Dörfer. Sie verdingten sich bei Bauern und wurden mit geringem Status auch Teil der bäuerlichen Haushalte oder sie nutzten die Anonymität der Stadt als Hafenarbeiter und in Haushalten der Städter.

Die islamische Revolution im 18. Jahrhundert war mit einer militärischen Revolution verbunden, weil sich der Zugang zu Feuerwaffen durch Geschäfte mit den transatlantischen Sklavenhändlern erheblich ausweitete. Das führte zu einer Stärkung der royal Klans und der adeligen Klans, die vermehrt afrikanische Sklaven in ihre Haushalte und Armeen aufnahmen. Diese Entwicklungen waren noch im vollen Gange, als sich die künftigen Kolonialmächte von Stützpunkten aus in dieses Machtgefüge einschalteten.

Vor dem Kolonialismus gab es eine sehr lange Zeit, in der sich afrikanische Könige, Adelige, Fernhändler und Fernhändlerinnen sowie europäische Händler, Kapitäne, Marineoffiziere und Reisende begegneten. Es bestand für lange Zeit eine Machtbalance. Schiffsbesatzungen und die europäischen Bewohner der Forts waren bei der Versorgung mit Lebensmitteln und Wasser auf die Bevölkerung der Küstenorte angewiesen. Sie suchten die Nähe zu Frauen, insbesondere zu den Kreolinnen, deren große Haushalte nicht nur Geselligkeit und emotionale Geborgenheit boten. Sie erhielten dort gefiltertes Wasser und medizinische Betreuung, die sie länger in den Tropen überleben ließen. In der afrikanischen Geschäftswelt des atlantischen

Systems wurde die europäische Zivilisation bewundert und wurden Konsumgüter übernommen. Die großen Handelshäuser im Nigerdelta importierten ganze Häuser im viktorianischen Stil. Dennoch wurde die afrikanische Lebensart, in Polygamie zu leben und einheimischen Kulten anzuhängen, beibehalten. Diese Gesellschaft der Küstenorte wird oft als »kosmopolitisch« charakterisiert. Eine Sonderentwicklung fand im Kongo statt, weil dort an der Wende zum 16. Jahrhundert Musketiere präsent waren, wie auch in Benin und Äthiopien. Außerdem war aufgrund der Taufe der Könige die Position der katholischen Orden stark. Prinzen reisten zu Verhandlungen nach Europa, wie auch kreolische Kaufleute ihre Kinder zur Lehre und zum Studium dorthin schickten. Äthiopische Pilger nahmen am Konzil von Florenz 1439–1443 teil. Seit Beginn des 16. Jahrhunderts waren Äthiopier teils als Pilger in Europa, so in Rom und auf dem Konzil von Konstanz. Es hat lange gedauert, bis die machtpolitische und rassistische Zurückweisung vonseiten der Europäer erkannt wurde. Erst als sich die Machtverhältnisse dramatisch verschoben und die Eroberung vollzogen war, wurden Entmachtung und Diskriminierung offensichtlich. Und dennoch gab es auch in der Kolonialperiode immer wieder enttäuschte Versuche, Anerkennung durch Übernahme des Lebensstils und des Christentums zu erreichen.

Der Kolonialismus kündigte sich auch mit militärischen Mitteln früh an. Die französischen, britischen und niederländischen Handelskompanien hatten eigenes Militär. Um die Zeit der 1840er Jahre veränderte sich in etlichen Regionen Afrikas der Stil der europäischen Politik. Großbritannien setzte seine Freihandelsdoktrin immer häufiger mit Gewalt durch und das Abfeuern der Schiffskanonen bei Verhandlungen demonstrierte die Überlegenheit. Frankreich expandierte militärisch in Algerien seit 1830. Die Durchdringung Senegambiens lag in der Hand des Militärs, das seit den 1860er Jahren bis nach Mali vordrang. Großbritannien annektierte Lagos in Nigeria 1860. Auch in Ost- und Südafrika wandelte sich der Freihandelsimperialismus. Seit 1840 intervenierte Großbritannien in Oman und die Spaltung der Dynastie führte dazu, dass ein Zweig auf Sansibar ein oman-arabisches Sultanat unter dem Schutz der britischen Flotte errichtete. Von dort aus griff Großbritannien in den 1870er Jahren militärisch in den Sklavenhandel ein. Nach der Besetzung der Kapkolonie 1806 führte es die von der niederländischen Kompanie begonnenen Grenzkriege im Eastern Cape gegen die Xhosa bis 1876 weiter. Um den 1836 nach Nordosten ausgewichenen Trecks der Buren den Zugang zum Indischen Ozean abzuschneiden, wurde Natal 1842 annektiert und die Zulu-Monarchie bedrängt, die 1879 besiegt wurde. Diese militärischen Interventionen fanden vierzig bis fünfzig Jahre vor der Berliner Konferenz zur Aufteilung Afrikas statt. Aus Sicht der Monarchien und der Warlords wurde dies zunächst noch als Ausdruck der allmählichen Verschiebung des Machtgleichgewichtes gedeutet und lange nicht als das Ende der vorkolonialen Souveränität erkannt. Europas intensivierte Präsenz wirkte auch beeindruckend. Forschungsreisende und Missionare signalisierten das Zivilisationsversprechen und die Gleichberechtigung als Christenmenschen, was von vielen Alphabetisierten ernst genommen wurde.

Die Kolonialherrschaft durchlief mehrere Stadien. Den Eroberungsschlägen folgte die Ausschaltung des afrikanischen Fernhandels. Machtexpansionen großer Klans und der Monarchen wurden unmöglich. Dennoch wurde die Kolonialherrschaft nach einer Periode des Raubbaus und der extremen Ausbeutung von Menschen und einer Phase der Experimente erst kurz vor dem Ersten Weltkrieg effektiv in den großen Territorien durchgesetzt. Die Kolonialmächte ließen die Adelsstruktur in den feudalen Monarchien bestehen. Das britische Konzept der »indirect Rule« wurde für Uganda entwickelt und ebenfalls in Sokoto angewandt. Auch die deutsche Kolonialverwaltung in Kamerun praktizierte dies im Sultanat Adamau und im Königtum Bamum. Die französische Kolonialpolitik respektierte die islamische Struktur und kooperierte, wie im Senegal, mit dem Orden der Mouriden. Der Adel hatte mit dem Ende der Sklaverei einen erheblichen Teil seiner ökonomischen Basis verloren. Es gab aber die Transformation in Großgrundbesitz. Das Recht auf Umverteilung des Landes nutzten die adeligen Chiefs. Neue lokale Eliten beteiligten sich an der Entwicklung der Patronagesysteme. Auch durch die Beteiligung an der Geschäftswelt, in der insbesondere royale Titel geschätzt wurden, entstand in der späten Kolonialzeit eine Vermischung mit der aufsteigenden bürgerlichen Elite.

Die Kolonialzeit war von Gewalt geprägt. Es waren nicht nur die Eroberungskriege oder die Bekämpfung von Aufständen vor dem Ersten Weltkrieg. Die beiden europäischen Weltkriege trafen Millionen Afrikaner als Träger, Schanzarbeiter und Soldaten. Die Kriege wüteten in Deutsch-Ostafrika vier Jahre und in Kamerun zwei Jahre. Der vierjährige Guerilakrieg von Lettow-Vorbecks gegen die Alliierten war von extremer Gewalt gegen Bauern geprägt. Eine Strategie der verbrannten Erde bei Rückzügen und der Beschlagnahme der Ernten forderte, meist durch Hunger und Seuchen, bis zu 500.000 Menschenleben in Ostafrika. Auch die Force Publique des belgischen Kongo wütete dort. Die Lebensverhältnisse verschlechterten sich wegen der Inflation und der Beschlagnahme von Ernten und Lebensmitteln, die für die europäischen Truppen und für die Versorgung von Frankreich verwendet wurden. Die Influenzapandemie 1918/19 tötete geschätzt zehn Millionen Afrikaner, vor allem die Bewohner der Küstenzonen.

Weltkriege und die Zwischenkriegszeit werden in der Literatur in Anlehnung an die Konzepte der Kolonialmächte, den ökonomischen Wert der Kolonien systematisch zu steigern, als Phase des »entwickelten Kolonialismus« betrachtet, in der bereits Konzepte zur Entwicklungspolitik enthalten waren. Aus afrikanischer Sicht muss dieses Bild korrigiert werden. Die Weltkriege führten zu großen Belastungen für die afrikanische Bevölkerung. Die großen Wirtschaftskrisen der Zwischenkriegszeit 1920–1922 und 1929–1938 beeinträchtigten den Aufschwung der bäuerlichen Kolonialwarenproduktion erheblich. In beiden europäischen Weltkriegen wurden Millionen von afrikanischen Männern meist zwangsrekrutiert und hinter den Fronten zum Arbeiten als Träger und zum Schleppen der schweren Geräte gezwungen. Da sie der Landwirtschaft entzogen waren, geriet diese in Krisen, zumal oft Ernten beschlagnahmt wurden. Afrikaner wurden als Soldaten in Frankreich, im Nahen Osten und bei der Eroberung der deutschen Kolonien eingesetzt. Sie erlitten schwere Verluste.

In der Zwischenkriegszeit begann die Erosion der Kolonialherrschaft und die Anfänge von nationalen Bewegungen entstanden. Die Gebildeten hatten die Rekrutierungen oft unterstützt, in der Hoffnung, dass Afrikanern zum Dank mehr Selbstverwaltungsrechte eingeräumt würden. Darüber entstand Enttäuschung und auch darüber, dass die Veteranen oft die versprochenen Renten oder Arbeitsplätze nicht erhielten. Im Zweiten Weltkrieg wiederholten sich die Belastungen. Durch die Sahara wurden in Ghana und Nigeria Pisten und Flughäfen errichtet, um den Krieg in Nordafrika gegen das deutsche Afrikakorps zu führen. Äthiopien wurde von den Italienern zurückerobert. Dafür wurden die Häfen in Ostafrika ausgebaut und afrikanische Truppen auf beiden Seiten eingesetzt, wobei bei den Italienern 70.000 desertierten. Nach dem Zweiten Weltkrieg wurden die nationalistischen Bewegungen zur Dekolonisation voll wirksam. Dekolonisation und die postkolonialen Krisen werden unter dem Aspekt der Entwicklung nationaler Bewegungen behandelt. Besonders im südlichen Afrika und im Kongo intervenierten die Kolonialmächte und förderten ihnen genehme Bürgerkriegsparteien und Diktaturen, so dass große Gewalt- und Fluchträume entstanden.

Die These von Terence Ranger, dass im Kolonialismus eine fundamentale soziale Revolution stattgefunden habe, wird am Ende des 13. Kapitels diskutiert. Sie wird erheblich in ihrem zeitlichen Umfang erweitert, denn diese Revolution begann schon in der Mitte des 18. Jahrhunderts. Sie blieb auch nicht auf die frühe Kolonialzeit beschränkt, wie Ranger betont, sondern setzte sich durch die Wirkung der beiden Weltkriege und der Wirtschaftskrisen der Zwischenkriegszeit fort, die ebenfalls erhebliche Krisenlagen schufen. Schon drei Jahre nach der Eroberung entwickelten sich aus den Enttäuschungen über den Kolonialismus Gegenbewegungen. Weiter wird argumentiert, dass nach der ersten Welle der Dekolonisation, getragen von Hoffnungen, erneut Krisen zu Enttäuschungen führten. Die Institutionen der unabhängigen Staaten wurden häufig von innen und außen destabilisiert. Die Regierung Lumumba des unabhängigen Kongo wurde von Interventionen Belgiens und der USA angegriffen. Die Ermordung Lumumbas erfolgte mit deren Beteiligung, ebenso wie die Errichtung der Militärdiktatur von Mobutu für 36 Jahre. Eine Kette von Militärputschen schloss sich an. Diese standen im Zusammenhang mit der Depression 1966/67.

Eine Großkrise entstand aus den Folgen der Strategien der Destabilisierung durch Siedlergesellschaften des südlichen Afrika, die die Kolonialmächte und die USA tolerierten, teilweise auch unterstützten. Dadurch entstand ein großer Gewaltraum im zentralen und südlichen Afrika. Der Putsch von Idi Amin gegen Obote erhielt internationale Unterstützung und hatte als Gegenreaktion einen Bürgerkrieg nach seiner Niederlage im Krieg gegen Tansania zur Folge. Auch der Zerfall Somalias und die Intervention Äthiopiens und der Vereinten Nationen, die scheiterten, berührten den gesamten Raum des östlichen Afrika und insbesondere Kenia. Millionenfache Fluchtbewegungen in die benachbarten Länder waren die Konsequenz. Das Apartheid-Regime in Südafrika erhielt zu lange Unterstützung durch den Westen. Die unabhängige ehemalige portugiesische Kolonie Mosambik wurde vom Smith-Regime in Rhodesien mithilfe Südafrikas destabilisiert; Südafrika seinerseits versuchte, mit einem Blitzkrieg die Machtergreifung der MPLA in Angola 1975 zu verhindern. Letzteres scheiterte an Kubas Gegenintervention. Die Folgen waren Bürgerkriege in Angola und Mosambik. Außerdem führte der Bürgerkrieg Mugabes gegen die Ndebele und andere Oppositionelle zu weiteren massiven Fluchtbewegungen.

Diese Entwicklungen vereinigten sich mit dem großen Kongo-Krieg 1998–2002 und der anhaltenden Gewalt durch viele Milizen im Osten des Kongo. Der Krieg war eine Folge des Genozids in Ruanda 1994, in dem die siegreiche Armee der Tutsi in Ruanda die Verfolgung der Hutu in den Kongo hineintrug und die Diktatur Kabilas stützte, der mit ihrem Rückhalt Mobutu stürzte. Daraus entwickelte sich mit Kriegsbeteiligung mehrerer afrikanischer Mächte und vieler Milizen ein sechsjähriger Krieg mit drei Millionen Toten. Alles floss zu einer Großkrise zusammen.

So entstand eine Kontinuität von beträchtlichen Krisen in Afrika von fast dreihundert Jahren. Dies wurde so auch von vielen Menschen in der riesigen Region erinnert.

Ein verstärkender und übergreifender Faktor war die Marginalisierung Afrikas im System der Weltwirtschaft. Die Bevölkerungsexplosion seit den 1950er Jahren und das Wachstum der Megastädte bei Ausbleiben der Industrialisierung verschärften die Marginalisierung von Massen. Die ländliche Welt ist davon ebenfalls betroffen, weil gutes Land knapp wird und Klimaschwankungen und auch Klimawandel häufiger schwere Dürren und Hungersnöte verursachen. Es wird notwendig sein, die Langzeitfolgen solcher Kontinuitäten von fundamentalen Krisen stärker in den Blick zu nehmen.

Im 17. Kapitel wird über die Schwierigkeit von Prognosen reflektiert. Einige Grundtatsachen deuten auf Kontinuitäten im Krisenmodus hin. Es kombiniert sich eine Bevölkerungsexplosion mit der rasanten Urbanisierung ohne Dynamik in Richtung Industrialisierung. Dies vollzieht sich bei eingeschränktem agrarischem Wachstum, das zudem noch durch den Klimawandel zu großen Migrationsbewegungen führen kann. Es schwebt das Damoklesschwert von Marginalisierung und ökonomischer Randständigkeit über viele Regionen des Kontinents, trotz der eindrucksvollen Initiativen im informellen Sektor, der Lebendigkeit der Kultur und Künste und vieler Ansätze zu sozialen Bewegungen mit dem Ziel der Selbsthilfe. Es sind Bedingungen, die nach so langer Zeit von Krisenmodi nur über große Zeiträume überwunden werden können.

Die Beurteilung von Krieg und Frieden in Afrika muss in den Kontext der Gewaltgeschichte der Welt eingeordnet werden. Gewalt in Afrika wurde begrenzter ausgeübt und war unvergleichlich geringer als in der Geschichte anderer Weltregionen. Zu ihr gehören auch die Fähigkeiten zum Friedensschluss. In Bürgerkriegen griff die OAU ein und es gab Versöhnungskommissionen. Lokale Gerichte arbeiteten den Genozid in Ruanda auf. Es gab Zeremonien zur Reinigung für die Soldaten und Betreuung der Kindersoldaten in Uganda. Versöhnungskommissionen wurden in Südafrika und in Ruanda eingerichtet.

Bei der Frage, welche Prognosen für das 21. Jahrhundert möglich sind, wird das Problem der Unsicherheit von Prognosen in den Mittelpunkt gestellt und die Argumente der prognostischen Literatur werden in Auswahl erörtert. Das Verhältnis von Urbanisierung ohne Industrialisierung zur Entwicklung der Landwirtschaft und der ländlichen Bevölkerung wird diskutiert. Megastädte und mehr als 1.000 Agglomerationen von oft Hunderttausenden von Einwohnern sind entstanden, neben den Metropolregionen auch viele auf dem Lande. Sie beeinflussen das Verhältnis von Landflucht und Urbanisierung durch ihre Nähe zur ländlichen Welt. Beim Blick auf die Entwicklung der Metropolregionen wird die Welt der Klein- und Mittelstädte vernachlässigt, die über Patronagesysteme Verbindungen mit der ländlichen Welt haben. Diese Prozesse sind so unübersichtlich, dass im Grunde die Gegenwart eines so komplexen Kontinents noch nicht verstanden ist. Ebenso unverstanden ist die innere Verfasstheit der Gesellschaften. Das gilt auch für das, was oft als Elitenversagen zur Hauptquelle der Probleme des Kontinents erklärt wird. Die politische Verfolgung von Fraktionen der Elite, der Aufschwung von Demokratiebewegungen, Literatur und Musik sowie darstellende Kunst verweisen auf Alternativen.

Bei der Beurteilung der Handlungsmöglichkeiten der afrikanischen Gesellschaften muss die Art der asymmetrischen Verflechtung mit dem Weltsystem als wichtige Ursache beachtet werden. Auch die Erwartungen an eine kulturelle Revolution sind noch vage und können das künftige Verhältnis von sozialen Bewegungen, die Dynamik der Jugend und die Tendenzen innerhalb der oft mit der Welt vernetzten Elitefraktionen nicht leicht erklären.

Methodologische Fragen werden abschließend am Beispiel des Themas erörtert, ob Afrika, das häufig als das »Andere« oder »Fremde« charakterisiert wird, in Wirklichkeit weniger fremd ist und nur so erscheint, weil Geschichtsvergessenheit unserer eigenen agrargeschichtlichen Vergangenheit die lange Periode der Protoindustrialisierung in Europa vergessen ließ und uns viele Parallelen deshalb verborgen bleiben. Auch die »eigenen« Gewalttraditionen und der Umgang mit Europas Unterschichten im 18. und 19. Jahrhundert sind beim Betrachten der Geschichte Afrikas vergessen und verdrängt durch das historisch gewachsene Überlegenheitsgefühl in Europa und Nordamerika. Die Fixierung auf die zu Wohlstandsstaaten entwickelten hochorganisierten Gesellschaften hat zudem dazu geführt, dass diese Lebensform zum Maßstab wurde. Darüber wird sogar vergessen, dass auch unseren Gesellschaften ein dramatischer und vielleicht auch chaotischer Übergang bevorstehen könnte.

Literaturverzeichnis

Adam, Heribert, »Südafrika: Soziologie einer Rassengesellschaft«, Frankfurt am Main 1968.

Afigbo, Adiele E., »Ropes of Sand: Studies in Igbo History and Culture«, Oxford 1981.

Ahonsi, Babatunde et al., »Under Siege: Four African Cities. Freetown, Johannesburg, Lagos, Kinshasa«, New York 2002.

Ajayi, Jacob Festus Ade; Crowder, Michael (Hrsg.), »History of West Africa«, Bd. 2, London 1974.

Albertini, Rudolf von, »Dekolonisation: Die Diskussion über Verwaltung und Zukunft der Kolonien 1919–1960«, Köln 1966.

Allen, James de Vere, »Swahili Origins: Swahili Culture and the Shungwaya Phenomenon«, London 1993.

Alpern, Stanley B., »On the Origins for the Amazons of Dahomey«, in: The Journal of African History, Bd. 25, 1998, S. 9–25.

Anderson, Benedict, »Imagined Communities: Reflections on the Origins and Spread of Nationalism«, London 1991.

Andersson, Charles John, »Trade and Politics in Central Namibia 1860–1864: Diaries and Correspondence of Charles John Andersson«, hrsg. von Brigitte Lau, Windhoek 1989.

Ntewusu, Samuel Aniegye, »Kwame Nkrumah and the Agricultural Development of Northern Ghana«, in: Lundt, Bea; Marx, Christoph (Hrsg.), »Kwame Nkrumah 1909–1972: A Controversial Visionary«, Stuttgart 2016.

Ansprenger, Franz, »Die politische Entwicklung Ghanas von Nkrumah bis Busia«, München 1972.

Arendt, Hannah, »Elemente und Ursprünge totaler Herrschaft«, Wiesbaden 1955.

Arhin, Kwame, »Trade, Accumulation and the State in Asante in the Nineteenth Century«, in: Journal of the International African Institute, Bd. 60/4, 1990, S. 524–537.

Austen, Ralph, »Sahara: Tausend Jahre Austausch von Ideen und Waren«, Berlin 2012, englische Ausgabe Oxford 2010.

Ayany, S. G., »A History of Zanzibar: A Study in Constitutional Development 1934–1964«, Nairobi 1970.

Balandier, Georges, »Koloniale Situation: Ein theoretischer Ansatz«, in: Albertini, Rudolf (Hrsg.), »Moderne Kolonialgeschichte«, Köln 1970, Originalausgabe 1952.

Balandier, Georges, »L'anthropologie appliquée aux problèmes des pays sous-développés«, Paris 1955.

Barry, Boubacar, »Senegambia and the Atlantic Slave Trade«, Cambridge 1998, Übersetzung aus dem Französischen, Paris 1988.

Baumhögger, Goswin, »Dominanz oder Kooperation: Die Entwicklung der regionalen Kooperation in Ostafrika«, Hamburg 1978.

Baxter, Paul T. W.; Hultin, Jan; Triulzi, Alessandro, »Being and Becoming Oromo: Historical and Anthropological Enquiries«, Uppsala 1996.

Bay, Edna, »Wives of the Leopard, Gender, Politics, and Culture in the Kingdom of Dahomey«, Charlottesville und London 1998.

Beach, D. N., »Chimurenga: The Shona Rising of 1896–97«, in: The Journal of African History, Bd. 20, Nr. 3, 1979, S. 395–420.

Becker, Felicitas, »Traders, Big Men and Prophets: Political Continuity and Crisis in the Maji Maji Rebellion in Southeast Tanzania«, in: Journal of African History, Bd. 45, 2004, S. 1–22.

Beckmann, Björn, »Organizing Farmers: Cocoa Politics and National Development in Ghana«, Upsala 1976.

Beez, Jigal, »Geschosse zu Wassertropfen«, Köln 2003.

Behrend, Heike, »Alice und die Geister: Krieg im Norden Ugandas«, München 1993.

https://doi.org/10.1515/9783110452020-022

Behringer, Wolfgang, »Kulturgeschichte des Klimas: Von der Eiszeit bis zur globalen Erwärmung«, 2. Auflage, München 2007, S. 117–196.

Beinart, William; Bundy, Colin, »Hidden Struggles in Rural South Africa: Politics and Popular Movements in the Transkei and Eastern Cape, 1890–1930«, London 1987.

Bennett, Norman Robert, »Mirambo of Tanzania 1840?–1884«, Oxford 1971.

Berman, Bruce, »Nationalism, Ethnicity, and Modernity: The Paradox of Mau«, in: Canadian Journal of African Studies, Bd. 25, Nr. 2, 1991, S. 181–206.

Bernal, Martin, »Black Athena: The Afroasiatic Roots of Classical Civilization«, New Brunswick 1987.

Berry, Sarah S., »Innovation and the History of Cocoa Farming in Western Nigeria«, Cambridge 1974.

Bierling, Stefan, »Nelson Mandela: Rebell, Häftling, Präsident«, München 2018.

Birmingham, David, »Trade and Conflict in Angola: The Mbundu and their Neighbours under the Influence of the Portuguese, 1483–1750«, Oxford 1966.

Birmingham, David, »Central Africa to 1870«, Cambridge 1981.

Birmingham, David, »Central Africa to 1870«, Cambridge 1983.

Birmingham, David, »Angola«, in: Chabal, »History«, S. 137–184.

Birmingham, David, »Empire in Africa: Angola and its Neighbors«, Athens, Ohio, 2006.

Bley, Helmut, »From Conquest to Mandate: German South West Africa«, in: First/Segal, »South West Africa«, S. 35–53.

Bley, Helmut, »Kolonialherrschaft und Sozialstruktur in Deutsch-Südwestafrika 1894–1914«, Hamburg 1968, englische Übersetzung London 1971, 2., ergänzte Auflage Hamburg und Windhoek 1996.

Bley, Helmut, »Namibia under German Rule«, London 1971.

Bley, Helmut, »Politische Probleme Tanzanias nach der Sozialisierung des modernen Wirtschaftssektors«, in: Verfassung und Recht in Übersee, Nr. 6, 1973, S. 311–325; wieder abgedruckt in: Füllberg-Stolberg, Katja (Hrsg.), »Afrika: Geschichte und Politik: Ausgewählte Beiträge 1967–1992«, Berlin 1996, S. 47–64.

Bley, Helmut, »Zusammenhänge zwischen Industrialisierung und Revolution: Erläutert am Beispiel der Entwicklung in Japan und China«, in: Geiss, Immanuel; Tamchina, Rainer (Hrsg.), »Ansichten einer künftigen Geschichtswissenschaft«, Bd. 2, München 1974, S. 150–175.

Bley, Helmut, »August Bebel und die Strategie der Kriegsverhütung«, Göttingen 1975, 2. Auflage 2014.

Bley, Helmut, »Hobson's Prognosen zur Entwicklung des Imperialismus in Südafrika und China. Prognoseentwicklung als Beitrag zur Theorie-Diskussion«, in: Radkau, Joachim; Geiss, Immanuel (Hrsg.), »Imperialismus im 20. Jahrhundert: Gedenkschrift für George W. F. Hallgarten«, München 1976, S. 43–70.

Bley, Helmut, »Die Bundesrepublik, der Westen und die internationale Lage um Namibia«, in: Bley, Helmut; Tetzlaff, Rainer (Hrsg.), »Afrika und Bonn«, Reinbek bei Hamburg 1978, S. 145–168.

Bley, Helmut, »Konflikte vorprogrammiert: Geschichte Ugandas«, in: Journal für Geschichte, Bd. 1, Heft 2, 1979, S. 19–23.

Bley, Helmut, »Die koloniale Dauerkrise in Westafrika: Das Beispiel Nigeria«, in: Rothermund, Dietmar (Hrsg.), »Die Peripherie in der Weltwirtschaftskrise: Afrika, Asien und Lateinamerika 1929–1939«, Paderborn 1982, S. 37–59.

Bley, Helmut, »Gewerkschaften in Südafrika: Historische Vorbelastungen«, in: Loderer, Eugen (Hrsg.), »Metallgewerkschaften in Südafrika«, Köln 1983, S. 27–58.

Bley, Helmut, »Südafrika zum Frieden zwingen: Eine Denkschrift der Vereinigung von Afrikanisten in Deutschland e.V.«, Bremen 1986.

Bley, Helmut, »Sozialgeschichtliche Bedingungen von Konversion in Afrika 1750–1980«,
in: Koschorke, Klaus (Hrsg.), »Christentum und Gewürze: Konfrontation und Interaktion
kolonialer und indigener Christentumsvarianten«, Göttingen 1988, S. 274–285.

Bley, Helmut, »Afrika Geschichte und Politik: Probleme afrikanischer Staatenbildung im 19. Jh.«,
in: Christmann, Helmut (Hrsg.), »Kolonisation und Dekolonisation«, Schwäbisch Gmünd 1989,
S. 301–305.

Bley, Helmut, »Die Großregionen Afrikas oder die Grenzen des Autochtonen«, in: Periplus, Jahrbuch
für Außereuropäische Geschichte, Berlin 1994, S. 1–15.

Bley, Helmut, »Migration und Ethnizität im sozialen, politischen und ökologischen Kontext: Die
Mijikenda in Kenya«, in: Bade, Klaus (Hrsg.), »Migration, Ethnizität, Konflikt«, Osnabrück 1996,
S. 305–328.

Bley, Helmut, »Wallerstein's Analysis of the Modern World System Revisited: The Regional
Perspective – The Case of (West) Afrika«, in: Hauptmeyer, Carl-Hans; Adamczyk, Darius;
Eschment, Beate; Obal, Udo (Hrsg.), »Die Welt querdenken: Festschrift für Hans-Heinrich
Nolte«, Frankfurt am Main 2003, S. 95–106.

Bley, Helmut, »Europäische Expansion in Kontext der Weltgeschichte, Einleitung«, in:
»Enzyklopädie der Neuzeit«, Bd. 3, Stuttgart 2006, Sp. 689–702.

Bley, Helmut, »Prognosen zur Entwicklung Südafrikas: Eine Rückschau«, in: Molt, Peter; Dickow,
Helga, »Kulturen und Konflikte im Vergleich: Festschrift für Theodor Hanf«, Baden-Baden 2007,
S. 405–416.

Bley, Helmut, »Gutachten über Paul von Lettow-Vorbeck«, in: Hannoversche Geschichtsblätter,
Neue Folge, Bd. 62, 2008, S. 169–188.

Bley, Helmut, »Das 20. Jahrhundert aus der Sicht eines Afrikahistorikers«, in: Zeitschrift für
Weltgeschichte, Jg. 10, Heft 1, 2009, S. 9–28.

Bley, Helmut, »Ostafrikanische Welt«, in: »Enzyklopädie der Neuzeit«, Bd. 9, Stuttgart 2009,
Sp. 586–600.

Bley, Helmut, »Priesterkönig Johannes«, in: »Enzyklopädie der Neuzeit«, Bd. 10, Stuttgart 2010,
Sp. 338–342.

Bley, Helmut, »Deutsche Kolonialkriege 1904–1908«, in: Grumblies, Florian; Weise, Anton,
»Unterdrückung und Emanzipation in der Weltgeschichte«, Hannover 2014, S. 150–164.

Bley, Helmut; Kremers, Anorthe (Hrsg.), »The World during the First World War«, Essen 2014.

Bley, Helmut; Krüger, Gesine (Hrsg.), »Überleben in Kriegen in Afrika« (Comparativ, 8. Jg., Heft 2),
Leipzig 1998.

Bley, Helmut; Lehmann-Grube, Uta, »Sklaverei in Südafrika«, in: Bley, Helmut (Hrsg.), »Sklaverei in
Afrika«, Pfaffenweiler 1991, S. 137–151.

Bley, Helmut; Meier, Thorsten, »Flucht und Exil in Afrika nach 1967: Zur Reaktion internationaler
Hilfsorganisationen auf Fluchtbewegungen verdeutlicht am ostafrikanischen Beispiel«,
in: Bierbrauer, Günter; Schwarzer, Gudrun (Hrsg.), »Projektverbund Friedens- und
Konfliktforschung in Niedersachsen: Forschungsprojekte«, Osnabrück 1996, S. 105.

Bley, Helmut; Meier, Thorsten; Grünhagen, Freya, »Freiwillige Repatriierung nach Eritrea und
Mosambik«, in: Bierbrauer, Günter; Schwarzer, Gudrun (Hrsg.), »Friedens- und
Konfliktforschung in Niedersachsen: Forschungsförderung im Projektverbund 1993 bis 2003«,
Osnabrück 2004, S. 155–186.

Bogosian Ash, Catherine, »Free to Coerce: Forced Labor during and after the Vichy Years in French
West Africa«, in: Byfield/Brown/Parsons/Sikainga, »Africa«, S. 109–126.

Bohn, Robert, »Korsaren«, in: »Enzyklopädie der Neuzeit«, Bd. 7, Stuttgart 2008, Sp. 80–83.

Bonne, Nii Kwabena III, »Milestones in the History of the Gold Coast«, London 1953.

Bowdich, Thomas Edward, »Mission from Cape Coast Castle to Ashantee, with a Statistical Account of
that Kingdom, and Geographical Notices of other Parts of the Interior of Africa«, London 1819.

Brantley, Cynthia, »The Giriama and Colonial Resistance«, Berkeley 1981.

Brantley, Cynthia, »Mekatalili and the Role of Women in Giriama Resistance«, in: Crummey, Donald (Hrsg.), »Banditry, Rebellion and Social Protest in Africa«, London 1986, S. 333–350.

Braudel, Fernand, »Das Mittelmeer und die mediterrane Welt in der Epoche Philipps II.«, Frankfurt am Main 1990, französische Originalausgabe Paris 1949.

Braukämper, Ulrich, »Afrika 1914–1918«, Berlin 2015.

Brenke, Gabriele, »Die Bundesrepublik Deutschland und der Namibia-Konflikt«, München 1989.

Brooks, George E., »Eurafricans in Western Africa: Commerce, Social Status, Gender, and Religious Observance from the Sixteenth to the Eighteenth Century«, Athens, Ohio, 2003.

Brown, Carolyn, »African Labor in the Making of World War II«, in: Byfield/Brown/Parsons/Sikainga, »Africa«, S. 43–70.

Brown, Carolyn, »To Be Treated as a Man: Wartime Struggles over Masculinity, Race, and Honor in the Nigerian Coal Industry«, in: Byfield/Brown/Parsons/Sikainga, »Africa«, S. 276–302.

Brunner, Otto, »Land und Herrschaft: Grundfragen der territorialen Verfassungsgeschichte Österreichs im Mittelalter«, 5. Auflage, Wien und Wiesbaden 1965.

Bührer, Tanja, »Die Kaiserliche Schutztrupp für Deutsch-Ostafrika: Koloniale Sicherheitspolitik und transkulturelle Kriegführung 1885–1918«, München 2011.

Bundy, Colin, »The Rise and Fall of the South African Peasantry«, London 1979.

Bundy, Colin, »Rise and Fall of the South African Peasantry«, London 1988.

Bursik, Heinrich, »Geographie und Sprachwissenschaft als Instrumente der Mission – der Afrikareisende Johann Ludwig Krapf«, Diplomarbeit Universität Wien 2008.

Byfield, Judith, »Women, Rice and War: Political and Economic Crisis in Wartime Abeokuta«, in: Byfield/Brown/Parsons/Sikainga, »Africa«, S. 147–165.

Byfield, Judith; Brown, Carolyn; Parsons, Timothy; Sikainga, Ahmas (Hrsg.), »Africa and World War II«, Cambridge 2015.

Callahan, Michael D., »The Failure of ›Closer Union‹ in British East Africa, 1929–31«, in: The Journal of Imperial and Commonwealth History, Bd. 25, 1997, S. 267–293.

Callinicos, Luli, »Working Life 1886–1940: A People's History of South Africa. Factories; Townships, and Popular Culture on the Rand«, Johannesburg 1987.

Callinicos, Luli, »A Place in the City: The Rand on the Eve of Apartheid«, Johannesburg 1993.

Callinicos, Luli, »Oliver Tambo: Beyond the Engeni Mountains«, Johannesburg 2005.

Caulk, Richard, »Between the Jaws of Hyenas: A Diplomatic History of Ethiopia (1876–1896)«, Wiesbaden 2002.

Chabal, Patrick, »History of Postcolonial Lusophone Africa«, Bloomington 2003.

Chafer, Tony, »The End of Empire in French West Africa: France's Successful Decolonization?«, Oxford 2002.

Chaltin, Louis Napoléon, »La question arabe au Congo«, in: Bulletin de la Societé Belge d'Étude Coloniales 1, 1894, S. 163–196.

Clarence-Smith, William, »Africas ›Battle for Rubber‹ in the Second World War«, in: Byfield/Brown/Parsons/Sikainga, »Africa«, S. 166–182.

Cliffe, Lionel, »Nationalism and the Reaction to Enforced Agricultural Change during the Colonial Period«, in: Cliffe, Lionel; Saul, John (Hrsg.), »Socialism in Tanzania«, Bd. 1, Dar es Salaam 1972, S. 17–24.

Cluse, Christoph, »Sklaverei im Mittelalter – der Mittelmeerraum: Eine kurze Einführung, basierend auf Heers ›Esclaves et domestiques au Moyen Âge dans le monde méditerranéen‹«, Paris 1981, online verfügbar unter: http://urts173.uni-trier.

Cobbing, Julian, »The Mfecane as Alibi: Thoughts on Dithakong and Mbolompo«, in: The Journal of African History, Bd. 29, 1988, S. 487–519.

Cohen, David William, »Womunafu's Bunafu: A Study of Authority in a Nineteenth-Century African Community«, Princeton 1977.

Colchin, Peter, »Unfree Labor: American and Russian Serfdom«, Cambridge 1987.

Cooper, Frederick, »From Slaves to Squatters: Plantations Labour and Agriculture in Zanzibar and Coastal Kenya 1890–1925«, New Haven 1982.

Cooper, Frederick, »Decolonisation and African Society«, Cambridge 1995.

Coquery-Vidrovitch, Catherine, »Histoire des villes d'Afrique noire: Des origines à la colonisation«, Paris 1993.

Coquery-Vidrovitch, Catherine, »Africa and the Africans in the Nineteenth Century: A Turbulent History«, Armonk 2009.

Cross, Glenn, »Dirty War: Rhodesia and Chemical Biological Warfare, 1975–1980«, Solihull, UK, 2017.

Crothers, George, »The German Elections of 1907«, New York 1941.

Crowder, Michael (Hrsg.), »West African Resistance: The Military Response to Colonial Occupation«, New York 1970.

Curtin, Philip D., »Economic Change in Precolonial Africa: Senegambia in the Era of Slave Trade«, Wisconsin 1975.

Curtin, Philip D.; Feierman, Steven; Thompson, Leonard; Vansina, Jan, »African History«, 2. Auflage, London 1995.

Danquah, J. B., »Self Help and Expansion«, Accra 1943.

David, Jean; Merzeder, Gerhard (Hrsg.): »Chokwe and their Bantu Neighbours«, Zürich 2003.

Davis, Robert C., »Christian Slaves, Muslim Masters: White Slavery in the Mediterranean Barbary Coast and Italy, 1500–1800«, London 2004.

Dedering, Tilman, »Hate the Old and Follow the New: Khoekhoe and Missionaries in Early Ninteenth Century Namibia«, Stuttgart 1997.

Delius, Peter, »The Land Belongs to us: The Pedi Polity, the Boers and the British in the Nineteenth Century Transvaal«, Johannesburg 1983.

Denis, Eric; Moriconi-Ebrard, François (Hrsg.), »Africapolis: Urbanization Trends 1950–2020. A Geostatistical Approach«, Paris 2009, S. 1–204, online verfügbar unter: http://www.afd.fr/ webdav/site/shared/PUBLICATIONS/THEMATIQUES/autres-publications/BT/AFRICAPOLISFinal Report_EN.pdf.

Denis, Philippe (Hrsg.), »The Making of an Indigenous Clergy in Southern Africa«, Pietermaritzburg 1995.

Deutsch, Jan Georg, »Educating the Middlemen: Political and Economic History of Statutory Cocoa Marketing in Nigeria, 1936–1947«, Berlin 1995.

Deutzmann, Sabine, »Die britische Iranpolitik 1945–1954«, Münster 2019.

Dierks, Klaus, »Biographies of Namibian Personalities«, online verfügbar unter: http://klausdierks. com/Biographie/Biographies_htm.

Dike, K. Onwuka, »Trade and Politics in the Niger Delta, 1830–1885«, Oxford 1956.

Diop, Cheikh Anta, »The African Origin of Civilization: Myth or Reality«, Chicago 1974.

Diop, Adoulaye Bara, »La sociéte Wolof: Tradition et changement – Les systémes d'inégalité de domination«, Paris 1981.

Diop, Cheikh Anta, »Towards the African Renaissance: Essays in African Culture and Development, 1946–1960«, London 1996.

Döpcke, Wolfgang, »Afrikanische Dekolonisations-Systematik«, Universität Brasilia, Manuskript.

Dorn, Thomas; Mensah, Ayokolo, »Houn-Noukoun: Gesichter und Rhythmen in Afrika«, München 1997, mit 2 CDs, französische Originalausgabe Paris 1996.

Drechsler, Horst, »Let us Die Fighting: Namibia under the Germans«, London 1980, Übersetzung der Erstausgabe von 1966.

Drechsler, Horst, »Südwestafrika unter deutscher Kolonialherrschaft«, Bd. 1: »Der Kampf der Herero und Nama gegen den deutschen Imperialismus (1884–1915)«, Berlin (Ost) 1966.

Drechsler, Horst, »Südwestafrika unter deutscher Kolonialherrschaft«, Bd. 2: »Die großen Land- und Minengesellschaften (1885–1914)«, Stuttgart 1996.

Duve, Freimut, »Kap ohne Hoffnung«, Reinbek bei Hamburg 1965.

Ehrler, Franz, »Handelskonflikte zwischen europäischen Firmen und einheimischen Produzenten in Britisch Westafrika: Die Cocoa-Hold-ups in der Zwischenkriegszeit«, Zürich 1977.

Elkins, Caroline, »Imperial Reckoning: Untold Story of Britain's Gulag in Kenia«, New York 2005.

Elsenhans, Hartmut, »Frankreichs Algerienkrieg 1954–1962: Entkolonisierungsversuch einer kapitalistischen Metropole: Zum Zusammenbruch der Kolonialreiche«, München 1974.

Elwert, Georg, »Wirtschaft und Herrschaft von Dahomey im 18. Jahrhundert«, München 1973.

Elwert, Georg, »Gewaltmärkte«, in: Trotha, Trutz von (Hrsg.), »Soziologie der Gewalt« (Kölnische Zeitschrift für Soziologie und Sozialpsychologie, Sonderheft 37), Köln 1997.

Emmett, Toni, »Popular Resistance at the Roots of Nationalism in Namibia 1915–1966«, Basel 1999.

Engel, Ulf; Schleicher, Hans-Georg, »Die beiden deutschen Staaten in Afrika: Zwischen Konkurrenz und Koexistenz 1949–1990«, Hamburg 1998.

Erlmann, Veit (Hrsg.), »Populäre Musik in Afrika«, Mus.-Kat. Berlin, Museum für Völkerkunde, 2 CDs, Berlin 1991.

Fallers, Lloyd A., »Are African Cultivators to Be Called ›Peasants‹?«, in: Current Anthropology, Bd. 2, 1961, S. 108–110.

Fallers, Lloyd A. (Hrsg.), »The King's Men: Leadership and Status in Buganda«, Nairobi 1964.

Falola, Toyin, »Violence in Nigeria: The Crisis of Religious Politics and Secular Ideologies«, Trento 1998.

Falola, Toyin (Hrsg.), »Africa«, Bd. 4: »The End of Colonial Rule: Nationalism and Decolonization«, Durham 2002.

Falola, Toyin, »A Mouth Sweeter than Salt: An African Memoir«, Ann Arbor 2007.

Falola, Toyin, »Ibadan: Foundation Growth and Change (1830–1960)«, Ibadan 2012.

Falola, Toyin; Harlow, Barbara, »African Writers and their Readers: Essays in Honor of Bernth Lindfors«, Trenton 2002.

Fanon, Frantz, »Die Verdammten dieser Erde«, 15. Auflage, Frankfurt am Main 2015, französische Erstausgabe Paris 1961.

Faroqhi, Suraiya, »Osmanische Expansion«, in: »Enzyklopädie der Neuzeit«, Bd. 3, Stuttgart 2006, Sp. 702–708.

Feierman, Steven, »The Shambaa Kingdom: A History«, Wisconsin 1974.

Ferguson, James, »Expectations of Modernity: Myth and Meanings of Urban Life on the Zambian Copperbelt«, Berkeley 1999.

Fernandes, José Manuel; Luabo, Zambézia, »Edificações: Prazos do Zambeze«, online verfügbar unter: https://www.hpip.org. Seite des »Heritage of Portuguese Influence/Património de Influência Portuguesa«, ohne Datum.

First, Ruth; Segal, Ronald, »South West Africa: Travesty of Trust«, London 1967.

Flint, John, »Planned Decolonization and its Failure in British Africa«, in: African Affairs, Bd. 82, Nr. 328, 1983, S. 389–411.

Forbes, Frederick E., »Dahomey and the Dahomans, Being the Journals of two Missions to the King of Dahomey and Residence at his Capital in the Years 1848 and 1850«, Bd. 2, London 1851; Reprint 1966.

»Foreign Relations of the United States 1964–1968«, Bd. XXIV.

Franz, Alyssa, »Harry Thuku (1895–1970)«, online verfügbar unter: https://www.blackpast.org/glo bal-african-history/thuku-harry-1895-1970. 30.5.2009.

Freund, Bill, »The Development of African Society since 1800«, London 1984.

Freund, Bill, »The African Cities: A History«, Cambridge 2007.

Füllberg-Stolberg, Katja, »Nordnigeria während der Weltwirtschaftskrise 1929–1939«, Pfaffenweiler 1999.

Füllberg-Stolberg, Katja, »Amerika in Afrika. Die Rolle der Afroamerikaner in den Beziehungen zwischen den USA und Afrika 1880–1910«, Berlin 2003.

Füsser, W.-K., »Rebellion in Buganda: Eine Staatskrise in Ostafrika«, Hamburg 1989.

Gail, Gerhart M., »Black Power in South Africa: The Evolution of an Ideology«, Berkeley 1978.

Gavin, R. J.; Oyenakinde, Wale, »Economic Development in Nigeria since 1800«, in: Ikime, Obaro (Hrsg.), »Groundwork of Nigerian History«, Ibadan 1980.

Geiger, Susan, »Tan Ganyikan Nationalism as Women's Work: Life Histories. Collective Biography and Changing Historiography«, in: Journal of African History, Bd. 37, Nr. 3, 1996, S. 465–478.

Geiss, Immanuel, »Panafrikanismus: Zur Geschichte der Dekolonisation«, Frankfurt am Main 1968.

Gewald, Jan-Bart, »Towards Redemption: A Socio-Political History of the Herero of Namibia between 1890 and 1923«, Leiden 1996.

Gewald, Jan-Bart, »Die spanische Grippe in Afrika: Einige Anmerkungen zur Quellenlage und künftiger Forschung, in: Periplus: Jahrbuch für außereuropäische Geschichte, Berlin 2011, S. 152–174.

Ginio, Ruth, »African Soldiers, French Women, and Colonial Fears during and after First World War II«, in: Byfield, Judith; Brown, Carolyn; Parsons, Timothy; Sikainga, Ahmas (Hrsg.), »Africa and World War II«, Cambridge 2015, S. 324–339.

Glassman, Jonathon, »Feasts and Riot, Revelry, Rebellion, and Popular Consciousness on the Swahili Coast, 1856–1888«, Ann Arbor 1995.

Goody, Jack, »Feudalism in Africa?«, in: Journal of African History, Bd. 4, März, 1963, S. 1–18.

Graebner, Werner, »Tarabu: Populäre Musik am Indischen Ozean«, in: Erlmann, »Populäre Musik«, S. 18–200.

Graw, Ansgar, »SWAPO und die Menschenrechte: Augenzeugenberichte und Dokumente aus Angola, Sambia und SWA/Namibia«, hrsg. von der Internationalen Gesellschaft für Menschenrechte Deutsche Sektion e. V., Frankfurt am Main 1986.

Gray, Richard, »Black Christians & White Missionaries«, New Haven 1990.

Grundlingh, Louis, »The Military, Race and Resistance: Conundrums of Recruiting Black South African Men during the Second World War«, New York 2015, online verfügbar unter: DOI: 10.1017/CBO9781107282018.005, S. 71–88.

Guy, Jeff, »The Destruction of the Zulu Kingdom: The Civil War in Zululand 1879–1884«, London 1979.

Gwassa, Gilbert, »The Outbreak and Development of the Maji Maji War 1905–1907«, Diss. Universität Dar es Salaam 1973.

Gwembe, Ezekiel, »Ancestors in African Culture«, in: Makobane, Mohlomi (Hrsg.), »The Church and African Culture«, Germiston 1995, S. 30–39.

Habtu, Hailu; Byfield, Judith, »Fighting Fascism: Women Patriots 1935–1941«, in: Byfield/Brown/Parsons/Sikainga, »Africa«, S. 383–400.

Hailey, William M., »An African Survey: A Study of Problems Arising in Africa South of the Sahara«, London 1938.

Hake, Andrew, »African Metropolis: Nairobi's Self-Help City«, New York 1977.

Hamilton, Carolyn, »The Mfecane Aftermath, Reconstructive Debates in Southern African History«, Johannesburg 1995.

Harding, Leonhard, »Das Königreich Benin«, München 2010.

Harding, Leonhard, »Mali: Rebellion, Heiliger Krieg oder Kampf um Lebensmöglichkeiten?«, Berlin 2020.

Harms, Robert W., »River of Wealth, River of Sorrow«, Yale 1981.

Harneit-Sievers, Axel, »Zwischen Depression und Dekolonisation: Afrikanische Händler und Politik in Süd-Nigeria, 1935–1954«, Saarbrücken u. a. 1991 (zgl. Diss. Phil. Universität Hannover 1990).

Harneit-Sievers, Axel, »Kriegsfolgen und Kriegsbewältigung in Afrika: Der nigerianische Bürgerkrieg, 1967–70«, Hannover 1992.

Harneit-Sievers, Axel, »Constructions of Belonging, Igbo Communities and the Nigerian State«, Rochester 2006.

Harneit-Sievers, Axel; Ahazuem, Jones O.; Emezue, Sidney, »A Social History of the Nigerian Civil War: Perspectives from below« (Studies in African History 17, hrsg. von Helmut Bley und Leonard Harding), Enugu und Hamburg 1997.

Hausen, Karin, »Deutsche Kolonialherrschaft in Afrika: Wirtschaftsinteressen und Kolonialverwaltung in Kamerun vor 1914«, Freiburg 1970.

Heers, Jacques, »Esclaves et domestiques au Moyen Âge dans le monde méditerranéen«, Paris 1981.

Hill, Polly, »Migrant Cocoa Farmers of Southern Ghana: A Study in Rural Capitalism«, Cambridge 1963, Reprint 1977.

Hintze, Andrea, »The Mughal Empire and its Decline: An Interpretation of the Sources of Social Power«, Farnham 1997.

Hobsbawm, Eric, »Das Zeitalter der Extreme: Weltgeschichte des 20. Jahrhunderts«, München 1995.

Hobsbawm, Eric; Ranger, Terence (Hrsg.), »The Invention of Tradition«, Cambridge 1995.

Hobson, John A., »Imperialism: A Study«, London 1902, 2. Auflage 1905.

Hobson, John A., »Der Imperialismus«, Übersetzung von Helmut Hirsch, Köln 1968.

Hodges, Geoffrey, »Kariakor: The Carrier Corps: The Story of the Military Labour Forces in the Conquest of German East Africa, 1914 to 1918«, Nairobi 1999.

Hofmeyr, Jan; Lefko-Everett, Kate; Lekalake, Rorisang, »Reicher und stabiler als die Nachbarn: Südafrika als Magnet für Migration«, PDF-Datei online verfügbar unter: https://www.kas.de/upload/dokumente/2011/02/migration/migration_suedafrika.pdf, ohne Datum.

Holland, R. F., »European Decolonization 1918–1981«, London 1985.

Holt, P. M., »Mahdist States in the Sudan 1881–98«, Oxford 1970.

Hopkins, A. G., »Economic Aspects of Political Movements in Nigeria and in the Gold Coast 1918–1939«, in: Journal of African History, Bd. 7, Nr. 1, 1966, S. 133–153.

Hopkins, A. G., »The New Economic History of Africa«, in: Journal of African History, Bd. 50, 2009, S. 155–172.

Horton, R., »African Conversion«, in: Africa 37, 1971, S. 85–108.

Horton, R., »On the Rationality of Conversion«, in: Africa 45, 1975, S. 219–235

Hudson, Heidi, »The Power of Mixed Messages: Women Peace and Security Language in National Action Plans for Africa«, in: GIGA: Africa Spectrum 52, Nr. 3, 2017, S. 3–30.

Hutchinson, Daniel, »Defending the Lands of Their Ancestors: The African American Military Experience in Africa during World War II«, in: Byfield/Brown/Parsons/Sikainga, »Africa«, S. 401–419.

Hyam, Ronald, »The Failure of South African Expansion 1908–1948«, New York 1972.

Hyden, Goran, »Underdevelopment and Uncaptured Peasantry«, Lyimo 1981.

Ikime, Oba (Hrsg.), »Groundwork of Nigerian History«, Ibadan 1980.

Iliffe, John, »Tanganyika under German Rule, 1905–1912«, Cambridge 1969.

Iliffe, John, »Agricultural Change in Modern Tanganyika« (Historical Association of Tanzania 10), Dar es Salaam 1971.

Iliffe, John, »A Modern History of Tansania«, Cambridge 1978.

Iliffe, John, »The African Poor«, Cambridge 1987.

Iliffe, John, »Geschichte Afrikas«, München 1997, englische Originalausgabe Cambridge 1995.

Isaacman, Allen, »The Africanisation of an European Institution«, Madison 1972.

Japhet, Kirilo; Seaton, Earle, »The Meru Land Case«, Nairobi 1967.

Jennings, Eric T., »Free French Africa in World War II: The African Resistance«, Cambridge 2014.

Johnson, G. Wesley, »African Political Activities in French West Africa 1900–1940«, in: Ajayi, Jacob Festus Ade; Crowder, Michael (Hrsg.), »History of West Africa«, 2. Auflage, Bd. 2, London 1987, S. 608–634.

Jungermann, Imke, »Ghana auf dem Weg in die Unabhängigkeit: Die ›Accra Riots‹ 1948 als Wendepunkt für die ghanaische Dekolonisierung«, Masterarbeit Universität Hannover 2009, vor allem, S. 53–93.

Kaese, Wolfgang, »Akademische Geschichtsschreibung in Nigeria: Historiographische Entwicklung und politisch-soziale Hintergründe, ca. 1955–ca. 1995« (Studien zur Afrikanischen Geschichte 25, hrsg. von Helmut Bley und Leonhard Harding), Hamburg 2000.

Kagwa, Apolo, »Ekitabo kye Mpisa za Baganda«, Kampala 1952.

Kaiser, Wolfgang, »Mediterrane Welt«, in: »Enzyklopädie der Neuzeit«, Bd. 8, Stuttgart 2008, Sp. 249–260.

Kappel, Robert, »Economic Growth and Poverty: Does Formalisation of Informal Enterprise Matter?« (GIGA Working Paper), April 2006.

Karguire, Samwiri Rubaraza, »A Political History of Uganda«, Nairobi 1980.

Karis, Thomas; Carter, Gwendolen, »From Protest to Challenge: Documentary History of African Politics in South Africa«, Bd. 2: »Protest and Hope, 1882–1934«, Teil 3: »New Groupings for Effective Organization and Representation, 1921–1934«, Stanford 1972.

Katholische Akademie Hamburg und Kulturbehörde Hamburg (Hrsg.), »Neue Kunst aus Afrika: Afrikanische Gegenwartskunst aus der Sammlung Gunter Péus«, Berlin 1977.

Katjavivi, Peter, »A History of Resistance in Namibia«, London 1988.

Keller, Barbara, »Der arabische Osten unter osmanischer Herrschaft 1517–1800«, in: Haarmann, Ulrich; Halm, Heinz (Hrsg.), »Geschichte der arabischen Welt«, 4. Auflage, München 2001, S. 323–364.

Killingray, David, »Soldiers, Ex-Servicemen, and Politics in the Gold Coast, 1939–50«, in: The Journal of Modern African Studies, Bd. 21, Nr. 3, Sept. 1983, S. 523–534.

Kimambo, Isaria, »The Interior before 1800«, in: Kimambo, Isaria; Temu, Arnold (Hrsg.), »A History of Tanzania«, Nairobi 1969, S. 14–33.

Kimambo, Isaria, »Mbiru: Popular Protest in Colonial Tanzania« (Historical Association of Tanzania 9), Dar es Salaam 1971.

Kimble, David, »A Political History of Ghana«, Oxford 1963.

Kioko, Eric Mutisya, »Conflict Resolution and Crime Surveillance in Kenya: Local Peace Committees and Nyumba Kumi«, in: GIGA: Africa Spectrum 52, Nr. 1, 2017, S. 1–33.

Kiwanuka, M. S. M., »Kabaka Mwanga and his Political Parties«, in: Uganda Journal, Bd. 33, Nr. 1, 1969, S. 1–16.

Kjekshus, Helge, »Ecology Control and Economic Development in East African History«, London 1977.

Klein, Martin, »Review von Searing West African Slavery«, in: African Studies Review, Bd. 38, Nr. 2, 1995, S. 161 f.

Klein, Martin, »The Slave Trade and Decentralized Societies«, in: The Journal of African History, Bd. 42, Nr. 1, 2002, S. 49–65.

Klemme, Hans-Peter, »Perspektiven einer anderen Moderne: Literatur und Interkulturalität. Festschrift für Leo Kreutzer«, Hannover 2003.

Koigi, Bob, »Afrikanische Union: Ein Schengen für Afrika?«, online verfügbar unter: http://www.EU RACTIV.de (aktualisiert: 4. Juli 2016).

Kolb, Peter, »Vollständige Beschreibung des afrikanischen Vorgebirges der Guten Hoffnung und die eigenen Einwohner die Hottentotten«, Nürnberg 1719.

Koponen, Juhani, »War, Famine and Pestilence in Late Precolonial Tanzania: A Case for Heightened Mortality«, in: The International Journal of African Historical Studies, Bd. 21, Nr. 4, 1988, S. 637–676.

Koponen, Juhani, »Development for Exploitation: German Colonial Policies in Mainland Tanzania, 1884–1914«, Helsinki 1995.

Kopytoff, Igor (Hrsg.), »The African Frontier: The Reproduction of Traditional African Societies«, Bloomington 1987.

Koselleck, Reinhard, »Preußen zwischen Reform und Revolution: Allgemeines Landrecht, Verwaltung und soziale Bewegung von 1791 bis 1848«, Stuttgart 1967.

Krajewski, Patrick, »Kautschuk, Quarantäne, Krieg. Dhauhandel in Ostafrika 1880–1914« (ZMO Studien 23), Berlin 2006 (zgl. Diss. Universität Hannover unter dem Titel: »Dhauhandel in Ostafrika und die Transformation der Warenströme 1885–1914«).

Krapf, Johann L., »Travels, Researches and Missionary Labours during an Eighteen Years' Residence in Eastern Africa«, London 1969, Nachdruck der Ausgabe von 1860.

Kreutzer, Leo (Hrsg.), »Andere Blicke: Habilitationsvorträge afrikanischer Germanisten an der Universität Hannover«, Hannover 1996.

Kreutzer, Leo, »Goethes Moderne«, Hannover 2011.

Krieger, Milton, »Cameroon's Democratic Crossroads, 1990–4«, in: The Journal of Modern African Studies, Bd. 32, Nr. 4, 1994, S. 605–628.

Kriger, Norma J., »Guerrilla Veterans in Post-War Zimbabwe: Symbolic and Violent Politics, 1980–1987«, Cambridge 2003.

Krüger, Gesine, »Kriegsbewältigung und Geschichtsbewusstsein: Realität, Deutung und Verarbeitung der deutschen Kolonialkriege in Namibia 1904–1907«, Göttingen 1999.

Krüger, Gesine, »Schrift – Macht – Alltag: Lesen und Schreiben im kolonialen Südafrika«, Köln 2009 (zgl. Habilitationsschrift Universität Hannover).

Kuß, Susanne, »Deutsches Militär auf kolonialen Kriegsschauplätzen: Eskalation der Gewalt zu Beginn des 20. Jahrhunderts«, Berlin 2010.

Lan, D., »Guns and Rain«, London 1987.

Lange, Dierk, »Ancient Kingdoms of West Africa: Africa-Centred and Canaanite Israelite Perspectives«, Dettelsbach 2004.

Langley, J. Ayandele, »Pan-Africanism and Nationalism in West Afrika 1800–1945«, Oxford 1973.

Lass, Hans Detlef, »Nationale Integration in Südafrika: Die Rolle der Parteien zwischen den Jahren 1922 und 1934«, Hamburg 1969.

Lau, Brigitte, »The Emergence of Kommando Politics in Namaland, Southern Namibia«, Diss. University of Cape Town 1982, S. 358–420.

Lau, Brigitte, »Conflict and Power in Nineteenth-Century Namibia«, in: The Journal of African History, Bd. 27, 1986, S. 29–39.

Lau, Brigitte, »Namibia in Jonker Afrikaner's Time«, Windhoek 1987.

Laurent, Émile, »Rapport sur un voyage agronomique autour du Congo«, in: Bulletin officiel de l'État indépendant du Congo 12, 1894, S. 169–220.

Law, Robin, »The Slave Coast of West Africa 1550–1750«, Oxford 1991.

Law, Robin, »The Politics of Commercial Transition: Factional Conflict in Dahomey in the Context of the End of the Atlantic Slave Trade«, in: The Journal of African History, Bd. 38, Nr. 2, 1997, S. 213–233.

Law, Robin, »Ouidah: The Social History of a West African Slaving ›Port‹«, Athens, Ohio, 2004.

Law, Robin; Mann, Christine, »West Africa in the Atlantic Community: The Case of the Slave Coast«, in: The William and Mary Quarterly, Bd. 56, Nr. 2, 1999, S. 307–334.

Legassick, Martin, »The Northern Frontier to 1840«, in: Elphick, Richard; Giliomee, Hermann (Hrsg.), »The Shaping of South African Society 1652–1840«, 2. Auflage, Kapstadt 1990, S. 358–420.

Legassick, Martin, »The Griqua, the Sotho-Tswana und the Missionaries 1780–1840«, Basel 2010.

Lehmann-Grube, Uta, »Taking up an Attitude of Defiance: Organization and Context of Grassroots Resistance in Eastern Cape Reserves from the Late 1940s to Early 1960s«, Diss. Universität Hannover 1997.

Levine, Donald N., »Wax and Gold: Tradition and Innovation in Ethiopian Culture«, 5. Auflage, Chicago 1972.

Leys, Colin; Brown, Susan, »Namibia's Liberation Struggle: The Two-Edged World«, London 1995.

Lodge, Tom, »Black Politics in South Africa since 1945«, London 1983.

Lodge, Tom, »Sharpeville: An Apartheid Massacre and its Consequences«, Oxford 2011.

Loimeier, Roman, »Die Rinderpest 1887–1898 in Afrika: Eine Tragödie in zwei Akten«, in: Periplus: Jahrbuch für außereuropäische Geschichte, Berlin 2011, S. 83–114.

Lovejoy, Paul, »Transformations of Slavery«, Cambridge 1981.

Low, Donald A., »Buganda in Modern History«, London 1971.

Low, Donald A., »The Mind of Buganda: Documents of the Modern History of an African Kingdom«, London 1971.

Luig, Ulrich, »Conversion as a Social Process: A History of Missionary Christianity among the Valley Tonga, Zambia«, Hamburg 1997.

Macola, Giacomo, »The Kingdom of Kazembe« (Studien zur Afrikanischen Geschichte 30, hrsg. von Helmut Bley, Leonhard Harding und Albert Wirz), Hamburg 2002.

Macola, Giacomo, »Luba-Lunda States«, Wileys online library, 24.8.2015, online verfügbar unter: https://doi.org/10.1002/9781118455074.wbeoe060.

Madueke, Kingsley Lawrence; Vermeulen, Floris F., »Frontiers of Ethnic Brutality in an African City: Explaining the Spread and Recurrence of Violent Conflict in Nigeria«, in: GIGA: Africa Spectrum 53, Nr. 2, 2018, S. 37–64.

Mamdani, Mahmood, »Citizen and Subject: Contemporary Africa and the Legacy of Late Colonialism«, Princeton 1996.

Manchuelle, François, »Willing Migrants: Soninke Labor Diaspora, 1848–1960«, London 1997.

Mannoni, Octave, »Psychologie de la colonisation«, Paris 1950, englische Ausgabe »Prospero and Caliban: The Psychology of Colonization«, 4. Auflage, New York 1964.

Maré, Gerry, »African Population Relocation in South Africa«, Johannesburg 1980.

Martin, David; Johnson, Phyllis, »The Struggle for Zimbabwe«, London 1981.

Mattera, Don, »Gone with the Twilight: A Story of Sophiatown«, Kapstadt 1987.

Matthies, Volker, »Der Grenzkonflikt Somalias mit Äthiopien und Kenya«, Hamburg 1977.

Matthies, Volker, »Kriege am Horn von Afrika: Historischer Befund und friedenswissenschaftliche Analyse«, Berlin 2005.

McCascie, Tom, »State and Society in Pre-Colonial Asante«, Cambridge 1995.

Medick, Hans; Kriedte, Peter; Schlumbohm, Jürgen, »Industrialisierung vor der Industrialisierung: Gewerbliche Warenproduktion auf dem Land in der Formationsperiode des Kapitalismus«, Göttingen 1977.

Meier, Thorsten, »Was leisten die NGO? Internationale Flüchtlingshilfe in Afrika«, in: Jahrbuch Frieden 1997, München 1996, S. 51–65.

Melber, Henning, »Re-Examining Liberation in Namibia: Political Cultures since Independence«, hrsg. vom Nordic Africa Institute, Upsala 2003.

Melber, Henning, »Colonialism, Land, Ethnicity, and Class: Namibia after the Second National Land Conference«, in: GIGA: Africa Spectrum 54, Nr. 1, 2019, S. 73–86.

Meli, Francis, »A History of the ANC South Africa Belongs to us«, London 1988.

Merriam, Alan P., »African World: The Basongye Village of Lupupa Ngye«, Bloomington 1974.

Michels, Eckard, »Der Held vom Deutsch-Ostafrika, Paul von Lettow-Vorbeck: Ein Preußischer Kolonialoffizier«, Paderborn 2008.

Miers, Susanne Z.; Roberts, Richard, »The End of Slavery in Africa«, Wisconsin 1988.

Miller, Joseph C., »Chokwe Expansion 1850–1900«, Madison 1969.

Miller, Joseph C., »Way of Death: Merchant Capitalism and the Angolan Slave Trade 1730–1830«, Madison 1988.

Mintz, Sidney W., »Sweetness and Power: The Place of Sugar in Modern History«, New York 1985.

Mollin, Gerhard T., »Die USA und der Kolonialismus: Amerika als Partner und Nachfolger der belgischen Macht in Afrika; 1939–1965«, Berlin 1996.

Moloney, Joseph, »With Captain Stairs to Katanga«, London 1893.

Monga, Célestin, »The Anthropology of Anger«, Boulder 1996.

Monroe, Cameron, »Continuity, Revolution or Evolution on the Slave Coast of West Africa? Royal Architecture and Political Order in Precolonial Dahomey«, in: The Journal of African History, Bd. 48, Nr. 3, 2007, S. 349–373.

Moyd, Michelle R., »Violent Intermediaries: African Soldiers, Conquest and Everyday Colonialism in German East Africa«, Cambridge 2014.

Müller, Felix, »Ghanaian Intellectuals and the Nkrumah Controversy 1970–2007/8«, in: Lundt/ Marx, »Kwame Nkrumah«, S. 137–152.

Newbury, Catherine, »The Cohesion of Oppression: Clientship and Ethnicity in Rwanda, 1860–1950«, New York 1988.

Newitt, Malyn D., »The Portuguese on the Zambezi: An Historical Interpretation of the Prazo System«, in: The Journal of African History, Bd. 10, Nr. 1, 1969, S. 67–85.

Newitt, Malyn, »Portuguese African Colonies during the Second World War«, in: Byfield/Brown/ Parsons/Sikainga, »Africa«, S. 220–237.

Newitt, Malyn D., »Portuguese Settlement on the Zambesi: Exploration, Land Tenure and Colonial Rule in East Africa«, New York 1973.

Newitt, Malyn, »Mozambique«, in: Chabal, »History«, S. 185–235.

Nicollini, Beatrice, »The First Sultan of Zanzibar«, London 2012, italienische Ausgabe 2002.

Nkrumah, Kwame, »Neocolonialism: The Last Stage of Imperialism«, Accra 1965.

Northrup, David, »Trade without Rulers«, Oxford 1978.

Nürnberger, Klaus, »The Power of the Dead or the Risen Christ«, in: Makobane, Mohlomi (Hrsg.), »The Church and African Culture«, Germiston 1995, S. 158–169.

Nyerere, Julius Kambarage, »Freedom and Unity«, in: »Presidential Inaugural Address 1962«, Nairobi 1967, Reprint 1970, S. 177–194, S. 186.

O'Connell, Sean, »The Story of the Griqua Re-visited«. Vortrag vor der Van Plettenberg Historical Society am 10.01.2013, S. 1–16; online verfügbar unter: https://www.pletthistory.org/talks/ the-story-of-the-griqua-re-visited/.

Oded, Ayre, »Islam in Uganda Islamization through a Centralized State in Precolonial Africa«, Jerusalem 1974.

Ogbonnaya Okorie, Victor, »From Oil to Water? The Deepening Crisis of Primitive Accumulation of the Waterscapes of Nigeria's Niger Delta«, in: GIGA: Africa Spectrum 53, Nr. 1, 2018, S. 111–128.

Ogot, Bethwell A., »General History of Africa«, Bd. V: »Africa from the Sixteenth to the Eighteenth Century«, Berkeley 1999.

Ohadike, Don C., »Anioma: A Social History of the Western Igbo People«, Athens, Ohio, 1994.

Onselen, Charles van, »Studies in Social and Economic History of the Witwatersrand 1886–1914«, Bd. 1: »New Babylon«; Bd. 2: »Ninive«, Harlow 1982.

Onselen, Charles van, »The Seed is Mine: The Life of Kas Maine, South African Sharecropper 1894–1985«, Kapstadt 1996.

Osuntokun, Akinjide, »Nigeria in the First World War«, London 1979.

Ouzman, Sven, »The Magical Art of a Raider Nation: Central South Africa's Korana Rock Art«, in: Blundell, Geoffrey (Hrsg.), »Further Approaches to South African Rock Art« (South African Archaeological Bulletin, Goodwin Series, Bd. 9), 2005, S. 101–113.

o. V., »Rüstung: Big Fred«, in: Der Spiegel 9, 1992.

Overbergh, Cyr. van, »Les Basonge«, in: Wit, Albert de, »Collection de monographies ethnographiques III«, Brüssel 1908, S. 80 f.

Owen, Roger, »The Middle East in World Economy 1800–1914«, London 1981.

Oyebade, Adebayo (Hrsg.), »The Foundations of Nigeria: Essays in Honor of Toyin Falola«, Trenton 2003.

Pallinder-Law, Agneta, »Aborted Modernization in West-Africa? The Case of Abeokuta«, in: African History, Bd. 15, Nr. 1, 1974, S. 65–82.

Parsons, Timothy, »The Military Experiences of Ordinary Africans in World War II«, in: Byfield/Brown/Parsons/Sikainga, »Africa«, S. 3–23.

Parsons, Timothy, »No Country Fit for Heroes. The Plight of Disabled Kenyan Veterans«, in: Byfield/Brown/Parsons/Sikainga, »Africa«, S. 127–143.

Pateman, Roy, »Eritrea – Even the Stones are Burning«, Trenton 1990.

Pearce, Robert, »Turning Point in Africa: British Colonial Policy 1938–48«, London 1982.

Pearce, Robert, »The Colonial Office and Planned Decolonization in Africa«, in: African Affairs, Bd. 83, Nr. 330, 1984, S. 77–93.

Peires, Jeffrey B., »The Dead Will Arise: Nongqawuse and the Great Xhosa Cattle-Killing Movement of 1856–7«, Johannesburg 1989.

Perras, Arne, »Carl Peters and German Imperialism«, Oxford 2004.

Person, Yves, »Guinea-Samory«, in: Crowder, Michael (Hrsg.), »West African Resistance: The Military Response to Colonial Occupation«, New York 1970, S. 116 ff.

Pesek, Michael, »Das Ende eines Kolonialreiches: Der Erste Weltkrieg in Ostafrika«, Frankfurt 2010.

Peukert, Werner, »Der atlantische Sklavenhandel von Dahomey 1740–1797«, Wiesbaden 1978.

Phillips, Howard; Killingray, Davis (Hrsg.), »The Spanish Influenza Pandemic of 1918–19«, London 2003.

Phimister, Ian, »The Making and Meaning of the Massacres in Matabeland«, in: »Development Dialogue 2008: Revisiting the Heart of Darkness«, S. 189–234, online verfügbar unter: https://www.researchgate.net/publication/237536201_The_making_and_meanings_of_the_massacres_in_Matabeleland.

Pohl, Jonathan, »Nkrumah, the Cold War, the ›Third World‹ and the US Role in the 24. February 1966 Coup«, in: Lundt/Marx,»Kwame Nkrumah«, S. 119–136.

Pomeranz, Kenneth, »The Great Divergence: China, Europe and the Making of the Modern World Economy«, Princeton 1998.

Ports, Deborah, »The Slowing of Sub-Saharan Africa's Urbanization: Evidence and Implications for Urban Lifehoods«, in: Environment and Urbanisation 21, 2009, S. 253–259.

Pratt, Cranford, »The Critical Phase in Tanganyika 1945–1968: Nyerere and the Emergence of a Socialist Strategy«, Cambridge 1976.

Prouty, Chris, »Empress Taytu and Menilik II: Ethiopia, 1883–1910«, London 1986.

Quehl, Hartmut, »KämpferInnen nach einem langen Krieg: Demobilisierung in Eritrea: Eine historische Untersuchung zur Sozialgeschichte des Krieges und zum Prozess der Transformation von Konfliktpotentialen«, Felsberg 1996.

Ranger, Terence, »Revolt in Rhodesia«, London 1968.

Ranger, Terence, »Connexions between Primary Resistance Movements and Modern Mass: Nationalism in Eastern and Central Africa«, in: Journal of African History, Bd. 9, Nr. 3, 1968, S. 437–457.

Ranger, Terence, »Dance and Society in Eastern Africa, 1890–1970: The Beni Ngoma«, London 1975.

Ranger, Terence, »Peasant Consciousness and Guerilla War in Zimbabwe«, London 1985.

Ranger, Terence, »Are we not Men: The Samkange Family & African Politics in Zimbabwe 1920–1964«, Harare 1995.

Ranger, Terence; Werbner, Richard (Hrsg.), »Postcolonial Identities«, London 1996.

Ray, Carina, »World War II and the Sex Trade in British West Africa«, in: Byfield/Brown/Parsons/ Sikainga, »Africa«, S. 339–356.

Reefe, Thomas, »The Rainbow and the Kings«, Berkeley 1981.

Reid, Richard J., »Political Power in Pre-Colonial Buganda: Economy, Society & Warfare in the Nineteenth Century«, Oxford 2002.

Reif, Sascha, »Generationalität und Gewalt: Kriegergruppen im Ostafrika des 19. Jahrhunderts«, Göttingen 2015.

Reinhard, Wolfgang, »Geschichte der europäischen Expansion«, Bd. 1: »Die Alte Welt bis 1818«, Stuttgart 1983.

Reinhard, Wolfgang, »Geschichte der europäischen Expansion«, Bd. 2: »Die Neue Welt«, Stuttgart 1985.

Reinhard, Wolfgang, »Geschichte der europäischen Expansion«, Bd. 3: »Die Alte Welt seit 1818«, Stuttgart 1988.

Reinhard, Wolfgang, Geschichte der europäischen Expansion«, Bd. 4: »Dritte Welt Afrika«, Stuttgart 1990.

Reinhard, Wolfgang, »Verstaatlichung der Welt? Europäische Staatsmodelle und außereuropäische Machtprozesse«, München 1999.

Reinwald, Brigitte, »Reisen durch den Krieg: Erfahrungen und Lebensstrategien westafrikanischer Weltkriegsveteranen«, Berlin 2005.

Ressel, Magnus, »Zwischen Sklavenkassen und Türkenpässen: Nordeuropa und die Barbaresken in der Frühen Neuzeit«, München 2012.

Reybrouck, David van, »Kongo: Eine Geschichte«, Frankfurt am Main 2010.

Reynolds, Edward, »The Gold Coast and Asante 1800–1874«, in: Ajayi, Jacob Festus Ade; Crowder, Michael (Hrsg.), »History of West Africa«, 2. Auflage, Bd. 2, London 1987, S. 215–249.

Roberts, Andrew, »Nyamwesi«, in: Roberts, Andrew (Hrsg.), »Tanzania before 1900«, Nairobi 1968, S. 122 f.

Roberts, Andrew D., »A History of the Bemba«, London 1973.

Robertson, Claire C., »Trouble Showed the Way: Women, Men and Trade in the Nairobi Area 1890–1990«, Bloomington 1997.

Robinson, David, »Paths of Accommodation: Muslim Societies and French Colonial Authorities in Senegal and Mauritania, 1880–1920«, Athens, Ohio, 1979.

Robinson, David, »The Holy War of Umar Tal«, Oxford 1985.

Robinson, David, »Review: Islam, Cash Crops and Emancipation in Senegal«, in: Journal of African History, Bd. 44, Nr. 1, 2003, S. 139–144.

Rodney, Walter, »History of the Upper Guinea Coast: 1545–1800«, London 1970, Reprint New York 1980.

Rodney, Walter, »Jihad and Social Revolution in Futa Djalon in the 18th Century«, in: Journal of the Historical Society of Nigeria, 4.6.1968.

Rohrbacher, Peter, »Die Geschichte des Hamiten-Mythos«, Wien 2004.

Roscoe, John, »The Baganda«, London 1911.

Ross, Robert, »Cape of Torments, Slavery and Resistance in South Africa«, London 1983.

Ross, Robert, »A Concise History of South Africa«, Cambridge 1999.

Rubenson, Sven, »The Survival of Ethiopian Independence«, London 1976.

Rubenson, Sven, »The Survival of Ethiopian Independence«, London 1978.

Rüther, Kirsten, »Afrika: Genauer betrachtet: Perspektiven aus einem Kontinent im Umbruch«, Wien 2017.

Rüther, Kirsten, Rez. von Stefan Bierling, »Nelson Mandela: Rebell, Häftling, Präsident«, München 2018, in: »Stichproben: Wiener Zeitschrift für kritische Afrikastudien«, Bd. 19, Nr. 36, 2019, S. 151–164.

Rusch, Walter, »Klassen und Staat in Buganda vor der Kolonialzeit«, Berlin 1975.

Sarr, Felwine, »Afrotopia«, Paris 2016, deutsche Übersetzung, 2. Auflage, Berlin 2019.

Scheck, Raffael, »French African Soldiers in German POW Camps, 1940–1945«, New York 2015, online verfügbar unter: DOI: https://doi.org/10.1017/CBO9781107282018.023, S. 420–438.

Schiel, Rebecca; Faulkner, Christopher; Powell, Jonathan, »Mutiny in Côte d'Ivoire«, in: GIGA: Africa Spectrum 52, Nr. 2, 2017, S. 103–116.

Schleicher, Hans-Georg, »Südafrikas neue Elite: Die Prägung der ANC-Führung durch das Exil«, Hamburg 2004.

Schlosser, Katesa, »Propheten in Afrika«, Braunschweig 1949.

Schölch, Alexander, »Ägypten in der ersten und Japan in der zweiten Hälfte des 19. Jahrhunderts: Ein entwicklungsgeschichtlicher Vergleich«, in: Geschichte und Wissenschaft im Unterricht, Bd. 33, 1982, S. 333–346.

Schubert, Frank, »War Came to our Place: Eine Sozialgeschichte des Krieges im Luwero-Dreieck, Uganda 1981–1986«, Diss. Universität Hannover, Philosophische Fakultät 2005.

Schürmann, Felix, »Der graue Unterstrom: Walfänger und Küstengesellschaften an den tiefen Stränden Afrikas (1770–1920)«, Frankfurt 2017, S. 81–141.

Schulte-Varendorff, Uwe, »Kolonialheld für Kaiser und Führer: General Lettow-Vorbeck«, Berlin 2006.

Schwarz, Wolfgang, »Entsorgung per Export: Das Arsenal der einstigen DDR-Armee wird in alle Welt verkauft: Freunde schaffen mit vielen Waffen«, in: Die Zeit, 22.05.1992.

Scott, James C., »The Moral Economy of the Peasant: Rebellion and Subsistence in South East Asia«, 2. Auflage, New Haven, Conn., 1977.

Searing, James F., »Aristocrats, Slaves, and Peasants: Power and Dependency in the Wolof States, 1700–1850«, in: International Journal of African Historical Studies, Bd. 21, Nr. 3, 1988, S. 475–503.

Searing, James F., »West African Slavery and Atlantic Commerce: The Senegal River Valley, 1700–1860«, Cambridge 1993.

Searing, James F., »God Alone is King«: Islam and Emancipation in Senegal. The Wolof Kingdoms of Kajoor and Bawol, 1859–1914«, Portsmouth, NH, 2002.

Sebald, Peter, »Togo 1884–1914: Eine Geschichte der deutschen ›Musterkolonie‹ auf der Grundlage amtlicher Quellen«, Berlin (Ost) 1988.

Seligman, Charles G., »Races of Africa«, London 1930.

Seligman, Charles G., »Pagan Tribes of the Nilotic Sudan«, London 1932.

Sheriff, Abdul, »Slaves Spices and Ivory in Zanzibar«, London 1987.

Shepperson, George; Price, Thomas, »Independent African: John Chilembwe and the Origins, Settings and Significance of the Nyasaland Native Rising 1915«, Chicago 1958.

Shumway, Rebecca, »Fante Shrine of Nananom Mpow and the Atlantic Slave Trade in Southern Ghana«, in: The International Journal of African Historical Studies, Bd. 44, Nr. 1, 2011, S. 27–44.

Silanda, H. E., »Uzya wakwe Mama Meli«, Lusaka 1954.

Simons, Jack; Simons, Ray, »Class and Colour in South Africa 1850–1950«, London 1983.

Sivers, Peter von, »Nordafrika in der Neuzeit«, in: Haarmann, Ulrich; Halm, Heinz (Hrsg.), »Geschichte der arabischen Welt«, 4. Auflage, München 2001, S. 502–530.

Smillie, Shaun, »Why the Griqua People Deserve Respect and Recognition«, Nov 6, 2019 (https://www.iol.co.za/saturday-star/news/why-the-griqua-people-deserve-respect-and-recognition-36750600).

Smith, William, »Nyerere of Tanzania«, London 1973.

Smith, William, »Third Portuguese Empire 1825–1975«, London 1985.

Spear, Thomas T., »The Kaya Complex: A History of the Mijikenda Peoples of Kenya Coast to 1900«, Nairobi 1978.

Spittler, Gerd, »Herrschaft über Bauern. Ausbreitung staatlicher Herrschaft in einer islamisch-urbanen Kultur in Gobir«, Frankfurt am Main 1978.

Stasik, Michael, »The Popular Niche Economy of a Ghanaian Bus Station: Departure from Informality«, in: GIGA: Africa Spectrum 53, Nr. 1, 2018, S. 37–60.

Stoecker, Helmuth, »Kamerun unter deutscher Kolonialherrschaft«, Berlin 1960.

Stoecker, Helmuth (Hrsg.), »German Imperialism in Africa«, Berlin 1986.

Stuart Mill, John, »Considerations on Representative Government«, Cambridge 1861.

Sunseri, Thaddeus, »World War II and the Transformation of the Tanzanian Forests«, in: Byfield/Brown/Parsons/Sikainga, »Africa«, S. 238–258.

Tenfelde, Klaus: »Bürgerkrieg im Ruhrgebiet 1918 bis 1920«, in: Ellerbrock, Karl-Peter (Hrsg.), »Erster Weltkrieg, Bürgerkrieg und Ruhrbesetzung: Dortmund und das Ruhrgebiet 1914/18–1924«, Dortmund 2010, S. 13–66.

Tetzlaff, Rainer, »Die Geburt der zweiten Republik: Der Übergang Ghanas von der Militärherrschaft zur parlamentarischen Zivilregierung«, in: Ansprenger, Franz; Traeder, Heide; Tetzlaff, Rainer, »Die politische Entwicklung Ghanas von Nkrumah bis Busia«, München 1972, S. 127–235.

Tetzlaff, Rainer, »Afrika in der Globalisierungsfalle«, Wiesbaden 2008.

Tetzlaff, Rainer, »Afrika: Eine Einführung in Geschichte, Politik und Gesellschaft«, Wiesbaden 2018.

Tetzlaff, Rainer, »Afrikas wirtschaftliche Zukunft liegt in Afrika«, in: Gesellschaft – Wirtschaft – Politik 1, 2020, S. 59–70.

Tetzlaff, Rainer; Jakobeit, Cord, »Das postkoloniale Afrika«, Wiesbaden 2005.

Thompson, Edward P., »Plebeische Kultur und moralische Ökonomie: Aufsätze zur englischen Sozialgeschichte des 18. und 19. Jahrhunderts«, hrsg. von Dieter Groh, Frankfurt am Main 1980.

Thornton, John K., »The Kingdom of Kongo: Civil War and Transition, 1641–1718«, London 1979.

Thornton, John K., »The Kingdom of Kongo«, Madison 1983.

Thornton, John K., »The Kongolese Saint Anthony: Dona Beatriz Kimpa Vita and the Antonian Movement, 1683–1706«, Cambridge 1998.

Thornton, John K., »Africa and Africans in the Making of the Atlantic World, 1400–1800«, 2. Auflage, Cambridge 1998.

Thornton, John K., »Warfare in Atlantic Africa 1500–1800«, London 1999.

Thornton, John K., »Elite Women in the Kingdom of Kongo: Historical Perspectives on Women's Political Power«, in: The Journal of African History, Bd. 47, 2007, S. 438.

Thornton, John K.; Oliver, Roland; Atmore, Anthony (Hrsg.), »Medieval Africa, 1250–1800«, Cambridge 2001, S. 169 f.

Timm, Uwe, »Morenga«, München 1978.

Topan, Darouk, »From Coastal to Global: The Erosion of the Swahili Paradox«, in: Loimeier, Roman; Seesemann, Rüdiger (Hrsg.), »The Global Worlds of the Swahili: Interfaces of Islam, Identity and Space in 19th and 20th-Century East Africa«, Berlin 2006, S. 55–66.

Trotha, Trutz von, »Koloniale Herrschaft: Zur soziologischen Theorie der Staatsentstehung am Beispiel des ›Schutzgebietes Togo‹«, Tübingen 1994.

Turner, Thomas, »›Batetela‹, ›Baluba‹, ›Basonge‹: Ethnogenesis in Zaire«, in: Cahiers d'Études africaines, 132, 33, 1993, S. 587–612.

Twaddle, Michael, »Kakungulu & the Creation of Uganda, 1868–1928«, London 1993.

Ustorf, Werner, »Afrikanische Initiative: Das aktive Leiden des Propheten Simon Kimbangu«, Frankfurt am Main und Bern 1975.

Vail, Leroy (Hrsg.), »The Creation of Tradition in Southern Africa«, London 1989.

Vandervort, Bruce, »Wars of Imperial Conquest in Africa«, London 1998.

Vansina, Jan, »Paths in the Rainforests«, Madison 1990.

Vansina, Jan, »Living with Africa«, Madison 1994.

Vansina, Jan, »Equatorial Africa before the Nineteenth Century«, in: Curtin, Philip D.; Feierman, Steven; Thompson, Leonard; Vansina, Jan, »African History«, 2. Auflage, London 1995, S. 213–240.

Vansina, Jan, »Upstarts and Newcomers in Equatorial Africa (c. 1815–1875)«, in: Curtin, Philip D.; Feierman, Steven; Thompson, Leonard; Vansina, Jan, »African History«, 2. Auflage, London 1995, S. 377–396.

Vansina, Jan, »Antecedents to Modern Rwanda«, Madison 2004.

Vatcher Jr, William Henry, »White Laager: The Rise of Afrikaner Nationalism«, London 1965.

Veit-Wild, Flora, »Teachers, Preachers, Non Believers: A Social History of Zimbabwean Literature«, London 1992.

Veit-Wild, Flora, »Writing Madness: Borderlines of the Body in African Literature«, London 2006.

Vergau, Hans-Joachim, »Verhandeln um die Freiheit Namibias: Das diplomatische Werk der westlichen Kontaktgruppe« (Völkerrecht und Außenpolitik 73), Baden-Baden 2006.

Walker, Eric, »A History of Southern Africa«, 3. Auflage, London 1962.

Wallerstein, Immanuel, »The Three Stages of African Involvement in the World-Economy«, in: Wallerstein, Immanuel, »Africa and the Modern World«, Trenton 1986, S. 101–138.

Wallerstein, Immanuel (mit Collins Randall et al.), »Does Capitalism Have a Future?«, Oxford 2013.

Warwick, Peter, »Black People and the South African War 1899–1902«, Cambridge 1983.

Watts, Michael, »Silent Violence: Food, Famine and Peasantry in Northern Nigeria«, Berkeley 1983.

Watts, Michael; Kearney, Michael, »Rethinking Peasants«, in: Österreichische Zeitschrift für Geschichtswissenschaft (ÖZG), Bd. 4, 2002, S. 51–61.

Wehler, Hans-Ulrich, »Bismarck und der Imperialismus«, Köln 1969, 2. Auflage, Frankfurt 1985.

Welsh, David, »The Roots of Segregation: Native Policy in Colonial Natal 1845–1910«, Kapstadt 1971.

Welter, Volker, »Wanderarbeit in Basutoland zwischen 1870 und 1910: Aspekte der politischen Ökonomie«, Bern 1989.

Werthmann, Katja, »Wer sind die Dyula? Ethnizität und Bürgerkrieg in der Côte d'Ivoire«, in: GIGA: Africa Spectrum 40, Nr. 2, 2005, S. 221–240.

Werthmann, Katja, »Sind Städte in Afrika ›unkennbar‹?«, in: Zeitschrift für Ethnologie 139, 2014, S. 159–178.

White, Landeg, »Magomero: Portrait of an African Village«, Cambridge 1987.

Whiteley, W. H., »Maisha ya Hamed bin Muhammed el Murjebi yaani Tippu tip kwa maneno yake mwenyewe«, Nairobi 1966.

Wilks, Igor, »Asante in the Nineteenth Century«, Cambridge 1989.

Williams, Frieda-Nela, »Precolonial Communities of Southwestern Africa: A History of Ovambo Kingdoms 1600–1920«, Windhoek 1991.

Willis, John Ralph, »The Torodbe Clerisy: A Social View«, in: Journal of African History, Bd. 19, Nr. 2, 1978, S. 195–212.

Willis, Roy G., »The Fipa«, in: Roberts, Andrew (Hrsg.), »Tanzania before 1900«, Nairobi 1968, S. 82–95.

Wilson, Amri, »Abdul Rahman Mohamed Babu: Politician, Scholar and Revolutionary«, in: The Journal of Pan African Studies, Bd. 1, Nr. 9, 2007, S. 9 ff.

Wimmelbücker, Ludger, »Kilimanjaro: A Regional History, Production and Living Conditions c. 1800–1920«, Münster/Hamburg 2002.

Wines, Alex, »RENAMO: From Terrorism to Democracy in Mocambique«, 2., revidierte Auflage, London 1996.

Wirz, Albert, »Vom Sklavenhandel zum kolonialen Handel: Wirtschaftsräume und Wirtschaftsformen in Kamerun vor 1914«, Freiburg 1972.

Wissmann, Herrmann, »Bericht von Leutnant Wissmann«, in: Mitteilungen der afrikanischen Gesellschaft in Deutschland 3, 1883, S. 249–254.

Witte, Ludo de, »The Assassination of Lumumba«, London 2002.

Wolf, Eric, »Peasants«, New York 1966.

Wolf, Ludwig, »Die Erforschung des Sankuru«, in: Petermanns Geographische Mitteilungen, Bd. 34, 1888, S. 193–198.

Wrangham, Elizabeth, »Ghana during the First World War«, Durham 2013.

Wrigley, C. C., »The Changing Economic Structure of Buganda«, in: Fallers, Lloyd A. (Hrsg.), »The King's Men«, Nairobi 1964, S. 16–63.

Wright, John, »Beyond the Concepts of the ›Zulu Explosion‹: Comments on the Current Debate«, in: Hamilton, Carolyn (Hrsg.), »The Mfecane Aftermath: Reconstructive Debates in Southern African History«, Johannesburg 1995, S. 107–122.

Wright, Marcia, »Women in Peril: A Commentary on the Lifestories of Captives in Nineteenth-Century East-Central Africa«, in: African Social Research, 20.12.1975, S. 800–819.

Wright, Marcia, »Strategies of Slaves and Women, Life-Stories from East/Central Africa«, London 1993.

Yoder, John C., »Fly and Elephant Parties: Political Polarization in Dahomey, 1840–1870«, in: Journal of African History, Bd. 15, Nr. 3, 1974, S. 417–432.

Zeuske, Michael, »Sklavenhändler, Negreros und Atlantikkreolen«, Berlin 2015.

Zewde, Bahru, »A History of Modern Ethiopia 1855–1974«, Ohio 1991.

Zitelmann, Thomas, »Nation der Oromo: Kollektive Identitäten, nationale Konflikte, Wir-Gruppenbildungen. Die Konstruktion kollektiver Identität im Prozeß der Flüchtlingsbewegungen am Horn von Afrika. Eine sozialanthropologische Studie am Beispiel der saba oromoo (Nation der Oromo)«, Berlin 1994.

Verzeichnis der Abbildungen

Umschlagblatt vorn: Ancient Soi, »Rush Hour Nairobi« (Öl auf Leinwand, 1973)
Nachweis: © Sammlung Péus, Hamburg

Letzte Buchseite: Mochiwa und Werkstatt in Dar es Salaam, Tansania, Makonde-Schnitzerei
aus Ebenholz (1992/93; Höhe: ca. 1,55 m, Durchmesser: ca. 0,45 m). Nach einem Brief des
Künstlers bildet die Säule mit Figuren in zwei Ebenen die ländliche Gesellschaft Tansanias
ab, in der auch schon Lastkraftwagen sowie alte und moderne Musikinstrumente vorhanden
sind. Ganz oben ist ein Totentanz dargestellt.
Nachweis: Sammlung Helmut Bley (erworben 1999); Foto: Dominique Gillissen

https://doi.org/10.1515/9783110452020-023

Verzeichnis der Karten

Ich danke meinem Schüler, dem Afrika-Historiker und Geographen Jürgen Müller (MA); von ihm wurden, wenn nichts anderes angegeben ist, sämtliche Karten angefertigt. Die Schreibweise der Städte- bzw. Ländernamen kann von derjenigen im Text abweichen.

https://doi.org/10.1515/9783110452020-024

Register

https://doi.org/10.1515/9783110452020-025

– Norden 21, 33
– Süden 33
Senghor, Léopold Sédar 352, 357, 411–413
Sennar 238
Serengeti
– Norden 449
– Osten 498
Sevilla 235
Shaka Zulu 183, 185, 188–189, 300
Shakespeare, William 452
Shakila 512
Shambaa-Reich 123–124, 179, 257, 261, 587
– Osten 127
Sharmila 512
Sharpeville 423, 434, 483–486, 513
Shepperson, George 329
Shepstone, Theophilus 221
Sheriff, Abdul 9
Shewa 247, 249
Shipanga, Andreas 480
Shiraz 140
Shire-Tal 115
Shodeke 51
Shomoye 52–53
Shungwaya-Reich 136–137, 140–141, 143, 523
Siena 235
Sierra Leone 49, 51–52, 62, 71, 283, 296, 327, 337, 393, 418, 432
Silanda, H. E. 107
Simbabwe (*siehe auch* Groß-Simbabwe) 7, 9–10, 15, 97, 116, 137, 181–183, 188, 190–191, 221–223, 228, 257, 291, 299, 331, 350, 383–384, 386, 393, 400–401, 408–409, 424, 465, 472–473, 475–476, 492–493, 501, 536, 538, 588–589
– Süden 114
Simon, Paul 504, 514
Sinai 434
Singapur 359, 363
Singo 157
Sisé, Mori-Ulé 294–295
Sithole, Ndabaningi 473, 475
Sizilien 235
Skandinavien 482
Smith, Ian 400, 424, 473–476, 595
Smuts, Jan Christiaan 223, 227, 281, 301–302, 326, 352
Sofala 15, 97, 117, 137, 245, 471, 588

Soi, Ancient 349
Sokoto-Reich 26, 30, 37–38, 41–44, 47–49, 56, 64–65, 170, 253, 256, 271, 291, 304, 321, 386–387, 397, 399, 415, 526, 588, 590–591, 593
Solf, Wilhelm 319
Solleilet, Paul 285–286
Somalia 7, 15, 117, 136, 140, 145, 250, 254, 358–360, 366, 399, 405, 418, 488–489, 492–493, 526–527, 547–548, 571, 594
– Süden 143
Songea 450
Songhai 21, 26
Sophiatown *siehe* Johannesburg
Soudan (*siehe auch* Mali) 411
Souza, Francisco Félix de 57, 59–61, 79
Soweto *siehe* Johannesburg
Sowjetunion 351, 365, 400, 456–458, 466, 469, 475, 487, 495, 539
Soyinka, Akinwande Oluwole Babatunde (Wole) 500, 504–507
Soyo (Fürstentum) 95
Soyo 90, 93–94
Spanien 7, 233–234, 236, 359, 367–368, 496, 499
– Süden 231
Speke, John Hanning 156
Spittler, Gerd 10, 15, 388, 581–582
Sri Lanka 215
St. Helena 201
Stairs, William 113
Stanley, Henry Morton 95, 115, 132–133, 165
Stanley, Oliver 415
Stanleyville (*siehe auch* Kisangani) 433, 436, 438, 442, 564
Stellaland 278–279
Stellenbosch 194, 484
Sting 508
Stokes, Charles 170
Stoltenberg, Gerhard 498
Stone Town 115, 139, 179, 264, 562
Strachan, Donald 193
Su Akim Odahum 419
Südafrika 6–7, 9, 12, 18, 104–105, 114, 116, 129, 179, 181–182, 184, 191, 193, 196–197, 213, 215–216, 219–221, 223, 227–229, 255, 266, 272–273, 276–277, 299, 301, 305, 313, 320, 326, 329, 331, 337, 345,

www.ingramcontent.com/pod-product-compliance
Lightning Source LLC
Chambersburg PA
CBHW082145150426
42812CB00076B/1925